COLLECTION

DE

DOCUMENTS INÉDITS

SUR L'HISTOIRE DE FRANCE,

PUBLIÉS

PAR ORDRE DU ROI

ET PAR LES SOINS

DU MINISTRE DE L'INSTRUCTION PUBLIQUE.

PREMIÈRE SÉRIE.

HISTOIRE POLITIQUE.

ARCHIVES
ADMINISTRATIVES
DE LA VILLE DE REIMS.

COLLECTION
DE PIÈCES INÉDITES
POUVANT SERVIR
A L'HISTOIRE DES INSTITUTIONS
DANS L'INTÉRIEUR DE LA CITÉ;

PAR PIERRE VARIN,
ANCIEN SECRÉTAIRE DU COMITÉ DES CHARTES ET INSCRIPTIONS, ET DOYEN DE LA FACULTÉ DES LETTRES DE RENNES.

Humani generis mores tibi nosse volenti
Sufficit una domus......
(JUVÉNAL, sat. XIII, v. 160.)

TOME SECOND,
PREMIÈRE PARTIE.

A PARIS,
DE L'IMPRIMERIE DE CRAPELET.

M DCCC XLIII.

ARCHIVES

ADMINISTRATIVES

DE LA VILLE DE REIMS.

QUATORZIÈME SIÈCLE.

I.

M<small>ANDATUM</small> regis ballivo viromandensi, de licentia taliam faciendi scabinis remensibus concedenda. *6 février 1300.*

Archiv. de l'Hôtel-de-Ville, renseign.

Philippus.... ballivo viromandensi.... Scabini ville remensis nobis fecerunt exponi, quod, quanquam ipsi propter onerosam multitudinem expensarum quas fecerunt, tam pro refectione murorum abbatie S. Nicasii, quam pro negotio liberorum de Ruffiaco, pergravati, pro quibus in dicta villa communem fieri taliam oportebat, dilectum et fidelem nostrum archiepiscopum pluries et instanter requisierint, ut faciendi propter hoc taliam, in dicta villa, licentiam eisdem concedere dignaretur, presente ad hoc quodam serviente tuo [1], specialiter ad hoc misso, pro audienda et referenda responsione archiepiscopi memorati, idem tamen archiepiscopus scabinis denegavit omnino facultatem faciendi taliam.... Quare mandamus tibi, quatenus si est ita, dictum archiepisco-

---

[1] Ces mots prouvent que la commission du 6 février 1300 n'est pas la première pièce du procès qui s'élève entre l'archevêque et ses échevins à l'occasion des tailles. La question agitée dans ce procès avait d'ailleurs été déjà soumise, après contestation, à Saint-Louis (*Archiv. Adm.*, I, 778), et par prévision à certains conseillers du parlement (*ibid.*, p. 969). Elle va bientôt se compliquer d'une autre relative à l'*Estat d'Eschevinage*; mais plus promptement vidée que celle-ci, dont les débats se prolongeront durant vingt ans, elle recevra sa solution dans les actes du 20 décembre 1306, du 2 janvier 1308, et du 15 février de la même année.

pum iterato requiras, vel sufficienter requiri facias, ut.... scabinis licentiam.... concedat. Quod si requisitus facere noluerit, et de eminenti necessitate taliandi tibi constiterit evidenter, licentiam ipsam nostra sibi auctoritate concedas. Actum Parisius, die sabati post festum Candellose, anno m. cc. iiii^{xx} xix.

II.

1er mars 1300.

Carta qua remensis archiepiscopus promittit se observaturum ordinationem regis, de regimine regni Johanne regine tribuendo.

Archiv. du Roy., Trésor des Chartes, J. cart. 401, n° 5.

Universis.... Robertus.... remensis archiepiscopus.... Noverit Universitas vestra, quod cum serenissimus princeps.... Philippus...., Francorum rex illustris, ad statum tranquillum et prosperum regni sui, et populi divinitus sue cure commissi, diligenter intendens, ac cupiens obviare periculis que possent successu temporis fortuitis casibus evenire, diligenti prehabita deliberatione consilii, ordinandum duxerit, et etiam statuendum, auctoritate regia decernendo, ut, si eum, antequam primogenitus filius suus, sibi in regni predicti moderamine successurus, legitimam complevisset etatem, volente Altissimo qui prout et quando vult ad se revocat creaturas, contingeret, quod avertat Omnipotens, ab hac luce migrare, illustris carissima domina nostra Johanna, regina Francie, ipsius regni regimen, administracionem, et curam, necnon prefati primogeniti tutelam habeat, moderetur, et exerceat, et tamdiu per eam, regimen, administratio et cura hujusmodi, ac primogeniti tutela predicti, quas ex nunc, prout ex tunc, eidem regine commisit, eadem auctoritate gerantur, donec eundem primogenitum etatem contigerit legitimam complevisse, nisi forsan eadem regina, medio tempore, ad secunda vota transiret; idemque de aliis filiis suis, tam natis, quam nascituris, illo videlicet qui recto sibi succedet ordine in regalis officio dignitatis, si primogenitum, antequam regnandi foret adeptus honorem, decedere, quod absit, contingeret, ordinaverit, statuerit, et mandaverit observari; ac universis fidelibus et subditis suis, sub fidelitatis debito quo sibi astricti tenentur, suis ex nunc dederit litteris in mandatis, ut memorate regine in casibus et sub conditione premissis, diligenter et efficaciter pareant et intendant ; nos ordinacionem hujusmodi, que statum respicit prosperum et quietum regni et populi predictorum, ac multis potest obviare periculis, et precavere dispendiis, que possent successu temporis provenire, laudabilem reputantes, eamque, de prefate regine pura fide et sincera fidelitate confisi, ratam et gratam habentes, ipsam tenere firmiter, et inviolabiliter observare, promittimus, et nullo tempore contraire. In cujus.... Datum Parisius anno.... M° CC° nonagesimo nono, prima die marcii.

III.

MANDATUM regis baillivo victriacenci, de infantibus de Ruffiaco, et eorum receptatoribus, inquirendis.

12 mars 1300.

Archiv. de l'Hôtel-de-Ville, renseign.

Philippus Dei gracia Francorum rex, baillivo victriacenci salutem. Cum alias, sicut accepimus, tibi pluries dederimus in mandatis, ut de receptatoribus et fautoribus infanciurn de Ruffiaco, a nostro regno, suis culpis exigentibus, bannitorum, qui civibus remensibus multas incessanter molestias inferre dicuntur, in eorum personis et bonis, ad quos cives, vel eorum bona, non possunt accessum habere, nisi per suffragium plurimorum in regno nostro manencium, diligenter inquireres, et quos super receptationibus ipsorum infancium, refugio, consilio, favore, vel auxilio, culpabiles invenires, in personis, domibus, et bonis, prout justum esset, punires ; quod, sicut accepimus, hactenus, quod moleste gerimus, non fecisti. Iterato tibi districte precipimus, et mandamus, quatinus in execucione dicti mandati nostri prioris sic procedas, quod propter tui defectum, de quo nos tederet non modicum, non sit ad nos ulterius deferenda querela. Actum Pissiaci, sabbato post octabas Brandonum, anno Domini M° CC° nonagesimo nono.

IV.

QUITANCE du sieur de Rouci, qui avoit présenté aux habitans de Reims la tête de l'enseigne des enfans de Ruffi, mise au prix de sept cent livres.

25 mars 1300.

Bibl. Roy., Reims, cart. x. Rogier, p. 184.

A tous ceux qui ces présentes lettres verront et oiront, Pierre, sire de Rouchi et de Manencort, chevalier le Roi, salut. Sachent tuit que j'a heut et receut des bourgois de Reins, par la main de Jean Allart, bourgois de Reins, ccc et l ℔ de tournois petits, en bons deniers contans, et m'en tiens pour bien paié, à rabatance de vii^c ℔ esquiés li dit bourgois avoient esté condanez en la cour, à Paris, pour aucuns malfaiteurs de la compagnie de cels de Ruffi, qui furent pris vers Andelot; de laquelle somme d'argent de ccc et l ℔ de petits tournois dessusdits, je promets, seur l'obligation de tous mes biens, et des biens de mes hoirs, à porter léale garentie ausdits bourgois, et audit Jean Allart, envers et contre tous que aucune chose leur en pouroient ou voudroient demander, au tems à venir. En témoin de laquelle chose, j'ai mis mon seel....; et pour que ce soit plus ferme chose, et plus stable, je prie honorable homme et saige Guillaume de Hangest, bailli de Vermandois, de mettre en ces présentes lettres le seel de ladite baillie de Vermandois. Donné à Laon, le venredi d'après Mi-Carême, l'an de grâce m. cc. iiii^{xx} xix, au mois de mars. — *Scellé du sceau desdits sieurs.*

V.

18 juillet 1300.

Mandatum regis, viromandensi et victriacenci ballivis, de Almanrico de Ruffiaco puniendo.

Archiv. de l'Hôtel-de-Ville, renseign.

Philippus Dei gratia Francorum rex, viromandensi et vitriacenci ballivis, salutem. Cum nos, ex causa, tibi ballivo vitriacenci, Almanricum de Ruffiaco, quem ballivus noster viromandensis capi fecerat, et tenebat carceri mancipatum, eo quod ipse confortaverat et receptaverat liberos de Ruffiaco, a regno nostro bannitos, sicut eidem Almanrico est impositum, fecerimus liberari pro justicia facienda, tamen hactenus distuleris de eodem facere justiciam, sicut dicitur; mandamus vobis, et committimus, quatinus, vocatis qui fuerint evocandi, super confortatione et receptacione predictis, et omnibus circonstanciis earumdem, per quas veritas poterit reperiri, diligenter et fideliter inquiratis veritatem; et si vobis constiterit, per dictam inquestam, dictum Almanricum super hoc esse culpabilem, ipsum, secundum hujusmodi delicti qualitatem, justicia mediante, et aliter, pugniatis, quod illa pugnicio ceteris trahatur in exemplum. Si vero de punicione facienda discordes fueritis, vel aliquod dubium vobis super hoc occurrerit, discordiam vel dubium, una cum inquesta predicta, nobis, sub vestris sigillis, remittatis inclusum, et i[n]terim, tu ballive vitriacencis, de dicto Almanrico, et universis bonis suis, te teneatis taliter saisitum, quod de ipsis nobis, sub tuo periculo, possis reddere racionem. Actum apud Cingiacum, in festo beati Arnulphi, anno Domini millesimo trecentesimo.

VI.

MANDATUM regis baillivo viromandensi, ut turrarium prisionis laudunensis, qui scabinos incarceratos pro regio debito, ad solutionem turragii compellebat, a dicta compulsione desistere, et scabinis pignora sua reddi faciat. 21 juillet 1300.

Archiv. de l'Hôtel-de-Ville, renseign. Sacre, liass. 1, n° 5.

Philippus Dei gracia Francorum rex, baillivo viromandensi, vel ejus locumtenenti, salutem. Significaverunt nobis scabini de banno archiepiscopi remensis, quod cum ipsi, Huetus li Cras, Petrus dictus Judeus, Renerus de Aumencourt, Petrus Viellars, et plures alii de dicto banno, sint et fuerint in possessione, vel quasi, libertatis non solvendi turragium, cum pro regio debito, aut redibencia, vel eciam voluntate, ipsos inprisionari aut incarcerari contingit[1], turrarius tamen prisionis laudunensis, predictos scabinos, et alios burgenses de banno predicto, nititur compellere ad solvendum turragium, pro eo quod in turre laudunensi, ad nostram, seu mandati nostri instanciam, inprisionati fuerint, ob hoc ipsorum scabinorum.... pignora detinendo, in ipsorum prejudicium, et libertatis predicte non modicum detrimentum; quare mandamus tibi, quot si est ita, predictum turrarium a dicta compulsione desistere, dictisque scabinis.... pignora sua reddi faciens, non permittas eisdem fieri a predicto turrario, in predictis, contra loci consuetudinem, aliquas indebitas novitates. Actum apud Chingiacum, die jovis ante festum B. Marie Magdalene, anno Domini millesimo trecentesimo.

[1] Voir *Archiv. Adm.*, 1, p. 1044, l'arrêt rendu à ce sujet, en juin 1290.

VII.

15 octobre 1300.

INDULGENCES accordées à Rome, par trois archevêques et trois évêques, sauf l'approbation de l'ordinaire [et sans faire mention du pape, autrement que dans la date apposée au bas de cet acte, où pendent six sceaux de cire rouge], à quiconque remplira certains devoirs religieux dans la chapelle de Saint-Lazarre de Reims [1], ou fera une offrande en faveur des lépreux, ou du chapelain de cet établissement.

Bibl. Roy., Reims, cart. 7, liass. des hôpitaux.

VIII.

30 novembre 1300.

REQUESTE des habitans de Reims pour être conservés dans le

---

[1] « L'hôpital appelé dans les chartes Saint-Ladre-aux-Hommes, est d'ancienne fondation. Il est bâti à l'extrémité du faubourg de la porte de Vesle. Il étoit destiné pour y recevoir des lépreux.... Il y eut autrefois un maître, des frères, des sœurs, vivant en commun, auxquels on laissoit l'administration du temporel, comme on l'apprend de quelques chartes de 1241, 1320 et 1399. Le droit de visiter, de recevoir, et de séparer les malades, a toujours appartenu aux échevins, qui ont aussi la surintendance de cette maison, la justice, et le droit de nommer, comme patrons laïcs, à la cure ou chapelle [de cet hôpital, qui est sous l'invocation] de Saint-Éloi, par lettres de présentation, et sentences de 1423, 1540 et 1558.

« La plus ancienne charte concernant le bien de cet hôpital, est de l'an 1146, par laquelle un nommé Ebal Rigaut donna les dixmes de Rouvroi aux lépreux de Reims, avant que d'aller à Jérusalem. Une charte de l'archevêque Samson montre que Roger de Bellocerte, ou Bajoras, donna une place aux lépreux, pour asseoir des moulins en un lieu nommé Flancourt, l'an 1152. Ce qui fait voir que cette maison étoit fondée avant le pontificat d'Henri de France, qui lui donna [1170] les droits de la foire de Pasques... Il y a quantité de bulles, comme de Célestin III, Honoré III, Innocent, et Boniface VIII, au cartulaire des échevins, où il est parlé des maîtres et des sœurs de Saint-Éloi. On en a une de l'an 1300, lors du grand *Jubilé*, où trois archevêques, et trois évêques, accordent 40 jours d'indulgence, à ceux qui visiteront l'église de Saint-Éloi....

« L'hôpital de Saint-Ladre-aux-Femmes, dédié à sainte Anne, étoit séparé de celui des hommes, et bâti à l'autre extrémité de la ville, hors de la porte de Fléchambault. Il y a une chapelle, et un chapelain à la nomination des échevins. Il jouissoit des mêmes priviléges que le précédent. Dans une charte de 1246, il est permis aux échevins de faire chanter à Saint-Ladre-aux-Femmes, par tel prêtre qu'il leur plaira. (Bibl. Royale, mss. Reims, cart. VII, hôpitaux.)

« L'église de Saint-Lazare fut démolie en 1359, par Gaucher de Châtillon.... Le bâtiment joignant cette église étoit destiné pour cinq hommes attaqués de la lèpre. Il se voit encore dans l'église, une fenêtre grillée et murée, qui répond à ce bâtiment, par où ils entendoient la messe, et un bénitier à côté de cette grille. Ce bâtiment, et le jardin joignant, se nomment encore la Ladrerie. Par arrêt du 17 août 1635, l'église, la ferme, les huit maisons, et jardins des environs, ont été accordés pour fonder l'hôpital général... » (*Ibid.*, art. Saint-Éloi.)

droit de passage à Hermonville, sans payer aucuns droits de vinage prétendus par le comte de Roucy [1]. — Décembre [*sic*, novembre] 1300. Commission du roy Philippes, adressée au bailly de Vitry, pour informer des droits des échevins de Reims, de passer au village de Trigny [et autres lieux], sans payer le droit de vinage.

<small>Invent. de Noël, cart. 1, liass. 7. — Invent. de 1691, fol. 3 v°.</small>

Philippus.... baillivo vitriacenci, vel ejus locumtenenti, salutem. Conquerentibus archiepiscopo, scabinis, et burgensibus remensibus, accepimus quod comitissa Rouciaci, Gaucherus de Novavilla clericus, ac gentes ipsorum, in locis qui vocantur Trigny, Chalon, Chenay, Rouci, Novum Castrum, per que loca, prefati archiepiscopus, scabini, et eorum burgenses, libere et pacifice transire consueverunt, et super hoc asserunt se esse in possessione et fuisse pro tempore retroacto, ab ipsis conquerentibus winagium, seu pedagium, levare nituntur, indebite et de novo; quare mandamus tibi quatenus, si vocatis evocandis, tibi constiterit ita esse, novitatem predictam admoveas, et dictos conquerentes in sua possessione manuteneas, prout ratio suadebit, et ad te noveris pertinere. Actum Parisius, in festo B. Andree apostoli, anno Domini m°. ccc°.

IX.

MANDATUM regis ad baillivum viromandensem, ut compellat commorantes in banno S. Remigii, ad contribuendum cum aliis, occasione belli remensibus a liberis de Ruffeyo illati. <small>27 février 1301.</small>

<small>Archiv. de l'Hôtel-de-Ville, renseign.</small>

Cum per gentes curie nostre parisiensis, auditis hinc inde propositis, pronunciatum fuerit, quod commorantes in banno S. Remigii contribuere teneantur, cum aliis de banno archiepiscopi, et de bannis aliis remensibus, in expensis, misiis et fredis factis, et que fieri continget, in prosequendo, et, si fieri poterit, capiendo, liberos de Ruffeyo, pro suis excessibus de regno nostro bannitos, et eorum complices et fauto-

<small>[1] Nous n'avons point retrouvé cette requête, dont Noël n'indique pas d'ailleurs la date précise.</small>

res, et pro ipsis habitatoribus a frequentibus insidiis et insultibus dictorum malefactorum defendendis; mandamus tibi quatenus ipsos commorantes in dicto banno S. Remigii, ad contribuendum cum aliis, prout rationis fuerit, et ad te pertinuerit, compellas, si fuerit necesse.... Actum Parisius, die lune post octabas Brandonum, anno m° ccc°.

X.

18 avril 1301.

LITTERA de loco converse dato a capitulo remensi, in hospitali suo.

Archiv. du chap., renseign.

Universis presentes litteras inspecturis, J. prepositus, N. decanus, J. cantor, ceterique remensis ecclesie fratres, salutem in Domino. Noverint universi, quod nos, intuitu pietatis, necnon ad preces dilecti concanonici nostri Eustachii de Conflans, concedimus Maressone, filie magistri Guillelmi de Claromonte, clerici, advocati, locum unius converse, in hospitali nostro beate Marie remensis, cum prebenda consueta ibidem mulieribus assignari, eidem M., quum primum ad id se facultas obtulerit, assignandum; promitentes bona fide, quod contra premissa non veniemus in futurum. In cujus rei.... Datum anno D. m° ccc° primo, feria tercia post dominicam qua cantatur *Misericordia Domini*.

XI.

18 avril 1301.

IMMUNITAS quam prestare debet capitulum singulis canonicis.

Liv. Blanc du chap., fol. 71 v°. Liberté LI.

Universis presentes litteras inspecturis, J. prepositus, N. decanus, J. cantor, ceterique remensis ecclesie fratres, salutem in Domino sempiternam. Quia nobis, et ecclesie remensis, matris nostre, libertatibus, privilegiis, graciis, jurisdictioni, justicie, ac consuetudinibus approbatis, necnon in bonis et hominibus nostris, ac bonis hominium (*sic*) eorumdem, per multos et diversos spirituales et temporales dominos, officiales, vicarios, et servientes eorumdem, diversa et importabilia gravamina, contra Deum, et justiciam, inferuntur, que apud nos, et in civitate et dyocesi remensi, pro certis partibus et villis terre nostre, nota existunt, nec latere potest injuriatores hujusmodi de gravaminibus supradictis, cum ad revocationem hujusmodi gravaminum per nos sufficienter et pluries fuerint requisiti, [que quidem] sustinere nullatenus valeamus; et ad manutenendam, custodiendam, et deffendendam terram nostram, nonnulli de canonicis nostris, ex officiis eisdem commissis et injunctis, necnon et quidem [*sic,* quidam?] alii de fratribus et concanonicis nostris, nomine capituli, et ad requisitionem ejusdem, pro nostris et dicte ecclesie negociis deffendendis et promovendis, aliquando coram judicibus spiritualibus seu ecclesiasticis, et temporalibus dominis, vel eorum vices gerentibus, personaliter comparuerint ad eadem negocia promovenda et procuranda, agendo et deffendendo, ac officia sibi commissa a nobis excercendo, qui in premissis, et singulis premissorum, sicut constat nobis, se habuerunt fideliter et prudenter; nos nolentes, nec sustinere volentes, quod hujusmodi concanonici nostri, seu alii quicumque ad premissa facienda per nos assumpti, seu assumendi, ex diligenciis et fidelitatibus eorumdem incommoda consequantur, unde merito consequi debent gratiam et honorem; nos omnes, et singuli, in presenti capitulo congregati, concorditer et unanimiter statuimus, decrevimus, diffinimus, et ordinamus, sub fidelitate quorumlibet tenenda imperpetuum, et servanda, quod si qui[s] prefatos canonicos, vel aliquem ipsorum, seu quemcumque alium de concanonicis nostris, occasione premissorum, vel aliquorum, seu alicujus ex eis, vel dependentibus ex eisdem, aut etiam ex novis casibus emergentibus, coram summo pontifice, seu quibuscumque judicibus delegatis ab eo, subdelegatis, conservatoribus ordinariis, et aliis quibuscumque, quacumque auctoritate fungantur in curia romana, vel alibi, convenire contingat, vel ad judicium evocare, et propter defensionem earum quas nostras et remensis ecclesie proprias reputamus, et ex nunc eas assumimus tanquam nostras, fatigare contingat eosdem laboribus, vel expensis, quod dicti canonici omnes, vel plures, seu unus ex eis, vocati, vel vocatus, ut supradictum est, propriis sumptibus capituli nostri et ecclesie remensis se defendant; ad quorum defensiones, bona fide, in expensis eis subvenire promittimus infra octo dies postquam a dictis canonicis, seu dicto canonico, fuerimus requisiti, et de vocatione, per testes ydoneos, vel instrumenta, fecerit nobis fidem, etiamsi citatio emanet generalis; et ad hoc nos per has nostras patentes litteras obligantes, quod omnibus quorum interest, seu interesse poterit, volumus esse notum. Datum anno Domini millesimo trecentesimo primo, die martis post dominicam qua cantatur *Misericordia Domini.*

XII.

31 mars et 23 avril 1301.

MANDATUM officialium remensium omnibus presbiteris et cappellanis in civitate remensi constitutis, ut sentenciam excommunicationis, contra francum servientem latam, irritam denuncient.

Cart. E du chap., fol. 13.

Officiales remenses omnibus presbiteris et cappellanis, in civitate et diocesi remensibus constitutis, ad quos presentes littere pervenerint, salutem in Domino. Cum in Theobaldum dictum Ellebaut, civem remensem, francum servientem, in quem nullam jurisdictionem habemus, nobis ignorantibus lata fuerit excommunicationis sentencia, et eciam promulgata, auctoritate curie remensis, ac de facto excommunicatus fuerit nunciatus, vobis, et vestrum cuilibet, precipiendo mandamus, quatinus dictam excommunicationis sentenciam, et omnem processum ex ea subsecutum, quos per presentes denunciamus nullos et irritos, in ecclesiis vestris nullos et irritos, palam et publice, nuncietis, quocienscumque ex parte ipsius capituli fueritis super hoc requisiti; et quid inde feceritis nobis fideliter rescribatis. Datum anno Domini millesimo ccc° primo, feria sexta ante sanctum Pascha.

Venerabilibus et discretis viris officialibus curie remensis, sanctorum Petri et Hilarii remensium presbiteri, salutem et obedienciam in mandatis. Noveritis quod nos mandatum vestrum, hiis presentibus annexum, secundum formam et tenorem dicti mandati vestri, diligenter sumus executi. Datum anno Domini millesimo ccc° primo, die dominica qua cantatur *Jubilate.*

XIII.

Avant le 23 août 1301.

DROIT d'échevins sur un litige relatif au surcens d'une maison.

Livre Rouge de l'Échev., p. 91.

Thoumas Buirons fit demande, par devant le maieur de la Cousture, contre Doumenge de la Cousture, et disoit que cis Doumenges tient une maison séant en la Large rue, à roie de la maison qui fu le Plat

d'une part, et Remi Chevalier d'autre, disans lidis Thoumas que Garniers de Blanzi, et Heluys sa femme, vendirent conjointement ensemble à Aubri Buiron, sur ladite maison, VIII s. de sourcens, chascun an, à tousjours, à penre et à lever à termines dénommez; et disoit encore que li droiz doudit sourcens appartenoit à lui, et devoit apartenir, comme à celui qui est fix et hoirs doudit Aubri, qui avant se traissit. Lidiz Doumenges dit qu'il tenoit ladite maison par cause de achet, et par vendue faite à lui de Simon le Saunier; si demanda jour de avoir warant. Lidiz Simons ressut la demande comme warant, et dit lidiz Simons contre ledit Thoumas, que il ne tenoit mie toute la maison qui doit ledit sourcens, ne n'est mie la teneurs ce que Simons tient, tenue, ne obligie, espéciaument à celui pour cui lidiz Th. demande; ainsois i avoit plus de l'éritage derier la teneur Simon, qui estoit toute ensemble, conjointement, au tens que li sourcens i fu mis, se ainsi fu; si ne voloit lidiz Simons paier doudit sourcens que tant comme il touche à la porcion de sa teneur, et seur ces raisons les parties se misent à droit d'eschevins.

Droiz fu diz des eschevins, par consel de bonnes gens, que lidiz Thoumas pooit requerre son sourcens à laqueile partie qu'il voloit de ladite maison.

XIV.

SURCENS d'une maison reconnu par obligation devant les échevins. 23 aoùt 1301.

Livre Rouge de l'Échev., p. 86 [1].

En l'an de grâce M CCC et I, le meccredi après la mi-aoust, pardevant Remi Chevalier, Oudard de Bourgongne, Guichart Corée, Herbert le Thiez, eschevins de Rains, requenut Doumenges li tavreniers, de la Cousture, que une maisons séans à Rains en la Large rue, qui fu Garnier de Blanzi, entre la maison qui fu Jehan le Plat d'une part, et la maison Remi Chevalier d'autre, à tout les appendices, est tenue et obligie à Thomas [Buiron], chascun an, à tousjours, en XX s. de sourcens, de laquele maison cis Doumenges avoit achetée une partie.

[1] Cet acte est placé dans le *Livre Rouge*, entre deux autres, datés tous deux de l'an 1298, et avant celui qui le précède dans notre texte, et auquel il est postérieur.

XV.

22 novembre 1301.

Statuta concilii remensis provincie, apud Compendium habiti.

<small>Labbe, xi, 1472.—Mansi suppl. concil., iii, 262.—Mart. vet. mon., vii, 1324.</small>

XVI.

2 décembre 1301.

Arrest.... au prouffit de l'arcevesque et des eschevins, par lequel fu dit que les murs de derrière le Temple qui avoient esté deffais, ne seroient pas refais aux despens de l'arcevesque ne des eschevins.

<small>Livre Blanc de l'Échev., fol. 29 v°, et fol. 204.</small>

Philippus.... Notum facimus quod cum magister et fratres domus militie Templi remensis, peticionem fecissent contra archiepiscopum et burgenses banni sui, super reedificacione murorum dicte domus, dirutorum propter clausuram civitatis faciendam...; et post diem ostentionis, dicti fratres et magistri peterent quod archiepiscopus et burgenses dicte petitioni responderent : et e contra archiepiscopus, pluribus racionibus, peteret super hoc curiam sibi reddi; tandem...., quia constitit curie quod nos, pro communi utilitate clausure, muros predictos dirui precepimus, ordinavit curia et precepit, ne dicti magistri et fratres laboribus et expensis inutilibus vexentur, quod ipsi peticionem hujusmodi amplius non prosequa[n]tur, nisi in quantum voluerint dicere quod contra tenorem mandati nostri, vel ultra quod esset necesse, fuerit excessum in dirucione predicta; et quia super hoc dicte partes, ad finem curie archiepiscopo reddende, vel deneganda, contraria facta proponunt, ipsi facient facta sua ad finem predictam. Actum.... in parlamento, die sabbati post festum B. Andree, anno m° ccc° primo.

XVII.

Décembre 1301.

[Anno Domini m. ccc. i. Li jugement de ceste année.]

<small>Livre Rouge de l'Échev., p. 88.</small>

Comme descorde fut entre Robert Leurier d'une part, et Thierri Barbette d'autre, d'un sussil que cis Robers avoit en une maison qui fu Thiébaut Corée, qui siet en Marc, asson la maison celui Robert d'une part, et asson la maison celui Thierri d'autre; et cis Thierry se plaingnit de ce sussil qui honnissoit son puis, pour l'ordure qui venoit dou sussil celui Robert, en puis celui Thierri. Et de toutes ces choses deseur dites, il empreirent II eschevins, c'est à savoir Hue le Barbé et Hue le Large le jone; et prirent encore lesdites parties II ouvriers, c'est à savoir maistre Gringoire le masson, et maistre Jehan de Sarnai, qui en durent enquerre à ouvriers, et à bonne gent; et raportèrent la vérité ausdiz arbitres. Le raport fait à Hue li Barbé et à Hue le Large, tous les ouvriers acordant à leur raport, et asseneit jour asdites parties à oïr droit, ce jour pendent, lidiz Hues li Barbé ajut malades, de laqueile maladie il fu mors. Lesqueiles parties s'asentirent et acordarent que cis Hues li Larges prononsast et deit le raport, teil comme il tenoit des maistres, et comme il avoient acordé ensamble entre lui et le devantdit mort; et s'acordarent lesdites parties pardevant Robert Chenovèle, appeleit comme prévôt de Rains, et Pierre Cuissart, Guichart Corée, Pierre Pascart, et Wède de Bourgongne, comme eschevins, que il fut d'auteil value ce que cis Hues li Larges diroit, comme se li II eschevins deseur nommeit le disoient.

Dit cis diz Hues li Larges, et prononce par le consel des maistres et de bonne gent, que cis Robert taingne son sussil, et ses yawes en teil point par quoi i ne vaingne nules ordures dou sussil ledit Robert en puis celui Thierri; et cis Thierri taingne le sien sussil en teil point qu'il n'i vaingne nule ordure. Et dit li arbitres, que il vient plus d'ordure dou sussil sire Robert, que dou sussil celui Thierri. Ceste sentence fu rendue en mois de décembre, pardevant ledit prévôt, et les eschevins deseur diz. Là furent présent sire Evrars Leuriers, sires Jehans li Nage, Henris li Larges, Thoumas li Late, Alissandres Barbette, et Wachiers Dagoniers, l'an mil ccc et I.

XVIII.

Note sur le droit qu'ont les échevins de présenter le chapelain des hôpitaux Saint-Ladre.

1301.

Livre Rouge, p. 116.

Messires Nicoles, chapelains de Saint-Ladre-as-Femmes, trespassa l'an M ccc et I, et lors estoit eschevins, c'est à savoir: Thoumas li Late,

Renaus Cochelés, Jehans li Pence, Jehans Cauchous, Jehans Quarrez, Jehans li Nains, Lambers des Mainius, Hue li Larges, Jaques li Pois, Thiébaus li Chastelains, Guis de l'Oste, et Perrecars de Viledommange, et eslurent lidit eschevin Hue Lermite, clerc, et li donnèrent ladite chapellerie, et le présentèrent à Robert de Courtenai, qui à ce tens estoit arcevesques de Rains, liquez arcevesques ne le vot recevoir; et disoit que as eschevins n'apartenoit ne dons, ne présentacions, car il estoient pur lay; et à pur lay disoit qu'il n'apartenoit ne dons, ne présentacions de bénéfice de sainte Église. Li eschevin respondoient sauve sa grâce, que à eus appartenoit li dons, et li présentacions, car ladite chapelerie estoit fondée et aministreit des biens de la maison de Saint-Ladre, et convient que li chapelains soit aministrez de vivre et de aournemens des biens de ladite maison, laquele maisons est à aministrer par les eschevins en tous cas, de menestre, convers et converses, de tresmuer de maisons en autres, de mettre prêtres et chapelains, et de faire quanque il apartient à aministracion de maison; et en sont, et ont estei, li eschevin en bonne saisine, de si lons tens qu'il n'est mémoire dou contraire; et se ladite maisons avoit nécessité, li eschevin la secourroient, et ont secourut en pluseurs cas. Ces raisons oyes, l'arcevesques respondi que li eschevins l'enfourmaissent des choses devant dites. Eschevins amenèrent gens dignes, et de foi, à faire ceste informacion, et meneit furent par devant II tabellions estauliz à eus oyr, et mirent en escrit la déposicion de eus, et fu séelée et portée pardevers l'arcevesque. Et quant il et ses consaus l'eurent veue, il respondi as eschevins qu'il menaissent le présenteit l'endemain à Avenai, et il le receveroit. Et là le me[nè]rent li eschevin, et le présentèrent, et il le ressut. Là furent messires Jehans chastelains de Mouson, Champenois de Contruèves chevalier, messires Pierres de Ferrières, maistres Jehans de Coulans, Guillaume de Fontenilles, ussiers.

[N°] Et sont li tesmoins, et l'informacion, en l'escrin de la ville¹.

---

¹ Dans le Livre Rouge de l'Échevinage, p. 116, se trouve cette note : « Se li chapelerie de Saint-Ladre eschiet à donner, nous « avons IIII mois de pourvéance de présen- « ter. »

XIX.

En l'an de grâce m. ccc. et i. fu jetée une taille à Reins, sire 1301.
Pierre Viellart taillères, de iii^m ℔.

<small>Tailles de l'Échev., vol. Ier, cahier 1^{er 1}.</small>

XX.

Mandement royal [*sic*, Arrêt de parlement?] par lequel estoit 9 janvier
mandé [*sic*, enjoint?] au bailli de Vermendois, que, sans attendre 1302.
autre mandement, il feist recréance des bourgois et bourgoises....
toutesfois qu'ilz seroient détenus prisonniers.

<small>Livre Blanc de l'Échev., fol. 331 v°.</small>

Philippus... Notum facimus, quod cum dilectus... archiepiscopus remensis, in nostra peteret curia, revocari quamdam litteram, quam burgensibus civitatis remensis concesseramus, ad baillivum viromandensem, de manutenendo ipsos in suis justis possessionibus et saisinis ; et e contra, dicti burgenses.... proponerent dictam litteram stare debere, et executioni esse mandandam ; tandem, auditis hinc inde propositis, per arrestum curie nostre dictum fuit, quod dicta littera, in forma in qua est, non tenebit : verumtamen si dictus archiepiscopus, contra punctum carte burgensium, per.... Philippum quondam regem Francorum, abavum nostrum, facte, prisias aliquas, per eum, vel gentes suas, factas, de personis aut bonis burgensium, teneat, aut aliquid faciat contra cartam predictam, baillivus viromandensis de hiis statim faciet recredenciam fieri, et ipsis partibus, si de hoc contendere voluerint, diem coram nobis, ad procedendum super hiis, assignabit ; et quod ipse baillivus sic deinceps faciet, absque novo mandato, quotiens similes casus evenient inter partes predictas ; et sub hac forma dabitur littera burgensibus antedictis [2]. In cujus.... Actum Parisius, die martis post Epiphaniam, anno.... m° ccc° primo.

<small>[1] Ce cahier ne contient sans doute que les cotes d'une seule paroisse, car le total de ces cotes ne s'élève qu'à ix^c iiii^{xx} vi ℔ réparties entre 610 individus. La disposition des cotes et des noms des contribuables, est d'ailleurs la même que dans le compte que nous avons donné à la date du 6 janvier 1286. (*Archiv. Adm.*, tom. 1, p. 1012.)

[2] Cette pièce nous paraît fausse, et cependant, à dater du 23 décembre 1361 (voir à cette date), elle va, dans les questions de récréance, établir une jurisprudence nouvelle</small>

XXI.

12 février 1302.

ÉLARGISSEMENT d'un bourgeois, prisonnier sous prévention criminelle.

Livre Rouge de l'Échev., p. 90.

Comme li baillis de Rains eut pris, et détenut en prison, Jehan le Large, fil Hue, fil jadiz Jehan le Large, pour soupesson de la mort Ponsart Ferrouèle, de Biauru, qui demouroit à Trois-Puis, en la maison qui fu Thoumas le Poiz; et puis, li bailliz devant diz eut recréut celui Jehan par seurteit; après ce, l'an de grâce M. CCC et I, le lundi après les octaves de la Chandeleur, li bailliz de Rains délivra par droit le devant[dit] Jehan, de la soupesson devant dite; et quita dou tout, lidiz bailliz, la seurté celui Jehan. Ce fu fait en palais de Rains, en présence de Pierre Cuissart, Oudart de Bourgongne, Pierre Pascart, et Hue le Large le jone, eschevins de Rains.

XXII.

28 février 1302.

ARREST de parlement.... par lequel fu dit, que se l'arcevesque

favorable à la bourgeoisie, contraire aux droits acquis de l'archevêque. Voici les principaux motifs qui nous ont porté à douter de son authenticité :

1°. En tête de l'arrêt du 9 janvier 1302 se trouve un préambule qui est le même que celui de l'arrêt du 28 février 1302. (Voir à cette date.) Ces deux pièces ne varient que dans leur dispositif. Pourquoi, à six semaines de distance, deux arrêts dans la même cause? Pourquoi un exposé semblable, et des conclusions si différentes? Pourquoi enfin le second arrêt est-il moins favorable que le premier?

2°. Si l'arrêt du 9 janvier accorde aux bourgeois un acte perpétuel de récréance provisoire, comment n'y a-t-il jamais été fait allusion dans les nombreux débats soulevés à cette occasion entre l'échevinage et l'archevêque? comment, le 23 décembre 1361, celui-ci pourra-t-il affirmer à la cour que, depuis soixante ans, aucune des lettres de récréance obtenue n'est conforme à cet arrêt?

3°. Si l'arrêt du 9 janvier 1302 existe, comment, trois ans à peine écoulés, les echevins incarcérés n'allèguent-ils, dans l'acte du 2 mai 1306, pour obtenir leur récréance, que leur charte, et un *long usage*?

4°. Comment Rogier, en analysant un acte du 4 novembre 1306 (voir les notes de l'acte du 7 mai 1306), indique-t-il, au nombre des demandes faites par les échevins, celle d'un arrêt perpétuel de récréance?

5°. Comment l'arrêt du 14 décembre 1306 atteste-t-il que les échevins réclament toujours la récréance par provision?

6°. Comment l'arrêt du 2 janvier 1308, arrêt extrait des cartulaires de l'Échevinage, prononce-t-il que les échevins n'auront point d'arrêt perpétuel de récréance?

7°. Comment l'arrêt du 27 février 1309, revenant sur celui du 2 janvier 1308, ordonne-t-il une enquête, pour savoir si les échevins auront, ou n'auront pas, l'arrêt perpétuel?

8°. Comment enfin le 15 mars 1317 cet arrêt, ou quelque chose d'approchant, paraît-il accordé, mais en des termes bien plus généraux que ne le sont ceux de 1302? On le voit, en présence de tant de contradictions, il est impossible de maintenir l'authenticité de l'acte du 9 janvier.

prent ou détient aucuns des bourgeois, et il est requis de les rendre selon les poins de la chartre, s'il ne les rent, la congnoissance en retournera en parlement; et là, par parlement sera faite raison.

<small>Livre Blanc de l'Échev., fol. 61 v°.</small>

Philippus.... Notum facimus quod cum dilectus.... archiepiscopus remensis, in curia nostra peteret revocari quandam litteram, quam burgenses (*sic*) civitatis remensis concesseramus, ad baillivum viromandensem, de manutenendo ipsos in suis possessionibus et saisinis; et e contra, dicti burgenses pluribus racionibus proponerent dictam litteram stare debere, et execucioni esse mandandam : tandem.... per arrestum curie nostre dictum fuit, quod dicta littera in forma in qua est non tenebit[1]; verumtamen si dictus archiepiscopus, contra punctum carte burgensium, per inclite recordacionis Philippum, quondam regem Francorum, abavum nostrum, facte, prisias aliquas per eum, vel gentes suas, factas, [de bonis burgensium, vel] dictos burgenses, de personis eorum, teneat, aut aliquid faciat seu fecerit contra punctum dicte charte, audita burgensium requesta, curia super hoc eis faciet id quod racionabiliter fuerit faciendum. In cujus rei.... Actum die mercurii ante Cineres, anno m° ccc° primo.

XXIII.

DE proprietate garde monasterii S. Remigii remensis, religiosis ejusdem monasterii, et procuratori regio, adjudicata. <small>Février 1302.</small>

<small>Archiv. de Saint-Remi, liass. 17, n° 8, et cart. A de Saint-Remi, p. 95.</small>

Philippus.... Notum facimus universis...., quod cum inter procuratorem nostrum pro nobis, et religiosos viros abbatem et conventum monasterii B. Remigii remensis pro se, ex una parte, ac dilectum et fidelem archiepiscopum remensem pro se, ex altera, questio esset mota;

---

[1] Ce passage renferme la seule objection qu'on puisse présenter en faveur de l'acte du 9 janvier 1302. La lettre de récréance ne subsistera pas *dans les termes où elle est conçue*. Donc on la rétablira dans d'autres termes; et c'est ce que fait l'arrêt dont nous nions l'authenticité. — Ce raisonnement ne nous semble point parfaitement juste; de ce que la lettre de récréance est abolie *dans les termes où elle était dressée*, il ne suit qu'une chose, c'est que la cour ne se prononce pas encore absolument sur l'existence même d'une lettre quelconque de récréance. Elle se réserve sans doute de prononcer ultérieurement sur ce point; et en effet elle le videra, et le videra par la négative, le 2 janvier 1308.

predicto archiepiscopo, ecclesie sue nomine, pluribus causis et racionibus asserente, et petente, per judicium nostre curie declarari, ac pronunciari, proprietatem ' garde dicti monasterii, pertinenciarum, et membrorum ejusdem, sitorum Remis, et infra banleucam remensem, ad ipsum, ecclesie sue nomine, pertinere debere; et e contra, procurator noster pro nobis, dictique religiosi pro se, pluribus causis et racionibus proponentes dictam gardam ad nos, non ad dictum archiepiscopum, pertinere, peterent nos, et ipsos religiosos, absolvi debere ab impetitione predicta; nosque, super predictis, vocatis partibus, inquiri fecimus veritatem : tandem auditis parcium racionibus hinc et inde, visaque inquesta super hoc de mandato nostro facta, visis eciam privilegiis, necnon scriptis antiquis in modum probacionis super hoc a partibus productis, predictos, procuratorem nostrum pro nobis, et religiosos pro se, ab impetitione predicta dicti archiepiscopi super proprietate garde predicte, per curie nostre judicium duximus absolvendos. In cujus rei.... Actum Parisius.... anno m° ccc° primo, mense februario.

XXIV.

18 juin 1302. STATUTUM regium pro ecclesiis remensis provincie [2].

Archiv. de l'Hôtel-de-Ville, renseign. — Cart. AB du chap., fol. 133 v°.

Philippus Dei gratia Francorum rex, baillivo viromandensi, vel ejus locum tenenti, salutem. Regi regum per quem dominamus et regnamus, gratum obsequium impendere procul dubio arbitramur, cum ejus ministris, et hiis precipue qui pontificali sunt prediti dignitate, oportunis assistimus auxiliis, ac venerandas Dei ecclesias, quorumcumque malignorum oppressas incursibus, oportune subventionis auxilio consolamur; scientes profecto, quod ad hoc omnipotens Dominus regum in terris statuit dominium, ut per eorum potentiam perversi a reprobis cohibeantur moribus, et vim patientes de talium manibus eruantur. Hac igitur consideratione inducti, gravaminibus,

---

[1] Le jugement d'août 1281 n'avait prononcé que sur la possession, et non sur la propriété, du droit de garde de l'abbaye Saint-Remi. Celui de février 1302 est le dernier acte de ce long procès qui se débat depuis un demi-siècle.

[2] Ce même statut se trouve, à quelques variantes près, Recueil des Ordonn. 1, 340, sous la date du 3 mai 1302, et adressé aux sénéchaux de Carcassonne et de Beaucaire.

molestiis, injuriis, et variis oppressionibus in quibus per te, officiales, servientes, et ministros nostros tue baillivie, dilectus.... archiepiscopus remensis, necnon et alie persone ecclesiastice, civitatis et provincie remensis, asserunt se et suos multipliciter pergravatos, deliberatione prehabita diligenti, obviare volentes, mandamus tibi :

[I.] Si in maleficiis vel facinoribus flagrantibus, vel alias, absque speciali licentia archiepiscopi, ceperis per te, vel servientes tuos, clericos quoscumque, in possessione clericatus repertos, vel extra habitum clericalem, postquam de clericatu constiterit, seu quod probabiliter pro clericis habebantur tempore captionis, absque qualibet difficultate, et absque redemptione emende cujuscumque pro maleficiis supradictis, eidem archiepiscopo, vel ejus officialibus, ipsos requirentibus, restituas, ipsis casus pro quibus capti fuerunt exprimendo et declarando, ut ipsos puniant ut fuerit rationis; non capiens, nec capi permittens a custodibus carcerum nostrorum, turragia, ab illis clericis qui indebite, et absque causa rationabili, in ipsis carceribus positi fuerint; sed expensis moderatis, quas iidem clerici inibi fecerint, ipsorum carcerum custodes facias manere contentos. Et dum ex parte ipsius archiepiscopi [vel ejus officialium], requisitus fueris, super adjutorio eisdem impendendo, ad clericos malefactores capiendos et cohercendos auxilium impendas, sufficientes servientes tradens, ad stipendia sufficientia ordinariorum eorumdem.

[II.] Quod si contingat ipsos sic captos antea, ex causa in nostris poni carceribus, absque difficultate quacumque et emenda, ut supra dictum est, archiepiscopo requirente, statim restituas;

[III.] Et si commode, absque positione in nostris carceribus in ipsius archiepiscopi carceribus poni possint, ipsos sic ad ejus requisitionem captos, in nostris carceribus non ponas.

[IV.] *Item*, illius prelati, qui nuncios arma ab antiquo in sua provincia portantes habere consuevit, ad clericos delinquentes capiendos, arma portare.pro hujusmodi captione non impedias eosdem.

[V.] *Item*, clericos non conjugatos, viventes clericaliter, ad contribuendum cum laicis in talliis vel collectis personalibus, vel ratione mobilium suorum, non compellas...., nec ob hoc eorum bona capi, seu domos claudi permittas; cavens ne in fraudem, super eorum immobilia, imponantur collecte, vel tallie, in casibus in quibus non fuerint imponende.

[VI.] *Item*, si ipsum archiepiscopum, vel ejus officiales, contra suos subditos, in casibus ad eos spectantibus, procedere contingat, ipsos subditos contra archiepiscopum non defendas, juridictionem archiepiscopi impediendo.

[VII.] *Item*, non impedias rectores, et alios curatos ecclesiarum, parochianos suos, super decimis non feodalibus, coram archiepiscopi officialibus convenire; nec ob hoc bona ipsarum personnarum ecclesiasticarum saisiri, vel ipsas in eisdem impediri, permittas.

[VIII.] Quod si, de ipsis decimis, personas ecclesiasticas arrendationes facere contingat, seu eas ad firmas tradere laicis; propter hoc, ad instantiam ipsorum laicorum, ipsas personas ecclesiasticas, licet firmas non servantes, ad respondendum coram te, non compellas, cum hoc nostram juridictionem non contingat.

[IX.] *Item*, super cognitione causarum legatorum ad pias causas factorum, dotium, et propter nuptias donationum, de quibus noveris ipsum, et predecessores suos, cognitionem ab antiquo habuisse, non impedias eumdem, nec ipsi super hoc inferas, nec permittas inferri, indebitas novitates.

[X.] *Item*, Judeos originarios archiepiscopatus, et in terris in quibus archiepiscopus omnimodam juridictionem habet commorantes, et pro ipsius libito taillabiles, cum nostris Judeis, in talliis et collectis super Judeos nostros impositis, tantum contribuere non compellas.

[XI.] *Item*, pro factis personalibus, clericos clericaliter viventes, et etiam personnas ecclesiasticas, coram te litigare non compellas, licet coram te super ipsis factis personalibus se obligaverint, nec permittas compelli; nec pro delictis ab ipsis commissis condempnationes, vel exactiones aliquas facias.

[XII.] *Item*, si judices ecclesiastici, in casibus ad ipsos spectantibus aliquem excommunicent, vel excommunicatum faciant nunciari, juridictionem nostram temporalem per hoc non impedientes, temporalitatem ejusdem archiepiscopi ob hoc nullatenus capias, nec capi permittas; nec ad hujusmodi excommunicationem revocandum compellas, aut permittas compelli.

[XIII.] *Item,* in casibus in quibus de jure, vel consuetudine antiqua et approbata, ad ipsos spectat cognitio, eos ab ipsa cognitione desistere, per captionem bonorum, vel amicorum suorum, non compellas.

[XIV.] *Item,* si quis per litteras sigillis curiarum nostrarum sigillatas, se obligaverit, et ille obligans in curia ecclesiastica conqueratur de illo cui se obligavit, super usuris, cognitionem ecclesie super hiis nolumus impediri, aut quemquam compelli ad acta in curia ecclesiastica, super hiis habita, revocanda. Nichilominus littere nostre, non exprimentes usurariam pravitatem, executioni debite mandabuntur.

[XV.] *Item,* si alique persone ecclesiastice sint et fuerint in possessione pacifica justiciarum, vel rerum aliarum, ab ipsis, sine cause cognitione, ipsas nolumus desaisiri, nec per fraudem de possessoribus fieri petitores; nec malitiose, quando coram te, vel tuis ministris, cause agitate fuerint, sentencias ferre pro quibus ferende fuerint, differas, nec permittas differri.

[XVI.] *Item,* sine justa causa, in bonis mobilibus personarum ecclesiasticarum, per te... manum non ponas; et si contingat bona ipsius archiepiscopi, vel personarum ecclesiasticarum, ad manum nostram capi,... si reperiatur injuste, vel sine causa rationabili ea capta fuisse, non compellas ipsos servientibus salaria reddere, vel expensas. Si tamen ad instantiam aliorum, hoc forte factum fuerit, ab illis qui hoc manifeste procuraverint fieri, predicta salaria et expense exigi poterunt et levari.

[XVII.] *Item,* si aliqui vassali, tenentes ab archiepiscopo in feodum, in locis de quibus ressortum ad archiepiscopum spectat, per te, vel ministros tuos moniti, super aliquo facto justitie exequendo, et non faciant, vel negligentes existant, non ob hoc per tuos ministros hoc fieri facias, nisi prelatus requisitus in negligentia fuerit, vel defectu, aut nisi in locis aliud de approbata consuetudine habeatur.

[XVIII.] *Item,* bajulos et curiales nostros, contra ordinationem B. Ludovici, emptiones reddituum, vel terrarum, aut negociationes illicitas per se, vel per alios, in territoriis sibi subditis, excercere nullatenus permittas.

[XIX.] *Item,* super ordinatione facta a B. Ludovico, de articulo fractionis pacis, fraudem committi nolumus, nec contra aliorum juridictiones, sub palliatione hujusmodi, contra ipsius ordinationis mentem aliquid attemptari.

[xx.] *Item,* si servientes, vel ministri, aut subditi archiepiscopi, ad mandatum ejusdem, arma consueta portent, pro defensione et custodia nemorum, pascuorum, vel pro executione justitie sue, in locis in quibus hoc consueverunt, ob hoc non capias, nisi casum committant excessivum, in quo ad te punitio pertinere noscatur.

[xxi.] *Item,* si aliqui falsam monetam expendant, in terris in quibus archiepiscopus omnimodam altam et bassam justiciam habere noscitur, non impedias ipsum quominus debitam justiciam faciat de eisdem.

[xxii.] *Item,* si, in casu debito, castra vel terras personarum ecclesiasticarum, ad manum nostram capi vel saisiri contingat, uno serviente in uno loco ponendo, contentum te esse volumus, nisi contumacia, vel protervitas, plures requirat; et servientes hujusmodi moderatis, non excessivis stipendiis, facias manere contentos.

[xxiii.] *Item,* advocationes, et recognitiones, in terris et justiciis dictarum personarum ecclesiasticarum, de novo, in earum prejudicium, non admittas.... Et si que de novo facte fuerint, eas ad statum debitum reducas.

[xxiv.] *Item,* servientes et baillivi, aut alii ministri nostri, in terris, in quibus archiepiscopus omnimodam habet justiciam, officium excercendo, mansiones non habeant, nec assisias teneant, nisi ubi fuerit consuetum.

[xxv.] *Item,* pretextu alicujus gardie nostre antique in personis ecclesiasticis, non impedias juridictionem ecclesiasticam prelatorum. In hiis tamen que ad ipsam gardiam nostram spectant, jus nostrum, et illorum qui sunt de nostra antiqua gardia, conserves.

[xxvi.] *Item,* in locis in quibus consuetum est in instrumentis juramenta, vel fidem, poni a notariis baillivie tue, ad requisitionem contrahensium, non inhibeas apponi fidem et hujusmodi juramenta.

[xxvii.] *Item,* confugientes ad ecclesias, non extrahas ab eis..., nisi in casibus a jure permissis.

[xxviii.] *Item,* si abbates, vel presbiteros, aut alios clericos capi, vel verberari, seu eis insidiari, ab aliquibus subditis nostris contingat, de talibus factis ad laudem Dei, prout ad te spectat, justiciam facere non retardes; sed defendas eos ubi defensio requiretur, prout ad te noveris pertinere.

[xxix.] *Item,* si aliqui de tuis ministris, vel servientibus, sint denunciati excommunicati, appellatione ipsam excommunicationem non precedenté, non permittas per eos impediri divina officia, in ecclesiis remanendo, contra prohibitionem sacerdotum.

Actum Parisius, die lune post Trinitatem, anno Domini m° ccc° secundo.

XXV.

MANDEMENT au bailli de Vermandois, pour convoquer l'arrière-ban de son bailliage, à Arras. — 5 août 1302.

La Roque, arrière-ban, p. 96.

XXVI.

EPISTOLA concilii remensis ad Bonifacium papam VIII, adversus capitula ecclesiarum cathedralium. — 30 septembre 1302.

Mansi, Suppl. concil., III, 258. — Marten., vet. mon. VII, 298.

XXVII.

[ANNO Domini m⁰ ccc⁰ II⁰. Li jugement de ceste année.] — 1302.

Livre Rouge de l'Échev., p. 90.

¹ Plais estoit meus par devant le prévôt de Rains, entre Jehan le Plat d'une part, Herbert le Normant, comme mainbour des enfans Robert de la Venne, et Aubert le bouchier, pour tant comme il li touche, d'autre part, seur ce que cis Jehan requeroit que fosses qui sont près d'un mur celui Jehan, qui est en l'escorcherie, fussent retraites arrier doudit mur II piez et demi; et li devant dit Herbers et Aubers disoient que lesdites fosses devoient demourer, car elles i avoient esteit par I tenure, et par II, et par plus, à veue et à seue de celui Jehan, et de tous ciaus qui veoir le vorrent. Et disoient encore lidit Herbers et Aubers, que cis Jehans tient une maison en l'escorcherie, à roie des escorcheries lesdiz Herbert et Aubert, et entre ladite maison et les escorcheries, a I mur qui les clot, liquez murs est ledit Jehan deseur closure, et est lidiz murs corrumpus, et mauvais, et périlleus, deseur closure; si requéroient que lidiz Jehans fust contrains à remettre ledit mur en estat, par que li péril en fussent osteit, et que damage n'en venit à eus, ne à autre. Eschevin oïrent les raisons des parties, et se meirent les parties en droit.

¹ « CHAUSSÉE. »

Drois fu diz des eschevins, par conseil de bonnes gens, que les fosses devant dites devoient demourer en teil point comme elles estoient, et que lidiz Jehans devoit refaire le mur par quoi damages n'en venit à ses royés.

Le sires de Rains tenoit en prison Thierri Gorgier, pour soupesson de ce que il disoit que cis Thierris avoit marchandé de occire Jehan Nepo; cil Thierris fu en prison III quarantainnes et III quinzainnes, et ot toutes ses criées, ne n'uns ne s'aparut contre lui ; si requeroit qu'il fust délivrez par droit.

Droiz fu diz des eschevins, par consel de bonnes gens, que Thierris seroit delivrés; mais il donroit seurteit d'estre à droit en la court dou signeur.

Plais estoit meus entre Aubri Phelippart d'une part, et Aubri de Blanzi d'autre, seur ce que A. Felippart disoit que A. de Blanzi li avoit donné le sisienne d'une maison séant en la Cousture, en la jurisdiction le maieur. Cis A. de Blanzi li nia le don; et s'il avoit fait don à celui A. Felipart, si disoit-il qu'il estoit de nule valeur. Et cis A. Felipars disoit que li dons estoit bons. A la perfin s'acordent lesdites parties que eschevin veissent le don, et deissent par droit ce qu'il leur sambleroit que bon fust.

Eschevin veirent estrument que cis A. Felipars apporta à prouver le don, et deirent par droit, et par consel de bonnes gens, en présence dou maieur de la Cousture, que li dons que cis Aubris de Blanzi avoit fait à celui Aubri Felipart estoit de bonne value.

Plais estoit meus entre Marie qui fut femme Cochet des Fossés d'une part, et les enfans le Caussin d'autre, seur ce que ladite Marie disoit qu'ele estoit en saisine de la moitiet d'un mur qui est en bourc de porte Checcre, qui clot l'une partie et l'autre ; et lidit enfant disoient que ladite Marie n'avoit riens en dit mur deseur closure, ains estoit tous leurs. Eschevin veirent le liu, et oïrent les raisons et les tesmoins des parties, et se mirent les parties en droit d'eschevins.

Drois fut diz des eschevins, par consel de bonnes gens, que li enfant le Caussin doient avoir la saisine, par deseur closure, dou pignon dou mur devant dit.

Li maistre de Saint-Ladre de Rains firent demande contre Raulet le Papelart, qui fu niés Jaques de Courmeloi, et disoient que cis Raoulés tient une maison séant à Rains en chemin de porte Checcre, devant la porte, par devers le marchet, delez la maison Guerri le Boulengier, laquez maisons est tenue et obligie as frères de Saint-Ladre de Rains en xl d. de annuel et perpétuel sourcens, à Noë; si requeroient à celui Raulet qu'il les paiast. Cis Raulés disoit que ladite maisons ne leur devoit riens. A la parfin lesdites parties se misent de ce seur eschevins.

Eschevin veirent lettres, et oïrent les raisons des parties, et dirent par droit, et par conseil de bonnes gens, que la devantdite maisons estoit tenue et obligie as frères de Saint-Ladre, en XL d. de annuel et perpétuel sourcens devantdit.

XXVIII.

CONCILIUM compendiense a Roberto de Courtenay, remensi archiepiscopo, cum suffraganeis celebratum.

<small>Cart. E du chap., fol. 69 v°. — Concil. Labb., xi, 1492.</small>

4 janvier 1303.

XXIX.

ACCORD pardevant eschevins.

<small>Livre Rouge de l'Échev., p. 93.</small>

27 mars 1302, ou 12 mars 1303.

Comme Lorins li macécriers d'une part, et Henris c'on dit Paufilés macécriers, d'autre, aient 1 mur commun ensanle en la nouvelle boucherie, entre une chambrette qui est celui Lorin, et l'estal celui Henri, douquel mur il avoit contens entre eux; Sachent tuit que en l'an de grâce mil ccc et II, le mardi devant Mi-quaremme, pardevant Wède de Bourgongne et Pierre Cuissart, eschevins de Rains, à ce appelez comme eschevins, lidit Lorins et Henris vorent et à ce s'accordarent, que lidiz murs, tant comme la teneurs celui Henri contient, soit communs entre eus, et que lidiz Henris pardevers lui s'en puit aidier toutes le foiz qu'il li plaira, ainsi com besoins li sera et raisons sera.

XXX.

ARBITRAGE des échevins sur la distribution de la nouvelle boucherie de Reims.

<small>Livre Rouge de l'Échev., p. 94.</small>

29 mars 1302 ou 14 mars 1303.

Comme descorde et matière de question fut entre les bouchiers de la boucherie nouvele de Rains, de l'assise de leur estaus, et des ruelles de en costé et de derier les estaus, par lesqueiles on entre et ist, et va et vient, entour lesdiz estaus, et de ce que aucuns d'iaus voloient avoir leur estaus plus avant, ou plus haut, que li autre; et requéroient li aucun d'iaus que les ruelles d'en costé les devantdiz estaus, par lesqueiles on entre en iceus estaus, fussent ramenées à la quantiteit, et à la largèce, et en la mennière estroitement et entièrement qui est contenue en la grant lettre faite des convenances et des parsons de ladite boucherie, seellé dou seel, et saingnié dou saing Gosset de Rains, clerc notaire de la court l'arcediacre de Rains; *item*, d'aucunes chambrettes appartenant à Lorin le bouchier; et de ces choses, et de ces descordes, plais eut esteit par lonctens en yaus pardevant le bailli, et pardevant nous eschevins, et tant que à la parfin, pour bien de pais et de concorde, et pour oster toutes dissencions et toutes brigues, qui porroient ou peussent naître dès ci en avant entre eus, des choses devantdites, il fu acordeit par le devantdit bailli, de l'assentement, de la volenteit, et à la requeste des devantdiz bouchiers, que nous eschevin, veue ladite boucherie, et les estaus, et l'assise faite et getée autrefoye des estaus et des ruelles devantdites, ordeneriens et disposeriens des devantdiz estaus, et des ruelles, et de l'assise d'iceus, selonc ce qu'il nous sambleroit que pourfis seroit et porroit estre à ladite boucherie, as bouchiers, et à tout le commun, non contre estant la teneur de la lettre devantdite, ou d'autre errement quelconque.

Et nous eschevin de Rains, veue et regardée ladite boucherie, et l'assise des estaus autrefoiz faite, appelez ceus cui il touche, et eut le tesmoingnage de bonnes gens créaules, dignes de foi, à cui nous ajoutons foi plainnière en ce cas, et en plus grant, considérée et entendue raison et équité, et le grand pourfit de la boucherie, et de tout le commun, pour bien de pais et de concorde mettre et estre perpétuelment entre lesdiz bouchiers, avons dit, en la présence dou sergent le prévôt de Rains, en liu dou signeur, envoiet à ce faire, les devantdiz bouchiers, ou la plus grant partie d'iaus, présens à ce dire et raporter et accorder, que li estaus as bouviers et as moutonniers de ladite boucherie, seront assis alinet pardevant, et aussi haut li uns comme li autres, à droite ligne; et seront et remanront les ruelles par lesquelles on entrera en devantdiz estaus, que [on] appèle entrées, de teil leit comme elles estoient getées et mesurées par Gervaise le charpentier, le clerc notaire devant dit, Cochet Saulin, Adenet Loial, Henri Paufilet, et Winémant Chermet, bouchiers de ladite boucherie, qui en bonne foi et pour le pourfit commun, si comme il nous aparut, les getèrent et mesurèrent; et ne passeront plus avant, ne plus ne mains, des claus qui sont férus de par nous en cheverons dou toit des appendis, et en parois, et averont les portes toutes leur ouvretures en la mennière qui est getée, et avera closure de mur et de torchis entre ladite boucherie, et les chambrettes deseurdites. Et à ce faire furent comme eschevin Pierres Cuissars, Pierres Viellars, et Wèdes de Bourgongne; et comme sergent au signeur, Estènes Pelos. L'an m. ccc et II, le jeudi devant Mi-quaremme.

XXXI.

ORDONNANCE pour le bien, l'utilité, et la réformation du royaume [1].

18 mars 1303.

Livre Blanc de l'Échev., fol. 292. — Cart. AB du chap., fol. 129 en latin, et fol. 135 v° en français. — Ordonn. des Rois de France, I, 354.

XXXII.

ORDONNANCE touchant la subvention à cause de la guerre de Flandres, [subvention pour laquelle l'archevêque de Reims a composé] [2].

23 mars 1303.

Ordonn. des Rois de France, I, 369.

[1] Cette célèbre ordonnance, qui se trouve Collect. du Louvre, I, 354, sous la date du 23 mars 1302, est insérée tout entière dans le Cartulaire principal de l'Échevinage, ainsi que les ordonnances de 1356.

[2] L'archevêque, le chapitre et les bourgeois de Reims vont contribuer activement et fréquemment aux guerres de Flandres. Les Cartulaires de la ville sont remplis de pièces qui le prouvent. Nous publierons, d'après leur ordre de date, celles de ces pièces qui auront le plus d'intérêt pour l'histoire locale. Mais nous croyons devoir donner ici même quelques actes d'un intérêt plus général, auxquels sans doute l'archevêque de Reims a concouru comme premier pair de France, et qui se trouvent transcrits à la fin du Cart. AB. du chapitre. Plusieurs de ces actes ont déjà été publiés dans le Corps Diplomatique de Dumont,

XXXIII.

23 mai 1303.

Droit d'échevins sur une question de chaussée.
Livre Rouge de l'Échev., p. 95.

Le mardi devant la Penthecouste, en l'an de grâce m ccc et iii, disoit mais de la manière la plus fautive et la plus incomplète.

5 juin 1305. « *Ce sont les traitiers et accors fais entre les roys de France et les Flammans, depuis l'an* m iii^c *et* v [*jusqu'à l'an* 1328.]

« Premièrement*, par un accort fait entre le roy Phelippe-le-Bel et les Flammans, à Thiez, l'an mil iii^c et v, lidit Flammans furent tenus en xx^m ℔ de rente, qui devoient estre assises en la conté de Retel, et ensuiant, en autre lieu convenable ou royaume. — *Item*, en iiii^c mil ℔, en deniers, à paier par iiii ans, commançant à la feste de la Nativité saint Jehan-Baptiste, l'an mil ccc et vi. — *Item*, à bailler au roy vi^c hommes d'armes pour le servir une année, au leur, en quelque lieu qu'il ara à faire. — *Item*, le roy puet par celle pais envoier iii^m hommes de Bruges, et du terroir, en pélerinage; c'est à savoir mil oultre-mer, se il li plaît, et les autres deçà la mer; et sont tenus monsieur Robert de Flandres, ses frères, les nobles, les bonnes villes, et les gens de Flandres, à contraindre lesdiz iii^m à ce. — *Item*, il sont tenus à abattre et oster toutes les forteresces de v bonnes villes, c'est à savoir de Bruges, de Douai, de Lisle, de Ypre et Gant, sans jamais remettre, ne refaire; c'est à savoir dedens la Nativité saint Jehan-Baptiste, l'an mil iii^c et vii. — Et par ce entendoient les gens de Flandres à ravoir leurs signeurs, c'est à savoir monsieur Robert de Flandres, monsieur Guillaume et monsieur Gui, ses frères, en l'obéissance et en la foy du roy. — *Item*, il doivent donner les milleurs seurteis et obligations que le roy [*sic*, conte?], et soy, regarderont de obéir des ores mais au roy. — *Item*, il furent tenus jurer, et promettre, tous, que il seroient dès ores en avant féauls, loyauls et obéissans au roy, et à ses successeurs, ne que il ne s'alieroient aux anemis du roy, ni à aultres, sanz excepter le roy de France [*sic*, d'Angleterre?], ne ne récepteront, conforteront, ou aideront lesdis annemis du roy, ne ne feront guerre au roy, par euls, ne par autre. — *Item*, se aucun des frères dudit monsieur Robert, ou autres de Flandres, faisoit contre aucune des choses dessusdictes, ledit monsieur Robert, et ses successeurs, sont tenus de le contraindre, justicier, et punir, en bonne foi, sans fraude; et aussi M. Guillaume, et M. Gui, y sont tenus, en tant comme à chascun appartient. — *Item*, se ledit M. Robert, ou ses successeurs, estoient rebelles au roy, ou désobéissans de prendre droit en sa court, ou faisoient contre aucune des choses dessusdictes, toutes leurs terres et leurs biens, en quelque lieu que il fussent, seroient forfais et acquis au roy, et seroit le signeur de Flandres tenus pour désobéissant, se il empeschoit le roy à adrécier aucun meffait, ou justicier son féal et son fief. — *Item*, se ledit M. Robert, ou ses successeurs, estoient défaillans de contraindre, justicier, et punir, en bonne foy, sans fraude, leurs frères, ou autres de Flandres, venans contre aucune des choses dessus dictes, il forferoient leur terres et leur biens, comme dessus est dit; et aussi forferoient leur terres ledit M. Guillaume et ses frères, ès cas dessusdit; mais ou cas que il en feroient leur pouoir, sans fraude, il eschéveroient lesdictes peinnes, ne ne seroit pour ce retardée la restitution des chastiaus; et les biens des rebelles seroient forfais, moitié au roy, moitié au signeur de Flandres. — *Item*, ceste pais doit estre jurée par tous ceuls de Flandres qui ont passé xliii ans, et les sere-

---

* Voir Dumont, I, part. I, p. 341.

Pierres li Petis, maris Souphie qui fu femme Robert le Lièvre, que Heudous li orfèvres avoit fait chever 1 bouel souz terre, contre 1 bouel

mens renouvelez des eschevins et burgmestre, quant il seront fais et créés de nouvel; et les chastelains banneret, et les autres gentilshommes feront ledit serement, et renouveleront dedens XL jours que il vendront en l'ommage de leurs seignours; et le seignour de Flandres est tenus enjoindre à tous ses hommes, devant ce que il facent hommage, et tantost après sans délai, que il aillent à Amiens faire ledit serement au roy, ou à son commandement; et sont tenus promettre que se le seigneur de Flandres, ou ses successeurs, aloient contre ladicte païs, que il seroient pour le roy, contre ledit seigneur non contraitant ledit hommage; et sont tous tenus, eschevins, nobles, non nobles, renouveler ledit serement de cinq ans en cinq ans; et seront renouvelez ou païs de Flandres, ès lieus que le roy nommera. — *Item*, avecques les chastiaulx de Lisle, de Douay et de Béthune, lesquielx le roy tient jà, M. Robert de Flandres estoit tenus de mestre en la main du roy les chastiaux de Cassel, et de Courtrai, jusques que les xx^m ℔ de rente fussent assises, les forteresses abatues, et les pélerins envoié; lesquels deux chastiaux devoient estre tenus et gardez aux despens raisonnables des issues desdis chastiaux et chasteleries; et en feront chasteleins admenistrer despens raisonnables aux gardes desdis chastiaux establis de par le roy, toutesfois que en seront requis; et aussi le seurplus des issues des III autres chastiaus, qui demoura oultre les despens des gardes, tourra par devers ledit M. Robert, en le descarjant des xx^m ℔ que il doit chescun an poïer, jusques à tant que la rente soit assise; et avecque ce, s'elle n'estoit assise dedens le terme dessus dit, M. Robert en paieroit Lx^m ℔ de peinne; ou se les forteresces n'estoient abatues, ou les pélerins envoiez, dedens les termes dessusdis, le roy tendroit tous les chastiaux dessusdis, jusques à tant que toutes les choses dessusdictes fussent accomplies, et les Lx^m ℔ de peinne paiez; et en feroit le roy tous les frais et les profis suiens, exceptés les chastians de Cassel et de Courtray, lesquels le roy tendra comme gages simples. Et combien que il soit dit que les chastiaux de Lisle et de Courtrai, doivent estre rendus, les choses accomplies, toutesvoies fut-il accordé que le roy les pourroit faire raser, pour ce que il les fist faire, le fons demourant au signeur de Flandres. — *Item*, se la grigneur partie des xx^m ℔ de rente estoit assise en bonne foy, elle tendroit, quant ad ce, que la peinne des Lx^m ℔ livres ne fust commise, ne mais que le seurplus fust assis dedens un an; quer autrement toute la peinne seroit commise. — *Item*, le seigneur de Flandres sera tenu à faire droit, o le conseil de II ou III preudhommes que le roy li baillera, à ceuls qui ont esté de la partie du roy; et se dou droit d'aucuns griés ou injures à euls faites par le signeur, ou par les autres justiciez de Flandres, desqueils griés I proudhomme mis de par le roy, et I autre de par le signeur de Flandres, enquerront, et rapporteront la vérité. — *Item*, les héritages seront rendus, et les damages restituez, fais depuis la trièue donnée à ceuls qui furent de la partie du roy, et leur seront tous meffais pardonnez. — *Item*, les collations des bénéfices faites en Flandres, et en Béthune, par le roy, jusques au terme de la païs, demouront en leur vertu paisiblement; et seront tous ceulx de Flandres tenus donner lettres de garder, et tenir fermement, toutes les choses contenues en la païs, et les renouveler toutesfois que il en seront requis. — *Item*, tous ceuls de Flandres requistrent dès idonc leur ordinaires et au Pape de geter sentences et entredis en eulx, en leur terres, et en leur appartenances, se il estoient de rien rebelles, sanz ce que il fussent absolz, fors à la requeste du roy. Mès combien que les sentences fussent encourues, ou les forfaitures commises, ne doivent les sentences estre publiées, ne les forfaitures mises à exécution, jusques à tant que le signour de Flandres, appelé par cri en palais à Paris, par III mois de terme, soit

que lidiz Pierres a en sa maison, liquez H. i avoit fait chever plus près doudit P. que raisons ne fust.

jugiez du mesfait par ses contumaces ; ou par ce que, li présent, ne se pourroit purgier du meffait, par tant de pers comme le roy pourra avoir bonnement, et par douze de haus et puissans, les plus convenables, que le roy i voudra mettre. — *Item*, toutes alliances entre les nobles, et touz autres Flammans, d'entre-aidier euls contre le roy, ou contre le conte, ou leur successeurs, sont mises au nient ; et doivent jurer que jamais, en temps à venir, teles convenances, ni aliances, ne feront. — *Item*, en ceste pais et accort, sont contenus et enclos le roy de Noirrouer [*sic*, Navarre?]*, et tous les autres aliez aidans, excepté le conte de Hainau**, en tant comme la terre de Hollande le touche. — *Item*, le conte de Flandres doit faire jurer à tenir et garder ceste pais touz ses justiciers, et autres ménistres, de quelque lieu que il soient, quant il enterront à son service. — *Item*, le conte de Flandres délessa par après au roy, pour x^m lb de rente, en soy deschariant des xx^m lb de rente, que li et ceuls de Flandres devoient asseoir audit roy, les chastiauls et villes de Lisle, de Douay et de Béthune, avecque toutes leur *appartenances* et charjes, queles que il fussent ; et renunça ledit conte à une grâce que le roy li avoit faite, que si tost que la terre seroit assise, lesdis chastiaux repairassent à leur estat ; et les délessa du tout au roy, comme dessus est dit ; et les autres x^m lb de rente doivent et puevent racheter, en paiant vi^c mil lb de tournois, de bonne et fort monnoie, avecques les autres sommes d'argent en quoy il sont tenus.

31 juillet 1313.

« *Item*, par un accort fait entre ledit roy Phelippe-le-Bel, et le conte de Flandres, à Arras, l'an m. ccc xiii, le derrenier jour de juillet***, fut accordé que les forteresses seroient abatues, tantost sanz délai, en la manière que il est contenu en la pais ancienne. — *Item*, que nul du mesnage du conte ne soit de l'aide ou confort des bannis, ou annemis du roy, ains punira tous leur aidans, et fera ce crier solempnement. — *Item*, il fera recevoir les tailles par souffisanz gens, selon la loi et coustume du païs, ou par autres, pour leur défaut, et ne seront emploiées lesdictes tailles en rien jusques à tant que le roy soit païez ; et le seurplus, s'il y est, sera converti en acquitement des debtes de cors de ville. Et pour ces trois articles acomplir, le conte bailla Robert, son fils, et le chastel de Courtrai, en hostages, en retenant les hommages, et tous les fruis, et les collations des bénéfices ; desquels fruis les despens du baillif, et des gardes du chastel, et des jurisdictions, seront paiez. — *Item*, il doit faire les justices du païs de bonnes gens, amans la pais, et les oster sitost que il verra que il voudront le contraire ; et ostera aussi de son conseil tous ceuls qui li desconseilleroient la pais à tenir, et les punira deuement, et touz autres esmouveurs de pueple, ne ne les soustendra ès bonnes villes. — *Item*, il doit faire crier solempnement que nul ne die vilenie dou roy, ne de ses aides, et punira touz faisans le contraire.

« *Item*, autres accors,.... entre le roy Phelippe-le-Lonc, en temps qu'il estoit régens, et les Flammans, l'an m. ccc et xvi, le 1er jour de septembre.... ****.

1er septembre 1316.

---

* Sans doute il est question ici de Louis-le-Hutin, fils de Philippe-le-Bel, et roi de Navarre du chef de sa mère Jeanne, morte le 2 avril 1305. Seulement ce passage prouve que, contrairement à l'assertion de l'*Art de vérifier les Dates* (Rois de Navarre), le jeune prince prit le titre de Roi, immédiatement après la mort de sa mère.

** Guillaume Ier, qui, par traité du 19 mai 1305, avait épousé Jeanne de Valois, nièce de Philippe-le-Bel.

*** Durant les hostilités qui avaient précédé ce traité, l'archevêque de Reims s'était rendu à Saint-Omer, d'où il avait excommunié les Flamands.

**** Cet accord se trouve en entier dans Dumont, *Corps diplomat.*, tom. I, part. ii, p. 33. Seulement il s'y rencontre une faute, et deux passages altérés,

DE LA VILLE DE REIMS.

Il fut dit, par droit d'eschevins, que lidiz Heudous feroit son bouel si avant, et nient plus, comme il estoit contenut ès mesures qui sont

19 avril 1326.

« *Item*, par les accors fais entre le roy Charles*, et ceuls de Flandres, l'an mil ccc xxvi, le xixe jour d'avril, les Flammens sont tenus à abatre les forteresces, vieilles et nouvelles, de Bruges et de Ypre. — *Item*, il doivent faire les paiemens des sommes d'argent en quoy il estoient tenus, desquels faire il avoient esté défaillans. — *Item*, il sont tenus, par serement, [de laisser?] toutes aliances, esmuetes, faites depuis la pais, et encuser tous ceuls qui lesdictes aliances voudroient soustenir, ou renouveler. Et aront ceuls d'Ypre gouvernours en leurs mestiers, qui jureront à tenir et garder le droit de leur signeur, la pais du païs et de la ville, et la pais de France et de Flandres, et espécialement l'article des aliances mettre au néant. — *Item*, il doivent fonder delez Courtrai une maison de Chartrouse, où il ara xii frères, au titre et à l'onneur de Sainte Crois, et en doivent mettre iiii^m ℔ tournois en la main de l'official du doyen et de l'arcediacre de Tournay, qui jurront de les convertir en ladicte besoingne, bien et loyaument, et non en autres usages. — *Item*, il feront satisfacion convenables aus églises et abbéies dammagiées par lesdictes esmuettes, au dit de iii preudes hommes, députez ad ce de par les églises, et de iii autres députez de par euls; et feront aussi lesdiz sis hommes païer les debtes et droitures en quoy les églises sont tenues à ceuls du païs. Et ou cas que les vi ne pourroient accorder, le roy députera le septiemme, du païs; si que, ce que les vii ne ordeneront, ou la grigneur partie d'eulx, dedens vi sepmaines après le terme des vi premières, c'est à savoir après la Saint-Remy, sera tenu. — *Item*, le roy pourra envoier cent de ceuls de Bruges à Saint-Jaque, cent à Saint-Gile, et à Vauvert, cent à Rochemadour; ou leur remettre les pélerinages, et prendre x^m ℔, lequel que il voudra. — *Item*, le conte sera remis en sa contée et en sa signourie, et li seront ceuls dou païs obéissans et loyaus, et à ce obligiez par serement, sauf le droit de la souveraineté du roy, et des signours moyens, et la paix de France et de Flandres. — *Item*, ceuls de Flandres paieront au conte, pour ses dammages, cent mile ℔, et i sera enclose la somme de lxvi mille ℔ que ceuls de Bruges li ont autrefois promise par leur lettres, pour la besoingne au conte de Namur; sauf que se il en avoient aucune chose paié, il leur tendroit lieu; et parmi ceste somme de cent mile ℔, le conte se doit chargier de apaisier ceuls de Bruges vers le conte de Nammur et aherdans; et aussi doit-il apaisier ceuls de Géraumont, lesquels, s'il ont offert aucune somme d'argent, leur tendra lieu, et sera abatue, desdis cent mile ℔; et se il ont promis à ceuls de Gand aucune chose, il acompliront; et le dit que ceuls de Gand ont dit sera tenus, en tant comme raison pourra souffrir; et revendra ledit conte de Nammur à tout ce qu'il a eu en Flandres, sanz rien demander d'empiement de ostels, de levées, ne d'autres choses; et pardonrra loyaulment à ceulx de Bruges, d'Ypre, et de Courtrai, et de Géraumont, et à tous leurs adherdens, tous meffais avenus depuis la Saint-Andrieu, jusques au jour de la date de ces lettres. — *Item*, ceuls de Bruges, de Ypres, de Franc, de Courtrai, paieront au roy, pour ses damages, ii^c mile ℔, laquelle somme sera devisée entre euls, si que l'une ville ne sera de rien tenue par le deffaut de paier de l'autre; et ainssi sera-il des cent mile ℔ appartenans au conte; et seront paiez ces ii^c mile ℔, en tele mennière, que à

---

que notre manuscrit nous permet de rectifier. 1°. Au lieu de N. D. de *Rochemaidène*, lisez de *Rochemadour*. 2°. Au §. 4, remplacez le passage où se trouvent des ** par ce qui suit. *Item, ce qui estoit encore deu des* iiii^c *mile* ℔, *sera paié en fort monnoie*.

3°. Au §. 8, corrigez un passage semblable par ce qui suit : *il n'iront jusques à* viii *jours après la date de ceste lettre*....

* Voir Dumont, I, part. ii, p. 85.

pardevers eschevins, et le habrigeroit si fort de massonage, que damages n'en veint à la vile, ne audit Pierre; et se damages leur en venoit, Heudous seroit tenus au rendre.

ceste feste de Noël, il en paieront xx^m lb, jusques à tant que la somme soit parpaiée. — *Item*, ceuls de Flandres qui ont esté hors du païs, pour cause de ces esmeutes, et ont esté ou païs puis la prise du conte de Flandres, jusques à ores, se il n'ont esté bannis par loy, revendront au leur, en l'estat où il sont maintenant, sauf ce qui a esté dit et traitié par ceuls du Franc, de Furnes, de Bergues, et d'autres lieus voisins, et de Courtrai, si que il apparra par traitié fait sur ce espécial. — *Item*, le roy doit envoïer de 11 ans en 11 ans, en Flandres, gens convenables pour faire renouveler le serement des bonnes villes, et garder la païs, laquele sera leue devant les genz de païs, de point en point; et orront lesdis commissaires les comptes des recevceours du païs, de l'argent receu pour paier le roy, et donrront aus bonnes villes, et à ceuls du païs, lettres de quittance, si que satisfacion faite, toutes exactions cessent. Et seront les procurours des Flammans en sauf-conduit du roy, en alant et venant pour ceste cause. Et demeure l'autre païs en sa vertu de toutes choses, fors de celles qui sont ci nommées. — *Item*, parmi ces choses, le roy leur pardonrra touz mautalanz, et leur pourchassera leur absolucion, et lessera les marchandises courre, et leur remettra toutes peinnes encourues pour les causes dessusdictes; et seront les prisonniers, pris pour lesdictes esmeutes, rendus en quelque lieu que il soient tennus; et aussi les biens qui ont esté levez, et encore sont en arrest, seront délivrés.

« *Item*, par les ordenances faites, et les accors, entre le roy Phelippe de Valois, et les Flammens, toutes les païs faites en temps passé doivent estre gardées de point en point. — *Item*, toutes les forteresces de Bruges doivent estre abatues, et les fossez arasez, dedens ce jour de Pasques, et doit l'en commencier dedens le xxe après Noël; et est sans jamais estre refaits. — *Item*, que tous les paremens de Bruges soient ostez, dedans le xxe jour de Noël, et que l'on n'en puisse jamais nul refaire. — *Item*, que nul foulons, tisserants, teliers, taneurs, bouchiers, poissonniers, corretiers, boulengiers, taverniers, ni autre ouvrier, de quelque mestier que ce soit, ne portent armes de ores en avant, en appert, ni en occult; ains se desgarnissent de celles que il ont, dedens le xxe jour de Noël. — *Item*, que nuls hommans, doyens, vindres, ne autres chevetaines quelque, ne puist dès ores en avant estre mis en ladicte ville. — *Item*, toutes males toultes couranz en la ville sont ostées, rappellées, et mises au nient, se ce n'estoit par la volonté du roy.

Comment li roys d'Angleterre devinst homme du roy de France.

« Sire, li roys ne vous entend point à recevoir, ainsi comme il a esté dit à vostre conseil, des choses que il tient, et doit tenir en Gascoigne, et en Agenois, et ès autres parties de la duchié de Guiane, et des appartenances, et ailleurs, lesqueles tenoit, et devoit tenir, li roys Charles, et de quoy lidis roys Charles fest protestacion qu'il ne vous entendoit à recevoir en son hommage; et ne veust li roys, ne n'entent, pour chose que il face à présent, en vous recevant, que nul préjudice li soit fait aux choses dessusdictes, ne en son droit.

« Sire, vous devenez homme du roy monseigneur, de la duchié de Guiane, et de ses appartenances, que vous congnoissiez à tenir de luy, comme duc de Guienne, et per de France, selonc la forme des pais faites entre ses devanciers roys de France, et vous, et vos ancestres roys d'Angleterre, et ducs de Guienne, et selon ce que vous, et vos ancestres roys d'Angleterre et dux de Guienne, avez fait par meisme la duché à ses devanciers roys de France. Et li roys messires vous reçoit, sauves les protestacions et les retenues dessusdictes. Dites : Voire. »

XXXIV.

Accord passé devant les échevins, entre les maîtres de la pelleterie et les corroyeurs de Reims. 23 mai 1303.

Livre Rouge de l'Échev., p. 95.

L'an de grâce mil ccc et iii, le juedi devant Penthecouste, fu acordeit entre les maistres de la peleterie et les conreurs, que li conreur averont de conrer piaus de lièvres v s. et demi dou cent. *Item*, de grans comnins iii s. et demi; de petis comnins, iii sols; d'espaingnoles, iiii s. parisis, tous.

XXXV.

Provocatio prioris et conventus S. Remigii remensis ad concilium generale, contra Bonifacium papam VIII, directa. 4 août 1303.

Archiv. du Roy., J, cart. 483.

Universis..... prior et conventus monasterii S. Remigii remensis, ordinis S. Benedicti, salutem in Domino sempiternum. Noveritis quod nos, anno Domini millesimo trecentesimo tertio, die dominica post festum B. Petri ad vincula, in nostro capitulo congregati, auditis expositisque nobis per venerabilem virum magistrum Petrum de Lauduno, archidiaconum balgensiacensem in ecclesia aurelianensi, et plenius intellectis provocationibus et appellationibus ex parte excellentissimi principis domini Philippi Dei gracia Francie regis illustris, ac reverendorum in Christo patrum dominorum archiepiscoporum, episcoporum, abbatum et priorum, ac baronum regni Francie, quorum nomina in publicis instrumentis super hoc confectis plenius continentur, ex certis causis, et sub certis modis, in eisdem seriosius expositis et attentis, ad sacrum congregandum generale concilium, vel ad futurum verum et legitimum summum pontificem, vel ad illum, seu ad illos, ad quem, vel ad quos, de jure foret appellandum, pro se, et sibi in hac parte adherentibus, seu adherere volentibus, contra B. nunc papam octavum, interjectis, ne dictus B. motus seu provocatus ex hiis, contra predictum dominum regem, prelatosque et ecclesias subditas, et adherentes, parentes, et amicos, quoquo modo procederet, aut procedi faceret, excommunicando, suspendendo, interdicendo, deponendo, privando, vel alias quovis modo, colore quocumque quesito, sua aut alia auctoritate quacumque, prout in eisdem instrumentis publicis plenius continetur; provocationibus et appellationibus, propria deliberatione super hoc prehabita diligenti, adhesimus, et nos premissis omnibus consensimus, et ex abundanti, ex eisdem, et sub eisdem modis et verbis, similiter appellavimus, salva nostri ordinis obedientia et reverentia, et honore ecclesie romane, ac fidei catholice veritate; supponentes nos, nostra, et statum nostrum protectioni dicti sacri congregandi concilii, et predicti veri et legitimi futuri summi pontificis, non recedendo ab appellationibus supradictis, sed eis potius adherendo. In quorum omnium testimonium, nos prior et conventus predicti, sigillum dicti nostri conventus presentibus litteris duximus apponendum. Datum et actum anno, loco, et die predictis.

XXXVI.

4 août et 31 août 1303.

PROVOCATIO scabinorum remensium ad concilium generale, contra Bonifacium papam VIII, directa.

Archiv. du Roy., J, cart. 482.

Universis presentes litteras inspecturis, officialis curie archidiaconi parisiensis, salutem in Domino. Noveritis nos anno Domini M°. ccc° tertio, die sabbati in festo B. Bartholomei apostoli, litteras infrascriptas, sigillo scabinorum[1] remensium ut prima facie apparebat sigillatas, vidisse in hec verba.

Universis......, scabini remenses, salutem in Domino. Cum quamplurima enormia et horribilia crimina, quorum aliqua heresim immanem continent manifeste, contra B. nunc sedi apostolice presidentem, ex parte plurium personarum illustrium, et quorumdam militum, fervore dilectionis sancte matris Ecclesie ac zelo fidei catholice accensorum, significata, dicta, propositaque fuerint, presente excellentissimo principe domino nostro Ph. Dei gracia Francorum rege, et multis prelatis pro suarum ecclesiarum negotiis congregatis, juramentaque assertive prestita ab ipsis illustribus et nobilibus personis ipsa crimina proponentibus et significantibus, prout in instrumentis super hoc confectis plenius continetur; a quibus prefatus dominus rex, et prelati, instanter

[1] Un fragment du sceau des échevins pend encore en effet à l'original; il est conforme à la description que nous avons donnée du sceau entier. (*Archiv. Admin.*, 1, p. 956.)

et pluries fuerunt requisiti, ut, ad honorem Dei, fidei catholice, ac Ecclesie sancte matris, super convocatione generalis concilii convocandi, per quos faciendum fuerit, ad veritatem inquirendam et sciendam super ipsis, et aliis, loco et tempore proponendis, cum ad ipsum regem tanquam Ecclesie pugilem precipuum, et ad prelatos tanquam Ecclesie columpnas, pertineat laborare, operam dare studerent efficacem. Quod, deliberatione diligenti prehabita, necessario debere fieri visum fuit; et, ne ad impedimentum convocationis predicti concilii, contra dictum dominum regem, regnum suum, sibi adherentes, contra ipsos prelatos, ecclesias suas, vel sibi adherentes, predictus B. per se, vel per alium, sua vel quavis alia auctoritate procederet, vel procedi faceret, excommunicando, suspendendo, interdicendo, statusve eorum deprimendo, vel alias quoquo modo, colore quocumque quesito, ad idem concilium, summumque futurum proximum pontificem catholicum, ex parte ipsorum appellatum exstiterit, ac etiam provocatum; nos nolentes, sicut nec debet, ab ipsorum vestigiis deviare, predicti convocationi concilii, pro nobis, et nostris subditis, consentimus, et illud fieri, prout nos tangit, instanter per presentes supplicamus, prefatis appellationibus et provocationibus adherentes, et nichilominus ex eisdem causis, et sub eisdem formis, ad ipsum concilium, summumque futurum proximum pontificem, et ad illos ad quos faciendum est, in hiis scriptis, pro nobis, nostris subditis, et nobis adherentibus, appellamus, et etiam provocamus; nos, nobis subditos, et adherentes, et adherere nobis volentes, protectioni Dei, sancte matris Ecclesie, dicti concilii, et aliorum quorum faciendum est, in quantum spiritualitatem tangit, ad nostram defensionem supponentes; protestantes nos appellationem et provocationem hujusmodi innovaturos, ubi, et quando, et quotiens, viderimus expedire. In cujus rei testimonium presentibus litteris sigillum nostrum duximus apponendum. Datum anno..... M°.CCC°, tertio, dominica post festum B. Petri ad vincula [1].

Transcriptum autem hujusmodi litterarum fieri fecimus sub sigillo curie nostre, salvo jure cujuslibet. Datum anno et die sabbati supradictis.

---

[1] Voir l'Hist. du diff. de Boniface VIII et de Philippe-le-Bel, preuves, p. 109, 121, 171, etc.

XXXVII.

26 août 1303.

Lettre de compromis soubz le seel de l'arcevesque, sur ce que ycellui arcevesque maintenoit que les eschevins et bourgois estoient tenus lui baillier II° L ℔ par., toutesfois qu'il estoit mandé pour la guerre du Roy, et il leur faisoit savoir [1].

Archiv. de l'Hôtel-de-Ville, renseign. — Livre Blanc de l'Échev., fol. 217 v°. — Marl., II, 599, fragm.

Universis.... Robertus.... archiepiscopus remensis. Noverint universi, quod cum inter nos et dilectos filios scabinos, discordia verteretur...., super eo quod nos dicebamus, quod quotiens ad mandatum.... regis ad exercitum ipsius proficiscimur, vel debitum nostrum ad exercitum regalem vocati facimus, ipsi scabini nomine banni nostri remensis, nobis tradere tenentur ducentas et quinquaginta libras parisienses, secundum quod temporibus retroactis, a quibus non extat memoria, semper fuit Remis observatum; scabinis dicentibus ex adverso, quod ad dictam pecunie summam nobis non tenentur, nisi ad dictum exercitum personnaliter proficiscimur dumtaxat, et nisi, ipsa pecunia

---

[1] Voici une note relative à l'affaire dont traite ce compromis. Elle se trouve dans le Livre Rouge de l'Échevinage, p. 106, mêlée au recueil des *Droits* prononcés par les échevins :

« L'an M. CCC et [III], requéroit li arcevesques aux eschevins, qu'il li baillassent CCL ℔ parisis, pour l'ost de Flandres où il estoit cemons de par le Roi. A ce disoient li eschevin, qu'il ne li devoient mie, ne n'i estoient tenu, pource que encore n'i aloit-il mie en sa persone, et pource que, se il les voloit avoir, il devoit acquiter tous ses bourjois d'aler en l'ost ; et comme il leur fu commandé, et fussent contraint d'aler y, ensi par ses raisons, ne li devoient paier ce qu'il requéroit. En la fin il fu accordé que lesdites CCL ℔ seroient mises en la main Jaque la Coque, son receveur, sur teil condicion que il est devisé en unes lettres scélées dou seel l'arcevesque. Après ce furent li eschevin à Paris pour faire ce que la convenance devisoit, et mirent l'arcevesque en tout défaut, si com il apert par une lettre scélée dou seel dou Chastelet.

« De ces choses eurent consel li eschevin à Paris, de maistre Raoul Grosparni, doïen d'Orliens, de mons Simon de la Sale, de mons Simon de Roibusson, de mons Jaque Brasé, de maistre Renaut de Venderesse, comment il porroient ravoir leur argent de l'arcevesque, et estre quite pour les autres foiz qui porroient avenir, ainsi comme li arcevesques le devisoit par sa lettre.

« Lors tout le consel deseurdit, de commun accort d'eus, dirent que li eschevin n'en poient suirre l'arcevesque en parlement, pour ce qu'il n'oblejoit nuns de ses biens au rendre ; mais tant dirent-il tuit pour certain, que se li arcevesques voloit autrefoiz demander auteil à la vile, la vile s'en porroit deffendre par la convenance de sa lettre, et par son défaut, et en devroient demourer quite et en pais perpétuelment. Et ce consel fu pris en parlement de Pasques, l'an M. CCC et VI, par Oudart de Bourgongne, Jehan la Pance, Henri de Merfau, eschevins. »

mediante, procuremus quod omnes de banno nostro sint immunes, ita quod non teneantur per se, vel per alios, proficisci ad exercitum supradictum, qualitercumque proclametur quod omnes de banno, per bannum et per retrobannum, ad dictum exercitum proficiscantur; nobis e contrario asserentibus, quod nos ipsos de profectione hujusmodi garandizare non tenemur, maxime cum ad mandatum Regis retrobannum proclamatur, cum in hoc superioritatis articulo nichil ad nos pertineat, nec possumus, nec debemus, in tanto suppremo necessitatis articulo, aliquem seu aliquos, eciam si vellemus, excusare, cum id superioris arbitrio, deliberacioni, et potestati, tantummodo relinquatur; tandem pro bono pacis, et [ut?] unicuique jus suum illesum conservetur, ipsaque questio consilio et deliberacione sapientum terminetur; nos, et ipsi, in hoc convenimus, et concordamus, quod infra Resurrectionem dominicam proximo venturam, consiliarios nostros, et suos, quos voluerimus, et voluerint, Parisius insimul congregabimus, et congregabunt, et super hujusmodi questione raciones hinc inde.... exponemus, et exponent, eisdem; et quicquid per ipsos consiliarios concorditer dictum fuerit, id observabimus, et scabini observabunt, sine reclamacione aliqua, et si in hiis faciendis nos, vel scabini, negligentes fuerimus, vel contumaces, contra partem in hiis contumacem ipsa questio, ipso facto, pro terminata habebitur. Si vero dicta questio per dictos consiliarios concorditer, intra dictum terminum, non fuerit terminata, ipsis consiliariis discordentibus, nos, et ipsi scabini, ex tunc tenebimur, et tenebuntur, dictam questionem, et raciones hinc inde, coram magistris parlamentum tenentibus Parisius exponere, et de hiis eorumdem magistrorum concordiam, seu terminacionem, quandocumque, et prout ipsis magistris visum fuerit expedire, de plano, sine lite, et judiciorum quocumque strepitu, ac reclamacione, observare. Datum anno.... M°. CCC° III°, feria secunda post festum B. Bartholomei.

XXXVIII.

STATUTUM concilii remensis provincie[1].

Mart., vet. mon., VII, 1325. — Mansi, suppl. concil., III, 259.

26 décembre 1303.

[1] Voir aussi dans Martenne les décrets synodaux, *ibid.* p. 1353.

XXXIX.

1303   Lettres d'amortissement données par Philippe IV en faveur de l'abbaye de Saint-Denis.

Marl., II, 154, fragm.

XL.

1303   [Anno Domini m⁰. ccc⁰. iii⁰. Li jugement de ceste année.]

Livre Rouge de l'Échev., p. 95.

Li prévos demandoit à Briet le boulengier v. s. pour I petit pain; car li prévos avoit pris II pains de celui B., dont li uns estoit bons au pois, et li autres petiz : s'an demandoit l'amende dou petit. Cis Briés disoit que ses pains avoit esteit bons, et l'offroit à jurer. Li prévos li offri que c'il voloit jurer que li II pains fussent d'une fournée, il se soufieroit. Cis Briés non voloit jurer autrement qu'il l'avoit devant offert, se drois non disoit. Il fut dit par droit d'eschevins, que Briés estoit tenus à jurer que li II pains estoient d'une fournée.

Descorde estoit entre Henri Paufilet d'une part, et Aubert le macécrier d'autre, seur ce que cis Henri disoit que lediz A. li avoit vendut une place à estal, et toute la porcion qu'il avoit en la nouvele boucherie, fors le grant estal celui Aubert, et cis A. demandoit II estaus que cis H. tient en ladite boucherie. A la parfin, lesdites parties, pour bien de pais, de toutes ces descordes se meirent seur eschevins. Eschevin veirent lettres mises en mennière de provance, et virent les tesmoins, et les raisons des parties, et fu drois diz des eschevins, par consel de bonnes gens, que lidiz Henris devoit avoir tout ce que Aubert et sa femme avoient en ladite boucherie, fors le grand estal celui Aubert, à tout les aisances, les appartenances, et les appendices devant, et derier, et en costé, séant entre l'estal Lorin d'une part, et l'estal Cochet Saoulin d'autre ; et fu assaus cis Henris de la demande que cis Aubert li faisoit des II estaus devantdiz.

Perrecars de Vile-Dommange fit ajourner Mile Angermer pardevant le maieur de la Cousture, et li fit demande d'une pièce de terre que cis M. avoit achetée à Clarin de Saci et à sa femme, laqueile fu suers celui P. Et offri cis P. le sort, les ventes, et tout ce que on doit offrir. Cis M. le ressut à hoir, et bien vot que cis Perrecars eut l'éritage, partant qu'il reçut son sort, et ses mises, lesqueles estoient teiles qu'il avoit cette terre fiembrée II foiz dedens III ans; s'en demandoit toutes les coustanges des II fiembreures. A ce respondi lidiz P. que de la première fiembreure ne voloit-il riens rendre, ne tenus n'i estoit, pour ce que cis M. en avoit leveit I froument et I orge; mais de la darraine fiembreure dont li froment estoit encor sur piés en la terre, et de la semence, et de l'ahan, offroit-il à rendre à l'esgart et à la prisié de preudommes. A la parfin, se meirent les parties seur eschevins, en teile mennière que ce qui en seroit termineit seroit dit par droit.

Eschevin se consillèrent diligemment à grant plenteit de bonnes gens, et dirent par droit que Parrecar rendroit à M. le sort, les ventes, les vins, et les autres couz qui sont acoustumeit à rendre en teil cas, et que encore renderoit cis P. à celui M. lx s. parisis pour chascun journel de la terre, pour l'amendement de la première fiembreure. *Item*, renderoit Parrecars à M. les coustanges de la fiembreure, et de la semence, et de l'ahan, de l'année présente, à l'estimacion de bonnes gens. Et fu cis drois rendus l'an mil CCC et III.

Comme coustume nottoire soit à Rains, et aie esteit anciennement, que on ne puet vendre vin plus de VI deniers le lot, et d'abondant li sires, à requeste d'eschevins, fit crier ban que nuns ne vendit vin plus de VI deniers le lot, et aucun tavrenier eussent vendut vin plus de VI d., et li sires les eut fait ajourner, et demandat à chascun amende de LX s., pour ce que bans communs en avoit esteit criés à requeste d'eschevins, ou il jurassent qu'il n'en avoient riens fait; aucun reciurent le sairement par devers eus, et aucun l'amendèrent, et disoient que li amende ne devoit de riens croître pour le ban; se n'en voloient paier, se tant non comme eschevins diroient par droit. Et seur ce li sires et li tavreniers se meirent à droit d'eschevins.

Droit fu diz des eschevins, par consel de bonnes gens, que jà fust ce que bans eut esteit criés à requeste d'eschevins, li tavreniers qui avoient vendut vin plus de VI d. le lot, n'estoient tenut à paier que XXII s. et demi de amende.

Descorde estoit entre Jaquet fil la Chaupelue d'une part, et les mainbours Thiebaut qui fu fix ladite Chaupelue d'autre, seur [ce] que cis Jaques disoit, que par la raison de la succession de la Chaupelue sa mère, il devoit avoir la moitiet d'une maison qu'ele tenoit au tens qu'elle trespassa, séant à Rains, en bourc de Beteni, entre la maison Meline la cruleuse d'une part, et la maison Thoumas Jupin d'autre ; li devantdit mainbour disoient que cis Jaques n'avoit riens en ladite maison, et qu'il avoit quitet à sa mère tout le droit, et toute l'axion, qu'il avoit, et pooit avoir, et devoit, en ladite maison, tant par raison de l'eschance et de la succession de sa mère, comme par autre raison ; et disoient encore que ladite Chaupelue avoit privet celui Jaquet de tous ses biens. Et seur ces raisons les parties se misent à droit d'eschevins.

Eschevin veirent lestres mises de par lesdiz mainbours en mennière de provance, et fu drois diz des eschevins, par consel de bonnes gens, que lidiz Jaques, tant par la quitance et renunciacion qu'il fit à sa mère, quant par ce que sa mère l'a privet de tous ses biens, que il n'a droit en la devantdite maison qui fu sa mère.

Comme par la parson faite des estaus en la nouvele boucherie, Adans Loiaus, et Jacques Culés deussent avoir fenestres en leur estaus, seur le chemin, par devers la larderie, se li sires voloit acorder ; et s'il ne s'i voloit acorder, li macécrier leur devoient ailleurs rècompenseir ; et pour ce que li sire ne s'i vot acorder, li macécrier d'une part, et lidit Adans et Jaques d'autre, se misent seur eschevins de ladite récompensacion.

Eschevin deirent que en récompensacion desdites fenestres, lidit Adans et Jaques tenroient et averoient à tous jours une masure qui estoit commune asdiz macécriers, de la nouvele boucherie, séant devant les estaus au poisson de douce yawe, entre la maison Poncin le wastelier d'une part, et la maison la femme Gérart Cauchon d'autre, en teile mennière, que ladite masure rendera chascun an, as tousjours, as macécriers de la nouvele boucherie, x s. parisis ; c'est asavoir à chascun termine, xxx d. Et à ce se consentirent et acordèrent par leur foiz Adans et Jaques devantdit, et tuit li macécrier de la nouvele boucherie. Là fu apelez comme justice, Jehans, diz li Prestres, sergens le prévost.

Jaques de Roisi trait en cause Brune de Balehan, et disoit que cele Brune donna par don fait entre vif, et par sa foi, à celui Jaques, et à Margarite sa femme, qui fu fille celi Brune, ou au sourvivant d'iaus ii, une maison séant à Rains en Nueve rue, entre la maison qui fu maistre Michiel le Gras, d'une part, et la maison qui fu maistre Thoumas de Saint-Morice le masson, d'autre part. *Item,* disoit cis Jaques que descors mut entre celi Brune et celui Jaques, seur pluseurs muebles et héritages que li une partie demandoit à l'autre, et que de ces descors il se misent seur arbitres; et prononcèrent li arbitre, entre les autres choses, que ladite Brune tenroit et posseroit ladite maison tout le cours de sa vie, et, après son décet, alât où aleir deveroit. *Item,* disoit lidiz Jaques que ladite maison estoit ruynée en la garde de ladite Brune, et que cele Brune la masure avoit mis fors de sa main, et qu'ele avoit la chose toute fourfaite, car elle n'en estoit que usufuiteresse, ainsis comme se elle la tenit en doaire, par ce qu'elle en avoit mis toute la propriété fors de sa main; si disoit lidiz Jaque que à lui appartenoit, et devoit appartenir la chose deseurdite, comme à celui qui sourvivoit ladite Margarite qui fu sa femme. Contre ce disoit ladite Brune que lidiz Jaques et elle, de ladite maison, et de toutes les choses qui li uns pooit demander à l'autre, firent compromis seur certaines persones, liqueil arbitre par leur sentence ajugèrent ladite maison demourer à ladite Brune dou tout, et après son décet alât où deut tourneir. *Item,* disoit ladite Brune que li arbitre avoient prononciet par leur sentence que lidiz Jaques meteroit en leur mains toutes les lettres dont il voloit user contre ladite Brune, et s'il en retenoit aucunes, li arbitre par leur sentence les prononsoient de nule valeur; si requéroit qu'il fût dit, et par droit, cele Brune estre délivre et assaute de la demande celui Jaques. Et seur ce les parties se misent à droit d'eschevins.

Eschevin veirent lettres de par les parties mises en mennière de provance, et oïrent tesmoins trais de par ladite Brune; et fu dit par droit, et par consel de bonnes gens, que ladite Brune estoit assaute de la demande que cis Jaques li faisoit.

Jehans de Baluèvre, comme mainbours des enfans de la fille Robert Ysouart, trait en cause Henri de Cruni, et li demanda une maison par proïmée; et fu ressus cis Jehans à oïr comme mainbours desdiz enfans. Mais lidiz Henris ne voloit mie issir de la maison, deci à tant que grez li fût faiz, aussi bien de ses mises comme de son sort, se droit non disoit.

Droiz fu dis des eschevins, par consel de bonnes gens, que cis Henris n'isteroit de la maison, juques à tant que grez li seroit fait, aussi bien de ses mises comme de son sort.

Pardevant le prévôt de Rains fu faite demande de Heudoul de Laitre, tuteur et curateur as enfans Hersen la Brutine, seur cas de propriéteit d'une maison qui siet à Rains entre la maison Colart d'Avenson, d'une part, et la maison Biautris la Jue d'autre part, la ruele entre deus, laqueile maison estoit Hersen la Brutine en tens qu'ele vivoit, et en fu ladite Hersens, mère asdiz enfans, morte tenans et prenans con de la sieune. Si requéroit li curatère asdiz enfans, contre maistre Bauduin de Heudresivile, Hue le Gras, monsigneur Jehan Gergaut, et monsigneur Pierre de Tours-seur-Marne, que s'il connoissoient que la demande fût voire en la mennière devantdite, que tous li drois de ladite maison de la propriéteit vaingne, et doit venir, pardevers les enfans, en tant que il se dient hoir à plain. Maistres Bauduins et si compaingnon requéroient estre assaut de la demande devantdit, et que ladite maisons fût ajugie à eus. Eschevin oïrent les raisons et les tesmoins des parties, et veirent instrument mis en mennière de provance, et se meirent les parties à droit.

Drois fu dis des eschevins, par consel de bonnes gens, que li drois de la propriéteit de la maison devantdite appartient as enfans la Brutine, en tant que il se font hoir de leur mère à plain.

Pardevant le prévôt de Rains fu faite demande des pourveurs des chartriers de la Mazelainne, contre les filles la Brutine, de VI s. de annuel et perpétuel sourcens, que lidit pourveur demandoient seur une maison séant à Rains seur le pignon de la rue Wautier-le-Noir, au chiés d'amont, devers porte Basel; et disoient lidit pourveur que Jehan de Montoison, et Aalis sa femme, qui furent, avoient vendut le devantdit sourcens, au tens qu'il vivoient, et qu'il tenoient et possessoient la devantdit maison, comme leur, et que pour ce il avoient obligiet cele maison; et à prouveir leur entencion, li pourveur des chartriers devantdiz misent une lettre en mennière de provance. La partie adverse disoit que li devantdit pourveur ne provoient mie bien leur entencion par la lettre, et disoient que ladite maisons, au tens que li vendages doudit sourcens fu faiz, ne fu mie, ne n'estoit, Jehan de Montoison et Aalis sa femme. Li pourveur devantdit offrirent à prover que au tens que lidit Jehans et sa femme vendirent le sourcens devantdit, à penre seur ladite maison, cele maisons estoit leur. Et seur ce eschevin oïrent, et examinèrent diligemment, les tesmoins trais de par lesdiz chartriers; et se misent les parties à droit d'eschevins.

Drois fu diz des eschevins, par consel de bonnes gens, que la devantdite maisons estoit tenue et obligie chascun an, à tousjours, as devantdiz chartriers, en vi s. de annuel et perpétuel sourcens, à paier à iiii termines; c'est asavoir à chascun termine xviii d. Et devant ce que jugemens fu rendus, les devantdites filles promisent, par leur foiz, qu'elles tenroient le jugiet, et qu'elles ne venroient encontre par raison de meneur âge, ne par nule autre raison.

Comme Milés fix jadiz Th. Ellebaut, et Renauz fix H. le Thiez, eussent esteit soupesseneit de la mort Anselet le tailleur de raubes, fil jadiz Robin le Buiteus, pour laqueile soupesson messires l'arcevesques le prit et detin en son chastel de Porte-Marz, et fit crier sollempnement, présent la justice et nous, en jour de marchiet, en semmedi, seur les pons de Porte-Mars, et seur la Pierre-au-Change, par iii quinzaines, et par la quarte d'abondant, ainsi comme on a acoustumé en teil cas, que on tenoit lesdiz Milet et Renaut ou chastel de Porte-Marz, et pour la soupesson de la mort Anselet....; que s'il estoit nuns ne nules, priveiz ne estranges, qui les devantdiz vossit poursuivre, on en feroit bon droit, et les tenoit-on pour faire bon droit. Et fu jugiet de l'eure à chascune criée. Et d'abondant li prévoz de Rains fit savoir par les iiii quinzaines devantdites, au père, au fil, au frère, à la femme, et as autres amis doudit Anselet, que s'il voloient riens demandeir as devantdiz...., on les tenoit en Porte-Marz, pour faire bon droit. Et nuns ne nules, priveiz ni estranges, ne vint avant, ne n'aparut, que riens vossit demandeir as devantdiz.... Si requisent lidit Milés et Renaut au bailli de Rains, qu'il les délivrât par droit; car il disoient que la coustume de Rains estoit teile, que quant aucuns estoit soupesseneiz de la mort de I homme, et il estoit crieiz as droiz l'arcevesque par III quinzaines, et la quarte d'abondant, en la mennière qu'il avoient esteit crieit, il devoit estre délivré, par droit, dou tout, quant nuns ne venoit avant, ne ne aparoit, qui riens li vossit demander de la mort de celui de cui il estoit soupesseneiz. Li bailliz, nous présens, enquit diligemment de la coustume à bonnes gens de Rains, créaules et dignes de foi, et trouva par bonne enqueste que la coustume de Rains estoit teile, comme Milés et Renaut disoient. Et d'abondant il requit à nous eschevins, que nous deissiens par droit se la coustume de Rains estoit bien provée.

Nous, à la requeste dou bailli, et desdiz Milés et Renaut, deimes par droit, et par consel de bonnes gens, que la coustume de Rains estoit bien provée seur ce cas; et deimes par droit, qu'il devoient estre délivrés à plain, et sans seurteit.

Après ceste coustume jugié, nous fu requis doudit bailli, et des enfans, que nous deissiens par droit s'il devoient estre délivré, ou par seurté, ou à plain.

Nous deimes par droit, et par consel de bonnes gens, qu'il devoient estre délivré à plain, et sans seurteit. Et adont li bailliz de Rains délivra dou tout lesdiz Milés et Renaut.

XLI.

1303. An l'an mil. CCC et trois, fu faite I^{ne} taile au ban l'arsevêque de M. M. M. ℔.... et monta li paroche Sain-Denixe IX^{xx} ℔ et II s. Taileur J. Le Borne [1].

Tailles de l'Échev., vol. I, cahier 2.

1303 et 1304. C'est li coïés de la parroche de Saint-Pierre-le-Viez de Reins, l'an.... M. et III^c et III et l'an M. CCC^e et IIII; et monta la taille de ladite parroche V^c LXVIII ℔ receus par les mains J. de Buizy et J. Froument [2].

Tailles de l'Échev., vol. I, cah. 3.

1303 et 1304. C'est li coïés de la parroche Saint-Estène, et de Saint-Morise de Reins. L'an M. CCC. et III et l'an M. CCC. et IIII, fu faite ceste

[1] Le total des cotes est de 394. [2] Le total des cotes est de 394.

taile; et monta la somme de ces deux parroche ccc^e et iiii^{xx} vi ℔ v s., receus par la main de H. Baucen [1].

<small>Tailles de l'Échev., vol. I, cahier 4.</small>

XLII.

MANDEMENT au bailli de Vermandois, contenant règlement pour le prix des grains. Vers mars 1304.

<small>Ordonn. des Rois de France, 1, 426 (*bis*).</small>

XLIII.

PRIVILEGIUM Philippi regis Francorum, in gratiam remensis archiepiscopi et suffraganeorum ejus. 1er mai 1304

<small>Cart. AB du chap., fol. 135. — Ordonn. des Rois de France, 1, 406. — Thes. nov. anecd., t. 1, p. 1339. — Le Blanc, mon. de Fr., p. 214, fragm. — Marl., II, 600, fragm.</small>

XLIV.

MANDATUM Philippi regis, quo capitulo remensi xx libras parisienses annui redditus, in feodis regiis, acquirendi facultas conceditur. Mai 1304.

<small>Archiv. du chap., lay. 62, liass. 186, n° 1.</small>

Philippus.... Notum facimus...., quod nos dilectis nostris decano et capitulo remensis ecclesie concedimus per presentes, quod ipsi in feodis nostris et retrofeodis nostris, ubique, vigenti libras parisienses annui reditus, in distributiones predicte ecclesie convertendas, in die anniversarii inclite memorie Blanche quondam regine Navarre, et Guillermi de Navarra quondam predicte ecclesie canonici, acquirere, sicque acquisita, dummodo non sint feoda nobilia, tam ipsi, quam successores sui, tenere pacifice valeant in futurum, absque coactione vendendi, vel extra manum suam ponendi, vel absque prestatione finantie cujuscumque. Quod ut ratum et stabile perseveret...., salvo in aliis jure nostro, et quolibet alieno. Actum Pontisara, anno D. M° CCC° IV°, mense maii.

<small>[1] Le total des cotes est de 580.</small>

XLV.

15 juin 1304. Statutum regium pro capitulo remensi.

Archiv. du chap., lay. 62, liass. 186, n° 2.

Philippus Dei gracia Francorum rex; notum facimus.... quod nos liberalitatem nobis factam, ex parte venerabilium et discretorum virorum decani et capituli remensium, pro subsidio nostri flandrensis exercitus, ad deffensionem regni nostri, gratam et acceptam habentes, graciosius tenore presencium ipsis duximus concedendum :

Primo quod nos, in instanti festo Omnium Sanctorum, faciemus cudi et fabricari monetas valoris legitimi, et ponderis quorum erant ille que tempore beati Ludovici avi nostri currebant; et intra dictum festum, et subsequens festum Resurrectionis dominice, faciemus paulatim cursum minui monetarum que in monetagiis nostris cuduntur ad presens, prout consulcius fuerit faciendum; ita quod in dicto festo Resurrectionis Domini, vel circa, predictis novis monetis habere faciemus cursum suum.

[II.] *Item,* quod omnia conquesta ab ipsis, sue ecclesie nomine, facta a tempore retroacto, usque ad tempus concessionis hujusmodi, in feodis et retrofeodis nostris, aut subditorum nostrorum, in quantum ad nos spectat, tenere possint perpetuo, absque coactione vendendi, vel extra manum suam ponendi, aut prestandi nobis financiam pro eisdem.

[III.] *Item,* similiter quod possessiones quas pro ecclesiis, et cimiteriis ecclesiarum parochialium, fundandis de novo, aut ampliandis, intra vel extra villas, non ad superfluitatem, sed ad convenientem necessitatem, acquiri contingit, vel jam sint acquisite, de cetero apud ecclesias ipsas perpetuo remaneant, absque coactione vendendi, vel extra manum ponendi, aut prestandi nobis financiam pro eisdem, et quod possessionum hujusmodi possessores, ad eas pro justo precio dimittendas, possint mediante justicia coartari.

[IV.] *Item,* quod bona mobilia eorum non capientur, vel justiciabuntur, in aliquo casu, per justiciam secularem.

[V.] *Item,* quod advocationes, vel recogniciones nove, que ab eorum subditis fient, nullatenus admittentur; et factas de novo, faciemus penitus revocari.

[VI.] *Item,* quod ballivi, et alii officiales nostri, teneantur jurare quod mandata facta, et facienda, per litteras nostras, pro ecclesia remensi, absque difficultate fideliter exequentur.

[VII.] *Item*, quod non impedientur, aut inquietabuntur, super possessionibus, sive redditibus, emptis, vel emendis, in feodis, retrofeodis, aut censivis suis, in quibus omnimodam, altam et bassam, habent justiciam; qui possessiones et redditus taliter acquisitos, perpetuo tenere valeant, absque coactione vendendi, vel extra manum ponendi, aut nobis prestandi finenciam pro eisdem.

[VIII.] *Item*, quod tollentur gravamina eis per gentes nostras illata, ac nostra jam concessa statuta serventur, et ea ballivi nostri jurare tenebuntur se firmiter servaturos.

[IX.] *Item*, quod si decimam, vel aliud onus, ad opus nostrum, per romanam Ecclesiam, eisdem decano et capitulo, durantibus terminis solucionum decimarum nobis concessarum, vel concedendarum, ab eisdem, ut premittitur, imponi contingat, vel impositum jam existat; decimarum ipsarum, et decime, seu alterius oneris, per supradictam romanam Ecclesiam concedendarum, vel concessarum, solucionum termini non concurrant.

[X.] *Item*, quod pretextu gardie antique in personis ecclesiasticis, non impedietur ecclesiastica vel temporalis jurisdicio earumdem.

[XI.] *Item*, quod non est intencionis nostre, nec volumus, quod pretextu exactionum quarumlibet in terris dictorum decani et capituli, ex parte nostra, pro necessitate guerrarum, factarum a personis subditis et justicialibus sibi, de consuetudine, vel de jure, eis aliquod generetur prejudicium, vel novum jus nobis propter hoc acquiratur; et in eisdem libertatibus, et franchisiis, in quibus ante guerras inceptas erant, adhuc perseverint.

[XII.] *Item*, quod ad opus guarnisionum nostrarum, bona eorum, vel subditorum suorum, eis invitis, nullatenus capientur.

[XIII.] *Item*, quod impedimenta, et gravamina, que in feodis, et terris eorum, ponuntur, amoveri debite faciemus.

[XIV.] *Item*, quod super gravaminibus eis, aut subditis eorum, illatis, auditores non suspectos, eisdem, cum requisiti fuerimus, concedemus, qui vice nostra celeris complementum justicie super hoc, prompte et fideliter, exhibebunt. In cujus rei testimonium.......

Actum Parisius, xv^a die mensis junii, anno m^o. ccc^o. iv^o.

XLVI.

15 juin 1304.   Statutum regium pro monasterio S. Remigii remensis.
Archiv. de Saint-Remi, liass. 15, n° 9.

Philippus.... Notum fieri volumus...., quod nos liberalitatem nobis factam, ex parte religiosorum virorum abbatis et conventus ecclesie S. Remigii, pro subsidio nostri flandrensis exercitus, ad defensionem regni nostri, gratam habentes, graciosius tenore presencium ipsis duximus concedendum :

[I.] Quod omnes conquestus ab ipsis factos, nomine ecclesie sue predicte, a tempore retroacto, usque ad tempus concessionis hujusmodi, in feodis et retrofeodis nostris, aut subditorum nostrorum, in quantum ad nos spectat, tenere possint perpetuo, absque coactione vendendi, vel extra manum ponendi, aut financiam prestandi nobis pro eisdem.

[II.] *Item*, quod similiter possessiones quas pro ecclesiis, et cimiteriis ecclesiarum parochialium, fundandis de novo, vel ampliando, intra vel extra villas, non ad superfluitatem, sed ad necessitatem, acquiri continget, vel jam sint acquisite, de cetero apud ecclesias perpetuo remaneant, absque coactione vendendi, et quod possessionum hujusmodi possessores, ad eas pro justo precio dimittendas, possint mediante justicia coartari.

[III.] *Item*, quod bona mobilia eorum non capientur, vel justiciabuntur, in aliquo casu per justiciam secularem.

[IV.] *Item*, quod advocationes, et recogniciones nove, que ab eorum subditis fiunt, nullatenus admittentur; et factas de novo, faciemus penitus revocari.

[V.] *Item*, quod baillivi, et alii officiales nostri, teneantur jurare quod mandata sibi facta, et facienda, per litteras nostras, pro dicta ecclesia, absque difficultate fideliter exequentur.

[VI.] *Item*, quod non impedientur, aut inquietabuntur, super possessionibus, sive redditibus, emptis, vel emendis, in feodis, retrofeodis, aut censivis suis, in quibus omnimodam, altam et bassam, habent justiciam; quin possessiones et redditus taliter acquisitos, perpetuo tenere valeant, absque coactione vendendi....

[VII.] *Item*, quod tollentur gravamina eis per gentes nostras illata, ac nostra jam concessa statuta serventur; et ea baillivi nostri jurare tenebuntur se firmiter servaturos.

[VIII.] *Item*, quod non est intencionis nostre quod pretextu liberalitatis hujusmodi nobis impense, seu pretextu exactionum quarumlibet, in terris predictorum,.... ex parte nostra, pro necessitate guerrarum, a personis subditis vel justiciabilibus sibi de consuetudine, vel de jure, eidem ecclesie, aut personis predictis, aliquod generetur prejudicium....

[IX.] *Item*, quod ad opus garnisionum nostrarum bona eorum, vel subditorum suorum, eis invitis nullatenus capientur.

[X.] *Item*, quod impedimenta, et gravamina, que in feodis et terris eorumdem ponuntur, amoveri debite faciemus.

[XI.] *Item*, quod super gravaminibus eis.... illatis, corrigendis, auditores non suspectos, eisdem, cum requisiti fuerimus, concedemus, qui vice nostra.... complementum justicie super hoc perprompte exhibebunt.

In cujus rei.... Actum Parisius, quindecima die mensis junii, anno....
M° CCC°. IV°.

XLVII.

ARRESTUM quo dictum fuit, quod de appelacione a judicato scabinorum de Cormissi, in causa placitata coram baillivo archiepiscopi remensis, curia regi remanebit.

16 novembre 1304.

Olim, II, fol. 107 r°. — Edit., II, p. 467.

XLVIII.

MANDEMENT au bailli de Vermandois, portant réglement pour le prix des grains[1].

Vers mars 1305.

Ordonn. des Rois de France, I, 426 *bis*.

XLIX.

DECIMA ab archiepiscopo remensi, et ejus suffraganeis, requisita.

12 avril 1305.

Laurière, Gloss., v° *Décim.* — La Roque, ban et arrière-ban, p. 97, fragm.

[1] Voir aussi, *ibid.*, l'ordonnance de révocation.

L.

13 avril 1305.

MANDEMENT au bailli de Vermandois, portant'défenses de faire des tournois.

Ordonn. des Rois de France, 1, 426 *quater* [1].

LI.

1305.

[ANNO Domini] M^0. CCC^0. et V^0. [Li jugement de ceste année.]

Livre Rouge de l'Échev., p. 103.

Jehans li Larges, fix Hue, fil jadiz Jehan le Large, se plaignoit de une fosse que Emmelos Gramaire avoit en sa maison, séant en chemin de porte Checcre, joingnant à mur celui Jehan, et de 1 not qui apportoit les yawes celi Emmelot en cele fosse, et voloit que ce fût osteit. Et cele Emmelos disoit que elle i devoit demoureir, pour ce que si devancier l'avoient longuement tenue en ce point, et l'offroit à proveir.

De ce débat les parties se misent seur eschevins; et, par droit, eschevin oyèrent les raisons et les prueves des parties, et prononcèrent par droict, et par conseil de bonnes gens, que la fosse, et li nos, demourroient en teil point comme il estoient, en teile mennière que Emmelos devoit wardeir ses yawes en teil point que damages n'en venit à la maison doudit Jehan.

LII.

16 février 1306.

DROIT d'échevins.

Livre Rouge de l'Échev., p. 103.

Descorde estoit entre Hue le Large d'une part, et Jehan Cauchon d'autre, seur ce que Jehan Cauchon requeroit que cis Hues retraisist le marrien à moitiet dou mur, qu'il avoit mis à perpain, en 1 mur commun, entre la maison celui, séant seur le marchiet as dras, et la taule celui Jehan; et offroit cis Jehans à rendre moitiet despens de tant comme il avoit dou mur pardeseur sa taule; et parmi ce requeroit que sa partie dou mur fût délivrée doudit marrien, par quoi il peut ouvrer en mur quand il li plairoit. A ce respondoit cis Hues qu'il n'estoit tenus à ce faire, espéciaument en cel orendroit, comme la coustume

---

[1] Voyez même Recueil, p. 454, un mandement semblable daté du 1er septembre 1305, et, p. 493, un autre du 30 décembre 1311.

fut tele, que les taules dou change ne poent estre levées plus haut. Seur ce ils s'acordèrent que eschevin seussent du droit de chascun, seur toutes les choses qu'ils vorroient proposer, en teile mennière qu'il ne poent plus proposer, ne prover, que ce qu'il avoient mis par devers eschevins; et seur ce li eschevins se devoient bien consillier, quel droit chascuns i avoit, et eus délivrer par droit.

Li eschevin s'en cousillèrent à grans plenteit de bonnes gens, et prononcèrent en la mennière qui s'en suit : Premièrement, que de la coustume que Hues avoit proposée, d'endroit que on ne peut les taules plus lever, ne truevent riens li eschevin; et dient li eschevin par droit, et par consel de bonnes gens, que lidiz Hues est bien tenus à retraire son marrien juques à moitiet de mur, quant cis Jehans i vorra le sien marrien meitre, rendans la coustange de la moitiet dou mur deseur la taule celui Jehan. Le venredi devant Quarème prenaut.

LIII.

ARRESTUM curie parlamenti, quo dictum fuit quod, pendente lite inter scabinos et archiepiscopum remensem, scabini et burgenses capti per manum regiam recredentur [1].

2 mai 1306.

Livre Blanc de l'Échev., fol. 332.

Philippus.... Notum facimus quod, cum curie nostre conquesti fuissent scabini...., dicentes quod archiepiscopus, contra punctum carte eorum, per nos confirmate, in multis gravabat eosdem, et maxime in eo quod ipse quosdam de civibus et scabinis...., sine causa racionabili, ceperat, et captos tenebat, et sufficienter super hoc requisitus nolebat

[1] « C'est le premier arrest de récréance*, quy se trouve avoir esté donné par la cour de parlement, après son establissement sédentaire à Paris. Par cest arrest il apparoît... que les eschevins ne vouloient pas procéder pardevant les officiers de l'archevesque, quand il estoit question de leurs droits et priviléges; et ceste question estant [dans cette cause?] la première qui s'estoit agitée en ladicte cour, il fut ordonné que les parties vérifieroient leurs faits, pour ordonner, sur leurs enquestes, quy auroit la court de leurs différens.... On ne voit point l'arrest définitif** intervenu sur ceste cause; mais par un arrest du 20 décembre 1334 (voir à cette date), ceste question semble estre décidée....
(Bibl. de Reims, Rogier, tom. II fol. 8).

* Rogier ne connaissait sans doute pas l'arrêt de novembre 1283, que nous avons donné Archiv. admin., I, p. 989, et ne se rappelait pas celui du 29 juillet 1294 que nous avons donné, ibid., I, p. 1082.

** Voyez les notes qui accompagnent l'acte du 31 janvier 1328.

eos reddere, nec recredere; requirentes quod nos, in defectum archiepiscopi, dictos captos deliberari vel recredi faceremus, et predicta gravamina revocari, cartam suam nostre curie exhibentes, et multas raciones ad hoc pretendentes, et usum longum et continuum super hoc allegantes : e contra archiepiscopus, proponens quod scabini, qui sunt ejus justiciabiles, ab ipso non appellaverant, peciit eos ad eum remitti, et curiam super hoc sibi reddi, multas ad hoc, tam juris, quam facti, raciones disjunctive proponens. Auditis igitur parcium racionibus, cum ipsi [sic, ipse¹] plura facta contraria proposuerint...., per arrestum curie dictum fuit, quod ipsi faciant facta sua ad finem curie super hoc archiepiscopo reddende, vel in nostra curia retinende; et interim capti per manum nostram tanquam superiorem recredentur, si in casu recredencie teneantur, salvo jure partium....¹ In cujus rei.... Actum in parlamento, die lune post festum BB. Philippi et Jacobi, anno.... M°. CCC°. VI°.

¹ L'arrêt du 28 février 1302 avait déclaré que le parlement retiendrait toutes les causes dans lesquelles il s'agirait d'un des cas de récréance garanti par la charte de 1182. Ce point acquis aux échevins, un nouveau procès * recommence à propos d'une récréance qui, selon les échevins, se trouve, qui, selon l'archevêque, ne se trouve pas, du nombre de celles que la charte garantit. Il s'agit d'un vol que les uns prétendent douteux, que la partie adverse maintient notoire. (Voir le texte et les notes de l'acte du 14 décembre 1306.)

Par suite des débats qui s'engagent à ce sujet, les échevins sont jetés en prison par l'archevêque. Ils s'adressent au parlement pour obtenir récréance et d'eux-mêmes, et des bourgeois accusés. L'archevêque réclame à la fois le jugement de ceux-ci comme détenus pour crime notoire, et des échevins qui, selon lui, ne peuvent aller directement en parlement, mais seulement, sans doute, comme appelant d'une première sentence rendue par les hommes fieffés, juges des échevins en d'autres cas. (Voir la charte de 1182, et la sentence d'octobre 1280, *Archiv.* *admin.*, 1, 341 et 971. Voir aussi plus bas le *factum* n° 11, mis en note à l'acte du 2 mars 1309.)

Aux prétentions de l'archevêque, les échevins opposent le fait contraire, c'est-à-dire maintiennent, comme le dira d'une manière plus nette, trois ans plus tard, l'acte du 2 mars 1309, que *super omnibus casibus scabinatum tangentibus*, ils sont en possession de recourir directement au roi, en sa cour de parlement *et coram rege super hiis, non coram alio, litigandi, et standi juri*. Dès lors le débat porte sur l'*Estat de l'Eschevinage*; les magistrats qui le composent resteront-ils, comme ils l'étaient encore en octobre 1280, justiciables de l'archevêque, pour ce qui concerne l'exercice de leurs fonctions, ou deviendront-ils justiciables du roi? Voilà l'importante question qui, à travers mille incidents, mille vexations suscitées par les gens de l'archevêque aux bourgeois, et par les échevins aux gens de l'archevêque, va se débattre durant vingt ans, et qui, au moment de se terminer, sera ajournée, de droit, par l'acte du 6 décembre 1327, mais vidée de fait en faveur de l'échevinage, comme le prouvent

* Ce nouveau procès ne nous semble d'ailleurs que la reproduction exacte de celui sur lequel avait jadis prononcé Saint-Louis. Voir *Archiv. admin.*, 1, p. 778.

LIV.

Mandement royal, par lequel estoit mandé au bailli de Vermandois, qu'il meist à exécucion ung arrest donné au prouffit des eschevins contre l'arcevesque, et qu'il meist à délivrance pluseurs eschevins et bourgois détenus.... ès prisons de l'arcevesque, et qu'il feist récréance par la main du Roy....

7 mai 1306.

<small>Livre Blanc de l'Échev., fol. 307.</small>

Philippus.... baillivo viromandensi, salutem. Mandamus quatenus arrestum curie nostre, super causa inter scabinos de banno.... archiepiscopi remensis...., et archiepiscopum...., super pluribus civibus et scabinis dicti banni in prisione dicti archiepiscopi detentis, mota, nuper prolatum, execucioni debitum [*sic* debite?], juxta sui tenorem demandans, captos ipsos per manum nostram tanquam superioris recredi facias, prout in arresto predicto plenius continetur. Actum Parisius, die sabbati ante Ascensionem Domini, anno ejusdem M°. CCC°. VI° [1].

amplement les relations ultérieures des archevêques et des échevins. Un acte plus explicite que celui du 6 décembre 1327 a dû même consacrer en partie les prétentions de ceux-ci, si nous ne nous sommes pas trompé sur l'interprétation que nous donnons à divers passages de l'arrêt du 31 janvier 1328. (Voir à cette date.) Aux longues discussions qu'entraîne cette question capitale pour l'échevinage se rapportent d'ailleurs un assez grand nombre d'autres pièces que nous donnons en entier, et dont nous jugeons à propos de placer ici l'indication complète, afin que l'on puisse embrasser d'un seul coup d'œil cette foule d'incidents à travers lesquels le procès a marché, et qui pour être bien compris ont besoin d'être rapprochés. Ces pièces sont celles du 2 mai 1306, du 7 mai 1306, du 14 décembre 1306, du 20 décembre 1306, du 2 janvier 1308, du 15 février 1308, du 15 décembre 1308, du 19 décembre 1308, du 10 janvier 1309, du 26 janvier 1309, du 27 février 1309, du 2 mars 1309 avec les trois *factums* que nous y avons joints en note, du 26 mars 1309, du 17 mai 1316, du 25 juin 1316, du 28 août 1316, du 15 mars 1317 (?), du 30 mars 1318 (deux arrêts), du 21 novembre 1318, du 29 novembre 1318, du 2 décembre 1318, des 29 et 31 décembre 1318, du 31 janvier 1321, huit *factums* imprimés à la date du 17 août 1323; puis enfin les actes du 6 décembre 1327, et du 31 janvier 1328.

[1] « Pour l'exécution de l'arrest de récréance [du 2 mai] de l'an 1306, il se trouve, par un mémoire, que le premier dimanche de septembre [4 septembre 1306] en ladicte année, en la salle de l'abbé de Saint-Remy, en présence de plusieurs personnes, le bailly de Reims recongnust, devant le bailly de Vermandois, qu'il avoit délyvré par sa main la Bocette et Guarin Triquèse; et les eschevins requéroient que ces prisonniers fussent recreüz par la main du roy, en accomplissant l'arrest de la cour de France [*]. — Outre ce, ledict mémoire contient les griefs que l'archevesque et sa gent faisoient aux bourgeois de l'Eschevinage, dont les eschevins se pleignoient : premièrement, que quant on tenoit aucuns bourgeois en prison, pour quelque petit meffaict que ce fust, on les grevoit de

[*] Cet acte, que nous n'avons pu retrouver, est aussi indiqué par Bidet, *Échevinage*, pièce 50.

LV.

2 juin 1306.

SENTENCE arbitrale prononcée entre deux bourgeois, sur un différend particulier.

Archiv. de l'Hôtel-de-Ville, renseign.

Nous, eschevin de Rains, faisons à savoir à tous ceus qui ces présentes lettres verront et orront, que comme de la descorde qui estoit entre Oudart dit de Ruffi, d'une part, et Jehesson fil Herbert, dit le Thiés, citoyen de Rains, d'autre, seur ce que cis Oudars disoit que lidiz Jéhessons l'avoit ferut dou poing seur le visage, et pris par la poitrine, et abatut à terre, et ferut trois cous dou piet seur la poitrine, sans cause rainnaule, mise soit faite seur Pierre dit Pascart, et Aubri dit Chevalier, tant comme arbitres arbitrateurs, ou amiables compositeurs, de haut et de bas, et aient lidit arbitre receut en eus le fais dou compromis, ainsis comme ces choses, et autres, sont plainement contenues en lettres seelées dou seel de l'eschevinage de Rains, desqueiles la teneurs est teiz :

29 mars 1305 ou 14 mars 1306.

Nous eschevin de Rains, faisons asavoir à tous ceus qui ces présentes lettres verront et orront, que comme descorde fut entre Oudart dit de Ruffi d'une part, et Jéhesson fil Herbert, dit le Thiés, citoyen de Rains, d'autre, seur ce que cis Oudars disoit que cis Jéhessons l'avoit ferut dou poing seur le visage..., laqueile chose cis Jéhessons ne connissoit mie; à la parfin, pour bien de pais, et par conseil de bonnes gens, lesdites parties vinrent pour ce, en leurs propres persones, pardevant nous, et pardevant Tiébaut de Germeni, sergent le prévôt de Rains, à ce espéciaument appeleit, comme justice, et se misent de la descorde deseurdite seur Pierre dit Pascart, et Aubri dit Chevalier,

telle sorte, qu'on ne leur permettoit parler à personne, ny mesme de leur donner à manger, ne consolation aucune; et quelque requeste que fissent les eschevins, ou autres, encore que lesdictz prisonniers offrissent d'ester à droict par devant lesdictz eschevins, suivant le point de la charte, on ne les pouvoit recroire, ou retirer de prison, sy ce n'estoit par argent; et pour telz griefs, les eschevins estoient contrainctz d'aller chacune fois au roy, ou à la court, à grans fraictz ; et lorsque on les avoit retiré, et mis à délyvrance, lesdictz officiers reprenoient d'aultres bourgeois, et par ainsy c'estoit tousjours à recommancer; quy bailla occasion aux eschevins de faire appeller l'archevesque en la court de parlement, et requéroient provision leur estre faicte par ladicte court, pour cas semblables, à l'advenir.... (Rogier, Bibl. Roy., Reims, Cart. VIII, part. I, p. 9 et 10.—Bibl. de Reims, tom II, fol. 8.)

citoyens de Rains, tant comme arbitres arbitrateurs, ou amiables compositeurs, de haut et de bas, et promisent les devantdites parties, par leur foiz données corporez, que quanque li devantdit arbitre dirent et ordenèrent, de haut et de bas, de la descorde deseurdite, elles feront et aempliront entièrement, sans aleir encontre ; et se les parties, ou aucune des parties, aloient ou aloit contre le dit, la sentence, ou ordenance, des devantdiz arbitres, li partie qui iroit seroit en chasce de tous signeurs terriens, et en descorde envers l'autre partie, ainsis comme devant ; et pour ce ne demourroit mie que li sentence, li diz, ou ordenance, que li arbitre averoient rendut, ne fussent tenut et wardeit des parties ; et porront li devantdit arbitre dire et prononcier leur dit, leur sentence, ou ordenance, quant il leur plaira, et en teil liu, et en teil jour, comme il leur plaira et il vorront, soit en jour de feste, ou non feste ; et les parties ont promis que au jour, au liu, et à l'eure, que li arbitre leur asseneront, ou feront asseneir, pour oyr leur dit, elles iront ; et se les parties, ou aucune des parties, n'i aloient, ou n'i aloit, li arbitre porroient dire et prononcier leur dit, leur sentence, ou ordenance, en l'absence des parties, ou de l'une des parties, et vorroit autretant comme se les parties i estoient présentes. Et pour toutes les choses devantdites, et chascune d'iceles, entièrement tenir et aemplir, les devantdites parties ont obligiet li une à l'autre leur cors, et tous leur biens quezconques, et ont renonciet lesdites parties par leur foiz à toutes franchises et bourgisies de tous lius, et de tous signeurs, et à toutes autres exceptions, barres, raisons, et allégacions quezconques, de fait et de droit, qui porroient estre opposées contre ce présent compromis, ou contre le dit, la sentence, ou ordenance des devantdiz arbitres ; et en toutes ces choses se consenti et acorda li devantdiz Herbers, pères dou devantdit Jébesson, comme cis qui disoit que cis Jéhessons estoit fors de sa mainbournie. Et est asavoir que li arbitre deseur nommeit ont receut en eus le fais dou compromis. En tesmongnage de laqueil chose nous, à la requeste des parties, avons seelées ces présentes lettres de nostre propre seel de l'eschevinage de Rains, qui furent faites en l'an de grâce mil trois cens et cinc, le lundi après Mi-quaremme.

Li devantdit arbitre, l'an de grâce mil trois cens et sis, le meccredi devant la feste saint Barnabé l'apostre, pardevant nous, et pardevant Pierre dit le Gouvreneur, prévôt de Rains, à ce espéciaument appeleit comme justice, les parties, et grand plenteit de bonnes gens présens, deirent, à la requeste des parties, et prononcèrent leur dit, leur sentence, ou ordenance en la mennière qui s'ensuit :

Nous Pierres diz Pascars, et Aubris diz Chevaliers, arbitre arbitrateur, ou amiable compositeur, elleut de Oudart dit de Ruffi, et de Jéhesson fil Herbert le Thiez, seur la descorde qui estoit entre eus, nous premièrement enfourmeiz dou fait, enquise diligenment, trouvée, et seue, la vérité, considérées et regardées toutes les choses qui nous ont meut, et peurent et deurent mouvoir, pour eschueir et osteir les perius entre les parties, disons, prononsons, et ordenons, par conseil de bonnes gens et sages, que li devantdiz Jéhessons, en satisfaccion et en amende de la vilenie qu'il fit à celui Oudart, ira et sera tenus à aleir à Saint-Victor de Marzelle, seur la meir; et mouyera, et sera tenus à mouvoir, dedens les octaves de la Saint-Jehan prochainnement venans, et ira, et sera tenus à aleir par soufisans journées, sans arresteir; et quant il sera revenus à Rains doudit voiage, dedens trois jours après sa revenue, il sera tenus à monstreir, ou à faire monstrer, à nous, ou audit Oudart, lettres seelées de seel autentique, es queiles il soit contenut qu'il ait esteit au liu devantdit, et fait ce que dit est, ou autrement il ne sera de rien creus, ains sera en défaut. Et à ces choses faire et aemplir en la mennière devantdite, nous, par nostre dit, nostre sentence arbitrale, ou ordenance, le devantdit Jéhesson condempnons, et li enjoingnons à faire et à aemplir, seur les condicions et les painnes qui mises sont à ce tenir. Et quant lidiz Jéhessons sera revenus à Rains doudit voiage, et fait ce que dit est, nous disons et volons que bonne pais et acorde entériné soit, et remaingne perpétuelment, entre les parties deseurdites, de la descorde devantdite, les choses devantdites faites et aemplites, et nient autrement.

En tesmongnage de laqueil chose, nous, eschevins de Rains deseur nommeit, à la requeste des parties, avons seelées ces présentes lettres de nostre propre seel de l'eschevinage de Rains, qui furent faites en l'an et en jour deseurdiz.

LVI.

ARRESTUM curie, quo dictum fuit quod provisio recredentie, pro scabinis et burgensibus, non fiet.

14 décembre 1306.

Cart. A de l'archev., fol. 46 v°. — Cart. C du chap., fol. 301 v°.

Philippus.... rex.... Notum facimus quod, cum scabini de banno archiepiscopi.... proponentes quod dictus archiepiscopus plures de burgensibus banni ceperat, et captos diu tenuerat, et sufficienter requisitus, tam per ipsos, quam per baillivum viromandensem, injuste, et contra cartam eorum per nos confirmatam, recusaverat facere recredentiam de eisdem, dicentes se esse in saisina, et usos fuisse, habendi recursum ad nos super hoc, in similibus casibus quum accidunt, in defectum archiepiscopi supradicti, requi[re]rent per manum nostram in defectum archiepiscopi dictos burgenses recredi, sibique provisionem[1] pro similibus casibus futuris fieri, plures ad hoc [de?] usu et saisina predictis rationes proponentes, et cartam predictam nostre curie exhibentes, ac judicatum per eandem curiam nostram factum nuper in simili casu[2] pro ipsis; et e contra archiepiscopus ad finem curie sibi super hoc reddende, ad sui excusationem proponens, quod ipse pro furto notorio[3] dictos captos tenebat, et in casu in quo de patrie consuetudine non erat recredentia facienda, pluribus rationibus petens super hoc curiam sibi reddi; auditis hinc

---

[1] A peine la Bocette et Guarin Triquèse délivrés par récréance (voir l'acte du 7 mai 1306), les gens de l'archevêque avaient de nouveau mis en arrestation quelques bourgeois de l'échevinage. Les échevins, qui, à chaque agression nouvelle, étaient obligés d'introduire une nouvelle action devant le parlement, reviennent à la demande qu'ils avaient déjà formée depuis longtemps (voir l'acte du 28 février 1302), et sollicitent un arrêt qui leur adjuge perpétuellement le droit de faire recroire, par provision, les bourgeois arrêtés au mépris de leur charte fondamentale. Toutefois il ne faut pas perdre de vue que cette demande, et les nouvelles agressions qui l'ont fait renouveler, ne sont qu'accessoires dans le débat, qui porte principalement sur l'*Estat de l'eschevinage*.

[2] Il s'agit ici de l'arrêt du 2 mai 1306.

[3] Ces mots rapprochés de ceux qui ont donné lieu à la note précédente, prouvent que dans le débat sur lequel est intervenu l'arrêt du 2 mai 1306, il s'agissait de la récréance de bourgeois arrêtés pour un vol que les gens de l'archevêque qualifiaient de manifeste. — Nous présumons d'ailleurs qu'il est ici question de ce Remi Grammaire, arrêté pour vol notoire, dit l'acte du 30 mars 1318, et dont il sera si fréquemment question dans la suite de ce procès.

inde propositis, et visis tam facta [*sic*, carta?] quam judicato predictis, per arrestum curie nostre dictum fuit, quod eadem curia mittet ad locum probum virum qui, si invenerit quod dicti capti pro furto manifesto teneantur, permittet archiepiscopum uti super hoc jure suo; si vero invenerit quod ipsi in casu recredentie, vel in casu dubii, teneantur, ipse per manum nostram tanquam superiorem recredet eos, sub idonea cautione de stando juri in curia archiepiscopi, prout est consuetum. *Item*, dictum fuit, quod dicta provisio non fiet [1]. In cujus rei.... Actum Parisius, in parlamento nostro, die mercurii post festum B. Lucie, anno Domini m°. ccc°. vi°.

LVII.

20 décembre 1306.

LETTRE de maistre Gile de Remin, channoine de Noyon, commissaire du roy, en laquelle sont incorporées les lettres du roy...., par laquelle fut dit que toutesfois que l'arcevesque, ou ses officiers, refuseroient congié aux eschevins de faire taille pour leur eschevinage, le roy en son reffus le donroit.

Archiv. de l'Hôtel-de-Ville, renseign. — Livre Blanc de l'Échev., fol. 305.

Philippus Dei gracia.... dilecto magistro Egidio de Remino [2], canonico noviomensi, clerico et familiari nostro, salutem et dilectionem. Cum scabini de banno remensis archiepiscopi, proponentes quod dictus archiepiscopus plures de burgensibus dicti banni ceperat, et captos diu tenuerat, et sufficienter requisitus, tam per ipsos, quam per baillivum viromandensem, injuste, et contra cartam eorum per nos confirmatam, refutaverat facere recredenciam de eisdem, dicentes se esse in saisina,

---

[1] Nous pensons que cette dernière phrase a été intercalée à la suite de l'arrêt du 14 décembre 1306, postérieurement à l'arrêt du 2 janvier 1308. (Voir la note suivante.)

[2] Cette commission est l'exécutoire de l'arrêt du 14 décembre 1306. Mais dans cet arrêt, extrait des cartulaires de l'archevêché, il n'est pas question de ce qui concerne l'octroi de la taille; et il est question au contraire du refus d'une provision générale de récréance. Or la commission ne dit pas un mot de ce refus, et donne sur l'octroi de la taille des renseignements que nous avons placés entre [ ], pour mieux signaler les omissions de l'acte du 14 décembre. Cet acte nous paraît donc avoir été tronqué d'abord, puis falsifié, dans l'intérêt de l'archevêque. On en a supprimé ce qui concerne l'octroi des tailles, on y a introduit ce qui touche le refus de provision, incident sur lequel la cour ne se prononça que le 2 janvier 1308.

et usos fuisse, habendi recursum ad nos super hiis, in consimilibus casibus, quando acciderunt, in defectum archiepiscopi supradicti; [*item*, quod cum ipsi, pro causis quas habent contra dictum archiepiscopum, plures habeant facere expensas, et eciam pro aliis negociis scabinatus predicti, dictus archiepiscopus sufficienter requisitus denegavit eis dare licenciam faciendi tailliam pro predictis], requirerent per manum nostram, in defectum dicti archiepiscopi, predictos burgenses recredi [ac dari sibi licenciam tailliandi]; et e contra dictus archiepiscopus, ad finem curie sibi super hoc reddende, ad sui excusationem proponens, quod ipse pro furto notorio, seu manifesto, dictos captos tenebat, et in casu in quo de consuetudine patrie non erat recredencia facienda, pluribus rationibus peteret curiam super iis sibi reddi; ac auditis hinc inde propositis, que in arresto per curiam nostram facto super hoc, plenius continentur, per illud arrestum inter cetera dictum fuerit, quod dicta curia nostra mittet ad locum aliquem probum virum qui, si invenerit quod dicti capti pro furto manifesto teneantur, permittet dictum archiepiscopum uti super hoc jure suo; si vero invenerit quod ipsi in casu recredencie, vel in casu dubii, teneantur, ipse per manum nostram tanquam superioris recredet eos, sub ydonea cautione de stando juri in curia dicti achiepiscopi, prout est consuetum; [*item*, dictum fuerit, quod eadem curia nostra taxabit usque ad quam summam ipsi faciant tailliam, pro expensis causarum suarum quas habent in curia nostra, et usque ad illam summam dabitur eis tailliandi licencia per dictum archiepiscopum, vel per nos, in ejus defectum] : mandamus et commitimus vobis, quatinus ad civitatem remensem vos personaliter conferentes, si, vocatis evocandis, inveneritis quod dicti capti pro manifesto furto capti teneantur, dictum archiepiscopum super hoc uti suo jure permittatis; si vero inveneritis ipsos teneri in casu recredencie, vel in casu dubii, ipsos per manum nostram tanquam superioris, juxta formam dicti arresti, faciatis recredi; [ceterum, cum per dictam curiam taxatum sit et ordinatum, quod dicti scabini, pro causis quas habent in curia nostra, possent facere tailliam usque ad summam mille librarum parvorum et bonorum parisiensium, mandamus vobis et committimus, quatinus, si dictus archiepiscopus petitam, de facienda taillia usque ad dictam summam, licenciam non dederit, vos dictis scabinis dictam faciendi tailliam, pro predictis eorum causis, usque ad illam summam, ob ejus archiepiscopi negligenciam, auctoritate nostra licenciam concedatis], quicquid super premissis feceritis nostre curie relaturi. Damus autem dicto archiepiscopo et gentibus ejus, ceterisque fidelibus justiciariis et subditis nostris, presentibus in mandatis, quod ipsi vobis in premissis omnibus, et singulis, pareant efficaciter, et diligenter intendant. Datum Parisius, die vicesima decembris, anno Domini millesimo trecentesimo sexto.

LVIII.

1306. P. de Luporumviis officialis remensis, ad Philippum regem, de miraculis S. Ludovici.

Vit. pap. avenion., II, 81.

LIX.

27 septembre 1307. Roberti remensis archiepiscopi, de feretro B. Nicasii aperto, testimoniales littere [1].

Marl., I, 627.

LX.

1307. [Anno Domini M°. CCC°. VII°. Li jugement de ceste année.]
Livre Rouge de l'Échev., p. 105.

Descorde estoit entre Colart de Festius d'une part, et Thoumas Coquelet d'autre, d'un mur qui est communs asdites parties, en la rue Robin le Vachier, et claut le jardin ledit Th. d'une part, et les maisons celui Colart d'autre. Si disoit cis Colars que lidiz murs estoit périlleus, et voloit qu'il fust refaiz à communs despens; et cis Th. disoit qu'il n'i devoit riens mettre. Et disoit que en ce mesme liu avoit une chambre coie pardevers celui Colart, si voloit cis Th. qu'ele fust retraite arrier; et lidiz Colars disoit qu'ele i devoit demourer. De ces descordes les parties ce misent à droit d'eschevins.

Droit fu diz des eschevins, par consel de ouvriers et de bonnes gens, que se lidiz Colars voloit refaire le mur milleur qu'il n'estoit, il

---

[1]. Voir aussi, *ibid.*, les lettres de 1310.

le feroit au sien, et que la chambre coie devoit demourer en teil point comme ele estoit.

A requeste dou prévôt, d'eschevins, et par acort des parties, maistres Jehan de Sarnai, Ponsars li Clés, masson, et maistres Gringoires, ont veüt 1 mur qui est communs entre la maison Hue d'Aumie, c'on dit le Tonnoire, d'une part, et maison Garnier de Chaalons d'autre; et dient que l'eschammele qui est commencie, soit refaite bien et soufisanment, à communs despens des parties; et que li ars qui est pardevers Garnier soit refaiz en tel mennière que cis Garniers livrera la pierre de l'arc toute taillie, et le ciment pour asseoir sa taille, et 1 mannouvrier II jours, et li autre soient commun; et que cis Garniers retaingne son soumier de pierre, et li ouvrages soit faiz en commun, et que li eschammelle qui est commencie à chever, contre une chambre coie, soit refaite de mur à parpain, as despens communs; et s'il i a empêchemens, que cil devers cui li empêchemens sera trouvez, le doit oster au sien, par quoi on i puit ouvrer à II maisons l'un contre l'autre; et ce outre, que li tuyaus de la chambre coye doit estre refaiz, qu'il soit refaiz as despens communs. Et dient li III maître que toutes ces choses sont de nécessaire, et dient encore que en ouvrant les choses devant dites, s'il i a point de tourble, que on i amendera, pour oster le péril, as communs despens. Ceste sentence fut rendue par la vois de Herbert Cochelet, et de la cours [*sic*, l'acors?] Hue le Large c'on dit de Cambrai. Là fu appelez li prévos, et eschevins, et fu la sentence rendue desouz les cloches à Nostre-Dame, defors le cuer; et vorrent lidit Herbers et Hues que la sentence que li maistre avoient rendue fu ferme et estaule. Après ce, Guichars li Nains s'acorda à ladite sentence, et la ratefia.

Giles Rouciaus, comme mainbours des enfans Thierri Gorgier, qui fu, fit demande contre les filles Gérart le Povre, qui fu, et disoit que cis Gérars estoit obligiez à celui Th. en XII ℔, pour lesquez il avoit obligiet une maison que lesdites filles tenoient, séant en la macécrerie, entre Thierri Fournier d'une part, et Rose la tripière d'autre;

et s'en estoit dévestus, et fait revesteir celui Th. Gorgier, pour vendre et pour despendre. Lesdites filles disoient que lidiz Gérars, leur pères, n'avoit riens en ladite, ainsois avoit esteit leur taye qui leur avoit lassié en son testament.

Eschevin oïrent les raisons des parties, et oïrent tesmoins, et veirent lettres mises en mennière de provance; et fu drois diz, par consel de bonnes gens, que lesdites filles demourroient en possession de ladite maison, sauf le droit de la propriété.

Ysambars li vachiers maria sa fille au fil Joye la pissenière. Cele fille ot 1 enfant, et fu morte en la gézine. Un po après li enfès fu mors. Ysambars, pour la succession de sa fille, demandoit les muebles qu'il li avoit donné en mariage. Li maris disoit ancontre, que de la descendue de la mère, il estoient venut à l'enfant, et de l'enfant au père, comme au plus prochain, selons la coustume de Rains.

Drois fu diz de eschevin, par consel de bonnes gens, que li mueble devoient demourer au père, comme au plus prochain.

LXI.

2 janvier 1308.

Arrest faisant mencion de trois choses: la première, sur le fait de la récréance de pluseurs bourgois de l'eschevinage, faicte par certain commissère royal [1], que l'arcevesque contredisoit, et fut dit par parlement que icelle récréance se tenroit; la seconde, de certaine provision que la court ordonna non devoir estre faicte, quant l'arcevesque tenroit les bourgois de l'eschevinage, mais se l'arcevesque ne faisoit son devoir, le roy y prouverroit; et la tierce, de avoir par le roy congiez de taillier, se l'arcevesque estoit refusant de donner congié [2].

Olim, II, fol. 113 r°, edit., II, p. 488, n° IV. — Livre Blanc de l'Échev., fol. 4 v°. — Cart. A de l'archev., fol. 45 v°. — Cart. C du chap., fol. 301 v°.

[1] C'est celui qui a été délégué par l'acte du 20 décembre 1306.

[2] Notez que cet arrêt ne porte que sur des questions étrangères ou accessoires au procès dans le cours duquel il est prononcé, procès qui roule toujours sur l'*Estat de l'eschevinage*.

Philippus, Dei gracia Francorum rex, universis presentes litteras inspecturis, salutem. Notum facimus, quod cum de processu, super recredencia quorumdam burgensium de banno archiepiscopi remensis per eum detentorum, facto per comissarium super hoc a nostra curia deputatum, qui dictos burgenses per manum nostram, tanquam superioris, in defectum dicti archiepiscopi super hoc competenter, ut dicebatur, requisiti, secundum tenorem facte sibi commissionis, fecerat recredi, dictus archiepiscopus conquereretur, pluribus racionibus requirens dictum processum totaliter annullari; parte adversa plures raciones in contrarium proponente; auditis super hoc partium rationibus, et considerato processu predicto, auditaque predicti comissarii relacione, per arrestum nostre curie dictum fuit quod recredencia super hoc per dictum commissarium facta tenebit, et valebit predictus ejus processus.

Item, cum scabini de banno dicti archiepiscopi, proponentes quod dictus archiepiscopus burgenses dicti banni frequenter capiebat, et de ipsis facere recredenciam injuste denegabat, et super hoc habebant frequenter recurrere ad nos, requirerent ut, pro similibus causis futuris, utilis provisio per curiam nostram fieret eisdem; et e contra dictus archiepiscopus proponeret provisionem hujusmodi fieri non debere, exhibens arrestum super hoc alias[1] per nostram curiam factum; per arrestum nostre curie dictum fuit, quod dicta provisio non fiet, sed si dictus archiepiscopus predictis scabinis debitum suum facere recuset, super capcionibus eorumdem, super hoc, vocatis partibus, jus exhibebimus eisdem[2].

Item, cum super taillia facienda quam petebant sibi concedi dicti scabini, pro expensis causarum suarum quas ipsi habent in curia nostra, esset discordia inter archiepiscopum et scabinos predictos, auditis partium racionibus hinc et inde, ac attento quod dictus archiepiscopus, super hoc ab ipsis scabinis coram nostris gentibus requi-

---

[1] Il ne peut être question ici que de l'arrêt du 28 février 1302.

[2] On le voit, le dispositif de cet arrêt est absolument le même que celui du 28 février 1302, et cette remarque jointe à celle que contient la note précédente, confirme de plus en plus l'authenticité de l'acte du 28 février, infirme de plus en plus celle de l'acte du 9 janvier 1302.

situs, obtulerat eisdem quod ipse paratus erat dare eis, pro dictis expensis, licenciam tailliandi usque ad illam summam quam ipsi esse sibi propter hoc necessarium jurarent; per curiam nostram sic extitit super hoc ordinatum, quod dicti scabini super hoc adibunt et requirent dictum archiepiscopum, et si ipse, sicut premissum est, concedat eis pro dictis expensis licenciam taillandi usque ad illam summam quam ipsi jurabunt, de hoc sint contenti; et si idem archiepiscopus hoc facere recusaverit, curia nostra in ejus negligenciam hoc faciet eisdem; et hec autem ordinacio super hoc per nostram curiam facta fuit, salvo in omnibus jure nostro, et partium predictarum; et non obstantibus quibuscunque ordinacionibus, vel arrestis, super hoc alias per nos factis. In cujus rei testimonium presentibus litteris nostrum fecimus apponi sigillum. Actum Parisius in parlamento, die martis post festum Circoncisionis Domini, anno ejusdem M° CCC° VII°.

LXII.

15 février
1308.

CARTA qua archiepiscopus remensis, burgensibus et scabinis remensibus concedit licenciam tailliam faciendi, pro expensis causarum quas habebant in curia.

Cart. A de l'archev., fol. 46 v°. — Cart. C du chap., fol. 303.

Universis.... R.... archiepiscopus remensis. Noveritis quod cum per regalem curiam nuper extitit ordinatum, quod scabini nostri remenses, pro taillia facienda pro expensis causarum suarum quas habent in curia, nos super hoc requirerent, et adirent, et de summa quam pro dictis expensis fore sibi necessariam jurarent, tailliandi licenciam daremus eisdem, prout in littera arresti super hoc confecta que sic incipit :

Philippus.... rex...., etc., etc.... die martis post festum Circumcisionis, anno M° CCC° VII°. [1]

....plenius continetur; dicti scabini nos requisierint ut sibi de summa mille trecentarum librarum par. fortis monete, pro expensis causarum predictarum, juxta formam arresti predicti, necnon de summa quatuor centum et vigenti librarum ejusdem monete, quibus se indigere

[1] Voir la pièce précédente.

asserebant pro deliberatione debitorum et aliis necessitatibus ville, dare vellemus et concedere licentiam tailliandi; nos, juramento, secundum formam arresti, recepto, quod de summa.... antedicta indigebant, eisdem usque ad summam predictam licentiam concessimus tailliandi, a festo Ressurrectionis proximo, usque ad aliud festum Ressurrectionis anno revoluto. Nos vero, tanquam dominus, totalem pecunie summam, ab illis personis super quibus bona fide per tailliatores, sicut consuetum fuit, assisitam, faciemus levari. In cujus rei.... Datum anno Domini M° ccc° vii°, die jovis post dominicam qua cantatur : *Circumdederunt me.*

LXIII.

INSINUATION d'un bail à vie par devant les échevins.

27 février 1308.

Livre Rouge de l'Échev., p. 109.

Par devant Renaut Cochelet, Hues le Large, Jehan Quarré, Jehan le Nain, Jaques d'Aubilli, Thoumas la Late, eschevins, requenut Joffrois d'Oceri qu'il tenoit la maison de Trois Fontaines, qu'on dit la maison la Pourcelete, de ceus de Trois Fontaines, et que elle estoit leur; mais cis Joffrois et sa femme la devoient tenir toute leur vie. Ce fu fait le jour de Quaremme-Prenant, l'an M. ccc. et vii.

LXIV.

ARCHIEPISCOPUS, episcopi, et procuratores capitulorum provincie remensis, juxta mandatum regium apud Silvanectum congregati, super facto Templariorum, G. suessionensem episcopum ad regiam presenciam destinant[1].

24 avril 1308.

Archiv. du Roy., Trésor des Chartes, J., cart. 444.

Excellentissimo domino suo domino Philippo, Dei gracia regi Francorum illustrissimo, R. ejusdem miseracione remensis archiepiscopus, promptum obsequium, et augmenta felicia successuum prosperorum. Noverit vestra regia celsitudo, quod nos, una cum quibusdam suffraganeis nostris, ac suffraganeorum absencium, necnon capitulo-

---

[1] Voyez les lettres adressées par Clément V aux archevêques de Reims, de Bourges, de Tours, à l'occasion des Templiers. D'Acheri, *Spicil.*, ii, 199, 200.

rum ecclesiarum cathedralium nostre provincie, procuratoribus sufficienter instructis, die lune post octabas Pasche, et diebus sequentibus, apud Silvanectum, juxta vestrum mandatum regium pariter congregati, super facto Templariorum, deliberacione prehabita diligenti, de concordi et unanimi consensu omnium et singulorum, venerabilem fratrem nostrum G. Dei gracia suessionensem episcopum, exhibitorem presencium, ad vestram presenciam duximus destinandum, ad assistendum secundum Deum et justiciam vestre regie majestati, in facto predicto, exibendo eidem consilium et auxilium opportunum; supplicantes quatenus nos, et ecclesias nostras, sub protectionis vestre clipeo dignetur regalis excellencia suscipere, efficacis deffensionis auxilium in suis oppressionibus impendendo; super quibus siquidem oppressionibus et gravaminibus, nobis et ecclesiis nostris illatis, prefatum episcopum, et procuratores dictorum capitulorum, dominacioni vestre placeat benigniter exaudire, ac in conspectu magnificencie vestre graciose admissos, in nostris supplicacionibus pie ac favorabiliter expedire. In quorum testimonium, tam pro nobis, quam pro suffraganeis et procuratoribus antedictis, ad requisicionem eorum, sigillum nostrum presentibus litteris duximus apponendum. Datum anno Domini M° CCC° octavo, die mercurii post dominicam qua cantatur : *Quasimodo.* — *Scellé.*

LXV.

26 avril 1308.

Abbas S. Remigii coram rege vocatus, quemdam procuratorem constituit.

Archiv. du Roy., Trésor des Chartes, J, cart. 444.

Excellentissimo principi ac domino, domino Philippo, Dei gracia regi Francorum illustrissimo, Rogerus ejusdem permissione monasterii S. Remigii remensis humilis abbas, salutem et perhempnis glorie coronam. Noverit vestra regia celsitudo, quod nos dilectum in Christo filium nostrum magistrum Gervasium, prepositum de Duysello, commonachum nostrum, procuratorem nostrum constituimus et nuncium specialem, ad comparendum coram vobis, seu locum vestrum tenentibus, ad tres septimanas nuper preteriti Paschatis, Turonis, juxta formam et tenorem mandati vestri nobis missi, ad assistendum vobis, opem seu consilium ferendum in justis omnibus licitis et honestis, fidem catholicam seu negocium aliud quodcumque tangentibus; dantes et concedentes dicto procuratori nostro potestatem et mandatum speciale audiendi, nobisque referendi, et consenciendi, si opus fuerit, omnibus supradictis, et aliis que pro religione fidei catholice fuerint ordinata, et faciendi, quantum deberemus et possemus, si nos ibidem personaliter contingeret interesse, eciam si mandatum exigant speciale; ratum et gratum habituri, quicquid in premissis per dictum procuratorem nostrum actum fuerit, seu eciam procuratum. In cujus rei testimonium, sigillum nostrum presentibus litteris duximus apponendum. Datum anno Domini M° CCC° octavo, feria sexta post dominicam qua cantatur : *Quasimodo. — Scellé.*

LXVI.

FORMA procurationis capitulorum cathedralium remensis provinciæ, petentium suos electos a remensi capitulo confirmari.

22 octobre 1308.

Bibl. Roy., mss. Reims, cart. VI.

Viris venerabilibus et discretis, dilectis sibi in Christo, carissimis decano et capitulo remensis ecclesiæ capitulum sylvanectense, decanatu vacante, salutem cum reverentia et honore. Cum circumspectus vir, et providus, magister Guillermus de Barronne, olim decanus noster, in prælatum et pastorem dictæ ecclesiæ nostræ canonice electus, et per reverendum patrem et dominum Robertum divina providentia archiepiscopum remensem, examinatione diligenti præhabita, confirmatus, auxiliante Domino, accessurus sit Remis, munus suæ consecrationis sibi impendi ab eodem domino archiepiscopo petiturus, et, divina largiente gratia, recepturus : noveritis quod nos, nostro, et ecclesiæ nostræ prædictæ nomine, et pro nobis, dilectos nostros magistros Joannem de Petrafonte, electum in decanum nostræ ecclesiæ prædictæ, Joannem de Barrone, ac Stephanum de Bousseis, concanonicos nostros, exhibitores præsentium, et quemlibet eorum insolidum, ita quod non sit melior conditio occupantis, nostros facimus et constituimus procuratores, ad præsentandum eundem electum, et, ut prædicitur, confirmatum, vobis, et in

ecclesia vestra, et ad petendum munus confirmationis electionis prædictæ sibi a vobis impendi, prout moris est, et in quantum ad vos
et ecclesiam vestram pertinet, et pertinere potest; necnon ad faciendum
omnia et *singula* quæ in præmissis ad ea tangentibus, et ad ea pertinentibus, facienda erunt necessaria et opportuna, juxta consuetudi-
nem dictæ remensis ecclesiæ in talibus observatum, et quæ faceremus, et facere possemus, si præsentes essemus; ratum et gratum
habentes, et habituri, quidquid per dictos procuratores nostros, et
per quemlibet ipsorum, insolidum, tam conjunctim quam divisim, in
præmissis et ea tangentibus, actum fuerit, seu etiam procuratum. In
cujus rei testimonium...... Datum anno Domini millesimo trecentesimo octavo, die martis post festum beati Lucæ Evangelistæ.

LXVII.

15 décembre 1308.

INSTRUMENT d'un tabellion, de requestes piéçà faictes au prévost de Laon qui pour le temps estoit, qu'il seelast certeinnes
lettres qu'il requeroit estre seellées.

Archiv. de l'Hôtel-de-Ville, renseign.

' In nomine Dei, amen. Anno nativitatis ejusdem millesimo trecentesimo octavo, decima quinta die mensis decembris, indiccione septima,
in presencia mei notarii publici, et testium subscriptorum, vocatorum
ad hoc specialiter et rogatorum, Manasserus dictus Patins de Remis,
dixit Johanni de Margival, preposito laudunensi, quod ipse, ex parte
scabinorum remensium missus erat ad ipsum prepositum, et quod ipse
requirebat eundem, ex parte ipsorum scabinorum, quod sigillaret
quandam cedulam quam idem Manasserus tenebat in manu sua clausam,
seu plicatam, que tunc non fuit aperta, vel lecta, in presentia prepositi
predicti; et quod idem prepositus, juxta *mandatum* sibi ex parte

' Cette pièce appartient au grand procès qui se poursuit depuis 1306 sur l'*Estat de l'eschevinage*. L'arrêt du 2 janvier 1308 a prononcé que l'Eschevinage n'aurait point la récréance provisoire à perpétuité, mais que chaque cas nouveau pourrait être porté devant le parlement. Dès lors les gens de l'archevêque multiplient les arrestations, espérant fatiguer le courage et épuiser les ressources des échevins. Ceux-ci, poussés à bout, veulent faire saisir les gens de l'archevêque par les gens du roi, et bientôt même ils essaieront de se donner au roi, et de se soustraire à l'obéissance de l'archevêque. (Voir l'arrêt du 10 janvier 1309, et les factums qui suivent l'arrêt du 2 mars 1309.)

domini baillivi viromandensis directum, de gentibus domini archiepiscopi remensis caperet, et ad curiam domini regis apud Laudunum adduceret; et dicens idem Manasserus, quod, hoc facto, statim eidem preposito solveret decem libras parisienses bone monete, pro expensis ejusdem prepositi, dicto preposito propter hoc promissas, ut dicebat, idem Manasserus. Qui prepositus, post aliqua verba inter eos prolata, respondit, et dixit, quod paratus erat dictum negocium seu mandatum facere, prout debebat, dum tamen sibi satisfieret pro expensis suis de dicta pecunie summa; vel saltem, quod illa pecunie summa in manu Gerardi dicti Trochin, clerici, ibidem presentis, vel in manu mei notarii publici, vel alicujus alterius, traderetur et deponeretur, tradenda et solvenda eidem preposito, negocio seu mandato predicto ex parte ipsius prepositi, modo debito, primitus adimpleto, ac peracto. Dicto Manassero incontinenti respondente, quod idem prepositus illam pecunie summam non haberet, donec dictus Manasserus dictas gentes ejusdem domini archiepiscopi captas et adductas, ex parte ipsius prepositi, in curia domini regis apud Laudunum, videret. Qui prepositus statim respondit, quod ipsas gentes non promittebat ad dictam curiam adducere, sed de dicto negocio, seu mandato, paratus erat facere quod debebat, et die crastina iter arripere ad dictum negocium modo debito peragendum, nec reverteretur donec dictum negocium peractum esset, modo debito; dicta tamen pecunie summa sibi soluta, vel in manu dicti Gerardi, vel mei notarii publici predicti, seu alicujus probi hominis, posita, eidem preposito, dicto negocio seu mandato debito modo peracto, tradenda, et quod inde nichil habere volebat, donec dictum negocium seu mandatum esset modo debito peractum et adimpletum. Et tunc dictus Manasserus, in recessu suo, dixit eidem preposito, quod libenter poneret in manu mei notarii publici illam pecunie summam, ita quod ipsi preposito dicta pecunie summa nullatenus traderetur quousque dictum negocium seu mandatum, modo quo supradixit idem Manasserus, in omnibus, et per omnia, esset factum; videlicet donec videret dictas gentes ejusdem domini archiepiscopi captas, et adductas, ex parte dicti prepositi, in curia domini regis apud Laudunum. Dicto preposito dicente, et ut prius respondente, et se de hiis facturum quod debebat offerente.

Tenor autem dicte cedule talis est :

10 décembre 1308.

A très sage homme et honnerable son chier signeur et maistre, Fremyn de Coquerel[1], baillif de Vermendois, li siens Jehans de Margival, prévos de Laon, et Lisiars Corbiaus, serjans le roy en la prévosté de Laon, apparillié à vos commandemens, auveques toute honneur et toute obéissance. Chiers sires, savoir vous faisons que nous, de vostre mandement, en nos personnes, sommes alé à Rains pour sommer l'archevesque de Rains, son bailliu ou son liutenant, selon la fourme de vostre mandement, comme autres fois l'eussiés fait sommer, et par vos lettres, asqueles la gent doudit archevesque n'obéirent en riens, ansois le refusèrent à obéir, contre les poins et l'usage de la chartre des eschevins de Rains, si comme on dist; et à grant plenté de bonne gent alâmes en Porte-Mars, au chastel l'archevesque, et quant nous fûmes à la porte, si la trouvasmes close, et requesimes au portier, de par vous, et commandasmes, de par le roy, no signeur, que il nous ouvrist la porte, car nous vuliens parler au baillif, ou à son liutenant. Liquez respondi à nous, que il n'ouvreroit point, ne que nous n'entreriens point ens. Lors li demandâmes qui il estoit, et son non. Liquez dist : Qu'en avés à faire ? Je n'ai point de non, ne le sarés point par moi. Lors quant nous veismes ces désobéissances, par une fois, par deus, par troiz, les sommâmes, et autre chose n'en vaurent faire ne respondre. Seur ce, présent grant plenté de bonne gent, dignes de foy, le mandement que vous nous aviés bailliet feismes bien [*sic*, lire?] à haute vois, à la porte, et exposer; lequel liut, encore feismes requeste et commandement audit portier, qui ne se voloit nommer, qui nous feist ouvrir la porte; liquez désobéit dou tout. Et quant ce veismes, nous fesimes les requestes et les commandemens que vous nous aviés carchiet à faire; et nous, qui n'aviens mie la force, retournâmes arière à nostre ostel, et attendîmes tant, et demourâmes le landemain jusques à tant que nous trouvâmes Pierre le Gouvreneur[2] qui tenoit le

---

[1] Ce bailli sera plus tard l'un des commissaires chargés de l'enquête qui aura lieu dans la dernière période du procès de l'*Estat de l'eschevinage*. Voir plus bas les factums du 17 août 1323.

[2] P. le Gouvreneur était déjà prévôt de l'archevêque en 1296. Voir *Archiv. admin.*, 1, 1105.

liu dou baillif, et li monstrâmes, présent bonne gent dou conseill l'archevesque et pluiseurs autres, et exposâmes vostres mandemens, et li commandâmes de par le roy, que il i vausist obéir; liquez demanda copie des mandemens, et disoit qu'il se warderoit de mespenre. Copie l'en fu baillié, et demanda à avoir délibération jusques à lendemain pour parler au conseill monsigneur l'archevesque. Nous respondesimes que autres fois avoit eut et reciut commandemens de ces choses, et bien savoient que s'estoit; pour coi point n'en devoit avoir. Toutesvoies seur ce ne li otriasmes ne refusâmes la délibération qui demanda; mais deismes au départir, que nous saviens bien que nous aviens à faire. Pour lui miex encore sommer, attendesimes tout le temps que il avoit demandé seur la délibération, et quand nous venismes arière pardevant lui, il nous respondi que il n'avoit mie conseill de faire ni aemplir les commandemens que nous aviens fait; car il ne les avoit mie fais, ansois estoient et avoient esté fait, si comme il disoit, de par monsigneur l'archevesque, et par son baillif, ne ne defferoit en riens ce qu'il avoient fait; et autre choze ne nous en vaut faire. Quant ce veismes, nous li desimes que nous irriens oster les saisines qui estoient chiés la bourjoise, pour coi li commandement estoient fait [1], selonc nostre mandement, et que il i venist, se il cuidast que bon fust. Liquez dist que il s'en consilleroit. Seur ce nous alâmes chiés la bourjoise, et ostâmes les saisines, em présence de bonne gent. Et n'i vint mie lidis Pierres qui tenoit le liu dou baillif de Rains, et en la maison de ladite bourjoise trouvasmes i serjant l'archevesque, qui nous dist que se il savoit se messires l'archevesques avoit volenté de contrester contre nous, que nous n'ariens mie la force de lui oster de la saisine là ù il estoit. Seur ce nous l'ostâmes, et le meismes hors de l'ostel, et déseelâmes les escrins et les cofres qui laiens estoient seelé de la gent l'archevesque, et i establesimes certainne personne et souffisant pour garder les biens, et qu'il ne fuissent forciet après nostre alée; et presimes en la vile de Rains Raoul de Chaumisi,

---

[1] Ainsi le nouvel incident introduit dans le procès de l'*Estat de l'eschevinage* est encore la détention de la personne, et la saisie des biens, d'une bourgeoise, que nous croyons être la veuve de R. Cauchon. (Voir plus bas factum n° 1, mis en note à l'acte du 2 mars 1309.)

qui est hons l'archevesque¹, et l'envoiâmes en prison à Laon, et revenismes par Courmissi, arière, là ù nous feismes venir pardevant nous la justice dou liù, et l'ostâmes, et feismes nouvele justice de par le roy, et meismes la main le roy à certainnes personnes de ladite ville², et leur commandâmes de par le roy qui rendesissent leur cors prison à Laon, liquel ont désobéit, ne n'i sont venut. Et tout ce avons-nous exploitié de par vostre mandement à contraindre de par monsigneur l'archevesque, ou sa gent, à venir à obéissance. Seur ce, si vous em plaise à commander et remander vostre volenté, car nous somme apparillié dou faire. En tesmoingnage desqués choses nous avons ces présentes lettres seellées, de nos seaus, qui furent faitès et données le mardi après le Saint-Nicolay d'yver, l'an mil trois cens et wit.

Dicta, requisita, responsa fuerunt premissa, modo quo supra scribitur, anno, die, mense, indiccione, predictis, Lauduni, juxta ostium domus quam aliquotiens inhabitat idem Johannes prepositus, juxta cimiterium ecclesie S. Petri Veteris laudunensis, prope quendam puteum site, presentibus Gerardo dicto Trochin, clerico, Jordano de Lauduno, et Roberto dicto de la Fau, ac quibusdam aliis, vocatis ad hoc testibus et rogatis.

Et ego Laurencius de Geni, laudunensis dyocesis clericus, imperiali ac prefecti alme urbis auctoritate notarius publicus, premissis dictis, requisitis, responsis, prout supra scribitur, et contentis in cedula de qua superius fit mencio, exceptis, presens una cum dictis testibus fui, ea publicavi, et dictam cedulam dicti tenoris vidi et legi, et huic instrumento exinde confecto signum meum apposui rogatus.

LXVIII.

(19 décembre 1308.)

MANDATUM regis baillivo viromandensi, ut saisinas bonis et domibus scabinorum ab archiepiscopo positas amoveat.

Archiv. de l'Hôtel-de-Ville, renseign.

Philippus.... baillivo viromandensi, vel ejus locum tenenti, salu-

---

¹ Ce personnage était sans doute un des *hommes* fieffez de l'archevêque, et par conséquent un des juges devant lesquels celui-ci voulait traduire les échevins.

² Cette descente à Cormicy n'aurait-elle pas eu pour but de découvrir Remi Grammaire, que les gens de l'archevêque avaient jeté dans les prisons d'une des châtellenies, afin de le soustraire plus efficacement aux efforts tentés pour en faire la récréance?

tem. Conquesti sunt nobis scabini remenses, quod cum baillivus dilecti et fidelis nostri archiepiscopi remensis, in curia dicti archiepiscopi faceret contra dictos scabinos quandam peticionem, racione quarumdam inobedienciarum quas imponebat eisdem[1]; et ex parte dictorum scabinorum fuisset propositum declinando forum dicti archiepiscopi, quod cum dicta peticio tangeret punctum carte eorum per predecessores nostros reges Francie confirmate, et etiam corpus scabinagii eorum, de quo consuevimus habere curiam et cognicionem, maxime contra archiepiscopum memoratum, quocienscumque contingit eum contra punctum dicte carte facere, vel venire, et de hoc sumus et fuimus in possessione a tempore cujus contrarii memoria non existit, et quia super pluribus gravaminibus, eisdem scabinis a dicto archiepiscopo contra punctum dicte carte illatis, ut dicunt, lis pendebat in nostra curia inter ipsos, ipsi non tenebantur in curia dicti archiepiscopi super peticione predicta respondere; dictus archiepiscopus, seu ejus baillivus, pro eo quod ipsi super peticione predicta coram eo in sua curia nolebant respondere, sai[sivit] bona dictorum scabinorum que erant in juridictione ipsius, et saisinas posuit in domibus eorumdem indebite et de novo. Quare mandamus tibi, quatenus, si vocatis evocandis, tibi constiterit de premissis, dictum archiepiscopum ex parte nostra requiras, ut ipse de predictis bonis et domibus, manum, et saisinas.... positas, amoveat.... Quod si.... recusaverit facere, et super hoc voluerit contendere contra ipsos, debato ad manum nostram tanquam superiorem posito, et facta dictis scabinis de dictis bonis et domibus per eandem manum nostram ad plenum recredencia, absque prejudicio.... partium, adjornes partes predictas ad diem tue baillivie proximo habituri parlamenti Parisius, coram nobis, ad faciendum super hiis quod fuerit racionis. Actum Parisius, die xix decembris, anno D. m° ccc° octavo.

LXIX.

L'an m. ccc et viii. [Li jugement de ceste année.]

1308.

Livre Rouge de l'Échev., p. 109.

[1] On voit que depuis l'arrêt du 2 mai 1306 la question principale, celle qui concerne l'*Estat de l'eschevinage*, est restée stationnaire ; les questions accessoires ont seules occupé le parlement.

Serigne, qui fu femme Robin le boulengier, de Viler, fit demande contre Plomme-Coc et sa femme, de la tierce partie d'une maison séant en la rue Sarri, entre la maison Herbert de Courmonstruel, d'une part, et la maison qui fu Maurri de Ruffi, d'autre; lidit Plomme-Coc et sa femme disoient que ladite Serigne n'avoit riens en ladite maison, et demandoient les 11 pars, et le sisiemme de ladite maison; et seur ce les parties se misent à droit d'eschevins.

Eschevins oïrent les raisons des parties, et examinèrent tesmoins trais de par Serigne, et veirent lettres mises en mennière de provance, et fu drois diz des eschevins, par consel de bonnes gens, que ladite Serigne avoit la tierce partie en ladite maison.

LXX.

10 janvier 1309.

Lettre royal donné en parlement..... par laquelle fut appoinctié par parlement que une femme et deux autres personnes, détenus prisonnières par l'arcevesque, seroient recreus par le roy, et ce souffrit l'arceyesque, et du consentement des eschevins; et au surplus la court procéderoit comme il appartiendroit par raison.

Livre Blanc de l'Échev., fol. 329.

Philippus.... universis.... Notum facimus quod super recredencia quam per manum nostram, in defectum dilecti.... archiepiscopi remensis, scabini de banno dicti archiepiscopi, de quadam muliere et duabus aliis personis burgensibus dicti banni, pluribus racionibus petebant sibi fieri, et dictus archiepiscopus ad se defendendum super hoc dilacionem petebat, dictis scabinis instantibus pro recredencia predicta; curia nostra sic ordinavit, dicto archiepiscopo hoc paciente, et dictis scabinis in hoc consencientibus[1], quod ex nunc, absque prejudicio aliquo parcium in casu isto, vel alio, dicte persone per manum nos-

---

[1] Un nouvel incident, celui à propos duquel est dressé l'acte du 15 novembre 1308, est venu entraver la marche du procès relatif à l'*Estat de l'eschevinage*, procès dont la commission du 19 décembre 1308 devait presser la solution. Les échevins, hâtés d'en finir, débarrassent cette fois le point principal d'un incident destiné à devenir dilatoire dans l'esprit des gens de l'archevêque.

DE LA VILLE DE REIMS. 75

tram tanquam superiorem recredentur ; et hoc injunctum fuit baillivo viromandensi in curia existenti; et in causa que super hoc inter partes pendet [1], in statu in quo est, curia nostra procedet ulterius, et faciet, auditis partibus, justicie complementum. *Item*, super pluribus captionibus et gravaminibus super quibus dicti scabini de dicto archiepiscopo comqueruntur [2]. *Item*, super quibusdam inobedienciis dicto archiepiscopo et ejus gentibus impositis [3]. *Item*, et super exemptione [4] quam petunt dicti scabini, dictus archiepiscopus, tanquam sufficienter adjornatus, respondebit, in quantum tangit partem conquerentem.... Actum Parisius.... die veneris post festum Epiphanie Domini, anno m° ccc° octavo.

LXXI.

Arrest interlocutoire donné par parlement..... au proufit des eschevins, faisant mencion des désobéissances que les gens l'arcevesque faisoient aux gens du roy quant ilz vouloient faire récréance des bourgois que on tenoit en Porte-Mars, et la provision que parlement y mit.

27 février 1309.

Livre Blanc de l'Échev., fol. 6 v°.

Philippus Dei gracia.... universis.... Notum facimus, quod cum scabini de banno dilecti et fidelis nostri archiepiscopi remensis, proponentes quod dictus archiepiscopus, et ejus ministri, burgenses dicti banni plures ceperant, et adhuc frequenter eos capere non cessabant [5],

---

[1] Cette cause est la cause principale, celle de l'*Estat de l'eschevinage*.

[2] Il s'agit ici des causes accessoires de récréance qui, jusqu'à cette heure, ont entravé la marche de la cause principale.

[3] Ici il est question du fait consigné dans l'acte du 15 décembre 1308, et peut-être aussi du refus d'obéir à l'injonction que contient l'acte du 19 décembre 1308, comme pourrait le faire supposer l'acte du 2 mars 1309.

[4] Voici la première fois dans le procès qu'il est question de cette démarche hardie des échevins, qui, pour en finir avec l'archevêque, demandent à être *exemptés* de l'obéissance qu'ils lui doivent, et qu'ils voudraient transporter au roi. Voir les factums n°s II et III mis en note à l'acte du 2 mars 1309.

[5] Les gens de l'archevêque voyant le procès de l'*Estat de l'eschevinage* approcher de sa solution, par suite de l'arrêt du 10 janvier 1309, ont soulevé de nouveaux incidents, en opérant de nouvelles arrestations, *burgenses arrestare non cessabant*. Ils ont en même temps opéré de nouvelles saisies, comme semble le prouver l'arrêt du 2 mars 1309, où refusé de lever les anciennes, comme le portait la commission du 19 décembre 1308. Les eschevins, poussés à bout, renouvellent la

capciones hujusmodi cotidie et sine causa racionabili iterando, et gravamina gravaminibus accumulando, et de ipsis facere recredenciam denegando, contra punctum carte eorum per nos confirmate, propter quod ipsi habebant cotidie ad nos recurrere, et dampna quam plurima propter hoc sustinere ; *item*, quod dictus archiepiscopus, et ejus ministri, gentibus nostris specialiter missis pro dictis recredenciis faciendis, pluries fuerant inobedientes, et portas castri dicti archiepiscopi de Porte-Mars clauserant novissime contra prepositum laudunensem[1] ad hoc specialiter destinatum, dictum privilegium et curie nostre judicata exhibentes, requirerent generalem provisionem super hoc eis fieri, et predictas inobediencias tam nobis quam sibi emendari ; parte dicti archiepiscopi plures raciones in contrarium proponente. Tandem auditis hinc inde propositis, et visis judicatis et litteris partium predictarum, per arrestum nostre curie dictum fuit, quod deputabuntur certe et ydonee persone ad inquirendum celeriter, vocatis partibus, de prisiis omnibus et inobedienciis supradictis, et de circunstanciis omnibus predictorum ; et, inquesta que super hiis fiet ad nostram curiam reportata, curia nostra super hiis omnibus id quod racionabile fuerit ordinabitur. In cujus rei.... Actum Parisius, in parlamento nostro, die jovis post festum S. Mathie apostoli, anno Domini millesimo trecentesimo octavo.

LXXII.

28 février 1309.

INQUESTE et processus judicati in pallamento octabarum Nativitatis Domini, anno M⁰ CCC⁰ VIII⁰.

Olim, IV, fol. 110 v⁰.

Inquesta facta inter archiepiscopum remensem ex una parte, et abbatem quondam monasterii S. Nichasii remensis et monachos sibi adherentes, ex altera, super administracione bonorum tempo-

demande rejetée deux fois déjà, par arrêts du 28 février 1302 et du 2 janvier 1308, celle d'une provision perpétuelle de récréance. A l'appui de cette demande, ils rappellent tous leurs griefs les plus récents, même celui qui est consigné dans l'acte du 15 décembre, 1308, et sur lequel avait prononcé provisoirement l'arrêt du 10 janvier 1309. La Cour, qui a déjà repoussé à deux reprises une demande semblable, cette fois, frappée de son opportunité, ordonne une enquête avant de prononcer. Voir la note 3 de l'arrêt du 2 mars 1309.

[1] Voir l'arrêt du 15 novembre 1308.

ralium dicti monasterii, pendente appellacione interposita ad curiam romanam ex parte dicti abbatis, contra dictum archiepiscopum, nullius est valoris, cum sit ibidem alius abbas pacifice; maxime cum illud triennium, usque ad quod dictus archiepiscopus asserebat se, de consensu dicti abbatis, debere habere dictam administracionem, sit elapsum. Et idcirco, predicta inquesta non fuit per curiam judicata. Veneris post *Reminiscere*. — Bocellus report.

LXXIII.

ARREST de parlement.... touchant le corps de l'eschevinage; 2 mars 1309. c'est assavoir que se l'arcevesque, ou ses gens, grèvent les eschevins, ou leurs bourgois, ilz sont en saisine de eulx traire au roy, sans moyen, pour en avoir remède, et non ailleurs; et le roy en saisine d'en avoir la congnoissance[1]. *Item*, et faisant mention de la prise de J. de Mellemont, lay bourgois de Reins, que les officiers [*sic*, officiaulx?] de Reins tenoient prisonnier, lequel fu recréu et délivré par ledit arrest[2].

Livre Blanc de l'Echev., fol. 6.

Philippus.... Notum facimus quod cum scabini.... proponentes se ab antiquo consuevisse, et in bona esse saisina, super omnibus casibus dictum scabinatum eorum tangentibus; ad nos immediate habendi recursum, et coram nobis super hiis, non coram alio, litigandi, et standi juri, et nos esse in bona saisina super hoc cognicionem et decisionem habendi, eorum saisinam per regale privilegium quod curie nostre exhibuerunt confortantes, et dicentes tam nos quam ipsos ante

---

[1] Si l'arrêt qui va suivre contenait tout ce qu'annonce ce sommaire, il eût terminé les débats relatifs à l'*Estat de l'eschevinage*. Mais le clerc des échevins, qui a rédigé l'un et transcrit l'autre, a pris sans doute ses désirs pour la réalité, car nous avons en vain examiné l'arrêt sous toutes ses faces, nous n'avons pu lui trouver d'autre sens que celui qu'avait eu le premier acte de ce même procès, l'arrêt du 2 mai 1306. A notre avis, nous nous retrouvons donc au point de départ, avec cette différence que l'enquête ordonnée le 27 février 1309 promet de débarrasser la marche du procès de cette foule d'incidents que soulevait la mauvaise foi des gens de l'archevêque.

[2] A la suite de l'arrêt se trouve, comme l'annonce ce sommaire, un dispositif qui concerne *Jean de Malmont*, bourgeois lai, que l'official détient d'après une accusation dont l'avait absous déjà la cour laie de l'archevêque. L'official est sommé de rendre la liberté à Jean de Malmont, *alioquin curia super hoc adhibebit remedium opportunum*.

dictum privilegium, et post, usos fuisse continue saisina predicta, requirerent quod cum dictus archiepiscopus, seu gentes ipsius, racione factorum dictum scabinatum et corpus dicti scabinatus tangencium, ut ipsi dicebant, custodes in eorum domibus posuissent, et eorum pignora cepissent, dictos custodes amoveri, et dicta pignora reddi vel recredi faceremus eisdem, cum ipsi se paratos offerant in curia nostra super hujusmodi casibus stare juri; dicti archiepiscopi procuratore pro ipso archiepiscopo, tam jus commune, quam saisinam contrariam, et plura alia proponente. Tandem auditis hinc et inde propositis, et viso dicto privilegio, per arrestum nostre curie dictum fuit, quod cum dicte partes saisinas contrarias ac plura facta contraria proponant, ipsi (*sic*) facient facta sua, et super eis inquiretur [1] veritas, et fiet jus; et

---

[1] Ce mot semble annoncer une enquête qui portera, non plus comme celle dont il est question dans l'arrêt du 27 février 1309, sur la nécessité d'octroyer aux bourgeois la ré- créance par provision, mais sur le droit que prétend avoir l'archevêque de juger en sa cour, en première instance, les causes de l'échevinage. Ces deux enquêtes auront sans doute été suivies par les mêmes commissaires; mais il en reste peu de traces dans les archi- ves que nous avons consultées. Celles de l'échevinage seulement nous ont offert trois factums dont le premier est incontestable- ment, dont le second est très-probablement dressé à propos des enquêtes dont il est ici question, et dont le troisième doit leur être de fort peu postérieur. C'est ce qui ressortira, nous l'espérons, des notes jointes à ces trois documents, qui jettent sur le procès de l'*Estat de l'eschevinage* un trop grand jour pour que nous hésitions à les insérer ici en entier.

[I. *Les responces dou procurères l'arceves- que, contre les griez des eschevins.*]

Vez ci les responces que li procurères l'arcevesque de Rains fait contre les griez

que li eschevins de son ban ont baillié contre ledit arcevesque; et par les responcés il en- tent à anientir lesdiz griez, bailliez desdiz escheviñs par devers la court, jà soit ce ore que lidiz procurères entent et entendoit que il se feussent délaissiez desdiz griez que il ont bailliet par devers vous, seigneurs mestres [*], et en fust faiz uns arrés [**]. Et se il estoit re- gardeit que lidiz griez feussent receuz par vous, seigneurs maîtres, se fait protestation lidiz procurères que se il fait mencion de chartres, ou de lettres, ou d'autres choses touchans la propriéteit en ses responces que il fera (*sic*), il ne les entent à proposeir, fors à la fin de conforteir son droit commun, et sa saisine....

Et premièrement à septiemme article qui ce commence : « *Item* en tourblant et en empeechant, » là où il fait mension de pucele jadiz famme Raoul Cauchon, bourjoise [***] dou- dit eschevinage ; « le [*sic*, la ?] prist, on fist
« prendre, et fist tenir en sa prison, sanz ré-
« créance faire, contre les poins de la char-
« tre desdiz eschevins, ne rendre ne le vodrent,
« ne recroire, là où ele s'offroit bien à estre
« au droit des eschevins, si comme il dient. »
—A cest article respont li procurères doudit arcevesque, que ladite pucele estoit tenue

---

[*] Ces maîtres sont les commissaires, comme le prouve plus bas un passage de l'article XLII.

[**] L'arrêt dont il est ici question, serait-il celui du 10 janvier 1309?

[***] Nous pensons qu'il s'agit ici de la bourgeoise dont il est déjà question dans l'acte du 15 décem- bre 1308.

hoc pendente, per manum nostram tanquam superiorem dicti custo-

pour un fauz arrest que el avoit fait faire de bourjois de Pontoise, par la vertu d'une fausse lettre que ele apportoit en jugement, et mauvaisement en usoit, comme cele qui avoit esteit paié; liqueiz cas appartient à l'arcevesque tant seulement, et n'i ont lidit eschevins ne que veoir ne que jugieir; quar il est coutume notoire à Rains, quant uns hons est arrestez, qui n'est dou corps de l'eschevinage de Rains, li eschevins dou ban l'arcevesque n'i ont point de jugié, ne ne s'em puent entremestre, ne par les poins de leur chartre, ni autremant. Encore dit lidiz procurères, que lidiz arcevesque avoit receu conmandement de nostre seigneur le roy, de contreindre ladite pucele, en toutes mannières, à desdampmagieir les dessus diz bourjois des dampmages qu'il avoient eu par ledit faus arrest fait par ladite pucele, comme dessus est dit, et que les injures faites à eus leur fussent amendées souffisamment. Et avoit lediz arcevesques bien raison de tenir ladite pucele, quar ele n'avoit mie en biens meubles en son ban de quoy * ele peust amendeir lesdiz forfais, avec les autres raisons dessus dites, si comme il apparust par devant les eschevins **.

[ii.] *Item*, à l'autre article qui s'ensuit, là où il parle que « pour le deffaut de ladite « récréance, il alèrent à Roan***, à nostre sire « roy, et empétrèrent lettres envoyées au « bailli de Vermandois. » — A ce respont li procurères doudit arcevesque, que eles furent empétrées, teue la vérité, et souppossant estre ledit arcevesque en deffaut; et si, comme il est dit ci-dessus, la cours et la cognoissance de ladite pucele appartient audit arcevesque, et li offri bien à droit faire, et récréance faire là où il escherroit; et ainsis apeert-il que il n'est mie en deffaute; ne ne puent lidit eschevins retourneir à nostre seigneur le roy, se n'est par sa defaute, ou par faus jugemant.

[iii.] *Item*, en tous les cas là où il parole « des désobéissances que il dient que l'arce- « vesques fist au prévost de Laon. » — A ce respont.... que il en ont pluseurs raisons propozées pour escuseir ledit arcevesque desdites désobéissances, de quoi il font mension en pluseurs caz, lesqueles il ont mis devers la court.

[iv.] *Item*, à cel article, là où il parle « que lidiz prévos vint avant, selons sa com- « mission, » et là où il dient « que ladite pucele estoit en récréance ****. »—Respont.... que li prévos n'i avoit ne que veoir ni que cognoistre, si comme dit est dessus; et li fu bien dit.

[v.] *Item*, à cet article, là où il parle que « l'arcevesques et ses gens ont autrefoiz « désobéist contre la gent le roy, quant ils « venoyent à la requeste desdiz eschevins. » — Respont.... que des désobéissances faites au roy, s'eles y estoyent, lesqueles n'i sont mie, tant pour le temps présent, comme pour le temps passeit, comme il n'ayent pooir ne mandement dou roy seur ce, ne sont tenuz à respondre asdiz eschevins.

[vi.] A cet article, là où il parle « que « lesdiz eschevins ont despandu vi^c lb; en

---

* C'est-à-dire que l'accusée n'avait pas un mobilier *suffisant* pour répondre de l'amende et de la restitution; car n'étant pas au nombre des gens sans aveu, elle avait un mobilier *quelconque*, mobilier qu'avait fait saisir l'archevêque, si c'est bien de la même femme qu'il est question dans l'acte du 15 décembre 1308.

** Ainsi la veuve de R. Cauchon avait été jugée par les échevins. En effet, si dans l'acte du 15 décembre 1308, le prévôt de Laon n'a pu délivrer la *bourgeoise* qu'il avait mission de recroire, l'arrêt du 10 janvier 1309 nous apprend que, par accord, récréance a été faite *de quadam muliere* qui doit être la *bourgeoise* du 15 décembre 1308, et la faussaire de notre factum.

*** Le roi était à Rouen le 20 avril 1309, comme prouve le mandement qu'il adresse, à cette date, au bailli de Rouen. (Ordonn. des Rois de Fr., i, 460.)

**** Ce passage prouve évidemment l'identité de la personne dont il est parlé dans l'acte du 15 décembre 1308, et dans notre factum.

des amovebuntur, et dicta pignora recredentur, salvo in omnibus

« requérant ladite récréance de ladite pu-
« cele. »—Respont.... que il n'est mie tenuz
à respondre as despens, devant qu'il appaarra
à estre convaincuz sus le principal ; ce qui
n'avenra jà, si comme il est dit par les raisons dessus dites.

[vii.] *Item*, à cet article, là où il parle
« de Ernoul Couillery, et de Herbert le
« Thiez, et de sa femme, et de son fil, et de
« pluseurs autres, et que par force de pri-
« son, si comme il dient, il se rauibent de
« jour en jour, et [a?] ledit Herbert lessié
« l'eschevinage. » — Respont.... que il parlent ci pour singulières personnes, pour lesqueles il ne puent riens demandeir en court,
si comme il ont autre foiz confesseit par devant vous, seigneurs les maistres de la court
le roy, ne n'apeirt qu'il ayent pooir d'iaus;
et plus qu'il sont gens dehors de leur eschevinage, tiex y a, ne ne se puent doloir des
griez fais à persones qui ne sont leur justi-
çables, ains sont justiçables de l'arcevesque; et cils qui en issent, en issent plus
pour les grans tailles, et pour les grans op-
pressions que li eschevins leur font, que
pour la paour de l'arcevesque. Et en ce
qu'il dient qu'il s'en issent, n'est li roys de
riens grevez ; quar aussi bien sont-il tailliez
de par le roy en autre ban, comme au ban
doudit arcevesque.

[viii.] *Item*, à cel article qu'il dient « que
« la prévosteit ne vaut que xxviii d., et est
« chascun an livrée à v^c et l lb, et ainsis
« apeirt-il que li eschevinages doudit arce-
« vesque en est grevez. » — A ce respont....
qu'il loit bien à prendre amende de ceus qui
meffont, lesqueles puent bien monteir à grant
summe d'argent, et plus il ne vaut au prévost, fors le droit qu'il y a ; et a bien offert
as eschevins, quant aucune plainte en a
esteit, de faire en bon droit, et fait encore,
et de li bien punir, et desdampmagier ceus

à qui il auroit fait dampmage sans raison,
la vérité sceue.

[ix.] *Item*, à cel article qu'il dient « qu'il
« a miz priseurs de novel, pour prisieir les
« louyeirs des maisons de son ban, non
« apelez lesdiz eschevins.* » — Respont....
que li treffons sont tenuz de li, a oudit
ban toutes justices et seignourie, seuls, sanz
parsonnerie d'autrui ; et de ce est-il en bonne
saisine, et de ordeneir toutes les choses qui
puent aparteniir à seigneur qui a toute justice, et le tient dou roy ; et mesmemant que
li roys li manda par ses lettres qu'il le feist
en son ban. Et teil chose apartient bien à
seigneur qui a toute justice et seignourie,
et le punissance qui cherroit en désobéis-
sance ; ce qui ne puet cheoir èsdiz eschevins, qui n'ont ne corps, ne cognoissance,
ne jugement, ne qui n'ont en jugieit, fors
la prononciation, et de par l'arcevesque. Et
auteil respont-il sus les vivres ; ne demande
ne puent-il faire de leur dampmages, devant
que l'arcevesques soit condampniez dou principal, si comme dessus est dit. *Item*, se il
empétrèrent lettre seur ce, si fu la vériteis
teue.

[x.] *Item*, à cel article là où il parle des
xii^{xx} lb. — Respont.... que l'arcevesque n'a
de riens esteit condampnez en principal,
avec ce qu'il est fondez de droit commun
pour justicieir en tous cas, et en est en bonne
saisine, si comme dessus est dit.

[xi.] *Item*, à cet article où il parle « de
« ceus que on bannist quant il sont en leur
« marchandise, qui puent recouvreir le pays
« pour xxxvii^s et demi ; laquele loi il n'a mie
« volu garder en la persone d'Aimet, ansois
« en a pris vi^{xx} lb, si comme il dient. » —
Respont... qu'il apeirt par le dit des eschevins, que li bannissemans est ledit arcevesque, par lui seul ; et puent cheoir mout de
cas, soit civile, ou crimineil, si comme de

---

* Ce grief, ainsi que plusieurs autres dont va donner connaissance ce curieux factum, n'est articulé dans aucun des actes nombreux qui concernent les débats de l'*Estat de l'eschevinage*. Il révèle sans doute l'un des motifs de ces désobéissances fréquentes dont se plaint l'archevêque, et de ces arrestations à propos desquelles la cour est si souvent appelée à intervenir.

jure partium predictarum.... Actum Parisius in parlamento nostro, die dominica post *Reminiscere,* anno M⁰ CCC⁰ VIII⁰.

murtre, ou de larrecin, ou d'autres cas, là où il ne pourroit mie recouvreir le bannissement, pour tele summe comme dessus est dite; et se il ne venoyent, apelez souffisanmant, il perdroyent leur biens; ne n'est mie à eus de dire le cas pour quoi il sont apelez, ansois appartient audit arcevesque, liquex maintenra bien le cas pour quoi il a pris et leveit, en sa court, et liqueis leur fera bien droit là où il cherra; et leur offre bien, si comme dessus est dit. Et des choses dessus dites faire, est-il en bonne saisine, et pour apeleir de cas de soupesson, et d'autres cas, et de eus punir si comme li cas le désire; et se nuls se doloit de son baillif, ne de son prévost, ne de ses autres gens, il offre, et a touzjours offert, d'eux faire droit; ne n'apeirt riens de sa deffaute, et ainsis ne puent li eschevins tourner devers le roy, si comme il apeirt par les arrès de la court; et par ceste mesme raison, responnons-nous à l'article ensiuent après.

[XII.] *Item,* à l'article là où il font mension « qu'il ne leur sueffre mie à mettre es- « gardeurs sus les viandes, et deffent que nuls « n'i antre, pour quoy il sont dampmagiez « de mil ℔, si comme il dient. »—Respont.... que l'arcevesques les y doit mettre et osteir, se mestiers est, et de ce est-il en bonne saisine, comme sires doudit ban, seuls, sanz parsonnerie d'autrui; ni de teil fait, saisine ne puet cheoir as eschevins dessusdiz, qui n'ont ne corps, ne cognoissance, ne jugement, si comme dessus est dit; ne des dampmages ne se puent-il doloir, devant que lidiz arcevesques soit condampnez au principal, si comme dit est.

[XIII.] *Item,* en l'article là où il se duelent à la fin, « de pluseurs griez, et seur ce « avoir provision. » — Respont.... qu'il est dit, et par arrest* qu'il n'en auroient point. Et veuillez requerre, seigneurs commissaires **, commant li eschevins abusent de leur chartre, vous trouverez toute la justice dou ban l'arcevesque estre corrompue par lesdiz eschevins.

[XIV.] Et des choses dessusdites est vois et commune renommée à Rains, et à la court le roy nostre seigneur, et as lieus voisins, et les offre à prouver li procurères doudit arcevesque, ou non deseurdit, et à mettre en voir en tant comme il i souffra à s'entencion; et nie le fait de la partie adverse, en tant comme il fait à recevoir, et il est contraires au sien, ou préjudicians; et fait protestation des articles impertinens de la partie adverse.

Item, li procurères doudit arcevesque fait protestacion, que il n'entent de riens à respondre as eschevins de Rains, fors tant que il touche le corps de l'eschevinage; quar il s'en délaissèrent de ce qui touche singulières personnes par devant vous, seigneurs maîtres.

« *Item,* de ce qui touche au roy, il n'entent de riens à respondre asdiz eschevins, ne as articles doubles, ne impertinens, ne negatis.

[II.] *Ce sont les resons et deffenses l'arcevesque de Reins, qu'il a proposé en ce présent parlement***, contre les eschevins de son ban...., sur l'Estat de l'Eschevinage.*

A la fin que la court et la connoissance des requestes que ont faites li eschevin de Rains, encontre l'arcevesque, sur le fait de l'eschevinage, dont il dient estre en saisine de trère au roy par voie de simple requeste, soit et doie estre renvoié audit arcevesque, dit et propose, et entent à prover, le procurères dudit arcevesque, les raisons et les faiz qui s'ensuient; protestation faite, que se il fait mention de chartres, ou de lettres, ou d'autres choses, touchanz à propriété, il

---

* Arrêt du 2 janvier 1308.
** Ainsi c'est bien à des commissaires que ce factum est adressé.
*** Ces mots ne prouvent pas que le factum auquel ils servent de préambule n'ait pas été dressé pour une enquête faite par commissaires. V. plus bas, art. XXVIII.

LXXIV.

20 mars 1309.

MANDEMENT au bailli de Vermandois, de faire observer l'ordonnance de 1302 pour l'utilité du royaume.

Ordonn. des Rois de France, 1, 457. — Cart. AB du chap., fol. 134 v°.

ne les entent à proposer, fors à fin de conforter son droit commun, et sa saisine.

[I.] Premièrement dit ledit procurères que ledit arcevesque est sires de son ban de Rains, et des eschevins, et sur toutes autres personnes de son ban; et le tient du roy nostre seigneur, en si grant noblesce comme en empaerrie, et en conté*, comme pers de France, avenc toutes les autres droitures et seigneuries de sa perrie, sanz ce que le roys i ait riens retenu, fors l'ommage et le resort.

[II.] *Item*, que il est en saisine, il, et si prédécesseur, d'avoir, justicier, et esploitier,

toute manière de justice, haute et basse, seul et pour le tout, en ladite vile, et dehors, dedanz son ban, ès personnes des eschevins, et de touz autres, par reson de sa conté et perrie.

[III.] *Item*, que ledit eschevinage a esté fondé et otroié des prédécesseurs dudit arcevesque, comme arcevesque.

[IV.] *Item*, que ledit eschevinage est, et a esté, tenu et gouverné doudit arcevesque, et de ses devanciers, comme de leur droit seigneur et fondéeur.

[V.] *Item*, que lidiz arcevesques est en

---

* « L'opinion de Favin [sur l'érection du comté de Reims en duché] parait d'autant plus probable, qu'elle se trouve en un ancien manuscrit qui contient la vie de nos archevêques, où il est dit que le comté de Reims fut érigé en duché par Louis VII, l'an 1179, lorsqu'il institua les pairs de France. » Bibl. de Reims, *Marlot, Fr.* mss., liv. x. Suppl. § 5.

L'opinion de Favin n'est pas assez prépondérante, et *l'ancien* manuscrit cité par Marlot est indiqué d'une manière trop vague, pour infirmer l'autorité du factum que nous transcrivons ici, et auquel jusqu'à cette heure, par un hasard inexplicable, aucun des historiens de la pairie française, ni de la ville de Reims, n'avait fait attention. Dans Reims même cependant, l'autorité de Favin, et l'opinion de Marlot, étaient loin d'avoir prévalu, comme le prouve l'extrait suivant du cart. de Saint-Denis, p. 484 :

« Arrêt du Parlement de Paris, par lequel est adjugé, pendant la litispendance, aux abbé et couvent de Saint-Denis de Reims, la récréance d'un muid de froment contenant seize septiers, à prendre sur les revenus de Courville et autres redevances à eux denes par Simon [de Cramaud], archevêque, duc de Reims, pair de France, et conseiller du roy, qui était refusant de les payer. Donné le 18 juillet 1413.

« *Nota* que c'est la première fois que le titre de duc et pair est donné aux archevêques de Reims, ou pris par eux dans un acte. »

L'on se tromperait d'ailleurs si l'on concluait de la remarque anonyme du cartulaire de Saint-Denis

que Simon de Cramaud fut le premier archevêque investi du titre de duc; car dans la section judiciaire des archives du royaume, série du criminel, reg. XI, f°. 1, on trouve la note suivante qui précède les arrêts de l'an 1376.

LES PÈRES DE FRANCE.

Clers.

Duz... { L'arcevesque de Reins.
{ L'évesque de Laon,
{ L'évesque de Langres.

Contes. { L'évesque de Beauvais,
{ L'évesque de Noyon,
{ L'évesque de Chaalons.

Lays.

Le duc de Bourgoigne.
Le conte de Flaudres.
Le roy de Navarre, conte d'Évreux.
La contesse d'Artois.
Le duc d'Anjou.
Le duc de Berry.
Le duc de Bourbon.
Le conte d'Alençon.

LES PRÉSIDENS DE PARLEMENT.

Mess. Arnaut de Corbie, chevalier.
Mess. Philebert Paillart, docteur ès lois.
Maistre Guillaume le Bescot, et
Mess. Estienne de Lagrange, chevalier.

LXXV.

Arrest donné en parlement l'an mil ccc et huit, qui conferme les autres arrestz.   26 mars 1309.

Livre Blanc de l'Echev. fol. 12 r°.

saisine de faire lesdiz eschevins, et les met, et oste, à cause, quant poinz est, comme leur sire; et font serement à lui, comme à seigneur.

[vi.] *Item,* que lidiz eschevinages est, et a esté, maintenuz en la subjection et seignorie doudit arcevesque, et de ses prédécesseurs, de tout temps, ou au moins de tel tens que il n'est mémoire du contraire.

[vii.] *Item,* que à la requeste doudit arcevesque, lidit eschevin sont tenu de venir en la cour dudit arcevesque, et faire les jugemens de sa court quant il en sont conjuré, et nient autrement.

[viii.] *Item,* que li auditoires est ledit arcevesque seul, et pour lui tout, comme lidit eschevin ne puissent aler en nul jugement, fors à la requeste, et par le conjurement doudit arcevesque, ou de son lieutenant, et n'ont au jugement, fors la prononciation.

[ix.] *Item,* que l'exécution du jugié est faite par les genz l'arcevesque, sans i apeler de riens les eschevins; et par la main doudit arcevesque est fait seul, sanz parçonnerie d'autrui.

[x.] *Item,* que lidiz eschevinage est sans cors, et sanz commune, et ainsi en aus ne puet cheoir justice, ne seignorie qui sont personnes non nobles; ne aveuz de justice, ne saisine, ne prescriptions, meesmement contre leur droit seigneur, et contre droit commun, et contre le droit et la nature des fiez.

[xi.] *Item,* que tant de droit et de raison, comme d'us et de coustume, genz ainssi subjette ne se puet partir de la court son seigneur, espéciaument de si noble seigneur,

fors par voie de ressort, ou de défaut de droit, ou de faus jugement.

[xii.] *Item,* que se lidit eschevin vodrent onques user de trère par devers le roy, par voie de simple requeste, ainssi comme desus est dit, li arcevesques s'opposa au contraire, et en demanda sa court, comme de ses subjez.

[xiii.] *Item,* que, sanz les eschevins joïr de la saisine dont il se vantent, l'opposition doudit arcevesque fu receue.

[xiv.] *Item,* que à la fin de la court renvoier ou retenir, article furent fait, et commissions bailliée à certains commissaires*.

[xv.] *Item,* que encore pent ladite commissions, et est renouvelée comme bien poursuivie, et diligement, de par ledit arcevesque.

[xvi.] *Item,* que par ce apert estre vrai le contraire de ce que il dient.

[xvii.] *Item,* que il apert par chartres, que autrefoiz il vosdrent mouvoir tele question, et que li rois Saint-Loeys déclara que il ne pourroit mie soufrir que li arcevesques ne fust gardez en ses libertez, et que li eschevin et bourgois ne li fussent renvoié en sa court pour droit fère ²**.

[xviii.] *Item,* aveuc le droit commun, que sougiez ne peuent rien acquerre contre leur seigneur, il apert par poinz de chartre juré, que lidit eschevins ne peuent amenuisier du droit l'arcevesque desusdit.

[xix.] *Item,* aveuc le droit commun, que seigneur ne puet, ne ne doit amenuisier, ne soufrir qu'il soit amenuisié, le droit de son sougiet, ne en saisine, ne en propriété, si apert-il par point de chartre, que le roy ne veut mie le droit, ne la saisine, doudit arcevesque

---

* Il est évident qu'il ne peut être question ici de l'arrêt du 27 février 1309, qui ordonne une enquête seulement sur l'opportunité de la récréance provisoire. La cour aura donc ordonné une enquête sur le fond, sans doute conformément à l'arrêt auquel ces factums sont annexés.

** Voir *Archiv. admin.*, I, 776.

Philippus Dei gracia.... universis.... Notum facimus quod cum amenuisier; ainz promet par ses chartres à garder le droit dudit arcevesque, en sa foy enterinement.

[xx.] *Item*, il apert par pluseurs chartres autres, et arrés, aveuc le droit commun, et la saisine doudit arcevesque, que li eschevinages est siens, et que il doivent prendre droit en la court doudit arcevesque, en touz cas; ne partir ne s'en peuent, sanz la voie de ressort desusdite.

[xxi.] *Item*, que par la chartre que li eschevin monstrèrent à la court, apert, et le dirent nos seigneurs et maistre de la court, que li eschevinages est l'arcevesque.

[xxii.] *Item*, que li arcevesque est en saisine de ses eschevins de Rains desusdiz, pour cause de leur eschevinage, quant aucune foiz s'i sont meffait, de traire en sa court, par devant ses hommes de fief*, et d'aus aprochier, à la fin d'estre puniz et corrigiez de leur meffet.

[xxiii.] *Item*, que en joïssant et esploitant ledit arcevesque de ladite saisine, lidit eschevin sont demouré en ladite court, pour leur meffez, touchanz, sans décliner la court, as fez de l'eschevinage.

[xxiv.] *Item*, que lidit eschevin ont respondu en ladite court desdiz meffez, comme devant leur seigneur et leur juges.

[xxv.] *Item*, que il se mistrent en droit en ladite court, et demandèrent droit desdiz meffez comme de leurs juges.

[xxvi.] *Item*, que li homme de fief dessusdit, sur le pledié, ou plediez, desdites parties, et à leur requeste, vindrent et prononcièrent leur jugement ou jugemenz.

[xxvii.] *Item*, que par ledit jugement, lidit eschevin, pour le fet de leur eschevinage, furent trait à amande, et corrigié de leur meffet.

[xxviii.] *Item*, que se li procurères desdiz eschevins vest fère aveu de l'eschevinage au roy nostre seigneur, ce ne doit mouvoir la court, fors pour ledit arcevesque et contre lesdiz eschevins.

[1°.] Premièrement, pour ce que tantost lidiz arcevesques véant son grant profit audit aveu, se il peust estre faiz et poursuivi, requist que la court seust se lidiz procurères avoit pouer espécial de fère cel aveu. *Item*, que demandé fu audit procurères que il enseignast de son pouer, se point en avoit? Il se déporta et soufri, et se soufri doudit aveu, et de la parole volage que il avoit dite, et sanz monstrer mandement à ce faire. *Item*, pour ce que par les chartes, et lettres monstrées desdites parties, espéciaument par celi que li eschevin monstrèrent, apert clèrement que li eschevinages estoit ledit arcevesque; et le dirent, tantost eles veues, nos seigneurs et maistres de la court, si comme dit est dessus. *Item*, comme lidit eschevin, de droit commun, et de coustume de païs, ne se peussent fonder contre ledit arcevesque, fors par aucun priviliége ou chartre espécial, ou [*sic*, et?] par leur chartres monstrées a paru que lidiz eschevinages est et estoit ledit arcevesque, i apert clèrement qu'il ne font à oïr en tes frivoles aveuz, et en tes saisines, dont il se vantent, contrainz à reson et à droit commun; meesmement que par lettre de la saisine que il proposoient, i apert li contraires de ce que il proposent.

[2°.] *Item*, ne doit mouvoir la court ce que dient lidit eschevin, que li rois a confermée la chartre que lidit eschevin ont de l'arcevesque, ou de ses devanciers ; et que pour ce audit nostre seigneur le roy apartiegne la connoissance des débaz qui en pourroient dépendre et naistre, comme de sa confirmation. — Premièrement, que se lidiz roys, ou si prédécesseur, ont voulu confermer de volenté, et de fait, et metre leur seel à la lettre que lidit eschevin ont de l'arcevesque, ce fu, et est, sanz la volenté, la requeste, et l'assentement doudit arcevesque, ou de ses devanciers, si comme il apert par les lettres meismes; et tel chose ne donne, ne atribue, au prince, ou au souverain, juridicion, court, ne connoissance. *Item*, ne doit

* Voir la sentence d'octobre 1280.

dilectus et fidelis noster archiepiscopus remensis, de pluribus arrestis

mouvoir le roy, ne la court, se il est contenu en la lettre, que ce fu fait en la présence du roy; car il ne dit mie que ce fust en jugement, ne à requeste de partie, ne que il fust apelez comme juges, sire, ne souverains; mais aussi comme privée personne, qui peust avoir oï dire tes choses; pourcoi il apert que toudiz la seignorie, la cours, la connoissance, en demoura, et doit demourer audit arcevesque.

[XIX.] *Item*, ledit procurères fait protestacion qu'il ne entent de rien à respondre aus eschevins de Reins, fors pour tant comme i touche l'eschevinage; quar il se délaissèrent de ce qui touche singulières personnes, pardevant vous, seigneurs maistres *.

Item, de ce qui touche au roy, il ne entendent de rien à respondre audiz eschevins; ne aus articles doubles, ne impertinenz, ne negatis.

Et nie le fait de la partie adverse en tant comme il est contraires au sien, et il seroit receu par la court.

[III.] *Se sont les responses que li doïens d'Orliens** .... a faites contre l'arcevesque.*

[I.] Premiers, que ledit arcevesque, toute la seignorie et la joustice qu'il a à Rains, il la tient, et ses prédécesseurs ont tenu, dou roy de France, en conté enperrie, senz ce que li roys i ait riens retenu, fors que le ressort et l'omaige. —Respont li procurères des eschevins, qu'il le croit bien, sauves les choses appartenanz à sovereneté.

[II.] *Item*, que ledit arcevesque, et ses prédécesseurs, ont esté en saisine d'avoir toute joustice, hauste et basse, ès eschevins et bourgois de son ban de la cité de Rains, par raison de sa compté et de sa perrie. — A ce respont li procurères aus eschevins devant nommez, quar il le croit, en la manière qu'il a creust l'article prochain respondu ***.

[III.] *Item*, que lidit eschevinage a esté fait et octroiez de ses prédécesseurs arcevesques de Rains ****, et est tenuz de luy *****, et li font li eschevins serement; et se deffaut i avoit de créer et meittre eschevins, l'arcevesque le puet faire, comme sire et souverains ******; et ensi a esté usé et maintenu ledit eschevinage de très lonc temps, à la seignorie et en la subjection et joustice de l'arcevesque de Rains pour le temps *******. —A ce respont li procurères...., qu'il ne le croit pas.

[IV.] *Item*, et qu'il a esté usé de très lonc temps, que lesdiz eschevins viennent, et doi-

* Le factum précédent nous apprend que les maîtres devant lesquels les échevins *s'estoient délaissié de ce qui touche à singulières personnes* étaient les commissaires. Voir le préambule et l'art. XIV de ce factum.

** Nous pensons qu'il est ici question de M° Raoul Grosparni, *doïen d'Orliens*, qui, selon la note plus haut annexée à l'acte du 26 août 1303, se trouvait, dès 1306, du conseil de l'échevinage. C'est sans aucun doute en parlement qu'auront été faites les réponses du doyen d'Orléans; mais comme plus d'un tiers des articles auxquels il répond sont les mêmes que ceux du factum précédent (ce dont on peut s'assurer au moyen de nos renvois), nous croyons que le troisième factum a dû suivre de fort près les deux premiers, et servir de contredit au second, qui, après avoir été présenté aux commissaires, a été reproduit devant la cour avec quelques développements.

*** Cette réponse n'aura pas sans doute paru assez concluante au procureur de l'échevinage, car au revers de notre factum se trouve une réponse détachée du corps des autres réponses, et qui nous semble se rapporter à l'art. II des dires de l'archevêque.

« A ce respont lidis procurères, que tant comme par la raison de sa pairie ou de sa conté il a cela, se point en a, il est impertinens tant comme as eschevins et as bourjois de Rains. Quant au remenant de cel article, lidis archevesques peut avoir useit sus les eschevins et les bourjois de Rains, excepté la chartre desdis eschevins et bourjois, leur usages desqueis li devant dis eschevins et bourjois ont useit et useut, et exceptei les articles contenus en leur chartre, et les despendances de ces articles, desqueis il ont useit, et usent, non contrestant les usaiges ledit archevesque, et sa justice, en la mannière que lidis eschevins et bourjois le maintiennent en leurs articles; autrement il ne le croit. »

**** Voyez le factum précédent, art. III.

***** Voyez *ibid*., art. IV.

****** *Ibid*., art. V.

******* *Ibid*., art. VI.

in presenti parlamento nostro, per curiam nostram factis, inter ipsum

vent venir, et sont tenuz, à la court doudit arcevesque, à faire les jugemens de sa court, quant il en sont conjurez de par l'arcevesque, et non autrement *. — A ce respont.... que il croit bien que li eschevins de Rains si vont bien à la semonse l'arcevesque, ou sa gent, à la court doudit arcevesque, pour faire jugement des bourgois de l'eschevignage ; et senz semonse, toutes les foiz qu'il leur plaît ; et autrement il ne le croit.

[v.] *Item*, que lidiz arcevesques et ses prédécesseurs ont esté en saisine, seul, et pour le tout, d'avoir toute joustice et seignorie sus ces bourgois, et sus touz les couchanz et levanz en son ban de la ville de Rains ; et sont lidit eschevins et les autres desquiex la complainte est faicte, couchanz et levanz ou dit ban, et ont esté lonc temps ha. — A ce respont.... qu'il ne le croit pas.

[vi.] *Item*, que lesdiz eschevins l'un sus l'autre, ne touz ensemble sus les couchanz et levanz doudit ban, n'ont joustice ne seignorie **, jugement ***, ne exécucion ****, se il ne est quant il en sont conjurez, chargez, ou commandez par l'arcevesque, ou par ses sergenz ; espécialment, et en tex cas tant seulement, desquiex il soient conjurez ; et ensi a esté usé de très lonc temps. — A ce respont.... qu'il ne le croit pas.

[viii.] *Item*, que selonc us et coustume général, les subjez de ceus qui ont joustice, et mesmement haute et basse en eux, et mesmement qui ont la joustice en eus par raison de leur baronie enperrie, pour griex qu'il leur facent, quel qu'il soient, ne se puent partir d'aux ; einz doive[n]t leur seigneur requerre, et sommer, tant qu'il leur face faire droit et jugement sus leur griex, ou qu'il en soient deffaillient ; et leurs [*sic*, lors?] par appel de deffaut de droit, ou de mauvès jugement *****, puent aler au souverain, et non autrement ; ne en avant. Et se autrement en avant le font, il doivent estre renvoié à leur seigneur s'il l'an requièrent la court ******. — A ce respont.... qu'il le croit là où il n'a chartre, ne confirmacion dou roy; mès là où il a chartre, et confirmacion, il ne le croit pas.

[viii.] *Item*, que selonc l'us et la coustume dessus dicte, se li soubgez requièrent aucuns griex estre rappelez, ou aucunes délivrances, ou récréances, estre faictes de leur persones, ou de leur biens, et leur seigneur ne le fasse, ou die qu'il ne le fera pas ; s'il n'est-il pas pourtant tenuz à estre en deffaut, tant qu'il soit souffisement requis et sommé de droit faire sus la requeste ; et li cas soit tex sus lequel, et la persone requérant tele, à cui, il afiert à faire droit et jugement. — A ce respont.... ensi comme il a respondu en l'article prochain, et autrement il ne le croit pas.

[ix.] *Item*, qui se lidit eschevins ont requis ledit arcevesque qu'il face leur requestes ; si ne le somèrent-il onques de droit jugement faire sus leur requestes. — A ce respont.... qu'il le croit bien ; quar tantost comme il ont requis ledit arcevesque, et l'arcevesque le refuse, il sont acoustumé de venir tantost au roy, en la manière qu'il le maintienent en leur articles ; et autrement ne le croit, et touzjours l'ont ensi fait, et en ceste manière usé, et usent.

[x.] *Item*, se lidiz arcevesques n'a fait leur requestes, ou dit qu'il ne les feroit, ou ses gens pour luy, s'il avoit bonnes raisons par lesquelles lesdictes requestes ne devoient estre faictes, et lesquelles ils estoient tenuz de dire, jusques à tant qu'il requeissent le droit de sa court. — A ce respont.... ensi comme respondu a ci-devant prochènement.

[xi.] *Item*, que lidit eschevin ne se puent doloir, ne faire requestes ou demander, comme eschevin, ne par raison d'eschevignage, de griex faiz à autrui qui n'est de Rains, leur joustice, selonc raison, us et coustume de païs. — A ce respont.... qu'il le croit

* Voyez le factum précédent, art. vii.
** *Ibid.*, art. x.
*** *Ibid.*, art. viii.
**** *Ibid.*, art. ix.
***** *Ibid.*, art. xi.
****** *Ibid.*, art. xii et xiii.

et scabinos remenses, conquereretur, et, obtenta super hoc gracia a

bien, se li cas ne tuiche le droit de l'eschevignage*.

[XII.] *Item,* se lidit eschevin, ou autres, ont requis ledit arcevesques, ou sa gent, de droit, ou de jugement, leur faire; il en ont esté apparillez, ou sont, de faire, toutes foiz, et en touz cas, où il en ont esté requis. — A ce respont.... qu'il ne le croit pas.

[XIII.] *Item,* se il en aucun deffaut, ou demeure, avoit esté l'arcevesque ou sa gent, si dit-il qu'il offri en jugement, en requérent sa court d'eux, ou ses procurères pour luy, droit leur faire faire se[ur] leur requestes, par sa court; et que par ceste offre, quant appelez n'estoient, ne plait entésinez sus le deffaut, devant le souverain, la court li doit estre rendue, et non retenue, selonc raison, us et coustume de païs. — A ce respont.... qu'il ne le croit pas.

[XIV.] *Item,* dit et propose lidiz procurères, que la lettre laquelle lidit eschevin ont monstrée, seelée et confermée dou roy, si comme il dient, ne contient pas, ne ne preuve, que l'ostroy ou confirmation que li roys en fist, il feist à la requeste doudit arcevesque; einz appert qu'il le fist de son propre movement, comme cis qui dit qu'il est tenuz à garder et savoir les coustumes; et ensi ladicte lettre ne doit porter nuisance, ne tolir justice, ne droiture, audit arcevesque, ne donner au roy, selonc raison, us et coustume. Et se coustume estoit, en cas quant li roys conferme à requeste d'un seigneur, ce n'est pas la coustume en cas quant li rois fait la confirmacion senz requeste, selonc raison, us et coustume dessus diz**. — A ce respont.... que cis articles est de droit, si n'est tenuz à respondre; et se response i afiert, si dit-il que présumption est que ce fu à la requeste des parties, tant par ce que toute la chartre l'arcevesque, et toutes les franchises, si sont contenues en la chartre du roy, expresséement déclarez; tant par les usaiges, puis le temps des chartres devantdictes, en suiz, si comme il est contenu ès articles des devantdiz eschevins.

[XV.] *Item,* se l'arcevesque pour le temps en avoit fait requeste, et par ce, deust estre faict aliénacion, par la coustume, entre tous qui faire le puent de leur propre; si ne leur pourroit avoir fait l'arcevesques senz le consentement de son chapistre, senz autorité dou souverain, mise cognoissence de cause, et par d'estre en jugement, mesmement comme ceste chose soit grande, et soit de l'oneur de la seignorie et joustice de l'église, et dou chief de l'amperrie, et senz toute sollempnité de droit, laquelle sollempnité ne fut oncques gardée par roy, par pape, ou autre souverain. Et ensi nuire ne doit à l'église, mesmement après le temps doudit arcevesque qui morz est, selonc raison, us et coustumes de païs. — A ce respont.... qu'il ne le croit pas.

[XVI.] *Item,* ladicte charte ne dit pas que en tous caz l'an doie faire récréance audiz bourgois, quant eus, ou les leurs, sont prins; einz dient le contraire, que en aucun cas récréance ne s'affiert. Et quant, dire le convient à la joustice; et appartient à dire les cas et la cause de sa prise, non pas à la partie qui requiert; et ensi doit la partie requerre et sommer la joustice de faire response, et droit; et doit attendre; et ne s'en puet partir autrement, selon raison, us et coustume de païs. — A ce respont.... si comme respondu ha à l'article prochain.

[XVII.] *Item,* la saisine et l'usaige qui sont alléguées desdiz bourgois, de venir au roy, senz appel de deffaut de droit, de mauvès jugement, sont alléguées contre la coustume général, notoire, et approvée, qui dit le contraire que ce ne doit estre fait. — A ce respont.... que quant il i a confirmacion dou roy, que ce n'est pas contre droit, ne contre coustume; et en ceste manière les maintienent li eschevin en leur articles; ne autrement il ne le croit.

[XVIII.] *Item,* bourgois et persones non nobles, en tel adveu de saisine ou d'usaige, ne doivent estre receus dou roy, contre coustume général, et contre la nature des

* Voyez l'art. 1 du premier factum.

** Voyez l'art. XXVII, § 2 du second factum.

nobis, plures raciones in quadam cedula tradidisset, ad illum finem quod corrigerentur, vel mutarentur arresto predicto [*sic,* arresta predicta?]; auditis racionibus predictis, in presencia nostra[1], et visis arrestis

fiez[2], à détraire, ou hoster à son homme ce qu'il tient de luy, à cui il doit foy porter, comme à soubget; et son homme, aussi à lui, comme à seigneur, laquelle foy entre eus requiert le droit de chascun à garder. Et ledit arcevesque tient, avant les autres choses, la joustice qu'il a sus les eschevins et bourjois de son ban, en fié et en homaige dou roy; de laquelle joustice et obéissance il ne se puent soustraire par eus seuls; quar prescription et usaige qu'il allèguent sus le roy, ne seroit pas leur, mès sus eus; et ne en puet estre provables, ne recevables, mesmement des choses de fié, et contre coustume, et contre bonne foy, senz titre espécial, et contre l'église, laquelle est en la garde le roy, et en prant en tonz les régales, et contre son homme et ménistre de l'église, de cui il a pris les services; et ensi cel aveu ne doit estre receu dou roy, selonc raison, us et coustumes de païs. — A ce respont.... que cel adveu n'est pas noviaus, quar il appert par la chartre que bien puet donner cause dou recevoir, en la manière que maintenuz est ès articles, selonc l'errement que lidit eschevin maintiennent, et les faiz qu'il proposent en leur articles.

[XIX.] *Item,* la joustice et le destroit, que ledit arcevesque ha en son ban, emporte et contient son honeur, douquel honeur l'arcevesque garde les eschevins et ses jurez; et ensi il ne puent saisine ou usaige maintenir contre leur serement; et se serement n'i avoit, si seroit-ce contre bonne foy, et contre la général coustume, laquelle chose ne doit valoir, selonc raison, us et coustume du païs. — A ce respont.... qu'il ne le croit pas.

[XX.] *Item,* ladicte chartre ne leur donne titre de venir à souverain, quar elle n'an fait nulle mencion; enz dit tout expressément pour sa seignorie et joustice, et contre eus, de la subjeccion et obéissance qu'il li devoient; et ensi elle ne leur fait pas titre, eins le deffait, selonc raison, us, etc.... — A ce respont qu'il ne le croit pas. *Item,* l'autre article ensigant, senz moyen, est de droit, ne respondre ne i affiert. Et s'il i a chose qui tuiche en fait, lidiz procurères ne le croit pas.

[XXI.] *Item,* se ledit usaige pooit valoir, ce seroit en cas espécial, et seulement des quiex l'arcevesques en auroit demandé sa court, ne mis débat; quar aucunes foiz avient-il que li seigneur ayment miex, pour leur profist, ou leur honeur, plaidier en la court souveraine, que en la leur, ou en cas espécial seulement de deffaust; einz ne se devroient attendre [*sic,* estendre?] en autre cas, einz doit estre restrainz en ses cas seulement, selonc raison, us...., et selonc la teneur de l'arrest qui déclaire ces procès; et puet estre son préjudice en autre cas. — A ce respont.... qu'il ne le croit pas, mesmement quant, après le débat desdictes parties, l'arcevesques sus la court à avoir, elle est demorée la court par devers le roy, ensi comme il est contenu ès articles des devant nommez eschevins. »

[1] Ainsi le Roi assiste à ce jugement. L'archevêque sent quel mouvement et quelle direction vont imprimer au procès de *l'Estat de l'Eschevinage,* les arrêts du 27 février et du 2 mars 1309; il en demande l'annulation, et dans une affaire aussi grave, le monarque vient assister aux débats. La cour maintient les arrêts; mais soit que l'archevêque obtienne des lettres d'état, soit que la guerre des enfants de Brienne, qui éclate alors dans toute sa violence, absorbe l'attention et les ressources de l'échevinage, le procès relatif à son *estat* va demeurer à peu près interrompu pendant sept ans; jusqu'à ce que de nouvelles violences exercées par les gens

[2] *Ibid.,* art. X.

predictis, per curie nostre judicium dictum fuit, quod non obstantibus propositis ex parte dicti archiepiscopi, arresta predicta sicut sunt remanebunt, et nichil mutabitur in eisdem. In cujus rei.... Actum Parisius in dicto parlamento nostro, die mercurii ante Pascha, anno Domini millesimo ccc° octavo.

LXXVI.

Commission du bailli de Vermandois contre Watiers de Wés, chevalier, qui avoit déclaré les échevins ses ennemis mortels, et tenoit en prison trois bourgeois de Reims.

12 septembre 1309.

Bibl. de Reims, mss., Portef. K, n° 24. — Suppl. de Rogier, p. 71.

Fremyns de Cocquerel bailly de Vermandois, aus prévos et aus sergens de Laon, et à tous autres justiciers et sergens establis par le roy.... en la baillie de Vermandois. Donné nous a esté à entendre, que comme un homme malfaiteur eust esté piéçà justicié et mis à exécution pour son meffait à Reins, par la justice laye de.... Mgr l'archevesque de Reins, de laquelle justice... faicte, noble homme Mgr Watiers de Wés chevalier, se fust dolu pardevers ledict.... archevesque, sy comme nous entendons, disant et affermant les eschevins avoir faict ladicte justice induement, à tort, sans jugement et sans loy; jà soit ce que lesdis eschevins de ce se fussent, avant ces choses, escusés par leurs lettres envers ledict chevalier; liquel Mgr l'archevesque, meu, sy comme on dict, pour aucune cause, fit respondre au chevalier que de celle justice avoir faicte ne s'estoit entremis, ne n'estoit ses fais, en chargeant lesdis eschevins d'avoir faict ladicte exécution. Pour lesquelles choses ainsi démenées ly chevalier a escrit par ses lettres que nous avons veues, que il tient les eschevins pour ses ennemys mortels, et tous ceulx de la ville, et que ensy en tient en guerre ledit archevesque et ses amys, ainsy comme par manières de menaces. Après toutes lesqueles choses, ledit chevalier, en ensuivant ses menaces...., a pris Fromont li Tellier, Jehan li Picardiaux, et Wiés li Liégeois, bourgeois de Reins, et desrobé de leurs marchandises, et encore les tient en prison induement, sy comme de par lesdis eschevins et bourgeois qui sont

de l'archevêque sur Huet Munier viennent 1316, du 15 mars 1317, et surtout du 30 mars raviver la querelle. *Voir* les actes du 25 juin 1318.

en la garde du roy nous a esté démonstré en compleignant, au préjudice du roy...., et de sa garde, au grand grief d'iceulx. Pourquoy nous vous commandons estroictement...., et à chacun de vous, que.... à la requeste du porteur de ces présentes, ou premier quy le vous aura dénoncié...., prenez sauvement ledict chevalier, en quelque lieu que il soit trouvé, hors lieu sainct, et le faites mettre en bonne prison, sans rendre, ni recroire, se ce n'est de nostre espécial mandement, jusques à tant qu'il ait amandé, et qu'il soit pugny du méfait.... Et se le corps ne pouvés trouver, vous prévos de Laon, faites appeler le chevalier à Laon, aus drois le roi, solemnellement, ès lieus et en la manière accoustumée sur le cas et les fais susdictz, et le faites bannir à tousjours du royaume, sur la hare, s'il ne vient.... Mandons à tous les subgés du roy...., et les nostres en la baillie, que à vous obéissent et prestent confort.... Donné à Reins, le vendredi après la Nativité N.-D., l'an de grâce M. CCC. et IX.

LXXVII.

19 septem-
1309.

LECTRES faictes et passées soubz les seaulx de Raoul de Joy et Hélye dit d'Orly, commissaires du Roy...., sur les abuz des monnoyes; dattées du vendredi après la Sainte Croix, en septembre, l'an.... mil III^c et IX; contenant les jugemens, appoinctemens et exécutions par eulx faictes par vertu de leur commission, en la ville de Reims, présens et appellez à ce fère les eschevins dudit Reims. Sur le dos desquelles est escript : Réformacion, abuz de monnoyes [1].

Invent. de 1486, p. 4.

LXXVIII.

1309.

VINGT-QUATRE articles contentieux, et plaintes [2] du chapitre, contenus avec les réponses et secondes offres de l'archevesque, et plusieurs procédures, dans un grand rouleau.

Invent. des accords de l'archev. et du chap., p. 15.

[1] Nous n'avons pu retrouver cette pièce.
[2] Entr'autres :
« Art. 1. Que l'archevesque avoit amorti le fief de Champigny, mouvant de l'église de Reims, *nobis insciis et irrequisitis*, en faveur des religieux de Saint-Denis.
« Art. 3. Les officiers de l'archevesque ne veulent point admettre les sujets du chapitre

LXXIX.

L'an m. ccc. et ix, furent rendut li drois qui s'ensieuent. 1309.
Livre Rouge de l'Echev., p. 109.

à faire assigner quelqu'un par devant eux, s'ils ne donnent caution [de poursuivre la cause, et] pour les dépens.

« Art. 5. Les officiers de l'archevesque ont saisis les pains *vendentium subtus aventia et protecta hospitalis B. M., in terra nostra, cujus loci notorium est non ad vos, sed ad nos, jurisdictionem totaliter pertinere.*—Réponse de l'archevesque : *Si reperiatur quod capti fuerint panes subtus adventia et protecta, placet quod.... locus emendetur.*

« Art. 7. Un creux, ou fossez, [a été] fait au pied de la tour, entre les deux pilliers, qui endommage et ruine la tour.

« Art. 10 et 24. Des droits de tonnieux ont été exigez par l'archevesque, pour marchandises crues et vendues sur les terres du chapitre.—Réponse : Le tonnieu appartient à l'archevesque, et n'appartient qu'à luy, comme duc* de Reins, comme ayant un marché, et non le chapitre; comme seigneur et garde de touttes les rues, chemins et chaussez publique de toutte la ville. Il se lève non dans les maisons du chapitre, ny dans ses terres, *ab invitis*, ny de ses bourgeois, ny de leurs biens, mais des forains, même bourgeois du chapitre, à raison des choses qu'ils vendent ou acheptent, quoyque vendu dans la terre du chapitre; et les amaudes pour le tonnieux non payez par lesdits forains. Et les habitans de la ville et fauxbourgs, même sur le territoire du chapitre, doivent, au lieu de tonnieux, 3 d. par an, des choses qu'ils vendent et acheptent; et cependant l'archevesque consent que Raoul de Thelines s'informe de la vérité, et en ordonne.

« Art. 11. Argent exigé *a clericis et servientibus nostris* pour le sceau des lettres *quas a curia vestra impetrant*.

« Art. 13. Emprisonnement d'ouvriers qui curoient la rivière près du moulin du chapitre *qui nobis a predecessoribus vestris est concessum, juxta molendina vestra, subtus calceyam per quam itur de Remis, apud S. Lazarum, subtus pontem, per subtus quem alveus communis fluminis Vidulæ currit ad dictum molendinum.*—Réponse : Ces ouvriers sujets de l'archevesque, démolissoient sans nécessité, et sans permission des officiers de l'archevesque, *calceyam dicti pontis, sitam in terra, jurisdictione et dominio temporali archiepiscopi, et ipsius pontem; nec reficere proponebant.*

« Art. 15. Scellé mis chez Gérard de *Mellomonte*, clerc : on a empêché deux chanoines exécuteurs. — Réponse : Ce clerc est mort justiciable de l'archevesque quant à sa personne, et ces biens n'appartenoient [ni] à ces chanoines, ny à aucuns clers, ou frans servants de l'église de Reims.

« Art. 23. Scellé [mis] par l'archevesque chez Hugues de *Portis*, chanoine de Sainte-Balzamie, contre le droit du doyen de Reins. — Réponse : C'est au doyen à justifier ce droit, autrement il appartient à l'archevesque, parceque le deffunt n'étoit ny chapelain ny coutre, ny familier d'un chanoine.

« Dans le même rouleau est une assignation de la part de l'archevesque au chapitre pour faire apparoir de ses titres et priviléges. — Mars 1309. [Vieux style.]

« Appel du chapitre au pape sur ces griefs en général, et particulièrement de ladite assignation, réitéré les 9, 10 et 11 avril 1310.

« Protestation, opposition, et apel, à Rome particulièrement sur ce que le secrétaire *sigillifer* de la cour archiépiscopale ayant scellé le testament de Jean de Dizy, chanoine, avoit osté les sceaux, et refusé de le rendre, qu'on ne lui donnast six livres. — 14 mai 1310.

« Ordonnance dudit chapitre pour la cessation *a divinis.* — Juin 1310.

---

* Une partie seulement de ces articles se trouve dans le cart. E du chap., fol. 33; mais les réponses de l'archevêque n'y sont pas jointes, et nous n'avons pu vérifier si la qualification de *duc* employée dans notre manuscrit, en parlant de l'archevêque, se trouvait dans le texte même dont ce manuscrit n'offre que l'analyse. Voir plus haut, p. 82, ce que nous avons dit au sujet du titre féodal donné aux archevêques de Reims.

Pierre de Berru rentersa 1 sercot sur Raulin Dannèle, et disoit lidiz P., que lidiz sercos li avoit esté amblez; mais ne savoit qui ce avoit fait, et offroit à faire que li sercos estoit siens, de son sort, et de son chaté; si requéroit que li sercos li fust bailliés. Cis Raulins respondoit au contraire, et disoit qu'il n'estoit mie tenus à respondre à lui, pour ce qu'il ne desclairoit mie le jour, l'eure, ne le tens que li sercos li avoit esté desmenneuez; et P. disoit qu'il n'estoit mie tenus au desclairier, se drois non disoit.

Drois fu diz, par consel de bonnes gens, que P. n'estoit mie tenus au desclairier.

Anselés li charpenter rentersa seur Aubri le Malot une pièce de marrien, et disoit cis Anselés qu'ele estoit de son sort, et de son chatel; si requéroit que cele pièce de marrien li fust rendue, car il n'avoit fait chose par quoi il la deut perdre. Cis Aubris dit que il estoit marchans, et que ladite pièce il avoit achetée, et traioit sa bource à warant. Cis Anselés maintenoit que ladite pièce estoit sienne, et en voloit estre creus par son sairement. Cis Aubris disoit qu'il ne voloit mie qu'il en fust creus par son sairement, et cis Anselés maintenoit qu'il en seroit creus, ou droit, s'il en devoit estre creus.

Drois fu diz, par consel de bonnes gens, que cis Anselés n'en seroit mie creus, seus, par son sairement; mais bien s'acorde que se 1 hons de bonne renommée fait renterce seur 1 autre, et il vuet jurer que la renterce soit sienne, et 1 hons de foi avec lui le vuelle jurer, il 11 en seroient creut; et la renterce soit selons leur estat, et leur condicion.

Gérars Truiete et Jehessons des Mainius entrèrent en saisine, comme hoir qu'il se disoient, de Yde qui fu femme maistre Gérars de Chaalons, en la maison qui fu celi Yde, en laquele Thierris [*sic*, Thomas?] de Chaalons demouroit; et cil Thoumas disoit qu'il en estoit en saisine et en possession par cause de achat, et ce disoit en confortant sa saisine, et non seur la propriété, et maintenoit qu'il en avoit la possession de recouvrir, retenir, paier cens, et vestus de signeur; si requéroit au signeur qu'il le tenit en sa saisine, et li laissât paisivlement. Lidit Gérars, et Jehesson disoient car il estoient en la saisine, comme de leur naissant, qui leur estoit escheus de celi Yde; et se ladite Yde avoit fait nul vendage, lequel il ne quenoissoient mie, non pooit et ne devoit que de la moitiet de son naissant, selons l'us et la coustume de Rains; et ce disoient-il en confortant leur saisine, et n'entendoient de riens à plaidier seur la propriété, et requéroient audit seigneur que il les teint en la saisine où il les avoit trouvez, non contrestant les raisons celui Thomas au droit. Et seur ce les parties se misent à droit.

Droit fu diz des eschevins, par consel de bonnes gens, que li faiz des parties estoient contraire, et que chascune partie seroit receue à sa prueve; et qui miés prouveroit sa saisine, si demourroit.

L'an de grâce m. ccc et ix, le juedi devant la Penthecouste, fu li bailliz de Rains en l'osteil Nostre-Dame de Rains, et appela eschevins de Rains, c'est à savoir Hue le Large, Jehan le Nain, et Jehan Aligot, comme eschevins, et pour parleir à une femme qui avoit la laingue endammée, laquelle on appeloit Ysabiaul de la Mote; et li demanda li bailliz qui ce li avoit fait? Elle respondi que elle ne savoit.... Encor li demanda li bailliz se Raous li Coque, ne si frère, ne Simonnés ses fix, i avoient courpes? Elle respondi : Certes nennil.

Et comme li devant diz Simmonnés eut esteit bannis de Rains pour la soupesson dou fait devant dit, après ce Pierres li Gouvernères, tenans liu dou bailli de Rains, en présence de Hue le Large, et Jehan Aligot, eschevins de Rains, et à ce appelez comme eschevins, dit qu'il rapeloit celui Simonnet, et li rendoit la vile de Rains, et dou commandement monsigneur de Rains, si comme lidiz Pierres disoit, comme celui qui estoit sans courpes dou fait devant dit.

Robins c'on dit li Passionneus, macécriers, trait en cause pardevant le bailli Gilet d'Alipe le macécrier; et dit cis Robins, que li devant dit Gilet mauaisement, en traïson, en larrecin, et en murdre, et de nuit, l'avoit assalit à armes molues, avec pluseurs autres en sa compaingnie, et l'avoient navreit et affoleit de i de ses bras, et l'offroit lidiz Robins à prover par bonnes gens; et disoit encore lidiz Robins que cis Gilés avoit esteit appelez seur ce fait, et bannis. Et ce disoit cis Robins en dénonsant, ne n'en voloit faire point de partie. A ce respondi lidiz Gilés que il estoit purs et nés, et innocens, et sans

15 mai 1309.

courpes de ce fait, ne n'estoit mie tenus à respondre à celui Robins selon les requestes qu'il faisoit en dénonsant, car il le veoit vif; et pour ce disoit-il qu'il ne voloit mie aler avant en la dénonciacion, puisque autrement ne voloit aler avant; et dit encore lidiz Gilés car il ne fu onques appelez pour ce fait, ne bannis, et s'ainsi estoit qu'il eust esteit banniz, ne fu-il mie banniz ne par droit, ne par jugement, et en voloit passer par son escondit, selons l'us et la coustume de Rains, de laquele coustume il se raportoit as eschevins; et disoit qu'il loit as bourjois, que quant il est bannis de fait, et non par jugement, ne par droit, il puet revenir en la prison dou signeur, les amendes et les défaus paians, pour droit faire, et pour droit penre. Et seur ce les parties se misent en jugement d'eschevins.

Drois fu diz des eschevins, par consel de bonnes gens, que on n'iroit mie avant en la dénonciation que Robins faisoit, puisque autre chose n'en voloit faire.

Li bailliz trait en cause Rolan le cordoenier, et disoit li bailliz que cis Rolans, avec pluseurs autres, et de nuit, avoit esteit à ocirre le fil le fournier de Nostre-Dame, et l'avoit tenut en faisant le fait. Se voloit li bailliz que cis Rolans demourât pour tous atains dou fait, s'il le connissoit; et s'il le nioit, li bailliz l'offreit à faire savoir par bonnes gens. Et tantost à ce respondi lidiz Rolans car il metoit la mauvaistiet jus, et estoit purs et nés, et innocens, et sans courpes, de ce faire; et se feront loiaus et preudoms contre tous ceus qui à droit vorroient venir; ne n'estoit mie tenus à respondre audit bailli, car il ne veoit que nuns soit partie contre lui, ne en acusant, ne en dénonsant, ne en autre mennière; ne ne doit li bailliz approchier bourjois de Rains de l'onneur de son cors car nuns ne poursuit, fors seulement li sires; et voloit passer lidiz Rolans par son escondit, selons l'us et la coustume de Rains, laqueile coustume ne li fu de riens débatue. De ce lidiz bailliz et Rolans se misent en jugement d'eschevins.

Drois fu diz des eschevins, par consel de bonnes gens, que cis Rolans se passeroit par son escondit, puisque nuns ne se traoit avant qui soit partie contre lui, en ancusant, ne en dénonsant, fors seulement li sires.

Li bailliz de Rains trait en cause Perrecart de Loivre, et li metoit sus qu'il avoit esteit à armes par la terre l'arcevesque, contre le cri et la deffense doudit arcevesque; et disoit encore lidiz bailliz, que il avoit couru sus à armes molues le fil Jaques Grenier, et son neveu, et avoit brisiet le marchiet le signeur. Si requéroit lidiz baillis que s'il le connissoit, qu'il l'amendât; et s'il le nioit, li bailliz l'offroit à prover par eschevins, et par autres; et disoit li bailliz que cis avoit estet faiz en quaremme ot 1 an. Lidiz Perrecars nia au bailli cele demande, et dit qu'il en estoit sans courpes, et qu'il ne le fit onques, ne ne vorroit avoir fait, ne n'estoit mie tenus à respondre audit bailli, car li faiz n'estoit mie manifés; et voloit passer lidiz P. par son escondit, se lidiz bailliz ne voloit prover par eschevin. Et seur ce il se misent en jugement d'eschevins.

Droiz fu dis des eschevins, par consel de bonnes gens, que cis Perrecars passeroit par son escondit, se li bailliz ne voloit prover par eschevins; et s'il voloit prover par eschevins, il seroit oys.

En auteil point fu-il dit de Drevet Ellebaut.

Item, de Bridoul fil Garnier de Saint-Marc.

Perrote fille Colart Walet trait en cause Baudonnet le Cas, et demandoit à celui Baudonnet héritage qui estoit escheus à Gilet le Cas son marit jadiz, de la succession de Erart le Cas; et disoit que selons la coustume de Rains, elle devoit avoir la moitiet doudit héritage, pour ce qu'elle avoit choisit la moitiet de tous les biens qu'elle et ses maris tenoient au tens qu'il trespassa, non contrestant le don que cis Gilés avoit fait à celui Baudonnet, car en ce don elle n'avoit onques esteit consentans et acordans, et ainsis devoit estre li dons de nule value. A ce respondi lidiz Baudonnet, que li dons devant diz avoit estet faiz pour le tens que lidiz Gilés devoit à celui B., et que ainsois que cis Gilés fust trespassez cis Baudonnet estoit tenans et prenahs dou devant dit héritage, comme dou sien. Et le don cis Baudonnet prova par lettres. *Item*, disoit cis Baudonnet que jà soit ce que ladite Perrote, après la mort doudit Gilet son marit, elleut à avoir moitiet à moitiet, toutes voies par ceste élecion ne puet-ele ne ne doit avoir que la moitiet des biens qui estoient son mari au tens qu'il mori, selons la coustume de Rains. Seur ces raisons les parties se misent à droit.

Drois fu diz des eschevins, par consel de bonnes gens, que li dons que Gilés avoit fait à Baudonnet estoit de value, non contrestant les raisons proposées de par ladite Perrote.

Colins Angermeirs fit ajourner Ernoulet Esmereit, Milet Ellebaut, Thiébaut son frère, Jaques la Persone, Flandrine femme Aubri DeVilé, à avoir closure d'une maison. Li deseur nommeit disoient qu'il n'estoient mie tenut à clore, pour ce que autre parcenier avoient avec eus part en ladite, liquel n'estoient mis ajournet, espéciaument lidiz Aubri, qui estoit fors dou pays. A ce respondi lidiz Colins, que li devant nommé estoient tenut à clore, non contrestant les raisons qu'il proposèrent, car se lidiz Aubri estoit hors dou pays, ne aucuns des autres, il deussent avoir laissiet procureur pour eus; et s'il ne l'avoient laissiet, si leur tournàt à tel damage comme tourneir leur porroit; et s'il voloient laissier perdre leur partie, si ne vorroit mie drois que li partie celui Colins fut périe, et en penroit droit.

Drois fu diz, par consel de bonnes [gens], que non contrestant les raisons proposées desdiz ajournez, il devoient clore.

Jessons Cochelés fit demande contre le maître de Chaalons, et disoit qu'il li avoit bailliet à celui Jesson en wages, serges pour XL ℔, et li devoit faire vaillant; desques sarges li maistre dou mestier avoient pris IIII pour soupeson de faulceté. Si requéroit lidiz Jessons, que li maistres fût contrains à ce que il feit valoir lesdites serges XL ℔. A ce respondi li maistres, que la demande n'estoit mie responsavle, pour ce qu'il n'avoit mie desclairiet en sa demande de quel lonc, ne de quel lée, les serges estoient, ne iceus aunés, et dit ne de III et demi, ne de IX quartiers, selons l'usage dou mestier. Et seur ce les parties se misent à droit.

Drois fu dis que, non contrestans les raisons proposées de par li maistre, il responderont à ladite demande.

Jehans de Saint-Remi demandoit à Henri de Trammeri LV s. de sourcens seur I jardin que lidiz Henri tient; liquez Henri requi à avoir warant, et l'ot. Et furent warant G. de Ruffi, et J. li Persone, liquel garant respondirent audit Jehan que à tort et sans cause les siuoit, car il avoient tenut, et cil de cui il avoient cause, ledit jardin, au seut et à veue doudit J. et de celui de cui il a cause, franc et quite doudit sourcens, par une teneur, par II, par III, par prescripcion, tant qu'il soufisoit à avoir saisine acquise; mesment que qui tenoit VII ans et I jour, selon l'us et la coustume de Rains, il tient bien, et par point de chartre, à laquele il se raportoient, et l'offrarent à prover par leur sairemens, sauf ce que c'il estoit dit par droit que autres prueves en deussent faire, il en feroient ce que drois diroit. A ce respondi lidiz Jehan, que lidit warant ne devoient mie estre receut à leur prueves par leur sairemens, car se lidiz Jehans, ou cil de cui il a cause, soient souffert de demander ledit [jardin?] par l'espace de VII ans, ou de plus, ainsis comme li warant l'ont proposé, ne li tourne-il à nul préjudice; car lidiz Jehan ne demande mie le treffons de l'éritage, ainsois demande une somme d'argent pécuniaire, par quoi teneurs de VII ans, ne de XIIII, ne li puet tourner à préjudice; si en penroit droit.

Il fu dit par droit, et par consel de bonnes gens, que lidit garant seroient receut à prover qu'il ont tenut, et cil de cui il ont cause, le jardin par teil tens que drois est acquis par prescripcion, de tenir ledit jardin franc et quite des LV s. de sourcens que lidiz Jehan demandoit seur ledit jardin, non contrestant ce qui est proposé doudit Jehan.

Oudars Buirons, mainbours de Joye fille Jaques le Pois, fit ajourner Raoul de Basoches, mainbour de Raulet son fil, en cause de retraite d'une maison que cis Raous avoit achetée à Bauduin de Aamoizes, et donnée à son fil, liquez Oudart se disoit hoirs pour celi Joye, liquez Raous le ressut à hoir; et requéroit à avoir v^c ℔ qu'il disoit que la maisons li avoit cousté, de la monnoie qui couroit au tens qu'elle fu achetée; douquel achat lidiz Raous apportoit lettres qui parloient de la somme de v^c ℔. A ce respondi lidis mainbours, que fût ce que les lettres parlaissent de v^c livres, la maisons n'avoit esté vendue que IIII^c et L livres, et avoit avec ladite maison pierres, marien, et menuevre, qui bien valoient IIII^{xx} ℔, ou environ, liquez menuevre fu en vendage avec les IIII^c L ℔ ; si requéroit que les IIII^{xx} ℔ fussent rabatut des IIII^c et L ℔, ou ce qu'il en proveroit; et ce offroit-il à prover. Cis Raous li nia, et requéroit que sa lettre li fût emplie. Oudars trait seur ce tesmoins.

Les tesmoins oïz diligemment, et enquise la vérité, il fu dit par droit, et par consel de bonnes gens, que cis Oudart paieroit pour l'achat de la maison IIII^c et L ℔ et rabateroit des IIII^c et L ℔, XL ℔ pour la menuevre.

LXXX.

23 juillet 1310.

CARTA qua remensis archiepiscopus canonicos remenses certiores facit, quod feodum de Champiniaco, consensu capituli minime requisito admortizatum, ad naturam prioris status est reductum.

Cart. E du chap., fol. 35.

Robertus [1] permissione divina remensis archiepiscopus, dilectis

[1] Cet acte est une des pièces nombreuses qui, dans les cartulaires de Reims, se rapportent à la question de l'amortissement. Nous n'avons pu donner à cette importante question qu'une place fort secondaire dans notre recueil ; mais si nous avons été sobre de documents à cet égard dans notre texte, nous pensons devoir reproduire ici, dans une note, la teneur ou l'analyse de quelques pièces choisies dans le cartulaire de Saint-Denis, toutes inédites, toutes dressées à propos d'acquisitions faites par des gens de mainmorte ; d'ailleurs, pour nous borner, et pour donner en même temps une idée suffisante de la manière habile et persévérante dont ceux-ci réunissaient les propriétés, nous avons voulu ne choisir que des actes relatifs à une même localité, à celle dont il est question dans notre texte, au village de Champigny, situé aux portes de Reims. Dans ces actes, on trouvera non-seulement indiqués pas à pas les progrès que fait une communauté religieuse dans l'acquisition d'un fief dépendant de l'archevêque de Reims, mais on rencontrera des renseignements importants sur l'origine des baillis archiépiscopaux, qui paraissent avoir été pris d'abord parmi les hommes de fiefs, et sur l'état de la bourgeoisie rémoise, dont plusieurs membres figurent dans presque tous les contrats, comme possesseurs de seigneuries féodales.

Cart. Denis, Déce 1204.

« B. prepositus, B. decanus, et H. cantor, ceterique remensis ecclesie fratres, omnibus ad quos littere iste pervenerint, in Domino salutem. Noverit universitas vestra, quod cum inter Guidonem Castellanum et Theobaldum Lauredo, milites, ex una parte, et mansionarios ecclesie S. Dionisii remensis, de Campiniaco, ex alia, multiplices verterentur questiones; tandem in eisdem querelis, ita processum est, quod predicti G. et Th. milites, pace mediante, omnia forisfacta que predicti mansionarii contra eos fecerant, eis quitaverunt, recognoscentes quod, extra bannum predicte ville, eosdem mansionarios in exercitum, vel in equitatum ducere, non possunt; calathos etiam quos in vineis predictorum mansionariorum se habere dicebant, quittos in perpetuum clamaverunt. Preterea nullum de eisdem mansionariis, in terra predicte ecclesie, nisi de roia terre, vel

filiis J. preposito, N. decano, J. cantori, ceterisque nostre remensis ecclesie fratribus, salutem in Domino. Cum ex eo quod nos quas-

de vice comitatu, citare possunt. Ceterum, si forte contigerit quod aliquis de eisdem mansionariis vinum venderet, et suspecta haberetur mensura, predictorum militum villici, sine villico ecclesie sepedicte, [eam?] capere non possunt. Quod si forte ejusdem ecclesie villicus, ad capiendum mensuram ire noluerit, eorumdem militum villici mensuram caperent, et eam duorum vel trium hominum custodie committerent, quoadusque dicte ecclesie villicus presens esset. Si autem nullo modo ire voluerit, villici prefatorum militum eandem mensuram nihilominus probare poterunt; et ex ista justitia, et omnia alia, in terra predicte ecclesie, omnem justitiam, usque ad septem solidos et dimidium, ecclesia pacifice obtinebit; illam vero justitiam, que supercresceret, milites percipient memorati. Ut hec autem recognitio coram nobis facta, perpetue firmitatis robur obtineat, presentes litteras, in testimonium et confirmationem, sigilli nostri appensione muniri fecimus. Actum anno incarnationis Domini millesimo ducentesimo quarto, mense decembri. »

Mai 1212.
Pag. 84.

« A. Dei gratia remensis archiepiscopus.... Noverit universitas vestra, quod cum Guido Castellanus, de Ulmonte, et Cecilia soror ipsius, relicta videlicet Theobaldi Leurede, mansionarios ecclesie S. Dionisii remensis, apud Champiniacum commorantes, molestarent, super eo quod ipsi asserebant eosdem mansionarios sibi ad prestandum auxilium teneri, si aliquem forte de filiis eorum ad militiam pervenire contingeret, vel si aliquam de filiabus eorumdem nuptui traderent; tandem bonorum virorum freti consilio, juri, si quod in his omnibus habebant, coram nobis penitus renunciaverunt, fide interposita, promittentes, quod prefatos mansionarios super premissis, de cetero, nec per se, nec per alium aliquatenus molestarent. Sybilla etiam uxor predicti Castellani, in presentia nostra constituta, et filii relicte prefati Theobaldi Leurede per fidei sue interpositionem, dictam approbaverunt renuntiationem. In cujus rei, etc. Actum anno Verbi incarnati millesimo ducentesimo duodecimo, mense maio. »

« Littere H. de Moth. officialis domini Hugonis de Sarqueix, remensis archidiaconi, quibus patet quod cum esset controversia inter homines mansionarios ecclesie S. Dionisii remensis de Campiniaco ex una parte, et dominum Radulphum Castellanum, de Belloesse, et dominum Haymonem de Ulmis, milites, ex altera, super quibusdam querelis; compromiserunt dicte partes in Syguinum presbyterum de Campaniaco (sic), et dominum Guillermum de Gendun, militem, et Colardum Castellanum, civem remensem, approbante compromissionem Sebilla uxore dicti H.; qui arbitri sententiam dederunt sub data : anno Domini millesimo ducentesimo vigesimo octavo, mense aprili. »

Avril 1228 ou 1229.
Pag. 115.

« Littere Michaelis de S. Dionisio, canonici et officialis remensis, quibus Erardus de Valeterris, et Ada ejus uxor, cives remenses, recognoscunt se vendidisse ecclesie B. Dionisii, Remis, VI solidos et tres denarios et obolum, recti census, et duas gallinas, et decem quarteos siliginis, quem censum habebant in territorio de Champigni, et talem partem quam habebant in herbagiis de Tilloi, et quidquid juris habebant in predictis villis annui census, pretio xv librarum parisiensium; que omnia tenebant a Roberto filio quondam Ernaudi dicti Christiani, militis, in feodum; qui Robertus, tanquam dominus feodi, dictam venditionem approbavit. Dicti vero E., et Ada ejus uxor, fidejussorem dederunt Petrum de Messo S. Bassoli. Actum anno M°. CC°. XL°. IV°., mense martio. »

Mars 1245.
Pag. 146.

« Littere Henrici de Fluy, et Reneri de Paissiaco, canonicorum et officialium remensium, quibus patet quod, ad terminandam discordiam que erat inter abbatem et conventum S. Dionisii remensis, et dominum Renerum dictum Acarin, militem, super receptione censuum de Champiniaco, dicte partes compromiserunt in Guillermum de Braio, remensis ecclesie archidiaconum, Renerum de Paissico, officialem remensem, et

3 novembre 1251.
Pag. 165.

dam possessiones quas Guiotus de Champigniaco, armiger, apud Champigniacum in feodum tenere solebat a nobis, religiosis viris Johannem dictum le Feron, canonicum remensem, sub pena xx lib. Qui arbitri statuerunt modum recipiendi dictum censum. Anno m°. cc°. l°. 1°., feria sexta post festum Omnium Sanctorum. »

Avril 1258 ou 1259. Pag. 164.

« Lettres de Henry de Fluy et de Maheus Guyons d'Arras, chanoines et officiaux de Reims, sur le débat qui étoit entre monseigneur Regnier Acarin, chevalier, de Champigny, et Aubry fils monseigneur Haymon de Champigny, et tous les chefs de la communauté de Champigny, au sujet des corvées de chevaux et de bras, par lesquels il fut convenu que tous les chefs de ménage de Champigny doivent rendre auxdits Regnier Acarin, et Aubry, chacun an, trois deniers parisis, à la feste Saint-Remy, à peine de trente deniers d'amende. Fait en l'an m. cc. l. viii., au mois d'avril. »

Août 1258. Pag. 178.

« Littere Henrici de Fluy, et Mathei Guidonis de Attrebato, canonicorum et officialium remensium, quibus patet quod abbas et conventus S. Dionisii remensis ex una parte, et Johannes [Castellanus] de Belestre, armiger, et domicella Aelidis ejus uxor, Ricardus armiger, sororius dicti Castellani, ejus uxor soror dicti Castellani, dominus Hugo de Guinicort, miles, ejus uxor soror similiter predicti Johannis, et dominus Albricus de Baallon, miles, et ejus uxor, talem inter se contractum inierunt, scilicet quod dicti abbas et conventus, concesserunt bannum et justitiam ville de Chesnoi, site juxta Vallem Monstruosam, et omnia que habebant in censibus et redditibus quibuscumque ejusdem ville, predictis Johanni Castellano, et Aelidi ejus uxori; vice versa idem Johannes Castellanus, et uxor ejus, concesserunt eidem abbati et conventui medietatem magne justitie et banni ville de Champigneio, site juxta Remos, excepta sexta parte ejusdem medietatis, et quidquid tenebant cum dicto Richardo, et ejus uxore, in territorio ejusdem ville, tanquam francum allodium. In compensationem dicte permutationis, predicti Johannes, Richardus, et eorum uxores, acceperunt a predictis abbate et conventu, centum sexaginta et septem libras. Hunc contractum laudaverunt supradicti milites, et eorum uxores. Actum anno m°. cc°. l°. viii°., mense augusto. »

« Lettres de Gaucher, comte de Rethel, [qui ratifie?] l'eschange que le Chastelain de Belestre et Aelis, sa femme, ont fait avec l'abbé et le couvent de Saint-Denis de Reims, de ce qu'ils avoient au territoire de Champigny, mouvant de son fief, pour ce que lesdits abbé et convent avoient à Chesnoy, que lesdits Chastelains ont repris en fief et homage lige : dudit comte de Rethel, moyennant quoy, il a quitté et cédé l'hommage de Champigny. Fait en l'an m. cc. l. viii., au mois de juin [*sic*, août?]. »

Août (?) 1258. Pag. 178.

« Lettres de Thomas, archevêque de Reims, par lesquelles il approuve et loue l'eschange fait entre l'abbaye de Saint-Denis, et Jean le Chastelain de Belestre, des seigneuries de Chesnoy et de Champigny. Fait en l'an m. cc. l. viii., au mois d'août. »

Août 1258. Pag. 179.

« Littere Henrici de Fluy, et Reineri de Passeio, canonicorum et officialium remensium, super discordia mota inter abbatem et conventum S. Dionisii remensis ex una parte, et dominum Renerum dictum Acarin, militem, et dominam Faucam, ejus uxorem, super fossato Varmeri, in territorio de Champigni, quod fossatum idem Renerus obturaverat; super qua discordia, dicte partes compromiserunt in dominum Adam de Cauveri (?), militem, baillivum domini remensis, et Johannem dictum Leplat, civem remensem; qui, lata sententia, dixerunt quod fossatum a Renero Acarin deobturaveretur, et quod in eo abbas et conventus, et mansionnarii ecclesie S. Dionisii apud Campiniacum, in eo haberent piscaria. Actum anno m°. cc°. l°. ix°., sabbatho post octavas B. Matthei, apostoli. »

4 octob. 1259. Pag. 179.

« Littere Poncii de Parnaco, officialis domini Ottoboni cardinalis, remensis archidiaconi, quibus patet quod cum dominus Renerus dictus Acarin, de Champigneio,

24 septembre 1260. Pag. 184.

abbati et conventui S. Dyonisii remensis, ab eodem armigero, pro certo precio venditas, quantum in nobis erat admortificaveramus

miles, traxisset in causam majorem et communitatem dicti loci, dicens abbatem et conventum S. Dionisii remensis, ipsum Renerum, Albericum, Theobaldum, et Perressonnum, fratres, liberi D. Haymonis, quondam de Champigny, militis, esse dominos temporales dicte ville, et omnem justitiam habere in ea; quod dicti major et communitas, et eorum predecessores, debebant dictis dominis fidelitatem, et venire in eorum auxilium cum armis, quoties citabantur; in possessione faciendi bannum in vindemiis; ad que omnia dictum majorem et communitatem officialis condemnavit, erga dominos de Champigneio, supra nominatos. Actum anno m°. cc°. lx°., feria sexta post festum B. Matthei, apostoli. »

« Lettres de Fourques, chevalier de Bouclenai, bailly de noble homme Thomas, archevêque de Reims, par lesquelles apert que discort fut meu entre l'abbé et le couvent de Saint-Denis de Reims, et monseigneur Renier Akarin, chevalier de Champigny, sur ce que ledit Renier avoit pris un des hommes de Saint-Denis, et l'avoit mis en prison; enfin l'archevêque de Reims commit pour juges de ce discort maistre Renier de Passy, official de Reims, et maistre Jacques le Feron, signeur de loix, et ledit Fourques, son bailly; lesquels, par leur sentence, dirent que ledit Renier, chevalier, ne pouvoit emprisonner les hommes de Saint-Denis, le condamnèrent à rendre le prisonnier, et à l'amende envers l'archevêque, comme souverain du lieu, *pour la honte et la vilonnie qu'il avoit faite en lieu ou il ne pooit, ne devoit*. Fait en l'an m. cc. lx. i., au mois de février. »

« Littere eorumdem officialium [Henrici de Fluy et Reneri de Paisseio] quibus, patet quod cum inter abbatem et conventum S. Dionisii remensis, dominum Renerum dictum Acarin, militem, Albricum de Champigny, armigerum, et ejus fratres, haberent[ur?] pro indiviso jura ville de Champigneio, et inter ipsos sepe orirentur controversie, arbitros elegerunt, videlicet dicti abbas et conventus, magistrum Renerum de Goucen-

cort; dominus Renerus, miles, magistrum Gerardum dictum Germaire; et Albericus, pro se, et fratribus suis, magistrum Stephanum de Givet, clericos; promittentes observaturos omnia que statuerint predicti arbitri. Actum anno m°. cc°. lx°. ii°.; mense aprili. »

« Littere officialis remensis, quibus patet quod abbas et conventus S. Dionisii, ex una parte, et Henrionnus de Ambleio, armiger, et domicella Fillota, ejus uxor, ex altera, fecerunt permutationem inter se, de vinea quam dicti abbas et conventus habebant in territorio de Mons Laurens, in loco dicto Vaucelle, pro quinque modiis vini [et xxv s. par.?] quos habebant dictus Henrionnus, et ejus uxor, in vinagiis ville de Champigneio, [et?] in censibus dicte ville, cum vendis, et vestituris, et justitia bassa, mediantibus duodecim libris parisiensium, a dictis abbate et conventu, solutis, dicto H., et ejus uxori. Hanc permutationem approbaverunt Valterus, Huetus et Forquetus, filii dictorum Henrionni et Fillote, et Hauyeta, filia eorumdem. Datum, metropolitana sede remensi vacante, anno m°. cc°. lx°. ii°., mense martio. »

« Lettres de Manisiers, cuens de Retest, par lesquelles [il] approuve la vente que Henrions d'Ambly, escuiers, avoit fait à l'abbé et au couvent de Saint-Denis, de Reims, de cinq muids et de vingt-cinq sols parisis, qu'il avoit au vinage et au cens de Champigny, et qu'il tenoit en fief dudit comte, lequel fief il quitte auxdits abbé et couvent. Fait en l'an m. cc. lx. iii., au mois de mars. »

« Lettres de Robert de Pontfavergier, prévòt [de l'archevêque] de Reims, par lesquelles apert que ledit prévost ayant [fait?] prendre des meubles chez un des hommes de l'église de Saint-Denis de Reims, à Champigny, à la requeste de Reinier Acarin, chevalier de Champigny, les chanoines de Saint-Denis s'en plaignirent à monsignor Fouquart, bailly de Reims, et à maistre Jacques le Féron, chanoine de Reims, et conseiller de l'archevêque, qui ordonnèrent audit prévost de reprendre lesdits meubles chez ledit Acarin, et les restituer à l'homme de Saint-Denis;

eisdem, consensu vestro minime requisito, querimoniam defferretis nobis.....; scire vos volumus, quod pro evitanda omminode dissensio-

ce qui fut fait en l'an M. CC. LXX. I., au mois de novembre*. »

30 décembre 1274.
Pag. 227.

« Littere Simonis Matisfardi remensis, et Guillelmi de Isiaco aurelianensis, canonicorum officialium remensium, quibus Floria relicta Hugonis de Porta, de Tilliaco, et Drouardus filius Viardi Crauete, recognoverunt se vendidisse ecclesie S. Dionisii remensis, quandam peciam nemoris quam habebant in territorio de Champigny, prope nemus S. Dionisii, pretio quinquaginta solidorum parisiensium. Actum anno M°. CC°. LXX°. IV°., dominica post Nativitatem Domini. »

10 décembre 1276.
Pag. 232.

« Littere Simonis Matisfardi, et Johannis de Villagardana, canonicorum et officialium remensium, quibus domicella Rosa, filia quondam domini Reneri dicti Akarin, de Champigny, militis, recognovit se vendidisse ecclesie S. Dionisii remensis viginti solidos parisiensium annui census, qui dicitur Magnus Census, cum banno, justitia, ventis et vestituris, apud Champigny. *Item*, ibidem quatuor solidos annui census, qui dicitur Census de Placitis; quartam partem furni bannalis, siti in villa de Champigny, quartam partem censuum qui dicuntur Census de Gerolvart; eandem partem quam habebat in aquis, piscariis, et omnibus dominiis ejusdem ville; videlicet, medietatem duodecime partis, cum medietate duodecime partis emendarum, necnon medietatem fossati dicti Enrart, et quartam partem fossati dicti le Rousscnt, absque bosco; et etiam omnia alia fossata que habet dicta Rosa ex parte matris ipsius in villa et territorio de Champigny; pro quarum rerum garandia, Balduinus de Sont, armiger, et domicella Contessa, ejus uxor, prefate ecclesie se constituerunt plegios. *Item*, vendidit dicta Rosa prefate ecclesie, quartam partem omnium reddituum de corveis de Champigny. *Item*, tres quartellos frumenti perpetui redditus, capiendos super quamdam peciam terre, site in dicto territorio, in loco dicto Aus Anches. *Item*, duos modios, et dimidium vini, ad mensuram dicti loci. *Item*, unam minam avene annui redditus. *Item*, partem quam habebat in crutis magni census dicti loci. *Item*, eandem partem quam habebat in banno, et justitia alta et bassa dicte ville, et territorii de Champigny; que omnia dicta Rosa habebat tanquam propria, et sibi provenientia ex successione, vel eschangia, matris sue, videlicet, domine Isabelle quondam de Faisnieres, pretio ducentarum librarum parisiensium. Actum anno M°. CC°. LXX°. VI°., feria quinta post festum B. Nicholai hiemalis. »

« Littere officialis D. Alberti de Lavania, remensis archidiaconi, quibus Simon de Courtaignon, armiger, curator liberorum D. Reneri dicti Akarin, quondam militis, et domine Falque, relicte dicti R., videlicet Willelmi, Guioti, et Agnetis (constitutus ab officiali remensi, litteris suis datis anno M°. CC°. LXXX°. I°., feria quinta post *Cantate*), quibus, inquam, dictus curator, necnon predictus Guiotus, considerantes commodum dicti Guioti, et quod commodius pecuniam habere non posset ad eundum in Appuliam, ubi ipsum Guiotum, et Willelmum fratrem ejus oportebat proficisci, recognoverunt se vendidisse, Symon curator, et dictus Guiotus, magistro Johanni dicto Bovi de Remis, duo jornalia et dimidium nemoris siti in villa de Champigny; decem solidos recti census, cum banno et justitia quos habebat dictus Guiotus in censu qui dicitur Magnus Census; quartam partem duorum modiorum et dimidii vini; partem suam in riparia; sex solidos percipiendos in duabus domibus sitis juxta domum Renaudi de Cuilli, armigeri; duos solidos levandos in corveis; tres partes unius fossati in quo religiosi S. Dionisii habent quartam partem; et quidquid dictus Guiotus habebat in villa et territorio de Champigny. Hec venditio facta fuit pretio centum et decem librarum parisiensum. Actum anno M°. CC°. LXXX°. I°., in crastino Nativitatis B. Johannis Baptiste, mense junio. »

25 juin 1
Pag. 24

« Littere officialis Alberti de Lavania, remensis archidiaconi, quibus Simon de

3 jui
1281.
Pag.

---

* Voyez *Archiv. admin.*, I, 808.

nis materia, et pro bono pacis, feodum predictum ad naturam prioris status plenarie est reductum; et de predictis possessionibus, extra Courtaignon, armiger, curator constitutus Guioto, Willermo, et Agneti, liberis domini Reneri dicti Akarin, quondam militis, et domine Falque, relicte ejusdem domini Reneri, presente et volente dicto Willermo, quitavit in perpetuum magistro Johanni dicto Bovi, feodum et homagium quibus erat idem magister dicto Willermo adstrictus, ratione emptionis quam fecerat cum dicto Simone de Courtaignon, curatore Guioti, fratris dicti Willelmi. Actum anno M°. CC°. LXXX°. I°., feria quinta post festum B. B. Petri et Pauli, apostolorum. »

août 1282.
g. 251.

« Littere Ruffini de Fiteclo, et Jacobi de Bononia, canonicorum et officialium remensium, super questione que vertebatur inter abbatem et conventum S. Dionisii remensis, et Renaudum de Cuilli, armigerum, et domicellam Audam, ejus uxorem, Taulinum (s c) et Joffridum fratres, et Ermenionnam sororem eorumdem, liberos Albrici quondam armigeri de Champigny, super damnis que dictus Renaudus, et consortes, dicebant sibi illata, a dictis abbate et conventu, et presertim super quibusdam acquestis, a dictis abbate et conventu factis, in villa de Champigny. Tandem dictus Renaudus et consortes, et D. Walterus, presbyter et prepositus dicte ecclesie, pro dictis abbate et conventu, compromiserunt in priorem ecclesie S. Dionisii, et dictum Renaudum de Cuilli, armigerum. Hi arbitri ordinaverunt quod dicti abbas et conventus, haberent et tenerent, pacifice et quiete, quidquid tempore confectionis hujus compositionis acquisierant, apud villam de Champigny; sed postea nihil ibidem acquirerent, quandiu dictum dominium de Champigny dicte partes tenebunt pro indiviso, nisi de consensu omnium dominorum. Actum anno M°. CC°. LXXX°. II°., feria quarta post festum B. Bartholomei. ».

septem-
284.
249.

« Littere Petri, remensis archiepiscopi, quibus vult et consentit quod abbas et conventus S. Dionisii remensis, utantur rebus acquisitis in litteris precedentibus, et possideant, absque coactione vendendi; unde patet Johannem dictum Bovem non pro se, sed pro ecclesia S. Dionisii, dictos redditus de Champigny emisse. Datum anno M°. CC°. LXXX°. IV°., sabbatho post festum Exaltationis S. Crucis. »

« Littere R. de Fiteclo, et O. de Senonis,... officialium.... quibus Johannes dictus Cauchons, filius quondam Ade dicti Cauchons, recognovit se vendidisse domino Petro, presbytero, capellano perpetuo in ecclesia de Avenaio, octo sextarios frumenti annui redditus, viginti et unum solidos censuales, et quandam peciam terre, ea omnia in villa et territorio de Champigny, pretio centum librarum parisiensium. Actum anno M° CC° LXXX° VII°, feria sexta ante cathedram B. Petri apostoli. »

16 janvier 1288.
Pag. 265.

« Littere Ruffini de Fiteclo, et Odonis de Senonis, canonicorum et officialium remensium, quibus Guiotus, armiger de Champigniaco, juxta Remos, recognovit se vendidisse ecclesie S. Dionisii remensis, quandam peciam terre arabilis censualem, sitam in territorio de Champigniaco, pretio undecim librarum et quinque solidorum. Actum anno M° CC° LXXX° VIII°, feria quinta post Ascensionem Domini. »

7 mai 1288.
Pag. 267.

« Littere Gerardi de Senonis, et Gerardi de Marla, canonicorum et officialium remensium, quibus patet quod cum abbas et conventus S. Dionisii remensis quedam bona immobilia acquisivissent, existentia in banno et justitia dominorum de Champigny, quorum Guiotus de Champigny, armiger, pro certa parte et pro indiviso unus existit, idem armiger, ad requisitionem dictorum abbatis et conventus, omnia bona immobilia, ab eisdem abbate et conventu acquisita, usque ad diem presentium admortisavit. Actum anno M° CC° XC° I°, feria quinta post dominicam qua cantatur *Jubilate*. »

13 mai 1291.
Pag. 278.

« Littere officialis remensis super dissentione orta inter abbatem S. Dionisii remensis, ex una parte, et Guyotum de Champigneio, armigerum, et Rodulphum et Joffridum ejus fratrem, armigeros, ex altera, super dominio ville de Champigneio ad dictas partes pertinente, et super fidelitatibus ab

18 octobre 1293.
Pag 285.

manus religiosorum predictorum positis, Johannem de Tigniaco, armigerum, vasallum, qui eas possessiones in feodum, more solito,

hominibus dicte ville dictis partibus faciendis ; de qua controversia dicte partes pacificaverunt, presentibus majore et scabinis dicte ville, in hunc modum, quod homines dicte ville facient quatuor fidelitates, scilicet, abbati S. Dionisii unam ; Guyoto unam, Rodulpho et Joffrido ejus fratri duas. Datum anno M° CC° XC° III°, die dominica, in festo sancti Luce. »

août 1298.
Pag. 293.

« Littere officialis remensis, super discordia que erat inter abbatem et conventum S. Dionisii remensis, et Guiotum de Champigniaco, armigerum, filium domini Reneri quondam dicti Akarin, militis, ex altera, super portione seu quantitate magne justitie ville et territorii de Champigniaco, et super emendis, redditibus, et aliis juribus ; circa que dictus armiger, presentibus dominis Johanne priore, et Valtero preposito, ecclesie S. Dionisii, recognovit, quod in media parte totius magne justitie ville et territorii de Champigniaco, que exercetur per majorem institutum ab omnibus dominis dicte ville, dicti abbas et conventus habent de sexdecim partibus quindecim partes, et dictus Guiotus, sextam decimam partem, duntaxat ; et quod dicti abbas et conventus habent cognitionem, soli, et sine socio, omnium causarum, tam criminalium, quam civilium, in omnibus mansionariis dicte ecclesie, in villa predicta ; quod in censu dicto Gerovardi, dicti abbas et conventus, de octo denariis habent quinque denarios, et dictus Guiotus tres. Datum anno M° CC° XC° VIII°, mense augusto. »

15 novembre 1299.
Pag. 296.

« Littere officialis remensis, quibus patet quod cum dominus Petrus, perpetuus capellanus ecclesie de Avenaio, dedissct ecclesie S. Dionisii octo sextarios frumenti, annui et perpetui redditus, necnon viginti unum solidos censuales, cum ventis et vestituris, et quandam peciam terre site in territorio de Champigniaco, nobiles viri Radulphus, filius quondam Albrici, armigeri, et Guiardus, filius quondam Reneri dicti Acarin de Campigniaco, militis, domini dicte ville pro portione, predicta omnia in quantum in se erat, amortisaverunt. Datum anno M° CC° XC° IX°,

dominica post festum B. Martini hiemalis. »

« Littere.... Roberti, remensis archiepiscopi, quibus amortisat eisdem abbati et conventui S. Dionisii remensis, octo sextarios frumenti, et viginti et unum solidos parisiensium, quos eis donaverat Petrus de Altrio, capellanus perpetuus in ecclesia de Avenaio, et quos possidebat in territorio de Champigniaco. Actum anno M° CC° XC° IX°, die lune in festo sancti Andree apostoli. »

30 nov 1299.
Pag. 29

« Lettres de Guiard de Champigny, escuyer, par lesquelles il reconnoît avoir vendu à l'abbé et au couvent de Saint-Denis de Reims sa maison de Champigny, avec le jardin et la court, dix sols de cens dit le grand cens ; la quatrième partie du four de laditte ville ; la partie qu'il avoit en la rivière de Vesle, avec les aisances, depuis le moulin de Neuville jusqu'à la fin du terroir de Champigny : la trente-deuxième partie qu'il avoit en la justice dudit lieu ; trois [parties?] de cens en corvées, dix jours et demy de terre arable, lieu dit En la Couture, vingt-quatre septiers et quarte et demie de vin, ès vinages dudit lieu, vingt-sept deniers en plaids, une geline et le quart d'une ; six boisseaux et demi d'avoine, et tout ce qu'il avoit audit lieu, par loy tenu en fief et hommage de l'archevêque de Reims, pour le prix de deux cent livres parisis. Lesdittes lettres scellées des sceaux dudit Guiars et de Marie sa femme. Fait en l'an M CCC X, le jeudy après les Cendres. »

8 mars 1
Pag. 30

« Littere officialis remensis, quibus patet quod cum Guiardus de Champigny, armiger, et domicella Contessa de Sunno, relicta Banderi de Sunno, quondam armiger, soror dicti Guiardi, armigeri, tales inter se conventiones iniissent : videlicet, quod si dictus Guiardus venderet hereditatem suam, quam habebat in villa et territorio de Champigny, solveret dicte Contesse, sorori sue, duodecim libras et decem solidos parisienses ; quam summam dicta domicella recognoscit se recepisse, a dicto fratre suo Guiardo. Datum anno M° CCC° II°, die Trinitatis. »

17 juin
Pag. 3

« Littere Ph., Francorum regis, quibus

Juillet
Pag. 3

recepit, et tenet a nobis, recepimus et habemus; quod vobis, tenore presencium significamus. In cujus rei testimonium.... Datum anno amortisat, vult, et concedit, venditionem factam abbati et conventui S. Dionisii remensis, ab Guiardo, armigero de Champigny, de domo [et?] parte quam habebat in dominio et justitia dicte ville, et eorum omnium que in dicta venditione continentur. Datum Vicennis, anno m° ccc° ii°, mense julio. »

« Littere officialis remensis, quibus Herbertus filius quondam Giraudi dicti Caillot, major ville de Champigniaco, scabini, et homines dicte ville, recognoverunt se dedisse in elemosinam abbati et conventui S. Dionisii remensis, quidquid juris habebant in quodam rivo fluente in villa de Champigny, per subtus pontem dicte ville, per quem itur ad ecclesiam, usque ad ripariam que dicitur la Chemiselle, ea conditione quod dictus rivus semper habebit cursum suum in ripariam predictam. Datum anno m° ccc° iii°, feria tertia post Annuntiationem dominicam. »

« Littere officialis remensis, quibus domicella Isabellis, relicta Radulphi quondam de Campigniaco, armigeri, tutrix Gilete filie sue impuberis, quam procreavit ex dicto marito suo, recognovit se dedisse et contulisse in elemosinam, abbati et conventui S. Dionisii remensis, quidquid juris habebat in rivo fluenti in villa de Champigniaco, per subtus pontem, per quem itur ad ecclesiam dicte ville, usque ad ripariam de Chemiselle. Datum anno m° ccc° iii°, feria quarta post Annuntiationem dominicam. »

« Littere officialis remensis, quibus patet quod cum procurator abbatis et conventus S. Dionisii remensis, traxisset in causam coram baillivis remensis archiepiscopi, domicellam Isabellam de Buissonno, suessionensis dyocesis, ac Giletam ejus filiam minorem, ex Radulpho de Champigniaco armigero quondam, procreatam, petens ut dicte minori daretur tutor, ut posset dictus procurator procedere ad divisionem ville, territorii, et nemorum de Champigniaco; circa que Radulphus de Calmisiaco, locum tenens baillivi remensis, feria tertia post *Esto Mihi*, creavit ex officio dictam domi-

cellam tutricem Gilete filie sue; quo facto, dicta Isabellis dictam divisionem consensit; et tandem in presentia dicti locum tenentis, et domini Johannis de Taisseio, militis, et Balduini de S. Remigio, armigeri, hominibus feodalibus domini remensis, et Petro dicto Veillart, et Colino dicto Augrenon, scabinis remensibus, et aliorum, dicte partes dixerunt quod dicta divisio facta fuerat per quatuor viros fide dignos; queque in dictis litteris reperitur articulata. Datum anno m° ccc° iii°, feria quinta post dominicam qua cantatur *Isti sunt dies*, et post Annuntiationem dominicam. »

« Littere officialis D. Alberti de Lavania, remensis archidiaconi, quibus magister Henricus dictus de Fossa, clericus, phisicus, Remis commorans, attendens beneficia sibi impensa ab abbate et conventu S. Dionisii remensis, et nolens vitio ingratitudinis irretiri, dedit, donavit, et contulit, donatione inter vivos facta, eisdem abbati et conventui, omnia bona immobilia, in litteris officialis remensis, que idem Henricus acquisierat apud Champigny, a Guiardo, armigero, et ejus uxore. Datum anno m° ccc° iii°, sabbatho post dominicam qua cantatur *Reminiscere*. »

« Littere Petri de Luporomiis, officialis D. Alberti de Lavania, quibus Albricus dictus de Blanseio, frater Baudeti de Blanseio, considerans beneficia sibi ab abbate et conventu S. Dionisii collata, eisdem dedit et contulit omnia bona immobilia, que idem habebat in villis et territoriis de Champigniaco, et de Curcellis, prope Remos. Datum anno m° ccc° iv°, feria tertia post festum S. Laurentii martyris. »

« Littere Petri de Luporomiis, officialis D. Alberti de Lavania, remensis archidiaconi, quibus Richardus de Champigneio, filius quondam Richeri, et Mahelota ejus uxor, recognoverunt se dedisse et concessisse ecclesie S. Dionisii remensis, in elemosinam, duas pecias nemoris, sitas in territorio de Champigneio. Datum anno m° ccc° v°, in die Annuntiationis dominice, et feria quinta post dominicam qua cantatur *Oculi mei*. »

Domini M° CCC° decimo, die jovis in crastino festi B. Marie Magdalenes.

25 mai 1305.
Pag. 321.

« Littere officialium remensium, et Petri de Luporomiis, officialis D. Alberti de Lavania, remensis archidiaconi, quibus patet quod cum inter abbatem et conventum S. Dionisii remensis, et domicellam Isabellam de Buissonno, tutricem Gilete ejus filie, ex Radulpho de Champigniaco, quondam armigero, divisio seu limitatio ville, territorii, et nemorum de Champigniaco, facta fuisset; et cum inter dictos abbatem et conventum, et Petrum dictum Waimel, armigerum, pro parte dicte ville et territorii de Champigniaco dominum temporalem, domicellam Idam ejus uxorem, et Perrinum ejus filium, super dicta limitatione, quam dictus Petrus, uxor, et filius, dicebant non rite factam, et super quodam rivo sito in clausura dictorum abbatis et conventus, orta es[se]t controversia; tandem dicti Petrus, Ida, et eorum filius, recognoverunt se nihil juris habere in dicto fossato seu rivo; insuper, divisionem et limitationem, de qua supra, juste et legitime factam fuisse. Actum anno M° CCC° V°, feria tertia post dominicam qua cantatur *Vocem jucunditatis*, et ante Ascensionem Domini. »

14 août 1306.
Pag. 324.

« Littere officialis remensis, quibus patet quod cum Albricus dictus de Blanzeio, frater Baudeneti quondam dicti de Blanzeio, civis remensis, et alii heredes dicti Baudeneti, haberent pro indiviso plurima bona immobilia sita in territoriis de Champigniaco, et de Courcellis, juxta Remos, compromiserunt in dominum Radulphum, curatum de Champigneio, et alios, qui, sua sententia, dicta immobilia inter utrosque diviserunt, suam cuique portionem assignantes. Datum anno M° CCC° VI°, die dominica post festum B. Laurentii martyris. »

Mai, 1311.
Pag. 332.

« Lettres de Jean de Tugny, escuyer, sire de Champigny, pour la trente-deuxième partie, par lesquelles appert, que comme les abbé et couvent de Saint-Denis de Reims, eussent la moitié, tant pour leur part, que pour celle qu'ils avoient acquis de Guiot de Champigny, escuyer jadis, en la seigneurie et justice dudit Champigny, et que division en eût été faite entre lesdits religieux, et Gilette, fille de Raulin de Champigny, jadis escuyer, et madame Isabel du Buisson, mère de ladite Gilette (laquelle division avoit été confirmée et renouvelée par Pierre Vaimel, et Perinet, son fils, escuyer, hoir de ladite Gilette, du consentement de demoiselle Ide, femme dudit Pierre Vaimel), et que, comme ledit Guiot de Champigny tenoit [ces propriétés] en fief de monseigneur de Reims, ce qu'il avoit vendu auxdits religieux, étoit retourné audit messire de Reims, qui l'avoit donnée audit Jean de Tugny, lequel approuva la division cy-dessus. Fait en l'an M CCC XI, au mois de may.

Juin septemb 1311.

« He littere approbate fuerunt a Roberto remensi archiepiscopo, eodem anno, sabbatho post festum Nativitatis B. Marie Virginis, et recognite fuerunt coram officialibus remensibus a dicto Johanne de Tugny, armigero, et Margarita ejus uxore, eodem anno, mense junio. »

Juin 1
Pag.

« Lettres de Jean de Tugny, escuyer, par lesquelles il reconnoît avoir donné à ferme toutes ses terres, rentes, redevances et justice qu'il avoit à Champigny, aux abbé et couvent de Saint-Denis de Reims, pour huit livres de parisis, à rendre et payer tant qu'il vivra, au jour de Noël. Fait en l'an M CCC XI, au mois de juin.

« He littere recognite fuerunt coram Hugone dicto Laffolair, de Alenduis, curie remensis notario, iisdem anno et mense. »

Juin 1
Pag.

« Lettres du même Jean de Tugny, escuyer, par lesquelles il fait savoir que, comme les abbé et couvent de Saint-Denis de Reims eussent renoncé au fief et à la terre qu'ils avoient acquis de Guiot de Champigny, escuyer jadis, lequel fief, retourné par ladite renonciation en la possession de l'archevêque de Reims, comme sire souverain, avoit été donné par Robert, archevêque, audit Jean de Tugny, lequel sachant ledit fief être nécessaire et commode auxdits abbé et couvent, promet d'y renoncer en leur faveur, toutes fois qu'il en sera requis par leur procureur;

DE LA VILLE DE REIMS.

LXXXI.

CONCORDANCIE inter archiepiscopum remensem et capitulum, de sigillo, francis servientibus, et quibusdam aliis. 23 juillet 1310.

Cart. AB du chap., fol. 32; cart. E du chap. fol. 33 v°.

et s'il n'y renonçoit pendant sa vie, il le donne dès lors auxdits religieux, du consentement de Margueritte sa femme. Fait en l'an M CCC XI, au mois de juin. »

1312. « Littere officialis remensis, circa discordiam ortam inter abbatem et conventum S. Dionisii remensis, et dominum Johannem de Radonez, militem, super septem modiis vini vinagiorum ville de Tilloy, et de Champigny, pertinentibus ad dictos religiosos, dicto milite negante. Tandem idem Johannes, miles, recognovit se indebite dictos religiosos vexavisse, et nullum in dictis vinagiis se jus habere. Datum anno M° CCC° XII°, feria secunda post Trinitatem. »

rs 1313 « Littere officialis remensis, quibus domi-
1 mars nus Johannes de Randonnez, miles, promisit quod gaudere permitteret ex nunc, et in futurum, abbatem et conventum S. Dionisii, septem modiis vini, vinagii, levandis in vinagiis de Tilleio, et de Champigny. Idem miles, pro se, et D. Petrus de Craonna, canonicus et pitantiarius S. Dionisii, pro dictis abbate et conventu, convenerunt quod compromissum ab ipsis factum in dominos Ægidium de Hannognia, canonicum, et prepositum S. Dionisii, et Johannem de Monteclino, clericum, legum professorem Remis, advocatum, nullius sit valoris. Actum anno M° CCC° XIII°, feria quinta post dominicam qua cantatur *Letare Jerusalem.* »

vrier « Littere curie remensis, date anno M° CCC° 360. X° IX°, sabbatho post Purificationem B. Marie Virginis, continentes clausulam testamenti magistri Walteri de Robignis, qua idem legat ecclesie S. Dionisii remensis, suum boscum de Champigny, supplicans abbatem et conventum dicte ecclesie, ut pro ipsius anime, et Isabellis quondam uxoris sue, celebrent aniversarium, in die crastina sepulture sue, quam sepulturam eligit in eadem ecclesia. »

octobre « Lettres de Jacques, dit Le Moinne, de 385. Lude, escuyer, par lesquelles il reconnoît avoir vendu, tant en son nom, que de Renaut de Lude, son frère, aux abbé et couvent de Saint-Denis de Reims, toutes les terre, seigneurie, rentes, justice, haute, moyenne et basse, qu'ils avoient en la ville et terroir de Champigny; savoir : trente-six sols neuf deniers au Grand Cens, six sols pour corvées, six septiers un quartel d'avoine, sept poules, six sols et huit deniers pour plaids, huit poulles en menues rentes; la moitié du four de Champigny, la moitié de la rivière, la moitié d'une masure, trois jours et demy de bois, une mine de froment, en menue rente; tout le fief que la femme de Colart de Busancy, et son enfant, tenoit de luy; c'est à savoir : seize septiers de froment, un tonnel de vin, vingt-deux deniers de cens. *Item*, le fief que Renaudin, fils de Pierre dit Wainel, tenoit de luy, savoir : seize jours de terre, deux jours de pré, la moitié d'une masure. *Item*, le fief que Jean, fils Perrinet de Ierval, tenoit de luy, savoir : onze deniers de cens, et neuf muids de vin, dont sept appartiennent à l'église Saint-Denis de Reims. Toutes lesquelles choses il avoit eu par la mort de sondit frère Renaut de Lude, et étoient tenues en fief de l'archevêque de Reims. Cette vente faite pour le prix de onze vingt livres parisis, et cent sols pour les vins; de laquelle somme ledit archevêque eut quarante livres pour le quint denier, et vingt livres pour cause de relief. Desquelles choses vendues ledit escuyer se dévestit ès mains de Jean Dubois, bailly dudit seigneur archevêque. Fait en l'an M CCC XXX II, le mardy veille de Saint-Simon et Saint-Jude, apostres. »

« Lettres de Ginaus d'Artois, garde du sel 29 décem-
de la prévosté de Fîmes, par lesquelles nobles bre 1332.
personnes Pierre d'Ireval, escuyer, sire du- Pag. 387.
dit lieu, et damoiselle Mahaut sa femme, et
Jean d'Ireval leur fils, reconnurent avoir
vendu aux abbé et couvent de Saint-Denis
de Reims, toute la terre, revenues, et sei-

Universis.... Robertus, miseracione divina remensis archiepiscopus.... Rex pacificus, filius summi regis, in omnibus semper operibus metuendus, pacem ab eterno preordinans christicolis, presertim personis ecclesiasticis..., cum transiret de hoc mundo ad patrem, quasi jure testamenti reliquit...,ut subjectos suos in levitate et clemencia gubernantes, absque ullo terrore, sub pacis pulcritudine, et optata cunctis mortalibus transquillitate, situantur. Ad hanc autem pacem, cuncta vigilancie nostre semper convertimus studia; ad hanc potissime indefessa sollicitudo nos excitat, ut cum omnibus, et precipue cum dilectis filiis J. preposito, N. decano, J. cantore, ceterisque nostre remensis ecclesie fratribus, ejusdem superni Regis cooperante virtute, pax solida vigeat, ad laudem et gloriam beatissime Virginis matris ejus, cujuslibet dissensionis vepribus radicitus extirpatis. Nam cum teneamur, veluti caput et membra, mutnis in Deo nos fulsisse (*sic*) suffragiis, in dispendium converti posset et scandalum, si, que divina providencia conjunxit, humanarum et mundanarum turbacionum aculeus separaret. Cum igitur inter nos, et ipsos, super pluribus et diversis articulis nobis ab ipsis porrectis, prout in eorum litteris, sigillo suo munitis, inde confectis, plenius continetur, exorte essent et sint questiones, quod dolentes referimus, et controversie suscitate, que, non absque immensis laboribus et sumptibus, longum hactenus habuere tractatum; nos execrantes litigiorum anffractus, pro eo quod lites, que solent esse non tam periculose, quam dampnose, reddunt animos inquietos, pacem nichilominus, ut predicitur, affectantes, super nonnullis ex eisdem articulis, intervenientibus amicis communibus, maxime venerabili fratre nostro G. episcopo suessionensi, ac

gneurie qu'ils avoient en la ville et terroir de Champigny delez Reims, pour le prix et somme de huit livres parisis. Fait en l'an m ccc xxx ii, le mardy après la feste de la Nativité Nostre Seigneur. »

Juillet 1340.
Pag. 406.

« Littere Johannis remensis archiepiscopi, quibus consentit quod feoda, et retrofeoda, et redditus, que apud villam et territorium de Champigny prope Remos, abbas et conventus S. Dionisii remensis acquisierunt, et que fuerant Renaudi quondam dicti de Ludia, et Renaudi filii quondam Petri dicti Waimel, et Guyardi quondam dicti de Champigny, armigerorum, que a dicto archiepiscopo, tam mediate, quam immediate movebantur, dictis abbati et conventui remaneant, eaque ipsis admortisat, mediantibus sexaginta libris parisiensium. Datum anno m° ccc° xl°, mense Julii. »

Pour compléter les renseignements que fournissent ces actes, voyez celui qu'a publié Marlot, II, 623.

venerabili viro magistro Gaufrido de Plexeio, domini pape notario, canonico ejusdem ecclesie, qui ad pacem hujusmodi procurandam partes sue sollicitudinis diligenter et fideliter interponere studuerunt, cum prefatis J. preposito, N. decano, J. cantore, ceterisque nostre remensis ecclesie fratribus, ordinandum, concordandum, et cum eis amicabiliter componendum duximus, in modum inferius annotatum :

In primis, super articulo faciente mencionem de caucione prestanda; officiales nostre curie remensis cessabunt penitus ab omni exactione caucionis de lite prosequenda, et refundendis expensis, quantum ad illos de quibus in eodem articulo fit mencio; [scilicet canonicos, cappellanos, vicarios, famulos, et francos servientes capituli remensis].

Item, volumus et consentimus, quod canonici, capellani, vicarii, et custodes perpetui remensis ecclesie, necnon communes servientes capituli, et insuper familiares et domestici singulorum canonicorum, immunes sint de cetero, a prestando de cetero, peccuniam pro suis litteris, sigillo nostre curie remensis sigillandis; et Petrus de Sedent, sigillifer curie nostre, restituet sex libras parisienses, quas recepit pro sigillando testamento magistri Johannis de Disyaco, remensis canonici, defuncti, post mortem ipsius.

Item, super articulo faciente mencionem de fossa, seu cavea; volumus et consentimus quod dicta fossa, per artifices juratos et expertos, ad statum debitum, nostris sumptibus, protinus reducatur.

Item, super articulo faciente mencionem de decano remensi, volumus et consentimus, quod, ressaisina facta in domo magistri Hugonis de Portis, deffuncti, videlicet de bonis sororis sue realiter, de bonis vero dicti Hugonis verbaliter, saisina et manus nostra in dicta domo posita, continue sit amota, et omne aliud impedimentum, si quod sit, in bonis dicti Hugonis appositum ex parte nostra.

Super aliis vero contenciosis de quibus a nobis nundum extitit satisfactum, in toto, vel in parte, tam super illis quorum occasione suspenderunt organa divinorum, quam quibuscumque aliis nobis ex parte ipsorum quandocumque traditis, et tradendis in posterum, quociens tradere et exibere voluerunt, durante compromisso predicto, et super expensis, et sumptibus, dampnis, injuriis, et interesse, petitis per capitulum, et petendis, si in quibus, et in quantum, tenebimur, compromisimus, et compromittimus, in dilectos filios magistros

Radulphum de Thelines, ex parte nostra, et Petrum de Sella, ex parte
capituli remensis, canonicos nominatos, tanquam in arbitros seu commissarios, arbitratores seu amicabiles compositores, a nobis et ipsis
electos concorditer et assumptos; dantes et concedentes eisdem plenam,
generalem et liberam potestatem, auditis racionibus, allegacionibus,
causis, juribus, exceptionibus, utriusque partis, probacionibus, et
deffensionibus quibuscunque, juris et facti, cognoscendi super premissis et singulis articulis, summarie et de plano, sine strepitu et
figura judicii...., dummodo in eadem sentencia sint concordes. Si
vero ipsos in toto, vel in parte, discordes, quod absit, esse contigerit,
tercium arbitrum ex nunc concorditer assumimus, videlicet quem
episcopus et notarius predicti, ex potestate sibi a nobis, et capitulo
predicto, communi concordia tradita, per suas litteras nominarunt,
secundum modum et formam in eisdem suis litteris comprehensos....
Actum est eciam expresse, in compromisso predicto, quod predicti
arbitri, qui electi sunt, vel alter cum tercio, possint de processu
habito per officialem contra baillivum capituli, videlicet Gregorium
de Cathalano, cognoscere, et sentencias in eum latas revocare, adnul-
lare, seu nullas denunciare, aut si expedire viderint absolvere ab
eisdem; seu alias, de ipso articulo, prout sibi videbitur, ordinare. Promittentes bona fide, sub pena quingentarum marcharum argenti solvendarum parti parenti, a parte non parente, nos stare, parere,
obedire, ipsorum duorum arbitrorum.... dicto, arbitrio, pronunciacioni, et sentencie, super eisdem articulis et eorum quolibet profe-
rende.... Si vero contra pronunciacionem eorum, in toto, vel in
parte, quomodolibet veniremus, quod absit, promittimus reddere
et solvere sepe nominatis J. preposito, N. decano, J. cantori, ceterisque nostre remensis ecclesie fratribus, penam quingentarum marcharum argenti superius nominati, ratis nichilominus manentibus
pacto, diffinicione, pronunciacione, arbitrorum dictorum.... Ceterum si aliquem decedere, vel impediri, vel absentari, contingat, arbitrio premisso durante, actum est quod loco decedentis, vel impediti,
vel absentis, assumatur, quociens opus fuerit, a parte que ipsum elegerat, alius canonicus ejusdem ecclesie, qui loco decedentis, vel impediti, vel absentis, succedat, et in omnibus et per omnia similem habeat
potestatem; impedimento tamen cessante, resumet principalis arbiter

sibi traditam potestatem; compromisso hujusmodi usque ad octabas instantis Resurrectionis Dominice, nisi prorogatum fuerit, duraturo. Hoc, hinc inde expresse acto, quod si totum negocium infra precisum terminum non fuerit terminatum, prescripti arbitri dictum terminum prorogare valeant, usque ad annum a data presencium numerandum. Preterea sciendum est, quod si omnes et singuli articuli contenciosi, porrecti, et porrigendi, arbitrali sentencia, durante compromisso, in toto vel in parte non fuerint terminati, articulis et [sic, ab?] arbitros [sic, arbitris?] decisis, et eorum processibus in suo robore permanentibus, ceteri articuli indecisi, lapso termino, vel prorogacione ipsius, in statu remanebunt in quo erant ante compromissum predictum. Qui duo arbitri, onus compromissi hujusmodi pro plena concordia utriusque partis liberaliter assumentes, juraverunt ad sancta Dei Euvangelia, in pleno capitulo, quod jura parcium odio, favore, et gracia, et omnibus aliis que possent pervertere judicium, cessantibus, fideliter observabunt, et cum quanta sceleritate commode poterunt, in dicto negocio procedent. Et simile juramentum prestabit tercius, si processerit in hac parte. Jurabunt eciam procuratores, et advocati parcium, quod in predicto negocio, nichil calumpniose ad differendum, vel impediendum processum predicti negocii [agent, sed in eo?], fraude, dolo, malicia quibuscumque cessantibus, fideliter et diligenter intendent. Insuper placet nobis, quod dicti episcopus et notarius, circa premissa, et causas tangencia, potestatem habeant declarandi, interpretandi, prout viderint faciendum. In quorum omnium testimonium.... Datum anno Domini millesimo ccc° decimo, die jovis post festum B. Marie Magdalenes.

LXXXII.

SENTENCE arbitrale rendue par Nic. de *Ferrariis*, doyen, et 21 août 1310. Joh. de *Villagardana*, chantre de l'église de Reims, sur deux articles (*inter cetera*), présentez par ledit chapitre à l'archevesque Robert, *olim*, sçavoir en 1303, datte du compromis inséré dans la sentence [1].

Invent. des accords de l'archev. et du chap., p. 20.

[1] « Le premier article concerne une saisie faitte par les officiers de l'archevesque, sur

LXXXIII.

Août 1310. ACTE par lequel les échevins qui avaient présenté H. l'Hermite pour la chapelle de Saint-Ladre-aux-Femmes, reconnaissent que cette présentation ne préjudiciera en rien aux droits que peut avoir l'archidiacre d'approuver les présentations ultérieures [1].

<small>Arch. de l'Hôtel-de-Ville, renseign., et arch. du chap., lay. 21, liass. 32, n° 3.</small>

LXXXIV.

1310. ACTE par lequel sont garantis les droits des coutres et marguillers du ban Saint-Remi, qui sont exempts d'ost, de chevauchée, de montre d'armes, de stellage pour leurs semailles et leurs récoltes, etc., etc.

<small>Archiv. de Saint-Remi, liass. 390, n° 1.</small>

Comme descors fut et heut esteit meus, entre les marlliers, coutres, et gardes de l'église Saint-Remi d'une part, et les bourjois dou ban de ladicte église d'autre, sor ce que lidis bourjois disoient et maintenoient, quar lidis marliers devoient contribuer, et estoient tenus à contribuer, avec aus, des frais des debtes et des tailles doudit ban en quelconques menières ce fût; lidis marliers disoient au contraire.... quar il en estoient frans et quittes des imposicions deseurdites, et eincis en avoient-il useit franchement et possesseit paisiblement, et il et leurs devanciers, de ci lonc temps qui n'est mémoire du contraire, et de ost, et de chevauchies, et d'armes montrer, de paier sétellages de leur blés, de leur ahan, et de leurs rentes; et l'estoient près d'anformer et de prouver par bonnes gens; et que se on avoit aucunes fois prins leur gaiges, s'avoient-il esteit rendut franchement. Pour laquel chose, nous abbés et li couvens de l'église..., faisons asavoir à tous, quar nous sommes bien enformez..., et ont bien prouveit pardevant nous lidis marliers, quar il sont frans et doivent estre

<small>Robin Hazart, franc servant; le second, l'excommunication de deux autres francs servants. Sur ce dernier point les arbitres prononcent: *Predictos officiales non potuisse, nec posse, predictam nunciationem per se, vel per alium, seu alios, fecisse, vel facere; nec eisdem officialibus licuisse, nec licere, premissa facere, vel mandasse.*»</small>

<small>Cet acte est en entier dans le cart. E. du chap., fol. 13.</small>

<small>[1] Voir les actes de juillet 1231, et du 13 janvier 1341.</small>

DE LA VILLE DE REIMS. 113

et quittes des imposicions deseurdites endit ban; et ont prouveit quar on ne puet panre, arrester, ne saisiner en leur maison, ne sur leur biens, mesmement la justice doudit ban, et en ban deseurdit, se par le trésorier de l'église leur maistre non. Et volons nous abbés et couvens deseurdis, et tuit li seigneur, et commandons à toute nostre justice, que lidis marliers soient tenus en leurs franchises paiseblement, et à touz jours, et il, et leurs successeurs. Et pour ce que ce soit plus ferme chose, avons-nous registrer ces choses en nos registres, avecquez nos chastres. Mil ccc dis.

LXXXV.

[Anno] m. ccc et x. [Li jugement de ceste année]. 1310.
Livre Rouge de l'Échev., p. 118.

Li prévos[1] de Rains fit ajourner Jehan de Chaumont, et disoit que une femme s'estoit plainte de ce que lidiz Jehan l'avoit batue. Liquez J. li nia et la plainte et la bature. Li prévoz offri à propver la plainte par eschevins; laqueile plainte fu bien provée, et requit li prévoz qu'il l'amendât, ou escondésit en la mennière qu'il appartenroit, et li asséna journée de l'escondire; à laqueile journée cis Jehans vint, lui septiemme, en la mennière qu'il appartenoit, et dit au prévôt qu'il se présentoit pour faire ce qu'il devoit. Li prévoz li commanda qu'il s'agenouillât, et il si fit. Et quant ce fu agenouilliez cis J., il dit à ceus qu'il avoit amenez avec lui qu'il s'agenouillaissent, et il si fisent. Et quant il furent agenouilliet, li prévoz ne vot mie penre son escondit. Et dit li prévoz que cis J. s'estoit meffaiz de ce qu'il avoit fait agenouillier sa gent, car il ne pooit, ne devoit; et voloit qu'il li amendât. Cis J. dit qu'il n'avoit fait chose qu'il ne peut et deut; si requéroit au prévôt que il vossit penre son escondit en l'eure qu'il avoit sa gent avec lui, apparillié pour le faire. Li prévoz n'en vot riens faire, ains

---

[1] Entre les plaids de cette année, et ceux de l'année précédente, se trouvent, dans le Livre Rouge de l'échevinage, deux instruments et une note relatifs à la collation des chapelles de Saint-Ladre, à la date de 1301, 1326 et 1361. L'écriture de ces trois pièces est de la même main; celle des plaids de 1309 est la même que celle des plaids de 1310, et nous paraît plus ancienne que celle où sont consignés les actes relatifs à Saint-Ladre. Entre les plaids de 1309, et ceux de 1310, on aura probablement laissé un espace, dans lequel auront été introduits plus tard les notes et instruments relatifs aux chapelles de Saint-Ladre.

disoit qu'il s'estoit meffaiz dou commandement qu'il avoit fait ; si voloit qu'il li amendât ; et s'en penroit droit. Seur ce cis Jehans se départi et s'en ala. Li prévoz li asséna journée de oïr ce droit. A cele journée furent eschevin, et li prévoz, et Jehan ; et furent bien les raisons recordées de quoi il voloit avoir amende, ou droit. Li prévoz si se délaissa de ce droit, et rasséna journée à celui Jehan de son ban escondire, pour ce qu'il disoit que, combien que cis Jehans eût esteit présens devant lui, lui septiemme, en la mennière qu'il devoit, n'avoit-il mie fait son escondit, ne jureit, il, ni sa gent. Si voloit qu'il revenit pour faire son escondit et le sairement, en la mennière qu'il devoit. Et cis Jehan disoit que il mais n'estoit tenus à r'aleir devant ; car ce n'estoit mie en sa défaute, et qu'il s'étoit bien présentez en la mennière qu'il devoit, ne plus n'en feroit, se droiz non disoit. Seur ces raisons, il se misent en droit.

Droiz fu diz, par consel de bonne gent, que cis Jehans en avoit bien fait ce qu'il devoit, ne plus n'en estoit tenus à faire.

Descorde estoit entre Jehan Noë d'une part, et Colin Angermer d'autre, de ce que Jehan voloit oster uns gest de fut, unes cimaises, et unes gemmes de pierre, qui estoient en i mur commun entre lui et ledit Colin. Liquez Colin ne voloit mie que il les ostât, car faire ne le pooit, pour ce qu'il disoit que li murs en empiroit, ne n'en seroit mie de si bonne menuevre com il estoit, et ainsis empiroit la sienne partie. Et cis Jehans disoit qu'il les pooit oster, et devoit. Seur ce il se misent en droit.

Droiz fu diz, par consel de bonnes gens, que pour ce que li gex, les cimaises, ne les gemmes, n'aloient mie à parpaint dou mur, cis Jehans les pooit oster, en telle mennière que cis Jehans rewarniroit le mur de telle menuevre, comme li geus, les gemmes, et li cimaise estoient warnies des costez.

Descors estoit entre Robin le Poncit d'une part, et Ernoulet Culet d'autre, de 1 estal qui siet en la nueve boucherie ; douqueil estal cis Robin se disoit saisiz, et que ledit estal il avoit tenut et possesseit par i an, par ii, par iii, par iiii, et décensiet, et débiteit, et rapa-

DE LA VILLE DE REIMS.

rilliet ledit estal, au tens de sa femme, et après le décet sa femme, et fait quanque il convient à saisine acquerre ; et bien le provoit, et requéroit que la saisine l'en demouràt. Sis Ernoulés Culés disoit au contraire, et disoit que cis estaus contencieus avoit esteit Biau-Bouchier son frère, et estoit au tens qu'il mori ; et que li Biaus-Bouchiers l'aquesta, et en mori tenans et prenans ; et que la coustume de Rains est tele que le mors saisit le vif. Et si tost comme il sot que ses frères fu mors, il entra en saisine doudit estal, comme hoirs li plus prochains de son frère, qui estoit trespassez sans hoir de son corps. Et bien prova qu'il estoit hoirs, et que en ceste saisine il fu trouvez ; si disoit que à lui appartenoit la saisine de l'estal, non contrestant ce que Robins li Poncis l'avoit tenut et possesseit. Car ce qu'il l'avoit possesseit, il l'avoit possessé comme usufrutuaires de sa femme, qui le tenoit en doaire ; et disoit que ladite possession que Robins avoit fait, estoit de nule value, et en penroit droit.

Droiz fu diz, par consel de bonnes gens, que cis Ernoulés Culés demouroit en la moitiet de la saisine doudit estal, non contrestant les raisons de la partie averse, sauf le droit de la propriéteit.

Miracle, qui fu femme Hue Hurtaut, loua à Thierri Barbete une maison, atout les appartenances, séant en rue Favereuse, entre la maison Gilet le Thiez d'une part et la maison les hoirs Fourques de Bourgongne d'autre. Et disoit qu'elle estoit sienne, et que à li appartenoit. Thiébaus et Jessons si enfant entrèrent en la maison, et disoient que à eus appartenoit par la succession de leur père qui en fu mors tenans et prenans. Li sires prit le débat en sa main pour le droit des parties, et asséna journée as parties, présens eschevins ; et que dedens la journée chascun eut apporté toutes choses dont il se vorroient aidier, tant par bouche comme par escris ; et eschevins verroient les raisons des parties ; et les raisons oïes d'une part et d'autre, les parties se misent en eschevins, par droit, et proumisent à tenir par leur foiz ce que eschevin en diroient par droit.

Eschevins veirent lettres et instrumens mises en mennière de provance, et oïrent les raisons des parties ; et fu dit par droit d'eschevins, et par consel de bonnes gens, que ladite Miracle averoit et tenroit ladite maison atout les appartenances, en saisine, et en propriété.

Raulins Jourdains fit ajourner Wederon, suer Noë dou Bour, seur la propriété d'une maison, laquele maison cis Raulins disoit que à lui appartenoit par titlé d'achet. Cele Wederons demanda jour de consel, et veue de liu. Ele les ot, et puis demanda jour de garant. Cis Raulins dit que point n'en devoit avoir, car tout le droit et l'action qu'ele avoit en cele maison, se point en i avoit, li venoit de la succession de Marie sa suer, de laquele elle s'estoit faite hoirs, selons la coustume de Rains ; laquele Marie, et Willaume Machaux ses maris, en tens que il vivoient, tout le droit que il avoient et poient avoir en ladite maison vendirent audit Raulet, et s'en devestirent seufisanment ; à ainsi quant ladite Wederons, par sa confession meismes, se fait hoirs de ladite Marie, qui a vendut, et représente sa persone pour cause de succession, elle est en tel point come ladite Marie fût s'ele vesquit. Et se ladite Marie vesquit, et on li empeechât le vendage qu'ele eût fait, ele n'eût point de garant ; car ce fût ses propres faiz, et ainsi ne doit avoir point de garant, car nuns ne porroit garantir fors que cele Marie, qui morte est ; et en penroit droit. A ce respondi ladite Wederons, que tantes foiz que aucuns est ajournez par roie de terre, selons l'us et la coustume de Rains, il li loit à demander garant, se avoir le puet. Et disoit outre, que c'ele respondoit à la demande qui lidiz Raulins li a faite seur propriété, ele ne porroit jamais avoir garant ; car il apparoit clèrement qu'ele averoit endammée la licontestacion ; et par ladite coustume ele i farroit. Et disoit ladite Wederons, que ce que lidiz Raulins proposeit, qu'elle s'estoit faite hoirs selons l'us et la coustume de Rains, ne li grevoit, car il porroit estre, et puet estre, que cis ou cele de cui il se vante, qui vendue li a, porroient avoir convenant à li, que li héritages contencieus appartenoit à li, et de son droit ; et s'en seroient obligiet à li garantir ; et ainsi appert-il clèrement qu'ele doit avoir garant, et s'en penroit droit.

Il fu dit, et par droit, que ladite Wederons averoit garant, non contrestant les raisons proposées doudit Raulin.

Jehans de Saint-Remi demandoit à Henri de Trammeri LV s. de annuel sourcens, seur I jardin séant en chemin de Porte-Mars, entre la maison qui fut Ernaut de Saint-Remi d'une part, et la maison qui fu Hue Guillaume d'autre, lequel jardin cis Henris tenoit. Et disoit cis Jehans que lidiz sourcens li estoit escheus de son père; si quéroit que lidiz H. li paiât lidiz LV s. Lidiz Henris requit à avoir warant, et l'ot; c'est asavoir Jaquet la Persone, et Gérard de Ruffi, liquel warant respondirent à la demande, et li nièrent à plain. Cis Jehan l'offri à prover, et apporta lestres et instrumens en jugement, et amena tesmoins en confortant ses lettres, à prover s'entencion. Liquel warant dirent pluseurs raisons contre les lettres, et en aucun des tesmoins, à ceste fin que les lettres et li tesmoins fussent de nule value, et que la demande fût anullée. Les lettres veues, et les tesmoins oys, les parties se misent en droit.

Drois fu diz, par consel de bonnes gens, que Jehans de Saint-Remi avoit bien provée s'entencion.

Perrote, fille Colart Walet, fit ajourner Jesson de Saint-Marc, par roie de terre, et li fit pluseurs demandes asqueles cis Jesson demanda jour de consel, et veue de liu. Il les ot. Après, demanda journée de warant, prumière, seconde, tierce, quarte; à laquelle quarte journée, lidiz Jehans se mit en défaut de amener son garant; et à cele journée eure fu jugiée contre celui Jehans, et par eschevin. Si requéroit ladite Perrote que la demande qu'ele avoit faite li fût ajugie; et disoit que la coustume de la court laye est tele, et toute notoire, que quant aucuns a eut demande proposée contre lui, qui touche roie de terre, et seur ce il a eut veue dou liu, et, après la veue, il a eu jour d'avoir garant, et eut toutes ses producions de amener son garant, et lui mis en toutes défautes de deffendre la querele, il pert la querele des choses contencieuses, par ladite coustume; et s'en penroit droit. A ce respondi lidiz Jesson que, selon l'us et la coustume de court laie, et à ce s'acorde biens, car nuns deffendères en cas de propriété ne pert, ne ne doit perdre, querele, ne saisine, pour I défaut; meesment quant li défaus est faiz devant la licontestacion, ou ainsois que on ait bailliet responce au plait; car droiz dit que, devant la licontestacion, nuns ne plaide, ne n'et plaiz faiz; mais il samble que on vuelle plaidier. Et ainsi se li deffendèrez fait défaut, il ne pert riens; et s'en penroit droit.

Il fu dit par droit, et par consel de bonnes gens, que lidiz Jehans perderoit la saisine de la querele, sauf le droit de la propriété.

LXXXVI.

1310. C'EST le cohiers de la paroche Saint-Hylaire de la taille de xxii^c ℔, l'an m. ccc et x. Et monta li paroche v^c lxix ℔ viii s.; H. li Larges, taillières [1].

<small>Tailles de l'Échev., vol. I, cah. 5.</small>

1310. C'EST li coyers de la taile de la parroche de Saint-Jacques et de la Maselainne, l'an.... m. ccc et x. Et monta la taile desdictes parroches, iii^c liiii ℔ xviii s., receue par les mains de J. de Aubilli [2].

<small>Tailles de l'Échev., vol. I, cah. 6.</small>

1310. C'EST li coyers de la taile de la parroche de Saint-Pierre-le-Viés, l'an m. ccc et x. Et monta la taile de ladite parroche iiii^c xxviii ℔ xviii s., receue par.... D. de la Cousture [3].

<small>Tailles de l'Échev., vol. I, cah. 7.</small>

1310 C'EST li coyers de la taile de la parroche de Saint-Estène et de Saint-Morise, l'an.... m. ccc et x. Et monta la taile desdictes parroches iii^c ℔ iiii s., receue par.... O. la Late [4].

<small>Tailles de l'Échev., vol. I, cah. 8.</small>

LXXXVII.

3 juin 1311. MANDATUM regis universis justiciariis, ut civibus remensibus armis uti permittant.

<small>Archiv. de l'Hôtel-de-Ville, renseign.</small>

Philippus.... rex...., universis justiciariis regni nostri.... Ex justa et evidenti causa, civibus remensibus licenciam dedimus quod ipsi, ad suorum tuicionem et deffensionem corporum, arma possint deffensionis portare, durante dissensione seu guerra quam eis movere dicuntur Renaudus et Raoulinus de Briaingnia, et eorum complices.

<small>[1] Le total des cotes est de 521.   [3] Le total des cotes est de 463.</small>
<small>[2] Le total des cotes est de 584.   [4] Le total des cotes est de 545.</small>

Mandamus vobis quatinus ipsos cives, et eorum quemlibet, dicta nostra licencia permittatis uti, absque impedimento quocumque. Datum in abbatia regali B. Marie prope Pontisaram, III die junii, anno M°. CCC°. XI°.

LXXXVIII.

MANDATUM regis de domibus in quibus fratres de Briaignia receptati fuerint, evertendis. 22 juin 1311.

<small>Archiv. de l'Hôtel-de-Ville, renseign.</small>

Philippus.... rex.... baillivo viromandensi, vel ejus locum tenenti, ceterisque quibuscumque justiciariis regni nostri.... Renaudus et Raoulinus de Briaignia armigeri, fratres, et quidam eorum complices, de regno nostro suis culpis exigentibus banniti, non obstante bannicione predicta infra regnum nostrum conversari non verentur, et in eo, contra bannum predictum, a pluribus receptantur, prout hec omnia a fide dignis relata sunt; vobis, et vestrum cuilibet prout ad ipsum pertinuerit, mandamus quot super receptacione predicta, vocatis evocandis, inquiratis, cum qua poteritis diligencia, veritatem; et si inveneritis ita esse, receptatores, prout racionabiliter fuerit, et in talibus consuevit fieri, puniatis, et domos in quibus vobis constiterit ipsos receptatos fuisse, ad terram dirui et prosterni faciatis, taliter quod nobis debeat esse gratum. Datum Parisius, XXII die junii, anno M°. CCC°. undecimo.

LXXXIX.

MANDEMENT du roi à tous ses justiciers, qui permettront aux citoyens de Reims de s'emparer, partout où ils le pourront, des frères de Briaigne, morts ou vifs, et de les conduire sous bonne garde au bailli de Vermandois, pour en faire justice. 22 juin 1311.

<small>Archiv. de l'Hôtel-de-Ville, renseign.</small>

XC.

VIDIMUS délivré par le bailli de Rethelois, d'un mandement du roi au comte de Rethel, pour s'emparer des frères de Briaigne s'ils passent sur son territoire, et pour les livrer au bailli de Vermandois[1]. 22 juin 1311.

<small>Archiv. de l'Hôtel-de-Ville, renseign.</small>

---

[1] La même liasse renferme un mandement semblable adressé au comte de Bar.

XCI.

23 juin 1311. BANNISSEMENT prononcé par défaut, dans les assises de Laon, contre les enfans de Brienne et leurs complices.

<small>Archiv. de l'Hôtel-de-Ville, renseign. — Rogier, Mémoires, fol. 228.</small>

A tous ceulx.... Frémins de Coquerel, baillis de Vermendois.... Comme Perrinés filastres Piérart de Suny, R[aoulin], et R[enaudins], enfans de Briaingne, G. Kaqueriaus de Cruny, Aigrés fils G. d'Air, Perrinés d'Yerval, Piètres li Alemans, manans ès Pootez, B. d'Aouste, tuit escuyer, eussent esté adjournez et appelez aus droitz le roy à Laon, seur ce que il, à armes deffendues et couvertes, mauvaisement et en aguait appensé, avoient occis emmi la ville Jehanson Cuissart de Reins, et Lorin le Bouchier de Nouyon en Portian, et seur ce fait eussent esté appelez et criez solempnelment as droitz le roi à Laon, par une quinzeinne, par deus, par trois, et par quarte, et par la quinte d'abondant, continuelment, senz intervalle, et tant de foiz comme us et coustume de païs donne.

Sachent tuit que en nostre assise que nous tenismes à Laon, l'an de grâce mil ccc et xi, le meccredy veille de Saint-Jehan-Baptiste, en jugement par devant nous, et par devant eschevins, furent aportées lesdites criées et appiaus par escript, seelées de seaulx d'eschevins, et furent recordées estre si souffisanment faites comme dit est; considéré à grant délibération la qualité du fait seur lequel il avoient esté appelez...., et veu que il s'estoient mis en toutes deffautes, par lesqueles deffautes il estoient hors loy, par le jugement des eschevins fu dit que on les povoit bien bannir; et par icelui jugement, et pour droit, furent banniz et pronunciez banniz du royaume de France à touz jours, seur la hart. Pourquoi nous mandons et commandons à touz les suggez du roy en la baillie, et requérons à touz autres, que à la requeste du porteur de ces lettres lesdiz banniz preingnent, ou facent prendre, comme anemis du roy, mors ou vis...., hors lieu saint, pour amener devers nous, pour attendre droit et justice....; et que as choses susdites prestent conseil, force d'armes et de prison.... En tesmoing de ce....

XCII.

Mandatum regis de remuneracione, cuicumque ceperit fratres de Briaigna vivos vel mortuos, prestanda.

24 juillet 1311.

Archiv. de l'Hôtel-de-Ville, renseign.

Philippus Dei gratia, Francorum rex, universis baillivis, prepositis, ceterisque justiciariis nostris, ad quos presentes littere pervenerint, salutem. Renaudinus et Raulinus de Briaignia, fratres, Perrinetus filiaster Petri de Suini, armigeri, Girardus dictus Coqueriaus, dictus Aigrés filius defuncti Gerardi de Air, Perrinetus d'Iéreval, dictus Petres Theotonicus, et Baudessonus de Augusta, armigeri, a regno nostro suis culpis exigentibus banniti, in ipso regno, spreta bannitione predicta, conversari dicuntur, et quidem eorum complices et fautores, et per baillivias vestras, in nostre jurisdicionis vituperium et contemptum, frequenter incedere cum armis apparentibus non formidant; unde vobis, et vestrum cuilibet, mandamus quatinus vos per baillivias et justicias vestras, in quibuscumque locis in finibus [*sic*, infimis?] et notabilibus, per assisias etiam et mercata, proclamari sollempniter et publice ex parte nostra faciatis, ac etiam personis quibus expedire videbitis insinuari et intimari, quod quicumque dictos fratres, vel eorum alterum, ceperit, et eorum complices, aut eorum alterum, nos illi, vel illis, qui ipsos, vel eorum alterum, ceperint vivos, vel mortuos si vivi capi non possint, et dicto baillivo viromandensi reddiderint pro justicia facienda, ut dictum est, pro quolibet de dictis fratribus capto, et dicto baillivo tradito, mille libras turonenses, pro quolibet aliorum bannitorum ducentas libras turonenses, pro quolibet aliorum bannitorum ducentas libras turonenses, et pro quolibet vero de eorum complicibus equite capto, et dicto baillivo reddito, ut dictum est, centum libras turonenses, et pro quolibet pedite, triginta libras turonenses, faciemus sine dilatione quacumque persolvi; inhibentes in proclamatione predicta, et inhiberi facientes ex parte nostra districcius, sub omni pena quam erga nos incurrere possent, ne quis captionem hujusmodi impedire presumat, tacite vel expresse, dictis malefactoribus auxilium, juvamen, vel favorem prestando, seu quovis alio modo parendo eisdem; sed volentibus dictos malefactores capere, prestet quilibet opem, vim, consilium et favorem, cum super hoc requisitus fuerit; et contradictores de quibus vobis constiterit, adeo debite puniatis, quod ceteris transeat in exemplum. Actum Parisius, sabbato xxᵃ iiiiᵃ die julii, anno Domini mº cccº undecimo.

XCIII.

24 juillet 1311.

MANDATUM regis de receptatoribus fratrum de Briaignia capiendis, et eorum domibus diruendis.

Archiv. de l'Hôtel-de-Ville, renseign.

Philippus.... ¹ Post banitionem hujusmodi, publice et notorie promulgatam, quamplures regni nostri subditi, ipsos banitos, et eorum complices, pejora prioribus committentes...., in locis et domibus eorum sepe et sepius infra regnum nostrum receptaverunt, et receptant, in nostrum et mandatorum nostrorum vituperium et contemptum; quocirca vobis, et vestrum singulis, districcius quam possumus mandamus et precipimus, quatinus modis omnibus quibus commode poteritis, inquiratis sollicite et caute, a quibus, et in quibus locis, vel domibus, dicti banniti [seu] eorum complices fuerint receptati; et quociescumque receptatores, fautores, consiliatores, auxilium, vim, victualia, necessariave, eisdem prebentes, publice vel occulte, post publicationem dicti banni reperietis, prout vestrum cuilibet intererit, et vobis fuerint subditi, capi faciatis sine favore quocumque, et captos sub fida custodia Parisius in Castelletum nostrum indilate mittatis, bona ipsorum omnia ad manum nostram ponentes, et tenentes sine liberatione vel recredencia, nisi super hoc a nobis mandatum receperitis speciale; domosque quascumque, maneria, sive loca in quibus ipsos bannitos post publicam preconizationem banni receptatos fuisse noveritis, faciatis prout alias vobis mandasse nostris litteris recolimus, penitus et sine diffugio demoliri. Actum Parisius, sabbato xxᵃ iiiiᵃ die julii, anno Domini mº cccº undecimo.

XCIV.

28 juillet 1311.

MANDATUM regis de receptatoribus fratrum de Briaignia puniendis, et de remuneracione pro ipsis tradendis oblata.

Archiv. de l'Hôtel-de-Ville, renseign.

¹ Toute la première partie de cet acte contient l'exposé qui se trouve déjà dans l'acte précédent.

Philippus.... universis senescallis, ballivis, prepositis, ceterisque justiciariis regni nostri.... Cum Renaudus et Raoulinus, fratres...., Perrinetus.... G. Caqueraus, dictus Aigrés....; P. d'Yérevial, dictus li Pettés Alemanus, et Baudessonnus de Aouste, armigeri, pro quibusdam homicidiis Remis per eos et eorum complices publice et notorie perpetratis, eorum exigentibus contumaciis, per ballivum nostrum viromandensem, a regno nostro sint banniti, prout in litteris ipsius ballivi super dicto bannimento confectis plenius videbitis contineri; quamplurasque regni nostri subditi, post hujusmodi bannitionem, ipsos bannitos, et eorum complices, in locis et domibus eorum pluries infra regnum nostrum, prout accepimus, et receptaverint, et receptent, ipsique banniti, et eorum complices, et fotores, dilectis nostris civibus remensibus minas cotidie inferant, prout ex parte dictorum civium nobis extitit intimatum, supplicantium ut super hoc eisdem vellemus de competenti remedio providere; nos igitur eorum in hac parte justis supplicationibus annuentes, [etc., etc....] [1]. Actum apud Jaugonam, die xxviii julii, anno Domini millesimo ccc° undecimo.

XCV.

Mandatum regis comiti Grandisprati, de fratribus de Breigna baillivo viromandensi tradendis [2].

Archiv. de l'Hôtel-de-Ville, renseign.

28 juillet 1311.

Philippus.... rex. Dilecto et fideli nostro comiti Grandisprati.... Cum Renaudus et Raulinus fratres de Breigna, armigeri, Perinetus.... [etc., etc....] pro nonnullis homicidiis Remis per eos notorie perpetratis...., sint a regno nostro banniti.... predictique banniti in comitatu et terra vestris, spreto hujus[modi] bannimento, conversari, prout accepimus, non formident; vobis mandamus precipiendo districte, quatinus visis litteris ballivi viromandensis super dicto bannimento confectis, ipsos bannitos, ubicumque, extra sacra et religiosa loca, reperiri in vestra jurisdicione potuerint, capi faciatis, et eosdem ad

---

[1] Le reste de cet instrument ne fait que répéter les dispositions contenues dans les deux pièces précédentes; 1° sur la saisie de la personne et des biens de ceux qui favorisent les frères de Brienne; 2°. sur la mise à prix de la tête des rebelles.

[2] La même liasse contient des mandements semblables, mais datés du 24 juillet 1311, et adressés au connétable G. de Châtillon, et au comte de Grandmont. — Semblable mandement en date du 29 juillet 1311, au comte de Rouci.

sumptus exhibitorum presencium predicto baillivo remittatis sub fida custodia, pro demeritis puniendos. Actum apud Jaugonam, die xxviii julii, anno m°. ccc°. undecimo.

XCVI.

29 juillet 1311.

MANDATUM regis baillivo viromandensi, ut archiepiscopo remensi recusante, scabinis burgenses banni archiepiscopi tailliare permittat.

Archiv. de l'Hôtel-de-Ville, renseign.

Philippus.... rex, baillivo viromandensi. Ex parte scabinorum.... nobis extitit conquerendo monstratum, quod cum, occasione guerre quam contra ipsos ac omnes alios cives remenses movent cotidie Renaudus et Raulinus, fratres de Braigna...., et complices eorum...., graves expensas et misias, pro tuitione eorumdem et tocius civitatis, ipsos oporteat facere; ipsique.... archiepiscopum sufficienter requisierint, ut eisdem scabinis faciendi quandam tailliam super burgenses dicti archiepiscopi, sicut super alios burgenses dominorum temporalium ville [1], pro solvendis misiis supradictis [licenciam daret?], predictus tamen archiepiscopus eisdem hanc concedere contradicit; propter quod nobis humiliter supplicarunt, quod cum burgenses archiepiscopi, sicut ceteros ville, factum tangat, ut super hoc eisdem vellemus de opportuno remedio providere; quocirca mandamus tibi, quatinus ad dictum archiepiscopum personaliter accedens, eidem ex parte nostra districcius injungas, ut suos burgenses per dictos scabinos, durante guerra, juxta facultates eorum, sicut ceteros habitatores ville, tailliari permittat; quod si facere noluerit, illud in ipsius deffectum compleas, et rebelles ad solvendum.... [2] compellere non obmittas. Actum apud Jaugonam, die xxix julii, anno m°. ccc°. xi°.

XCVII.

29 juillet 1311.

MANDATUM regis de excubiis faciendis per subditos capituli

[1] Un long débat va s'élever à l'occasion de ces frais entre les différents bans de la ville. Pour en saisir l'ensemble, voir les actes du 24 août 1311, d'août 1311, du 10 mai 1316, du 6 décembre 1316, du 20 novembre 1321, de juillet 1326, et du 7 janvier 1329.

[2] Cette commission ne fut pas mise à exécution. Voir le factum iv, § 1er, mis en note à la date de juillet 1326.

remensis, et aliorum dominorum temporalium civitatis remensis, absque juramentis archiepiscopo prestandis.

<small>Archiv. de l'Hôtel-de-Ville, renseign.</small>

Philippus.... baillivo viromandensi, vel ejus locum tenenti.... Remenses scabini nobis graviter sunt conquesti, quod cum propter guerram quam contra eos, et ceteros habitatores ville, movent quotidie R. et R. de Briegna, fratres, banniti...., qui cotidie ponendi ignem in civitate minas inferunt, certas personas seu excubias pro civitate de nocte custodienda, de assensu et volontate baillivi.... archiepiscopi, ceterorumque dominorum temporalium civitatis, elegissent; idem tamen archiepiscopus vult quod persone de aliis jurisdicionibus quam de sua, ad dictas faciendas excubias electe, sibi prestent de bene et debite faciendo dictas excubias juramentum; quod facere non tenentur, ut dicunt. Quocirca mandamus tibi, quatenus ad dictum accedens archiepiscopum, ipsum ex parte nostra requiras, ut dictas personas, que sue justiciabiles non existunt, ad prestandum juramentum, occasione dictarum excubiarum, aliquatenus non compellat. Qui si ad hoc acquiescere noluerit, predictas excubias, non obstante archiepiscopi opposicione, fieri facias, guerra durante predicta, per manum nostram tanquam superioris. Datum apud Jaugonam, die xxix julii anno m°. ccc°. xi°.

XCVIII.

Mandatum regis baillivo viromandensi, ut inquirat de R. de Nantolio, et de Ochonio ipsius valleto, qui cotidie consilium civium bannitis revelant. <small>10 août 1311.</small>

<small>Archiv. de l'Hôtel-de-Ville, renseign.</small>

Philippus...., baillivo viromandensi, vel ejus locum tenenti.... Ex fide dignorum relatione didicimus quod Remigius de Nantholio, Remis commorans, avunculusque Renaudi et Raoulini de Briagna.... bannitorum, qui cotidie remensibus civibus guerram movent, et parant insidias, predictis bannitis, post bannum hujusmodi, consilium, auxilium, et opem prestitit, et cotidie prestare non cessat, quodque consilium dictorum civium per Ochonnium ipsius valletum, mittendo ipsum ad dictos bannitos, revelavit, et cotidie revelat eisdem, propter quod cives et habitatores dicte ville quos pro eorum agendis per patriam oportet discurrere, non immerito sibi timent de propriis corporibus atque bonis; quocirca mandamus tibi, quatinus, si per inquestam...., ipsum Remigium predictis favorem bannitis...., per dictum Ochonium, prestitisse reperieris, ipsos taliter, ut patrie proditores, punias, quod trahatur et ceteris in exemplum; quod si hoc non reperieris, ipsos tamen suspectos invenias, eis precipias quod dictam civitatem exeant, quodque in ipsa, dicta durante guerra, propter futura pericula morari quomodolibet non presumant. Quod si contrarium fecerint, ipsos habeas et punias tanquam de predictis impositis sibi convictos. Actum Meldis, x^a die augusti, anno m^o. ccc^o. undecimo.

Fremins de Coquerel, bailli de Vermandois, adresse les lettres précédentes au prévôt de Laon, et lui ordonne de les mettre à exécution en son lieu et place, par commission datée du jour de Sainte-Croix (14 septembre), l'an 1311. En conséquence, le prévôt délivre le mandement suivant :

18 septembre 1311.
Pierres Petis, garde de la prévosté de Laon, à nostre amé Symon de Chastillon, salut. Par nécessitei de sergent feutable, que ad présent ne poons avoir, vous mandons..., que vous adjournés à Reins, par devant nous, au mardi après la feste Saint-Remi, ou chief de décembre (*sic*) prochain venant, Remi de Nanthuel, Ochonnel son vallet, et tous ceuls que li bourjois de Reins, ou aucuns d'yceuls vous requeront, ou autres de par euls, à aler avant pardevant nous, selonc la teneur de la commission à nous envoié de par.... le baillif de Vermandois.... Le samedi après l'exaltation Sainte-Croix, l'an mil ccc et unze.

Suit le rescrit de Symon de Chastillon, sergent du prévôt de Laon.

XCIX.

15 août 1311.
Commissio regia, ad supplicationem scabinorum remensium concessa, ut Johannes de Charniaco una cum comitiva sua, fratres de Briegnia vivos vel mortuos capiat.

Archiv. de l'Hôtel-de-Ville, renseign.

Philippus...., dilecto Johanni de Charniaco in Burgondia.... Intelleximus quod cum Renaudinus et Raoulinus de Briegnia, fratres, armigeri, J. dictus Cocqueriaus, de Cruni, P. d'Ierval, P. filiaster P. de Suigny, dictus Aigrés, filius G. de Air, dictus P. Lalemant, et Baudesson de Augusta, omnes armigeri, occasione plurium homicidiorum per eos et eorum complices perpetratorum in villa remensi, a regno nostro banniti sint, spreto banno, in dicto regno in nostri vituperium, conversantur, et mala cumulantes malis circa villam remensem et loca vicina cum armis apparentibus civibus et habitatoribus remensibus parant insidias, et quos possunt rapiunt, et extra regnum nostrum transferentes eosdem, ab eis quas possunt redemptiones extorquent, et si redimere se non valeant, ipsos inhumaniter morti tradunt, et sic latitando nostrum ingredientes regnum, et perpetratis delictis statim in Imperium se transferentes, licet cum laboriosis curis, et sumptibus non modicis, perquisiti fuerint, capi tamen hactenus nequiverunt; quare in vestra confidentes industria, ad supplicationem scabinorum remensium, vobis tenore presentium committimus et mandamus, quod dictos bannitos una cum comitiva vestra perquirere diligenter curetis, sumptibus dictorum scabinorum; et si ipsos reperire potueritis in regno nostro, ipsos vivos, vel mortuos si se defendant, et vivi capi non possint, capiatis, et capi modis omnibus curetis, ita quod evadere nequeant...., et ipsos captos baillivo nostro viromandensi per quem banniti sunt sub fida custodia mittatis, per eum puniendos. Amicos vero nostros presentibus requirimus, et fidelibus ac justiciariis nostris mandamus, ut in perquisitione et captione predictorum vobis pareant, et si requisiti fuerint prestent vobis consilium, vim, favorem et auxilium. Actum apud S. Audoenum...., xv^a die augusti, anno m°. ccc°. xi°.

C.

LETTRE de Philippe-le-Bel adressée au comte de Chini, au 15 août 1311. sujet de la prise de Jean Coquelet, bourgeois de Reims, par les seigneurs de Brienne.

Suppl. de Rogier, p. 73.

Philippus Dei gratia Francorum rex, amico nostro charissimo comiti de Chimiaco (sic), salutem et dilectionem. Joannes dictus Coquelet civis remensis, nobis fecit conquerendo monstrari, quod Raoulinus et Renaudus de Briagnia, armigeri, fratres, ipsum Johannem nuper in regno nostro rapuerunt, et de regno nostro in Imperium, in comitatum vestrum, cum gentibus armorum, per violentiam transtulerunt, et in quodam castro vestro quod dicitur Montmedy, in catenis et compedibus, per septem septimanas et amplius, tenuerunt ipsum Johannem carceri mancipatum; et antequam exire posset, oportuit ipsum per vim carceris, redimere de mille quingentis libris parisiensibus; [que redemptio, una cum hoc, trecentas libras parisienses sibi constiterat, et amplius, ut dicebat?][1]; que summa [xv^e ℔ par.] soluta fuit dictis armigeris, a regno nostro, suis exigentibus meritis, bannitis, vobis presentibus, in castro predicto. Et a tempore dicti raptus, dicti banniti in comitiva vestra, et castro vestro predicto, ad beneficium vestrum, remanserunt hactenus; et adhuc manent, vobis scientibus et receptantibus eosdem. Et sic dictus Joannes, in summa predicta, et in trecentis libris premissis, damnificatus exstitit, procurando liberationem ipsius. Quare vos requirimus, rogantes attente, quatenus, ut predictus Johannes dictam pecuniam rehabeat, et dedamnificatus existat, velitis efficienter interponere partes vestras, et dictos bannitos, visis litteris dicti bannimenti, capi faciatis, et ad sumptus exhibitoris presentis, baillivo nostro viromandensi, per quem banniti dicuntur, sub fida et secura custodia remitti, pro demeritis, secundum justitiam, puniendos; sic super hoc vos habentes, quod nobis [qui?] in casu consimili remissionem vobis consimilem faceremus, debeat esse gratum. Actum apud S. Audoenum, decima quinta die augusti, anno Domini m° ccc° xi°.

CI.

15 août 1311.

Mandatum regis preposito parisiensi, ut tradat scabinis remensibus qui, metuentes fratres de Briaignia, villa remensi exire non audebant, duos servientes equites qui presentent litteras contra bannitos confectas, his quibus diriguntur.

Archiv. de l'Hôtel-de-Ville, renseign.

Philippus...., preposito parisiensi, salutem. Cum Raoulinus et Renaudinus de Briaignia, armigeri, fratres, pluribus suis exigentibus delictis, homicidiis, guerris, raptibus, et aliis maleficiis, per eos in villa remensi, et circa, perpetratis, per ballivum nostrum viromandensem de regno nostro banniti sint, et dicto banno non obstante in regno nostro, et extra, in locis diversis conversari dicantur, mala

[1] Voir l'acte du 20 mars 1313.

malis cumulando, plura cum armis enormia crimina committentes, nosque quibusdam amicis, et aliis subditis nostris, ad requisitionem dilectorum nostrorum scabinorum remensium, nostras patentes litteras dirigamus, ut si in ipsorum districtibus dicti banniti reperiri possint, ipsos capi faciant, et ne evadere possint cum diligentia advertant, et captos ballivo nostro viromandensi, ad sumptus scabinorum remensium, sub fida custodia remittant, pro demeritis puniendos; dictique scabini, cives remenses, aut aliquis ipsorum, propter dictorum dubium bannitorum, et eorum complicium, villa remensi exire, et dictas nostras litteras presentare non audeant, ut asserunt; mandamus tibi, quatinus predictis scabinis unum vel duos servientes nostros prepositure parisiensis equites, ad hoc aptos et ydoneos, tradas, qui sumptibus dictorum scabinorum, dictas nostras litteras quibus diriguntur personis, ex parte nostra, curiose studeant presentare, et dictos bannitos, si sibi liberati fuerint, ballivo nostro viromandensi per quem banniti sunt, sub fida custodia reducere, pro demeritis puniendos. Amicos autem nostros requirimus, fidelibus, justiciariis, et subditis nostris mandantes, ut illi vel illis servientibus nostris, quem, vel quos, ad predicta deputaveris ex parte nostra, pareant, et pareri faciant, efficaciter in premissis.... Actum apud S. Audoenum, xv^a die augusti, anno Domini millesimo ccc° undecimo.

CII.

MANDATUM regis baillivo viromandensi, ut habitatores banni 24 août 1311. S. Remigii non compellantur ad contribuendum pro guerra fratrum de Brienna, non obstante mandato parlamenti parisiensis.

Archiv. de l'Hôtel-de-Ville, renseign.

Philippus...., significaverunt nobis.... abbas et conventus S. Remigii, in nostra speciali gardia existentes, quod cum pretextu cujusdam mandati a curia nostra per scabinos subretitie impetrati, asserendo quod R. et R. de Brienna armigeri, fratres, contra omnes et singulos habitatores remenses guerram faciebant...., ex quo dicebant omnes habitatores contribuere teneri ad deffencionem dicte guerre, habitatores banni S. Remigii, qui nec sunt de scabinatu remensi, nec eos tangat (*sic*) guerra, compulisti ad contribuendum...., in religiosorum et hominum suorum prejudicium, ut asserunt, et gravamen, eo duntaxat quod camerarius dicti loci ad hoc consensisse dicitur, qui ab abbate super hoc nullam habebat potestatem; quare mandamus tibi.... quatinus si vocatis evocandis, constiterit ita esse, a compulsione hujusmodi desistens, quicquid attemptaveris.... ad statum pristinum revoces, non obstantibus predictis subretitiis litteris, nec consensu camerarii supradicti. Datum apud S. Audoenum, xxiiii die augusti, anno m°. ccc°. xi°.

CIII.

Vers août 1311.

CONTRAT entre les échevins du ban de l'archevêque et les bourgeois des autres bans d'une part, et Jean de Charni d'autre part, relativement à la garde de la ville, et à l'office de capitaine, dont Charni est chargé pour un an.

Archiv. de l'Échev., renseign.

A tous ceus qui ces présentes lettres.... Je Jehans, chevaliers, sires de Charni, et nous eschevins de Rains, salut. Sachent tuit qu'il est accordeit et convenenciet entre moi Jehans d'une part, et nous eschevins et tous les bans de Rains d'autre part, que je Jehans serai gardiens de la vile de Rains, jusques à un an, et commencerai à la Saint-Bertremiu qui vient prochainement, et ai jureit que tous les bourjois de la vile je garderai bien et loiaument, comme loiaus chevaliers; et se par la défaute de ma garde, cil de la vile, ou aucuns d'iaus, avoient nuls damages, je les renderois et restabliroie. Et nous eschevins, et tuit cil de tous les bans de Rains, baillerons audit chevalier pour ses peinnes, et pour ses despens, quinze cens livres de tournois par an; et s'il avenoit qu'il preit les frères de Briaigne, nous li bailleriens pour chascun xve ℔ t., et pour chascun des bannis iii^c ℔, et pour chascun de ceus à cheval ^{c} ℔...., et pour chascun vallet à piet xxx ℔ t., en teile manière que cil qui seroient pris fussent justiciet. Et se lidis chevaliers, ou si aidant, les ocisoient, et on en fût certains, il averont tout ce que deseur. Et se uns autres que je Jehans les prenoit, ou occioit, je n'en averoie riens, ne n'en porroie riens demandeir. Et s'il avenoit que je ne fusse mie gardiiens de Rains un an entier, ou il ne plût mie à ceus de Rains que ma garde durât jusques à un an, je n'averoie des xv⁰ ℔ que à la raison dou tens que je averoie esteit gardiiens [1].

CIV.

MANDEMENT au bailli de Vermandois portant qu'il sera crié publiquement que les Italiens usuriers, chassés du royaume, n'en sortiront pas sans avoir payé leurs dettes.

19 septembre 1311.

Ordonn. des Rois de France, I, 489.

CV.

QUIDAM burgensis francus serviens denunciatus, requirit ut monitio contra ipsum impetrata, revocetur.

24 septembre 1311.

Cart. E du chap., fol. 14 v°.

In nomine Domini, amen. Tenore presentis publici instrumenti, noverint universi, quod, anno ab incarnacione ejusdem Domini millesimo ccc° undecimo, indictione decima, die veneris, xxᵃ ivⁿ mensis septembris, pontificatus sanctissimi patris ac domini Clementis, divina providencia pape, quinti, anno sexto, in mei Johannis notarii publici, et testium infrascriptorum, presencia, venerabilis vir dominus Fredericus de Vivaldis, de Janua, canonicus remensis, procurator, ut dicebat, venerabilis viri domini Manni de Florencia, canonici remensis, et dominus Johannes de Reclosiis presbyter, dormentarius capituli remensis, ad presentiam venerabilis viri et discreti magistri Radulphi de Thelines, canonici, et officialis remensis, in consistorio curie remensis tunc pro tribunali sedentis, personaliter accedentes, eidem officiali, scilicet dictus dominus Fridericus procuratorio nomine prefati Manni, et pro ipso, et dictus dormentarius ex parte capituli predicti, denunciaverunt et notificaverunt Gerardum dictum Comitem, de Remis, predicti domini Manni, remensis canonici, esse francum servientem, et de ipsius Manni, et non alius, spirituali, ut dicebant, jurisdictione; requirentes eundem dominum officialem, quod ipse, quandam monicionem per eundem officialem, auctoritate curie remensis predicte, ut dicebant, impetratam, contra dictum Gerardum, pro contemptu diei, et ad instanciam et occasione Gringaudi et Rose

---

[1] Ces lettres sont scellées du sceau de J. de Charni et de celui de l'Échevinage. Elles sont faites doubles entre les parties contractantes.

fratrum dictorum le Grammaire, executorum, ut dicitur, testamenti seu ultime voluntatis Helote eorum sororis, uxorisque quondam predicti Gerardi...., nullam denunciaret, et esse, et ab inicio fuisse, nullius efficacie seu momenti. Quibus sic dictis, predictus dominus officialis, respondit, et dixit, quod causa que vertebatur in curia remensi inter Gringaudum et Rosam ejus sororem, executores testamenti seu ultime voluntatis predicte Helote.... ex una parte, et dictum Gerardum ex altera, erat mota et fuerat in dicta curia, et lis contestata super contentis in peticione ibidem edita, jam tribus annis, vel quatuor elapsis, et fuerat dies assignata[1] ad audiendum judicium seu diffinitivam sentenciam in eadem causa, antequam dictus Gerardus fuisset serviens alicujus canonici remensis, vel alterius fori, quam de foro domini remensis archiepiscopi; et quod hujusmodi causa erat pro solvendis legatis ab ipsa Helota relictis ecclesiis, piis locis, et miserabilibus personis. Et quod de talibus et similibus poterat cognosci, et terminari in curia remensi, tam de jure, quam de usu, consuetudine, et observancia communi notoria et approbata; et quod si capitulum remense, vel aliquis alius, vellet allegare (?) previlegium,

---

[1] Vis-à-vis de ces mots, en marge du cartulaire, se trouve la note suivante : « Vide « duas litteras sequentes, que videntur deter- « minare articulos de prevencione per archi- « episcopum, in civilibus causis. »

Voici les deux lettres dont il est question dans cette note :

4 octobre 1311.
« Universis.... Johannes curatus parrochialis ecclesie S. Thimotei remensis, salutem in Domino. Noverint universi, quod ego, ad mandatum venerabilium virorum officialium remensium, denunciavi excommunicatos (sic) Gerardum dictum Comitem, civem remensem, auctoritate curie remensis, et occasione Gringaudi dicti Gramaire, et Rose ejus sororis, executorum testamenti seu ultime voluntatis Helote dicte Gramaire quondam ejus [sic, eorum?] sororis. Quod universis quorum interest, sub sigillo meo, significo. Datum anno Domini, millesimo ccc° undecimo, feria ii° post festum B. Remigii, in capite octobris. »

18 novembre 1311.
« Officialis remensis, presbytero S. Thimothei remensis, salutem in Domino : Cum nobis constet per rescripcionem vestram, vos, Gerardum dictum Comitem, denunciasse excommunicatum, tanquam parrochianum vestrum, auctoritate, et de mandato curie remensis, prout in rescripcione vestra continetur, licet de dicto mandato curie nobis non constiterit, nec constet, nec ipsum Gerardum habuimus, nec habeamus, pro excommunicato auctoritate curie remensis, seu de mandato nostro, occasione seu ad instanciam Gringaudi dicti Grammaire, et Rose ejus sororis,.... vobis precipimus et mandamus, quatinus a denunciacione predicta, quam nullam reputamus et dicimus, omnino cessetis, et eam nullam pronuncietis, ac eciam sentenciam excommunicationis, si quam, auctoritate et occasione predictis, protulistis postquam effectus fuit serviens canonici remensis, quam nullam pronunciamus, nullam denuncietis, quociens super hoc fueritis requisiti. Datum anno Domini millesimo ccc° undecimo, feria quinta ante festum B. Clementis, per magistrum Radulphum officialem, ex relacione B. Novionno, clerici apparitoris. »

consuetudinem, usum, composicionem, intercursum, seu aliud quodcumque contra premissa faciens, ipse dominus officialis paratus erat, et paratum se offerebat, videre, audire, et facere quidquid posset et deberet super premissis, et ea pertinentibus. Acta fuerunt hec Remis, anno, indictione, die, loco, et pontificatu predictis, presentibus domino Rollando curato parrochialis ecclesie de Vassoignia, laudunensis diocesis presbitero, Johanne dicto Latenel, Petro de S. Michaele, clericis, et Johanne dicto Grasse, laico, et pluribus aliis ad premissa vocatis testibus, specialiter, et rogatis. Et ego Johannes de Ypris, morinensis diocesis clericus, apostolica et imperiali auctoritate notarius publicus, premissis omnibus factis et habitis, prout infrascribuntur, una cum prenominatis testibus presens interfui, ea publicavi, propria manu scripsi, et in hanc publicam formam redegi; meoque signeto consueto signavi, rogatus, in testimonium premissorum.

CVI.

MANDATUM regis, de armis in civitatis remensis circumvicinio interdicendis. — 25 septembre 1311.

Archiv. de l'Hôtel-de-Ville, renseign.

Philippus.... ballivo viromandensi, aut ejus locum tenenti, salutem. Conquerentibus nobis scabinis de banno archiepiscopi remensis, quod nonnulli tam armigeri, quam alii, per villam remensem, et ejus circumvicinium, armati cothidie incedunt, multa maleficia inibi committendo, sub umbra guerre que inter cives et habitatores remenses ex parte una, et armigeros de Brehagnia, et sibi adherentes, ex altera, hiis diebus existit; tibi mandamus, ac ceteris justiciariis nostris similiter precipimus, quatinus quoscumque sic armatos incedentes inveneritis, ablatis eorum primitus armaturis, capiatis, et carceri mancipatos teneatis, quousque hujusmodi delationem armorum, a nobis jamdudum per universum regnum nostrum publice prohibitam, emendaverint competenter. Datum apud Corbolium, xxv die septembris, anno Domini m° ccc° undecimo.

CVII.

MANDATUM regis, de molestatione non inferenda cuicumque fratres de Briagne ceperit vivos vel mortuos. — 7 octobre 1311.

Archiv. de l'Hôtel-de-Ville, renseign.

Philippus.... rex, baillivo viromandensi, ceterisque justiciariis nostris... Cum Renaudinus et Raolinus de Briagne fratres,... [etc., etc....] occasione duorum hominum per eos in villa remensi occisorum, et propter hoc ad jura nostra vocati, suis exigentibus contumaciis, sint per te, baillive, banniti, et circiter villam ipsam conversentur latenter, et burgenses rapiant, et raptos extra terram regni nostri ducant, et ab eis pecuniam pro ipsorum liberatione, alias non liberandorum, non in modicam quantitatem extorqueant, et eisdem burgensibus insidias ponant, et minas mortis faciant incessanter inferri, quare dicti burgenses villa, nisi in magna comitiva armatorum, pro suis mercaturis et aliis negotiis, exire non audent; ex quibus dampna gravia sustinuerunt, et sustinent, et majora sustinere, periculaque corporum incurrere, timent, ut asserunt, nisi celeriter super hoc salubre remedium apponatur; nos qui pacem et transquillitatem nostrorum cupimus subditorum, notum facimus universis, quod nos, cuicumque perquirenti dictos bannitos, et qui ipsos capere potuerit vivos, vel mortuos si in captione ipsorum ponentes se in defensa vivi capi non possint, dum tamen de bannimento constet legitime, hiis presentibus concedimus quod propter hoc,.... remaneat impunitus (?), et sine molestatione quacumque, ipsi a quibuscumque nostris subditis propter hec inferenda. In cujus.... Actum apud Credulium, vi die octobris, anno m°. ccc°. xi°.

CVIII.

Décembre 1311.

[Anno Domini m°. ccc°. xi°. Li jugement de ceste année.]

Livre-Rouge de l'Échev., p. 124.

Maître Jehan Boilaue, c'on dit le Mire, et Jehan ses frères, anfans maître Drouart le Mire, qui fu, et disoient estre an saisine de quart d'une maison céent an rue Saint-Estienne, roié Jehan Alart d'une part. Et disoie que leur père en estoit mors tenens et prenen. Encore disoient lidit frère, que Hauys, fanme Baudeson le cerrier, moru tenens et prenens des trois part dé celi maison, et que ladiste Hauis estoit leur cousine, et qu'elle fu morte tenens, cen oirs de son cors, et que lidis éritage venoit de leur côté et de leur rain, et à yaus apartenoit li saisine, comme li plus prochains oirs qui ce traiissen avent. Et toutes les chose desus ditte offrèrent à prouver. A ce respondi Adenés li cherbonnier, qui estoit contraire, que à tort li devent dis li enpeschoisent la maison, car il avoit estet par I an, par II ans, par VII ans, et plus, et par vêt et dezvêt de cel qui le pooit faire, et tent i avoit estet qu'il avoit aquise saisine; et l'ofri à prover. De laquele pruezve i ce mit en défaut. Et lidis maître Jehans, et ses frères, prouvèrent leu ententiuu.

Ce fu dit, et par droit, que à frères apartenoit li saisine de toute la maison, l'an de grâce M CCC et XI, en moi de décembre, par Jean Cauchon.

CIX.

INSINUATION, pardevant les eschevins [1], d'un bail qui concerne Saint-Ladre.

12 janvier 1312.

Livre Rouge de l'Échev., p. 123.

Colars dez Losges, clers de la court de Rain, loua à maîtres de Sain-Ladre tout l'éritage que Sain-Ladre tient à Loges devant Chalons, parmi sertain terme et sertain pris, l'an M III^c et XI; et sunt faites lestre de la convenence, et furent pacées pardevant Hue le Large, Jehan Quaré, Lambert dez Mainius, Thoumas d'Écri, Jehan le Nain, et Jehan Cauchon, le juesdi après l'Aparuciun; et aut convent lidis maître Colart, pardevent les deventdis eschevins, que les tois, et les us et fenestres, i sera tenus à faire retenir, de couvreture les tois, les us et les fenestre de afaiteure, conbien qui ne soit mie contenus en lestres des convenences que faire le doie.

CX.

MANDATUM Philippi regis IV, quo bannum remittitur J. Caillot, et J. Aigret, ea conditione ut ipsi in ducatum atheniensem moraturi se transferant.

29 janvier 1312.

Archiv. de l'Hôtel-de-Ville, renseign.

Philippus.... rex.... Notum facimus quod nos Johanni Caillot, filio Petri Françoisi de Fussignis militis, et Joanni Aigret, filio G. de Air armigeri, de regno nostro, quia in jus super facto homicidii apud Remos commissi, non comparuerunt, bannitis, dictum bannum de gracia speciali remittimus, et ipsos ad dictum regnum nostrum et bonam famam restituimus, de nostre plenitudine potestatis, scilicet ea conditione

[1] Cet acte précède, dans le Livre Rouge, les plaids de décembre 1311.

duntaxat, quod ipsi in ducatum atheniensem, ibidem quamdiu nobis placuerit moraturi, se transferant, infra instans [festum?] Pasche arrepturi viam suam, et eam continuatis diebus peracturi, et ad ipsum regnum reverti non possent post dictum festum Pasche, nec illud ingredi, sine nostra licencia speciali; cum, sicut ex parte dilecti.... G. de Castellione, comitis portuensis, constabularii Francie, et per ipsius assecuracionem constantem didicimus, amici illorum qui Remis interfecti fuerunt, propter quod dicti armigeri banniti fuerant, in hoc concorditer ipso consenserint specialiter et expresse. In cujus rei.... Datum apud Montem Argi, xxix die januarii, anno.... M. CCC. undecimo [1].

[1] Outre l'original de cet acte, les archives de l'Hôtel-de-Ville en conservent un duplicata, incorporé dans la lettre suivante :

« A honorables hommes et sages, les eschevins de Rains.—P. Petit, garde de la prévosté de Laon, à ses amis les eschevins, salut et bonne amour. Je receus venredi passe, au soir, les lettres contenant la fourme qui ensuit : *Philippus, etc., etc.* Et sachiés que ce sont de ceux que Baudesons accusa. Faites gré au porteur. Diex soit garde de vous. Donné à Laon.... Et se je eusse personne ségure, je vous eusse envoié l'original dou banisement qui me demoura ; si l'envoiez querre par personne souffisante, ou je le vous envoierai par un sergent. Escrivez voz voulentés. »

Baudessons [d'Aouste] dont il est question dans cette lettre du prévôt de Laon, était beau-frère de Regnaudin et de Raulin de Brienne, et avait été supplicié par le prévôt de Laon, ainsi que l'atteste la supplique suivante, extraite des Arch. de l'Hôtel-de-Ville :

« Comme Regnaudins et Raoulins, escuiers de B[r]iègne, frères, [pour cause de][*] certains meffaiz, homicides, et autres maléfices, soient ban[nis du royaume; et ce non obstant, eux et autres mau]féteurs aient esté et sont soutoitiez, receuz, confortez et conseil[lés en divers lieux de nostre royau]me, espéciaument à Briègne, delez le Nuef Chastiau-sus-Hesue [en la maison la mère lesdis Regnaudin et] Raoulin, si comme Baudeson d'Aouste, jadis serourges aus[dis R. et R., avoua avant] qu'il fu mis à mort pour la reson des maléfices [par lui commis; supplient les eschevins qu'il] soit mandé au balli de Vermendois, ou à son lieutenant, [d'abatre] la meson dessusdite, et toutes les autres moisons qui [auront soustoitié les mauféteurs] susdit.

« *Item*, comme ycil Baudeson, à ses darreins jours, ait recognut p[luseurs meffaits] devant le prévost de Laon, qui justice fist doudit Baudeson, au pourchaz les eschevins de Reins, et à grant c[ous que lidi]z eschevins y firent, pour la prinse doudit Baudeson, et lesdiz eschevins ne sachent la confession doudit Baudeson, [jà so]it ce qu'il appartiegne à yceuls eschevins de le savoir, tant pour savoir quiex annemis ils ont, et des quiex il se garderont, comme pour pourchacier à punir les confortans et aidans les dessusdiz mauféteurs, mesmement quant touz li esploiz se fait aus frez et aus couz desdiz eschevins, pour punir et justicier lesdiz mauféteurs, que il soit mandé audit balli qu'il délivre ausdiz eschevins la confession, ou recognoissance doudit Baudeson; et touz ceuls qui seront prins pour cause desdites males façons, [lesdis eschevins soient] appelez à oïr leurs confessions, ou deux d'iceuls eschevins.

« *Item*, comme la cité de Reins, et touz li habitans, soient en garre ouverte contre lesdis mauféteurs, et plusseurs autres banniz

[*] Toute la partie supérieure de cet instrument se trouve rongée.

CXI.

Mandatum regis de aditu civitatis remensis R. de Nantholio, fratrum bannitorum avunculo, prohibendo.

13 mars 1312.

Archiv. de l'Hôtel-de-Ville, renseign.

Philippus... rex, baillivo viromandensi.... Intelleximus quod, postquam ex parte tua, et de mandato nostro, Remigio de Nantholio, civi remensi, avunculo Renaudi et Raoulini de Briangnia, fratrum...., qui suspectus a pluribus habebatur super receptatione bannitorum ipsorum, et quod eos foveret in malis que cotidie perpetrant contra cives remenses, fuerit inhibitum quod, dicta guerra durante, civitatem remensem exiret [*sic, intraret?*], et propter futura pericula in eadem morari

dou royaume, aidans et confortans à yceuls mauféteurs, liquel sont en l'Empire, et de jour en jour ne cessent de chevauchier sus Reins, et sus les lieus voisins, pour euls grever, en despitant le roy no seigneur, et les portes de la cité de Reins aient mestier de réfeccion pour garder la ville; et lesdiz eschevins aient plusseurs foiz requis l'arcevesque de Reins, ou sa gent, qu'il meissent en estat les portes de la cité, et tel que, par deffaut, la ville n'i encorust damage, ne par jour, ne par nuit; de quoi les gens doudit arcevesque en ont esté dou tout deffaillant, tout en aient-il esté requis soffisamment, si comme dit est, et tout soit ce que ladite cité soit ès marches de l'Empire, et près de leurs annemis; qui soit mandé au balli de Vermendois, qu'il, derechief, enjoigne audit arcevesque, ou sa gent, qu'il mette les portes de ladite cité, et des autres forterresses, en estat deu, et garde ladite cité de nuit, en tel manière que damage n'i viegne, ne honte, ne blasme au roy no seigneur, comme ladite cité, et tuit li habitans en ycelle, soient en la garde le roy no seigneur, espécial, et privilégiés de lui; et se lidiz arcevesque, ou sa gent le refusent à le faire, ou plus le délaient que li cas ne s'i offre, qui soit donné lisence ausdiz eschevins, desdites portes et forteresses remettre en état, et ladite cité garder, au proufit et à la pès des habitans d'icelle, et à l'enneur dou roy.

« *Item*, comme li enfans de Wally en Argonne, desouz Biaulieu en Argonne, qui sont touz au royaume, puis ledit bannissement aient donné leur seur audit Raoulin, en mariage, et en ceste manière se sont aliez ausdis mauféteurs, et plusseurs foiz soutoitiez en leurs mesons, et chevauchié aveques euls sur Reins; et li abbés de Biaulieu, cousins ausdis enfans de Waly, en ses mesons, ou royaume, les ait receuz, et soutoitiez, tout soit-il en la garde dou roy espécial, en chief et en membres; qui soit mandé à Mgr Jehan de Charny, chevalier, qui bien et loialment se porte ès parties de delà, de par le roy no seigneur, que se il treuve qui soit ainsi, qui prengne lesdiz enfans de Waly, les amoint à Paris, ou Chastelet, ou face amener, pour punir comme tels, abatre leur meson, et saisise le temporel doudit abbé; et touz autres qu'il trouvera qu'il les aront soutoitiez, les punisse comme tiex.

« Pour Dieu, pour les soutoitians penre et punir, plaise vous à escrire à Mgr Jehan de Charni, et pour les mesons abatre; quar se on escript au balli de Vermendois, il n'en fera riens, quar il se doute con[tre] nous; ou c'on escrive à euls deus. »

C'est sans doute par suite de cette supplique que furent dressés les actes du 13 et du 15 mars, du 28 et du 31 mai 1313, du 7 juin suivant, etc., etc. Voyez aussi l'acte du 30 mars 1325.

presumeret, et si contrarium faceret ipsum propter hoc punires, ipse Remigius de permissu tuo, ut dicitur, non solum ipsam villam pro aliquibus negociis suis faciendis intrare, et, eis factis, ab inde recedere presumpsit, quod nobis displicet, si est ita, verum eciam ibidem remansit continue per octo, per quindecim dies, et per mensem, et ultra...., patenter; ex quo boni multi de villa, et ipsius Remigii begnivoli, non immerito dubitant, sicut accepimus, ne forte, quod absit, et amici [occisorum], et alii quibus dicti fratres per guerram quam civibus remensibus apertam faciunt minati fuerunt, predictorum vindictam capiant in personam dicti Remigii, quod scabinis et aliis probis viris de dicta villa non modicum displicet, ut asseritur....; ob vitanda dicta pericula, tibi mandamus quatinus eidem iterato districtius interdicas, et inhibeas ex parte nostra, ne, dicta guerra durante, dictam villam ingredi presumat, super pena commissionis corporis et auri IIe [sic, nec?] in ipsa morari; et si tibi eo notato [sic, vocato?] constiterit, ipsum contra inhibitionem Remis intratum fuisse, ipsum taliter punias quod trahatur ceteris in exemplum. Datum Lugduni, XIII die marcii, anno.... M. CCC. XI°.

CXII.

14 mars 1312.

PRECEPTUM regium de armis occulte a civibus remensibus portandis [1].

Archiv. de l'Hôtel-de-Ville, renseign.

Philippus Dei gratia Francorum rex, universis justiciariis regni nostri.... Cum Renaudinus et Raoulinus de Briaignia, fratres...., et plures eorum complices, de regno nostro banniti sint, et post bannitionem hujusmodi guerram.... faciant civibus remensibus, et aliis de Remis oriundis, illis precipue qui sunt de genere occisorum, ubicunque maneant, propter quod.... non audent pro suis negotiis faciendis incedere; et nos novissime omnes deportationes armorum, generaliter, in regno nostro, per edictum publicum fecerimus, sub pena commissionis corporum et bonorum omnium, inhiberi, propter quam inhibitionem non audent ad eorum tuitionem arma defensionis portare,

---

[1] Des permissions semblables sont consignées dans des actes de la même liasse, datés du 3 juin 1311, du 3 et du 30 novembre 1312.

DE LA VILLE DE REIMS. 139

sicut nobis fecerunt exponi; mandamus vobis...., quod non est intentionis nostre, quod pretextu inhibitionis nostre predicte, cives ipsi remenses, aut alii oriundi de Remis, illi precipue qui sunt de genere occisorum, ubicunque maneant, [quin?] arma, occulte tamen, et sine scandalo, possint ad eorum tuitionem defensionis portare, cum competenti comitiva ipsorum, impediantur, aut propter portationem hujusmodi molestentur, in personis, vel bonis. Datum Lugduni, XIIII die marcii, anno Domini M. CCC. undecimo.

CXIII.

MANDEMENT du Roi au garde de la conté de Chiny, pour l'extradition des frères de Brienne qui retiennent prisonniers des bourgeois de Reims, dans le château de Montmédy.

15 mars 1312.

Archiv. de l'Hôtel-de-Ville, renseign.

[Philippe par] ¹ la grâce de Dieu, etc.... à nostre amé et féal Henri seigneur de Hans, chevalier, garde de la conté de Chigni, salut et boine amour. [Nous] aviens escript au conte de Chigni que il, Renaudin et Raoulin de Briaigne, frères, et leur autres compaignons banis de nostre royaume pour homicides que il firent à Rains, et qui demeurent et sont recepté en sa terre, et les prisons (prisonniers) de Rains que il prennent, tienent, et gardent, [comme] nous entendons, en ses forteresches, et en ses chastiaus, et espécialment Jehan Coquelet de Rains ² que il tenoient en son chastel de Monmaidin, nous vausist

---

¹ Cet instrument est en fort mauvais état.
² « En l'an mil trois cens douze, les habitans de Reims furent derechef travaillés de la guerre que leur faisoient Regnauldin et Raulin de Briaingne, près de Reims, avec leurs complices et adhérans, lesquelz ayans comys deulx homicides en ladicte ville se retirèrent hors du royaume....

« Lesdictz de Briaingne et complices s'estans retirés sur les terres de l'Empire venoient faire des courses en environ la ville de Reims, prenoient les habitans prisoniers et faisoient de grans excès; entre aultres prindrent ung nommé Jehan Cocquelet dudict Reims, auquel ilz firent payer quinze cens lyvres de rançon. Ilz estoient favorisés de plusieurs gentilzhommes quy leur donnoient retraitte en leurs chasteaulx, comme aussy faisoient aucuns habitans de Reims, qui les favorisoient; entre aultres Remy Cauchon, èt les abbés de Saint-Remy et de Saint-Nicaise, quy avoient convention avec eulx, affin d'estre conservés, et leur payoient pensions; desquelz excès en fut faict plaincte au roy, lequel manda au bailly de Vermandois d'informer contre lesdicts favorisans, et leur faire leur procès, et faire desmolir touttes les maisons et chasteaulx où lesdicts Regnaudin et Raulin estoient receus et recueillés, et bailla permission ausdictz habitans de porter armes par les champs, encore que les deffenses en fussent faictes à toutes personnes sur grandes peynes. » (Bibl. de Reims, Rogier, tom. II, fol. 38 v.)

renvoier, pour droit, au lieu où il avoit meffait, penre, et faire en la manière que nous vousissiens bien que [nos jus]ticiers feissent pour li en autel cas; et il nous a rescript [que?] ne sont, ne n'ont esté, en sa compaignie, ne en sa terre; de quoi nous nous sommes informé dou contraire souffisaument, et encore avec ce que lidiz Jehans Coquelés ne pot onques estre délivrés dou chastel de Monmaidin, où lidit frère le faisoient tenir, jusques à tant que il se fu raiens envers eus de xv^c liv. de parisis. Et encore nous a-il escript que trop grans hontes li sambleroit, selonc la coustume de son pays, de renvoier gentilshommes que riens ne li ont meffait, en autrui seignourage, et sont venu pardevers eus; et nous considérons et savons que nulle plus grans honnour ne puet estre à nul seigneur terrien que de faire justice, et que li malfaiteur, quel que il soient, gentilhomme ou autre, [soient punis?]; et se il eussent meffait à li, ou en sa terre, il ne les nous deust pas pour ce renvoier, mais punir, pour leur meffais; mais pour ce que il avoient meffait en nostre royaume, nous samble-il que il les nous deust avoir renvoiés pour faire droit là où il meffirent; et comme il n'ait mie esté fait, et nous entendons que, pour la terre garder et maintenir à droit, li pères audit conte vous a establi garde et souverain en icele conté par dessus touz le conté et autres, nous vous requérons, si accertes comme nous poons, et mandons par la foy et par l'amour que vous avés à nous, que vous lesdiz malfaiteurs faites penre, où que il porront estre trouvé en vostre terre, et en celi que vous gardés, hors de liu saint, et les renvoiés à nostre baillif de Vermendois pour penre et faire droit ou lieu où il ont meffait; ne ne souffrez mie que li malfaiteur de nostre royaume soient recepté en vostre terre, ne que parmi la receptacion de vostre terre, ne de celi que vous gardés, domaiges puist estre fais à nostre royaume, ne à nos subgiez d'iceli; car nous ne pourriens souffrir que nous n'en querissiens adrecement, tel comme il affiert. Donné à Lyons, le mercredi devant Pasques florie.

CXIV.

28 mai 1312. MANDATUM regis qui Wauchero de Mutry inhibet ne disponat de personna J. de Maalliaco, fratrum bannitorum complicis, sed ipsum baillivo viromandensi deliberet.

Archiv. de l'Hôtel-de-Ville, renseign.

Philippus.... Christiano de Jassenis, servienti nostro in prepositura laudunensi, salutem. Cum Waucherus de Mutriaco miles, Johannem de Maalliaco, pro eo quod ipse Renaudinum et Raoulinum de Briaignia, fratres, et eorum complices a regno nostro bannitos, associasse, receptasse, et in eorum maleficiis opem, consilium, et favorem prebuisse eisdem, dicebatur, ceperit, et captum teneat, sicut accepimus, mandamus tibi quatinus eidem Wauchero inhibeas ex parte nostra, ne de persona dicti Johannis aliquid disponat, vel faciat, sed ipsum baillivo nostro viromandensi deliberet et tradat, pro justicia facienda de ipso, cum ad nos, et correctionem nostram, hujusmodi negocium pertinere noscatur. Si vero dictus miles aliquid rationabile in contrarium proponere voluerit, ipsum ad certam diem et competentem adjornes coram dicto baillivo, ad procedendum super hoc, ut fuerit rationabile; et interim dictum Johannem captum, et detentum, ad manum nostram tanquam superioris capias, et secure facias custodiri. Damus autem dicto militi, et omnibus quorum interest, tenore presencium, in mandatis, ut in hac parte tibi pareant efficaciter et intendant. Datum Parisius, dominica post Trinitatem, anno Domini m° ccc° duodecimo.

CXV.

Preceptum regium quo civibus remensibus interesse confessionibus bannitorum, si eos capi contigerit, conceditur [1]. 31 mai 1312.

Archiv. de l'Hôtel-de-Ville, renseign.

Philippus...., baillivo viromandensi, ceterisque justiciariis regni nostri ad quos presentes littere pervenerint, salutem. Cum Renaudinus et Raoulinus de Briaignia, fratres, et nonnulli alii eorum complices, pro quibusdam homicidiis et maleficiis aliis, Remis per eos commissis, sint de regno nostro banniti, et ob hoc contra cives remenses guerram faciant, et eos in guerram teneant; mandamus vobis, et vestrum cuilibet, prout ad ipsum pertinuerit, quatinus si aliquem ex ipsis bannitis, vel eorum sequacibus, aut fautoribus, capi, et vobis liberari, contigerit, in ipsorum confessionibus captorum duos ex ipsis civibus remensibus non suspectos, interesse permittatis, vel saltem ipsas con-

[1] Voir l'acte du 18 mars 1317.

fessiones, ipsos cives, et hujusmodi factum tangentes, civibus ipsis tradatis in scriptis, ut ipsi per hoc circa ipsorum custodiam possint melius providere. Datum Parisius, ultima die maii, anno Domini m° ccc° duodecimo.

CXVI.

31 mai 1312.   MANDATUM de P. d'Ierval recredendo.

Archiv. du Roy., sect. jud. Crimin., reg. 1, fol. 140 r°.

Mandatum est ballivo viromandensi, quatenus Perrinetum d'Ierval, armigerum, quem pro maleficio, quod dudum Remis exstitit perpetratum, tenet carceri mancipatum, pendente inquesta quam, super maleficio ipso, contra eum, de mandato curie nostre, et [*sic*, est?] factura [*sic*, facturus?], visis presentibus, recredat sub ydonea caucione. Ultima die maii, anno m° ccc° xii°.

CXVII.

7 juin 1312.   MANDATUM regis quo baillivo viromandensi precipitur, ut matrem fratrum de Briaignia, que eos receptavit, puniat, et ejus domum dirui faciat.

Archiv. de l'Hôtel-de-Ville, renseign.

Philippus [1].... ballivo viromandensi salutem. Cum, sicut accepimus, Renaudinus et Raulinus de Briaignia, fratres, armigeri, et Girardus dictus Coquerel de Cruigni, cum quibusdam suis complicibus...., de regno nostro sint baniti, et post banitionem predictam Poncia de Briaignia, mater dictorum Renaudini et Raulini, ipsos banitos in regno nostro receptaverit in domo sua, apud Briaigniam, mandamus tibi quatinus super hujusmodi receptatione veritatem, vocatis evocandis, diligenter inquiras, et si tibi constiterit ita esse, dictam Ponciam pro receptatione hujusmodi punias, et puniri facias, domumque in qua tibi constiterit ipsos bannitos receptos fuisse scienter post bannitionem predictam, infra regnum nostrum, prout alias in similibus casibus consuetum est

---

[1] Dans les Archiv. du roy., sect. jud. Crimin. Reg. I, fol. 141 v°, se trouve le passage suivant :

« Mandatum est [ballivo viromandensi], et preposito laudunensi, quod capiant Ponciam dominam de Briegne, Mariam et Cumenam, ejus filias, Theobaldum de Nantholio, militem, Joannem de Media villa, et Leoninum curatum de Codreto, remensis dyocesis, qui receptant et fovent Renaudum et Raulinum fratres, filios dicte Poncie, bannitos, et quod in Castelletum parisiensem mittant, et curatum suo ordinario. Quarta novembris, anno m° ccc° xii°. »

fieri, dirui facias, prout videris faciendum. Datum Parisius, viiᵃ die junii, anno Domini m° ccc° duodecimo.

CXVIII.

MANDATUM regis baillivo viromandensi, ut clericos uxoratos et mercatores, ad contribuendum expensis occasione guerre faciendis, compellat [1].

7 juin 1312.

<small>Archiv. de l'Hôtel-de-Ville, renseign.</small>

Philippus.... baillivo viromandensi, vel ejus locum tenenti, salutem. Scabini remenses nobis fecerunt exponi, quod cum Renaudinus et Raulinus de Briaignia, fratres, armigeri, et plures eorum in hac parte complices...., sint de regno nostro banniti, et propter hoc contra omnes cives et habitatores remenses generaliter guerram apertam faciant, et ipsos cives et habitatores generaliter omnes, tam clericos, quam laicos, in aperta guerra teneant, et jam plures ex ipsis habitatoribus, etiam clericis, per dictam guerram ceperint, et tenuerint carceri mancipatos; et ob hanc causam, pro tuitione et deffensione communi et necessaria dicte ville, et habitatoribus (*sic*) ejusdem generaliter omnium, magnas misias fecerint, et expensas, et de die in diem facere necessario oporteat, plures clerici mercatores, et clericaliter non viventes, ac etiam uxorati, in hujusmodi expensarum solutionem contribuere contradicunt et recusant, indebite et injuste; unde tibi mandamus quod ut dictos clericos mercatores uxoratos, aut clericaliter non viventes, aliasque personas dicte ville remensis tuitione et deffensione hujusmodi gaudentes, ad contribuendum in misiis et expensis occasione hujusmodi factis et faciendis, per expletationem bonorum suorum temporalium, et alias prout rationabile fuerit, compellas et facias compelli. Datum Pontisarre, viiᵃ die junii, anno Domini m° ccc° duodecimo.

CXIX.

BAN de l'archevêque pour la défense et la police de la ville.

8 juillet 1312.

<small>Bibl. Roy., Reims, cart. x. Rogier, p. 186.</small>

Donné par copie soubz le seel Remy de Condé, bailly de Reims, le

---

[1] La même liasse contient une pièce semblable datée du 13 juillet 1312.

samedy d'après la feste Saint-Martin de Boullant, en l'an de grâce M. CCC. XII.

Oïez, oïez, le ban de Mgr l'archevesque de Reims [1]. Nous commandons à tous que nul ne soit sy hardy que il herberge en sa maison, soubztaite, reçoive, ne prest confort ne ayde à homme forain, armé, sus quanque il se peult meffaire envers Monseigneur, soit noble ou non noble; et quiconque le fera, il sera ateins, d'avoir et de corps, en la volonté de Mgr l'archevesque.

Item, se gens à armes s'enbatoient en la cité de Reims, et il voloient forcer, faire excès, ou herbergier contre ce comandement, et il avenoit que aucun de ceus de la citey, en aus prenant, feist homicide, playe, navreure, ou mahangneur à aucun desdits forains armez rescouans, ou forfaisant, ce montré suffisament, on ne luy en demanderoit néant, ne n'en seroit en nulle coulpe.

Item, s'il avenoit que hay, ou cry, ou resqueuse, fut desdits forains armez, ou que ils se efforsassent de faire contre ceulx de la citey, nous mandons à tous ceus de la citey, nos subgiez, qu'ils s'esmeuvent au cry et au hay, et qu'il aydent et confortent ceus de la citey quy mestier en auront, et que il amènent au chastel Monseigneur, en Porte-Mars, tous ceus quy force ou resqueuse vorront faire; et de ce faire nous donnons à tous nos subgiez pooir, autorité, et commandement; et quiconque sera trouvé désobéissant, ou alant contre ce cry, ce ban, et ce commandement, il sera en la mercy Mgr l'archevesque, de cors et d'avoir. En tesmoniage de laquelle chose.... *Seelé de cire rouge, à ung lyon rampant.*

CXX.

9 août 1312. MANDATUM regis baillivo viromandensi, ut in defectu archiepiscopi, urbem remensem faciat custodiri.

Rogier, Mémoires, fol. 83. — Marl. II, 602.

Philippus.... baillivo viromandensi, vel ejus locum tenenti.... Cum nos dilecto et fideli nostro archiepiscopo remensi, ad supplicationem

---

[1] « L'archevesque de Reims fit faire une proclamation en ladicte ville, laquelle n'estant pas fermée, les habitans estoient subgectz aux incursions que faisoient journellement leur malveillans, à quoy ledict archevesque apportoit peu ou point de remède. » (Bibl. de Reims, Rogier, tom. II, fol. 39.)

scabinorum sui banni ville remensis, de quibusdam malefactoribus a regno nostro bannitis, qui eos et totam villam remensem diffidasse dicuntur.... nostras sub certa forma litteras dirigamus, ut dictam villam, nocte dieque, faciat adeo sollicite et debite custodiri, quod per dictos malefactores, ob deffectum seu negligentiam custodie, dicte ville, seu habitatoribus ipsius, dampna aut gravamina aliqua deinceps nullatenus inferantur; mandamus tibi, quatenus predictas litteras nostras eidem archiepiscopo presentes, ipsum attentius et solertius requirendo, ut contenta in eis debite atque fideliter exequatur. Quod si sufficienter requisitus, non fecerit, et in mora faciendi periculum noveris eminere, in ipsius deffectum dictam villam et habitatores ipsius secure facias atque sollicite a dictorum malefactorum incursibus, seu invasionibus, custodiri. Datum Parisius, nono die augusti, anno.... M°. CCC°. XII°.

CXXI.

PRECEPTUM regium remensi archiepiscopo directum, ut civitatem remensem custodiri faciat; quod, in ejus defectu, baillivus viromandensis faciet. 10 août 1312.

<small>Archiv. de l'Hôtel-de-Ville, renseign.</small>

Philippus.... dilecto.... archiepiscopo remensi.... Cum, sicut ex gravi querimonia scabinorum banni vestri, recepimus quod ipsa villa, et omnes habitatores, contra quosdam malefactores nobiles a nostro regno bannitos, in guerra aperta, et magnis periculis, nocte dieque, hiis diebus existant, vosque pluries requisiverint scabini ut dictam villam sic secure atque sollicite custodiri faceretis, quod per insultus seu invasiones dictorum malefactorum, eisdem habitatoribus, in personis aut bonis, dampna inferri non possent, quod, ut asserunt, hactenus non fecistis, ex quo non immerito horrescunt per dictos malefactores sibi dampna inferri ; et periculis ac scandalis per hoc subjacet tota villa. Unde vos.... requirimus, quod ad evitanda hujusmodi pericula, villam sic servare atque sollicite custodiri, prout vestra interest, faciatis..., quod habitatoribus dampna inferri ob defectum custodie nequeant. Quod si facere recusaveritis, nos baillivo viromandensi aliis nostris damus litteras in mandatum, ut in tanto et tam eminenti periculo premissa in vestri defectu facere non postponat.... Datum Parisius, die x augusti, anno m°. ccc°. xii°.

CXXII.

18 août 1312. MANDATUM regium de R. Cauchon, fratrum bannitorum receptatore, Parisius adducendo.

Archiv. de l'Hôtel-de-Ville, renseign.

Philippus.... Johanni le Cointe, servienti Castelleti nostri parisiensis, salutem. Tibi committimus et mandamus, quod ut Remigium dictum Cauchon, civem remensem, Parisius coram gentibus nostris, ibidem pro nobis residentibus, adducas, responsurum super hiis que ipse gentes nostre ab ipso petere voluerint, super eo quod Renaudino et Raoulino de Briangnia, armigeris, de regno nostro bannitis, consilium, auxilium et favorem prebuisse dicitur, et eosdem bannitos receptasse, et juri super hiis pariturum. Damus autem omnibus justiciariis et subditis nostris, etc., etc. Datum Parisius, xviii die augusti, anno Domini m° ccc° duodecimo.

CXXIII.

Septembre 1312. ATTESTATION du bailli de Vermandois qui certifie au bailli de Guise, que H. de Chaumont, J. Le Roi, R. de Chalons, et sept autres voyageurs arrêtés pour s'être présentés en armes sur les terres de la juridiction du bailli de Guise, sont bourgeois de Reims, et jouissent du port d'armes.

Archiv. de l'Hôtel-de-Ville, renseign.

CXXIV.

20 octobre 1312. CONCESSIO officii porte prisonie capituli, cum domo juxta dictam portam.

Livre Rouge du chap., fol. 139 v°. — Archiv. du chap., lay. 43, liass. 108, n° 1.

Universis presentes litteras inspecturis, J. prepositus, N. decanus, J. cantor, ceterique remensis ecclesie fratres, salutem in Domino. Noverint universi, quod nos dedimus et concessimus dilecto nostro Johanni de Cerneyo, officium porte et prisonie remensis, cum franca serjantaria, necnon domum sitam juxta dictam portam, quam habitare consueverunt hactenus habentes et tenentes hujusmodi officium, habendum, tenendum et possidendum ab eodem Johanne quandiu vixerit, cum omnibus juribus, appendiciis, et pertinentiis dictorum officii et domus, secundum usus et consuetudines secundum quos ea tenuerunt et habuerunt ab antiquo predecessores sui ad dictum officium deputati, mediantibus sexcies viginti quatuor libris parisiensibus, de quibus nobis ad plenum est ab eodem Johanne satisfactum, in pecunia numerata, nobis propter hoc tradita et soluta ; quitantes ipsum Johannem de eisdem, ac promittentes bona fide quod contra premissa, vel eorum aliqua non veniemus in futurum. In cujus rei testimonium..... Datum anno Domini millesimo ccc° duodecimo, feria sexta post festum B. Luce euvangeliste.

CXXV.

ARRESTUM curie regie, quo dictum fuit quod mandabitur baillivo viromandensi, ut ipse, in propria persona, quandam inquestam de P. d'Ierval reficiat et compleat.

26 décembre 1312.

Archiv. du roy., sect. jud. Crimin., reg. 1, fol. 2 v°.

Notum facimus, quod cum Perrinetus d'Ierval, armiger, pro maelficio quod Remis in quadam vigilia S. Remigii, apud S. Hylarium, extitit perpetratum, a regno nostro bannitus existens, de ipso maleficio se assereret penitus innocentem, ut [*sic,* et?] diceret quod ipsa die erat in loco tantum distante a Remis, quod nullo modo interfuisse dicto maleficio potuisset; fecissetque nobis humiliter supplicari, ut sibi dictum bannum remittere dignaremur; nos, de innocencia dicti armigeri super hoc cerciorari volentes, antequam sibi remissionem hujus faceremus, ballivo nostro viromandensi, per nostras litteras dedimus in mandatis, ut si idem armiger in prisione nostra se ponere vellet, vocatis evocandis, inquireret cum diligencia veritatem de predictis et de dependentibus ex eisdem, et inquestam quam inde faceret, nobis, seu curie nostre, quam cicius mitteret, sub sigillo suo fideliter interclusam ; et dictum armigerum, postquam se in prisione nostra reddidisset, racione dicti banni, non molestaret, quousque, visa dicta inquesta, a nobis fuisset aliter super hoc ordinatum. Cumque dictus ballivus, inquestam predictam per prepositum nostrum laudunensem, et quemdam adjunctum suum, dicto armigero prius in nostra prisione posito, fieri fecerit, et ad diem sue ballivie nostri presentis parlamenti nostre judicandum curie reportari, quia, ipsa visa et diligenter examinata, repertum est eandem minus sufficienter, et non secundum mandati nostri tenorem et continenciam, factam esse, per nostre curie judicium dictum fuit, quod dicta reficietur inquesta, et mandabitur dicto ballivo, ut ipse, in propria persona, ipsam inquestam juxta primi mandati nostri continenciam et tenorem, reficiat, et compleat diligenter; ac completa, quam cicius curie nostre remittat. Et ipsa curia super ea exhibebit justicie complementum. Die dominica post Nativitatem Domini, anno M° CCC° XII°.

CXXVI.

1312-1313. C'est li coiers de la taille de la parroche Saint-Pierre-le-Viez..., l'an.... M. CCC et XII; et monta la taille de ladite parroche VIII^c XX ℔ et XI s., receue par.... d'Aumie et J. Froumant [1].

Tailles de l'Échev., vol. 1, cah. 9.

C'est li coyers de la taille de la parroche Saint-Denise...., l'an M. CCC XII; et monta la taille de ladite parroche XVI^{xx} ℔ LXXIII s., receue par..... R. Caingneit [2].

Tailles de l'Échev., vol. 1, cah. 10.

C'est li coyers de la parroche de Saint-Estène et de Saint-Morise..., l'an M. CCC XII, et l'an M. CCC XIII; et monta... VI^c XXXIX ℔ et V s., receus par.... Rogier des Loges [3].

Tailles de l'Échev., vol. 1, cah. 11.

CXXVII.

1312 [1313 et 1314 ?]. [Anno M°. CCC°. XII°. Li jugement de ceste année].

Livre Rouge de l'Échev., p. 125.

L'an M. CCC et XII, fu plaiz meus entre Evrart la Gaite, et Briart son frère, conjointement, d'une part, et Liger de Besennes, de seur ce que lidit frère se disoient en saisine et en possession d'une masure séant en la Mercerie, entre la maison maistre Wautier l'orfèvre d'une

[1] Le total des cotes est de 430.
[2] Le total des cotes est de 340.
[3] Le total des cotes est de 584.

part, et ledit Liger d'autre. Et cis Liger se disoit en saisine et en possession de cele masure. Il fut dit d'eschevins, et par droit, que li fait estoient contraire, et que li partie qui miés proveroit sa saisine en joïroit paisivlement. Et leur furent donneit auditeur pour ameneir leur proves, et oïr leur tesmoins et leur raisons seur la saisine.

Oys tesmoins, veues raisons et lettres mises en mennière de provance seur la saisine d'une part et d'autre, drois fu diz des eschevins, par consel de bonnes gens, que lidiz Liger demourroit en possession de ladite masure paisivlement, sauf le droit de la propriété, en tant que se lidit frère i entendent avoir raison, qu'il la puissent requerre deuement.

Plais estoit meus entre Ernous Couilleri d'une part, et Biautris sa fille d'autre, de l'autoriteit de son marit, seur la saisine d'une maison séant en la Cousture, entre Hilot femme Pierre de Tournai d'une part, et Herbert le Thiés d'autre; de laqueile maison chascuns se disoit avoir la saisine. Il fu dit, et par droit d'eschevins, que c'estoient fait contraire, et qui miés proveroit sa saisine, il en joïroit.

Veues raisons, tesmoins amenez et lettres mises en mennière de provance, d'une part et d'autre, espéciaument unes lettres en laquelle il est contenut que Ponce qui fu femme doudit Ernoul vot et consenti que lidiz Ernous tenit, eut, et possessât, ladite maison toute sa vie, et non plus, et que ce avoit loée et apropvet ladite Biautris par sa foi, drois fu diz d'eschevins, par consel de bonnes gens, que lidis Ernous demourroit en saisine de ladite maison, selons la teneur de ladite lettre.

Plais estoit meus entre Jehan le Blanc, exécuteur de Evrart le Blanc, d'une part, et les enfans Huet Cabaret, et leur mainbours, d'autre, seur ce que Jehans li Blans, comme exécutères, demandoit asdiz enfans, et à leurs mainbours, xx s. de sourcens seur une maison qui fu ledit Huet, séant à Rains en la rue par où on va dou marchiet au blef en l'église Saint-Pierre; et encor demandoit lidiz exécuteurs, les défaus doudit sourcens de v ans. Lidit mainbour, pour les enfans, disoient que lidiz Hues, pères asdiz enfans, estoit mors nouvèlement, et que il cuidoient que il eût bien fait satisfaction, se ainsis fut que on fût tenus audit sourcens; et près estoient de jurer sour sains, et en voloient passer par leur sairement; et se drois faisoit contre eus, et disoient que la coustume de Rains si est tele, que il en devoient passer pour paier la darrainne année. Et lidiz exécutères disoit que il n'en devoient mie estre creut par leur sairement, et que chose qu'il proposaissent n'estoit de value. Seur ce il se misent en droit.

Considérées les raisons d'une part et d'autre, et veues lettres mises en mennière de provance, drois fu diz d'eschevins, par consel de bonnes gens, que lidit enfant estoient tenut à paier ledit sourcens, et que lidit mainbour ne seroient mie ressut à leur sairement pour les arriérages des v années; mais s'il voloient prover le paiement, il i seroient receut; et s'il ne le poient prover, il estoient tenut à paier les arriérages.

Plais estoit meus entre les pourveurs des chartriers de la paroche Saint-Denise, en non desdiz chartriers, d'une part, Wautier le chausseteur, et Marie sa femme d'autre, seur ce que lidit pourveur, en nom desdiz chartriers, et pour eus, disoient que il estoient en saisine et en possession paisivle, et par lons tens avoient esteit, à veue et à seue desdiz Wautier et sa femme, eus consentans, et non contredisans, de penre et lever chascun an à quatre termines qui sont acoustumé à Rains à paier les louiers des maisons, seur la maison, l'estal, et les appartenans de cele maison, qui est devenue masure, séans en la Viez-Boucherie, à roye de la maison ou masure qui fu Herbert jadiz Caricon d'une part, et la maison qui est masure, qui fut jadis Doin le sellier et Guiot de Chaalons d'autre part, la moitiet des louiers de cele maison, et de l'estal, et des appartenances. Lidit Wautier et sa femme se disoient possessans de cele maison, estal, et appartenans, et requeroient que on les tenit en leur possession. Et lidit pourveur, en non desdiz chartriers, disoient que on les devoit tenir en leur possession. Seur ce les parties se misent à droit. Il fu dit, et par droit, que qui miés proveroit sa saisine, il jöiroit. Après ce eschevin veirent lettres mises en mennière de prueve, et oïrent tesmoins, et les raisons des parties; et veut et considéret les prueves et les raisons des parties, il fu dit par droit, et par consel de bonnes gens, que li pourveur, en non desdiz chartriers, joïroient paisivlement de la moitiet des louiers de l'éritage contencieus deseurdit.

Plais estoit meus entre les pourveurs de chartriers de la parroche Saint-Jacques de Rains, d'une part, Wautier le chausseteur, et Marie sa femme d'autre part, etc., etc. '....

Il fu dit par droit, et par consel de bonnes gens, que lidit pourveur, en non desdiz chartriers; jorroient paisivlement des L s. penre et lever sur la moitiet de l'éritage contencieus deseurdit.

Plaiz estoit meus entre l'abbé et le couvent de Saint-Baale d'une part, Renaut Burdin et sa femme d'autre, seur ce que lidit abbés et couvent disoient qu'il estoit en saisine et en possession paisivle de penre et recevoir chascun an, à tousjours, XIIII s. de sourcens ou rente seur une maison que lidit Renaus et sa femme tiennent, séant devant l'ôpital Nostre-Dame, entre la voie commune, par laquele on va à Saint-Pierre-le-Viez, d'une part, et une rue qui n'a point d'issue d'autre. Lidit Renaus et sa femme se disoient possesseurs franchement de cest héritage, et requeroient que on les tenit en leur possession, et que faire le devoit-on, et en penroient droit. Et lidit abbés et couvens disoient que à eus appartenoit la saisine et la possessions doudit sourcens, et en penroient droit. Il fu dit, et par droit, qui miés proveroit, il joïroit. Après ce eschevins oïrent les raisons des parties, et veirent tesmoins, et oïrent lestres mises en mennière de prueve.

Veut et consideret les raisons d'une part et d'autre, il fu dit, et par droit, que lidit abbés et couvens demouroient en saisine et en possession de lever les XIIII s. de sourcens deseurdiz, seur l'éritage contencieus, à paier à quatre termines principaus.

Plais estoit meus entre Miracle, femme jadiz Hurtaut, d'une part,

---

' L'exposé de ce droit est entièrement semblable à celui du droit précédent, si ce n'est que les chartriers revendiquent une somme fixe de L s.

et Bauduin le Cas, son frère, d'autre, pardevant eschevins, comme arbitres, seur ce que Miracle requeroit à avoir parson et division de l'éritage qui estoit venus de la succession de l'eschéance de Perrart et de Gilet frères iciaus Miracle et Bauduin. Et lidiz Bauduin disoit que à tort le siuoit de ce Miracle, car parsons et divise avoit bien esté faite entre celui Bauduin et Perrart son frères d'autre, des héritages qu'il tenoient au tens que cis Perrars vivoit, et que cele Miracle sa suers s'estoit accordée à ce qu'elle ne porroit penre en biens de la succession desdiz Perrat et Gilet, que autant de héritage et de deniers comme li enfant Henri le Giu en avoient eut. Cele Miracle le nioit, et disoit que elle devoit avoir part, ainsi comme elle le requeroit; et que se parsons avoient esté faites entre lesdiz Bauduin et Perrart, n'avoient-elles esté faites ne bien ne loiaument. Et lidiz Bauduin disoient qu'elles avoient esté faites bien et loiaument, et l'offri à prover. Et offri encore a prover que cele Miracle s'estoit tenue à poyé pour autant de héritage et de deniers comme li enfant Henri le Giu avoient eut. Seur ce li eschevins, comme arbitre, oïrent les tesmoins trais d'une part et d'autre seur les raisons proposées des parties, et veirent les lettres des parsons que Bauduin mit en mennière de prueve.

Veut et considéret les raisons d'une part et d'autre, il fu dit, par droit d'eschevins, comme arbitres, et par consel de bonnes gens, que les parsons faites entre lesdiz Bauduin et Perrart, ainsis comme elles sont contenues en lettres, demourroient fermes, et que ladite Miracle devoit avoir sa part en diz héritages que lidit Perrars et Gilés possessoient au tens qu'il morirent, en tant comme il li touche, selons l'us et la coustume de Rains.

CXXVIII.

19 et 20 mars 1313.

RECREDENÇIE facte de personis infrascriptis, de mandato curie, in parlamento anni presentis.

Archiv. du roy., sect. jud. Crimin., reg. 1, fol. 1 v° et 4 v°.

19 mars 1313.

De mandato curie, facto per dominos G. de Plasiano et P. de Diciaco, recreditus est Remigius Cauchon, de Remis, qui detentus erat Parisius in prisione, pro eo quod imponebatur sibi quod ipse Raolino et Renaudino de Briana, fratribus, bannitis a regno pro homicidio perpetrato per eos, ut dicitur, in personas duorum civium remensium, ducentas libras parisienses detulerat, et ipsis auxilium prebuerat et confortaverat, post bannimentum predictum, [sub cautione?] de stando juri super facto predicto, in curia nostra, contra quoscumque, quociens sibi per ipsam curiam mandatum fuerit; et hoc promisit per sacramentum suum, et sub pena bannimenti, ac eciam conviccionis de facto predicto. Die decima nona marcii, anno M° CCC° XII°. Et super hoc facta est littera, [que sequitur?] :

Notum facimus, quod cum Remigius dictus Cauchon, civis remensis, de mandato nostro esset Parisius detentus prisioni, pro eo quod sibi imponebatur, quod ipse Raoulino et Regnaudo de Briana, fratribus, a regno nostro bannitis, pro homicidio perpetrato in personas duorum civium remensium, medietatem ducentarum librarum parisiensium, quas ab inimicis ipsorum bannitorum procuraverat, et aliam medietatem domine de Briana, matri dictorum bannitorum, detulerat, et aliter ipsos bannitos sustinuerat, et eis consilium prebuerat et juvamen; idemque Remigius, de mandato curie nostre, usque ad diem Brandonum novissime preteritum, recreditus fuisset, juri super facto predicto pariturus, predictus Remigius, in curia nostra, dicta die Brandonum, et continue de die in diem, usque ad hanc presentem diem, personaliter se [in] dicta curia nostra presentavit, contra eum nemine comparente, propter quod curia ipsa ipsum sibimet recredidit, in hunc modum videlicet, quod idem Remigius, quocienscumque per curiam ipsam sibi mandatum fuerit, se in ipsa curia presentabit, juri super facto, contra quoscumque, pariturus, predicto; et hoc promisit, per juramentum suum, idem Remigius, et sub pena conviccionis de facto predicto. Damus autem omnibus justiciariis et subditis nostris, tenore presencium, in mandatis, ut dictum Remigium, in persona seu bonis ipsius, predicta occasione, aliquatenus non molestant (*sic*), donec a nobis, seu curia nostra, aliud super hoc receperint in mandatis.

Vicesima marcii, anno M° CCC° XII°.

Notum facimus, quod cum Ourietus de Bilhau, armiger, ad denunciacionem Johannis dicti Coquelet, civis remensis, prisionem Parisius teneret, eo quod idem Johannes dicebat, quod cum Renaudinus et Raolinus de Briana, fratres, banniti a regno nostro pro homicidio perpetrato in personas duorum civium remensium, predictum Johannem Coquelet in regno nostro cepissent, et in Imperium ipsum transtulissent, videlicet in quandam domum comitis barrensis, que vocatur Brouain, super Chesum, idem Ourrietus, ad transferendum eundem, domo ipsa, in quandam aliam domum sitam in Imperio, inter Aquas, consilium predictis bannitis prebuerat et juvamen, ac presens fuerat in translacione hujus[modi] facienda; quodque propter hoc ipsum Johannem oportuit redimere, antequam posset manus ipsorum evadere, de mille et quingentis libris parisiensibus; que redempcio, una cum hoc, trecentas libras parisienses sibi constiterat, et amplius, ut dicebat; petens quod predictus Ourrietus, si premissa confiteretur, tanquam confortator et adjutor dictorum bannitorum, in predicta translacione facienda, per nostram curiam propter hoc debite puniretur; et si ea negaret, requirebat quod curia nostra super hoc faceret informacionem fieri, aut faceret veritatem inquiri. Que omnia idem Ourrietus negans esse vera, super eisdem omnibus doluit, et consensiit quod curia nostra faceret veritatem inquiri, aut aliter ordinaret, prout dicte curie videretur expedire, se ordinacioni ipsius, quoad hoc, totaliter supponendo. Cum igitur idem Ourrietus per curiam ipsam, a predicta [prisione?] usque ad diem Brandonum novissime preteritam, recreditus fuisset, sub caucione de stando juri super hiis, tam contra dictum Johannem, quam contra quoscunque; idem Ourrietus, dicta die, ac eciam continue de die in diem, usque ad hanc presentem, in curia ipsa se presentavit, juri paratus stare super facto predicto, contra ipsum Johannem, et alios quoscunque; nemine contra eum comparente. Quare cum, per informacionem super hoc, de mandato dicte curie nostre, factam, nichil repertum fuerit contra ipsum Ourrietum, de facto predicto, fuisse probatum, visa quadam littera ballivi remensis sigillo sigillata, ex parte ipsius convicti [sic, Ourrieti?] exhibita, curia ipsa eundem Ourrietum de facto predicto, et a prisione liberavit predicta. Vicesima marcii, anno M° CCC° XII°.

Per P. de Diciaco, et G. de Hangesto, in camera.

CXXIX.

Lettres des échevins à Louis, roi de Navarre, fils de Philippe-le-Bel. Ils lui offrent 10,000 ℔ par., s'il peut prendre et faire justicier les frères de Brienne.

15 juillet 1313.

<small>Archiv. de l'Hôtel-de-Ville, renseign.</small>

A très excellant prince, leur très chier signeur, monsigneur Loys par la grâce de Dieu roi de Navarre, et de Champagne et de Brie conte palatin, li eschevin de Reins, avecque toute révérance et obéissance à ses commandemens. Chiers sires, savoir vous faisons que maistres Raoul de Praelles nous a aporté vos lettres, et parlé à nous, et nous li avons dit nostre volenté, et ce que nous poons faire, si com il vous sara miex dire que nous ne le vous pourriens escrire; et espéciament nous li avons dit le meschief que nostre vile sueffre, pour la guerre qu'il nous faut maintenir contre ii varlés de petit afaire, liqueil sont appelet Raulin et Renaudin, frère, de Briaingne delès Reins, bannis dou roiaume, pour ii murtres qu'il firent à Reins, et pour i bourjois qu'il prirent delès Reins, et menèrent fors dou roiaume, et le rencenarent de xv^c ℔ de parisis; liqueil sont estrait de nostre ville. Et vraiement il est grant honte à tous ceus qui aiment l'onneur dou roiaume, des outrages et des damages qui nous font, pour justice et droiture gardeir. Et selon ce, sire, que ledit maistre Raoul nous a dit, et nous l'en créons bien, vous estes la personne dou monde, après le roi nostre signeur vostre chier père, qui miex i pourriés mestre remède, et nous délivreir de ce; car par i tout seul de vos chevaliers, les ariez-vous pris, ou fait penre en brief tans; se vous certefions, par le consel de maistre Raoul qui de ce a parlet à nous, et par la teneur de ces lettres, que s'il vous plaist ceste chose entrepenre, et eus faire justicier notoirement ou roiaume, près de nous, nous appelés pour la justice voir, et pour savoir les aidans et les confortans d'iceus, desquiez li rois no sires, et vous, pourriés avoir grant pourfit, et nostredite guerre mettre à fin dou tout à vos cous, sans ce que nous i doions riens mettre, ne fraïer; nous, la chose faite, et pour ce bienfait, et pour les autres que nous atendons avoir de vous, vous promettons à servir de dix mil livres de parisis de monnaie coursable par le roiaume de France. En tesmoingnage de laquele chose nous avons seelée ces lettres dou seel de l'eschevinage.... A Reins, le dimanche devant la Magdelaine, l'an m. ccc. trèze.

CXXX.

Avril et mai 1314.

FACTUMS relatifs à l'exercice du droit de justice, à Reims, sur les blasphémateurs [1].

Archiv. de l'Hôtel-de-Ville, renseign.

[1] Nous n'avons pu retrouver la suite de l'affaire à laquelle se rapportent ces factums; mais la question qui y est agitée se trouvera soulevée plus d'une fois entre les bourgeois et l'archevêque; et nous avons pensé devoir publier les factums où il en est question pour la première fois :

Avant le 20 avril 1314.

[§. 1.] *Articuli archiepiscopi remensis, contra scabinos ville ejusdem, racione facti Henrici; a partibus concordati.*

« A ceste fin que ce que les gens l'arcevesque de Reins ont fait, en accomplissant les establissemens et les mandemens nostre seigneur le roy, c'est à savoir de ce que il ont mis Henri le Croisié [*] en l'eschielle, pour le villain serement que il avoit juré, comme celui qui estoit justisables dudit arcevesque, et fu pris hors du banc de Reins, en une ville c'on dit Viller Franquex, ville dudit arcevesque, ouquel li eschevin de Reins n'ont que veoir, que jugier, ne que cognoître, ne pour cause de l'eschevinage, ne pour ledit Henri; ançois appartient la coguoissance, le jugement et l'exécution audit arcevesque seul, et pour le tout, en cas deseurdit, et en cas semblables, neesment comme ledit Henri ait esté pris en présent forfait, ou qui vaut présent, duquel cas lidiz arcevesque et si devancier arcevesque de Reins, sont et ont esté en bonne saisine, qu'il soit en sa bonne saisine gardés et deffenduz par nostre seigneur le roy : dit et propose le procurères dudit arcevesque les faiz et les raisons qui s'ensuient. Et fait protestacion que ce cas desusdit ne face préjudice aus causes meuez en la court le roy, entre ledit arcevesque et lesdiz eschevins; et se en ces articles il touche aucune chose qui sente propriété, il le meit à fin de saisine, et de conforter sa saisine, tant seulement.

« *Premièrement*, dit le procurères dudit arcevesque que ledit arcevesque est sires de Reins, et le tient du roy en parrie et baronnie, avec ces autres villes et demaines appartenans à l'arceveschié; et y a toute seigneurie et justice haute et basse, soul et pour le tout. *Item*, que de ce est-il en bonne saisine. *Item*, en la ville de Viller Franquex, qui est hors du banc et de la banliue de Reins à trois lieues, a lidiz arcevesque toute justice haute et basse, seul, sans compaignie d'autrui. *Item*, que par le roy no sires, et son grant conseil, fu ordené que quicunques jurroit le villain serment en son royaume, qu'il feust mis en l'eschielle par les seigneurs des lieus en qui justice il se mefferoient en ce cas; et fu ladite ordenance publiée par le règne, par les officiers du roy no seigneur, et espécialment par le bailli de Vermendoys, qui enjoint et commanda aus gens dudit arcevesque, de par le roy, que ainsi le feissent et feissent faire, par leurs justices de leurs lieus. *Item*, que ces ordennances, ainsi faites du roy no seigneur, sont espécialement envoîes à ceus qui ont toute justice haute et basse. *Item*, que en ladite ville de Viller Franqués, jura ledit Henri le villain serment, présens la justice dudit arcevesque et pluseurs autres dignes de foy. *Item*, pour celle cause, les gens dudit arcevesque le prinrent et arrestèrent, pour l'ordenance le roy tenir, garder et aemplir, et le mirrent en l'eschielle. *Item*, que ledit Henri confessa ledit serment avoir fait, ou si suffisamment fut seu et prouvé, que à bonne cause fu mis en l'eschielle. *Item*, que lidiz Henris se sueffre de faire demande audit archevesque, et à sa gent, des choses

[*] Voir plus bas le mémoire de 1336.

CXXXI.

Mandatum Petro de Coulis, servienti regio, directum, ut, in desusdites; ainsi li eschevin ne s'en peuent doloir, ne faire plainte, selonc raison. *Item*, que ledit arcevesque, et si devancier arcevesque, par cez ballius, par ses prévos et par ses gens, sans eschevins, est et a esté en saisine, de tant de temps que il souffit à bonne saisine avoir acquise, de faire faire les criz au mandement le roy, et de pugnir les désobéissanz, et d'avoir la cognoissance, li jugement, la correction et l'exécution, meismement ou cas desusdit, et en cas samblable. *Item*, que de ce a-il uzé par I an, par II, par V, par VI, par X, par XX, et par tant de temps que il souffit à bonne saisine avoir acquise. *Item*, que li cas desusdit, là où bourgois de Reins seroit pris hors du ban de Reins pour présent forfait, n'est pas contenu en leur charte; et lidit eschevins sont sermenté dudit arcèvesque de garder son droit; et ainsi hors de leur chartre, et hors du ban deseurdit, qui de riens n'appartient à l'eschevinage de Reins, espécialment pour une privée personne prise, et qui de riens ne s'en deut, chose, ne preuve, que lidit eschevins facent, ne doit nuire audit arcevesque, ne à sa justice... Et ne vous doit movoir seigneur, chartre, privilége, saisine, usage ne coutume que lesdiz eschevins vous montrent, se aucuns en ont; car il ne se estendent en riens hors de la banlieue de Reins, ne en ladite ville de Viller Franquex, ne ès autres villes dudit arcevesque; et des choses desusdites offre à prouver le procurères dudit arcevesque, [etc., etc....] »

28 avril 1314.

maintiennent que les gens l'arcevesque de Reins ont fait, en metant Jesson Grinhars, bourgois de Reins, en l'eschielle, plait pandant entre ledit arcevesque d'une part, et lesdis eschevins d'autre, en la court le roy no signeur, sus le fait de ladicte eschielle, jà soit ce que il n'ayent mie pris ledit Jesson à fait présent, si comme il dient, et que il n'ait esté convaincu, ne condempnés, par eschevins, laquelle chose est en préjudice dudit plait pandant, et grevance desdis eschevins, de l'eschevinaige, et dudit bourgois, si comme lidit eschevin dyent, et ont donné à entendre à la court, si comme il appert par la teneur de leur commission, que vous, Crestians de Jasseingnes, ne puissiez congnoistre dudit attemptat, par la vertu de ladicte commission; et ce congnoistre en poyés, que la partie dudit arcevesque ne soit tenue à aller avant contre partie adverse, jusques à tant que li procurères desdis eschevins ait desclairiet souffisamment de quel fait d'eschielle débas est entre lesdis arcevesque et eschevins, et en quel lieu lidis fais fu faiz, ce dire par droit et par coustume le poés : dit et propose li procurères dudit arcevesque, en nom de procurères, contre le procurères de partie adverse, les raisons qui s'ensiuent; en fesant protestation que la procurations desdis eschevins ne soit recevable, ne li procurères d'iceuls fondés par ycelle, maimement comme lidit eschevins ne doyent avoir seel, ne user en, comme il n'ayent cors, commune, ne autre choze, qui à ce soient nécessaires, et plais en pende lonc temps a.... en la court du roy.

« *Premièrement*, pour ce que la commission par la vertu de laquelle vous entendés à congnoistre dudit attentat, est empétrée, teue la vérité, et expressée faulceté, tels que, ce partie desdis eschevins eust dist [vérité?] à la court, et la faulceté teue, la cours ne li eust mie telle commission ballié; car en ladicte commission est contenu, entre les autres chozes, que plais pent entre lesdis arcevesque et eschevins, en la court de France, sus le fait de l'eschielle; et à la vé-

20 avril 14.

[§. II.] *Voici les raizons l'arcevesque, de l'atantas.*

« Donné par copie sous le seel Crestian de Jasseingnes, serjant le roy en la prévosté de Laon, le samedi après Cluses Pasques, l'an de grâce mil trois cens et quatorze.

« A ceste fin que il soit dit, et par droit, que vous, Crestians de Jasseingnes, commis de par saige home et discret, Fremin de Coquerel, balli de Vermendois, juge ballié de par le roy de France no signeur, sus le débat d'un attemptat que li eschevins de Reins

causa fratrum de Brienna qui in carcere detinebantur, procedatur indilate.

Archiv. du Roy., sect. jud. Crimin., reg. 1, fol. 45 r°.

rité dire, du fait de l'eschielle de Reins n'est-il mie plait en la court de France, ne de fait d'autre eschielle de la terre dudit arcevesque; car ce il estoit plais d'aucun qui ce deist bourgois de Reins, qui eut esté mis en l'eschielle à une des villes ou des chastiaus l'arcevesques de Reins, ce ne seroit mie plais de eschielle de Reins; ne ne seroit mie encore plais de fait de eschielle. Mais ce li eschevins fussent persones en cui justice peut cheoir, et lidis arcevesques, ou sa gent, eussent mis eschielle, ou drécie, en leur justice, ou abatue la leur, et plais en fust en la court de France, ce peut-on, et deust, par raison, appeller plait d'eschielle, et autrement non. Et il ne sont pas tel, ne li cas n'est mies tel; par coi il appert clèrement que ladicte commission est empétrée en la manière deseurdicte; et par conséquens, que par la vertu de li, vous ne poés ne devés congnoistre de ce qu'il dient estre attemptas.

« Secondement, que ce il estoit dit par droit, que ladicte commission eust esté souffisamment empétrée, et que par la vertu de li, congnoistre peussiés dudit attemptas; ce dit li procurères dudit arcevesque contre partie adverse, et leur demande ou requeste, que leur demande ou requeste est obscure en celle partie où la partie desdis eschevins dit que plais est de fait d'eschielle, entre lesdictes parties, en la court du roy; et il ne desclaire mie de quel fait d'eschielle, ou de celui de Reins, ou d'autre, ne de quel fait d'eschielle, par coy on leur y peust faire certainne responce; car lidis arcevesques, pour raison de son arceveschié, a pluseurs eschielles, et en pluseurs lieus, hors de la ville et de la banlieue de Reins, et qui ce gouvernent par autres coustumes que la cités de Reins; par coi il appert clèrement que afin que la partie dudit arcevesque puit respondre certainement, que ladicte déclaracion doit estre faite celonc droit et coustume. Et sur toutes ces raisons, par ordre, demande droit la partie dudit arcevesque.

« Et ne vous muieve de ce que la partie desdis eschevins propose, qu'elle n'est mie tenue à desclairier, pour ce que ils monstrent une commission par la vertu de laquelle li plais commansa à Paris, de fait d'eschielle, si comme il dient; et que il leur plaît que la partie dudit arcevesque voie les articles seur ce fais, etc., etc. Car, sauve la grâce au proposant, ladicte commission ne fait riens au propos, ne par la teneur de li n'appert-il mie que plais soit de fait d'eschielle, en la court du roy, entre lesdites parties, ne de l'eschielle de Reins, ne du fait de l'eschielle de Reins, en laquelle ils proposent que lidis attemptas est fais. Après, quant asdis articles, il ne soufit mie; car lidit article sont seellés et clos de par la court de France, et envoyés as certains auditeurs seur ce desputés de par ladicte court, lesquels il ne loit mie à la partie dudit arcevesque déseeller, ne déclore; par coy il appert que lesdictes raisons n'ont point de lieu.

« Si requiert la partie dudit arcevesque, que il li soit dit, et par droit, ce dire le poés et devés, en la fourme et mannière deseurdicte; et ce droit fesoit contre ledit arcevesque, il fait protestation et retenue de respondre à la demande ou requeste de partie adverse, en lieu et en tens, et où il devra. Et vous souvaingne que li procurères de la partie adverse confessa par devant vous, que ce n'estoit mie plais de fait d'eschielle, droitement; et toute voie, ce partie adverse a proposé aucune choze de fait, qui face à recevoir, non contrestant les raisons dudit arcevesque, il les met à ni; et provera de son fait, ce mestiers est, qui souffira aus fais deseurdictes tant seulement. »

[§. III.] *Ce son les raison de l'atanta Jesson de Porte-Mars, par devan Crétien de Jasiene, de l'eschiele, contre l'arcevesque, qui et acené au lundi après le moi de Pacque (6 mai 1314). [Et plus bas:] Au lundi après l'Acencion (20 mai 1314).* Vers ma 1314.

« A la fin qui soit dit, et à droit, par vous

Mandatum est Petro de Coulis, servienti nostro armorum, super eo

Crestien de Jenciennes, commissaires desputés de par nostre maistre le baillif de Vermendois, suz l'atemptat fait de par les gens révérent père en Dieu monsigneur l'arcevesque de Rains, de Jehan c'on dit de Porte-Mars, c'on dit Grinhart, bourjois de l'eschevinaige de Rains, em préjudice des eschevins de Rains, et de leur eschevinaige, en la fourme et en la mennière qu'il est contenus en lettres de la court de France, envoyé seur ce audit baillif de Vermandois, à la requeste desdiz eschevins, que lesdites lettres soient bien et souffisenment empétrées suz le fait contenut en icelles, et que assez soit déclairiez li fais contenus en dites lettres, pour baillier responce suz ce, non contraitent raisons teles et queles, de la partie adverse, proposées au contraire : dit et propose li procurères desdiz eschevins, en non de leur eschevinaige, et pour leur eschevinaige, les raisons qui s'ensuent.

« *Premièrement*, que lidiz eschevins sont en saisine, par point de chartre donnée et otroié des prédécesseurs le roy no signeur, roy de France, ou des despendens d'issele chartre, d'avoir tous jugemens, et toute connoiscence, suz les couchans et levans en dit eschevinaige, bourjois d'isseli eschevinaige. *Item*, que la gent doudit révérent père, en tourblant, et en empeschant lesdis eschevins, en leur saisine, et de nouvel, en griés préjudice d'iaus, seus, présens, contredizans et reclanmans lesdiz eschevins, Henri c'on dit le Crouisiet, bourjois doudit eschevinaige, meirent à l'eschielle. *Item*, que seur ce, lesdiz eschevins se dolirent à la court de France, et tant fu procédet contre iaus, d'une part suz ce, et ledit révérent père d'autre, que par nos signeurs dou parlement fu dit, que lesdites parties fussent contraires en fais, que chascune feist son fait. *Item*, que pour enquérir la vériteit suz iciaus fais, lidiz baillif de Vermandois fu commis pour enquerre la vériteit, et pour reporter par devers la court. *Item*, que ladite cause pendent, en la mennière que dit est par desus, la gent doudit révérent père, en griez préjudice desdiz eschevins et doudit eschevinaige, en atemptent contre la jurisdicion dou roy no signeur, mirent à l'eschielle ledit Jehan de Porte-Mars, c'on dit Grinhart. *Item*, que au jours de la baillie de Vermandois derrennement passée, de se parlement présent, lesdis eschevins, doudit attemptat se dolirent à la court, présent le procureur doudit révérent père, et soi opposent au contraire. *Item*, que non contraitent chose que lidiz procurères se opposât au contraire, la lettre fu otroié asdiz eschevins, suz ledit attemptat, en la fourme contenue en icelle; et ainsis appert-il clèrement que, teue la vériteit, n'a estée empétrée ladite lettre, suz ledit attemptat, mais desclairié et espécifiée souffisenment, en mennière deue, si comme il appert évidemment par le procez de la court de France ; auquel procez li procurères desdiz eschevins, en non deseurdit, se raporte, en tent comme il fait pour li, et à droit. Ne mouvoir ne vous doit, Crestien, se que la partie adverse propose, afin qu'il ne soient tenus d'aler avent par devant vous, par la vertut desdictes lettres, comme débas ne soit mie entre lesdites parties, de l'eschielle ; et ainsis attemptat n'i puet choir, etc., etc. A ce respont li procurères desdiz eschevins, que ce ne vaut,' sauve la grâce du proposent ; car tout soit ce que débas ne soit mie de l'eschielle, se elle est bien mise, ou autrement, dit lidiz procurères que débas est entre lesdictes parties, suz le fait torsonneus et injurieus de Henri, bourjois doudit eschevinaige; et se dit la lettre : « Suz l'atemp-« tat qui dit suz le fait de l'eschielle » ; c'est à entendre dou fait injurieus et torsonneus de coi lidiz eschevins se dolirrent, et non l'eschielle, se elle fu mise à tort, ou à droit. Pour coi dit lidiz procurères desdiz eschevins, en nous desuzdit, que non contraitent les raisons de la partie adverse, vous Cretiens, devez pronuncier pour lesdiz eschevins; et de ce penront-il droit lidiz eschevins, par vous, ou par celui qui faire le pora, ou devera; et fait protestation, [etc., etc....]. »

quod ad denunciacionem Johannis [Coquelet[1], tu Petre?] de Guinicourt[2], liberos de Brienna, [qui?] dictis de causis a regno nostro banniti fuerant, et post bannicionem hujus[modi] plures in domibus et hospiciis suis receptarunt ipsos fratres apud Remos, detines, seu detineri facis, carceri mancipatos, injuste, sicut dicunt, quod, auditis ipsis fratribus, et aliis, in suis justis racionibus, super premissis, inquirat cum diligencia veritatem; et si inveniuntur culpabiles, quod puniantur; si vero ipsi inveniuntur sine culpa de facto predicto, procedatur indilate. Actum Pontisare, vicesima octava die aprilis, anno Domini M° CCC° X° IIII°.[3]

CXXXII.

2 octobre
1314.

L'ACCORT qui fut fait par les gens de bonnes villes, qui furent mandés pour le fait des monoies; c'est assavoir.... Laon...., Rains...., etc., etc.

Ordonn. des Rois de France, 1, 548.

[1] Voir les actes du 15 août 1311, et du 20 mars 1313.
[2] Voir l'acte du 30 mars 1325.
[3] L'acte que nous donnons ici a été non-seulement défiguré par le copiste qui, en le transcrivant sur les registres du parlement, en a omis des passages essentiels; mais tel qu'il nous est conservé, il paraît, en outre, difficilement conciliable avec d'autres actes qui font partie de notre collection.
Ainsi la lettre de Louis X à l'évêque de Metz est postérieure au 29 novembre 1314 (voir à cette date), et, par conséquent, à l'acte que nous publions. Mais lorsque cette lettre fut écrite, les frères de Brienne se trouvaient au pouvoir de l'évêque Regnault de Bar. Ils avaient donc recouvré leur liberté depuis le 28 avril 1314. Cependant le 30 mars 1325 (voir à cette date), l'un des frères de Brienne aura été justicié; et celui qui l'aura livré à ses ennemis portera le nom de Guignicourt, comme celui qui dénonce, ou qui détient les proscrits, le 28 avril 1314.
A ces difficultés, dont nous avons tâché de diminuer le nombre par diverses intercalations placées entre [ ], nous en aurions ajouté une autre, si nous avions ponctué notre texte, comme on pourrait le faire, de manière à y lire que c'était à Reims même que les frères de Brienne se trouvaient détenus le 28 avril 1314; et cependant cela eût été d'autant plus plausible qu'il y avait alors à Reims une famille du nom de Guignicourt.
Ces difficultés, nous l'avouons, nous paraissent à peu près insolubles, à moins de supposer que Pierre de Coulis rende la liberté aux frères de Brienne, et que la famille de Guignicourt s'acharne après sa proie, et parvienne à s'en ressaisir. Mais, dans cette hypothèse même, il resterait à expliquer comment Louis X paraît entrer dans les intérêts de l'échevinage dès le 15 juillet 1313 (voir à cette date), ordonne, le 28 avril 1314, une enquête dont l'issue est favorable aux ennemis de l'échevinage; puis, après le 29 novembre 1314, poursuit à outrance ces derniers dans le triste asile que leur ménagent les prisons de l'évêque de Metz. — En présence de ces contradictions apparentes, nous sentons plus que jamais la difficulté de publier des documents à cent cinquante lieues des originaux, dans lesquels une étude minutieuse pourrait sans doute faire découvrir l'indication de corrections possibles.

CXXXIII.

Epistola Ludovici regis X, ad metensem episcopum qui bannitos carceri detinebat mancipatos, ut eos detineat quousque cum rege colloquium habuerit, et tractatum.

Après le 29 novembre 1314.
Avant le 5 juin 1316.

Archiv. de l'Hôtel-de-Ville, renseign.

Ludovicus.... Francie [1] et Navarre rex, dilecto amico nostro Reginaldo episcopo metensi.... Licet ad excusationem Raoulini et Renaudini de Briagnia, quos vestro carceri detinere dicimini mancipatos, nobis aliqua, prout ex litterarum vestrarum tenore collegimus, duxeritis rescribenda, quia tamen dicti R. et R. quedam homicidia, furta, rapinas, et incendia, ac nonnulla alia maleficia in regno nostro, sicut clamosa fide dignorum nobis patefecit insinuatio, notorie perpetrarunt, occasione quorum in fugam conversi, de dicto regno.... sunt banniti, dilectionem vestram, prout alias fecisse recolimus, iterato requirimus, et attente rogamus, quot tenentes de dictis malefactoribus vos saisitum (*sic*), faciatis eos.... sub fida et summa custodia detineri, [et?] custodiri, quousque nobiscum super hoc colloquium habueritis, et tractatum; scituri quod si antea predictos malefactores abire dimiseritis, nobis plurimum displicebit, presertim cum dilecti nostri cives et mercatores remenses [2], [ut ex eorum] relatione didicimus, prefatorum bannitorum et amicorum suorum maliciam et potenciam formidantes, per prefatum regnum incedere more solito non sunt ausi. Super premissis itaque taliter vos habere velitis, quod exinde possimus contentari, quodque vestre super hoc possimus benivolencie promptitudinem commendare. Et ut sciamus quem effectum apud vos nostre preces habuerint, quid de premissis feceritis nobis, per latorem presencium, rescribatis.

CXXXIV.

Droits d'échevins.

Livre Rouge de l'Échev., p. 129.

L'an M CCC et XIIII, Oudars Buyrons, curatères de Perrart, fil jadiz

31 janvier 1315.

---

[1] Louis X monte sur le trône de France le 29 novembre 1314; il en descend le 5 juin 1316. Regnault de Bar meurt la même année.

[2] L'instrument, qui est en très-mauvais état, se trouve ici déchiré.

Pierre Buyron, fist demande, en non doudit Perrart, à Marie femme Jehan Petisson, et audit Jehan pour tant comme à lui toucheit et pooit touchier, de c s. de parisis de annueil et perpétueil sourcens, que lidis Oudars, en non deseurdit, disoit et maintenoit que lidis Perrars avoit sur une maison séant en marchiet as Harens, entre la maison Lambert Corbel d'une part, et la maison les enfans Aubri Buyron qui fu, et Burdin dit Buyron d'autre, laquelle maison lidit Jehans, et sa femme, tenoient et possessoient, si comme lidit Jehans et sa femme maintenoient en jugemens; et pour justes causes, que lidis Oudars, en non deseur dit, maintenoit en sa demande, il fut niiet de la partie adverse. Approver sa demande, lidis Oudars mist lettres et instrumens en mannière de prueve, et trait tesmoins. Et pluseurs raisons et reproches furent proposées doudit Jehans Petissons, et sa femme, sur lesdites lettres, instrumens, et déposition des tesmoins, et trairent tesmoins approver, liquel furent oït et examinet diligenment.

Veues les lettres, les instrumens, et la déposition des tesmoins traiz de par ledit Oudart, en non deseur dit, à la fin de prover sa demande, veues ausis la déposition des tesmoins traiz de la partie lesdis Jehan Petisson, et sa femme, sus les reproches deseur dites, et seur toutes les choses eut consel diligenment, il fu dit, et par droit d'eschevins, ledit Oudart présent, et l'autre partie comparant par procureur fondet souffisanment, que lidis Oudars, en non deseur dit, avoit bien prouvée sa demande, non contrestant les raisons proposées de la partie adverse; et que ladite maison estoit tenue audit Perrart en dis c s. parisis chascun an, perpétuelment. Et fu cis jugemens rendus, l'an mil ccc xiiii, le venredi devant Quaresme-Prenant.

CXXXV.

JUDICIUM curie regie, per quod cognitio cujusdam excessus in monasterio S. Dyonisii remensis perpetrati, ad forum ecclesiasticum remittitur.

14 mars 1315.

Olim., iv, fol. 285 v°.

Cum ad nostrum pervenisset auditum, quod nonnulli malefactores, turba coadunata, ad abbaciam S. Dyonisii remensis venerunt, et portam anteriorem dicte abbacie, hostiario et pluribus ejusdem abbacie monachis contradicentibus et invitis, cum magno impetu, per violenciam intraverunt, et corpus cujusdam defuncti, qui excommunicacionis et interdicti sentenciis decesserat innodatus, super unum lapidem, prope refectorium dictorum religiosorum, ipsis existentibus in prandio, posuerunt, et serraturas ac hostia dicti monasterii, ausu et temeritate sacrilegis, effregerunt, dictique corpus deffuncti fecerunt in dicti monasterii cimiterio sepeliri, multasque violencias, injurias, et excessus intulerunt ipsis religiosis, in contemptum gardie nostre, in qua dicti religiosi fore dicuntur, ac in ipsorum religiosorum prejudicium et gravamen; baillivo viromandensi dedimus in mandatis, ut per se, vel per alium, ad predictum locum accedens, vocatis evocandis, super dictis excessibus inquireret veritatem, et si sibi ita esse constaret, dictos excessus tam nobis, quam dictis religiosis, prout ad eum pertineret, competenter faceret emendari. A quo baillivo certi commissarii, deputati ad dictum mandatum nostrum implendum, decanum et capitulum, necnon quosdam canonicos singulares remensis ecclesie, fecerunt coram se super premissis excessibus adjornari, qui proposuerunt se esse personas ecclesiasticas, et facta esse personalia super quibus, per dictos commissarios, de facto trahebantur in causam, et in personas ecclesiasticas dicebantur commissa, et se non teneri respondere super premissis coram judice seculari. Pecierunt eciam iidem commissarii, a procuratoribus dilecti et fidelis nostri remensis archiepiscopi, utrum vellent dictas violencias, injurias, et excessus, prosequi coram eis? Qui procuratores responderunt, quod non asserentes [*sic,* assererent?], quod commissio super dictis excessibus facta, non fuerat ad dicti archiepiscopi instanciam impetrata. Dicti vero commissarii, non obstantibus racionibus ex parte decani, capituli, et canonicorum singularium predictorum, ad recepcionem et examinationem testium, contra dictos decanum, capitulum et canonicos, super predictis excessibus, ex suo officio processerunt, et processum suum, ac deposiciones testium super hoc productorum, sub sigillis suis clausis, nostre curie parisiensi remiserunt. Visis igitur per curiam nostram processu et deposicionibus predictis, quia evidenter apparet per processum eundem, facta predicta esse mere personalia, et quod a personis ecclesiasticis, et in personas ecclesiasticas, proponebantur facta fuisse, nec apparet aliqua justa causa quare predictorum excessuum cognicio ad seculare forum debeat pertinere, per curie nostre judicium dictum fuit, predictorum commissariorum processum nullius esse valoris, nec per curiam nostram judicari debere. G. de Usto repor. Veneris ante Ramos Palmarum.

CXXXVI.

12 avril 1315.

MANDEMENT du roi qui convoque l'archevêque de Reims à l'ost de Flandres.

Archiv. de l'Hôtel-de-Ville, renseign. — Marl., II, 604.

Loys.... rois de France et de Navarre...., à notre amé.... l'arcevesque de Reins, salut et amour. Pour ce que nous entendons de certain, que cil de Flandres persévèrent en leurs commotions d'estre désobéissans et rebelle de tenir la pais qu'il ont faite à notre.... père, nous qui voulons estre pourveu, si que nous les puissions contraindre, par vous, et par nos autres féables subgiez, à ladicte pais tenir, et à venir demourer en notre obbéissance, de quoi nous ne volons plus souffrir sans honte de nous et de notre roiaume, si comme notre conseil le nous afferme; nous vous requerrons et prions, si à certes comme plus poons, que vous vous arréez, et faites vos gens arréer souffisamment, si que vous soiez avecques nous à Arraz[1] à la moitié de ce prochain mois de juing, en armes, et en chevaus, si comme à vous appartient et le devez faire; et avec ce, si que nous vous en doions savoir gré, appareilliez de nous servir et aidier à contraindre les rebelles à tenir ladite pais.... Donné à Paris.... le xII^e jour d'avril, l'an M. CCC. et quinze.

CXXXVII.

13 avril 1315.

LI arrès de la rue de Saubour, en cas de saisine. *Alias :* Adjudication de la justice en la rue de Saubourc, pour l'abbaye Saint-Nichaise, contre les religieux de Saint-Remy.

Archiv. de Saint-Nicaise, liass. 13, n° 13.

A tous ciaus qui ces présentes lettres verront et orront, Guis, sires

---

[1] Par une lettre du 5 juin 1315, le roi ajourne à la Magdeleine la réunion indiquée d'abord à Arras pour la mi-juin «.... Et pour ce que nous avons entendu, que pour aucunes paroles mensongières qui ont couru, que nous aviens fait pais as Flamens, vous vous estes destriez de vous appareillier pour là venir, vous mandons estroictement que pour nulles tiex paroles, se vous n'en estiez acertenés par nos lettres, vous ne lessiez que vous ne veniez.... »

de Villersmourier, baillis de Vermendois, salut. Comme plait fut meuz pardevant nos devanciers, ès assises de Laon, entre religieux homes l'abbeit et le couvent de Saint-Remi de Reins d'une part, et religieux homes l'abbeit et le couvent de Saint-Nichase de Reins, d'autre part, et eussent proposeit l'une partie contre l'autre fais contraires, en cas de justice de la rue de Saubourc ; c'est à savoir li abbés et li couvens de Saint-Nichase, ou leur procurères, en ceste manière :

A ceste fin que li sergens qui est establis de par le roy pour faire esplois de justice, comme maires, en la rue c'on dit de Saubourc, à la requeste de ciaus de Saint-Remi, soit ostés, et que li tourbles et li empeechemens que cil de Saint-Remi metent en icelie justice, et ont fait metre, par la gent le roy, soit dou tout remis en la main de l'abbeit et dou couvent de Saint-Nichase de Reins, et que li offices, et li estas, et tous li esplois, et tous li pourfis, qui fait ont esteit par ledit sergent, establit de par le roy, soient remis arrière, en la main desdis abbeit et couvent de Saint-Nichase, et li tourbles et li empeechemens que cil de Saint-Remi i metent et ont mis, soit dou tout ostés : dist et propose, et entent à prouver li procurères à l'abbeit et au couvent deseurdiz, encontre l'esglise de Saint-Remi de Reins, les choses qui ensieuent : *Premièrement,* que ladite esglise de Saint-Nichase est, et a estet, et estoit avant le débat meut, en saisine d'avoir son maieur, et ces eschevins, seul, sans parsonnier d'autrui. *Item,* de justicier et de faire justice en icelie rue de Saubourc, et ès mennoirs. *Item,* de faire prinses en icelie rue, et de mener lesdites prinses en leur prison, à Saint-Nichase. *Item,* d'avoir amendes, et de joïir des amendes, pour les meffais fais en ladite rue. *Item,* de faire vés et desvés des maisons et des héritaiges vendus en ladite rue. *Item,* d'avoir les ventes desdits héritaiges, vendus et achetés. *Item,* d'entrer ès dits héritaiges, et d'issir d'iciaus, par la main dou maieur de ladite esglise de Saint-Nichase, et de ces eschevins. *Item,* que de ce et des choses deseurdites, est et a esté ladite esglise de Saint-Nichase en saisine, et estoit au temps, et avant, le débat meut. *Item,* que des choses deseurdites, a ladite esglise de Saint-Nichase usé, et exploitiet, par son maieur, et par ces eschevins, seul, sans parsonnier d'autrui, par tant de fois, et en tant de cas, qu'il souffist, et doit souffire, à saisine avoir acquise. ....*Item*, ce aucunes prises ont esté faites en ladite rue de Saubourc, et ès maisons d'icelie rue, par autres persones que par la justice de Saint-Nichase, ladite esglise de Saint-Nichase en a esté ressaisie, et eut amendes. *Item*, et des choses deseurdites est ladite esglise de Saint-Nichase en saisine [etc., etc....] et fait protestacion [li procurères] que ce cil de ladite esglise de Saint-Remi provoit aucuns esplois fais en ladite rue de Saint-Saubourc, ou ès manoirs, par iaus, ou par autrui, puis le contens meut entre les parties, liqueiz contens est et dut estre en la main le roy, ne face préjudice à ladite esglise de Saint-Nichase.

Et li procurères de Saint-Remy en ceste manière :

A ceste fin que li esplois fais par les gens de religieux homes, l'abbeit et le couvent de Saint-Nichase de Reins, en une rue c'on dist Saubourc, à Reins, et en justissant, soit remis en la main de religieux homes l'abbeit et le couvent de Saint-Remi de Reins, et que la saisine de la justice de cele rue, toute, et des appartenances, soit adjugié audiz religieux de Saint-Remi, et li tourbles et li empeechemens fais par lesdiz religieux de Saint-Nichase soit ostés, et ce qui est en la main le roy, pour le débat des parties, soit remis en la main desdiz religieux de Saint-Remy : dist et propose li procurères des religieux de Saint-Remi de Reins, pour iaus, et en non d'iaus, les choses qui s'ensieuent : *Premièrement*, dist li procurères desdiz religieux de Saint-Remy de Reins.... qu'ils sont en saisine et en possession de cemonre, d'ajourner, les persones demourans en ladite rue, pardevant iaus. *Item*, d'avoir la connoissance des persones couchans et levans, et demourans, en icele rue, et ès héritaiges, maisons, d'icele rue, et par tel temps qu'il ont saisine acquise. *Item*, de penre, de lever amendes, et dou recevoir en justissant soit des persones demourans en ladite rue, soit des héritaiges, toutes fois que cas s'i est offers. *Item*, de penre et de lever par leur main, comme seigneurs de ladite rue, en justissant, certainnes redevances deutes ausdis religieux de Saint-Remy, des demourans en ladite rue. *Item*, de penre et de arrester en ladite rue les maufaiteurs, toutesfois que cas c'i est offers, seul, sans compaingnie d'autrui. *Item*, d'avoir la connoissance d'iceus, dou punir, dou justicier, et dou jugier, selonc leurs meffais, toutesfois que cas c'i est offers et besoing a esté. *Item*, que pluseurs fois cas de justice c'i sont offert. *Item*, d'avoir toute justice, haute et basse, en ladite rue, et ès appartenances d'icele, seul, sans compaingnie, de si lonc temps qu'il ont saisine acquise. *Item*, que des choses deseurdites, et de la justice de ladite rue, sont lidis religieux de Saint-Remi en saisiue...., et estoient au temps que cil de Saint-Nichase fissent l'empeechement, par coi li débas est en la main le roy, qui fu fais en l'an de grâce mil deus cens quatre-vins et diz, ou environ. *Item*, que en tourblant, et en empeechant lesdis religieux de Saint-Remi, en la saisine de la justice deseurdite, la gent desdis religieux de Saint-Nichase firent lesdis empeechemens. .... *Item*, des choses deseurdites offre li procurères desdis religieux de Saint-Remi à prover, tout, ou partie, [etc., etc....]

<small>Vers 1290.</small>

Lesqueiz fais bailliés devers la court par articles, en la manière que desus sont escripz, chacune partie afferma, et offri à prover les siens, en niant les fais de sa partie adverse. Seur ce fu plait entamé, auditeurs donnés eschevins de Laon, pour enquerre la vériteit; devant lesqueiz li procurères desdites parties respondirent as articles, par leur serment, traïrent et amenèrent tesmoins d'une partie et d'autre, liqueiz furent oïz, et examinés diligenment, et leur déposicion mise en escript, repreuches bailliés contre les tesmoins, et contre leur diz, d'une partie et d'autre, raisons de droit, et réplicacions, ordre de droit gardée, tout mis en l'enqueste, conclus en la cause, et ladite enqueste rapportée en court par eschevins, aus assises tenues à Laon, par sire Fremy de Coquerel, nostre devancier, l'an de grâce mil trois cens et trèze, le venredi unze jours en may; ausqueles assises comparurent, pardevant ledit nostre devancier, et pardevant eschevins, en jugement, les procurères desdites parties, fondés par procuration souffisanment, requérans à grant instance que droit leur fût fais; veue ladite enqueste, tout le procès fait en la cause entre lesdites parties, raisons de fait et de droit, réplicacions, à grant diligence considéret tout ce qui de droit, de coustume, et de raison, faisoit à considérer, dit fu, par jugement des eschevins, et pour droit, que li procurères de ladite esglise de Saint-

<small>11 mai 1313.</small>

Nichase, ou non de ladite esglise, avoit mieux provet s'entente des choses contenues ès articles desdites parties, en cas de saisine, et lidiz procurères de Saint-Remy mains souffissanment; par coi ce qui mis estoit à la main le roy, pour le débat des parties, cera remis à la main desdiz abbeit et couvent de Saint-Nichase. A ce jugement faire et prononcier furent, comme eschevins : Adam li Poure, Jehan de Ternu, Thoumas de Bourguignon, Brice de Vaus, Wautier de Biaune, Robers li Frans, Gile de Rochefort, Soibert de Chauni, Jorran d'Avenis, Girart Feron, Raous de Molinchat, Robers Alemant, Gobers Haton, et pluseurs autres.

Et comme li procurères desdits religieux de Saint-Nichase, en nos présentes assises que nous tenimes à Laon, l'an de grâce mil trois cens et quinze, soit venus en plainnes assises, en jugement, et nous ait requis que nous, doudit jugié, li baillissiens lettres, seellées dou seel de la baillie, en nous monstrant un mandement dou roy à nous seur ce adrecié; sachent tuit, que nous, au conseil des eschevins, ès arrez de ladite assise tenue par nous, feimes aporter les arrez de l'assise tenue par nostre devancier, et feismes lire ledit mandement, pardevant les eschevins, liqueiz eschevins oïrent ledit procès, et recordèrent ledit jugement avoir esté fait en la manière qu'il est desus transcript. Et ce recort firent Adam li Poure, Brice de Vaus, Gile de Rochefort, Jorran d'Avenis, Girart Feron, Robert Lalemant, et Gobert Haton, comme eschevins. Et nous, au recort d'iceuls, avons mis à ces lettres le seel de la baillie de Vermendois, l'an desusdit, le diemenche en trois semainne de Pasques.

CXXXVIII.

8 mai 1315. PRECEPTUM regium, de armis occulte a civibus remensibus portandis.

Archiv. de l'Hôtel-de-Ville, renseign.

CXXXIX.

10 mai 1315. MANDATUM regis, ut scabini laudunenses adjornentur Parisius, scabinis remensibus responsuri.

Archiv. de l'Hôtel-de-Ville, renseign.

Ludovicus[1].... rex, baillivo viromandensi.... Cum in causa mota inter scabinos remenses banni.... archiepiscopi, ex parte una, et abbatem et conventum S. Remigii, scabinos et burgenses banni S. Remigii, ex altera, ex quodam judicato in assisia nostre curie laudunensis prolato per Adam dictum Pauperem, scabinum laudunensem, dicti scabini banni archiepiscopi, tanquam a nullo, vel saltem tanquam a falso et pravo, ad nos appellasse dicantur; vos bailliv[e] ad[tente requirimus?], vobis mandantes quatenus dictum Adam personaliter adjornetis, necnon et alios scabinos laudunenses, per se, vel per procuratorem [fundatos, si] in aliquo sua crediderint interesse, abbatem et conventum S. Remigii, scabinos et burgenses S. Remigii, in quantum ipsos tangere potest, Parisius ad dies baillivie vestre, nostri futuri proximo parlamenti, ad respondendum dictis appellantibus....; non permittentes interim contra dictos appellantes aliquid attemptari.... Datum Parisius x, die maii, anno Mº·CCCº XVº.

CXL.

MANDEMENT royal adressé aux échevins et au peuple de Reims, 27 mai 1315. qui doivent se trouver armés et équipés à Arras, et ne pas croire aux bruits de paix qui ont été mensongèrement répandus dans le public.

Archiv. de l'Hôtel-de-Ville, renseign.

Loys.... à nos amés les eschevins et le pueple de toute la ville de Rains, salut et amour. Nous vous avons mandé autrefoiz, que vous fussiez avec nous à Arras, en chevaus, et en armes, souffisanment appareilliez, comme vous estes tenuz, et avec ce encore, si que nous vous en deussions savoir gré, à la moitié de ce prochain mois de juign pour nous aidier, et contraindre ceux de Flandres qui sont ou seront désobéissant et rebelle à nous, et défallant de tenir la pais que nostre chiers sires et pères fist à ieus, à ce que il viegnent à nostre obéissance, et que il tiegnent ladite pais, si comme il y sont tenuz. Ore avons entendu de nouvel, que pour aucunes mençonges qui ont esté dites, que nous avions depuis fait pais aus Flamens, laquelle chose est fausse, et mençongière, vous, et li autres, vous estes détriés et

[1] Cet instrument est lacéré, et divers passages en sont illisibles.

détriez de vous appareiller pour là venir, si comme vous devez; si vous faisons à savoir que point de pais n'y a, ainçoiz entendons à estre audit leu et jour, se Dex plaît; et jà avons nos gens envoiez là pour faire nos apparaus et nos garnisons; et pour ce vous mandons et requerons, que si chier comme vous avez nous et nostre grâce, vous vous apparelliez, et faites vos gens apparellier, en tele manière que vous et il, soiez auzdis jour et lieu, si souffisanment que nous vous en doïons savoir gré. Donné à Paris, le xxvii° jour de may, l'an....
M. CCC. XV.[1]

CXLI.

Mai 1315. ORDONNANCES faictes à la supplication des nobles de Champagne.

<small>Ordonn. des Rois de France, 1, 573 et 576.</small>

CXLII.

26 juin 1315. MANDATUM regis baillivo viromandensi, ut inquirat si remenses cives a se, vel ab archiepiscopo, ad arma capienda citari debeant.

<small>Archiv. de l'Hôtel-de-Ville, renseign.</small>

Ludovicus.... baillivo viromandensi. Dilectus archiepiscopus.... nobis graviter est conquestus, quod licet terram suam banni sui remensis in paritate et baronia teneat a nobis...., predecessoresque nostri totiens quotiens pro eorum guerris indiguerunt exercitu, remenses archiepiscopos qui pro tempore fuerunt, citari fecerunt per litteras regias, ut ad dictum exercitum pro se, et eorum civibus banni, et subditis aliis, accederent, nos de novo...., sicut dicit, pro instanti guerra flandrensi, cives dicti archiepiscopi, in dicto banno morantes, per nostras litteras eis directas citavimus, ut ad dictam guerram in armis et equis accedant, in archiepiscopi prejudicium, et juris sui maximum detrimentum. Quocirca mandamus vobis, quatenus si vocato pro nobis legitimo defensore, et aliis vocandis, vobis constiterit de predictis, predicta citatione, per nos, ut predicitur, facta, penitus revocata, ipsum archiepiscopum dictam citationem, quam per eum

<small>[1] Dans les Archiv. de l'Hôtel-de-Ville, même liasse, se trouvent des lettres du 5 juin 1315, qui prorogent la convocation jusqu'au 22 juillet de la même année.</small>

tenore presentium.... mandamus fieri, facere permittatis.... Est tamen intentionis nostre, quod si predictum negotium longum tractum habeat, quin citatio per nos facta de civibus valeat, jure tamen archiepiscopi super hiis salvo....

CXLIII.

MANDEMENT du roi qui révoque l'ordre donné par lui au bailli de Vermandois, de convoquer directement les habitans du ban de l'archevêque, à l'ost de Flandres. 27 juin 1315.

Bibl. Roy., Reims, cart. x; Rogier, p. 169; Marl., II, 604.

Louis.... au bailli de Vermandois.... Nous vous mandons que vous ne contraignez pas de notre autorité, sans moïen, ne faites contraindre les échevins, ni les bourgeois de notre amé et féal archevêque de Reims à venir en notre ost de Flandres; et se par vertu de notre autre mandement, aucun commandement leur avés fait, ou fait faire, sans moïen, si les rappelés, et mettez au néant, sans nul défaut. Donné à Paris, le XXVIIe de juin, l'an M. CCC. et XV., le mardy [sic, venredi?] devant la Saint-Pierre.

CXLIV.

LETTRES par lesquelles le roi permet au collecteur des décimes qu'on levoit dans le diocèse de Reims, pour le voyage d'outremer, de créer des sergens et de les révoquer [1]. 3 août 1315.

Ordonn. des Rois de France, I, 603.

CXLV.

LETTRES du roy Loys, roy de France et de Navarre, scellées en double queue, et cire jaune, données en ses tantes à Bondies, le VIe jour de septembre, l'an de grâce mil III^c et XV, par lesquelles il confesse avoir receu, en nom de prest, des eschevins et citoyens du ban l'archevesque de Reims, la somme de deux [sic, six?] mil livres parrisis, sur lesdits despens fraictz (sic) en son couronnement, sans ce qu'il leur tourne à préjudice ou procès et débat qui estoit contre eux se disans non estre tenus, 6 septembre 1315.

[1] Ces lettres sont datées de Reims, et du jour même où Louis X y avait été sacré.

et que se tenus estoient, que ce n'estoit pas pour si grande somme que on leur demandoit; sous ceste condition, que quant il sera dict pour combien ils sont tenus ausdicts despens, ce leur tiendra lieu en acquit d'icelle somme; et se ilz doibvent plus, ilz se préféreront jusques à la somme qui les affera; et se ledict prest [s'élève] plus qu'ilz ne debvront, leur droict leur sera sauf contre les aultres parsonniers desdits despens; et tant qu'il soit sceu, ne seront contrainctz de plus grandes sommes; pour quoy ilz [*sic*, il?] mandent au bailly de Vermandois, ou à son lieutenant, non les contraindre plus avant. Signé au doz : Prest de vi mil livres parisis [1].

Bibl. Roy., mss. Suppl. franç., 1515-2; Invent. de Foulquart, fol. 30 v°. — Invent. de 1691, p. 73.

[1] Cet acte rouvre la série longtemps interrompue des débats relatifs aux frais du sacre. Malheureusement il avait déjà disparu des archives à la fin du dernier siècle ; car à cette époque, l'archiviste Le Moine écrivait ces mots : « *Deficit*, novembre 1787 », en regard de l'analyse suivante qu'en donne l'inventaire de 1691 : « Une lettre portant def-« fense de contraindre les habitans pour fraits « du sacre, jusque fin du procès qui se poursui-« voit pour sçavoir qui devoit contribuer; ils « avoient fourny 6000 fr. par forme de prest. » Nous regrettons d'autant plus vivement le texte de cette lettre, que nous différons du savant Rogier sur le sens qu'il faut assigner et à cette lettre même, et à toute la période d'hostilités dont elle signale la récrudescence.

En effet, dans la série de procès qu'enfante la nécessité d'acquitter les frais du sacre, nous croyons apercevoir cinq phases très distinctes.

Durant la première, qui s'étend depuis l'ouverture des débats jusqu'au mois de juillet 1287, il s'agit de savoir si l'échevinage concourra, avec les châtellenies auxquelles on veut l'assimiler, à couvrir l'archevêque de ses avances. Alors la querelle est directe entre l'archevêque et les échevins.

La seconde période s'étend du mois de juillet 1287 au 1er août 1317. L'échevinage est assimilé aux châtellenies ; mais une foule de questions nouvelles sont soulevées par la décision même qui vient de l'y assimiler. Et d'abord, d'après quel principe seront répartis les frais du sacre? Cet impôt sera-t-il réel ou personnel? S'il est réel, sur quelle espèce de propriétés portera-t-il? frappera-t-il les meubles ou les immeubles? s'il frappe les immeubles, les clercs, les francs-sergents du chapitre, les bourgeois des autres bans, détenteurs de propriétés sur le ban de l'échevinage, seront-ils imposés à raison de ces propriétés mêmes? Dès lors, on le voit, la lutte s'engage entre l'échevinage rendu solidaire, et ceux qu'il veut entraîner dans cette solidarité.

Mais la troisième période, qui embrasse à peine trois années, du 1er août 1317 au 26 mai 1320, voit rentrer le débat dans sa première phase. Une note, trouvée dans les archives de la cour des comptes, établit qu'autrefois les frais du sacre ont été supportés par les archevêques; et la querelle redevient directe entre ceux-ci et les échevins qui succombent bientôt, et pour la dernière fois.

Dès lors, et durant la quatrième période,

CXLVI.

LETTRES de commission du bailli de Vermandois [à trois sergens royaulx], esquelles sont transcriptes les lettres de Pierre

8 septembre 1315.

qui s'étend du 26 mai 1320 au mois de janvier 1325, le procès repasse par sa seconde phase. L'échevinage essaie d'entraîner dans sa mauvaise fortune tous les propriétaires de son ban. Une série de transactions, dont la dernière est de janvier 1325, fait cesser cet état d'hostilité.

Alors, l'échevinage entre dans une cinquième et dernière période, où il défend ses intérêts, et ceux des autres contribuables, contre les prétentions de divers corps, et particulièrement contre celles des grands officiers de la couronne, qui veulent augmenter le poids du fardeau désormais imposé, mais définitivement allégé par une série d'arrêts, dont le dernier est du 10 décembre 1353.

A travers cette lutte si prolongée, Rogier, au lieu de cinq phases, n'en distingue que trois. Historien de la bourgeoisie, habitué à reconnaître partout la main de l'archevêque, il croit la voir peser directement sur les débats, depuis leur origine, jusqu'au 26 mai 1320, et fond ainsi en une seule les trois premières périodes du procès. Voici le passage de ses Mémoires où il s'exprime le plus formellement à ce sujet. (Bibl. Roy., Mss. Reims, cart. VIII, Rogier, part. II, p. 19.)

« Nonobstant les jugements donnés contre « les échevins et habitants de Reims, et les « payements faits par eux des dépens des sa- « cres des rois Philippe-le-Hardi et Philippe- « le-Bel, ils ne se tenoient pas pour obligés à « cette servitude, et [regardoient comme non « avenu] tout ce qui avoit été fait à la dé- « charge de l'archevêque. Ils poursuivirent « ledit archevêque en la cour du parlement, « afin d'être déchargé et indemnisé par ledit « archevêque, lequel au contraire défendant, « disoit qu'il n'étoit tenu de répondre; vou- « lant dire, que les actions que l'on préten- « doit avoir contre lui, se devoient première- « ment intenter pardevant sa justice. Mais par « arrêt de l'an mil ccc dix, est dit qu'il répon- « dra en ladite cour. Cette cause tirant en « grande longueur par le moyen des lettres « d'État qu'obtenoient les archevêques, « contre les parties qui les poursuivoient, « par lesquelles le roi défendoit de ne point « poursuivre ledit archevêque durant le tems « d'un an, sur le donné à entendre que ledit « archevêque faisoit, qu'étant occupé aux af- « faires du roi il ne pouvoit vaquer aux sien- « nes; et ces lettres se renouveloient par cha- « cun an; (il s'en trouve un nombre infini de ce « tems-là;) pendant laquelle instance, survint « le sacre du roi Louis dit Hutin..., qui fut en « l'an 1315; les dépens duquel sacre furent « très grands, montant à la somme de vingt « mille huit cent livres parisis, les officiers de « la maison du roi faisant leur profit des dé- « bats qui étoient entre l'archevêque et les « habitans, au sujet de quoi personne ne con- « trolloit les actions desdits officiers; ce qui « causa un grand mal. Pour le rembourse- « ment de la susdite somme de vingt mille « huit cent livres parisis, les échevins furent « poursuivis par le roi; mais lui ayant été re- « montré par lesdits échevins comme ils n'es- « toient tenus desdits dépens, et en tout cas « que s'ils en étoient tenus, ce n'étoit que « pour une partie, et non en tout, ce néant- « moins ils baillèrent au roi en nom de prest, « la somme de six mille livres parisis, en telle « manière que nul préjudice ne leur fût fait « par ce en la défense de leur cause envers « quelque partie que ce fût pour ce regard; « et que quand il seroit dit pour combien ils « seroient tenus desdits dépens, ledit prest « leur tiendroit lieu d'acquest, comme tout « est amplement contenu en une copie de « lettre patente donnée par ledit roi Louis, « le 6 septembre 1315. »

Ainsi, selon Rogier, durant les quarante années qui séparent l'arrêt de juillet 1287 de celui du 1ᵉʳ août 1317, le procès, toujours agité, est demeuré toujours indécis entre l'échevinage et son suzerain; selon nous, durant ce même laps de temps qui, on se le

Remi, maistre de la chambre aux deniers de l'ostel du roy, par lesquelles il mande audit bailli, que le roy a tenu quittes les

rappelle, forme notre seconde période, la lutte s'est engagée entre l'échevinage condamné, et les propriétaires forains, que celui-ci voulait impliquer dans sa condamnation. Un examen attentif des actes qui appartiennent à cette phase du débat nous semble devoir faire trancher la question en notre faveur.

De 1287 à 1317, il faut d'abord distinguer deux séries d'hostilités, séparées par un armistice de vingt ans. 1°. Les hostilités sont fort vives du mois de juillet 1287 au 10 avril 1294. 2°. Elles sont suspendues du 10 avril 1294 au 6 septembre 1315. 3°. Enfin elles éclatent avec une nouvelle vigueur du 6 septembre 1315 au 1er août 1317.

A la première série d'hostilités appartiennent treize pièces qui portent pour date 27 novembre 1287, 10 décembre 1287, vers 1288, 25 février 1289, 16 avril 1289, vers 1289, juin 1290, 4 décembre 1290, 1290 (compte), mars 1291, 22 août 1291 (deux pièces), 10 avril 1294. Tous ces actes, sans aucune exception, sont nés de débats entre les échevins et les propriétaires forains de leur ban. Mais, hâtons-nous de le dire, Rogier, qui a eu entre les mains plusieurs de ces documents, ne s'est pas trompé sur leur sens littéral; seulement, dans son esprit, ils se rattachaient, comme accessoires, aux embarras suscités à l'échevinage par la querelle que cet historien suppose engagée directement entre l'archevêque et les échevins.

Mais cette querelle, selon Rogier, n'est pas seulement engagée, elle est débattue, même durant les vingt ans où nous plaçons un

armistice entre les parties belligérantes, n'importe quelles elles soient; et à l'appui de son opinion, il cite un arrêt de mil ccc dix, *par lequel il est dit que l'archevêque répondra aux échevins, en parlement*, à l'occasion des frais du sacre. Les nombreuses copies des manuscrits de Rogier indiquent à peu près toutes, il est vrai, un arrêt de mil ccc dix, mais aucune n'en rapporte le texte, et les inventaires *, même les plus complets, ne font point mention de cet acte important. Aussi nous sommes persuadé que Rogier a été trompé par une copie fautive de l'arrêt dont il parle, ou qu'il s'est trompé lui-même s'il a cru lire dans l'original la date de mil ccc dix, au lieu de celle de mil ccc xix qui devait y être. Effectivement, en 1319 (v. s., voir plus bas l'acte du 26 mars 1320), nous trouverons un arrêt où il est dit, à l'occasion des frais du sacre, que *l'archevêque répondra* à la demande des échevins; et à cette époque le dispositif d'un semblable arrêt n'offrira rien que de très-naturel, car la découverte dont il est question dans l'acte du 1er août 1317 aura fait renaître le débat, directement entre l'archevêque et les échevins.

Enfin une seconde série d'hostilités s'ouvre immédiatement après le sacre de Louis X. A cette série appartiennent huit actes datés du 6 septembre 1315, du 8 septembre 1315, de novembre 1315, du 9 février 1317, du 17 mars 1317, du 27 avril 1317, du 7 juin 1317, et du 1er août de la même année. Sur ces huit actes, Rogier n'en indique ou n'en cite que trois, ce sont ceux du 6 septembre 1315, de novembre 1315, et du 17 mars 1317. Mais

---

* Dans l'inventaire de 1691, fol. 72 v°, une main différente de celle de Copillon, qui l'a dressé, indique la commission du 1er juillet 1300 comme un acte destiné à *rendre la liberté aux échevins détenus dans les prisons de Laon pour les frais du sacre de Philippe-le-Bel*. Nous renvoyons au texte même de cette commission que nous avons donnée p. 5 de ce volume, et dans laquelle on ne trouvera rien de semblable. L'auteur de la note ajoutée à Copillon aura été induit en erreur par l'acte de juin 1290, *Archiv. Admin.*, I, p. 1044, où il est effectivement question de bourgeois emprisonnés à Laon pour les frais du sacre; mais s'il avait consulté le fragment de comptes que nous avons donné *ibid.*, p. 1050, il y aurait vu que les bourgeois, et même les échevins de Reims, étaient parfois emprisonnés à Laon pour des débats étrangers aux frais du sacre.

eschevins de Reims des despens de son.... sacre, et ordonne faire payer les bourgeois du ban de chapitre, et du ban Saint-Remy de Reims, et des chastellenies l'arcevesque. Datté le rescript [des trois sergens] du lundi viii⁰ jour de septembre, l'an m iiii⁰ [*sic*, iii⁰] xv.

Invent. de 1486, p. 52.

cette fois ce n'est plus seulement sur la signification générale de ces actes, c'est sur leur interprétation littérale qu'il nous semble se méprendre. Le premier et le second désignent à notre avis les propriétaires forains comme la partie adverse de l'échevinage ; pour Rogier, cette partie adverse est l'archevêque. Le troisième paraît indiquer les gens du roi comme les exacteurs des frais du sacre ; pour Rogier, ces exacteurs sont les gens de l'archevêque.

A l'interprétation que donne Rogier de ces trois actes, nous pourrions opposer le texte des cinq qu'il semble avoir ignorés en tout ou en partie, et dont quatre désignent les propriétaires forains comme les seuls adversaires de l'échevinage, tandis que le dernier indique d'une manière précise l'instant où l'archevêque rentre dans les débats. Mais nous ne refusons pas d'en appeler aux actes mêmes que Rogier a commentés, actes auxquels nous joindrons son commentaire et le nôtre, et qui se réduisent, on se le rappelle, aux lettres du 6 septembre 1315 dont nous nous occupons ici, et à celles de novembre 1315 et du 17 mars 1317 dont nous nous occuperons plus tard.

Malheureusement, comme nous l'avons dit en tête de cette note, nous n'avons pu recouvrer le texte des lettres du 6 septembre ; mais Rogier, dans l'extrait qu'il en donne, tout en parlant *des débats qui estoient entre l'archevesque et les habitants*, constate *que les échevins furent poursuivis par le roy*. Il dit ensuite, il est vrai, *que les échevins remontrèrent au roy qu'ils n'estoient tenus des despens du sacre*; mais, cette protestation, qui entrait dans le protocole exigé par leur amour-propre et leur intérêt, se trouve corrigée de suite par cette restriction *qu'en tous cas s'ils en estoient tenus, ce n'estoit que pour une partie ; et soudain ils versent un prêt, sauf,* comme le dit Foulquart, *leurs droicts contre les aultres parçonniers desdits despens ;* ou en d'autres termes, contre les habitants des châtellenies qui depuis longtemps avaient accepté le fardeau, et contre les forains propriétaires à qui il s'agissait de l'imposer.

En un mot, ici, comme dans les deux autres actes cités par Rogier, comme dans les cinq qu'il ignore ou qu'il connaît mal, nous ne pouvons démêler 1°. que les habitants des châtellenies, les propriétaires forains, et les échevins, comme contribuables résignés ou récalcitrants ; 2° que les gens du roi comme exacteurs de l'impôt acquitté ou refusé. La première de ces deux assertions surtout nous paraît hors de doute ; quant à la seconde, on peut voir, dans les notes des actes de novembre 1315 et du 17 mars 1317, quelles concessions nous sommes disposé à faire. Et cependant il nous semble excessivement probable que du moment où, sur le ban de l'échevinage, se trouvaient des propriétés dont les détenteurs n'étaient pas justiciables de l'archevêque, les parties intéressées à la levée de l'impôt ont dû avoir recours à la main du roi, *comme souveraine,* pour exercer les contraintes. Ce fut du moins la marche que suivirent invariablement les échevins, lorsque, le procès terminé, ils se trouvèrent, comme principaux contribuables, placés à la tête des recouvrements.

CXLVII.

Octob. 1315.   CONCILIUM silvanectense in causa P. de Latiliaco, catalaunensis episcopi; et epistola convocatoria R. de Curtenaio.

Labbe, concil. xi, 1623.

CXLVIII.

17 novembre 1315.   MANDATUM regis comiti blesensi, vel ejus locum tenentibus, ad exercitia jurisdictionum suarum facienda apud Avesnas, ut interrogent quosdam malefactores, qui ceperant et spoliaverant duos burgenses remenses in avesnensi territorio.

Archiv. de l'Hôtel-de-Ville, renseign.

Ludovicus.... comiti blesensi [*alias* belsensi], vel ejus locum ad exercicia jurisdictionum suarum facienda apud Avesnas tenentibus, salutem et dilectionem. Cum Johannes de Masnillis, et Hermandus Clafars, cives remenses, in terra et jurisdictione vestris de Avesnis, capti fuerint per quosdam malefactores, et bonis suis pluribus depredati, et spoliati, et prepositus vester de Avesnis depredatores ipsos in tantum prosecutus fuerit, quod dictos cives per potenciam suam ab eorum manibus liberavit, et duos ex ipsis depredatoribus cepit, et adhuc captos tenet, prout hec omnia nobis fuerunt exposita; requirimus vos attente, quatenus de ipsis malefactoribus faciatis fieri celeris justicie complementum, et diligenter ab eis inquiri nomina suorum complicium, qui ad dictum maleficium interfuere cum ipsis; et ipsorum confessiones super eo factas, vel faciendas, baillivo nostro viromandensi, et scabinis remensibus, sub sigillis vestris, mittatis; taliter id acturi, quod nobis gratum esse debeat, nec ad aliud propter hoc remedium recurramus. Datum Parisius, xvii die novembris, anno D. m°. ccc°. xv°.

CXLIX.

Novembre 1315.   COMMISSION pour assigner ceux qui devoient contribuer aux frais du sacre. Assignation au bas [1].

Invent. de 1691, p. 73.

[1] Dans l'inventaire de 1691, Copillon avait d'abord indiqué le mois d'octobre 1315 comme date à cette commission. Une correction a substitué le mois de novembre à celui d'octobre dans la date, qui cependant à notre avis était exacte; car l'acte dont il s'a-

CL.

ORDONNANCE qui prescrit à l'archevêque de Reims, et Vers Noël 1315.

git dans l'inventaire, nous paraît être le même que celui dont Rogier (Bibl. roy., Reims, cart, VIII, Mém., part. 2, p. 19) parle en ces termes :

« Le 16 octobre 1315, le roi bailla commis-
« sion à Dreux de la Charité, clerc, et au
« bailli de Vermandois, d'appeler l'archevê-
« que de Reims, les échevins et habitants des
« sept châtellenies, comme aussi les habi-
« tants dudit Reims demeurants sur les bans
« et seigneuries du chapitre et de Saint-Remi,
« et tous autres qui étoient à appeler, pour
« leur faire payer à chacun, selon leur faculté,
« les dépens de son sacre, comme ils avoient
« fait du temps de son père. Il ne se trouve
« rien de ladite instance. »

Nous eussions souhaité déterminer plus exactement et la date et le sens de cette pièce; mais elle avait disparu des archives dès le XVIIIe siècle, car en marge de l'indication qu'en donne l'inventaire de 1691, Le Moine a écrit : *deficit, novembre 1787*. La perte de cet acte est d'autant plus regrettable que dans l'analyse qu'en a faite Rogier, l'archevêque figure au nombre des contribuables assignés pour acquitter les frais du sacre, ce qui nous paraît peu vraisemblable. Autrefois, il est vrai, une citation, à peu près semblable par la forme, avait été décernée le 10 avril 1294 (voir à cette date); mais au fond, il s'agissait alors d'une enquête sur le droit de gîte, comme origine de l'impôt du sacre, enquête qui touchait aux prérogatives féodales de l'archevêque, et pouvait remettre en question une servitude dont il s'agissait de scruter les origines.

Maintenant il ne s'agit plus que de l'interprétation de l'arrêt bien connu de juillet 1287, comme le prouve la citation adressée aux sujets du chapitre, et de Saint-Remi; et nous ne voyons pas pourquoi ces derniers ne seraient pas seuls convoqués, avec les habitants de l'échevinage et des châtellenies, par la commission du 15 octobre, comme ils le seront seuls par celle du 9 février 1317. La présence de l'archevêque parmi les contribuables pré-

sumés nous paraît d'autant plus improbable, que loin de donner suite aux débats qui signalent la fin du XIIIe siècle et du pontificat de son prédécesseur, il semble les avoir assoupis, soit par amour de la paix, soit pour laisser habilement oublier qu'avant les arrêts de 1272 et de 1287 qui désignaient seulement ses sujets de l'échevinage et des châtellenies comme obligés aux frais du sacre, lui-même eût été passible de ces frais, sauf son recours sur qui de droit. Or cette tactique habile, si elle était celle de l'archevêque, lui avait tellement réussi, il était tellement parvenu à s'effacer au milieu du conflit devenu direct entre la royauté et les contribuables de l'échevinage et des châtellenies, qu'en 1317 (voir l'arrêt du 1er août) les gens du roi, rebutés par les difficultés du recouvrement, et ne sachant plus comment l'opérer, avaient oublié qu'un premier débiteur était obligé de leur garantir, et ordonnèrent une enquête qui révéla d'une manière inattendue la responsabilité, depuis long-temps oubliée, de l'archevêque à cet égard.

Par toutes ces raisons, nous pensons donc qu'il ne devait pas être question de l'archevêque dans la commission du 16 octobre 1315, non plus que dans les sept autres pièces qui appartiennent à la seconde période des débats relatifs aux frais du sacre. (Voir plus haut les notes de l'acte du 6 septembre 1315.)

Cependant l'exactitude habituelle de Rogier exigeant peut-être que l'on respecte ses assertions quand l'on ne peut y opposer que des doutes, nous admettrons, si l'on veut, que l'archevêque ait été personnellement désigné dans l'acte du 16 octobre, comme nous admettrons plus tard qu'il a pu être question de ses agents dans un des actes du 15 mars 1317 (Voir la note de l'acte du 17 mars 1317). Mais ces concessions ne suffisent pas encore, à notre avis, pour établir avec Rogier que de 1315 à 1317 les échevins se trouvent directement aux prises avec l'archevêque, à propos des frais du sacre. La présence, même constatée, de l'archevêque, ou de ses agents,

autres barons, la loy, le poids, et la marque de leurs monnoyes [1].

Ordonn. des Rois de France, 1, 624.

CLI.

Décembre 1315.

LETTRES accordées à l'archevêque et au diocèse de Reims, portant confirmation d'autres lettres par lesquelles les rois précédents avoient accordé plusieurs priviléges aux évêques et aux églises [2].

Cart. AB du chap., fol. 159 v°.

CLII.

1315.

LI jugement de l'an M. CCC et XV.

Livre Rouge de l'Échev., p. 130.

Li maître de la confrairie Saint-Pierre-as-Clers trairent en cause, pardevant les eschevins, Gérars dit Truyeste; et disoient lidit maître, pour les confrères, que une maisons séans en la rue dou Chapitre-Saint-Pierre, liquel maisons fu Mahaut dou Trésor, et tient celle maison à la ruelle par où on entre en moustier Saint-Pierre-le-Viez d'une part, et à la maison qui fu Wede le tripier, qui ore est Pierre le Chastelain d'autre, de laquel maison lidi Gérars tenoit et possessoit la moitiet, si comme il disoit, estoit obligie asdis maîtres, pour la confrairie, en XL s. parisis de annueil et perpétueil sourcens, à paier as quatre termines principaus, lesqueiz XL s. parisis lidis Gérars metoit en nis. Lidit maistre, [et] Gérars vorrent et se consentirent que li eschevin seusent la vériteit. Li eschevin seurent des choses deseurdites, et trouvarent que ladite maisons estoit obligie à ladite confrairie ès

---

dans les débats, prouverait seulement, ce nous semble, ou que la justice de l'archevêque a été appelée par les exacteurs des frais du sacre, n'importe quels ils fussent, à exercer des contraintes sur ses justiciables, ou que l'archevêque, comme seigneur des châtellenies et de l'échevinage, est convoqué à des conférences dans lesquelles se débattent les intérêts pécuniaires de contribuables qui sont momentanément ceux du roi, mais qui sont toujours ceux du seigneur féodal.

[1] Le registre 1er, *entre deux ais*, n° 194, de la Cour des Monnaies, Archiv. jud. du Roy., fol. 5, donne le modèle du coing que doit employer l'archevêque.

[2] Ces lettres sont les mêmes qui se trouvent insérées, Ordonn. des Rois de France, 1, p. 638, où elles sont adressées à l'évêque de Paris. Les lettres du 23 décembre 1315, qui se trouvent, Ordonn., t. 1, p. 642, sont dans le cart. AB, fol. 141.

XL s. de parisis deseurdiz, desquez XL s. lidis Gérars en devoit XX s. pour la moitiet de ladite maison, qu'il tenoit et possessoit, si com il disoit.

CLIII.

C'est li coiers de la paroche Sain-Piere, de M. CCC^c XV...., et monte la somme XVI^c ₶ et XIII d.[1]

1315.

<small>Tailles de l'Échev., vol. Ier, cahier 12.</small>

CLIV.

MANDATUM regis domino Augimontis, qui dampna plurima scabinis intulerat, ut eos molestare et eis minari desistat.

4 mai 1316.

<small>Archiv. de l'Hôtel-de-Ville, renseign.</small>

Ludovicus Dei gracia Francorum et Navarre rex, dilecto nostro, domino Augimontis, salutem. Mirantes accepimus, vos scabinis banni dilecti et fidelis nostri remensis archiepiscopi minas, et injurias, ac dampna plurima, intulisse, duosque ex ipsis cepisse, apud Hayam de Avenis; quos, nisi fuisset prepositus de Avenis, qui vobis illos rescussit, transferre alibi volebatis, invitos, [et?] licet quod vobis alias nostris dederimus in mandatis, ut a premissis supersederetis, hiis tamen obtemperare non vultis; quod nobis non modicum displicet, si est ita. Quocirca vobis iterato mandamus, districcius injungentes, quatenus a premissis deinceps taliter desistatis, quod nobis debeat esse gratum; aliter nostri contemptum sic puniemus, quod cedet aliis in exemplum; nobisque rescribatis quid inde duxeritis faciendum. Datum Parisius, quarta die maii, anno Domini millesimo trecentesimo sexto decimo.

CLV.

ARTICLES, dires et responces de l'archevesque et des eschevins sur un différent[2] qui n'est pas expliqué, ne s'estant l'archevesque arresté qu'à débattre la procuration des eschevins qu'il soustenoit n'estre pas vallable.

17 mai 1316.

<small>[1] Le total des cotes est de 478.

[2] Ce différend n'est autre que le différend relatif à l'*estat de l'eschevinage*. Tous les renseignements que contient ce factum, se rapportent parfaitement aux divers incidents de la procédure suivie à cette occasion. Jacques de Jassiennes et son collègue sont les commissaires délégués pour faire l'enquête ordonnée par l'arrêt du 27 février 1309, maintenue par celui du 26 mars de la même année, et différée par suite des embarras nés de la guerre des frères de Brienne, ou des dilations de l'archevêque et de ses gens.</small>

En l'an de grâce mil ccc. et seze, le lundi devant l'Ascencion, au vespre, comparurent par vertu de u[ne lettre du roy no signeur ¹] la gent de révérant père en Dieu l'arcevesque de Rains d'une part, et li eschevin de Rains dou ban [de l'arcevesque, d'autre part], pardevant maistre Jaque de Jassiennes, clerc le roy no seigneur et monsigneur Simon Gage, [chevalier ès?] loys, commissaires donnez asdites parties, en aucunesquereles meues entre ycelles, selons ce qu'il [est plus pla] innement contenut en la commission que de ce fait mantion; liquel commissaire continuèrent ladite journée au landemain. Auqueil jour se comparurent lesdites parties, souffisanment, par procureurs, pardevant lesdis commissaires; et proposa li procurères l'arcevesque pluseurs raisons par lesquelles il entendoit à monstrer que li commissaire ne pooient aler avant, ne devoient, car li arcevesques estoit absens, et pour la besoingne de la court le roy; et les quereles dont li commissaire sont bailliet, sont grosses, et de l'éritage de l'arceveschiet; et appartenoit bien que l'arcevesques fust as quereles démener; et autre fois avoit-il esteit en la poursuite desdites quereles.

Asquelles choses fu respondut de par le procureur des eschevins, que non contrestant ce que deseur est dit, et l'absence doudit arcevesque, li commissaire pooient et devoient aler avant; car les quereles ont estet démenées par le procureur l'arcevesque, plais entanmez doudit procureur, et ainsis fu faiz sires dou plait et de l'instance; et aveuc tout ce, l'arcevesque, par son procureur, bailla articles, lesquez mist par son sairement li procurères de l'arcevesque, et par son sairement respondi as articles des eschevins, et pluseurs tesmoins a trais pour l'arcevesque; et a veut jurer les tesmoins des eschevins. Et ainsis comme au commencement, et ou moien, et tousjours jusques à ci, les quereles aient esteit démenées par le procureur l'arcevesque, et liticontestation faite par le procureur, pour quoi il fu fais sires dou plait, de raison, et par raison, puisque l'arcevesques, ou ces procurères, fu adjournés souffisamment, li commissaire pueent aler avant, et li procurères l'arcevesques ne se puet escuser qu'il ne voit avant, nonostant l'absence doudit arcevesque.

¹ Le commencement de cet acte est lacéré.

Item, les quereles sont civiles, et sur possessoire, lesquelles doit démener par procureur li arcevesques, ne ne li doit-on atendre; comme il soit pers de France, et si grans hons, que drois li enjoint que en mout de cas, espéciaument en telz quereles, ou en semblans, qu'il fase par procureur. Et ne contraite mie ce que li procurères dit, qu'il vourroit avoir recours à son signeur l'arcevesque sur mout de choses, se il i estoit présens; car s'il avoit couleur de dire ce, ce seroit ou cas dou commencement de la querelle, là où pluseurs propos seroient fais des parties. Mais ou cas présent, il ne puet dire qu'il doie avoir recours à son signeur pour chose qui soit à dire, ou à proposer à présens, comme les quereles soient en estat de traire tesmoins contre les personnes, desquiez les parties pueent dire jusques à la conclusion des quereles; pour quoi il n'est mie besoins ne mestiers de atendre la personne doudit arcevesque, ains pueent et doient lidit commissaire aler avant, non obstant l'absence de lui. Et porra bien avoir délibéracion li procurères aveuc l'arcevesque ainsois la conclusion de sa querele. Et comme après tous les tourbles deseurdis, ait alet avant le mercredi ensiuent, en faisant jurer pluseurs tesmoins, clerement appert que ce qu'il a proposé devant, à fin de non aler avant, est de nulle value; ne sa protestation ne vaut, par laquelle il dit qu'il fait protestation que li procès ne vaille nient; car tantost après sa protestation, il fait le contraire de sa protestation.

Item, proposa li procurères ledit arcevesque, contre le procureur des eschevins, et sa procuracion, que li procurères ne devoit mie estre receus, et que sa procuracion n'estoit mie valable : *Premiers*, pour ce que par la coustume de ces païs, li subget aucun signeur ne pueent faire procureur, ne establir procureur, se se n'est par l'auctoriteit et le congiet de leur signeur; et se autrement le font, la procuration doit estre nulle, ou réputée pour non valable. Et comme la procuration dou procureur les eschevins n'ait mie esteit faite par l'auctoriteit ne congiet doudit arcevesque, ne li eschevin qui sont soubget à l'arcevesque, si comme dit li procurères l'arcevesques, n'en aient pris congiet à l'arcevesque, ne requis l'arcevesque, la procuration des eschevins doit estre dite de nulle value.

A ce respont li procurères des eschevins, que li eschevin ont seel, de si lonc temps qu'il n'est mémoire de plus lons; et ont useit d'icelui seel par le temps devantdit, notoirement, au veut et seut de tous; et sont en saisine de user d'icelui seel en toutes cours où il ont à faire; et joït en ont, et esploitiet, par si lons temps qu'il soufist à bonne saisine avoir acquise, et à demourer en icelie : et a estet approuvés par jugement leur soyaus en aucune cours. N'il ne convient mie que li eschevin praingnent congiet de faire procureur audit arcevesque; car si on trueve en aucuns lius que li subget ne puissent faire procureur sans l'auctoritet de leur signeur, c'est là où li soubget n'ont point de cors, ne point de seel; mais li eschevins de Rains ont cors d'eschevinage, pour lequeil il s'asemlent, et maintiennent les drois appartenens audit eschevinage; et ont seel, par la vertu douqueil il sont receus, et leurs procureurs en jugemens.

Item, puis toutes ces choses devantdites, comme li procurères des eschevins trasist en manière de prueve pluseurs lettres et instrumens, li procurères l'arcevesque requist que lesdites lettres et instrumens li fusent lutes, et disoit que faire li devoit-on; ou autrement il ne peut estre avisés qu'il aroit èsdites lettres, ne comment il deffenderoit ces querelles contre lesdites lettres et instrumens.

Asquez choses respondi li procurères des eschevins, que les lettres, ne li instrumens, ne li devoient estre leus; car comme les lettres et li instrumens soient mis en manière de prueve, et les quereles soient en possessoire, et selon la coustume dou parlement, et de France, et espéciaument de la baillie de Vermendois, déposicions, attestacions, et prueves ne soient mie, ne doient estre ouvertes, ne publiies, à la partie; ès quereles présentes, lesquelles sont démenées en parlement, et sont de la baillie de Vermendois, ne doit-on faire la requeste doudit procureur; ne les lettres, ne li instrumens, ne doient estre leut.

[Et sur les choses] susdites, demande droit li procurères des eschevins, par ciaus qui faire le doivent; et.... il en oufre approver tant qu'il devra souffire à s'entention, etc., etc....

CLVI.

25 juin 1316. Coppie d'ung procès-verbal d'enqueste, faicte de la géhine

donné à ung habitant de Reims, par les officiers de l'archevesque.

In nomine Domini, Amen. Per hoc publicum instrumentum cunctis pateat evidenter, quod anno ejusdem Domini millesimo trecentesimo sexto decimo, indictione quarta decima, vigesima quinta die mensis junii, videlicet die veneris, in crastino festi Nativitatis B. Johannis Baptiste, hora post completorium, vacante sede sacrosancte romane Ecclesie post obitum felicis recordationis domini Clementis divina providentia quondam pape quinti, in mei publici tabellionis, ac testium infra scriptorum, ad hoc vocatorum specialiter et rogatorum, presentia, propter hoc personaliter constitutis Johanne dicto Quarreit, Oudardo dicto la Latte, Petro dicto de Libera, et Herberto dicto Cochelet le jeune, civibus ac scabinis remensibus, necnon Gerardo dicto de Balham, olim serviente prepositi remensis, dictus Gerardus juravit solemniter, ad requisitionem dictorum scabinorum, quod ipse diceret eis veritatem de hiis que peterent ab eo; et prestito ab eo juramento, requisitus fuit et interrogatus ex parte dictorum scabinorum, si idem Gerardus sciat et vidit quod Johannes de Troion, major de Cultura remensi, posuisset in gehinam Huetum filiastrum Renaudi dicti Hardit, wastelarii? Qui Gerardus respondit et dixit, quod cum Gregorius ballivius, et Colardus prepositus remenses, et ipsemet Gerardus redirent de quadam prisonia existente in Porta Martis, et transirent per quandam aliam prisoniam, videlicet per prisoniam que est in stabulo prope coquinam, vidit quod dictus Huetus erat positus in illam gehinam que dicitur *Culcita Puncta*, et erat juxta eum dictus major qui dabat ei bibere ad cohercendum eum, et erat sub renibus et tergo dicti Hueti una patella plena carbonibus vivis, et pervivis, qui comburebant renes et tergum dicti Hueti, prout vidit iste Gerardus, ut dicit; et erat dicta patella ita prope dictum Huetum, quod inter patellam et ipsum Huetum non erat spatium unius pedis, ut dicit dictus Gerardus. Et dum videret idem Huetus dictos ballivium et prepositum clamavit ad eos dicens : « Domini, pro Deo, videatis tormentum in quo ego sum, et sum civis remensis; apponatis ad hoc remedium. » Et ballivius quam cito vidit ipsum Huetum, et ignem sub eo, obstruxit vultum suum de panno vestimenti sui dicens : « Osteis, osteis, à diable ! » Quo dicto dicti ballivius et prepositus, ac ipse qui loquitur, recesserunt, relicto dicto Hueto in tormento predicto. Requisitus dictus Gerardus ex parte dictorum scabinorum, de tempore, die, hora, loco, et presentibus in premissis ?

<small>Vers le 30 mai 1316.</small> Dixit et respondit : Quod hoc fuit circiter festum Penthecostes, ultimo preteritum, quadam die de qua pro certo non recolit, hora inter meridiem et nonam, in stabulo predicto, presentibus in hiis ipso qui loquitur, dictis ballivio et preposito, dicto Hueto, et dicto majore; et videtur sibi, ut dicit, quod Doynetus, dictus li Pautre, interfuit presens cum dicto majore; sed tamen non est, ut dicit, bene certus. Interrogata fuerunt premissa ex parte dictorum scabinorum, et a dicto Gerardo responsa, anno, indictione, mense, die, hora supradictis, in parlorio juxta refectorium ecclesie Hospitalis remensis, quod solebat dici Templum remense; presentibus ad hec Herberto dicto Cochelet, Walterio dicto Mercerio, Johanne dicto Vizim-Marchant, Petro de Hermondivilla, ac Johanne de Novilla, civibus remensibus, testibus ad premissa vocatis specialiter et rogatis.

Et ego Hugo dictus Bouchar, de Mosomo, remensis diocesis clericus, imperiali auctoritate tabellio publicus, predicto juramento per dictum Gerardum prestito, interrogationibus ex parte dictorum scabinorum eidem Gerardo factis, et responsionibus suis supradictis, presens interfui, una cum testibus supradictis, presensque publicum instrumentum inde confectum mox propria manu conscripsi, ad requisitionem scabinorum predictorum; et ipsum signo meo consueto signavi, rogatus, in testimonium predictorum.

CLVII.

<small>28 août 1316.</small> L'ESTRUMENT contre le maieur de la Cousture. [*alias*] Protestations des eschevins, que le témoignage par eux donné, en un affaire contre un officier de l'archevesché, pardevant les officiaux, ne pourra nuire ny préjudicier à l'eschevinage.

<small>Archiv. de l'Hôtel-de-Ville, renseign.</small>

Universis presentes litteras inspecturis, officiales remenses, in Domino salutem. Noverint universi, quod in presencia Roberti de

Remis, clerici, publici imperiali auctoritate curie remensis notarii, jurati, ad hoc deputati specialiter, et vocati, propter hoc personaliter constituti in curia remensi, in logia communi tabellionum ipsius curie, Theobaldus dictus Castellanus, Johannes dictus Quarrez, Thomas dictus de Rohays, Oudardus dictus li Late, Johannes dictus Gaipins, Johannes dictus Nanus, Johannes li Pance, [Pet]rus de Libera, et Herbertus dictus Cochelés, junior, scabini remenses, pro se, et partem facientes, ut dicebant, pro Hugone dicto Largo de Cambray, Johanne dicto [Judeo, a]lias dicto Parvo, et Coleto dicto de la Foulerie, conscabinis suis remensibus, qui omnes scabini predicti citati erant, ut dicebatur, ad curiam remensem, et ex officio curie.... [redd]ituri veritati testimonium, in causa que vertebatur, ex officio dicte curie, ut dicebatur, contra Johannem dictum de Troyon, majorem reverendi in Christo patris domini nostri, domini R., Dei gracia remensis archiepiscopi, super eo quod de Hueto, filio Drouyni molendinarii, quondam, idem Johannes, ut dicitur, homicidium perpetravit; coram Guidone de Sparnaco, ipsius curie tabellione, coram quo jurare debebant ipsi scabini, super suis testimoniis perhibendis ab ipsis, in causa predicta, antequam jurarent, protestati fuerunt, et protestacionem fecerunt pro se, et suis conscabinis predictis, que, et prout in quadam cedula ibidem, per ipsum notarium ad rogatum eorumdem, lecta, continetur. Cujus cedule tenor sequitur in hec verba :

Cum ad curiam remensem citati sint, et ex officio curie, Hugo dictus Largus de Cambray, Theobaldus li chastelains [.... etc.], scabini remenses, ad perhibendum testimonium veritati, in causa que vertitur ex officio dicte curie, ut dicitur, contra Johannem dictum de Troyon, majorem reverendi in Christo patris ac domini, domini R., remensis archiepiscopi, super eo quod de Hueto filio Drouyni molendinarii, quondam, idem Johannes homicidium perpetravit, ut in citacione super hoc confecta plenius continetur; protestantes dicti citati, quod cum ipsi, tanquam scabini remenses, habeant causam, seu habere intendant, contra dictum Johannem, necnon contra dictum reverendum patrem, et ejus laicalem justiciam, in curia regis, racione dicti homicidii de dicto Hueto, per gentes dicti reverendi patris facti, non intendunt, nec est eorum intencionis, tanquam scabini ferre testimonium in dicta causa, in qua sunt citati ad perhibendum testimonium veritati, nec in aliquo prejudicare sue cause quam habent, seu habere intendant in curia regis, ut est dictum. Et si cogantur ferre testimonium in dicta causa, intencionis est eorum, quod ipsi ferant testimonium tanquam singulares persone, non tanquam scabini, nec tanquam officium scabinatus gerentes ; et sic, et non alio modo, sunt parati, protestantes quod per hoc nullum fiat eis prejudicium in sua causa, ut superius est dictum. Et super hoc petunt a vobis, domine tabellio, fieri publicum instrumentum.

Lectaque dicta cedula, juraverunt dicti Theobaldus, Johannes... [etc.], et quilibet eorum, prout in talibus jurare consuetum est, in curia predicta, coram tabellione predicto eorum juramenta recipiente, se bene et fideliter perhibituros veritati testimonium, in dicta causa, sub protestacione tamen supradicta. In cujus rei testimonium, presentibus litteris sigillum curie remensis, una cum signo et subscripcione ejusdem notarii, duximus apponendum. Datum et actum anno Domini millesimo trecentesimo decimo sexto, sabbato post festum B. Bartholomei apostoli, die videlicet vicesima octava mensis augusti, indiccione quarta decima, presentibus Herberto de Remis, Gileto de Caurreto, clericis, curie remensis predicte notariis, Ponsar[do de] Remis, scriptore dictorum tabellionum, et Wieto de Caurreto, parmentario, laico, testibus ad hec vocatis specialiter et rogatis.

S. Rob. de Remis.

Et ego Robinus de Remis, clericus publicus, imperiali auctoritate et curie remensis notarius, protestacioni, et aliis premissis omnibus et singulis, una cum testibus suprascriptis presens interfui, eaque omnia, et singula, in hanc publicam formam redegi, presens publicum instrumentum inde confeci, propria manu scripsi, et eidem instrumento signa mea, una cum sigillo curie remensis predicte, apposui, consueta, in testimonium veritatis rogatus.

CLVIII.

12 novembre 1316.

Lettres du roi Philippe, à Me Denys de Sens, doyen de Sens, et à Guill. Courteheuse chevalier [relatives au débat qui subsiste entre l'abbaye de Saint-Nicaise et les eschevins, à l'occasion des murs de ville] [1].

Archiv. de l'Hôtel-de-Ville, renseign.

CLIX.

Arrest contre les religieux, abbé et couvent de Saint-Remi de Reins, et les habitans de leur ban, pour contribuer aux frais des guerres de Briamgne, avec les autres habitans de Reins.

6 décembre 1316.

Livre Blanc de l'Échev., fol. 29 v°. — Liass. des renseign.

Philippus.... universis.... Notum facimus quod cum, virtute mandati baillivo viromandensi per litteras regias directi, super questione mota inter scabinos de banno archiepiscopi remensis ex una parte, et abbatem et conventum S. Remigii remensis, et habitatores banni dictorum religiosorum ex altera; super eo quod dicti scabini de banno archiepiscopi petebant habitatores banni dictorum religiosorum compelli ad contribuendum cum eis, in misiis et expensis, per eosdem scabinos factis pro guerra quam Reginaldus et Raoulinus de Briemgne fratres, scutiferi, faciunt contra villam remensem; dictis religiosis et habitantibus dicentibus se ad hoc non teneri; Christianus de Jassenis, serviens noster in prepositura laudunensi, commissarius a dicto baillivo super hoc deputatus, quandam fecisset inquestam, et predictus baillivus viromandensis eandem inquestam in assisiis suis precepisset per scabinos laudunenses judicari; parte adversa pluribus racionibus proponente dictam inquestam per dictos scabinos laudunenses non debere judicari [2];

---

[1] L'archevêque et les échevins demandent en parlement, d'entériner un accord que certains commissaires, nommés par le père du roi régnant, ont ménagé entre eux et les abbé et couvent de Saint-Nicaise, relativement aux murs construits par ceux-ci ; les abbé et couvent de Saint-Nicaise s'opposent à l'entérinement, et comme le débat porte sur des localités inconnues des gens du parlement, le roi charge M° Denys, et Guill. Courteheuse, de se rendre sur les lieux, et d'accorder les parties.

[2] Les raisons alléguées dans ce but, par les échevins du ban de l'archevêque, nous ont été conservées dans le factum suivant, dont l'original se trouve aux archives de l'Hôtel-de-Ville.

Ce sont les raisons des eschevins de Rains, contre ceux du ban Saint-Remi.

« Ce sont les raisons que li eschevin de Rains proposent, à la fin que l'enqueste faite par Crestien de Jassaingnes, et Jehan de Moruel [*], commissaires bailliez à ce faire dou

---

[*] Jehan de Moruel, sergent royal de la prévôté de Laon, avait déjà été chargé, le 14 mai 1299, de forcer les habitants du ban Saint-Remi à contribuer aux frais de la guerre de Ruffi. Voir *Archiv. administratives*, I, p. 1121.

tandem dicti scabini laudunenses suum super hoc judicatum tulerunt, a quo judicato tanquam nullo, vel, si sit aliquod, tanquam falso et

balli de Vermendois, par la vertu d'une commission envoié audit balli, de la court, encontre ceus de Saint-Remi de Rains, et leur ban, soit venu et jugié par vous, sire ballis, et vaille et taigne li procès, non contrestant les raisons proposées de ceus de ladite église Saint-Remi, et leurdit ban.

« *Premiers*, que lidit eschevin sont eschevin dou ban l'arcevesque, et leur sousmanant, sousmanant l'arcevesque; liqués arcevesques, sa parrie, li eschevin, et si sousmanant à lui appartenant pour raison de parrie, est et doit estre exemps de la jurisdiccion aus eschevins de Loon; et en tel cas dont on traite, et en samblant, sont et doivent estre jugié par le roi, ou par ceus à cui il li plaît à mander, ou à commettre. *Item*, que ainsi en ont-il usé par pluseurs fois, et se aucuns s'est efforciez d'iaus voloir faire jugier par les eschevins de Loon, ou de mener, il l'ont contredit, et à leur contredit ont esté demené et jugié par celui à cui li roys le mandoit ou commettoit, si comme par le balli, ou par le prévost, sans eschevins de Loon appeler en tel cas et en samblant; et ainsi n'est mie nécessitez que au procès faire lidit eschevin de Loon y aient esté appelé, ni à la sentence, se il ne vous plaît, sire ballis, à eus appeler pour avoir conseill.

« *Item*, se les raisons devantdictes ne valoient, si tient li procès fais par vous, sire ballis, ou vos commissaires; et poés et devés ladite enqueste jugier, par les raisons qui s'ensiuent. *Premiers*, que toutes fois et quantes fois que mandement sont venu au balli de Vermandois, de la court, il a usé et acoustumé de savoir la vérité des choses contenues en son mandement, et de faire enqueste, se enqueste y appartient à faire de lui, sans eschevins de Loon appeler, ou de commettre, se il li plaît; et de jugier sélonc ce que il trueve, ou que il li est rapporté par ses commissaires; et se il li plaît, il se conseille aus eschevins, pour quelconques cas que ce soit. Et n'est mie merveille; car se il convenoit, à chascun mandement de la court qui vient au balli, appeler eschevins, et mener avec le balli, li frait y seroient si grant que les parties ne le porroient souffrir. Et doit assés souffrir se li ballis i est, qui est juges à la vérité; et quant il le fait dou commandement le roy, et y puet-on et doit antel foi adjouster comme aus eschevins, se il y estoient. Et ainsi en a li roys usé, et si balli pour lui, que il n'est mémoire dou contraire. *Item*, cil de ladite église, et cil dou ban, ne sont mais à recevoir à ce que ils proposent; car se il peust avoir lieu, et il leur pleust, à proposer, il le deussent avoir proposé avant ce que il fuissent alé avant en ladite enqueste. Mais sans ce proposer, ni autres déclinatoires, en acceptant lesdiz commissaires, il respondirent aus articles, firent litiscontestacion, et plait entamèrent, et baillièrent raisons, et jurèrent seur les articles, et visent les tesmoins jurer, et proposèrent contre iciaus, et se couchièrent en pluseurs drois que il atendirent, tant desdiz commissaires que dou balli; et continuèrent leur journées, et amenèrent tesmoins seur les reproches, et conclurent en la cause, et se consentirent, et acceptèrent journée à oïr droit seur ladite enqueste, laquelle a esté touzjours continuée ducques à ceste présente assise, si comme touz li devantdiz procès appert par ladicte enqueste; et se il est doute d'aucune chose, il en offrent à faire foi. Ne ne vaut ce que l'adverse partie propose, que li ballis n'estoit mie juges, et ainsi ne pooit commettre ne connoistre sans eschevins, ne ne pooit li procurères faire prorogacion de sa jurisdiction, comme il n'en eust point de lui; et se il l'eust, si convenoit-il espécial mandement : car à ce respondent lidit eschevin, car si, comme il est dit, li ballis le pooit, et sans eschevins, de raison commune, et par l'usage et la coustume devantdiz; et est li balliz de Vermendois jugez, et a jurisdiccion ordenaire, et puet jugier de sa jurisdiccion ordenaire en trop de cas, sans eschevins, et tout sans mandement; et ainsi le puet faire par mandement. Et très qu'il a

pravo dicti scabini remenses ad nostram curiam appellarunt. Auditis igitur dictis partibus in causa appellacionis predicte, cum dicti judicantes, et pars appellans, sint contrarii in verbis, forma, et tenore judicati predicti, per arrestum nostre curie dictum fuit quod ipsi super hoc faciant facta sua, et super eis inquiretur veritas, et fiet jus; et interim dormiet inquesta predicta. In cujus rei.... Actum Parisius in parlamento nostro, die lune post festum B. Andree apostoli, anno D. M. CCC°. sexto decimo.

CLX.

MANDATUM regis ut cives remenses legalia debita exigere valeant, non obstante dilacione solvendi, quibusdam, propter sterilitatem, a rege concessa.

23 décembre 1316.

Archiv. de l'Hôtel-de-Ville, Sacre, liass. I, n° 2.

Philippus, Dei gracia Francorum et Navarre rex, universis justiciariis nostris.... salutem. Licet nonnullis personis, propter sterilitatem fructuum anni presentis, certam dilacionem solvendi debita sua usuraria, vel in fraudem usurarum contracta, quibuscumque debeantur

jurisdiction en aucun cas, li procurères de ladite esglise, et doudiz ban, et fust ainsi que il convenist appeler eschevins, laquel chose il ne convenoit mie, li pooit proroguer sa jurisdiccion, et de ses commissaires aussi; et prorogua en errementant et procédant en la manière que dit est. Car chacuns puet faire, de son non, juge; juge par consentement, et par errementer, puis qu'il a a jurisdiction. Ne il ne convenoit mie que il eust seur ce pooir espécial par le commun usage, ne par la coustume, ne de raison commune, espécialement en court laie. Et d'abondant, considérées les procurations, et le pooir contenu en icelles, elles souffisoient et souffisent à faire prorogation, se il y falist orez espécial mandement, ce que il ne faut mie; car ès procurations il a et avoit pooir de faire choses où il convient mandement espécial, si comme de jurer, etc°; et après pooir général, de tant faire comme li seigneur, etc°. Et par raison, quant il i a premiers espécial, li généraus comprent les autres cas espéciaus. Et li procès fais pardevant lesdiz commissaires doit estre valables, et s'en puet et doit sentence ensiuir, par les raisons dessus dites; maiement quant touz li procès fu fais par lesdis procurères, leurs maistres sachans, et taisiblement consentans, sans rappel ne sans contredit que il meissent, avant ce que il fust conclut en la cause, ne jour asséné à oïr droit. Si requièrent que ladite enqueste se juge en la manière qui dit est. Et se il est mestiers d'enfourmer d'aucunes des choses dessusdites, il offrent à enfourmer, et à prouver ce que mestiers sera, à la fin deseurdite. Et le fait que l'adverse partie propose, il ne fait mais à recevoir, à la fin à laquelle il le proposent, si comme dit est. Et se il faisoit à recevoir, en tant comme il feroit à recevoir à celie fin, et que il seroit receus par droit, il le mettent en ni; sauves toutes leurs bonnes retenues. »

creditoribus eorumdem, usque ad certum tempus concessimus graciose ; non est tamen intencionis nostre, nec volumus, quod ad dilectos nostros cives et habitatores alios ville remensis qui in coronacione carissimi germani nostri Ludovici quondam regis dictorum regnorum, et ex causa ipsius, magna subierunt onera expensarum, et nunc habent occasione coronationis nostre necessario sustinere, predicta dilacio seu gracia quomodolibet se extendat ; illis duntaxat exceptis qui sunt usurarii manifesti, vel super hoc publice diffamati.... Quare vobis, et cuilibet vestrum, precipimus et mandamus quatinus dictis civibus et habitatoribus, juxta presentis nostre declaracionis intentum, faciatis de suis bonis et legalibus debitis satisfieri, dicta gracia non obstante. Datum Parisius, die jovis ante Nativitatem Domini, anno ejusdem millesimo trecentesimo sexto decimo.

CLXI.

23 décembre 1316.

UNG arrest par lequel fu dit, que d'une sentence que les eschevins avoient donnée contre Morise de Clermont, de laquelle il avoit appellé, la court demourroit en parlement.

Livre Blanc de l'Échev., fol. 13 et 217. — Cart. A de l'archev., fol. 122.

Philippus Dei gracia.... universis.... Notum facimus quod cum in causa quam super certis rebus immobilibus sitis in justicia remensis archiepiscopi, Mauricius de Claromonte, racione Ysabellis uxoris sue, moverat in curia seculari dicti archiepiscopi, scabini remenses, in dicta curia judicantes ad conjuracionem baillivi ipsius archiepiscopi, judicatum suum tulissent contra dictum Mauricium, pro parte ejus adversa, dictus Mauricius a judicato hujusmodi, tanquam falso et pravo, ad baillivum viromandensem appellavit, et ad procedendum in dicta appellacionis causa fecit partes adjornari coram baillivo predicto ; coram quo partibus comparentibus, idem Mauricius pluribus racionibus peciit pronunciari se bene appellasse, et dictos scabinos male judicasse ; dicti vero scabini, et cum eis baillivus ipsius archiepiscopi, facta prius retencione defendendi dicte appellacionis causam si oporteret, pecierunt, cum, ut dicebant, causa hujusmodi dictum archiepiscopum qui par est Francie tangeret, dicte cause cognicionem ad parlamenmentum remitti, litteram nostram que dicto baillivo dirigebatur super hiis exhibentes, et plures ad hoc raciones ¹ proponentes; pre-

¹ *Ce sont les raisons des eschevins de Reins, contre Morise de Clermont, en la cause d'appel.*
Archiv. de l'Hôtel-de-Ville, renseign.

« Afin que vous, sire baillius, la querelle d'appel fait en la court de révérent père en Dieu l'arcevesque de Reins, par Morise de Clermont, d'un jugement donné par les eschevins de Reins, doiés renvoier à la court souverainne du parlement, pardevant nos signeurs, dist et propose à vous mouvoir, que faire le doiés, li procurères des eschevins, ce qui s'ensuait.

« *Premiers*, il dist que notoire chose est, que des querelles qui touchent ledit arcevesque, ou sa pairie, il a acoustumé à plaidier en parlement, et non ailleurs; et l'a de son privilége, et par longue observance, pour la cause de ce que il est pers de France.

« Derechief, que la querelle de l'appel devantdit le touche par pluiseurs raisons : *Premiers*, pour ce que en sa court fu donnez li jugemens douquel Morises a appelet ; *secondement*, pour ce que à son mant, ou commandement, ou de son balli qui sa persone représente, li eschevin jugièrent, et rendirent le jugement; *tiercement*, pour ce que la chose de laquele contens estoit entre ledit Morise et s'averse partie, est assise et saingnie en la justice et signerie dudit arcevesque, en sa parrie et baronnie ; et sont les choses devantdites toutes notoires. Et comme il vous soit mandé que, se il vous appert que ce soit de la parrie, ou des appartenances de sa parrie, vous renvoiés la cognoissance au parlement, faire le devés par ce qui est devant dit. Ne ne vaut ce qui est dit de l'adverse partie, c'est à savoir de la partie Morise, que il n'a que faire à l'arcevesque, ne contre l'arcevesque; car tout n'ait-il mie appellé contre l'arcevesque, il a toutesvoies appellé en la court doudit arcevesque, et des jugeurs qui jugièrent en la court l'arcevesque. *Item*, se Morises estoit receus à demener la cognoissance de l'appel contre les eschevins en vostre assise, pardevant vous, à laquele il s'efforce, et li arcevesques plaidoit en parlement, grans inconvéniens s'en porroit siuir; car il porroit avenir que en parlement Morises averoit jugement contre lui, et en vostre assise il l'averoit pour lui ; ou au contraire..... Et grans contrariétez seroient, laquele on doit eschiver.

« Derechief la plus grosse querelle trait à li la menre ; et ne mie la menre, la grigneur. Or doit-on dire la plus grosse querelle celle qui est et qui touche plus grans personnes, et plus grans choses, et qui est ou doit estre demenée en plus grans court, et devant plus grans jugeurs; et ainsi comme la querelle de l'arcevesque soit plus grosse, tant pour la personne de lui, comme pour les jugeurs de la plus grant court; et la querelle des eschevins soit menre, considéré et regardé leurs personnes, et les jugeurs de vostre assise; traire doit à li, la cours souverainne, la cognoissance de la querelle; et non mie la cours, de vostre assise. *Item*, posé, sans préjudice, que doute y ait, par ce que li eschevin allèguent, et li arcevesques, se la cognoissance sera renvoié à la court souverainne, ou non ; en cestui cas de doute, vous devés retourner à la court souverainne, et savoir l'entente dou prince, ou dou signeur qui vous a envoié la lettre par laquele la gent l'arcevesque et li eschevin vous requièrent que vous renvoiés la cognoissance de la querelle en parlement. Et ne vaut ce que la partie Morise dit, que li arcevesques a donné pooir de jugier as eschevins, et que la querelle ne touche mie l'arcevesque, car par l'auctorité que il leur a donnée, il s'en est mis hors; et ainsi est-il, si comme dit Morises, en mout d'autres justices, en cest pays, desquels, se on appeloit, vous averiés la cognoissance, si comme dit Morises. Respont li procurères desdiz eschevins, que les autres justices ne descendent mie des pers de France, ains descendent de tel qui plaideroit en vostre court, pardevant vous ; et pour ce ne seroit-ce mie merveilles, se on ap-

dicto Mauricio plures ex adverso proponente raciones. Qui baillivus, utriusque partis racionibus in scriptis receptis, eas curie nostre tradidit, ut ipsa quod sibi placeret super hoc ordinaret. Presentibus igitur in curia nostra dictis partibus, per arrestum curie nostre dictum fuit, quod predicte cause appellacionis cognicio in parlamento remanebit. In cujus rei testimonium, etc.... Datum Parisius, in parlamento nostro, die jovis ante festum Nativitatis Domini, anno ejusdem M° CCC° XVI°.

CLXII.

1316. Li jugement de l'an mil ccc et xvi [1].

Livre Rouge de l'Échev., p. 130.

Li procureur de Saint-Ladre de Rains trairent en cause, pardevant les eschevins de Rains, Jehan dit Chiffonet; et disoit lidit procureur, que il, et leur devancier, estoient, et avoient esteit, en saisine de tant de tens et de si lons tens qu'il souffisoit à avoir saisine acquise, de penre et de recevoir chascun an, d'an en an, VII s. parisis de annueil rente, ou sourcens, sour une maison, et sour toutes les appartenances peloit de teles justices, se la cognoissance vous en demouroit. Mais en cas présent, li eschevin ont jugiet en la court doudit arcevesque, au commandement de son balli ; et ainsi bien li touche, et est li arcevesques tele personne qu'il ne plaide mie en l'assise, mais en parlement tant seulement. Et se il donna as eschevins pooir de jugier, il, ou si devancier, si fu retenus li jugemens à faire en sa court; et ainsi ne sont mie encore si estrange, ne si désevré doudit arcevesque, que on ne doie encore dire que li appiaus de leur jugement, et la cognoissance d'icelui, ne touche ledit arcevesque.

« Et ne vaut ce que la partie dist, que la lettre à vous envoié de renvoier la court au parlement, parole des choses qui sont propre demainne doudit arcevesque, de sa parrie ; car se la lettre estoit ainsi entendue, li arcevesques eust esté partie, en plaidant de son demainne ; et la lettre dit, et est véritez, que la querelle estoit entre autres deus parties ; et avec ce, se li arcevesques plaidoit de son propre demainne, pour raison de sa parrie, li eschevin n'en seroient mie jugeur, mais li per. Et se la lettre doit estre ainsi entendue, ou non, la cours, non mie vous, sire ballis, en doit avoir interprétacion, et la devés renvoier.

« Pour quoi requièrent lidit eschevin à vous, sire ballis, que vous cessez de tenir la court et la congnoissance doudit appel, et la renvoiés au parlement, devant les maistres de la court ; et faire le devez tant par la lettre dou roy no signeur, qui mandé le vous a, comme par les raisons et les fais deseur proposez ; liquel sont vrai, notoire, et desquez, se aucune chose en estoit obscure, li procurères desdiz eschevins, pour lesdiz eschevins, vous en offre à enfourmer, et à faire savoir souffisament, tant qu'il souffira à la fin deseur dite.

« Et fait protestacion et retenue li procurères desdiz eschevins, de deffendre la querelle en vostre court, sire ballis, ou en la court le roy no signeur en parlement, se la querelle est là renvoié, ou là où drois les menroit. »

[1] Après les plaids de 1316, viennent immédiatement ceux de 1319, dans le *Livre Rouge*.

d'icelle, laquelle siet en Viez-Marchiet, entre la maison monsigneur Herbert de Buissi d'une part, et la maison les povres de l'Osteil Nostre-Dame de Rains d'autre : et l'offrirent approuver. Li dis Jehan leur nia.

Oïes les raisons, tesmoins jurez, examinés, et leurs déposicions mis en escrit, tout veut et considéreit, il fu dit, et par droit, que li procureur de Saint-Ladre avoient bien prouveit leur entencion, contre ledit Jehan Chiffonet.

CLXIII.

NOTICIA de matriculariis S. Remigii, a tailliis immunibus.   1316.

Martyr. de Saint-Remi, *ad calcem*.

Anno Domini M°. CCC° XVI°., concordatum fuit in presentia D. Rogeri abbatis, et judicatum per concilium seniorum, quod matricularii erant et debebant esse immunes a tailliis, et impositionibus, que fiebant in banno nostro.

CLXIV.

QUALITER dominus noster rex, inunctus est Remis, cum domina Johanna.   6 janvier 1317.

Godef., Cérém. franç., I, 145.

CLXV.

L'AJOURNEMENT pour le couronnement, pardevant les commissaires [1].   13 février 1317.

Archiv. de l'Hôtel-de-Ville, Sacre, renseign., liass. 1, n° 2.

Jehans Bertrans, chevalier le roy, baillis de Vermandois, à Jehan de Saint-Pol, sergent le roy, salut. Nous avons veu les lettres nostre seigneur le roy, contenans ceste fourme :

Philippus Dei gracia Francie et Navarre rex, baillivo viromandensi, vel ejus locum tenenti. Cum scabini et cives banni dilecti et fidelis nostri remensis archiepiscopi, conquerantur, quod ipsi injuste compulsi fuerint, et de die in diem compellantur per nostras et predecessorum nostrorum gentes [2], pro expensis occasione coronationis et con-   9 février 1317.

---

[1] Il se trouve dans la même liasse, un rescrit daté de la semaine des Brandons 1317, par lequel un sergent du bailli de Vermandois atteste aux *commissaires donnés de par le roy à enquerre pour les despens du couronnement*, qu'il a exécuté le mandement du 9 février, d'après les ordres du bailli lui-même. Voir plus loin l'acte du 7 juin 1317.

[2] Ce sont bien, on le voit, les gens du roi qui faisaient les contraintes, et c'est bien à eux que s'adressent les lettres du 6 septembre 1315, et du 17 mars 1317.

secrationis nostre, et carissimi D. fratris nostri Ludovici.... factis, et ultra id quod pro eisdem expensis deberent solvere; nosque dilectis et fidelibus nostris Amadeo comiti Salbaudie, Renaudo de Lauro, Guillelmo Courteheuse, militibus, et Martino de Essartis dictum negocium, vocatis evocandis, per alias nostras litteras audiendum commiserimus, et fine debito terminandum; vobis mandamus, quatinus dictos scabinos et cives dicti banni archiepiscopi remensis, decanum et capitulum ac burgenses eorum banni remensis, abbatem et conventum S. Remigii remensis, scabinosque et burgenses eorum banni, et abbatem et conventum S. Nicasii remensis, ac burgenses eorum banni, necnon et homines et habitatores villarum et castellaniarum dicti archiepiscopi, adjornetis, seu adjornari faciatis, ad instantem dominicam qua cantabitur *Reminiscere*, coram predictis commissariis nostris, Parisius, in ipso negocio, juxta formam commissionis nostre, ut justum fuerit, processuros, cum intimacione, quod, sive venerint, sive non, in ipso negocio, ut justum fuerit, procedetur; ipsos commissarios certificantes de adjornamento predicto. Datum Parisius, ix die februarii, anno D. millesimo ccc. sexto decimo.

Par la vertu desquelles lettres, nous vous mandons, et commettons, que vous ledit adjornement faciés et accomplissiés, ou lieu de nous, en menniere qu'il est contenu ès lettres-nostre sire le roy dessus transcriptes, et selonc la teneur d'icelles; et ce que fait en aurés, et les noms des personnes ajornées, certifiés à nosdiz seigneurs par vos lettres ouvertes enessées à ces présentes; commandons à nos sujets [etc., etc.]. Donné à Lan, le xiii⁰ jour en frevier, l'an m. ccc et seze.

CLXVI.

22 février 1317.

PRECEPTUM regium de armis occulte a civibus remensibus portandis, propter guerram quam eis faciunt Renaudinus et Raoulinus de Briaignia.

Archiv. de l'Hôtel-de-Ville, renseign.

CLXVII.

7 mars 1317.

MANDATUM baillivo viromandensi, de Petro Buiron, qui certas treugas frangerat.

Archiv. du Roy., sect. jud. Crimin., reg. 1ᵉʳ, fol. 79 v⁰.

Mandatur ballivo viromandensi, quod cum Petrus filius defuncti Buiron, de Remis, post et contra treugas de se, et suis, Johanni filio Radulphi Maigrot, ut dicitur, datas, trugis durantibus, eas frangendo, associatis secum Johanne fratre suo, et Johanne filio deffuncti Johannis le Nage, et Reginaldo Mouton, plures injurias et violencias eidem Johanni intulerunt, et eundem atrociter verberarunt, quod inquirat veritatem, et culpabiles capiat et puniat[1]. Datum Parisius, septima die marcii, anno M° CCC° XVI°. Gyem.

CLXVIII.

ORDONNANCE portant establissement de capitaines dans les villes du royaume [et particulièrement dans le bailliage de Vermandois].

12 mars 1317.

Ordonn. des Rois de France, 1, 635.

CLXIX.

LETTRES patentes de Philippe-le-Long, par lesquelles il permet aux habitants de Reims de garder les portes, murs et forts de leur ville, et la ville même, pour la défendre, eux et leurs biens, en temps de guerre.

1317.

Bidet, Traité de l'Échev., Pièces justificatives, n° 52. — Rogier, Mémoires, fol. 229 v°. — Marlot, II, 605.

Philippus.... Francie et Navarre rex.... Notum facimus quod nos communitati ac habitatoribus civitatis remensis, ratione guerrarum de quibus habent verisimiliter formidare, presentium tenore concedimus, ut portas et muros dicte civitatis, ac etiam totam villam ad tuitionem et defensionem corporum et bonorum suorum custodiant, et faciant, prout expedire viderint, custodiri. Per hoc autem nolumus in hac parte aliquod prejudicium, futuris temporibus, quolibet modo, generari. Datum in abbatia Lilii, prope Meledunum, anno.... M° CCC° X° VII°.[2]

---

[1] Le même registre contient, fol. 80 r°, la commission suivante :

« Philippus,.... [baillivo] viromandensi, salutem. Conquestus est nobis Philippus dictus Leclerc, de Remis, quod cum Gessonus, filius deffuncti Guillelmi dicti la Nage, ipsum Philippum, et suos, de se et suis assecurasset, dicteque partes pacificassent inter se, dictus Gessonus dictum Philippum invasit. Quare mandamus, et cetera, quatinus dictum Gessonus (sic), si ita sit, capiatis, cum boni ejus, et puniatis. Datum Parisius, die vicesima prima martii, sexto decimo. Remis.

[2] Voir plus bas l'acte du 21 avril 1317.

CLXX.

15 mars 1317.

MANDATUM regis baillivo viromandensi, ut scabinos remenses ab injuriis et oppressionibus per archiepiscopum illatis defendat.

Archiv. de l'Hôtel-de-Ville, renseign.

Philippus Dei gracia Francie et Navarre rex, baillivo viromandensi, vel ejus locum tenenti. Mandamus vobis quatinus scabinos ville remensis in suis justis possessionibus, libertatibus, franchisiis, usibus, juribus et saisinis, in quibus ipsos esse et fuisse, vocatis evocandis, inveneritis, manuteneas, et ab injuriis et violenciis, et quorumlibet oppressionibus indebitis, defendatis eosdem, non permittentes eisdem, aut aliquibus dicte communie, seu scabinatus predicti, per archiepiscopum, aut gentes suas, seu quosvis alios, contra sua antiqua privilegia, quibus hactenus usi sunt pacifice, fieri aliquas indebitas novitates; quas si factas inveneritis, ad statum pristinum reduci faciatis, ut justum fuerit, et ad nos pertinere noveritis. Datum Parisius, xv^a die marcii, anno M. CCC XVI°. Montigny.

CLXXI.

16 mars 1317.

MANDATUM regis omnibus regni justiciariis, ut scabinos remenses, ac gentes in scabinatu residentes, ab injuriis et oppressionibus defendat.

Archiv. de l'Hôtel-de-Ville, renseign.

Philippus[1], Dei gracia Francie et Navarre rex, ballivo viromandensi, vel ejus locum tenenti, ceterisque justiciariis regni nostri ad quos presentes littere pervenerint, salutem. Mandamus vobis, et cuilibet vestrum, quatenus scabinos remenses, ac gentes in dicto scabinatu residentes, in suis justis possessionibus, franchisiis, libertatibus,

---

[1] Cet acte, et celui qui le précède, nous semblent contenir implicitement l'octroi de la commission perpétuelle de récréance provisoire, que les échevins sollicitent depuis si longtemps. (Voir les actes du 28 février 1302, du 2 janvier 1308 etc.) Cet octroi leur aura été fait, peut-être par suite de l'enquête entreprise en vertu de l'arrêt du 27 février 1309, (voir cet arrêt et les notes qui l'accompagnent); peut-être, et bien plus probablement, par suite des embarras de la royauté, et des exigences des bonnes villes, en faveur desquelles l'ordonnance du 12 mars 1317 vient déjà de créer des capitaines.

saisinis, et coustumis, in quibus ipsos esse et fuisse pacifice, vocatis evocandis, inveneritis, ab antiquo, manuteneatis et conservetis; ipsosque ab injuriis, violenciis, et oppressionibus indebitis, deffendatis; non inferentes, aut inferri permittentes eisdem, aliquas indebitas novitates; factas vel illatas, si quas inveneritis, ad statum pristinum et debitum, prout ad vestrum quemlibet pertinuerit, reducendo. Datum Parisius, die decima sexta marcii, anno Domini millesimo trecentesimo sexto decimo.

CLXXII.

Mandement adressé par le bailli de Vermandois, à deux sergents du roi dans la prévôté de Laon, pour les forcer à restituer aux échevins les gages pris sur les bourgeois de l'échevinage, à l'occasion des frais du sacre.

17 mars 1317.

Archiv. de l'Hôtel-de-Ville, renseign., Sacre, liass. 1, n° 2.

Jehan Bertrans, chevalier, bailly de Vermandois, à Crestien de Jessaingnes, et Robert la Cousture, sergens le roy nostre syre en la prévosté de Laon, et à chacun par luy, salut. Comme auttrefois ayt esté mandé à toy Crestien dessusdict, par nostre devancier, du commandement de la court, sy comme il te pourroit apparoir par les lettres [1] du

[1] Les lettres dont il est ici question sont, à notre avis, celles du 6 septembre 1315; et par conséquent, c'est à ce dernier acte que se rattache celui du 17 mars 1317. Or, les lettres du 6 septembre ordonnaient aux gens du roi de cesser les contraintes relatives aux frais du sacre de Louis X; c'est donc également aux gens du roi, détenteurs de gages saisis par suite de ces contraintes, que s'adresse la commission du 17 mars. Mais, outre celle-ci, l'inventaire de 1691, fol. 74, en mentionne une du 15 mars précédent, qui a pour but, dit-il, *de faire rendre aux bourgeois les gages pris pour les frais du sacre du roi Louis X*. Malheureusement il n'indique pas contre qui cette commission du 15 mars était dirigée. N'offrait-elle qu'une première copie de la commission du 17 mars? ou bien s'adressait-elle aux gens de l'archevêque, qui, eux aussi, pouvaient être intervenus dans les contraintes exclusivement relatives aux bourgeois de l'échevinage? L'analogie nous porterait à adopter ce dernier sentiment; car des deux commissions qui, dans notre texte, précèdent celle du 16 mars, il y en a une, délivrée aussi le 15 mars, qui charge le bailli de Vermandois de maintenir les priviléges de l'échevinage contre les entreprises des gens de l'archevêque, et une du 16 mars, qui charge, et le bailli, et tout justicier du royaume de les défendre contre quiconque s'y attaquerait. L'acte du 17 mars semble être la conséquence immédiate de cette dernière commission; ainsi l'on peut croire que l'acte dont parle l'inventaire de 1691 était corrélatif à la première, et que, daté comme celle-ci, du 15 mars, il était, comme elle, dirigé contre les gens de l'archevêque qui avaient pu concourir à lever forcément les frais du sacre, auxquels l'éche-

roy nostre syre, que tous les gaiges prins seur les eschevins, bourgeois et bourgeoises du ban de l'archevesque de Reins, pour cause du sacre

vinage se refusait, jusqu'à ce qu'on les fît peser sur tous les propriétaires de son ban.

Mais quelle que soit la valeur intrinsèque de ces actes, quelle que soit leur filiation, plus ou moins immédiate, avec les commissions du 15 et du 16 mars 1317, plus ou moins éloignée avec celle du 6 septembre 1315, elles se rattachent évidemment, pour nous, à une série de concessions arrachées par les bonnes villes à la royauté, dans l'assemblée de Paris dont parle l'ordonnance du 12 mars 1317. (Voir à cette date, à celles de 1317, du 16 mars 1317, et du 21 avril de la même année.)

Rogier, qui ne parle que d'un seul de ces documents, de celui du 17 mars 1317, lui donne une importance non plus grande, mais toute différente de celle que nous lui assignons dans l'histoire des luttes de la bourgeoisie rémoise. Voici ce qu'il en dit dans ses Mémoires, fol. 28 :

« Après le roi Loys ... succéda le roy Phi-
« lippes-le-Long, lequel fut sacré à Reims,
« en l'année mil trois cens seize; pour le
« remboursement des fraicts et despens du-
« quel sacre, avec ce qui restoit à payer des
« despens du sacre du roy Loys, l'archevesque
« fist des grandes poursuittes et contrainctes
« contre les eschevins et habitans de ladicte
« ville, pour leur faire payer ce quy estoit
« deub ; lesquelz eschevins et habitans firent
« offre audict archevesque que en leur faisant
« veoir et congnoistre pour quelle somme ils
« estoient tenuz contribuer ausdictz fraiz,
« qu'ilz estoient prestz à y satisfaire. Et pour
« en avoir une pleyne certitude, ilz suppliè-
« rent messieurs de la court de parlement, de
« leur faire entendre commant lesdictz des-
« pens se debvoient payer. Auxquelz esche-
« vins et habitans fut dict, que par les char-
« tres de France, quy estoient en la chambre
« des comptes, il apparoissoit *que les roys
« advançoient les fraictz et despens de leur
« sacre et couronnemens, et puis après ilz le
« répétoient sur le temporelle de l'arche-
« vesque*. Ce qu'estant reconnu, lesdictz es-

« chevins obtindrent de la court de parle-
« ment révocation de tous les jugemens et
« arrestz que les archevesques avoient obte-
« nuez contre eulx, avec commission adres-
« sante au bailly de Vermandois, pour con-
« traindre ledict archevesque à rendre aus-
« dicts eschevins et bourgeois, tout ce qu'il
« avoit fait prendre sur eulx. Et d'aultant
« que ledict arrest de révocation et [ladicte]
« commission de ladicte court ne se trouve
« pas, ains seulement unne commission du
« bailly de Vermandois adressante à deulx
« sergens pour l'exécution de ce que dessus,
« affin d'en avoir unne plus particulière in-
« telligence, la commission dudict bailly est
« cy transcripte : »

Ici Rogier transcrit la commission que nous donnons dans le texte.

Mais le patriotisme de l'historien de la bourgeoisie nous paraît cette fois encore l'avoir induit en erreur. Cet arrêt prétendu de révocation, et la commission adressée en conséquence au bailli de Vermandois, sont sans doute les deux lettres dont parle l'arrêt du 30 août 1317, lettres anéanties par ce même arrêt. Obtenues postérieurement à l'arrêt du 1ᵉʳ août 1317, elles ne peuvent avoir rien de commun avec la commission du 17 mars de la même année, époque où n'avait pas encore été communiquée aux échevins la note de la chambre des comptes en vertu de laquelle les deux lettres subreptices furent octroyées.

Ces anachronismes d'un historien ordinairement si exact, nous porteraient à supposer qu'il n'a pas eu sous les yeux le texte même des arrêts du 1ᵉʳ et du 30 août 1317, et qu'il parle de ce dernier seulement d'après l'analyse suivante qu'en donne Foulquart, dans son Inventaire des Sacres, Bibl. Roy., Suppl. franç., 1515-2, fol. 31 v°.

« Lettres du roy Philippe... scellées en
« double queue et cire jaune, données à Paris
« en parlement, le mardi après la décolation
« saint Jehan-Baptiste, l'an... M. CCC XVII, par
« lesquelles trois lettres impétrées par les es-
« chevins de Reims, contre l'archevesque....,

et couronnement du roy Loys nostre syre, dont Dieu ayt l'âme, délyvrasses et rendisses sans nul délay, et contraignisses ceulx quy lesdictz gaiges tiennent à rendre à iceulx eschevin, bourgeois et bourgeoises, et tu n'en aye rien fait, ainsy comme par lesdictz eschevins, bourgeois et bourgeoises, nous a esté remonstré en complaignant; pourquoy est-il que nous derechef mandons et commandons à vous deulx ensemble, et à chacun par luy, se il est ainsy, que vous lesdictz gages ausdictz eschevins, bourgeois et bourgeoises dudict eschevinage, rendés et faictes rendre sans nul délay, et contraignés sy apparament comme vous pourés le tenans au rendre; et tant en faictes que par vostre deffault on ne revienne plus pardevers nous. Et se il y avoit aucuns despens faitz pour prinses, ne pour aultres choses, sy les mettés en souffrance, desquelz à nostre venue nous en ordonnerons, ainsy comme de raison sera. Donné à Paris soubz nostre seel, le xvii° jour de mars M. CCC. et XVI.

CLXXIII.

MANDATUM regis ballivo viromandensi, ut duos ex civibus remensibus, confessionibus fratrum de Briagnia, interesse permittat [1].

18 mars 1317.

Archiv. du Roy., sect. jud. Criminel, reg. 1ᵉʳ, fol. 79 v°.

Philippus.... ballivo viromandensi. Cum Renaudinus et Raolinus de Briagnia, fratres, et nonnulli alii complices, pro quibusdam homicidiis et maleficiis aliis Remis per eos commissis, sint de regno nostro banniti, et ob hoc contra cives remenses guerram faciant, et eos in guerris teneant, mandamus vobis quatenus, si aliquem ex ipsis bannitis, vel eorum sequacibus, capi, et vobis liberari contigerit, in ipsorum confessioni[bu]s captorum, duos ex ipsis civibus remensibus non suspectis, interesse permittatis, vel saltim ipsas confessiones, ipsos cives et hujusmodi factum tangentes, civibus iisdem tradatis in scriptis, ut ipsi per hoc, circa ipsorum custodiam, pos-

« sont révoquées et adnullées, qui révocoient
« et adnulloient certains jugemens et arrestez de ladicte court [rendus] au prouffict dudict archevesque, contre lesdictz
« eschevins; et [lesquelles lettres] portoient
« contrainte contre luy, pour le reste des fraiz

« du couronnement dudict roy Phelippe, et
« Loys son frère; lesquels jugemens et arrestz
« sortiront leurs effectz, et seront exécutez
« contre lesdictz eschevins.... » Signées au dos : *Parlement, révocation.*

[1] Voir l'acte du 31 mai 1312.

sint melius providere. Datum Parisius, die decima octava marcii, anno м° ccc° xvi°.

CLXXIV.

28 mars 1317. VIDIMUS, [délivré par le prévôt de Paris], d'ung mandement royal, par lequel estoit mandé au bailli de Vermandois, qu'il meist à exécution ung arrest[1] donné en parlement, pour le fait de Remy Grammaire.

Livre Blanc de l'Échev., fol. 307 v°.

CLXXV.

21 avril 1317 ou 1318. LITTERÆ Philippi regis, qui in civitate remensi gardiatorem et capitaneum duxerat ordinandum, archiepiscopo et capitulo remensibus concessæ, ut nullum per hoc eis, vel aliis, generetur prejudicium.

Ordonn. des Rois de France, I, 636.

CLXXVI.

25 avril 1317. COMMISSION du roy, pour contraindre les clercs marchands et maryés, pour contribuer aux fraictz de la closture de la ville.

Rogier, Mémoire, fol. 74.

CLXXVII.

27 avril 1317. BURGENSES et mansionarii banni capituli remensis, coram rege vocati, quosdam procuratores constituunt[2].

Archiv. du Roy., Trésor des Chartes, J. cart. 444.

[1] Nous n'avons pu retrouver cet arrêt, mais il est analysé plus loin, (voir 30 mars 1318), dans un acte, qui nous apprend en même temps comment fut exécuté le mandement royal du 28 mars 1317.

[2] Dans le même carton, sous la même date, et sous le n° 8, se trouve la pièce suivante :

« Universis... J. prepositus, P. decanus, P. cantor, ceterique remensis ecclesie fratres. Noverint universi, quod nos viros venerabiles.... Reginaldum dictum Pennier, Nicholaum de Pongiaco, Johannem de Asconio, Theobaldum de Sarginis, Aymonem de Chaciaco, et Ainbaldum de Secano, dilectos concanonicos nostros, exhibitores presencium, et eorum quemlibet in solidum... nostros facimus et constituimus veros et legitimos procuratores, et nuncios speciales, ad representandum se, et comparendum, nomine nostro et pro nobis, hac die dominica instanti, prima maii, coram excellentissimo principe domino Philippo, Dei gracia Francorum et Navarre rege illustri, et ejus gentibus ac commissariis, et tractandum ac audiendum voluntatem et beneplacitum ipsius domini regis, et nobis referendum ea que per dictum dominum regem et ejus nobile consilium fuerint ordinata. In cujus rei. Datum anno Domini millesimo trecentesimo decimo septimo, die mercurii post festum B. Marci evangeliste.... Scellé. »

Universis presentes litteras inspecturis, J. prepositus, P. decanus, P. cantor, ceterique remensis ecclesie fratres, salutem in Domino. Noverint universi, quod coram mandato nostro, quoad hoc a nobis specialiter deputato et vocato, propter hoc personaliter constituti Odo dictus de Burgondia, Herbertus dictus Cocheles, Johannes Coqueles dictus la Pinte, Robertus dictus Buyrons, Jehenetus Coqueles draparius, Petrus dictus de Fymeis, Johannes de Quercu, Guiotus dictus Leuriers, et Remigius dictus li Riches, necnon alii burgenses et mansionarii ac justiciabiles de terra et de banno ecclesie nostre, ac singularium concanonicorum nostrorum remensium, propter hoc competenter evocati, venerabiles et discretos viros magistros Nicholaum de Pougy, Aymonem de Chaciaco, et Ainbaldum de Secano, dilectos concanonicos nostros, necnon Eustachium de Paciaco, ballivum nostrum, ac Jaqueminum ejus clericum, exhibitores presencium, et eorum quemlibet in solidum, ita quod non sit melior condicio occupantis, sed quod unus eorum inceperit alter eorum perficere possit, suos fecerunt veros et legitimos procuratores, et nuncios speciales, in omnibus et singulis causis et negociis suis, terramque et bannum ecclesie nostre tangentibus, motis et movendis, coram omnibus judicibus quibuscumque, quacumque auctoritate, officio, potestate, vel dignitate fungentibus, et specialiter dicto comparendi et representandi se nomine eorum, et pro ipsis, coram excellentissimo principe domino Philippo, Dei gracia Francorum et Navarre rege illustri, et ejus gentibus, seu commissariis; dantes et concedentes eisdem procuratoribus suis, et eorum cuilibet in solidum, plenariam potestatem, et mandatum speciale, agendi pro ipsis, deffendendi, conveniendi, reconveniendi, litem contestandi, jurandi in animas eorum de calumpnia et de veritate dicenda, ponendi, posicionibus respondendi, et [in?] eis concludendi, testes producendi, litteras et in modum probacionis exhibendi, testes partis adverse jurare videndi, dicendi in testes et dicta testium, ac in instrumenta, contra ipsos in modum probacionis exhibendi, et producendi; ipsos excusandi, excusaciones suas allegandi et proponendi, et si necesse fuerit super hiis jurandi, jus, arrestum interloqutorium, et diffinitivas sentencias, audiendi, supplicandi, appellandi, appellacionem suam prosequendi, et eam innovandi, apostolos petendi, alium procuratorem, unum, vel plures, loco sui substituendi, qui consimilem et eamdem in premissis omnibus et singulis, et ea tangentibus habeat, vel habeant potestatem, et omnia alia et singula faciendi, que circa premissa et ea tangencia necessaria fuerint, ac eciam oportuna, et que ipsi facerent et facere possent, si presentes essent, eciam si mandatum exigant speciale; ratum et firmum habentes, et habituri, quicquid per dictos procuratores suos, vel eorum alterum, aut per substitutos ab eis, vel eorum altero, in premissis omnibus et singulis, et ea tangentibus, actum fuerit atque gestum; promittentes sub ypotheca rerum suarum, si necesse fuerit, judicatum solvi. In cujus rei testimonium sigillum nostrum presentibus litteris duximus apponendum. Datum anno Domini M° CCC° decimo septimo, die mercurii post festum B. Marci evangeliste. — *Scellé.*

CLXXVIII.

30 avril 1317.

MANDATUM regis de R. de Notolio, bannitorum avunculo, qui eis consilium civium revelat [1].

Archiv. de l'Hôtel-de-Ville, renseign. — Archiv. du Roy., sect. jud. Criminel, reg. 1ᵉʳ, fol. 80 v°.

CLXXIX.

13 mai 1317.

LETTRES sous le seel de l'eschevinage, datées du lendemain de l'Ascension, M CCC XVII, par lesquelles appert Agnès, femme jadis Raoul de Bazoches, avoir esté reçue par ledit échevinage en bourgoise du corps de l'échevinage; et ly avoit esté promis par les eschevins de lui donner aide et conseil en tous cas, et en tous lieux afférens, aux dépends dudit échevinage, et à la acquitter de toutes charges et obligation dont ledit échevinage et la ville pourroit estre tenus, excepté choses extraordinaires, la guerre des enfans de Briaingne, et les frais des sacres.

Invent. de 1486, p. 36.

CLXXX.

20 mai 1317.

MANDATUM ballivo viromandensi, ut quendam hospitem archi-

---

[1] Cet acte ne diffère de celui du 10 août 1311, que par la date: *Datum in abbatia Lilii prope Meledunum, ultima die aprilis, anno D.* M°. CCC°. X° VII°.

DE LA VILLE DE REIMS. 203

episcopi remensis, qui se hospitem S. Remigii advocaverat,eidem archiepiscopo puniendum reddat.

<small>Archiv. du Roy., sect. jud. Criminel, reg. 1er, fol. 80 v°.</small>

Ballivo viromandensi.[Archi]episcopus remensis exposuit, quod cum dictus Johenton li Juys, tempore quo de furto cujusdam quantitatis vasselamente argenti in domo Petri de Besennes existentis, erat suspectus, fuisset hospes, cubans et levans, sub juridiccione ipsius archiepiscopi, ipseque Judeus asserat falso [se?], virtute cujusdam renonciacionis quam de juridiccione S. Remigii remensis fraudulenter fecisse dicitur, hospitem cubantem et levantem in juridiccione S. Remigii existere, [et in eandem?] se transtulerit; quod virtute ordinacionum per predecessores [nostros?] confectarum, per quas cavetur quod aliquis de furto, aut aliquo crimine, suspectus, a juridiccione domini sui recedere non possit, quam, [*sic,* quin?] coram ipso domino suo, si infra quadraginta dies ipsum requisierit, pro exhibenda justicia, redire teneatur, facere non poterat, nec debebat; dictusque archiepiscopus, ipsum Janconem pecierit sibi reddi, quod facere recusarunt [abbas et conventus S. Remigii?]; mandamus quatenus compellatis ipsos, ut dictum Janconem eidem archiepiscopo puniendum, vel [ipsius?] gentibus, reddant. Datum Parisius, die vicesima maii, decimo septimo.

CLXXXI.

Lettres de commission de Philippe V, portant que les eschevins ont fourny, par forme de prest, trente-deux cens livres, en attendant l'esclaircissement pour connoistre ceux qui estoient tenus des frais du sacre. <small>7 juin 1317.</small>

<small>Archiv. de l'Hôtel-de-Ville, Sacre, liass. 2, n° 1.</small>

Philippe.... rois de France et de Navarre, à touz.... Nous vous faisons assavoir que comme nous feissons contraindre les eschevins et les cytoiens du ban de.... l'arcevesque de Rains, de paier une certaine somme d'argent pour les despens faiz en nostre couronnement derrainement passé, et il proposassent et deissent que tenuz n'i estoient, et se tenuz y estoient, c'estoit en aucune petite partie tant seulement, et non en tont; et comme en la parfin nous aions receu par la main de Mahy Lignart, neveu Baudoin de Roy, desdiz eschevins et cytoiens, trente-deus cenz livres par., en non de prest, en tele manière que nul préjudice ne leur soit fait par ce en la défense de leur querele pour cause desdiz despens, envers quelcunques autre partie que ce soit; et que quant il sera desclarié pour combien ils seront tenuz ausdiz despens, ledit prest leur tendra lieu en acquit d'icele somme; et se ledit prest monte plus que il ne deurent, leur droit leur sera sauf, contre les autres parçonniers desdiz despens, à recevoir le seurplus, lesqueix parçonniers nous contraindrons à le paier, si comme drois sera, et entre deus, jusques à tant que, oïes les raisons des parties, il soit seu et desclairié par le jugement de nostre court, si comme devant est dit, à quele partie il seront tenuz desdiz despens, il n'en seront en outre contrainz. Pourquoi nous donnons en mandement par ces lettres à noz trésoriers, au bailif de Vermendois, ou à son lieutenant, et à touz noz autres justiciers, que il lesdiz eschevins et cytoiens de celui ban ne contraingnent, ne ne seuffrent estre contrainz, pour cause desdiz despens, contre la fourme de ces présentes lettres, esquels nous avons fait metre nostre seel.... A Paris, le viie jour de juing, l'an M. III^c xvii.

Par misires de Lor, Guy Flory, et M. des Essarts [1].

CLXXXII.

1er août 1317.

ARRESTUM quo magistri camere placitorum preceperunt, quod pro solucione expensarum coronacionis regie, baillivus viromandensis recursum habeat ad archiepiscopum remensem; et si dictus archiepiscopus super hoc velit recurrere ad scabinos et cives remenses, vel alios, et debatum super hoc inter eos oriatur, curia placitorum, prout ad eam pertinuerit, super hoc exhibebit eisdem celeris justicie complementum.

Olim, III, fol. 157 r°, édit., II, p. 637.

Cum dominus rex, certus existens quod expense facte pro sua coronacione sibi debebantur, certos commissarios deputasset ad compellendum, pro solucione dictarum expensarum, illos qui ad hoc tenentur; dictique commissarii nostros [*sic*, nos?] magistros camere placitorum, Parisius, consuluissent contra quos ipsi procedere deberent ad facien-

[1] Voir plus haut l'acte du 9 février 1317.

dum compulsionem predictam ; nos magistri predicti, ad cameram compotorum, Parisius, misimus pro scienda, per registra dicte camere, super hoc veritate; in quibus registris inventum fuit, inter cetera, quod de debito archiepiscopi remensis, pro coronamento regis Philippi, novissime defuncti, ballivus viromandensis in dicta camera computavit se recepisse octo millia septingentas sex libras decem solidos unum denarium; et tunc nos, remensi archiepiscopo, ad hoc coram nobis vocato, legi fecimus registrum predictum ; quo sibi lecto, ipse respondit quod ipse bene confitebatur dictum registrum continere veritatem ; veruntamen, quamquam ipse per manum suam solvere debeat dictas expensas, ipse tamen et ejus predecessores consueverunt, ut dicebat, super solucione dictarum expensarum habere recursum ad scabinos et cives ville remensis, et plures alios qui tenentur contribuere in expensis predictis, et exhibuit coram nobis copiam duorum judicatorum, que, pro remensi archiepiscopo, super consimilibus expensis, et eorum contribucione, facta fuerant, ut ipse dicebat, contra scabinos et cives remenses. Quibus auditis, curia predicta placitorum precepit quod, pro solucione dictarum expensarum, ballivus viromandensis recursum habeat ad archiepiscopum predictum ; et, si dictus archiepiscopus super hoc velit recurrere ad dictos scabinos et cives remenses, vel alios, quos ipse dicat teneri contribuere in expensis predictis, et debatum super hoc inter eos oriatur, curia predicta, prout ad eam pertinuerit, super hoc exhibebit eisdem celeris justicie complementum.

Prima die augusti.

Capitulum et villa remenses pecierunt sibi dari de hoc litteram, sed curia respondit quod de hoc littera non daretur.

CLXXXIII.

ARREST par lequel appert que l'arcevesque avoit emprisonné 30 août 1317. les eschevins et bourgois pour la despence du sacre, et fut dit et jugié que les prisonniers ne seroient point délivrez ; mais en faisant ladicte contraincte le roy bailleroit aide à l'arcevesque [1].

Olim, III, fol. 157 v°, edit., II, p. 638. — Livre Blanc de l'Échev., fol. 243. — Cart. A de l'archev., fol. 48.

[1] Cet arrêt donna lieu, de la part des échevins, à une vive protestation que nous

Significavit nobis dilectus et fidelis noster archiepiscopus remensis, de speciali garda nostra existens, quod, cum ipse contra scabinos et

avons extraite des Archives de l'Hôtel-de-Ville :

« A très excellent prince, leur très chier et très redouté seigneur le roy de France, supplient humblement li eschevin et li bourgois de Reins, que comme l'archevesques de Reins ait pris lesdis eschevins, et bien xl. des plus souffisans bourgois de la ville, et tienne leurs corps en prison fermée, ou chastel de Porte-Mars, pour cause de la paie des despens du couronnement de vous, et du roy Loys vostre frère, cui Diex pardoint, par la vertu d'un arrest qui fu fait, passé a xxx ans; jà soit ce que il ait esté trouvé puis ii moys en çà, en vos registres de vo chambre des comptes, qui sont creus seur toutez autres escriptures, que li archevesques est tenus de paier touz les despens dudit couronnement, et ainssit a esté prononciet en vostre court contre ledit archevesque puis la Magdeleine*, et sur ce li procureur desdis eschevins et bourgois eussent empétré lettres de vostre court au bailli de Vermendois**, que il les feist recreure, ou en défaut dudit archevesque les recreust par vostre main, et adjornast ledit archevesque à vostre parlement seur ce. Et comme li prévos de Laon, par la vertu de vos lettres, et dudit bailli de Vermendois, fust venu à Reins pour faire ladicte recréance, li bailli dudit archevesque désobéi du tout, et leva les pons-levis dudit chastel, et ferma les portez contre vostredit prévost portant vos lettres, et failli que vostre prévos s'en partisist laidement plus que nous ne vous osons dire, que il ne vous despleust, et sanz nulle obéissance trouver, ne de fait, ne de parole. Et ces chosez ainci firent (*sic*), li archevesques s'en vint à Paris le samedi après la Saint-Barthélemieu, et requist en vostre court que li arrés dessus dis, qui donnez avoit esté xxx ans a, fust mis à exécution. Vostre court fist appeler un eschevin de Reins qui estoit tout seul à Pa-

ris, et li demandèrent se il vouloit débatre la requeste dudit archevesque. Il respondi que il n'estoit mie procureur, et que on li donnast journée souffisant pour le faire savoir à ses mestres. Il ne pot avoir plus longue journée pour aler querir ses mestres, et leur conseil, de Paris à Reins, que du samedi environ medi, jusques au mardi ensiuant, à eure de prime, et ne pot estre son messager à Reins devant le lundi au matin. Et quand il vint là il trouva touz ses mestres en prison fermée, et touz leurs escrins, et espécialment où leur chartres et leur jugiez que il ont contre l'archevesque, sont, et desquiex il se devoient deffendre, touz scellés de par l'archevesque. Li messaigez revint de jour et de nuit, tant que il fu le mardi au matin à Paris, et monstra à la court, par les lettres dudit prévost de Laon, les désobéissances et rébellions dessusdites, et comment si mestres estoient en prison fermée, et que il ne povoient avoir leur chartres, leur jugiés, ne leur conseil. Si requéroit que il fussent mis hors de prison, et que il se peussent venir deffendre. Non contrestant ce, la court, sanz plus attendre, va prononcier que la requeste de l'archevesque seroit faite, et que il ne seroient délivré, ne recreu, et mist vos lettres otroïes ausdis eschevins et bourgois toutez au nient, et retint la relacion du prévost seur les désobéissances; laquele chose ne fu onques mès faite, ne oïe, en vostre court, ne en l'autrui, que cis qui du tout a désobéi à vous emportast profit de son meffait, ne que jugement se feist contre celui qui est tenus en prison, au profit de celui qui tient son cors et ses biens en sa prison, et les lettres et les chartres dont il se devroit aider contre lui. Pour Dieu, chiers sirez, si voilliez rappeller cest arrest, comme torchonnier, le plus que onques mez fust fait en vostre court, et remetre à droiture et à justice, et faire lesdis eschevins et bourgois recroirre, et amender à vous les

---

* Voir l'arrêt du 1er août 1317.
** Ce sont les lettres dont il est parlé dans l'arrêt du 30 août. Nous n'avons pu les retrouver.

cives remenses, ad illum finem quod ipsi solvant, prout consuetum est, partem expensarum factarum pro coronacione, tam karissimi germani nostri, quam nostra, plures ex ipsis, cum eorum bonis, captos tenendo, compulsiones debitas facere inchoaverit, prout sibi competit, et maxime virtute judicatorum per curiam nostram in similibus casibus alias factorum, tam pro remensi archiepiscopo, quam pro custodibus regalium dicti archiepiscopatus, contra scabinos et cives remenses; nichilominus dicti scabini et cives, contra judicata predicta temere veniendo, duo paria litterarum, a nostra curia, in auditorio requestarum, nuper impetraverunt; in quibus litteris inter cetera mandatur eidem archiepiscopo, quod ipse predictorum captorum corpora et bona recredat; quamquam in judicatis contineatur predictis quod, auditis partibus et visa carta civium remensium, pronunciatum fuit, per curie nostre judicium, quod scabini et cives remenses qui, racione expensarum coronacionis regis Francie, capti tenebantur, non liberarentur, nec recrederentur, et quod non obstantibus ab eis propositis, ipsi partem de dictis expensis eos contingentem solvent, et ad hoc, si necesse fuerit, compellentur. *Item*, in dictis litteris continetur adjornamentum contra dictum archiepiscopum, et generaliter, super eo quod ipse contra scabinos et cives remenses, tam in corporibus, quam in bonis eorum, justiciando, facit compulsiones; quamquam, ut proponebat idem archiepiscopus, dari non debeat adjornamentum contra ipsum, super eo quod contra scabinos et cives predictos liquido constat ad eum pertinere, virtute judicatorum predictorum. *Item*, quod ipsi quandam litteram terciam obtinuerunt a dicta curia nostra, ad ballivum viromandensem, vel ejus locum tenentem, quod ipse, in defectu dicti archiepiscopi, recredenciam faciat antedictam. Quare requirebat idem archiepiscopus dictas litteras anullari, et quicquid sequtum est ex eisdem; quodque mandetur ballivo viromandensi, quod ipse, si ex parte dicti archiepiscopi super hoc fuerit requisitus, ad civitatem remensem accedat, vel sufficienter mittat, pro fortificando et adjuvando brachium seculare ipsius archiepiscopi, ad faciendam compulsionem predictam, ita quod

rébellions et les désobéissances dessusdites. Et trouverrois, se il vous plest au savoir, que à cest arrest conseiller, n'ot que purs clers, desquiex il menga, le jour devant, la plus grant partie, avecques ledit archevesque, en sa meson.

accelerari valeat dictarum solucio expensarum, que hactenus, per dictorum scabinorum et civium subterfugia, minus racionabiliter extitit retardata. *Item*, requirebat idem archiepiscopus quandam aliam litteram nostram, Matheo Lienardi directam, revocari, per quam mandatum fuit dictum archiepiscopum, per capcionem et explectacionem tocius temporalitatis sue, compelli ad solvendum nobis, vel mandato nostro, totale residuum quod restat solvendum de expensis coronacionis, tam karissimi germani nostri, quam nostre, plures ad hoc raciones proponens. Factis igitur dictis requestis, et auditis omnibus que ex parte dictorum scabinorum et civium, quantum ad eos pertinet, ex adverso proposita fuerunt, visisque judicatis et litteris omnibus supradictis, curia nostra ad predicta respondit, quod littera predicta, contra dictum archiepiscopum obtenta, de compellendo ipsum ad solvendum illud quod de expensis dictarum coronacionum debetur, non revocabitur; quodque judicata predicta, contra scabinos et cives remenses, facta, super compulsione solucionis dictarum expensarum eos contingentis, observabuntur, et execucioni mandabuntur; et anullavit ipsa curia nostra litteras predictas, contra tenorem dictorum judicatorum obtentas, et quicquid ex eis extitit subsequtum; et respondit eciam curia nostra quod ipsa juvabit et fortificabit manum dicti archiepiscopi, si necesse fuerit, ad faciendum dictam compulsionem, pro solucione dictarum expensarum integre facienda.

Martis, post decolacionem beati Johannis Baptiste, anno trecentesimo decimo septimo.

CLXXXIV.

1er septembre 1317.

MANDATUM ad Matheum Leonardi, ut manum regiam, in justicia archiepiscopi remensis, racione expensarum coronacionis, appositam, amoveat.

Olim, III, fol. 158; édit., II, 640.

Philippus, etc. Matheo Leonardi, et Haberto Coquebart, ejus locum tenenti, salutem. Supplicavit nobis dilectus et fidelis noster remensis archiepiscopus, ut cum tu, Leonarde, ad compellendum ipsum archiepiscopum ad solvendum id quod solvendum superest de expensis coronacionum karissimi domini et germani nostri, et nostre, deputatus a nobis, de mandato nostro, temporalitatem suam, et maxime justiciam temporalem ipsius archiepiscopi, ad manum nostram posueris, et propter hoc impediatur idem archiepiscopus, ut dicit, ne subditos suos, qui ad dictas expensas tenentur, ut asserit, compellere possit, mandaremus manum nostram hujusmodi, de dicta justicia amoveri, et ipsum justicia predicta permitti gaudere; quocirca mandamus et precipimus vobis, et vestrum cuilibet, quatinus manum nostram, hac occasione appositam in dicta justicia, amoveatis indilate, et ipsa justicia predictum archiepiscopum gaudere permittatis, ita quod dictos subditos suos, qui ad dictas tenentur expensas, possit compellere ad eas solvendas, prout ad eas tenentur, et fuerit racionis. Non est tamen intencionis nostre, quod, per hoc, ab alia dicti archiepiscopi temporalitate, amoveri debeat manus nostra, quousque super hoc aliud a nobis fuerit ordinatum.

Prima die septembris.

CLXXXV.

LITTERE quibus curia parlamenti certas personas idoneas, ad juvandum et fortificandum manum archiepiscopi remensis, ad faciendam compulsionem pro solutione expensarum coronacionis regie, deputat.

1er septembre 1317.

<small>Olim, III, fol. 158; édit., II, p. 640.</small>

Philippus, etc., universis, etc. Notum facimus quod, cum dilectus et fidelis noster achiepiscopus remensis a nobis requisierit ut, ad fortificandum manum suam ad levandum expensas que racione coronacionum, tam karissimi domini et germani nostri Ludovici, quam nostre, debentur, et ad compellendum ad hoc illos qui ad hoc tenentur, aliquam, seu aliquas, certam, seu certas, personas ydoneas concederemus et deputaremus eidem; nostraque curia, requesta facta predicta, responderit quod ipsa juvabit et fortificabit manum dicti archiepiscopi, si necesse fuerit, ad faciendam dictam compulsionem, pro solucione dictarum expensarum integre facienda; nos, Gaufridum de Vitriaco, Johannem de Aurelianis, valetum camere nostre parlamenti et placitorum, et Petrum dictum Severin, exhibitores presencium, et quemlibet eorum in solidum, ita quod non sit melior condicio occupantis, ad juvandum et fortificandum manum dicti archiepiscopi, ad faciendam compulsionem predictam, pro solucione dictarum expensarum, pro rata quemlibet contingente, integre facienda, et ad premissa tangencia, tenore presencium deputamus, dantes omnibus justiciariis et subditis nostris, tenore presencium, in mandatis, quod ipsi, eisdem deputatis et eorum cuilibet in solidum, super premissis, et premissa tangentibus, pareant et efficaciter intendant.

Prima die septembris.

CLXXXVI.

13 septembre 1317.

LETTRE pour saisir sur les eschevins à concurrance de 7000 ℔, que l'archevesque demandoit, pourquoy il en tenoit plusieurs prisonniers, et pour faire une information.—[Plus, une] copie de ladite lettre, et l'acte au bas, comment ladite somme fut fournie [1].

Archiv. de l'Hôtel-de-Ville, renseign., Sacre, liass. 1, n° 2. — Inventaire de 1691, p. 74.

CLXXXVII.

15 octobre 1317.

ARREST en parlement...., par lequel fu dit que les deux enquestes faites, l'une par le prévost de Laon, et l'autre par commissaire, seroient ouvertes, et les verroit la court; et se elles n'estoient complettes, elles seroient parfaictes; et se parfaictes estoient, la court feroit ce qu'il appartendroit.

Olim, III, fol. 150 v°; édit., II, p. 641. — Livre Blanc de l'Échev., fol. 247.

[1] Cette lettre est celle dont parle l'arrêt du 15 octobre 1317. Nous pensons qu'il suffit d'en donner un extrait :

« Le roi ayant appris que récemment, pendant que ses commissaires étaient à Reims, pour traiter de certaines affaires touchant l'échevinage, plusieurs excès et désobéissances avaient été commis par les gens de l'archevêque, au mépris du roi, le bailli de Vermandois se transportera à Reims en personne, fera une enquête, la renverra au parlement avant la Saint-Remi, et ajournera à y comparaître qui de raison... »

« Ceterum, cum archiepiscopus, vel ejus gentes, racione solucionis expensarum.... coronacionum...., plures scabinos et personas ville in suo carcere captas teneant, et archas scabinorum, in quibus sunt littere et instrumenta quibus volunt se juvare scabini, firmatas; mandamus vobis quot, dictas archas facientes apperiri, litteras et instrumenta in eis existencia, scabinis.... tradatis, personasque et bona captas, impleta prius manu nostra usque ad valorem septem milium librarum parisiensium, quas archiepiscopus petit ab eis pro expensis predictis, per manum nostram tanquam superiorem indilate recredatis, non obstantibus arrestis.... contra scabinos per curiam nostram latis.... Datum Gisorcii, die XIII septembris, anno M. CCC. XVII° »

DE LA VILLE DE REIMS.

Cum scabini de banno dilecti et fidelis nostri remensis archiepiscopi nobis dedissent intelligi, conquerentes, quod idem archiepiscopus plures de dictis scabinis in suo carcere captos detinet, racione solucionis expensarum factarum pro coronacione, tam karissimi germani nostri Ludovici, quondam Francie et Navarre regis, quam nostre; et insuper archas eorum, in quibus sunt, ut ipsi dicunt, littere et instrumenta quibus se volunt juvare dicti scabini, in facto hujusmodi, contra dictum archiepiscopum, tenet firmitas; quamquam ipsi bonas, ut dicunt, habeant raciones, litteras, judicata et arresta, per que ipsi nituntur se defendere, quod ad solucionem expensarum hujusmodi non tenentur, non obstantibus quibusdam litteris et judicatis curie nostre, ex parte dicti archiepiscopi super hoc exhibitis; quas litteras, judicata et arresta sua, ipsi exhibere non potuerunt, ut dicunt, cum capti teneantur, et eorum littere, judicata et arresta, per dictum archiepiscopum teneantur firmata; per que judicata et arresta sua ultimo data, ipsi volunt ostendere, quod judicata et arresta, per dictum archiepiscopum contra ipsos exhibita, sunt totaliter revocata; quodque, licet ipsi scabini in aliquo forsitan super hoc tenerentur, dici tamen non debent esse in mora solvendi, quousque fuerit, auditis partibus, declaratum, si, et in quantum, ipsi scabini in [solucione?] hujusmodi teneantur : nos, ad eorum instanciam, certis commissariis deputatis a nobis, mandavimus, et commisimus, ut ipsi per manum nostram, tanquam superiorem, dictas archas facerent aperiri, litteras et instrumenta dictorum scabinorum, in eis existentes, facientes ad causam hujusmodi, sibi traderent, personasque et bona eorum, occasione dictarum expensarum captas, recrederent, non obstantibus arrestis, pronunciacione, seu ordinacione, contra dictos scabinos, super expensis predictis, per curiam nostram factis, prius tamen impleta manu nostra usque ad valorem septem millium librarum parisiensium, quas, ut ipsi dicebant, dictus archiepiscopus petit ab eis, pro expensis predictis. Cum autem dictus archiepiscopus, de concessione predicte commissionis, tam coram dictis commissariis, quam postea coram nobis, conquestus fuisset, plures raciones proponens ad finem revocandi eamdem; faciens nobis exponi dictus archiepiscopus, quod summa quam ipse, pro expensis hujusmodi, petit a dictis scabinis, ad valorem decem et septem millium [et quingentarum?] librarum parisiensium ascendit; nos eisdem commissariis mandavimus, et commisimus, ut ipsi manum nostram, usque ad summam in qua dicti scabini et cives remenses tenentur, vel teneri possunt, racione dictarum expensarum, facerent impleri, priusquam recredenciam facerent de personis et bonis predictis. Postea vero dicte partes ad certam diem ad nos accesserunt, super dictis processibus conquerentes; nos vero dilectis et fidelibus nostris magistris camere placitorum, Parisius, precepimus, ut ipsi, dictis partibus auditis, super hiis exhiberent eisdem, quamquam non sit parlamentum, debite justicie complementum. Auditis igitur super hiis, in curia nostra, coram dictis magistris, predictis partibus, et visis litteris per eas exhibitis et commissionibus predictis, auditaque responsione ballivi et procuratoris ipsius archiepiscopi, per eorum juramenta, usque ad quam summam dicti scabini teneri possunt et compelli pro expensis predictis, habitaque deliberacione super hoc diligenti, per arrestum nostre curie dictum fuit, quod scabini, et persone, per dictum archiepiscopum, propter solucionem dictarum expensarum, detenti, recredentur, cum bonis eorum propter hoc arrestatis, prius tamen per eosdem scabinos impleta manu nostra de quindecim millibus libris parisiensibus in bona moneta; quodque usque ad dictam summam cessabit compulsio que fit per gentes nostras in bonis dicti archiepiscopi, pro dictis expensis, et, quantum ad hoc, de bonis eisdem amovebitur manus nostra; et super residuo quod de dictis expensis debetur, gentes nostre ad bona temporalia dicti archiepiscopi recursum habebunt, sed ipse super hujusmodi residuo, si voluerit, ad alias personas, que ad hoc tenentur, poterit habere recursum. Quibus scabinis, ut premissum est, recreditis, ipsi super dicto principali negocio, quamquam non sit parlamentum, vocatis partibus, audientur de plano, et videbuntur arresta, littere et judicata que ipsi voluerint exhibere, et auditis hinc inde propositis, curia nostra super hiis exhibebit dictis partibus justicie complementum. Super inobedienciis vero contra dictum archiepiscopum et gentes suas propositis, de quibus fit mencio [in?] commissione predicta per dictos scabinos impetrata, super quibus, ut dicitur, due facte sunt inqueste, una per prepositum laudunensem, et altera per commissarios supradictos, quas inquestas pars dicti archiepiscopi dicit non esse completas,

per curiam nostram dictum fuit, quod curia nostra dictas inquestas aperiet et videbit, ad illum finem ad quem poterunt videri; et si non sint complete, perficientur; si vero complete sint, curia nostra super eis faciet id quod fuerit racionabiliter faciendum.
Sabbato post sanctum Dyonisium.

CLXXXVIII.

ACCORD entre les échevins, et les maîtres des comptes du roi, sur les frais du sacre.

24 octobre 1317.

Archiv. de l'Hôtel-de-Ville, renseign., Sacre, liass. 2; n° 2, et liass. 1, n° 2, fragm.

Philippe.... roys de France et de Navarre, à touz ceus.... Comme seur le descort lequel naguèrez estoit meu devant nos amez et féals les maistres de nostre court de parlement, entre.... l'archevesque de Reins, et les eschevins de Reins...., c'est assavoir seur les récréances des personnes et biens, lesqueles ledit archevesque détient prises, ou les gens d'icelui, pour les despens ès couronnemens de bonne mémoire Loys jadis nostre chier frère...., et [pour le nostre,] tant soit procédé entre lesdites parties, devant lesdis maistres, que par arrest fu dit et prononcié, de nostredite court, que lesdis eschevins, et personnes, et touz leurs biens, pour ce par ledit archevesque.... pris, par nostre main de souverain seront recréus, toutevoiez premièrement nostre main aemplie d'iceus eschevins de quinze mile livres par. en bone monnoie, pour raison des despens des couronnemens devantdis, si comme ces choses et autres plainement sont contenues en nos lettres faites seur ledit arrest; sachent tuit que seur l'emplissement de nostre main desdites quinze mile livres par., en tele manière est concordé entre nous d'une part, et lesdis eschevins d'autre : *premièrement*, c'est assavoir que de la somme des quinze mile livres devantdites, seront descomptées et rabatues sis mile liv. par., lesqueles iceuls eschevins nous prestèrent pour les despens du couronnement dudit Loys jadis nostre frère, si comme il appert manifestement par nos lettres seur ledit prest faites; et avec ce leur seront descomptées mil liv. par., lesqueles il nous prestèrent pour les despens de nostre couronnement fait naguèrez à Reins. Et après ces chosez, de la somme de huit mile liv. par. demourans de la somme devantdite de quinze mile liv., en emplissant nostre main selonc la forme dudit arrest, il nous doivent baillier, ou aus mestres de nos comptes, troiz mile liv. de tournois, en pécune nombrée, dedens ceste prochainne feste de Saint-Martin d'yver; *item*, deux mile liv. tour. dedens la feste Saint-Andrieu apostre, après ensuiant; et du demourant, c'est assavoir de quatre [*sic*, trois?] mile liv. par. demourans, lesdis eschevins se obligeront envers nous, en lieu de caution, seur ceste forme, que se, pour le temps avenir, il soit dit ou prononcié par le jugement de nostre court, iceus estre tenus à paier nous lesdites quatre mile liv., iceuls icelles nous paieront; et s'il est dit iceus ne mie estre y tenus, iceuls seront d'icelles frans et quites. Et est assavoir que avant toutez les prémissez, dès maintenant, lesdis eschevins, personnes, et touz les biens, que ledit archevesque.... tient pris pour raison des despens devantdis, seront recréus par nostre main comme par main de souverain, et les biens seront délivrez à plein. Et [s'il ¹ y avoit défaute de faire la récréance des cors, ou la délivrance des biens, de tant se retarderoit li termes dessusdit, de païer lesditez v^m ℔ de tournois. Et] sera rendue ausdis eschevins par les mestres de nos comptes une lettre en laquele lesdis eschevins, et pluseurs autres citoiens de Reins, se obligèrent à nous en sept mile liv. par., en emplissant nostre main, par manière de caution, devant nostre amé mestre Symon Mordret, et Gobert de Sarrasin, naguères de nous seur ce députez; *item*, est accordé que se, ou temps avenir, lesdis eschevins estoient absoulz de la paie desdis despens, par le jugement de nostre court, nous ferons restituer à plein, à iceuls, lesdites sommes de peccunes, que il auront bailliés à nous, ou à nos gens, si comme dit est, et toutez les chosez qu'ils auront misez ou bailliés à emplir nostre main, selonc la forme dudit arrest, envers nous et nos gens; et maintenant les prémissez, nous recognoissons nostre main desdites quinze mile liv. par.... estre souffisamment emplie, et que dès ores en avant, oultre lesdites quinze mile liv. desqueles nostre main est emplie...., il ne pourront ou devront par nous, ou nos gens, ou autres personnes,

---

¹ Ce qui, dans cette pièce, se trouve placé entre [ ], est emprunté au fragment de la liasse 1, qui paraît être une première rédaction, non complétement adoptée, de l'accord du 24 octobre 1317.

en aucune manière estre en plus contrains à paier aucune chose, ou prester, desdis despens, dusques à tant que par nostre court, entre icelles parties, aura esté jugié iceuls eschevins, en tout ou en partie, estre tenus des despens devantdis. En tesmoing.... A Paris, le xxiiii° jour de ottobre, l'an M. CCC. XVII.

Per dominum de Auro, et M. de Essartis, qui eam legerunt. Justicier.

CLXXXIX.

LETTRES pour récréance des prisonniers et meubles, après le payement des 15,000 ₶ [1].

Invent de 1691, p. 74.

25 octobre 1317.

CXC.

ARTICLES contentieux, au nombre de XXXVIII, contenus dans un rolle, au bas duquel sont les réponses de l'archevesque, et ensuitte les répliques du chapitre, contenantes ce qui a été accordé et consenty, de la part du chapitre, sur les réponses et offres de l'archevesque [2].

Invent. des accords des archev. et du chap., p. 9.

Octobre 1317.

---

[1] « Commission du roy, du xxv° octobre, au « prévost de Laon, et à Gobert Sarazin, de « faire récréance des eschevins et bourgeois, « ce qu'il fit, comme appert par son procès-« verbal du jour de feste Sainct-Martin d'yver « [11 novembre] audict an 1317, des personnes « desdictz eschevins et bourgeois seullement; « et pour faire rendre les biens saisies, le roy « bailla derechef commission [le 31 janvier « 1318], aux susnommés, pour contraindre « ledict archevesque à rendre lesdictz biens par « saisye de son temporelle. Et par le procès-« verbal de Jehan d'Aisy, prévost susdict, en « exécutant ladicte commission, en la ville de « Reims, il fit venir pardevant luy Grégoire « de Chaalons, bailly de Reims, d'une part, « et les eschevins d'aultre ; à la requeste des-« quelz, ledict prévost de Laon fit commande-« ment audict bailly, de rendre ou recroire « ausdictz eschevins, les biens que monsieur « l'archevesque avoit levée d'eulx, et des habi-« tans...., ce que ledict bailly refusa de faire; « et ce porta pour appelant de l'exécution de « ladicte commission. Et ce estant faict, « maistre Jehan Dis, clerc dudict archeves-« que, et procureur de la court de Reims, fit « unne inhibition audict commissaire, de « l'auctorité de ladicte court de Reims, et luy « deffendit, sur peyne d'excommuniment, et « sur peyne de grande somme d'argent, c'est « assavoir de cincq cens lyvres parisis, qu'il ne « mist la main aux biens meubles, ny au « chastel de monsieur l'archevesque. Non-« obstant touttes lesquelles appellations, et « inhibitions, ledict commissaire passa oultre « à l'exécution de ladicte commission. » (Rogier, Mémoires, part. II, p. 31.)

[2] Plusieurs de ces articles concernent des exploits et des actes de justice contre les francs servants, ou sujets du chapitre, des emprisonnements, des saisies de grains, etc. L'archevêque répond à plusieurs, qu'ils sont déjà réparés, ou offre de le faire, supposé la vérité du fait.

« Les articles particuliers sont :

« Art. 8. Qu'on a arrêté les matériaux et

CXCI.

8 novembre 1317.

COMPROMIS entre Robert de Courtenay et le chapitre, tant sur quelques anciens articles indécis, dont Clément V avoit commis la connoissance à Vital, cardinal de Saint-Martin *in montibus*, que pour des griefs nouveaux.

<small>Invent. des accords de l'archev. et du chap., p. 8.</small>

CXCII.

8 novembre 1317.

CHARTA que *Robertina* dicitur, ubi de intercursu Remis observato, inter capitulum et archiepiscopi gentes, agitur.

<small>Archiv. du chap., lay. 1, liass. 1, n° 12.—Cart. AB du chap., fol. 22.—Cart. E du chap., fol. 23 v°.</small>

outils des ouvriers du chapitre, *in platea terra capituli, ante hospitale.* — Réponse : Ils ont été pris sur les terres de l'archevesque, et mis en garde *in stallo cujusdam justiciabilis domini.* Réplique du chapitre : *De loco, seu platea, in quo instrumenta capta, cognoscant tractatores.*

« Art. 12 et suivant. On empêche les sergents du chapitre de porter leurs verges dans la ville ; on les a prises, et rompues, à plusieurs.

« Art. 21. Le chapitre se plaint que le fief de Champigny est toujours entre les mains des religieux de Saint-Denis, et que la donation à Jean de Thuisy est simulée.

« Art. 22. Que l'archevêque n'entretient pas les bâtiments dépendants de l'archevesché.

« Art. 23. Une femme mantionnaire du chapitre, [a été] emprisonnée par ordre des officiaux. — Réponse : C'est pour un crime dont la connoissance appartient aux juges ecclésiastiques. Voir chartre de Guill. de Champagne *De justicia christianitatis*, et la sentence arbitrale de 1258.

« Art. 24 et suivant. Des marchandises amenées à la ville, ou exposées en vente par les sujets du chapitre, [ont été?] saisies pour tonnieu et vicomté non payez. — Réponse : On les a saisi pour avenage non payé.

« Art. 31 et suivant. Pasts redus sur la vicomté, et non payez par l'archevesque, ny la somme de 1000 lb qu'il doit par sa promesse.... — L'archevesque convient devoir, et promet payer.

« Art. 36. L'archevesque retient pour luy les offrandes quand il officie, particulièrement au sacre de Louis X, et de Philippe V. Elles appartiennent au prestre, et au diacre semainier. — Réponse : P. de Clacy, et Herbert de Buissy, [seront] arbitres sur cet article.

« Art. 37. Le fils d'un franc servant [a été] enterré au cemitière de Saint-Denis, *ubi capitulum et canonici habent jus funerandi et inhumandi corpora sua, et burgensium ac familiarium suorum.* L'on fit par violence exhumer son corps. — Réponse : Le fils de Géraud, franc servant, dont la famille étoit soumise à l'interdit, étoit de la jurisdiction de l'archevesque, [et avoit été?] enterré au mépris des censures dans le cemitière de Saint-Denis qui est de la jurisdiction spirituelle de l'archevesque. — Réplique : Il faudroit prouver que Géraud étoit légitimement excommunié, avant qu'il fût franc servant.

« Art. 38. La femme d'un franc servant [a été?] assignée par-devant les officiaux. En pareil cas, l'excommunication de la femme de Herbert-le-Thiez, franc servant, [a été] déclarée nulle en 1310 ; ainsy mal à propos on soutient que celle-cy est de la jurisdiction de l'archevesque.

Universis.... Robertus miseracione divina remensis archiepiscopus, ac J. prepositus, P. decanus, P. cantor, ceterique remensis ecclesie fratres, salutem.... Notum facimus universis, quod nos, ad tollendum et amovendum fraudes, dolos, et querimonias, que in futurum oriri possent, occasione captionum, detentionum, injuriarum que per ministeriales nostros, de burgensibus et mansionariis nostris, hinc inde hactenus facte fuerunt, concordavimus in modum qui sequitur : videlicet, nos archiepiscopus, quod nostri baillivus remensis et locum tenens ipsius, prepositus, major de Cultura, et castellanus Porte-Martis, qui nunc sunt, jurabunt infra octo dies, et qui pro tempore instituentur, similiter infra tantumdem temporis spatium, a tempore sue institutionis numerandum, in palatio Remis, vocatis et presentibus aliquibus de capitulo ad hoc missis, si interesse voluerint, quod si contingat aliquos burgenses, vel mansionarios, capituli, capi, in capiendo, ducendo, detinendo et restituendo, neque fraudem neque dolum adhibebunt, et quod predicti.... ministeriales...., post requisitionem et advoationem capituli...., sine mora notabili, [eos?] restituent...., etiam capientis vel capi facientis impedimento, vel absentia, non obstante. Quod si contingat post predicta eos retineri, ille qui detinebit tenebitur capto restituere expensas, damna, et interesse, quos et que fecerit, seu incurrerit, dictus captus, super quibus expensis credetur, et sub simplici suo juramento, si persona legalis et fide digna videatur; et ad hoc compelletur detinens, vel contra premissa faciens, sine mora notabili per nos archiepiscopum, vel nostros ministros, cum super hoc fuerimus requisiti. Super dampno et interesse, fiet levis informatio, et de plano et summarie, et idem fiet etiam de expensis persone capte, si persona capta fuerit levis opinionis, coram nobis archiepiscopo, vel nostris ministris; et fiet compulsio, ut supra. Servientes vero nostrorum baillivi et ejus locum tenentis, et aliorum qui debent jurare, qui nunc sunt, infra duos dies, et qui fuerint pro tempore, in sua institutione, coram dominis seu magistris suis, jurabunt articulos predictos, in quantum in eis fuerit, et quatenus tangit eorum officium, fideliter observare...., illis tamen de capitulo non vocatis.... Similiter, nos predictum capitulum, volumus quod nostri baillivus, ejus locum tenens, majores terre capituli nostre remensis, in civitate et suburbiis remensibus constituti, et custos carceris Curtis[1] B. Marie jurabunt infra octo dies, et qui pro tempore instituentur, similiter infra dictum tempus, a tempore sue institutionis numerandum, in capitulo remensi, vocatis et presentibus aliquibus de gentibus domini archiepiscopi...., et senescalli promittent bona fide...., in presencia predictorum, quod si contingat aliquos burgenses, vel mansionarios, domini remensis archiepiscopi, capi, in capiendo, ducendo, retinendo et restituendo, neque fraudem neque dolum adhibebunt, et quod predicti nostri senescalli, et baillivus, seu eorum loca tenentes, post requisitionem et advoationem dicti archiepiscopi...., sine mora notabili, [eos?] restituent.... Servientes vero nostri capituli, senescallorum, baillivi capituli, ejus locum tenentis, major terre capituli nostri quam habemus in civitate et suburbiis remensibus, et custodis carceris curtis B. Marie, et aliorum qui debent jurare, qui nunc sunt, infra duos dies, etc.[2].... Actum est insuper, quod si per tractatores assumptos a nobis super articulis contentiosis, vel alium quemcumque super hoc potestatem habentem, declararetur vicecomitem remensem teneri ad observationem intercursus, secundum conditionem, usum, et consuetudinem ipsius intercursus, Remis inter nos et gentes nostras communiter observati, idem vicecomes, sicut alii ministeriales nostri, prestabit simile juramentum, prout latius est expressum. In quorum omnium testimonium.... Datum anno M° CCC° XVII°, die martis post festum Omnium Sanctorum.

CXCIII.

15 novembre 1317.

MANDEMENT au bailli de Vermandois, pour l'arrière-ban des villes de son bailliage.

La Roque, du ban et arrière-ban, p. 104.

CXCIV.

1317.

C'EST le cohiers de la parroche Saint-Hylaire de la taille de XVIII^m ℔ et V^c ℔, l'an M. CCC. XVII, et monta la parroche

---

[1] Le cart. E porte : *turris*.
[2] Ici se trouvent reproduits, de la part du chapitre, les engagements pris, un peu plus haut, par l'archevêque.

vi^m et vii^{xx} et c iii s., Milles li Blans et W. de Chaumont, tailleur [1].

Tailles de l'Échev., vol. I, cah. 13.

C'est li coiers de la taille de la paroche Saint-Pierre-le-Viez, qui fu faite l'an.... m. ccc xvii, et monta la taille de ladite paroche xli^c ℔; xiiii ℔ iiii s. receue par J. le Petit et R. d'Aumie [2].

Tailles de l'Échev., vol. I, cah. 14.

CXCV.

Commission pour faire rendre aux échevins les meubles que l'archevesque tenoit d'eux, pour les frais du sacre.

31 janvier 1318.

Invent. de 1691, p. 74.

CXCVI.

Concilium silvanectense, pro reformacione morum in clero, et gravaminum eidem multipliciter illatorum.

27 mars 1318.

Cart. E du chap., fol. 70 v°. — Concil. Labbe, xi, 1625. — Decreta eccles. Gallic., p. 1265.

CXCVII.

Arrestum quo dictum fuit, quod archiepiscopus remensis cum scabinis procedet super abusu, in causa Hueti filii D. Munier, quem J. de Troyon, major de Cultura, gravissimis exposuerat tormentis [3].

30 mars 1318.

Archiv. de l'Hôtel-de-Ville, renseign.

Philippus [4].... Notum facimus quod cum scabini...., conquerentes

---

[1] Le total des cotes est de 490.
[2] Le total des cotes est de 390.
[3] Voir plus haut l'acte du 28 août 1316.
[4] Le jour même où était prononcé cet arrêt dans la cause de Huet Munier, un autre arrêt était intervenu pour la récréance de Grammaire, qui par conséquent se trouvait encore en vie à cette époque, et qui succomba peu de mois après aux tortures, et dans les prisons, des gens de l'archevêque. (Voir l'acte suivant, et ceux du 29 novembre et des 29 et 31 décembre 1318.) La cause de Huet Munier était donc encore disjointe de celle de Grammaire, à laquelle elle se réunit à dater de novembre 1318 seulement. C'est à cette période de l'instance que se rattachent, à notre avis, les deux factums suivants extraits des Archives de l'Hôtel-de-Ville:

Articuli archiepiscopi remensis, contra scabinos remenses, supra facto majoris de Cultura. Per curiam concordati.

« A ceste fin que la requeste faite par les eschevins du ban l'arcevesque de Rains, con-

[quia?] ipsius archiepiscopi justiciarius, qui dicitur major Cousture, Huetum filium Droueti Munier burgensis, non presenti delicto captre ledit arcevesque, d'avoir une récréance à cause des poins de leur chartres, pour un signe, ou pour une figure, ou en autre manière, pour la prise jadis faite en cas criminel d'une personne appellée Huet, fillâtre Hardi, par Jehan de Troion, maieur de Couture dudit arcevesque, lequel Huet lidit eschevin maintiennent avoir esté, ou temps de la prise et de la détention de celi, bourgois de l'eschevinage de Reins, ne se face, ne ne doie faire par ledit arcevesque, pour le roy, ne par autre, ne récréance par main souveraine, pendant le débat; mais soit dit, et par droit, que à tort, et sanz cause, requièrent et ont requis ladite récréance, et advoué ledit Huet estre bourgois dudit eschevinage; par quoy il sont tenus, et doient estre, à l'amender audit arcevesque, et perdre, sus le moins, le point de leur chartre par la vertu duquel il ont requis et advoué ledit Huet estre bourgois dudit eschevinage, ou amender, selonc ce que la court esgardera, par l'abus qu'il en ont fait; dit et propose le procureur dudit arcevesque, et entent à prouver, contre lesdiz eschevins, les faiz et les raisons qui s'ensiuent :

« Premier, dit le procureur dudit arcevesque, que quiconques se veult dire ou estre bourgois de l'eschevinage de Rains, et à joïr des privilèges et des franchises contenues en ladite chartre, il convient, selonc l'usage et la coustume du païs, notoire et esprouvée, et de si lonc temps qu'il n'est mémoire du contraire usées, que il soit bourgois par laquele que soit de trois manières de voies, lesquelles sont telles : Quar il convient qu'il soit receuz, se il est personne foraine, par le viconte dudit arcevesque, laquele recepte on appelle avanner, et que li vicons le sénéfie et fait savoir aus eschevins, que telle personne est avannée, et receue de par li à bourgois. *Item,* il convient, se il se veult dire bourgois dudit eschevinage, et il ne l'est par la voie dessusdite, que il soit demourans, couchans et levans, en la justice dudit arcevesque, pour mannage d'avoir maison qui seue soit, ou à louer qu'il tienne, où sa demourance soit. *Item,* se il se veult dire bourgois, et il ne l'est par les voies dessusdites, il convient que il soit nez de la ville de Rains, de bourgois, ou de bourgoise dudit arcevesque, et de l'eschevinage.

« *Item*, dit le procureur dudit arcevesque que lidiz Huez qui fu pris et détenus, lequel lidit eschevin maintiennent qu'il estoit bourgois de leur eschevinage, n'estoit de riens bourgois ou temps de la prise, ne devant, par aucune des voies dessusdites : car il ne sera jà trouvez que lidit Huez fust onques receuz par le viconte dudit arcevesque, ne avennez, si comme dessus est. *Item*, il ne sera jà trouvé que lidiz Huez, ou temps de la prise, ne devant, eust maison, ne mansion, ne comme seue, ne à louier, en la justice dudit arcevesque, par quoi il se deist, ne peust dire, bourgois de l'eschevinage, quar lidiz Huez par renommée, et notoirement, estoit personne poure, volage, et diffamée de lonc temps, de pluseurs mauvestiez, larecins et roberies, et aloit gesir, par çà, par là, pour i denier, et pour une maaille, sanz demourance faire; et n'avoit mie xv jours, devant ce qu'il fu pris, qu'il avoit esté banniz, pour fait de larrecin, de la justice Saint-Remy de Rains, en laquele justice de Saint-Remy il avoit demouré et conversé deus anz, et plus, en gisant pour sa maille et par son denier, par çà et par là. *Item*, dit ledit procureur, que ledit Huet n'estoit, ne ne se povoit dire, bourgois dudit eschevinage, pour cause de ce que il fust nez de la ville de Rains, de bourgois ou de bourgoise dudit eschevinage; car li pères et la mère dudit Huet ont touzjours demouré en la terre de chapitre, et esté leur bourgois; laquele terre de chapitre est justice toute devisée et dessevrée de la justice dudit arcevesque, et dudit eschevinage; car en la justice dudit chapitre, n'a nuls eschevins. Et ensint appert-il clèrement que lidiz Huez, ou temps de la prise de la détencion de li, n'estoit de riens bourgois dudit eschevinage,

tum, gravissimis exposuerat tormentis, contra justiciam, et de novo, et in casu ad archiepiscopum non pertinente, archiepiscopum adjor-

et à tort, et sanz cause, l'ont requis et advoué lidit eschevin estre dudit eschevinage.

« *Item*, dit le procureur dudit arcevesque, que lidiz arcevesques, et sa gent pour li, sont en saisine et en possession, pour cause de sa justice, de penre touz malfaiteurs, de tenir les, du punir, du corriger, et du justicier en touz cas, par li, ou par sa gent, sanz ses eschevins, et sanz cognoissance nule que lidit eschevin en aient, ne puissent avoir, se il n'est bourgois dudit eschevinage, et se il ne s'en advoue, et soit requis des eschevins après l'aveu, et avant que esploit de justice, soit de question, soit d'autre esploit, se face par ledit arcevesque, ou par sa gent, sus la personne de celi qui se advoue estre bourgois. *Item*, dit.... que se aucuns malfaiteurs, pour son meffait est pris de par la gent dudit arcevesque, et il veult joïr et li aidier des priviléges et des franchises de ladite chartre, il convient que, avant toute euvre, il se advoue estre bourgois dudit eschevinage, et que puis l'aveu ensi fait, lidit eschevin le requièrent comme bourgois dudit eschevinage; et se einsi n'est fait, lidiz malfaterres qui pris est demeure en la correction, en la subjection, et seignorie, et jugement dudit arcevesque et de sa gent. *Item*, que einsis en a usé et esploitié lidiz arcevesques, et sa gent, de ceus qui ne s'avouoient de l'eschevinage, ne n'estoient requis, et est en saisine de justicier, par tant de temps, par tant de foiz, et en tant de cas, qu'il souffist à bone saisine avoir acquise. *Item*, que ledit Huet, au temps que il fu pris, et pour le temps que il fu détenus, ne se avoua en riens estre bourgois de l'eschevinage.... *Item*, dit.... que toute les foiz que aucune personne est prise pour cas criminel, et it s'avoue estre bourgois de l'eschevinage de Rains, et lidit eschevin le veulent requerre selonc les poins de leur chartre, il convient que la requeste de la délivrance dudit malfaiteur, ou de la récréance, se face audit arcevesque, ou à son bailli, ou au lieutenant de son bailli; que par la coustume du lieu, notoire et approu-

vée, et de lonc-temps usée et gardée, nule personne, quele qu'ele soit, ne s'entremet, ne ne puet entremetre, des personnes prises en cas de crime, que le bailli, ou son lieutenant, ne prévost de Rains, ne maire, ne autres; laquele chose ne sera jà trouvée que lidit eschevin feissent requeste dudit Huet audit bailli, ne à son lieutenant. *Item*, dit.... que la requeste que lidit eschevin maintiennent avoir faite dudit Huet audit maieur, se faite fu, doit estre réputée pour nulle; et que se lidiz maire, leur dénéa, il ne meffist en riens, ne n'est tenuz lidiz arcevesque à faire nulle récréance pour cause de la dénéance; quar il faisoient leur requeste et firent audit maieur, comme à celi qui recevoir ne la povoit, si comme dessus est dit; quar il n'estoit ne bailli, ne leutenant du bailli. *Item*, que lidiz maires à cui lidit eschevin maintiennent avoir fait la requeste dudit Huet, se faite fu, a, et tient, pour cause de son office, cognoissance, seignorie et justice, à causes civiles et amendes, jusques à XXII s. et demi, et non à causes criminales; et einsi quant lidit eschevin firent leur requeste, se faite fu, dudit Huet, audit maieur qui recevoir ne la povoit, ne cognoistre, ele doit estre réputée pour nule. *Item*, dit.... que de la justice et de la seignorie user, et exploitier, en causes civiles, et des amendes lever jusques à XXII s. et demi, tant seulement, et non en autres causes criminelles, est lidiz maires, et ont esté si devancier, en saisine et en possession, de si lonc temps qu'il n'est mémoire du contraire. *Item*, dit.... que quant lidiz maires, li prévoz de Rains, ou autres, prennent aucun malfateur, pour cas de crime, il l'amainent en la prison dudit arcevesque, ou chastel c'on dit Portemars; liquiex chastiaus est du tout hors de la justice et de la juridicion de la mairie de la Couture, laquele ledit maire tient; et ensi, quant au temps de leur requeste faite audit maieur, se faite fu, lidiz Huez estoit hors de sa justice et seignorie dudit maieur, et de sa mairie; lidit eschevin deussent avoir fait, et

nari fecissent ad presens parlamentum, ipsis scabinis super premissis responsurum ; comparentibus in curia nostra dictis partibus, predicti

devoient, ladite requeste au bailli, ou à son lieutenant, en qui juridicion ledit chastel, et ledit Huet, estoient, et non audit maieur qui faire ne la povoit....

« *Item*, dit.... que à tort, et sanz cause, requièrent avoir récréance dudit Huet pendant le plait, par la main le roy; que lidiz Huez, combien que il fust de mauvèse renommée et de mauvèse fame, fu délivrez, et lessiez aler, par ledit mandement du bailli lidit arcevesque, et de par li. *Item*, lidiz Huez fu délivrez et lessiez aler de prison par ledit bailli, si comme dessus est dit, 1 mois, ou environ, avant ce qu'il moreust. *Item*, que il fu délivrez preuz et hatiez, et s'en ala touz sainz et haitiez, sanz aidance d'autruy, où qu'il li plut, sanz faire nule mencion, nulle complainte, de par li, ne de par ami qu'il eust, de géhine, ne de tourmanz qu'il eust euz, durant le mois de la délivrance, et jusques à tant que, le mois failli, que li eschevin le firent aporter mort. *Item*, que lidiz Huez délivrez de prison, si comme dessus est dit, morut ou temps de la plus grant mortalité de l'année, et que chascuns, viex et jones, fors et délivres, moroient si hâtivement, comme chascuns set; et ensi ne doivent-il avoir point de récréance.

« *Item*, dit.... que ce ne vaut, ne ne leur doit aidier, qu'il dient que il ont par arrest, qu'il doient avoir par récréance pendant le débat d'eus, et dudit arcevesque ; car avoir récréance pendant le débat, est à entendre des personnes que on tient; et fu ordené pour la faveur des prisonniers ; et ensi quant lidiz Huez fu délivrez, si comme dessus est dit, récréance n'i chiet, ne n'affiert, durant la question et le débat entre les parties ; quar ensi aroient-il le principal de leur querelle.

« *Item*, dit.... que quant li eschevin sont esleu du commun de la ville, avant qu'il soient tenus pour eschevin, il font sairement audit arcevesque, que bien et loialement il li garderont son honneur, son estat, sa justice et sa seignorie, et que il ne feront requestes, jugemens, ne recors qui ne soient bon et loyal, et qu'il ne puissent faire, selonc les poins de leur chartre ; et einsis appert-il clèrement, quant lidiz Huez n'estoit de riens bourgois de l'eschevinage, et il l'ont requis, il abusent, et ont abusé, de leur chartre, et se sont meffait envers ledit arcevesque ; pour quoi il sont tenus à l'amender, et perdre leur chartre, quant à ce point.

« * *Item*, il sera trouvé que li eschevin, et le plus [*sic*, pueple?] de la ville, ont grant haine audit maieur, et devant le temps de ces choses ; et einsins présomptions est que ce que il font, il le font plus en la faveur de ladite haine, que pour droit qu'il aient du faire. *Item*, que des choses dessus dites est-il vois et commune renommée en la ville de Rains [etc., etc....] »

Articles les eschevins de Rains, contre l'arcevesque, pour les faiz dou maieur de la Cousture. Per curiam concordati.

« A la fin que la récréance de Huet, filastre Regnaut Hardi, vastellier, prins et emprisonné par le maieur de la Cousture, tenant justice temporelle à Rains de par monseigneur l'arcevesque de Rains, soit feite par signe, ou par figure, par la main du roy, comme par main souveraine, et l'empêchement que ledit arcevesque y met, et a mis, à nouvel, soit ostés, dit, et propose, et entent à prover li procureur dez eschevins du ban dudit arcevesque, les choses qui ensuivent :

« Premier, dit ledit procureur que ledit Huet fut prins et emprisonnez par ledit maieur, pour souspeçon de larrecin, tant seulement. *Item*, que lidit Huet estoit du ban dessus dit, et des soumanans et habitans en ycelluy, et nés en ladite ville, ou tampz que il fu pris et emprisonnés ; et bien s'avoua tout jours ledit Huet comme bourgois dudit ban. *Item*, que lezdiz eschevins, à la requeste

---

† Cet article est croisé, sans doute par la cour.

scabini, dicentes archiepiscopum, et ministros suos, abusos fuisse justitia sua temporali, et propter hoc ipsum perdere debere justitiam predic-

des amis ledit Huet, requirent souffisanment ledit maire qu'il vousist délivrer ledit Huet, ou recroire, à caution d'estre à droit par devant lezdis eschevins; et l'offrirent bien à estre à droit. *Item*, que celle meisme requeste firent d'abundant lesdis eschevins, au baillif dudit archevesque. *Item*, que ledit maire, tenant ladite justice temporelle dudit archevesque, au lieu dessusdit, et ledit baillif le refusèrent, et contredirent à fère, ou furent défaillians du faire. *Item*, que ce meesmes requist ledit Huet. *Item*, que après ycelles requestes et refus, ledit maire mit ledit Huet en géhine. *Item*, que par la force de ladite géhine ledit Huet mourut assès tost après. *Item*, que lezdiz eschevinz sont, et ont esté, en souffisant saisine, et en possession, que, toutesfoiz que aucun dudit ban a esté prinz, pour souspeçon d'aucun cas, quelz que il soient, non manifés, de ravoir ycelluy, à caucion d'estre à droit par devant euls. *Item*, que, à conforter ceste saisine, il en sont chartré et privilégié souffisamment, tant dez archevesquez de Reinz, comme des rois de France confermées par eulz. *Item*, sont et ont esté lezdiz eschevins en possession et saisine que toutesfois que les genz dudit archevesque ont esté requis ès cas dessusdit, et en la manière dessusdite, et il l'ont refusé, ou ont esté défaillians du fère, de traire au roy nostre sire, et d'avoir ladite récréance par la main du roy nostre sire, comme par main souveraine; et ainssint il traient-il ad présent, ou cas qui s'offre dudit Huet. *Item*, que en ceste saisine et possession est, et a esté, le roy no sire, de fère le, par sa main, en la manière et ès cas dessusdis.... *Item*, que pluseurs foiz li cas si sont offert, et avenu, au veu et au seu de ceuz qui l'ont voulu voer et savoir.... *Item*, que se li archevesques, ou sa gent, se sont aucunes foys efforciés au contraire, ou opposé, si en sont-il déceu, ou esté débouté.... *Item*, que seur les cas dessusdiz, ou semblables, ont, et ont eu lidit eschevin, pluseurs arrès pour euz, ou pourvéances de la court le roy, teles qui valent arrès, et contre ledit archevesque*. *Item*, que ès choses dessusdites les empeiche lidiz archevesque, ou sa gent, indeument et de nouvel. *Item*, que les choses dessusdites ont li archevesque dessusdiz, et ses gens, confessées à estre vraies souffisanment. *Item*, que seur lez choses dessusdites est vois et commune renommée, en la court de France, ou païs par-delà, et allieurs. *Item*, ne vaust, ne ne vous doit mouvoir, ce que les gens l'archevesque dient, et ont dit, que il ne tiennent point ledit Huet, et qu'il le lessièrent quant il l'eurent tant tenu comme il leur pleust, etc. Car ce fait droitement contre luy; car puisque il avoit esté requis, si comme dit est, il ne le deussent avoir délivré, ne lessiet aler, en autruy main, que en la main desdiz eschevins. Et par ce confessent-il la prinse, et la détencion, et par concéquens en cas non manifest; car se ce eust esté pour cas manifest de larrecin, jamais ne l'eussent laissié aler, si comme dit est, ainçoins en eussent ou deussent avoir fet ce que raisons et coustume leur donnast. Et pour ce que il l'ont fet en fraude, et par malice, quanque il ont fait en ce cas, après celes requestes et procès, comme dit est, raisons répute que soit tout aussi comme si li arcevesquez tenist encores ledit Huet, quant à ce que lidit eschevin aient et doient avoir la récréance, en la fourme et en la manière qui demandent; pour quoy, etc. *Item*, ne vaut ce que li archevesques a fait mention de bourgois avennés ou revennés, etc.; car il souffist ausdis eschevins ledit Huet estre, ou avoir esté, de tele condition, ou de tel estat,

---

* Cet article est biffé, et l'encre paraît même avoir été attaquée par un acide. Les échevins faisaient-ils ici allusion à la provision perpétuelle de récréance provisoire, jadis obtenue par eux, puis annulée par la cour?

tam, certam petitionem fecerunt super hoc contra ipsum. Ad quod proposuit archiepiscopi procurator, quod ipse super dicta petitione non tenebatur procedere cum eis, pro eo maxime quod in causa que pendet...., in qua facti sunt articuli, et data est commissio [1], ipsi fecerunt suos articulos super abusu quem ipsi proponunt. Tandem.... visis adjornamento, articulis et commissione predictis, in quibus articulis nulla fit mentio de abusu, per arrestum dictum fuit quod idem procurator, super dicto abusu, cum scabinis procedet. In cujus.... Actum Parisius in parlamento nostro, xxx^a die marcii, anno D. M. CCC° X° VII°.

CXCVIII.

30 mars
1318.

LETTRE du roy Philippe, par laquelle fut dit, par arrest de parlement, que le bailli de Vermandois procédast à l'exécution d'un arrest donné en parlement, touchant Remy Grammaire, prisonnier ès prisons de Mgr de Reins, pour suspicion d'avoir commis larrecin [2].

Livre Blanc de l'Échev., fol. 304 v°.

Philippus.... Notum facimus quod cum, super recredencia quam

---

comme il le baptisent ci-dessus, et ont baptisiet au plait, selonc la teneur de leur chartre et priviléges dessusdiz ; pour quoy, etc.

« Et des choses dessusdites offre à prover li procurour desdiz eschevins [....etc., etc.]. »

[1] Il est ici probablement question de l'arrêt du 2 mars 1309, et des factums que nous y avons annexés ; la cause qui est pendante, est celle de l'*Estat de l'eschevinage*, cause qui se poursuit depuis le 2 mai 1306, et qui va se débattre avec un nouvel acharnement.

[2] « On recognoist par plusieurs arrestz, et lettres des roys, en matière de complaincte et de récréance, obtenuz par les eschevins et habitans de Reins, allencontre des archevesques et de leurs officiers, que lesdictz habitans ont esté extresmement travaillés par iceulx archevesques et leurs officiers, par des indeues procédures, pour anéantir le droict de justice qu'ont les eschevins dudict Reims sur les bourgeois dudict eschevinage, en tous cas civilz et cryminelz, réservé les trois cas contenuz en la chartre de l'archevesque Guillyaume ; et se trouve que lesdictz officiers faisoient emprisonner lesdictz bourgeois, leurs imposans avoir comys certayns crymes non manifestes, et par soubçon simplement, et les exposoient à la gehennes, en telle sorte, que plusieurs sont mors par la peyne et le travail que on leur faisoit endurer ; et quelque requisition que lesdictz habitans fissent pour estre renvoyés par devant leurs juges, quy estoient les eschevins, suyvant... la susdicte chartre de l'archevesque Guillyaume, on leur dényoit, quy estoit cause qu'il convenoit avoir recours au roy pour avoir lettres de récréance adressante au bailly de Vermandois, ou à son lieutenant à Laon, affin de recroire et retirer celuy quy estoit emprisonné, au cas que la cause pour laquelle il estoit emprisonné ne fût des trois cas réservés par ladicte chartre. Et se trouve des coffres plains, en la chambre de l'eschevinage, desdictes lettres de complaincte et de récréance. Et auparavant que de pouvoir obtenir lesdictes lettres, et les

petebant fieri scabini.... de R. Grammaire, eorum burgensi, in prisione archiepiscopi, ratione furti sibi impositi, detento, certum arrestum per nostram curiam datum fuisset, continens inter cetera, quod mandaretur baillivo viromandensi, quod si ipse, vocatis partibus, invenerit quod Remigius pro casu furti manifesti teneatur, ipse permittat archiepiscopum uti super hoc jure suo; si autem invenerit dictum furtum non esse manifestum, vel quod sit dubium utrum manifestum sit, vel non manifestum, ipse per manum nostram tanquam superiorem, cum ydonea caucione, faciat recredenciam; et pro execucione facienda dicti arresti, scabini litteras nostras impetrassent que dirigebantur baillivo viromandensi; quibus litteris Goberto Sarrazini, qui se gerebat pro tenente locum baillivi viromandensis, exhibitis, idem Gobertus, vocatis coram se partibus, dixit se velle procedere ad execucionem arresti [1], procuratore archiepiscopi se in hujusmodi [executione] pluribus racionibus opponente, et inter cetera dicente quod Gobertus se de hoc intromittere non debebat, sed super hoc adiri debebat baillivus viromandensis, qui in dicta baillivia presens erat, et satis prope. Goberto vero raciones predictas non admittente, idem procurator ab ejus audiencia super hoc ad nostram curiam appellavit. Constitutisque dictis partibus in causa appellacionis predicte, et auditis racionibus...., per arrestum dictum fuit, quod omissis, et sine amenda, tam appellacione, quam processu super hoc per Gobertum, baillivo mandabitur, ut ipse, in persona propria, absque dilacione procedat ad faciendam execucionem arresti prediciti. In cujus rei.... Actum.... in parlamento, xxx^a die marcii, anno m° ccc° x° vii°.

CXCIX.

MANDATUM baillivo vitriacensi, de quodam burgensi remensis ecclesie a preposito de Fimeis justiciato.

3 avril 1318.

Archiv. du Roy, sect. jud. Criminel, reg. III, fol. 128 r°.

faire mettre à exégution, on travailloit les personnes tenuz ès prisons....; et entre aultres ung nommé Remy Gramaire, lequel mourut dedans les prisons de Betheniville où il fut mené des prisons de Porte-Mars, affin qu'il ne peust estre trouvé pour le recroire et retirer en vertu des lettres du roy; et fut traicté avec telle rigueur, en ladicte prison, que les piedz lui tumbèrent par pièce, et mourut en grande misère.... » (Rogier, *Mémoires*, part. 1re, fol. 6.)

[1] Voyez plus bas les actes du 29 et du 31 décembre 1318, et les notes qui les accompagnent.

Philippus...., baillivo vitriacensi, aut ejus locum tenenti, salutem. Sua nobis prepositus de Fismis conquestione monstravit, quod cum ipse Lambinum Jouel, de Montigniaco, pro pluribus murtris, robariis, mutilacionibus gencium, et aliis maleficiis et excessibus enormibus, per eum, ut dicitur, commissis, capi et carceri mancipari fecisset, idemque Lambinus se inqueste generali supposuisset, et inquesta contra ipsum facta, legitime, super factis suis, visaque et diligenter inspecta, ac judicata, ad suspendium condampnatus fuisset; dictus Lambinus quadam nocte, malo inductus spiritu, magnos lapides turris in qua erat, ipsa exire volens, si potuisset, levavit, et circa hoc adeo laboravit, et se fatigavit, quod propter hoc in ipsa turre, eadem nocte, expiravit, ut dicitur; et ipso mortuo, ipsum, adhuc ut asserit dictus prepositus, finaliter condempnatum, ad patibulum suspendi fecit; propter quod magister Johannes de Suessione, prepositus ecclesie B. Marie remensis, asserens ipsum Lambinum esse burgensem et justiciabilem dicte ecclesie, ipsum prepositum de Fismis, de, et super mortis facto ipsius Lambini sequitur, et nititur molestare, eidem, et servientibus suis, ac aliis qui inquestam judicaverunt predictam, minas inferendo, ac eumdem prepositum laboribus et expensis fatigando, in ipsius prepositi prejudicium, dampnum non modicum, et gravamen; quare mandamus tibi, quatenus de, et super, premissis omnibus et singulis, et ea tangentibus, et dependentibus ab eisdem, vocatis evocandis, inquiras, cum qua poteris diligencia, veritatem, et secundum inquestam hujusmodi exhibeas in hac parte, ut ad te pertinuerit, adeo celeris et mature justicie complementum, quod, ob tui defectum seu negligenciam, non sit ad nos propter hoc ulterius recurrendum, ipsum prepositum de Fismis, servientes suos, et alios qui inquestam predictam judicarunt, et suos, ab eodem magistro Johanne, et suis, juxta patrie consuetudinem, assecuracionem faciendo. Datum Parisius, die III^a aprilis, anno Domini M° CCC° decimo octavo.

Per D. B. de Ruppenegata, et R. Barbo. Giem.

CC.

31 mai 1318   Lettres du roy Philippe.... par lesquelles il ordonna que de

xvii^m v^c ℔ par., restans à païer du prest fait par le roy Philippe, pour la despence de son sacre, ceulz du ban du chappitre en païeront iii^m viii^c ℔ par., ceulz du ban Saint-Remy mil vi^c ℔ p., ceulz du ban de Mgr ix^m vi^c ℔ p., et ceulz des chastelleries ii^m v^c ℔ p.

<small>Livre Blanc de l'Échev., fol. 244 v°. — Archiv. de l'Hôtel-de-Ville, Sacre, liass. 2, n° 3.</small>

<small>Le préambule de ces lettres rappelle le dispositif de l'arrêt du 15 octobre 1317, où il est dit : « que les bourgeois détenus par l'archevêque seront recrus avec leurs biens, les échevins ayant préalablement garni la main du roi de 15,000 ℔ par. en bonne monnaie, et que l'exécution faite par les gens du roi, sur les biens de l'archevêque, cessera jusqu'à concurrence de cette somme....</small>

<small>« Lors de l'exécution de cet arrêt, un doute s'est élevé, savoir si les 11,000 ℔ qui, jadis, avaient été versées à titre de prêt par les échevins, par le chapitre, les châtellenies, etc., etc., entre les mains de Louis X [1], et dont les échevins avaient fourni 6,000 ℔, seraient déduites des 15,000 actuellement exigées. »</small>

.... Cum cives de banno archiepiscopi dicerent se gravatos, si implendo manum nostram de dictis quindecim milibus libris, dicte summe mutuate deductio, in toto, vel in parte, non fieret. Curia.... consideratis quod in mutuo undecim milium librarum, habitatores banni capituli, S. Remigii, una cum scabinis et castellaniis, contributionem fecissent, videlicet bannum capituli de ii^m iv^c ℔ par., bannum S. Remigii de mille ℔ par., bannum archiepiscopi de vi^m ℔ par., habitatores castellaniarum et villarum de mille et vi^c lib. ; consideratisque pluribus aliis causis que curiam moverunt, declarando intencionem quam ipsa habuit arrestum faciendo...., per arrestum [2] pronunciavit, quod in implecione manus nostre de summa que restat solvenda de expensis, habitatores bannorum capituli, S. Remigii, archiepiscopi, [etc.,]....

<small>[1] Voir les actes du 6 septembre 1315 et du 24 octobre 1317.

[2] Par ce nouvel arrêt, la cour n'explique pas seulement, elle réforme l'arrêt du 15 octobre, et l'accord du 24 octobre 1317. En effet, d'après l'arrêt du 15 octobre, les châtellenies devaient contribuer pour 2,500 ℔, et l'échevinage seul pour 15,000 ℔, au prêt destiné à couvrir le roi des 17,500 dont il restait créancier ; et dans cette hypothèse, les propriétaires forains demeuraient hors de cause. De plus, l'accord du 24 octobre mis à exécution, le roi recevait en déduction des 15,000 ℔ dues par l'échevinage, pour son sacre, 6,000 ℔ jadis versées pour celui de Louis X ; et l'archevêque se trouvait découvert d'une somme égale à cette déduction. C'étaient sans doute ces difficultés qui avaient ramené les parties en parlement, et provoqué l'arrêt du 31 mai 1318.</small>

contribuent pro porcionibus ipsos contingentibus, secundum quod in mutuo predicto undecim milium librarum contribuerunt ; videlicet quod pro summa circiter decem et septem milium et quingentarum librarum, que ultra summam undecim milium librarum predictarum nobis restat solvenda, scabini de novem milibus et sexcentis libris, habitatores castellaniarum, et alium villarum, de duobus milibus et quingentis libris, bannum capituli de tribus milibus et octingentis libris, et habitatores banni S. Remigii de mille et sexcentis, in bona moneta, implebunt, per modum mutui, manum nostram ; quodque pro faciendo complemento implecionis hujusmodi...., fient super hoc debite compulsiones ; quodque, per hujusmodi mutuum, non fiet partibus aliquod prejudicium in prosecucione juris eorum super principali questione solucionis expensarum : et quod, manu nostra sicut premissum est integraliter impleta, partes ipse, super dicto principali negocio, vocatis evocandis, audientur de plano, et curia partibus exhibebit super hoc justicie complementum. Nos autem dilecto magistro H. de Horreto, clerico nostro, et Matheo Leonardi, civi laudunensi, presencium tenore committimus...., pro solutione residui expensarum.... archiepiscopum, si ipsos requisierit, juvent, ad faciendas compulsiones debitas, juxta presenti arresti et ordinacionis predicte tenorem.... In cujus rei.... Actum in parlamento...., ultima die maii, anno.... M° CCC° X° VIII°.

CCI.

1 juin 1318. MANDEMENT du roi au bailli de Vermandois, pour faire semonce du ban en son bailliage.

La Roque, ban et arrière-ban, p. 104.

CCII.

21 juin 1318. INSTRUMENTUM de recredentia Remigii Cauchon, et quorundam aliorum, recusata ab archiepiscopo remensi.

Archiv. de l'Hôtel-de-Ville, renseign.

In nomine Dei, amen. Universis presens publicum instrumentum visuris, officialis curie domini Aymonis de Sabaudia, remensis archidiaconi, in Domino salutem. Noverint universi, quod anno Nativitatis ejusdem millesimo trecentesimo decimo octavo, indictione prima, mense junio, vicesima quarta die ejusdem mensis, videlicet sabbato in festo Nativitatis B. Johannis Baptiste, pontificatus domini Johannis, divina providentia sacrosancte romane ac universalis Ecclesie summi pontificis, pape vicesimi secundi anno secundo, in presentia Johannis de Buris, clerici, auctoritate imperiali, et dicte curie domini remensis archidiaconi, publici notarii, et testium infrascriptorum ad hoc vocatorum et rogatorum, propter hoc personaliter constituti Hugo dictus Largus, dictus de Cameraco, civis remensis, et plures alii amici carnales Remigii dicti Cauchon, civis remensis, coram reverendo in Christo patre ac domino, domino R[oberto], Dei gratia remensi archiepiscopo, in camera dicti reverendi patris, post horam vesperarum, dicto archiepiscopo sedente seu jacente super thorum suum, ei quandam supplicationem seu petitionem dictus Hugo, una cum scabinis remensibus ibidem presentibus, dicto reverendo patri fecit verbotenus, pro dicto Remigio, et nomine ipsius, quem dictus reverendus pater in prisione seu carcere sua detinebat, et detineri faciebat, et facit, mencipatum, ut idem reverendus pater dictum Remigium a prisione seu carcere sua abire permicteret, et ipsum deliberaret sub fidejussione seu caucione ydonea, et dictis amicis prestanda et facienda, et quam offerebant dicti amici, et scabini, dare et prestare dicto reverendo patri, pro dicto Remigio, de stando juri in curia sua, et de emenda facienda et solvenda, si ad eam teneretur idem Remigius pro delito sibi imposito, ad taxationem et judicationem scabinorum remensium, seu aliorum quorum intererit taxari et judicari; maxime cum ad hoc tenebatur et tenetur dictus archiepiscopus, virtute carte remensis, ac consuetudine et communi observantia civitatis remensis, notoriis, approbatis, et communiter observatis. Preterea prefati scabini remenses dicto reverendo patri, dictis die, et loco, et hora, supplicarunt et petierunt cum instencia, ut ipse Guillelmum de Thusyaco, et Jessonium de Villadominica, dictum Moutonnet, cives remenses, quos in prisionibus suis seu carceribus detinebat, et detineri faciebat, et adhuc detinet mancipatos, a dictis prisionibus seu carceribus abire permicteret, et ipsos deliberaret, aut faceret deliberari, sub fidejussione, seu caucione ydonea; et ipsis recreatis et deliberatis, parati essent, et erunt, de stando juri in sua curia, et judicari per scabinos remenses, si dictus reverendus pater contra ipsos in aliquo voluerit experiri. Quibus supplicationibus seu petitionibus factis, ut dictum est, videlicet a dicto Hugone pro dicto Remigio, et a dictis scabinis pro dictis Guillelmo et Jessono, dicto archiepiscopo, ipse respondit dictis Hugoni et scabinis, quod ipsi sibi traderent petitiones suas in scriptis, et crastina die, infra meridiem, sibi responderet, et respontionem de premissis faceret. Et hiis dictis, dictus Hugo, et dicti scabini, petierunt a dicto notario publico, de premissis sibi fieri publicum instrumentum. Acta et dicta fuerunt hec, anno, indictione, mense, die, loco, hora, et pontificatu, predictis, presentibus hiis scabinis, Johanne dicto Nano, Johanne dicto Quarré, Petro dicto de Villa Dominica, Egidio dicto Bouche-de-Lièvre, Theobaldo dicto de Courmeloy, et Johanne dicto Gaipin; testibus hiis, Renaudot dicto Cochelet, Thoma dicto la Late, Johanne dicto Largo, dicto de Cameraco, Thoma dicto Buiron, Thoma dicto Cochelet, Thoma dicto le Pois, civibus remensibus, et pluribus aliis, ad hoc vocatis et rogatis in testimonium premissorum.

Qua crastina die adveniente, prefati Hugo, amici, et scabini, circa horam meridianam in palatio dicti reverendi patris, videlicet in Palatio, ante cameram dicti archiepiscopi, in presencia dicti notarii, et testium infrascriptorum, coram venerabili viro Gregorio baillivo remensi, se presentarunt, et petierunt cum instencia, et pluries, a dicto baillivo, quia copiam dicti archiepiscopi habere non poterant, quod ipse sibi responderet, et respontionem sibi daret super supplicationibus et petitionibus predictis, ab eisdem Hugone et scabinis reverendo patri factis. Qui quidem baillivus respondit, quod infra vesperas dicte diei sibi responderet, et responcionem faceret. Et postmodum, hora predicta adveniente, dictus Hugo pro dicto Remigio, et scabini predicti pro dictis Guillelmo et Jessono, coram dicto baillivo, ad Cambium remense, ubi erat et sedebat super stallum logie prepositi remensis, se presentarunt, et iterato supplicarunt dicto baillivo, et petierunt ab ipso, cum instencia, ut de premissis omnibus et singulis sibi responderet, et responcionem faceret. Qua supplicacione seu petitione facta, dictus baillivus respondit, quod ipse, [nec?] virtute sue supplicationis seu petitionis, nec pro carta sua remensi, ipsos Remigium, Guillelmum, et Jessonnum non redderet, nec deliberaret, quia dictus Remigius Cauchons, ut dicebat, forefecerat, et tale delitum fecerat, quod ipsum deliberare non tenebatur, sine emenda prius ab ipso facienda et prestanda, quia ipse Remigius de nocte, cum armis paratis, gallice loquendo *esmolues*, cum complicibus suis, torcis seu cereis accensis, cum magna multitudine gentium, inerat et fuerat ad domum Johannis dicti Mercerii, civis remensis, et ipsam domum fregerat, et invaserat, et illud delictum, seu forefactum, idem Remigius coram bonis recognoverat se fecisse [1];

[1] « La cause du différent mentionné ci-dessus, étoit que Remy Cauchon, ayant querelle avec Jean Mercyer, bourgeois de Reims, l'ayant menacé en présence de grand nombre de peuple, et qu'il le viendroit tantôt voir en sa maison (et de fait y alla avec multitude de gens, et grande quantité de torches), il fut poursuivi pardevant le bailli de l'archevêque en matière de crime, et fut condamné en mil livres d'amende envers ledit archevêque.

« Les eschevins de Reims intervinrent en la cause, demandant qu'elle fût renvoyée pardevant eux, attendu qu'il étoit bourgeois de l'eschevinage, et que la cause n'estoit des trois cas réservés par la charte de l'archevêque Guillaume; les officiers de l'archevêque, soutenant au contraire, que c'étoit une trahison commise par ledict Cauchon, retinrent la cause dont y eut appel de la part des eschevins, lesquels soutenoient n'y avoir point eu de trahison en ceste action, puisque ledit Mercyer avoit été menacé en présence de gens, et que ledit Remy y étoit allé avec torches, et multitude de personnes. Sur ce, la cour délégua commissaires devant lesquels est provenu l'accord [du 16 juin 1322. Voir plus loin, à cette date].

« Il appert par une copie de requête présentée au roy par ledit Remy Cauchon, qu'il s'étoit rendu odieux au peuple, et qu'il avoit été accusé de conspiration, monopoles, alliances; et pour ceste cause on avoit empêché, en vertu des lettres que on avoit obtenues du roy, qu'il fût reçu eschevin en la ville de Reims, comme on pourra juger par la lecture de ladite copie de requête, ci-après transcrite :

« Supplye Remy Cauchon, bourgeois de « Reims, comme jà pièça il eust esté esleu « eschevin, et pour estre eschevin à Reims, « au jour et en la manière accoustumé aux « autres, comme homme de bonne et hon- « neste conversation et renommée, et après « ce fut présenté et appareillé de faire le ser- « ment, ainsy comme les autres, et s'y offrit « en la manière accoustumée; néantmoins « les gens dudict archevesque ne le voulurent « recevoir audict serment faire, mais le refu- « sèrent soubs umbre d'un cry faict à Reims « par Jean de Senlys, lors sergent du roy, qui « fut tel : « Que aucuns ne le tinst à eschevin, « et que il n'exerçast, ne ne s'entremist du- « dict office d'eschevinage, sur certaine peyne « à appliquer au roy nostre syre, par vertu « de certaynes lettres à luy adressantes, de « par le roy nostre syre, esquelles il estoit « contenu, que s'il luy apparoissoit deuement « ledict Remy estre soubçonné et diffamé de « monopolles, conspirations et allyances, il « fit faire le cry dessusdict : » lequel il fit con- « tre la teneur desdictes lettres, et contre « raison, et sans appeller ledict supplyant, « ne oïr en ses raisons. Et depuis, ce cry, et « l'exploit faict par ledict sergent contre le- « dict Remy, furent rappellés et mis au néant, « par vertu de certaynes lettres du roy nos- « tre syre, comme fais moins souffisamment « et torcionèment; par lequel exploict ainsy « faict par ledict sergent, ledict Remy fut « moust injureit, vilenés et dommagiés, et « grevés; qu'il soit mandé et commys au « bailly de Vermandois, ou à son lieutenant, « que s'il luy appert estre ainsy, il contraigne « ledict Jehan de Senlys.... à amender au- « dict Remy, de telle amende comme raison

sed si ipse Remigius dictum forefactum, seu delictum, emendare volebat, seu vellet, emenda facta seu pleata, postea super hoc haberet consilium dictus baillivus, et tantum responderet quod sufficeret, et deberet ; et faceret jus breve dicto Remigio, et ceteris justicie complementum. Et postea dictus baillivus de dictis Guillelmo de Thusy, et Jessonno Moutonnet, similiter respondit, quod ipsos non deliberaret, nec redderet, nisi prius emenda facta ab eisdem ; quia dicebat, quod ipsi fuerant cum dicto Remigio in delicto, seu forefacto predicto, de nocte, cum armis paratis, cum magna multitudine gentium, torcis seu cereis accensis, ad domum dicti Johannis Mercerii, et eam fregerunt, et invaserunt; sed si ipsi dictum delictum seu forefactum vellent emendare, emenda facta, et pleata, super hoc haberet consilium, et eisdem responderet tantum quod sufficeret, et deberet, et eisdem faceret jus, et daret et faceret curiam breviter de stando juri. Et tunc Johannes dictus Quarres, alter scabinorum remensium, dixit dicto baillivo, quod dictus Remigius factum seu delictum sibi impositum nunquam recognoverat, et quod ipsi Guillelmus et Jessonus non tenebantur emendare ; sed ipsis recreatis et deliberatis, parati sunt semper stare juri in curia dicti archiepiscopi, contra omnes qui contra ipsos se opponere voluerint, coram scabinis remensibus, coram quibus respondere tenentur. Et primo a prisione, seu carceribus, debent deliberari et recreari, per cautionem ydoneam, prout in supplicatione seu petitione sua predicta continetur, et semper parati sunt stare juri, prius recreatis et deliberatis. Quibus dictis et prelatis, Hugo, amici, et scabini, predicti, a dicto notario publico sibi fieri de premissis publicum instrumentum, ad opus dictorum Remigii, Guillelmi et Jessonni pecierunt, in testimonium premissorum, presentibus Renaudo dicto Cochelet, Thoma dicto la Late, Fourqueto dicto Nano, Thoma dicto Cochelet, Johanne dicto le Large, dicto de Cameraco, et pluribus

« donra, avec ses coust, dommages et des-
« pens. »

« Il se trouve que ledit Remy Cauchon etoit en grande authorité en la ville de Reims, et que de son tems il y avoit plusieurs querelles entre les familles, et entre autres que les enfans du seigneur de Bryanne, près de Reims, faisoient guerre aux habitans de ladicte ville.... et étoient favorisés par ledit Remy Cauchon, et autres ; ce qui avoit pu donner occasion d'obtenir lettres du roi pour l'empêcher d'être échevin. » Bibl. Roy., cart. VIII ; Rogier, Supplément, pag. 7.

aliis ibidem astantibus, testibus ad hoc vocatis, et rogatis, in testimonium premissorum. In cujus rei testimonium, nos.... officialis predictus, ad relationem dicti publici notarii, presenti instrumento sigillum dicte curie, una cum signo solito ipsius notarii duximus apponendum.

Et ego Johannes de Buris, rothomagensis dyocesis clericus, auctoritate imperiali, et dicte curie domini remensis archidiaconi, publicus notarius, premissis omnibus, et singulis, una cum testibus suprascriptis, presens interfui, et ea in formam publicam redegi, meoque signo consueto, una cum sigillo dicte curie, signavi, rogatus in testimonium premissorum.

CCIII.

MANDEMENT au bailli de Vermandois, de faire cesser les guerres privées. 1er juillet 1318.

Ordonn. des Rois de France, I, 655.

CCIV.

MANDATUM baillivo viromandensi, de inquirendo, et adjornando, in facto Remigii Cauchon, et Johannis Mercerii. 18 juillet 1318.

Archiv. du Roy., sect. jud. Criminel, reg. III, fol. 82 r°.

Mandatur et committitur Gaufrido de Balehain, militi, et baillivo viromandensi, quod super eo quod Remigius Cauchons, Guillelmus li Gras, Guillelmus de Tuisi, Jacobus li Poys, Jaussonus de Villa Dominica, et plures alii cives remenses de banno dilecti et fidelis nostri remensis episcopi, et aliunde, mense maii nuper preterito, ad domum Johannis Mercerii civis remensis, in banno dicti episcopi sitam, personaliter accedentes, cum armis, de nocte, et violencia, circa mediam noctem, ipso Johanne et ejus uxore in lecto suo jacentibus, ruptis per violenciam ipsius domus hostiis, infringendo justiciam dicti episcopi, dictam domum intraverunt, dictum Johannem, qui pre timore ipsorum a dicta domo fugiendo recesserat, perquirentes, et ostendentes exterius, quod si ipsum Johannem invenissent, ipsum interfecissent ibidem; et cum hoc plures alii, tota illa nocte, in domo dicti Remigii se absconderunt, ad illum finem, quod si dicti malefactores opus haberent, et eorum auxilio in dicto maleficio indigerent, eis auxilium prestarent; inquirant, et remictant, et adjornant (*sic*) partes ad certam diem. Datum Parisius, xviii^a die julii, anno predicto ccc° decimo octavo.

Per D. R. de Lauro.

CCV.

9 août 1318.

VETUS societas inter capitulum laudunense, et ascetas remigianos, renovatur.

Marl., ii, 606.

CCVI.

14 novembre 1318.

LETTRES des raisons des eschevins, pour prouver que l'archevesque est seul tenu des frais du sacre, et qu'on doit leur faire rendre 15,600 ℔ parisis [1], qu'ils avoient consignées.

Archiv. de l'Hôtel-de-Ville, Sacre, renseign., liass. 1, n° 1. — Inventaire de 1691, p. 72 [2].

Dit et propose li procureur des eschevins de Reins, pour eulz, pour les bourgois, manans, et habitans ou ban l'archevesque de Reins, en non de procureur desdiz eschevins, et pour eulz, contre ledit archevesque, que lidit eschevins.... dudit ban, et leur devancier, sont, et ont esté de touzjours, et espécialment de tel temps qu'il n'est mémoire du contraire, et qu'il soufist avoir acquis droit contre ledit archevesque, franc et quite de paier les despens qui ont esté faiz à Reins pour les couronnemens des roys de France, et de contribuer en iceus despens, et que lidiz archevesques par lui, ou ses gens desquiex il a eu le fait agréable, en venant contre la franchise des eschevins.... dessusdiz, et en iceus empeschant de user en icelle franchise, pour cause des despens faiz à Reins ès couronnemens des roys, c'est assavoir du roy Loys qui Diex pardoint, et du roy Philippe...., qui ores est, fist prandre grant nombre des eschevins et bourgois, et les fist mettre en sa prison, et leurs biens saisir, seeller, lever et emporter, pour contraindre iceus bourgois.... à contribuer ès despens faiz à Reins ès couronnemens des roys dessusdiz ; et avecques les choses dessusdites, lidiz archevesques

---

[1] Cette somme se composait des 6,000 ℔ versées le 6 septembre 1315, et des 9,600 ℔ qui devaient l'être par suite de l'arrêt du 31 mai 1318.

[2] Dans l'inventaire, cette lettre est indiquée, par erreur, sous la date du 14 novembre 1308. Foulquart et Rogier, qui l'analysent (Invent. des Sacres, fol. 33, et Mémoires, part. ii, p. 32), lui donnent son titre véritable, celui de plaidoyer, et disent qu'il était seellé du contresel des armes de France ; mais ce contrescel a disparu.

pourchaça par-devers la court de France que lidiz bourgois.... furent
contrains par prise de corps, et par la vendue de leurs biens, à garnir
la main le roy de xv^m et vi^c libres parisis, pour convertir et contribuer
ès despens des couronnemens des roys Loys et Philippe dessusdiz; et
que au pourchaz et à la requeste doudit archevesque, et à la fin de lui
desquarchier des despens dessusdiz, et de quarchier iceulz eschevins.... à
tort et sans cause, contre leur franchise dessusdite, des despens dessusdiz,
li dessusdiz eschevin.... furent contraint par prise de leurs corps, et de
vendue de leurs biens, à baillier et garnir ladite main le roy des xv^m
et vi^c libres dessusdiz, tout soit ce que lidit eschevin...., de droit commun, soient quites de paier et de contribuer ès despens dessusdiz, espécialment comme il ne aient ne n'en rapportent nul proufit, ne nul
honeur desdiz couronnemens, mais que ainssit comme font les autres
villes du royaume de France, et li demourant en icelles. Ainçois appert
clèrement que lidiz archevesques doie paier lesdiz despens, car il a
esté trouvé ès registres nostre sire le roy qui font preuve entière, et
sera encore trouvé toutes foiz que besoing sera, que lidiz archevesques
doie lesdiz despens, et que il, et si devancier, les ont paiez de tel temps
qu'il n'est mémoire du contraire ; et avec ce que il en tient les honeurs
et les profiz, et les émolumens, qui est pers de France; et de raison
commune chascun est tenuz de soustenir les faiz, les coustemens, et les
despens des choses dont il emporte les profiz et les honeurs.... Pour
quoy requiert li procureur desdiz eschevins, au non dessusdit, qu'il
soit prononcié et desclarés par le jugement de la court de France, les
dessusdiz eschevins...., et leurs successeurs, estre frans et quites de
paier lesdiz despens, et de contribuer en iceulz; et que il, et leurs
successeurs, en doient demourer franc et quite perpétuelment, et que
lidit archevesques soit condempnez et contrains à rendre et restituer
aus dessusdiz eschevins.... les dessusdites xv^m vi^c libres parisis dessusdiz, et à eus rendre leurs domages, lesquiex il ont soustenuz par ledit archevesque, et par son pourchaz, et pour ladite contrainte que il
a faite, et pourchacié à faire, à tort et sanz cause, contre lesdiz eschevins...., jusques à la somme de x^m libres parisis, et la récréance qui leur
a esté faite de leurs corps, et de leurs biens, leur soit tournée à délivrance, se lidiz archevesques cognoist les choses dessusdites estre vraies;
et se il les nie, ledit procureur offre tant approuver des choses dessus-

dites, qu'il souffira à s'entencion. Et les choses dessusdites demande ledit procureur, en la meilleur forme et manière que il puet, et doit, par droit, et par coustume, en requérant et implorant l'office du jugié ès choses dessusdites, esquelles il doit estre requis et implorez. Et fait protestacion le procureur dessusdit, que se il ne optenoit en ceste cause, et que il ne fust pas desclairé lidiz eschevins.... estre frans du tout, et que il fust dit que il fussent tenus en aucune contribucion desdiz despens, de demander et requerire par la meillieur manière que il pourront, et devront, que il leur fust esclairet par la court quele porcion il devoient paier desdiz despens. Tradita curie, xiiii° die novembris, anno Domini m° ccc° decimo octavo.

CCVII.

21 novembre 1318.

ARREST donné en parlement, par lequel il fu dit que l'arcevesque n'auroit point de jour de veue.

Livre Blanc de l'Échev., fol. 13 v°.

Philippus.... Notum facimus, quod cum super eo quod procurator scabinorum de banno archiepiscopi remensis, proponens dictum archiepiscopum justicia sua, capiendi, tenendi, et sub certa forma recredendi, burgenses de banno predicto, abusum fuisse, contra eorum saisinam et longuam consuetudinem, et contra punctum carte ipsorum per regem Francie confirmate, certam peticionem super hoc contra dictum archiepiscopum fecisset, et in scriptis nostre curie tradidisset; procurator dicti archiepiscopi, post diem consilii super ea sibi concessum, peteret diem ostencionis super hoc sibi concedi.... Per arrestum nostre curie dictum fuit, quod dictus archiepiscopus diem ostensionis super hoc non habebit. In cujus.... Datum Parisius in parlamento nostro, die martis post octabas hiemalis festi B. Martini, anno.. millesimo ccc°. decimo octavo.

CCVIII.

29 novembre 1318.

ARREST en parlement, par lequel fu dit que l'arcevesque averoit par escript la demande des eschevins, et si averoit jour de conseil [dans l'instance relative aux frais du sacre; instance dans laquelle les échevins avoient fait leur pétition verbalement].

Livre Blanc de l'Échev., fol. 247. — Foulquart, Invent. des Sacres, Bibl. Roy., Suppl. franç., 1515 — 2, fol. 33.

CCIX.

Arrest pour les eschevins, contre l'arcevesque, par lequel fut dit que l'arcevesque réponderoit à la pétition des eschevins, quant au cas de Huet [filiastre] Hardi, et Remi Grammaire.

29 novembre 1318.

Livre Blanc de l'Echev., fol. 14.

Philippus.... Notum facimus quod cum super peticione quem (*sic*) contra remensem archiepiscopum, super abusu sue temporalis justicie, racione casuum qui acciderunt in personis Hueti Hardi, et Remigii Gramaire, fecerunt ad certum finem scabini...., proponetur [*sic, proponeret?*] ejusdem archiepiscopi procurator se non teneri procedere, quantum ad factum quod tangit dictum Huetum, cum in adjornamento, per quod fuit archiepiscopus adjornatus, non fiat mencio de dicto Hueto, sed solummodo de Remigio....; procuratore scabinorum respondente, quod post narracionem in adjornamento contentam, personam Remigii tangentem, sequebatur clausula generalis per quam adjornatus fuit archiepiscopus super hoc, et aliis que scabini vellent proponere contra ipsum. Tandem...., visis adjornamento et peticione predictis, per arrestum nostre curie dictum fuit quod archiepiscopus super hoc procedere tenetur ulterius, quantum ad casus tangentes personas Hueti et Remigii.... Actum in parlamento...., die mercurii in vigilia B. Andree, anno m° ccc°. x° viii°.

CCX.

Arrest de parlement, par lequel fut dit que la demande des eschevins, faicte à l'arcevesque [dans l'affaire de Huet et de Grammaire], n'estoit pas raisonnable, et que ycelui n'estoit pas tenus d'y respondre [si elle demeuroit dans l'état où elle étoit].

2 décembre 1318.

Livre Blanc de l'Échev., fol. 318.

Philippus.... Notum facimus quod cum scabini.... contra archiepiscopum, super eo quod dicebant archiepiscopum justicia sua.... abusum fuisse, propter excessus justicie quos fecerant.... ejus justiciarii, in personas Hueti Hardi, et Remigii Gramaire, burgensium...., per justiciarios pro casu non manifesto captorum...., et archiepiscopum, propter abusum predictum, saltem ad vitam suam, perdere debere justiciam suam, certam peticionem fecissent, et in scriptis curie nostre tradidissent; constitutis in curia partibus, procuratore scabinorum requirente ut archiepiscopi procurator responderet peticioni predicte, procurator archiepiscopi plures proposuit raciones per quas dicebat peticionem.... esse ineptam, archiepiscopumque non teneri respondere ad eam; facta protestacione de respondendo ad ipsam, si hoc curie videretur.... Tandem auditis hinc inde propositis, et visa diligenter peticione predicta, per arrestum dictum fuit, quod peticio est inepta, et quod archiepiscopus non tenetur ad eam, sicut scripta est, respondere. In cujus rei.... Actum in parlamento, 11ª die decembris, anno... Mº CCCº Xº VIIIº.

CCXI.

18 décembre 1318.

LETTRES du roy Philippe...., seelées de son grand seel en double queue, par lesquelles il confesse que les eschevins de Reims.... ont fourny sa main.... de la somme de ix^m vi^c tb par.

Bibl. Roy., mss., Suppl. franç. 1515-2. Invent. de Foulquart, fol. 33.

CCXII.

29 et 31 décembre 1318.

MANDATUM regis ballyvio viromandensi, ut, virtute litterarum mandato inclusarum, archiepiscopum, et ballyvium ejus, et majorem de Cultura, adjornet, scabinis in parlamento responsuros.

Rogier, Bibl. Roy. Reims, cart. VIII, p. 10. — Rogier, Mém., fol. 215 vº.

Philippus Dei gratia Francie et Navare rex, ballyvio viromandensi vel locum ejus tenenti, salutem. Litteras nostras dilecto et fideli nostro archiepiscopo remensi mittimus, in hec verba.

Philippus.... archiepiscopo, salutem et dilectionem. Cum, sicut dicunt scabini de banno vestro remensi, vos, seu gentes vestre, Huetum filiastrum dicti Hardi, burgensis banni predicti, pro casu non manifesto, in quo debebat fieri recredentia, tam de usu et consuetudine dicte ville, quam per punctum charte sue per predecessores nostros confirmate, ut asserunt scabini predicti, tenebatis vestro carceri mancipatum, nec ipsum Huetum recredere voluistis, licet super hoc vos, vel gentes vestre, fuissetis per ipsos scabinos pluries et competenter requisiti; sed gentes vestre, que Remis vestram exercent juridictionem temporalem, et specialiter Joannes dictus De Troïon, major de Cultura remensi, dictum Huetum gravibus supposuit tormentis et gehine, et eum sic indecenter et inhumaniter tractavit, quod licet forte extra dictum carcerem eum posuisset, tamen satis cito post, pro predictis tormentis et gehina, miserabiliter decessit; *item*, cum super requesta quam dudum [1] fecerunt Parisius in parlamento nostro dicti scabini de banno vestro, contra vos, super eo quod vos, seu gentes vestre, Remigium dictum Gramaire, burgensem banni predicti, in casu etiam non manifesto, et in quo fieri debebat recredentia, tam de usu et consuetudine predictis, quam per punctum charte eorum predicte, ut asserebant scabini, tenebatis vestro carceri mancipatum, nec ipsum Remigium recredere volebatis, licet super hoc per ipsos scabinos pluries requisiti; quare dicebant dictam recredentiam per manum nostram tanquam superiorem debere fieri in defectu vestri, vobis seu procuratori (*sic*) vestro auditis; per arestum curie nostre dictum fuerit [2], quod mandaretur ballivo viromandensi, quod, si legitime sibi constaret de predictis, ex parte nostra preciperet vobis, quod hujusmodi recredentiam faceretis, vel pro vestri defectu per manum nostram tanquam superiorem recredentiam faceret supradictam; et, hoc pendente [3], ballivius, et alii officiales et ministri vestri, ipsum Remigium sic inhumaniter, tam per austeritatem carceris, et exasperationem, quam diversis aliis afflictionibus tractaverint, et in eum sevierint, quod in dicto carcere dictus Remigius miserabiliter etiam expiravit; que omnia facta fuerunt, tam de dicto Hueto quam de dicto Remigio, in prejudicium dictorum scabinorum, et omnium habitatorum banni predicti, et contra libertates, privilegia, chartas, usus et consuetudines dicti banni, vestra temporali justitia in hoc casu habutando; propter que, tam de jure, quam de regni nostri consuetudine notoria

[1] Ce mot prouve que le procès relatif à Grammaire avait été longtemps débattu, avant que fût intervenu l'arrêt dont il est question dans la note suivante.

[2] Il s'agit évidemment ici de l'arrêt par suite duquel avait été délivrée la commission dont il est parlé dans l'acte du 30 mars 1318.

[3] Le 30 mars 1318, Grammaire était encore en vie, comme le prouve l'arrêt de récréance donné en sa faveur sous cette date. C'est donc entre le 30 mars et le 29 novembre 1318 (voyez l'arrêt de ce jour) que s'étaient exercés contre lui les sévices, causes de sa mort. Sa destinée était en tout semblable à celle de Huet Munier. Tous deux arrêtés pour vol, douteux selon les échevins, manifeste selon les gens de l'archevêque, tous deux s'étaient vu refuser la récréance, malgré l'intervention des échevins; et tous deux étaient morts, par suite des horribles traitements auxquels ils avaient été soumis. Aussi désormais les procès entrepris à leur occasion se réunissent, et les deux causes se confondent dans le même débat.

et approbata, dicunt se remanere debere perpetuo exemptos a juridictione vestra, prout hec omnia nobis ex parte dictorum scabinorum significata fuerunt. Unde ad eorum supplicationem adjornamus vos ad diem ballivie viromandensis futuri proximo parlamenti, coram nobis, seu gentibus nostris, dictis scabinis super hoc, et aliis, quod (*sic*) ipsi scabini contra vos proponere voluerint responsurum, et juri [pariturum?]; injungentes vobis, quatinus ad dictum diem habeatis vobiscum dictum ballivium vestrum, necnon et dictum Joannem. Actum Parisius, in parlamento nostro, die veneris post Nativitatem Domini, anno ejusdem millesimo trecentesimo decimo octavo.

Mandantes tibi, quatinus litteras nostras predictas, dicto archiepiscopo, presentes, et prout decet facias presentari, et nichilominus dictos ballyvium, et majorem, et alios temporalem juridictionem ipsius exercentes, de quibus requisitus fueris, adjornes ad diem predictum, tum super predictis, et aliis quod (*sic*) ipsi scabini contra ipsos proponere voluerint, responsuros; et quid inde factum fuerit, curie nostre rescribas¹. Actum Parisius, die ultima decembris, anno supra dicto.

Et au-dessous : Lecta in curia. — *Scellé en queue du grand scel.*

CCXIII.

1318.

C'est li cohiers de la taille des parroches Saint-Estène et Saint-Morise, l'an M. CCC et XVIII; et monta la taille desdites parroches XII^c IIII^{xx} XI ℔ et XVIII s., receues par J. Froument ².

Tailles de l'Échev., vol. I, cahier 15.

C'est li cohiers de la taille des parroches Saint-Jaque et de la

---

¹ « L'arrest intervenu en ladite cause ne se trouve pas*, mais par l'arrest de récréance des biens dudict Gramaire que l'archevesque avoit saisi, il est fait mention de l'arrest pour la restitucion du corps qui se devoit faire par figure, d'autant que ledit corps estoit enterré depuis longtemps**. » (Rogier, Bibl. Roy. Reims, cart. VIII, p. 11.)

² Total des cotes, 475.

* Voyez plus bas l'acte du 6 décembre 1327, où se trouve indiquée la solution qui avait échappé à Rogier.

** Voir plus loin l'arrêt du 31 janvier 1321.

Mazelainne, qui fu faite l'an M. CCC et XVIII; et monta III^m LVIII ℔ XVI s., et fu levée par.... A. le Roy².

Tailles de l'Échev., vol. I, cah. 16.

C'EST li cohiers de la taille de la parroche Saint-Symphorian, l'an M. CCC XVIII; et monta la taille de ladite parroche XXVII^c LVI ℔ XII s., receus par.... P. dou Curtil³.

Tailles de l'Échev., vol. I, cah. 17.

CCXIV.

ARRESTUM curie regie, quo inqueste supplementum conceditur capitulo remensi, in causa H. de Cameraco qui turrim in territorio capituli construxerat.

28 mars 1319.

· Olim, IV, fol. 292 v°.

Conquerente coram nobis dilecto et fideli nostro remensi archiepiscopo, super eo quod cum Hugo de Cameraco, civis remensis, in domo sua de Vado, in Jardo, juxta Remos, quandam turrim construere cepisset, et ex parte ipsius archiepiscopi sibi novum opus nunciatum fuisset, et postmodum decano et capitulo remensibus dicentibus, dictum opus in eorum justicia fieri posse, positum fuisset opus predictum, in eo statu in quo erat, in manu nostra, tanquam superiori, et preceptum per gardiatorem ipsius archiepiscopi decano et capitulo, et Hugoni predictis, quod ipsi, in opere hujusmodi, non procederent ulterius, donec super hoc discussum foret, per nostram curiam, id quod justicia suaderet; nichilominus predicti decanus et capitulum, et Hugo, spretis nunciacione novi operis, et precepto, nostreque manus apposicione predictis, ad ipsius consummacionem operis processerant. Quapropter ballivo viromandensi per nostras litteras mandavimus, ut ipse, vocatis evocandis, super premissis inquireret veri-

---

¹ Bidet, Mémoires, tom. II, p. 104, dit d'après Marlot, II, 658 : « Les habitants du « faubourg de Vesle ne furent pas plus tôt « enclos dans la nouvelle enceinte de la ville, « qu'ils y firent bastir l'église de la Magde- « leine, pour se dispenser d'aller à Saint- « Martin, qui étoit précédemment leur pa- « roisse, et de laquelle ils étoient trop éloi- « gnés. Elle fut consacrée par Richard Pique, « l'an 1382. » Nous pensons qu'il y a erreur dans cette dernière assertion de Bidet, et qu'en 1382, l'église de la Magdelaine, paroissiale dès le commencement du XIVe siècle, devait depuis longtemps être construite et consacrée.

² Total des cotes, 419.

³ Total des cotes, 471.

tatem, et eam curie nostre, infra certam diem, rescriberet, ut per eamdem quod justum foret super predictis ordinaretur. Verum partibus predictis, virtute mandati nostri predicti, vocatis coram dicto ballivo, et comparentibus, ex parte dictorum decani et capituli, et Hugonis, tam contra adjornamentum, quam contra litteras predictas, quam eciam contra inquestam per eumdem super predictis faciendam, pluribus excepcionibus propositis, super quibus jus sibi per eumdem fieri et reddi ante omnia petebant; idem baillivus, qui ex forma mandati nostri predicti, jus reddere non poterat, testes ex parte dicti archiepiscopi super hoc productos, parte adversa nullos producente, recepit et examinavit, et inquestam per eumdem factam curie predicte remisit, que, presentibus dictis partibus et auditis, recepta extitit per eamdem; et visis tandem, in curia nostra, contentis in inquesta predicta, per judicium ejusdem dictum fuit, quod, non obstantibus propositis coram dicto ballivo, inquesta predicta per eum facta tenebit et valebit. Super duabus tamen de racionibus, seu excepcionibus, ex parte dictorum decani et capituli, et Hugonis, propositis, quarum tenores sub signo nostro includentur, testes eorum recipientur, et examinabuntur, si ipsi aliquos super eis producere voluerint; et quod, tam super predictis, quam eciam super deposicionibus testium, usque ad debitum tamen numerum producendorum, ex parte dicti archiepiscopi, si voluerit, super facto in dictis nostris litteris contento, commissio fiet certo commissario, qui, vocatis partibus, veritatem super predictis inquiret, et eciam reprobaciones a dictis partibus contra testes, hinc inde productos, coram eo proponendas, audiet; et quas videret, secundum stillum curie nostre parlamenti, Parisius recipiendas, admittet; et super eis veritatem inquiret, et inquestam hujusmodi perfectam, ad diem ballivie viromandensis futuri proximo parlamenti remittet, curie nostre, judicandam. Tradita fuit inquesta ad perficiendum magistro B. de Albia.

M. B. de Albia repor., xxviii die marcii, anno Domini m° ccc° xviii°.

CCXV.

30 avril 1319.

Requisitio procuratoris archiepiscopi remensis, ut procuratores scabinorum stent cum eo, contra habitatores bannorum decani et capituli, et conventus S. Remigii, in solucionibus coronacionum prosequendis.

Archiv. du Roy., sect. jud. Accords, reg. 1ᵉʳ, fol. 10 v°.

Notum facimus quod procurator dilecti et fidelis nostri archiepiscopi remensis, nomine procuratorio, denunciavit procuratoribus scabinorum civitatis et habitatorum banni ipsius archiepiscopi, presentibus in parlamento, quod habitatores bannorum decani et capituli, et abbatis monasterii S. Remigii remensis, fecerant contra dictum archiepiscopum peticiones, ad finem quod habitatores ipsi judicentur esse et remanere debere in possessione libertatis non contribuendi in solucionibus expensarum coronacionum regum Francie; et requisivit idem procurator archiepiscopi, predictos procuratores scabinorum civium et habitatorum banni sui, quod ipsi stent cum eo in causis hujusmodi, et ipsum juvent, et causas hujusmodi cum ipso defendant, si sua credant interesse, offerens se paratum dictas causas pro viribus, et melioribus modis quibus poterit, defendere, si velint, cum ipsis; et protestans quod [si?] dicti procuratores dictorum scabinorum, civium, et habitatorum banni ipsius archiepiscopi, non velint cum ipso stare, aut eum juvare, sicut dictum est, et habitatores predicti bannorum decani et capituli, [et?] S. Remigii predictorum, vel eorum aliqui, in toto vel in parte, futuro tempore veniant ad optatum, quod absit, ipsi procuratores scabinorum, civium, et habitatorum banni predicti archiepiscopi, et eorum domini, tale dampnum quod de racione debebunt exinde reportent. Qui quidem procuratores dictorum scabinorum, civium, et habitatorum, banni dicti archiepiscopi, responderunt, quod ipsi diem aliquam super hoc non habebant.

Actum ultima die aprilis, anno м° ccc° x° ıx°.

CCXVI.

Mandatum baillivo viromandensi, ut justiciarios capituli remensis, ad justiciam cuidam burgensi exhibendam, compellat [1]. 17 août 1319.

Archiv. du Roy., sect. jud. Criminel, reg. III, fol. 90 v°.

---

[1] Dans le même registre, fol. 85 v°, se trouve la commission suivante :
1319. Philippus, etc., baillivo viromandensi, aut ejus locum tenenti, salutem. Supplicavit nobis Johannes dictus Linaige, de Remis, ut cum laycalis justicia decani et capituli remensis, pro quibusdam maleficiis sibi falso impositis, corpus suum suo carceri

Philippus, etc., baillivo viromandensi, salutem. Conquestus est nobis Johannes Lignaige de Remis, quod cum justicia secularis decani et capituli ecclesie B. Marie remensis, dictum Johannem ceperit, et diu contra patrie consuetudinem detinuerit, et adhuc detineat, carceri mancipatum, pro quibusdam casibus criminalibus eidem impositis, licet falso, sicut dicit, de quibus se asserit penitus innocentem, ipso non vocato, non audito, non confesso, non convicto, nullaque cause cognicione precedente, predicta justicia dictum Johannem in suis racionibus et deffensionibus legitimis audire, et eidem, in hac parte, justiciam exhibere, contra patrie consuetudinem, recusavit, et recusat, minus juste, in ipsius conquerentis grave prejudicium, dampnum non modicum, et gravamen; et quatenus nemini, in quacumque causa, defensio sua legitima racionabiliter debet precludi, idcirco, prout alias tibi mandasse dicimur, sic iterato tibi precipimus et mandamus, quatenus eidem justicie precipias, et injungas, ex parte nostra, ut dictum Johannem in suis racionibus et deffensionibus legitimis diligenter audiat, eidemque in hac parte, ut ad ipsum pertinuerit et fuerit racionis, patrie consuetudine observata, exibere studeat adeo celeris et mature justicie complementum, quod, ob sui defectum, non oporteat nos super hoc aliud apponere remedium racionis; et ut super defectu justicie predicte, si forte contingeret ipsam esse super hoc in defectu, de defectu hujusmodi melius et plenius cerciorari

mancipatum, et bona sua saisita, et sexdecim septimanas et amplius, tenuerit, et adhuc teneat, et pluries ex parte sua requisita, ut super sibi impositis justicie complementum faceret, et ad deliberacionem, vel ad condampnacionem ejusdem, procederet, ut esset de jure et consuetudine faciendum, hoc facere non curaverit, sed plus debito distulerit, et adhuc diferat, contra consuetudinem et justiciam, in dicti Johannis dampnum non modicum, et gravamen, nos, auctoritate nostra regia, super hoc eidem providere vellemus de remedio opportuno; ad ejus supplicacionem tibi mandamus, quatinus dictam laycalem justiciam, ex parte nostra, exortari et moneri facias, ut super premissis, dicto Johanni, tam celeris justicie complementum, vocatis evocandis, faciat, quod idem Johannes ad nos ulterius, propter hoc, recurrere non cogatur. Si vero dicta justicia premissa non fecerit, aut plus debito facere distulerit, tu, vel ipsam justiciam ad hoc debite compellas, vel ipsum Johannem ad manum nostram, propter dicte justicie negligenciam vel defectum, capias, et jus sibi super hiis facias, et ad condampnacionem ejus, vel absolucionem, vocatis evocandis, per manum nostram, tanquam superiorem, procedas, vel aliter circa hec eidem provideas de remedio oportuno, prout premissa, vel eorum alterum, racionabiliter, juxta consuetudinem, videris facienda. Datum Parisius, xxix die maii, anno Domini m° ccc° xix°.

S. D. de Aigrevilla, et D. J. Roberti. Jac.

DE LA VILLE DE REIMS.

possit, ac eciam ut ipsa justicia in hujusmodi negocio cercius procedat, dicto Johanni unum servientem nostrum concedas, et ei committas, ut eidem justicie preceptum hujus[modi], ex parte nostra, faciat, audiatque et videat qualiter dicta justicia, in hujusmodi negocio, procedat, ad hunc finem, quod si contingat dictum conquerentem ab ipsius justicie audiencia, a defectu juris, appellare, ipsius servientis valeat, suo loco et tempore, relacio, et dicto conquerenti prosit, si et prout racionabiliter, servata patrie consuetudine, fuerit faciendum; non obstantibus quibuscumque litteris subrepticiis a nobis in contrarium impetratis. Datum Parisius, die xvii° augusti, anno Domini m° ccc° decimo nono.

In R. cum signo domini J. Morelli. Gyem.

CCXVII.

CARTA qua Robertus Remensis archiepiscopus, Nichasianis confirmat concessionem a Petro archiepiscopo factam, de quodam loco claudendo retro monasterium, et juxta fossata.

9 octobre 1319.

Archiv. de Saint-Nicaise, liass. 13, n° 14.

Universis presentes litteras inspecturis, Robertus miseratione divina remensis archiepiscopus, salutem in Domino. Cum bone memorie Petrus predecessor noster, remensis archiepiscopus, ob reverenciam gloriosissimi martiris S. Nichasii, religiosis viris.... abbati et conventui monasterii S. Nichasii remensis, benigne, et ob favorem religionis, concesserit ut dicti religiosi quendam locum retro monasterium predictum existentem, a vico de Saubourc, prout protenditur, usque ad vicum S. Nichasii, juxta portam, et ab edificiis ipsius monasterii usque ad murum supra fossata existentem in latitudine, claudere valeant, et propriis usibus suis applicare, dicteque concessioni capitulum nostrum remense consensum suum adhibuerit competenter, et insuper dicta concessio auctoritate apostolica et regia fuerit confirmata, prout in diversis litteris super hoc confectis hec et alia plenius continentur. Noverint universi, quod nos predecessorum nostrorum vestigiis inherentes, deliberatione super hoc prehabita diligenti, ob reverenciam et honorem dicti gloriosissimi martyris B. Nichasii, volumus et consentimus quod hujusmodi concessiones, confirma-

246   ARCHIVES ADMINISTRATIVES

ciones, et clausure supradicte, perpetuo in suo robore remaneant, roburque obtineant perpetue firmitatis, salvo jure cujuslibet alieno; promittentes bona fide, quod contra hujusmodi concessiones, confirmaciones, clausuras et consensum nostrum, non veniemus, nec venire procurabimus in futurum, nos et successores nostros dictis religiosis, quantum ad hoc, et propter hoc, obligantes. In cujus rei.... Datum anno.... M° CCC° X° IX°, die martis in festo B. Dyonisii martyris.

CCXVIII.

5 novembre 1319.

RENUNCIATION de procès intenté par Robert, archevesque de Reims, pour la closture derrière l'église Saint-Nichaise.

Archiv. de Saint-Nicaise, liass. 13, n° 15.

Universis presentes litteras inspecturis, Robertus miseratione divina remensis archiepiscopus, salutem in Domino sempiternam. Cum controversia, seu materia questionis, verteretur in pallamento, seu curia, excellentissimi principis illustrissimi regis Francorum, inter nos, scabinos nostros, ac communitatem dicti scabinatus nostri, ex una parte, et religiosos viros dilectos filios, abbatem et conventum monasterii S. Nichasii remensis, ex altera, ratione et occasione quorumdam murorum et clausure, ab eisdem religiosis retro ecclesiam suam factorum, et constructorum, in prejudicium necnon contra libertatem, communem utilitatem, et firmitatem ville et civitatis nostre remensis, prout dicebamus, et in articulis, et diversis processibus, super hiis, in dicto pallamento, et alibi, factis et habitis, plenius hec, et alia, continentur. Noverint universi, quod nos, tam per litteras predecessorum nostrorum archiepiscoporum remensium, ac romanorum pontificum, quam per regias, et capituli nostri remensis litteras, diligenter informati, quod dicti religiosi hujusmodi muros et clausuram, virtute dictarum litterarum, construere potuerunt : propter que nobis visum fuit, quod dictos religiosos, quos in justicia sua fovere volumus, ut debemus, cum nobis spiritualiter et temporaliter sint immediate subjecti [1], et in nostra garda speciali existant,

---

[1] Au verso de l'original, se trouve la note suivante, qui paraît avoir été écrite au XVIe siècle :

« Nous avons des bulles des papes, qui sont contraires à cette glosse : *cum nobis spiritualiter et temporaliter sint immediate subjecti*; et icelles nous rendent immédiates au saint siége. »

super hoc impedire, ac hujusmodi causam seu controversiam sic inceptam, sana consciencia, prosequi non possemus; attendentes etiam, per demolitionem seu destructionem dictorum murorum, et clausure, si contingeret fieri, quod absit, dictam ecclesiam quodammodo destrui, seu etiam perpetuo desolari, ob reverenciam dicti gloriosissimi martyris B. Nichasii, et ob favorem religionis, dictis liti, cause, seu controversiis, et omnibus aliis, et singulis tractatibus et processibus super premissis, et ea tangentibus, factis, et habitis, renunciamus, et ab eisdem omnibus et singulis omnino desistimus, per presentes : salvo tamen nobis, quod si necessitas, processu temporis, exegerit, et viderimus expedire, dictos muros dirui, faciemus. Promittentes quod contra premissa, et renunciationem predictam, non veniemus, nec venire procurabimus in futurum. In cujus rei [etc.].... Datum anno Domini millesimo trecentesimo decimo nono, die lune post festum Omnium Sanctorum.

CCXIX.

ARREST en parlement...., par lequel fut dit que le procureur des habitans.... feroit refaire sa procuration, pour lesdiz habitans en grant nombre, où yceulx seroient dénommés [1].

22 novembre 1319.

Livre Blanc de l'Échev., fol. 246. — Cart. A de l'archev., fol. 131.

Philippus.... Notum facimus quod cum procurator scabinorum.... certam, contra archiepiscopum, super jure libertatis non contribuendi expensis coronacionum, peticionem fecisset, et super hoc haberet diem ad diem baillivie viromandensis parlamenti presentis, requireret quod archiepiscopus responderet eidem; ex parte archiepiscopi fuit propositum, quod cum procurator non esset sufficienter fundatus, ipse super hoc respondere minime tenebatur.... Auditis partibus...., viso procuratorio, per nostram curiam provisum extitit, quod dicti agentes, quoad causam presentem, facient fieri aliud sufficiens procuratorium, a dictis civibus et habitatoribus propter hoc specialiter congregandis, vel majori parte ipsorum, sub nominibus eorumdem; et illud.... nostre

---

[1] Il paraît que cette procuration fut encore mal dressée, car dans le Livre Blanc, fol. 249, et dans le cart. A de l'archev., fol. 131, se trouve un arrêt dont on peut voir l'analyse à la date du 30 janvier 1320.

curie apportabitur ad procedendum ulterius. In cujus rei.... Actum....
xx^a ii^a die novembris, anno m°. ccc°. x°. ix°.

CCXX.

1319.

SERMENT prêté à l'église de Reims par Gilles de Hanogne, abbé de Saint-Denys [1].

Liber juram., Bibl. de Reims, portef. TT, Notice du chan. La Salle.

[1] « Les abbés et abbesses du diocèse de Reims doivent, par un usage dont l'établissement est très ancien, prêter à l'église de Reims, après leur élection et bénédiction, un serment particulier de leur soumission et dépendance. On en voit un exemple du xiiie siècle, à la fin d'un ancien nécrologe écrit dans ce même temps; c'est le serment prêté par Nicolas abbé d'Épernay, qui gouvernait cette maison en 1239, dans lequel il nomme Henry archevêque de Reims, qui ne peut être autre que Henry de Braisne, mort environ 1240. On a recueilli dans le *liber juramentorum*, parmy les serments des évêques, ceux des abbés et abbesses, depuis le commencement du xive siècle jusqu'à présent. Le premier abbé dont le serment se trouve dans ce livre, est Gilles de Hanogne abbé de Saint-Denys, en 1319 *. Sur le sujet de ce serment il est à observer :

« 1°. Qu'il n'est deu que par les abbés et abbesses du diocèse de Reims, et non par ceux des autres diocèses de la province. Il n'y a que l'abbé de Cisoin, au diocèse de Tournay, qui ait été obligé à ce serment, à cause que cette abbaye, par sa fondation, avoit été mise sous la dépendance de l'église de Reims. On remarque à la vérité dans le *liber juramentorum*, que Guy de Roye, archevêque, a voulu se faire un droit plus étendu, et s'est fait prêter serment par l'abbesse d'Origny, de Laon, lorsqu'il la bénit en 1400, dans la chapelle du château de Porte-Mars, et par l'abbé d'Orbais, diocèse de Soissons, en 1402, dans la chapelle du Palais. On y trouve également un serment fait à l'église et chapitre de Reims, en la forme ordinaire, par un abbé de Saint-Sauve de Montreuil-sur-Mer, diocèse d'Amiens, en 1564; mais ce sont des faits extraordinaires et sans conséquence.

« 2°. L'obligation de ce serment ne regarde que les abbayes de l'ordre de saint Benoît, sçavoir, Saint-Remy, Saint-Nicaise, Saint-Thierry, Saint-Basle, Hautvillers et Mouzon; et pour les filles, Saint-Pierre de Reims, et Avenay; et celles de l'ordre de saint Augustin, tant chanoines réguliers,.... que Prémontrés.... Mais les abbayes de l'ordre de Cîteaux n'y ont jamais été sujettes. On trouve seulement, [dans le *liber juramentorum*], qu'en 1347, Jean de Vienne s'est fait prêter serment par l'abbé d'Igny, et en 1399 Guy de Roye, par l'abbé de la Valroy, selon la formule particulière qu'ils s'efforçoient d'introduire; mais cela n'a pas eu de suite.

« 3°. Ce serment n'a été établi que par les abbés réguliers, et abbesses [régulières], qui le prêtoient, après avoir reçu la bénédiction abbatiale. Cependant les premiers abbés commendataires n'ont pas fait difficulté de le prêter, en la même forme que les abbés réguliers auxquels ils succédoient, comme Guy Bernard évêque de Langres, et abbé de Saint-Remy, en 1473, etc., etc.... Mais cet usage n'a pas été pratiqué depuis [la fin du xvie siècle] ; ainsi il y a présentement peu d'abbés qu'on puisse obliger à ce serment.

« 4°. Pour ce qui concerne la forme de ce serment, on conserve encore aujourd'hui la même en laquelle sont conçus les plus anciens serments recueillis dans le *liber juramentorum*, et on ne voit pas qu'on en ait

* Ce serment se trouve dans Marlot, ii, 154.

CCXXI.

C'EST li cohiers de la taille de la paroche Saint-Estène et Saint-Morise, de l'an M. CCC et XIX; et monta la taille de ladite paroche VII^c XXXIX ₶ et XVIII s., receue par.... J. Froument [1].

Tailles de l'Échev., vol. II, cah. 1.

1319.

C'EST li cohiers de la taile de la parroche Saint-Denyse, qui fu prononcié l'an.... M. CCC et XIX, le samedi devant karesme pre-

9 février 1320.

employé d'autres dans le *liber juramentorum*. En voici les termes :

« Ego N., permissione divina humilis ab-
« bas monasterii N., ordinis N., huic sancte
« remensi ecclesie, et ejusdem ecclesie capi-
« tulo, debitam reverentiam, subjectionem,
« et obedientiam, secundum statuta sanc-
« torum patrum, et regulam S. N., me exhibi-
« turum promitto, et propria manu firmo. »

« Quelques-uns, principalement des plus anciens, portent au commencement :

« Ego N. abbas.... confirmatus, et benedic-
« tus, a reverendo patre domino N., Dei gra-
« tia remensi archiepiscopo, huic sancte,
« etc., etc. »

« Les archevêques qui, dans le temps de leurs contestations contre le chapitre, ont obligé quelques abbés à leur prêter un serment particulier dans leur chapelle, ont introduit pour cela une nouvelle formule, dont voici les termes :

« Ego N.... promitto obedientiam, reve-
« rentiam, et subjectionem, matri mee eccle-
« sie remensi, reverendo in Christo patri ac
« domino meo, D. N., miseratione divina
« remensi archiepiscopo, suisque successo-
« ribus canonice instituendis, ejusque vica-
« riis, officialibus, et ministris, et sancte sedi
« remensi, et propria manu super hoc altare
« firmo. » Mais il est remarquable que tous les abbés qui leur ont prêté ce serment, excepté deux ou trois, n'ont pas laissé de faire dans l'église de Reims leur serment en la forme ancienne, comme ils y étoient obligés; et on en trouve un grand nombre qui, même dans ces temps de contestations, n'en ont point fait d'autre que celui qu'ils de-voient en l'église de Reims, suivant la forme ordinaire....

« Quand donc l'archevêque bénit un abbé du diocèse, en quelqu'autre église, à Reims, il n'est pas à propos d'y faire porter le livre pour y prêter et signer le serment; mais l'abbé étant béni, doit venir à l'église pour y prêter serment, et le signer sur l'autel, comme ont fait en pareil cas ceux dont les sermens portent qu'ils avoient reçu la bénédiction de l'archevêque....

« 5°. La prestation du serment n'a rien qui demande la présence de l'archevêque, puisqu'il ne se fait point entre ses mains, mais se prononce et se signe à l'autel. Aussi ne voiton point qu'il soit fait mention de sa présence en aucun des sermens que les abbés ont prêté en l'église de Reims. Mais il est à propos que le chapitre y soit présent...., pour rendre plus solennelle cette action...., et pour éviter qu'il s'y passe rien contre l'ordre. Aussi a-t-on marqué au bas de la plupart de ces actes les noms d'un certain nombre de chanoines présens....

« 6°. Les sermens sont écrits dans le *liber juramentorum*, non de la main des abbés qui les ont prêtés et signés, mais communément par les greffiers du chapitre, dont on voit la signature au bas de plusieurs de ces actes.... Il est important que l'acte du serment soit toujours préparé, et écrit dans le livre, par le greffier du chapitre...., que ce livre ne soit jamais déplacé, ni laissé en d'autres mains que celles des sénéchaux, claviers ou greffiers du chapitre..., etc., etc. »

[1] Le total des cotes est de 486.

nant; et monta ladite taile v^c xlix ℔ et ii s.; et fu levée par la main Colart de la Foulerie[1].

<small>Tailles de l'Échev., vol. II, cah. 2.</small>

C'est li cohiers de la taille de la paroche de Saint-Symphorian de Reins, l'an.... m. ccc et xix; et monta la taille de ladite paroche xix^c v ℔ et ix s.; receue par.... Rohart le Cordonnier[2].

<small>Tailles de l'Échev., vol. II, cah. 3.</small>

C'est li cohiers de la taille de la parroche Saint-Hylaire, qui fu pronuncié l'an.... m. ccc et xix; et monte à trois mile et ix^c xlv ℔ et xii s.; et fu levée par.... J. Coquelet, et G. de Vaus, tailleurs[3].

<small>Tailles de l'Échev., vol. II, cah. 4.</small>

C'est li cohiers de la taille de la parroche Saint-Pierre-le-Viez, faite l'an.... m. ccc xix; et monta la taille de ladite paroche xxvii^c iiii^{xx} xviii ℔ et xii s. parisis; receue par.... R. d'Aumie, et J. Le Rous[4].

<small>Tailles de l'Échev., vol. II, cah. 5.</small>

CCXXII.

Li jugement de l'an m. ccc xix.

<small>1319.</small>

<small>Livre Rouge de l'Échev., p. 131.</small>

Li chapelain perpétueil de l'église de Rains trairent en cause, par-devant les eschevins de Rains, Wède dit Fernagut, citoyen de Rains; et disoient lidit chapelain que il, et leur devancier, estoient et avoient esteit en saisine, de tant de temps et de si lons temps qu'il souffisoit à avoir saisine acquise, de penre, lever et recevoir chascun an, d'an en an, quarente-un denier et maille parisis, de annueil rente, que on appelle sourcens, seur une maison, et seur toutes les appartenances d'icelle, laqueille siet à Rains, en rue de Courci, entre la masure Bauduyn dit des Amoises, de Rains, d'une part, et la masure qui fu Esteue dit Pesteit de Rains, d'autre; et l'offrirent approver lidit chapelain. Lidis Wèdes leur nia.

<small>[1] Le total des cotes est de 358.</small>
<small>[2] Le total des cotes est de 417.</small>
<small>[3] Le total des cotes est de 517.</small>
<small>[4] Le total des cotes est de 450.</small>

Oïes les raisons, tesmoins traiz, jurez, et déligenment examinés, et leur déposicion mis en escript, il fu dit, et par droit, que lidit chapelain avoient bien prouveit leur entencion, contre ledit Wède.

CCXXIII.

ARREST de la court de parlement, donné le pénultième de janvier, l'an mil ccc^e xix, par lequel est dict que la procuration des eschevins et bourgeois du ban l'archevesque n'est pas suffisante, selon la forme de l'arrest cy-dessus registré [en date du 22 novembre 1319], et qu'il sera mandé au bailly de Vermandois qu'il voise en personne audict Reims, pour faire faire ladicte procuration, selon la forme dudict arrest.

30 janvier 1320.

Foulquart, Invent. des Sacres, Bibl. Roy., mss., Suppl. franç., 1515-2, vol. Ier, fol. 33 v°.—Livre Blanc de l'Échev., fol. 249.—Cart. A de l'archev., fol. 131 v°.

CCXXIV.

CONFIRMATIO pro clausura; *alias,* Admortissement de Philippe, roy de France et de Navarre, pour la closture de derrière Saint-Nichaise, contre les eschevins de Rheims.

Janvier 1320.

Archiv. de Saint-Nicaise, liass. 13, n° 17. — Archiv. du Roy., Trésor des Chartes.

Philippus Dei gratia Francorum et Navarre rex, universis tam presentibus quam futuris, ad perpetuam rei memoriam. Inter cetera que Deo devoti domini progenitores nostri, jugi meditatione pre oculis habuerunt, illud eorum occurrit consideratione precipuum, qualiter orthodoxe venerandus fidei cultus, devoto affectu, et veneratione debita, coleretur. Proinde construxerunt ecclesias, et monasteria fundaverunt, copiosis ea redditibus magnifica largitione dotando, ut quo divina dextera ipsorum evexit altius solium, eo, per officiose gratitudinis debitum, sua suorumque devotio, Deo solveret propensius munera gratiarum. Et hac, ut pie creditur, devotione fervidi, quidam remenses archiepiscopi, nunc defuncti, provide attendentes prope monasterium et ecclesiam gloriosissimi martiris B. Nichasii remensis, quendam tunc fore locum, respectu ecclesie, altitudinis eminentis, super fossata scilicet ville remensis, ex quo infra dicti septa monasterii, per locum ipsum deambulantibus patebat aspectus, et inibi multa committebantur inhonesta et turpia, que tacere plus expedit quam referre; provenientibus etiam tunc ibidem immundiciis plurimis, inde fetores exibant, auraque corrumpens (*sic*), et alia multa circumveniebant incommoda, que tante sanctitatis, tantique nominis locum, plurimum infestabant, sancta et salubri devotione concesserunt[1] abbati et conventui loci ejusdem, ut ipsi locum predictum, sicuti protendebatur a vico de Saubourc, usque ad vicum S. Nichasii, juxta portam, et ab edificiis ipsius monasterii, usque ad murum antiquum supra dicta fossata, in latitudine, dummodo supra fossata non possent edificare, aut aliud facere per quod ipsa fossata pejorari possent, sive diminui, claudere possent et suis usibus applicare. Postmodum vero concessione hujusmodi laudata, et approbata per.... prepositum, decanum, cantorem, ceterosque fratres ecclesie remensis, et inde sedis apostolice, dominique genitoris nostri[2], confirmationibus subsecutis, clausura ipsa per eosdem religiosos constructa, sicut eis per premissa licebat, cives remenses, colore quesito de ville remensis fortaliciis faciendis, hac occasione clausuram demolierunt predictam; ex quo prope dictam ecclesiam, et, quod erat gravius, in cimiterio, circa infirmitorium, et alia monasterii loca, lupanaria, et cetera pejora prioribus incipiebant committi. Que, ut ad domini genitoris nostri pervenere noticiam, ipse dictis religiosis iterato concessit[3], ut dictam facere possent clausuram, et locum reedificare predictum, ut superius est expressum; dum tamen, ab utraque parte ipsius clausure, fierent porte, per quas, cum quadrigis et curribus, vehi possent lapides, et alia murorum civitatis remensis extruccioni necessaria, cum cives murorum opus ducerent resumendum, et, cum opus esset, sine fraude, dicte porte forent apperte de die, et clause de nocte; consummatoque murorum opere, murarentur. Novissime siquidem, dicta clausura constructa, et loco predicto reedificato, post concessionem jam dictam, scabini et cives banni archiepiscopi ad finem quod hec

---

[1] Voir l'acte du 1er avril 1281, *Archiv. Admin.*, I, 977.

[2] Voir l'acte de décembre 1282, *Archiv. Admin.*, I, 987.

[3] Voir l'acte de février 1297, *Archiv. Admin.*, I, 1109.

destruerentur omnino, contra dictos religiosos litem in nostra curia suscitarunt, se ab inicio [1], cum eisdem scabinis et civibus, partem

[1] Ce ne fut pas seulement l'archevêque Robert, dont il est ici question, qui voulut défendre les droits de l'archevêché contre les entreprises des moines de Saint-Nicaise; mais avant lui, entre le 11 octobre 1298, date de la mort de son prédécesseur, et le 8 septembre 1299, date de son élection, les gens du roi, gérant la régale, s'étaient joints aux échevins, comme le prouve le factum suivant, dressé à cette époque :

« Ce sont les résons et deffenses aus eschevins de Rains, à monstrer, mouver, et enformer la cort, que l'enqueste aprise ou enfourmement faite par le baillif de Vermendois, par la vertu d'une commission à lui envoiée de la court, suz la dépéceure ou briseure de un mur de Saint-Nichaise de Reins, qui avoit esté fait par le mandement le roy, si comme l'en dit, par un serjant, en tant comme aus touche, ou peut toucher, ne soit veue, ne jugiée; et s'ele devoit estre veue, ou jugiée, qu'il n'en soient de riens puniz ne grévez.

« Premièrement, que li lieus où lidit mur fut refais, siet à Rains en lieu commun, et ousance de ville, et où le marchié au filé a esté pluseurs foiz, et autres denrées vendues, et l'eesance et alée commune des murs de la ville, et y a li archevesque de Reins, en nom de son archeveschié, toute la justice, haute et basse, et la garde en l'abbéie et aus appartenances ; et de ce est-il en bonne saisine, et ont esté, lui et ses devanciers, de ancien temps, sanz ce que li roys i ait gardé justice, ne seignorie, fors tant seulement le ressort de l'archevesque.

« Item, que les descombremens et délivremens qui furent faiz des murs de la ville, et des essances, espéciaument dou leu dessuzdit, furent fait par l'archevesque, ou son commandement, comme de seigneur et gardien de la ville, et du leu, sanz ce que li roys, ne ses gens, s'en entremeissent de riens.

« Item, que le povair qui fut envoié au baillif, et par le baillif au serjant, de par le roy, ne s'estendoient de riens à ce que le baillif pouist fère, ou faire faire ledit mur. Ainssint, se il le fist ou fist faire, il le fist sanz povair, ou commandement, qu'il en eust, quar, en la lettre qui lui fut envoiée de la court sur ce, avoit contenu que ce il feist, en tant comme au roy en appartenoit; et il ne lui appartenoit de riens, si comme dessus est dit. Ne l'en ne peust dire qui li baillis le feist ou fist faire, comme baillif; quar ce qui en fut fait, fu fait par la vertu de ladite lettre, qui de riens ne s'i estendoit. Ainsint la connoissance dou mur appartient à l'arcevesque, ou aus régaleeurs, non pas au roy.

« Item, lidis baillis ne pot fère l'enqueste aprise ou enformement dessuzdis, par la vertu de la commission qui lui fut envoiée à requeste et à complainte de partie, c'est assavoir des religieus de Saint-Nichaise, les quiex appellez, et lesdis eschevins, devant ledit baillif, ne vodrent demander, ne poursuigre, ne aus fère partie, en quelque manière que ce fust; tout fussent-il sur ce requis dou baillif, et tout fust que lidit eschevin s'offrissent à deffendre, et vers aus, et vers touz autres, seulonc la forme de ladite commission ; et sur ce li baillis ala avant contre la teneur et la vertu de ladite commission, et fist l'enqueste aprise ou enformement dessuzdit, non contrestans les résons desdiz eschevins, bonnes et souffisanz, proposées, et par gens souppeçonneus et de po de foy, menues gens, serjans de ladite abbéie, de leur pain de leur vin, de leur jurez, et tiels que l'en n'i doit adjouster foy; et bien fut dit, et proposé, devant ledit baillif.

« Item, quar s'il estoit hores ainsint, laquelle chose n'est pas, que ladite enqueste deust estre veue et jugiée contre lesdiz eschevins, non contrestant leurs résons; si dient-il que il n'en devroient estre de riens grevez, ne puniz, quar le fait de quoi on les poursuit, puique le feit fut fait singulier, et de personnes singulières, et pour singuliers doit estre tenus, non de université, de cors, ne de commun ; quar il ne fut fait ne par ban, ne par cloche sonnante, ne par assemblée com-

faciente dilecto et fideli nostro nunc remensi archiepiscopo; qui postea super hoc saniori ductus consilio, et inde plenius informatus, et ut suis verbis utamur : « attendens se litem ipsam ulterius non posse sana consciencia prosequi, eidem, et ipsam tangentibus, renunciavit [1], volens et consentiens, concessiones et confirmationes predictas robur obtinere perpetue firmitatis », prout in inde confectis ipsius litteris [2] vidimus contineri. Nos autem vere dignum et justum censentes, ut etsi cuncti virtutum Domino servientes debeant honorari, illi precipue qui nedum sua, sed et se ipsos salubriter abnegantes, carnem suam cum viciis et concupiscenciis crucifigunt, in religionibus se claudendo, gratis attollantur favoribus et congruis muniantur presidiis, et si quid juxta ipsos incolumitati eorum invidet aut quieti, nostra provisione discedat, quatinus eo devotius quo quietius pacis famulentur actori, de jure dictorum religiosorum, ex nostrarum assercione gentium, et

mune, ne par autre manière qui puisse estre dite fait de commun, de université, ou de eschevinage; ne par fait singulier, ou de singuliers, ne doivent estre puniz li eschevin, université, ou commun de la ville, fors ceus qui en sont trouvez coupables.

« *Item*, lidiz eschevins de Reins n'ont en la ville de Reins justice, ne seigneurie, ban, cloche, deffense, devée, prise, ne arrest, fors por eschevinage, de juger, tant seulement; et ainsint se li fait eust esté fait en leur présence, laquelle chose ne fut pas, ne les pouissent-il avoir pris, ne arresté, ne devée, sanz mepprendre vers leur seigneur; si que il ne peuent estre de riens encolpez, meesmement comme il ne seussent riens.

« *Item*, ne meuve la court ce qu'aucuns dient, que aucuns des eschevins dist ou menaça que por noient fesoient le mur, quar il n'i demourroit pas, ou semblables paroles; quar s'il estoit issint, laquele chose il ne croient pas, ne devroit-il de riens nuire ne grever les eschevins de l'eschevinage, ne le commun de la ville, comme le fait d'un eschevin, de II, ne de III, ne doie de riens nuire à autres, meesmement comme ce ne soit fait de riens qui appartienge à son office, ne de eschevinage.

« *Item*, tels manières de paroles, se elles avoient esté dites, ne devroient de riens nuire, ne grever, ne à celui qui les dist, se dites furent, ne à autre; quer il les pot dire de droit, et de réson, sanz mepprendre, et le devoit faire; quar ce ne sont pas menaces, quar l'en refaisoit ledit mur à tort, en grief et en préjudice d'aus, et contre leur droit, et sanz ce que le povair de celui qui le fesoit faire ne s'i estendoit à riens. Et pour ce le pot bien dire, se il le dist; quar il entendoit à poursigre leur droit, et bien esclarcirent leur manière de poursigre, et les paroles, se dites furent; quar il, tantost, il ont porsigu le roy à la court sur ce, et enquore poursuiguent, et le régalleur aussint; si que l'en ne doit pas juger, ne entendre, lesdites paroles, ou semblables, se dites furent, pour menaces, ne en mal, mès pour bien, et pour poursuite de leur droit. Quar il leur lessoit à contredire ce que l'en fesoit en leur grief, et contre leur droit, ou autrement il fussent tenuz pour consentanz dou fait paisiblement; ne autrement il ne povaient sécurément sauver leur droit. Ainz devoient dénoncier l'envre, et jeter pierres, pour sauver leur droit, secon droit. »

[1] Voir l'acte du 5 novembre 1319.
[2] Voir l'acte du 9 octobre 1319.

aliter, ad plenum instructi, volumus, atque precipimus, clausuram et edificia predicta, prout sunt, et usque ad civitatis fortalicia protenduntur, perpetuo remanere, dictosque religiosos in illorum pacifica possessione manuteneri, ac defendi ab injuriis, violenciis, novitatibus indebitis, et oppressionibus quibuscunque; non obstante lite predicta, quam ex certa sciencia, de nostre plenitudine potestatis, ex nunc cessare volumus, et omnes processus habitos in eadem, super hiis, eisdem scabinis et civibus perpetuum imponendo silentium, eo salvo quod de suo, quantum ad hoc, interesse eundi, agendi, de quo sufficienter liquebit, ab eisdem religiosis arbitrio nostro compensationem habeant competentem, dicteque porte pateant, sicut nobis, aut gentibus nostris, placuerit, imminente necessitate reparationis murorum, aut deffensionis civitatis remensis, ut superius est expressum. Que premissa omnia, et singula, volumus et jubemus robur obtinere perpetue firmitatis, in hujus rei testimonium, presentibus nostrum facientes appendi sigillum. Actum Parisius, anno Domini millesimo trecentesimo decimo nono, mense januarii. — Registrata est.

CCXXV.

ARREST du roy Philippe [V], selée de son grand seel en double queue, données en son parlement le xxvie jour de mars, l'an mil III^c XIX, par lequel est dict que l'archevesque de Reims respondra à la demande des eschevins et bourgeois de son ban, nonobstant quelque chose par luy proposées ne alléguées au contraire.

26 mars 1320.

Foulquart, Invent. des Sacres, Bibl. Roy., mss., Suppl. franç., 1515-2, vol. Ier, fol. 33 v°.

CCXXVI.

ARREST donné en parlement...., par lequel fut dit que les eschevins et habitants de Reins contribueroient et paieroient leur part et porcion de la despense des couronnements....; et que l'argent qu'ils averoient délivré demourroit en paiement,

26 mai 1320.

se plus n'y avoit qu'ils ne devoient; ouquel cas ilz raveroient le seurplus; et se moins y avoit, ilz paieroient le seurplus.

<small>Archiv. de l'Hôtel-de-Ville, Sacres, liass. 2, n° 4. — Livre Blanc de l'Échev., fol. 238.</small>

Philippus.... Notum facimus universis...., quod cum pocurator scabinorum et habitatorum banni.... archiepiscopi, nomine procuratorio predictorum, per viam peticionis proprietatis proponens contra dictum archiepiscopum, quod dicti scabini, burgenses, et habitantes dicti banni, debere[nt?] esse liberi et immunes a solucione expensarum quas fieri contigit pro coronacione regum, et a contribucione dictarum expensarum, et quod dictus archiepiscopus per se, et gentes suas, veniendo contra libertatem predictam ipsorum scabinorum, burgensium..., racione expensarum regum Francie coronacionum, scilicet domini Ludovici, germani nostri quondam, et nostre, fecit capi plures de scabinis...., et bona ipsorum saisiri, levari, et asportari, pro compellando ipsos ad contribucionem in expensis predictis; quodque idem archiepiscopus erga curiam nostram, indebite, et sine causa, et contra libertatem ipsorum, ut dicebat dictus procurator, procuravit quod dicti scabini.... per capcionem corporum, et vendicionem bonorum, ad muniendum manum nostram de quindecim millibus et sexcentis libris parisiensibus pro expensis...., per modum mutui, compellerentur; requireret, nomine procuratorio dictorum scabinorum, quod declararetur et pronunciaretur per judicium nostre curie, ipsos scabinos.... debere esse et fore quietos ac liberos de dictis expensis...., et quod ipsi, et eorum successores, in antea remanerent in hujusmodi libertate, quodque dictus archiepiscopus compelleretur ad reddendum.... eis [quindecim milia et vi^c libras...., et dampna que ipsi per dictum archiepiscopum propter hoc incurrerunt, usque ad estimacionem decem millium librarum[1]] et quod recredencia que fuit eis facta de corporibus et bonis ipsorum, que propter hoc capta fuerant, ad deliberacionem cederet eorumdem. Procurator dicti archiepiscopi,

---

[1] Ce qui se trouve entre [ ], manque dans le Livre Blanc; nous l'avons emprunté à la copie de Rogier, Mémoires, p. 32.

nomine procuratorio ipsius, et pro ipso, plures proposuit in contrarium raciones, presertim ad finem quod ipse a peticione predicta deberet absolvi, et quod dicti scabini.... deberent ad contribuendum predictis expensis compelli, plures litteras, et specialiter duo arresta curie nostre exhibens procurator predictus dicti archiepiscopi, per que scabini.... ad contribuendum expensis.... fuerant condempnati; procurator dictorum scabinorum...., nomine procuratorio eorumdem, plures raciones in contrarium replicante. Auditis igitur predictis partibus super hiis, et visis peticione, litteris, et arrestis seu judicatis predictis, curia nostra per judicium suum archiepiscopum a peticione predicta scabinorum.... absolvit; et per idem judicium dictum fuit, quod dicti scabini, burgenses et habitatores, ad contribuendum expensis coronacionum, et solvendum partem suam de eisdem, tenentur, et quod pecunia que ipsi propter hoc mutuo tradiderunt, muniendo manum nostram pro expensis coronacionum germani nostri, et nostre, sibi cedet in solutum pro parte eos contingente de eis, si tantum ascendat pars ipsorum; si vero minus tradiderint quam pars ascendat ipsorum, ipsi reddent residuum partis contingentis eisdem de expensis predictis; si vero plus ascendat, illud quod mutuo tradiderunt restituetur eisdem. In cujus rei.... In parlamento nostro, xxᵃ vıᵃ die maii, anno mº cccº xxº.

CCXXVII.

AUGUSTINIANI eremitæ, fratribus de sacco, Remis, a Roberto archiepiscopo subrogantur.

7 juin 1320.

Marl., II, 607 [1].

CCXXVIII.

ARREST du parlement qui homologue une transaction passée entre le chapitre de Nostre-Dame et les habitants de leurs bans, l'abbé de Saint-Remi, d'une part, et le procureur de l'archevêque, d'autre; par laquelle il a été convenu que les habitants des deux bans ne doivent rien payer pour les terres qu'ils possèdent hors du ban de l'archevesché....; consentant les parties que leur cote-part soit répartie [*sic,* que leur recours ait lieu?],

Avant le 24 juin 1320.

[1] Voir aussi, *ibid.* la bulle du pape Jean en faveur des Augustins.

non sur les biens de l'archevesque, mais sur ceux des [habitants] contribuables.

<small>Archiv. de Saint-Remi, liass. 2, n° 2. — Livre Rouge du chap., fol. 301 v°. — Cocquault, Hist. de Reims, vol. III, fol. 340 v°.</small>

Philippus.... Notum facimus, quod a procuratoribus parcium infrascriptarum concordatum extitit in curia nostra, prout in quadam cedula ab ipsis dicte curie nostre tradita continetur; cujus cedule tenor sequitur in hec verba :

Cum procuratores capituli remensis, et habitatorum banni sui, necnon abbatis et conventus monasterii S. Remigii, ac habitatorum banni sui, certam contra dilectum et fidelem nostrum remensem archiepiscopum peticionem fecissent, ad finem quod habitatores bannorum predictorum judicarentur per curiam Francie esse, et remanere debere, in possessione libertatis non contribuendi in solucione expensarum factarum Remis pro coronacionibus dominorum Ludovici quondam, et Philippi nunc, Francie regum, et quod sex milia et ducente libre parisienses quas habitatores banni capituli, et duo milia et sexcente libre quas habitatores monasterii, pro expensis coronacionum predictarum, per modum mutui, gentibus domini regis solverant, restituerentur eisdem ; et procurator archiepiscopi predicti respondisset quod ipse libertatem habitatorum hujusmodi non intendebat impugnare, nisi dumtaxat pro rata possessionum et hereditatum quas habent habitatores ipsi in banno et jurisdicione dicti archiepiscopi ; diceretque idem procurator.... se plures raciones habere per quas ostendere volebat quod, si summe predicte, per dictos habitatores solute, seu tradite, vel ipsarum summarum certe partes, eisdem habitatoribus restitui debeant, non ipse archiepiscopus, sed alii qui dictas expensas tenentur solvere, ipsas restituciones [facere teneantur]   [1].

Tandem constitutis in curia...., Parisius, procuratoribus parcium predictarum, ipsi confessi fuerunt quod habitatores predicti, solucioni   [2] dictarum expensarum, pro rata possessionum et hereditatum quas ipsi habent in banno et jurisdicione archiepiscopi

---

[1] Ici trois mots ont été effacés par l'humidité.
[2] Un mot effacé de même.

memorati contribuere tenentur, una cum aliis hominibus et hospitibus archiepiscopi; sed de possessionibus et bonis quibuscumque que ipsi habent extra bannum et jurisdicionem archiepiscopi, nichil inde debent, ut dicunt; et consensiunt omnes procuratores predicti, quod illa pecunia quam plus inde solverunt habitatores predicti, restituatur eisdem, non de bonis archiepiscopi, sed de bonis illorum qui ad dictas expensas tenentur. In omnibus predictis consenciunt et concordant omnes procuratores nominibus dominorum suorum, videlicet procurator dicti archiepiscopi et procuratores dicti capituli et hospitum suorum, ac procuratores abbatis et conventus dicti monasterii, et hospitum suorum; et petunt quod curia nostra de his ipsis litteram concedat.

In cujus rei.... Actum Parisius, in parlamento nostro, anno.... M° CCC° XX°, mense junio.

CCXXIX.

ARREST pour informer de ceux qui doivent contribuer, et la valleur des héritages. 24 juin 1320.

Archiv. de l'Hôtel-de-Ville, Sacre, renseign., liass. 1, n° 2. — Archiv. du Roy., sect. judic., Accords, reg. Ier, fol. 11 v°, et fol. 40 v°. [1]

Philippus Dei gracia Francorum et Navarre rex, dilectis et fidelibus magistro Droconi de Caritate, archidiacono suessionensi, clerico, et Erardo d'Alement, consiliariis nostris, salutem et dilectionem. Cum pro expensis coronationum, tam karissimi germani et domni nostri domini Ludovici, quondam Francorum et Navarre regis, quam nostre, solvendis, scabini, jurati, et habitatores, tam banni dilecti et fidelis nostri archiepiscopi remensis, villarum et castellaniarum circonvicinarum, quam habitatores bannorum decani et capituli ecclesie Majoris, necnon et S. Remigii remensis, mutuo tradiderint juxta quendam ordinacionem nostram super hoc dudum factam, certas pecunie quantitates, dictique scabini, jurati, et habitatores banni dicti archiepiscopi, certam super proprietate contra dictum archiepiscopum, dicentes se esse liberos et immunes a contributione dictarum expensarum, et dicti habitatores bannorum dictorum decani et capituli,

---

[1] Dans le registre des accords, cet acte n'est pas daté au fol. 11 v°; il est daté du 28 juin, au fol. 40 v°.

necnon et S. Remigii certas super possessione, dicendo se fuisse et esse in saisina libertatis non contribuendi dictis expensis, contra eundem archiepiscopum petitiones fecissent; dictusque archiepiscopus a petitione dictorum scabinorum, juratorum, et habitatorum banni dicti archiepiscopi, per judicium curie nostre fuerit absolutus, et procurator ipsius archiepiscopi, nomine procuratorio ejusdem, confessus fuerit habitatores bannorum dictorum decani et capituli, ac S. Remigii, non teneri ad contribuendum dictis expensis, nisi solum pro hereditatibus et possessionibus quas tenent in terra et domanio dicti archiepiscopi; prefatique habitatores castellaniarum et villarum circonvicinarum, que sunt, ut dicitur, de pertinenciis banni dicti archiepiscopi, ex parte ipsius archiepiscopi requisiti si vellent assistere eidem archiepiscopo ad deffendendum petitiones predictas factas contra ipsum, responderint quod sibi non assisterent in premissis, nec juvarent eundem; predicti procuratores tam dictorum scabinorum, juratorum, et habitatorum banni dicti archiepiscopi, quam habitatorum bannorum dictorum decani et capituli, ac S. Remigii, humiliter supplicarunt, ut cum ipsi parati sint, videlicet quilibet partem suam dictarum expensarum, ipsarum partium quamlibet contingentem, solvere, mandamus et committimus vobis, quatinus ad loca predicta vos personaliter conferentes, vocatis evocandi[s] [1], et visis judicato

[1] L'an m. ccc. xxi., le vendredy après la feste du saint Sacrement (19 juin 1321), les commissaires dénomés en la susdicte commission estans en la ville de Reims, ayant faict appeller tous les habitans de ladicte ville, leur fut remonstré, par lesdictz habitans, la difficulté qu'il y pourroit avoir à faire l'estimation des biens et facultés desdictz habitans, de tous les bans et seigneurye de ladicte ville, pour les cottiser à quelle somme chacun ban seroit tenu, et que cela pourroit causer beaucoup de débatz entre eulx; d'aultant qu'il pourroit arryver, que l'ung des bans... estant taxé alors selon les facultés des habitans y demourans, pourroit estre taxé à somme médiocre, ce quy donneroit occasion aux plus riches et aysés d'aller demourer par après sur ledict ban, affin de ne pas payer suyvant leurs biens et facultés; pour quoy ilz furent d'advis, que lesdicts despens et fraictz fussent pris sur tous ceulx quy possédoient des héritages en la seigneurye de l'archevesque de Reims, chacun à raison de ce qu'ilz posséderoient desdictz héritages, et non aultrement; et que ceulx quy ne possédoient aucuns héritages en ladicte seigneurye ne payeroient rien; ce quy fut ainsy accordé par tous les habitans de ladicte ville, pardevant lesdictz commissaires; et affin que ce fût chose stable, ilz passèrent procurations pour faire émologuer ledict règlement par la court, ainsy qu'il est contenu par une chartre du moys de mai m. ccc. xxii. (Voir plus bas l'acte du 13 mai 1322; voir aussi les deux actes datés du 19 juin 1321.)

Rogier, Mémoires, part. ii, fol. 35. — Bibl. Roy. Reims, cart. xi, Rogier, p. 128.

predicto contra dictos scabinos, juratos, et habitatores banni dicti archiepiscopi, pro ipso, prolato, et confessione dicti archiepiscopi, et accordato inter ipsum ex una parte, et habitatores dictorum decani et capituli, et S. Remigii remensis, factis, et protestatione procuratoris scabinorum et habitatorum banni dicti archiepiscopi in contrarium facta, informetis vos, et inquiratis vos summarie et de plano, de valore et [quantitate?] facultatum cujuslibet partium predictarum, et quantum et quotam partem predicti scabini et habitatores banni dicti archiepiscopi, et habitatores bannorum dictorum decani et capituli, et S. Remigii, nec non villarum et castellaniarum predictarum, videlicet quelibet pars per se, consideratis diligenter et attentis earum facultatibus, de dictis expensis solvere teneantur; et inquestam seu informationem quam super hoc feceritis, nobis, vel nostre curie, quam totiens [*sic*, quam citius?] referatis, vel sub sigillis vestris mittatis inclusam; ut visa ipsa informatione, seu inquesta, ad imponendum singularibus personis cujuslibet dictarum partium, et quamlibet, ad solvendum partem sibi impositam, per illum ad quem id pertinuerit, faciamus compelli; illud autem quod ipsi pro dictis expensis ex causa mutui tradiderunt, sibi faciemus in solutum converti, ita tamen quod si minus solverint quam debeant pro premissis, ipsi ad solvendum illud residuum compellentur; et si plus tradiderint quam pro dictis teneantur expensis, illud plus ab illis qui minus solverint reddetur, et restituetur eisdem. Damus autem tenore presentium in mandatis, omnibus justiciariis et subditis nostris, quod vobis pareant in hac parte. Datum Parisius, die XXIIII^a junii, anno Domini millesimo trecentesimo vicesimo.

CCXXX.

Judicium curie parlamenti, quo dictum fuit quod, de J. Le Juif qui domum P. de Besennes hostiliter invaserat, iterato veritas inquiretur.

7 août 1320.

Archiv. du Roy., sect. jud. Jugés, regist. 1er, fol. 123 v°.

Cum ex parte dilecti et fidelis nostri remensis.... archiepiscopi, nobis extitisset graviter conquerendo monstratum, quod.... baillivus viromandensis, virtute quarumdam litterarum nostrarum eidem directarum, Johannem dictum le Juif, de Remis, pro eo quod ipse, associata secum magna multitudine armatorum, in noctis crepusculo, pensatis insidiis, ad domum Petri de Besennes accessisse, eumdem Petrum, et Perrardum ejus filium, cum quodam gladio evaginato hostilliter invasisse, et alia maleficia circa hoc commisisse, dicebatur, ubicumque reperiri posset, extra loca sacra, capi, et carceri mancipari mandavit, et eciam ejus bona ad manum nostram poni fecit, que omnia erant, ut ipse dicebat, in magnum prejudicium dicti archiepiscopi, et jurisdictionis temporalis sue, quam ipse a nobis tenet in parreriam, et in feodum, dictusque Johannes esset ipsius justiciabilis in omnibus casibus; feceritque, que circa premissa facta fuerint, in loco ubi dictus archiepiscopus habet omnimodam altam et bassam jurisdictionem, et sit tale factum, cujus cognicio, seu punicio, de jure, vel de consuetudine patrie, ad nos pertinere non debet, ut ipse dicebat; et curia nostra mandaverit, et commiserit eidem baillivo, quatinus, si eidem constaret dictum Johannem esse dicti.... archiepiscopi justiciabilem, et in ejus justicia factum hujusmodi perpetratum fuisse, ipse a capcione corporis dicti Johannis desisteret, bonaque sua, premissa occasione saisita, per manum nostram tanquam superiorem recrederet eidem, sub ydonea caucione, ac vocato dicto Johanne, et aliis evocandis, de predictis maleficiis, cum qua posset diligencia, veritatem inquireret, et inquestam quam inde faceret curie nostre remitteret judicandam, ad finem quod per curiam nostram sciretur, utrum ad nos, vel ad dictum archiepiscopum, hujusmodi facti cognicio et punicio deberet pertinere. Qua inquesta super hoc perfecta, et completa, et ad judicandam curie nostre remissa, et auditis super hoc dictis partibus, per curiam nostram visa et diligenter examinata; quia per eam repertum extitit, quod dictus archiepiscopus, ad predictam inquestam faciendam, non fuit vocatus, nec eciam inquisitum fuit, utrum dictus Johannes esset justiciabilis dicti archiepiscopi, nec ne, nec utrum predicta maleficia perpetrata fuerint per dictum Johannem, in loco ubi dictus archiepiscopus habet omnimodam, altam et bassam, jurisdictionem; per judicium nostre curie dictum fuit, quod de et super predictis, iterato veritas inquiretur, vocato tamen dicto.... archiepiscopo, et aliis evocandis; quantum vero ad processum factum et habitum contra dictum Johannem, super predictis maleficiis, quia constat per dictum processum, quod dictus Johannes fuit ad hoc vocatus, dormiet dictus processus, quousque super premissis fuerit inquisitum; et demum, inquesta predicta facta et perfecta; et curie nostre remissa, ipsa judicabitur una cum dicto processu, contra dictum Johannem habito, ad finem ad quem judicari poterit et debebit. Datum septima die augusti, m°. ccc°. xx°. Rogerius de Turonis, relator.

CCXXXI.

Arrest donné en parlement, par lequel fu dit que ungs prodomes seroit commis, pour savoir que la plus grant partie s'acordoient à faire nouvelle procuration.

3 décembre 1320.

Livre Blanc de l'Échev., fol. 15.

Philippus.... universis.... Notum facimus, quod cum.... archiepiscopus remensis, scabinos, burgenses et habitatores banni ipsius.... defensores, [ad?] quandam peticionem seu requestam, quam racione quorumdem dampnorum et expensarum [1], ut dicebat, intendebat facere contra eos, et super aliis que contra ipsos vellet proponere responsuros, ad diem baillivie viromandensis parlamenti presentis adjornari fecisset, procurator dicti archiepiscopi scire volens, ut dicebat, quomodo dicti burgenses et habitatores essent fundati, nomine procuratorio, requisivit sibi exhiberi procuratorem [*sic*, procuratorium?] eorumdem; quo sibi exhibito, et perlecto, idem procurator archiepiscopi proposuit quod dictum procuratorium non erat sufficiens, cum sigillum dictorum scabinorum eidem appensum non esset autenticum, cum ipsi scabini aliqua[m] jurisdictionem non haberent, ut dicebat. Proposuit eciam, quod cum dicta requesta, seu peticio, omnes de dicto banno tangeret, dictum procuratorium non erat sufficiens, quoad omnes de dicto banno, et plures alias raciones ad finem quod dicti burgenses.... non essent sufficienter fundati; procurator vero dictorum burgensium.... plures proposuit in contrarium raciones. Auditis igitur dictis partibus, et visis procuratorio et adjornamento predictis,

---

[1] Nous pensons qu'il est ici question de la demande en restitution intentée par l'archevêque Robert aux échevins, à la suite des procès du sacre, reprise le 12 décembre 1327 (voir l'acte du 22 avril 1328), par Guillaume de Trie, et enfin abandonnée par accord, le 2 janvier 1345.

curia nostra providit et ordinavit, ex causa, quod ipsa committet et mandabit alicui probo viro, quod ipse burgenses et habitatores dicti banni, in certo loco propter hoc faciat, prout consuetum extitit, congregari ; coram quo dicti burgenses.... congregati, et constituti, aut major et senior [*sic,* sanior?] pars ipsorum, facient novum procuratorium, seu ratificabunt procuratorium predictum ; quam ratificacionem, aut novum procuratorium, dictus commissarius nostre curie transmittet, et certificabit ipsam curiam de hiis que facta fuerint in premissis.... Actum in parlamento...., tercia die decembris, anno m°. ccc°. xx°.

CCXXXII.

1320.

Li jugement de l'an m. ccc. et xx.

Livre Rouge de l'Échev., p. 131.

Pieres de Bourbon, chapelains perpétuel an l'église de Rains, fit demende, pour cause de sa chapelenie, contre Doinet le cherpantier, de v s. parisis de sorcens ; et disoit qu'il estoit en saisine de panre il, et si prédécesseur chapellain avoyent esté, les devansdis v s. panre, et lever, et recevoir, en non de lui et de sa chapelerie, seur une maison que lidis Doins tenoit, séant à Reins, qui fu à Heude la Noblère. Liqués Doins proposa que tenus n'estoit de respondre à la demande ledit chappellain, pour ce que il n'estoit mie fondez souffisanment ; car il convenoit qu'il eust procuration de son chapitre, qui ladicte chapelerie li avoit donneit ; et mesmement il ne les demandoit mie comme de son héritaige, ainsois n'estoit que ufruitères de ladicte chapelerie. Et lidis Pierres proposa que il ne les demandoit que afin de saisine, ne il ne convenoit que en ce cas il venist fondez par procuration de son chapitre ; et en panroit droit.

Oïes les raisons de l'une partie et de l'autre, il fu dit, et par droit, que non contrestant les raisons proposées de par ledit Doyn, lidis Doyns estoit tenus à aler avant en la demande que lidis Pierres li faisoit, et avoit faite en ladite court.

CCXXXIII.

31 janvier
1321.

Arrestum quo scabinis facta est recredentia bonorum R. Gramaire, cujus jam corpus per figuram recreditum fuerat.

Archiv. de l'Hôtel-de-Ville, Juridict. ; liass. 1, n° 6. — Rogier, Mém., fol. 6 v°.

Philippus.... Notum facimus, quod cum procurator scabinorum banni dilecti et fidelis nostri archiepiscopi remensis, in curia nostra proponens ad ipsos scabinos spectare judicium de habitatoribus et burgensibus dicti banni, et bonis ipsorum, exceptis certis casibus, si essent notoria (*sic*) vel manifesta, nomine procuratorio requireret...., cum dicti scabini habuissent per arrestum seu judicatum curie nostre restitutionem per quamdam figuram de corpore Remigii Gramaire, quondam burgensis dicti banni, quem contra dictos casus exceptos dictus archiepiscopus ceperat, et tandiu retinuerat, quod idem Remigius mortuus in prisione ejusdem archiepiscopi fuerat, quod bona ipsius Remigii, que dictus archiepiscopus habuerat et tenebat, recrederentur eisdem scabinis, sic et [*sic, sicut?*] dictum corpus recreditum fuerat per figuram, dicens id debere fieri, plures rationes super hoc allegando. Procurator dicti archiepiscopi, nomine procuratorio, plures rationes proposuit ex adverso. Auditis igitur predictis partibus, per arrestum nostre curie dictum fuit, quod dictis scabinis fiat recredentia de bonis predictis, et per eorum manum defuncti predicti heredibus recredantur. In cujus rei.... Actum Parisius, in parlamento nostro, ultima die januari, anno Domini millesimo trecentesimo vicesimo.

CCXXXIV.

Lettres royaux au bailly de Vermandois, pour la closture de derrière l'église Saint-Nichaise.

7 février 1321.

Archiv. de Saint-Nicaise, liass. 13, n° 18.

Philippus Dei gratia Francorum et Navarre rex, baillivo viromandensi, vel ejus locumtenenti, salutem. Cum carissimi domini predecessores nostri, quondam audito quod ex fetoribus et immundiciis, que in quodam loco sito prope monasterium B. Nicasii remensis, qui pretenditur a vico de Saubourt, usque ad vicum S. Nicasii, juxta portam, et ab edificiis ipsius monasterii, usque ad murum antiquum supra fossata ville remensis, existebant, et ex multis enormitatibus que exercebantur ibidem, plura poterant incommoda provenire dicto monasterio, et personis ejusdem, et multa sequi pericula, non solum corporum, sed eciam animarum; religiosis viris abbati, et conventui, predicti monasterii, liberaliter concessissent, quod ipsi religiosi dictum locum possent claudere, sub certo modo in concessionum hujusmodi litteris plenius declarato; et nichilominus scabini remenses clausuram quam dicti religiosi, juxta concessiones super hoc sibi factas, in dicto loco fieri fecerant, diruissent, et ratione dirutionis hujusmodi et clausure, inter dictas partes lis in nostra curia verteretur; nos, dictorum predecessorum nostrorum vestigiis inherentes, attentis predictis incommodis et periculis, que non cessarent si predictus locus remaneret apertus, prout de hiis per relationem dilecti et fidelis nostri Galcheri, comitis Porciany, constabularii Francie, et plurium aliorum fide dignorum, fuimus informati, predictis religiosis concessimus, de gracia speciali, et de plenitudine potestatis nostre, ut ipsi, lite non obstante predicta, quam volumus omnino cessare, locum predictum reclaudere valeant, et clausum tenere, sub conditione et modo qui, in nostris super hoc dictis religiosis concessis litteris, plenius continentur. Quocirca mandamus vobis, quatenus, visis predictis litteris super hoc concessis a nobis, ipsas, juxta sui tenorem, debite faciatis executioni mandari, et dictam graciam inviolabiliter observari. Datum Parisius, in parlamento nostro, septima die februarii, anno Domini millesimo trecentesimo vicesimo.—Chalop.

CCXXXV.

5 mai 1321. [LETTRES du roy aux bonnes villes de Vermandois], pour estre à Paris, à la Saint-Jean, pour donner avis.

Archiv. de l'Hôtel-de-Ville, renseign.

Donné par copie sous le scel Crestien de Jasseignes, sergent dou roy no sire, l'an mil ccc xxi, le xxii.° jour de may.—Jehans sires de Baillenay, chevaliers le roy, garde de la baillie de Vermendois, et Jacques de la Noë, chevaliers, gardes des foires de Champaingne et de Brie, commissaires de par le roy no sire as choses qui s'ensiuent, à Crestien de Jasseignes, et Robert de la Cousture, sergens dou roy no sire en la prévosté de Laon, ou à l'un d'iaus, salut. Les lettres dou roy no sire avons receues, contenans ceste fourme :

6 avril 1321. Philippes par la grâce de Dieu, rois de France et de Navarre, à nos amés et féaus les habitans des bonnes villes de Vermendois, salut et dilection. Comme pour avoir vostre avis et consel, et acort, sur

pluseurs choses touchans le profist commun de nous et de nostre pueple, et le honeur et estat de nostre royaume, nous avons mandé par nos autres lettres, et requis sur li service en quoi vous estez tenus et astrains à nous, que vous soiez à Paris à la quinzainne de ceste prochaine feste de la Nativité saint Jehan-Baptiste, là où nous entendons lors à estre, et nostre consel avecques nous, afin que, en tretant, vous puissiés avoir consel et délibération ensemble; nous vous mandons, et requérons, sur ladicte féalté, que vous approchiés pardevant nostre bailli de Vermendois, et Jacques de la Noë chevalier, maistre de nos foires de Champaingne, au liu et jours que il vous assigneront, ès partiez de ladicte baillie, asquels nous avons commis à vous exposer nostre volonté sur aucunes des choses dessusdictes; et à ce que il vous diront de par nous, obéissiés, et entendés, si curieusement, et en tele manière, que par vous ne deffaille que lesdites besoignes, qui touchent profist commun, ne puissent estre parfaites, par l'ayde de Dieu, et menées à bonne fin. Donné à Paris, le vi^e jour d'avril, l'an de grâce mil ccc et vint.

Par la vertu desquelles lettres nous vous mandons, et commectons, que vous, ou li uns, adjournés à Laon pardevant nous, à ce juedi prochain après la Penthecouste, les habitans des villes de Reins et de Chaalons, à oïr, exposer, faire, et aler avant, sur les choses dont mencions est faite ès lettres dou roy no sire dessusdites, en la fourme et en la manière que il est contenut en icelles lettres, et qu'il appartendra à faire, selonc la teneur et la fourme d'icelles; ce que fait en arés, ou li uns de vous, nous rescrisiés par vos lettres, au plus tost que vous porés, et dites et certefiés as gouverneurs d'icelles villes, que pour oïr, exposer, faire, et aler avant, sur ce qui nous est commis, il eslisent et envoient pardevers nous, asdis liu et jours, trois ou quatre personnes[1] des plus souffisans des habitans, de chascune desdites villes, qui aient pooir pour les habitans d'icelles villes, de faire et aler avant, sur ce que nous leur exposerons des choses à nous commises, si comme desur est dit. Donné sous nos seaus, le mardi v^e jour de may, l'an mil ccc et vint un.

[1] Au verso des lettres du 5 mai, se trouvent les noms de P. de Viledommage, et de J. Gaipin, que nous pensons être les deux notables députés par la ville de Reims.

CCXXXVI.

31 mai 1321. CONCORDIA inter nos [Remigianos], et illos de sancto Nichasio, super justicia de Saubourc; et quod quittavimus eandem justitiam, mediantibus viginti quinque solidis annuis, quos debent nobis, in exitibus domus de S. Leodegario.

<small>Archiv. de Saint-Nicaise, liass. 13, n° 19. — Cart. A de Saint-Remi, p. 202.</small>

Universis.... Philippus permissione divina abbas monasterii S. Nichasii remensis, totusque ejusdem loci conventus, eternam in Domino salutem. Noverint universi, quod cum discordia, seu questionis materia, verteretur coram discreto viro baillivo viromandensi, in assisiis suis, apud Laugdunum, inter nos ex una parte, et religiosos viros abbatem et conventum monasterii S. Remigii remensis, ex altera, super jure proprietatis justicie vici de Saubourc, siti Remis, videlicet super eo quod dicti religiosi S. Remigii dicebant et asserebant omnimodam justiciam, altam et bassam, in dicto vico de Saubourc ad eosdem, et ecclesiam suam, in solidum pertinere, et hoc petebant in dictis assisiis per sententiam declarari, nosque admoveri et repelli a possessione premissorum, que alias in dictis assisiis contra eosdem obtinueramus per arrestum; nobis in contrarium dicentibus et asserentibus, prout in processibus et actis partium super hoc confectis hec et alia plenius continentur; tandem, pro bono pacis et concordie, quam semper desideramus habere cum dictis religiosis, super dicta discordia concordavimus, et transegimus in hunc modum : videlicet quod dicti religiosi S. Remigii liti, et cause, ac omnibus processibus factis et habitis occasione premissorum renuntiaverunt, et ab eisdem destiterunt omnino, recognoscentes ac etiam asserentes omnimodam justiciam, tam altam, quam bassam, in dicto vico de Saubourc ad nos et ecclesiam nostram in solidum pertinere, omne jus, si quod sibi competebat in premissis, in nos et ecclesiam nostram totaliter et in perpetuum transferentes, prout in litteris eorumdem religiosorum, nobis propter hoc traditis, seriosius continetur; et hiis mediantibus, et ex causa pacis et transactionis hujusmodi, nos promisimus, ac etiam promittimus, bona fide, nos reddituros et soluturos singulis annis, imperpetuum, dictis religiosis S. Remigii, et ecclesie sue supradicte, in festo S. Remigii, in capite octobris, viginti quinque. solidos parisienses annui et perpetui redditus, accipiendos, recipiendos, levandos, et habendos, in redditibus.... et proventibus domus nostre de S. Leodegario, ac pertinentiarum ejusdem.... Datum anno Domini millesimo trecentesimo vicesimo primo, die dominica post festum Ascensionis Domini.

CCXXXVII.

Acte par lequel les habitants de Reims établissent divers procureurs, pour débattre leurs intérêts, devant les commissaires nommés le 24 juin 1320.

14 juin 1321.

Archiv. de l'Hôtel-de-Ville, renseign.

A tous ceux.... li eschevin de Reins, salut. Sachent tuit que pardevant nous vinrent en propre personne Henris dis d'Aubilli, Henris dis le Large, Hues li Large dit Blanchars, Joffrois li savetier, Jaques dis li Escos,.... Jesson de Air, Poncinés tailleur de raubes,.... Hues de Besennes.... permentiers,.... Guyos li tournères,.... Gérous le savetiers, Estènes li mégissiés, Buenèles le tailleur de raubes,.... Miracle femme jadis Hue Hurtaut, Hylos femme jadis Jesson Leurier,.... Marie la Cauchonne.... Adeline l'Erarde, Agnès de Bazoches, Aubris li Rois, Marie de Rohais,.... Ponsars li Rois, boulengiers.... Hues li chaucetiers, Bertrans li Grans de Venisse, Hermans li frepiés, Géras ses fiex,.... la femme Liéjart,.... Pierres li Petis téliés,.... Adam li bergiers,.... Jessons Godès cherpentiés,.... Jehans li Sorcetiés cordiés,.... Jehans Crespelés wasteliers,..... Ponsars Briquars couvrères,.... Garins de Leuze frepiés,.... Jessons qui fu filz le maistre queu de Saint-Denise,.... maistre Hugue de Sarnai cordonnier, Thomas tailleur de pierres,.... Gauchiés li natiés de Venisse,.... Baudessons li téliés de Barbastre,.... maître Oysel li savetiers,.... Poncelès li Grans chandeliers,.... Renaus li soyères de planches, Benois li bazeniers,.... Daniel le sargier,.... Drouars li quareliés,.... Jehan d'Andelot fèvre,.... Jehans li Coque tixerans,.... Robins de Bailliex massons [1],.... et pluseurs autres citoyens et habitans dou ban

---

[1] Il y a, outre les noms que nous avons transcrits, 339 autres noms d'hommes et de femmes, de différents états semblables à ceux que nous avons indiqués, ou dont les professions ne sont pas mentionnées.

révérent père en Dieu Mgr l'arcevesque de Reins, faisant la plus sainne et souffisant partie d'iceuls citoyens et habitans, cemons et adjournés, si comme il disoyent, au mardi après la Triniteit, à Reins, à procéder et aler avant pardevant.... Me Hue de la Chariteit arcediacre de Soissons, et Erart d'Alemant consilier le roy..., et commissaire d'iceluy.... Et firent et establirent, tant conjoinctement, con divisément, Hue dit le Large de Coursalin, Raoul dit la Coque, Jehan dit le Large.... Thierri dit Erart, Colart dit de la Foulerie, Rohart le cordonnier, Gille dit Bouche-de-lièvre, et Pierre dit Montfalou, leurs procureurs généraulx et messaiges espéciauls.... En tesmoignage desquelz choses, nous, eschevin dessusdis, à la requeste desdis citoyens et habitans doudit ban, avons les présentes lettres seellées dou seel de l'eschevinaige dessusdit; qui furent faites et gréées à Reins, et données, l'an de grâce mil trois cens vint et un, le jour de la Triniteit nostre Seigneur.

CCXXXVIII.

17 juin 1321. COMMISSION en vertu de laquelle des estaux, que le seigneur archevesque avoit fait faire, furent ostés [1].

Invent. de 1691, fol. 21.— Archiv. de l'Hôtel-de-Ville, renseign.

CCXXXIX.

1321 (entre le 14 et le 19 juin). LETTRE qui est un accord fait devant les commissaires députés [2] pour informer en quelle manière se doivent payer les fraits [du sacre] [3]. Il est dit que ce sont les héritages dans la seigneu-

[1] A la suite de cette commission se trouve, en date de juillet 1321, le rescrit du commissaire délégué par le bailli.

[2] Voir l'acte du 24 juin 1320.

[3] Nous n'avons pu retrouver cette lettre, qui, d'après le passage de Rogier cité plus bas, paraît avoir été la même que celle du 13 mai 1322; le bailli de l'archevêque protestera également, et de la même manière, contre ces deux actes. (Voir la pièce suivante, et les notes de celle du 13 mai 1322.) Dans cette hypothèse, la mort du roi Philippe V aura sans doute fait ajourner la solution des différends nés à l'occasion de son sacre, différends qui se seront compliqués de ceux que devait soulever le sacre du nouveau roi, Charles IV. Voici ce que l'on trouve à ce sujet dans l'exemplaire de Rogier (p. 128, Bibl. Roy., mss. Reims, cart. XI), exemplaire plus étendu, mais moins ancien que celui dont nous avons donné un extrait, à la date du 24 juin 1320:

« Les commissaires [nommés par l'acte du 24 juin 1320] étant à Reims, et aiant fait assembler tous les habitans le vendredi [19 juin], lendemain de la Fête-Dieu 1321, il se trouva de grans inconvéniens à cotiser les bans selon les facultez présentes des habitans; les plus riches du ban qui seroit le plus taxé, pouvant aller sur le ban le moins

rie de l'archevesque de Reims, et à la banlieue, et les chastellenies.

Invent. de 1691, p. 75 v°.

CCXL.

PROTESTATION des officiers de l'archevêque, contre l'accord des trois bans relatif aux frais du sacre.

Vers le 19 juin 1321?

Bibl. Roy., Reims, cart. x; Rogier, p. 128.

Nous, Grégoire de Chaalons, baillis monsieur de Reins, en nom de monsieur, et pour lui, et comme représentant sa personne, et Jehans de Troyon procureur dudit archevesque, par procuration fondés souffisamment pour ledict archevesque, faisons protestation pardevant vous, honorables hommes et saiges monsieur Droué de la Charité, archidiacre de Soissons, et Erart d'Alemant, auditeurs de par le roy no sieur, que chouse que cil des bans monsieur l'archevesque, dou chapitre, et de Saint-Remy accordent entre eaus, ne tourt point en préjudice à monsieur, et que messire ne s'y consent en riens, pour cause des couronnemens; mais contredit tuit comme il puet cedict acourt. Et faisons protestation que ce ne grieve audit archevesque, comme à seigneur du lieu appartient[1]. *Item*, li procureur des chasteleries [et] des villes monsieur, font protestation pour les villes, et pour les chastelleryes, que chouse que cil desdicts bans acourdent entre eaus, ne tourt de riens à préjudice ausdites villes, ni aux chastelleryes; que il

taxé, afin d'être imposé à une somme modique; on proposa un expédient qui fut agréé des habitans des trois bans, et même des comissaires, et l'on fit en même tems un traité par lequel les habitans des bans de l'archevêque, de chapitre, et de Saint-Remi, conviennent que les frais des sacres seront levez sur tous les héritages situez dans le ban et jurisdiction de l'archevêque, eu égard à leur valeur, les meubles et immeubles assis en autres jurisdictions demeurans libres et francs; sur lesquels biens chargés seroit déduit la part que doivent les châtelenies; la contrainte pour le païement réservée à la jurisdiction du roi. Les oficiers de l'archevêque, et les procureurs des châtelenies, craignant quelque surprise, protestèrent contre cet acord; voici les termes de leur protesta-

tions. [Ici se trouve la pièce que nous donnons dans notre texte.]

Sans avoir égard à ces protestations, les comissaires s'en retournant à Paris se chargèrent de faire homologuer ce traité en la cour de parlement; ce qu'ils firent, comme il paroît par une charte de Charles IV, dit le Bel, [donnée le 15 mai 1322.]

[1] Les bases de l'accord contre lequel protestent ici les officiers de l'archevêque, sont les mêmes que celles de l'accord qu'ils ont provoqué avant le 24 juin 1320, sauf la clause dont parle Rogier dans l'extrait précédent; clause qui réserve la contrainte des paiements à la juridiction du roi. Cette différence explique seule l'opposition des gens de l'archevêque.

ne s'y consentent, ne ne l'acordent en riens, comme cil qui sunt prêts de eaus deffendre toutes fois que on les en vourra aprochier, pour cause desdicts couronnemens. Et firent lesdis habitans desdis bans protestation au contraire desdictes protestations, en tant comme elles puellent estre et sont préjudiciauls à euls.

CCXLI.

Septembre 1321.

MEMORATORIUM d'une insulte faite aux eschevins par un habitant de Reims.

Livre Rouge de l'Échev., p. 151.

Ce sont les paroles telles comme Jehans le Gras dit as eschevins de Rains, pour ce que les eschevins avoient fait oster huis et fenestres des maisons ledit Jehan, pour la taille son père : « Signers, vous me volés chacier de la ville, et ci senble que vous me weilliés le mien rober. » Ces paroles furent dites en la pourcession Nostre-Dame, et en moutier, présens grant plantet de bonne gent, liqués c'i asenblarent pour les paroles que il disoit, en l'an M. CCC. et XXI, environ la feste Nostre-Dame en septembre.

Satifacion an fu faiste au grés des eschevins[1].

CCXLII.

10 octobre 1321.

RÉPONSES des bonnes villes aux questions que le roi leur avoit adressées, relativement à l'unité des poids et mesures, et de la monnoie, au retrait du domaine démembré, et à une expédition en Terre Sainte.

Archiv. de l'Hôtel-de-Ville, renseign.

Ce sunt les responses faites à Orlians, landemain de la feste Saint-Denis, l'an M. CCC. XXI, pardavant haus nobles homes et puissans Mgr le conte de Bouleigne, et Mgr de Suylli, commis à icelles ouïr de par très-excellans et redoubté prince, nostre sire le roy de France ; lesquelz responses furent faites par les procureurs des bonnes villes si-dessouz escriptes, en la menière qu'il leur estoit enchargié de tous les gouverneurs et commun desdictes villes. C'est assavoir pour la baillie de Vermendoys : Laon, Rayns, Chaalons, Seissons, Noïon, Saint-Quantin, Chauny, Péronne, Roye, Mondidier et Tournay ; et pour la baillie

[1] Ces derniers mots sont d'une autre main que les précédents, mais de la même époque.

d'Amiens : Amiens, Taroenne, Saint-Omer, Calays, Monterel, Boloigne, Abeville, Araz.

Premièrement à ce qui leur estoit demandez conseil, se ce seroit bon et profitable chose au royaume, et au commun peuple, que il ne corust par tout le royaume que une monoie dou roy, et que toutes autres monoies fussent abatues et deffendues ?

Item, que partout le royaume ne heust que un pois et une mesure ?

Item, se ce seroit bon et profitable chose que ce qui a esté dou demaine dou roy dou temps passé, s'il a esté alliénez, ou mis hors doudit demaine, et estrangez en aucunes personnes, par les prédécesseurs dou roy, qui fust remis et appliquez audit demaine ?

Item, et comme le roy ait volenté et promis d'aler ou saint voaige d'outremer, lequel voaige ne peut estre fait bonnement, se tele monoie n'est faite et ordenée avant toute aure, qui soit bonne et profitable au pays, et au chemin du saint véaige ;

Item, se il estoit trové par conseil, que lesdites choses fussent bonnes et estre faites, comme el ne puissent estre faites bonnement sans granz coutanges, quele aide les bonnes villes voudroient faire au roy pour ladite chose aider à acomplir ?

Respondent lidiz procureurs, qui samble à tout le commun desdictes villes, et au gouverneurs d'icelles, sauve le bon conseil dou roy, que tout considéré et regardé ce que il peuent regarder, tant comme à deux premiers articles, plus profitable chose est et seroit au commun peuple dou royaume que mutation des monoies, des poys, des mesures ne se feist, ainçoys demeurassent en leur estat là où elles sont....; tant sauf se aucun baron, ou autre, fait monoies autres et de autre pois qui ne doit, que li roys les contraigne à faire de poys, et de loy, tel que faire les peuent et doivent par raison.

Item, as alliénacion des demaines, li roys et ses nobles consaux sauront bien regarder se elles sont faites deuement, et sans déceipte, et que elles peussent estre faites ; et se il voient que elles soient ensi faites, si leur plaist, si demeurent en icele menière ; si voient qu'elles soient faites induement...., si soient rapelées et mises au noient, et rajonctes audit demaine.

Item, comme au saint voaige d'outremer, respondent que mout de bonne gent par aventure aront dévocion, quant il pléra au roy, à movoir, aler ouvec ledit seigneur, et à leurs coûls, et mout d'autres qui aler n'i voudront en leurs personnes, de doner dou leur, selon leur faculté, pour faire la salvation de leur âmes.

Item, et à ce que on demandoit aide, quele il pléroit à faire au roy, se li consaus estoit trovez ès gens des bonnes villes que les choses dessusdites fussent bonnes à faire? Respondent lidis procureurs, que quant il samble par le conseil dessusdit, que lesdites choses ne seront mie profitables à faire, il n'est mestiers de demander aide ; ne cil des bonnes villes n'ont mestier que on leur demande à présent aide, quar mout ont esté grevé d'avant cest temps, par guerres, chevaleries, mariaiges et stérilités de temps, et en autres pluseurs menières qùi li roys et ses bons consaus sèvent, et peuent savoir, si leur plaist. Pourquoy supplient humblement au roy lidis procureurs, ou nom des bonnes villes, que il les veille avoir pour escusez de leur petit conseil; quar se meilleur, ou plus profitable, se savoient faire, il le feroient de cuer et de bonne volenté, comme à leur chier et redoutez seigneur.

CCXLIII.

14 novembre 1321.

ROBERT de Courtenai, archevêque de Reims, aiant fait le procès à plusieurs criminels, demande permission au chapitre de faire publier les sentences dans l'église, comme n'y aiant point de jurisdiction.

Extrait du chartrier de l'église. Bibl. Roy., Reims, cart. III.

Robertus miseratione divina remensis archiepiscopus, dilectis filiis J. præposito, P. decano, S. cantori, totique capitulo ecclesiæ remensis, salutem in Domino. Cum nos, authoritate nostra metropolitana, plures processus fecimus, contra quosdam qui nobis, et nostris, cum nuper cameracensem diocesim visitaremus, plures et enormes injurias intulerint; vos, in juris subsidium, requirimus et rogamus, quatenus dictos processus publicetis, seu publicari faciatis, prout in litteris nostris, super hoc confectis, videbitis plenius contineri. Datum sub sigillo nostro, anno M° CCC° XX° I°, die sabbathi, post festum B. Martini hiemale.

CCXLIV.

CONCORDIA inter archiepiscopum remensem...., et abbatem et conventum S. Remigii[1].

17 novembre 1321.

Archiv. du Roy., sect. jud., Accords, cart. 1er.

Philippus Dei gracia Francorum et Navarre rex, universis presentes litteras inspecturis, salutem. Notum facimus quod coram nobis, inter procuratorem dilecti et fidelis nostri archiepiscopi remensis, et procuratorem abbatis et conventus S. Remigii remensis, accordatum extitit in modum qui sequitur :

Il est accordé entre le procureur l'arcevesque de Reins, d'une part, et le procureur de l'abbé et le couvant de Saint-Remi de Reins, d'autre, que dou débat qui est entre lesdites parties, sur la saisine de la justice et de la signorie, de la maison que li vicuens doudit arcevesque tient et demoure ou ban Saint-Remi de Reins, et sur la saisine de la justice de sa maisnie, et des demourans en ladite maison, et sur le débat de panre et de justicier quelque personne que ce soit, forfaisant en ladite maison; que messire Bertrans d'Espinoy, moines de ladite église, et Grégoires de Chaalons, baillis de Reins, enquièrent et s'enfourment diligemment doudit débat, liquel est en la main dou roy, comme d'ampeschement de novelleté, et appellent les parties à ce faire; et ce qu'il en trouveront, et auront trouvé, souffisamment, il déterminent dedans les jours de la baillie de Vermendois dou prochain venant parlement. Et se ainsins estoit que dedans les dis jours et parlement, li dessus nommé n'eussent ledit débat déterminé, il est accordé de par les procureurs desdites parties, qu'il revenront aus jours de la baillie de Vermendois doudit parlement prochain venant, pour aler avant sur le débat de saisine de la justice des choses contencieuses dessusdites, comme sur fais de noviaus troubles et noviaus empeschemens, fais de par lesdis abbé et couvant, en justiçant, et de novel, contre ledit arcevesque.

Datum Parisius, in parlamento nostro, de consensu procuratorum parcium predictarum, die decima septima novembris, anno Domini millesimo trecentesimo vicesimo primo.

[1] Voir l'acte du 11 juillet 1527.

CCXLV.

20 novembre 1321.

Assignaciones dierum in parlamento quod incipit die jovis, in crastino B. Martini yemalis, anno D. M⁰ CCC⁰ XX⁰ 1⁰.

Archiv. du Roy., sect. jud., Accords, regist. 1ᵉʳ.

Inter scabinos de banno archiepiscopi remensis, ex una parte, et guardianum ville laudunensis, qui resumpsit arramenta inter dictos scabinos archiepiscopi, et quosdam scabinos ville laudunensis, in curia nostra pendencia, ex altera; renovata est eorum causa ad M. Droconem de Caritate, et Firminum de Quoquerel, partibus auditis, xx ͣ die novembris.

CCXLVI.

28 novembre 1321.

Arrestum per quod constat, quod denegata fuit archiepiscopo remissio quam petebat coram curia sua temporali, de quadam causa in casu novitatis, mota in parlamento inter scabinos et archiepiscopum, pro quibusdam stallis que fecerat erigi in via publica; et per dictum arrestum dictum fuit, quod dicte cause cognitio in parlamento remaneret.

Livre Blanc de l'Échev., fol. 18 et 20. — Cart. A de l'archev., fol. 122. — Arch. de l'Hôtel-de-Ville, renseign.

Karolus.... Francorum rex et Navarre, universis.... Notum facimus quod in parlamento presenti, xxviii die novembris, vivente domino germano nostro Philippo...., per ipsius curiam prolatum extitit quoddam arrestum, cujus tenor talis est:

Cum procurator scabinorum banni dilecti et fidelis nostri remensis archiepiscopi, conquereretur, nomine procuratorio, quod dictus archiepiscopus quedam stalla in viis publicis remensibus, in prejudicium dictorum scabinorum et reipublice, fieri et erigi fecerat indebite, et de novo, requirens dictus procurator dictorum scabinorum, quod nos faceremus novitatem hujusmodi amoveri; procurator dicti archiepiscopi, nomine procuratorio ipsius, requisivit ut, cum dicti scabini essent in omni casu justiciabiles sui, sibi cause hujus cognitio remitteretur, ad hoc plures raciones allegans; e contrario vero procurator dictorum scabinorum, ad finem quod dicta remissio non fieret, plures proposuit raciones, presertim quod procurator dicti archiepiscopi, nomine procuratorio, se contra requestam dictorum scabinorum, factam super premissis, coram commissario deputato per baillivum viromandensem, cui, vel ejus locumtenenti[1], per litteras nostras mandaveramus ut novitatem predictam in statum debitum faceret reponi, se opposuerat, dicens quod predicta stalla poterat facere, et quod testes, coram commissario predicto productos, ad informandum se de novitate predicta, recipi viderat, et jurare, nec remissionem aliquam sibi fieri petierat coram commissario predicto. Auditis igitur super iis partibus predictis, et visis litteris a dictis scabinis impetratis super dicta novitate, oppositione predicta, et relacione commissarii predicti, per arrestum curie nostre dictum fuit, quod in casu presenti dicta remissio non fiet, et quod cognitio dicte cause in nostra curia remanebit. In cujus... Datum Parisius, in parlamento, nona die januarii, anno D. M° CCC° XX° primo...

CCXLVII.

TRANSACTION entre le chapitre et les échevins, à l'occasion des barrières que le chapitre avoit placées audevant de son cloître, pour en interdire l'accès [1].

26 décembre 1321.

Archiv. de l'Hôtel-de-Ville, juridict., liass. 8, n° 1.

A tous ceus qui ces présentes lettres verront, li prévos, li doyens, li chantres, et tous li chapitres de l'esglise Nostre-Dame de Reins, salut en nostre Seigneur. Sachent tuit, que comme nous eussiens fait metre lices et barres en nostre cloistre, et li eschevin de Reins pour yaus, et pour les habitans dou ban l'arcevesque, s'en dolussent, et deissent que il, et lidit habitant, estoient en saisine et possession, et avoient esté de tel temps qu'il n'est mémoire dou contraire, et mesmement de jours, d'aler et de venir par nostre cloistre, à pié, à cheval, à char et charette, sans empeschement, et que nous les troublieus et empeschiens en leurdite possession et saisine, en metant lesdites lices et barres, par quoi il ne pooient aler et venir par nostre cloistre, à cheval, à char et à charette; nous affermaus le contraire. Et eussent lidit eschevin pour yaus, et pour lesdis habitans, empétré sur ce unes lettres dou roy no seigneur au bailli de Vermendois, qu'il alast au lieu, et appelés cyaus

---

[1] Voir plus haut, à la date du 17 juin 1321.
[1] Il se trouve, portef. G, n° 46, et portef. M, n° 34, une commission au bailli de Vermandois, en date du 22 février 1321, obtenue par les échevins avant cet accord, pour faire cesser cette nouvelleté.

qui feroient à appeler, s'il trouvoit qui fust ainsi, qu'il ostât ledit empeschement; et s'il i avoit opposition, le débat pris en la main dou roy, adjornast lesdictes parties au pallement. Et par la vertu desdites lettres, nous eussiens esté adjorné à comparoir sur ledit lieu; pour bien et pais, nous, et lidit eschevin pour yaus et pour lesdis habitans, sommes venus à pais, et à accort, en la manière qui s'ensieut:

Nous volons, consentons et accordons, que quanques dezdites lices a esté fait, de mestre, et de oster, en nostre cloistre, ne opposition que nous en aions faite, ne tourt à préjudice à nous, ne asdis eschevins et habitans, nostre possession, nostre saisine, nostre propriité, ou temps à venir; ne à nous, ne asdis eschevins et habitans, aide en saisine, possession et propriité. Et volons, consentons et accordons, que quanques de par nous a esté fait dezdites lices et barres metre et oster, et quanques de ce, et pour ce, s'ensuit, et puet ensuir, soit pour non fait, et ainsis comme se onques ne eust esté fait, sans préjudice, ne aide, à l'une partie, ne à l'autre. Et aussis velent et accordent lidit eschevin, que lez lettres qu'il ont, pour yaus et pour lesdis habitans, empétrées dou roy, et tous les procès fais par la vertu d'icelles, pour l'oquison desdites lices et barres, soient pour non fait, et soit tout aussi comme se lidit eschevin n'eussent onques lettres empétrées, ne procès fait pour yaus, et pour lesdis habitans, pour l'oquison desdites lices, sans préjudice, ne aide asdis eschevins, et habitans, ne à nous. En tesmoignage dezqués chozes, nous avons cez présentes lettres seellées de nostre seel; qui furent faites en l'an de grâce mil trois cent vint et un, le jour de Saint-Estène, landemain de Noël.

CCXLVIII.

14 janvier 1322.

LETTRES du roi Charles IV, par lesquelles il mande au seigneur archevêque, et aux bourgeois de Reims, ce qui suit: « Que vous « appareilliez tout ce qui sera et est nécessaire pour la solennité « de notre couronnement et de notre sacre, lequel nous enten- « dons recevoir à Reims, le tiers dymenche de cest prochain « mois de février [1]. »

Archiv. de l'Hôtel-de-Ville, sacre, liass. 3, n° 1.

[1] « Pour en conduire les préparatifs, il envoye MM. de Ver, et de Lor, chevaliers le roy, auxquels il donne tout pouvoir nécessaire. « Une lettre par laquelle le roy donne

CCXLIX.

Vidimus soubz le seel du prévost de Paris [Gilles Haquin], d'une lettre du roy.... par laquelle il mandoit [que l'on fît le moins de frais possible en préparant le sacre, et] que le demourant de son sacre feust délivré aux eschevins.

Livre Blanc de l'Échev., fol. 251 v°.

22 janvier 1322.

Charles.... à nos amez Regnault seigneur de Lor, J. de Villepereur, Adam de Ver, chevaliers, et Baudoin de Roy, salut. Comme pour ordonner et faire l'apareil et la provision de nostre couronnement, nous vous ayons envoié en la ville de Reins, et nous aions entendu, par la complainte des eschevins et des autres habitans,.... que pour faire ladicte provision, laquelle nous voulons que se face au moins de coulz et de fraiz que faire se pourra bonnement, vous estes là à mout grant nombre de gent et de chevaulx, et faictes sur les complaignans grans frais, missions et despens, lesquelz ilz ne pourroient soustenir;.... et que ladicte provision se pourroit faire aussi bien, et mieulx, à moins de cous, considéré le temps à venir de nostre couronnement qui est assez loing pour faire convenablement ladicte provision; si vous mandons et commandons, que vous vous restraigniez le plus que vous pourrez de chevaulx et de gens...; et ladicte provision, et les autres choses qui à faire seront, faictes ordenéement, sans nul gast, au moins de coustz, de mises et de despens que vous pourrez; et faictes les choses garder et administrer par gens bonnes et loyaulx, par quoy nul gast n'en puist estre fait; mesmement, car nostre entente est, [et?] voulons, que tout ce qui y sera de demourant après nostre couronnement, soit délivré aux dessusdiz eschevins, et converti en leur prouffit. Donné à Paris, soubz le seel duquel nous usions avant que lesdiz royaumes venissent à nous, le xxii° jour de janvier, l'an m. ccc. xxi.

avis de plusieurs victoires qu'il a remporté sur les Anglois, et qu'il vient à Reims pour y être sacré.

« Une autre lettre qu'il vient à Reims pour y estre sacré, et se plaint qu'on ne luy a pas fait responce à la lettre qu'il avoit desjà envoyé pour le mesme sujet.

« Il donne avis de la réduction de plusieurs places, et qu'il retourne à Sens.

« Autre lettre d'avis qu'il viendra bientost, et qu'il a esté arresté par la prise de plusieurs places.

« Autre lettre d'avis qu'il est sorti de Sens, sur l'avis que les ennemis vouloient l'y enfermer, et qu'il s'est retiré à Montargis. »

Inventaire de 1691, fol. 77.

CCL.

30 janvier
1322.

UNG arrest donné de parlement...., comment le seel de l'eschevinage de Reins est autentiques; et fu contre la ville de Noyon.

Livre Blanc de l'Échev., fol. 7 v°. — Archiv. du Roy., sect. jud. Jugés, reg. 1, fol. 168 recto.

Karolus Dei gracia Francorum et Navarre rex, universis..... Notum facimus quod orta controversia coram preposito nostro forensi de Compendio, inter Gerardum Triquète, et Terrinum Mouton de Reins, ex una parte, et procuratorem communitatis ville noviomensis, ex altera, super eo quod, cum predicti Gerardus Triquète, et Terrinus Mouton peterent, quod quedam bona burgensium et tailliabilium dicte comunitatis noviomensis, posita ad manum dicti prepositi, ad instanciam ipsorum explectarentur, et executioni mandarentur, pro solucione et satisfaccione cujusdam debiti LX librarum parisiensium, donati et transportati ipsis, et in ipsos, per magistrum Hugonem Goussencourt, canonicum remensem, quod sibi debebatur per homines communitatis predicte noviomensis, propter hoc quod dicti homines cessaverant per tres annos in solucione cujusdam annui redditus viginti librarum parisiensium, debiti per homines communitatis predicte noviomensis, dicto magistro Hugoni, prout de donacione et transporto predicto dicebant constare, per quasdam litteras sigillo scabinatus remensis sigillatas, quas ipsi dicto preposito exhibuerunt, una cum principalibus litteris dicti annui redditus viginti librarum parisiensium, sigillatis sigillo communitatis predicte noviomensis, per quas dicebatur apparere quod habitantes, burgenses et tailliabiles dicte ville noviomensis, nomine dicte communitatis, promiserant et juraverant se soluturos dictas viginti libras parisienses dicto magistro H., vel ejus certo mandato, quolibet anno, in dominica qua cantatur: *Letare Jherusalem;* et ad hoc bona sua omnia obligaverant, et quod possent, propter hoc, capi et distrahi ubicumque essent; quare petebant et dicebant bona dictorum burgensium, et tailliabilium dicte communitatis, ad manum dicti prepositi, ad ipsorum instanciam, apposita, executioni per dictum prepositum demandari, usque ad satisfaccionem dictarum LX librarum; et hoc fieri debere asserebant, tam virtute litterarum dicte donacionis et transporti, quam virtute litterarum principalium dicti annui redditus. Procuratore dicte communitatis noviomensis, nomine procuratorio, in contrarium asserente, et dicente, predicta fieri non debere per plures raciones, et inter cetera pro eo quod littera predictorum donacionis et transporti, etsi sigillata esset sigillo scabinatus remensis, quod tamen non confitebatur, dicebat quod non faciebat fidem ad plenum, propter quod admitti non debebant ad predicta petita. Dictis G. Triquète et Terrino Mouton, in contrarium replicantibus, et asserentibus sigillum predicti scabinatus remensis esse sigillum autenticum. Quibus ad plenum auditis per dictum prepositum, et petentibus cum instancia sibi jus dici et fieri super predictis, idem prepositus pronunciavit per suum judicium quod, non obstantibus propositis per procuratorem communitatis predicte noviomensis, dicta bona ad manum suam posita, pro satisfaccione dicti debeti LX librarum parisiensium, execucioni demandabuntur, juxta peticionem predictorum Gerardi et Terrini. A quo judicato, tanquam a falso et pravo, dictus procurator, nomine quo supra, ad nostram curiam appellavit. Igitur partibus predictis vocatis ad predictam curiam nostram, in causa appellacionis predicte, et auditis, et dicto processu viso et diligenter examinato, per curie nostre judicium dictum fuit predictum prepositum bene judicasse, et dictum procuratorem communitatis dicte noviomensis male appellasse, et quod ipse hoc emendabit. In cujus rei, etc.... Datum Parisius, in parlamento nostro, die penultima januarii, anno Domini millesimo ccc° vicesimo primo. *Ainsi signé : Chalop,* extractum de registris per judicium curie.

CCLI.

SENTENCE donnée....., par l'official de Reins, faisant au scel des eschevins estre autentique. 16 février 1322.

Livre Blanc de l'Hôtel-de-Ville, fol. 8 v°.

Universis presentes litteras inspecturis, officiales remenses in Domino salutem. Cum Perardus de Tribus Putheis, civis remensis, actor, Johannam dictam Ruffam pullariam, relictam Thommaseti quondam pullarii, ream, coram nobis, auctoritate ordinaria, traxisset in causam, dictus actor contra dictam ream peticionem suam edidit; in qua quidem peticione, dictus actor proposuit et asseruit, quod Oudinus dictus le Bues, aliter dictus Corfaus, tenebatur eidem actori efficaciter obligatus in novem libris parisiensibus, per litteras curie remensis, et ex causis in eisdem expressis, et quod pro dicto debito persolvando dictus Oudinus assignaverat dictum Oudinum [*sic*, Perardum?] creditorem ad omnia bona sua mobilia et immobilia, presencia et futura, et quod dictus Oudinus pro dicto debito fuerat et erat monitus auctoritate curie remensis, et excommunicatus; et sic tam de jure quam de usu et consuetudine civitatis remensis sufficienter excussus; quodque dicta rea tenebat et possidebat quasdam terras arabiles sitas in territorio de Ulmis, que fuerunt in bonis et de bonis dicti Oudini, et de assignamento dicti actoris tempore obligacionis predicte, petens dictus actor dictam ream sibi condampnari ad hoc quod dicta rea dictas terras, seu hereditagia, dicto actori.... relinquat, tanquam assignamentum suum, per dictum actorem tenendum et possidendum, quousque eidem actori de dicto debito esset.... plenarie satisfactum, *et cetera*, prout in dicta peticione continetur, que peticio sic incipit : Coram vobis, domini officiales... etc., etc.

Lite igitur super contentis in dicta peticione, ex parte dicte ree, legitime contestata, jurato a dictis partibus de calumpnia in dicta causa, ut decuit, posicionibus ex parte dicti actoris contra dictam ream in dicta causa factis, et responsionibus dicte ree ad eas subsequutis, testibus ex parte dicti actoris ad probandum intencionem suam contra dictam ream in dicta causa productis, juratis, auditis et diligenter examinatis, quibusdem instrumentis, ex parte dicti actoris, contra dictam ream, in modum probacionis exhibitis, quodem facto ex parte dicte ree, contra dictum actorem, in dicta causa peremptorie proponito [*sic*], in quo inter cetera dicta rea proposuit quod dicta peticio non procedebat, nec valebat, nec dicta rea poterat, nec debebat condempnari seu compelli ad ea que in dicta peticione continentur, tam de jure, quam de usu et consuetudine curie et civitatis remensium notoriis et antiquis, pro eo quod in dicta obligacione erant quidem alii correi debitores cum dicto Oudino, qui non erant pro dicto debito excussi, *et cetera*. Et ex parte dicti actoris, litem contestando, [quodam facto?] negato, quodam eciam alio facto, ex parte dicti actoris contra dictam ream, et ejus factum predictum, replicando, proposito, et ex parte dictam ream [*sic,* dicte ree?] litem contestando, negato, posicionibus super dictis hinc inde factis, et responsionibus hinc inde ad eas subsecutis, testibus a dictis partibus ad probandum intencionem suam super hinc inde propositis in dicta causa productis, juratis, audictis, et diligenter examinatis, eorum deposicionibus in scriptis redactis, et etiam publicatis; quodem etiam alio facto ex parte dicte ree peremptorio proposito, videlicet quod dictus actor erat filius familias, nec habebat personam standi in judicio, sine auctoritate patris sui; et contra dictum factum ex parte dicti actoris proponito quod ipse erat competenter emencipatus, et extra patriam potestatem positus coram scabinis remensibus, quodem eciam instrumento sub sigillo scabinatus remensis exhibito ad probandum intencionem suam; ipsis instrumentis in scriptis redactis, et eciam publicatis, concessa facultate dictis partibus hinc inde dicendi in testes, et instrumenta predicta, dieque assignata dictis partibus Remis peremptorie, coram nobis, nedum semel, sed pluries, et ad plures et diversos dies, et demum ad feriam terciam post dominicam qua cantatur: *Exurge,* ad audiendum jus sive judicium in causa predicta, prout hec et alia in actis et in munitis [*sic,* instrumentis?] super hoc confectis plenius continentur. Comparentibus igitur dictis partibus in jure coram nobis, videlicet dicto Perardo personaliter ex una parte, et dicta Johanna per ejus procuratorem ex altera, et jus, judicium, seu sentenciam nostram diffinitivam a nobis, cum instancia ferri petentibus: nos cognito de meritis hujusmodi cause, visis et diligenter inspectis actis ejusdem cause, consideratis et attentis premissis, et quibusdem aliis que nos in hac parte moverunt, et de jure movere potuerunt et debuerunt, bonorum et jurisperitorum communicato consilio, ream ab instancia cause seu judicio absolvimus, reservato actori jure agendi contra ipsam ream, prius excussis aliis correis debendi, in littera obligatoria contentis, cum dicto Oudino, quem asseruit dictus actor fuisse dominum bonorum que prosequitur, tanquam sibi obligatur [*sic,* obligata?], et que dicit dictam ream possidere; ipsum actorem in expensis peticionis et contentorum in eadem, usque ad primum factum propositum ex parte ree, necnon in expensis dicti facti peremptorii et prosecucione [*sic,* prosecutionis?] ejusdem condempnemus; ipsam ream in expensis primi facti peremptorii propositi ex parte ipsius, et dependentibus ex eodem, *item*, in expensis facti peremptorii propositi, videlicet quod dictus actor erat filius familias, usque in finem litis, condempnantes. In cujus rei, etc.... Datum anno Domini millesimo ccc vicesimo primo, feria tertia post dominicam qua cantatur : *Exurge,* supra dicta, per magistrum Guidonem de Calvomonte, officialem, ex relacione Johannis de Quercu, clerici apparitoris curie.

CCLII.

3 avril 1322.

COMMISSION du roi Charles IV, qui maintient les échevins dans le droit et la possession d'un passage sur certain pré où ils avaient droit de chasse.

<small>Archiv. de l'Hôtel-de-Ville, cat. de Noël, cart. 22, liass. 1.</small>

CCLIII.

17 avril 1322.

DÉCLARATION de la Cour des comptes, relative aux frais des sacres, et enquête ordonnée pour savoir ce que les bourgeois de Reims doivent, et devront, à ce sujet, aux métiers du roy.

<small>Bibl. Roy., Reims, cart. xi, feuille volante.</small>

Le faict du couronnement est tel : *Premièrement,* que du tems Mgr Saint-Louis et du roy Ph. son fils, l'en treuve que l'arcevesque de Reins paie les despens de bouche du roy, de la royne, de leurs gens, ce qui estoit despendu la voille et le jour, et les coustemens que les choses despendues oudit temps coustoient à mener à Reins ; et ne treuve l'en pas que les loges faits pour menger ausdis courounemens fussent prises sur l'arcevêque, mès sur le roy. Mès du tems du roy Philippes, père du roy nostre seigneur, qui ores est, treuve l'en bien que les loges qui furent faites à son couronnement, après la feste furent vendues ; et ce qu'elles furent vendues moins qu'elles n'avoient cousté, en mairien et en façon, fut pris sur ledit arcevesque, avecque les autres despens de bouche, et non autres choses.

L'acort de nos seigneurs fu tel, que l'en manderoit que l'en ne contrainsit pas l'arcevesque, ne ceux de Reins, à paier les droits que les mestiers du roy demandent pour les couronnemens du roy Loys, du roy Ph. son frère, et du roy nostre seigneur qui ores est, et que l'en parleroit au roy, et à Mgr de Valois, comment ils voulsissent ordener certaines personnes qui veissent les écrits des couronnemens anciens, afin que, par leur raport, le roy fût avisié de faire certaine ordenance, et de déclarer quelles choses l'arcevesque et lesdis bourgeois païeront pour les couronnemens passés et à venir, et quiex drois les mestiers le roy prendront, tant pour les couronnemens passez, comme pour ceux à venir. Et fu l'ordenance faicte en lettre scellée du scel le roy, à perpétuel mémoire. Les présens audict acort furent l'évêque de Viviers, l'évesque d'Arras, Mgr le connétable de France, Mgr Gauchiers son fils, Mgr Mahi de Trie, etc., etc. Le XVII avril M. CCC. XXII.

Extrait du registre des Mémoriaux de la chambre des comptes.

CCLIV.

VIDIMUS [donné l'an 1328], soubz le seel de la prévosté de Paris, de certaines lettres royaulx...., par lesquelles le roy mandoit à ses maistres d'ostelz, qu'ilz délivrassent aux eschevins les demourans de son sacre. 19 avril 1322.

Livre Blanc de l'Echev. fol. 236.

Karolus.... dilectis Rogoni du Fay, et Ade de Ver, militibus, ceterisque magistris hospicii. Cum vos, panetarius, et ceteri officiales hospicii, assereretis coram nobis residua garnisionum expensarum coronacionis nostre, in vigilia et die coronacionis ejusdem, et quedam alia jura super scabinos, cives et habitatores villarum archiepiscopatus, habere debere.... etc., etc.

Le roi s'étant informé de la coutume, défend aux gens de son hôtel d'exiger de semblables droits, ni de molester en rien les échevins sur ce point, sinon : *faciemus vobis quod fuerit rationis.*

CCLV.

PROCURATION pour pluseurs des habitans de la prévosté de Mons-sur-Courville, donnée soubz le seel de Mgr Robert, arcevesque, pour faire compromis et accords avecques toutes personnes quelzconques [1]. 9 mai 1322.

Livre Blanc de l'Éch., fol. 254.

---

[1] Dans le Livre Blanc de l'échevin., fol. 255-258, se trouvent des procurations semblables pour les habitants *de la prévosté de Chaumuisy*, pour ceux *de la chastellenie de Cormicy* et *de la chastellenie de Sept-Saulx*, la plupart datées du jour de la Saint-Nicolas d'été.

Universis.... Robertus archiepiscopus. Notum facimus quod coram Guioto dicto Paquet, preposito castellanie de Curvilla et de Montibus..., commissario a nobis super hoc deputato, vicesque nostras in hac parte gerente, propter hoc, personnaliter constitutis...', homines dicte castellanie, totaque communitas ejusdem castellanie, seu major et sanior pars ejusdem communitatis, pro se et communitate predicta, Guiotum de Montibus, et Gouffier de Curvilla...., constituerunt procuratores suos..., ad faciendum compromissa, concordias, et conventiones...., presertim cum scabinis, super expensas coronationum...., in perpetuum.... In cujus rei testimonium, ad relationem dicti proposti, cui in hiis fidem plenariam adhibemus.... Anno M. CCC. XXII, mense maio.

CCLVI.

11 mai 1322.

[PREMIÈRE] procuration des eschevins de Reins...., pour traicter et appointer avec les habitans et communaulté des villes et chastelenies de Monseigneur de Reins, touchant les frais des sacres....

Livre Blanc de l'Échev., fol. 252. — Archiv. de l'Hôtel-de-Ville, renseign. — Bibl. Roy., Invent. des sacres de Foulquart, fol. 29 recto.

A tous ceulz qui ces présentes lettres..., li eschevin du ban de R. père en Dieu Mgr l'arcevesque de Reins, salut en nostre Seigneur. Sachent tuit que nous, pour nous, et pour tous les bourgois dudit ban, faisons, avons fait et establi Jehan dit Quarreit, Jehan dit Gaipin, Thomas dit de Rohais, et Mile dit le Blanc, procureurs et messagés espéciaulx, et chascun d'iaux pour le tout, conjoinctement et divisément, à faire compromis, concordes, convenances et pactions quelconques as hommes, as communautez et aux habitans des villes et des chastelleries ledit R. père en Dieu...., sur les despens faiz et à faire pour l'ocquison des couronnemens de très-excellent prince le roy de France no seigneur qui ores est, et de ses devanciers, et de ceulx qui après lui seront...., perpétuelment; et promettons, et chascun de nous par la foy de noz corps, à tenir et garder fermement à tousjours tout ce qui par lesdiz procureurs, et chascun d'iaus, et par celui qu'il esliront à

' Ici une centaine de noms propres des habitants de la châtellenie.

arbitre compromissaire, ou amiable concordeur, sera procuré, fait, dit, accordé, prononcié et besoingné ; et obligions pour yce, à tous ceulx à cui il appartient et pourra appartenir, nous, et chascun de nous, et tous noz successeurs quelzconques, sur l'obligacion de tous noz biens non meubles, et héritaiges, présens et à venir.... en la terre, jurisdiction et banliue dudit R. père.... ; et renonçons à toutes excepcions quelconques, de droit et de fait, qui contre les choses dessusdites aidier nous pourroient, et grever à autruy. En tesmoing desquelles choses nous avons seellées ces présentes lettres du seel de l'eschevinage de Reins, lesquelles furent faites l'an.... mil ccc xxii, le mardy après la feste Saint-Nicolas, ou mois de may.

CCLVII.

MANDATUM regis, de quibusdam malefactoribus capiendis. 11 mai 1322.

Arch. du Roy., sect. jud. Criminel, reg. III, fol. 220 recto.

Karolus, *et cetera,* universis.... Notum facimus, quod nos litteras carissimi domini et germani nostri, regis quondam, Philippi, vidimus in hec verba :

Philippus *et cetera,* universis.... Notum facimus, quod ad nostram accedens presenciam Guerinus de Berono, dilectus valletus noster, et Guiotus de Germiniaco, cives et apothecarii parisienses, ac Baudeçonus Gauvain, civis remensis, nobis significare curaverunt, quod Petrus et Jensonus dictus Geraust, ac plures alii eorum complices in hac parte, nuper, Dei timore postposito, sueque salutis immemores, Garinum de Germiniaco, fratrem quondam dicti Guioti, consanguineumque dictorum Guerini et Bazdeçonni, prodicionaliter occiderunt, eisdem et eorum cuilibet capiendi malefactores predictos, et eos in prisiones nostras ponendi, ut de malefactoribus ipsis cicius debita justicia fieri debeat, tenore presentis concedimus facultatem. Ista littera extitit confirmata, hoc adjecto, quod prenominati Guerinus, Guiotus et Bazdeçonnus, in capiendis dictis malefactoribus, unum aut plures de servientibus nostris, de balliviis aut preposituris in quibus malefactores ipsi reperirentur, secum teneantur habere. Data hujusmodi confirmacionis talis est : Datum in abbacia Frigidimontis, die undecima maii, anno vicesimo secundo. Per dominum regem, J. de Templo.

CCLVIII.

16 mai 1322.
[SECONDE] procuration des habitans du ban de l'archevesque de Reims qui y tiennent héritaiges, ou en la banlieue, seelées du seel de l'eschevinage dudit Reims, dattées du dimanche devant l'Ascension notre Seigneur, au mois de may l'an M. CCC. XXII, pour besongner comme les précédentes [du 11 mai 1322].

Bibl. Roy., mss., suppl. franç., 1515-2. Inv. des sacres de Foulquart, fol. 29 v°.

CCLIX.

13 [17?] mai 1322.
LETTRE du roy...., par manière de chartre, donné au moys de may, l'an M. CCC. XXII., contenant que tous ceulx qui avoient héritaiges en la banlieue et justice de Reins, contribueroient aux frais et despens des sacres des roys.

Archiv. de l'Hôtel-de-Ville, sacre, liasse 3, n° 3. — Livre Blanc de l'Échev., fol. 234. — Livre Rouge du chap., fol. 139 v°. — Archiv. de Saint-Remi, liass. 2, n° 3. — Bergier, Bouquet royal, fol. 83. — Archiv. du Roy., sect. jud., Accords, cart. I.

Carolus Dei gratia Francie et Navarre rex, notum facimus universis, tam presentibus, quam futuris, quod cum inter scabinos, juratos et habitatores, tam banni dilecti et fidelis nostri archiepiscopi remensis, et habitatores bannorum majoris ecclesie, decani et capituli, ac monasterii S. Remigii, ratione expensarum coronationum dominorum et germanorum nostrorum Ludovici et Philippi, quondam dictorum regnorum regum, contentio verteretur; constitutis in curia nostra predictorum scabinorum, juratorum et habitatorum banni dicti archiepiscopi, ex una parte, et habitatorum banni dictorum decani et capituli, ex alia parte, necnon et habitatorum banni predicti monasterii S. Remigii remensis ex altera, procuratoribus, ad infra scripta in ipsa curia nostra sufficienter fundatis, prefati procuratores, nomine procuratorio dominorum suorum, et pro ipsis, pro bono pacis, et ut ab omni litigio recedatur, inter se unanimiter et concorditer ordinaverunt, etc., inter ipsos, in ipsa curia nostra, nominibus quibus supra, in quantum duntaxat partes ipsas tangit, et tangere potest, actum, conventum et concordatum extitit, in hunc modum : videlicet, quod expense corona-

DE LA VILLE DE REIMS.

tionum predictorum dominorum et germanorum nostrorum, et nostre, necnon et aliorum regum Francie successorum nostrorum, in et super omnibus et singulis hereditagiis dictarum partium, in banno, banleuca, villa, et justitia remensis hujus archiepiscopi situatis et existentibus duntaxat, exigentur, nunc et in perpetuum percipientur, et levabuntur, pro proportione ipsorum quodlibet contingente dictorum hereditagiorum, cujuslibet [hereditagii] facultate considerata et attenta, aliis bonis ipsarum partium, mobilibus et immobilibus, quibuscumque a contributione et solutione dictarum expensarum factarum, et in posterum faciendarum, ratione dictarum coronationum, liberis remanentibus perpetuo, et quittis omnino; eisdem inde deducendo summam quam habitatores castellaniarum et villarum ipsius archiepiscopi, seu alii quicumque in predicto banno dicti archiepiscopi hereditagia possidentes, vel qui alias, pro predictis expensis, ad contribuendum tenerentur, ratione hereditagiorum suorum, pro portione ipsorum quemlibet contingente solvere tenebuntur, occasione coronationum predictarum, et aliarum in posterum faciendarum. Et ad ejusmodi expensas solvendas, pro tempore preterito, et in futurum, pro portione ipsorum quemlibet contingente, hereditagia sua predicta, in banno, villa, et justitia remensi ipsius archiepiscopi, et in banleuca remensi situata duntaxat, nominibus quibus supra, affecerunt, astrinxerunt, oneraverunt et realiter obligarunt, et ad hoc astricta, affecta et onerata voluerunt et volunt, et realiter obligata; ipsaque, ad hoc, nostre jurisdictioni et coercitioni totaliter supponendo[1]. *Item,* actum et concordatum extitit inter dictas partes, quod qui dictorum hereditagiorum plus seu majorem summam, ratione dictarum expensarum solverint, facultate hereditagiorum suorum, in dictis locis sitorum,

---

[1] Cette clause n'était pas de nature à satisfaire les gens de l'archevêque, et ils crurent devoir protester contre l'accord du 13 mai 1322, ainsi qu'ils l'avaient fait précédemment contre celui de 1321 (voir plus haut, l'acte dressé vers le 19 juin 1321); c'est ce que prouve la note suivante extraite des Arch. du Roy., sect. judic., registre 1er des accords, fol. 94 recto.

« L'an ccc xxii, le samedi devant l'Ascension [15 mai], fist par devant nous, présidenz de la court, le procureur de l'arcevesque de Rains, expresse protestation que contribution qui soit faite et acordée entre le ban Saint-Remi de Rains, le ban de chapitre, ne le ban doudit arcevesque, des despens des coronnemens des roys de France, ne face préjudice audit arcevesque, ne à la perrie, ne à la juridicion d'icelui. »

considerata et attenta, illud plus ab aliis restituetur eisdem; et qui minus, seu minorem summam, occasione predicta solverint, ad solvendum residuum, juxta facultatem dictorum hereditagiorum suorum, in dictis locis existencium, compellentur; alii vero dictorum habitatorum, hereditagia in locis predictis tenentes et habentes, qui dictis expensis non contribuerunt, et aliquod pro ipsis non solverunt, expensis ipsis contribuere, et ipsas, pro portione ipsorum quemlibet contingente, juxta facultatem dictorum hereditagiorum suorum in dictis locis existencium, solvere tenebuntur. *Item*, aliis habitatoribus, hereditagia in dictis locis non habentibus, qui expensis contribuerunt predictis, summa per ipsos, ea occasione persoluta, restituetur ab aliis habitatoribus hereditagia habentibus, ut est dictum. Nos autem premissa omnia et singula, prout superius sunt expressa, in quantum ipsas partes duntaxat tangit et tangere potest, ad procuratorum predictorum humilem supplicationem, volumus, laudamus, approbamus, et authoritate nostra regia, tenore presentium, confirmamus, salvo in omnibus jure nostro, et successorum nostrorum, tam in possessione quam in proprietate, et quolibet alieno. Quod ut firmum et stabile maneat in futurum, presentibus litteris nostrum fecimus apponi sigillum. Datum Parisius, anno Domini millesimo trecentesimo vigesimo secundo, mense maio[1].

CCLX.

18 mai 1322.

QUITTANCE soubz le seel de l'arcediaconé de Reins, par laquelle pluseurz des habitans[2] quictèrent les eschevins de tout ce qu'ilz avoient trop payé des frais du sacre, et plus qu'ilz n'en devoient à cause de leurs héritages. Donné le mardi devant l'Assention, l'an M. CCC. XXII.

Livre Blanc de l'Échev., fol. 253.

[1] La date précise de cet accord n'est indiquée nulle part, sinon dans une copie moderne, faite par M. de Perthes (copie qui nous appartient), et en marge de laquelle se trouvent ces mots : 13 mai 1322; l'acte transcrit dans la note précédente pourrait faire présumer que celui-ci est antérieur au 15 mai, et confirmerait ainsi, en partie, la date que fournit la copie de M. de Perthes. Mais la procuration du 16 et la quittance du 18 mai nous semblent démontrer que notre accord a été conclu le 17 du même mois.

[2] Ces habitants appartiennent à l'échevinage. Leurs noms remplit une feuille du manuscrit. Il est d'ailleurs stipulé, dans l'acte, que leur quittance n'établit aucun précédent contre les bourgeois du chapitre.

CCLXI.

Confirmatio Karoli regis pro clausura [S. Nichasii]; *ou ad-* 1322 [avant le 22 mai].
mortissement de la charte de Philippe [V].... pour la closture
de derrière l'église de Saint-Nichaise; portant adjonction aussi,
pour les bastimenz faictz au-dessoubz d'icelle closture.

<small>Archiv. du Roy., Trésor des Chartes.—Archiv. de Saint-Nicaise, liass. 13, n° 21.</small>

Karolus Dei gracia Francorum et Navarre rex, notum facimus universis, tam presentibus quam futuris, nos inclite recordationis domini quondam germani nostri regis Philippi vidisse litteras, formam que sequitur continentes [1]....

Nos autem premissa omnia et singula, rata et grata habentes, ea volumus, laudamus, approbamus, et tenore presencium auctoritate regia confirmamus, adjicientes, ac eisdem religiosis de speciali gracia concedentes, quod edificia que fecerunt postmodum infra dictam clausuram, remaneant, eisque liceat muros dicte civitatis infra clausure terminos existentes, ad sustentationem et meliorationem, facere, quando voluerint, operiri. Que ut perpetue robur, etc. Actum apud Asnerias, anno Domini millesimo trecentesimo vicesimo secundo, mense maio.

CCLXII.

Commissio regis constabulario Francie, et quibusdam aliis, ut 22 mai 1322. compensationem, pro clausura conventus S. Nicasii, faciant scabinis per Nicasianos impendi.

<small>Archiv. du Roy., Trésor des Chartes.—Archiv. de Saint-Nicaise, liass. 13, n°ˢ 22 et 25.</small>

Karolus Dei gracia Francie et Navarre rex, dilectis et fidelibus nostris constabulario Francie, abbati S. Remigii, ac magistro Guillelmo de Voys, canonico remensi, salutem. Cum pridem carissimus dominus germanus noster rex Philippus, voluerit clausuram et edificia de quibus lis pendebat inter abbatem et conventum S. Nichasii remensis, ex parte una, et scabinos ac cives banni archiepiscopi remensis ex altera, perpetuo remanere prout tunc erant, et usque ad civitatis remensis fortalicia protendebantur, non obstante lite predicta, quam

---

[1] Ici se trouvent incorporées les lettres de janvier 1320.

predictus dominus noster ex certa sciencia, de sue plenitudine potestatis, cessare voluit, et omnes processus habitos in eadem, super hoc eisdem civibus perpetuum imponendo silencium, eis salvo, quod de suo, quantum ad hoc, interesse, eundi, agendi, de quo sufficienter liquebit, ab eisdem religiosis, arbitrio predicti domini nostri, competentem compositionem haberent, prout in inde confectis ipsius domini nostri litteris, et nostris earum confirmatoriis, videre poteritis, latius contineri; vobis committimus quatinus vos, aut duo vestrum, vocatis partibus, et aliis evocandis, loca subicientes occulis, et pensatis circumstanciis universis, de dicto interesse vos fideliter informantes, faciatis inde compensationem dictis scabinis et civibus, per eosdem religiosos, sufficientem impendi; vel, si magis expedire videritis, vestram quam inde feceritis informationem, sub vestris clausam sigillis, nobis quamcicius poteritis remittatis, ut super hoc quod rationabile fuerit, arbitremur. Damus autem omnibus justiciariis, et subditis nostris, tenore presencium, in mandatis, ut in hiis, et ea tangentibus, vobis, aut duobus vestrum, efficaciter pareant et intendant. Datum apud Asnerias, vicesima secunda die maii, anno Domini millesimo trecentesimo vicesimo secundo.

CCLXIII.

25 mai 1322. LETTRES de Robert, arcevesque de Reins...., [seelées en lacs de soye vermeille et cire jaune, de son seel oblong, dattées du dimanche après l'Ascension, xxv de mai, l'an M. CCC. XXII.][1], par lesquelles appert que ledit arcevesque appointa, du consentement des eschevins, et aussy des chastelleries, que les habitans de Reins qui avoient héritage esdites chastelleries contribueroient aux frais des sacres, et que pareillement ceulx desdites chastelleries y contribueroient.

Archiv. de l'Hôtel-de-Ville, Sacres, liass. 3, n° 2. — Livre Blanc de l'Échev., fol. 241 v°.

Universis presentes litteras inspecturis, Robertus miseracione divina

[1] Ces mots sont empruntés à l'inventaire des sacres dressé par Foulquart, Bibl. Roy., manusc. franç. suppl., 1515-2, fol. 24.

remensis archiepiscopus, salutem in Domino. Notum facimus quod cum inter homines et habitatores castellaniarum, prepositurarum, et villarum nostrarum de Attigniaco, de Betignivilla, de Cormissiaco, de Septem-Salicibus, de Curvilla, de Chamisiaco et de Nogento, et aliarum villarum dictis castellaniis et preposituris adjacencium, exceptis dictarum villarum adjacencium aliquibus, que cum prenominatis castellaniis, preposituris, et villis non consueverunt contribuere in expensis coronacionum, ex una parte; civesque et habitatores banni nostri remensis, necnon bannorum capituli ecclesie nostre, ac S. Remigii remensis, tenentes et possidentes hereditagia, seu bona immobilia in civitate et banleuca remensibus, in jurisdictione et domanio nostris, ex altera; super expensis factis et faciendis occasione coronacionum excellentissimi principis domini regis Francie qui nunc est, et ejus predecessorum, ac eciam successorum suorum in perpetuum, discordia mota esset; illis de dictis castellaniis, et prepositufis, et villis, asserentibus se non teneri, nisi ad septimam partem dictarum expensarum duntaxat; aliis de dictis bannis remensibus in contrarium dicentibus, predictos.... ad multo majorem porcionem teneri. Tandem super dicta discordia, et eam tangentibus, procuratores dictarum parcium ad hoc plenariam potestatem et speciale mandatum, nomine procuratorio, pro eisdem habentes, compromiserunt in nos, tanquam in arbitrum arbitratorem, seu amicabilem compositorem, consenseruntque et voluerunt quod in negocio hujusmodi possimus procedere, et eciam diffinire, diebus feriatis et non feriatis, de alto et basso, sine strepitu et figura judicii, promittentes per fidem suam, et sub obligacione omnium bonorum suorum immobilium, presencium et futurorum, in nostris jurisdictione et domanio temporali existencium, se tenere et inviolabiliter observare quicquid per nos super dicta discordia et eam tangentibus fuerit arbitratum, sentenciatum, pronunciatum, seu eciam ordinatum; nos autem pacem et tranquillitatem dictarum parcium affectantes, onus hujusmodi compromissi in nos suscepimus, et super hiis raciones et allegaciones dictarum parcium audivimus, et examinavimus diligenter omnia que dicti procuratores coram nobis dicere et ostendere voluerunt. Quibus auditis, nobisque de jure parcium plenius informatis, communicato bonorum et jurisperitorum consilio, dictis procuratoribus coram nobis presentibus, et cum instancia nostram ordinacionem super hiis ferri petentibus, pronunciacionem et ordinaciones nostras super premissis protulimus in hunc modum : Primo enim dicimus et ordinamus, quod de expensis coronacionum.... in perpetuum homines et habitatores castellaniarum, prepositurarum et villarum nostrarum, et alii qui hereditagia tenent et tenebunt infra villas predictas, et territoria earumdem, tenentur et tenebuntur in perpetuum solvere sextam partem, non minorem, nec poterunt ad majorem compelli[1]; exceptis illis de dictis castellaniis.... qui tenent et tenebunt hereditagia in nostris civitate, banleuca et jurisdictione remensi, qui tenentes hereditagia, pro et de dictis hereditagiis duntaxat, solvent et solvere tenebuntur, cum tenentibus hereditagia in dictis civitate, banleuca...., [et cum tenentibus hereditagia in castellaniis?]. Et e converso, illi de civitate et bannis, qui hereditagia tenent in dictis castellaniis...., pro et de dictis hereditagiis duntaxat, [et pro hereditagiis suis in banleuca remensi?], solvere...., tenebuntur. De expensis vero coronacionum predecessorum ejusdem domini regis, nichil ultra ea que jam solverunt habitatores castella-

---

[1] « Ces règlemens ont été inviolablement observés depuis plus de 400 ans. L'usage est donc que la dépense des frais des sacres se lève sur les héritages situez dans le ban de l'archevêché, par les échevins, qui font faire la prisée de ces héritages, et font la taxe avec deux députez du clergé; qu'on déduit de la somme totale, la sixième partie dont les châtellenies sont tenues, que la répartition s'en fait entre elles, et qu'ensuite les échevins envoient en chaque châtellenie un mandement portant la somme qu'elle doit païer; enfin que le roi accorde une commission adressée au bailli de Vermandois, ou son lieutenant, à cause que tous les héritages contribuables sont situez dans son ressort, afin de contraindre les refusans à païer la taxe, et ce sans avoir égard aux *Committimus*, et autres priviléges quels qu'ils soient. (Biblioth. Roy., cart. xi, Rogier, p. 130.)

« Le payement des fraictz et despens des sacres..... estans ainsy réglé que les habitans des chastellenyes en doibvent payer la sixiesme partye, ayans ensemble mil livres à payer, le département s'en faict ainsy qu'ensuit :

La chastellenye de Cormissy doibt payer la somme de....	IIe LXXV lb
La chastellenye d'Attigny.................................	IIe L lb
La chastellenye de Betheniville...........................	CLX lb v s.
La chastellenye de Courville.............................	CXI lb
La chastellenye de Septsaulx.............................	LXVII lb x s.
La prévosté de Nogent-en-la-Montaigne, la somme de...	LXVII lb x s.
La prévosté de Chaumusy................................	LVIII lb xv s.
Somme..........	Mil lyvres.

[Rogier, Mém., fol. 37 v°.]

niarum, prepositurarum et villarum, poterit exigi ab eisdem; sed remanebunt quioti, liberi et immunes, erga dictos cives et habitatores bannorum remensium, de omnibus que occasione dictarum expensarum.... per dictos cives et habitatores, seu aliquem eorum, possint ab ipsis tangi, sive peti. Et quictabunt cives et habitatores cujuslibet dictorum bannorum, per se, dictis hominibus et habitatoribus castellaniarum et villarum, omnia que pro expensis factis...., possent repetere, quacunque racione sive causa, ab eisdem, mediantibus hiis, que jam solverunt. Ordinamus eciam quod habitatores castellaniarum...., et villarum, de omnibus restitutis et restituendis per gentes domini regis, de residuis garnisionum seu municionum factarum pro coronamentis predictis, ac de hiis que de compotis dictarum expensarum deduci seu detrahi poterunt, sextam habeant et participent porcionem, ita tamen quod de expensis in procurando restituciones, deductiones, seu detractiones hujusmodi, factis et faciendis, sextam partem solvere teneantur. Quibus sic per nos dictis, pronunciatis et ordinatis, procuratores civium.... cujuslibet bannorum per se quictaverunt, dictis hominibus et habitatoribus castellaniarum...., omnia que pro expensis factis occasione dictarum coronacionum predecessorum domini regis possint ab ipsis repetere, sicut per nos, [ut?] premittitur, dictum et ordinatum extitit. Memoratisque dictis pronunciacioni et ordinacioni nostris, ac aliis omnibus et singulis supradictis, ipsi procuratores civium.... bannorum, ac procuratores castellaniarum...., omnes et singuli, quo supra nomine, consenserunt et acquieverunt, predictaque omnia emologaverunt expresse. In quorum testimonium.... Datum Remis, in palatio nostro, anno M° CCC° XX° II°, dominica post Ascensionem Domini, videlicet mensis maii die xx^a v^a [1].

CCLXIV.

MANDATUM regis baillivis viromandensi et vitriacensi, ut compellant ad satisfaciendum, racione coronationum, plures cives qui bannum scabinatus deseruerant.

26 mai 1322.

Archiv. de l'Hôtel-de-Ville, Sacre, renseign., liass. 1, n° 2.

Philippus.... viromandensi et vitriacensi baillivis.... Ex parte sca-

[1] En 1322, le dimanche après l'Ascension était le 23 mai.

binorum nobis fuit conquerendo monstratum, quod plures cives et habitatores in banno scabinatus, racione coronacionum.... dictum bannum deserentes, videlicet.... ', et plures alii, se alibi transtulerunt, ex quo dicti scabini nequeunt ipsos compellere ad satisfaciendum pro rata expensarum ipsos contingente...; quocirca vobis.... mandamus, ut quos taliter transtulisse noveritis, ad solvendum quod eis legitime fuerit impositum.... compellatis. Datum Parisius, xxvi^a die maii, anno.... m° ccc° xx° et ii°.

CCLXV.

27 mai 1322.   LETTRES de l'archevesque Robert, scellées en double queue de cire verde, de son seel ollong, dattées du jeudy après l'Ascension de nostre Seigneur, l'an m. ccc. xxii, par lesquelles il promet contraindre, et fere contraindre, tous ceulx ayans héritages en sa jurisdiction, qui pour occasion d'iceulx, et selon leur value, seront taillez et imposez par les eschevins de Reims, et ceulx des aultres bans tenans soubz luy, pour la despence du sacre.

Bibl. Roy., mss., suppl. franç., 1515-2.—Inv. des sacres par Foulquart, fol. 27.

CCLXVI.

5 juin 1322.   SENTENCE donnée par le prévost de Ouchié, commissaire du roy et du bailli de Vittry en ceste partie, comment il pronuncia le seel de l'eschevinage de Reins estre autentique; avec ce icelle sentence, ou arresté, faisant mencion d'un accort passé devant ledit commissaire, entre le procureur des eschevins, et Mgr Baudon de Vendières, chevalier, pour cause du vinage des villes de Fismes, de Saint-Gille et Acy, esquelles.... les habitans du ban Mgr ne doient que demi-vinage ².

Livre Blanc de l'Échev., fol. 59.

' Ici se trouvent 46 noms.

² B. de Vendières avait placé un sergent à Mouison, pour arrêter les habitants de Reims qui allaient acheter du vin à Fismes, Blanzy, Saint-Gilles, Acy, Lagery, et qui prétendaient pouvoir passer, eux et leurs denrées, à char ou à charrettes, par la terre de Mouison, sans faire serment, ou faire foy, de

CCLXVII.

Commission du roy au bailly de Vermandois, pour informer du droit qu'on exigeoit [des habitants de Reims] sur les marchandises qui passoient sur les rivières [d'Oise et d'Aisne].

8 juillet 1322.

Invent. de Noël, cart. 1, liass. 7. — Archiv. de l'Hôtel-de-Ville, renseign.

Karolus.... baillivo viromandensi, vel ejus locum tenenti, salutem. Ex gravi conquestione nonnullorum mercatorum didicimus, quod pedagiatores de Bapalmis, pro nummatis quibuslibet eorumdem mercatorum, quas vehi faciunt per ripparias Ysare et Axone, a quibuscumque partibus mundi proveniant, traversium seu pedagium non solitum, seu coustumas indebitas, exigere nituntur, et habere, indebite et de novo, in juris nostri, ipsorumque mercatorum, et tocius populi, grande prejudicium et dampnum. Quare tibi mandamus, quatenus, si vocatis evocandis, summarie et de plano, tibi constiterit de predictis, dictos mercatores, occasione hujus traversii seu pedagii non soliti...., nullatenus molestari permittas; et si aliqua de bonis ipsorum, propter hoc detineantur, ea sibi reddi et restitui facias indilate. Si vero dilecta et fidelis nostra comitissa attrabatensis, ad hoc se opponere voluerit, et propter hoc debatum inter ipsam et dictos mercatores oriatur, ipso debato ad manum nostram tanquam superiorem posito, et facta recredentia per eandem manum ubi et prout fuerit facienda, assignes dictis partibus diem in nostro futuro proximo par-

payement des vinages que le chevalier prétendait avoir à Fismes, etc., etc. Le sergent avait détenu plusieurs bourgeois et leurs denrées. Les échevins se plaignent au roi, qui charge le bailli de Vitry d'une enquête, avec injonction de faire droit aux réclamants, si l'enquête leur est favorable. Si le chevalier y met opposition, le bailli mettra la chose contentieuse en la main du roi, et fera par elle récréance des objets pris.

Le bailli G. du Fay, par lettres datées de Vitry, commet le prévôt d'Ouchié, ou son lieutenant, comme subdélégué.

Le prévôt assigne les parties à comparaître devant lui à Muison. Le chevalier ré-cuse la procuration de la partie adverse, scellée du scel de l'échevinage. Jour assigné pour en juger. Le prévôt prononce en faveur des échevins. Jour nouveau assigné pour entendre les discussions des deux parties sur le fond, puis assignation à Ouchié pour le jugement. Au jour marqué, les parties reviennent avec un accord. Le chevalier ne placera plus de sergent à Muison, restituera les objets saisis, et les habitants de Reims paieront demi-vinage aux lieux ci-dessus énoncés.

Le prévôt entérine l'accord, et le grand scel de la prévôté de Ouchié authentique le sceau de celui-ci.

lamento, ad diem baillivie ambianensis.... Datum apud Fontem in Bosco Surdolii, viii die julii, anno D. m. ccc. xx° ii°. Per dominum regem, ad relacionem marescalli de Tria. J. de Templo.

CCLXVIII.

Du 15 janvier 1321 au 1ᵉʳ août 1322.

C'EST le compte de Jehan de Lorris [1], jadiz clerc no seigneur le roy, de mises et receptes faites par ledit Jehan de Reins [*sic*, Lorris?], pour l'imposition du couronnement N. S. le roy Charle, depuis le xvᵉ jour de janvier, l'an m. ccc xxi, jusques au 1ᵉʳ jour d'aoust, l'an m. ccc. xxii.

Archiv. de l'Hôtel-de-Ville, sacre, renseign., liass. 3, n° 5.

[DESPENSSE.]

[1°. *Pour provisions consommées.*]

La despensse dudit couronnement monte, si comme il appert par les mestiers de l'ostel le roy, viiᵐ iiiixx xii liv. par. iiii s. iii d.

[2°. *Pour provisions non consommées.*]

Item, pour blez, pain et farine, rendus au bourgois de Reins par Pelveau dou Val, pennetier le roy; il doivent iiᶜ xxxviii liv. xviii s.— *Item*, il doivent pour vin de Beaune et de Rivière renduz audis bourgois, iiiᶜ iiiixx iiii liv. v s. ii d.— *Item*, il doivent pour v lars entiers, et xii pièces, à lv s. le lart, xiiii liv. ii s. — *Item*, pour iii muids de seil, xvᶜ de harens, verjus, vinaigre, escuelles et espices, rendus audis bourgois par P. de Mathein, keu le roy, xl liv. xv s. vi d. — *Item*, il doivent pour iiii muis iiii stiers et i quarteron d'aveinne, xi liv. xix s. —*Item*, pour fainc rendut par P. de Yambeville, escuier le roy, vi liv. viii s.

Somme de ceste restitution faite audis bourgois par les dessuzdis, viᶜ iiiixx xvi liv. par. vii s. viii d.; de quoi ledit J. de Lorris estoit chergiez à païer au bonnes gens, de qui l'en avoit pris les denrrées pour

---

[1] Au dos de ce compte qui remplit 15 peaux de parchemin : « C'est le compte dou couronnement N. S. le roy Challe, sacré à Reins « vint jours de février, l'an m. ccc. xxi, rendu « à court dou coumandement de nos sei- « gneurs des comptes, pour J. de Lorris, ja- « diz clerc doudit seigneur, par Jehannot « Martin, clerc.»—Voyez plus loin le compte du 15 mars 1323 au 14 décembre 1325.

DE LA VILLE DE REIMS.

ledit couronnement, par les gens des offices de l'ostel doudit seigneur; et ne sont pas comptez suz ledit couronnement.

Somme toute, tant de la despensse doudit couronnement comme de la restitution faite audiz bourgois, vii^m vii^c iiii^{xx} viii liv. xi s. xi d. ϕ.

RECEPTE.

[1°.] De Arnault le Beeschot, le xvi^e jour de janvier, l'an ccc xxi, xl liv. par. — De J. Lescot, le xxiv^e, xvi liv. — Des eschevins de Reims, le xxve, v^c liv. — De Denix de Machaut, le xxixe, x liv. — De Helvis, qui fu femme J. de Tuisy, xx liv. — De C. le Clerc, le xxxe, x liv. — De G. Berengier, ce jour, xx liv. — De Hue le Large, citoyen de Reims, ce jour, iiii^c liv. — De J. de Courci, le xvie février, xx liv.

Somme de ceste recepte... m xxxvi liv. par.; de quoi les eschevins de Reins ont lettres de Jeh. de Lorriz pardevers eus.

[2°.] *Item*, autres receptes par les lettres de nosseigneurs, esqueles sont contenues les sommes qui ensuient, lesqueles lettres J. Martin ha pardevers soi.

Premièrement, de Th. Coquelet la Pinte, le xxie jour de janvier, c liv. — *Item*, de Robert Buiron, xl liv. — *Item*, de Pucelle, qui fu femme R. Cauchon, xx liv.

[Ici se trouvent 59 cotes.]

Somme de cette recepte, puis l'autre, xii^c xl liv. par.

[3°.] *Item*, autres receptes faites par J. de Lorris, si comme il appert par ces lettres seellées de son seel, lesqueles les eschevins de Reins ont pardevers eux, esquelles il a contenu v^c viii liv. xvi s.

[4°.] *Item*, autre recepte par les lettres J. de Lorris, des personnes qui ensuient, lesquelles J. Martin a devers soi.

[Ici 60 cotes perçues.]

Somme de ces menues lettres, ii^c xliii ℔ ii s. par., puis l'autre somme.

[5°.] *Item*, autre recepte faite par J. de Lorris, de pluseurs personnes, les parties au dos, de quoi les eschevins ont les lettres pardevers eux, viii^{xx} xii liv. par.

[6°.] *Item*, des bourgois dou ban Saint-Remi, les parties au dos, ix^{xx} xvi liv. par.

[7°.] *Item*, des villes et chastelleries de environ Reins, les parties au dos¹, ix^c iiii^{xx} xix liv. par.

[8°.] *Item*, des eschevins de Reins, venredi ixe jour de juillet, l'an xxii, lx liv. par.

Somme, puis l'autre..... xiiii^c vii liv. par.

Somme toute des receptes faites par J. de Lorris, comme dessuz est dit, iiii^m vii^c xl liv. viii s. vii d. ².

¹ Au dos du rôle se trouve en effet l'indication plus détaillée des contributions versées par les châtellenies. Au nombre des contribuables sont les habitants de Vilers-Asneux.

² Après ce résumé général des dépenses et des recettes, vient immédiatement, dans le compte original, le détail des dépenses que nous rejetons ici dans les notes.

MISES.

[1°.] *Panneterie.*

Premièrement, pour les despans Pelvel dou Val, pannetier le roy N. S., et ceus de la panneterie, faiz à Reins pour cause doudit couronnement, si comme il appert par les escrauez des journées bailliéez par ledit Pelvel, dou jeudi xxie jour de janvier, l'an xxi, hors clos, dusquez au samedi xxviie jours de février en cel an, dedans enclos, les parties au dos, xxxi lb iii s. par.

Colart de Baconne, pour xxiiii aunes de blanchet, pour les fours de bouche et de commun, iii s. par. l'aune, valent lxxii s. — A lui, pour buletiaus et estammines, x s. — A lui, pour iii maiz à pestrir, xxx s. — A lui, pour iii brayers, xxiii s. — A lui, pour xviii coutiaus à main, et vi copeurs, l s. — A lui, pour cuviers, xvi s. — A lui, pour iii dras linges pour covrir le pain de la bouche, xxxiii s.

Colin Pinceleu, pour xx aides de la pastorie, à chascun v s. par., engaument, c s. — A lui, pour chandeliers, chandeilles, balés, radouires, peelles, agniaus, et pour fasson de blanchés et de buletiaus, xxvi s. iiii d. — A lui, pour menues mises et pour portages, xlv s. par.

Hermant le channevacier, pour les despans de demourer à Reins pour cueillir les napes et les touailles qui failloient, du demourant de grigneur somme, xiii lb. — A lui, pour iiii^{xx} aunes de toile, xi d. l'aune, valent iiii lb ix s. x d. —.... A lui, xxxvi aunes de toile pour faire tabliez, pour la panneterie de bouche et de commun, xxxiii s. — A lui, pour la façon de chapes de taliers, et pour les faire signer, xi s....

Colin de Pinceleu, pour pain pour le roy, c. xiii s. — A lui, pour oublées, vi lb.

Jehanne la Verrière, pour sucré, xxiiii s.

J. Maimart et Richart de Saint-Mor, boulengiers, pour despans de eux, de leurs valés et de leurs chevaus, en alant.... à Reins, pour cause doudit couronnement, et séjour, pour xxx jours, xvi lb par.

Somme de la panneterie, c x lb ii s. i d.

[2°] *Eschançonnerie.*

Premièrement, P. Naguenet, pour Garnache, xvi lb.

J. Patoullet, pour iiii tonniaus de vin, x lb.

CCLXIX.

Droit d'échevins.　　　　　　　　　　　　　　　　　　27 août 1322.
Livre Rouge de l'Échev., p. 132.

L'an de grâce mil trois cens vint et un, le mercredi devant la Penthecouste, furent osteiz portes et huis d'une maison, grange et tour-

T. de Courtiseus, pour IIII queues de vin de Biaune, tenens XI stiers plus que mouison, XXX lb XVII s. VI d.

J. le Rat de Courtiseux, pour II queues de vin tenent IIII stiers plus que muison, XIV lb II s. VIII d....

Pierre la Brèse, chergier et asseoir ou sellier IIII^{xx} IIII tonniaus de vin, et I queue, XX d. pour pièce, valent VII lb X d. par.—A lui, pour amener les cuviers ou palais, IIII s.

Guillaume le potier, pour VII^m de pos, IIII lb le millier, valent XXVIII lb. — A lui, pour I millier de cruches, VIII lb.

Thiébaut des Hales, de Paris, pour trois bales de henas, et pour don fait à lui, dou demourant de grigneur somme, XII lb.

R. l'Escuier, tonnelier, pour seaus, cuves, cuviers, tines, et autres choses, VI lb X s.

Raoulin Grossier, pour XXX coullouères, XXX s.

M. la Hendre, pour CXII aunes de toille pour couvrir les cuviers au vin, VIII d. l'aune, valent LXXIIII s. VIII d.

Gérart le serrurier, pour serreures, XX s.

Thiébaut le boutier, faussés et broches, XX s.

W. le Tandant, et R. Lelarge, courretiers de vins, pour leur peinne de quérir les vins, XL s.

G. l'Alemant, pour signier les ostiex, et pour escussons, V s.

Thiébaut le serrurier, pour VI chandel[iers] de fer, et une serreure, VII s....

Aelis la coutepointière, pour faire les rochés et les devantiers, pour ceux de l'eschançonnerie, VI s.

G. de Mailli, pour despans de aler à Chaalons, pour faire venir vins de Beaune et de Garnache, IIII lb II s. VI d....

Item, pour les gages de XIII vallés le roy, servans dou vin en sale, pour chascun V s., valent LXV s.

Item, pour les despens des gens de l'eschançonnerie faiz à Reins, pour XL jours, si comme il appert par les menues escroez de l'eschançonnerie, bailliées à P. de Bantalu, eschançonnier, les parties au dos, LXI lb IIII s. IIII d.

Somme de l'eschançonnerie, II^c XII lb XIX s. X d.

[3°.] *Cuisines de bouche et de commun.*

J. Bérénion, bouchier, pour XLVI buefs, VI lb par. le beuf, valent XIII^{xx} XVI lb. — A lui, pour LXX pors et demi, XIIII s. le porc,... — A lui, pour hastes menues, XX s.

Ysambart le bacquier, pour XIV^c d'anguilles, VII lb le cent,..... — A lui, pour voiture desdites anguilles, conduire et amener de Péronne, et de pluseurs autres lieus, pour pluseurs vallés et voitures que il a tenues pour V semainnes, pour sa peinne et pour don fait à lui, LXI lb XVIII s. par....

Le seigneur de Nantueil, pour XX lus, LXX lb. — A lui, pour VIII lus, et XII quarreaus à fendre, XXX lb.

Thuyau le poissonnier, pour III lus et XVI quarreaus à fendre, XXVIII lb.—A lui, pour un millier et cent de carpes, VI^{xx} lb. — A lui, pour penture, XX s. — A lui, pour brochés, XI lb. — A lui, pour le soustatus de son poisson, XX lb.

J. de Chaalons, pour L quarriaus, XXXII lb... L anguilles.... — A lui, pour voiture d'amener le poisson de Nanteuil à Reins, XXIX s.

J. de Malle, pour VII poissons à fendre, et XLIIII brochés, XII lb.—XXVI quarriaus, XII lb.

Le trésorier de Reins, pour III^c bresmes, L lb. — A lui, pour trois tanches, VI s. — A lui, pour XX poissons à fendre, XXXIIII lb.— A lui, pour IIII^{xx} V quarriaus, XX lb. — A lui, pour le damage de son estant, et pour le crois de poisson, XIIII lb X s.

nelle, qui jadis fu Robert Crossart de Reins, laquelle siet au chief dou Marc, à son Pierre de Fimes, en l'ainglesson, d'une part, et à roye de la maison où demeure Giles Chevaliers, qui jadis fu Rogier Crossart, d'autre part, à la requeste de Evrart dit la Gaite, et Aubri son frère,

C. d'Ardon, pour i cent et demi de tanches, c s.

N. Miette, pour cxvi lamproies, xxxv s. pour pièce. — A lui, pour les despans de demourer à Reins, xvi lb.

Somme dusquez à ci, xii^c xlvii lb xiiii s.

Thiébaut des Hales, de Paris, pour xxx milliers d'escuelles bâtardes, xlviii lb. — A lui, pour vi milliers d'escuelles de fraine, xxii lb xv s. — A lui, pour i millier de grans plateaus doubles, ix lb.

Item, pour xxviii aydes de la saucerie de bouche et de commun, les parties au dos, iiii lb xviii s.

Jehan le saucier, et Eloy son frère, pour leur retour de Reins à la court, xl s.

Jehanne la Vannière, pour persin en cuisine et en saucerie, xl. s.

G. le Picart, pour faincz, xvi s. viii d.

Colin de Pinceleu, pour viii^c pastez et tartes, et xi houissiaus de fleur, c. x s.

Jehanne la Verrière, pour xx aunes d'estammines pour le commun, xx s. — A lui, pour poreaus, espices, et fil, pour Mgr de Beaumont, xxvi s. — A lui, pour persin, xxiv s.

P. de Macheri, pour ix froumages, vi s. ix d.

Plumecoc, pour iii fours à pastez, xi lb.

Poncins des Bains, pour iii voitures à amener yaue, tenues par ii jours, xxx s. — A lui, pour iiii aides à purgier yaue, par ii jours, viii s.

Colin de Pinceleu, pour xii^c pâtez de chapons et de connins, et iii^c pâtez de plouvicz et de pertris, xiii lb.

Maistres Renaut le gastelier, pour façon de paastez, pour Mgr de Biaumont, v s, viii d.

Item, pour c et i personne, queus et aides des cuisines, les parties au dos, xxix lb xviii s.

Item, pour xxvi aydes de la cuisine de bouche, bailliés à Guillot le Goulu, les parties au dos, c viii s.

[Plusieurs sommes à des aides et à des valets de seigneurs.]

Pierre de Gisors poulier, pour xix^c poulles, xii d. la pièce. — A lui, pour iiii^c et iiii^{xx} perdris et plouviers, xii d. pour pièce. — A lui, pour x^c et lxi connins, ii s. vi d. la pièce. — A lui, pour iii^c xv froumages, xv lb xv s. — A lui, pour xii^m de weus, xl s. le millier.

Thierry le poullaillier, pour iii^c iiii^{xx} xii poulles, xii d. la pièce. — A lui, pour iiii^c iiii^{xx} iii perdris et plouviers, xii d. la pièce. — A lui, pour iiii^{xx} xviii faisans et butors, vi s. la pièce. — A lui pour le crois de sa poulaille qui morut, lxv s.

Item, pour les despans des gens des cuisines, dou lundi xviiie jours de janvier, dusques au samedi xxviie jours de février dedens enclos, les parties au dos, ii^c xiii lb iiii s.

Jehan le maingnien le roy, pour la voiture de ii chars et de iiii charrettes qui apportèrent les vaissiaus de la cuisine le roy, de Reins à Paris, et pour les despans doudit Jehannot en quérant lesdis vaissiaus par v jours, et pour le retour desdites charrettes et chars de Paris à Reins, xviii lb par.

P. de Gisors, poullaillier, pour pluseurs connins, perdriz et autres choses de son mestier, vii^{xx} vii lb xii s.

Somme puis l'autre, x^c viii lb iii s. iii d.

Somme de la cuisine, ii^m ii^c lv lb xvi s. xi d.

[4°.] *Fruiterie.*

A Garnier l'Alement, de Reins, de grigneur somme, pour cire, cxvii lb xiiii s. vii d.

Jehanne la Verrière, pour ii^c lxx livres de lumignon acheté à Chaalons, xxviii s. vi d.

E. dou Selier, pour fruit, xxxvi lb xii s.

Item, pour despans de J. de Troies, et

enfens et hoirs jadis Rose la Gaiteresse, qui fu fille Robert Crossart, pour lx s. parisis de annuel rente, que on appelle sorceus, et pour xii ℔ parisis de iiii années trespassées; lesquelles lx s. parisis estoyent deust par parson faite entre les frères et suers, enfens jadis de feu Robert

J. de Lombardet, et pluseurs autres, et pour pluseurs mises faites en la fruiterie, les parties au dos *, vii^{xx} v ℔ xix s. x d.

Somme de la fruiterie, iii^c xix ℔ xi d.

[5°.] *Escuierie.*

Pour les despans P. de Yambeville, escuier, iii chevaucheurs, pluseurs aides et porteurs, dou xviiie janvier, jusques.... au xxviie février, si comme il appert par les escroes baillées par ledit P. de Yambeville, les parties au dos, c. xviii ℔ xix s. v d.

J. Saucevert, pour lxx toisses de rateliers et mengeoirs, iii s. vi d. la toise....

J. de Noirecourt, pour lvii toises.... ix ℔ xix s. vi d. — et vii toises.... — A lui, pour cuviers et jales, iiii ℔ iiii s.

Raoul le masson, pour x jours à massonner, et viii jours pour son vallet, xxii s....

J. Bataille, pour faire apporter les espées du roy de Paris à Reins, xx s.

Henri le queu, Perrot de Villers, et Robin Qui-se-maria, à chascun iv s. engaument, xii s.

[Pour serrures, chandelles, brassages de foin, etc.]

Ragaiche, pour les gaiges de pluseurs vallés qui gardoient les grans chevaus, les palefrois et les courciers, viii ℔ xiii s. iii d.

Somme de l'escuière, viii^{xx} v ℔ x d.

[6°.] *Fourrière.*

Lescot, pour aider à chergier le fuerre, viii s. — Th. Cornu, pour aider à chergier tables, vi s. — Pour aides d'ostel, viii s. — Pour aides estranges de E. le Chien, xviii s. — Pour aides à chergier bûche, x s. — Pour aides à quérir le fuerre, et les coustes, hors de la ville, li s. — Pour marrien à faire trestiaus, et pour ahatre ledit marrien, ix ℔ xiii s. vi d. — Monnier, forrier as clers, pour aides, iiii s. — Huffle, pour garder la porte, iii s. — Coutes, dras et couvertoires, ix ℔ x s.... — R. le Normant, pour l'ostalage des vallés de la forrerie, xxx s. — E. le Chien, pour escussons, et pour les hostieus seignier, viii s. — A lui, pour parchemin et escriptures, xx s.

Pour l'ostel Mgr Adan de Ver, en tant de temps comme on a esté à Reins, et pour ses damages, xvi ℔.

Joffroi d'Ecry, pour l'ostalage Mgr R. de Fay, et Mgr M. de Rajecourt, xvi ℔ par. —

---

* Voici quelques-uns des détails consignés au dos du compte, à l'article de la fruiterie:

Ce sont les parties de la fruiterie.

Pierre le fondeur de coquaingne, pour le louage de ii^c plateaus d'estain qui furent mis ou palais pour mettre les torches, et pour le damage de ceus qui furent fondus, vii ℔ x s. — Pour le fil de fer de quoi les plateaus furent penduz, vi ℔ x s. — Pour cherbon, bûche, fuere, pour aler quérir cire....; pour les couteaus, espées, et pluseurs autres choses....— Pour une voiture à ii chevaus, venue de Paris, qui amena verges à torches, pour vi jours, xxx s.

Jehanne la Vetrière pour hanas blans à servir de fruit, lxxv s.

A Aubri le ferron, pour clos et crochés, et iiii scurplis au vallés ouvriers, li s.

Jehan de Troies, pour verges à grans torches et petites, et pour menues broches, lxxiii s. iiii d.— A lui, pour platians peins qui furent mis entour les estendars, vii s. vi d. — A lui, pour l vallés qui tenirent les torches le samedi, et le dimanche, lxvii s.

Haimart Lescuier, pour refondre cire, et mettre à point, x s.

Jehan de Troies, pour les despens à venir de Paris...., et pour xxii jours que il a séjourné à Reins, rabatu le samedi vigile dou couronnement, et le dimanche ensuiant, xvi ℔ ii s. — A lui, pour son retour de Reins, xl s., et pour despenz de xiii vallés que lidiz Jehan amena de Paris pour venir de cire, pour iii jours au chemin, lxxviii s. — Pour leur despans à Reins, xxviii jours, xxxii ℔ vii s. iiii d. — Pour leur retour, et pour leur salaire, à chascun, xl s.

Crossart. Thiébaus Crossart requist au prévost et as eschevins de Reins, que lesdis huis et portes fussent rependus droit faisant; liquel

A lui, pour bûche, pour les maistres d'ostel, LXXIX s....

Symmonés le cherpentier, pour VI escrans, XIII s.

Somme de la fourrière, VI^{xx} V lb IX s. II d.

[7°.] *Charpenterie.*

Pour charpenterie pluseurs, et pluseurs couvreurs et ouvriers qui cherpentèrent et couvrirent le palais, en taache, et à journées, les parties au blanc *, IIe IIII^{xx} XVIII lb XIII s. II d.

G. Contant de Sainte-Manehout, pour IIIe IIII^{xx} XI milliers et VIIIe d'essaules, XLIII lb VI s.

Colars de Suipe, pour XVIII milliers d'esseules, XXXVI s.

Pour les despans Herbert Froidet, qui ala à Sainte-Manehout par commission des maistres de l'osteil, pour lui, son cheval et son vallet, et II hommes qui furent avecquez lui, pour conduire les charrettes, x lb. — A lui, pour despans des sergens qui furent avecquez lui, pour prendre charrettes pour chargier et deschargier l'esseule, au bois, IIII lb.

Somme de la cherpenterie, IIIe XLVII lb XIII s. II d.

[8°.] *Massonnage [et Pavillons].*

N. de Chaumez, masson, pour pluseurs massonnages, et pour pluseurs ouvriers, pour faire pluseurs clausures, pour plastre et autres choses, les parties au blanc **, VII^{xx} VII lb XII s. I d.

Maistres Yves des pavillons ***, pour pluseurs voitures pour mener et ramener et

---

* Au blanc se trouve ce qui suit :

Ce sont les parties de la charpenterie, et des ouvriers à journée et en taache.

Bue le tabletier, pour unes grans tables pour escrire, III s. — Pour CXIII menus ouvriers qui ont porté la neif hors de la court, IIII lb XII s. IIII d. — B. le Ploumier, pour clos à asseoir le plonc ès goutières, X s. — Pour faire les appentis des cuisines de bouche et de commun, et pour les dresseouirs de commun et de la saussorie, et pluseurs closures de planches entre la fruiterie et l'eschançonnerie, pour ce, LI lb X s., baillié en taache. — Henri le Petit, pour faire l'apentis pour les ros dehors l'ostel, qui ara XXX toises de lonc, et une cage pour eschauder poulaille, et la closure où li clarez sera mis, pour ce, XII lb. — Faire l'establie pour dépécier les poissons, et faire un apentiz suz les fours, et une méson ou où on mettra les paelles, qui ara X toises de lonc, et II toises et demie de lé...., X lb. — Pour faire les dréceoir de la bouche du roy, et la faire les couvertures, les estaus de la cuisine, la goutière au puis pour venir les yaues ès caves, faire le cloison en haut ou palais, et faire fremant, et une voire coulleresse pardevant, et faire XVI goutières qui ressurent les yanes, et couvrir les fosses dessuz, et faire une barre devant la grant porte, XII lb — Item, pour clorre tout eutour le mestre autel de Notre-Dame, où le roy sera sacré; faire

les barres couleresses à tous les wis, VII lb. — Item, pour les seurcrois de croistre les dressoirs par devers la bouche, et faire un huis pour issir devers les cuisines dou commun, et I autre huis devers la cuisine du rost de la bouche, XXXV s. — Item, pour V boistes à mettre les grans torches devant le roy, V s. — Pour couvrir et later toutes les loges en quelconque lieu que il soient, tant dehors comme dedenz, XLIIII lb XIII s. — B. le ploumier, pour XIIII tuyaus de plonc asseoir, pour les goutières, et faire de tonz poins, IIII lb XII s.

** *Ce sont les parties de la maçonnerie.*

Pour faire toutes les closures des rues, pour les cuisines, XVI lb. — Pour oster le serf, et faire les conduits et massonnerie, C s. — Pour despans de J. de Gisort, cherpentier, et N. de Chaumez, masson, faiz en venant de Paris à Reins, pour euls, leurs vallés, et leurs chevaus, par III jours, IIII lb XII s. — Item, pour le louier de II chevaus qui apportèrent leur harnois de Paris à Reins...., XXII s. — Item, pour les despans des dessuzdis faiz à Reins, par XL jours, et pour leur retour, eus, leur vallés, et leur chevaus, XX lb par. — Item, pour don fait à eus, pour les painnes et les travaux que il ont eu, XX lb.

*** *Ce sont les parties de mestre Yève des paveillons.*

Premièrement, pour III charrettes à XIII che-

furent repcndut. Et lors s'opposa pardevant lesdis prévost et eschevins lidis Thiébaus, encontre la demende faite par escript en cas de propriéteit de par lesdis frères Evrart et Aubri, comme hoirs de ladite

drécier les pavillons, les parties au blanc, lvi ℔ iiii s. iiii d.

[9°. *Les despens de nosseigneurs.*]

Item, pour les despans Mgr le mareschal des Barres, Mgr de Lor, Mgr Adam de Ver, et Bauduyn de Roy, les parties au dos *, en tant comme il furent à Reins, séjournans, venens et alans, eus et pluseurs autres clers, et autres personnes, v^c xxi ℔ xi s. v d. par.

[10°. *Les despens des sergens.*]

Item, à Crestian de Jassiennes, Robert de vaus, pour venir de Paris à Reins, et...., retour par ix jours, xx d. par jour, pour chascun cheval... — *Item*, pour chargier les pavillons, iiii s. — *Item*, pour vi ouvriers venuz de Paris pour tendre les paveillons, par ix jours, chascun ii s. par jour. — *Item*, pour les journées de xx vallés qui ont aidié à tendre et drécier les pavillons, par vii jours, xvii ℔ xviii s. — Bernart le cordier, pour cordes de chanve et de toil, xli s. — J. Godet, pour grans crochés de fer, xxviii s. — *Item*, pour lxx aunes de toille, xlvi s. — *Item*, pour xvi aunes de toile blanche, xvi s. iiii d. — *Item*, pour i clerc, x s. — *Item*, pour les despanz de Me Yève, iiii ℔ iiii s. — *Item*, pour lesdiz pavillons faire mener de Reins à Paris, laver, estandre et séchier, xi ℔.

Somme des parties de Me Yève, lvi ℔ iiii s. iiii d. par.

* Au dos se trouvent les détails suivants :

Ce sont les despens de noseigneurs, c'est assavoir de Mgr Renaut de Lor, Mgr Adam de Ver, et Bauduyn de Roy.

Premièrement, pour les despenz de Mgr Lor, en venant de Paris...., pour lui, son compaingnon, ses escuiers, à tout x chevaus, cx s. — *Item*, pour ses despenz... lui, son compaingnon, et ses genz, estans a Reins, pour atendre Mgr A. de Ver, et B. de Roy, ii jours, x ℔ xii d. — *Item*, pour les despenz Mgr A. de Ver, et les sergens des offices, en venant de Paris à Reins...., avecquez lui pluseurs personnes, à tout xxvi chevaus, pour iii jours, xviii ℔. — *Item*,

la Couture, sergens, pour sergenter en la ville de Reins, xx ℔.

Item, un clerc Bauduyn de Roy, que J. de Lorris envoia quérir au Pont-l'Évesque, pour les despans alant et venant à Reins, lx s.

[11°. *Les despens dou clerc.*]

Item, pour les despans doudit J. de Lorris, de xl jours que il a esté en la ville de Reins, en alant et venant par pluseurs fois lui, i clerc, ii vallés et iii chevaus, et le clerc Mgr Rogue de Fay, qui fu en ladite ville avecques ledit J. de Lorris par xviii jours, je ne sai quoi.

pour les despens B. de Roy...., pour tout, xl.iii s. v d. par. — *Item*, pour les despans desdis Mgr de Lor, Mgr Adam, et Bauduyn, pour eus et leur compaingnons, leur esch[uiers?], leurs chevaus, et touz les sergens des offices, c'est assavoir, pannetiers, eschançonniers, keus, fruitiers, escuiers, fourriers, et pluseurs autres personnes, iiii jours..., jusqu'au xxii janvier hors clos,... faiz en l'ostel dou Pourcelet à Reins, par J. de Lorris, lvii ℔ xviii s. par.

Somme pour nosseigneurs iiii^{xx} xiii ℔ xv s. ix d.

Venredi, xxiie jours de janvier, pour nosseigneurs — Pain de G. d'Aguisy, vi s. — Vin de J. de Trellon, xiii s. vi d. — Poisson de mer, viii s. — Poisson. Dons de Tuyau, ii quarriaux, et iiii carpe, sans pris ; portage, huille et oingnons, ii s. ii d. — Pour un froumage, xvi d. — Pour fruit, xiiii s. — Loche et moustarde, ii s. iii d. — Verjus et vinaigre, xiiii d.

Somme, xxxv s.

Samedi, xxiiie.... janvier. Pain..., vi s. — Vin..., xiii s. — Grosse char de G. le Picart, viii s. vi d. — De lui, lart et sayn, iii s. vi d. — Pour demiveel, viii s. — Pour poulaille, viii s. vi d. — Sauce, ix d. — Pour ii froumages, ii s. iiii d. — Fasson de paastés, xii d.

Somme, liii s. vii d.

Suit ainsi le menu de nosseigneurs, jour par jour, jusqu'au xxviie février.

Rose, en disant que ladite grange, maison, et tournelle deseur la porte, estoient tenus à euls en LX s. parisis de annuel rente que on appelle sorcens, à cause de la dessendue de Rose la Gaiteresse leur mère, et en XII ℔ parisis pour les arriéraiges de IIII annuées trespassées, qui leur estoyent demourées à payer ; de laquelle demande lidis Thiébaus demanda jour de consel, et veue de lieu, et les aut. Après lesquels il demanda garant, et l'aut ; liquels garans, après toutes ses dilations, demanda garant, et l'aut ; et aut toutes ses dilations. Et redemanda li secons garans, le tiers garant, et l'aut. C'est à savoir Mareson leur suer ; laquelle demanda le quart, et dit que avoir le devoit par coustume, laquelle elle offroit à prover, par protestacion de deffendre la quarelle ; et fu receue au proveir. Et aut toutes ses dilations. Et failli au prover. Et après ses choses, elle print la demande desdis Evrart et Aubri en deffence, par procureur ; c'est à savoir par Thiébaut son frère ; liquels proposa pluseurs raisons tandens à la fin que ladite maison, grange et tournelle, demourassent franches et quittes de la demande que lidis Evras et Aubris faisoyent suz. Et lidiz Evras et Aubris [proposèrent?] pluseurs raisons au contraire, tandens à la fin que ladite maison, grange et tournelle, fussent condempneit à touzjoursmais, perpétuelment, en la demande qu'il faisoyent sus. Et cheyrent en fais contraires ; sur lesquels fais lesdites parties trairent pluseurs tesmoins, et lettres, et instrumens, à prover leur intention. Et seur ce eurent journée à oiier droit, au venredi après la feste saint Berterlemieu l'apostre, qui fu l'an de grâce mil trois cens vint et deus.

Veust les lettres et la déposition des tesmoins, et tout ce qui de droit et de raison nous pooit et devoit movoir, dit fu, et par droit, que ladite maison, grange et tournelle, à toutes les appendices et appartenances, estoyent et sont tenut en LX s. parisis de annuel rente, c'on dit sorcens, asdis Evrart et Aubri, à tousjours, perpétuelment, et en XII ℔ parisis pour cause des arriérage desdites IIII années.

CCLXX.

3 et 10 septembre 1322.

COMPROMISSUM quorumdam burgensium in scabinos remenses, tanquam in arbitros arbitratores et amicabiles compositores.

Archiv. de l'Hôtel-de-Ville, renseign.

In nomine Dei, amen. Tenore presentis publici instrumenti, pateat universis, quod anno ab incarnatione ejusdem millesimo trecentesimo vicesimo secundo, indictione quinta, tertia die mensis septembris, pontificatus sanctissimi patris ac domini Domini Johannis divina providencia pape vicesimi secundi anno sexto, in mei publici notarii et testium infrascriptorum, ad hoc specialiter vocatorum et rogatorum, presencia, propter hoc personaliter constitutus Theobaldus dictus Crossars, civis remensis, in logia scabinorum remensium, ubi pro negociis scabinatus remensis consueverunt congregari, ipsis scabinis, seu majori et saniori parte eorumdem, presentibus, et sedentibus, super discordia que vertebatur inter ipsum Theobaldum ex una parte, et Petrum dictum Gorgier, de Remis, existentem in officio dictorum scabinorum, et eorum clericum ex altera, super eo videlicet quod dictus Petrus dicebat et asserebat, quod dictus Theobaldus ipsum Petrum verberaverat, et multas injurias eidem Petro fecerat, et intulerat, pro bono pacis et concordie, de bonorum virorum, et specialiter quorumdam amicorum suorum carnalium, consilio, ut dicebat, compromisit, et se compromisisse bene et legitime recognovit, de alto et basso, in prefatos scabinos, tanquam in arbitros arbitratores, seu amicabiles compositores, ab ipso Theobaldo nominatos et electos; promittens, fide data, dictus Theobaldus, michi notario infrascripto stipulanti, et etiam Johanni de Caritate, servienti baillivi remensis, ad hoc, tanquam justicia, vocato, et sub pena centum marcharum argenti, pro media parte domino remensi archiepiscopo, et pro alia parte dictis scabinis a dicto Theobaldo, si contravenerit vel fecerit, reddendarum, rato nichilhominus manente arbitrio, et in suo robore duraturo, et etiam sub pena essendi in fuga omnium dominorum temporalium, seu laycarum justiciarum, quod ipse tenebit et inviolabiliter observabit, solvet, et penitus adimplebit dictum, ordinationem, sive sententiam arbitralem, dictorum arbitrorum scabinorum; et quoad hec, et propter hec, dictus Theobaldus assignavit dictum Petrum ad omnia bona sua mobilia et immobilia, presencia et futura, et ea propter hoc obligavit et supposuit juridictioni et cohercitioni cujuslibet justicie, tam ecclesiastice quam secularis. Deinde vero, anno, indictione, et pontificatus (*sic*) predictis, die decima dicti mensis septembris, in mei notarii et testium infrascriptorum presencia, propter hoc personaliter constitutus prefatus Petrus in curia remensi, de premissis omnibus et singulis compromisit similiter in dictos scabinos, tanquam in arbitros arbitratores seu amicabiles compositores, ab ipso Petro quoad hec electos et assumptos, et promisit, fide data, et sub ypotheca et obligatione omnium bonorum suorum quorumcumque, tenere et observare dictum, arbitrium, et ordinationem dictorum scabinorum, et contra eas de cetero non venturum; renunciantes expresse dicte partes, [et] quelibet earum, sub dicta fide, exceptioni rei ita non geste, doli mali, fraudis, lesionis et deceptionis, omni juris et legis auxilio canonici et civilis, omni privilegio crucis indulto et indulgendo, beneficio provocationis et appellationis; renunciaverunt etiam ad hoc quod non possint petere seu exigere dictum, arbitrium, sive sententiam arbitralem dictorum scabinorum, redigi vel reduci ad arbitrium boni viri. Acta fuerunt hec anno, indictione, die, locis et pontificatus (*sic*) predictis, presentibus videlicet in predicta logia dictorum scabinorum Thoma dicto la Late, Theobaldo dicto Castellano, Guidone dicto Leurier, Theobaldo dicto Hurtaut, Johanne dicto Mercerio, civibus remensibus, necnon Johanne de Caritate serviente baillivi remensis, tanquam justicia laycali, ad hoc evocatis, et quibusdam aliis testibus; et in dicta curia remensi, Colardo dicto Briffaut, notario curie remensis predicte, et Herbessono de Vesperto, clericis, testibus ad premissa vocatis specialiter et rogatis. Et nos officiales remenses, notum facimus universis, quod nos, ad relationem Guillermi de Rokigny, clerici, auctoritate imperiali ac curie remensis notarii publici infrascripti, jurati, cui in hiis et majoribus fidem plenariam adhibemus, sigillum curie remensis, una cum signo et subscriptione dicti publici notarii, presentibus litteris duximus apponendum. Datum et actum, ut supra.

Et ego Guillermus de Rokigny remensis diocesis clericus, auctoritate imperiali, ac curie remensis notarius publicus, premissis omnibus et singulis, una cum dictis testibus, presens interfui, eadem publicavi, hic me suscripsi, et huic publico instrumento inde confecto signum meum solitum, una cum sigillo curie remensis, rogatus apposui, in testimonium premissorum.

G. de Rokigny.

CCLXXI.

STATUTUM capituli remensis, de congregationibus et commessationibus in hospitali B. Marie non amplius faciendis [1].

27 octobre 1322.

Archiv. du chap., lay. 12, liass. 20, n° 1. — Livre Rouge du chap., fol. 302 v°.

Universis.... officiales.... Noverint universi, quod cum aliqui.... canonicorum remensium, maxime juniores, et cum ipsis pueri de choro, vicarii, et plures alii ecclesie...., annis singulis in Adventu Domini, qualibet die qua in dicta ecclesia matutine cum novem lectionibus celebrantur, quando comedebantur carnes, statim post decantationem matutinarum consuevissent se ad hospitale B. Marie congregare, et ibidem andouillias et alia cibaria comedere, et bibere, et, circa hec vacando, ad magnos ignes in dicto hospitali diucius immorari....; prepositus, decanus et capitulum remense quibus dictum hospitale in spiritualibus et temporalibus subesse dinoscitur...., congregati...., statuerunt quod de cetero nulle tales congregationes et commessationes fiant; sed in recompensatione earum, dictum hospitale solvet annis singulis, prima die Adventus...., LX solidos par., tribus officiis ecclesie predicte, videlicet Senescalcie, Horarum, et Anniversariorum, proportionaliter applicandos..... Anno M° CCC° XX° secundo, feria tercia ante festum S. Simonis et Jude....

CCLXXII.

LETTRE du roy donnée en parlement...., contenans l'appoinctement qui fut fait sur ce que les officiers de l'arcevesque avoient jugié Remy Cauchon, sans les eschevins; et disoit le procureur de l'arcevesque qu'il s'estoit soubzmis, et confessa.... que le bailli, ou autres officiers, n'en doient avoir congnoissance sans iceulx eschevins.

16 novembre 1322.

Livre Blanc de l'Échev., fol. 317 v°. — Archiv. du Roy., sect. jud., accords, cart. 1.

Karolus *et cetera*, universis *et cetera*. Notum facimus, quod, presente in parlamento nostro presenti magistro Stephano de Chalistre, procuratore dilecti et fidelis nostri archiepiscopi remensis,

---

[1] Cette mesure est prise sur les plaintes de l'hôpital.

exhibita fuit ibidem et lecta, per procuratorem scabinorum remensium, quedam littera, cujus tenor sequitur in hec verba :

Pardevant nous Pierre Maillart, clerc dou roy no signeur, et Jehan dit Robert, chevalier de celuy signeur, commissaire bailliés de par le roy no signeur devantdit, en la cause meue entre révérent père en Dieu monseigneur l'arcevesque de Reins, d'une part, et les eschevins de Reins, d'autre, pour le fait de Remy Cauchon; vinrent en propres personnes pardevant nous, comme pardevant commissaire, et à jour assigné pour aler avant, sur les fais proposez des parties, c'est à savoir Jehan de Troyon, fondez par procuration pour ledit monsieur l'arcevesque souffisamment, et Jehans Guespins, procureur pour lesdis eschevins; receust prumiers les sairemens desdis procureurs...., le procureur desdis eschevins requérant que li procureurs monsieur l'arcevesque respondit as articles desdis eschevins, liquez procureurs doudit arcevesque, présent le baillif doudit arcevesque, et consentant, recongnu, et respondi en respondant auzdis articles, que li jugemens et la congnoissance, telle comme à jugeurs appartient, dou fait doudit Remy, appartenoit auzdis eschevins, et que lidiz arcevesques n'en peust congnoistre pour jugier, se lidiz Remy ne s'en fût mis en lui, et en son jugement; et pour ce, tant seulement, qu'il se mit en luy, il le juga, ou fit jugier. Et pour ce qu'il n'aparoît mie, ne li eschevin ne disoyent mie, qu'il s'i fust mis, il fu acordé pardevant nous, que ceste recongnoissance seroit faite en parlement, et que li arcevesque, ou persone pour luy souffisamment fondez à ce faire, consentiroit, et en court, que tout ce qu'il fit doudit Remy, ne portast, ne peust porter préjudice auzdis eschevins, ne en saisine, ne en propriitté, ne pour le temps passeit, ne pour le temps à venir, ne profit audit arcevesque, ou à ses successeurs; et fut ainsi con se lidis arcevesque n'eust onques fait l'esploit; sauf auzdis eschevins que c'il n'estoit fais de par ledit arcevesque, en la manière devantdite, tout le droit des eschevins, et la poursuite de leur cause, et ce que jà en est fait pardevant nous. Et fu faite ceste recongnoissance, et cis esplois, pardevant nous, comme commissaires, à Reins, l'an de grâce mil trois cens vint et deux, le mescredi après la feste dou Saint Sacrement.

Cumque dictorum scabinorum procurator predictus, in curia nostra peteret, ut antedictus procurator dicti archiepiscopi recognicionem dictis in litteris contentam faceret, vel quod ipsa curia scabinos ipsos admitteret ad predicte cause prosecucionem, prout in ipsis litteris expressatur; tandem dicti archiepiscopi procurator predictus, dictam recognicionem, modo et forma quibus in prescriptis litteris exprimuntur, sponte fecit. In cujus rei *et cetera;* decima sexta die novembris, anno vicesimo secundo.

CCLXXIII.

LICENCIA recedendi Gregorio [de Cathalauno] baillivo archiepiscopi remensis, a curia parlamenti concessa.

17 novembre 1322.

Archiv. du Roy., sect. jud., accords, reg. 1, fol. 144 v°.

Cum scabini remenses presentassent se ad diem ballivie viromandensis parlamenti presentis, contra magistrum Gregorium ballivum dilecti et fidelis nostri archiepiscopi remensis, idem ballivus peciit quod ipsi quicquid vellent contra ipsum proponerent, alioquin quod curia nostra contra ipsos licenciam recedendi concederet eidem; et quia dicti scabini dixerunt quod ipsi nolebant aliquid proponere contra ipsum, tanquam contra Gregorium, ipse peciit quod dicta curia nostra dictam licenciam sibi concederet. Quam licenciam curia nostra eidem, tanquam Gregorio, concessit, x^a vii^a die novembris, anno Domini M° CCC° XX° II°.

CCLXXIV.

CURIA parlamenti remittit capitulum remense ad curiam archiepiscopi, super intercursibus [1].

18 novembre 1322.

Archiv. du Roy., sect. jud., accords, regist. 1, fol. 145 recto.

Curia nostra remictit decanum et capitulum remenses ad archiepiscopum remensem, et ejus curiam et ballivum, ut idem archiepiscopus, vel ejus ballivus, super informacione quam dicti decanus et capitulum petunt fieri, super intercursibus, racione Johannis dicti Quoquelet la Pinte, et aliorum, eisdem faciat jus; et injunxit dicta curia dicto ballivo presenti in ipsa curia, quod ipse dictis decano et capitulo super hoc exhibeat celeris justicie complementum. Datum x^a viii^a die novembris, anno Domini M° CCC° XX° II°.

[1] Voir les actes du 4 août, du 8 novembre, et du 26 novembre 1323.

CCLXXV.

3 decembre 1322.

Mandatum regis baillivo viromandensi, de braciatore fenorum quem capitulum creaverat, amovendo.

Archiv. de l'Hôtel-de-Ville, renseign.

Karolus.... baillivo viromandensi.... Ex parte scabinorum nobis fuit expositum, quod licet ipsi sint, et predecessores fuerunt, pro utilitate publica omnium habitantium, in villa...., faciendi et creandi braciatores fenorum, straminum, ac fourragiorum, et etiam mensuratores carbonum juratos, ipsosque amovendi, quotiens scabinis expediens videtur....; nichilominus decanus et capitulum ecclesie B. M., scabinos impedientes de novo..., Giletum Luquin in ipsorum banno braciatorem juratum creaverunt.... Quocirca mandamus tibi quod si, vocatis evocandis, tibi constiterit de predictis, novitatem amovens...., conquerentes sua uti et gaudere possessione faciatis.... Si decanus et capitulum in contrarium se opponant, debato in manu nostra.... posito, etc., etc....

CCLXXVI.

11 décembre 1322.

Sentence de Gaulcer de Chastillon, connestable de France, et aultres commissaires, pour terminer et juger contre les eschevins de Rheims, rescompense pour eux, à cause de l'intérest qu'ilz prétendoient à la closture de derrière l'église Saint-Nichaise.

Archiv. du Roy., Trésor des chartes. — Archiv. de Saint-Nicaise, liass. 13, n° 22.

Gauchiers de Chastillon, cuens de Porciens, et conestable de France, Jehans, par la permission de Dieu, abbés de Saint-Remi, et Guillaume de Vous, chanoine de Reins, à tous ceuls qui ces présentes lettres verront et orront, salut. Comme jadiz de bonne mémoire li roys Phelippes nos sires, dont Diex ait l'âme, ait volut la closure et les édifices dont plais estoit entre les religieus de Saint-Nichaise de Reins d'une part, et les eschevins et les bourjois dou ban l'arcevesque de Reins d'autre part, demourer ou point et en l'estat où il estoient, nonobstant ledit plait, ne les procès fais seur ce, sauf audis eschevins

DE LA VILLE DE REIMS. 313

et bourjois que de leur intérest d'aler et de venir quant à ce, douquel il apparroit souffisenment, leur fut faite récompensation desdiz religieus, selonc l'esgart dou roy nos signeur devantdit; lesqueles choses li roys nos sires qui ores est, a loeit, confermeit et approuveit, et nous a commis à nous enfourmer doudit intérest, et selonc ce que nous trouverons, faire baillier desdis religieus, audis eschevins et bourjois, récompensacion souffisent, si comme il appert par ses lettres contenens telz fourmes [1].

. . . .

Et par la vertu d'icelle commission, nous eussiens fait adjourner pardevant nous à Reins, les parties contenues ès dictes lettres, c'est à savoir l'abbé et le couvent de Saint-Nichaise de Reins, d'une part, et les bourjois et eschevins dou ban l'arcevesque de Reins d'autre, et tous autres qui faisoient à appeler, aus octaves de la feste saint Jehan-Baptiste, nouvelement passée, et au journées nécessaires ensieuent après, pour procéder et aler avant entre lesdites parties, selonc la teneur de ladite commission, si comme il appert par l'adjournement fait seur ce, dont la teneur est tele :

Gauchiers de Chastillon, conte de Porcien, et conestables de France, l'abbé de Saint-Remy de Reins, et Guillaumes de Vous chenoines de Reins, à Crestien de Jessiennes, Robert de la Cousture, sergens le roy nos signeur en la prévosté de Loon, ou au premier sergent à cui ces lettres seront présentées, salut. Nous avons receues les lettres nostre signeur le roy contenans la fourme qui s'ensieut [2]. 6 juin 1322.

. . . .

Par la vertu desqueles lettres nous vous mandons et commettons, et à chascun de vous, pour soi, que vous, les dessusdiz abbé et couvent de Saint-Nichaise, ou leur procureur, souffisenment fondé pour eulz, d'une part, les eschevins et bourjois dou ban l'arcevesque de Reins, ou leur procureur souffisenment fondé d'autre, adjournez pardevant nous à Reins, aus octaves de la Saint-Jehan prochainne venent, et aus journées nécessaires ensieuent, pour procéder et aler avant sus les choses contenues ès lettres nostre signeur le roy dessus transcriptes, et selonc

---

[1] Ici se trouvent incorporées les lettres de janvier 1320, de mai et du 22 mai 1322.

[2] Ici se trouvent de nouveau répétées les lettres du 22 mai 1322.

la teneur d'icelles; ce faites en tele manière que par vous n'i ait deffaut, et ce que fait en aurés nous certefiez à ladite journée par vos lettres pendens annexées parmi ces présentes. Donné à Reins souz nos seaus, le jour de la Trinité, l'an de grâce M. CCC. XXII [1].....

Auquel jour [des octaves de la Saint-Jean], pour ce que nous, conestables desseurdis, ne poiens estre, commeismes nostre pooir au deseurdis abbé de Saint-Remi, et monsire Guillaume de Vous, par nos lettres contenans ceste fourme :

24 juin 1322. Gauchiers de Chastillon.... à noz chiers et amez l'abbé de Saint-Remi..., et mestre Guillaume de Vous..., savoir vous faisons que nous ne poons estre à ladite journée, et pour certainne cause..., c'est à savoir tant pour les besoignes du roy de France no sire..., desqueles nous sommes empêchiés à présent, comme pour nos propres besoignes; pour laquel chose nous vous commettons nostre pooir en icelie besoigne, quant à ladite journée, et vous baillons plain pooir d'aler avant en non de nous, en ladite besoigne, quant à la journée dessus dite, selonc ce que raison vorra, aussis comme se nous y estiens présens; et seur ce qui sera à parfaire en icelie besoigne, nous panrons une autre journée après, à laquele nous serons tuit ensemble, et parferons ce qui sera commenciet de par vous. Donné à Chaumisi, seur nostre seel, l'an M. CCC vint et deus, le jour de la nativité saint Jehan-Baptiste.

A laquele journée se comparut pardevant nous, abbé de Saint-Remy, et Guillaume de Vous dessusdis, et présenta souffisenment, li procurères des abbé et convent de Saint-Nichaise de Reins, souffisenment fondez, et se offri par pluseurs fois à aler avant, et à procéder pardevant nous, encontre lesdis bourjois et eschevins, et à vaus faire récompensation doudit intérest, selonc la teneur de ladite commission, se récompensation y afferoit à faire, et demander la voloient; le procureur desdis bourjois et eschevins disent et proposent, que il ne voloit faire, quant à présent, nulle demande encontre lesdis religieus, dou intérest, ne tenus n'i estoit au faire, ne contraindre ne li poit-on, ne devoit, comme il ne fust mie avisez dou faire, ainsois

---

[1] Ici se trouve, en date du 19 juin 1322, le rescrit du sergent Chrétien de Jasseigne qui a exécuté la commission précédente.

faisoit protestation de poursuyr le droit desdis bourjois et eschevins, quant à ce, encontre lesdis religieus, en temps et en lieu, quant il leur plairoit et bon leur sembleroit ; ne plus n'en vost faire lidis procurères dedis bourjois et eschevins, ne mettre en droit lesdites raisons, ne autres nulles pour coi il n'i fust tenus. Et derechief, nous, connestables, abbés de Saint-Remy, et Guillaumes de Vous dessusdis, heussiens fait adjourner pardevant nous, à Reins, les parties dessusdites, et touz ceulz qui faisoient à appeller, au dymenche devant la Saint-Andrieu nouvellement passée, pour aler avant[1].

Laquele journée se continua en auteil point, pour l'absence de nous, connestable desseurdit, duques au vendredi disiemme jour de décembre, et aus journées nécessaires ensieuens après. Sachent tuit que à ycelie journée doudit vendredi, et au londemain ensieuent après, fûmes personelment à Reins, nous connestables, abbés de Saint-Remi, et Guillaumes de Vous dessusdis, et se comparurent et présentèrent pardevant nous lesdites parties, c'est à savoir le procureur desdis abbés et couvent de Saint-Nichaise de Reins d'une part, et le procureur desdis eschevins et bourjois du ban l'arcevesque de Reins d'autre part, souffisenment fondez, et proposèrent pardevant nous pluseurs raisons l'un contre l'autre. Veues et oyes diligenment les raisons d'une partie et d'autre, et tout ce qu'il ont volut dire, eut seur ycelles grant délibération et bon conseil, veut les édifices et closure, et toutes les circonstances d'iceus, faite loyal estimation doudit intérest desdis bourjois et eschevins, diligenment regardeit et considéreit tout ce qui nous pooit et devoit mouvoir quant à ce, par la vertu de la dessusdite commission, seur les choses dessusdites prononsâmes, deysmes et ordenâmes, prononsons, disons et ordenons en la manière qui s'ensieut :

Premiers, que lidit religieus de Saint-Nichaise, en récompensant les choses dessusdites, retenront à tousjours, au cous et au frais de leur église, les murs de la forteresse endroit leurdite église, tant comme la closure de ycelie église contient, entre la porte que on dist la porte Saint-Nichaise d'une part, et les murs traversains de l'église pardevers Saubour d'autre part. *Item*, pardehors les murs de la forteresse

---

[1] Ici se trouvent une nouvelle commission à Chrétien de Jasseigne, en date du 30 octobre 1322, et un nouveau rescrit en date du 19 novembre de la même année.

dessusdite, endroit ladite église, sera faite une voie sus la creste des fossez, et joignant ladite forteresse par dehors, laquele voye aura sis piés de leit, tout selonc lesdiz murs de la forteresse, tant comme le closure de ladite église contient. *Item*, pour aler et venir par ladite voye, seront fais ès murs de la forteresse, deus postis, au deus chiés de la closure de ladite église, et par dehors icelie closure; c'est à savoir li uns desdis postis sera fais pardevers ladite porte, qui est appelée la porte Saint-Nichaise pour descendre pardevant ycelie porte en la rue Saint-Nichaise, et li autres postiz sera fais pardevers Saubour, joignant à la closure de ladite église par dehors, selon le mur traversain de ycelie église, alant dusques à la forteresse, liquel postis, auvec la voie dessusdite, seront fait au cous et au frais de ladite église; et toutes fois que besoins sera, li signeur en cui justice et treffons lidit postis seront fais, porront mettre et establir, se il leur plait, certainnes gardes pour garder, clore et ouvrir lesdiz postis à point et à heure, ainsis comme leur semblera que bon soit. *Item*, en récompensent ledit intérest auvec les choses dessusdites, lidit religieus seront tenut à pourveoir et à acheter vint livrees à tournois de annuel rente à payer chascun an perpétuelment ausdis eschevins, pour yaus, et pour les bourjois dessusdis, à jour certain; et duques à tant que lidit religieus auront pourveut lesdites vint livrees à tournois de annuel rente, si comme dessus est dit, il seront tenut à payer chascun an, au jour des Brandons, vint livres tournois audis eschevins, tant pour yaus comme pour les bourjois dessusdis, et sour peine de dis sols pour chascun jour que il deffaurroient de payer lesdites vint livres tournois, au jour et au terme dessusdis; sauf ce que se il plaist miex audis bourjois et eschevins à penre et recevoir desdis religieus deus cens livres parisis, en lieu desdites vint livres à tournois de annuel rente, lidiz religieus les seront tenus à payer, baillier et délivrer au deseurdis bourjois et eschevins, dedans les octaves de Pasques prochainnement venent. Et si tost comme lidit religieus averont acheteit et pourveut lesdites vint livrees à tournois de annuel rente, à pris souffisent, selonc nostre estimation, ou l'estimation d'aucun de nous ou d'autres bonnes gens souffisens, ou aussitost comme lidit religieus averont bailliet et délivreit deus cens livres parisis audis bourjois et eschevins, en lieu desdites vint livrees à tournois de annuel rente, se miex les amoient lesdiz bourjois et eschevins, si comme il est dessus dit, lidis religieus seront quitte d'enqui en avant desdites vint livres tournois, et demourront en pais à tousjours envers lesdis bourjois et eschevins quant à choses dessusdites. En tesmoignage desquelz, nous connestables, abbés de Saint-Remi, et Guillaumes de Vous dessusdis, avons seellet ces présentes lettres de noz propres seaus, qui furent données et octroyées l'an de grâce mil trois cens vint et deus, le samedi unzième jour de décembre.

CCLXXVII.

COPIE d'un mandement donné par l'official de la cour de l'arcevesque...., et du rescrit sur icelui, des prestres de Saint-Hillaire, Saint-Denis, Saint-Pierre-le-Vieil, Saint-Jacques, Saint-Estienne, et Saint-Symphorien de Reims, exécuteurs dudit mandement, contre les bailli, prévost, eschevins, sergens, et autres officiers de Reims, auxquels, par vertu dudit mandement, fut faite inhibition de non asseoir ou imposer aucune taille ou subside sur les clercs demeurans à Reims...., sur peine d'excommuniement, ni de les gaiger et exécuter pour ce.... Et fut pour le sacre.... Sur le dos est écrit : *Inhibition de la cour de la chrétienté.*

14 décembre 1322.

Invent. de 1486, p. 155.

CCLXXVIII.

COMMISSION pour assigner à Laon les pauvres de Saint-Remy, qui prétendoient estre exempts [des frais du sacre].

22 décembre 1322.

Invent. de 1691, fol. 78.

CCLXXIX.

SUPPLIQUE des échevins au roi, à l'occasion des exigences de ses officiers lors des sacres [1].

1322.

Archiv. de l'Hôtel-de-Ville, Sacre, renseign., liass. 1, n° 2.

---

[1] Cet acte a été gâté par l'humidité. On y reconnaît cependant que la première partie de la supplique porte sur ce que les gens de l'hôtel du roi, des hôtels de la reine et de ses enfants, avant et depuis le souper et le dîner du roi, ont pris certains vivres, et autres garnisons, dont les échevins demandent restitution. Voici le passage le mieux conservé :

« *Item*, supplient que, comme il aient

CCLXXX.

1322.   [TAILLES du sacre.] L'an M. CCC XXII, fu faite la taille des héritaiges dou ban l'arcevesque, et de la banliue de Reins, pour le couronnement....; et monta ladite taille de la parroche Saint-Pierre-le-Viés, mil LXIII liv. X s. VI d., receus par la main J. Engermeit, sens les forains qui sont en la fin de ce cohier, qui monta XXXVIII liv. X s. VIII d.

<small>Archiv. de l'Hôtel-de-Ville, Sacre, renseign.</small>

<small>Ce cahier ne contient que 118 cotes, mais il est incomplet. Plusieurs feuilles du milieu ont été enlevées. La dernière porte :</small>

Ce sont icel de la Nueville, à Mont Rancien.

<small>Le total des cotes est de 59.</small>

Somme de tout, XXXVIII liv. X s. VIII d.

Somme de tout ce cohier, XI^c III liv. IIII s. VI d.

CCLXXXI.

1322.   [TAILLES du sacre.] C'est li cohiers de Saint-Estène, de Saint-Morise, de Saint-Denise, et forains, et Saint-Linart, pour la taile dou couronnement le roy Charle, seur les héritages; reçupt par R. La Coque, l'an M. CCC XXII. — Somme VII^c XLV liv. V s. I d.

<small>Archiv. de l'Hôtel-de-Ville, Sacre, renseign.</small>

[1°.] Ce sont cil de Saint-Morise et de Saint-Estène].

<small>Le total des cotes est de 173.</small>

Somme, IIII^c VII liv. IIII s. VIII d.

[2°.] Ce sont les forains de Saint-Estène, de Saint-Morise et de Saint-Denise.

<small>Le total des cotes est de 26.</small>

Somme, CXIX liv. XVII s.

« donné aucune foiz, par leur curialité et « libéralité, à voz huissiers d'armes, aus vallez de porte de vostre hostel, aucunes « sarges, et iceulx huissiers se soient de nouvel efforcié de contraindre les eschevins.... « à euls paier sarges, aussi comme se ce fust « debte deue de nécessité, et pour ce aient « faict adjourner les eschevins pardevant les « maistres des requestes, et aussi devant le « souverain maistre de vostre hostel.... » Le reste est effacé.

[3°.] C'est la parroche Saint-Denise.

Le total des cotes est de 141.

Somme, CLXVII liv. III s. II d.

[4°.] Ce sont cil de Saint-Lynart.

Le total des cotes est de 79.

Somme, LI liv. III d. et obole [1].

CCLXXXII.

[TAILLES du sacre.] C'est li cohier de Saint-Jaque, la Magdelainne, Courcelles, Ponçon, et la dame de Mairi, pour le couronnement le roy Charle, seur les héritaiges dou ban l'arcevesque, et de la banliue. Receust par Jaque le Borgne.

1322.

Archiv. de l'Échev., Sacre, renseign.

[1°.] Monta Saint-Jaque et la Magdelainne, IIII^c LXXIIII liv. XII s. IX d., de l'an M CCC XXII.

Le total des cotes est de 131.

[2°.] *Item,* les forains de ces deus parroches, montèrent XXIII liv. XVII s. IIII d.

Le total des cotes est de 7.

[3°.] *Item,* cil de Courcelles et de Ponçon, montèrent IIII^{xx} XII liv. XVI d.

Le total des cotes est de 113.

[4°.] *Item,* La dame de Mairi LIII s. IIII d., pour une maison delez la porte Rainnier Buiron, qui fu taillié hors somme.

Somme de toutes ces parties, V^c IIII^{xx} XVI liv. V s. II d [2].

---

[1] A la suite du cahier se trouve cette note :

« Ce sont li termes de la banliue de Reins dedans lesquelz messires de Reins a seignorie, et justice haute et basse :

« Premiers, dusquez à l'ourme à Vesve, en chemin de Saint-Thierri. — *Item,* duquez à la crouis Acrier, entre Ruffy et le bos de Sulain. — *Item,* duques à la crouis de Betteny. — *Item,* duques à l'aubre en chemin de Wytery. — *Item,* duques au ruissel le mont de Berru, outre Sarnay. — *Item,* duques à l'aubre à Mont Espie. — *Item,* duques à l'aubre à la Ponpelle. — *Item,* duquez au fosset l'arcevesque, dessà Sillery.

[2] A la suite du compte que nous venons d'analyser, se trouvent réunies, dans le même cahier, des feuilles dont voici l'extrait :

[1°.] Ce sont cil de Betteni, qui ont esté

320   ARCHIVES ADMINISTRATIVES

CCLXXXIII.

1322.   [Tailles de l'échevinage.] C'est la taille de la parroche Saint-Denize, qui fu prononcié l'an m. iii^c xxii, environ le Noël et Quaresme Prenant, et fu levée par C. de la Foulerie, et monta la taille de ladite parroche, iiii^c xlviii liv. xviii s. [1]

<small>Tailles de l'Échev., vol. II, cah. 7.</small>

C'est le cohiers de la taile de la paroche Saint-Hilaire, qui fu prononcié l'an m. iii^c xxii, et monta à xix^c lxxvi liv. ii s., et fu levée par.... J. Coquelet et R. Caret, taileurs [2].

<small>Tailles de l'Échev., vol. II, cah. 8.</small>

tailliet pour cause de leur héritaiges, des despens dou couronnement, l'an m. ccc xxii, et monta leur taille xvi lb xv s. vi d.

Le total des cotes est de 63.

[2°.] Ce sont cil de Ruffy, qui ont esté tailliet pour cause de leur héritaige..... l'an m. ccc xxii, et monta xi lb vi d.

Le total des cotes est de 31.

[3°.] C'est li cohier des bourjois dou ban Saint-Remi, qui sont tailliet pour les héritaiges qu'il ont en ban et en la banliue Mgr de Reins, pour le couronnement dou roy Charle no signeur, qui fu.... le dimenche devant quaresme prenant, l'an m. ccc xx et un; et furent tailleur Mile Jupin et G. li Naiges.

Le total des cotes est de 82.

[4°.] C'est li cohiers de l'éritage des clers, [de Saint-Étienne, et] des tables R. la Coquè, qui furent taillié pour le couronnement, l'an m. ccc xxi.

Jehan de Troyon, sous-baillis de Reins, xxii lb iiii s. Pour une grange.... Pour une maison qui fu les Juys, où il demouroient... Pour une maison en la parroche Saint-Hylaire. Pour la cimentière des Juys, devant Portemars... Pour sa part la maison qui slet en la Perrière.... Pour xiii jours,.... de terre.

Mgr Eudes de Clermont, iii s. iiii d., pour une masure.

Maistres Jehans li escouilliés, qui fu à l'arcevesque, xxxiii s. pour deus maisons.

Maistres Gérars qui tient l'escole Saint-Denis, x s. viii d.

Champenois qui a la fille Clarin de Sacy, iiii s. x d. pour jour et demi de terre.

Li clers li cherbonniers, ii s. viii d. pour une masure.

Les enfans Wisement le cervoisier, xxxiii s. viii d. pour vi jours de terre.

Les cotes des clercs s'élèvent à 126.

Somme v^e lxix lb vi s. iv d.

Ce sont cil [des clercs?] qui me sont bailliez des tables les taillieurs, qui furent tailliez pour lay.

. . . .

Ce sont cil [des clercs?] des tables Jaque le Borgne, de la parroche Saint-Jaque.

Les enfans Wisement le servoisier, xlii s. viii d. pour une maison.

Les enfans Wisement, xx s. pour terre qu'il tiennent à Courcelles, [sur?] les tables de Courcelles, etc., etc.

C'est des tables P. de Tuisy, pour ceus [des clercs?] de chapitre.

Jehan de Troyon, pour sa dame, viii lb xii s. pour sa part la maison la Perrière, et terres, etc., etc.

Somme de tout ce cohier [des clercs seulement?], vi^c xi lb vi s.

<small>[1] Le total des cotes est de 403.
[2] Le total des cotes est de 492.</small>

CCLXXXIV.

COMMISSION du roi Charles, adressée au bailli de Vermandois, pour maintenir les échevins dans la possession de nommer et instituer des brasséeurs de foin dans Reims, à l'exception du ban de Saint-Remy, contrairement au chapitre, qui prétendoit avoir le même droit, et avoit nommé un brasséeur [1].

7 janvier 1323.

Invent. de Noël, cart. 15, liass. 1. — Archiv. de l'Hôtel-de-Ville, renseign.

CCLXXXV.

INQUESTA nova, in causa Baudeneti de Trameri facienda [2].

8 janvier 1323.

Archiv. du Roy., sect. jud. Jugés, reg. 1er, fol. 261 v°.

Super causa pendente in curia nostra, inter scabinos ville remensis ex una parte, et archiepiscopum remensem ex altera, super facto Baudeneti de Trameri, inquesta quedam per certos nostros commis-

[1] Voir l'acte du 3 décembre précédent.

[2] L'affaire de Baudenet de Trameri, qui dut se compliquer de celle de Jehan Coquelet (voir l'acte du 18 novembre 1322, et le rôle des causes de l'échevinage à la fin de 1328[*]), donna lieu aux deux factums suivants, conservés à Reims dans les archives de l'Hôtel-de-Ville :

[§ 1er.] *Articles pour les eschevins de Reins, contre l'arcevesque de Reins.*

« A la fin qu'il soit dit et prononcié par vous, nos chiers seigneurs tenans le parlement, à Paris, que les troubles et li empeechement, que la gent de révérant père en Dieu monseigneur l'arcevesque de Reins, ont fait nouvèlement aus eschevins de Reins, dou ban doudit arcevesque, de Baudenet de Trameri, bourgois dudit eschevinage, que la gent du chapistre de Reins avoient pris et rendu à la gent dudit arcevesque, pour ce qu'il estoit bourgois dudit eschevinage, laquelle gent du chapistre offrirent à enfourmer la gent doudit arcevesque que lidiz Baudenet avoit esté pris en leur justice, à présent maiffait, si requéroient qu'il leur feust renduz ; les genz dudit arcevesque, en desrière desdiz eschevins, et euls non appelez à ce faire, firent l'infourmacion dudit fait, et le jugement dudit Baudenet, et le rendirent de leur autorité à la gent dudit chapistre, leur soit ostez ; et que lediz Baudenet soit restabliz et renvoyez au jugement et à l'infourmacion desdiz eschevins, de par ledit arcevesque, ou de sa gent, et lesdiz jugemenz et infourmacions du tout mis au néant : — Dit, et propose, et entent à prover, se mestier est, li procurères desdiz eschevins, comme procurères d'iceuls, et ou non de euls, les faiz et les raisons qui ci-après s'ensiuent, et tout à fin de pure saisine.

« 1. Premiers, dit lidiz procurères que la joutice dou chapistre Nostre-Dame-de-Reins, nouvellement en ceste année, prirent, et mirent en prison un citoien de Reins, que on appelle Baudenet de Tramery.

« *Jehan Guespin, procurères des eschevins dessusdiz, l'afferme. Jehan de Troion, procurères de l'arcevesque, le croit ; excepté qu'il ne se recorde du temps, ne ne set mie qu'il fust bourgois, fors pourtant qu'il le disoit ; et pour ce le croit.*

« II. *Item*, que lidiz Baudenet, au temps qu'il fu pris par ladite joutice doudit cha-

[*] Voir aussi les actes du 4 avril 1323, du 24 et du 26 avril 1336, et du 13 décembre 1348.

sarios fuit facta, et ad nostram curiam auditis partibus, asportata, et curiam nostram [*sic*, curie nostre?] ad videndam tradita, ad illum pistre, estoit bourgois de Reins dou ban de l'eschevinaige de Reins, et est encores.

« *Le procurères des eschevins l'afferme. Le procurères l'arcevesque n'en croit rien, fors pourtant qu'il le disoit.*

« III. *Item*, que tuit li bourgois de Reins doudit eschevinage, seur tous caz, et seur toutes amessures quelconques, desquelz il seroient poursuiz, fust de l'arcevesque de Reins, de sa gent, ou d'autres quelconques, doivent estre traitiez et démenez au jugement et à la cognoissance desdiz eschevins.

« *Le procurères des eschevins l'afferme, à la fin où il tant. Le procurères de l'arcevesque ne le croit mie, à la fin où li articles tant; ne autrement ne voust respondre.*

« IV. *Item*, que lesdiz eschevins sont en possession, et en saisine, d'avoir la cognoissance, et le jugement, et toutes informacions, en cas où elles escherroient, seul et pour le tout, de touz les bourgois dudit ban, de touz cas quelconques dont il soient apruchez, de quelconque personne que ce feust, fust dudit arcevesque, feust d'autre.

« *Le procurères des eschevins l'afferme. Le procurères de l'arcevesque ne le croit mie, quant au cas dont débas est.*

« V. *Item*, que lidit eschevin sont en possession, et en saisine, seul et pour le tout, d'avoir la cognoissance, l'informacion et le jugement, et l'enqueste où elle affiert, des bourgois dessusdis, dudit eschevinage, on tous cas, excepté trois cas tant seulement; c'est à savoir : larrecin, murdre, et traïson, là où il seroient maniffait, et non autrement.

« *Le procurères des eschevins l'afferme. Le procurères de l'arcevesque ne le croit mie.*

« VI. *Item*, que li cas pour lequel lidiz Baudenez estoit tenuz, estoit autre que li troi cas dessus dit.

« *Le procurères des eschevins l'afferme. Le procurères l'arcevesque croit l'article.*

« VII. *Item*, que lesdis eschevins sont en la possession et saisine dessusdite, et ont esté paisiblement par poinz de chartre, confermée du roy de France.

« *Le procurères des eschevins l'afferme. Le procurères de l'archevesque ne le croit mie, fors qu'il a ouy dire qu'il ont chartre; mès il ne scet à quel fin elle tent.*

« VIII. *Item*, que, aveques ladite chartre, lidit eschevin, seul et pour le tout, de ladite possession et saisine ont usé paisiblement par si lonc temps, etc....

« *Le procureur des eschevins l'afferme. Le procureur de l'archevesque ne le croit mie.*

« IX. *Item*, que li cas si sont pluseurs foiz escheuz, desquelz lidiz eschevins, seul et pour le tout, présent ledit arcevesque, ou sa gent, et euls sachens et non contredisenz, ont eu paisiblement la cognoissance, l'infourmacion, l'enqueste, et le jugement des bourgois dessusdiz.

« *Le procurères des eschevins l'afferme. Le procurères de l'archevesque ne le croit mie.*

. . . .

« XII. *Item*, et se lidiz arcevesques, ou sa gent, en avoient de rien usé au contraire, ce qui ne sera jà trouvé, se Dieu plaist, si aroit-ce esté en darrières desdis eschevins, et euls non véant et non sachent.

« *Le procurères des eschevins l'afferme. Le procurères de l'archevesque ne le croit mie; ainçois croit que lidis archevesque, ou sa gent, ont pluseurs foiz eu ces informacions, sachant les eschevins qui pour le temps estoient.*

« XIII. *Item*, que par les raisons dessusdites au temps que lidis Baudenez fu pris par la joutice dudit chapistre, et que il estoit en leur prison, lesdis eschevins, seul et pour le tout, estoient en saisine et en possession paisible d'avoir la cognoissance, l'informacion, l'enqueste et le jugement, en touz cas, dudit Baudenet, et des autres bourgois semblans, exceptez les trois cas dessusdiz, où il seroient maniffait, et non lidiz arcevesques ne sa

finem, si, omissis testibus in ea reprobatis, quorum reprobaciones fuerunt per curiam nostram [ad probandum?] admisse, ipsa posset judigent; desquels trois cas dessusdiz, lidiz cas n'est pas.

« *Le procurères des eschevins l'afferme.*
Le procurères de l'arcevesque ne le croit mie, fors tant qu'il croit que ledit Baudenet n'estoit pas prins pour uns de trois cas.

« xiv. *Item,* que lidit eschevin requistrent la gent dudit arcevesque souffisenment, en la manière qu'il ont accoustumé, que il requeissent à la joutice dudit chapistre que lidiz Baudenez leur feust renduz, comme bourgois dudit eschevinage, pour estre à la cognoissance et au jugement desdis eschevins, s'il estoit nuls qui riens li vousist demander.

« *Le procurères des eschevins l'afferme.*
Le procurères de l'arcevesque ne le croit mie; fors tant que li eschevins, ou li ami doudit Baudenet, requistrent à la gent l'arcevesque qu'il le requissent à chapistre, comme bourgois l'archevesque.

« xv. *Item,* que, à la requeste desdiz eschevins, la gent dudit arcevesque requirent à la joutice dudit chapistre, que il leur rendissent ledit Baudenet, comme leur bourgois dudit eschevinage.

« *Le procurères des eschevins l'afferme.*
Le procurères de l'arcevesque croit bien que, à la requeste desdiz eschevins, ou des amis doudit Baudenet, le prévost l'arcevesque requist pardevers la gent de chapistre, ledit Baudenet, comme bourgois l'arcevesque; mais il ne scet à la requeste des quiex.

« xvi. *Item,* que la joutice dudit chapistre rendirent ledit Baudenet à la gent dudit arcevesque, pour ce qu'il estoit bourgois dudit eschevinage, si comme dit est.

« *Le procurères des eschevins l'afferme.*
Le procurères l'arcevesque croit bien que lidiz Baudenet fust renduz à la gent l'arcevesque, pour ce qu'il se disoit bourgois l'archevesque.

« xvii. *Item,* que la gent dudit chapistre, ledit Baudenet rendu à la gent dudit arcevesque, si comme dit est, offrirent à enformer que lidiz Baudenez avoit esté pris en la joutice et seignorie dudit chapistre, en présent maiffait, à la fin que lidiz Baudenez leur feust renduz et restabliz.

« *Le procurères des eschevins l'afferme.*
Le procurères l'arcevesque le croit.

« xviii. *Item,* que la gent dudit arcevesque, en derrière desdiz eschevins, et euls non appelez, oïrent l'infourmacion que la gent dudit chapistre leur firent, contre ledit Baudenet, sus le présant meffait qu'il offrirent à prover; et jugèrent qu'il l'avoient bien prové, et rendirent ledit Baudenet à la joutice dudit chapistre.

« *Le procureur des eschevins l'afferme. Le procurères de l'arcevesque le croit.*

« xix. *Item,* que par les raisons dessusdites, sitost comme lidiz Baudenez fu renduz à la gent dudit arcevesque, ausdiz eschevins seuls et pour le tout, appartenoit et appartint l'information, l'enqueste, la cognoissance, et li jugemenz dessusdiz, et non audit arcevesque, ne à sa gent.

« *Le procurères des eschevins l'afferme.*
Le procurères de l'arcevesque ne le croit mie.

« xx. *Item,* que la gent dudit arcevesque, lesdis infourmacions et jugement dudit Baudenet firent et prononcièrent, en la manière dessusdite, en grand grief et préjudice desdiz eschevins, à tort et senz cause, en euls troublant et empeechant, indeuement et de nouvel, en leur saisine et possession dessusdites; pourquoi, non contraitant chose que lidiz arcevesques, ou sa gent, aient proposé au contraire, par les raisons dessusdites, il doit estre dit et prononcié lesdis eschevins estre tenuz et gardez en leur saisine et possession dessusdite, et lesdites infourmacion et jugement dessusdites du tout mises au niant, et ledit Baudenet restablir à la cognoissance, information, enqueste et jugement des eschevins dessusdiz.

« *Le procurères des eschevins l'afferme.*
Le procurères de l'arcevesque ne le croit mie.

« xxi. *Item,* que des choses dessusdites

cari. Visa igitur, ad finem predictum, dicta inquesta, cum reprobacionibus et testibus predictis ; cum inventum fuerit quod inquesta predicta judicari non potest, nisi prius super dictis reprobacionibus veritas

il est voiz commune et fame publique, et les a lidiz arcevesques, ou sa gent, desquels il a eu le fait agréable, souffisement recogneuz estre vraies.

« *Le procurères des eschevins l'afferme. Le procurères l'arcevesque ne le croit mie.*

« Si requiert, etc., etc. . . . . »

[§. 2.] *Ce sont les raisons de droit que li eschevin de Reins ont proposet à conforter leur chartre, et les protestations.*

« Ce sont les raisons que li eschevin de Reins proposent à conforter leur chartre, à la fin où il l'ont traité et proposée, et à la fin qu'il appère par la vertu d'iceli, que ladite chartre c'estent, et puet et doit estandre, au cas dont débas est, et ledit cas devoir appartenir as eschevins, et non à autres ; et que ce qui a esté fait de par ledit monsigneur l'arcevesque, a esté fait contre la teneur d'iceli, et en euls tourblant et empeschant, si comme il est contenut en leurs articles.

« Premiers, il appert que congnoissance et jurisdiction plainne, est deue et appartient asdis eschevins, des demourans endit ban, et des bourjois de l'eschevinaige, ne mie sens plus par la vertu de ladite chartre, ne dou temps d'iceli tant seulement ; mais par coustume, et par temps très ancien, avant ladite chartre, très longuement gardez, et otenus ; laquelle coustume et temps si anciens, donne bien jurisdiction, congnoissance plainne, et tout ce sens coy jurisdiction ne puet estre démenée à plain, soit avant la congnoissance, ou sentence, ou après, de toutes choses qui appartenir y puellent, ou qui en dépendent. Et appert, car cils qui ottria ladite chartre, fu meus et indus, pour la raison que dite est devant, à restituer à euls, à perpétuyteit, ce que à yaus appartenoit, et à confermer.

« *Item*, il appert par la concession de ladite chartre, là où elle dit : « que cils qui leur « ottroye, vuet que li eschevin soyent resta-« blit à la citeit, » sens dire ne dénoter aucune particulariteit, mais le dit sur universalité, ausi con se la jurisdiction universelle soit asdis eschevins, ne mie sens plus par la vertu de la chartre, mais comme restituée. Et le semble bien, parce que il meymes se eslisent entre euls.

« *Item*, que il a contenut en la chartre, « que il jugeront à droit jugement », à dénoteir que il sont juge ; et encore establis à jugier et à garder les propres droits monsigneur l'arcevesque.

« *Item*, par la teneur de ladite chartre, il appert clèrement, là où il dit : « nous ottrions, « que se aucuns bourjois de nostre ban, es-« tablis, par aucune occoison en cause soit « trais, tant comme il vaura estre à ordre de « droit, il sera au jugement des eschevins. » Et ainsi quant cils estoit bourgois, et dou ban, et il estoit trais en cause, de cui qu'il y soit trais, et pour quelconque cause, et mayement comme il s'offrit à droit, à paure droit par eschevins, et requiert encore ; il ne pooit, ne devoit estre renvoyés, ne par informacion qui est une congnoissance de cause sommère, ne par congnoissance, ne par sentence, fors par eschevins. Et mayement, car li arcevesques confesse que, sus l'informacion, il rendi sentence, ou jugement ; et li jugemens est tous leur, par ce que dit est.

« *Item*, li exception véréfie la riule ; et il appert, car li arcevesques n'en retient fors que en trois cas tant seulement, et là où li cas sont manifet : car encore en ses trois cas, se doute en estoit, si cherroit-il en cougnoissance d'eschevins. Et ainsis appert que la congnoissance de tous les autres cas, par quelconque mannière que congnoissance s'en face, jugemens, ou sentence, soit par information, ou par procès, ou autrement, appartiennent et doyvent appartenir asdis eschevins ; et mayement, car proprement office d'eschevins c'est estre jugeur, et avoir congnoissance général-

inquiratur, per arrestum nostre curie dictum fuit, quod super dictis reprobacionibus, a dictis partibus hinc inde propositis, et per curiam

ment, soit par manière d'informacion, ou d'autre procès, si comme on le puet voir et savoir génèralment.

« *Item*, de raison commune, très qu'il avoyent la congnoissance de la personne, et le jugement, il doyent avoir, et ont, tout ce qui à congnoissance appartient quelconques, et espécialment de ce meymes qui est congnoissance préparatoire à la congnoissance principal, et de toutes les dépendances, et séquelles, et appartenances à juge, et à office de juge ; et très que il sont juges, et ils ont toute congnoissance en la personne, par raison il ont l'information d'iceli, en cas là où elle chiet, ou puet choeir, comme li arcevesques n'en ait rien retenut, fors ce que dit est.

« *Item*, il appert que ce c'estoit voirs, ce que mesire l'arcevesque maintient, et qu'il peust ainsis rendre, par s'information, à autrui jugement, les bourgois de l'eschevinaige et dou ban, desqueils lidis eschevin doyvent congnoistre et jugier en tous cas, si con dit est, il s'ensuiroit un inconvéniens, de trouver voye par laquelle il porroit, pour sa volenté, ou sa gent, oster aus eschevins la congnoissance que il ont et par coustume, et par ottroy, et par ce que dit est ; car de tous ciaus qui rendu leur seroyent, qui seroyent dou ban, et bourjois, et qui seroyent à la congnoissance et jugement des eschevins, ils les porroyent baillier ou rendre à cuy qui leur plairoit, en disant qu'il en seroyent enfourmé. Et ainsis par ceste voye, et par semblans, ce qui à yaus appartient, leur seroit ostez ; laquel chose ne puet estre, par raison ; car très qu'il ne leur puet oster ce qui à yaus appartient, simplement ce qu'il ne puet, toutes les voyes par lesquelles il y porroit venir, ou se vauroit effòrcier dou venir, li doyvent estre et sont fourcloses ; et ainsis de ceste voye doit-il estre fourclos, et de toutes autres semblans.

« Et toutes ses raisons proposent lidit eschevins à la fin dessusdite, et de saisine, et à conforter leur saisine tant seulement, pour conforter leur chartre, à la fin qu'il est contenut en leur articles, avecques les autres qui sont à suppléer de droit, de nosigneurs de la court. Et de ce se rapportent tant à la chartre comme à l'office des jugeurs, en tant comme elles font et porront faire pour euls, à la fin que dit est.

« *Item*, tout ce que dit est, et en la manière que dit est, est donné et ottröyé par concession de roy, et confermé dou roy, as-dis eschevins, si comme il appert tout clèrement, par lettres scellées dou roy nosigneur, en verde cire ; pour quoi ladicte jurisdiction doit estre entendue largement, sens riens excepteir, fors ce qui excepté en est par espécial. »

Protestation pour le fait Baudenet de Trameri.

« Premiers, li procurères des eschevins fait protestacion, que li article ausquels li procurères monsigneur l'arcevesque n'a respondu à plain, ou mains souffissanment, que li article soyent pour congneu, ou qu'il y ait tel profit comme avoir y devera.

« *Item*, fait protestacion, que se messire l'arcevesque, ou ses procurères, provoit aucun esploit fait en absence des eschevins, et lesdis eschevins ignorans, qu'il ne li profite, ne nuyse asdis eschevins.

« *Item*, ce de la partie doudit monsigneur l'arcevesque estoit proveit aucuns esplois, fais d'aucun, de forain, ou d'autre, qui ne fût mie dou ban, et qu'il ne fût tesmoingniez estre dou ban et bourjois de l'eschevinaige, qui ne li portât profit, ne damaige asdis eschevins, comme on traite à présent des demourans endit ban, bourjois de l'eschevinaige, tant seulement.

« *Item*, se lidiz messire l'arcevesques provoit que aucune fois il eust fait aucunes informacions pour sa volenté, et il ne provoit qu'il les eust rendues par s'information, ou par sentence assise seur l'informacion, qu'il ne li porte profit, ne damaige as eschevins, comme li principaus débas soit à présens ne mie tant seulement de l'informacion, mais

nostram ad probandum admissis, veritas inquiretur, et interim dormiet dicta principalis inquesta. Octava die januarii, anno Domini M° CCC° XX° II°. P. Casalis.

CCLXXXVI.

10 janvier 1323.

COMMISSION au bailli de Vermandois pour maintenir les maîtres des chaussées dans le droit de faire fouiller, enlever, et débiter, des pierres de grès, pour l'entretien des chaussées de Reims, en la terre de l'abbaye de Saint-Thierry, et autres seigneuries voisines, à trois ou quatre lieues à la ronde.

Archiv. de l'Hôtel-de-Ville, Domaine, liass. 24, n° 2.

CCLXXXVII.

Du 15 mars 1323, au 14 décembre 1325.

C'EST le compte de moi Jehennot Martin, clerc, des receptes et mises faites par moi à Reins, pour l'imposicion dou couronnement..., depuis le xve jour de mars l'an CCC et XXII, jusques au XIIIIe jour de décembre l'an XXV [1].

Archiv. de l'Hôtel-de-Ville, renseign., Sacre, liass. 3, n° 5.

RECEPTE.

Elle se compose des versements des châtellenies et de leurs dépendances (Courmicy, Courville, Chaumisy, Septsaulx, Nogent, Chameri, Beteniville, Attigny), ainsi que de parties versées par les eschevins, les bourgeois du chapitre, les collecteurs spéciaux, etc.

Somme toute, III^m III^c LXXIX liv. XIIII s. v d. [2]

. . . .

de la rendue et sentence baillie et faite par la vertu d'une informacion.

« *Item*, requièrent lidit eschevins, que, en cas là où messire l'arcevesques ne proveroit son fait, jà soit ce que lidit eschevin ne provassent mie leur fait à plain, que raison leur soit gardée, commune, qui telle est, que très qu'il ont toute congnoissance de sentencier, et le jugement, fors en certains cas retenus de monsigneur l'arcevesque, et ainsis tous li remenans leur demeure, qu'il soit esgardé l'information dont débas est, et la rendue, et autres de semblant condicion, ausdis eschevins devoir appartenir, sauf ce que il n'entendent riens à dire par manière

de protestacion, ne autrement, fors à la fin, et selonc la teneur de leurs articles.

« *Item*, fait protestacion contraires li procurères des eschevins, contre toutes les protestacions dou procurères l'arcevesque. »

[1] Ce compte occupe 15 peaux de parchemin, ainsi que celui donné plus haut sous la date du 15 janvier au 1er août 1322; mais l'extrait que nous en faisons est bien plus abrégé. Au verso se trouvent ces mots :
« C'est le compte dou couronnement dou
« roy Charle N. S., rendu par Jehannot Mar-
« tin, clerc. »

[2] Dans ce compte, le résumé général des recettes est suivi de l'indication détaillée

DE LA VILLE DE REIMS.

MISES.

Somme de toutes les mises, iii^m iiii^c xxxvi ℔ v s. ii d. ϕ.

Restat, déducion faite des receptes aus mises, que les mises seurmontent la recepte de lvi ℔ x s. ix d. ϕ, laquelle somme est deue à moi J. Martin, clerc.

des dépenses, dont nous rejetons l'analyse dans cette note.

MISES [SPÉCIALES].

1°. *Panneterie.*
. . . .
Somme, ix^{xx} ix ℔ xiiii s. i d.

2°. *Eschançonnerie.*
. . . .
Somme, vii^c lxii ℔ xviii s. iiii d.

3°. *Cuisine* *.
. . . .
Somme, vi^c xxv ℔ vii s. i d.

4°. *Fruiterie* **.
. . . .
Somme, ii^c iiii^{xx} x ℔ xix s. ix d.

5°. *Escuerie.*
. . . .
Somme, ix^{xx} xvii ℔ xii s. x d.

6°. *Fourrière.*
. . . .
Somme, viii^{xx} ii ℔ x s.

7°. *Charpenterie.*
. . . .
Somme, iii^c lvi ℔ x s. viii d.

* Dans la cuisine, il y a profusion de gingembre, girofle, cannelle, poivre battu, safran, poivre long, ris battu.—lxiii livres de sucre, coûtent xv ℔ xv s. — xxv pommes grenates, xxv s. — Chasteignes, x s. — vi^c livres d'amandes pour la cuisine du commun, xvi ℔ v s. — lxviii livres de sucre, xiiii ℔. — ii muids de vinaigre, iiii ℔. — lxx saumons, cxxxi ℔ xvi s.

** Dans la fruiterie, m. cc. lxi livres de cire, xxix d. pour livre. — Pour dragié grosse, sucre rosat, et pluseurs autres espices pour les maistres, x ℔ xiii s.

[MISES GÉNÉRALES.]

Pierres Toussac, argentier le roy, pour les despens de lui, Thoumas Costeil, tailleur des robes le roy, Th. Nevouin, orfèvre, Th. Hennet, coutepouaintier, Bruant le Leu, varlet péletier, pour eulz, leurs varlés et leurs chevaus, en alent de Paris à Reins, les parties au dos ***, iiii^{xx} xv ℔ par.

A Jehan de Lorris, clerc le roy, en argent pour payer maistre Raoul de Paris, iii^c lxvi ℔ par., lequel est payé de iii^c iiii ℔ vi s. viii d., lesquelles li estoient deues d'argent presté audit couronnement; et le sourplus aus quex, aus aideurs, et pluseurs autres de l'osteil le roy, qu'il leur estoit deu...., si comme il appert par les escraues des offices doudit seigneur.

Item, à M. le Tournant, sergent le roy, pour vii journées de sergenterie en la ville, pour cause dou couronnement, si comme il appert par les lettres doudit Michiel, vii^{xx} xii ℔ par.

[Une grande partie du rôle est occupée par les comptes faits denier à denier, des dépenses du clerc.]

Ce sont les despens fais par moi J. Martin, en alant et venant à Reins....

*** Au dos se trouve:

« Ce sont les despens que je P. Thoussac, argentier le roy, ai fais en alant de Paris à Reins....; et T. Nevoin, orfèvre de celui seigneur, Th. Coste tailleur, Th. Hannel coutrepointier, Briant varlet péletier.

« iii chevaus pour l'argentier, ii pour l'orfèvre, ii pour le tailleur, i pour Hennel, i pour Briant. — iii varlés cousturiers, iiii varlés coustrepointiers, et ii varlés péletiers.

« Pour xii chevaus, et xii varlés, qui apportèrent les joyaus pour le cors le roy, qui mirent iii jours de Paris à Reins.... »

CCLXXXVIII.

4 avril 1323.

La commission dou bailli de Vermandois, et l'opposition l'arcevesque contre les eschevins de Reins, pour Jehan Coquelet

xvii mars, l'an xxii, parti de Paris pour aller à Reins; dîner à Cloye : pain, iiii d. par. — Vin, xviii d. — Cuisine, xiiii d. — Parlé aus eschevins, et ne ressu point d'argent.... somme xii s. ii d. — *Item*, xxiv mars, parti de Reins, et meirent li eschevin terme. — Menues choses, figues, résinz, nois, vins, vin aigre, canelle et aus, vi d. — Fein et aveinne, xx d. — Bûche, iiii d. — Forge, xvi d. — Somme dou jour, xii s. ii d.

Item, xviii mars; dîner à Coinssi...; giste à Joncheri.... somme, xii s. vi d. — *Item*, xix mars; dîner et giste à Reins...., somme, xii s. x d.... — *Item*, xxii mars, à Reins et à la Saint-Jehan-Baptiste; dîner à Joncheri. — *Item*, xxv mars, dîner à Lisi, giste à Cloye... — xxvi mars, à Paris. — *Item*, pour le louyer d'un cheval loué à Paris, et tenu par ix jours, ii s. vi d. par jour.

Item, xv° jours de juing, parti de Paris pour aler à Reins...,. — *Item*, xviii juing, parlé as eschevins, et remirent terme à la Magdelainne...; et me baillèrent les eschevins une lettres pour apporter à J. de Lorris...,, et ne trouvai pas J. de Lorris.

Item, viii jours d'aoust, parti de l'abbeye de Pontigny pour venir à Paris, dou commandement Mgr Adam de Ver, et J. de Lorris, pour faire seeler commissions pour cause dudit couronnement....; et retour à Pontigny.... — Giste à Pontigny, nient, car le roys y estoit.

Item, v septembre, parti de Prouvins pour aler à Reins, pour avoir de l'argent.

Item, xv d'octembre, parti de Paris pour aller à Reins....; loué une chambre à mon hoste, en laquelle il ne gisoit fors ma compaingnie; et m'a coûté depuis tant de semaines comme je céjourne en la ville, pour cause dou couronnement, chacune semaine, iiii s. par., hors tous despens. — [Ici séjour à Reins.]

Item, xxi décembre, parti de Reins pour venir à Paris.

Item, xv jours de mars, l'an m. ccc. xxiii, parti de Saint-Jorge de Boquierville pour aller à Reins, dîné à Rouen · pain, vi d. — Vin, xviii d. — Cuisine, xvii d., et menues choses, vi d. — Forge, ii s. viii d. — Fein et aveinne, xii d.... — *Item*, xvii mars, dîner et giste à Paris : pain, viii d. — Vin, iii s. viii d. — Cuisine, iii s. — Menues choses, figues, rézins, nois, pommes, gingembre, cannelle, verjus, vin aigre, aus et perressin, xii d. — Bûche, iiii d. — Fein et aveinne, ii s. viii d — Littière, vi d. — Forge, viii d. — Somme du jour, xii s. vi d..... — *Item*, xxii mars, à Reins, et ce jour furent les eschevins en ma chambre : pain, xii d. — Vin, iiii s. vi d. — Cuisine, v s. vi d. — Menues choses, xii d. — Bûches, viii d. — Fein et aveinne, ii s. — Somme du jour, xiiii s. viii d. — *Item*, xxviii mars, parti de Reins pour venir à Paris.

Item, 1er avril, parti de Paris pour aler à Reins.... giste à Meaus. — *Item*, ii avril, dîner à Gandelus...., giste à Maruëil. — *Item*, xi avril, vinrent les habitans de Courcelles apporter argent. — *Item*, xxvii avril, furent les bourjois de Reins en ma chambre. — *Item*, vi mai, parti de Reins pour venir à Paris.

Item, xv jours de juillet, parti de Belosanne pour aler à Reins...,; dîné à Gisors.... — xxviii juillet, parti de Reins pour Paris.

Item, le ii° jours d'aoust, reparti de Paris pour Boneville souz Touque, où le roy estoit..... — *Item*, viii aoust, dîner et giste à Briorne, moi et sire Raoul la Coque, bourjois de Reins; et apportiens une commission du roy, pour Reins, au grant seel à Paris.... — *Item*, xii aoust à Paris, et demourai en ladite ville pour l'espasse de xviii jours, auvec sire Raoul, la Pinte [bourgeois de l'échevinage, soustrait à sa juridiction naturelle sous prétexte de l'entrecours]¹.

<small>Archiv. de l'Hôtel-de-Ville, renseign.</small>

Pierres de Byaumont, baillis de Vermendois, à Crestian de Jasseignes, et Robert de la Cousture, sergens le roy en la prévosté de Laon, ou à l'un d'euls, salut. Nous avons veu les lettres dou roy no sire contenans ceste fourme : 4 avril 1323.

Karolus Dei gracia Francorum et Navarre rex, baillivo viromandensi, vel ejus locum tenenti, salutem. Exposuerunt nobis seabini remenses, quod cum ipsi sint, predecessoresque sui fuerint, a tanto tempore quod de contrario hominum memoria non existit, ut dicunt, in possessione et saisina pacificis habendi cognitionem, et judicium, omnium burgensium dilecti et fidelis nostri archiepiscopi remensis, in eschevinagio ipsorum scabinorum degentium, de omnibus casibus, productione [*sic*, proditione?], murtro et furto notoriis et manifestis, non dubitativis, duntaxat exceptis, et hoc habeant per punctum carte a regibus Francie confirmate, qua usi sunt hactenus, [et] fuerunt pacifice, ut dicitur; nichilhominus baillivus dicti archiepiscopi, pretextu quarumdam litterarum a nobis, veritate tacita, de dictisque scabinis nullam faciencium mentionem, ut dicunt, ad instan- 22 mars 1323.

---

pour avoir II commissions qui estoyent au grant seel, desquelles l'une fu perdue. — *Item*, XXI aoust, parti de Paris pour aller à la court, et R. la Coque s'en ala à Reins. — *Item*, II septembre au Mainnes ou Perche, nient.

Item, XXV jours de septembre, l'an XXV, parti de Crécy en Brie, du commandement noseigneurs des comptes, pour aler à Reins; et m'en vin à Paris, pour prandre les cleis des coffres où li escrips estoyent à Reins, et pour parler à nos seigneurs des comptes.

[Il part le VIII d'octobre de Reims, et séjornne à Paris aux frais des contribuables jusqu'au XIII décembre.]

Pour les despens Houceste, varlet J. de Lorris, qui demoura à Reins pour garder le harnois doudit J. de Lorris, du Iᵉʳ jour d'aoust XXII, jusques au VII septembre, LXXVI s. par. — *Item*, pour les *vidimus* de VII commissions, lesquelles je hé, pour chacune commission III *vidimus*, qui montent pour les VII, XXI *vidimus*, pour chacun XII d. par.

Messages.

Lorin, messagier, envoié de Reins et de Paris à Chastiau-Neus suz Loire, porter lettres de Mᵍʳ le conestable, à Mᵍʳ A. de Ver, et à J. de Lorris, pour la dilacion du paiement que les bourjois de Reins devoient faire dudit couronnement à moi, ausquiex ledit seigneur donna dilacion de la Touzsains, jusques as octicves de la Saint-Andrieu..... XXII s. par.

Item, pour parchemin, escriptures, pappiers, ancre, et cire vermeille à seeler, et pour ce présent compte, et le feu J. de Lorris, faire et ordonner, XII ℔.

¹ Voir les actes du 18 novembre 1322, du 8 novembre et du 26 novembre 1323.

ciam decani et capituli remensium, obtentarum, cognitionem et judicium supra Johannem Coquelet, dictum le Pinte, burgensem dicti eschevinagii, et talem se esse advoantem, ipsoque, et dictis scabinis, eundem ad suum examen remitti petentibus, habere satagens, de facto ad ipsos scabinos, et non ad eundem ballivum, pertinente, informationes et processus fecit quamplurimos, et facere non cessat, cotidie, contra burgensem predictum, eundem ad examen dictorum scabinorum remittere, et a predictis informationibus et processibus cessare, recusans, in dictorum scabinorum, jurisdictionisque eorum, ac dicti burgensis, grande prejudicium et gravamen, sic ipsos scabinos impediendo et perturbando in dicta possessione sua, indebite et de novo, sicut dicunt. Quare tibi commitimus et mandamus, quatinus, si vocatis evocandis, de plano tibi constiterit de predictis, dictum baillivum dicti archiepiscopi ad cessandum a dictis informationibus et processibus, et ad remittendum dictum burgensem ad examen dictorum scabinorum, necnon ad amovendum dictum impedimentum omnino, adeo quod dicti scabini sua possessione uti et gaudere valeant pacifice, compellere non omittas, quibuscumque litteris subrepticiis in contrarium impetratis, seu impetrandis, non obstantibus, ipsosque scabinos in sua possessione predicta, amodo, indebite nullatenus permittas impediri. Si vero dictus archiepiscopus, vel baillivus suus pro ipso, ad hoc se opponat, et propter hoc debatum oriatur, debato hujusmodi ad manum nostram tanquam superiorem posito, et facta recredencia, si, prout, et ubi, faciendum fuerit, adjornes dictas partes ad diem tue ballivie nostri futuri proximo parlamenti, processuras super hoc ut fuerit rationis; curiam nostram inde certificans competenter. Datum Parisius, xxii^a die martii, anno Domini millesimo ccc° xx° secundo.

 Par la vertu desqueles lettres, nous vous mandons et commettons,.... que le mandement dou roy nostre sire à nous fait par lesdictes lettres, accomplissiez en lieu de nous,... et ce que fait en aurez, avecques l'adjornement, certefiez à nos chiers seingneurs les maistres de la court le roy tenans son présent parlement, par lettres ouvertes, annexées à ces présentes [1], pour aler avant, si comme raison sera.

---

3 mai 1323. [1] A ces lettres se trouve en effet annexée la rescription suivante : « A ses chiers et redoutés signeurs et maîtres, les maîtres de la court dou roy no

Commandons à nos subgiés, etc.... Donné à Laon, le dimenche IIIIe [*sic*, IIIe?¹] jour dou mois d'avril, l'an mil ccc vint et trois.

CCLXXXIX.

PRECEPTUM regium de armis occulte a civibus remensibus portandis ². — 2 mai 1323.

Archiv. de l'Hôtel-de-Ville, renseign.

CCXC.

LETTRE des séneschaulx de l'église de Reins et du bailli du chappitre...., par laquelle appert que les sergens dudit chappitre avoient prins des bracieurs en l'ostel d'un chanoine, par lesquelz séneschaulx et bailli les bracieurs furent délivrez de prison, et si fut par les séneschaulx et bailli, et par les eschevins, fait compromis ³. — 19 mai 1323.

Livre Blanc de l'Échev., fol. 232.

CCXCI.

INSTRUMENT devant ung tabellion apostolique, par lequel appert que l'arcevesque deffendit aux eschevins, et à pluseurs — 28 mai 1323.

sire, tenans le prochain parlement à Paris, Robers de la Cousture, sergens dou roy no sire, et li vostres, en la prévosté de Laon..... Mi chier signeur, par la vertu des lettres [de mon maître, le bailly de Vermandois], je appellay pardevant moy, à Reins, au mardi devant l'Ascension, les partiez contenues èsdictes lettres. A laquelle journée icelles parties se comparurent; c'est à savoir li eschevin dou ban l'arcevesque de Reins, d'une part, et le bailly doudit arcevesque, d'autre part. Et quant as choses contenues èsdictes lettres, lidit eschevin proposèrent pluseurs raisons, à fin que ce qui èsdictes lettres est contenu leur fust fait et gardé, et que il en avoient en ceste manière usé de tel temps qu'il n'estoit mémoire dou contraire. Li bailli doudit arcevesque dit, et proposa, pluseurs raisons au contraire; et se opposèrent l'une partie contre l'autre. Et pour l'opposition d'icelles parties, je pris le débat en la main dou roy...., et leur ay assigné journée pardevant vous à Paris, au jour de la baillie de Vermendois dou prochain parlement. Et ce vous certéfie-je, par ceste rescription, scellée de mon scel. Donné l'an mil ccc. vingt et trois, le mardi dessusdit.

¹ Cette année le 4 avril était un lundi.

² Voir plus haut la commission du 14 mars 1312.

³ Cet acte contient les principales dispositions de l'accord que nous donnons à la date du 29 juillet 1323. Il n'en diffère guère que parce qu'il est dressé en français, et devant les officiers du chapitre ; les variantes se trouvent surtout dans le début :

«•A tous ceulz...., J. d'Estain, et Th. de « Sarny, chanoines et séneschaulx de l'église « de Reins, et R. du Chayne, bailli de la- « dicte église, salut..... Sachent tuit que « comme descorde feust, etc...., nous faisons « à savoir que li devantdiz sergens, et nos « justiciables, pardevant ledit bailli du cha- « pitre tenant la justice temporele de ladicte « église, personnelment establi pour ceste « chose,.... pour bien de paix, etc., etc. »

clers que les eschevins avoient fait citer pardevant lui, pour la despence du sacre, et aussi aux clers, qu'ilz ne se feissent citer, ou appeler l'un l'autre, ailleurs que pardevant ledit arcevesque.

Livre Blanc de l'Échev., fol. 322 v°.

Universis.... Robertus archiepiscopus remensis...., cum nos ad requisitionem scabinorum citari fecissemus.... Remis, coram nobis, ad certam diem nunc elapsam... Drouet de Calvomonte boulengeorium..., Walterum dictum le Sel [*sic*, Oisel?] aurifabrum...., Corardum de Manrre tonsorem...., Ysambardum et fratrem ejus tabernarios...., Haymardum ypothecarium, Ponceletum de Maisières pistounarium.... J. de Hainnaut carpentarium.... J. Joymet manentem apud Ellans.... Th. de S. Stephano, dictum Choletel de Bainne, Jessonium de Villadominica.... J. dictum Fernagut de Remis, Rob. dictum Errart de Remis, Rauletum de Remis ypothecarium.... J. de Attrebato, J. dictum le Petit de Langres... Guiotum de Septem Salicibus.... J. de S. Marco... Ponsardum de Waigny.... J. de Condeto, Thomam de Trelodio... J. Oiselet de Manrra.... Egidium de Mellomonte, Joh. Leclerc de Vaailly.... J. de Uno Curru[1], clericos, et contra scabinos eosdem.... responsuros, specialiter ad videndum et recipiendum quamdam peticionem quam intendebant facere scabini,.... contra dictos clericos, coram nobis, super contributionibus faciendis dictis clericis, et hiis omnibus in quibus possent teneri pro omnibus, et racione misiarum banni, et juris ejusdem, sustinendis, et ad procedendum ulterius super hiis....; dictique scabini peticionem edidissent coram nobis, contra nonnullos clericorum, videlicet.... contra J. de Vespert, J. dictum Fernagut de Remis, R. dictum Erart de Remis, Renaudum dictum Julion de Remis, Th. dictum de la Selle, Egid. de Mellomonte, Johannem Leclerc de Vaailly, Rauletum de Remis.... Joh. Bouilly et J. de Uno Curru dumtaxat, omnibus aliis pretermissis, sed demum (?) super hiis super quibus ipsos citari feceramus coram nobis relaxatis, prout in aliis nostris litteris seu publico instrumento super hoc confectis plenius continetur, nichilominus tamen comparantibus in judicio coram nobis.... Johanne Guepin, se gerente pro procuratore scabinorum, et

[1] Ici se trouvent 49 autres noms de clercs, que nous omettons.

Hugo de Feritate Milonis, se gerente pro procuratore clericorum, tam relaxatorum, quam aliorum, et tam super relaxatione predicta, quam super quibusdam aliis, jus dominorum suorum prosequentibus.... coram nobis; nos, ad requisicionem.... clericorum...., inhibemus scabinis...., necnon ad requisicionem partis scabinorum, clericis...., sub pena excommunicationis, et ducentarum marcharum argenti...., ne scabini clericos...., nec clerici scabinos, super contentis in citacione et peticione factis, editis, et impetratis, a nobis et coram nobis, ex parte scabinorum contra clericos...., trahant coram alio judice quocumque, quam coram nobis. In cujus rei.... sigillum, cum signis notariorum publicorum infrascriptorum, presentibus litteris, seu presenti publico instrumento, duximus apponendum. Actum Remis, in palatio nostro...., anno.... M. CCC° XX° III°, die sabbati post festum S. Sacramenti, XX^a VIII^a mensis maii...., presentibus J. de Monteclino officiario nostro, J. de Asconio canonico remensi, A. de Villanis decano maceriensi, P. de Porta clerico Remis advocato,.... E. de Wez milite...., G. de Cattalauno baillivo, J. de Troyon subbaillivo nostris, et pluribus aliis tam clericis quam laicis testibus.... Et ego Robertus clericus remensis publicus, apostolica et imperiali auctoritate notarius...., presens interfui.

CCXCII.

CONFIRMATIO pronunciationis super debato dudum orto, inter scabinos et Nicasianos, racione quorundam murorum. Mai 1323.

Archiv. du Roy., Trésor des Chartes.—Archiv. de Saint-Nicaise, liass. 13, n° 23.

Karolus, Dei gracia Francorum et Navarre rex, notum facimus universis tam presentibus quam futuris, nos infrascriptas vidisse litteras formam que sequitur continentes [1] :

Nos autem contenta in predictis litteris, quathenus tangit partes, ac rite et legitime acta sunt, approbamus, et auctoritate nostra regia confirmamus, salvo in omnibus jure nostro et quolibet alieno. Quod ut ratum.... Actum Parisius, anno Domini millesimo trecentesimo vicesimo tercio, mense maio.

CCXCIII.

LITTERA pacificationis et arbitrii, inter archiepiscopum et 18 juin 1323.

[1] Ici se trouve transcrit l'acte du 11 décembre 1322.

capitulum remenses, super francis servientibus, et quibusdam aliis.

<small>Archiv. du chap., lay. 1, liass. 1, n° 14.</small>

In nomine.... Pateat universis.... quod anno.... M° CCC° XXIII°, indictione sexta, mensis junii die decima octava, pontificatus.... domini Johannis pape vicesimi secundi anno septimo, in mei publici notarii, et testium subscriptorum.... presentia, propter hoc personaliter constituti venerabiles et discreti viri D. et M. Guido de Calvimonte archidiaconus.... in ecclesia cathalanensi, G. de Voys, Thomas de Sarnaco, canonici remenses, et P. de Porta clericus Remis advocatus, asserentes se tractatores a partibus electos et nominatos, ad concordandos nonnullos articulos contenciosos inter.... Robertum, remensem archiepiscopum ex una parte, et.... decanum et capitulum ecclesie remensis ex altera, inferius annotatos, dudum ipsi archiepiscopo, ex parte decani et capituli, super quibusdam gravaminibus de quibus conquesti fuerant, diu est, et conquerebantur decanus et capitulum de archiepiscopo predicto, et ejus ministris, ut dicebatur, traditos et porrectos, ipsos contenciosos articulos in modum qui sequitur, inter se ad invicem concordarunt, et concordatos esse voluerunt :

Et primo, articulum qui talis est : « Per litteras Guillermi : *Porro*,
« et : *Verum*[1], apparet quod mansionarii ecclesie remensis, ubicum-
« que sint positi, passim et indifferenter, prout eis placuerit, venientes
« ad urbem, et ab ea, quandocumque eis placuerit, recedentes, pro nulla
« occasione, pro nullo prorsus delicto, possunt infestari, capi, aut
« molestari, nec res eorum.... conveniri, nisi sub capituli examine,
« nisi forte contingeret eos ad presens et evidens intercipi forefactum;
« contra que fecerunt gentes domini archiepiscopi, videlicet Johannes
« castellanus de Novilla, capiendo Garinum le Fontenas, et vulnerando
« Henricum le Fontenas ejus fratrem, mansionarios capituli in villa
« de Courcellis, et eciam in terra et jurisdictione capituli fuerit facta
« vulneratio; » in hunc modum : videlicet, quia repertum fuerat, ut dicebant tractatores, quod dictus castellanus fuit capiendo unum, et alium vulnerando, et alius culpabilis se rescouendo, ideo concorda-

---

[1] On rappelle ici deux articles de la transaction de janvier 1201, articles qui se trouvent tous deux pag. 443 du tom. 1 des *Archiv. admin.*

runt tractatores, quod hinc inde compensate sint emende, et per captiones, sive rescoussiones, predictas nullum valeat alteri dictarum partium prejudicium generari.

Item, alium articulum qui talis est : « *Item*, idem castellanus qua-
« tuor quadrigatos, tam frumenti, quam siliginis, dictorum fratrum,
« quod creverat in quadam pecia terre sita in territorio de Courcellis,
« per vim et violenciam, contra voluntatem dictorum fratrum, cepit,
« et duci fecit, nec restituit requisitus; » concordatum voluerunt tractatores...., quia repertum fuerat, ut dicebant, quod restitutio facta fuit de quatuor quadrigatis predictis.

Item, alium articulum qui talis est : « *Item*, Johannes de S. Michaele,
« et J. de Bettenivilla, servientes baillivi, Perressonum filium predicti
« Henrici le Fontenas atrociter verberaverunt, et multas injurias intu-
« lerunt eidem, eciam in ecclesia de S. Bricio, et evaginato gladio
« equm dicti Henrici ducentem quamdam quadrigam oneratam blado,
« quod creverat in terra et jurisdictione capituli, injuste ceperunt,
« et quatuor stelingos [1] a Maria uxore dicti Henrici per violenciam
« extorserunt; » similiter concordatum esse voluerunt, quia repertum erat, ut dicebant, quod stelingi fuerunt quitati ab illo cujus erant, et quadriga restituta.

Item, alium articulum.... : « *Item*, dictus Johannes de S. Michaele
« et Colardus Carlarius, servientes baillivi, extorserunt per violen-
« ciam de manibus dicti Perressoni, unum restellum de ferro, valoris
« quatuor solidorum, et eum asportaverunt; » eciam concordatum esse volumus, quia repertum erat.... dictum restellum fuisse red-ditum.

Item, alium articulum.... : « *Item*, quendam mansionarium capi-
« tuli de Lavanna, videlicet Ponceletum, ceperunt servientes domini
« [archiepiscopi], non in presenti delicto, advoantem se, et post plu-
« res requisitiones baillivo, preposito et castellano, detinuerunt per
« duos menses, nec adhuc restituerunt; » concordarunt similiter dicti tractatores.... in hunc modum : videlicet, quia alias concordatum fuerat quod restitueretur dictus captus, et postea restitutus fuit, ut dicebant tractatores, ipsi concordarunt quod sufficiebat eis. Pars autem, si

[1] « Quatre septiers de stellage. » (Note marginale.)

voluerit, prosequetur dampna, secundum formam littere super dampnis concordate.

Item, alium articulum.... : « *Item*, R. Russequin de Villa-ad-Prata,
« claudum, servientes.... archiepiscopi ceperunt, et diu detinuerunt
« post requisitionem, et extorserunt ab eo pecuniam et supertunicale,
« ita quod venit ad nos in pura tunica; » concordarunt quod omnia
extorta ab ipso Russequin, fide facta super hoc...., restituentur cum
dampnis....; et hoc sufficiebat tractatoribus.

Item, alium articulum.... : « *Item*, gentes archiepiscopi Johannem
« Pestelet de Novavilla, juxta Pomacle, mansionarium capituli cepe-
« runt...., et restituere recusarunt baillivus, prepositus et castellanus
« Porte Martis, et ipsum suspendi fecerunt; » concordarunt quod fiat
immaginaria restitucio, secundum consuetudinem terre; et quod
super illa consuetudine, credetur baillivis archiepiscopi et capituli
juratis....

Item, alium articulum.... « *Item*, prout apparet per eandem litte-
« ram Guillermi : *Sane*[1], et sentenciam Martini : *In primis*[2]...., contra
« que fecerunt baillivus et ejus servientes, capiendo magistrum Car-
« pentarium, francum servientem capituli, et operarios ecclesie qui
« erant cum eo, et viliter duxerunt in prisionem, et eorum instru-
« menta ceperunt, et terram et aliam materiam paratam pro edifi-
« cando projecerunt, et sparserunt viliter, et dampnose, in platea
« terra capituli, ante hospitale; » concordarunt quod restituerentur
tres grossi fabrice ecclesie,.... pro omni interesse et dampno.

Item, alium articulum.... : « *Item*, Petrus le Gouverneres, sub-
« baillivus et prepositus, qui nunc est, posuerunt saisinas in domo
« Oiseleti aurifabri, franci servientis...., etiam post inhibitionem...; »
concordarunt quod ressaisicio fiet, et emenda quitata, quia repertum
fuerat factum ipsum archiepiscopo ipso displicuisse.

Item, alium articulum.... : « *Item*, servientes.... archiepiscopi fece-
« runt capi dictum Col-d'Oë, francum servientem domini Petri de
« Capis, cancellarii Francie, canonici remensis, et fecerunt saisinas

---

[1] *Archiv. admin.*, pag. 439.
[2] Il est ici question d'un article de la Simo-
nine, ou sentence prononcée par le cardinal
Simon de Sainte-Cécile, depuis pape sous le
nom de Martin IV. (Voir *Archiv. admin.*,
tom. 1, p. 946.)

« poni in domo sua, cum sumptibus magnis, et longo tempore, et ab
« eo extorserunt plures summas pecunie, et adhuc detinent telas et alia
« bona....; » concordatum esse voluerunt, quia repertum erat quod
gentes regis hoc fecerant, sicut continetur in responsione archiepiscopi; et hoc sibi sufficiebat....

Item, alium articulum.... : « *Item,* prepositus remensis cepit vacam
« Th. Coquelet, subcustodis ecclesie nostre...., et eam noluit resti-
« tuere....; » concordatum esse voluerunt, quia restitucio facta erat
de vaca predicta, per unum servientem ad hoc missum per tractatores
eosdem.

Item,.... : « *Item,* de feodo de Champigni, quod illi de S. Dyonisio
« tenent contra concordata, sub ficta simulatione; » concordatum esse
voluerunt, quia repertum erat per confessionem J. de Tugny, armigeri, factam coram scolastico remensis ecclesie, quod ipse sine fictione
tenet dictum feodum a domino remensi; et hoc sufficiebat tractatoribus, ut dicebant.

Item,... : « *Item,* de domibus et edificiis archiepiscopatus male reten-
« tis, et destructis; » concordaverunt tractatores, quod ipsi inducent
archiepiscopum, quantum poterunt, ad hoc quod fiat reparacio debita.

Item,.... : « *Item,* officialis domini archiepiscopi tenuit in prisione
« Maressonam de Lauduno, mansionariam capituli, et post requisitio-
« nem eam fecit inscalari, et postmodum eam abire permisit; » concordarunt, quia officialis dicit quod crimen est ecclesiasticus, et sibi
competit de jure, per jura xxvi, q. v., capitulo: *Contra ydolorum,* etc., *Episcopi*[1]; et hoc sufficiebat....

Item,.... : « *Item,* Symon sextellagearius Giletum de S. Theodo-
« rico, manentem in terra capituli, tenuit in carcere, et in compedi-
« bus, pro waymetis, post requisitionem.... eidem Symoni, baillivo,
« et etiam archiepiscopo; » concordarunt quod in casibus quibus tenentur ad tholoneum mansionarii capituli, vicecomes poterit eos arrestare
pro tholoneo; sed si sic arrestati velint jurare se satisfecisse, vicecomes
eis credere, et eos liberos abire, permittere tenebitur.

Item,.... : « *Item,* ministeriales domini ceperunt quendam bur-

---

[1] Décret, carus. xxvi, quest., v. c. 10 et 11.

« gensem capituli pro pane quem Remis vendebat....; » concordarunt.... quod persona capta, cum panibus restituetur; verumptamen, si appareat panes fuisse corruptos, et captos in terra archiepiscopi, panes restituentur archiepiscopo, justiciandi per gentes ejusdem.

Item, quosdam alios articulos, quorum unus talis est : « *Item*, pan-
« nos, forraturas, et alia bona, seu merces Jehanneti, burgensis et
« mansionarii terre capituli, que faciebat venire de nundinis pruvi-
« nensibus, videlicet que erant Jehanneti dicti Coquelet, franci ser-
« vientis ; » alius talis est : « *Item*, que erant Philipponi clerici, franci
« servientis...., ministeriales archiepiscopi ceperunt, et ea deti-
« nent....; » concordaverunt, in quantum tangit capitulum, quia restitucio facta erat...; tamen si pars velit petere et probare dampna, et interesse, fiat....

De debitis vero contentis in quibusdam articulis.... « *Item*, debet
« dominus archiepiscopus in festis Assumpcionis et Nativitatis B. Marie,
« ac Dedicacionis ecclesie remensis, in quolibet triginta octo libras sex
« solidos octo denarios, pro pastibus qui consueverunt solvi in dictis
« festis, et debentur pro anno M° CCC° XVI° et pro anno XVII°, licet plu-
« ries fuerit requisitus ; *Item*, dictus dominus pro aliis quinque parvis
« pastibus, XXV libras, pro quolibet C solidos, et debentur pro anno, [etc.,
« etc.]; *Item*, dictus dominus XXXII sextarios frumenti pro anno, [etc.,
« etc...]; *Item*, debet... officio Anniversariorum C solidos pro anno XV°,
« et XX libras pro anno XVI°. *Item*, debebuntur in instanti festo S. Mar-
« tini, XX libre; *Item*, debet quolibet anno LX libras de primis redditibus
« sextellagii..., et eas debet pro anno XVI° et XVII°...; *Item*, debet X libras
« super dicto sextellagio, ex alia parte, quas etiam debet pro dictis
« annis; *Item*,... debet mille libras per suas litteras, videlicet quin-
« gentas pro anniversario, et quingentas pro voluntate capituli fa-
« cienda, que diu est debuerunt solvi ; » dicebant tractatores concordatum esse per litteras archiepiscopi predicti, et obligationem prepositi et majoris de Cultura remensium, et satisfactum esse de eisdem, excepto debito pro anniversario.

De quodam autem alio articulo.... : « *Item*, de usu et consuetudine
« ecclesie remensis, oblationes facte in majori altari, dum ibi misse
« sollempniter celebrantur, presbitero, dyacono, canonicis ebdoma-

« dariis, debent applicari....; contra quod archiepiscopus faciens,
« oblationes factas in consecrationibus et coronationibus regum L. et
« P...., presbiteris et dyaconibus.... impedivit applicari; » concordaverunt.... quod presbyter habeat duas partes, et dyaconus terciam....[1].

CCXCIV.

Compromis fait soubz les seaulx de la court de Reins, et de
l'arcediaconé,.... entre les eschevins d'une part, et aucuns sergens de chappitre de Reins d'autre, pour cause de la prinse
d'aucuns brassieurs, faite par lesdis sergens en l'ostel d'un chanoine de l'église de Reins.

29 juillet 1323.

Livre Blanc de l'Échev, fol. 213 v°. — Archiv. de l'Hôtel-de-Ville, renseign.

Universis.... officiales remenses, necnon officiales curie domini
Aymonis de Sabaudia, remensis archidiaconi, salutem. Cum discordia
mota esset inter viros discretos scabinos remenses ex una parte, et
Stephanum Longueroye, J. Malepart, servientes capituli remensis,
J. de Pontefabricato, D. la Walée, et G. de Luqui, justiciabiles capituli ex parte altera, super eo quod dicti servientes, et J., et D., et G.,
ceperunt injuste, ut dicebant scabini, Huardum de Ruffy, Ellebau-
dum Macquart, et le Grant Thierry, braciatores scabinagii, in domo
domini Godefridi de Spinula, canonici remensis, et ipsos braciatores
in prisonia capituli posuerant....; noverint universi, quod.... anno
M° CCC° XX° III°, indictione sexta, die xxª ixª julii...., anno septimo
domini.... Johannis pape xxⁱ iiⁱ, in presencia R. Jordani curie remensis, et J. Fourbitoris, curie D. A. de Sabaudia...., clericorum, ac
imperiali auctoritate fidelium notariorum publicorum, ad hoc a nobis
specialiter deputatorum, in logia superiori domus in qua scabini sua
pallamenta seu consilia tenere consueverunt,... dictis scabinis ibidem
presentibus, servientes.... et justiciabiles capituli, pro bono pacis et
concordie, emendaverunt dictis scabinis factum predictum, et omnia
que fecerunt contra dictos braciatores, et de taxacione.... se suppo-
suerunt ordinacioni Th. de Rohays, et J. Grenier, civium remensium...;
promittentes per fidem suam corporaliter prestitam, in manu nota-

[1] Suivent les lettres d'acquit du chapitre, le nom des témoins, la formule des notaires etc., etc....

riorum, et sub pena trecentarum librarum parisiensium, mediatim....
regi, et mediatim scabinis, applicandarum, contra quemlibet predictorum qui veni..et contra ordinacionem predictam..., se firmiter tenere quicquid per dictos T. de Rohays, et J. Grenier...., fuerit super hiis ordinatum; volentes eciam quod ad observacionem premissorum possint compelli per quamcumque justiciam ecclesiasticam et secularem, eciam per capcionem et detencionem corporum et bonorum....

In cujus rei.... nos, ad relacionem dictorum R. Jordani, et J. Fourbitoris, sigilla curiarum predictarum, una cum suis signis publicis, duximus apponenda. Acta fuerunt hec Remis, anno et mense predictis, presentibus.... magistro H. de Griniaco, O. de Bourgondia, J. Bouillit draprio, P. Gauvain aurifabro, civibus remensibus, et pluribus aliis testibus ad hoc specialiter vocatis....

Et ego R. Jordani clericus publicus, [etc., etc....]

CCXCV.

4 aout 1323. SENTENCE du bailli de Saint-Pierre-aux-Nonnains de Reins, au prouffit des eschevins, contre aucuns particuliers qui ne vouloient paier leurs impos du sacre; par laquelle fut dict que deux ou trois eschevins, où plus, peuent, sans avoir procuracion de leurs compaignons eschevins, requérir et demander les tailles de leur eschevinage, pour quelque cause que elles soient faictes [1].

Livre Blanc de l'Échev., fol. 277.

A tous.... Marie de Rumont, par la pacience de Dieu humble abbeesse de l'esglise de Saint-Pierre-as-Nonnains, de Reins, salut.... Sachent tuit que comme décors fut meus en nostre court à Reins, pardevant Colart que on dit le Bec, baillif de nostre terre,.... et de la terre de nostre esglise, entre honorables hommes et sages les eschevins, pour raison de l'eschevinage d'une part, et Bauduyn de l'Ostel, citoyen de Reins, d'autre....; seur ce que J. Guespins, J. Quarreis, et P. dou Curtil, citoyens de Reins, eus portans comme eschevins, demandoient audit Bauduyn certaine somme de pécune à estre prinse seur les

---

[1] Au fol. 278 du Livre Blanc, se trouve une lettre soubz le seel de la court de Reins, par laquelle l'abbesse de Saint-Pierre-aux-Nonnains approuva son seel, pendant à la sentence cy-dessus incorporée; donné ladicte approbation l'an M. CCC. XXIII.

Les officiaux déclarent dans cette lettre, que l'abbesse comparut devant un de leurs

héritages doudit Bauduyn, liquez estoient tailliés à ladicte somme par tailleurs esceus souffisamment, et pour les frais et despens dou couronnement...; et requéroient lidis eschevins, pour le corps de l'eschevinage, que li héritages doudit Bauduyn, séans en la ville et en terroir de Cormonsteruel, estans en nostre jurisdiction, fussent à ce contrains et exploitiés par nostre justice, *et cetera;* lidis Bauduyns proposant au contraire, et disant que lidis trois eschevins de Reins.... n'estoient mie fondez souffisamment sans procuracion de tous lez eschevins, ou au moins de la plus sainne partie.... Lidis trois eschevins disant.... que par la coustume de Reins, notoire, ancienne...., deuz ou trois dezdis douze eschevins puelent demander à quelzconque personne que se soit, et pardevant tous juges, les tailles assises seur les héritages, ou personnes de la ville et du terroir de Reins....; et en offroient à faire foy.... Sur ce, littecontestacion faite par.... Bauduyn, et jour assignet au eschevins à prouver leur entencion, tesmons trais, jurez et examinez...., nostredit bailli...., par le conseil de bonnes gens et sages, prononsa, et par droit, que lidis eschevins avoient bien provée leur entencion. En tesmoingnage dezquelles choses, à la relacion de nostredit baillif.... Donnée l'an M. CCC XXIII, le juedi après la feste Saint-Pierre en aoust.

CCXCVI.

CE sont les copies des commission du roy no sire, citation, prorogacion, relations, et procuration des parties [dans l'affaire de Remy Grammaire et de Huet, fils de Droayn Munier.][1]

17 août 1323.

Archiv. de l'Hôtel-de-Ville, renseign.

Donné par copie sur les seaus de nous Fouque, doyen de Tournay, et Fremin de Coquerel, l'an de grâce mil CCC et XXIII, le merquerdi après la feste Nostre-Dame mi-aoust.

Nous, Fouques de Tournay, doyen de Tournay, clerc le roy no sire,

18 mai 1323.

clercs-jurés et notaire, et affirma que son sceau, mis à la sentence précédente, était bien son scéau véritable, et qu'elle approuvait et ratifiait la sentence.

[1] Les factums auxquels donna lieu cette commission, se trouvent encore dans les archives de l'hôtel-de-ville. Nous réunissons ici, dans l'ordre où ils ont dû être adressés aux commissaires, ceux qui nous ont paru propres, non-seulement à faire connaître la marche de l'affaire à laquelle ils se rapportent, non-seulement celle d'une enquête en général, mais encore à jeter une vive lumière sur cette curieuse procédure,

et Fremin de Coquerel, à honorables hommes et sages, le provost de Laon, ou à son lieutenant, et à tous les sergans du roy no sire, de ladicte provosté, à qui ces lettres seront présentées, et à chascun par qui se rapporte, on ne l'a pas oublié, à la cause si longuement débattue de *l'estat de l'eschevinage.*

[I. Factums relatifs a la validité des procurations.]

[§ 1.] *Ce sont les raisons, et les protestations, proposées et balliés de par le procureur de monsigneur l'archevesque de Reins, contre les procurations du roy no sire, et des eschevins de Rains, touchant la jurisdiction de l'eschevinage.*

« A ceste fin que les procuracions mises pardevant vous, honorables personnes et sages, Foulque, doien de Tornay, et clerc nostre signeur le roy, et Fremin de Coquerel, familier et consillier d'icelluy signeur, auditeurs et comissaires donnez de par ledit no signeur le roy, sur un débat qui est entre le roy no signeur, et les eschevins de Reins d'une part, et l'arcevesque de Reins d'autre, de par Jaque le Pois pour lesdiz eschevins, et de par Crestian de Jasseignes, pour ledit no signeur le roy, soient non valables, et réputées pour nulles; et que lidis arcevesques, ou ses procureurs, ne soit tenuz à aler avant, ne procéder pardevant vous, signeur auditeur, encontre lesdiz Jaque et Crestian; ne vous, signeur auditeur, ne soiez tenu à faire procès, à leur requeste, en non dessusdit; et que se ainsins est, que vous, signeur, de vostre voulenté, veilliés faire aucun procès contre ledit arcevesque, à requeste desdiz Jacque et Crestian, que lidiz procès soit réputez pour nuls, et dou tout mis au néant, pour tant comme audit no signeur le roy, et ausdiz eschevins, puet et doit appartenir ; —dit, propose li procurères doudit arcevesque, et entent à prover, se besoins est, les faiz et les raisons qui s'ensieuent.

« Premiers, dit li procurères doudit arcevesque que lidiz arcevesques a toute justice et toute signorie haute, basse et moienne en sa terre, et seur ses subgez.— *Item*, que lidit eschevin sont bourgois, justiçable et subget en touz cas, audit arcevesque. *Item*, que par la coustume dou royaume de France, notoire et approvée, et de la ville de Reins, et d'ailleurs, toutes foiz que li justiçable et li subjet à autrui, espéciaument comme c'est pour commun, vellent faire procuracion qui touche le commun, ou puet touchier, il sont tenu et doivent requerre à leur signeur qu'il leur doint congié de faire procuracion... *Item*, que par ladicte coustume, se li sires, requis sûffisamment de ses subgez à donner congié de faire procuracion, leur refuse, il pueent aler au souvrain d'icelluy signeur, requerre qu'il leur en doint congié. Laquelle chose, s'il ne le font, la procuracion doit estre réputée pour nulle. *Item*, que lidit eschevin n'ont de riens requis, ne demandé congié audit arcevesque de faire ladite procuracion, ne lidiz arcevesques ne l'a de riens refusé, n'esté en deffaut dou donner, si comme il appert par la teneur de leurdite procuracion....

« *Item*, dit li procurères doudit arcevesque, que resgardé et considéré la teneur de ladite procuracion des eschevins, et resgardé et considéré le débat et les articles pour lesquels vous, signeur auditeur, estes, ladite procuracion ne vaust ne ne souffist mie, afin que lidiz Jaques, qui se dit procurères, puisse faire pardevant vous, signeur auditeur, procès contre ledit arcevesque; car en ladite procuracion est contenu que lidit eschevin font ledit Jaques procureur, à requerre et deffendre les franchises et les poins contenuz en la chartre que la ville de Reins a; et ainsins, ès articles desqués vous estes commissaire, est-il contenu, et y est faite mencion, des franchises de la ville, et des poins de ladite chartre; lesquels franchises et chartre lidit eschevin ne pueent mettre en jeu, senz l'assentement dou commun; car lesdites franchises et la chartre, se point en ont, ne sont mie seulement à eux, aiuçois sont à tout le

soy, salut. Nous avons veues les lettres d'icelui seigneur, contenant la fourme qui s'ensuit :

Karolus Dei gratia Francorum et Navare rex, dilectis et fidelibus commun des demourans ou ban et en la terre doudit arcevesque. Et ainsins, tant de raison comme de coustume, il ne pueent mettre en jeu ce qui est à autruy, ne faire procuracion pour autruy, s'il ne s'i consent; et il n'appert mie par ladite procuracion, que li habitant et bourgois doudit eschevinage s'i soient de riens assenti, ne qu'il aient de riens establi ledit Jaque à procureur.

16 novembre 1322.

« *Item*, dit li procurères doudit arcevesque, que ladite procuracion mise pardevant vous pour lesdiz eschevins, ne vaust, ne ne doit valoir, mais doit estre réputée pour nulle, resgardé et considéré la manière des establissans en ycelle procuracion; car en ladite procuracion a contenu, que li eschevins de Reins establissent ledit Jaque à procureur, laquelle chose ne souffist mie par pluseurs raisons. *Premièrement*, pour ce que lidit eschevin qui sont establissant, ne se nomment mie, par non, en ladite procuracion, laquelle chose il convient.... tant par les us, comme par coustume du pays; car il sont xii eschevins, lesquels en change et mue chascun an, ou partie d'iceux, et ainsins, en temps à venir, en ne sauroit liquel eschevin auroient ladite procuracion establie; car chascun pourroit dire : Je n'en sai néant; mesmement car il ne dient mie, tuit li eschevins. Ne ne vaust ce qu'il dient, que li infinitis emporte l'universel, et le tout, sauve leur grâce; car puet estre que infinitis escrips, en droit, emporteroit universel; mais communs parlers, infinitis n'emporte mie l'universel; et ainsins ne souffist mie de dire : Li eschevin, *ergo*, tout li eschevin. *Item*, ladite procuracion n'est mie seellée de seel autentique; car il n'ont ne corps, ne commune, ne seel; ne ne vaust ce que lidiz Jacques propose, que touzjours en usent-il, et sont en saisine de user, de si lonc temps qu'il n'est mémoire dou contraire; car [vrai est?] sauve sa grâce, que li arcevesque de Reins qui pour le temps ont esté, l'ont touzjours débattu, et en pent plaiz, en la court de France, entre ledit arcevesque et eux, à savoir mon s'il pueent ou doivent avoir seel ou non; et ainsins, quant il est en doute s'il auront seel ou non, pendent ladite doute, il n'en pueent ne ne doivent, par raison, et par coustume, user; car il feroient cler, s'il portoit foy, ce qui est en doute; mesmement comme il n'ont corps, ne commune, ne chose par quoi il puissent faire alience, .senz ledit arcevesque. *Item*, ce ne vaust que lidiz Jaques propose, que li eschevin ont usé, et sont en saisine, de faire telles manières de procuracions pour eux, et pour les bourgois de l'eschevinage; car en plain parlement, lesdiz eschevins oïz, et ledit arcevesque, sur le débat de ce que lidit eschevin faisoient et avoient fait procuracion souz leur seel, si comme il disoient, pour eux et pour les habitans doudit eschevinage, il fu dit et par droit, que ladite procuracion ne souffisoit mie; et ainsins appert-il clèrement qu'il ne pueent faire procuracion senz les habitans doudit eschevinage; ne avecques les habitans, sans l'auctorité de leur souvrain, mesmement en cas qui touche et puet touchier les franchises et la chartre desdiz habitans, se point en ont, ainsins comme fait la questions et li débas de quoi vous, signeur auditeur, estes commis entre lesdites parties.

« *Item*, dit li procurères doudit arcevesque, que la procuracions mise pardevant vous, signeur commissaire, de par Crestian de Jasseignes, pour le roy no signeur, ne vaust, ne ne doit valoir, mais doit estre réputée pour non valable; et doit estre dit, et par droit, ledit no signeur le roy estre en défaut, pour le défaut de ladite procuration, et tout ce qui sera fait de par ledit Crestian, comme procureur, pour ledit no signeur le roy, estre dou tout mis au néant, pour tant comme au roy, et ausdiz eschevins, en appartient, comme la chose soit conjointe. Et en dit et propose li procurères doudit ar-

magistro Fulconi de Tornaco, decano tornacensi, clerico, et Firmino de Coquerel, consiliariis nostris, salutem et dilectionem. Committicevesque les faiz et les raisons qui s'ensiuent. *Premièrement*, que li arcevesques de Reins tient son temporel en parrie et en baronnie, ne n'est de riens subgez au bailli de Vermendois, ne à sa jurisdiction ordinnaire; et la procuracion, par la vertuz de laquelle lidiz Crestians se dit estre procurères pour ledit no signeur le roy, est faite, et lidiz Crestians establiz de par le bailli de Vermendois, en cui jurisdiction lidiz arcevesques ne tient riens, si comme dessus est dit. Et ainsins doit estre ladite procuracion réputée pour nulle, et par pluseurs autres raisons. *Premiers*, pour ce que lidiz baillis a fait et establi ledit Crestian procureur pour le roy, laquelle chose il ne puet; car cilz ne puet faire procureur pour plaidier, qui ne puet la chose mettre en jeu, ne en jugement; et il appert que lidiz baillis ne puet la chose mettre en jeu, car lidiz arcevesurs ne tient riens doudit bailli, ne de sa baillie; et ainsins, quant il-mesme ne puet la chose mettre en jeu, il ne la puet baillier à autrui pour y mettre. Et ne vaust ce que la partie adverse dit, que chascuns baillis puet faire procureur pour le roy; car se li bailli ont tel pouvoir, c'est à entendre tant seulement en leur juridiction, et ès causes desquelles il pourroient cognoistre. *Item*, dit li procurères doudit arcevesque, que resgardé et considéré la forme et la teneur de ladite procuracion, elle est et doit estre réputée pour nulle; car en ladite procuracion n'est de riens contenu que lidiz Crestians ait povoir de riens dire, ne de riens proposer, ne de faire chose que procurères puist et doit faire; mais y a tant seulement contenu, que li baillis de Vermendois fait et establist ledit Crestian procureur pour le roy, pour estre tant seulement pardevant vous, signeur auditeur, et veoir ce qui y sera fait; laquelle chose ne souffist mie à procureur, tant de raison comme de coustume, car procurères doit avoir povoir de faire tout ce qui à procès appartient, et puet ou doit appartenir; lequel povoir lidiz Crestians n'a mie par la vertuz de ladite procuracion; et de ce se rapporte-t-il à la teneur d'icelle.

« Pour quoi fait protestacion li procurères doudit arcevesque, lesdiz procureurs, tant ledit Jaque pour les eschevins, comme ledit Crestian pour nostre signeur le roy, estre de tout en deffaut par vertuz desdites procuracions; et que tout le procès que vous, signeur auditeur, avez fait, ou fereiz, soit réputez pour nuls quant audit no signeur le roy, et ausdiz eschevins, et lesdites procuracions pour non valables; et de ce penra droit li procurères doudit arcevesque. *Item*, li procurères doudit arcevesque fait protestacions contraires à toutes les protestacions que cil qui se dient procureur pour le roi no signeur, et pour lesdiz eschevins, ont faites contraires à luy et à s'entencion, supposé qu'il fust dit, et par droit, qu'il fussent dit, ou peussent estre, procureurs par la vertuz desdites procuracions, et que lesdites procuracions fussent valables. *Item*, fait protestacion li procurères doudit arcevesque de admener tesmoins aus articles confessiés de par lesdiz Jaque et Crestian, qui se dient procureur, et dou prover, se ainsins estoit que la cours regardast que leur confession ne souffisist, ne ne vaussist, par la vertuz de leur povoir. *Item*, fait protestacion.... d'avoir autre producion une, ou pluseurs se besoins li est, pour parfaire ladite enqueste; saures toutes ses retenues de faire plus de protestacions, et de responses, se aucune chose proposoient lidit Jacques et Crestians, contre ledit arcevesque. »

[§. 2. *Ce sont les responses des procurères des eschevins, et du roy no sire, contre les raisons proposées de par le procureur de l'arcevesque de Reins, contre les procurations.*]

« L'an mil trois cens vint et trois, l'andemain de la feste Nostre-Dame, en my-aoust, pardevant honorables hommes et discrez, le doyen de Tournay, clerc, et Fremin de Coquerel, consilliers le roy no sire, et commis- 16 août 13

mus et mandamus vobis, quatinus in causa que in curia nostra vertitur, inter procuratorem nostrum pro nobis, et scabinos remenses, ex saires baillés de par ycelui signeur, en la querelle mute entre les eschevins de Reins et le procureur le roy no sire.... d'une part, pour tant comme à chascun touche et puet touchier, se comparurent li procurères desdis eschevins, comme procurères pour yaus, et li procurères le roy, contre le procureur de révérent père en Dieu Mgr l'arcevesque de Reins, en non de procureur, en la querelle meue desdis eschevins et dudit procureur le roy no sire, d'une part, contre ledit arcevesque d'autre, pour l'ocquison des fais de Remy Gramaire, et de Huet fillastre Hardit, commise auzdis commissaires; devant lesquels furent proposées pluseurs raisons du procureur l'arcevesque contre la procuracion des eschevins mise et présentée pardevant lesdis commissaires, et contre la procuracion du procureur establit pour deffendre la querelle le roy no sire, conjoinctement avec le procureur des eschevins.

« *Premiers*, dit li procurères l'arcevesque que la procuracion des eschevins estoit mains valable, pour ce que li eschevin n'avoyent mie seel, ne cors, ne commune, ains estoyent gens de potel singulers, ne seeller ne pooyent, se otriiet ne leur estoit dou souverain qui le pooit faire, laquelle chose n'aparoit mie; et comme li eschevin deyssent qu'il eussent scelleit la procuracion de leur seel, lequel il n'avoyent, ne pooyent avoir, la procuracion estoit de nulle value. — A ce fu respondu du procureur les eschevins et du roy, pour tant con chacun touche, que il avoyent seel, et que en saisine en estoyent, et useit en avoyent notoirement, au veu et au sceu de touz ciaus qui veoir et savoir le voloyent; espécialment au veu et au seu dudit arcevesque et de sa gent; et usent et en ont useit en toutes querelles que il ont, et ont eust, contre ledit arcevesque et contre ses devanciers.... Dyent encore lidit procureur que li eschevins ont cors, arche commune, chartre des archevesques qui pour le temps ont esté, confirmé du roy no sire, qui pour le temps fu, maison commune, en laquelle il se repairent pour traitier des besoingnes qui à yaus, et les demourans en dit ban, touchent; pour quoi puellent avoir seel, et l'ont eust de tel temps qu'il n'est mémoire de plus lonc; et se autrefois l'arcevesque, ou sa gent, s'en sont opposeit au contraire, li eschevin en ont useit et joy paysiblement, non obstant l'opposition de l'arcevesque, ou de sa gent.

« *Item*, à ce que dit li procurères l'arcevesque, que li eschevin ne se puellent vanter de prescriptions, ne ne puellent acquerre, par tenure, contre l'arcevesque, chose qui soit oultre la teneur de leur chartre, comme il soyent singulers personnes, et gens de poteil. — Respondent lidit procureur qu'il puellent bien acquerre tel chose, comme de faire procurères, et de avoir seel, comme il ayent jà cors d'eschevinaige, chartre confirmée dou roy, arche, congnoissance de tous fais, exceptés les trois cas contenus en la chartre. Dient encore.... que li eschevin en ont useit par si lonc temps qu'il n'est mémoire de plus lonc, et par tele prescription l'ont-il acquis, s'il n'avoyent autre droit pour yaus.

« *Item*, à ce que dit li procurères l'arcevesque, que l'arcevesques est sires de Reins, et li eschevin, et demourant en son ban, sont justisable à luy, pour quoy ne puellent faire procurères senz l'auctorité et le congié de l'arcevesque, au mains juques à tant que l'arcevesque en ait esté requis, et soit touz négligens de l'ottrier. — Respondent li procureur des eschevins et du roy, qui ne convient mie qu'il en requièrent lidit arcevesque, ains le puellent faire de leur volenté, comme il ayent cors, arche commune, seel, chartre confirmée du roy, et usé en ayent par le temps devantdit; et, avec tout ce, ont lieu et maison où il se repairent pour parler des besoingnes qui appartiennent à leur eschevinaige.

« *Item*, à ce que dit li procurères dudit arcevesque, que li singuler ne font point de procurères, et li eschevin ne puellent pour euls comparoir, ne plaidier pour yaus; et

una parte, et dilectum et fidelem nostrum archiepiscopum remensem ex altera, ratione factorum Remigii Gramaire, et Hueti filiastri Hardi de Remis, ut dicitur defunctorum, secundum dictarum partium arti-

ainsis ne fait à recevoir li procurères des eschevins, pour ce que il porroit avenir que, après le procès fineit d'iaus, li singuler porroyent movoir nouvelle question. — Respondent li procureur des eschevins et du roy, que à yaus appartient, comme à eschevins, à démener en jugement franchises, libertez, et touz les drois appartenans à l'eschevinaige, et as singulers, comme administrex et chief desdis singulers; et en ont useit de si lonc temps comme il puet souvenir, de faire procurères pour yaus, et pour les singulers, et li procurères fais par yaus, d'estre receus par la vertu de leur procuracion.

« *Item*, à ce que dit li procurères de l'arcevesque, que il n'est mie dit en la procuracion que tuit li eschevins facent procureur, ains dit la procuracion : Li eschevin, etc.—Respondent lidit procureur des eschevins et du roy, car la procuracion est bonne; car se elle dit li eschevin indiffinitement, on doit entendre celle indiffinitive, universelle, pour tous les eschevins; et doit-on entendre que toutes sollempnitez requise y ayent esté gardées. Et dit avec li procureur, que li eschevin en ont usé d'estre receust, par la vertu de leur procuracion, seur telle teneur. *Item*, que en ceste querelle meymes, il ont esté receust par la vertu de leur procuracion, seellée de leur seel.

« *Item*, à ce que dit li procurères l'arcevesque, que autrefois a-on traitiet de procurères faire en ban l'arcevesque, et le faisoit-on de l'auctorité et par le commandement dou roy. — Respondent lidit procureur, que sauve la grâce du proposant, li roys ne fit mie procurères, ne de l'auctorité de lui ne furent mie fait procurères; mais comme li manant en ban eussent fait procurères sus le seel des eschevins, et l'arcevesques s'i opposât contre raison, la court fit provision, et donna élection as demourans de faire autre procuracion, ou de ratefier celie qui jà estoit faite sus le scel des eschevins; et la ratifièrent, et ainsi fu valable; et se procurères avoyent esté fais par le roy, laquelle chose ne fu mie, si comme il est devant dit, ceste raison n'oste mie que li eschevin ne puissent faire procurères pour les singulers du ban; et puellent amener et ammainent ceste raison contre l'arcevesque, car quant li roys le fit en cas dessusdit, ainsis appert-il clèrement que nécessités n'est mie d'aler à l'arcevesque, ne à luy n'en doit-on mie penre congiet, ne lui requerre.

« *Item*, à ce que propose li procurères l'arcevesque, contre le procureur du roy no sire, qu'il ne doit estre receus par la vertu de sa procuracion, car li procurères ne puet mie plus faire que li baillis qui l'a establit feroit, se présens y estoit; et li baillis ne lo porroit faire, comme l'arcevesque de Reins soit pers de France, et exemps de tous baillis, prévos, et de toutes leurs jurisdictions, et ne plaide fors que en parlement, ou devant le roy. — Respont li procurères du roy, que sauve la grâce du proposant, li procurères estre souffisamment establis, et est tenus li procurères l'arcevesque à aler avant contre lui; car pooirs et auctoritez est donnée auz baillis par le roy no sire, et sa court, de faire procurères pour le roy, et de maintenir ses querelles ;... et se li arcevesques, pour raison de sa parrie, est exemps de la jurisdicion des baillis et prévos,.... on doit entendre, quant as querelles commancées, à faire liticontestacion, et à autres choses qui soyent du procès sustancial, ne mie à comparoir devant commissaires, et à aler avant en une enqueste; car en tel cas est tenus li procurères l'arcevesque de procéder contre le procureur du roy no sire; ne il ne puet dire que il ne soit tenus à aler avant, fors que en parlement, ou devant le roy no sire, car autrement y auroit tels inconvéniens qu'il convenroit toutes enquestes faire pardevant le roy no sire, ou devant no signeurs tenant le parlement ;

culos, vobis ab eisdem partibus, sub contrasigillo carissimi domini germani nostri quondam dictorum regnorum regis, tradendos, vocatis evocandis, inquiratis cum diligentia veritatem; et inquestam quam laquel chose seroit trop grant destourbiés, frais, et travax, au roy et à la bonne gent.

« Des choses dessusdites est vois, et commune renommée, en parlement, à Reins, et en lieus voisins, et offrent à prover, [etc....] Et se aucunes protestacions a faites li procurères l'arcevesque, li procureur des eschevins et du roy no sire, pour tant comme à chacun touche, font protestacions au contraire, sauves toutes leurs retenues. »

[II. Factums relatifs a la validité des témoignages.]

[§. 1.] *Ce sont les reproches des eschevins de Reins, et du procureur le roy, contre les tesmoins admenez du procureur l'arcevesque* *.

« Contre Pierre le Gouverneur, de Pont-Favergier; Msr Hervy, curé de Berru; Imbert le Roy, jadis sergent de Saint-Remy de Reins; Ysabel, femme Renaut Cauldoye; Ysabel la Vallette; Helot, femme Haimmart le Mannier; Olive la cirière, femme Maury; maistre Hue de Fymes, mire; maistre Gérart d'Ambonnay, clerc; Colin la Cariolle, Bertran le jardinier, Oudet de Chatenay, Jehan Soibaut le cherreton, et Ernoul le deschergeur, trais en tesmoignaige par le procureur de révérent père en Dieu monsigneur l'arcevesque de Reins, contre les procurères dou roy, et les eschevins de Reins, dou ban ledit arcevesque, en la querelle commise en saiges hommes et discrés le doyen de Tournay, et Fremin de Coquerel, consilliers dou roy no sire ;.... dyent et proposent li procureur dou roy et des eschevins, que la déposicion des personnes devantdites ne doit faire foy, ne porter préjudice au roy no sire, ne aus eschevins, car lidis Pierres li Gouvernères, au temps de la prinse et de la détenue en prison de Remion Grammaire, et de Huet fillastre Hardit, estoit de la gent l'arcevesque, esploitans en cas de justice pour l'arcevesque, fautères, consillières et aydières, en ce qui fait fu desdis Remion et Huet en la prison doudit arcevesque. *Item,* lidis messire Hervis fu dou consel, et procurères l'arcevesque, en la cause meue des eschevins contre l'arcevesque, pour l'ocquison des prinses et des fais de Remion et Huet devant dis **. *Item,* lidis Imbers li Roys, jadis sergens de Saint-Remy de Reins, est diffamés, et estoit au temps que il porta son tesmoingnaige, de pluseurs cas de crime, espécialment de larrecin pluseurs, et en est, et estoit, au temps que il porta son tesmoingnaige, diffamés devers les bons et les griés; et pour cas de larrecin perdi-il le service qu'il avoit à l'église de Saint-Remi ***. *Item,* lesdites Ysabel la Vallette [etc., etc....] sont, et estoyent au temps que elles déposarent, ma-

---

* A la suite de ce factum., il s'en trouve un autre, dont voici le titre :
Ce sont les raisons pour l'arcevesque, contre les reproches que li procurères dou roy, et des eschevins, ont faites contre les tesmoins doudit arcevesque.
Nous ne pensons pas qu'il soit utile de publier en entier ces réponses, mais nous mettrons en note, sous chacun des reproches des échevins, les raisons les plus concluantes, par lesquelles le procureur de l'archevêque combat ces reproches.

** « Respont li procurères doudit arcevesque, que ce ne vaust, ne ne fait à recevoir, tant de droit comme de coustume; car supposé que ou temps de la prinse desdiz Rémion et Huet, [P. le Gouvernères et Msr Hervys] fussent dou conseil, ainsins comme il l'ont proposé, ce que en ne leur cognoist mie, ce ne sont-il de l'ostel, ne dou conseil, ne procurères doudit arcevesque, ne estoient ou temps qu'ils portarent leur tesmoignage, ne n'ont esté ιι ans, ou trois, devant le temps qu'ils déposarent.... »

*** « Respont li procurères l'arcevesque, que ce n'est mie véritez, car lidis Ymbers est preudons de bonne vie, et estoit ou temps de sa déposicion ; et quant il fu mis hors de son service de Saint-Remi, ce fu pour sa vieillesté, et pour sa foibleté, et non mie pour mauvitié qu'il eust faite. »

inde feceritis, sub vestris fideliter clausam sigillis, curie nostre mittatis, ad diem ballivie viromandensis, futuri proximo parlamenti.

riées, et en subjection de leur maris, sens l'autorité desquels elles ont porté leur tesmoingnaige; laquel chose elles ne puellent faire par l'ussaige et la coustume général *. *Item*, lidis maistre Hue de Fymes, mire, est, et estoit au temps que il déposa, familiés, dou bienfait, et dou mainpas monsigneur l'arcevesque de Reins, ses mires, et résidens en son hostel. *Item*, contre maistre Gérart de Ambonnay, clerc, que il est, et estoit au temps que il déposa, dou consel l'arcevesque, et a esté en ceste cause présente **. *Item*, contre Colin la Cariolle, de Courcelles, que il a esté reprins de larrecin et de murdre, et tenus en prison, et seur ce est diffamés, et estoit au temps que il porta son tesmoingnaige, devers les bons et les griés ; et est vois et commune renommée.... ***. *Item*, contre Bertran le Jardinier, que il est hons de maise renommée, diffamés de pluseurs crimes ; et tient mauvais hostel, et haberge folles femmes, et en prent profit....****. *Item*, contre Oudet de Chatenay, que il est diffamés de pluseurs crimes... Dient encore.... que au temps que li adjournemens fu fais contre l'arcevesque, pour aler avant en ceste enqueste, pardevant le doyen de Tournay, et sire Fremin de Coquerel...., lidis Oudés estoit de la famile et dou service doudit arcevesque, et fu pluseurs jours puis, jusques près dou jour que la gent l'arcevesque le trayrent en tesmoignage ; mais adonc li donnarent congié. Et ainsis présumption est que il fu mis hors du service l'arcevesque pour ce que il peust tesmoingnier pour lidit arcevesque, contre le roy et les eschevins. *Item*, contre Jehan Soybaut le cherreton, et contre Ernoul le deschergeur, que il sont diffamés, et estoyent au temps que il déposarent, de pluseurs crimes, mayement de larrecin, et furent suy pour larrecin, et chacié ; et lidis Ernouls, avec les choses dessusdites, fu et estoit diffamés au temps qu'il porta son tesmoingnaige, de enbler ferine et blef en greniers de celui cuy il servoit... —Pour quoy dient... que tant de droit comme de usaige, et de coustume, les déposicions des personnes devantdites ne doyent valoir ***** ...Des choses deseürdites demandent droit li procureur des eschevins et dou roy ; et se aucune chose

---

* « Respont lidiz procurères, que ce ne vaust, ne ne fait à recevoir ; car supposé qu'elles fussent mariées, ce que en ne cognoist mie, se pueent-elles bien porter tesmoignage de ce qu'elles scevent, en cas qui touche autruy, senz auctorité de leurs mariz ; mesmement quant la cause pour laquelle on les trait en tesmoignage ne touche de riens, ne ne puet touchier, en profit, ou eu domage, leurs mariz ; pour quoi leurs tesmoignages vaust, tant par raison comme par coustume, non contreitant auctorité ne subjection des mariz, et de ce penra droit li procurères doudit arcevesque. »

** « Respont lidiz procurères, que lidis maistres Hues est demouraus dou tout hors de l'ostel ledit arcevesque, à ses despens, senz bienfait, et senz robes doudit arcevesque, et senz avoir pencion de luy ; et que se aucune foiz il sert, ou a servy, ledit arcevesque de ce qu'il scet faire de son mestier, ce a esté parmi son salaire, anssins comme il feist au plus estrange dou pays, et non par chose qu'il soit à luy, ne que à un autre. Et ne sera jà trouvé que lidiz maistres Gérars soit dou consel, ne pencionnaires audit arcevesque, ne ait esté en ceste cause,.... »

*** « Respont lidiz procurères, qu'il ne sera jà trouvé qu'il soit tels, ne diffamez de telz faiz ; et supposé, ce que en ne cognoist mie, que jadis il eust esté prins pour sospeçon de tels faiz, et mis en prison, se a-il esté délivrés souffisamment, comme preudons, et senz courpe de tels faiz,.... »

**** « Respont li procurères doudit arcevesque, qu'il ne sera jà trouvé qu'il soit tels ; mais est lidiz Bertrans preudons, de bonne renommée...., et tient bon ostel, senz nuls mauvais vices qui soient en luy ; et sceu par les voisins dou lieu où il demeure.... »

***** « Respont lidiz procurères, qu'il ne sera jà trouvé, mais sont lidit Oudès, Jehans et Ernouls, personnes de bonne vie et de bon fame.... Et à ce qu'il dient que lidiz Oudès a esté mis hors de son service, pour cause de porter son tesmoignage en ceste cause, il ne sera jà trouvé ; ainçois en estoit ostez 1 mois ou v semaines avant ce qu'il fust onques appellez ne adjournez pour porter sondit tesmoingnage, et avant

Actum Parisius, in parlamento nostro, de consensu procuratoris partium, die xvi novembris, anno Domini m° ccc° xxii°.

y a de fait, qui face à prover, il en offrent à faire foy [etc., etc.]....

[§. 2.] *Ce sont les reproches faites dou procureur l'arcevesque, contre les tesmoins admenez de par les procurères des eschevins et dou roy* *.

« A ceste fin que la déposicions et li tesmoignages de Colart de Champaigne, de Colart d'Aogny, bailli de Pocesse, Colart le Charlier, Robin Danaudas, de Brueil, maistre Jehan de Paris, mire, Colart le Bec de Reins, Andriu Mauclerc [mayeur] de Trélon, Jehan le Nain de Reins, Thibaut Prévost, mire, Pierres de Loivre, citoien de Reins, Thomas la Late, Lorin dou Bois, demourant à Vousiennes, Ernoul Couillery de Reins, et Robin de Porte-Chacre, tesmoins traiz et admenez de par Jaque le Pois qui se dit procureur pour les eschevins de Reins, et de par Crestian de Jasseignes qui se dit procureur dou roy no sire par devers vous, Fouque, doien de Tornay, et Fremin de Coquerel, commissaires bailliez.... ne vaille, ne ayde, ne porte profit audit no sire le roy, et ausdiz eschevins; ne ne grièveaudit arcevesque; mais soit du tout la déposicion desdiz tesmoins, pour cause d'eux, réputée pour nulle, et du tout mise au néant;—dit, propose li procureur doudit arcevesque, et entent à prover.... les faiz et les raisons qui s'ensiuent; protestation faisant, que pour chose qu'il die contre lesdiz tesmoins, il ne afferme ne entent à afferrmer lesdiz procurères, ne leur procuracions; ne ne s'entent à départir des raisons qu'il a proposées sur ce, ne ne renonce au droit.

« *Premiers*.... dit li procureur doudit arcevesque, que la déposicions de Colart de Champaigne ne vaust...., car lidiz Colars, environ vii ans a, fu et estoit prévos doudit arcevesque, en la ville de Reins, ouquel office de ladite prévosté lidiz Colars se meffist et forfist, par quoi il fu prins de par le bailli doudit arcevesque, ou sa gent, et mis en prison par lonc temps, pour ledit meffait et forfait; et brisa la prison doudit arcevesque, lidiz Colars, et s'enfouy, pour quoi lidiz arcevesques print touz les biens que ledit Colart avoit, et povoit avoir, dessouz luy, comme à luy acquis, tant pour ledit meffait que pour la prison brisie, et les apropria lidiz arcevesques pardevers luy, et sont encores; pour quoi lidiz Colars het de grant hayne ledit arcevesque et ses gens, et a pluseurs fois, luy et ses gens, lidiz Colars menacié, en disant tels paroles : « Je porterai l'arcevesque de Reins, et ses gens, grant domage, se je puis, en temps et en lieu à avenir, et Diex m'en donne povoir. » Et ainsins ne doit lidiz Colars estre receus en tesmoignage, contre ledit arcevesque et ses gens; mesmement, car il est et doit estre réputez pour infâmes, quant il brisa la prison où il estoit pour les cas de malvitié qu'il avoit fais en son office, et pour lesquels il estoit prins. *Item*, lidiz Colars est, et a esté, en ceste cause dou conseil desdiz roy et eschevins, en quérant et pourchassant tesmoins pour eux, et empeschant les tesmoins doudit arcevesque; et il appert clèrement, car il fit arrester, à Saint-Remy, Colet Galemer de Moironviller, tesmoin trait par le procureur doudit arcevesque, en empeschant qu'il ne peist porter son tesmoignage**. *Item*, contre Colart le Charlier, dit li procureur doudit arcevesque, que ses tesmoignages ne doit

---

ce que vous, signeur auditeur, fussiez venu au pays pour ceste cause. »

* A la suite de ce factum se trouvent :
Les réplications des eschevins et dou roy, contre les reproches l'arcevesque.

Nous mettrons en note, sous les reproches de l'archevêque, les réponses les plus concluantes des échevins.

**« Respondent lidit procureur, que lidis Colars fu bien prévos ledit arcevesque, et mis en prison pour

Par la vertu des lettres et commission le roy no sire dessusdites, nous vous mandons, et à chascun de vous, à cui ces lettres seront présentées, que vous, ou li un de vous, adjournez ou faites adjourner aydier ausdiz Jaque et Crestian....; car lidiz Colart, environ III ans a, ou IIII, fu et estoit sergens doudit arcevesque en la baillie de Reins, douquel service il fu boutez hors par Grégoire de Chaalons, à ce temps bailli de Reins, pour certains meffais, forfaiz, et malvitiez, qu'il avoit faiz en temps de son service, en ladite baillie, si comme de penre par force et de contraindre pluseurs bonnes gens à avoir le leur, de quoi il fu reprins et prové contre luy ; et einsins tesmoignages de personne diffamée, de tel malvitié ne doit valoir,.... *Item*, lidiz Colars, quant il fu boutez hors doudit service, par ledit Grégoire, bailli, il le menaça, luy et l'arcevesque son maistre, à porter et à faire dommage en touz les cas où il pourroit, et a pluseurs fois menacié ; et il appert de fait, car il s'est translatez dessous le connestable, en cui justice il a pluseurs fois fait penre et arrester des gens ledit arcevesque, senz raison et senz cause *. *Item*, contre Robin Danaudas de Brueil, Andriu Mauclerc, maieur de Trélon, et Lorin dou Bois, demourant à Vousiennes, dit li procureur doudit arcevesque, que leurs tesmoignages ne vaust,.... car il furent jadiz, pour certains meffais, prins et arresté en la justice doudit arcevesque, et mis en sa prison ; laquelle prison il brisairent et s'enfouyrent, de quoi il ne firent onques satisfaction audit arcevesque, ne à sa gent ; mais sont encores en la chace doudit arcevesque et de sa gent, comme banny de sa terre. Et y appert clèrement, car lidit Jaques et Crestians.... requistrent à vous, seigneur auditeur, que vous requeissiez audit arcevesque, ou à son bailli, qu'il donnast congié de venir les dessus nommez en la terre doudit arcevesque, pour porter leurdit tesmoignage pardevant vous; lequel congié, pour l'onneur du roy no sire, lidiz bailliz donna.... sauf tous drois.... *Item*, lidis Robins, Andrius et Lorins, ont pluseurs fois menacié ledit arcevesque et sa gent, à porter grant domage, pour ce que en ne leur veust rendre la terre

certainne somme d'argent que lidis arcevesques li demandoit, et en fu mis en querelle par la gent l'arcevesque, laquelle somme d'argent la gent dudit arcevesque li demandoyent par deffaus de payemens de sa prévosté, et fu absols de plus grosse somme duques à la somme de LXVI lb, ou environ ; et avec ce fit crier l'arcevesque par sa gent, que c'il estoit nuns qui riens vausit demander audit Colart, venit avant, il en feroit droit ; et nuns ne comparust, que aucune chose li demandât. Et se il brisa la prison, ce fu pour cas pécuniaire pour lequel il estoit tenus ; c'est a savoir pour ce qu'il devoit de sa prévosté ; et cette brisure ne fait mie l'omme infâme, selonc raison, us et constume ; ains vaut bien sa déposition, non contrestant tout ce. Et se li arcevesque print onques ses biens, se li rendi-il, et est lidis Colars vaillans hons, et de bonne renommée ; ne il ne sera jà trouveit que lidis Colars empeschât onques, ne ait empeschiet les tesmoins doudit arcevesque en arrestant Colin dit Galemer ; et appert, par ce que si tost comme il l'eust fait arrester ledit Colin Galemer, pour aucune chose qui li voloit demander, et il vint à sa congnoissance, par la gent l'arcevesque, que sis Colins estoit mandés pour tesmoingner pour l'arcevesque, lidis Colars osta tantos son arrest. *Item*, il ne sera jà trouveit que il soit, ne fut onques, pensionnaires, ne dou bienfait les eschevins, ne dou consel les eschevins le roy, ne pourchacières de leur tesmoin ; par quoi il deust ne peust estre débouté de son tesmoingnage ; ains est hons de bonne fame et de bonne renommée, si comme dessus est dit. »

* « Respondent li procureur dou roy no sire et des eschevins, que pour tels cas il n'aut mie congié, ains s'en départi et ala demourer où il demeure encore, pour ce que sa terre y est, et sa femme li demeure, et en est née ; ne il ne sera jà trouveit que il menassat onques ledit arcevesque, ne le baillit ; ne semblans de voir n'est mie, comme il soit poures hons, et de petit pueples ; et le voit-on souvent à Reins, laquelle chose lidis arcevesque ne soufferoit mie, c'il estoit ainsis. Et dient avec tout ce...., que lidis Colars est hons de honneste conversation, et de bonne renommée. »

souffisamment pardevant nous, à Rains, au jour de mardi prochien, avant la feste de la Nativité saint Jean-Baptiste, prochiène venant, et aus autres jours continuelment après ensuivans, les parties contenues doudit arcevesque, de quoi il sont banny... *.

Item, dit li procureur doudit arcevesque, que la dépositions et li tesmoignages de maistre Jehan de Paris, mire, Thiébaut dit Prévost, mire, ne doit valoir,.... car il sont mire et cirurgien ausdiz eschevins, et à touz ceuz de l'eschevinage, pensionnaire à eus juré et sarrementé à eux, par certainne pention; et ainsins s'ensuit-il que leurs tesmoignages ne doit aydier ausdiz eschevins, ne à ceux de leur eschevinage, en tant comme il sont leur pentionnaire et juré; car on puet supposer que, pour cause de leur pension, et du sarrement qu'il ont à eux; il sont et doivent estre plus favorable ausdiz eschevins et bourgois, que à autres **. *Item*, lidiz maistres Jehans a une fame, laquele est née de Reins, et est dou lignage de Remy Gramaire,.... et ainsins pourroit-il ensuir que, pour cause d'affineté dou lignage qui estoit entre sa fame et ledit Remy, lidiz maistres Jehans ayderoit voulentiers à vengier la mort doudit Remy Gramaire, se ain- sins estoit qu'il eust esté mors autrement que bien, et par la courpe d'autruy; mesmement, quar lidiz maistres Jehans et sa fame ont enfans ensamble, lesquels enfans il ne vourroient mie qu'il eussent honte de la mort doudit Remy ***. *Item*, contre Colart le Bec, bailli de Saint-Père-aus-Nonnains de Reins, Jehan le Nain, bourgois de Reins, Thomas la Late, bourgois de Reins, Robin de Portechacre et Ernoul Couillery, bourgois de Reins, dit li procureur doudit arcevesque que leur tesmoignage ne doit aydier ausdiz roys et eschevins,.... quar il sont bourgois doudit eschevinage, compaignon et parsonier de touz les profis doudit eschevinage, et sont confortant et aidant en ceste cause ausdiz eschevins, en paiant tailles; et metent le leur pour ladite cause soustenir, en contribuant avec eux ès fraiz et ès mises c'on y fait. *Item*, lidiz Colars li Bés est dou conseil desdiz eschevins, et pentionnaires à eux, par pention qu'il a, chascun an, de eux ****. *Item*, lidiz Robins de Porte-

---

* « Respondent lidis procureur, que bien est voirs qu'il furent en prison, mais ce fu pour cause pécuniaire; et se pour tel chose furent bannit, ce fut Andrius et Lorins tant seulement, et non lidis Robins; et ne doyent estre pour ce déboutés de porter leur tesmoingnaige; ne il ne menassièrent onques ledit arcevesque, ne sa gent, ne n'est semblans de voir que il l'osassent faire, comme il soyent petite gent, et de bas lieu, ne telles menasses ne font à recevoir, se on dit qu'elles ayent esté faites à cause de faire demaige en ceste querelle. »

** « Respondent lidit procureur que se il estoyent pensiounaire, don bienfait des eschevins, et de la ville, laquelle chose il ne sont mie, ne deveroit mie pour ce estre mise leur déposition au nient, par raison, ce il n'estoyent au maiupas desdis eschevins et bourjois. »

*** « Respondent lidit procureur, que la femme doudit maistre Jehan ne fu onques riens de linaige audit Remy Gramaire; et c'ele avoit esté dou linaige, n'osteroit mie ce que la déposition doudit maistre Jehan ne vausit, car lidis maistres Jehans n'est mie trais sus le fait doudit Remion, mais sus le fait doudit Huet tant seulement; et se il estoit trais sus le fait des deus, ne vaurroit mie pour ce mains la déposition de luy, car on ne traite mie maintenant dou fait d'iaus, mais de punir l'arcevesque pour l'abus dou fait de la justice; et encore la querelle qui peut est pécuniaire, et uns qui est dou linaige a un autre puet tesmoingnier, et pour celuy, et contre celuy, de cui linaige il est, se ce n'est en cas espécial; si comme li pères ne porroit tesmoingnier pour le fil, ne le filz pour le père, ou en cas espécial réservez par droit, desquels li cas n'est mie. Et par ce meymes respondent lidit procureur à ce que proposeit est de par le procureur l'arcevesque contre Robin de Portechacre, en cas où il dit qu'il est dou linaige ledit Remion Gramaire. »

**** « Respondent lidit procureur qu'il n'est mie voirs, sauve la grâce dou proposant, ains sont bourjois d'autres signeurs, si comme Jehans li Nains et Thomas la Latte, qui sont bourgois de chapitre; et par la coustume de Reins nuns ne puet estre bourjois de deus bourgisie, ne li bourgois de chapitre ne

ès lettres le roy no sire dessusdites, et tous les tesmoins que chascune dezdictes parties vous requerra à adjourner pour porter tesmoignage

chacre estoit cousins et dou lignage doudit Remi Gramaire, par quoi il s'ensuit.... que lidiz Robins... ayderoit voulentiers à vengier la honte doudit Remy, fust par son tesmoignage, fust autrement.... *Item*, lidiz Ernouls Couilleriz est leur prometerres, et quérerres de leurs tesmoins, en ceste cause; et sera sceu et trové que il est alez à aucunes personnes en ceste audition, menacier, et dire telz paroles : « Dame ribaude, à une « fame, se vous et vostre mariz, ne venez « porter tesmoignage pour les eschevins et « pour la ville, vous l'achèterez du corps et « de l'avoir, ou temps à venir ».... *Item*, lidiz Ernouls est poures hons, mendiens, et pour sa poureté et pour sa malvitié, est hons corrumpibles, et aisieux à corrumpre, de porter tesmoignage pour argent; et de ce faire est-il coustumiers, et en a esté reprins pluseurs fois. *Item*, lidiz Ernouls est et doit estre tenus hors de la foy, quar il a xx ans passé que il est escommeniez, de grans es-

commeniemenz, et sont passés xx ans que il ne reçut son Sauveur, ne ne fu bons crestiens *. *Item*, contre Jehanninfil Thomalet, et Marie qui fu fame le Chastellain de Betigniville, dit le procureur doudit arcevesque que leur tesmoignage ne doit valoir...., car ou temps que lidiz Remions Gramaire fu mis en prison, ou chastel l'arcevesque, à Betigniville, estoient garde doudit chastel..., c'est assavoir ladite Marie, comme chastellainne, et lidiz Jehannins comme varlés, gardans les prisons; et ainsins, se lidiz Remions, avoit eu aucun meschief en la prison, ce auroit esté, et devroit-on supposer que se auroit esté par leur courpe, et en devroient estre chargié, et non autres; et se aucune chose avoient déposé contre ledit arcevesque, ou autre, en leur tesmoignage, ce seroit en eux deschargent et délivrant dou meffait, se point en y avoit eu **... *Item*, dit li procureur doudit arcevesque contre la déposicion et le tesmoignage de

contribuent riens avec les bourgois de l'eschevinage, mayement quant aus frais et as mises qui touchent ceste querelle, fais, ou à faire. *Item*, lidis Colars li Bés est baillis de Saint-Pierre-as-Nonnains, couchans et levans en ladite église, non participans en aucune choses as frais des eschevins et dou ban, ne pensionnaires, ne dou consel les eschevins. *Item*,... [bien que *Robins* de Portechacre et Ernouls Couillery soient bourgois de l'eschevinage] ce non obstant leur déposition doit valoir, car li eschevin, et li procurères de par yaus fais, pour les eschevins, et pour les bourjois dou ban, tant comme pour corps plaident; et de raison, en querelle de cors, on de commun, singulères personnes de cors, ou de commun, puellent tesmoinguier en la querelle dou cors ou dou commun.... *Item*, la raison proposée par le procureur l'arcevesque ne puet avoir lieu contre le roy no sire, et li procurères le roy.... plaide jointement avec le procureur des eschevins; et doit-on plus considérer la proposition dou roy..., qui est privilégiée en mout de manières, contre lequel la raison proposée de par le procureur l'arcevesque n'a mie lieu, si comme dit est, c'on ne doit la personne des eschevins. »

* « Respondent lidit procureur, que tout soit-il poures, il est de bonne fasme et de bonne renommée; et dient li procureur que en court laye, mayement en la court de France, où la querelle pent, exception de escommeniement n'est mie receue, et se li exception d'escommeniement estoit receue en laye court, laquelle chose n'est mie...., se convenroit-il que li proposans la proposât majeur, et proposât de l'autorité de quel juge il seroit escommeniés, si comme droit et raison vuellent; laquelle chose ne fait mie li proposans contre ledit Ernoul; et avec tout ce li procureur devantdit dient qu'il soit escommeniés, et dient qu'il a receust son Sauveur, si comme bons crestiens doit faire. Ne il sera jà trouveit qu'il ait fait telles menasses comme li procurères l'arcevesque li enmest; et se il estoit trouveit, que jà n'avaigne, ne vaurroit mie telle exception, se il n'estoit proposeit que elles fussent faites par le procurères des eschevins et dou roy; car qui diroit le contraire, il s'ensuirroit que nus estranges qui n'emmeroit mie la querelle des eschevins et dou roy, feroit telles menasses pour grever le roy et les eschevins.... »

** « Respondent lidit procureur, que à la femme,

de vérité en ladite cause, et pour aler avant pardevant nous, ausdiz jours et lieus, selonc la fourme de ladite commission; et ainssi comme Thiébaut dit Prévost, mire, qu'elle ne doit valoir..., car il est bourgois de l'eschevinage, participans aus franchises que lidit eschevin se dient avoir; et ainsins tesmoigneroit-il à son profit*. *Item*, lidiz Thiébaus est dou conseil desdis eschevins, et leur pencionnaires à année, et à la ville; et avecques ce lidiz Thiébaus est diffamez, et queurt renommée contre luy d'estre lierres et personne de malvaise vie, et rachatez de larrecin **.

« *Item*, contre Perre de Loivre, dit lidiz procurères, que ses tesmoignages ne doit valoir,.... car il est personne diffamée, de mauvais diffamemens, si comme d'estre manifestemens usuriers, et notoirement ***; et est personne qui ne fu, xx ans a, commeniés ne confessiez, n'en estat que bons crestians doit estre ****. *Item*, lidiz Perres est bourgois doudit eschevinage, aydans, confortans et contribuans avecques lesdiz eschevins aus cous et aus fraiz qu'il font, espéciaument en ceste cause; et n'a mie granment qu'il estoit eschevins de Reins, de quoi il fu ostez par le diffamement de l'usure dessusdite; de laquelle usure, il est diffamez en l'arceveschié de Reins, en l'éveschié de Laon, et en pluseurs autres lieux, notoirement *****.

« *Item*, dit lidiz procurères contre Colart d'Aogny, bailli de Pocesse, que sa déposicion ne doit valoir...., car il est dou conseil des-

---

ne audit varlet n'appartenoit la garde desdis prisonniers; ains y avoit certain varlet autre que le devant nommeit, qui aloit as prisonniers, et se entremetoit d'iaus bailler ce qui leur faloit, dou commaudement le chastelain; ne la femme ne s'en melloit de riens.... Dient encore.... que tout ce qui est proposeit contre le devantdit Jesnin fil Thomalet, et Marie femme le chastelain jadis, ne fait à propos; car on ne traite mie de la délivrance ne de l'ancombrement desdis Remion et Huet, mais tant seulement se, par ce qui fait a esté par la gent de l'arcevesque, lesquels fais il a ferme et aggréables, il doit perdre sa justice, ou non. »

* « Respondent lidit procureur, que non obstant ce qu'il propose, sa déposition doit valoir; car, si comme il est devant dit, la présente querelle pent entre le procureur des eschevins et des bourjois dou ban l'arcevesque, comme d'un cors, et dou procureur le roy no sire, jointement avec le procureur desdis eschevins d'une part, et le procureur l'arcevesque d'autre; et ainsis par raison en querelle qui est dou commun, singulers dou commun puet porter tesmoingnaige, et doit sa déposition valoir, et mayement pour la raison dou roy no sire qui est joins en la querelle.... »

** « Respondent lidit procureur que c'est fax, ains est vallés de bonne renommée, ne n'est pensionnaires, ne dou bienfait des eschevins, ne des bourjois de l'eschevinaige; et se il estoit pensionnaires asdis eschevins, et as personne de l'eschevinaige, laquel chose il n'est mie,.... ne souffiroit-il mie à lui débouter de son tesmoingnaige, puisque on ne le proposeroit ostre as despens et dou mainpast les eschevins et les bourgois de l'eschevinaige; laquelle chose il n'est mie. »

*** « Respondent lidit procureur, sauve la grâce dou proposant, il dit mal; car il est hons de bonne renommée, ne par raison, ne par coustume, c'il estoit ore useliers,.... laquel chose n'est mie, ne deveroit-il mie estre débouté de son tesmoignaige. »

**** « Respondent...., que il est preudons, et de bonne renommée, et fait devers l'église ce qu'il doit; et est semblans de voir, et présumption est pour lui ainsois que contre luy; et li proposans au contraire propose fait négatis, liquels ne puet mie estre bien prové. Et est la vérités, et le savera-on, que il est bourgois dou chapitre de Reins, par quoi il s'ensuit qu'il ne puet estre bourjois de l'eschevinaige, comme, par la coustume de Reins, nuns ne puet estre bourgois en deus lieus en un temps meymes. Ne il n'est aydans, participans, ne contribuans avecques les eschevins, ne avec les bourgois de l'eschevinaige, en querelle aucune que il ayent. »

***** « Respondent li procureur, que lidis Pierres est riches hons, vaillans hons, et de bonne renommée, ne onques ne fu ostés de l'eschevinaige; mais bien est voirs que par la coustume, l'usaige, et la chartre otriée à l'eschevinaige de Reins, chacun an xii eschevin nouvel sont fait, le jour des Cendres, liquel durent toute l'année; et au chief de l'an, sens yaus oster ne remouvoir, il laissent à estre eschevin, et en reffait-on douze, cians meymes qui l'ont esté,

réson sera, ce que fait en aurés, et chascun de vous, nous raportés par bouche, ou par vos lettres ouvertes annexées parmi cestes, ausdis diz eschevins en leurs besoignes et en leurs causes que il ont en Champeigne, et est leur pencionnaires, recevans leur pencion *.

« *Item*, à la fin que la déposicion et li tesmoignage de.... [Ici se trouvent les noms de 18 bourgeois et bourgeoises.] Soient dou tout réputé pour nul, pour cause de leurs personnes, dit, propose et entent à prover li procurères doudit arcevesque.... *Premiers*, que toutes les personnes dessus nommées sont bourgois et bourgoises doudit eschevinage, participant à touz les profiz et à toutes les franchises que lidit eschevin ont et pueent avoir, tant par chertre, se point en ont, comme autrement. *Item*, que li dessus nommé, tuit ensemble, contribuent et paient, à sol et à livre, à touz les frais, coustemens et mises que lidit eschevin font, et espéciaument au cons, fraiz et mises qu'il font en ceste cause ** ;.... *Item*, contre Renier Pestel poissonnier, et Tyan le poissonnier, dit lidiz procurères, que leurs tesmoignages ne doit valoir, car il sont et estoient dou lignage ledit Huet fillastre Hardi, si comme si cousin ; et ainsins s'ensuit-il qu'il tesmoigneroient voulentiers chose qui portast honeur ou profit audit Huet, en vengent la honte doudit Huet, comme de leur ami charnel ***....
Item, contre Ponçart le coustelier, dit li procurères doudit arcevesque que ses tesmoignages ne doit valoir, car il est sergens ausdiz eschevins, et leur sarrementez, et tient office de par eux, lequel il li ont donné, si comme d'estre maistre de la chaucie, qui tout plain li vaut ; lequel office lidit eschevin li pourroient oster, s'il leur plaisoit ; et ainsins raisons suppose qu'il tesmoigneroit enviz chose qui fust contre eux, ne qui les courrouçast de riens.... ****

« Ce dit li procurères doudit arcevesque... que des reproches et faiz proposés contre les choses qui toucheroyent le profit commun dou royaume de France, si come en os, en chevauchies, en subvencions, en guerres, en couronnemens, en fermetez de toute la ville de Reins, ou en autre choses qui toucheroyent communement tous les habitans de la ville de Reins, ce ne griet au roy no sire, as eschevins, ne as habitans en ban l'arcevesque, comme la querelle présente soit tant seulement au profit ou au damaige des parties, desquelles li articles font mention ; c'est assavoir dou procureur le roy et dou procurères dou ban l'arcevesque d'une part, et de l'arcevesque d'autre, ne il ne touche riens les autres bans. »

*** « Respondent lidit procureur, que la querelle n'est mie à fin de aligier ou encombrer ledit Huet, mais afin tant seulement que, comme l'arcevesque n'ait mie bien fait justice aus eschevins, ne à ciaus de l'eschevinaige, que pour ce meffait il perde la justice, si comme il est plus plainnement contenut ens articles ; en l'*Intendit* des articles des procurères deseurdis.... »

**** « Respondent lidit procurere, que se on li a bailliet un service, telle objection ne vaut mie à lui oster, quant on ne propose mie que il soit aus frais, ne aus despens, ne dou mainpast doudit eschevi-

---

on autres, à la volonté des faisans ; et se lidis Pierres fu eschevins, laquel chose il fu, si dura-il toute s'année, avec les autres, sens estre mués ne ostés ; pour quoi on ne le puet dire avoir esté ostés de l'eschevinaige pour mal de luy. »

* « Respondent li procureur devantdit, qu'il le nient, ne il ne sera ja trouveit. Et se il estoit trouveit, se dient li procureur que il ne souffit pas, se il ne maintient qu'il soit dou mainpast, et as frais des eschevins et des bourjois de l'eschevinaige. »

** « Respondent lidit procureur, que mal dit li procurères doudit arcevesque ; car lidis Rainiers Pestès pisseniers, Jaques Cunchiars, et Jehans Marchans sont clerc, et se maintiennent notoirement comme clerc, et ainsis par raison ne sont dou cors de l'eschevinaige, ne participans as frais et as franchises de l'eschevinaige ; ains s'en maintiennent comme tout exemps. *Item*, Jehans li Bourjois, Thinaus li pissoniers.... [ici 12 autres noms de bourgeois et de bourgeoises] tuit sont bourjois et bourjoises de chapitre, exempt et fors de la bourgisie de l'eschevinaige. . Font li procureur devantdit protestation que se li procurères l'arcevesque provoit que, en aucun cas, li demourant à Reins hors dou ban l'arcevesque, eussent contribueit et fait mises avec les eschevins et ciaus dou ban l'arcevesque, en aucune

jour et lieu. Mandons par la vertu desdites lettres, à tous ceus à qui il appartient, que à vous, et à chascun de vous, et faisant les choses tesmoins dessusdiz, offre à prover tout, ou partie, ou tant qu'il souffira.... Et fait protestation li procurères doudit arcevesque de respondre en cognoissant, ou en niant, ou en autre manière qui bonne li semblera, plus plainement, aus raisons et reproches que cil qui se dient procurères pour le roy et pour les eschevins, proposeroient ou vourroient proposer, contre les tesmoins traiz et admenez pour ledit arcevesque, ou qu'il vourroient proposer, ou respondre, contre les reproches que lidiz procurères l'arcevesque a proposés, contre les tesmoins admenez pour lesdiz nostre sire le roy et eschevins. »

[III. FACTUMS QUI TOUCHENT AU FOND DE LA QUESTION.]

[§. 1. *Ce sont les raisons dou procureur l'arcevesque, afin que la chartre, les arrés, et le procès dou bailli de Vermandois, mis en manière de pruève, ne soient mie valables.*]

« A la fin qui soit dit et pronunciet par vous, nos seigneurs monseigneur Fourque de Tournay et Fremin de Coquerel, auditeurs commis de par la court du roy nosire, se faire le poez, par la vertu de vostre commission, et se vostre pooirs ne se estant à ce, par nos seigneurs et maistres du parlement, que des lettres, estrumens, lesquels cils qui se dient procureurs du roy no sire et des eschevins dou ban monseigneur l'arcevesque de Reins, appellent chartres, lesquelles il ont produit et mis en manière de pruève pardevant vous, et de toutes autres lettres que il ont mises, et metteroient, en manière de prouve, copie en doie estre baillié et faite au procureur Monseigneur de Reins, à ses despens, et que lesdites lettres et estrumenz ne facent, ne doient faire préjudice, ne grever à Monseigneur de Reins, ne à sa jurisdiction, et qu'elles soient réputées pour nules et ne facent foy; mesmement seur les cas pour lesquels elles sont mises en manière de pruève, de par ciaus qui se dient procurères des eschevins dessusdiz; protestation premiers faite de par le procureur Monseigneur de Reins, que il ne accepte mie, ne entent à accepter, ni à approuver pour procurères ciaus qui se portent pour procureurs des eschevins et du roy, ne les lettres qui dient procuration; et que les raisons seur ce proposées de par ledit procureur Monseigneur de Reins li soient sauves, et ladite protestation li soit pour répétée en tout ce qu'il entent à proposer : — propose lidit procurères Monseigneur de Reins, les raisons et les fais qui s'ensiuent :

« *Premiers*, dit et propose lidiz procurères que par droit, par raison, et par coustume notoire, ancienne et approuvé du royaume de France, espécialment de la cité de Reins, et dou lieu où li plais est meus entre les parties, toutefois et cante fois que une partie contre autre a mis et produit instrumens, leitres, ou chartres, en manière de preuve, copie en doit estre faite à la partie adverse qui le requiert, à ses despens, afin que il se puist aviser de proposer ce que il li samblera de raison. *Item*, que desdites leitres, instrumens, que cils qui se dient procureurs du roy et des eschevins ont mis devant vous, seigneurs auditeurs, à prouver leur entention, li procurères Monseigneur de Reins en a requis et demandeit à avoir copie en droit, se il l'aroit, ou non; et dit que avoir la doit par droit, par raison, et par la coustume dessusdite ; si requiert que seur ce vous li faites droit, se pouer en avez; et se pooir n'en avez, que drois li soit fais par nos maistres de la court, et par ciaux qui faire le porront; mesmement comme il offre des choses dessusdites, de tout ou de

naige ; et à la vérité il ne li est mie bailliet des eschevins, ains est bourjois dou chapitre, et li a li chapitres donniet cet office, et ne l'en porroyent oster li escheviu. »

dessusdites, il obéissent et entendent diliganment. Donné à Paris, sous nos seaulz, l'an mil ccc et vint-trois, le merquedi après Penthecoste.

partie, à faire foy souffisanment, de tant qui souffira à son entention.

« *Item*, supposeit, sens préjudice, que desdictes leittres, instrumens, ou chartres, copie ne deust estre faite audit procureur, et que ainsis fût pronunciet, les protestations dessusdites faites et eues pour répétées ; si propose et dit li procurères Monseigneur de Reins,.... [afin] que lesdites leittres, instrumenz, et celles que cils.... appellent chartres, ne grièvent ne facent préjudice à Monseigneur de Reins, à sa jurisdiction; ne à s'entention, les fais et les raisons qui s'ensiuent : *Premiers*, dit et propose.... que la leittre de révérent père en Dieu monseigneur Willaume, jadis arcevesque de Reins, laquelle cils qui se dient procurères du roy et des eschevins ont mis pardevers vous, seigneurs auditeurs, en manière de pruève, ne doit aidier ne valoir au roy, ne as eschevins, ne as bourgeois dou ban Monseigneur de Reins, ne grever audit Monseigneur de Reins, ni à sa jurisdiction, ni à s'entention, pour ce que ladite leittre, c'elle fu ottroyé par ledit arcevesque Willaume, elle fu gréé, ottroyée et passée sans le consentement et la volenté dou chapitre de Reins, sens lequel consentement lidis arcevesques ne paut, ne dot faire aliénation, espécialment telle comme elle est contenue en ladite leittre, ne amenrrir la jurisdiction ne la justice appartenant à son arceveschiet. *Item*, que lidiz chapitres ne s'i consentit onques, ainsois l'a tousdis, quant li cas se il est offers, contredi et maintent le contraire, et en ont adès estet contredisant, et non consentant, de si lonc temps que il n'est mémoire du contraire. *Item*, que li arcevesques qui puis ont esteit, l'ont contredit, et se sont, toute fois que li cas s'i offroient, opposez au contraire ; et ont adès proposeit contre ladite leitre, et débatue, afin qu'elle ne devoit ne doit nient valoir, espécialment en cas desquels on plaide ; ne n'en usèrent onques lidiz eschevins paisiblement. *Item*, les leittres de confirmations de nostre saint père le pape, et du roy de France no sire, qui estoient pour le temps, ne leur doient valoir, ne grever à Monseigneur de Reins, ne à sa justice, car elles furent faites et ottroiées, se faites furent, en forme général, et sens le consentement du chapitre dessusdit ; et ne furent mie confirmées de certainne science, ne n'i est mie contenut : « non contrestant que chapitres ne s'y soit mie acordez ; » laquelle chose y deust estre contenut, à ce que ladite confirmation peust faire valoir la leittre dudit arcevesque Willaume ; laquelle ne valoit, ne doit valoir de droit. Et ainsis par raison et par droit, lesdites leittres de confirmation, espécialment les leittres de nostre saint père le pape, ne donnent point de vertut, ne ne font valoir les lettres dudit arcevesque Willaume. »

« *Item*, lesdites lettres, espécialment en cas don débas est, ni en cas de larrecin, de murdre et de traïson, desquels elles font mention, ne vallent ne doient valoir, et doient estre réputées pour nules ; car de droit et de raison, leittres qui sont contre droit, contre bonnes meurs, et contre la coustume général du royaume de France, ne vallent ne doient valoir, ne n'i doit-on adjouster foy. Mais lesdites leittres, en cas dessusdiz mesmement, sont et seroient contre droit, raison, bonnes meurs et la coustume notoire du royaume de France, si comme il puet apparoir clèrement par pluseurs raisons ; et ainsis ne vallent-elles ne doient valoir. *Premiers*, elles seroient et sont contre droit et bonnes meurs, car comme il semble que il soit contenut en dites leittres, que se aucun bourgois du ban dessus dit ait esté prins, ou soit prins, pour aucuns des iii cas dessusdiz, et li cas ne soit manifès, que il doit estre recréus par ostages, et jugiez au jugement des eschevins, ce seroit doner occoison de maufaire as malfaiteurs, et de faire murdre, larrecin et traïson, et à ovrir voie à malice ; car il se garderoient de tels meffais faire manifestement, et les feroient couvertement, pour tant que penseroient que il seroient délivrés pour ostages ; et ainsis leurs meffais demour-

Item, unes autres lettres :
A honorables hommes et sages, ses chiers seigneurs et maistres, 31 mai 1323.

roient à pugnir, contre droit et raison, et contre bonnes meurs. *Item*, ce seroit contre la coustume notoire et général du royaume de France, car par la coustume dessusdite, quiconques est prins pour aucuns meffais, se il est recréus, il est hors du péril dou cors; et ainsis se ladite récréance se faisoit en cas douteux, jà fusse véritez qu'il eust fait le meffait, il seroit hors du péril de cors, laquelle chose seroit contre ladite coustume, contre tout droit et raison, et contre bonnes meurs, et donroit matère et occoison à toute manière de maises gens de devenir bourgois du ban dessusdit, pour maufaire. *Item*, supposé sens préjudice, que lesdites leittres peussent ou deussent valoir, se ne leur vaurroient-elles mie, ne doient pourfiter, en cas desquels li plais est entre les parties; car il est contenut en ladite leittre l'arcevesque Willaume, que quant li cas est doutez, cils qui est prins doit donner ostages, ou se se non, il doit estre détenus prins; car li cas pour lesquels Remions Grammaire et Hués li fillastres Hardit jadis, furent prins, estoient manifés, et ainsis il porent estre détenus, et furent de leurs cors et de leurs biens en la volenté Monseigneur de Reins, si comme il est contenut en dites leittres. *Item*, supposeit, sens préjudice, que li cas fussent douteux; se n'apert-il mie que de par lesdiz détenus, ostages fussent donneit, ni offers souffisanment; et ainsis, selonc la teneur de ladicte leittre, les paut-on détenir en prison. Et jà soit ce que cils qui se dient procureurs du roy et des eschevins, dient que la gent Monseigneur de Reins en furent requis souffisanment, ce alliguer n'enporte mie que ostages fussent donnet, ne offert souffisanment; et ainsis ladite leittre ne doit pourfiter à yaus, ne grever à Monseigneur de Reins. *Item*, la leittre de l'arrest de la court par laquelle on mandoit au bailli de Vermendois que il s'enfourmât, se li cas pour lequel on tenoit Remion Grammaire estoit manifés ou douteux, ne la lettre doudit bailli, ne doient pourfiter asdis eschevins, ne as bourgois dou ban dessus dit, ne grever à Monseigneur de Reins, ne à sa justice; ainsois font plus pour Monseigneur de Reins que au contraire, mesmement la leittre dou baillit; car, si comme il appert par la leittre doudit baillit, raisons furent proposées de par Monseigneur de Reins que li cas estoit manifés, et que récréance ne s'en devoit mie faire dudit Remion; et pour tant que lidiz baillis ne povoit mie estre sitost enformez se li cas estoit manifés ou douteux, il dit que pourtant que il estoit en doute se li cas estoit manifés, ou non manifés, il faisoit récréance par I kalendier qui tenoit, et par la main du roy, comme en main souverainne, sauves les raisons aliguées pardevant lui; et ainsis par droit, et par coustume notoire et approuvée, ladite récréance faite par sa main, comme par main souverainne, ne fait, ne ne doit faire préjudice à Monseigneur de Reins, ne à sa justice; mesmement comme ses raisons li fussent réservées, et il ne prononça mie que li cas li apparût douteux *. »

[§. 2.] *Repplications pour les eschevins de Reins, et le procureur du roy, proposées contre le procureur l'arcevesque, afin que la chartre, les arrés, et le procès dou bailli de Vermendois, mis en manière de prove, sont valables.*

« Aus raisons, défenses et protestations proposées pardevant vous, honorables hommes et discreis, le doyen de Tournay.... et sire Fremin de Coquerel, consilleurs le roy no sire...., par le procureur de révérent père en Dieu monseigneur l'arcevesque de Reins, contre les chartres, lettres et procès produis pardevant vous par le procureur des eschevins de Reins, et le procureur dou roy...., dient et proposent li procurères desdis eschevins, et

---

* Ici se trouve immédiatement dans l'original, comme partie intégrante de notre factum, une réplique aux réponses des échevins, réplique que nous donnons plus bas, §. 3.

Fouque de Tournay.... et Fremin de Coquerel, Robers de la Cousture, sergans le roy no sire en la provosté de Laon, et li vostres, honneur et toute obéissance....

[Le sergent a exécuté ponctuellement les lettres du 18 mai 1323.]

Ce fu fait le mardi après la feste dou Saint-Sacrement, l'an mil ccc XXIII.

li procureres dou roy, en tant comme à chascun touche et puet touchier, les fais et les raisons qui ci-dessous s'ensiuent, afin que les lettres, chartres et procès produis pardevant vous, en manière de pruève contre ledit arcevesque, soyent valable et facent pour l'entention desdis eschevins et dou roy, quant as articles et as fais seur lesquelz les a trais li procurères desdis eschevins, et le procureur dou roy, nonobstant les choses proposees au contraire.

" *Premiers*, à la protestation faite de par le procureur l'arcevesque de Reins, par laquelle il maintient que il doit avoir la copie desdites chartres, lettres et procès.—Respondent li procureur des eschevins et dou roy, que copie n'en doit avoir li procurères doudit arcevesque, car par le stille de la court de France, et dou parlement, où la querelle, de laquelle débas est entre les parties, est démenée, et par la coutume de court laye, espécialment dou parlement, partie n'est tenue à baillier copie à s'averse partie de lettres et instrumens trais en manère de pruève en court laye; ains en est déboutez cils qui les demande, par la coutume dou parlement, et par l'usaige, toutefois qu'elle est demandée de la partie averse. Ne ne vaut ce que li procurères l'arcevesque propose, que de droit il doit avoir la copie, et par la coustume de Reins, en laquelle ville de Reins li commissaire vont avant; car se ce est de droit, si est la coutume au contraire en parlement, et la querelle est mute en parlement, et pent encore en parlement; si doit-on regarder et considérer la coustume de la court en laquelle la querelle pent; mayement comme copie baillier, ou dényer, soit à l'ordenance dou plait, non pas à la décision.

" *Item*, à ce que propose li procurères l'arcevesque, contre la chartre produite en manière de pruève de Guillaume jadis arcevesque de Reins,...., que ladite chartre est de nulle value, ne ne fait pour l'entention des eschevins, ne dou roy, pour ce que il n'appert mie par la chartre que chapitres de Reins si assentesist, sens le consentement douquel l'arcevesque ne pooit donner la chartre. — Respondent...., que la chartre est valable, et fait pour leur entente, car cils qui la bailla avoit pleine administration en temporel, et il ne convenoit mie que, pour la chartre baillier, il requeist le consentement de chapitre; et qui bien regarde la chartre, cilz Guillaume ne donna nuls nouviaus drois as eschevins; mais des coustumes que il avoient anciennement, et joït en avoyent, et gardé ycelles, nont désineit en la lettre par cui elles avoient esté données, ne de cui, comme aucune fois ne fussent mie gardées par la muance des seigneurs, il les vaut remestre et restituer audis eschevins; et en ce faisant, il faisoit ce que raisons donnoit, laquel chose il li loisoit par raison ; ne il ne doit estre repris de faire raison, ainsois devroit estre repris de faire desraison; laquelle desraison il eust faite, se il n'eust otrié la lettre. *Item*, li eschevin ont usé de ladite chartre notoirement, au veu et au seü des arcevesques qui pour le temps ont esté, et au veu et au sceu de tout chapitre, par tant de temps et en tant de cas, qu'il n'est mémoire de plus lonc temps. Dient encore li procureur dou roy et des eschevins, que ladite chartre est confermée dou roy no sire, et de certainne science, laquel choze li roys puet faire, comme il soit sires dou temporel, et soit tenus li temporels de luy; et ainsis, se la lettre de li n'estoit mie valable, si la feroit valable la confirmation dou roy. Ne ne vaut ce que dit est au

Suivent deux autres lettres, la première des commissaires, datée du 2 juin 1323, et adressée à Robert de la Couture, pour qu'il proroge l'ajournement des parties au 16 août suivant, attendu que les commissaires se trouvent empêchés par d'autres besognes du roi; la seconde, du sergent qui a exécuté ces ordres en s'adressant aux échevins et « à Grigoire de Châlons, baillin de l'arcevesque. » Le sergent a en même temps ajourné, à la requête des échevins, 57 témoins, dont plusieurs figurent dans la seconde série des factums que nous publions en note; et parmi les autres on distingue : « Grigore de Châlons, balli de Reins, le chastelain de Porte-Mars, » deux habitants de Hautvillers, « Bilon, femme maistre Wiart, qui fu sergans de Betigniville. » La prorogation a été faite « le mardi après la feste dou Saint-Sacrement, » (31 mai 1323); l'ajournement, le 4, le 5 et le 8 août.

Item, une autre lettre :

A tous ceuz qui ces lettres verront, ou orront, Pierre de Biaumont, 8 juin 1323.

contraire, que li roys ne puet mie donner l'éritage de l'église; car, sauve la grâce du proposant, il n'i a mie don de héritage; ainsois, qui regarde la chartre, elle parole de procès ordener en aucun cas qui porroient avenir, si comme de faire récréance en aucun cas, ou de dénéer; laquelle chose n'est mie aliénation de héritage, ains est une ordenance de procès, laquelle chose li arcevesques puet faire, et li roys confermer. Et avec tout ce, li papes qui pour le temps estoit, conferma ce que l'arcevesque et li roys avoient fait, et de certainne science, acertenées tant de la lettre l'arcevesque, comme de la confirmation le roy, si comme il appert par la teneur de ladicte lettre dou pape.

« *Item*, à ce que dit li procurères de l'arcevesque, que li procurères le roy et li procurères des eschevins, ne doivent estre oys à dire ou à maintenir que il aient usé de la dicte chartre, et aient prescript d'avoir récréance ou cas de crime des bourgois de l'eschevinage pris, et que avoir la doivent par ladite chartre, en tout cas, excepté trois qui sont contenus en ladite chartre; car ce seroit donner cause et ocquaison aus meffaiteurs de mal faire;—[Respondent] car, sauve la grâce dou proposant, il n'est mie samblans de [voir], que pour ce que aucuns se porroit penser que il auroit récréance, que pour ce il feist meffait; car pour la récréance ne seroit-il mie délivrés dou maléfice; ainsois seroit aussi bien pugnis, comme se il n'en avoit point. Et avec tout ce,.... li arcevesques, li roys, li papes, veyrent bien ceste raison; et nequedent li arcevesques, li roys et li papes donnèrent les lettres et les confirmations, si comme il est deseur dit.

« *Item*, à ce que dit li procurères l'arcevesque, que inconvéniens en ensuirroit, se récréance en estoit faite parmi la chartre, car se li maufaitères estoit une foys recréus, puis seroit tousjours recréus, par la coutume, dusques à tant que il seroit condampnez; et porroit estre que il s'en yroit, et jamais ne seroit pugnis. — Respondent lidit procureur, que ce ne doit-on mie considérer, car l'arcevesques l'otria, li roys et li papes le confermèrent. Ne la récréance ne se fait mie ci simplement, que il ne conveigne donner seurté, selonc la teneur de la chartre, et samble que ce soit raisons; car où li meffaitères est pris, et li cas est notoires et manifés, là ne doit avoir point de récréance, comme il soit jà tenus pour condampnez, ou doive estre tenus pour condampnez. Mais il n'est mie ainsis quant li cas est douteus; et se récréance ne se faisoit en cas douteus, la gens l'arcevesque penrroient occoison de penrre moust de bonnes gens, sen cause raisonnable, et les tenrroient sens recroire.

« *Item*, à ce que dit li procurères l'arcevesque que la chartre produite,.... fait pour l'arcevesque, ne mie pour les eschevins et le roy, car la chartre vuet que l'arcevesque ne soit mie tenus à recroire en cas notoire et manifest, et Remions Gramaire et Hués fillastre Hardi, furent pris pour cas notoire et manifest. — Respondent.... que il furent pris

bailli de Vermendois, salut. Comme en la cause pendant en la court du parlement du roy nostre sire, à Paris, entre le procureur dudit segneur,

pour souppesson de cas de crime non notoire, non manifest, mais douteus; et ainsis l'ont tousjours maintenu li eschevin, si comme il appert par leurs articles. Et escript la cours à Michiel de Paris, qui pour le temps estoit baillis de Vermendois, que comme li arcevesques maintenist le fait de Remion Gramaire manifest, et li eschevin le deissent doubteus, pourquoi voloient avoir la récréance, que lidis baillis, les eschevins appellez, et l'arcevesque, enqueist se li fait estoit manifés, en quel cas il en laissa joyr l'arcevesque; et se li fais n'estoit manifés, ou il estoit doubteuz se manifés estoit, ou non, que il feit la récréance audis eschevins doudit Remi, sus caucion d'estre à droit au jugement desdis eschevins. Liquelz baillis vint à Reins, et appella lesdictes parties, et oy les raisons desdictes parties, et comme il li apparut par les raisons proposées d'une part et d'autre le fait estre doubteus se il estoit manifés ou non, le pronunsa doubteus, et fit la récréance selonc ce qui li estoit mandé de la court, si comme ces choses appèrent par les lettres de la court, et par le procès doudit Michiel.

« *Item*, à ce que li procurères l'arcevesque dit, que la récréance ne devoient mie avoir li eschevin, doudit Remi Gramaire, et de Huet fillastre Hardi, pour ce que par la chartre, se il vuelent avoir la récréance des bourgois de l'eschevinage pris, il doivent offrir souffisante caution, ou seurté, laquel chose il ne feirent mie. — Respondent..., que, sauve la grâce dou proposant, il l'offrirent bien et souffisanment, et selonc les poins de leurdite chartre, et est bien contenu en leur articles, et en ont jà trais pluseurs tesmoings, lesquels il cuident avoir prouvé leur entente seur cestui cas.

« *Item*, à la protestation que fait li procurères l'arcevesque, d'avoir la secunde production, li procurères dou roy et des eschevins font protestation au contraire; car, selonc le stille, usage, et coutume dou parlement, on n'a que une production de prove, tout y

puist-il avoir pluseurs dilations sus une production....

« Des choses deseurdites demandent droit li procureur dou roy et des eschevins, partout où droîs chiet, et offrent approuver ce, etc. »

[§. 3. *Duplications du procureur de l'arcevesque, contre les réplications des procurères du roy et des eschevins.*]

« *Item*, les raisons proposées de par ciaus qui se dient procureurs du roy no sire, et des eschevins dessusdiz, ne valent, ne ne doient mouvoir au contraire, par pluseurs raisons qui s'ensiuent :

« *Premiers*, ce qui dient que par la coustume général dou royaume de France, on ne baille mie copie de lettres, ne de instrumens produis en manière de preuve, etc. — Respont li procurères dudit arcevesque, car, si comme il est proposeit par ledit procureur Monseigneur de Reins, li contraires est voirs; et fait protestation lidiz procurères que comme il ait alliguet espécial coustume dou lieu, laquelle ne li est mie niée, ne débatue, qu'elle li vaille pour cognue, par la coustume de court laye.

« *Item*, ce ne vaut que il proposent que lesdites leittres mises en manière de prove valent et doivent valoir, pour ce que li arcevesques qui les ottroya estoit générans administrères du temporel, et les paut ottroyer et baillier, pour tant que il, par plait, porroit perdre saisine et propriéteit, si comme il perdit et fu condampnez, si comme il dient, contre l'abbet et le couvent de Saint-Remy. — Car ceste raison ne vaut nient, que jà soit ce que li arcevesques, pour son arceveschiet, par plait contemptieux, pouist plaidier et deffendre, perdre et gaagnier, sens le consentement de son chapitre; toutes voies, sens le consentement de son chapitre, de volenté, il ne peuent donner, perdre ne aliéner, en la manière qu'il est contenu en ladite lettre, les drois, ne la justice de l'arceveschiet, ou amenusier.

« *Item*, ce qui dient, que li plus grant du

DE LA VILLE DE REIMS.

et les eschevins de Rains d'une partie, et l'arcevesque de Rains d'autre partie, par raison des fais Remy Gramaire, et Huet fillastre Hardi, de Rains, honnerables hommes et discrets maistre Fouques, doyen de Tournay, et

temporel, et li plus souverains, c'est assavoir li roys de France, et li plus grant de l'espérituel, confermèrent ladite lettre, c'est assavoir nostre saint pères li papes; et jà soit ce, si comme il dient, que la lettre confermée ne fût de valeur, la confirmations la fit valoir, car souverains qui conferme ce qui ne vaut, donne et fait valoir, si comme il dient, etc. — Respont et dit li procurères, car, sauve la grâce dou proposent, ce ne leur doit valoir, si comme il est jà touchiet si-dessus ; car ladite confirmation, puisqu'elle n'est faite de certainne science, et que on n'i a mis : « Non « contrestant que li consentement de chapi- « tre n'i est, » et les autres choses qui la porroient anientir [sic, amentir], et qui n'appert autrement de celui qui conferme, ne de sa volenté, ne fait mie valoir, ne ne donne vertut à la lettre qui est confermée.

« Item, à ce qu'il dient que par ladite leittre ne leur est mie fais nouviaus dons, ne aliénations nouvelles, ainsois leur sont déclairies et approuvées leurs anciennes coustumes, lesquelles leur estoient, si comme il dient, mains souffisamment gardées, etc. — Respont et dit li procurères Monseigneur de Reins, car, sauve leur grâce, mal dient ; car par ladicte leittre de laquelle il se vuelent aidier, il appert que leursdites anciennes coustumes, tant seulement, ne leur sont mie desclairies; ainsois avec ce leur ottrioit-il pluseurs nouvelletés, espécialment en cas desquels débas est et a esteit, si comme il apert par la teneur de ladite leittre, ou lieu où il dit: *Concedimus eciam*, etc.

« *Item*, à ce qu'il dient que lesdites leittres doient valoir, non contrestant raisons proposées au contraire, jà soit ce que il semble que elles soient, quant as articles desquels débas est, ottroiées contre droit et bonnes meurs, et coustume généraus du royaume, etc.; pour tant que il dient, que jà soit ce que elles conteingnent iniquité, se furent-elles ottroyées, et paurent et puelent estre ramenées à équité, si comme nous véons en toutes perscritions, qui sont entroduites contre droit, etc. — Respont li procurères dessusdiz, que ce ne leur doit valoir ; car jà soit ce que perscritions soient entroduites, elles sont entroduites par raison et par droit, ne ne vaurroit perscritions, ne lonstemps, à entroduire chose qui fust contre bonnes meurs, et par quoi on poist faire péchié, car ce seroit contre droit devin, ne avoir occoison de mal faire, si comme il seroit en cas dessus dites; et appert clèrement que ladicte leittre seroit cause et occoison de grant iniquité.

« *Item*, ce ne vaut que il dient, que il en ont usé paisiblement, par si lonc temps qu'il n'est mémoire du contraire, au seut et au veut des arcevesques, leur gens, et le chapitre, et leur gens, etc. — Car li contraires est voirs, car toutesfois que li cas si est effers, li arcevesques qui est et ont esté, et li chapitres de Reins, ou leur gent, s'i sont opposeit et l'ont débaturt, ne n'en joïrent onques, ne ne joïent paisiblement.

« *Item*, à ce que il dient que il requirent souffisemment que lidiz Remyons et Hués li fillastres Hardit, leur fussent recréus, selonc les poins de leur chartre; et ainsis vuelent-il enclorre que il donnèrent ou offrirent ostages souffisanment, etc.... — Respont que ce ne leur doit valoir; car jà soit ce, sens préjudice, que il les eussent requis en la manière qui dient et que il aient proposeit, se n'emporte mie que il aient offert ne donné ostages, selonc la teneur de leur leittre; ne n'i viennent ne doient venir à temps à proposer, ni approver, se proposer ou prover le voloient maintenant, mesmement par la coustume de court laye; car il ne le proposèrent mie en leurs articles.

« *Item*, ce ne doit valoir que il dient, que li baillis de Vermendois pronunça le cas douteux, et fit récréance dudit Remion, etc. — Car si, comme il est dit, il ne fut mie

sire Fremin de Coquerel, conselleurs dudit segneur, soient commis, par les lettres d'icelui seigneur, à enquerre la vérité selonc les articles envoyés as dis commissaires; et, de la partie desdiz eschevins, nous ait esté requis que, à veoir enquerre la vérité sur lesdis articles, nous establissions procureur pour le roy; sacent tout, que nous, par la teneur de ces présentes lettres, avons establi et establisson procureur pour le nostre sire dessusdit, quant as choses dessusdites, Christian de Jarsaines, sergant dudit segneur en la prévosté de Laon, pour estre as jours qui par lesdiz commissaires sont ou seront assignés pour la cause dessusdite; auquel Christian nous donnon en mandement, que à ce entende, toutes fois que mestiers sera, comme procureur dudit seigneur. Donné le vIII^e jour de juing, l'an de grâce mil ccc vint et trois.

Item, une autre lettre:

14 août 1323.
A tous ceus qui ces présentes lettres verront et orront, li eschevins de Rains, salut. Saichent tuit que nous, Jaque dit le Pois, Jehan dit Guespin, Thomas dit de Rohais, Remis dit de Rohais, Thierri dit Erart, maistre Hue Griny, et maistre Raoul dou Chayne, faisons et establissons nos procureurs généraus, et messaigés espéciaus, et chascun d'iaus pour le tout [etc., etc....] pardevant tous juges, ordinaires, extraordinaires, tant d'église, con seculers, conservateurs, commissaires, auditeurs, et autres juges, et justices quelconques, et espéciaulment ès causes qui sont mutes en la court de France, entre révérent père en Dieu monseigneur l'archevesque de Reins d'une part, et nous, eschevins dessusdis, d'autre part.... Donnons et ottroyons as devantdis procureurs, et à chascun d'iaus pour le tout, plain pooir et mandement espécial de plaidier pour nous, et en non de nous, de pour-

pronunciet en ceste manière; ainsois pronunça, pour ce qu'il estoit en doute se li cas estoit manifés, ou non manifés, que récréance se feroit par la main du roy, comme souverainne, si comme il est plainement proposeit en raisons ci-desseur.

« Et par les raisons et les fais ci-desseur proposées, et autres de droit et de raison qui mouvoir porroient et devroient, requiert li procurères Monseigneur de Reins desseurdit, et en non desseurdit, que drois li soit fais, et pronunciet pour lui, à la fin à quoi il tent, et en la manière desseurdite, et en requiert droit; et de ce qui est de fait, de tout ou de partie, ou de tant qu'il souffira à son entention, il offre à faire foy souffisamment; et les fais de la partie adverse, en tant comme il feroient à recevoir, et il seroient contraire à son entencion, lidiz procurères les nie, sauves ses protestations et retenues. »

suire et de deffendre en toutes choses, ainsis comme il appartient, les drois, les priviléges, les franchises, les us, les coustumes, communs et communes, des bourgois doudit eschevinage, de requerre, de demander, de suppliier, de dénunciier, de connoistre, de niier, de jurer, de poser, de conclure, de traire tesmoins, de mettre lettres et instrumens en manière de pruèves, de veoir jurer les tesmoins que partie adverse trairoit, de dire en tesmoins, et en leur tesmoingnages, et contre toutes pruèves de partie adverse, de muer jours, de oiier drois, arrès, jugemens, et sentenses; de appeler, renouveler et poursuire l'appel, et de faire tout ce que nous friens, et porriens faire, en toutes choses dessusdites, et en chascune d'icelles, se nous y estiens présens, et en toutes autres, tout requièrent-elles mandement espécial; avons et averons ferme et estable tout ce qui par lesdis procureurs, ou par l'un d'iaus, sera fait, démeneit, ou procureit, ès choses dessusdictez, ou en aucune d'icellez; et prometons, par l'obligement de tous nos biens, à tenir et piaier, si mestier est, le jugié. En tesmongnage de ce, nous avons seeleit sez présentes lettrez dou seel de nostre eschevinage de Rains, qui furent faites l'an de grâce M. CCC XXIII, le dimenche devant la feste Nostre-Dame en my aoust.

Item, une autre lettre :

Universis presentes litteras inspecturis, Robertus, miseratione divina, remensis archiepiscopus, in Domino salutem. Noveritis quod nos, nostro et ecclesie nostre remensis nomine, dilectos nostros Joh. de Troyon, Franciscum de Pruino, clericos, Thomam Loiré prepositum nostrum, Johannem Pochardi majorem Culture nostre remensis, et Johannem de S. Michaele, latores seu exhibitores presencium, nostros facimus et constituimus procuratores generales et nuncios speciales.... Datum sub sigillo nostro, anno Domini millesimo ccc° vicesimo tercio, die veneris post festum B. Laurentii. *12 août 1323.*

CCXCVII.

ARBITRIUM quo J. Coquelet la Pinte, civis remensis, virtute intercursus, justicie capituli restituitur[1]. *8 novembre 1323.*

Archiv. du chap., lay. 1, liass. 1, n° 13.

---

[1] Voir les actes du 18 novembre 1322, du 4 avril et du 26 novembre 1323.

In nomine.... Per presens publicum instrumentum pateat universis, quod anno.... M°. ccc°. xxiii°, indictione septima, mensis novembris octava die...., pontificatus.... Johannis... pape vicesimi secundi anno octavo, in nostra publicorum notariorum et testium infrascriptorum presentia, propter hoc personaliter constitutis viris venerabilibus et discretis magistris J. de Monteclino, et Th. de Sarnaco, canonicis remensibus, et D. Guil. de Manci canonico ecclesie.... cathalaunensis, commissariis.... in hac parte reverendi.... R.... remensis archiepiscopi, per litteras commissorias.... que tales sunt :

6 octobre 1323.
Robertus.... dilectis.... J. de Monteclino, officiali nostro, Th. de Sarnaco.... et G. de Manci..., salutem.... Ex parte dilectorum.... prepositi, decani, cantoris, et tocius capituli ecclesie nostre, fuit nobis monstratum, quod Johannes dictus Coquelés la Pinte de Remis, dum erat francus et communis serviens..., delatus pro quibusdam suis excessibus circa receptas, misias, et compotum taillie; in banno et terra capituli, propter coronationes dominorum Ludovici et Philippi quondam Francie regum, facte...., et recepte per ipsum Johannem, et quosdam alios super hoc a decano et capitulo deputatos, coram senescallis et baillivo, facta eidem Johanni petitione in judicio super dictis excessibus, responsione etiam eidem petitioni ex parte ipsius Johannis subsecuta, manuque capituli, per ipsius capituli baillivum, propter vehementes presumptiones contra eundem Johannem in ipsum apposita, eum in prisionia capituli detinendo, ipsaque prisionia eidem Johanni postmodum ad preces quorumdam amicorum suorum ampliata, ipse predicte sergentarie voluntarie renunciavit, intendens, per hoc, examen curie predicti capituli super dictis excessibus evitare ; et postmodum ipsius Johannis prisioniam de mandato senescallorum et baillivi capituli restringendo, idem Johannes per servientes ipsius capituli in consistorio curie capituli, coram dictis senescallis et baillivo presentatus, se burgensem nostrum remensem avoavit, et ratione hujusmodi avoationis, per intercursum.... inter nos et predecessores nostros ex una parte, et capitulum et suos antecessores ex altera, a tanto tempore quod principii memoria non existit, observatum...., baillivo nostro requirenti, per senescallos et baillivum capituli fuit restitutus. Qua restitutione facta in consistorio predicto, ibidem, incontinenti et sine aliquo intervallo, ex parte senescallorum et baillivi

capituli, dictum fuit baillivo nostro, et ab eo requisitum, quod de dicto Johanne Coquelet teneret se saisitum, ad finem quod, sufficienti informatione facta super premissis baillivo nostro, seu aliis pro nobis, ex parte capituli, quam informationem predicti senescalli et baillivus obtulerunt se facturos, ipsis senescallis et baillivo restitueretur dictus Johannes Coquelés, virtute predicti intercursus, subiturus.... in premissis examen curie capituli, sicut coram nobis asseruit capitulum. Et cum baillivus noster, sicut asseruit capitulum, presens negocium plus debito per multa subterfugia distulerit, ex quo.... habent ipsum suspectum, nos volentes quod in presenti facto, seu negocio, omni suspitione sublata procedatur, et quod predictus intercursus fideliter observetur, vobis, tenore presentium, predictam informationem recipiendi, tam per probationes jam a gentibus nostris receptas, quam alias, prout vobis videbitur, summarie et de plano, ac, sine strepitu judicii, pronunciandi predictum J. Coquelet dicto capitulo restituendum, vel non restituendum...., committimus omnimodam potestatem....; et quamvis.... de vobis plenam geramus fiduciam, attamen ad omnem suspicionem excludendam, volumus quod juretis, tactis sacrosanctis Evangeliis, quod in premissis legaliter vos habebitis pro viribus, nostra et capituli jura fideliter observando.... Datum anno M° CCC° XXIII°, die jovis post festum B. Remigii in capite octobris.

Quibus litteris per organum dicti domini G. de Manci, ad rogatum collegarum suorum, ad verbum de verbo perlectis, ad hoc vocatis.... discretis viris Gregorio de Cathalano baillivo.... archiepiscopi, et Johanne de Troyonno subbaillivo ejusdem...., magister R. de Quercu, baillivus capituli...., cum instancia requisivit dictos commissarios, et ab ipsis petiit, quod pronunciare vellent super informacione quam fecerant.... Qua requesta facta, dictus D. G. de Manci, ad rogatum collegarum suorum, recitatis contentis in commissione predicta, et qualiter super contentis in ipsa, et de natura intercursus de quo in dicta commissione fit mentio, et de omnibus premissa tangentibus, ipse et college sui informationem receperant;.... pronunciavit de assensu et beneplacito collegarum...., dictum Johannem fore restituendum, et debere restitui capitulo, ratione dicti intercursus.... Cui pronunciationi dictus M. R. de Quercu acquievit, et eam laudavit et approbavit....; et M. Gregorius dixit quod sibi caveret de forefaciendo, et petiit habere copiam commissionis, et protestatus fuit quod dicta pronunciatio in aliis causis secularibus non prejudicaret archiepiscopo; M. R. de Quercu in contrarium protestante.... Acta sunt hec prope hostium consistorii curie remensis...., presentibus N. N. N. et N. canonicis remensibus, N. clerico advoato in curia remensi, N. presbitero hospitalis B. Marie remensis, N. et N. apparitoribus, N. tabellione dicte curie, N. et N. clericis, et P. Leclerc de Remis, ac pluribus aliis testibus [1]....

CCXCVIII.

22 novembre 1323.

APPOINTEMENT [en parlement, du débat du chapitre et des eschevins, relatif aux brasséeurs de foin] pour remettre la cause au prochain parlement, [et laisser aux parties le temps de passer un accord].

Archiv. de l'Hôtel-de-Ville, renseign. — Archiv. du Roy., sect. jud. Accords, reg. 1er, fol. 192 v°.

Inter decanum et capitulum remenses, ex una parte, et scabinos ville remensis ex altera, [causa mota] super novo impedimento justiciandi apud Remos omnes braciatores, pro braciando fenum, stramen et forragium, per totam terram archiepiscopi et capituli remensium, et alibi, excepta terra S. Remigii remensis duntaxat, de consensu procuratorum parcium [posita est] in statu; et dedit dicta curia nostra dictis partibus licenciam pacificandi interim, si voluerint, salvo tamen super hoc jure nostro; et si acordum fiat super hoc interim, inter dictas partes, debent dicte partes acordum ipsum, ad dictos dies ballivie viromandensis curie nostre reportare; sin autem ad dies predictos in nostra curia comparere, in dicta causa, ut justum fuerit, processure. De consensu procuratorum parcium, xxª IIª die novembris, anno Domini m° ccc° xx° III°.

CCXCIX.

26 novembre 1323.

ARREST de parlement....[2] par lequel fut dit que l'arcevesque ne paieroit point d'amende, de ce qu'il avoit jugié aucuns bour-

[1] Suit l'attestation de trois notaires.
[2] Voir les actes du 18 novembre 1522, du 4 avril et du 8 novembre 1523.

gois de l'eschevinage, [et particulièrement J. Coquelet la Pinte], sans les eschevins.

<small>Livre Blanc de l'Échev., fol. 312.</small>

Karolus.... Notum facimus quod cum scabini banni.... archiepiscopi remensis, asserentes ad se judicia personarum dicti scabinatus in curia dicti archiepiscopi pertinere..., conquererentur quod cum dictus archiepiscopus, seu gentes sue, judicaverunt sine ipsis scabinis [quendam burgensem dicti scabinatus?] esse reddendum decano et capitulo remensi, in quorum terra captus fuisse dicebatur in presenti delicto, [et propter hoc?] in nostra curia lis penderet[1], dictus archiepiscopus, seu gentes sue, lite pendente predicta, et [sic, in?] prejudicium dicte litis, et appositionis manus nostre in qua erat positum debatum,.... plura contra ipsos scabinos attemptata fecerunt, et in simili casu, contra J. Coquelet dictum la Pinte quandam informacionem fecerunt, et sine dictis scabinis judicaverunt; et propter hoc requireret procurator noster pro nobis, qui eisdem scabinis se super hoc adjungebat, et iidem scabini, quod nos premissa per dictum archiepiscopum.... facta et habita faceremus in statum debitum revocari, et dictum archiepiscopum ad prestandum nobis duas emendas propter hoc condempnari, plures raciones super hoc allegantes; procurator dicti archiepiscopi proposuit plures raciones ex adverso, ad finem quod pronunciaretur ipsum juste et licite premissa fecisse, et ad excusationem suam exhibens quasdam litteras a nostra curia impetratas, virtute quarum se predicta fecisse dicebat. Auditis igitur super hiis dictis partibus; visis dictis litteris, et attento quod ipse littere in prejudicium dicte litis, et extra parlamentum, obtente fuerunt, curia nostra per arrestum suum dictas litteras et quicquid virtute ipsarum factum extitit, revocavit, et reposuit dictas partes in statu in quo erant tempore impetracionis litterarum ipsarum, et procedent ulterius ut jus erit; et quia curia nostra, archiepiscopum pretextu dictarum litterarum a prestacione dictarum emendarum excusatum habet, ipse aliquam super hoc non prestabit emendam.... Datum Parisius, in parlamento nostro, xxvi^a die novembris, anno D. M° CCC° XX° III°.

Sic signatum : Per arrestum curie, Chalop.

<small>[1] Voir l'acte du 8 janvier 1323.</small>

CCC.

3 décembre 1323.

ARREST de parlement.... pour le fait de Thomas Louré, prévost de Reins, par lequel fu dit que les parties feroient leurs fais.

<small>Livre Blanc de l'Échev., fol. 15 v°.</small>

Karolus.... Notum facimus, quod cum procurator dilecti et fidelis nostri archiepiscopi remensis, procuratorio nomine ipsius, in nostra curia requireret Johannem dictum la Coque, Simonem de Roisi, Simonem dictum la Coque, Jacobum dictum Lescot, Remigium dictum le Vefve, et Johannem de Merfaut, in carcere ipsius archiepiscopi mancipatos occasione verberacionis facte in personam prepositi remensis, dicti archiepiscopi personam representantis, quos Robertus de Cultura, serviens noster, a dicto carcere, virtute quarumdam litterarum a nobis per scabinos remenses impetratarum, deliberaverat, sibi reddi, et in dicto carcere restitui, pro justicia de eisdem, secundum qualitatem dillecti [*sic*, delicti?] hujusmodi, ut esset racionis, facienda, et illud quod de premissis factum fuerat per dictum servientem totaliter anullari; procurator vero scabinorum remensium banni dicti archiepiscopi, proposuit ex adverso quod dicta requesta fieri non debebat, plures super hoc allegans raciones, et quod dicta recredencia per dictum servientem facta juste facta fuerat, pro eo videlicet quod dictus archiepiscopus, vel ejus gentes, non possunt tenere aliquem burgensem de scabinatu remensi carceri mancipatum, pro quocumque malifacio [*sic*, maleficio?], murtro, furto, et prodicione notoriis, et manifestis, dumtaxat exceptis, quin de dicto detento fieri debeat recredencia, mediante caucione ydonea, et hoc habebant dicti scabini per punctum carte; et ob hoc quod gentes dicti archiepiscopi recusaverant facere, mediante caucione, predictam recredenciam, de predictis personis, eam fecerat dictus serviens, virtute dictarum litterarum. Procurator dicti archiepiscopi proposuit ex adverso, quo[d] cum excessus quem dicte persone fecerant, factus fuisset, ut dicebat, in personam dicti prepositi, ipsius archiepiscopi personam representantis, fundatoris ipsorum scabinorum, et paris Francie, aliqua recredencia super hoc fieri non debebat, nec ad ipsos scabinos cognitio super hoc pertinebat, nec ad hoc privilegium ipsorum extendi poterat, nec debebat; procuratore vero dictorum scabinorum e contrario replicante, dicente quod dicti scabini non solum erant et fuerant ab antiquo, virtute dicti privilegii sui, in possessione habendi cognicionem et judicium de personis scabinatus delinquentibus [in] alias personas dicti archiepiscopi et officialium ejusdem, sed etiam de delinquentibus in personas prefati archiepiscopi, sui baillivi et prepositi, et aliorum officiarum (*sic*) suorum; procuratore dicti archiepiscopi plures replicante raciones, ad finem quod ad hujusmodi saisinam probandam dictus procurator dictorum scabinorum non deberet admitti. Auditis igitur super hiis dictis partibus, et viso tenore dicti privilegii, ad finem si possint expediri per illud, absque eo quod facta facerent, per arrestum nostre curie dictum fuit quod dicte partes facient facta sua. In cujus rei.... Datum Parisius, in parlamento nostro, die tercia decembris, anno Domini millesimo ccc° vicesimo tercio.

CCCI.

SENTENCE arbitrale.... par laquelle les eschevins sont maintenus dans le droit d'instituer des brasseurs de foin, paille et autres fourages, contre le chapitre qui prétendoit avoir droit dans sa seigneurie à Reims.

10 décembre 1323.

Livre Blanc de l'Échev., fol. 67 v°.

In nomine Domini, amen. Per hoc presens publicum instrumentum cunctis pateat, quod.... discordia que vertebatur inter venerabiles et discretos viros prepositum, decanum et capitulum ecclesie remensis ex una parte, et discretos viros scabinos ex altera, super eo videlicet quod prepositus, decanus, et capitulum, instituerant unum braciatorem in terra sua remensi pro braciando fenum, stramen, et consimilia furragia, dicendo quod hoc facere poterant....; scabinis contrarium asserentibus et dicentibus quod ad ipsos solum et in solidum pertinebat hujusmodi braciatorum institucio, tam in terra.... archiepiscopi, quam in terra capituli....

En conséquence, les parties ont choisi pour arbitres, le chapitre : Gui de Villanier et J. de Montclin, chanoines; l'échevinage: Jacques le Poix et Eudes la Latte, échevins.
Suit en français le compromis qui institue les arbitres, et les autorise à *aler en avant sommairement et de plain, en jours fériaulx et non fériaulx.* Les arbitres promettent *d'aler*

en avant ou compromis toutesfois qu'ils en seront requis. Les parties s'obligent sur tous leurs biens à se soumettre à l'arbitrage, sous peine de 100 marcs d'argent.

On s'assemble, l'indiction sept, le 10 du mois de décembre, l'année 8 du pontificat de Jean XXII, en présence de notaires publics et de témoins appelés dans la salle capitulaire, vers la première heure. Les arbitres sont présents, ainsi que les procureurs des parties.

Ici se trouvent transcrits les actes qui constituent Hugues de la Ferté-Milon procureur pour le chapitre, et trois bourgeois procureurs pour l'échevinage.

Les procureurs requièrent les arbitres de prononcer leur sentence. Ceux ci, *consilio bonorum et jurisperitorum*, font lire par l'un d'eux, J. de Monclin, la sentence qui est rédigée en français, et dont voici le dispositif :

> Disons, ordonnons, déclairons, pronuncions et sentencions.... que lidit eschevins sont, et ont esté de longtemps, en saisine et possession de mettre et instituer à Reins bracieux pour bracier foing, estrain, feurre, et autres fourrages, par toute la terre Mgr de Reins, et la terre honnourables hommes et discrez le doyen et le chappitre de Reins ; et que ausdiz eschevins appartient à mettre et à instituer, et non ausdiz doyen et chapitre, tous les bracieux de Reins pour bracier foing, estrain, fuerre, et autres fourrages....

Les procureurs adhèrent à cette décision en présence de dix bourgeois et de plusieurs autres témoins.

L'official de Reims authentique cet acte, à la relation de Guy de *Roligio* notaire. Celui-ci signe avec un de ses confrères.

CCCII.

20 décembre 1323.

ARRÊT d'homologation d'un accord fait entre l'archevêque et les échevins, par lequel lesdits échevins ont été maintenus dans le droit d'établir les courtiers de vin de la ville de Reims [1].

Bidet, Mémoires, tom. v, pièce 232.

CCCIII.

21 décembre 1323.

MANDATUM baillivo viromandensi, de malefactoribus qui Th. Louré, prepositum remensem, invaserant, capiendis.

Archiv. du Roy., sect. jud. Crimin., reg. 3, fol. 94 v°.

Karolus, *et cetera,* ballivo viromandensi, salutem. Ex parte procuratoris dilecti et fidelis nostri archiepiscopi remensis, accepimus [quod

---

[1] Cette pièce ne se trouvant mentionnée dans aucun catalogue, nous craignons que Bidet n'ait commis une erreur en l'indiquant.

cum?] Johannes, Symon, et Jacobus la Coque, Remigius [*sic*, Jacobus?] li Escouz, Symon de Roysi, Rogerius [*sic*, Remigius?] li Vesves, Johannes de Marfast, et nonnulli alii eorum complices in hac parte, Thomam Loré, prepositum remensem, qui villam remensem devotte custodiebat, ut ad ipsum pertinebat, et racione officii sui tenebatur, paratis insidiis, prodicionaliter, cum armis, invasissent, verberassent, et lettaliter vulnerassent, taliter quod de ipsius prepositi vita totaliter desperabatur, et adhuc desperatur, et ob hoc gentes ipsius archiepiscopi dictos malefactores cepissent, et in castro dicti archiepiscopi vocato Portemars carceri mancipassent, pro justicia exhibenda de eisdem; postmodum Robertus de Coustura, serviens noster in prepositura laudunensi, pretextu quarumdam litterarum nostrarum a nobis subrepticie, ut dicitur, impetratarum et obtentarum per scabinos dicte ville remensis, asserentes quod burgenses scabinatus teneri non possunt in prisione, nisi pro casu criminali notorio et manifesto, alias a prisione hujusmodi, secundum cognicionem et judicium ipsorum scabinorum, liberari debent, ac dicentes se esse et fuisse ab antiquo, eciam per punctum quarte, in possessione, vel quasi, premissorum, eciam a tanto tempore cujus contrarii memoria non existit, ipsos malefactores a prisione dicti archiepiscopi extraxisse, et impunitos abire permisisse, dicatur, super quibus lis pendet in curia nostra inter partes predictas; idem procurator dicti archiepiscopi nobis humiliter supplicavit, ut, lite hujusmodi pendente, ne dictum maleficium remaneat impunitum, super hoc de competenti remedio providere dignaremur. Quocirca nos, predictum maleficium impunitum remanere nolentes, mandamus et committimus, quatenus ad locum predictum personaliter accedens, de maleficio hujusmodi te celeriter et diligenter informes; et si per informacionem ipsam, ipsos suspectos reperi (*sic*) de premissis, ubicumque extra loca sacra reperti fuerint, si casus exegerit, et tibi expediens videatur, capias per manum nostram, tanquam superiorem, cum bonis eorum; et de ipsis te teneas sic saisitum, quod, dum opus fuerit, exhiberi possit justicie complementum, quid inde feceris curie nostre quam cicius relaturum (*sic*), et visa relacione tua, ipsa curia nostra super hiis ordinare valeat quod fuerit racionis. Ab omnibus autem in hac parte tibi pareri volumus, et mandamus. Datum Parisius, sub sigillo

Castelleti nostri, in absencia magni sigilli nostri, die vicesima prima decembris, anno Domini millesimo trecentesimo vicesimo tercio.

CCCIV.

1323. Li jugement de l'an m. ccc. xxiii.

Livre Rouge de l'Échev., p. 133.

Comme descorde et matière de question fut meue entre Thiébaut, dit de Courmeloy, citoyen de Reins, d'une part, et Margarite, fille jadis Guerri le Boulengier, et femme Pierre Pescherainne, et ledit Pierre son marit, citoyens de Reins, pour tant comme à lui touche et puet touchier, d'autre part, seur ce que lidis Thiébaus disoit et affermoit qu'il avoit une maison en chemin de Porte Chacre, à toutes les appendises et appertenances, joignant à la maison ladite Margarite, et ledit Pierre, en laquelle maison lidis Thiébaus, haut sur le planchier, a un huis par où on va à une chambre fosse, c'on dit courtoise, par une alée couverte de tieule, de torchis et de planchier, tenant à un grant pignon d'un mur delez la maison ledit Thiébaut, par lequel huis et ladite alée li hostes ledit Thiébaut, li habitant et haubregent en la maison ledit Thiébaut, vont, sont aleit, et acoustumeit à aler, duques au siége qui est fait dessus ladite chambre fosse, c'on dit courtoise, en faisant tous leur aisemens, et ladite fosse de recevoir les aisemens desdites gens et habitans de ladite maison, comme dessus est dit; lequel toit couvert de tieule, si comme dessus est dit, useit et acoustumeit de porter le stille et la goute, pardevers ladite Margarite et son marit; laquelle fosse courtoise, commune et non devisée, atout pluseurs aisemens de fosse et de subssit, est haute de bosses, et est assise en une courselle dessous un toit, et hors pardevers ladite Margarite et son marit, laquelle Margarite et ses maris avoyent et ont ruynée et fondu, icement couverte de planches; laquelle chose il ne pooyent faire pource qu'elle estoit en communion de ladite Margarite et son marit, et doudit Thiébaut sans division, si comme disoit lidis Thiébaus, en grant grief, préjudice, et damage doudit Thiébaut, de ces hostes, et de sa maison, ainsis comme dessus est dit; ladite Margarite, et ses maris pour tant comme y li touche, disant et affermant le contraire. Toutevoyes à la parfin, par consel de bonnes gens, s'en meyrent et sont mis lesdites parties, en présence de justice pour ce appellée, sur les eschevins de Reins, comme en eschevins, par la foy de leurs corps, et sur l'obligation de tous leur biens, à tenir, à emplir, garder, et à faire ce que lidit eschevin diroyent, feroient et prononceroient de haut et de bas; liquel eschevin, comme eschevins, preinrent le compromis en yaus. Lesquelles parties proposarent pluseurs fais, li une encontre l'autre. Lidis Thiébaus, sur les cas dessusdis, bailla demande, et pluseurs raisons; ladite Margarite, et ses maris pour tant comme à luy pooit touchier, pluseurs raisons, responces et deffenses au contraire, et pluseurs réplications, tant qu'il cheyrent en fait li uns contre les autres. Sur lesquels fais les parties jurarent, et baillarent responces; et tesmoins oïis et examinés d'une part et d'autre, et li lieus de ladite descorde veus, par bonnes gens ouvriers, et autres sages gens, et tant dameneit le procès que conclusion fu faite d'une part et d'autre, et se meyrent en droit et en jugement desdis eschevins lesdites parties, à grant instance demandant droit, nostre prononciacion, et sentence d'arbitre. Sur lesquels choses nous assignasmes journée asdites parties, au lundi devant Pasques Flories derrienment passées, à oïir droit, nostre sentence ou prononciacion d'arbitre.

Et nous eschevins dessusdit, comme eschevins, en présence de la justice, veust les descors, les procès seur ce, les sairemens, et les tesmoins examinés diligenment, veu le lieu des descors, considéreit ce qui faisoit à considéreir, par conseil de bonnes gens, et saiges, coustumiers et autres, disons et prononsons nostre sentence d'arbitre, que ladite fosse demoura en communion doudit Thiébaut et de ladite Margarite et son marit; ce qui est ruynée et deffait pardevers ladite Margarite, sera rameneit en estat, ce qui sera communs au despens communs, et ce qui sera aisemens audit Thiébaut tant seulement, sera fait aus despens ledit Thiébaut, et l'alée doudit Thiébaut audit aysement demoura, par quoi lidis Thiébaus, si hostes, et li habitans de la maison ledit Thiébaut, yront et porront aler audit aysement; et demoura li stilles, et ladite alée, si comme il nous appert qu'il a esteit enciennement.

CCCV.

MANDATUM baillivo viromandensi, de inquesta facienda super infractione pacis per certos arbitratores late.

6 janvier 1324.

Archiv. du Roy., sect. jud. Crimin., reg. 3, fol. 95 v°.

Karolus[1] *et cetera* ballivo viromandensi, vel ejus locum tenenti, salutem. Grave gerentes, ex querimonia Roberti Erardi accepimus, quod licet per sentenciam arbitralem certorum arbitrorum, super certa discordia inter ipsum conquerentem, ex una parte, et Robinum Yngrant, filium Roberti Yngrant, ex altera, dudum orta, de consensu dicti conquerentis, per dictum Robinum electorum, cognito de dicta discordia, inter cetera pronunciatum fuerit, bonam ac perpetuam pacem esse, et servari debere, inter partes predictas, sub certis penis in quodam compromisso super hoc inter partes ipsas facto, fide et juramento vallato, contentis; et licet ab ipsa arbitrali sentencia nonquam fuerit reclamatum, nichilominus idem Robinus Yngrant, contra sentenciam dictorum arbitrorum veniens, pacemque frangens predictam, ac plures ejus in hac parte complices, in predictum conquerentem, in itinere publico, in villa remensi tunc existentem, pensatis insidiis, more hostili, cum armis prohibitis et patentibus, nulla difidacione precedente, a tergo irruerunt, ipsumque conquerentem viliter verberarunt, clamantes : « Ad tibias! ad tibias! ut non evadat », et posse suum fecerunt ipsum interficiendi, et eum interfecissent, nisi supervenisset gencium multitudo, que ipsum Robinum Yngrant voluntatem suam facere non permiserunt; que omnia si vera sunt, non sine nostre regie magestatis, et regiarum ordinacionum, in quibus armorum deportaciones, et tales invasiones prohibentur, offensa, perpetrata fuisse videntur, et nobis displicet si sit ita. Ideoque mandamus et committimus tibi, quatenus super hiis, et aliis articulis de premissis mencionem pleniorem facientibus, quos sub contra, sigillo preposituræ nostre parisiensis clausos tibi mittimus, vocato procuratore nostro, cum ceteris evocandis, inquiras, tam ex officio nostro, quam aliter, diligencius veritatem; inquestam quam inde feceris ad nostram curiam parisiensem, sub tuo fideliter inclusam sigillo, ad certam et competentem diem transmissurus, illos quos tanget eadem inquesta ibidem ad

---

[1] Dans le même registre, fol. 97 v°, se trouve, en date du 16 mai de la même année, une commission semblable donnée au bailli de Vermandois, en ces termes :

« Significaverunt nobis parentes, et amici carnales, Rogeri de Mourmelon, de Remis, quod Albertus Alart, et nonnulli ejus complices in hac parte, dictum Rogerum, cum armis, pensatis insidiis, proditorie, hostiliter invadentes, eundem Rogerum uno pede mutilarunt, [taliter?] quod de vita ipsius totaliter desperatur, super quibus nulla fuit hactenus ultio debita subsecuta. Quare mandamus vobis, etc., etc. »

dictam diem adjornans, super hoc processuros ut fuerit racionis ; et interim de corporibus et bonis illorum qui per dictam inquestam apparebunt super premissis suspecti, te teneas, si necesse fuerit, taliter saisitum, quod possit, si et cum opus fuerit, de ipsis fieri debitum justicie complementum ; certificans nichilominus curiam nostram prediotam, ad dictam diem, de hiis que feceris in premissis. Damus autem omnibus justiciariis et subditis nostris, presentibus, in mandatis, ut in premissis, et ea tangentibus, tibi pareant et intendant. Datum Parisius, sub sigillo Castelleti nostri parisiensis, in absencia nostri magni sigilli, sexta die januarii, anno Domini millesimo trecentesimo vicesimo tercio. Per clineram, lecta ibidem : Gyen.

CCCVI.

Reconnaissance donnée par Raoul de Vadières et Beaudoin son frère, écuyers, seigneurs de Gueux, du droit qu'ont les maîtres des chaussées de prendre des pierres de grès dans leur justice, pour l'entretien des chaussées de Reims. 2 mars 1324.

Archiv. de l'Hôtel-de-Ville, Domaine, liass. 24, n° 2.

CCCVII.

Sauvesgardes pour Hue de la Fertée-Milon, portant deffences aux eschevins de luy meffaire. *Alias :* l'ajournement pour Hue de la Ferté. 15 août 1324.

Archiv. de l'Hôtel-de-Ville, renseign.

Donné par copie.—Jehans de Tiergeville, lieutenant du bailli de Vermandois, à Crestien de Jasseignes, et Colart Malet, sergens le Roy, ou à l'un d'eux, salut. Nous avons recheues les lettres dudit bailli, contenant ceste fourme :

Pierres de Byaumont, bailli de Vermandois, à nostre amé maistre Jehan de Tiergeville nostre clerc et lieutenant, salut. Nous avons veu les lettres du roy no sire, contenant ceste fourme : 4 août 1324.

Karolus Dei gratia Francorum et Navare rex, baillivo viromandensi, aut ejus locum tenenti, salutem. Ad supplicationem Hugonis de Feritate Milonis, clerici, Remis commorantis, asserentis sibi ex minis, et certis 11 juillet 1324.

verisimilibus conjecturis, a scabinis Radulpho la Quoque, Petro dicto Ingrant, Hugone de Grini, Henrico le Large, et pluribus aliis civibus remensibus, timere, mandamus tibi, quatenus si, vocatis evocandis, ita esse constiterit, dictos scabinos et alios prenominatos, ad prestandum dicto clerico assecuramentum, juxta patrie consuetudinem, legitimum, mediante justicia, compellas; inhibens nichilhominus, ex parte nostra, scabinis, et aliis predictis, ne contra dictum clericum, aut ejus familiam et bona, aliquid indebite attemptare presumant : attemptata, si que sint, ad statum pristinum et debitum reducendo. Datum Parisius, die xi° julii, anno Domini m°. ccc°. xxiv°.

Par la vertu desquelles lettres, nous vous mandons et commettons, que vous, en lieu de nous, audit lieu vous transportés personelment, et accomplissiés, et mettés à exécution, les lettres du roy no sire ci-dessus transcriptes,.... Donné à Noyon, sous le seel de ladite baillie, l'an mil ccc vingt et quatre, le quart jour du mois d'aoust.

Par la vertu desquelles lettres, nous, à la requeste dudit Hue de la Ferté, vous mandons et commettons, que vous, ou li uns de vous, adjournés pardevant nous, à Rains, à demain heure de prime, en l'ostel la Pourcelette, les eschevins de Reins c'est assavoir Jehan Guépin, Remy Boiliaue, Thumas de Rohais, Pierre de Villedomenche, Eude la Late, Pierrart du Courtil, Henry de Merfaut, Bauduyn Chevalier, Jaques Guérin, Jehan Quarré, Mile le Blanc, Pierre de Cambray. *Item,* lesdiz Raoul la Coque, Pierre Ingrant, Hue de Grini, Henri le Large, Pierron le Chastellain, Jehan Tachet, Jehan la Coque, Thumas le Gras, et Thumas la Late, pour donner bon asseurement d'euls, et de leurs amis, chascun singulèrement, en sa persone, et avecques ce les eschevins, comme eschevins, audit Hue de la Ferté, et aus siens, et pour aler avant à adcomplir le mandement, à nous fait par lesdites lettres, selonc la teneur d'icelles, si comme raison sera. Et signefiés aus eschevins, et personnes dessus nommées, à chascun singulèrement, de par nous, que nous ledit Hue de la Ferté avons pris et prenons en l'espécial garde du roy, avoec sa maisnie, et tous ses biens; et avecques ce, leur deffendés de par le roy, seur quanques il se pueent meffaire envers le roy, que audit clerc, à ses biens, ne à sa maisnie, ne meffacent en aucunne chose ; ce que fait en aurés, avoec les nons des persones adjournées, nous certefiés, ou li uns de vous, par bouche, ou par lettres ouvertes annexées à ces présentes.... Donné à Rains, le vegille de la feste Nostre Dame mi-aoust, l'an mil ccc vint et quatre.

Item, copie. A honoré homme et sage, leur chier seigneur et maistre, Jean de Tiergeville,.... Chrestien de Jassègnes, et Colars Malés, sergens le roy nostre sire, et li vostres.... Nous avons adjourné à Rains, pardevant vous, en l'ostel à la Pourcellette, à heure de prime, les eschevins de Rains, c'est assavoir : Jehan Guépin, [etc....] *Item*, nous avons adjournet Raoul la Coque, [etc....] pour donner bon asseurement d'euls, et des leurs amis, à Hue de la Ferté, clerc, et à siens. *Item*, nous avons signefié asdis eschevins et persones dessus nommées, que vous, ledit Hue, ses biens et sa maisnie, avés prins et prenés en l'espécial garde du roy, et avons deffendu, de par le roy, asdiz eschevins, et personnes dessusnommées, que audit clerc, ses biens, ne à sa maisnie, ne meffacent, ne ne facent meffaire en aucune chose ; et avons aempli vos lettres, selonc leur teneur ; et ce vous certefions-nous, sous nos seauls. Donné l'an mil ccc. xx. IIII, la vegille de la Nostre Dame mi-aoust.

[Délivrée sous?] le sceel de nous, Jehan de Tiergeville dessusdit, le jour de la Nostre-Dame mi-aoust, l'an mil ccc vint et quatre.

CCCVIII.

COMMISSIONS pour recroire un bourgeois de l'échevinage, livré par les gens de l'archevêque à ceux du chapitre, après une information à laquelle les échevins n'avoient pas été appelés.

19 septembre 1324.

Archiv. de l'Hôtel-de-Ville, renseign.

Pierre de Byaumont, bailli de Vermendois, à Jehan Barat, Robert de la Cousture, et Pierre le Marichal, sergens du roy nostre sire en la prévosté de Laon, et à chascun d'euls, salut. Nous avons veu les lettres du roy nostre sire contenant ceste fourme :

Karolus Dei gracia Francorum et Navarre rex, baillivo viromandensi, vel ejus locumtenenti, salutem. Scabini banni archiepiscopi remensis, sua nobis conquestione monstrarunt, quod cum ipsi sint, et ab olim pacifice fuerint, in possessione vel quasi, cognoscendi, et judi-

31 août 1324.

cia faciendi, de burgensibus scabinatus remensis, nuper dicti baillivus archiepiscopi, detinens in ipsius prisione Thomam de Sancto Obolo, dicti scabinatus burgensem, ad instanciam decani et capituli remensium quandam fecit informationem, invictis et reclamantibus dictis scabinis, per quam ipse baillivus, judicio suo, ipsis burgensem reddidit antedictum, licet iidem scabini competenter proponerent ipsi baillivo, quod ipse hoc facere non debebat; alias enim, in casu simili, tale factum, tempore archiepiscopi nuper defuncti[1], per nostre arrestum curie, de quo sibi promptam fecerunt fidem, revocatum fuerat, ut dicunt, et littere quarum pretextu id factum fuerat, similiter revocate[2]; quodque adhuc in curia nostra, de casu penitus simili, lis pendebat[3]; sic sua possessione, vel quasi, dictos scabinos spoliando, indebite et de novo. Quocirca presentium tibi auctoritate commitimus, et mandamus, quatinus si, vocatis evocandis, ita esse repereris, dictum archiepiscopi ballivum premissa revocare compellas, ac, in ipsius deffectum, dictum Thomam de prisione dictorum decani et capituli, extrahas, et reponas in dicti archiepiscopi prisionem, ut illic, super hiis que ab ipso, vel contra ipsum, dicti decanus et capitulum petere voluerint, per dictos judicetur scabinos. Si vero super hoc oriatur debatum, ipso in manu nostra tanquam superiori posito, et per eam factis ressaisinis ac recredenciis, ubi faciende fuerint, partes adjournes ad tue diem ballivie nostri futuri proximo pallamenti, super hoc justiciam recepturas; ac inde nostram certifices curiam competenter. Datum Aurelianis, die ultima augusti, anno Domini m°. ccc° vicesimo quarto....

Si vous mandons et commettons,..... que vous,.... alliés au liu [de nous, etc....][4] Mandons à nos subgés, requérons as autres, etc.... Donné à Laon, le xix° jour de septembre, l'an mil ccc xxiiii.

[1] Robert de Courtenai, mort le 3 mars 1324.
[2] Voir l'acte du 26 novembre 1323.
[3] Voir l'acte du 8 janvier 1323.
[4] A ce mandement est jointe la rescription de Pierre Mareschal, en date du 10 novembre 1324 :
« A hautes persones, et puissans, ses très chiers et redoutez signeurs les maistres de la court le roy monsigneur, tenant son prochain parlement, Pierres Mareschal...., Je appellay à estre et à comparoir pardevant moy, à Reins, révérent père en Dieu monsigneur l'arcevesque de Reins, à la bouche de maistre Hue de Griny, qui se portoit baillit doudit monsigneur l'arcevesque, et avec ce doyen et chapitre de Reins, dou mardi avant la feste de Toussains, as octaves de ladite feste de Toussains, pour aler avant, selonc la teneur de ma commission, ainsis

CCCIX.

C'est li goeiz de la talle de la paroche Sain-Piere, qui fu pronuncié l'an M. CCC XXIIII; et monta XIIIᶜ LV ₶ I s., et fu levée par.... A. le Gras, talleuz [1].

1324.

Tailles de l'Échev., vol. II, cahier 9.

CCCX.

Comptes-Pouillé du chapitre en général, et de la sénéchaussée en particulier [2].

De 1301 à 1324.

Livre Rouge du chap., fol. 90 à 126.

comme raison donroit; à laquelle journée ne vint, ne comparu nuns de par ledit chapitre, contre lesquels lidit eschevin me requirent que je leur donnasse deffaut; lequel deffaut je leur ottriay, attendu toute la journée. Et li baillis l'arcevesque se comparust pardevant moy, et me requist que je li baillasse jour d'avis duques au landemain, lequel je li ottriay; auquel jour lidis baillis monsigneur l'arcevesque revint, et comparust en sa personne, et respondi que li esplois qui avoit esté fais, n'avoit mie esté fais de son temps, ne il n'avoit esté fais par homme qui onques eust esté baillis doudit monsigneur l'arcevesque, ne qui eust pooir de ce faire, ne messire de Reins ne l'avoit aggréable, et ne l'avouoit en riens, ne n'estoit en riens s'ententions d'attempter, ne d'avoir attempté sus le procès qui en pent en parlement, en cas semblant; et c'il estoit adjournez de repanre ledit errement, ou autres, bien s'aviseroit dou repanre. Et après ce, je m'en alay pardevers le chapitre de Reins, et appellay le baillit doudit chapitre, qu'il s'en veint avecques moy, en leur prison, pour veoir l'esploit que je voloye faire de par le roy; liquels baillis vint à leur court, delez la prison, et me dit que je estoye bien, et que se je voloye aucune chose dire, que je le deisse. Et lors je ly demanday se Thomas de Saint-Obuef estoit layans, en prison? et il me respondi que non. Et lors lidit eschevin deyrent que si estoit, car adès avoit esté prisonniers, et n'avoit onques esté déli-

vrés ainsis comme il devoit. Et lors le me monstrèrent, et me requirent que je l'ôtasse de leur prison, ainsis comme mandeit m'estoit, et meisse au niant ce que fait en avoyent. Et lors je prins ledit Thomas, et le mis hors de la prison doudit chapitre, et le menay arrier en la prison doudit monsigneur l'arcevesque, en Portemars; et là trouvay le baillit doudit monsigneur l'arcevesque, tenant ses plais. Auquel baillit lidit eschevin requirent que ledit Thomas vausit délivrer, ou recroire par bonne seurté, et il se offroit à droit, au jugement d'eschevins, encontre tous ciaus qui riens li vauroyent demander. Liquels baillis me respondi qu'il n'auseroit, et qu'il n'en feroit nient, car il se doubteroit d'atempter. Et lors lidit eschevin me requirent que je leur recréusse, par bonne seurteit, parmi la main dou roy, comme par main souverainne. Lequel Thomas je leur recrus, parmi bonne seurteit, pour estre à droit au jugement d'eschevins, ainsis comme dessus est dit. Et tout ce vous certefié-je, etc.... Ce fu fait à Reins, l'an de grâce mil trois cens vint et quatre, le samedi velle de la feste Saint-Martin d'iver.

[1] Le total des cotes est de 504.

[2] Les archives du chapitre ne conservent plus un seul des comptes nombreux que nécessitait la gestion de ses opulentes propriétés. Nous donnons ici quelques extraits de divers fragments de ces comptes rendus dans le premier quart du XIVᵉ siècle, fragments

CCCXI.

Janvier 1325.

ACCORD passé en parlement, ou mois de janvier l'an M. CCC XXIV, entre les eschevins et habitans de Reins, et aucuns particuliers

qui occupent 36 feuilles environ du Livre Rouge, et qui nous paraissent avoir été réunis, vers 1325, avec l'intention de faire résulter de leur ensemble un pouillé général des revenus et des charges du chapitre. Les comptes, ainsi réunis, se trouvent d'ailleurs maintenant si incomplets, et les pages qui en restent se suivent si peu, qu'à peine nous y avons pu reconnaître 1°. un état des recettes et des charges du chapitre en général; 2°. un état des recettes de la sénéchaussée, le principal des offices chargés de la gestion du temporel; 3°. un état des charges de cette même sénéchaussée. Comme ces trois états ne subsistent que par lambeaux, nous ne voyons aucun intérêt à donner ici tout ce qui en reste. Nous en transcrivons seulement, ou nous en analysons les parties les plus intéressantes.

I. RECETTES DU CHAPITRE EN 1300, 1321, 1324.

[§. 1. *Deniers de cens, à Reims, hors de la mairie Saint-Martin.*]

[1°.] Veci les froumens de tressans c'on doit à chapitre le jour de la Saint-Martin, sur terres, et sus maisons, en l'an.... mil CCC. Veci les terres devant Tainqueut... [ici la désignation insignifiante de ces terres.] — Veci les terres c'on dist en Varilles, eu on fait les quarriaus ... — Veci les terres devant Clermarez.... — Veci les terres desous le mont d'Arainne.... — Veci les terres devant Pape Loncille.... — Veci les terres de la Bove.... Au champ à l'Arson.... Au chemin dou Nuef-Chastel....Dou bourc de Betteny... De derrier Barbastre.... — Vesci les terres et les jardins de la Barre....; les terres à Fosse Dyanne.... à Vaufrasion.... dessus Moizy.... des Escruvelles, en terroir de Betteny. — Vesci les terres c'on dist en Longues Roies et à la Husette.... les terres à Tombes de Gieu. — Vesci les terres de Mont-Ansenois vers Marigny, etc., etc.

[2°.] Vesci les cens de la Tirelire.

[*Il y a 23 maisons imposées ; maximum* VI s., *minimum* V d. et ob. — *1 masure imposée à* VIII d. — *1 maison qui ne doit rien, car elle a été vendue franche par le chapitre.*]

Vesci les jours nommés, en quelz li sourcoustres doient panre en refroitoir, chascuns 1 pain et 11 pos de vin, pour IX festes sollempnées....*

. . . .

[3°.] Vesci les cens c'on dist de la Chambre, c'on doit à chapistre; et les convient aler querre chascun an.

[*Il y a 55 maisons devant la Boucherie, 1 devant le Cloître, 2 devant la cour Godart, 3 devant les loges Saint-Pierre-le-Vieil, 2 devant la cour Notre-Dame, 2 devant l'École Notre-Dame, 1 devant la grange Notre-Dame, 1 devant la Belle-Image, 2 rue des Chastellains, 1 rue de Iney, 2 maisons au marché aux Étamines, 2 rue de Telliers, une dans la vieille rue de Porte-Mars, 5 au chemin de Porte-Chacre, une devant la Poissonnerie, 2 au Mes-Roland, 1 rue des Meuniers, 2 derrière Saint-Symphorien, une dans la tournelle qu'on appelle : Aux Ronds Grès, 2 rue Saint-Étienne, 4 en la Lormerie, 3 rue d'Oignons, 1 derrière le Temple, 2 rue des Charbonniers, 1 rue du Temple, 9 maisons dont la position n'est pas indiquée, 3 ouvroirs au marché au drap, 2 fosses à fien; maximum des cens,* II s. VI d., *minimum* III ob.]

[4°.] Vesci les cens des maisons dou bourc de Veele, c'on doit à chapitre à la Saint-

---

*Cet article, mal placé ici, est le seul de notre compte où il soit question des charges générales du chapitre.

de ladite ville, pour cause des frais des couronnemens des roys de France, nosseigneurs, par lequel lesdits particuliers clercs

Martin; et sont de la mairie dou bourc de Vcele.

[*Il y a* 74 *maisons et* 2 *jardins;* maximum ix d., minimum 1 ob.]

[5°.] Vesci les cens des fossés à Porte-Mars, c'on doit à chapistre.... Et doit la perche de fronc, xii d.; et les doient li bourjois retenir à leur coutenges de murs, par coi chapistres n'i ait dammage en son champ.

. . . .

[6°.] Vesci les cens c'on dist la Fontainne de la Maselainne.

[*Il y a* 9 *maisons;* maximum x s., minimum xviii d.]

[7°.] Vesci les cens de la rue de la Mazelainne.

[*Il y a* 15 *maisons, un travail de cheval,* 3 *jardins;* maximum xii d., minimum 1 ob.]

[8°.] Vesci les cens de la rue entre ii Pons.

[25 *maisons,* 6 *jardins;* maximum 6 s., minimum 3 d. — Total 47 s. 1 d. par.]

[9°.] Vesci les cens de la Morille.

[27 *courtis,* 2 *jardins, le pré Saint-Ladre;* maximum 11 s. vi d., minimum iii d. — Somme, 29 s. ix d. ob.]

[10°.] Vesci les cens de la rue Chapelet, c'on doit à la Notre-Dame en mars.

[10 *maisons, une tannerie;* total 9 s. viii d.]

[§. ii.] *La mairie de Saint-Martin.*

[Cens en deniers.]

[1°.] Pissechien.

Vesci les cens que on doit à la Saint-Martin de l'an mil ccc et xxi, reçut par Drouars la Walée.

Franques la Barbe, xvii d. — Gérard Lacoque, iii d. — Li refroituriers, qui pour le four, qui pour la court Notre-Dame, vii s. — Li hoirs P. de Nouroi, xi d. et ob. pour v maisons.

[*Il y a* 34 *autres articles n'indiquant que des sommes et des noms propres.*]

Somme totale de l'article, xviii s. vi ob.

[2°.] Nuefve rue.

[*Il y a* 17 *imposés.* Somme, viii s. ob.]

[3°.] Rue des Jardins, pour le chartrier de Saint-Martin.

[6 *imposés.* Somme, vii s.]

[4°.] La recepte de Barbastre.

[86 *articles.* Somme, lxxi s. xi d.]

[5°.] Vesci la recepte d'Ausson.

[89 *articles.* Somme, lx.s.]

Somme de tous les cens de la mairie Saint-Martin, viii lb iiii s. xi d.

Rouage de la mairie Saint-Martin.

Li rouages, c'est de chacune charrette que on charge de vin, que marchans estranges achèteroient et mèneroient hors, ii d; et dou char, iiii d.

Sestellage.

Li sestellages, ci est de tous les blez que on venderoit et mesureroit en ladite mairie, soit ens maisons, ou dehors. Et a li maires la moitié dou sestellage, et cilz en cui maison on le mesure a l'autre.

Tonniu.

Li tonnius, c'est à savoir de toutes denrées qui doient tonniu des estranges marchans, autel comme messires de Reins le lièvre en sa terre, qui vaut environ xx s. chacun an.

Mesurage de charbon.

Li mesurages dou charbon, li maires a de chacun sestier, 1 d.

[Recettes diverses.]

[1°.] *Item,* lidiz maires a chacun an, pour raison des offrandes de l'église Saint-Martin, xl s.

[2°.] *Item,* pour raison des offrandes l'église de la Mazelainne, chacun an xv s.

confessèrent leurs héritaiges estre tenus ausdits frais, pour telle portion qu'ils y estoient assis.

Archiv. de l'Hôtel-de-Ville, Sacre, liass. 3, n° 4. — Livre Blanc de l'Echev., fol. 82 v°. — Archiv. du Roy., Trésor des Chartes, reg. 62, fol. 138, pièce 243.

[3°.] *Item*, la disme que on appelle de Saint-Martin, qui vaut environ xx s.

[4°.] *Item*, la menue disme d'Ausson, qui vaut environ lx s.

[5°.] *Item*, la prize et l'amende dou petit pain; et vaut l'amende v s. Mais il ne les puet penre sens nostre congié, ou nostre sergent.

[6°.] *Item*, lidiz maires prent chacun an en la séneschauciée pour vi pas, vi s.

[7°.] *Item*, lidiz maires a de chacune maison vendue, v s. pour son pas, ou à mangier lui tiers.

Huchage de vins.

Item, lidiz maires, de par nous, fait huchier les vins en ladite mairie.

[§. iii.] *La mairie de Mailly.*

Ce sont les rentes qui appartiennent à la mairie de Mailly.

Premiers, en deniers de cens de la Saint-Remi, et de mi-may, viii lb, ou environ.

Item, à prisvés, iii sestiers d'avainne, à crois et descrois, et vii s. en deniers, ou en qui environ, à crois et à descrois, pour la cause des bâtis de Mailly.

Item, à Mailly, pour le quart dou sauvement, environ vi sest. d'avainnes, et xii gelines.

Item, à Mailly, à la Saint-Remi, environ lviii gelines.

Item, v quartelz de froument de droit cens, et vi quartelz de seile à Mailly.

Item, environ xxx sestiers d'avainne à la Saint-Remi, de droit cens, à Mailly.

Item, xxxii sestiers, semure de terre, en une pièce pardevers Verzenay.

Item, en la Vau le Prestre, vii jour de terre.

Item, une pièce contenant xxv sest. ens Alués.

Item, en la petite Coutricelle, v sest.

Item, le champ Mainnier desous les Vilers, contenant v sest.

Item, une pièce de terre en Pertois, contenans i jour.

Item, i jour de terre en iii pièces, que furent Mannier, que on n'ahène miez, car elles sont mauvaises.

Item, en la ville de Mailly, une maison, à toutes les appartenances, et le bois qui est dedens le jardin, lequel li maires ne tient miez.

Item, un jardin qui fu Mannier, qui contient environ iii buissiaus.

Item, un autre jardin, qui contient environ une mine.

Item, un autre jardin, delez la grange de la disme.

Item, le quart de toute la disme, grosse et menue, de Mailly et de Verzenay, qui puet valoir environ iiii^{xx} sestiers, de coi il i a iiii sestiers de froument, et le remenant moitié seile et moitié avainne; et la menue disme puet valoir environ lxii s.

Item, à Verzenay, un po de dismé Notre-Dame, qui vaut environ viii s.

Item, vi sestiers, soile et avainne, en disme.

Item, la moitié dou four de Mailly, qui vaut environ vi lb.

[§. iv.] *Ce sont li sauvement de Warmeriville, da l'an mil ccc xxiiii.*

Et est à savoir que tuit cil de Warmeriville qui ont cheval, doient, pour le sauvement, i sest. d'aveinne; et cil qui n'en ont point, doient une mine. Mais les femmes vesves, et cil qui ne sont mariet, n'en doient point.

[*Il y a* 100 *imposés, dont* 36 *à* 1 *sest., un à* ii *sest., et* 63 *à* ii *quartelz.*]

DE LA VILLE DE REIMS.

Comme débas eust jadis esté pour l'occoison des despens des couronnemens des rois, entre les citoiens de Reins d'une part, et les clers

[§. v. *Courcelles.*]

A Courcelles, nous devons avoir xx charretées de jons...., à Penthecoute iiii, à l'Assompcion iiii.... etc.

La mairie de Courcelles est en menues dismes, de laitnes, d'aigniaus, de veaus, de poir[aux], d'oignons, d'aus, d'escaloignes, de lin, de chanves, de poules, de cannes, et de fruit, quant on le v[end] ; et vaut environ xv lb.

Item, le four de la ville, qui vaut environ vii lb.

Item, en cens, en coustumes.... environ vi lb.

. . . .

[II.] Recepta reddituum senescalcie
remensis.

viii s., de masura Porte Martis. — l s., de preposito de Attignyaco. — xxii s., de anniversariis. — De justiciis, sive emendis*. — De ventis, seu venditionibus. — xl s., de censu camere ; requiruntur per villam. — vi d., de Alardo Wastellario, pro quadam fenestra sita ad portam S. Dyonisii. — iv s. vi d., de familia Garini Goïon, pro terris retro Pissechien. — xiii s., de monialibus S. Petri, pro quadam domo sita inter Duos Pontes. — iv s. vi d., de hospitali remensi. — xvi s., de furno nostro de Pissechien ; Clemens de Courmonsterol emit ad duos annos, quolibet anno xvi s. — xxv s., de templo remensi, pro toto manerio domus. — xxx s., de comite de Registeste, pro Chymeri et Venderesse.— iv lb x s., de parva majoria de Manillis ; Richardus emit. — xxv lb, de Majoria S. Martini. — xxviii lb, de Majoria Burgi Vidule, de Fole Paine, de fossis Porte Martis ad Fimum. — xx lb, de presbitero S. Petri Veteris, pro parrochia.— xl lb, de decima de Curvilla ; Michael et ejus uxor tenent. — lxx lb, de sestellagio remensi. — xxxii s., de mensura carboni. — vii s., de armigeris de Warmerivilla. — De majoria et salvamento ejusdem ville. Majoria valet v s., et unam aucam. Dictos v s. habet major, et aucam habet refectorarius capituli. Salvamenta**....

[III.] Hec sunt que debet officium senescalcie quolibet anno ; et ubicumque non est summa scripta, quandoque plus et quandoque minus.

Pro institutione senescallorum, cuilibet canonico presenti, ii s.

Pro capitulo generali, cuilibet canonico presenti, viii s.

Pro pratello falcato ter, vel quater, secundum, plus et minus.

Pro piris collectis.

Pro piris emptis, cum piris refectorii distributis.

Pro frumento de Burgondia collecto, Remisque adducto.

Pro stramine delato ad domos canonicorum in vigilia Omnium Sanctorum, et Nativitatis Domini, xii s.

Pro sumpniis presbiterorum S. Hylarii remensis, de Curvilla, de Montibus super Curvillam, de Prea, de Liardo, de Merfaudio, de Chaumisiaco, x s. vi d.

Pro vestibus trium servientium capituli.

Pro tunicis, die Animarum, per dominum decanum pauperibus erogatis, xii lb.

Pro Papelinis*** officii nostri, in supervigilia Nativitatis Domini distributis.

---

* Somme non indiquée, parce qu'elle varie.

** Ici le compte renvoie à l'article de Warmeriville, que nous avons rapporté plus haut, et qui est daté de 1324 ; ce qui prouve que le compte de la sénéchaussée est postérieur à celui du chapitre. Il contient d'ailleurs 12 pages consacrées à l'indication de revenus semblables à ceux que nous venons de mentionner. De plus la sénéchaussée reçoit 892 setiers de blé, 188 de seigle, 240 d'avoine, mesurés à différentes mesures du chapitre, de l'archevêché, de Saint-Remi, et payés par l'archevêque, Saint-Remi, Signy, l'hôpital de Reims, les villages voisins ; des dîmes, etc., etc.

*** « De Papelina...., ex veteri collectario scripto ad an. 1400.

« Notandum quod.... xviii kal. januarii, debent

de Reins d'autre part, et sur ce uns arrestz eust esté rendus duquel la teneur s'en suit : Philippus....

Ici se trouve l'acte de mars 1291.

Pro vigiliis, canonicis in vigilia Nativitatis Domini distributis.

Pro vigiliis, capitulo nostro distributis, x s.

Pro vigiliis, servientibus capituli distributis, v s.

Pro curialitate facta pueris cori, in festo Innocentium.

Pro alecibus, die festi S. Nichasii pauperibus erogatis.

Pro vino, cum alecibus erogato pauperibus, dicta die.

Pro carnibus, in festis B. B. Stephani, Johannis et Innocentium pauperibus erogatis.

Pro vino, cum carnibus predictis, pauperibus erogato.

Pro carnibus, die festi Epiphanie Domini, pauperibus erogatis.

Pro vino, cum carnibus, die predicta, erogato pauperibus.

Pro pastu Adeberonis, pro francis servientibus, die festi B. Vincentii.

Pro foedis ejusdem pastus, xii s.

Pro pastu Bliardi, distributori anniversariorum, c s.

Pro expensis, colligendo trecensus frumenti, die festi S. Martini, factis, v s.

Pro natis de novo factis, ad opus furni nostri.

Pro pitantia facta die : *Esto michi*, canonicis, cuilibet canonico, xii d.

Pro elemosina facta fratribus Predicatoribus, xl s.

Pro elemosina facta sororibus Minoribus, xx s.

Pro elemosina facta Augustinis, vi s. viii d.

Pro uno modio vini, cum duobus sextariis siliginis, die anniversario Henrici de Laen, distributo.

Pro parvis vigiliis, diebus lune et martis ante sanctum Pascha, factis.

Pro speciebus post *Mandatum*, die Cene Domini, in refectorio comestis.

Pro expensis monialium S. Petri, die lune ante Ascentionem Domini.

Pro expensis monachorum S. Remigii, mercurii sequentis.

Pro flatonibus tempore Rogationum per tres dies distributis.

Pro alecibus tractis, vel trahynatis, ad processionem die mercurii ante sanctum Pascha *.

Pro relaxatione frumenti S. Remigii.

Pro campana pulsata in aurora per annum, v s.

Pro presbitero S. Hylarii, xliii s. viii d.

Pro blado et avena taillie de Ulmis collectis, Remisque adductis.

Pro alecibus et pipere dic Semi-Quadragesime pauperibus S. Rigoberti, et aliis, distributis.

capellanus refectorii et vinitarius capituli, cellarium D. archiepiscopi introire, quibus a gentibus D. archiepiscopi, seu ab hujus cellarii clavigero, debent vina meliora de partibus Remis circumvicinis, ibidem reposita, ut eligant quod melius per juramentum eis videbitur, demonstrari; et ex eo vino, capellano refectorii duo modii, ut moris est, pro distributione facienda, debent liberari. Si vero vinum ad hoc sufficiens ibidem forsan non reperiatur, capellanus et vinitarius predicti debent alibi providere, quorum pretium gentes D. archiepiscopi solvere tenebuntur.

« Hoc idem dicimus de aliis personis que tenentur ad hoc per vii dies subsequentes; et sciendum est quod hospitale B. Marie pro cantore, senescalli pro decano, modo suprascripto tenentur solvere.

« De antiqua consuetudine remensis ecclesie, campana que Papelius vulgariter est vocata, super retus refectorium capituli collocata.... solet pulsari in crepusculo noctis cujuslibet, a xvii kal. januarii, etiam per octo dies subsequentes, ac in omni vigilia dierum quibus in refectorio statuuntur pastus. » (Portef. YY, notes de Lasalle, p. 116.)

* Dans cette procession, chaque chanoine traînait un hareng, attaché à un long fil, et s'efforçait de marcher sur le hareng du chanoine qui le précédait, en portant également son attention sur le sien, qu'il fallait préserver des tentatives du chanoine qui le suivait.

Et après ce li eschevin et li habitant de Reins firent une composicion sur lesdiz despens, de laquelle teneur s'ensuit : Karolus....

Ici est transcrit l'acte du 15 mai 1322.

Pro organis ductis per annum, LIIII s.
Pro domo de Tramereyo, hospitii remensis, LXIIII s.
Pro capellania quam tenet D. Henricus de Servonno in ecclesia remensi, XL s.
Pro duobus modiis vini debitis curato S. Michaelis, et pro vase, XII d.
Pro pauperibus S. Rigoberti, in festo B. Thimothei, anniversario Adriani et Henrici, V s.
Pro pastu Droconis, VI lb.
Pro frumento vennato per annum furno nostro.
Pro terra de Burigny, castellano de Curvilla, pro domino remensi archiepiscopo, XI lb.
Pro cenis in die Nativitate Domini, IIII s.
Pro cenis in die S. Parse, cum tribus diebus sequentibus, pauperibus S. Rigoberti, et aliis, XIX s. VI d.
Pro cenis in die Penthecostes, cum III diebus sequentibus, XVI s.
Pro decano S. Simphoriani, pro processione in Ramis Palmarum, XII d.
Pro duobus panibus et duobus potis vini, eidem decano, dicta die, XII d.
Pro magistro scolastico, VII lb.
Pro prebendariis de Paviaco et de Fimetis, distributori Anniversariorum, X lb.
Pro oleo ad opus dormentarii per annum, plus vel minus.
Pro adjornamentis francis servientibus per annum, portario, plus vel minus.
Pro tunica ejusdem, XXII d.
Pro Prima, distributori Horarum, XXII lb.
Pro festo S. Quentini, pro domo de Anemaing, eidem distributori, XIIII s.
Pro festo Conceptionis B. Marie Virginis, eidem distributori, LX s.
Pro festo S. Marcialis, eidem distributori, LX s.
Pro pilis, potis, crocis, pueris chori per annum, IIII s.

Pro bladis portatis, per annum.
* Pro salario baillivi, pro parte nostra, XX lb.
* Pro salario domini Odonis de Senonis [et?] ali[os] advocator[es] et procurator[es] capituli Parisius, pro parte nostra, X lb XIII s. IIII d.
* Pro salario magistri Jacobi de Brueriis, pro parte nostra, IIII lb.
* Pro salario domini Guidonis, dicti Sarrazin, pro parte nostra, IIII lb.
* Pro salario Eutacii de Pacyaco, pro parte nostra, CVI s. VIII d.
Pro salario custodis ecclesie, LII s.
Pro custodia claustri, eidem, VI lb.
Pro salario Jacobi de Donno Remigio, procuratoris capituli in curia remensi, XL s.
Pro salario gardiatoris capituli, ex parte regis, pro parte nostra, CVI s. VIII d.
Pro salario Colardi de Angulo, procuratoris capituli in Potestatibus, pro parte nostra, LX s.
Pro expensis suis, factis in negociis officii nostri, XL s.
Pro salario Hugonis de Firmitate notarii capituli, pro parte nostra, XVIII lb.
Pro salario senescallorum, XL lb.
Pro salario capellani capituli nostri, XX lb.
Pro pergameno empto per annum, XXXIIII s.
Pro pellibus scriptis, XXIIII s.
Pro foedis pastus S. Nichasii, XVII lb V s. II d.
Pro prebendis foraneis ad officium nostrum pertinentibus.
Pro prebendis predictis, pro pane communi capituli vendito ad vitam burgensibus.
Pro vino restituto custodibus clericis, et laycis, a die festi B. Thome apostoli, mense decembri, usque in diem festi B. Martini hyemalis, per quod tempus non fuit vinum distributum in celario capituli.
Pro vino restituto custodibus, et denariis sibi debitis, in novem festis sollempnibus.

* Ista salaria possunt augeri et minui.

Et comme après ces choses, débas et controversions eussent esté derechief entre les eschevins et les clers, pour l'occasion aussi des des-

Pro minutis denariis per annum debitis pennentario, dormentario, vinetario et porterio, xvii s.

Pro tunicis pennentarii, dormentarii et vinetarii, vi s. iiii d.

Pro depositione senescallorum, et jactu compoti, cuilibet canonico, ii s.; et cuilibet illorum qui jactant compotum et tenent pelles, ii s., ultra predictam portionem sibi debitam.

Pro deposicione senescallorum, et jactu compoti cuilibet canonico, ii s., et cuilibet illorum qui jactant....

Nous ne croyons pouvoir mieux terminer cette note qu'en faisant suivre les comptes de la sénéchaussée d'un aperçu sur les fonctions des sénéchaux, aperçu que nous empruntons aux notes de Lasalle, portef. x. x., p. 81.

« L'établissement des sénéchaux est très-ancien dans l'église de Reims. Ce nom leur a été donné dans le même sens qu'on le donnoit communément alors aux intendans des églises, monastères et grandes maisons. C'étoient originairement les proviseurs ou maîtres-d'hôtel, de la maison claustrale, pendant que la vie commune s'y est conservée. C'est pourquoi ils sont appellez *Dapiferi* en quelques endroits, comme dans l'ancien Ordinaire de xiii° siècle, et même dans le Processionel imprimé en 1624, à la rubrique du *Mandatum*, le jeudy saint : *Surgunt dapiferi nostri....* [A cette cérémonie] les sénéchaux présentent encore le vin, aidez du réfecturier, ce qui est un vestige des fonctions qu'ils faisoient apparemment autrefois au réfectoire, pour le service des tables, au moins certains jours solemnels.

« Depuis la cessation de la vie commune, et les chartes de 1188 et 1192 par lesquelles le prévôt a remis au chapitre le pouvoir presqu'absolu qu'il avoit eu pour le gouvernement des biens du chapitre et l'administration de la justice, le chapitre a principalement chargé les sénéchaux de ce qui regarde ces deux choses. Mais pour expliquer plus en détail leurs fonctions, il faut observer :

« 1°. Qu'anciennement les sénéchaux avoient l'administration des principaux et plus anciens biens du chapitre, qui servoient à la dépense commune et subsistance de la maison claustrale, pendant que la vie commune a duré. C'est pourquoi dans le nécrologe écrit vers le milieu du xiii° siècle, il est souvent parlé de distribution de deniers *quos solvunt senescalli.* Il y est à la vérité parlé d'autres receveurs, mais c'étoit pour les biens destinés aux distributions particulières des Heures, Anniversaires, etc., etc., qui se faisoient manuellement : *Distributores Missæ, Horarum, Anniversariorum,* ou pour la gestion des biens qui étoient alors partagés en prébendes ou lots particuliers, comme à présent les vignes ; car on assignoit plusieurs prébendes sur une seigneurie considérable, ou sur les biens d'un canton, et il y avoit des chanoines qui, sous le nom de prévôts, géroient chacun de ces domaines. Il en est souvent parlé dans le même nécrologe : *Prepositus de Potestatibus, prebendarii de Potestatibus, de Aneman, de Fraillicourt, de Aventione, de Burgundia, Lavanna, etc., etc.*

« Les biens de la sénéchaussée étoient donc comme le principal fonds de la mense commune, et le gros des prébendes. Les sénéchaux avoient sous eux, pour le détail de la recette, un officier de la sénéchaussée, qui étoit d'abord un chapelain, comme on le voit par les plus anciens comptes. Mais depuis on a donné cet emploi à un chanoine, qui peu à peu a déchargé les sénéchaux, et fait la recette en son nom. Cela n'est arrivé que depuis 1327, comme il paroît par la plus ancienne copie des statuts de 1327 qui est dans le Livre Rouge, qui porte que si le prévôt de quelque prévôté s'absente pendant trois mois : *Ex tunc dicta prepositura ad senescallos dictæ ecclesiæ devolvetur regenda, cum omni emolumento ejusdem, officio senescalciæ appliquando ;* ce qui n'est point dans les copies postérieures de ce statut, non

pens des couronnemens,.... liquel eschevin disoient que li despens devoient estre prins et levez sus tous les héritages, que li lay et li clers,

plus que tout ce qui regarde les prévôtés. [Les articles 22 de la plus ancienne copie des statuts de 1327, 13 de la copie la plus récente des mêmes statuts, et 56 des statuts de 1568, 1614 et 1641, comparés entre eux] font voir que de tout temps les sénéchaux sont chargés des affaires considérables qui regardent les intérêts du chapitre en général, plustost qu'aucune recette en particulier; et qu'ils doivent faire au chapitre les remontrances et les instances, ou réquisitions nécessaires pour luy faire connoître ses intérêts, et l'engager à y faire toute l'attention qu'il convient. Leur ministère est donc le même que celuy des sindics dans plusieurs chapitres, et autres corps ecclésiastiques et séculiers. C'est sur quoy le chapitre s'est expliqué clairement par conclusion du chapitre général, 19 août 1655 : *D. D. senescalli electi et nominati, sunt sindici ad curandum ut omnes conclusiones in capitulo faciendæ, executioni demandentur.* En effet tel est l'usage et la pratique. Les sénéchaux sont chargés de la conduite de tous les procès, ils font les adjudications et baux de tous les biens, ils signent au nom du chapitre tous les traitez, on leur renvoye l'exécution de toutes les conclusions, et le soin de régler toutes les affaires qui ne se peuvent terminer au chapitre.

« 2°. Les sénéchaux avoient aussi anciennement l'exercice de la justice temporelle du chapitre, tant qu'on a permis en France aux ecclésiastiques de l'exercer par eux-mêmes... Les sentences du baillage du chapitre sont de toute ancienneté intitulées en ces termes : *Les sénéchaux et baillis du chapitre*. Les scellés, inventaires, chez les chanoines décédés, se faisoient par les sénéchaux et le réfecturier, ou officier de la sénéchaussée, assistés du greffier ou secrétaire du chapitre, et cela a continué jusqu'en 1624, qu'un bailli du chapitre, nommé Osanne, ayant intenté procès contre la compagnie sur ce sujet, cette fonction lui fut attribuée.

« Les adjudications des bois et autres biens de l'église et du chapitre, se font encore à présent par les sénéchaux séans sur le tribunal du baillage du chapitre, nommé auditoire de la sénéchaussée.

« La formule des lettres d'institution, ou provision, qui s'expédie au nom du chapitre aux officiers de justice des terres du chapitre, porte mandement aux sénéchaux, bailis, ou leur lieutenant, de les recevoir, et on scelle ces lettres d'un sceau représentant les deux sénéchaux assis sur un tribunal de justice revêtus de surplis, aumusses et bonnets, avec cette légende : *Senescalli et officiarii ecclesiæ remensis*. Ce sceau a été gravé environ 1700, pour servir au lieu d'un autre très-ancien qui représente les deux sénéchaux assis, revêtus d'une espèce de chape d'hiver antique, avec cette légende autour : *Senescalli et offic. ecclesiæ remensis*. Ce mot *offic.* abrégé paroît signifier plustost *officiarius*, que *officiarii*, et marque peut-être l'officier de la sénéchaussée. Au sceau est joint un contrescel ovale, représentant un portail avec une couverture en pyramide, et ces mots : *Contrasigill. senescallor*.

« Les sénéchaux exercent la juridiction officialle du chapitre, et sont comme ses vicaires-généraux à l'égard de la paroisse Saint-Michel. C'est sur leur attache et permission, qu'on publie à Saint-Michel les mandements que Mgr l'archevêque fait pour son diocèse, à moins que le chapitre n'en fasse de semblables sous son nom, pour être publiés de son autorité. Ce sont eux qui donnent aux paroissiens de Saint-Michel les dispenses de bans, etc., etc.... Ce sont eux, concurremment avec le chanoine qui est, *pro tempore*, semainier au grand-autel, que le chapitre commet pour donner aux chanoines, chapelains, habitués de l'église, et autres qui sont de la juridiction du chapitre, la permission d'user de viande....; [cela a lieu surtout] depuis 1613.

« 4°. Les sénéchaux sont les députés nés et ordinaires qui représentent le chapitre, et assistent en son nom à toutes les assemblées

tenoient et possédoient ou ban, banluys et jurisdicion Mgr de Reins, mesmement sus les héritages qui ausdiz clers estoient venuz, par quelconque cause, puis la date dudit arrest, pour tele porcion comme à chascun pouoit appartenir, des despens.... ; lesdiz clers disans que leur devantdit héritage devoient estre franc et non taillable.... : à la parfin lesdictes parties...., pour oster toutes dissensions entre elles, et espargner aux labeurs et aux despens, pour bien de paix et de concorde.... ont accordé en la manière qui s'ensuit : C'est assavoir que tuit li héritage que lidit clerc[1] tiennent et possessent à présent, par quelque tiltre

du clergé, tant de la ville que du diocèse, et y ont les premiers rangs après Mgr l'archevêque.... et délibèrent les premiers. Ainsi jugé par arrêt du 27 juillet 1630.

« Ils sont aussi les députés ordinaires du chapitre pour assister aux assemblées tant ordinaires qu'extraordinaires du conseil de ville, auxquelles ils doivent être convoqués et admis comme les autres conseillers. Le conseil de ville l'a reconnu par conclusion du 4 octobre 1689.

« 5°. Les sénéchaux sont aussi particulièrement chargés du soin de la fabrique, depuis qu'on a réuni à leur employ celuy des deux maîtres ou proviseurs de la fabrique, qui avoient l'intendance des biens de la fabrique, de l'entretien et des réparations de l'église. Il est parlé [de ces proviseurs] dans tous les anciens statuts, dont on a même conservé les termes dans ceux qui sont en usage aujourd'hui ; et ils sont nommés dans tous les chapitres de la rénovation des officiers, jusqu'à celui de 1610, auquel on ordonna que les clefs qu'avoient les maîtres de la fabrique seroient remises au cartulaire, et au chapitre général suivant on ordonna qu'on ne mettroit plus ces proviseurs en qualité dans les baux de la fabrique. En effet, depuis ce temps, ce sont les sénéchaux qui font les adjudications des biens de la fabrique, qui parlent et signent dans tous les baux et traités qui la concernent, qui arrestent tous les mémoires des fournitures, ornemens et réparations de l'église, de la dépense de la maison des enfants de chœur, et en ordonnent le payement.

« 6°. Les sénéchaux sont aussi regardés comme ayant la garde du cartulaire avec les claviers. Autrefois il y avoit trois claviers pour la garde des clefs, comme on le voit par les statuts de 1327, art. 40, de 1568, art. 55, et même dans ceux de 1641, et même par les rénovations annuelles des officiers. Jusqu'en 1630, c'étoient trois officiers spécialement destinés à cet emploi. En 1630 on a commencé à choisir seulement deux claviers avec l'un des sénéchaux, tantost le premier et plus digne, tantost le second, qu'on nommoit pour l'un des trois claviers, ce qui a duré jusqu'en 1643 qu'on a commencé à ne plus nommer que deux claviers, et on a attribué aux deux sénéchaux par moitié l'honoraire du troisième.

[1] « Lorsque [en vertu des actes du 13 et du 25 mai 1322], on fit la prisée des héritages, et la taxe, les clercs mariez et non mariés prétendirent être exemts, et l'oficial décréta comission aux curez de la ville pour excomunier ceux qui les imposeroient. Ce procès fut terminé par un traité, par lequel les clercs s'obligeoient de contribuer leur part pour les héritages aquis depuis l'arrêt du mois de mars 1290[v. s.], et qu'ils aquéreront à l'avenir, à l'exception de ceux qu'ils aquéreront des clercs qui les auront possédé avant 1290 ; à charge que les héritages qui reviendront en main laïque seront taillables, comme les autres ; et que deux députez du clergé seront apellés avec les échevins pour faire la taxe. » (Bibl. Roy., ms. Reims, cart. xi, Rogier, p. 130.)

que ce soit, à Reins, ou ban, ou à la banliue, et en la jurisdicion Mgr de Reins, et tuit li héritage que il tenrront de cy en avant par quelconque.... cause que ce soit, seront taillé proportionnelement, selonc leur value, et demourront taillable à tousjoursmais perpétuellement, avec les autres héritages taillables dudit ban, aux despens des couronnemens, toutes fois que li cas s'i escherra, tant seulement exceptés les héritages que li clerc pourront monstrer souffisamment que il tenoient devant la date dudit arrest, ou qui à yaus sont venus de main de clerc, qui tenu l'arroit comme clerc, devant l'arrest, et après continuelment, tant comme il les tenront comme clers, [lesquels?] seront franc et non taillable pour les despens devantdiz ; en tele manière, que s'il les mettoient hors de leurs mains, ou il viennent ou escheent en main laye...., il seront taillable, et de la condition des autres héritages chargiez des despens.... Et est assavoir que toutes fois que li cas escherra à faire taille, ou imposition, à cause des despens des couronnemens, li clerc seront tenu, se il leur plaist, à eslire deux de leur compaignons clers, preudommes, et souffisans, pour taillier avec les eschevins, ou esleuz ou députez de par les eschevins, et de ceulz des autres bans de Reins pour faire ladicte taille ; en tele manière, que lidit eschevin feront savoir aux officiaulx des cours de Reins.... que il face savoir souffisamment auxdiz clers, que il ayent eslut et présenté aux eschevins deux clers, pour estre à faire ladicte imposicion sus les héritages, avec lesdiz eschevins ;.... et s'il estoit ainsi que dedans quinze jours après ce que lidit eschevin l'aroient fait savoir aux officiaulx, et il n'estoient esleuz pour aller avant...., li eschevin pourront aller avant pour faire taille, ou imposicion, aussi bien sus les héritages des clers, comme sus les autres que li lay tiennent oudit ban ; et vaurra et tenra leur taille...., et seront tenu à paier li héritages des clers, non contrestant leur absence, comme sommez et requis souffisamment.... Et pourront li cler eslire deux de eulz avant qu'il soient sommé....; et seront li clerc esleuz, avec les eschevins, aux despens des couronnemens faire, se il y sont appelé de la gent du roy. Et à ce se assentent li eschevins.... Et parmi ces accors, lesdites parties ont voulu et acordé.... expressément, que tuit li procès qui sont faits entre eux des descords des couronemens, soient du tout anulés et mis au niant; et encore, parmi ce, lidis clers, et tuit leurs biens, doivent être francs et quittes de tous arrérages, tailles, despens et imposicions trépassées, pour cause des despens des couronemens devantdits, excepté les despens dou couronement du roi Charles qui ores est, ausquels lesdits clers confessent et ont confessé leursdits héritages estre tenus, pour telle portion comme il est assis sur leursdits héritages. Et à plus grande sûretté, les parties veulent et acordent que lettres soient faites sur lesdits accors, si bonnes comme l'on poura, selon les choses devantdites, et confermées dou roi no sire¹...

---

¹ Cet accord est homologué eu parlement par un acte daté de janvier 1324 [v. s.]. L'extrait suivant de l'inventaire de 1691 fera connaître plusieurs pièces relatives aux démêlés qu'il termine, pièces qui presque toutes ont disparu des archives.

« Un model d'accord entre les eschevins de Reims et les clercs, pour leurs biens qui doivent contribuer aux fraits du sacre, et qu'il y aura deux clercs avec les eschevins pour faire les roolles.

« Commission du 17 juillet 1324, et les dires et responces des eschevins et des clercs, en un procès sur ce que les clercs refusoient de contribuer aux fraitz du sacre, pour leurs héritages.

« Lettre du 29 aoust 1324, par laquelle les clercs sont condamnés contribuer aux fraits des sacres.

« Sentence du bailly de Vermendois, ou *vidimus* desdictes lettres, du 7 novembre 1324. Les clercs sont condamnés envers le roy à l'amende, et aux despens envers les eschevins, pour s'estre servi d'une lettre révocquée; c'estoit au procès pour contribuer aux fraits.

« Commission du 18 novembre 1324, pour faire enqueste au procès contre les clercs.

« Accords des moys d'avril, may*, juin, juillet de l'an 1325, qui porte que les héritages que les clercs possèdent dans la seigneurie de l'archevêsque, et sa banlieue, sont chargés des fraitz du sacre, et que lorsque les eschevins feront la taxe, deux du clergé y seront appellés. »

[Ces différents accords, qui ne font que reproduire celui de janvier 1325, sont les dernières pièces du procès soulevé par les archevêques, à l'occasion des frais du sacre.] « Dans ce procès, qui a duré 50 ans, et les longues écritures produites de part et d'autre, on ne voit d'autre motif de la condamnation des habitans que l'exemple du droit de gîte que les seigneurs, suivant l'usage de ce temps-là, levoient sur leurs bourgeois par forme d'indemnité; car on ne voit pas que l'archevêque leur eût opposé que le roy leur eût octroyé quelques priviléges pour se charger de ces frais, ni que lui-même leur eût fait remise du droit de vente en cette considération, comme quelques-uns se le sont persuadé, fondés sur une erreur populaire qui se détruit d'elle-même, puisque :

« 1º. La remise [du droit de vente] seroit générale, tant pour ce qui est compris dans la cité, que pour ce qui est en dehors.

« 2º. Si ce fait étoit vrai, ç'auroit été un

* Voici une indication plus précise de ces accords, extraite de Foulquart (invent. des sacres, Bibl. Roy., ms. fr. suppl. 1515 — 2, vol. 1ᵉʳ, fol. 30).

« Lettres d'accord faict et passé soubz le seel de la court spirituelle de Reims...., datez du mois de mars mil IIIᶜ xxIIII (v. s.) et des mois d'apvril, may, juing et juillet mil xxxv [*sic*, M. IIIᶜ xxv?] entre les eschevins de Reims et autres dou ban l'archevesque contribuables aux fraiz des sacres... d'une part, et plusieurs clercs et gens d'églize dudict Reims, demouranz oudit ban, par lesquelles est accordé comme déclaré est cy-dessus, ès lettres de [janvier 1325.] »

CCCXII.

CAPITULI remensis visitationem non habet archiepiscopus 4 mars 1325
remensis.

Archiv. du chap., lay. 2, liass. 2, n° 4.

In nomine Domini amen. Pateat universis presens publicum instrumentum inspecturis, quod anno ab Incarnatione ejusdem millesimo trecentesimo vigesimo quarto, indictione octava, mensis marcii die quarta, pontificatus.... Johannis divina providencia pape XXII, anno nono, in nostrorum notariorum publicorum et testium subscriptorum ad hoc specialiter vocatorum et rogatorum presentia, propter hoc personaliter constitutus, in capitulo remensi, hora circiter Terciam, reverendus in Christo pater.... Guillermus.... remensis archiepiscopus, presentibus ibidem, et ob ejusdem reverendi patris reverenciam et honorem congregatis, venerabilibus ac discretis viris dominis et magistris Guillelmo de Voys, Godefrido de Spinula, Joanne de Arcu, Stephano de Trecis, presbiteris, Joanne de Curvavilla, Joanne de Monteclino, et pluribus aliis ecclesie canonicis, inter alia tunc imprimis ibidem ex parte ipsius R. patris dicta et prolata, exposuit et declaravit quod, quia intencionis sue erat, ut dicebat, suas dyocesim et provinciam[1] visitare, idcirco ad ipsam suam matricem ecclesiam primo, ut tenebatur et debebat, de jure veniebat et venerat, non tamen causa visitandi, sed videndi, eam, et personas ejusdem. Quibus sic dictis, dicti canonici ibidem presentes, cum graciarum actionibus fecerunt inibi ipsi R. patri, per magistrum N. de Pongiaco doctorem in theologia, pro ipsis exponi, quod capitulum et canonici ipsius ecclesie, omnes et singuli, erant ab omnimoda jurisdictione et spirituali et temporali

---

moien victorieux à proposer, et qui auroit réduit les échevins au silence.

« 3°. Le parlement n'auroit pas donné tant d'interlocutoires pour faire preuve de faits qui n'étoient pas si concluans, lorsque celui de cette remise suffisoit seul.

« 4°. Enfin on ne s'est jamais vanté d'avoir l'acte de remise du droit de vente, et on ne le trouve en aucun cartulaire. Aussi les archevêques ont toujours été si convaincus de la fausseté de cette remise du droit de vente, qu'ils ont tenté à diverses reprises d'y assujétir les héritages de la ville et des faubourgs, ce qu'ils n'auroient osé faire si ce droit eût été remis pour la décharge des frais du sacre. » (Bibl. Roy. Reims, cart. xi, Rogier, fol. 130 *bis.*)

[1] Voir la liste des lieux où les archevêques de Reims ont droit de visite dans leur province, plus bas, *vers* 1330.

ipsius R. patris totaliter exempti; et immediate suberant, et subsunt iidem [et?] capitulum, ecclesie romane, nec visitationem habebat ibidem idem R. pater, nec habuerant unquam ejus predecessores archiepiscopi remenses. Et cum ex parte dictorum canonicorum peteretur instrumentum super hoc fieri a nobis notariis infrascriptis, idem R. pater dixit quod istud jam dixerat, et adhuc repeteret libenter, si vellent. Acta fuerunt hec anno, indictione, [etc., etc.,] predictis, presentibus ven. et discretis viris.... magistris Johanne dicto Hape decano, Johanne dicto le Thiois canonicis ecclesie cathalaunensis, Petro dicto Giffardi R. patris predicti socio, Thoma de Trelodio, Leone de Remis, presbyteris perpetuis capellanis in ecclesia remensi, et pluribus aliis testibus ad hoc vocatis specialiter et rogatis [1].

CCCXIII.

30 mars 1325.

Quittance donnée aux échevins de Reims, de la somme versée par eux à H. de Sorcy, et à P. de Minecourt, qui avaient pris Raulin de Briaigne.

Archiv. de l'Hôtel-de-Ville, renseign.

Je Miles, sires de Noyers [2], fais savoir à tous que pardevant moi vinrent en propres personnes Heuriés de Sorcy, et Perres de Mynecort [3], et regconneurent de leur bonne volenté qu'il avient receu des eschevins de Rains, pour cause de la prisse Raulin de Briengne, III^c ℔ t., oultre II^c ℔ t. [4], qu'il avient receu pour ladicte cause des dessusdis, dont il

[1] Suit l'attestation et la signature des deux notaires.

[2] Sans doute Miles vi, de Noyers, maréchal de France. — Voir l'Hist. généal. du P. Anselme, vi, 649.

[3] Dans les notes de l'acte du 28 avril 1314, nous avons dit que Raulin de Brienne avait été livré aux échevins par P. de Guignicourt. Depuis nous avons pu revoir l'original de l'acte du 30 mars 1325, et nous nous sommes assuré qu'au lieu de *Guynecort*, il fallait y lire : *Mynecort*.

[4] Ce n'est pas 500 ℔, mais 800 ℔ que coûta aux échevins l'arrestation de Raulin, d'après une note qui se trouve dans la liasse des renseign., et que nous allons transcrire parce qu'elle donne une idée des sommes que l'échevinage consacra à se venger des frères de Brienne.

« Remanbrance que li sires de Charni a eust de la ville de Reins, xxIIII^c ℔ pour II années.

« *Item*, IIII^c ℔ de tournois pour la prinse Baudesson d'Aouste, sens les despens.

« *Item*, VI^{xx} ℔, ou environ, pour une voye à Paris par Jehan la Pance, et Jehan la Naige qui fu.

« *Item*, LXXVII ℔ pour une voye à Paris quant on emmena la dame de Briaigne en Chastelet.

« *Item*, III^c et IIII^{xx} ℔ pour une voye à Pontoise, et à la Fueillie après le roy, par

ont ma lettre saingnie de mon saingnet que je porte en ma bourse; et ensinc aurient-il heu sus le tout, les deus sommes comptées, cinq cens livres tournois desdis eschevins. En tesmoing de ce j'ai seelées ces lettres de mon grant seel dont je use, et entens à user, qui furent faites l'en M. CCC XXIV, le samedi veille de Pasques flories, XXX jours en mars.

CCCXIV.

QUITTANCES de pluseurs clercs qui avoient d'abord refusé de contribuer aux frais du sacre, et y avoient esté contraints sur saisic de leurs gages par sergens [1]. Mars et avril 1324 [1325].

Invent. de 1486, p. 154.

Jehan la Pance, Watier le mercier, Thomas Cochelet, et Guy Leurier.

« *Item*, VII^c lb pour la voye de la Fauche, et II^c que li sires de Charni en aut pour ses paines, outre son sallaire.

« *Item*, LX lb ou environ pour panre Caquerel, par Jehan la Pance et Rogier le Petit.

« *Item*, Rogiers li Petis, Aubris Cuissars et Jessons de Chaumont feyrent une voye à Paris, et demourarent demi-an et plus, et croit bien qu'il despendirent II^c lb de tournois et plus.

« *Item*. VIII^c lb pour Raulin de Briaingne qui fu pandus à Louveyes. »

Rogier, qui probablement n'avait pas vu l'acte du 30 mars 1325, avait eu connaissance de la note que nous y joignons, comme le prouve ce passage de ses Mémoires, fol. 83 et 229.

« Il se recongnoist par ung mémoire que Raulin de Briangne fut pandus à Louvoyes, et fut donné huit cens lyvres parisis pour ceste exécution, mais il n'est pas dict à quy ni par quy ledit Raulin fut pris ; comme aussy Baudeson d'Aouste fut pris, et fut donné quatre cens lyvres tournois pour la prise, sans les despens, et oultre ce fut la dame de Briangne menée prisonnière au Chastelet de Paris.... On ne voit rien quy fasse mention de la fin de ceste guerre.... »

Rogier rapporte ici l'acte de 1317 que nous avons donné sous le n° CLXIX, et en conclut qu'à cette époque la guerre des frères de Briaigne durait encore ; puis il continue :

« On voit par ce que dessus que les habitans de Reins estoient fort affligés, et en leurs afflictions mal assistés de l'archevesque, avec lequel lesdicts habitans avoient continuellement procès.... Et se trouve que pour satisfaire aux fraicts qu'il leur convenoit faire, que depuis l'année 1296 jusques à l'année 1315, lesdictz habitans avoient faictz de grans empruns ; pour lesquelz rembourcer, et satisfaire aux charges quy journellement se présentoient, tant à l'occasion desdictes guerres, que pour la clausure et fermeté de ladicte ville, comme aussy pour les procès, il se recongnoist que depuis ladicte année 1315 on levoit des grandes tailles par chacun an sur les habitans de ladicte ville, demeurans ès paroisses de Saint-Pierre, Saint-Hillaire, Saint-Simphoriain, Saint-Jacques, Saint-Estyenne, Saint-Denys, Saint-Morice et la Magdelayne, de la somme de dix-huict mil lyvres par an, et en aucune année douze mil ; et se trouve des personnes cottisées à huict cens lyvres, comme un nommé Hue de Cambray, la vefve d'un nommé Raoul Cauchon, appellé Pucelle la Cauchonne, par ledict rolle taxé à cinq cens lyvres, et plusieurs autres ainsy. Et faict ledict registre mention de la levée de dix ou douze années suyvantes.... »

[1] Voir les notes de l'acte de janvier 1325.

CCCXV.

3 mai 1325.   CONDITIONS auxquelles l'échevinage retient les clercs de son conseil.

Livre Rouge de l'Échev., p. 138.

Jacques li Poys de Reins fu retenus dou consel, et de la pension, de l'eschevinaige de Reins, le jour de la feste Sainte-Crois en may, l'an M. CCC XXV, parmi L ℔ parisis chacun an, lesqueles on li doit payer en quatre termes; et doit avoir lidis Jaques, outre ladite pension, pour chacune journée qui sera hors pour les besoingnes de la ville, et as despens de ladite ville et eschevinaige, x s. par. Et quant il sera hors pour euls, à ses despens...., xx s. par. Et doit lidis Jaques, parmi les convenances dessusdites, de ci en avant estre quittes de toutes tailles et frais, fais et à faire en ban doudit eschevinaige, excepté la première taille à faire après le jour dessusdit, et les tailles dou couronnemens.

CCCXVI.

23 mai 1325.   NOTICE sur différents cas d'entrecours.

Livre Blanc du chap., fol. 685.

En l'an de grâce nostre Seigneur mil trois cens vint et cinc, le juedi devant Penthecouste, Colars de la Foullerie, prévos de Reins, arresta un bourjois des Postées, que on appelle Alardin de Blombais, fil Colin le Ferrandiau, qui fu à la requeste de Thierry d'Ausson, bourjois de Reins; lequel Alardin maistres Raoulz dou Chaine, baillis de la terre dou chapitre, requist audit prévost que il li rendeist par l'entrecours, comme il se avoast bourjois de chapitre. Et li prévos respondi que il ne le devoit mie rendre, car il avoit respondu pardevant lui; ledit baillif disant au contraire, que response que il eust faite ne pooit empeschier que il ne le deust rendre, pour raison de l'antrecours devantdit. Liquelz prévos, eue délibération et consel sur ladite requeste, respondi audit baillif que il li renderoit pour raison doudit entrecours, et commanda à Gontier fil Wiet d'Unchar, son sergent, que il alast querre ledit Alardin, et le rendit audit baillif. Liquelz sergens le rendi audit baillif par l'entrecours dessusdit, présens Jehan c'on dit l'Abbé fil dame Jehanne de Bourgoingne, Baudenet le Roy de Tramery, Doart le Vert de Tramery, ledit Thierry d'Ausson, Jehan le Galois, sergent doudit prévost, maistre Jaque d'Antheny, Jesnot de Malezis, clerc, Herbin de l'Esperon, sergent de chapitre, [N.].... fil doudit prévost, et Thierri fil ledit Thierri d'Ausson.

Item, ce jour meismes, un pol après ladite requeste, ledit baillif séant en son siége, en son consistoire en la court Nostre-Dame, avec maistre Jehan de Monclin, séneschal de ladicte église, fu amenés lidis Alardins par les sergens doudit chapitre, qui leur avoit esté rendus par le commandement doudit prévost, si comme dessus est dit, liquelz Alardins se présenta pardevant lesdis séneschaus et baillif, pour penre droit, et faire droit contre tous, et espécialment contre ledit Thierry d'Ausson; liquelz Thierris d'Ausson fist sa demande, et y respondi lidis Alardins; et s'acordèrent lesdites parties, présens les séneschaus et baillif dessusdit. Et furent toutes les choses dessusdites recordées, présens Mgr Jehan de Monclin séneschal, Raoul dou Chaine baillif doudit chapitre, Simon d'Auffart, Mgr Renier Mellin, Jehan Brimont, Mgr Godefroy chapelain, Mgr Jehan de Monclin (*sic*), Jehan Boully, Drouart de Chally, Jehan Malepert, Hébert Froidet, Jehan le Courier, Wauchelet d'Aubilly, Huet Froidet, maistre Jaque d'Antheny.

Lambers li Cordeliers, de Saint-Mame, fut arrestés par Triboulet, sergent le prévost, à la requeste de Robert dou Prei demourant à Reins, et li fu faite demande de par ledit Robert. A liquelle demande lidis Lambert respondi, et non contrestant la responce doudit Lambert, il nous fu rendu par entrecours, comme nostres bourjois. Et fu rendus par Colart de la Foullerie, pour le temps prévost de Reins, à Mgr Jehan de Monclin, chanoine et séneschal de l'église de Reins, l'an M CCC XXV.

CCCXVII.

CONVOCATION d'un chapitre général pour présenter à l'archevêque les griefs du chapitre.

4 juillet 1325.

Bibl. Roy., Reims, cart. III; art. Guill. de Brie.

J. prepositus, G. cantor, ceterique remensis ecclesie fratres....

Ici sont exprimées les doléances du chapitre sur la conduite de l'archevêque à son égard.

....Quocirca vos omnes et singulos requirimus et rogamus attente, mandantes vobis nichilominus, sub fidelitate qua tenemini remensi ecclesiæ matri vestræ, quatinus pro reverentia Virginis gloriosæ et honore vestro, nobis fratribus vestris qui propter præmissa magnis gravati sumus laboribus et expensis, fraternali, ac eidem ecclesiæ filiali ac debito, compatientes affectu, ad secundam diem instantis mensis septembris, ad ecclesiam nostram prædictam,.... postpositis aliis negotiis, personnaliter veniatis, ut dicta die, hora capituli, omnes et singuli pariter congregati, cum deliberatione et maturitate debitis, ad conservationem et defensionem nostram, ac honorum, jurium, privilegiorum.... concorditer assurgamus.... Actum et datum in nostro capitulo, anno Domini m° ccc° xx° v°, die jovis post festum BB. apostolorum Petri et Pauli [1].

CCCXVIII.

17 octobre 1325.

Acte de notoriété, pour constater que l'état de franc-sergent est acquis à plusieurs habitants du ban de l'archevêque.

Cart. AB du chap., fol. 21. — Cart. E du chap., fol. 22 v°.

Universis.... Petrus de Trecis decanus remensis, salutem. Notum facimus quod ex parte venerabilium virorum DD. Neapolionis remensis ecclesie archidiaconi, reverendi patris Gaucelini.... cardinalis, et G. de Estenaye, et P. de Vermentone, canonicorum remensium, nobis presentate fuerunt persone infrascripte, et in scriptis penes nos more solito redacte, pro francis servientibus ipsorum canonicorum, secundum consuetudinem ecclesie remensis, de banno et justicia reverendi.... patris archiepiscopi, annis et diebus subscriptis; videlicet G. de Dontriano, domini Neapolionis, anno.... m° ccc° x° vi°, sabbato in festo B. Vincencii; J. Cocheleti,.... domini cardinalis, anno m° ccc° xx°; Oiseletus aurifaber, D. G. de Estenaye, anno.... m° ccc° xx° ii°, et Th. Lores, anno.... m. ccc. xx. iv°. Et hec omnibus quorum interest tenore presencium intimamus; quibus in testimonium premissorum.... Datum anno m° ccc° xx° v°, die jovis ante festum B. Luce [2].

[1] « Le 4 septembre le chapitre s'assembla à ce sujet, et s'y trouvèrent 34 chanoines. Il fut conclu dans cette assemblée qu'il y avait lieu à la cessation *a divinis*, et l'on dressa les plaintes et les griefs pour lesquels on voulait que l'archevesque satisfît » (Bibl. roy. *ibid.*).

[2] A la suite de cette attestation se trouvent deux actes notariés, constatant que les officiaux de l'archevêque ont forcé deux des sergents susnommés à renoncer à leur sergenterie, en les menaçant de les excommunier et en les persécutant de toutes manières, pour les amener à rendre compte pardevant eux de l'exécution du testament de la femme de l'un, du frère de l'autre.

CCCXIX.

QUERIMONIE capituli contra archiepiscopum remensem.

21 octobre 1325.

Cart. AB du chap., fol. 23. — Cart. E, fol. 24 v°. — Livre Rouge du chap., fol. 215 v°.

Reverendo in Christo patri, ac domino, domino G., Dei gracia remensi archiepiscopo, J. prepositus, P. decanus, G. cantor, ceterique remensis ecclesie fratres, quicquid domino atque patri, cum omni reverencia et honore. Sicut novit vestra reverenda paternitas, nonnulli reverendi patres nostri, predecessoresque vestri, remenses archiepiscopi, pie et sancte considerantes, quod in partem summe sollicitudinis vocati erant vicarii et curatores filiorum illius qui, ut pacem daret, venit in mundum, et quod nonnisi pacis in tempore bene colitur ipse rex, pacis a[u]ctor, pro pace inter nos et ipsos servanda, et ut eo liberius et instancius cultu[i] insisteremus divino, multa ob favorem, honorem, utilitatem, et pacem ecclesie nostre, et nostrum, nobis et eidem ecclesie concesserunt, composicionesque et transactiones, super aliquibus casibus tunc dubiis inter ipsos et nos, fecerunt, quas, ob perpetuam et firmam memoriam, scriptis autenticis roborarunt, easdemque, necnon privilegia, libertates, et consuetudines ecclesie, aliquibus certis enumeratis, adjecta hac clausula : « Quas omnes con-
« suetudines, et alias ejusdem ecclesie rationabiles, approbamus, »
approbarunt, ratas habuerunt, et se servaturos promiserunt; et, eorum successores, qui post eos fuerunt, in suo jocundo adventu, se servaturos continue promiserunt et juraverunt, et vos, pater reverende, similiter, ad securiorem et perpetuam firmitatem; per que, inter cetera, nos, cappellani, et clerici nostri, necnon ejusdem ecclesie et nostri servientes, familiares, et domestici, clerici et laici, fuimus, et sumus, ab omni jurisdictione vestra ecclesiastica, spirituali et temporali, presertim quoad infrascripta, liberi, et immunes; et licitum fuit, et est, nobis, habemus et habuimus, a tempore cujus principii memoria non existit, servientes proprios et communes, Remis, de terra et in terra sive banno et justicia vestris ; videlicet, ultra communes servientes ecclesie, quilibet nostrum, existens in sacris, unum proprium de banno sive in banno, terris, et justicia vestris, Remis, et eciam, si voluerit, et sibi viderit expedire, plures de aliis bannis, vel locis,

habere potest servientes, qui, quamdiu in ecclesie vel canonicorum servicio morabuntur, eciamsi reconveniantur, sint ab omnimoda jurisdictione vestra, roya terre dumtaxat excepta, liberi et immunes; adeo quod in eos, vos, vel officiales vestri, non potestis jurisdictionem aliquam spiritualem, ecclesiasticam, vel temporalem, quomodolibet exercere, esto quod convenirentur, vel impeterentur, pro factis suis, in administracionibus vel officiis tutele, cure, execucionis, aut administracionis alterius cujuscumque, que exercuissent vel exercerent, nec ipsos quacumque censura ecclesiastica, vel seculari, auctoritate propria, cohercere, nec punire eciam, preterquam, in criminosis auctoritate nostra condemnatos, solam et meram execucionem alte justicie exercendo; sed in servientes eosdem, et eorum domos, quamvis in terra vestra sitas, Remis, habemus, preterquam in roya terre, omnimodam jurisdictionem, spiritualem et temporalem, a vobis totaliter abdicatam, et in nos translatam; sumusque et fuimus in possessione, vel quasi, exercendi justiciam memoratam, ac eciam in claustro et clausura nostra, prout se comportat; et eciam, in mansionibus nostris, quas extra claustrum habemus, omnimodam jurisdictionem, temporalem, ecclesiasticam, et spiritualem, habemus, et vos omnino nullam. Cum hoc eciam, dicti servientes, tam proprii quam communes, ac clerici nostri, pro litteris quibuslibet quas a vobis, vel officialibus vestris, super suis vel nostris negociis impetrant, nummos vel precium, aliudve solvere non tenentur, sed eis gratis, absque contradictione qualibet, sunt reddende; mansionarii quoque nostri, et homines in banno et villis nostris, seu ecclesie, ubilibet commorantes, passim et indifferenter, possunt ad urbem remensem venire, et ab ea recedere, quandocunque eis placuerit, nec possunt ab aliquo, vel pro aliquo, nisi sub nostro examine, conveniri, nec aliquatenus molestari; vosque, vel qui racionibus vestris presunt, nulla occasione, pro nullo prorsus delicto, aliquem mansionarium nostrum potestis infestare, vel capere, vel aliquatenus, nisi sub nostro examine, convenire, nec res eorum diripere, nec ipsis injuriam irrogare, aut eos capere, nisi forte eosdem mansionarios contingeret ad presens et evidens intercipi forefactum; et, sic captum, advoantem se mansionarium nostrum, requisiti vos, vel ministeriales vestri, ex parte nostra, restituere tenemini, sine mora, cujuscumque condicionis, et ubicumque sit, et pro quacumque causa vel delicto captus sit, sic advoans se de nobis, donec informaveritis nos de capcione ejusdem in presenti et evidenti forefacto; et tunc vobis eundem restituere tenemur, juxta qualitatem delicti puniendum; et vos, in causa consimili, idem nobis facere tenemini, vice versa, per intercursus et consuetudines inter vos, et predecessores vestros, et nos, a tempore cujus principii non extat memoria, pacifice observatos. Portarumque civitatis remensis aditus intrandi et exeundi, bona nostra adducendi, vel abducendi, quocumque tempore, nobis et servientibus nostris, patere debet immunis; in terris eciam, que jurisdictionis nostre sunt infra urbem, et infra bannileugam, videlicet in Ausonno, in Tendentecauda, in Curcellis, in atriis et in terris Sancti Martini in suburbio, a porta Vidule usque ad Duos Pontes, cum tota insula que vulgo dicitur Morillis, necnon eciam in aliis villis et terris sive hominibus [nostris?] ubicumque sint, nullam redibenciam, nullam pensionem exigere potestis, nec debetis. Contra que, et alia jura, privilegia, consuetudines, concessiones, intercursus, libertates, immunitates, composiciones, ordinaciones ejusdem ecclesie, ac statuta, necnon sentencias et declaraciones pro eadem, dudum videntes et considerantes, nos, et ecclesiam nostram, graviter et enormiter ledi et opprimi, ac jura nostra infringi, et dampnabiliter usurpari, per vos, baillivos, prepositos, sestelegerium vulgo vocatum vicecomitem, officiales et ministeriales vestros, in nostrum et ejusdem ecclesie grave dampnum, prejudicium, offensam, injuriam, et lesionem enormem, in pluribus et diversis casibus nobis non modicum prejudicialibus et dampnosis, post plures requisiciones vobis, et vestris ministerialibus, competenter factas, ut ea faceretis emendari, et ad statum debitum reduci, in nullo nobis proficuas, ex quibus, proth dolor! nullus vel modicus secutus est effectus, et pauca habuimus, nisi responsiones invalidas, ad turbandum et obscurandum jura nostra; quin ymo ministeriales vestri, qui per civitatem oppinionum suarum, factorum suorum injustorum, et eorum que contra nos et ecclesiam nostram attemptarunt, non emendacioni, sed pocius assuetudini, deputarunt, duriores effecti, plura alia gravamina, et dampnosa, contra nos, et ecclesiam nostram, jura, et libertates ejusdem ecclesie, manifeste et notorie, minus racionabiliter attemptarunt; nitentes jura et libertates ejusdem ecclesie subvertere, quantum possunt, id solummodo affectantes, ut eorum facta, in nostrum et ecclesie nostre dampnum et injuriam attemptata, teneant, ea fictis coloribus paliantes, querentes cautelas perniciosas et excusaciones in predictis; pro quibus, non solum in nostris aliis impedimur negociis, et diucius fuimus impediti, sed eciam necesse est ut in divino solito servicio perturbemur, ac eciam fuerimus diucius perturbati. Propter que urgente nos consciencia, non valentes subversionem jurium et libertatum ejusdem ecclesie matris nostre sustinere, pro conservacione eorumdem, fratres et canonicos nostros evocavimus, et evocari fecimus, ad secundam diem mensis septembris, anno Domini millesimo ccc° vicesimo quinto, cum continuacione dierum sequencium; nosque in nostro capitulo, pro hiis et super hiis, deliberacione diligenti prehabita, et tractatu, gravamina vera et manifesta, per vos, baillivos, prepositos sestelagerium, seu vicecomitem, officiales, eorumque servientes, ministeriales et subditos vestros, contra nos et ecclesiam nostram, ac ejus jura, concessiones, consuetudines, composiciones, transactiones, intercursus, libertates, immunitates, privilegia, sentencias, deliberaciones et statuta minus rationabiliter attemptata atque facta, in grave et evidens dampnum, prejudicium, injuriam, et offensam, nostrum et ecclesie memorate, jurium et libertatum ejusdem, [exposuimus?], prius vobis requisitis, seu requisito, pluries, humiliter et competenter, de hiis facere satisfieri, ea emendari et reduci ad statum debitum, non curantibus, seu curante, licet ad hoc, tamquam devoti filii, pluries, cum omni humilitate, ac precum institerimus lenitate, pro pace vestra querenda et honore servando, ad vias et tractatus multipharios descendentes, licet ea de quibus conquerimur sint notoria et manifesta, nec ea revocaverimus in dubium, quoquomodo, nec eciam revocamus nec revocari debent, que omnia nullum aut modicum habuerunt effectum; ea propter, reverende paternitati vestre gravamina, specialiter, sigillatim, et distincte exprimimus, et ea per has patentes litteras, sigillo nostri capituli sigillatas, vobis, non sine magna cordis amaritudine, tradimus et assignamus.

2 septembre 1325.

[1.] *Primo,* conquerimur ex eo quod officiales vestri Thomam dictum Loret, francum servientem tunc proprium Petri de Vermentone, concanonici nostri, in quem nos, et idem canonicus, omnimodam jurisdictionem, spiritualem, ecclesiasticam et temporalem, habere dignoscebamur, et vos, et iidem officiales vestri, omnino nullam, de facto moneri fecerunt, auctoritate sua, et ipsum de facto excomunicaverunt, et de facto mandaverunt et fecerunt eumdem excomunicatum publice nuntiari.

[II.] *Item*, ex eo quod, quamvis theloneum sit redibencia que soli domino loci, racione contractus in terra et jurisdictione sua habiti, debetur, et nos in terra nostra Remis que dicitur S. Martini, in qua nos omnimodam jurisdictionem temporalem habemus, et vos nullam, pro contractibus et mercaturis ibidem factis, theloneum recipere consueverimus, sumusque et fuerimus in possessione, vel quasi, recipiendi ipsum, et habendi, a tempore cujus contrarii memoria non existit, a contrahentibus in eadem terra nostra S. Martini, et quod per hoc, et pro hoc, nobis solventes, abierunt liberi et immunes ab omni exactione ministerialium vestrorum, racione dictorum contractuum; gentes tamen vestre, presertim Huetus de Meumeto, qui sestellagio et theloneo vestris preest, et ejus servientes seu complices, ad vestrum sestellagium seu theloneum deputati, Miletus Bouillars, Johannes de Voali, et dictus li Clers de Lizi, indebite et de novo, quam cito mercatores qui nobis solverunt theloneum, exeunt terram nostram, theloneum, racione contractuum in terra nostra predicta initorum, nichilominus exigunt ab eisdem, consuetudines et jus nostrum infringendo; propter quod mercatores retrahuntur, et fugiunt terram nostram.

[III.] *Item*, ex eo quod, licet ex causis predictis capitulum habeat, et, per se, et per ministeriales suos, fuerit et sit in possessione, vel quasi, juris percipiendi, levandi et habendi, solum et in solidum, sestellagium in et pro terra S. Martini predicta, pro quibuscumque granis undecumque et ubicumque venditis, mensuratis tamen in dicta terra, eciam a tempore de cujus principio memoria non existit; nichilominus vos, dictus Huetus, sui complices, et ministeriales vestri, impedivistis et impeditis quominus capitulum gaudere sestellagio possit eodem; et licet ab impedimento dicti sestellagii verbaliter destiteritis, ac desisti a vestris ministris jusseritis realiter, tamen et in effectu non desistunt, nec vos eciam desistitis, nam emolumentum sestellagii predicti, quod capitulo debet aplicari, impeditur indirecte, pro magna sui parte, predictum theloneum indebite levando, ut est dictum; quia mercatores gravati., de eisdem mercaturis theloneum bis solvendo, a contrahendo in dicta S. Martini terra retrahuntur, et fugiunt illam terram. Cumque predictum impedimentum, in dicto sestellagio, per vos et gentes vestras appositum, indebite et injuste, prout liquet et vobis constitit et constat evidenter, teneamini decenter emendare, dampnaque propter hoc illata capitulo, et mercatoribus dampnificatis, restituere, necnon et de non[*sic*, nos?] impedimento ultra cavere, vos, ut hec faceretis, ex parte nostra competenter et sepius requisitus, recusastis, et adhuc recusastis, injuste; propter quod et capcionem Johannis Patoulet[1], Coleti Haleni, et Baudeneti Lescaret, qui nobis, pro granis venditis et mensuratis in dicta terra, sestellagium solverunt, [et?] per gentes vestras capti et arrestati fuerunt, et dampnificati, qui[bus?], vobis sciente, partem suorum dampnorum restituimus, ad evitandum pericula, dampna, et scandala que vobis et nobis, ac terris vestris et nostris, inde possent provenire, dampnificati fuimus, et sumus, et nostra interest in magna pecunie summa, quam nobis restituere, et de nos in futurum alio impedimento cavere, debuistis et debetis, ut est dictum; hec facere recusantes, in dampnum, gravamen, et injuriam nostri, et nostre ecclesie sponse vestre.

[IV.] *Item*, ex eo quod ministeriales vestri, majorem nostrum dicte terre S. Martini, curialiter et humiliter requirentem dictos Johan-

---

[1] Le même personnage, ou son homonyme, figure dans les registres du parlement, Crimin., reg. IV, fol. 149, où se trouve la commission suivante, donnée à son sujet :

« Philippus, *et cetera*, baillivo viromandensi, *et cetera*, ceterisque, *et cetera*. Mandamus et commictimus vobis, et vestrum cuilibet, quatenus J. Patoules, de Remis, ubicunque extra loca sacra repertus fuerit, capiatis, seu capi faciatis, et ipsum captum dilectis et fidelibus gentibus nostris, parlamentum nostrum tenentibus, sub fida custodia adducatis, seu faciatis adduci, ex causa ; bona sua quecunque, et ubicunque, existencia, ad manum nostram ponentes, et tenentes, et secure custodientes, seu custodiri facientes, taliter quod de ipsis possitis integre respondere. Si vero deprehendi nequiverit, ipsum ad jura nostra vocari faciatis, et, nisi venerit, contra ipsum ad bannum, secundum patrie consuetudinem, procedatis. Ab omnibus autem *et cetera*. Datum Parisius, die xv[a] aprilis, anno M° CCC° XXX°.

« Littera predicta fuit tradita ballivo archiepiscopi remensis, execucioni demandanda. In camera per laicos. Gyem. »

nem, Coletum et Baudeletum, arrestatos per ministeriales vestros, pro eo quod vobis [non?] solverant sestellagium, ut est dictum, dicti ministeriales vestri ceperunt, detinuerunt, et incarceraverunt, et quamvis se majorem nostrum dicte terre, et de nobis, et subditum nostrum, advoaret, et continue reclamaret, vos, et gentes vestre, ex parte nostra competenter requisiti, eum nobis reddere denegastis, contra consuetudines, intercursus, libertates et jura nostra supratactos; et licet post multa tempora fuerit liberatus, tamen prisiam emendare, et caucionem juris, de non amplius ipsum, vel alium, propter hoc capiendo, debitam prestare, requisiti noluistis, sed denegatis, et differtis, et ut [sic, etiam?], tamquam de subditis vestris, dictum majorem capiendi et liberandi pro libito, in saisina remanere satagentes, liberacionem effectualem facere recusastis.

[v.] *Item*, ex eo quod ministeriales vestri, presertim Huetus sestellagerius, servientes et complices sui predicti, plures homines villarum nostrarum, videlicet G. Boulengarium de Bourgundia, Poncardum Clopin, J. la Tulebenne, J. Pate, Raulinum Bridet de Marqueuse, Martinum de Lavenna, Hebertum Friart de Pontefabricato, et plures alios ceperunt, detinuerunt, et incarceraverunt, et adhuc, saltim per caucionem, detinent; et quamvis se de nobis advoaverint, et mansionarios nostros, villarum nostrarum, se dixerint, et de nobis se reclamaverint, vos, et gentes vestre, super hoc ex parte nostra pluries et competenter requisiti, nobis eos reddere et restituere denegastis, neglexistis, et adhuc denegatis....

[vi.] *Item*, ex eo quod ministeriales et servientes vestri, portorium, seu calceiam, seu [pro?] portorio et calceya pecuniam, exegerunt et exigunt, a quadrigariis, seu adductoribus bonorum nostrorum ad civitatem remensem, tam communium capituli, quam propriorum singularium canonicorum, et pignora ceperunt et recipiunt, indebite et injuste; videlicet a Johanne dicto Prevot, Thierico le Saulnier, Poncino filio Roberti clerici, Arnulpho filio la Tubenne, Johanne dicto Malot, Renaudo filio Brouillat, Johanne Cadoré, Mileto le Devin, Goivino le Devin, Theobaldo de Bodillo tabernario, et Martino de Villaribus, ac pluribus aliis; cum portarum et viarum civitatis aditus intrandi et exeundi, bona nostra adducendi vel abducendi, quocum-

que tempore, nobis et servientibus nostris immunis patere debeat, ut
jurastis, et quamvis ut a premissis ministeriales vestros desistere, et
pignora que tenent, et pecuniam receptam occasione predicta, restituere faceretis, competenter et pluries, ex parte nostra fueritis requisiti, penitus hoc facere recusastis, et adhuc recusatis,.... dicentes quod
[hoc?] ad vos non pertinet, sed ad scabinos remenses, ad velandum
ficticie vestrum et vestrorum factum, cum sitis, et non scabini, dominus arrestancium adductores, et capientium portorium seu calceyam
hujusmodi, et per vestros servientes, non per scabinos, qui nullam
jurisdictionem habent in villa, fiunt premissa, que contra sanctiones
canonicas, libertates, immunitates, et consuetudines ecclesie, per vos
et predecessores vestros juratas, sunt et fuerunt attemptata.

[VII.] *Item*, ex eo quod, licet vicus et tota insula siti inter Duos
Pontes, usque ad viam publicam, per quam itur a porta Vidule, usque
ad S. Lazarum ac [*sic*, ad?] homines, tenentes et adherentes vie publice, sint et fuerint notorie, solum et in solidum, de nostra jurisdictione temporali, una cum domibus, plateis et areis adherentibus vie predicte, inter quas domus et area Johannis dicti Asfilles site sunt, [dicta
area existente?] ab utroque latere in nostra jurisdictione predicta, inter
domum Thierrici dicti le Borgne, ex una parte, et domum dicti Johannis
ex altera, dictusque Johannes, de auctoritate nostra, in terra et jurisdictione predictis, quendam murum erexisset, fuissemusque, ut auctori-
zantes, in possessione muri et jurisdictionis predictorum, ac inter Hugonem de Grigniaco, baillivum vestrum, et seneschalos nostros, fuisset
concordatum et conventum, quod a quadam die veneris, usque ad diem
mercurii tunc proximo subsequentem, nichil attemptaretur seu inno-
varetur circa dictum murum; posteaque murus, locus et platea, usque
ad calceyam communem hujusmodi, ac justicia capituli, quoad hec,
fuissent per Petrum de Hermondivilla, gardiatorem nostrum, ex parte
domini regis deputatum, in manu domini regis positi, inhibitumque
fuisset baillivo et preposito vestris, et aliis quorum interesse poterat,
ad nostri requisicionem procuratoris, ne in locis predictis aliquid attemptarent, seu innovarent, requisiveritque dictus gardiator, ad instanciam dicti procuratoris, ipsos baillivum et prepositum, ut accederent ad locum supradictum, offerendo quod, si ipsi, vel aliquis, vellet

jus aliquod in muro predicto reclamare, diem assignaret opponentibus ut deberet; nichilominus idem baillivus, de precepto vestro, sicut asserit, et vos recognovistis, contra premissa temere attemptando, in contemptum domini regis et nostri, et contra suam convencionem temere veniendo, libertates, jura, consuetudines, et jurisdictionem dicti capituli infringendo, dominica intermedia, in honorem Dei veneranda et ferianda, dilacione pendente, impetuose, maliciose, et de facto, fecit cum suis complicibus dictum murum dirui, et ad terram prosterni, materiamque dicti muri subito fecit asportari, dicto capitulo, seu procuratore ejusdem, non vocatis, sed invitis, et renitentibus cum hec scirent, quamvis solemniter juraveritis in insula, et locis predictis, nullam pensionem seu redibenciam exigere, nec aliquid ibidem diripere, seu reclamare, et in eis nichil juris et superioritatis penitus habeatis; super quo in statum debitum reponendo, et decenter emendando, requisiti pluries, hoc facere denegastis, neglexistis, et negligitis, in nostrum, et ecclesie sponse vestre, injuriam, offensam, vituperium, et gravamen.

[VIII.] *Item*, ex eo quod licet nos fuerimus, simus, et esse debeamus in saisina et possessione pacificis, usque ad tempus vestre turbacionis injuste, sepis, seu clausure ripe et arborum, usque in profundum fossati, ex parte adherenti vinee nostre, juxta castrum vestrum Porte Martis, nec non tailliandi, explectandi et manutenendi in dicto loco dictam sepem, seu clausuram, et ibidem excrescencia, eciam per sentenciam et ordinacionem competentes; fuerimusque et simus in dicta possessione, modo predicto, versus pontem [castri vestri?], a fine grangie que tunc fuit, usque ad fundum dicti fossati directe, et usque ad conum pedis muri, inferius, versus portam Reneri dicti Buiron, qui murus descendit a vinea nostra, usque ad fundum fossati; vos autem, et gentes vestre, indebite et de novo, fecistis in dicto loco suscindi et tailliari parvas arbores et dumos, a superiori [parte?], juxta vineam, usque in fundum fossati, ubi sepes seu clausura esse debebat, et adhuc sunt ibi vestigia et aliqui stipites et radices, questione super proprietate dicte sepis et clausure, in curia regis pendente; sic contra sentencias, ordinacionem et manum regiam temere attemptando, et penam mille librarum in dicta sentencia contentam incurrendo, rata manente sentencia, quas mille libras a vobis, ex causa predicta, nobis debitas, petimus per vos nobis solvi, sentencia nichilominus rata manente.

[IX.] *Item,* ex eo quod, licet bone memorie dominus Robertus quondam remensis archiepiscopus, vester predecessor, pie legaverit et reliquerit in ultima sua voluntate, in augmentum cultus divini, in ecclesia remensi sponsa vestra, octo libras annui et perpetui *redditus,* eidem ecclesie capiendas in villa de Villarifrancoso, quas acquisivit et adjunxit majorie dicte ville, ut anno quolibet, in duobus festis S. Crucis, partirentur in ecclesia; videlicet, in quolibet festo, quatuor libras inter presentes dumtaxat, ita quod in eadem ecclesia, dictis festis, cantaretur et pulsaretur ad duplum; nichilominus, vos, et gentes vestre, dictas octo libras levavistis, seu levari fecistis, et super hoc requisiti per nos competenter, nobis eas tradere denegastis, et adhuc denegatis, licet parati sumus et fuerimus, paratosque nos obtulerimus cum effectu, facere, servare et adimplere votum et ordinacionem domini Roberti memorati.

[X.] *Item,* ex eo quod, licet vos singulis annis teneamini nobis certis terminis, in pluribus pecunie summis, quas eciam predecessores vestri, archiepiscopi remenses, solvere consueverunt, et de quibus fuimus et simus eas in possessione pacifica recipiendi, et habendi; scilicet in sexaginta libris parisiensibus, ex una parte, et viginti libris ex altera, super quibus solvendis, qui sestellagio et theloneo vestris preest, de novo creatus, in sua creacione seu novitate, tenetur facere juramentum nobis, seu deputatis a nobis; et in decem libris, ex alia parte, in et super redditibus vestri vicecomitatus capiendis, et solvendis, prout vobis constitit ex instrumentis, et cartis, seu munimentis super hoc confectis, et vobis ostensis; teneamini eciam in pluribus aliis pecuniarum summis, videlicet pro tribus magnis pastibus Assumpcionis, Nativitatis B. Marie Virginis, et Dedicacionis ecclesie remensis, pro quolibet in triginta octo libris, sex solidis et octo denariis; et in quinque parvis pastibus, scilicet Omnium Sanctorum, Nativitatis Domini, Pasche, Ascensionis Domini, et Penthecostes, pro quolibet pastu in centum solidis; et pro pastu Assumpcionis B. Marie virginis, ultimo preterite, in triginta octo libris sex solidis et octo denariis, ac pro pastu Nativitatis B. Marie virginis ultimo preterite, in triginta octo libris sex solidis et octo denariis parisiensibus; tamen vos, seu qui sestellagio et theloneo vestris preest, receptor, et ministeriales vestri, requisiti pluries, ex parte nostra, competenter, ut ille qui sestellagio et theloneo vestris preest, de novo creatus, faceret solitum juramentum de solvendo sexaginta libras, ex una parte, et viginti libras ex altera; et vos, receptor, et qui preest sestellagio et theloneo vestris remensibus, de dictis summis requisiti ut satisfacientibus [*sic,* satisfaciatis?] nobis, ut decet, hec facere totaliter denegastis, neglexistis et differtis, in grave scandalum et enorme prejudicium dicte ecclesie et nostrum; sicque marrancia propter hoc, et cultus minuitur divinus, et debito servitores, in dictis festis, solacio defraudantur, quamvis hec recenter recognoveritis palam et publice, et promiseritis vos facturum premissa.

[XI.] *Item,* ex eo quod, cum executores magistri quondam Gerardi de Mellomonte, Remis advocati, emissent a Renaudo de Ludia, armigero, et eisdem [*sic,* eidem?] de precio satisfecissent competenter, quasdam decimas existentes apud Heudrisivilla[m], tam in [vestra?] justicia, quam nostra, quas tenebat idem armiger in francum alodium, et sint et fuissent admortizate per dominum regem, ad quem, et non ad alium, de notoria regni consuetudine, pertinet admortisacio predicta, si amortizacione indigerent, de quibus fundata fuit, et est, quedam cappellania in ecclesia remensi, sponsa vestra, ob anime salutem deffuncti, et secundum ordinacionem ejusdem; nichilominus vos, pretendentes ipsas decimas a vobis non fuisse admortizatas, dictas decimas sarciri [*sic,* saisiri?] fecistis, et levari, in detrimentum dicte cappellanie, divinum servicium minuendo, cum deservitores dicte cappellanie defraudati, nolint, cum sint pauperes, dicte cappellanie deservire, vosque super hoc requisiti denegastis eas desarcire et deliberare, contra canonicas sanctiones in hoc temere venientes, qui talia facitis a quibus alios deberetis arcere.

[XII.] *Item,* ex eo quod vos, baillivus et ministeriales vestri, vobis sciente et ratum habente, in pluribus locis, in et de quibus controversia seu debatum pendet inter vos, ex una parte, et nos, ex altera, debato in manu regis posito, litibus pendentibus in parlamento, manum domini regis infringendo violenter, explectamenta justicie fecistis, et facere non veremini, graviter attemptando; videlicet apud Tainquex, in jardino domus que quondam fuit domini Haberici de Buissiaco, juxta ripariam Vidule, et in parvisio remensi, in fenestra Balduini Boulengarii, dicti Boivin, juxta domum quam inhabitare solent canonici remenses archidiaconi, quamvis pendere lites, et manum domini regis sciretis, seu scire deberetis, positam in locis predictis.

[XIII.] *Item*, ex eo quod, licet in dominio seu jurisdictione temporalibus nostris, vos, vel officiales vestri, nullam jurisdictionem habeatis temporalem, nec exercicium signorum et explectamentorum ejusdem, nichilominus officiales vestri, procuratores clericos et apparitores quosdam curie vestre miserunt, ad domum Ameline dicte quondam la Picarde, sitam in vico de Coursalano remensi, existentem in illam partem que est in trefundo, jurisdictione et dominio temporalibus solum et in solidum nostris, de quibus nos ibidem in saisina pacifica fuimus, et sumus; qui, procuratores, clerici, et apparitores, dictam domum indebite, violenter intraverunt, contra voluntatem nostram, executorum, et heredum Ameline predicte, ponentes ibidem de facto saisinas et custodes, ac scrinia sigillantes in dicta terra nostra, saisinasque et gardiam positas ex parte nostra in dicta domo, et sigilla de mandato nostro scriniis et archis apposita, ut custodiretur justicia nostra temporalis, quam habemus ibidem, et ne bona consummerentur, vel rapina committeretur in eisdem, [amoventes?], nos indebite turbando et impediendo, manum eciam regiam per Petrum gardiatorem nostrum, ex parte regis deputatum, justicia[m] et explecta nostra confortando, solemniter adjectam, infringendo, spretis inhibicionibus et preceptis ejusdem gardiatoris, dictis in [hoc?] loco procuratoribus, clericis, et apparitoribus factis, ne aliquid contra nos, jurisdictionem temporalem, et explectamenta nostra, quomodolibet attemptarent, et quod ab hinc, maxime cum ipsi, et curia archidiaconi remensis, essent ad prevencionem execucionis dicte Ameline pertinaciter discordes, et ea que ad ecclesiasticum forum pertinebant jam fecissent, exirent indilate, sigilla nostra scriniis apposita ruperunt, amoverunt, et projecerunt ad terram, et sua ibidem posuerunt, et nisi fuerunt ibidem remanere, nobis invitis, jurisdictionem et gardias ac saisinas nostras impedientes multipliciter, et turbantes, in prejudicium nostre jurisdictionis temporalis, et manus ac gardie regiarum contemptum; quamvis eisdem pluries et amicabiliter obtulerimus, in hiis que ad forum pertinent ecclesiasticum, ipsos juvare, et, cum essent in concordia dicte prevencionis, illi cui competeret, et pro inventario faciendo juxta morem, annuere, auxiliari, et consulere, ad opus omnium quorum interesset; sed saisinas, et custodes ibi facere residentes et manentes, pati nolebamus, cum talia sint explectamenta jurisdictionis temporalis, et non ecclesiastice, et realitatem pocius quam personalitatem concernant; et quia dictus gardiator manum et gardiam domini regis ibidem posuerat nostras adjuvando, debite suum officium exercens, Drouetum majorem terre S. Martini, Imerraudum et Collossonium dictum Chiennet, servitores nostros, quos in dicta domo miseramus, ad finem predictum, officiales vestri coram se citari de facto fecerunt, nitentes eos punire pro premissis, licet in nullo deliquissent, per hoc indirecte jurisdictionem nostram temporalem subvertere satagentes, non memores quod semper, et continue, protestati fuimus, et in firma voluntate prestiterimus (*sic*), jurisdictionem ecclesiasticam, sive spiritualem, nullatenus impedire velle, sed eas conservare reverenter.

[xiv.] *Item,* ex eo quod, licet in domo quam vir nobilis et discretus dominus Aymo de Sabaudia, canonicus et archidiaconus remensis inhabitabat, et per suam familiam inhabitari faciebat, nos omnimodam jurisdictionem temporalem, ecclesiasticam, et spiritualem, habe[a]mus, et vos, officiales, et ministeriales vestri, omnino nullam, simusque et fuerimus in saisina et possessione, vel quasi, pacificis, eandem jurisdictionem, vacante archidiaconatu, soli et in solidum ibidem exercendi, nuper a nobis audito, quod idem dominus Aymo miliciam secularem assumpserat, et sevis se immiscuerat, sua beneficia propter hoc abdicando, Hugonem de Feritate Milonis, clericum, et pro clerico notorie se habentem, et reputatum, ac Herbessonum dictum Froidet, de vestribus [*sic,* vestibus?] nostris, [clericum et?] servientem nostros, ad dictam domum misissemus, et deputassemus eos ibidem, pro jurisdictione nostra et bonis dicte domus conservandis, inventario et reliquis per nos consuetis, faciendis, et in eadem domo remanerent pro premissis; nichilominus sigillifer, registrarius, nonnulli procuratores et apparitores curie vestre, quibus jam sigillum et registra, ad jurisdictionem dicti archidiaconi ad nos [*sic,* vos?] devolutam pertinencia, jam fuerant pacifice et quiete tradita et deliberata, una cum pluribus suis complicibus, ad dictam domum accesserunt, et hostium dicte domus cum impetu effregerunt, et eam violenter intraverunt, ac plura bona mobilia de domo asportaverunt, preter et contra voluntatem nostram, et deputatorum a nobis; et hiis non contenti, dictum clericum et servientem deputatos a nobis, ut dictum est, in nullo delinquentes, ceperunt, et manus violentas in eos injecerunt, ac de dicta domo per vim et violenciam, cum verbis contumeliosis, turpibus et minatoriis, eos propulsando et percuciendo, extraxerunt, et crudeliter pertractarunt, ac ipsos verberando in carcerem vestrum incluserunt; nec eos, officiales vestri, et ipsi, super hoc ex parte nostra pluries et instanter requisiti, liberare voluerunt, nisi primitus, post magna temporis spacia, caucione juratoria a dicto Hugone clerico prestita, de stando juri ubi deberet, et a dicto serviente fidejussoria, de revertendo in carcerem, in adventum vestrum Remis; qui serviens, tunc infirmus, fuit male pertractatus, et lesus fere usque ad mortem, et nunc, sicut promiserat, in carcerem vestrum est reversus, in quo diucius eum detinuistis, et adhuc detinetis, in nostrum et ecclesie nostre et injuriam offensam; cujus liberacionem, ex parte nostra competenter requisiti, vos, officiales vestri, et ministeriales, denegastis et denegatis, licet frequenter et continue se nostrum servientem et de nobis advoaverit; ex quibus, contra libertates, immunitates et consuetudines ecclesie nostre, et contra juramentum vestrum, ac pro capcione, manuum injectione, et detencione dicti clerici, officiales et ministeriales vestros non est dubium attemptasse, et ipsos in sentenciam canonis incidisse.

[xv.] *Item*, ex eo quod,.... officiales vestri remenses, coram se citari de facto fecerunt, plures francos servientes communes et proprios nostrum, videlicet Johannem Coquelet, draparium, communem nostrum, Johannem Cochelet, filium Heberti quondam dicti Cochelet, reverendi in Christo patris domini Gaucelini, [S. ?] Johannis Dei gracia cardinalis, Oyseletum aurifabrum, domini Guillelmi de Estanaye, canonicorum remensium, proprios servientes, ad reddendum racionem de quibusdam execucionibus coram ipsis officialibus, quamvis ipsi franci servientes supradicti parati sint, fuerint, et se offerant cum effectu, coram nobis, aut dominis suis predictis, veris eorum ordinariis, vel eorum commissariis, fidelem et plenam reddere racionem, et reliqua, de dictis execucionibus, ut tenentur.... Cumque vos, et ipsos [officiales], pluries et competenter requisiverimus, ut a talibus cessarent, et eos relaxaretis et dimiteretis in pace, cum nos, et eorum domini, parati simus et essemus, de ipsis facere justicie complementum, vos, et officiales vestri, premissa facere denegastis, et, nobis invitis, contra ipsos, iidem officiales processerunt, adeo quod, vi et metu processuum vestrorum officialium, Johannes Cochelet, et Oyseletus predicti, proprios dominos suos supradictos dimiserunt et reliquerunt, inviti, in nostrum et ecclesie sponse vestre libertatum, immunitatum et consuetudinum, injuriam, vituperium, dampnum, dedecus et gravamen.

[XVI.] *Item,* ex eo quod,.... officiales vestri, in domum Garineti de Dontriano, franci servientis domini Neapoleonis de Rommaignia, concanonici nostri, sarciri [*sic,* saisiri?] fecerunt, et mandaverunt, per suos apparitores, equos Johannis Ludovici de Courbonno, armigeri, ibidem hospitati, et preceperunt et injunxerunt dicto franco servienti, ne dictos equos liberaret; et quia eis ad libitum non paruit, ipsum coram se citaverunt, seu citari fecerunt, officiales predicti, et eum vexant et tenent in causa, de facto, nitentes indebite, propter hoc, eum punire, in injuriam, vituperium, [etc....]

[XVII.] *Item,* ex eo quod obligationes [*sic,* oblationes?] oblatas ad majus altare ecclesie nostre remensis, vobis ibidem missam celebrante pro deffunctis, et specialiter pro domino R. predecessore vestro, cappellani vestri, vobis sciente et ratificante, contra voluntatem nostram ceperunt, et secum asportaverunt, indebite et injuste, in prejudicium et gravamen ecclesie nostre, et specialiter fabrice, ad quam omnes oblaciones que fiunt et offeruntur in ecclesia, ubicumque, pertinent et pertinere debent, ut apparet et apparere potest, per quandam composicionem inter capitulum et A.[1], ecclesie nostre tunc thesaurarium, olim factam, sciente et approbante et confirmante Alberico tunc remensi archiepiscopo, prohibente insuper, sub interminacione anathematis, ne quis contra confirmacionem suam ausu temerario audeat venire; que eciam composicio per tituli S. Stephani in Celiomonte presbiterum cardina-

[1] Voir *Archiv. admin.*, I, 495.

lem, tunc apostolice sedis legatum, sub eadem pena extitit confirmata[1] ; quas oblaciones, sic indebite et injuste, per cappellanos vestros captas et asportatas, vos, et ipsi, sufficienter requisiti, nobis ad opus dicte fabrice restituere non curastis, sed recusastis, et adhuc recusatis, in prejudicium et gravamen ecclesie et fabrice, ut est dictum.

[XVIII.] *Item*, ex eo quod tabulam in qua scribuntur servitores ecclesie, quilibet in ordine suo, pro legendo et cantando, quam, ut apparet per litteram Ivelli predecessoris vestri, tenemini per canonicum facere, et, pro qua facienda, predecessores vestri soliti sunt, quolibet anno, dormentario nostro centum solidos solvere, seu solvi facere, per suos receptores, vos, et receptor vester, super hoc sufficienter requisiti,.... facere, et predictam pecunie summam, ex causa predicta solvere, recusastis, et adhuc recusatis, in nostrum et ecclesie nostre prejudicium et gravamen.

[XIX.] Insuper, pater reverende, licet jura, et ratio naturalis, dictant gravantem, ledentem, aut dampnificantem alium injuste, dampna et interesse restituere, lesionemque et injuriam emendare, debere, vos autem, et ministeriales vestri, in casibus pluribus suprascriptis, nobis et ecclesie nostre dampna, lesiones, et injurias, ac gravamina, nobis, ecclesie nostre, nostris clericis, burgensibus, servientibus et mansionariis intulistis, indebite et injuste, ac requisiti pluries ea emendare, et ad statum debitum reducere, licet esset et sit notorium, et sciretis vos ad id teneri, diucius distulistis et adhuc differtis.

Propter que, dampna et expensas magnas incurrimus, et fecimus, longis et diversis temporibus, de quibus dampnis et expensis nobis satisfacere, et illatas lesiones et injurias emendari nobis facere, non curatis, nec curastis, pluries legitime requisiti, pretendentes minus racionabiliter ad hoc faciendum minime vos teneri, quamvis [bone?] recordacionis dominus Guillelmus, quondam predecessor vester, remensis archiepiscopus, ac sancte romane ecclesie cardinalis, sexaginta libras annui redditus nobis, pro dampnis et emendacione factis contra nos et jura nostra, et libertates nostre ecclesie, tradiderit in perpetuum possidendas, et cum per concessiones et declaraciones inter nos

[1] Cette confirmation se trouve cart E du chap. fol. 21.

et predecessores nostros [*sic*, vestros?], remenses archiepiscopos, habitas et factas, quas plene novistis factas ab aliis, in dampnum et injuriam ecclesie ac nostrum, teneamini ad honorem ecclesie facere emendari, quam cito fueritis requisiti, multo forcius facta vestra, et ministerialium vestrorum, que cedunt ad dampnum et injuriam nostre ecclesie, atque nostrum; de quibus, et pro quibus omnibus, et singulis, necnon et omnibus aliis contentis in articulis supradictis, juste et racionabiliter, non sine cordis amaritudine, conquerimur de vobis, ministerialibus, et subditis vestris predictis; vosque, cum instancia, humiliter, requirimus et rogamus, quatinus de hiis et super hiis omnibus et singulis supradictis, satisfaciatis nobis, seu satisfieri faciatis, et ea ad statum debitum reducatis, seu reduci faciatis, prout tenemini et racio suadet emendari, infra vicesimam diem instantis mensis januarii, alioquin nos, ex causis predictis sufficientibus, vel earum qualibet sufficienti quoad hec, de premissis veris, justis, racionabilibus, notoriis, ac eciam manifestis, nobisque et ecclesie nostre prejudicialibus non modicum, et dampnosis, ad forum ecclesiasticum, et cognicionem sedis apostolice pertinentibus dumtaxat, et non de pertinentibus ad forum secularem (*sic*), pro temporalitate nostra, quam ab illustri et excellentissimo domino nostro domino rege Francie, superiore et gardiatore nostro, tenemus, contra vos, ex tunc, deliberacione inter nos propter hoc convocatos habita, cessare intendimus, et cessabimus a divinis, prout, si, et quando, nobis videbitur expedire, et nobis licet, virtute privilegiorum et consuetudinum ecclesie nostre, et ex concessionibus predecessorum vestrorum, ac sentenciis et declaracionibus super hiis habitis; et cessacionem eandem aggravabimus, si, et quando videbimus expedire, quousque dampna predicta restituta fuerint nobis, clericis, servientibus, et mansionariis predictis nostris, et injurie et gravamina nobis et ecclesie emendata; protestantes quod de predictis causis, pertinentibus ad forum secularem (*sic*) temporalitatem nostram realem concernentibus, vos, et ministeriales vestros, nostros injuriatores, coram illustri et excellentissimo rege domino nostro predicto, prosequemur, et prosequi volumus, ut debemus. De aliis vero ecclesiasticum forum, et spiritualitatem et personalitatem tangentibus, coram sanctissimo patre ac domino sancte romane

20 janvier 1326.

ac universalis ecclesie summo pontifice, vos intendimus prosequi, et pro hiis, seu earum qualibet, [quo]ad hec sufficienti, cessare dumtaxat, ut dictum est; et ne vos, aut ministerialium vestrorum aliquis, contra nos, subditos nostros, aut status nostrorum seu nostrorum aliquem, vel contra cessacionem ipsam, aut contra privilegia, concessiones, libertates, immunitates, confessiones, composiciones, intercursus, consuetudines, transactiones, sentencias, declaraciones, et statuta ejusdem ecclesie, aliquid per vos, seu alios, attemptetis, pro nobis, et nobis adherentibus in hac parte, in hiis scriptis, ad sedem apostolicam provocamus et appellamus, et apostolos tales quales, si, et prout peti debent, non alias, petimus instanter, instancius, instantissime, statum nostrum, et ecclesie nostre ipsasque libertates, privilegia, et consuetudines, composiciones, transactiones, declaraciones, sentencias et jura, subditos nostros, bona eorumdem, et nostrum cujuslibet, protectioni dicte sedis apostolice supponentes. In cujus rei testimonium, sigillum nostrum presentibus litteris duximus apponendum. Datum anno Domini millesimo ccc° vicesimo quinto, die lune post festum B. Luce evangeliste.

CCCXX.

21 novembre 1325.

Dies appassamenti archiepiscopo remensi, ad resumendum arramenta Roberti quondam archiepiscopi, assignata.

Archiv. du Roy. sect. jud. Accords, reg. 1er, fol. 253 r°.

Archiepiscopus[1] remensis habet diem appassamenti, ad diem ballivie viromandensis, futuri proximi parlamenti, ad resumendum arramenta in curia nostra pendencia, inter defunctum Robertum quondam remensem archiepiscopum, ac ejus predecessorem, ex una parte, et scabinos remenses banni dicti archiepiscopi, ex altera; in causis de quibus conquerebantur scabini predicti, et ad procedendum ulterius, ut jus erit. Datum xx^a 1^a die novembris, anno Domini m° ccc° xx° v°.

CCCXXI.

26 novembre 1325.

Arbitrage d'échevins.

Livre Rouge de l'Échev., p. 134.

[1] Au même fol. du même registre, se trouve une note semblable à celle que nous reproduisons ici, mais relative aux différends de l'archevêque et du chapitre.

DE LA VILLE DE REIMS.

Comme descorde fut entre Guy Leurier de Reins d'une part, et Franquet la Barbe son genre d'autre part, seur ce que Guy Leurier voloit baillier audit Franquet son genre, en payement de son mariaige, une grange que il avoit à Reins, en Marchiet-as-Chevaus, à roye de la maison Evrart et Briart qui furent enfent la Gaiteresse d'une part, et la grange Perrart Cauchon dit le Hiraut d'autre part, pour ccc l. parisis, et lidis Franqués ne la voloit mie panre pour tant, et disoit que elle ne les valoit mie; pour bien de pais seur ce vinrent Jehans Coquelés li drapiers, et Hue la Barbe le mardi devant la Saint-Martin, en l'an M CCC XXV, en la loge des eschevins, et aportèrent asdis eschevins que li devans dis Guis et Franqués avoyent acordeit que la grange seroit prisie par eschevins, et que lidis Guys la bailleroit audit Franquet pour la prisie que lidit eschevin en feroyent, et lidis Franqués la panroit aussi; et seur ce lidis eschevins scèrent et enquirent par ouvrier, et par bonne gens, que ladite grange pooit valoir. Veust, sceust et considéreit tout ce qui à bonne et juste prisie faire les pooit movoir, il appellèrent les devans dis Jehan et Hue, le mardi après la Saint-Clément, en l'an dessusdit, en leur loge, et leur fu demandé par la vois Pierre de Villedomenge, par les eschevins, si voloyent oïr la prisie de ladite grange, et se y la feroyent tenir audit Guy et Franquet en la manière qu'il est deseur dit. Et il respondirent qui la voloyent bien oïr, et leur feroyent tenir ce qui fait et dit en ceroit par lesdis eschevins.

Et seur ce il fu dit par la vois Pierre de Villedomenge, veust, considéreit et regardé tout ce qui à juste prisie et bonne faire les pooit movoir, que ladite grange valoit ccc livres de tournois, en payement de mariaige; et que parmi tant en avoyent acordé et faite la prisie si compangnons les eschevins de Reins. Et à ce furent présent Jehans Quarrez, Jehans Guepins, Wede la Latte, Thomas de Rohais, Remy de Rohais, Thiébaus Hurtaus, Henris de Merfaut, et Jehans Coquelés la Pinte, eschevins de Reins.

CCCXXII.

C'est li cohiers de la taille de la paroche Saint-Hilaire, qui fu 1325.

prononcié l'an mil trois cent et vint et sinc; et monta VII^c XLVIII ℔ XV s., et fu levée par W. Chevalier, tailleur [1].

<small>Tailles de l'Échev., vol. II, cah. 6.</small>

C'EST li cohiers de la taille de la parroche Saint-Pierre-le-Viex, qui fu faite l'an M. CCC XXV; et monta ladite taille de la parroche VII^c LXIX ℔ et XV s.; receue par R. La Coque [2].

<small>Tailles de l'Échev., vol. II, cah. 10.</small>

C'EST li quaiers de la perroce Saint-Jaque, de l'an M. CCC et XXV, qui monta IIII cens XXXVI ℔ VII s.; receu par Roart le cordewanier [3].

<small>Tailles de l'Échev., vol. II, cah. 11.</small>

C'EST li cohiers de la taille de la perroche Saint-Simphorien, qui fu faite l'an M. CCC et XXV; et monte v^c LXIII ℔ VI s.; receue par E. as Grenons [4].

<small>Tailles de l'Échev., vol. II, cah. 12.</small>

C'EST li quaiers de la perroce Saint-Estène et Saint-Maurice, l'an.... M. CCC et XXV; et monta la taille de ladicte perroce CC LXIX ℔ III s.; receue par J. Froument [5].

<small>Tailles de l'Échev., vol. II, cah. 13.</small>

C'EST li quaiers de la perroce Saint-Denise, de la taille, l'an M. CCC XXV; receue par R. le Jai, qui monte VIII^{XX} X ℔ et XII s. [6]

<small>Tailles de l'Échev., vol. II, cah. 14.</small>

CCCXXIII.

<small>16 février 1326.</small> UN arrest.... sus et pour cause du fait de Robert Ingrant, [renvoyé à la cour de l'archevêque.]

<small>Livre Blanc de l'Échev., fol. 49. — Archiv. du Roy., sect. jud. Jugés, reg. 1er, fol. 443 r°.</small>

<small>
[1] Total des cotes, 542.
[2] Total des cotes, 474.
[3] Total des cotes, 203.
[4] Total des cotes, 369.
[5] Total des cotes, 459.
[6] Total des cotes, 196.
</small>

DE LA VILLE DE REIMS.

Cum baillivus noster viromandensis, de mandato nostro, ad instanciam procuratoris nostri, contra Robertum Ingrant, civem remensem, quandam fecisset inquestam, super eo videlicet, quod nobis fuerat intimatum, quod idem Robertus Ingrant, contra sentenciam certorum arbitrorum veniens, pacemque frangens, inter ipsum et Robertum Erart, super certa discordia per dictos arbitros impositam et injunctam, ac plures ejus complices in hac parte, in dictum Robertum Erart, in itinere publico, in civitate remensi, pensatis insidiis, more hostili, cum armis prohibitis et patentibus, irruissent, et viliter verberassent, ipsumque interfecissent, nisi supervenisset gencium multitudo, que eos voluntatem suam facere non permisit, dictamque inquestam, cum predictis, ad certam diem, de mandato nostro, curie nostre judicandam, remisisset; quibus in nostra curia constitutis, procurator dicti Roberti Ingrant, necnon custos noster temporalitatis archiepiscopi remensis, tunc jure regali in manu nostra existentis, plures raciones et facta ad finem declinatoriam, et remissionem curie, proposuerunt; inter que curia nostra dictos Robertum et custodem, ad finem predictum, recepit ad probandum quod fratres et amici dicti Roberti Ingrant, absentis, ballivusque dicti archiepiscopi, et scabini remenses, coram dicto commissario proposuerant, quod dictus Robertus Ingrant, erat in processu super dicto facto, in curia dicti archiepiscopi, cujus erat subditus et burgensis. Quare requirebant dicte cause curiam et cognicionem dicto archiepiscopo remanere debere, et dictum commissarium cessare debere inquirendi super facto predicto : quapropter certo commissario dedimus in mandatis, ut super dicto facto, pro parte Roberti Ingrant, et archiepiscopi, veritatem inquireret, et curie nostre refferret. Facta igitur per dictum commissarium inquesta predicta, et, auditis partibus, ad judicandum recepta, una cum inquesta super facto principali, et eciam quibusdam racionibus et litteris per partes ipsas, ad finem memorie duntaxat, traditis, visis et diligenter inspectis processibus, litteris, et racionibus predictis; quia per ultimam inquestam repertum est, per partem dictorum Roberti, et archiepiscopi, proposita, sufficienter fore probata; *item*, quia, per processum super facto principali factum, non est repertum armorum portacionem, ut proponebatur, probatam fuisse, curia nostra, per suum judicium, dicti facti cognicionem, ad examen dicti archiepiscopi judicis, remisit. Datum decima quinta die februarii, anno Domini millesimo trecentesimo vicesimo quinto.

CCCXXIV.

28 mars 1326, ou 27 mars 1327.

PRÉSENTATION faite par les échevins, à l'archevêque, d'un chapelain pour Saint-Ladre-aux-Femmes.

Livre Rouge de l'Échev., p. 117.

A révérent père et signeur en Dieu, monsigneur Guillaume, par la grâce de Dieu arcevesque de Reins, li eschevin de votre ban de Reins, deue révérence et honneur. A la chappellerie de Saint-Ladre-as-Femmes de Reins, vacant par la mort de Monseigneur Jehan, jadis chappelain de ycelle chapelerie, de laquelle chappellerie la présentations appartient à nous anciennement et loyaulment, Renaut dit Fremeri, de Reins, clerc escolier, nous présentons à votre révérent paterniteit, et vous supplions que ladite chappellerie, avecques toutes ses droitures et appertenances vous weilliés donner audit Renaut, et faire mestre en possession corporelle ledit Renaut, ou son procureur pour luy, et en non de luy, de ladite chappellerie, à toutes sollempnitez requises en tel cas. Donné sus nostre seel, l'an de grâce mil trois cens vint et sis, le venredi après la feste Nostre-Dame en mars.

[N. B.] *Item*, après la mort dudit Renaut, li eschevins qui estoient l'an M. CCC LXI, la donnèrent ainsis que il est escript ci après : [etc....]

CCCXXV.

11 avril 1326

SILVANECTENSE concilium, præside G. de Bria remensi archiepiscopo.

Cart. E du chap., fol. 71 v°. — Labbe, Concil. XI, 1768.

CCCXXVI.

23 avril 1326.

COMMISSION pour informer contre les bourgeois qui s'estoient retirés du ban de l'archevesque, afin de s'exempter des frais de retirer la terre [portée dans la cathédrale lors du sacre, pour en préserver le pavé].

Invent. de 1691, p. 79.

CCCXXVII.

ENQUÊTE faite pardevant Jean de Hubant et Jean Malet, commissaires députés par le parlement dans le procès qui s'était élevé entre les habitants du ban de l'archevêque, et ceux du ban Saint-Remi, à l'occasion des frais de la guerre soutenue contre les frères de Briaingne[1].

14 juillet 1326.

---

[1] Nous n'avons pu retrouver ni la commission qui a précédé cette enquête, ni l'enquête elle-même; mais les archives de l'hôtel-de-ville nous ont fourni quelques-uns des actes intermédiaires, accomplis en vertu de la commission, et dressés pour éclairer l'enquête. Les motifs qui nous ont porté à publier les factums relatifs au procès de Grammaire et de Huet Munier (voir plus haut, l'acte du 17 août 1523), nous déterminent à donner ici des extraits assez étendus de ceux qui se rapportent au procès des échevins contre les habitants de Saint-Remi, et qui font connaître les relations qu'avaient entre eux, avant la révolution de 1359, les différents bans de la cité*.

I. FACTUMS RELATIFS A LA VALIDITÉ DE LA PROCURATION DES ÉCHEVINS DE REIMS.

[§ 1.] *Les raisons proposées de par le procureur des habitants du ban Saint-Remy de Reins, contre la procuration des eschevins de Reins, à fin qu'il ne sont mie souffisanment fondé par leur procuration.*

« Pardevant vous, signeur commissaire, à ceste fin qui soit dit, et à droit, par nos signeurs tenant le parlement, les habitans dou ban Monsigneur l'arcevesque de Reins non estre souffisanment fondez de procuration pour aler avant, en l'audition et la cause meute entre lesdis habitans dou ban Saint-Remy d'une part, et ciaus dou ban l'arcevesque, d'autre part; et que, par le deffaut de ce, que cil dou ban l'arcevesque soyent contumax, et mis en deffaut, et que, par ycelui deffaut, il perdent le pourfit de ladite commission, et que il soyent cheust de leurs pruèves dou tout, ou de tant comme raisons vaura; et que cil dou ban Saint-Remy ayent tout le profit de ladite commission et audition, pour tant comme raisons donra; et que vous, signeurs auditeurs, au profit desdis dessous l'arcevesque ne procédés en riens; et se en aucune chose vous le faites, qu'il ne porte profit à yaus, ne préjudice aucun à ciaus dou ban Saint-Remy : — dit et propose li procurères dou ban Saint-Remy, à la fin dessusdite, les choses qui s'ensivent.

« *Premiers*, dit lidis procurères qu'il appert, et puet apparoir clèrement, que la demande que on fait, et a faite, à ciaus dou ban Saint-Remy, elle touche et puet touchier tous les habitans demourans dessous l'arcevesque et ainsis de droit, de raison, et coustume, il convient que il ayent personne fondée souffissamment pour déduire et mener à fin ladite cause; ou ce cenon ladite demande, ou demande[s], doyent cesser, comme cilz qui ne sont fondez pour procéder en ladite cause. *Item*, lidis habitans demourans dessous l'arcevesque se vuellent fonder, et fondent, par une procuration qui dit : « A tous ceus, li eschevins de Reins, salut : Saichent tuit que nous avons fait *tels* procurères, etc. » Or, dit lidiz procurères que telle procuration ne vaut, ne ne doit valoir, de droit, de raison et de coustume, pour ce que se li esche-

---

* Voir aussi les actes du 29 juillet 1311, du 24 août 1311, d'août 1311, du 10 mai 1315, du 6 décembre 1316, du 20 novembre 1321, du 7 janvier 1329.

CCCXXVIII.

15 juillet 1326.

Commission au bailli de Vermandois pour faire récréance du corps d'une femme réputée suicide, dont l'archevêque avait saisi les biens.

Archiv. de l'Hôtel-de-Ville, renseign.

vin de Reins, en leur non, et comme eschevin, voloyent plaidier en non de tous les habitans demourans en ban doudit arcevesque, il, pour cause de leur eschevinaige, ne seroyent pas receu en jugement, se il n'avoyent autre pooir, ne autre puissanse que de l'eschevinaige; mais convenroit, en cas où il vauroyent plaidier la cause, ou les causes, dou commun, qu'il eussent auctorité et pooir dou faire par procuration faite souffissanment et seellée de seel autentique, et d'autre seel que dou seel de l'eschevinaige : or, dit lidis procurères, que dès que lidit eschevin ne seroyent pas receu par leur eschevinaige, par plus grant raison, cil qui ne sont fondé que des eschevins ne doyent estre receu, ne ne font à recevoir pour le commun; et mesmement comme il ne sont en riens tesmoingnié par escripture, ne par seel, que y-cil qui se vuellent dire procureur pour le ban l'arcevesque, soyent fondé, ne establi procureur, dou consentement des habitans, ou de la plus sainne partie.

« .... Item, autrefois se sont efforcié lidit eschevin, afin que, par leur procuration, ou sous establi, il fussent receu à plaidier les causes dou commun dou ban l'arcevesque, de quoy il ont esté débouté, et non receu; ains convenoit que on meist le commun ensemble, pour accorder et faire procuration, ou donner octroy que se li eschevins avoyent ordené, le peussent faire ; et ainsis il n'estoyent mie fondez des eschevins tant seulement, mais dou commun avec les eschevins..... Item, se aucun avoyent receu lesdis eschevins, ou leur procureur, ce seroit et aueroit esté de volenté, et non pas qu'il y fussent estraint, se il ne vaussissent; laquelle chose ne doit grever asdis de Saint-Remy, qui ne les vuellent pas recevoir. Item,

se lidit eschevin, ou leur procurères, dyent que il appert par les articles, qu'il ont esté receu à plaidier la cause pardevant nos signeurs dou parlement, pour euls, et pour ceus de leur ban, par semblable procuration ; dit li procurères doudit ban Saint-Remy, que non : ains ont baillié devers la court procuration faisant mention de tous, ou de la plus sainne partie de leur ban. Et se telle l'avoyent baillié comme il maintiennent, ce n'est-il pour ce, que à temps ne vaingnent à la débattre, pour l'inconvénient qui s'en porroit ensuir en la fin de la cause; liquels est tels, que se lidit eschevin demouroyent condempné par sentence diffinitive, li demourant et habitant en leurdit ban porroyent dire que riens n'aroyent perdu, comme on n'eust eu d'iaus pooir, ne procuration, ne ne se fussent fondé en procès avec lesdis eschevins; et ainsis porroyent la cause relever. Et comme généralement ceste cause leur touche, au profit et au damaige, avec lesdis eschevins, si comme il appert par les articles, pour quoy sens euls ne pueent procéder, dit lidis procurères desdis habitans doudit ban Saint-Remy, que receu ne doyent estre pour euls, se il n'ont pooir et auctorité d'iaus. .... Item, de droit, et de raison, toutes fois qui puet apparoir au juge, en quelconques partie de procès, que il est ou seroit défectis, si, comme en cas présent, y loit au juge, et faire le doit, à cesser sens plus procéder, jusques à tant que il soit si seurement fondez, que la sentence puisse et doye panre fin certainne, pour estre mise à exéqution, en temps deu et convenable; laquelle chose, sens faire ce que dit est, ne porroit estre faite, se contredire la voloit partie.

« Seur les raisons deseur proposées, qui sont de droit, requiert li procurères desdis

Karolus Dei gratia Francorum et Navarre rex, baillivo viromandensi, aut ejus locum tenenti, salutem. Scabinorum civitatis et ville habitans doudit ban Saint-Remy, droit. Et des raisons qui sont de fait, se li procurères desdis eschevins doudit ban l'arcevesque en nie aucunes, il en offre à faire savoir qui souffira à s'entencion …

juillet « Baillié par la main des commissaires au procureur des eschevins, livrés le lundi velle de la Division des Apostres*; et audit jour baillié à nous, dessusdis commissaires, dou consentement des parties. »

[§. II.] *Les raisons proposées de par le procureur des eschevins de Reins, contre les habitans dou ban Saint-Remy, à fin que li eschevin de Reins seroient bien fondés par la procuration seellée de leur seel.*

« Afin que li fait et les raisons proposées contre la procuration des eschevins de Reins, et la teneur d'icelle, mise pardevers vous, honnorables personnes, et commissaires députés de par le roi nosire, maistre Jehan de Huban, et Jehan Malet, clers d'icelui seigneur, de par les habitans dou ban Seint-Remi de Reins, ne vaillent, ne ne soient reçutes en la menière que lidit habitant dou ban Saint-Remy les ont bailliés et mises pardevers vous, seigneurs commissaires ; ne le devez recevoir ; et en cas là où elles seront reçutes, il soit dit, et par droit, par nos seigneurs de la court, ladicte procuration estre bonne et souffisant, pour les eschevins dessusdis, et pour les habitans de leur eschevinage, et le procès fait devant vous, par la vertu de ladicte procuration estre bon, et justement fait, contre les diz habitans dou ban Seint-Remy : — dit et propose, et entent à prouver li procurères desdiz eschevins de Reins, les faiz et les raisons qui s'ensivent, en faisant protestation au contraire as protestacions des habitans dou ban Saint-Remy.

« *Premièrement*, dit lidis procurères des eschevins de Reins que…. lidit eschevin de Reins sont en saisine et en possession…. de faire telles procurations, de seeller de tel seel, toutes les fois que il en ont besoing, pour eaus, et pour les habitans de l'eschevinage. *Item*, que lesdictes procurations ainsis faites,…. sont et ont esté reçutes en toutes cours quelconques où besoins a esté. *Item*, que se on a débatu aucune foiz lesdictes procurations, ou par la teneur d'ycelles, ou pour le seel de leur eschevinage, elles ont esté approuvées en jugement. *Item*, dit…. que ladicte procuration einssis faite, est bonne et souffisans, et doit estre, quar il ont collége, arche, et seel apprové notoirement en toutes cours là où il ont eu à faire, tant en non d'yaus, comme eschevins, et pour les habitans de leur eschevinage, comme en personnes singulères qui avoient besoing de faire procurations souz le seel doudit eschevinage. *Item*, dit…. que à tort, et senz cause, débatent li habitant doudit ban Saint-Remy la procuration mise pardevers vous, seigneur auditeur, quar il ont

---

* La veille de la division des apôtres ne peut tomber un lundi que dans les années qui ont comme lettres dominicales E, ou FE pour les bissextiles. Or, depuis l'an 1311, époque où a commencé le procès relatif aux frais de la guerre des frères de Briaigne, jusqu'en 1330, époque où il est terminé, les années 1315, 1320 et 1326, sont les seules auxquelles conviennent les lettres dominicales que nous venons d'indiquer. Notre factum ne peut appartenir à l'an 1315, puisque le 6 décembre 1316 la cour de parlement prononce qu'elle retiendra l'affaire, et que les parties feront leurs faits, ce qui indique que les commissaires chargés de dresser une enquête à ce sujet, commissaires auxquels s'adresse le factum, n'étaient pas encore nommés. Ils n'ont pu l'être, ou du moins n'ont pu s'acquitter de leur mission en 1320, époque où la cause était abandonnée, comme le prouve l'acte du 20 novembre 1321. Il ne reste donc que l'an 1326 auquel on puisse rapporter notre factum, ce qui d'ailleurs s'accorde fort bien avec la date du jugement définitif, prononcé le 7 janvier 1329, dix-huit mois après l'époque où la procuration des échevins, attaquée devant les commissaires, indique que le procès commence à être débattu d'une manière sérieuse.

remensis querellam accepimus, quod cum Emelina dicta la Baironne, burgensis remensis, gravi infirmitate detenta, mulier bone fame, in

approvée en plain parlement, en telle teneur, et seellée de tel seel, senz contredire, et espéciauement en ceste cause de quoy vous estes commissaire, si comme de plaidier en ladite cause contre le procureur desdiz eschevins de Reins, de faire litizcontestacions, de faire responses, et articles sus lesquels vous estes venu enquerre vérité, et sens contredire, ne riens proposer contre ladicte procuration. *Item*, dit.... que.... mais ne le pevent reprouver pardevant vous, seigneur commissaire, qui n'estes que référendaire, et cil dou parlement estoient jugeoir, et juge ordinaire, devant lesquels, avant que il feissent procès, cil dou ban Saint-Remy contre lesdiz eschevins le deussent avoir proposé....

« *Item*, dit.... que ce ne vaut, ce que lidit habitant dou ban Saint-Remy proposent, que se il avoient gaingné...., li habitant doudit eschevinage porroient redemander ladicte cause et revenir à estat; et que ce qui est fait contre autruy, ne doit grèver à autre, ne tourner à préjudice; et que li juges doit touzjours faire en touz les membres de la cause que les parties soient fondées souffisamment, et que touzjours vient-on à temps dou requerre, et que ce li eschevin de Reins avoient affaire, comme eschevin, que il ne seroient mie receu par leur procuration seellée de leur seel. — Respont li procurères desdiz eschevins, que ce ne fait à recevoir, ne ne vaut, par pluseurs raisons. *Premièrement*, dit le procurères des eschevins de Reins que ce que il font et feroient pour yaus, et pour les habitans de leur eschevinage, est, sera, et doit estre, ferme et estable, senz contredit; quar il représentent les personnes de tout l'eschevinage, tant par ce que il ont collége, arche commune, et seel qui représente et porte foy pour le commun, et les habitans de tout leur eschevinage, comme pour ce que pour yaus, et pour touz les habitans doudit eschevinage, il sont en saisine et en possession d'estre receu à plaidier en toutes cours. *Item*, que cil dou ban Saint-Remy ont receu le procureur desdiz eschevins en ceste cause.... *Item*, dit...., que puis que une partie est fondée par une procuration acceptée, et affirmée de partie, mais ne appartient au juge de requerre que ladicte partie se fonde autrement....

« *Item*, dit...., que ce ne vaut ce que li habitant dou ban Saint-Remy dient, que lidit eschevin ne seroient mie receu en leur cause, par leur procuracion, seellé de leur seel; quar li contraires appert clèrement, et est notoire chose dou contraire, en la court de France, et ailleurs.... *Item*, dit...., que les raisons que li procurères desdiz habitans dou ban Saint-Remy proposent contre la procuration desdiz eschevins de Rains, lesquelles il propose afin que lidit habitant soient absolz de la cause et dou procès fait contre yaus, ne font à recevoir; quar lesdites raisons qu'il propose, il les propose dilatoires, ou il les propose péremptoires; se il les propose dilatoires, elles ne font à recevoir par la coustume de court laye, notoire et approvée, et en parlement, et ailleurs, laquelle est telle, que toutes dilatoires se doient proposer avant que les péremptoires; et il appert clèrement que lidit habitant dou ban Saint-Remy ont plaidiet leur péremptoires, et fait litizcontestacion en la cause, si comme il appert par le procès et par les articles de la cause. *Item*, dit lidiz procurères desdiz eschevins, que par la coustume de court laye notoire et approvée, on ne varrie ne propose raisons dilatoires, que une seule foiz, et devant les péremptoires, si comme dessus est dit; et einsis quant il les propose maintenant, et après la litizcontestacion, et les raisons péremptoires, il n'y fait à recevoir. *Item*, dit...., que se il proposent lesdites raisons à fin de péremptoires, il n'y font à recevoir, par coustume de court laye notoire et approvée, laquelle coustume est tèle que on doit proposer toutes ses raisons péremptoires tout à une foiz; et einsis quant il appert clerement, par les articles sus ce faiz, que cil dou ban Saint-Remy proposè-

quendam puteum domus sue casualiter cecidisset, et inde extracta viva, postea confessa, et receptis devote ecclesiasticis sacramentis, ut rent leurs péremptoires, et firent litizcontestacion en parlement, mais ne font à recevoir dou proposer à la fin à laquelle il tendent. Pourquoy fait protestation li procureur desdiz eschevins de Reins [etc., etc....] Et ce qui est de fait, et dessus proposé, li procureur desdiz eschevins offre à faire savoir se besoins est, [etc., etc....] »

II. FACTUMS RELATIFS A LA VALIDITÉ DES TÉMOIGNAGES.

[§. 1.] *Reproches pour le procureur des eschevins de Reins, contre les tesmoings amenés par le procureur des habitans dou ban Saint-Remy de Reins.*

« Contre Pierre Prinet clerc as eschevins as habitans dou ban Saint-Remy, monseigneur Henri de Baume prévol de Senu, et dant Henri de Bourris, chastelain doudit ban, moinnes de Saint-Remy, tesmoins trais de par les eschevins et les habitans doudit ban, contre les eschevins de Reins, afin que leurs déposicions ne vaillent à la partie adverse, ne ne nuise asdis eschevins de Reins, ne à leur entencion, propose li procurères desdis eschevins de Reins les fais et les reproches qui s'ensièvent.

« *Premièrement*, que lidis Pierre Prinés, au temps que il jura et déposa en ceste cause, et pardevant grant temps, estoit et est clers pensionnaires asdis eschevins dou ban Saint-Remy, et as habitans de celui lieu. *Item*, que en ceste cause mesme, pour ses diz maistres il a esté consilliers, et a aidié à faire les fais, les escrips, et les raisons proposées contre lesdis eschevins de Reins, pour les habitans dou ban Saint-Remy. *Item*, li deus moinnes dessus dis ont juré et déposet en ceste cause, sens ce que il appert à ce faire, que il aissent eu congié, selonc ce que li droit le wet, de leur souverain abboit, ou privoul. *Item*, se li eschevins, et li habitans dou ban Saint-Remy avoient ou pooient avoir leur entencion par lesdis tesmoingnages, ou par autres, se seroit à grant pourfit de leur abbeie, si comme il appert en pluseurs articles des raisons proposées de par lesdis eschevins et habitans ; lequel pourfit lidis moinnes, pour raison de leur offices, espécialement lidis chastelains, ont et avoient quand il jurarent et déposarent en ceste cause, principalement à deffendre, et à pourchacier ; et ainsis à leur propre pourfit, et à leur entencion, ne doient leurs témoingnages valoir. *Item*, lidit moinne sont et ont esté, et estoient au temps de leurs dépositions, dou conseil et de l'aide, en toutes manières, pour les eschevins et habitans doudit ban Saint-Remy, et apparenment lidis chastelains leur quit et pourchasse à avoir conseil; à Paris, il mesme enfourma le conseil à proposer leurs fais, et leurs deffenses. *Item*, que les choses dessus dictes sont vraies, notoires, et manifestes, et les ont [li]dis tesmoingnages, et partie adverse, recognut souffisanment. Si requiert et supplie li procurères desdis eschevins de Reins, non contrastant, les dessus nommés tesmoingnages, et leurs dépositions, par vous nos signeurs tenens le parlement, estre pronuncit et aler avant en l'enqueste par lesdis eschevins de Reins, selonc ce que vous trouverés que il est provet, et que raisons sera contre partie adverse [etc., etc.]. »

[§. II] *Ce sont les responces faites par le procureur des eschevins de Reins, contre les reproches faites par le procureur des habitans dou ban Saint-Remy, contre les tesmoings amenés de par lesdis eschevins.*

« As raisons, et contre les raisons, proposées de par le procureur des habitans dou ban Saint-Remy de Reins, contre les tesmoins trais de par le procureur des eschevins dou ban l'arcevesque de Reins, dit, propose et respont li procurères desdis eschevins en la manière qui s'ensuit.

« *Premiers*, à ce que lidiz procurères des habitans dou ban Saint-Remy dit que Jehans Marchans, et maistres Raouls de Guignicourt, sont et ont esté dou conseil, de l'aide

dicitur, decessisset, ejusque amici vellent corpus ejus more solito facere tradi ecclesiastice sepulture, dilectus et fidelis noster archiepisco-

et dou confort desdis eschevins, et procureur en ceste cause, en toutez cours où on a plaidié ; dit et respont li procurères desdis eschevins, que ce n'est mie voirs, et se il avoient esté procureur, ou dou conseil desdis eschevins, ou li uns d'iaus, se que li procurères desdis eschevins ne recognoist mie, se n'aueroit mie esté en la cause de quoi on plaide entre lesdictez parties, à présens.... *Item*, à ce que lidis procurères des habitans dou ban Saint-Remy dit contre Gringoire de Chalons, et Symon Dauffart, tesmoins trais de par le procureur desdis eschevins, que lidit Gringoires et Symons ont esté généralement et notoirement dou conseil desdis eschevins, en ceste propre cause, à Laon, en parlement à Paris, et ailleurs, et lidis Symons procureur; dit et respont lidis procurères des eschevins, que se il estoit ainsis, se que il ne confesse mie, toutevoiez li procurères des habitans dou ban Saint-Remy, en ceste meisme cause, a fait jurer [iceulx?] et examiner pour luy, et pour les habitans doudit ban; et ainssis par droit et par raison, quant lidis procurères des habitans dou ban Saint-Remy a lesdis tesmoins approvez pour luy, en nom de procureur, et pour lesdis habitans, il ne les puet, ne les doit réprouver, euls amenez contre luy ; et doient dire li tesmoin la vérité pour l'une partie et pour l'autre. Et mest en ny lidis procurères des eschevins, que lidis Symons ait esté dou consel desdis eschevins, ou procureur, en la cause présente. *Item*, à ce que lidis procurères des habitans dou ban Saint-Remy [propose?] contre monseigneur Lion chaspelain de Nostre-Dame de Reins ; dit li procurères desdis eschevins que ce n'est mie voirs, et que lidis messires Lions est prestres, chaspelains perpétuez de l'église de Reins, de bon non et de bonne renommée, et telz personne à cui on doit avoir foi en son tesmoignage. *Item*, à ce que li procurères des habitans doudit ban Saint-Remy dit contre Jehan de Moret ; dit li procurères desdis eschevins, que se aucunes einquestes avoient esté faites contre prévos, et sergens, et contre ledit Jehan de Moret*, pour ce ne s'ensuit-il mie que ses tesmoignages ne vaille, et doie valoir ; jà soit ce que il ait esté prévos de Laon, ou sergens, et il en ait esté mis hors, pour ce ne seroit mie réprouvez ses tesmoignages. Et pluseurs bonnes gens, et vaillans gens, ont esté en service dou roy nosire, qui puis en ont esté mis hors, à cui on doit toute foi adjouster. Et se aucunes paroles, de aucuns fais, avoient courut contre ledit Jehan de Moret, au temps que il estoit prévos de Laon, ou que il estoit sergens de la baillie de Vermendois, pour ce ne seroit mie mauvais ses tesmoingnages. Et fort est de estre en tel office, que tuit se puissent loer de ceus qui i sont, et que on ne die pluseurs paroles contre euls. Et plus, il y a bien x ans, ou environ, que lidit Jehans de Moret s'est maintenus bien et honestement, et comme preudons, se onques devant avoit fait chose qui à faire ne fust, ce que li procurères desdis eschevins ne recognoit mie ; ains mest en ny, de habundant, les reproches qui sont proposées contre luy. *Item*, à ce que li procurères des habitans dou ban Saint-Remy dit, contre Huet de Bruges, Thoumas-la-Coque, Gérart Menissier et Thiébaut Corée, que lidit tesmoin sont dou ban l'arcevesque, et paient taille et que se li eschevinz avoient droit pour yaus en ceste cause, il y penroient profit; dit li procurères desdis eschevins, que il plaide comme procurères desdis eschevins, et pour la communauté dou ban l'arcevesque de Reins, dont lidit eschevin sont gouverneur et administreur ; et se il ont trait aucunes singulères personnes doudit ban l'arcevesqué à porter tesmoignage, pour le fait commun, leurs tesmoignages vaut et doit valoir, non contrestant les raisons proposées au contraire ; et majeurement vaut li tesmoin-

---

* Voyez le factum qui est joint à l'acte du 6 décembre 1316, et la note qui l'accompagne.

pus remensis, seu ejus ballivus, aut gentes, pretendentes ad ejus audientiam pervenisse, quod dicta Emelina se voluntarie in dictum

gnages Thoumas-la-Coque et Thiébaus Corée liquel tesmoin ont jureit et déposeit pour la partie desdis habitans de Saint-Remy, et les a trait et amenez li procurères des habitans dessusdis.... *Item*, à ce que lidis procurères des habitans dou ban Saint-Remy dit contre Colart-le-Bec, Rogier-le-Petit, Jehan-le-Nain, Jehan-le-Blanc et Jehan Cochelet, que il sont et ont esté dou consel, et procureurs desdis eschevins en ceste cause; dit li procurères desdis eschevins que il n'est mie ainssis; ains à ce que il dit que il sont bourgois et demourans en ban l'arcevesque, et taillable, dit li procurères desdis eschevins, car il n'est mie ainssis; car lidit Colars li Bez n'est mie bourgois dou ban l'arcevesque, ains est baillis à l'abbesse de Saint-Pierre-as-Nonnains, et ses justisables ; et Jehans li Nains et Jehans Cochelez sont bourgois de chapistre de l'église de Reins, et ont esté, et estoient, par lonc temps ainsois que il jurassent et desposassent. *Item*, se li devantdit tesmoin, ou aucun d'iceuls, avoient esté eschevin, toutevoies il ne le sont ne ne furent grant piece à; et se il avoient esté, ou aucuns d'iceuls, au temps de la guerre, tant devroient-il miex savoir la vérité des frais, des mises, des despens, et de grant fuison d'autres choses faites par le procurères desdis eschevins....

« .... Et ainsis requiert lidis procurères, que en ceste manière soit jugiet par nos signeurs de la court, et prononciet pour yaus, des choses dessusdictez qui chièlent en droit [etc., etc,. .] »

III. FACTUMS RELATIFS A UNE SECONDE PRODUCTION DE TÉMOINS.

[§. 1.] *Les raisons dou procureur des eschevins de Reins, faites contre le procureur des habitans dou ban Saint-Remy, afin qu'il n'ayent secunde production, ne dilation sur la première production.*

« A la fin qui soit dit, et à droit que li procurères des habitans dou ban de Saint-Remy Reins, ne doye avoir la dilation qu'il demande à avoir, seus cette production, ne sus autre, de traire pluseurs tesmoins qui sont contenus et dénommez en un adjournement à lui bailliet de par vous, honorées personnes et discrètes, maistre Jehan de Huban, et Jehan Malet, clercs, le roy nosire, commissaires et auditeurs députés de par les maistres dou parlement, en la cause meue en dit parlement...., dit et propose li procurères desdis eschevins, comme procurères, les raisons qui si après s'ensivent, et fait protestation que mais ne soyent receu cil dou ban Saint-Remy à amener ne traire tesmoins.

« *Premiers*, dit lidis procurères desdis eschevins, que selonc la coustume, et le stile de la court le roy nosire en parlement, en une cause où auditeurs sont donnez à oir pruèves, si comme vous estes, n'a que une seule dilation de prover; et pour ceste raison dit...., que la partie adverse ne doit avoir la dilation qu'elle demande; car c'elle l'avoit, ainsis s'ensivroit-il quelle aueroit deus dilations, non pas une ; et de ce se raporte lidis procurères à la court dou roy nosire, mesmement quant li commissaire ou auditeur sont et ont esté en ladite dilation, ou production, prest d'oir et de recevoir tous les tesmoins que les parties ont volu amener. *Item*, dit lidis procurères desdis eschevins, que la partie adverse doit estre déboutée de traire sesdis tesmoins, non contrestant ce qu'elle maintient qu'elle les a fais adjourner pardevant vous, pource que lidis tesmoins, vous signeurs auditeurs estans en ceste ville, pour oyr lesdis tesmoins, il ont esté présens en ceste ville, en tel manière que la partie adverse les eust bien eust, c'elle vausit. Et ainsis appert-il clèrement, que malicieusement y l'ont fait, pour délayer la cause dessusdite.... *Item*, dit li procurères desdis eschevins que la partie adverse a esté négligens, de faire adjourner ses tesmoins dessusdis, espécialement de noble homme et religiex

puteum projecerat, animo interficiendi se ipsam, et causam esse propter hoc mortis sue, corpus ejus, et bona, ad manum suam capi,

Gauchier de Cherboingne, moinne de Saint-Remy, et prévost de Braus; tesmoing nommeit en l'ajournement dessusdit : pour ce que il appert que li adjournemens doudit Gauchier a esté fais en l'église Saint-Remy à Reins, et non ailleurs, en laquelle lidis Gauchiers, combien que il en soit moinnes, n'a nulle demourance, ne résidence personelle : ainsois demeure notoirement, et fait sa résidence à Brax delez Sainte-Meneheust, auquel lieu il deust avoir esté adjournez.... *Item*, dit...., que il appert clèrement la négligence doudit procureur dou ban Saint-Remy, et le deffaut d'amener ses tesmoins, car vous, signeur auditeur et commissaire, envoyates as parties adjournement, et cemonce, pour adjourner tous les tesmoins que il vauroyent admener en ladicte cause; et fu cegnefiet lidis adjournemens à ciaus dou ban Saint-Remy, par le serjant qui l'adjournement fit, trois semainnes devant vostre venue, ou plus, que il adjourneroit tous les tesmoins que il vauroyent traire à porter pour yaus tesmoingnaige pardevant vous, en ladite cause; et ainsis quant il ne les firent adjourner, mais n'i doyvent estre receu, car il appert clèrement de leur négligence. *Item*, vous, signeur auditeur et commissaire, avez esté en ceste cause à Reins par l'espace d'un mois, ou environ, dedens lequel temps il deussent bien avoir admené, et eussent c'il vaussissent, lesdis tesmoins.... *Item*, dit lidis procurères desdis eschevins que li tesmoing pour la plus grant partie d'iceus ont esté en leur personnes présens à Reins pluseur fois, puis que vous, signeurs commissaires et auditeurs, y veinstes, et les eussent bien admenés se il vaussissent, pour tesmoingnier pardevant vous; ou au mains il vous deussent bien avoir requis d'iaus faire contraindre dou venir, laquel chose il ne firent onques; et se y le firent, si vous requirent-il si tart, que lidit tesmoing en estoyent alé, pourquoy il appert clèrement de leur deffaut, et de leur malice. — Si requiert li procurères desdis eschevins que la partie adverse soit dou tout déboutée d'avoir la dilation qu'elle demande à avoir, et qu'elle soit tenue pour négligens, quant aus tesmoings dessusdis, et que drois et raison li soyent fais sus les choses dessusdites, desquelles il offre à faire foy tant qu'il souffira à s'entention à la fin où il tant, se besoins est. Et ou cas où drois diroit que il eussent ou deussent avoir la dilation, li procurères desdis eschevins fait protestation que ce soit à leur cous, et leur frais, et non as cous et as frais desdis eschevins, comme lidit eschevin ayent renonciet à ladite audition, et conclut en ycelle. »

[§. 2.] *Les raisons des eschevins de Reins, afin que li procurères dou ban Saint-Remy ne doye avoir secunde production* *.

« Contre les raisons que li procurères des habitans dou ban Saint-Remy de Reins a proposeit pardevant vous, signeurs auditeurs, tandent à la fin que seconde production li soit ottriée, ou au mains journée baillié par vous, signeurs auditeurs ou commissaires, pour contraindre les tesmoins que li procurères desdis habitans avoit fait adjourner, si comme plus plainement il appert par les raisons doudit procureur, et contre ledit procureur, en non de procureur, et encontre lesdis habitans : — dit et respont li procurères desdis eschevins de Reins, en non de procureur, et pour yaus, les fais et les raisons qui s'ensivent; tout tandent afin qu'il

---

* Entre cette pièce et la précédente, devrait s'en trouver une par laquelle les échevins du ban Saint-Remi cherchaient à faire valoir les motifs qui militaient, à leur avis, en faveur d'une seconde production. Nous n'avons pu la retrouver.

et saisiri fecit, et dicta bona detinet, corpusque prohibet sepeliri; et licet corpus et bona dicte mulieris,.... recredi debeant dictis scabinis,

ne face à recevoir à avoir seconde production seur les tesmoins produire, ou traire, desquels les noms des personnes sont desclarez pardevers vous.

« *Premiers*, dit li procurères desdis eschevins que li procureur des habitans dou ban Saint-Remy de Reins requiert seconde production, pour lesdis tesmoins produire; ou au mains dilations li soit ottriée seur la première production, pour yaus traire ou produire; en quel cas, desques il le demande que li une li soit ottryé, ou li autre, se li une li est ottriée, li autre li est dénée. Ottryé li est de la partie desdis eschevins, se que li stile de la court de France, de laquele court ladicte cause despent; c'est à savoir dilations seur la première production, qui est une dilation pour toutes, par le stile de la court de France, en toutez causes; que la seconde qui est dénée, par ledit stile, li soit dou tout débontée. Et se appert-il clèrement par la manière qu'il va avant, lidis procurères, et par ledit stile; douquel stile li procurères desdis eschevins se raporte à la court de France, et au bon mémoire de nos signeurs présidens en parlement. Et ne vous doit mouvoir, nos signeurs de la court, ne vous nos signeurs commissaires, se que lidis procurères des habitans dou ban Saint-Remi dit, que la cause de quoi la vérité vous est commise à enquerre, et à rapporter pardevers la court, vint par appel des assises de Laon à la court de France. Mal dit, sauve la grâce dou proposent; car ès assises de Laon ladicte cause ne fu onques plaidié par voye ordenaire; et se elle y fu plaidiée, se que il ne confesse mie, se fu-ce par une commission de par la court envoié au bailli de Vermendois, qui estoit pour le temps, et non par voie ordenaire; maiement car lesdis eschevins sont dou tout excemps de la jurisdiction ordenaire doudit bailli de Vermendois. Et ainsis ne puet dire la partie adverse que li stile, quant au procest ordeneit, ne en autre manère, le stile de la court de Laon ou dou bailliage de Vermendois doient estre considérez, ne entendus en ce cas; mais doit-on avoir regart et considération au stile de la court de France, en laquele court ladicte cause est agitée et ventilée, si comme il appert, par voye ordenaire, sens moyen, tant par les articles desdictez partiez à vous envoiez, nossigneurs commissaires, enclos seur le contreseel de la court, comme par vostre commission à enquerre et raporter la vérité seur lesdis articles, pardevers la court. Pourquoi dit li procurères desdis eschevins, que la seconde production que li procurères requiert, dou tout li doit estre refusée en la manière qu'il le requiert, et doit estre li stile de la court de Franee gardez et maintenus en ceste quarelle, et non li stile dou bailliage de Vermendois, supposé, senz préjudice, que tels fust, se que lidis procurères ne croit. De ce penrra droit lidis procurères des eschevins, par ciaus qui faire le porront, et deveront [etc., etc....] »

IV. Factums qui touchent au fonds de la question.

[§. 1.] *Ce sont les salvations faites par le procureur des eschevins de Reins, contre les reproches faites par le procureur dou ban Saint-Remy, contre les lettres mises en manière de prueves de par le procureur desdis eschevins.*

« Des raisons proposées par le procureur dou ban Saint-Remy de Reins, contre les lettres mises en manière de prueve de par le procureur des eschevins dou ban l'arcevesque de Reins, dit, propose, et respont li procurères desdis eschevins en la manière qui s'ensuit :

« *Premiers*, à ce que li procurères des habitans doudit ban Saint-Remy dit que li procurères des eschevins conclut à ce que cil dou ban Saint-Remy soyent tenut à contribuer as frais et as despens que il orent pour

sub ydonea cautione prestita de juri parendo coram ipsis scabinis, juxta tenores cartarum que per nos, seu predecessores nostros, confir-

la guerre de enfens de Briaingne, et ainsis ne convient-il mie prover la cantiteit des frais, quant as présens. — Respont li procurères desdis eschevins, que jà soit ce que li procurères desdis eschevins demande que cil dou ban Saint-Remy soient tenu à contribuer as dis frais, se mestent en leur demande, et en leur articles, certaine somme de cous, de frais, et de despens, lesquels il est besoins et pourfitable que pruève s'en face, soit par tesmoins, soit par instrumens.

« *Item*, riens ne vaut ce que li procurères des habitans doudit ban Saint-Remy dit que lidit eschevin ont trait tesmoins seur la commune renommée; — car se il estoit ainsis, pour tant ne seroit mie fait conclusions que lidit eschevins ne peussent mestre lettres et instrumens en manière de pruève.

« *Item*, à ce que li procurères des habitans doudit ban Saint-Remy dit, contre deus paires de leitres seellées dou seel desdis eschevins, et dou seel Mons. Jehan de Charny, jadis chevalier [*], et que lesdites lettres ne font point de préjudice, et ne pruèvent riens contre lesdis habitans doudit ban Saint-Remy. — Dit li procurères des eschevins dessusdis, que, sauve la grâce dou proposant, car par lesdites lettres sont bien provées les convenances faites en dites lettres; et appert desdites convenances souffissamment par les lettres dessusdites, seellées dou seel autentique des eschevins, et dou seel doudit monseigneur Jehan de Charni, chevalier.

« *Item*, à ce que li procurères desdis habitans dit contre les autres lettres, par lesquelles lidis chevaliers dit que il a eu et receust pluseurs et diverses sommes de deniers par les mains desdis eschevins; car se il plot as dis eschevins à baillier leurs deniers audit chevalier, si porroyent-il encore faire à un autre. — Dit li procurères desdis eschevins, car ce

ne vaut; car il appert souffisanment par lesdites lettres, que satiffation fu faite audit chevalier des deniers que on li avoit promis, par les convenances dessusdites; lesquelles convenances furent et avoyent esté faites, si comme il est contenu ès lettres dessus dites, pour le profit commun, et au profit commun de tous les habitans de la ville de Reins, de quelconques ban que il fussent, et pour cause de ladite guerre.

« *Item*, à ce que li procurères des habitans doudit ban Saint-Remy dit que une lettre dou roy Phelippes, par les quelles il manda à ses baillis, et à tous autres justiciers, que Raulins de Briaingne, et Renaudins ses frères, et pluseurs autres leur complices, nommez en dites lettres, fussent pris, et que on criast que quiconques panroit ledit Raulin, ou son frère, il aueroit mil livres tournois, et pour les autres une autre somme, ne leur griève mie; car se li roys manda, ce fu pour garder justice, pour ce ne doit-on mie panre les frais d'icelles seur les habitans doudit ban Saint-Remy. — Dit li procurères desdis eschevins, que ce ne vaut, et que lesdites lettres doyent valoir as dis eschevins en ceste cause; car par lesdites lettres il appert que pour les guerres, et les meffais, que lidit enfent de Briaingne, et leur complices, faisoyent contre les habitans de la ville de Reins, furent ses lettres faites et envoyés, et pour la seurté de tous les habitans. Et toutevoyes, combien que li roys nosires mandat, si furent-elles et estoyent pourchaciés de par les eschevins dessusdis, au pourfit et pour le profit commun de tous les habitans de Reins. Et quant li roys manda que il feroit payer les sommes d'argent dessusdites, ce estoit que il le feroit payer des deniers de la ville de Reins à cuy profit lesdites lettres furent enpétrées.

« *Item*, à ce que li procurères des habitans

---

[*] Voir les actes d'août 1311.

DE LA VILLE DE REIMS.

mate fuisse dicuntur, et de hiis sint dicti scabini in possessione pacifica ab antiquo, ut dicunt, nichilhominus dictus archiepiscopus,

doudit ban Saint-Remy dit contre unes lettres mises en manière de pruève, de par le procureur desdis eschevins, en laquelle fait mention que ce cil dou ban Saint-Remy ne se voloyent consentir par quels mains seroit faite contribution avec les autres dou ban l'arcevesque, et des autres bans, et qu'elle fut faite et levée, en laquelle il estoyent tenu, que nosire li roys mandoit au baillit de Vermandois, ou à son lieutenant, que celle contribution il feist, par la main nosigneur le roy, faire et lever*; et dit lidis procurères des habitans dou ban Saint-Remy que on n'en a mie usé, et que se on en eust usé il eussent pluseurs bonnes raisons à dire au contraire.
— Dit li procurères desdis eschevins que ce ne vaut riens, car en ladite lettre il est bien contenu que cil dou ban Saint-Remy estoyent tenu à contribuer ens frais, et ens mises, de quoi mention est faite en dites lettres; et bien appert que il y avoyent esté condempnez, si comme il est dit en raisons qui si après s'ensivent. Et de ce qui fait mention en dites lettres : « appelé ceuls qui sont à appeller, » se raporte quant à ce : « Car se li ban se « pooyent accorder par quel main contribu- « tion se feroit, ainsis plairoit au roy ; et se « il ne se pooyent accorder, qu'elle fut faite « par la main dou roy. »

« *Item*, à ce que li procurères des habitans doudit ban Saint-Remy dit que il fait mention, que il fu prononcié que li demourant en ban Saint-Remy de Reins seroyent tenu à contribuer avecques les autres dou ban l'arcevesque de Reins, et des autres bans, en despens frais, et mises, fais et à faire, en poursivant, se on pooit faire, à panre les enfens de Briaingne; et que li roys mandoit au bailly de Vermendois, ou à son lieutenant, que cil dou ban Saint-Remy fussent tenu à contribuer; et que li procurères des habitans

doudit ban Saint-Remy dit que ce ne fu arrest, ne sentence, mais une exéqution sur condition.
— Dit li procurères desdis eschevins que lesdites lettres valent asdis eschevins; et fu dit et prononciet par arrest, ou par sentence, que lidit demourant en ban Saint-Remy de Reins, estoyent tenu à contribuer as frais et as mises de quoy mention est faite en dites lettres; et jà soit ce que mention [ne?] soit faite en dites lettres de la pronunciation, sentence, ou arrest, en la narration de ladicte lettre, toute voyes font-elles foy en lettres dou prince, tant de droit, comme par l'us et par la coustume de la court de Fronce. Et de ce que li procurères desdis habitans dou ban Saint-Remy dit que il a en dites lettres, vers la fin, *prout fuerit rationis, et ad vos pertinuerit, et si fuerit necesse*; ce ne fait mie condition, que il ne fussent simplement condempné à contribuer, selonc ce que raisons seroit; c'est à savoir selonc leur afferue, et quant as frais, mises et despens qui seroyent fais de nécessité, ou profitablement.

« Pourquoy dit li procurères desdis eschevins, en non que dessus, que lesdites lettres font plaine pruève, quant as articles sur quoy elles sont mises pardevant vous, signeurs commissaires, en manière de pruève: valent, et doyent valoir, au profit dou procureur desdis eschevins, non contrestant raisons proposées au contraire, et de ce panra droit lidis procurères [etc., etc....] »

[§. 2.] *Articles pour les habitans et manans en ban Saint-Remi de Reins, contre les habitans et manans en ban l'arcevesque de Reins, pour les frais et despens fais pour les enfens de Briaingne* **.

« A la fin que li habitant, li justisable, et li manant dou ban Saint-Remi de Reins, ne

---

* Voir l'acte du 29 juillet 1311.
** Nous pensons que ce dernier factum a dû être produit devant le parlement même, et non devant les commissaires chargés de faire l'enquête ; car

seu ejus ballivus, aut gentes, id facere recusarunt, ipsos scabinos super hiis impediendo, et turbando in eorum possessione predicta, in-

soyent tenut de contribuer avec les eschevins dou ban l'arcevesque, pour les couz, frais, despens, missions et damaiges que cil dou bau l'arcevesque dyent avoir eust et soustenus, pour la cause de la guerre des enfens de Briaingne; et que li dessusdit dou ban Saint-Remi soyent absols, quite, et délivré de la demande que ont fait contre euls li eschevin dou ban l'arcevesque, et que leur coust, despens, et damaiges leur soyent rendu et restitueit : — dit et propose li procurères desdis habitans dou ban Saint-Remy, les fais et les raisons qui si-après s'ensivent :

« *Premièrement*, dit lidis procurères, en non dessusdit, que li bans de monsigneur l'arcevesque de Reins, et li bans de Saint-Remy sont dou tout distincte et séparoit, sens riens avoir de communion, ne de communauté ensemble; ne li uns bans n'a, ne ne doit avoir à faire à porter, ne à souffrir, pour l'autre; mais chascuns doit porter son fais, selonc ce que li cas, et les fortunes avienent. *Item*, que commant que on die vulgairement : *le ban Saint-Remy*, nequedant lidis bans Saint-Remy n'a cors, commune, ne collége, mais y a un simple eschevinaige, qui juge au conjurement dou seigneur, ou dou mayeur, les cas qui à euls appartiennent à jugier, sans ce que il ayent jurisdiction, pooir, ne auctorité de lier, ne de souzmestre, ne de faire autre chose préjudicial à lordit ban, se ce n'est par le consentement exprès de leur seigneur, et de toute la communauté doudit ban, ou de la plus grant partie, et plus saine d'icelui. *Item*, que selonc raison naturelle, et selonc droit commun, chascune cause en doit porter son effet, selonc ses principes, et son commancement; ne li innocent ne doyvent comparer le délit, ne le meffait, des malfaisans. *Item*, que la guerre que li enfent de Briaingne orent à aucuns dou ban l'arcevesque, mut et ot son commancement en ban, et en la terre, doudit arcevesque, et as singulères personnes, et pour cas singuler et espécial; c'est à savoir que il y avoit une caroles, et une grant feste, ens ou ban doudit arcevesque; et entre les autres y aut une dame, qui estoit menée à la carole par un sien cousin; et li uns des frères de Briaingne vaut caroler, et prendre ladite dame par la main; laquelle chose lidis cousins de la dame qui tenoit à sa main, ne vaut souffrir. Et mouteplièrent tant les paroles, li orgnieux, et la felonnie, que lidis bourgois donna une grant buffe à un desdis frères de Brieingne. *Item*, que lidit frère se partirent de la ville de Reins, et assemblèrent grant quantité de leurs amis, de leur linaige, et pour vengier leur honte vinrent dedens la ville de Reins, sens querre les habitans dou ban l'arcevesque, ne d'autres bans; mais espéciaulment, et singulèrement, celui qui la vilonnie li avoit faite, et son linaige. Et puet estre qu'il en trouvèrent deus, et les tuèrent. *Item*, que ainsi appert-il évidemment et clèrement que la guerre ne commensa mie, ne n'ot son principe, ne son commancement, as citoyens de Reins, ne à claus de nuns des bans, mais sens plus à aucunes singulères personnes. *Item*, que se depuis il avint que cil dou ban l'arcevesque furent en guerre, ce fu par leur fait, et par leur folie, et pour ce espéciaulment que pour leur grant bobant, et leur grant richesse, il se pénèrent et travillèrent, et mirent grant mises, en pourchassant la destrution des enfens de Briaingne, en corps,

non seulement le nom des commissaires n'y figure pas, mais il y est dit que la guerre de Ruffi est terminée depuis quarante ans, ce qui n'est vrai dans aucun cas (voir l'acte du 14 mai 1299), mais ce qui nous paraît devoir faire rapporter ce factum à l'année 1329 où le procès a été vidé par le parlement, plutôt qu'à l'année 1326 où se dressait l'enquête. Toutefois, pour ne pas séparer des pièces qui s'éclairent mutuellement, nous avons cru devoir mettre celle-ci à la suite des cinq précédentes.

debite et de novo. Quare vobis mandamus, quatinus si, vocatis evocandis, summarie et de plano inveneritis ita esse, dictam recreden-

et ens biens, et les firent bannir hors dou royaume de France. *Item*, que pour ce pourchas, et pour les griés et damaiges que il faisoyent et pourchassoyent à faire as dis enfens, lidis frères mandèrent deffience à ciaus dou ban l'arcevesque. *Item*, que cil doudit ban l'arcevesque resurent lesdites deffiences, de leur volenté, et de leur fait; et ceste folie, et toutes les choses dessusdites, il firent sens parler dou ban Saint-Remy, sens leur volenté, leur consel, ne leur assentement, comme de ban, ne par manière que il vaillit ban, ne communanté. *Item*, que selonc raison, et la coustume dou pays, il ne puellent, ne ne doyvent, avoir recours, ne compaingnie, as habitans doudit ban Saint-Remy; car se il en vaussissent avoir recours ne compaingnie, il deussent avoir fait les choses dessusdites par leur consel, et par leur consentement, et que il se fussent obligié à contribuer avec yaus. *Item*, que pour ce que les parolles que aucuns en disoyent folement par le pays, ainssis con les gens parollent lourdement, qui riens n'en scevent, que li enfent de Briaingne avoyent guerre à la ville de Reins, silz de l'église Saint-Remy, messires li abbés, ou autres pour luy, et cil doudit ban, envoyèrent asdis enfans de Briaingne, et leur firent demander par espécial, que comme cil don ban Saint-Remy ne leur eussent riens meffait, se il leur voloyent mal, ne se il les voloyent tenir en guerre? *Item*, que lidit frère, avec pluseurs de leurs amis, respondirent que il ne leur voloyent nul mal, et que il pooyent sceurement aler en leur besoingnes par tout où il leur plaisoit. *Item*, que ce cil doudit ban Saint-Remy se doubtèrent onques de ladicte guerre, laquel chose il ne confessent mie, ce fu sens plus pour ce qu'on ne les mescongneust, et que il ne peussent estre prins seur l'ombre de ce que on cuidat que il fussent du ban l'arcevesque. *Item*, quant cil dou ban l'arcevesque clauoyent leur portes, pour la doubte

qu'il avoyent, cil dou ban Saint-Remy ouvroyent leur porte, pour la pays où il estoyent, et aloyent en leur marchandises, et en leur besoingnes, comme gens qui estoyent sens guerre.

« *Item*, à ce que dient cil dou ban l'arcevesque, que jadis que li enfent de Ruffi eurent guerre à la ville de Reins, que quant se vint à la pays faire, cil dou ban Saint-Remy contribuèrent as despens, as mises, et as damaiges; et pour tant dient cil dou ban l'arcevesque, que il sont en saisine encontre ciaus dou ban Saint-Remy que il doyvent contribuer as frais de leur guerres, et le vuellent traire à une conséquence pour le cas présent. — Respont li procurères dou ban Saint-Remy que de ceste raison il ne se pueent aidier, par pluseurs raisons qui s'ensivent: *Premièrement*, pour ce que il y a xl ans, ou près, que la guerre de ciaus de Ruffi fu; et ainssi cil dou ban Saint-Remy peurent depuis avoir acquis saisine, franchise, et propriété, meesment comme il ne contribuassent onques, ne payassent riens, pour guerre qui onques y fut; mais sont demoureit paisible, pour l'espace de xl ans, et de plus. *Item*, supposé, sens préjudice, que cil dou ban Saint-Remy eussent contribué à la guerre de ciaus de Ruffi, si dist lidis procurères que, se fait fu, ce fu par un acort, et pour ce espéciaulment, que de ciaus qui avoyent mute la guerre encontre ciaus de Ruffi, il en y avoit la plus grant partie, manans et demourans ou ban Saint-Remy ; laquelle chose n'est mie en cas présent. *Item*, que se cil dou ban Saint-Remy en payèrent aucune chose, se fu ce par protestacion que ce ne leur feist préjudice en temps advenir, en autre cas. *Item*, que ceste protestation leur fu accordée et consentie de l'adverse partie.

« *Item*, à ce que dyent cil dou ban l'arcevesque, que ce que il fisent, et de pais et de guerre, cil dou ban Saint-Remy, furent as consaus, et as traitiers, et furent fait de

tiam fieri ut rationis fuerit, et ad vos pertinuerit, faciatis, vel eam, in defectum eorum et negligentiam, in manu nostra ut superioris, debite, dictosque scabinos sua predicta possessione uti, et gaudere, pacifice faciatis, amotis omni impedimento et indebita novitate. Si vero debatum super hiis oriatur, ipso ad manum nostram, ut superiorem, posito, et facta recredentia ubi fuerit facienda, partes adjornetis ad

leur consentement, et de leur volenté. — Respont, li procurères dou ban Saint-Remy, que se il avoyent aucune chose consilié, ainsi comme uns voisins conseille, l'autre, si ne seroyent-il mie estraint ne tenu de payer ce qu'il aroyent consilié, ne de leur courtoisie il n'en deveroyent mie porter painne.

« *Item*, et dou consentement dont il parlent, et que il dyent que il y eust mayeur et eschevins. — Respont lidis procurères que il est bien voirs que li maires doudit ban Saint-Remy, et deus des eschevins, à esclarcir se mestier est, estoyent dou linaige de ciaus qui murent la guerre as dis enfens de Briaingne, et se il furent à aucun conseil donner, il n'i furent pas comme maires, et eschevins, mais comme singulers, et ami charnez. *Item*, que selonc raison, l'us, et la coustume doudit ban, comme il y ait vi eschevins, et le mayeur, li doy ne porroyent lier ne faire préjudice audit ban; et supposé que tout y fussent, si ne le porroyent-il faire sens la volenté, et le consentement, de tous les habitans doudit ban, ou de la plus grant partie et la plus sainne. *Item*, que se tout li eschevin, et tout li habitant, et la plus grant partie et la plus sainne y estoyent, si ne le porroyent-il faire sens le consentement et l'auctorité de leur seigneur, selonc raison et lesdis us et coustumes, comme il soyent gent sens cors, sens collége, et sens commune, si comme dessus est plus plainement esclarci. *Item*, se à ces traitiés, ou consentemens, ot aucuns des religieux de Saint-Remy, ce fu personne sens office de jurisdiction, sens avoir pooir de lier le droit dou signeur, ne des subgets; et que autres desdis religieux, ne seculers, y fust, qui eust tel pooir, lidis procurères le met en ni.

« *Item*, à ce que dyent cil dou ban l'arcevesque, que jà soit ce que il, et cil dou ban Saint-Remy, soyent distincte et séparé, tant comme à jurisdiction, si sont-il tout un, tant comme à garde et à deffence, et sont tout un une citei, si comme il dyent. Pour quoy, etc. — Respont li procurères dou ban Saint-Remy, que ceste raison ne vaut nient, parce que dessus est dit; car il ne furent onques de la guerre, ne en commancement, ne en poursuite; meesment comme guerre soit une chose hayneuse, périlleuse, et crueuse, ne on ne l'acquiert mie par volenté, ains y convient fait; de quoy cil doudit ban Saint-Remy n'ont nient fait. *Item*, que par la coustume dou pays, et par les ordenances dou roy, tels gens ne pueent guerrier, ne faire guerre; et par conséquens il ne sont tenu de payer les mises; meesment comme il n'ayent riens fait de fait. *Item*, se cil dou ban l'arcevesque empétrèrent grâce de porter armes, et aucun dou ban Saint-Remy furent avec yaus, et en leur compaingnie, ce furent singulères personnes, et qui estoyent dou linaige à ciaus qui avoyent la guerre as dis enfens de Briaingne; pour quoi ne doit porter damaige, ne préjudice à ciaus dou ban Saint-Remy.

« *Item*, que des choses dessusdites est vois et commune renommée, au lieu et ès pays voisins. *Item*, que les choses dessusdites, ou la plus grant partie d'icelles, ont li dessusdit eschevin dou ban l'arcevesque, congneues et confessées souffissanment. Et des choses dessusdites qui chieent en fait, offre li procurères des dessusdis habitans dou ban Saint-Remy à prover [etc., etc....] »

diem ballivie vestre nostri futuri proximo parlamenti processuras, et facturas super hiis prout fuerit rationis; de quo adjornamento curiam nostram certificetis ad diem. Datum Parisius, die xv julii, anno Domini millesimo ccc° vicesimo sexto. — Inregistrata. Aubigny.

CCCXXIX.

L'archevêque forcé à récréance par saisie de son temporel.   Juillet 1326.

Invent. de 1486, p. 54.

Rescrit de H. Colart [Patequin], sergent royal en la prévosté de Laon, exécuteur des lettres de commission données de Mgr le bailli de Vermandois, esquelles sont transcrites certaines lettres royaux, impétrées par les eschevins, pour faire contraindre l'arcevesque à récréer aux eschevins certains bourgeois qu'il detenoit, et leurs biens, [pour le fait du Palais][1]; par lequel rescrit.... appert que ledit sergent, en exécutant ces lettres, fit commandement au bailli dudit arcevesque qu'il fît récréance desdits prisonniers, et en son refus, pource que ledit bailli respondit qu'ils estoient détenus pour crime, et n'avoient héritages, et que pour tant il ne les recreroit mie, icelui sergent, à requeste des eschevins, contraignit ledit arcevesque, et son bailli, par saisir et mettre en la main du roi la prévosté de Reims, les mairies de la Cousture et Venise, la viconté de Reims, une grange séant à Reims emprès Porte-Basée, et tous les blés qui y devoient appartenir, et par démettre tous les officiers dudit arcevesque, et les remettre de par le roi, et les commettre au gouvernement des choses saisies....

CCCXXX.

Arbitrium inter archiepiscopum et capitulum remense prolatum.   21 décembre 1326.

Archiv. du chap., lay. 1, liass. 1, n° 15. — Cart. E du chap., fol. 31.

Universis presentes litteras inspecturis, Guilermus miseratione divina remensis archiepiscopus, J. prepositus, H. decanus, G. cantor, ceterique remensis ecclesie fratres, in Domino salutem. Notum facimus quod super articulis inter nos contentiosis, quibus presentes littere sunt annexe, per compositionem, transactionem, pacificationem, vel

---

[1] Voir plus bas l'acte du 13 mai 1327, et les factums qui l'accompagnent.

alias quoquo modo concordandis, terminandis, et decidendis, nos archiepiscopus discretos viros magistros Guilermum de Alneyo, officialem nostrum remensem, Gerardum de Ambonnayo, clericum advocatum, et nos decanus et capitulum, Johannem de Borbonio, et Johannem de Monteclino, nostros concanonicos, mediatores, tractatores, seu amicabiles compositores finaliter duximus eligendos; qui in premissis partes suas fideliter interponentes, ut verisimiliter credimus, articulos hujusmodi terminarunt, et, de consensu nostro, in modum qui sequitur, componendo amicabiliter, per Dei gratiam, deciderunt.

Et primo, super articulo de Thoma Lore, dixerunt in hunc modum; si sentencia excommunicationis in dictum Thomam lata autoritate ordinaria curie remensis, propter rationes decani et capituli predictorum, nulla sit, nullam pronuntiamus; et, si propter rationes domini archiepiscopi predicti fuerit aliqua, seu absolutione indigeat, ipsum Thomam absolvimus in hiis scriptis; et, si aliquam absolutionem simplicem a curia remensi antea obtinuerit dictus Thomas, quoad hec habeatur ac si non fuisset impetrata; ita quod per hoc neutri partium prejudicium generetur, nec jus novum quomodolibet acquiratur, sed sint omnia in eo statu in quo essent, si premissa facta non fuissent, et si casus hujusmodi non contigisset; testium hinc inde productorum depositionibus, et aliis probationibus, quas in formam actoris [*sic*, actorum?] redigi, publicari, et sigillis partium sigillari, ad perpetuam rei memoriam, decernimus, in omni judicio coram quibuscumque judicibus ad probationem de contentis in eisdem, in quantum ad presens valere possent, perpetuo valituris.

Item, super secundo et tercio articulis, de sestellagio et tholoneo terre S. Martini, ordinarunt in hunc modum : quod totum tholoneum, de quibuscumque rebus, in terra capituli S. Martini nuncupata, ad dominos remenses archiepiscopos de cetero in perpetuum spectabit, excepto tholoneo panis, quod una cum toto sestellagio consueto in dicta terra ad dictum capitulum dignoscitur pertinere, et perpetuo pertinebit; et hiis mediantibus, archiepiscopi remenses in perpetuum singulis annis in festo Nativitatis Domini, per suum vicecomitem, seu illum qui tholoneis suis preerit futuris temporibus, capitulo in senescalcia reddere et solvere tenebuntur quadraginta solidos parisienses; et super hiis modo predicto solvendis, quilibet vicecomes, in sua prima receptione, in capitulo remensi, sicut de aliis que solvere debet, juramentum prestabit. Verumptamen in dieta terra S. Martini, domini archiepiscopi, et sui ministeriales, nullam exercebunt jurisdictionem temporalem, quamvis possint habere aliquem seu aliquos, si reperiant, ad rogatum suum, in dicta terra, ad dictum tholoneum recipiendum sponte, et a sponte solventibus; ac non solventes, extra dictam terram, vicecomes, et ejus servientes, jure dominorum archiepiscoporum, poterunt arrestare.

Item, super articulo de Majore terre S. Martini capto per gentes dicti domini archiepiscopi, sic ordinarunt; quod per illam captionem nullum fiat prejudicium capitulo et eorum libertatibus, nec dicto domino archiepiscopo in aliquo jus novum propter hoc acquiratur. De emenda vero quam petebat sibi fieri capitulum, fiat sicut de aliis offensis et emendis, hinc et inde, in clausula generali inferius annotata, continetur.

Item, quantum ad articulum de captis, et arrestatis per Huetum sestellagerium, et alios ministeriales dicti domini archiepiscopi, taliter ordinarunt : quia non est repertum contra libertates, immunitates, compositiones, sentencias, intercursus, et consuetudines, de quibus in dicto articulo fit mentio, aliquid fuisse factum, dictus dominus archiepiscopus, de contentis in dicto articulo, in pace dimittetur; et stabitur jampridem facte ordinationi de spectantibus ad vicecomitem, tempore bone memorie domini Roberti quondam remensis archiepiscopi, que talis est : « In casibus in quibus tenentur ad tholo- « neum mansionarii capituli, vicecomes poterit eos arrestare pro tho- « loneo non soluto; sed si, sic arrestati, velint jurare se satisfecisse, « vicecomes eis credere, et eos libere abire, permittere tenebitur, et de- « bebit. » Ordinamus etiam quod diligenter caveat vicecomes, ne capiat illos qui non tenentur ad tholoneum, alioquin graviter punietur. Et debet fieri satisfactio ab illis qui, tractatu pendente, per manus nostras tractatorum fuerunt recrediti, si, et prout, vicecomiti tenentur.

Item, super articulo de portorio, seu calceia, dixerunt, quod stabitur provisionibus super hiis factis, quousque aliud fuerit ordinatum, jure alieno quocumque semper salvo, nec per hoc alterutri partium jus de novo queretur, seu prejudicium generabitur in petitorio, seu possessorio. Provisiones facte, tales sunt : « pendente dicto articulo, « sub cautione data in nostris manibus tractatorum, tales locati, seu « conductitii, quadrigarii, sine aliquo impedimento per portas, et cal- « ceyas civitatis remensis, libere transibunt; sed ipsorum nomina « penes receptorem dicti portorii inscribentur, quousque aliud fuerit « ordinatum. »

Item, super articulo de muro diruto, sic ordinarunt, quod dictus murus reficiatur, prout expediens visum fuerit Johanni As-Filles, de quo fit mentio in articulo; dum tamen calceyam, seu viam publicam, ad dictum dominum archiepiscopum solum pertinentem, non premat, vel impediat, salvo jure quolibet alieno; et per ea que in dicto articulo facta fuisse exprimuntur, neutri partium in petitorio seu possessorio queratur jus de novo, nec prejudicium generetur in futurum; et quod dictus murus per gentes dicti domini archiepiscopi non diruetur; sed conquerentibus fiat justicia per manum communem archiepiscopi et capituli predictorum, donec cujus erit justicia, seu jurisdictio, fuerit terminatum; et tunc per illum solum qui obtinebit, fiat justicia conquerentibus. Et placet nobis archiepiscopo predicto, quod per ultimam dirutionem de dicto muro factam per gentes nostras, nullum novum jus in petitorio seu possessorio nobis acquiratur, nec novum prejudicium capitulo afferatur.

Item, super articulo sepis, ordinarunt quod tota ripa antea contenciosa, usque ad murum protensum in fundum fossati, et ad sepem vinee capituli exclusive, circunquaque, ad dominos remenses archiepiscopos, solos et insolidum in perpetuum de cetero pleno jure pertinebit, mediantibus viginti solidis parisiensibus quos dicti domini archiepiscopi reddent, et reddere tenebuntur singulis annis in perpetuum dicto capitulo, in festo Nativitatis Domini, per vicecomitem suum, qui super hoc capitulo jurabit, ut supra; proviso quod licebit pro retentione et refectione sepis vinee capituli, operarios ultra sepem in parte fossati libere accedere, recedere, et operari, non de arboribus crescentibus ibi cedendis; nec impedietur dicte vinee clausura per dominum remensem archiepiscopum, seu ministeriales suos, et ad perpetuam hujus rei memoriam tres lapides infigentur in summitate ripe, juxta dicte vinee clausuram, divisionem facientes.

Item, super articulo faciente mentionem de legato, et clausula testamenti, seu ultime voluntatis, bone memorie dicti domini Roberti, quondam archiepiscopi remensis, que talis est : « *Item,* quia in eadem « ecclesia remensi in duobus festis Sancte Crucis, scilicet in Inven- « tione, et Exaltatione, non cantatur dupliciter, nec pulsatur, lego, « et dono eidem ecclesie octo libras parisienses percipiendas, levan- « das, et habendas annuatim apud Villare-Franquex, quas emi a « quodam armigero, et de novo consueverunt solvi in Majoria dicti « loci, distribuendas, videlicet quatuor libras in quolibet festo, et « nichil percipient, nisi presentes, ita quod in dicta ecclesia in eisdem « festis cantetur dupliciter, et pulsetur; » dicti tractatores sic ordinaverunt, quod in augmentum cultus divini, pro dicti domini archiepiscopi, et dicti sui predecessoris salute animarum, dictum legatum ratificabit, et approbabit dictus dominus archiepiscopus, per manum suam, et successorum suorum, seu ab eis deputandorum singulis annis in perpetuum solvendum, duobus terminis predictis, quolibet termino quatuor libras, et quod capitulum predictum, modum in dicto legato appositum, diligenter faciet adimpleri.

Item, de articulo super pecuniarum summis petitis, sic ordinarunt et pronuntiarunt : quia de causa debiti earum dictus dominus archiepiscopus non facit questionem, et constat de debito, fiet satisfactio per dictum dominum archiepiscopum ad plenum, ac super hoc juramentum prestitit vicecomes dicti domini archiepiscopi, et jurabunt ejus successores vicecomites super satisfactione hujusmodi, prout in litteris super hiis confectis continetur.

Item, super articulo de decimis de Heudrisivilla, sic ordinarunt : Admortisationi, et translationi factis de ipsis, dominus remensis archiepiscopus auctoritatem, et assensum impertietur de gratia speciali, et capellanus capellanie, qui fuerit pro tempore, pro dicto domino reverendo remensi archiepiscopo, quandiu vivet, quolibet mense unam missam de Spiritu Sancto, et post decessum suum, similiter quolibet mense, unam missam de *Requiem* celebrabit, et celebrare tenebitur.

Item, super articulo de explectamentis et attemptatis apud Tainquex, et in parvisio remensi, pronuntiarunt, quod attemptata hujusmodi, si que sint, habebuntur, et ex nunc habentur pro infectis; et fiet pax integraliter per nos tractatores, ex potestate quam nobis super hoc partes predicte concedent, de omnibus, ad proprietatem, et possessionem, de presenti articulo, spectantibus.

Item, super articulo mentionem faciente de domo Emmeline dicte la Pacarde, sita in vico de Coursalano, in parte que est in treffundo, jurisdictione, et dominio temporalibus nostris capituli predicti, sic ordinarunt et dixerunt; quia, quicquid factum fuit per ministeriales, seu deputatos ex parte domini remensis archiepiscopi, et curie sue remensis, idem archiepiscopus et ministeriales sui, non auctoritate temporali, nec in prejudicium jurisdictionis temporalis capituli, se fecisse pretendunt, et confitentur, sed ratione sue jurisdictionis spiritualis, et ecclesiastice, ad faciendum monitiones, et processus suos, ad conservandum bona, et causa inventarii conficiendi, utendo dumtaxat jure suo, et sua jurisdictione spirituali et ecclesiastica, sine exercitio cujuscumque jurisdictionis temporalis; nos tractatores prefatum remensem archiepiscopum, de contentis in ipso articulo, in pace remanere volumus, et ordinamus quod quoad ea que, ad jurisdictionem spiritualem et ecclesiasticam, de jure, vel consuetudine spectantia, fiant dumtaxat, locis et personis exemptis exceptis, capitulum se non opponet contra dictum reverendum patrem, et ejus ministeriales, nec idem remensis archiepiscopus, seu ministeriales sui quicquam presument vel committent in prejudicium exemptionis et jurisdictionis temporalis ipsius capituli. Per hoc tamen non intendimus quod jus novum dicto domino archiepiscopo, seu curie sue, acquiratur in aliis villis capituli.

Item, super articulo de domo archidiaconi remensis, que dicitur domus Christianitatis remensis, ita ordinaverunt : quod remensi archidiaconatu vacante, in priori parte versus parvisium, in qua archidiacono existente curia teneri, et officia curie exerceri consueverunt, circunquaque, et per totam curiam infra et supra, dominus remensis archiepiscopus omnimodam jurisdictionem ecclesiasticam, spiritualem, et temporalem, auctoritate sua ordinaria, et ministeriales sui, habeant, exerceant, et exercere possint insolidum, et pro toto. In ceteris partibus dicte domus et proprisii, a postillo et muro juxta puteum, et ostiis aule inferioris, et camere officialis superioris inclusive, retro ubicumque, infra et supra, capitulum remense, et sui ministeriales, jurisdictionem spiritualem, et ecclesiasticam, quam habent et habere consueverunt in domibus canonicorum ecclesie remensis, necnon et temporalem omnimodam per se, et ministeriales suos, pro toto, soli, et insolidum, habeant et exerceant, non utendo tamen archidiaconali jurisdictione, ad dominum archiepiscopum et curiam suam remensem totaliter devoluta. Verumptamen quecumque ad jurisdictionem ad dominum archiepiscopum et curiam suam devolutam spectabunt, et quomodolibet spectantia reperiantur, ubicumque, in toto manerio dicte domus, dominus archiepiscopus et ministeriales sui in prima parte sub sua jurisdictione, propria autoritate, et in posteriori parte, sub jurisdictione capituli, per manus ministrorum capituli predicti, capiant, et consequantur, pacifice, absque fraude. Vice versa, cetera bona ad dominum archiepiscopum, seu curiam suam minime spectantia, sed ad capitulum predictum pertinentia, capitulum per se, et ministeriales suos, sua auctoritate, in sua jurisdictione, et per manus ministrorum dicti domini archiepiscopi, si que reperiantur in remensis archiepiscopi parte et jurisdictione, pacifice et sine fraude capiant, et consequantur. Et ut fraudibus caveatur, licebit utrique parti, de suis ministris, unum, vel duos, in exhibitione rerum et bonorum mobilium sub jurisdictione alterutrius deputare, ut assistant, tamquam privati, sine quocumque impedimento agendorum. Nec est pretermittendum, quod ministri domini archiepiscopi tenebuntur liberum aditum, accessum, et recessum, prestare, et exhibere, ministris dicti capituli per partem priorem dicte domus, ad partem posteriorem, tam ad dictum postillum, quam ad ostia predicta, per que itur tam ad partem posteriorem, quam ad aulam inferiorem, et ad cameram officialem, que consuevit esse juxta porticum, sive aleyas, super camera *Registrorum*, necnon ad puteum causa hauriendi aquam; domibus vero ab angulo, seu cuno pignaculi anterioris aule dicte domus, et per totum murum versus ecclesiam remensem, et hospitale, infixis, et adherentibus, ut prius dicto capitulo remansuris; questione protectorum et sugrondorum salva, que questio per nos tractatores dissolvetur, ut est dictum super articulo de attemptatis in parvisio, et apud Tainquex, ex nova potestate a partibus nobis danda.

Item, super articulo de pluribus francis servientibus vocatis, et citatis ad curiam remensem, pro rationibus reddendis, pronuntiaverunt, et dixerunt sic : Servabitur quod scriptum est, et determinatum in litteris felicis recordationis dominorum Simonis quondam tituli sancte Sabine cardinalis, apostolice sedis legati, presertim §. *In causis vero sive negociis* [1], et Albrici [2] quondam remensis archiepiscopi; et facta in contrarium haberi volumus pro infectis.

Item, super articulo de Garino de Dontriano, ordinaverunt sic : Processus factos contra ipsum penitus revocamus, et haberi volumus pro infectis.

Item, super articulo de oblationibus, ordinaverunt, quod dicte oblationes insolidum fabrice ecclesie remensis de cetero applicentur.

Item, super articulo de tabula, dixerunt et pronuntiaverunt, quod servetur quod reperitur alias concordatum in litteris et instrumentis videlicet Innocentii pape, et Iuelli [3] quondam archiepiscopi remensis, et satisfactum est, ac satisfiet in futurum dormentario per archiepiscopos remenses, singulis annis de centum solidis, pro officio dicte tabule.

Insuper dicti tractatores dixerunt, et ordinaverunt, et nos unaniter volumus, quod per ea que concordata sunt, prout superius recitantur, nullum in aliis non determinatis fiat prejudicium, litteris, privilegiis, libertatibus, et consuetudinibus ipsius ecclesie et capituli remensis, nec etiam juri archiepiscopali; sed remaneant omnia salva, ut prius, et quod quicquid hinc inde contra vel adversus premissa, seu eorum aliqua, aut presentem ordinationem quomodolibet factum fuit, vel est, pro infecto habeatur, et neutri nostrum in possessorio, seu petitorio, per hoc, jus acquiratur de novo, seu in aliquo prejudicium generetur; sed nos, et ministeriales nostri, remaneamus om-

---

[1] *Archiv. admin.*, tom. 1, p. 949.   [3] *Ibid.*, p. 718.
[2] *Ibid.*, p. 492.

nino pacificati, ac processus facti ob causam premissorum sint penitus relaxati et nulli, et ulteriores non fiant. Premissos igitur tractatus, easque transactiones, ordinationes, compositiones, decisiones, ac determinationes, unanimi et concordi voluntate, omnes et singulas, et omnia suprascripta ratificamus, laudamus, approbamus, et autorisamus, et in hiis consentimus in quantum ad quemlibet nostrum spectat, et spectare potest. Insuper omnes rancores, emendas, et injurias, hinc inde quarumcumque dissensionum, seu discordiarum predictarum, inter nos et gentes nostras exortarum, usque in tempus presens, nobis invicem, et gentibus nostris remittimus, et omnino relaxamus; promittentes, quelibet pars nostrum alterutri, in quantum quemlibet nostrum tangit, et tangere potest, sub penis in tractatu alias super hiis inter nos inito contentis, et expressis, ea firmiter implere, tenere inviolabiliter, ac in perpetuum observare, et contra non venire quoquomodo. In quorum omnium testimonium et munimen presentibus litteris sigilla nostra duximus apponenda. Datum anno Domini millesimo trecentesimo vicesimo sexto, die dominica ante festum Nativitatis ejusdem. *Et sont lesdictes lettres scellées.*

CCCXXXI.

Arrest donné en parlement...., par lequel fu dit, que pour ce que aucuns bourgois que l'arcevesque poursivoit pour le fait du Palais [1], estoient prins pour cas manifest, lequel fait manifest confessa li procureur des eschevins, et [*sic,* ilz?] seroient remis ès prisons l'arcevesque. 18 mai 1327.

Livre Blanc de l'Échev., fol. 17 et 311.—Archiv. de l'Hôtel-de-Ville, renseign.

[1] *Le fait du Palais* donne lieu à deux actions, l'une de l'archevêque contre les échevins qu'il veut rendre responsables de ce fait, l'autre des échevins contre l'archevêque qui prétend juger seul ceux qui en sont accusés. L'arrêt du 13 mai, qui est relatif à la seconde de ces actions, est loin de mettre fin au débat que termine seulement l'accord du 17 janvier 1345, et qui donne lieu à une double et longue procédure à laquelle nous emprunterons deux factums, l'un relatif à la demande de l'archevêque, l'autre à celle des échevins :

[*Articles pour les eschevins de Reins, contre le procureur du roy nosigneur, et contre l'arcevesque de Reins, pour tant comme à chacun touche, de la demande de* xxx^m *lb par.; [pour ce que pluseurs petites gens avoient fait un grand désordre dont on vouloit rendre les eschevins en corps responsables.*] 1327.

« A fin que li eschevin et li habitant de Reins, du ban de révérent père en Dieu, monsigneur l'arcevesque de Reins, soyent

Karolus.... Notum facimus quod cum scabini de banno dilecti et fidelis nostri archiepiscopi remensis nobis sua conquestione monstras-

absols et délivré de la demande ou complainte faite par le procureur du roy no sire, et le procureur dudit arcevesque, contre lesdis eschevins et habitans, afin que li corps de l'eschevinaige et dudit ban fussent condempné en vint mille livres au roy, et en dis mille audit arcevesque, pour cause d'un assaut et d'excès que lidit procureur dyent avoir esté fait en palais dudit arcevesque, en la ville de Reins, et à ses gens ; et afin que il appert lidit corps desdis eschevinaige et ban, et les persones, estre sens courpes, et que suy n'en puissent ne doyent estre, ne taxez à amande, ne les persones de celui corps ; et que asdis eschevins et habitans de ladite ville et ban, soyent rendu et restoré leur coust, frais, despens, et damaiges, fais et à faire, en la prosécution de ceste cause ; et que ainsis soit-il dit, et par droit, non contrestant raisons proposées au contraire : dyent et proposent li eschevin dudit ban, contre le procureur du roy, et contre ledit arcevesque, on tant comme à chacun touche, et puet touchier, les fais et les raisons qui s'ensivent.

« *Primo*, dient lidit eschevin, que en la ville de Reins a xii eschevins, liquel sont créé, fait, et renouvelé, chacun an. *Item*, que lidit eschevin ont à garder et excerciter les choses contenues en leur chartres, les usaiges et coustumes de la ville, la congnoissance et le jugement des cas qui aviennent à Reins, et qui à jugier sunt en la court dudit arcevesque, des bourjois dudit ban et eschevinaige, et des héritaiges estans à Reins en dit ban, et en la banliue, en la jurisdiction dudit arcevesque*; excepté murtre, larrecin, et trayson, tant seulement notoire et manifest ; et l'exéqution appartient audit arcevesque. *Item*, que lidit eschevin n'ont en ladite ville, ne à leur office n'appartient à faire prinse, arrest, contrainte, ne correction aucune ; ainsois appartient audit arcevesque, à son baillit, et à ses autres gens. *Item*, que aucunes malefassons sont faites en ladite ville, en la justice dudit arcevesque, soit as eschevins, ou à aucunes singulères persones, la congnoissance et le jugement en appartient asdis eschevins, en la court dudit arcevesque ; et se il y affiert correction, ou coutrainte, par ledit arcevesque, ou par ses gens, doit estre fait ; et par le roy no sire, quant il en est deffaillans. *Item*, que se lidit eschevin queilloit taille, et il en y a aucun rebelle de payer, ou désobéissans, si convient-il que par ledit arcevesque, ou par ses gens, la contrainte et adrécement en soit fais ; et par le roy nos sire quant il en est deffaillans. Et en ladite ville, forces, violences, rebellions, se elles y sont, sunt ostées et adréciés par l'arcevesque, ou par ses gens, quant li cas s'i eschiet ; et lidit eschevin n'ont pooir en ce cas, ne à auz n'obéist-on pour cause dudit office, ne meller ne s'en pueent, fors que tant seulement de la congnoissance et du jugement, quant aucuns en est suis en la court dudit arcevesque. *Item*, que ainsi en a-on usé, et use-on en ladicte ville, espécialment en ban dudit arcevesque. *Item*, que des choses dessusdites supposées, et qui sont vrayes,

---

* Un sommaire des raisons développées dans ce factum avait déjà été dressé dans un autre dont plusieurs passages offrent des détails assez curieux qui ont disparu de la seconde rédaction, et que nous rétablissons ici :

Les raisons des eschevins de Reins à euls desblâmer du fait dou Palais.

« Ce sont li fais et les raisons que li eschevin du ban l'arcevesque de Reins baillent, afin de vous aviser de respondre, et de euls desblâmer de la demande que ont fait l'arcevesques de Reins, et li procurères du roy, contre euls, contre le corps et les habitans du ban dudit arcevesque.

« *Primo*, à ce qu'il maintiennent que tuit li habitant sont obéissant ausdis eschevins, à ce qui leur commanderoyent ou diroyent. — Respondent lidit eschevin que il ont bien la congnoissance et le jugement desdis habitans, et des héritages estans en dit ban, etc., etc. ; mais nuls n'obéist asdis esche-

DE LA VILLE DE REIMS.

sent, quod cum nos baillivo viromandensi, vel ejus locum tenenti, nostras direxissemus litteras de requirendo Jessonum Bobant, Herbi-

et le vray fait pour lequel le procurères du roy, et ledit arcevesques, demandent avoir amande du corps et des habitans dudit ban, liquels fais s'ensuit si après, et à la vérité ainsi que fait fu, il puet apparoir clèrement que condempné n'en pueent estre, ne ne doyent amande.

« *Item*, il avint en l'esté qui fu l'an M. CCC XXXVI [*sic*, XXVI?], environ la feste du Saint-Sacrement de l'austeil, pluseurs ribaus et garsons estoyent assamblé devant l'église Nostre-Dame de Reins, en un lieu que on claimme *le Parvis*, et yllueques juoyent as deiz. *Item*, que en dit lieu s'asamblent communément ribaut garson, et telle manière de gent jueur as deiz, tant du ban l'arcevesque, comme des autres bans de Saint-Remy, de Saint-Nichaise, et des autres qui sont en la ville; esquelz bans, ne ès habitans en yceuls, excepté le ban l'arcevesque, lidit eschevin n'ont que congnoistre, ne point de pooir. *Item*, que lidis lieu du parvis est du ban du chapitre de Nostre-Dame, ou des membres d'iceluy, en quel lieu lidis arcevesques ne eschevin n'ont point de pooir. *Item*, que entre les autres qui estoyent assamblé ylluec, estoit uns varlés estrangés, qui estoit, se comme on disoit, à monsigneur Jehan d'Ouché, chevalier, et aucuns des varlés des officiaulx de Reins, ou autres des gens l'arcevesque, et juoyent as dez, avecques les autres garçons ribaus qui là estoyent. *Item*, que un varlés de un des officiaulx, ou de leur hostel, commansa à tancier, et dire assez injures et vilenies au varlet dudit chevalier.

Item, aucuns des autres qui là juoyent reprinrent le valet desdis officiaulx, en disant que il faisoyent mal de vilener ainsi les estrangés, et que mal leur en porroit bien venir, se il aloyent hors de la ville; et diroit-on que s'aroyent fait li ribaut de Reins. *Item*, que li varlés desdis officiaulx respondi : « Vous en faut-il parler? » [et s'entreprit de parolles à un des varlés ou ribaus qui là estoient.] Et [leur] dit que il le comparroit, et en donna à l'un d'iceuls une buffe. *Item*, que après ce, lidis varlés, et li autres varlés des officiaulx et des gens l'arcevesque, [de cuisine, d'estable et d'ailleurs] demourans en Palais, s'assemblèrent, et vinrent audit lieu, et batirent de batons que il portoyent aucuns des varlés et ribaus qui là estoyent assamblé, et de tels qui n'avoyent mie esté as choses dessusdites; et les suioyent dedens les maisons, et entre les autres en suyrent un en la maison d'une femme malade, en point que on li donnoit le corps Nostre Signeur. *Item*, que à un autre jour après, li varlés desdis officiaulx, et de l'ostel dudit arcevesque, en poursuiant leur erreur, et en acquémulant mal sus mal, montèrent sur les chevax de l'ostel, et les menèrent à l'iaue, et portoyent bâtons en leur mains, et pendans à leur bras, à lanières, pour encore plus vilener ceuls dont mentions est faite si dessus; et en alant, ou au revenir de l'iaue, trouvèrent un varlet devant le portail Nostre-Dame de Reins, et lors dirent l'un à l'autre : « Vezci un des ribaus qui furent au portail; or à lui ! » *Item*, que quant celui l'oy, il s'enfuy de paour, et

vins, se ce n'est de sa volenté; et se aucuns avoit meffait asdis eschevins, si requerroyent-il audit arcevesque, ou à sa gent, que il les en adresât, et corrigast les désobéissans et meffaisans ; ne de euls il ne les porroyent corrigier. *Item*, à ce que il dyent que pluseurs gens vindrent asdis eschevins demander la bannière as ribaus. — Respondent lidis eschevins, que elle ne leur fu onques demandée, ne baillié, ne lidis arcevesques ne le maintient mie. *Item*, à ce que il dient que deus Cordeliers issirent

de la maison dudit arcevesque, par un huis, qui n'a mie esté acoustumez à ouvrir, pour aller querre lesdis eschevins, pour faire cesser la gent qui là estoyent assamblez. — Respondent lidit eschevin, que onques Cordeliers n'en vinrent parler à euls, mais bien ont oü dire, que II Cordeliers alèrent au baillit dudit arcevesque, et que li baillis manda desdis eschevins; et eu y ala II, sitost comme il oyrent dire, et que lidis baillis envoya Mons. Rogier son clerc en ladite maison l'arcevesque, et ne trouvèrent

num Wafflardi, Jessonum Rousée, Thierricum Cobazille, Baldessonnum filium la Vipe, Thierricum ejus fratrem, Simonetum Wilerique,

entra en une maison ; et lidis varlés de l'ostel l'arcevesque dessendirent des chevaus, et en entra en ladite maison, et li autres envoyèrent querre le tourier qui garde la prison l'arcevesque, et prinrent ledit varlet en ladite maison, et le trayrent hors, et l'enmenèrent en prison. *Item,* que au prendre et mener il fu batus et vilenez, et le picoyent de greffes, et de coustiaus, ès fesses, ès costes, et ailleurs, là où il le pooyent ataindre, tant que li sans en saloit. *Item,* que lidis varlés crioit, et disoit : « Biau signeur, que me « demandez-vous, qui me batez et tuez ? et « je ne vous ay riens meffait. » Et lors li dit lidis touriés : « Je te jeteray en la plus orde « fosse Monsigneur, de si haut comme tu « seras, sens corde, et sens eschielle. » *Item,* que ainsi fu ledit valet batus, et vilenez, et menez, comme dit est; et disoit-on que il estoit mors. *Item,* que li Palais est assis, serré et juignant dudit Parvis. *Item,* que pluseurs des ribaus, et garsons, et jueur as deiz, qui assamblez estoyent en dit Parvis, par l'esmovement de ce que il avoyent veu et oy, vinrent audit Palais, et dirent as gens de léans : « Signeur, on nous a dit que vous « avez prins un varlet, et mis en prison; et « dit-on que il est mors. Monstrés-le nous. » *Item,* que cil qui estoyent en l'ostel le refusèrent à monstrer, et furent les portes de l'ostel fermées *Item,* que cil de l'ostel commancièrent à chacier lesdis ribaus, et à jeter pierres, et en blécièrent aucun, et lansoyent de glayves pardessous la porte ; et fu navrez un des ribaus, d'un glaive en la jambe. *Item,*

lors lidis varlés ribaus s'en partirent, sens ce que il meiffeissent ne navrassent aucun de la mainie l'arcevesque, ne de ceus qui de l'ostel estoyent. *Item,* que ce qui fu dit et fait desdis ribaus, fu fait eschaudeement, hastivement, et sens avis, et sens délibération. *Item,* que les choses dessusdites furent faites après dîner, et en point que les bonnes gens de la ville c'estoyent alez dormir après mengier, et sens ce que il en sceussent riens, devant que tout fu reviez.

« *Item,* que considéré les choses dessusdites, il puet apparoir clèrement que trait ne condempné n'en pueent estre à amande, ne suyr n'en doit ne puet-on le corps ne les eschevins dudit ban, espécialment comme corps ou commun, et si que dit est, pour ce qui s'ensuit : *Primo,* à bien considérer il n'ont riens meffait. *Item,* posé, sens préjudice, que en fait dessusdit peust-on noter meffait, se ne le puet-on attribuer, ne exposer au corps, au commun, ne as eschevins de la ville ; car de raison, et de droit, à ce que on puit dire que uns fais soit fais de corps, ou de commun, et espécialment en ville où il n'a point de commune, ne d'université, il convient que ce soit fait par tous, ou par la plus sainne partie du corps, ou du commun assamblez à ce, et délibération eue ; et autrement n'en puet-on faire demande, ne condempnation ne s'en puet faire, contre le corps, ou commun d'une ville. *Item,* que il appert clèrement, par le vray fait dessusdit, que ce qui fait fu, ne fu mie fait de commun, ne de l'eschevinaige dudit

nélui assaillant, ne à l'entrer, ne à l'issue. *Item,* « ce qu'il dient que li eschevin deirent as officiaus : « Signeurs, rendez ce varlet que vous tenez, ou grans « meschiés en porra venir; car se vous estiez v̊ armures de fer, si ne porrez vous durer. » — Respondent lidit eschevin, que telles parolles ne furent onques dites, ainsois prièrent asdis officiaus qui leur pleust à monstrer à cuis le varlet qu'il tenoyent, par quoy il peussent dire que li varlés estoit en vie, et qui l'eussent veust vif, car on disoit qu'il estoit

mors; lesquels officiaus ne le vausirent monstrer, mais leur dirent qu'il n'estoit mie mors. Et lors s'en partirent lesdis eschevins ; et si tost, comme il trovèrent 11 ribaus qui pour ce fait ont esté puis banni, et qui avoyent fait toute l'esmute et assamblée, si comme l'en dit, lidis eschevins les blâmèrent, et leur dirent qu'il n'estoit mie mors, et qu'il avoyent fait grant outraige, et qu'il le porroyent grossement comparer, afin qui les feissent souffrir, et qu'il deissent as autres qui folement de ceste chose c'estoyent

Remigium Carbonarium, Guillermum OEul de Beuf, Perardum Frisonis, Cochetum Fossarium, Huetum Fotengant, Jessonum Hauzi,

ban, de la plus grant partie d'iceuls, ne par gent d'estat; ne par yaus, ne par délibération; mais fu fait en seursaut, et eschaudéement, par gent de poure estat, assamblez de pluseurs lieus et juridictions, si que dit est dessus, et dont il y avoit petit nombre. *Item*, il puet assez apparoir par ce qui est proposé par les dessusdis procureurs, si comme il est contenu en ladite demande baillié asdis eschevins par la court, en laquelle il maintiennent tant seulement avoir esté dudit fait vi[e] persones; et clère chose est, que en ditban et eschevinaige a x[m] persones, ou plus; et ainsi supposé, sens préjudice, que vi[e] en y eust eu, ce que non, se ne puet-on dire ce avoir esté fait par le commun, ne par la plus grant partie en nombre, ne la plus sainne, comme se fussent gens diffamez, si comme dit est dessus; et par conséquent exposer ne puet-on tel fait audit corps de l'eschevinaige et ban, ne tenu n'en sont; ne trait, ne condempné, n'en pueent estre à amande. *Item*, de raison, commant que li manbre puissent estre puni par le meffait du corps, non pourquant li corps, ne puet estre punis pour le meffait d'aucun des mambres; et donques quant ce qui fu fait par si petit nombre des habitans dudit ban, et qui ne faisoyent mie la vintième partie d'iceuls, il appert que li corps dudit eschevinaige, ne ban, n'en puest estre suis ne punis; considéré encore l'estat de ceux qui ce firent, si comme dit est dessus. *Item*, il appert clèrement par la proposition des demandeurs, que ce fut fait du singular, et non de corps, ne de commun; car il a contenu en leurdite demande, que li ribant alèrent demander leur bannière, et que il y firent celle assamblée. Et ainsi il imposent le fait as ribans; et chacuns puet veoir clèrement que li fait de tels gens ne pueent obligier les bonnes personnes de la ville, espécialment car. il n'est mie maintenu que les bonnes gens, ne lesdis eschevins, leur commandassent à faire. *Item*, partie adverse confesse, et a bien maintenu en sadite demande, que li eschevin ne leur vaurent mie baillier ladite bannière; et donc ne puet-on mie dire que ce fut par yaus, ne qu'il y eust tel consentement par yaus, qui les peust lier en riens. *Item*, en ladite ville n'a point de communauté, mais sont tuit singuler; et donques, par raison, li meffais de l'un ne puet grever à l'autre; et se li corps de l'eschevinaige estoit trais à amande, cils qui courpe n'i ont, seroyent puni pour le fait des autres; ce qui ne puet estre de raison, espécialment pour fait de telle ribaudaille.

« *Item*, on ne puet imposer le fait dessusdit avoir esté fait par le corps de l'eschevinaige : *Primo*, pour ce que il n'est mie maintenu que il ayent fait le fait. *Item*, à bien considérer ladite demande, il ne sont mie suy, ne approchié, ne la demande n'est faite contre yaus, pour chose que il l'ayent fait de fait; mais tant seulement de négligence, et de non user de leur office. Car il est proposé contre yaus, et pour ce sont-il suy, que il deussent avoir résisté et faire cesser ceuls qui firent ce meffait, si comme il dient; la-

meu, qu'il se souffrissent. *Item*, à ce qu'il dyent que li bailli fit crier un ban de par l'arcevesque, que nuns ne feist conspirations, ne assamblées, et que pluseurs s'en moquoyent. — Respondent lidit eschevin, que li bans fu bien criés, et que li eschevin le consillèrent à faire crier, et y furent présent; mais il n'oyrent onques personne qui s'en moquast, et se il l'eussent oyt, si les blamassent-il. *Item*, à ce qu'il dyent, que pluseurs de ladite ville se moquoyent dudit arcevesque, et de sa gent, et que li-dis arcevesques manda les eschevins, et leur dit qu'il vaussissent blâmer, et faire souffrir, ceuls qui telles parolles disoyent. — Respondent lidit eschevin, que aucuns de eus furent bien devant ledit arcevesque, asquels ceste requeste fu bien faite, et direct qui leur pesoit mout de ceus qui ce faisoyent ; et que en une telle ville a touplain de foles gens, et qu'il ne créoyent mie que nulles bonnes personnes deyssent, ne vaussissent dire telles parolles. Et lors dit lidis arcevesques, que il créoit bien que

Colinum le Teigneux, Waldessonnium Bobant, Charletum Goingne-
Obole, et Perardum Crotini, burgenses dicti archiepiscopi, quos, et

quelle négligence, ne deffence, ne puet checir en yaus, en cas qui s'offre, pour ce que dit est, et qui s'ensuit : *Primo*, car si, comme dit est, pour la cause de leur office, il n'ont arrest, prinse, ne contrainte, en ladite ville, ne li habitant d'icelle ne feroyent riens pour yaus, se il ne leur plaisoit; et donques quant li faire ne chiet mie en leur office, on ne puet dire que li non faire soit négligence, ou abusé d'office. *Item*, de raison, quant en faire une chose puet avoir meffait, et que celi qui le feroit en pouroit estre trais à amande, il s'ensuit de droit, que du non faire il ne puet estre punis. Et ainsis est ou cas qui s'offre ; car se lidit eschevin eussent prins et enprisonné, ou contrains, les ribaus dessusdis, il eussent ab[usé]; car ce ne chiet mie en leur office, car se ne sont que privées personnes quant à ce; et de ce les peust lidis arcevesques.... traire à amande et donques par le non faire, à amande ne les puet-on traire, ne yceuls condempner en riens. *Item*, supposé, sens préjudice, que ce cheist en leur office, ce que non, se ne les en puet-on suir ; car si, comme dit est, ce qui fait en fu, fu fait si en seursaut, hastivement, et eschaudéement, sens délibération, que il ne le sceurent, ne peurent savoir, devant ce que la chose fu départie; mesmement, si que dit est, ce qui en fu fait, fu fait de telle heure, que il, et les bonnes gens, estoyent alé, ou devoyent aler, dormir après mangier; ne il ne pooyent mie adaviner, ne peussent, ne tenu n'i estoyent, que tel chose avenit; et ainsi autre remède n'i peussent

mestre, supposé, sens préjudice, qui le sceussent; et donques ne puet-on dire que il ayent meffait; par quoi tenu ne sont d'amander au roy, ne à autrui. *Item*, que de droit, auquel usaige et coustume ne sont mie contraires, toutesfois quant injure, ou meffais aucun, se dit estre fais à une persone, et li injuriés recongnoit et confesse que cils qui en porroit estre suppessonnez et suy, n'ont courpes en fait, et que riens ne leur en demande-on, de [*sic*, ne?] doit demander, et que bien sceit que ce n'i a mie esté par auz, toute l'action et li meffait, se aucun en y avoit, leur est remis, ne depuis n'en pooit estre suis de luy, ne d'autrui, pour la cause de lui, ne trait, ne condempné à amande ; et raison escripte s'i accorde, disant que tels choses, ainsis remises, sont si estaintes que depuis ne puent revivre, ne estre ravivées, ne poursuite n'en puet estre faite. *Item*, que après le fait dessusdit fait, lidit eschevin alèrent pardevers ledit arcevesque, et dirent que mont leur pesoit de ce qui fait avoit esté, et que riens n'en savoyent. Et lors lidis arcevesques respondi, que il savoit bien que ce n'estoit mie par yaus, ne par la bonne gent de la ville, et que il ne leur en demandoit riens; et que par les merdailles des villes esmouvoyent mout de hutins, et estoyent fait, là où les bonnes gens n'avoyent courpes. Et seur ce se départirent de li, lidit eschevin, par bonne amour; pour quoi il appert que toute action, rancune, et autre chose qui peust avenir pour ledit fait, fu remis et estaint; et que lidis arcevesques n'a

gens de bien ne d'estat ne disoyent mie tels parolles, et que par telles merdailles venoyent li hutins en bonnes villes, et qu'il n'en mescréoit de riens les eschevins, ne nulles bonnes persones de la ville. Et lors li eschevin devrent, présent pluseurs persones, et a pluseurs persones de la ville, que l'arcevesques et sa gent disoyent que la gent de la ville se moquoyent de eus, et que c'estoit mal fait, et que on se souffrit de telles parolles dire; et pour ce ne s'ensuit-il mie que tuit cil que lidit eschevin blas-

ment de leurs folies, se doyent souffrir de leur foles enprises par leur blasmement; car c'il ne le vuellent faire, ne les y puellent-il contraindre.

« *Item*, il n'appert mie que lidit eschevin soyent courpables ne consentent dudit fait, ne qu'il vauxissent de riens déporter, soustenir, ne conforter ceus que li arcevesques vueut occoisonner dudit fait.
— *Primo*, pour ce que au jour que lidis fais fu fais, il n'avoyent courrous, hayne, ne descort audit arcevesque, ne à sa gent, ne ont encores; mais

eorum bona, dictus archiepiscopus detinebat contra punctum carte dictis scabinis super hoc concesse, ut dicebant, et si ipse, debite requi-

cause de suir lesdis eschevins, ne le corps de l'eschevinaige dudit ban, ne condempné n'en doyvent estre envers li en amande.

« *Item*, il appert par les raisons dessusdites, que le procureur du roy n'en puet faire demande, ne avoir amande; mesmement car puisque li arcevesques, qui principas estoit de ce fait, n'en peust suir, comme tout fut et soit estaint, si comme dit est, et avant que demande en ait esté faite; li procurères du roy qui n'a, ne ne puet avoir, fors pour et de par ledit arcevesque, cause de suir en cas présent, n'en puet faire demande, ne avoir amande pour ledit fait; et ainsi absols et délivré en doyvent estre. *Item*, ne doit movoir ce qui proposé est par les procureurs du roy, et dudit arcevesque, que le roy no sire doit avoir la correction et punicion du fait dessusdit, pour ce qu'il est en la garde du roy, et que li fais fu fais à armes, etc. Car de la congnoissance n'est mie question quant à présent; mais quant à avoir amande du corps du ban et de l'eschevinaige de la ville de Reins, ly roys nos sires, ne lidis arcevesques, n'en pueent avoir amande, car il n'ont riens meffait, si comme il appert par les raisons dessusdites; mesmement, car il ne sont mie suy, ne demande ne leur a esté faite, pour cause de meffait, mais pour négligence tant seulement, si comme il appert par lesdites demandes. Et sauve la grâce des proposans, au faire ce qui fait en fu, n'eust gens d'armes, ne gens armez, ne armeures, excepté un qui avoit une espée si, comme on dit; et ainsi on ne puet dire que ce fu fait à armes; et posé, sens préjudice, que à armes eust esté fait, ce n'en puet-on encourper ne causer le corps dudit eschevinaige, ne les eschevins; car si comme dit est dessus, ce n'est mie leur fais; ne imposer ne leur puet-on, mesmement car mout seroit grant inconvénient, se pour le fait d'icelle gent, qui n'estoyent fors garson ribaut, l'autre bonne gent de la ville estoyent encourpé, ne grévé, ou damaigié, ne il n'en demourroit nul en la ville qu'il ne fut péris, se ainsi estoit; car en celle ribaudaille n'a point de raison; et seroyent tuit liet souvent, se il pooyent les bonnes gens grèver pour leur fait.

« *Item*, ne doit movoir ce que dient lidit procureur que au fait eust vi^c hommes, ou plus; sauve la grâce du proposant, il n'est mie ainsis. Et posé, sens préjudice, que tant en y ait eust, si appert-il, par les raisons dessusdites, que on ne puet dire que ce soit fais de commun, espécialment en tel ville où il a si grant fuison de peuple, et si grant fuison de bonnes personnes, comme il a en ladite ville de Reins, qui ne furent mie au fait, ne de riens n'i aidièrent, si que dit est; pour quoi, etc. *Item*, ne doit movoir ce que il dirent, que ce fu fait par conspiration, et assamblées, par II jours, ou par III; et que li eschevin le savoyent, ou pooyent bien savoir, etc. Car, sauve la grâce desproposans, il ne fut mie ainsis; ainsois fu un fais, et chaude mellée, et hastive, sens délibération, si comme dit est dessus; et posé, sens préjudice, que il eussent fait aucune assamblée, si n'en sceurent riens lidit esche-

li voloyent, et encore vuellent, et bien et honneur. *Item*, pour ce que ceus que il tenoit en sa prison, pour ledit fait, lidit eschevin, combien qu'il ne sceussent mie qu'il en fussent courpables, et qu'il fussent tenu à pourchacier leur récréance, si les laissièrent-il sens euls pourchacier pardevers la court, par VII semainnes, laquel chose lidit eschevin n'eussent mie fait, c'il fussent consentant dudit fait; ainsois eussent plus hastivement pourchaciet leur délivrance. *Item*, pour ce qu'il dirent à l'arcevesque que cil qui estoyent principal dudit fait, et qui pour ledit fait estoyent banni, et hors du pourchas desdis eschevins, pour cause dudit bannissement qu'il soustenoyent, estoyent souvent en l'église Nostre-Dame, et n'i porroyent aler ne venir que parmi sa terre, et que sa gent les porroyent bien panrre, et avoir, se y leur plaisoit; dont li uns fu prins et justiciés à Reins, par la gent dudit arcevesque, sens ce qu'il acusat dudit fait les eschevins, ne autres de la ville; lesquels choses les eschevins n'eussent mie consillié

situs, de ipsis recredenciam non faceret, dictus baillivus illam per manum nostram tanquam superiorem faceret, dictus baillivus Colardo

vin, ne par yaus ne fu fait. *Item*, que se li eschevin avoyent sceue l'assamblée, ce que non, si ne sceurent-il onques, qu'il fussent assamblez pour faire aucun excès. *Item*, ne doit movoir ce que dient lidit procureur, que lidit eschevin en furent consentant, etc. Car il ne le sceurent onques; ne n'est mie consentemens en tel cas, qui est sens loer et sens faire ayde à ceus qui meffont, ne n'en portent mie punition. Et ainsi pour dire que li eschevin ce consentirent, ne puet-on avoir amande d'iaus, ne il ne firent, ne firent faire le fait, ne par yaus ne fu; et espécialment il n'avoient pooir du résiter, ne à leur office n'appartenoit, si comme dit est dessus, mais au baillit, et as gens dudit arcevesque; et ceuls en doit-on suir, et non autrui. *Item*, ne doit movoir ce que dient lidit procureur, que lidit eschevin les deussent avoir blâmez, et que il obeyroyent à tout quanque il vaurroyent dire; car, sauve la grâce des proposans, en tel cas li habitant ne feroyent riens pour yaus, se il ne leur plaisoit; espécialment, car si, comme dit est, il en y avoit la plus grant partie de ceuls qui firent ce que fait en fu, qui n'estoyent mie du ban l'arcevesque si comme dit est; et plus, nuns n'est astrains de blâmer le meffaiteur, se il ne li plait, ne en tel cas amande, pour non blâmer, n'i puet estre, mesmement comme il n'i ait autre contrainte, ne pooir, que de blâmeir tant seulement; pour quoi, etc. *Item*, ne doit movoir ce que dient lidit procureur, que lidit ribaut alèrent as eschevins, demander leur bannière, etc. Sauve la grâce

du proposant, il n'avint onques; et posé, sens préjudice, qu'il fut ainsi, si ne puet-il nuire as eschevins, car li dessusdit procureur congnoissent en leur demande, que il ne leur vaurent mie baillier; et ainsis auz-meymes les excusent de ce qui fait en fu, ne il ne s'ensuit mie pour ce, posé qui la demandassent, que li eschevin sceussent ne peussent savoir qu'il vaussissent aler en la maison dudit arcevesque; et par ce ne puet-on dire, que li soyent compangnon, ne consentant, du meffait; pour quoi, etc. *Item*, ne doit movoir ce que dient lidit procureur, que les officiaulx, et les gens dudit hostel [de l']arcevesque, eussent envoyet querre les eschevins liquel vinrent et entrèrent en la maison par entrée secrète, et leur fu requis que il feissent cesser celle gent; liquel respondirent que il délivrassent un prisonnier qui estoit compains as assaillans, ou il aroyent grossement à faire, etc. Car, sauve la grâce des proposans, il ne fu mie ainsi; mais bien fu voirs que li clers du baillit de Reins, vint querre ii des eschevins, en leur hostiex, et dit que li baillis les mandoit, et il qui en grant [hâte?] estoyent, et sont, et aussi sont et ont esté li autres tuit, d'obéir à Monsigneur l'arcevesque, et à ses gens, se levèrent tantôt de leur lis où estoyent alez pour dormir, s'en alèrent avecques ledit clerc. *Item*, lidis clers les mena ou Palais, en quel il trouvèrent lesdis officiaulx, qui dirent asdis eschevins que pluseurs personnes avoyent esté devant ledit Palais, et requis un de leur compangnon qui estoit en prison, et avoyent

se il en fussent coupables, ne se il en sceussent riens. *Item*, par ce que uns autres desdis baunis pour ce fait, fu pris et menez en la prison l'arcevesque, et fu mors en ladite prison; et bis ii estoyent et furent principauls dudit fait, si comme lidit eschevin l'out entendu. *Item*, toute la ribaudaille par qui ledit fait commansa, ne gens de leur condition, ne sont mie tuit bourjois du ban dudit arcevesque, ainsois en y a du ban de chapitre, du ban Saint-Remy, et pluseurs forains qui pour gau-

gnier leur vie viennent a ladite ville, et pluseurs hourliés qui maintiennent femmes, et en vivent, lesquelles sont en la garde au prévost, et au mayeur dudit arcevesque; lesquelz en prennent et ont rachas; et par telz gens montent pour la plus grant partie li hutins en ladite ville, liquel ne feroyent riens pour les eschevins, ne n'i obeiroyent, et non feroyent li autres c'il ne leur plaisoit. *Item*, on ne doit mie penser ne croire, que lidit eschevin vaussissent en riens soustenir ne conforter telles ribau-

Patequin, servienti nostro prepositure laudunensis, dictarum litterarum nostrarum execucionem faciendam commisit; et quia dicti scabini volu entrer par force, et qu'il y meissent remède, à ce que punition en fût faite. Et lidit eschevin respondirent, que il n'en avoyent riens sceu, et qu'il blâmeroyent yceuls, et que mout leur en pesoit, et qu'il meterovent leur pooir à ce que punition en fût faite; et sus ce s'en partirent, et alèrent paller au baillit. *Item*, que quant li doy dessusdit eschevin vinrent en Palais, et quant il s'en issirent, cils qui avoyent esté devant ycelui s'en estoyent partis, et n'y eust puis bouté ne sachié d'une part ne d'autre. Et après ce lidis eschevin trouvèrent aucuns de ceus que on disoit qui avoyent esté à ce fait, lesquels il blasmèrent tant qu'il peurent, et dirent que il aroyent à souffrir de ce que fait avoyent; et autre chose n'en pooyent faire, pour ce qu'il ne cheoit mie en leur office, si que dit est. *Item*, supposé, sens préjudice, que lidit eschevin eussent dit asdis officiaulx, en la manière que li dessusdit procureur maintiennent, si ne porroit ce grever en riens; car de raison nuls n'est obligiés de donner consel, et si le donne en bonne foy, nulle painne n'en doit porter; mais garde cils qui ce conseille, se li consaus li samble bons, si le face, se non si le laisse. Et ainsi se li dessusdit doi eschevin avoyent loé asdis officiaulx ce que il dient, en bonne foy le loèrent; et ainsi amande ne s'en porroit ensuir, espécialment contre le corps de l'eschevinaige dudit ban, qui par tel voye ne puet estre carchié, ne obligié, si comme dit est dessus; pour quoi, etc.

« *Item*, il ne doit movoir ce que dient lidit procureur, que audit meffait et assaut eust dailles, car il est cler à veoir qu'il n'i porroyent avoir que honte, vilenie et damaige, et à euls-meymes porroit-il estre grans péris plus que audit arcevesque. — *Item*, quant li prisonniers furent menez en la prison l'arcevesque, à VII Sauls,.... pour ce qu'il ne voloyent dire ce que la gent l'arcevesque voloyent que il deissent, furent jetez en la fosse; et y demourèrent lonc-temps, et ainsis l'ont raporté aucuns desdis personnes.—*Item*, à ce que il dyent IIII ou V eschevins de la ville, etc. Car, sauve la grâce des proposans, à ce qui fait en fu n'eust eschevin, ne personne de par yaus; et posé, sens préjudice, que il en y eust eu quatre, ou cinc, si ne deveroit estre li corps de l'eschevinaige dudit ban carchiés en riens, par ce qui s'ensuit : *Primo*, car, si comme chacuns puet savoir, cils qui est en office a II chose et II estas en li : l'un qui regarde l'office, l'autre qui regarde sa privée et singulère personne; et de droit, et de raison, chose que officiés face hors de son office, et especialment chose qui en son office ne puet cheir, cilz à cui il est officiés n'en puet, ne ne doit estre carchiés en riens. Et ce voit-on avenir souvent; car se uns baillis, prévos, ou sergens d'un signeur, bat, navre, ou fait autre malefaçon semblable, l'en sieut le faisant, et non pas le signeur. Or dient lidit eschevin, que supposé, sens préjudice, que aucun de l'eschevinaige eussent esté audit fait, ce que non, si n'i furent-il mie comme eschevin, ne envoyés du corps de l'eschevinaige, ne ce n'est mie fais d'office; et ainsi comme privée et singulère personne y avoyent esté, et sui en deveroyent estre, et non le corps, ne l'eschevinaige dudit ban, qui pour tel fait ne puet estre carchiés, ne tenus, si que dit est dessus; pour quoi, etc. *Item*, si comme dit est dessus, selonc droit, à ce que corps, collége, universitez, puit estre tenue ne traite à amande pour meffait, [il faut ?] que par tout ceuls du corps, du collége, et de l'université, ou par la plus grans et la plus sainne partie assemblée pour ce, soit meffais fais, ou de leur com-

que li fais fu fais à bien V^e hommes d'armes, à glayves, et espées, à aubalestres, et autres pluseurs armeures. — Respondent lidit eschevin qu'il n'oyrent onques dire que à ladite assamblée eust nulles gens d'armes, ne armeures, telles comme dessus est dit; ainsois estoyent ribaudaille uns et deschaus, fors que uns tout ceul qui avoit une espée, qui puis a esté bannis, et prins pour ce fait, et a esté justiciés depuis par la gent dudit arcevesque. »

conquerebantur dictum servientem recredencia[m] de dictis prisionariis facere noluisse, dicto baillivo mandavimus iterato quod ipse, juxta mandement; ne la maure partie des manbres ne puet obliger le corps, et clère chose est que ou corps de l'eschevinaige de Reins a xii eschevins, et lidit procureur maintiennent que il n'en y eust que v, liquel ne pooyent représenter tout le corps en ce fait, ne ce n'estoit la plus grans ne la plus sainne partie; et donques pour leur fait, li corps ne puet estre tenus, mesmement comme il ne soit mie maintenu que li autres les y envoyassent, comme eschevin; ne il ne fu ainsi; pour quoi, etc.

« *Item*, ne doit movoir ce que dient lidit procureur, que li quatre eschevin dessusdi eussent bien destourbé le fait, se il vaussissent, car il estoyent si maistre de ceuls qui le firent, que il ne leur fausit fors avoir dit que il se souffrissent, etc. *Primo*, parce que il n'i furent mie, et par les autres raisons dessusdites, et par ce chacuns puet veoir clèrement que si grant esmuette eust esté de si grant nombre de gent, comme lidit procureur dient, li parlers de iiii personnes, ou de v, n'i peust avoir riens fait; et peu de gent sont qui tel chose aussassent entreprendre, en cas où il y aroit tel commotion, se telle fu comme li procureur dient, ce que lidit eschevin ne confessent; ne li consentemens qu'il allèguent ne fait riens, car de droit tels consentemens, qui n'est mie consentemens, ne lie mie, mesmement en cas où on n'a pooir de réciter; et ainsi est-il en cas présent, si comme il appert par les raisons dessusdites; pour quoi, etc. *Item*, ne doit movoir ce que il dient que li baillis de l'archevesque fu chaciés, etc.; car, sauve la grâce des proposans, ce ne fu mie fais. Et supposé, sens préjudice, que il fût ainsi, se ne le virent ne sceurent lidit eschevin, ne présent n'i furent, et mesmement tels nombres qui peust réciter as chasseurs, ne par telle manière qu'il peussent obliger le corps; et ainsis par les raisons dessusdites li corps de l'eschevinaige dessusdis ne puet estre tenus en riens; pour quoi, etc.

«*Item*, ne doit movoir ce que lidit procureur dient, que après ce fait les gens de l'arcevesque, et li varlet, aloyent aval la ville, mener leur chevaus à l'iaue, et que li menus communs de la ville jetoyent pierres et bâtons pardevant euls, pour les chevax faire abuchier, et disoyent : « Estes-vous à l'arcevesque de « pois et de fèves? » et autres injurieuses parolles, etc. Car à telle chose lidit eschevin ne furent onques, ne n'en sceurent riens. Et se aucune chose en fu dit, ce ne fut mie dit par yaus. *Item*, que quant lidit eschevin alèrent parler audit monsigneur l'archevesque, et ses choses furent dites et récitées devant yaus, il dirent que de tout ce ne savoyent-il riens, et que ce aucune chose en avoit esté fait, ne dit, ce n'avoit mie esté par yaus, ne par les bonnes gens de la ville. Et li arcevesques leur respondi, qu'il savoit bien que li eschevin, ne la bonne gent de la ville, n'avoyent ce fait, ne dit, et que il ne les en mescréoit ne demandoit riens; car il savoit bien que ce n'estoyent fors merdaille qui ainsis parloyent. Et ainsi appert-il que suir ne les en puet-on à présent, mesmement, car supposé, sens préjudice, que en aucune chose en peussent avoir esté suy devant, si fu-il remys et estaint, si comme il appert, par les choses autrefois dites si dessus. *Item*, que quant lidit eschevin se furent partis dudit arcevesque, et il vinrent en la ville, il dirent à pluseurs persones de la ville, que li arcevesques se doloit de ce que aucuns se moquoyent de li et de sa gent; et dirent bien que se on le faisoit, ce seroit mal fait, et que ce on savoit qui ce avoyent fait, il en seroyent puni bien et grossement; et en firent leur pooir du blâmer, afin que tels choses ne fussent faites, ne dites. Et ainsis on ne puet dire que ce soit leur fais, ne tenus n'en sont en riens; pour quoi, etc. *Item*, ne doit movoir ce que dient lidit procureur, que lidit eschevin dirent depuis le fait fait à l'arcevesque, que il meist sa gent en tel point que il se teinssent en pais, ou il estoit doute que grans meschiés n'en veint, etc. Car, sauve

priorum continenciam litterarum, in deffectu dicti archiepiscopi, juxta tenorem dicte carte de qua liqueret, dictam recredenciam fieri

la grâce des proposans, lesdis eschevins ne li parlèrent onques, ne ne dirent, pour ce fait; mais puet estre que grant pièce devant, les gens de l'arcevesque qui estoyent en son chatiaul de Portemars, alèrent en la maison d'un fèvre de la ville pour querre un vallet qui disoyent estre léans, qui avoit féru un de leurs compaignons; et commant lidis fèvres afferma qu'il n'estoit mie léans, il brisièrent les huis des chambres, des selliers de la maison, et firent pluseurs violences; et pour ce que li fèvre en parla, il fu bien batus. Et pour ce fait lidit eschevin supplièrent ledit arcevesque que il repreist sa gent, et que il les feist tenir en pais; et supposé que il li deissent que se il n'estoyent en pais, que maus en porroit venir, si ne se seroyent-il en riens meffait, car chacuns doit loer et voloir pais, et bien appartenoit à yaus de ce suppliier à leur signeur, espécialement que en ladite ville a pluseurs personnes de diverses conditions, et qui ne regardassent mie à raison, se on leur meffeist aucune chose. *Item*, supposé, sens préjudice, que il l'eussent dit en la manière que li dessusdit procureur maintiennent, si ne pourroit-on mie conclure pour ce que il fussent courpables de ce dont il sont suy, ne que il eussent riens meffait. *Primo*, par ce que dit est dessus, et par ce que en amonester chose qui tourne à pais n'a point de meffait; et mesmement il estoit notoire en la ville que ce qui fait avoit esté, avoit esté fait par la courpe et outraige des varlés dudit arcevesque, et ainsis il avoyent cause de doubter que autre esmuète samblable n'avenist ; que, si supposé que il le deissent à l'arcevesque, si ne meffirent-il riens, mais firent bien; pourquoi, etc. *Item*, ne doit movoir ce que dient lidit procureur, que li arcevesques manda les eschevins, et leur requist que par le serement que il avoyent à luy, que il le consillassent qu'il avoit à faire de ce fait, et riens ne l'en vaurent dire; mais dirent parolles qui sentoyent que li meffaiteur avoyent droit; et par ce vuellent lidit procureur conclure que lidit eschevin soyent parsonnier du meffait, etc. Car, sauve la grâce des proposans, il ne fu mie du tout ainsi; mais bien puet estre que li arcevesques leur requist que il le consillassent, et il respondirent finablement, que il avoit assez de bon consel, et de plus saige que il n'estoyent, et qui miex que aus li saroyent donner consel; et aveccques ce, que la congnoissance et li jugemens de ce fait appartenoit à yaus, et ainsis, de raison, consillier ne le pooyent, ne devoyent, en ce cas, car il se mefferoyent, et en seroyent blâmez; et porroit-on dire que se il en avoyent consilliet, que il en aroyent perdut leur congnoissance et le jugement; et donques pour celle response qui telle fu en substance, et non autre, ne puet-on dire que il soyent parsonnier du meffait. Et supposé, sens préjudice, que il en eussent respondu en la manière que dient li dessusdit procureur, si ne puet-on conclure contre yaus par ce, qu'il soyent parsonnier dudit fait; car il ne s'ensuit mie pour ce, se il ne le consillièrent, ou se il desblâmarent ceuls que on trouvoit courpables du fait, ce que il ne firent mie, que pour ce il feissent, ne feissent faire, ledit fait; et ainsis celle manière de supposition ou présumptions allignées contre lesdis eschevins, ne leur puet grever en riens; pourquoi, etc.

« *Item*, ne doit movoir ce que dient lidit procureur, que lidit eschevin se sont efforcié de délivrer ceuls qui prins estoyent pour ledit fait, etc. Car, sauve la grâce des proposans, il n'est mie ainsis, mais le pourchas qu'il ont fait, et font, s'a esté, et est, afin que il eussent la congnoissance et le jugement dudit fait, et desdites persones, et le doyent avoir par le point de leur chartre, et par la saisine où il en sont; et se il ont requis que les persones retenues fussent recréues, ce ne leur griève en riens, car il sont tenu par leur serement de tenir, garder, et enplir les poins de leur chartre; et il entendoyent, et encore font, que il devoyent estre recréust par le point de leur chartre; et en la manière dessusdite l'ont-

faceret, præfatus serviens noster, a predicto baillivo ad exequendas dictas litteras deputatus, vocato coram se baillivo dicti archiepiscopi,

il requis et poursuy, et non autrement. Et ainsi on ne puet dire que requis il en ayent la délivrance desdites persones ; supposé, sens préjudice, qui l'eussent fait, se ne puet-on mie dire, ne conclure pour ce, que il fussent courpables du fait ; pour quoi, etc.

« *Item*, il appert par autre raison que on ne puet dire contre yaus par présumptions, ne en autre manière, que li fais fu fais par yaus, ne de leur volenté, ne que il vaussissent porter, ne délivrer ceuls qui ce firent. *Primo*, par ce que au jour que li fais. fu fais, il n'avoyent courrous ne hayne audit arcevesque, ne à ses gens, ne n'ont encore ; mais li voloyent, et encore vuellent, bien, honneur, service et obéissance à leur pooir, et tousjours feront, se Diex plaît. *Item*, jà soit ce que, par leur serement, il fussent tenu de requerre, par vertu de leur chartre, la récréance des retenus en prison pour ledit fait, et mesmement car il n'estoit mie sceu qu'il en fussent courpable, nonpourquant si les laissièrent-il vii semmaines, ou plus, avant qu'il en pourchassassent riens ; laquel chose il n'eussent mie fait, mais eussent pourchacié tost et hastivement leur délivrance, se il fussent courpable du fait, ou si les vaussissent délivrer, ainsi comme on leur met sus. *Item*, il consillièrent au baillit l'arcevesque, que il feist crier que aucuns ne fust si hardis, sus la hart, qui feist assemblée, geude, ne conspiration en ladite vile, ne fu li cris, bans et deffence, faite par leur consel, laquel chose il n'eussent mie faite, se il vaussissent audit arcevesques, ne à ses gens, mal, vilenie. ne damaige. *Item*, il divent audit arcevesque, que deus garsons qui souppessonnez et bannis estoyent pour le fait, et hors loy pour le ban, estoyent souvent en l'église Nostre-Dame, en laquelle il ne pooyent aler, fors parmi sa terre, et ainsis les pooit bien faire panre, se il voloit ; et par leur ensaignement furent prins, dont li uns fu mors en prison, et li autres fu justiciés par ses gens, et de riens n'encourpèrent lesdis eschevins, ne les autres bonnes gens de la ville, ainsois dit cils qui justiciez en fu, que, en l'âme de lui, et sus la mort que il attendoit, que lidit eschevin, ne la bonne gent de la ville, n'avoyent courpes endit fait, et qu'il ne savoyent riens dou fait, ne de l'esmuette, telle comme elle y fu. *Item*, cil qui furent au fait estoyent ribaudaille, ne n'estoyent mie du ban l'arcevesque, mais de divers bans, et pluseurs forains, qui pour gangnier viennent en la ville ; et ainsi on ne doit mie panser que ce fut par lesdis eschevins, ne par le commun du ban l'arcevesque, ne que li eschevin vaussissent porter leur fait. Et ainsi n'est-il mie semblable chose à veoir, ne présumption n'i pooit cheir, de raison ; car on pooit veoir clèrement que il n'i pobyent avoir que honte, vilenie, et damaige ; et plus seroit grans péris à yaus que audit arcevesque. *Item*, quant lidit prisondier, desquels li eschevin demandoyent la congnoissance et le jugement, furent menez en la prison l'arcevesque, à Sept-Sals, il furent examiné chacuns par lui seul, et leur disoit-on : « Se vous volez estre délivré, dites que ce vous a fait faire, et consiliet à faire, un *Tels* bourjois de Reins » ; et le nommoyent les gens l'arcevesque ; « et se « vous ne le volez dire, nous vous jeterons « en fons de la fosse. » Et pour ce qu'il ne vaurent dire, il furent jetez en la fosse ; et ainsi appert-il que les gens l'arcevesque n'avoyent mie entention que ce fût fais d'eschevinaige, ne de commun ; et donques cause n'ont de suir lesdis procureurs, ne tenu n'en sont, ne condempné n'en doyent estre li corps ne l'eschevinaige de ladite ville. *Item*, que des choses dessusdites est vois et commune renommée en ladite ville *Item*, que lidis arcevesques a congneues et confessées les choses dessusdites estre vrayes, en tout, ou en partie. Et des choses dessusdites qui en fait chient, offrent lidit eschevin à prover leur entention, tant que souffire devra ; et nient les fais de partic

DE LA VILLE DE REIMS. 453

precepit eidem quod ipse faceret recredenciam de predictis personis que in prisionariis (*sic*) dicti archiepiscopi tenebantur, et bonis ipso-adverse, se aucuns en y avoit qui de droit feissent à recevoir, en tant comme il seroyent contraire ou préjudiciaus as leurs.

« Plaidiet en parlement, l'an M. CCC XXVII. »

Ce sont les articles des eschevins de Reins, contre révérent père en Dieu l'arcevesque de Reins, pour le fait du Palais l'arcevesque.

« A celle fin, nos signeurs tenans le parlement, que vous pronunciés, par vostre sentence, que li esplois fais par Robert de la Cousture, sergent du roy nostre sire, en la prévosté de Laon, pour et à la requeste des eschevins du ban de révérent père en Dieu monsigneur l'arcevesque de Reins, encontre ledit arcevesque et son baillit, en metent au nient la sentence que li baillis doudit arcevesque avoit donnée et rendue, sens le jugement des eschevins dessusdis, tant en délivrant, absolant ou condempnant, Jesson Bobant, Herbin Wafflard, Jesson Rouzée, Thierri Cobazile, Baudesson fil la Wippe, Thierri son frère, Simonnet Willerique, Remi le Charbonnier, Guillaume Yeux-de-Buef, Perrart le Frison, Cochet le Fossier, Huet Foutengant, Jesson Hauzi, Colin le Tignex, Baudesson Bobant, Charlet le Gaingne-Maille et Perrart Crotin, liquel estoyent tenu en la prison doudit arcevesque, pour ce que on leur metoit sus que il avoyent esté à assaillir la maison dudit arcevesque à Reins, et fait pluseurs méfais a ses gens; soit pronunciés bien et deuement fais, et demourant en sa vertu, en la manière que fait fu par ledit sergent; et que par vostre sentence soit dit et pronuncié, que lidis arcevesques, et ses baillis, ne puist faire jugement en sa court, en tel cas, ou en semblables, se ce n'est par les eschevins du ban dudit arcevesque; et que lidit eschevin soyent tenu et gardé en leur saisine, d'avoir la congnoissance et le jugement de tels cas, et de semblables, toutesfois que il y avenront; et que lidit eschevin soyent tenu et gardé en leur saisine de faire mestre au nient par le roy no sire, et par ses gens, les sentences, jugemens et esplois fais par ledit arcevesque, ou par ses gens, sens le jugement desdis eschevins, en telz cas et en semblables, et li rois no sires, en saisine de avoir ceste congnoissance; et que ce qui a esté fais encontre lesdis eschevins, et leur saisine, par ledit arcevesque, et contre les poins de la chartre desdis eschevins, confermée des roys de France, soit mis au nyent du tout; et que lidiz arcevesques soit condempnez ès despens desdis eschevins, fais, et à faire en ceste cause : — dient et proposent lidit eschevin, encontre ledit arcevesque, les fais et les raisons qui s'ensuient, en faisant protestacion que contre un arrest de la court * donné nouvellement, qu'il n'entendent à aler, ne à riens dire en tant comme il se porroit estendre, par raison, contre lesdis eschevins.

« Premièrement. . . . .

« *Item*, que li fais dessusdis fu fais par hastiveté, par chaude méllée, et en seursaut, si comme dessus est dit, et sens trayson.

« *Item*, que pour souppesson doudit fait furent pris et mis en la prison dudit arcevesque les personnes dessusdites, et furent grant pièce détenus en prison, et furent pris puis ledit fait, li uns IIII jours après, li autres VI, li autres VIII, ou environ, et puis li uns ci, et li autres là.

« *Item*, que il estoyent en temps que ladite prinse et détencion estoit, bourgois et habitant du ban dudit arcevesque, et de l'eschevinaige dudit ban, et demourant en sa justice.

« *Item*, que les dessusnommez nyoyent que il fussent courpables dudit fait, et s'en

---

* Il s'agit sans doute ici de l'arrêt du 13 mai 1327; et ce passage, rapproché du rôle des causes de l'échevinage qui est antérieur au 7 janvier 1329, et où il est question du factum que nous publions ici, prouve que ce factum est de la fin de 1328.

rum propter hoc captis; et licet idem baillivus respondisset eidem, quod ipse non tenebatur facere dictam recredenciam, pro eo quod offroyent à deffendre pardevant juge compétent.

« *Item*, que asdis eschevins appartenoit et appartient la congnoissance et le jugement de tous cas et persones dessusdites, exceptés tant seulement murdre, larrecin, et trayson notoires et manifés.

« *Item*, que considéré la manière dou fait dessusdit, il n'i avoit murdre, larrecin, ne trayson, comme selonc la général et notoire coustume dou royaume de France uns fais qui avient par chaleur, ou par chaude mellée, si comme dessus est dit, et tels comme li fais dessusdis fu, ne puit estre dis trayson, pour quoi la congnoissance, ne li jugemens, ne pooit, ne devoit, appartenir audit arcevesque; mais convenoit que lidit eschevin congneussent et jugassent les persones dessusdites.

« *Item*, que supposé, sans préjudice, que en fait dessusdit peust avoir aucune trayson, ce qui n'est mie, puisque les persones dessusdites nioyent ledit fait, et s'en voloyent deffendre, li fais estoit doubteus enver yaus, et n'estoit notoire ne manifest que il eussent fait ledit fait, mais estoit obscur; et par conséquent la congnoissance et le jugemens en appartenoit, et appartient, par ce que dessus est dit, ansdis eschevins, et non audit arcevesque.

« *Item*, que lidit eschevin requirent, ou firent requerre, ledit arcevesque, ou son ballit, et ciaus qui gouvernent sa jurisdiction temporelle, que il recréussent lesdis bourjois, et que il envoyassent la congnoissance de ladite cause pardevant lesdis eschevins, comme li cas pour lequel il estoyent tenu n'estoit ne n'est murtre, larrecin ou trayson.

« *Item*, que supposé, sens préjudice, que en fait dessusdit eust murtre, larrecin ou trayson, ce qu'il n'est mie, si estoit-il doubteus, et non notoires et non manifés,

que les persones dessus nommées en fussent courpables; pourquoi la congnoissance et li jugemens en appartenoit et appartient ansdis eschevins, et offroyent à monstrer souffissanment toutes les choses dessusdites.

« *Item*, que li baillis dudit arcevesque, ou ses lieustenans, le refusa à faire, et ne les vaut recroire, ne renvoyer ladite cause à la congnoissance ne au jugement desdis eschevins.

« *Item*, pour ce que li baillis dudit arcevesque les refusa à recroire et mestre au jugement d'eschevins, lesdis eschevins se trayrent pardevers la court, et s'en dolirent pardevers le roy no sire.

« *Item*, que il empétrèrent lettres adreciés au baillit de Vermandois, contenans que ledit baillit requist ledit arcevesque de faire la récréance asdis prisonniers, selonc la teneur de leur chartre....., et se ledit arcevesque, deuement requis, ne faisoit ladite récréance, que ledit baillit la feist par la main du roy no sire, comme par main souverainne.

« *Item*, que ledit baillit commit l'exéqution de ladite lettre à un sergent c'on appelle Colart Patequin, sergent le roy en la prévosté de Laon, lequel sergent requit ledit arcevesque, ou son baillit, qu'il feist ladite récréance; et pour ce qu'il ne la vaut faire, lidis sergent mist aucuns des biens temporels dudit arcevesque en la main dudit nostre sire le roy, et les gardes, députez de par ledit arcevesque, y establi de par le roy, sans autre chose faire *.

« *Item*, pour ce que ledit sergent avoit pau fait, lesdis eschevins empétrèrent secondes lettres adréciés au baillit de Vermandois, par lesquelles on mandoit derechief audit baillit que selonc la teneur des premières lettres, il feist faire la récréance desdis prisonniers, en deffant dudit arcevesque, selonc la teneur de la chartre, en

---

* Voir l'acte de juillet 1326, et le rôle de 1336.

dicti prisionarii insultum fecerant prodicionaliter contra dictum archiepiscopum, et gentes suas, ad palacium et domum suam remensem, tel manière que plus n'en fausit retourner pardevers la court, si comme il est plus plainement contenu en lettres faites sus ce.

« *Item*, que le baillit commit derechef l'exéqution de ladite lettre audit Colart Patequin, et li commanda que, pour ce qu'il en avoit pau fait autrefois, que tant en feist que plus n'en fausit retourner pardevers la court, ne pardevers lui, si comme il est plus plainement contenu en ladite commission.

« *Item*, que par la vertu de ladite commission, ledit sergent approcha pardevers le baillit dudit arcevesque, et li requit et commanda de par le roy, par pluseurs fois, que il feist la récréance des prisonners contenus en sa commission.

« *Item*, que le baillit dudit arcevesque respondi que il n'estoit tenus de faire ladite récréance et que point n'en feroit, pour ce que li prisonnier avoyent assaillit le palais dudit arcevesque, et fait pluseurs vilenies et despis, liquels fais estoit trayson envers leur signeur; et de ce estoit-il près de lui enfourmer.

« *Item*, que après ses parolles, ledit sergent print son avis; et oïz les raisons des eschevins, et veu les poins de ladite chartre, et aussi oiï ce que lesdis prisonniers disoyent, qu'il estoyent pur et innocent dudit fait, et que il estoyent près et apparilliés d'estre à droit au jugement d'eschevins, ou là où drois les manroit; et la gent dudit arcevesque pluseurs fois requis de faire ladite récréance, lesquels estoyent en deffaut dou faire; ledit sergent fit ladite récréance desdis prisonniers, parmi causion souffisant qu'il donnèrent d'estre à droit, au jugement des eschevins de Reins; si comme toutes ses choses sont contenues en la relacion dudit sergent.

« *Item*, que de ce se vint li arcevesques doloir à la court, pardevers le roy, et empétra lettres par lesquelles il fit adjourner lesdis eschevins pardevant le roy, où il seroit, à apporter leur chartres *.

« *Item*, que à ladite journée se comparurent lesdis eschevins, et furent renvoyés pardevant les présidens.

« *Item*, que pardevant les présidens plaidièrent les parties, et tant que dit fu, par arrest, que li arcevesques seroit restablis desdis prisonniers; et fu la cause dudit arrest pour la deffaute dudit sergent, qui refusa à recevoir l'informacion que le baillit dudit arcevesque li offroit à faire, tant seulement; si comme nostre maistres li chanceliers le recorda autrefois, en parlement, et autres de nos signeurs de la court le scevent, et non pas pour ce que li cas fust tels que récréance n'i cheist bien.

« *Item*, que après les choses dessusdites, lidis arcevesques fu restablis desdis prisonniers, par ledis sergent, selonc la teneur de l'arrest.

« *Item*, que, l'arcevesque restabli, lidit eschevin alèrent pardevers lui, et li requirent qui li pleust à délivrer, ou à recroire lesdis prisonniers, par scêurté d'estre à droit, en sa court, au jugement d'eschevins, selonc les poins de leur chartres.

« *Item*, que ledit arcevesque respondi tout à plain, que il n'en feroit riens, et le refusa à faire.

« *Item*, après les choses dessusdites, lidis baillis dudit arcevesque, et ses gens, proposèrent, et firent proposer, contre les persones dessusdites, que il avoyent assailli la maison dudit arcevesque, et les gens qui dedens estoyent, et fait pluseurs vilenies à iceuls, en despit dudit arcevesque; si requeroyent que se il conffoyent [*sic*, confessoyent?] les choses dessusdites estre vrayes, que il fussent condempnés et punis de telz painnes ou amande comme raisons et coustume donne; et se il le nioyent, y le voloyent prover.

« *Item*, que les persones dessusdites niè-

---

* Voir le rôle de 1336.

quod factum erat manifestum, et ad eum, secundum puncta dicte carte super hoc pertinebat cognicio, ut dicebat, et super hoc paratus erat

rent que il eussent fait les choses dessusdites, et proposèrent aucun que à l'eure que lidis fais estoit avenus, il estoyent en autres lieus; et proposèrent pluseurs raisons, afin d'estre absols doudit fait, et de monstrer leur ignocence, et l'offrirent à prover.

« *Item*, que par le ni que lesdites persones firent, et par les raisons que ycelles persones proposèrent, la chose fu faite doubteuse, non notoire et non manifeste, et ainsis devoit et doit la congnoissance et li jugemens de ladite cause appartenir asdis eschevins.

« *Item*, que non contrestant ce, lidis baillis fit enqueste dudit fait; et ainsis il appert clèrement que il estoit doubteus, non notoires et non manifés, encontre les persones dessusdites; supposé encore que ce fût trayson, ce qui ne puet estre par ce qui est dessusdit.

« *Item*, que après ladite enqueste faite, comme de fait non notoire et non manifest, lidis baillis absoult, par sentence, aucunes desdites persones;.... et à apcuns encharga pélerinaiges, pour ce que il ne trouva mie que il fussent courpables dou fait dessusdit.

« *Item*, que par la manière de ladite sentence, appert-il clèrement que li fais dessusdis n'estoit mie murtre, larrecin, ne trayson; et supposé, sens préjudice, que il le fût, n'estoit-il mie notoire, ne manifest, que les persones dessusdites l'eussent fait; car, se il fust notoire ou manifest, lesdites persones, et leurs biens, eussent esté en la volenté dudit arcevesque, ne il n'en eust jà convenu faire procès.

« *Item*, que quant lidis arcevesques, ou ses gens, leur enpeschent en aucune chose leur priviléges, coustumes, saisines ou usages, lidit eschevin sont en saisine de traire pardevers le roy, et li roys en saisine de faire tenir leur chartres et priviléges dessusdis, et de oster tous enpeschemens.

« *Item*, que quant lidit eschevin virent que lidis baillis n'avoit volu faire la récréance desdites persones, et que il avoit procédé à faire le jugement ou sentence desdites persones, sens appeller lesdis eschevins, il se trayrent pardevers le roy no sire, et enpétrèrent lettres envoyées au baillit de Vermandois, ou à son lieutenant, èsquelles il estoit contenu que se il li apparoit que lidis arcevesques, ou ses gens, eussent esté requis de faire ladite récréance, et de renvoyer ladite congnoissance, et le jugement, pardevant lesdis eschevins, et il ne l'eussent volu faire, comme ce fut en préjudice desdis eschevins, et en yaus tourblant et enpeschant en leur saisine, indeuement et de nouvel, que il meist au nient tout ce qui avoit esté fait par les gens dudit arcevesque, et gardât lesdis eschevins en leur saisine; et se lidis arcevesques, ou ses gens, se voloyent opposer au contraire, donnât jour aus parties aus jours de la baillie de Vermandois dou présent parlement, à aller avant sus ladite oposicion, et comme raisons seroit.

« *Item*, que li baillis de Vermandois, ou ses lieutenans, manda et commist à Robert de la Cousture, à mestre lesdites lettres à exéqution.

« *Item*, que lidis Robers vint à Reins, et appella les parties pardevant lui, par la vertu de ladite commission.

« *Item*, que lidit eschevin requirent audit Robert, que il meist à exéqution le mandement dou roy no signeur, en la manière qu'il li estoit mandeit et commis, et que il gardât lesdis eschevins en leurdite saisine; et se lidis arcevesques se voloit opposer, donnast jour as parties en parlement.

« *Item*, que li baillis dudit arcevesque, ne ses gens, ne se vaurent opposer, fors tant que il disoyent que il avoyent un arrest pour cause du fait dessusdit.

« *Item*, que par la vertu de ladite commission, et selonc la fourme d'icelle, considéré les choses dessusdites, qui furent proposées en sustance pardevant ledit Robert, et que li baillis dudit arcevesque ne se vaut opposer, lidis Robers, en acomplissant le mandement du roy no sire, mit au nyent ce

DE LA VILLE DE REIMS.

servientem predictum informare; nichilominus dictus serviens, contra punctum dicte carte dictos prisionarios per recredenciam liberavit,

qui avoit esté fait en préjudice desdis eschevins par ledit baillit.

« *Item*, que de ce ne appella, ne réclama, ledis arcevesques, ne aucuns pour lui; mais l'aprovèrent, ou émologuèrent paisiblement.

« *Item*, que par ce qui dessus est dit, vous poez veoir clèrement, nos signeurs, que ce qui a esté fait par ledit sergent, est fait bien et justement, et doit estre tenu et gardé.

« *Item*, à ce que propose lidis arcevesques, que toutesfois que aucun mutres, larrecin, ou trayson sont fais en son ban, et il sont notoire, ou manifest, cils qui l'a fait est en sa volenté, lui et ses biens; et il est notoire ou manifest que la maison dudit arcevesque fu assailli en trayson; par quoi, etc.—Respondent lidit eschevin, que supposé, sens préjudice, que il fust notoire ou manifest que la maison dudit arcevesque eust été assaillie, si n'est-il mie notoire ne manifest que les persones dessus nommées l'eussent assaillie; mais appert clèrement que il n'estoit ne notoire ne manifest; car quant lesdites persones furent amenées pardevant les gens dudit arcevesque, et il fu proposé contre yaus que il avoyent assaillit la maison dudit arcevesque, yl le nyèrent, et proposèrent qu'il estoyent en autres lieus, et à l'eure que elle fu assaillie; et en fu faite enqueste, et furent absols dudit fait; et ainsis appert-il clèrement que il n'estoit ne notoire ne manifest, que lesdites persones eussent fait ledit assaut; mais estoit obscur. Pour quoi en nulle manière lidis arcevesques n'en pooit, ne ne devoit avoir la congnoissance; mais appartenoit asdis eschevins la congnoissance et le jugement des persones dessusdites.

« *Item*, supposé, sens préjudice, que il fût notoire, ou manifest, que les personnes dessusdites eussent esté audit assaut, ce qui n'est mie, si n'est mie lidis fais des trois cas que li arcevesques maintient appartenir à sa congnoissance, c'est à savoir murtre, larrecin et trayson notoires et manifest. Car il n'i ot murtre, ne larrecin, ne lidis arcevesques ne le maintient mie; ne lidis assaus ne fu mie trayson; mais quiconques le feist, ce fu un fais fais par hastiveté, et par chaleur, et non en traysons; car traysons est une chose faite par agait appenssé, par délibéracion malicieuse, en telle manière que cils contre cui on pourchace trayson, ne s'en puit appercevoir jusques à tant que li fais est advenus. Et lidis assaus, quiconques le feist, fu fais par hastiveté, et par chaleur, si comme dessus est dit; pour quoi, etc.

« *Item*, à ce que propose lidis arcevesque, que on ne fit mie savoir ledit assaut audit arcevesque, pour quoi ce est trayson, etc. — Respondent lidis eschevin, que ce ne fait riens au propos; car, selonc raison, il n'a point de trayson en un fait par chaleur, combien qu'il ne soit mie fait à savoir à celui contre cuy on le fait. *Item*, veu et considéré la manière doudit assant, ce ne puet estre des trois cas dessusdis; car la réservacion de murtre, de larrecin, ou de trayson, notoires ou manifés, est à entendre telz dont uns hons doit prendre mort; et ce appert trop clèrement; car il dit en la chartre : « Que se aucuns « doudit ban commet, ou fait, aucuns des « fais dessusdis, il, et ses choses sont en la « volenté dudit arcevesque »; pour quoi il appert, que se uns des subgès bourjois dudit arcevesque donnoit, par trayson, et par agait appensé, une buffe à un autre, si n'en appartenroit mie la congnoissance audit arcevesque, mais auzdis eschevins, puisque li fais seroit tels, de sa nature, que il n'i afferroit mie mort; et li cas de quoi on traite n'est mie telz que mors s'en puist ensuir, ne que on le doie dire trayson, ne que lidit eschevin en doient perdre la congnoissance et récréance; et ainssi appartient et doit appartenir la congnoissance, récréance et jugemens asdiz eschevins.

« *Item*, à ce que propose lidis arcevesques, que lidiz assaus fu fais par délibéracion, et que cil qui le firent alèrent querre la bannière as ribaus, et firent pluseurs assemblées, etc. — Respondent lidit eschevin, que il ne sera

propter quod dictus archiepiscopus ad curiam nostram accedens, et presente, et vocato ad hoc procuratore dictorum scabinorum, conquerendo proponens, quod dicta recredencia contra punctum dicte carte, in qua continetur quod si quis bannalium dicti archiepiscopi furtum, murtrum, aut prodicionem commiserit, et forefactum fuerit manifestum, ipse et res sue in voluntate dicti archiepiscopi erunt, et in magnum prejudicium dicti archiepiscopi, facta erat; quod quam [*sic*, quidem?].... cum factum manifestum fuisset et esset, ut dicebat, ad dictum archiepiscopum solummodo tam de jure communi, quam secundum punctum dicte carte, tanquam de facto manifesto, pertinetur [*sic*, pertinebat?]; propter quod dicebat dictus archiepiscopus, quod de dictis prisionariis restitui debebat; quare requirebat dictus archiepiscopus, se, et prisiones suas, de dictis prisionariis restitui, et predicta nobis et sibi nichilominus emendari, predictas et

jà sceu qu'il soit ainsis. Mais fu li fais, tels comme il fu, fais par chaleur, et en la manière que dessus est dit; et supposé, sens préjudice, que lidis arcevesques provast que aucuns ribaut eussent fait assamblée, ou eue délibéracion enssemble, d'assaillir la maison dudit arcevesque, et que il eussent alé querre la bannière as ribaus; si est-il à savoir, et à congnoistre, liquel ce furent qui ce firent; pour quoy, etc.

« *Item*, à ce que propose lidis arcevesques, que il a esté dit, par arrest de la court, que la congnoissance doudit fait appartenroi audit arcevesque, etc. — Respondent lidit. eschevin, que, sauve la révérence dudit arcevesques, il n'est mie ainsis; mais dit lidis arrés que lidis arcevesques sera restablis de ses prisonniers tant seulement; liquels arrès a esté mis à exéqution; quar lidit prisonnier li furent restablis. Et fu la cause dudit arrest pour ce que Colars Patequins, sergens du roy, les avoit ostez, sans congnoissance de cause, de la prison dudit arcevesque, si comme nos signeurs de la court le scevent [et] messire li chanceliers a recordé en jugement; et pour ce que li procurères desdis eschevins confessa en jugement, que lidis assaus avoit esté notoire ou manifés. Mais il ne confessa onques, ne n'est mie véritez, que il fust notoire ou manifest que les persones dessusdites eussent fait ledit assaut; mais estoit obscur et doubtex, si comme dessus est dit. Et ainsis en appartenoit la congnoissance et li jugemens ausdis eschevins, si comme dessus est dit.

« *Item*, supposé, sens préjudice, que en la narration doudit arrest, ait contenu que lidis arcevesques disoit que la congnoissance doudit fait li appartenoit, etc. Ce ne nuit auzdis eschevins; car, ès arrès, la narration ne donne nul droit aus parties, pour ce que chacuns puet requerre si largement comme il li plaît; mais les conclusion et la prununciacion donne droit aus parties; et il n'a plus, en la conclusion, ou pronunciacion, doudit arrest, fors que lidit prisonnier seront restabli audit arcevesque; pour quoi la congnoissance desdites persones demeure asdis eschevins, à qui elle appartenoit et appartient, par ce qui dessus est dit; pourquoi, etc.

« *Item*, que des choses dessusdites est-il vois et commune renommée à Reins, et les a lidis arcevesques ou ses gens congneues et confessées souffisaument estre vrayes.

« Des choses dessusdites, etc. »

plures alias raciones allegans. Procurator vero dictorum scabinorum e contrario proponebat, quod licet predictum factum fuisset vel esset manifestum, non erat tamen manifestum quis, vel qui, factum vel dilectum (sic) hujusmodi, commisisset, plures raciones super hoc alias allegando ad finem quod requesta dicti archiepiscopi fieri non deberet. Auditis igitur super hiis dictis partibus, et visis dicta carta, et quodam arresto a procuratore dictorum scabinorum super hoc exhibito, et relacione servientis predicti, ac confessione quam fecit in nostra curia procurator dictorum scabinorum, videlicet quod dictum factum manifestum erat, diligenter attenta, per arrestum nostre curie dictum fuit quod dicti prisionarii, per dictum servientem a dicto carcere dicti archiepiscopi, ut premittitur, extracti, restituentur archiepiscopo memorato. In cujus rei, etc.... Datum Parisius, [x]III die maii[1], anno Domini millesimo ccc° vicesimo septimo.

CCCXXXII.

TRANSACTION sur la justice en la maison et vicomté de l'archevesché, au ban Saint-Remy[2].

11 juillet 1327.

Archiv. de l'archev., liass. 17, n° 9.

A touz ceuz qui ces lettres verront et orront, Guillaume, par la grâce de Dieu arcevesque de Reins, salut en nostre Signeur. Sachent tuit, [que?] comme débas et descors fussent meus entre nous d'une part, et religieus hommes l'abbé et le couvent de Saint-Remy de Reins d'autre, sur la justice et signeurie de la maison où nostre visconte demeure, ou ban de Saint-Remi, et sur la justice dudit visconte, de sa fame, et de ses effans, et de sa mesnie; nous, pour bien de pais, de commun assentement, avons acordet que nous aurons toute justice et signeurie, seul et pour le tout, en la maison où nos viscontes demourra oudit ban de Saint-Remy, en visconte, en sa fame, en ses enfans, et en sa maisnie que ledit visconte tenra et aura selon son estat, et sanz fraude. *Item*, se aucun qui aura mesfait oudit ban de Saint-Remy, quelque

---

[1] Cet arrêt, daté du III mai dans la première copie qu'en offre le Livre Blanc de l'é-chev., est daté du XIII mai dans la seconde copie, fol. 311, ainsi que dans la liasse des renseignements.

[2] Voir l'acte du 17 novembre 1321.

mesfait que ce fust, entroit en la maison dudit visconte, se les gens desdiz religieus le requièrent audit visconte, lidit visconte leur doit rendre, luy premièrement enfourmé sommairement et de plain, sanz quérir fuite ne dilacion, de la mesfaçon d'icelui. *Item,* se aucun estrange qui ne seroit de la maisnie dou visconte, faisoit aucun mesfait en la maison dou visconte, et il issoit hors de la maison ains que le visconte le peust penre, se le visconte requiert à la justice desdis religieus, ladite justice le doit penre et rendre audit visconte, et baillier force et aide se mestier en a, luy premièrement enfourmé sommairement et de plain, sanz quérir fuite ne dilacion, de la mesfaçon d'iceluy. *Item,* nostredit visconte, et li maire desdiz religieus, en leur nouvele création, de ci en avant, feront serement que l'acort desurdit il tenront et garderont, sans quérir barres ne cavillation au contraire, et feront le serement li uns à l'autre; c'est assavoir nostre visconte audit maieur, en non desdiz religieus, et lidis maires à nostre visconte, en non de nous. Lequel acort et les choses désurdictes, toutes et chascune d'iceles, nous prametons en bonne foy à tenir et garder à touzjours, sanz venir encontre par nous, ne par autre, en quicunques manière que ce soit. En tesmoignage de laquel chose nous avon ces présentes letres seelées de nostre seel. Donné l'an de grâce mil trois cens vint et sept, le samedi après les octaves de la feste saint Pierre et saint Paul apostres.

CCCXXXIII.

17 août 1327. COMMISSION au bailli de Vermandois pour qu'il fasse jouir les échevins du droit de voirie [1].

Archiv. de l'Hôtel-de-Ville, renseign.

CCCXXXIV.

26 octobre 1327. SENTENCE du bailli de Vermandois, portant récréance de bourgeois de Reins dont les familles étoient en hostilité.

Cart. B de l'archev., fol. 1.

A tous ceulx qui ces présentes lettres verront, ou orront, Gobers

---

[1] Un mur nouvellement construit sur la chaussée, entre Deux-Ponts, est abattu en présence des procureurs de l'archevêque et du chapitre.

Sarazins de Laon, wallés le roy nostre sire, et lieutenant du bailly de Vermandois, salut. Scachent tuit que comme discors fust meus entre révérend père en Dieu monseigneur l'archevesque de Reims d'une part, et les eschevins de Reims, Pierre le Chastellain [1], Jehan le Chastellain, Pierre de Cambrai, et Jehan son frère, bourgeois de l'eschevinage d'aultre part, sur ce que ledict révérend père avoit iceulx bourgeois pris et emprisonnez pour port d'armes qu'ilz faisoient l'un

[1] « En l'an mil trois cens vingt-six, il y eust unne grande querelle entre deulx familles en la ville de Reims, savoir entre Pierre et Jehan les Large, dictz de Cambray, et Pierre et Jehan Chastelains quy estoient riches et puissans, lesquelz estoient cottisés aux tailles à trois, quatre, cinq et six cens lyvres tournois; et procédèrent les uns contre les aultres par voye d'armes, ainsy qu'il est porté par les lettres du roy Charles-le-Bel. L'archevesque de Reims, pour empêcher les inconvéniens quy en pouvoient arriver à ladicte ville, les fist emprisonner, affin aussy de les accorder, mais en vertu de certayne lettre de récréance adressante au bailly de Vermandois qu'ilz obtindrent à l'instance des eschevins de ladicte ville, ilz furent eslargys desdictes prisons dont l'archevesque en fit plaincte au roy Phelippes de Valois, lequel manda audict bailly de Vermandois, de rendre audict archevesque lesdictz Larges et Chastelains, et par un mandement dudict roy Phelippes de Valois, xvi may, mil ccc xxxi, adressant audict bailly, il luy mandoit qu'il avoit pris les susdictes partyes en sa sauvegarde spécial, pour oster ledict discord, et les périlz quy en pouvoient naistre grandement dommageables et préjudiciables aux eschevins et habitans de ladicte ville, et qu'il deffendit expressément ausdictes partyes de ne se poinct meffaire les uns aux aultres, et que le discord d'entre eulx fut mis en ses mains, comme main souverayne, et que lesdictes partyes n'estoient personnes quy deussent ou peussent mouvoir guerre, entre eulx; partant qu'il fit remettre les partyes en premier estat, affin que paix et tranquilité fut noury en ladicte ville, nonobstant touttes lettres impétrées par lesdictz Chastelains, affin d'estre mis hors de ladicte sauvegarde, et que s'il y avoit deffault par luy bailly, le roy lui mandoit qu'il le feroit faire à ses despens, et qu'il le feroit pugnir de sa négligence.

« Parmy ung aultre mandement du xxiii aoust mil ccc xxxii, il appert que pour n'avoir pas ledict Jehan Chastelain voulu obéyr au commandement que dessus, il fut condampné par les depputés du roy en sa grand chambre à Paris, en son dernier parlement, à la somme de dix mil lyvres d'amende, comme aussy fut ung nommé Jehan le Juif en cinq cens mars d'argent, et et en six vingt lyvres; et par ledict mandement est mandé à Estienne du Boulay de les prendre prisonniers, et les mener au Chastelet de Paris. Ledict Jehan le Juif n'estoit de la querelle desdictz Chastelains, mais la cause de son amende estoit pour avoir fait couper ung bois appartenant à Pierre de Besennes, citoien de Reims, lequel estoit de la sauvegarde du roy. Et furent ses biens vendus à ung nommet Jehan Gaipin pour le payement desdictz cinq cens mars d'argent, comme aussy tous les biens dudict Jehan Chastelain furent saisis. Il ne se trouve aucunne commission contre son frère Pierre Chastelain dénommet avec luy au commencement des premiers mandemens du roy. On recongnoist par lesdictes procédures qu'il faisoit dangereulx à ceulx quy avoient des grans biens de tumber en faulte. »

(Rogier, Mémoires, fol. 201.)

contre l'autre, lesquelles choses ne leur loisoit mie à faire, si comme ledict révérend père disoit, par les ordonnances royaulx, et pour ceste cause tenoient lesdictz bourgeois prison; les eschevins et lesdictz bourgeois disans au contraire, que iceulx bourgeois estoient chargez [*sic*, chartrés?] encontre ledict révérend père en Dieu, et que par la chartre, quant il ne les avoit pris pour murtre, pour larrecin, ou pour traïson notoire, laquelle chose ilz n'avoient meffaict, récréer les devoient ausdictz eschevins; et ad ce monstroient par plusieurs raisons, et par plusieurs mandemens du roy nostre sire, par eulx empétrées, que faire devoit ledict révérend père ladicte récréance. Et de la partie audict révérend père furent proposées plusieurs raisons, et baillées aulcunes lettres du roy, affin que la congnoissance des choses devantdictes demourassent devers ledict révérend père, et que en ce cas ne fust tenu à faire point de récréance. Sur ce, veues les raisons de l'une partie et de l'aultre, et les lettres sur ce empétrées, deimes et à droict que récréance se feroit desdictz bourgeois, parmy ce que lesdictz bourgeois donroient caution suffisante as gens dudict révérend père d'estre à droict, et penre droict en sa court, au jugement des eschevins de Reims du ban dudict révérend père, selon les poinctz de ladite chartre. En tesmoing desquelles choses nous avons ces présentes lettres seellées de nostre seel, qui furent faictes le lundy prochain devant la feste de Tousains, l'an mil trois cens vingt et sept.

CCCXXXV.

27 novembre 1327.

Lettres royaux qui entérinent un accord, sauf réserve, entre l'archevêque et le chapitre, relativement à la juridiction de la maison du Trésor, la trésorerie vacante[1].

Archiv. du chap., lay. 23, liass. 35, n° 3.

Karolus, Dei gratia Francorum et Navarre rex, universis presentes litteras inspecturis, salutem. Notum facimus quod, per procuratorem decani et capituli remensis, fuerunt facte in curia nostra, nomine dic-

[1] Voir plus bas l'acte du 2 juin 1371.

torum decani et capituli, procuracio, et pro ipsis protestacio et retencio, contra dilectum et fidelem nostrum remensem archiepiscopum, vel ejus procuratorem pro eo, prout in quadam cedula a dictis partibus, vel earum procuratoribus, dicte curie nostre tradita, cujus tenor talis est, continetur :

Comme plais et descors fust melius en cas de nouvelleté entre l'arcevesque de Reins d'une part, le doyen et le chapitre de Reinz d'autre part, sur ce que lidis chapitre se doloit dudit arcevesque, de ce qu'il empeschoit la jurisdicion que lidis [chapitres] a et est en saisine en la maison de la trésorerie de Reins, c'est assavoir de faire inventoire des biens du trésorier estans en ladicte maison, et d'avoir la garde d'iceulx biens dedenz ladicte maison, la trésorerie vacant; dit fu en jugement, de par ledit arcevesque, que en la jurisdicion de faire ledit inventoire, et de garder lesdis biens, il n'y réclamoit riens; et chose que fait en eust, d'avoir mize sa main en ladicte maison, et de soy estre opposés encontre ledit chapitre, n'est mais que en tant comme il touche ladicte maison qui muest de lui en fief, si comme il dit, pour ce qu'il n'en avoit point de hommage; pour quoy la court mest au délivre audit chapitre ladicte jurisdicion, de faire ledit inventoire, et de avoir la garde des biens estans en ladicte maison, la trésorerie vacant. Et sera la main le roy ostée des choses contencieuses au proffit dudit chapitre. Et a fait protestacion et retenue ledit chapitre, que se plus grant cas de justice escheoit en ladicte maison, la trésorerie vacant, fust en temporel ou en espérituel, de le maintenir encontre ledit arcevesque, se par lui y estoit mis empeschement. Si en requiert lidis chapitre avoir lettres.

Procuratore partis adverse in contrarium protestante. In cujus rei testimonium presentibus litteris nostrum fecimus apponi sigillum. Datum Parisius in parlamento nostro, die xxvii novembris, anno Domini millesimo trecentesimo vicesimo septimo.

CCCXXXVI.

5 décembre 1327.

ARREST de la cour de parlement, donné le ve jour de décembre, l'an mil ccc^e xxvii, sur le débas des maretz...., par lequel est dit que l'arcevesque et les eschevins feront leurs faiz, puis que autrement ne peuent estre expédiez; à savoir, ce la cause d'iceulx eschevins contre ledit arcevesque, pour la cause desdiz marestz, sera renvoyée pardevant la justice dudit arcevesque, ou s'elle demourera en ladicte court [de parlement].

Invent. de 1486, p. 15.

CCCXXXVII.

5 décembre 1327.

ARREST par lequel la court de parlement annulle la prinse et détencion que les officiaus de Reins faisoient de J. Bourron, H. Pascard, et autres qu'ils tenoient prisonniers.

Livre Blanc de l'Échev., fol. 35.

Philippus Dei gracia Francorum rex,.... universis presentes litteras inspecturis, salutem. Notum facimus quod nos extrahi fecimus de registris curie nostre quoddem arrestum, in parlamento quod incipit anno Domini millesimo ccc° vicesimo septimo, die quinta decembris, latum, cujus tenor talis est :

Cum scabini remenses in nostra curia conquerentes [*sic*, conquererent?], quod cum per punctum carte regie, per arrestum nostre curie, et per longum usum et antiquam consuetudinem, quandocunque aliqui de burgensibus scabinatus remensis, per dictum archiepiscopum, aut ejus officialem cappiuntur, arresta[n]tur, vel detine[n]tur, pro quocunque casu, exceptis casibus raptus, murtri, et prodicionis manifestis, prefatus archiepiscopus, aut ejus officialis, ad requestam dictorum scabinorum, sic detentos deliberare vel recredere tenetur, sub ydonea de stando dictorum scabinorum judicio caucione, alioquin id per nos, aut curiam nostram, fieri debet, tanquam per manum superiorem; et inde, nos, dictique scabini, ac burgenses dicti scabinatus, essemus, et fuissent predecessores nostri, ab antiquo in possessione, vel quasi; nichilominus officialis

DE LA VILLE DE REIMS.

dicti archiepiscopi, competenter et debite requisitus, ut sub caucione predicta deliberaret, vel recrederet, Johannem Bouiron, Thomam suum et Henricum Pascardi, laycos burgenses dicti scabinatus, quos detinebat solum pro eo quod sese, in curia dicti officialis, et ejus presencia, propulsaverant, et sibi invicem verba injuriosa dixerant, sicut eis imponebat, ipsos deliberare vel recredere non curavit; et dum ipsi scabini per manum nostram ut superiorem prosequerentur hoc fieri, dictus archiepiscopus, et ejus officialis, ipsos burgenses emendare premissa eis imposita compulerat, arrestando ipsos in curia sua, et detinendo contra punctum dicte charte, sic nos et eosdem scabinos et burgenses in dicta possessione nostra turbando et impediendo indebite, et de novo; quare requirebant dicti scabini, quod nos dictos archiepiscopum, et ejus officialem, compelleremus nobis emendare predicta, et a dictorum burgensium molestacione, perturbacione, impedimento, et novitate, ac similibus desistere, et nos et ipsos conquerentes manuteneri faceremus in possessione predicta, necnon et manum nostram, que propter debatum, et opposicionem baillivi dicti archiepiscopi, qui se super hoc opposuerat, opposita (*sic*) fuerat, ad utilitatem ipsorum amoveri, plures raciones ad finem quod requesta sua fieret allegantes; ex parte vero dicti archiepiscopi, et ejus officialis, fuerunt plures raciones proposite ex adverso. Auditis igitur super hiis dictis partibus, et propositis hinc et inde, curia nostra per arrestum suum, arrestum et emendam predictos, et quicquid sequtum fuit ex arresto predicto, penitus anullavit; sed si dictus archiepiscopus, vel ejus officialis, aliquid a predictis personis, racione offense vel perturbacionis jurisdictionis sue ecclesiastice, voluerint per suam jurisdictionem ecclesiasticam petere, vel procedere contra eos, nostra curia non faciet ipsos super hoc impediri. In cujus rei testimonium presentibus litteris nostrum quo, antequam dictum regnum ad nos devenisset, utebamur, fecimus apponi sigillum. Datum (*sic*) Parisius, in parlamento nostro, extractus hujusmodi, die xiiii^a maii, anno Domini millesimo ccc° vicesimo octavo.

CCCXXXVIII.

ARREST interlocutoire...., par lequel il fu dit que l'arcevesque 5 décembre 1327.

responderoit à la requeste que les eschevins lui feirent en parlement, pour les héritaiges de Huet du Bourc [1].

Livre Blanc de l'Échev., fol. 19.

[1] Voici deux factums relatifs à cette affaire, extraits des archives de l'Hôtel-de-Ville, renseign.

[§. 1er.] *Ce sont les articles* [*] *l'archevesque de Reins, contre les eschevins de Reins, pour le débat des héritages séans en la basse justice du doyen et du chapitre de Saint-Simphorien de Reins.*

« A ceste fin que li archevesques de Reins, par vous nos signeurs de la court, soit tenus et gardés en sa saisine et en sa possession d'avoir la cognoissance, et le jugement, en sa court, sans les eschevins de Rains, des débas des héritages séans en la basse justice du doyen et du chapitre de Saint-Symphorien de Rains, toutes les fois que les causes viennent et eschéent de ladite basse court, à cause de souverainité, en la court dudit archevesque, comme en court souveraine ; et que il soit dit, et par droit, que asdis eschevins n'appartient, ne ne doit appartenir, jugemens ne cognoissance desdites causes, qui ainsi viennent en la court dudit archevesque, à cause de souveraineté, fors tant seulement que audit archevesque, et à sa gent ; et que li troubles et li empeeschemens que lidit eschevin y mettent indeuement et de nouvel soit du tout mis au nient, et ce qui est en la main le roy pour débat des parties, remis en la main dudit archevesque, et lidit eschevin en ce condempnés, et à rendre tous frais et mises fais et à faire de par ledit archevesque, pour ledit débat : — dit et propose li procurères dudit archevesque, et entent à prouver, les fais et les raisons qui s'ensuient, protestacion que se il met aucune chose propriété, que il ne le met que à fin de saisine.

« Premièrement, dit li procurères dudit archevesque, que li doyens et li chapitres de S.-Symphorien de Reins sont en saisine et possession d'avoir la court et la cognoissance, seul, et pour le tout, comme bas seigneurs, en leur court, sans les eschevins de Reins, des héritages séans à Reins en leur treffons, et lesquels héritages on tient d'eulx en censive.

« *Item*, que li doyens et chapitres sont en saisine et en possession de tenir les plais, en leur court, desdis héritages ainsi tenus de eulx, d'avoir le jugement seul et pour le tout, sans eschevins de Reins.

« *Item*, de condempner et de absoudre sur lesdis débas desdis héritages, en leur court, sans jugement d'eschevins, les parties qui pour lesdis héritages contendent.

« *Item*, d'avoir et recevoir les amendes des parties condempnées en leur court de par eulx, sans jugement ne cognoissance d'eschevins, jusques à VII s. et demi.

« *Item*, que lidis chapitres sont en saisine et possession de tenir leur court desdis héritages, d'avoir la cognoissance, la correction, et la punicion, et les amendes jusques à VII s. et demi, et ont esté seul, et sans eschevins, par tant de temps, par tant de fois, et en tant de cas, qu'il souffist à saisine avoir acquise.

« *Item*, que ainsi en ont-il usé à la veue et à la sceue desdis eschevins, ou au mains que veoir et savoir le povoient, par tant de temps qu'il ont saisine acquise.

« *Item*, que lesdis doyen et chapitre tienent la court, la cognoissance et la justice des choses dessusdites, dudit archevesque, sans point de moyen, et ainsi en a usé et use lidis archevesques, comme souverain, par tel temps qu'il souffist à saisine avoir acquise.

« *Item*, dit li procurères dudit archevesque, que toutes les fois que du débat desdis héritages qui est entre les parties, devant ledit doyen et chapitre, aucunes des

---

[*] « Collatio presencium articulorum facta est cum originalibus, contrasigillo regis sigillatis, et sic signatis : Hangest *Signé :* Verrière. »

Karolus.... Universis.... notum facimus, quod cum scabini de banno.... archiepiscopi remensis, suo et habitatorum dicti banni nomine, in nostra curia proponerent, quod cum ipsi essent, et fuissent eorum predecessorum [*sic*, predecessores?], a tanto tempore parties, ou les deulx, se plaignent l'un de l'autre de tort et de force, l'amende de la force monte à xxii s. et demi, ou à lx s., et passe les vii s. et demi d'amende jusques à laquele lidis chapitres a cognoissance; et ainsi à cause de souveraineté li débas, et li plais, et la cause vient en la court dudit archevesque, comme en court souveraine, en autel point, et en autele cognoissance comme ladite cause estoit en la court dudit doyen et chapitre.

« *Item*, dit li procurères dudit archevesque, que combien que l'amende de la force, pour la plainte des parties, soit plus grande que l'amende des vii s. et demi, de quoi lidis chapitres peut cognoistre, toutes voiez la cause desdis héritages, et li plais, ne se muent, ne ne changent point, que il ne soient autel et en autel cognoissance en la court dudit archevesque, comme il estoient en la court dudit doyen et chapitre; en laquele court la cause, la cognoissance et li jugemens, se démenèrent, par lesdis doyen et chapitre, sans eschevins; et ainsi se doivent-il démener en la court dudit archevesque, par lui, et par ses gens, sans eschevins.

« *Item*, dit lidis procurères que lidis archevesques et ses gens sont en saisine et possession, toutes les fois que les causes des héritages qui ont estée en la court des bas seigneurs, et sont et ont esté venues et résolvées en la court dudit archevesque, comme en court souveraine, pour la plainte des parties, ou pour autre chose, d'avoir la cognoissance, le jugement et toute la décision de la cause sans eschevins.

« *Item*, que ainsi en a usé lidis archevesques, il et si devancier, toutes les fois que la cause est venue de la court de bas seigneur en sa court souveraine, par tant de temps, par tant de fois, et en tant de cas, seuls et sans eschevins, qu'il souffist à bonne saisine avoir acquise.

. . . .

« *Item*, à ce que lidit eschevin dient, que il sont en saisine et possession d'avoir la cognoissance et le jugement de toutes les causes qui sont en la court l'archevesque, entre les bourgois de l'eschevinage, et de tous les héritages qui sont à Reins, et en la banlieue. — Respont li procurères dudit archevesque, que ce ne vaut ou cas où nous sommes. *Premièrement*, pour ce que, supposé que ce feust voirs, ce que on ne leur cognoist mie, qu'il eust la cognoissance et le jugement des bourgois de l'eschevinage, si seroit-ce en causes civiles, et personneles, et criminales douteuzes, qui de riens ne toucheroient héritages qui meuvent des censives des bas seigneurs, en quels il n'ont que veoir, ne que cognoistre.

— *Item*, dit li procurères dudit archevesque, que supposé que ce soit voirs, ce que on ne leur cognoît mie, que lidit eschevin eussent la cognoissance et le jugement des héritages séans à Reins et en la banlieue, si seroit-ce des héritages qui sont de la censive dudit archevesque, et assis en sa seignourie, et sa justice basse, haute et moyenne, et non des héritages qui sont en la censive des bas seigneurs, et assis en leur basse justice, liquel sont hors des termes de l'eschevinage, et il n'ont nulle cognoissance que des choses qui sont en l'eschevinage de Reins.

. . . .

« *Item*, que se aucune fois lidit eschevin ont mis empeeschement, ou veulent metre, ès choses dessusdites, il en ont esté débouté, et s'en sont souffers, au pourchas dudit archevesque, et de ses gens; par quoy lidis archevesques demouroit en saisine d'avoir la

quod de contrario memoria non existit, in possessione et saisina, vel quasi, pacificis, cognoscendi et judicandi super debatis motis in curia cognoissance et le jugement des choses dessusdites, sans eschevins.

« *Item*, que des choses dessusdites est vois et commune renommée au lieu et ès lieux voisins, etc. »

....

[§. 11.] *Articles* * *pour les eschevins de Rains, contre l'archevesque de Rains, pour le débat de la maison Briet de Bourc, séant à Rains, en la censive de Saint-Sinphorien de Rains, séant en ban ledit archevesque.*

« Afin que par vous, nos signeurs tenant le parlement, soit dit, et à droit, les eschevins du ban l'arcevesque de Reins estre, et devoir demourer, en possession et en saisine d'avoir la cognoissance, et le jugement, des héritages assis en ban et en la justice l'arcevesque de Reins, quant débas en est, jà soit ce que lesdis héritages soient assis en autrui censives, et que li tourbles et empeeschemens que les gens de révérent père en Dieu ledit arcevesque mettent asdis eschevins, indeuement et de nouvel en la saisine dessusdite, en empeeschant asdis eschevins la cognoissance et le jugement du débat meu en la court dudit archevesque entre Briet du Bourc d'une part, et sa fille d'autre part, pour raison d'une maison assise en ban et en la justice d'icellui archevesque, et en la censive de Saint-Simphorien à Reins, leur soit ostez; et ce qui, pour l'opposition des parties, est en la main du roy, comme en main souveraine, soit remis en la main desdis eschevins, comme en main de partie, et, par la gent du roy no signeur, lesdiz eschevins tenus gardés en leur saisine dessusdite, et ledit révérent père condempné envers lesdis eschevins en tous despens, frais fais et à faire, selon la taxation de la court : — dit, propose, et entent approuver, le procurères desdis eschevins, en nom et comme procurères d'yceuls, en-

contre ledit révérent père, les fais et les raisons qui s'ensieuent, en faisant protestation que se il propose aucune chose qui sente propriété, si le propose-il à fin de saisine tant seulement.

« Premièrement, que lesdis eschevins et habitans sont chartrés et privilégiez des archevesques de Reins et des rois de France.

« *Item*, que par lesdites chartres, les usages et les coustumes anciens leur sont et furent rendues, restitué, et confermé du roy no sire.

« *Item*, que par lesdites chartres données et confermées, tant du roy no sire, comme des archevesques de Reins, aveucques les usages et coustumes anciennes dont les eschevins et habitans du ban dudit archevesque usoient anciennement, furent rendu et restitué asdis habitans li eschevin, et ce qui à l'eschevinage appartient, pour cognoistre et pour jugier des causes et des débas qui venoient en la court dudit archevesque, tant pour raison des possessions, héritages, et des choses estans et enclavez endit ban.

« *Item*, que par les usages et coustumes anciens, dont les habitans du ban l'archevesque usoient avant les chartres et restitution dessusdites, et ont usé depuis lesdites chartres, continuelment et paisiblement, asdis eschevins appartient la cognoissance et li jugemens des causes et des débas meus en la court dudit archevesque, pour raison des héritages assis en son ban et en sa justice, soit que la censive desdis héritages appartiegne audit archevesque, ou que elle appartiegne à autres, en quelque censive qu'il soient assis, en termes dudit ban, et en sa justice.

« *Item*, au titre et as causes dessusdis, lesdis eschevins sont en saisine, usent et ont usé, que toutes fois que aucuns débas meuvent entre aucunes parties, pour cause des héritages assis en ban et en la justice dudit

---

* « Collatio presencium articulorum facta est cum originalibus, contrasigillo régio sigillatis, et sic signatis : A procuratoribus parcium concordati, Hangest. *Signé* : Verrières. »

dicti archiepiscopi, racione hereditatum in banno et justicia dicti archiepiscopi apud Remensis [*sic,* Remos?], sub cujusvis censiva situa-

archevesque, et la cause venoit et est venue en la court dudit archevesque, lidit eschevin en ont eu la cognoissance et le jugement, en la court dudit archevesque.

« *Item*, qu'il sont en saisine, usent et ont usé, que toutes fois que débas est nez, ou adjournemens fais, entre aucunes parties, pour raison de aucuns héritages assis en ban et en la justice dudit archevesque, les gens dudit archevesque appellent et ont appellé lesdis eschevins, pour cognoistre et pour jugier desdis débas, comme drois jugeurs de la court, en telz cas et en semblable.

« *Item*, que lesdis eschevins sont en saisine de seoir, cognoistre, et jugier, en la court dudit archevesque, comme drois jugeurs, des débas meus entre parties, pour cause des héritages assis endit ban, en quelque censive qu'il soient assis.

« *Item*, en saisine de faire et exercer ès-dites causes, tout ce qui, à la cognoissance et au jugement desdites causes, pooit et peut appartenir.

« *Item*, qu'il sont en saisine de oïr les plaidiés fais en ladite court, par raison des débas des héritages assis endit ban, entre les parties qui en ont eu contens les uns contre les autres; et les parties contendans, en saisine de comparoir pardevant eulx, comme pardevant les drois jugeurs de la court, sur le débat meu desdis héritages, assis endit ban.

« *Item*, qu'il sont en saisine que se aucune partie est venue contre les recors desdis eschevins, fais sur les plaidiés fais en ladite court, pour le débat d'aucuns héritages assis endit ban, de avoir eu l'amende tele comme à desdit d'eschevins et de jugeurs de la court appartient.

« *Item*, en saisine de rendre èsdites causes, comme drois jugeurs de la court, sentences, tant interlocutoires, comme diffinitives, et les gens dudit archevesque en saisine de garder et faire garder, et de les mettre à exécution.

« *Item*, en saisine de faire recors des plaidiés fais en ladite court, sur les débas des-

susdis, et de jugier heure toutesfois que mestier a esté, et partie l'a requis.

« *Item*, qu'il sont en saisine, usent et ont usé, que se aucuns a appellé des jugemens qu'il ont rendus en la court dudit archevesque, sur le débat de aucuns héritages assis endit ban, de défendre leur jugement comme chose bien jugié, et par juge compétent, et de avoir l'amende de ceulz qui ainsi avoient appellé, quant il estoient trouvés mal appellant.

« *Item*, que ainsint l'ont-il usé, et en saisine en sont, tant des héritages assis endit ban, qui sont en la censive Saint-Simphorien, comme des héritages qui sont en la censive d'autres églises ou bourgois.

« *Item*, que ainsint en ont-il usé, et en saisine en sont, soit que li contendant soient bourgois dudit ban, ou qu'il ne le soient mie.

« *Item*, espécialment en cas où li contendant sont bourgois dudit ban.

« *Item*, que ainsint en ont-il usé, et en saisine en sont, par pluseurs fois, et en pluseurs cas, et toutes fois que li cas y sont offert.

« *Item*, que pluseurs fois y sont li cas offert.

« *Item*, que ainsi l'ont-il usé, et en saisine en sont, publiquement et notoirement, au veu et au sceu dudit révérent père, de ses devanciers, ou de leurs gens, et de tous autres seigneurs censiers dudit ban, se par eulz n'est demouré.

. . . .

« *Item*, que se les gens dudit archevesque se sont efforcié de cognoistre et jugier des débas des héritages assis en ban l'archevesque, sans eschevins, les parties les ont déclinés, comme non jugeurs en ce cas, et ont requis qu'on leur feist court d'eschevins, comme des drois jugeurs de la court ès dites causes; et lesdis eschevins en ont requis la cognoissance, et le jugement, à avoir.

« *Item*, que à la requeste des parties ainsint déclinans, comme dit est, la gent dudit

tarum, nichilominus idem archiepiscopus, seu ejus gentes, ipsos [*sic*, ipso?] ratum habente, dictos conquerentes quominus super debato archevesque, et requérans lesdiz eschevins, comme drois jugeurs desdites causes, les gens dudit archevesque ont obéy, et ont fait seoir les eschevins, et cognoistre, et jugier comme drois jugeurs de la court, sur lesdis débas.

« *Item*, que ce qui par lesdis eschevins a esté jugié, ou déterminé, sur les débas des héritages assis endit ban, a esté gardé et tenu des parties, comme chose jugiée, et aiant auctorité de sentence et jugement.

« *Item*, à ce que le procurères dudit archevesque propose, que le chapitre de Saint-Simphorien est en saisine d'avoir la cognoissance, comme bas justicier, et sans eschevins, des héritages assis en leur censive, et les amendes jusques à vii solz et demi, et l'exécucion et la contrainte, etc. — Respont le procurères des eschevins, que ce ne vault, ne ne fait à recevoir; quar débas n'est pas, ne contens, entre ledit révérent père et les eschevins, par qui les causes dont la cognoissance appartient à chapitre de Saint-Simphorien, en leur court, doivent estre jugies, ne déterminées; mais des causes ou des débas qui viennent en la court monseigneur l'archevesque pour raison des héritages assis en son ban, et en la censive dudit chapitre de Saint-Simphorien; en laquelle court de monseigneur l'archevesque, et desdis héritages, lesdis eschevins, si comme dit est, sont en saisine de cognoistre et de jugier, comme drois jugeurs de ladite court.

« *Item*, à ce que dit le procurères dudit archevesque, que les causes qui viennent en la court monseigneur l'archevesque par manière de souveraineté, y viennent en point et en l'estat que elles estoient en la court subjecte, etc. — Respont le procurères des eschevins, que ce ne vault; quar ce porroit estre voirs, et avoir lieu, quant à l'estat de la cause, et quant as parties; mais quant as juges, il est autrement; quar en la court souveraine, li juge sont autres, tant par raison, comme par coustume, que en la court subjecte. Et ainsi posé, sans préjudice, que li eschevin ne fussent pas jugeurs en la court du chapitre Saint-Simphorien, pour ce ne s'ensuit-il pas qu'il ne soient et doivent estre jugeurs en la court dudit archevesque, qui est souveraine; et de ce sont-il en bonne possession et saisine.

« *Item*, à ce que ledit procurères l'archevesque dit que les causes qui viennent en la court l'archevesque, par manière de souveraineté, viennent en la court en autele cognoissance comme elles estoient en la court subjecte, etc. — Respont le procurères des eschevins, que, sauve la grâce du proposant, il n'est pas ainsi en nostre cas; quar adès a-il, et doit avoir, différence entre le souverain et le subject, et aussint doit avoir autres juges ou jugeurs en la court souveraine que en la subjecte; quar autrement n'y auroit-il pas souveraineté, mais ydemptité, ou équalité. Et ainsint posé, sans préjudice, que li eschevin de Reins ne feussent pas juge ou jugeurs en la court Saint-Simphorien, qui est subjecte, pour ce ne demeure pas qu'il ne soient et puissent estre juge ou jugeurs, en la court dudit archevesque, qui est souveraine.

« *Item*, à ce que dit ledit procurères l'archevesque, que les eschevins de Reins ne sont pas juge ès causes qui viennent en la court dudit archevesque, par manière de souveraineté, et comme en court souveraine; mais en cognoist l'archevesque par lui, et par sa gent, sans eschevins, etc. — Respont le procurères des eschevins, que, sauve sa grâce, lesdis eschevins sont en saisine, usent, et ont usé, de cognoistre et de jugier comme drois jugeurs de la court dudit archevesque, de tous les débas et de toutes les causes meues en ladite court, pour raison des héritages assis endit ban l'archevesque, jà soit ce qu'il soient en la censive Saint-Simphorien, ou d'autre clergié, ou bourgois, qui viennent en ladite court dudit

moto in ipsius archiepiscopi curia, inter Brietum de Burgo ex una parte, et ejus filium [*sic*, filiam?] ex altera, racione cujusdem domus in banno et justicia ejusdem archiepiscopi, et censiva S. Simphoriani remensis situate, cognoscere valeant, impediebant et turbabant indebite et de novo; quare requirebant dicti scabini impedimentum et perturbacionem hujusmodi amoveri, dictosque conquerentes in sua possessione defendi, necnon manum nostram, propter opposicionem et debatum parcium [in re contenciosa positam?], ad utilitatem dictorum scabinorum eciam amoveri, plures raciones super hoc allegantes. Procurator vero archiepiscopi e contrario proponebat, quod super premissis non tenebatur in aliquo respondere, cum ipsi scabini nullam jurisdicionem habeant, nisi per puncta carte que ad hoc minime se extendunt, plures alias raciones super hoc proponendo; dictis scabinis.... replicantibus ex adverso.... Auditis partibus...., per arrestum curie nostre dictum fuit, quod dictus archiepiscopus predictam requestam defendet, et eidem in nostra curia respondebit.... Datum Parisius in parlamento nostro, die v^a decembris, anno D. m°. ccc°. xx° vii°.

archevesque, par manière de souveraineté, ou autrement.

« *Item*, que uns débas vint entre Briet du Bourg, bourgois dudit ban, d'une part, et sa fille d'autre part, pour cause d'une maison, assise en ban dudit archevesque, et de la censive Saint-Simphorien.

« *Item*, que la cause dudit débat vint à la court dudit archevesque.

« *Item*, que en continuant les saisines dessusdites, les eschevins dessusdis voudrent et s'efforcèrent d'avoir la cognoissance et le jugement, et les gens dudit révérent père leur contredirent, et s'efforcèrent d'avoir en la cognoissance tout seulz.

« *Item*, que ce firent les gens dudit archevesque, à tort, et sans cause raisonnable, en tourblant et empeeschant lesdiz eschevins en leurs saisines dessusdites, indeuement et de nouvel.

« *Item*, que de ce se dolurent lesdis eschevins devers le roy no sire, et en empétrèrent lettres de justice, qui s'adrécièrent au baillif de Vermendois, ou à son lieutenant, liquelz les commit à mettre à exécution à un sien sergent.

« *Item*, que ledit sergent, par vertu desdites lettres, adjourna pardevant lui ledit révérent père, et les eschevins, à certain jour; à laquele journée comparurent les eschevins d'une part, et le baillif dudit révérent père d'autre part, liquelz baillis se opposa, pour ledit révérent père, encontre lesdis eschevins, quant as choses dessusdites. Et pour ladite opposition, le sergent print le débat en la main du roy, comme en main souveraine, et assigna jour as parties, pour aler avant sus ladite opposition, au prochain parlement, as jours de la baillie de Vermendois....

« *Item*, que des choses dessusdites est vois et commune renommée à Reins, et en pays; et les a la partie adverse confessées souffisenment estre vraies en tout ou en partie.

« Par les raisons, etc....

« Plaidiet en parlement, l'an m. ccc. xxvii. »

CCCXXXIX.

6 décembre 1327.

ARCHIEPISCOPUS remensis resumit arramenta causarum que vertebantur inter ipsum, racione predecessorum suorum, et scabinos remenses, exceptis causis gravaminum, et Hueti filiastri Hardit, et R. Grammaire.

<small>Archiv. du Roy., sect. jud. Accords, regist. 1er, fol. 333 v°.</small>

Cum nos, dilectum et fidelem nostrum archiepiscopum remensem, ad supplicacionem scabinorum remensium, per nostras litteras, ut est moris, adjornassemus ad diem ballivie viromandensis parlamenti nostri presentis, resumpturum processus et arramenta causarum que in curia nostra vertebantur inter ipsum archiepiscopum, racione predecessorum suorum[1], ex una parte, et dictos scabinos, ex altera, et ulterius cum eisdem, in dictis causis, debite processurum; dictus archiepiscopus, ad dictam diem ballivie viromandensis parlamenti nostri predicti, personaliter presens in nostra curia, dixit quod ipse arramenta omnium causarum predictarum resumere volebat, et eciam resumebat, et super hiis procedere, cum dictis scabinis, ulterius, ut jus esset, exceptis duntaxat arramentis causarum que sequntur : videlicet cause gravaminum que dicti scabini per dictum predecessorem ipsius archiepiscopi sibi illata fuisse dicebant; et cause inter ipsos predecessores, et scabinos, mote, racione Hueti filiastri Hardit, pro facto majoris quondam Cousture remensis, super qua causa sunt, ut dicitur, articuli clausi; necnon et cause inter eosdem predecessores et scabinos mote, racione dicti R. Grammaire, et Hueti filiastri Hardit[2], pro

---

[1] Le prédécesseur immédiat de Guillaume de Trye est Robert de Courtenay, mort, selon le nécrologe de l'église de Reims, le 5 mars 1325 (v. s.)

[2] Depuis la grande enquête d'août 1323, l'acte du 6 décembre 1327 est le seul où se rencontrent les noms de ces deux personnages, dont la cause était liée à celle de *l'Estat de l'eschevinage.* La mort de l'archevêque Robert, arrivée le 3 mars 1324, avait, comme on le voit, singulièrement ralenti les débats que clôt le désistement de son successeur. Un instant nous avons cru qu'un arrêt spécial était intervenu pour entériner les clauses de ce désistement (voir plus haut p. 53, note); et notre opinion à cet égard nous paraissait légitimée par divers passages d'un arrêt du 30 janvier 1328. Or, cet arrêt, publié sous un roi du nom de Charles, et auquel cependant deux copies (celle du cart. A de l'archev., fol. 126, v°, et celle du cart. B de l'archev., fol. 117) donnent pour date le 26 janvier 1308, époque où régnait Philippe-le-Bel, cet arrêt, disons-nous, n'est point du 30 janvier 1328 comme nous l'avions d'abord supposé; et les passages où il est

DE LA VILLE DE REIMS. 473

facto quondam ballivi remensis, et majoris Cousture remensis predicte; cujusmodi causarum arramenta resumere noluit archiepiscopus memoratus. Datum sexta die decembris, anno Domini m° ccc° xx° vii°.

CCCXL.

PROTESTATION et appel au pape de l'excommunication décrétée par Philippe de Trye, vicaire général, contre xxii chanoines [1]. 22 décembre 1327.

Invent. des accords entre les archev. et le chap., p. 27.

question de *causes terminées*, de *bourgeois détenus*, d'*arrêts nouvellement rendus* à leur occasion, ne désignent ni l'acte du 6 décembre 1327, ni la détention de Huet et de Grammaire, ni un arrêt perdu qui eût consacré les droits de l'échevinage. Ils se rapportent toujours, il est vrai, à la cause de l'*Estat de l'eschevinage*, mais à une autre série de débats dans la même cause, et l'acte auquel ils appartiennent est du 11 mars 1384. (Voir à cette date.) L'éloignement où nous nous trouvons, et l'étrange altération de la date, nous ont seuls empêché de rectifier à temps, et avec certitude, l'erreur des cartulaires de l'archevêché, sur une copie plus exacte qui se trouve Archiv. du Roy., sect. jud. Juges, reg. xxxii, fol. 109 v°. Les recherches que nous avons faites dans le but d'éclaircir nos doutes sur ce point ont eu d'ailleurs pour résultat, non-seulement de fixer notre opinion, mais encore de nous remettre sous les yeux un arrêt dont les dispositions trop vagues ne nous avaient pas permis d'abord d'apprécier l'importance, et sur la valeur duquel nous a éclairé la publication des documents relatifs à l'*Estat de l'eschevinage*, parmi lesquels il doit figurer. En voici le texte emprunté au Liv. Blanc de l'échev., fol. 12.

« Philippus Dei gracia Francorum rex, universis presentes litteras inspecturis, salutem. Notum facimus, quod cum inter cetera que scabini remenses, contra dilectum et fidelem nostrum archiepiscopum remensem, in nostra curia proponebant, ipsi tradidissent curie quamdam (*sic*) rotulum, plures articulos continentem, super quibus ipsi de dicto archiepiscopo conquerebantur; et exhibito dicto archiepiscopo predicto rotulo, ut super eo deliberaret, ac demum per curiam recuperato dicto rotulo, et eodem archiepiscopo proponente, super eisdem articulis, debere curiam sibi reddi; tandem peciit dictus archiepiscopus fieri sibi copiam de rotulo predicto, et dictos scabinos compelli ut ipsi dictos articulos in eodem rotulo contentos prosequantur, aut quod ipse archiepiscopus commodum, quod exinde consequi debebit, reportet; parte adversa in contrarium proponente, quod dicti articuli [*sic*, dictorum articulorum?] copia non erat dicto archiepiscopo facienda, nec ipsi compelli debebant ad dictorum articulorum prosecucionem, illorum maxime quos ipsi specialiter, et oretinus, non proposuerant, cum persone quas tangunt dicti articuli, que libere sunt persone, presentes non essent, et a predictorum articulorum, illorum videlicet quos ipsi specialiter, verbo[tenus?], non proposuerant, prosecucione supersedere vellent ad presens. Auditis igitur super hoc partium racionibus, hinc et inde, per arrestum nostre curie dictum fuit, quod dicti scabini non compellentur dictos articulos prosequi, nec dicto archiepiscopo fiet copia de eisdem. In cujus rei testimonium, presentibus litteris nostram fecimus apponi sigillum. Actum Parisius, in parlamento nostro, dominica post octabas Epiphanie Domini, anno ejusdem millesimo ccc octavo.

[1] « On peut voir dans un livre couvert de parchemin, cotté AD, tout le détail et la suitte du différent entre Guillaume de Trye et le chapitre, sur les 25 articles.... qui ont été agités entre les parties, et pardevant divers arbitres, dont trois ont étez des con- 19 janvier 1309.

CCCXLI.

1327. **Procès-verbal** des violences pour empêcher le chapitre de faire l'inventaire d'un panetier mort au Metz-Saint-Thierry.

Invent. des accords entre les archev. et le chap., p. 23.

CCCXLII.

Janvier 1328. **Confirmatio** pronunciacionis et ordinacionis factarum super debato dudum orto inter majores et scabinos remensis, ville et religiosos S. Nicasii remensis, racione quorumdam fossatorum et murorum [1].

Archiv. du Roy., Trésor des chartes, reg. 66 (?). — Archiv. de Saint-Nicaise, liass. 13, n° 25.

Charles par la grâce de Dieu roys de France et de Navarre, nous faisons savoir à tous présens et à venir, que nous avons veu unes lettres seellées des seaus de nostre amé et féal Gautier de Chasteillon, connestable de France, de religieus homme l'abbé de l'église de Saint-Remy de Reims, et de mestre Guillaume de Vous, chanoine de l'église de Reins, contenant la fourme qui s'ensuit [2] : ....

Nous adecertes la pronunciation, ledit, et l'ordenance dessusdictes, mais que il n'en ait esté de riens appelé, et que elles soient passées en chose jugée, et toutes les autres choses contenues ès lettres dessus transcriptes, volons, loons, gréons, ratéfions, et approvons, et par la teneur de ces lettres, de nostre auctorité réal et de certaine science, confermons. Et pour ce que ce soit ferme chose et estable à toujours... Ce fust fait et donné à Paris, l'an de grâce mil ccc vint et sept, ou mois de jenvier.

CCCXLIII.

13 janvier 1328. **Commission** au bailli de Vermandois pour forcer les échevins de se soumettre à l'arbitrage du 11 décembre 1322.

Archiv. de l'Hôtel-de-Ville, renseign.

seillers d'état nommez par le roy, et ensuite à Avignon devant le pape Jean XXII, ce qui a duré depuis 1327 jusqu'en 1333. » (Invent. des Accords, p. 27.) Nous n'avons pu retrouver ce précieux manuscrit, qui contenait plus de 273 feuilles.

[1] Cette pièce est accompagnée d'une nouvelle confirmation donnée le 29 juin 1328, par Philippe VI.
[2] Ici se trouve reproduit l'acte du 11 décembre 1322.

CCCXLIV.

PROCÈS-VERBAL de ce qui s'est passé le 23 janvier 1327 [v. s.], en l'église de Reims, lorsque Guillaume de Trye y vint la déclarer pollue, et les chanoines excommuniés. Réponses et protestations du chapitre.

23 janvier 1328.

Invent. des accords entre les archev. et le chap., p. 27.

CCCXLV.

RÉUNION des chanoines de l'église de Reims en chapitre général, à l'occasion des griefs que le chapitre avait contre l'archevêque [1].

3 février 1328.

Bibl. Roy. Reims, cart. III, art. Guill. de Trie.

---

[1] « Les différents recommencèrent bientôt après l'accord de décembre 1326, et furent les chanoines appellés au chapitre le lendemain de la Purification. Voici le nom de ceux qui y assistèrent : « Hugo decanus, « Guillelmus de Voys, Johannes de Asconio, « Fredericus de Janua, Nicolaus de Pongi, « Guillermus de Estenay, Johannes de Co« lonna, Stephanus de Trecis, Mathias de « Florentino, Johannes de Bourbonio, pres« byteri; cantor Johannes de Curvilla, Joan« nes Chaudron, Guido de Villamaris, Ja« cobus de Roma, Stephanus de Courtenaio, « Ægidius de Placentia, diaconi; Guiller« mus de Nealpha, Guillermus de Vassoi« gnia, Guillermus de Courtenaio [frater Ste« phani], Johannes de Monteclino, Johan« nes de Pennis, Johannes Gay, Hilarius de « Parma, Rainaldus de Sarmineto, subdia« coni. »

« En ce chapitre furent cités les absens qui étoient en France, car ceux qui étoient au-delà des monts, ce n'étoit pas l'usage de les citer; ils estoient au nombre de six, savoir : « Neapoleo de Romagnia, Nicolaus « Armatus, Andrææs de Velletro, Francis« cus de Perüchis, Paulus de Comite, Ursus « de Urbe. » Il y avoit de plus huit mineurs chanoines qui ne furent point cités, d'autant qu'ils n'avoient point de voix, savoir : « Johannes Stephani, Johannes de Colump« na, Guido de Colongnia, Guillermus de « Spicia, Henricus de Namurco, Philippus « de Meledino, Robertus de Meledino et « Paganus de Gravelia. » De plus, il y en eut trente-trois (sic) qui furent cités, savoir : « Johannes Gaucelinus, episcopus « albanensis, et Jacobus Gaïetani cardina« lis, Johannes de Suessione præpositus, « Guillermus de Sancta Maria, Guillermus « de Marciliaco, Raymondus de Cassetis, An« drææs de Florentia, Ligus de Urbe, Ste« phanus de Limezia, Robertus de Courte« nayo, Theobaldus de Sacro Cæsare, Mat« theus de Pergamo, Petrus de Cambly, Ste« phanus de Courtenayo, Gaufridus de Cor« volio, Jacobus de Roma, Ægidius Brauleyo, « Guillermus de Bovilla, Hilarius de Parma, « Guillermus de Marchello, Theobaldus de « Sarginis, Ludovicus de Accaeyo, Nicolaus « de Nuhiaco, Petrus de Vintonne, Nico« laus de Donchery, Radulphus de Parisius, « Henricus de Domparia, Radulphus Mar« chocolio, » et trois qui ne furent rencontrez dans leur domicile ordinaire.

« On voit par tous ces noms que les chanoines de Reims étoient pour lors tous princes et grands seigneurs. »

CCCXLVI.

20 février 1328.

PREMIÈRE signification des 25 articles ou griefs du chapitre, le 1ᵉʳ samedi de carême 1327 [vieux style], avec appel réitéré et protestation de cesser *a divinis*.

<small>Invent. des accords entre les archev. et le chap., p. 27.</small>

CCCXLVII.

27 février 1328.

LETTRES de l'archevesque au chapitre, par laquelle il lui assigne jour pour faire apparoir de ses priviléges, [datées du?] samedi après la Saint-Mathias 1327 [vieux style]. — Réponse du chapitre le lundy suivant, jour assigné. — Protestation faite le même jour par le chapitre, *prope fontes*, et une autre faitte au palais archiépiscopal.

<small>Invent. des accords entre les archev. et le chap., p. 27.</small>

CCCXLVIII.

1ᵉʳ mars 1328.

ARTICLE particulier de plainte [de la part du chapitre], touchant le sceau du chapitre lacéré par l'archevêque. — Mardy après *Reminiscere*, 1327 [vieux style].

<small>Invent. des accords entre les archev. et le chap., p. 28.</small>

CCCXLIX.

22 avril 1328.

LECTRES du roy Philippes seelées du seel dont il usoit avant qu'il fust roy de France, dattées du xxii avril, l'an m. iiiᶜ xxviii, esquelles est transcript ung arrest de la court de parlement prounoncé le xiiᵉ décembre, l'an m. iiiᶜ xxvii, par lequel est dict que l'archevesque.... lors estant sera receu à reprendre le procès et les arrements commencé par son prédécesseur archevesque contre les eschevins, pour cause de certaine grande somme de deniers deus par les eschevins audict deffunct, comme il disoit, pour prest à eulx faict pour fère la despence des sacres[1].

<small>Bibl. Roy., mss., Suppl. franç., 1515-2; Foulquart, Inv. des Sacres, fol. 28 vᵒ.</small>

---

[1] Voir l'acte du 3 décembre 1320.

CCCL.

MÉMOIRE contre Pierre Remy qui avoit trop dépensé au sacre du roy Charles IV [*sic*, Louis X?], les autres ne montans qu'à 7000 ℔, et celui-cy à 21,000 ℔. Il est escrit au bas qu'il fut pendu et estranglé à Paris, à une potence qu'il avoit fait faire [1].

Vers avril 1328.

<small>Archiv. de l'Hôtel-de-Ville, Sacres, renseign., n⁰ 7.</small>

A nos très chers seigneurs les maistres députés et commis de nostre cher seigneur, nostre seigneur le régent [2] sus les fais de Pierre Remi [3], supplient li eschevin et habitant de la ville de Reins, que comme Pierre Remi eust esté envoié à Reins pour le courenement du roy [Loys] dont Diex ait l'âme, et il ait levé et compté plusieurs choses à tort et senz cause de la ville de Reins, lesquelles montent à grant somme d'argent, c'est assavoir :

Premiers, III^m II^c ℔, ou environ, pour la couppe qui fu mise devant le Roy. Et disoit Pierre Remi que c'estoit pour Mgr de Biaumont, chevalier de l'ostel le roy.

Item, II^m lib., ou environ, pour le vessellement d'argent qui fu empruntés à Saint-Nicaise, à Saint-Remi, et en plusieurs églizes à Reins, lequel vessellement il ne vaut rendre devant qu'il fu pesés et prisiés, et le compta sus les despens du mangier.

Item, XVI^c ℔, ou plus, pour nappes et pour touailles qui furent achetées à Folé lombart, et autres marchans de Paris, lesquelz Pierre Remi en fist mener où il li pleust.

Item, XVI^c lib., pour draps et touailles de la couverture de la halle où on mengia, qu'il fist prisier, et dit qu'il valoient bien tant, et les compta sur les despens; et si avoient cousté V^c liv. de loier à deuz

---

[1] Ce qui est écrit au haut et au bas de l'original paraît être du commencement du XVIIe siècle.

[2] Philippe VI fut régent du 1er février au 1er avril 1328.

[3] L'humidité a fait disparaître ce nom, mais Rogier, *Mémoires*, fol. 38, dit :

« On fit procès à ung nommé Pierre Remy, trésorier et gouverneur des finances de France, durant les règnes des roys Loys, Phelippes, et Charles-le-Bel, lequel Pierre Remy avoit faict la despence du sacre du roy Loys dict Hutin, qu'il fit monter à la somme de vingt mille huict cens lyvres parisis.... »

« On ne trouve pas que les habitans de Reims ayent esté restitués de tout ce quy est déclairé cy-dessus.... »

bourgois de Reins qui les avoit fait couvrir; et senz le merrien et le charpentage qu'il fist tout vendre.

Item, vii^c lib., ou plus, qu'il compta pour les chaudières et pour le vessellemente de la cuisine, qui furent empruntés à Reins, et les paelles qui vinrent de Chaalons; et fist tout prisier, et compta tout sus le disner.

Item, il compta L (?) muis de sel, ou environ; et valoit xx sols chacun quartier qu'il dit qui furent pour la cuisine, et il n'[i] convenoit mie vi muis.

Item, xv^c ℔, pour la demourance des vins, pour l'outrageuse garnison dont ixe livrées en furent vendues à ii bourgois de Reins; et de l'autre remanent fist sa volonté.

Item, il fist saisir la plus grant partie des blés de la ville de Reins, et des villes environ, pour le roy, et tous les fours là où on pouoit cuire pain, et commanda que nulz ne cuisist pain que pour le roy; et fu environ xv jours devant le couronnement. Et vendoient li boulangier qui estoient pour le roy à ceux de la ville et aux estranges, et recevoient l'argent. Et par les ostieux as riches hommes il livroient pain quant li roys fu venus, et pour l'argent; et c'estoit du blé de la ville qui fu compté ès despens, et il en receut grans deniers.

Item, les buefz, pors, et poissons, la cire, et les autres choses qui valoient grans deniers, qui demourèrent de remanent après le couronnement, dont il fist grant argent; et compta tout sus les despens dudit couronnement, et n'i devoient mie estre comptés.

Pourquoy supplient humblement lesdiz eschevins et habitans, comme ledit Pierre Remi ait assés de biens pour rendre et restablir ses tors fais, que [vous faciez eulx rendre?] lesdiz damages qu'il ont eu par lui, senz cause et senz pourfit que li roys nostre seigneur en ait eu, quar lediz Pierres qui fu principaus des despens dudit couronnement en compta environ xxi^m liv. par. pour lesdiz despens, de quoy il appert que ce fu très grant exceps, et de volunté, comme les autres couronnemens qui ont esté ausy honorables n'ont monté que environ vii^m liv. par. chacun; ne ledit Pierre ne pourroit dire que lesdiz despens fussent si grans pour droitures qui deussent aux gens du roy, comment qu'il vousist querir telle couverture, quar no seigneur des comptes scevent que nous ne devons nus droits, ainçois doivent appertenir les demourances à ceuz qui paient le couronnement, et meismes ce a esté desclarié et prononcié au temps du roy notre sire Charlles [1], darrenement trespassé, que Diex absoille, et en avons ses lettres. Et très chers seigneurs, mout vous doit mouvoir à avoir pitié et compassion de ladite ville, et de faire eulz rendre et restablir leursdiz damages, qui si grandement ont été damagé et coustangé par lesdiz couronnemenz, et qui ont soustenu les despens si grans, comme chacun seit, des couronnemens de trois roys puis XIIII ans [2], et convenrra qui les soustiennent encore prouchainnement [3], si plaist à Dieu.

CCCLI.

PREMIÈRES réponses de l'archevêque aux 26 articles ou griefs du chapitre.

Avant le 1er mai 1328.

Invent. des accords entre les archev. et le chap, p. 28.

CCCLII.

Tractatus parisiensis, ou sentence arbitrale rendue par Pierre Roger, depuis pape Clément VI, et deux autres conseillers d'état, arbitres choisis par l'entremise du roy Philippe de Valois, [pour assoupir la querelle de l'archevêque de Reims et de son chapitre [4].]

1er mai 1328.

Invent. des accords entre les archev. et le chap., p. 21 et 28.

[1] Charles IV mourut le 1er février 1328. Il s'agit ici de l'acte du 19 avril 1322.

[2] Louis X sacré le 3 août 1315, Philippe V sacré le 6 janvier 1317, Charles IV sacré le 21 février 1322.

[3] Philippe VI fut sacré le 29 mai 1328.

[4] « Sur le 1er articles concernant la juridiction spirituelle et temporelle de l'église de Reims, est déclaré qu'elle appartiendra au chapitre : *Eadem spiritualis juridictio ecclesie remensis declaratur ad dictum capitulum pertinere, absque impedimento quocumque a dicto archiepiscopo.*

« Art. 2. L'archevêque et ses officiers ré- pareront les injures faittes au chapitre et à ses justiciables, sinon ils y seront contraints par les arbitres....

« Art. 6. L'archevêque, ou ses officiers, payeront les sommes d'argent dues au chapitre, sauf les pasts dus en nature.

« Art. 7. Les sentences rendues par l'archevêque et ses officiers seront révoquées et la révocation publiée, etc.

« Art. 8. L'officier *(sic)* de l'archevêque, en même temps chanoine, comparoîtra au chapitre, y prêtera serment, et reconnoîtra que comme chanoine il est de la juridiction du chapitre.

CCCLIII.

13 mai 1328. RATIFICATION du *Tractatus parisiensis* par les procureurs des parties [l'archevêque et le chapitre].

Archiv. du chap., lay. 1, liass. 1, n° 16. — Invent. des accords entre les archev. et le chap., p. 28.

CCCLIV.

Avant le 29 mai 1328. UNG roole en parchemin de certain prest faict pour la despence du sacre d'ung roy Phelippes, sur aulcuns particuliers ; signé au doz : Prest pour la préparation du sacre du roy Phelippe [VI]. Fait l'an mil IIIe XXVIII.

Foulquart, Invent. des Sacres, Bibl. Roy., mss., Suppl. franç., 1515-2, vol. Ier, fol. 34. — Invent. de 1486, fol. 5.

CCCLV.

29 mai 1328. C'EST la despence en gros [1] des despens dou couronnement le roy Philippe, faicte l'an mil CCC et XXVIII.

Archiv. de l'Hôtel-de-Ville, Sacres, renseign., liass. 4, n° 5.

« Art. 10. Les chapelains, en même temps, curés, seront soumis à la juridiction de l'archevêque quant à la résidence dans leur paroisse.

« Art. 11, 12, 13. Les droits des francs servants et de leurs maisons, tant dans le cloître qu'au dehors, pour les franchises et exemptions, seront conservés, sans y donner atteinte.

« Les autres articles (il y en a 5) sont renvoyés à la décision des arbitres [*]. »

(Le Moyne, Invent. du chap., lay. 1, lias. 1, n° 16.)

[1] Le détail de ce compte se trouve dans un manuscrit vélin de 48 feuilles (Arch. de l'Hôtel-de-Ville, sacres, renseign.), dont voici quelques extraits :

[*] « Indécis [entre autres] si l'archevesque peut faire tenir le sinode en l'église de Reins, par ses officiers. — S'il peut faire citer verballement dans laditte église quelqu'un, pour comparoître en un lieu de sa jurisdiction.

« Les arbitres n'ayant point achevé de régler ces articles dont ils s'étoient réservés la décision, le dif-

Compte de toute la despense et les frais dou sacre dou roy Philippe, qui fu le jour de la Trinité, l'an M. CCC. XXVIII.

Compte de la recepte, de la despense, et de tous autres frais qui ont esté fait pour la feste dou sacre...., rendu des offices de l'ostel d'icelui signeur, et d'autres personnes qui dou fait desdictes receptes et despense se sont entremis, à nobles hommes Mgr Guillaume de Noë, et Mgr Raoul de Coaiquien, chevaliers, maistres de l'ostel dou roy, commis de par ycelui signeur quant audit compte oïr et recevoir ; appellé auvec euls Eude la Late, Thoumas Cochelet eschevins[**] ; et pour la ville de Reins, Herbert Cochelet député

férent recommença sur la fin de cette même année 1328. »

Invent. des accords entre les archev. et le chap., p. 28.

[**] Voir plus bas le compte des échevins publié à la date de 1328-1329.

Premiers, la penneterie, v° IIII^{xx} xii liv. v s., une mailge. Et est rabatue la perte dou pain baillet as eschevins, qui monte à xxxii pour les terriers de chapitre de Reins, Guiot de Sept-Saus, clerc, pour les clers, Jehan fil Renaut le prévost de Chaumisi, et Martin de Courmissi, commis de par les chastelleries qui à ladicte despense doivent contribuer.

[*Recepte.*]

Recepte faite par Colart de la Ferté, clerc desdiz chevaliers.

Dou roy no sire, par la main de ses thrésoriers à Pariz, et les entent li roys à recouvrer sur les habitans et citéens de Reins, et dont lidit thrésorier ont lettres d'icelui signeur, et cédule de recepte doudit Colart : mil livres par.

De Colart dou Bart pour la ville de Sermiers, dont il a lettres doudit Colart de recepte : xxiiii lb xiii s. vi d. par.

De Raoul le Coc pour la ville de Chameri, dont il a lettres.... xii lb iv s. par.

De Herbert la Late, de Evrart Testart, eschevins, pour la ville de Bétigniville, dont il ont cédule doudit Colart de recepte : xxxix lb par.

De Ourbin le Tonnelier, eschevins de Dontherien, dont il a cédule.... xiii lb par.

De G. de Mons, et de R. d'Elfincoul, eschevins de Courville et de Mons.... L lb par.

De J. le Borgne et de J. Pochon, eschevins d'Attigny.... xx lb par.

De M. Morel et Luydel le Pelé, eschevins de Courmecy.... cix lb xii s. vi d.

Des clers de Courmecy.... xv lb vii s. vi d.

De Jehan fil Renaut jadis le prévost et de J. Pestel de Chaumisy, pour la ville de Chaumisy.... xxviii lb ii s. vi d.

De P. la Guédainne et de J. la Bétoye, de Saint-Martin le Hureus.... xiii lb.

De Perrart et de Raoul pour la ville de Saint-Clément.... xiii lb par.

Des habitans de la ville de Sept-Saus par la main Guiot de Sept-Saus, clerc, demourant à Reins.... xxx lb par.

Des eschevins de Reins par la main R. d'Ecry, que lidit eschevins li avoient baillié pour la partie de la despense que li chevaliers dessusdit [firent] en l'ostel doudit d'Écry, en demourant à Reins pour le fait doudit sacre; et en fait lidis Colart recepte, jà soit ce que lidit eschevins les baillassent audit d'Écry, et ne les doivent point compter lidit eschevins en despense nulle, que audit Colart. vi^{xx} i lb par.

Desdiz eschevins par la main J Coquelet, eschevin, lvii lb xii s. vi d. par.

Summa, xve xlvi lb xii s. vi d.

[*Mises.*]

[§. I. Dépenses normales des six offices.]

[1°.] *La penneterie ci s'ensieut.*

Les personnes ausqueles l'en doit pour blez pris d'eus pour la feste dou couronnement...., et qui furent dispensez la végile et le jour dou sacre par M. de Ravenel, panetier d'icelui signeur, et par Raoul la Coque, et Thoumas Chastelain, establiz auvec lui pour la ville de Reins, et pour autres despenses touchans le fait de ladicte panneterie, si comme il le baillent en leur compte en pluseurs parties ensiuant ci-après :

[Ici le détail des blés reçus et payés.]

Somme de tous les blez dessusdiz, lxvii muis, i stiers et demi, valent à argent pour tout, v^e xli lb xv d. ф par.; de laquele somme de blef il chiet xx muis de blef qui furent ouvré en pain, et demourèrent sez dispenser...., et furent baillié en pain as personnes qui ci-après seront dénommées, hors la despense doudit sacre, et pour tel pris comme ci-après sera dénommé :

Premièrement, au roy nos sire pour ii^c xxx douzaines de pain qui furent mené après lui à Saint-Thierry, pour la despense de son hostel, landemain de son couronnement; et doivent estre compté en la chambre as deniers dou roy, pour chascun stiers de blef ix douzainnes vi pains, pour chascun stiers l'un par l'autre x s, valent xiiii lb vii s. vi d.

A Mgr Jehan de France quant il donna à mengier as chevaliers landemain de ladicte

liv. viii s. viii deniers. Et fu cilz comptes rendus par Mahieu Ravenel penetier.

feste, pour iiii^c iiii^{xx} douzainnes de pain.... xxx ℔.

Audit Mgr Jehan, pour xxxiv douzainnes et demie de pain de bouche, valent pour tout, lxix s.; et sera tous cils pain livrez, trouvez en la chambre as deniers dou roy.

A madame la royne, pour la despense de son hostel ; et seront trouvé en la chambre as deniers, pour xiiii^{xx} x douzainnes de pain.... xviii ℔ ii s. vi d.

A l'abbé de Saint-Remi, landemain dou sacre, pour iiii^c xxx douzainnes de pain.... xxvi ℔ vii s. vi d.

As eschevins de Reins, pour pain qui estoit demourez en la panneterie dou roy après son couronnement, vi[i?]^c douzainnes.

Asdiz eschevins, pour pain qui demoura en la panneterie madame la royne après son couronnement, ix^c xx douzainnes de pain.

Asdiz eschevins, pour pain de bouche qui demoura.... c douzainnes, qui valent ii^c douzainnes dou commun.

Somme toute dou pain livré asdiz eschevins, xvii^c xx douzainnes, qui valent à argent lxxii ℔ vii s. viii d.

Summa de ce cadit dou pain qui demoura.... iiii^m vii^{xx} x douzainnes de pain, valent à summe de blef xx muis de blef ; valent li xx mui de blef à argent, si comme il appert ci-dessuz, dont il est rabatu pour le droit le roy à prendre xii pains pour xi, ciiii s. ii d. ; se montent li xx mui, ce rabatu, viii^{xx} ℔ par.—Ainsi demeure que on a dispensé pour la feste dou couronnement dou roy et de la royne, pour la vigile dou sacre, et pour le jour, xlvii muis i stiers et demi de blef, qui valent à argent iii^c iiii^{xx} i ℔ xv d. ₵ par.

Autre despense.

A Gringoire l'oubleer, pour xv milliers d'oublées, et le sucre pour les sucrer, tout fait dou sien.... xiii ℔.

As eschevins de Reins, pour xvii^c xx douzaines de pain qui leur furent rendues demourées dou sacre, et leur furent comptées ci-dessus lxxii ℔ vii s. viii d., qui meins ont esté revendues par lesdiz eschevins. Et doivent estre recouvrées et comptées en la despense commune de la panneterie, pour tout le pain mains revendu, xxxii ℔ viii s. viii d.

A R. la Coque, pour pluseurs despens, mises et autres choses en faisant avec ledit M. de Ravenel la pourvéance des blez dessusdiz, et de napes dont les parties s'ensieuent.... La somme.... xxxvii ℔ vii s. ix d.

A P. d'Avaus, pour xxxi stiers de moutarde, v s. le stiers, valent vi ℔ xv s. — A lui, pour xii stiers de vin aigre.... xxx s., et portage xii d.

Somme de ces parties, iiii^{xx} xii ℔ ii s. v d. par.

[Vient ici le détail des dépenses de R. la Coque, et M. de Ravenel. 1°. Pour amasser les blés dans les greniers du chapitre, les remuer, les mêler, les cruler. 2°. Pour les napes. — A un sergent qui aide à les lever chez les particuliers. — Les journées dou clerc qui escripvoit les napes que on a prises, par vii jours. — Pour porter xvi sacz de napes, contenant environ ii^m vi^c aunes de napes. — Pour les prisier et les alner, etc., etc.]

Autre despense pour office de nappes.

A Erembour de Monstereul, demourans à Paris, pour un deis pour la table dou roy, contenant xvii alnes et demie...., cv s. par. — à elle, pour xxiiii touailles, contenant chascune ii alnes...., vii ℔ iiii s.

. . . .

Somme, xxvii ℔ x s.

Autre despense.

A M. de Ravenel, pannetier dou roy, pour les despens de luy, de ses varlés et de ses chevaus.... — A lui pour le poys à faire l'estimacion dou pain.... — A luy pour escussons, et pour signer les hostieus as pannetiers....

Pour xii^c de bûches, pour chascun cent viii s..... — Pour grosse bûche, lxvi s. viii d.

. . . .

Somme, lxxxxi ℔ xvi s. iiii d.

Eschanssonnerie dou Roy monte xvi^c lxxvi liv. vii s., par le compte rendu par Thomas de Cabour.

Somme toute de la despense pour l'office de la panneterie, v^c iiii^{xx} xii ℔ x s. ф par.

[2°.] *Eschansonnerie.*

Ce sont li vins qui ont esté pris et achaté à Reinz pour le fait don sacre, et les nons des personnes asquelz il ont esté achaté par Thoumas de Cabour, appellé avec lui, de par la ville, P. Quarré, et J. dou Chaisne.

A J. de Ville-Dommange, pour xiiii queues, ix ℔ x s. la queue, et tiennent plus que moins xxxi stiers....— A J. de Coucy, pour xxii queues, la queue vii ℔ iiii s., et tiennent.... xxviii stiers. — A P. Noël, en l'ostel Haymart l'espicier, v tonniaus de vin de Biaune, et tiennent xi stiers de Biaune le tonnel, xxviii ℔. — A G. de Thuisy, pour ix queues blanches, la queue viii ℔, et tiennent i stiers. — A J. dou Chaisne, pour vii queues vermeilles, la queue x ℔, et tiennent vi stiers.

Summa des queues, vii^{xx} i queue et v tonniaus de Biaune.

Summa de l'argent, xiii^c iiii^{xx} xiii ℔ xvii s. vi d.

Ce ceste summe chieent xxiiii queues de vin qui ont esté rendues pleinnes aus eschevins...., et ii queues de Saint-Poursain demourées dou sacre.

....

Summa de ce cadit, xii^{xx} xviii ℔.

Ainsi demeure pour vin dispensé, xi^c xxxv ℔ xvii s. vi d.

Autre despense de vins.

A Th. de Cabour, pour xxx queues de Saint-Poursain livrées à Reins, la queue xii ℔ par. — A lui, pour v tonnians de vin de Biaune, le tonnel xxvi ℔, et tiennent xiii stiers. — A O. la Late, espicier, pour la fasson dou claré dou Cerf, xvi ℔....

Somme, v^c v ℔ iii s. ix d.
Autre despense.

A J. Heruguet, pour vi maistres des requestes, et pour notaires, pour vin pris de lui ou jour dou sacre, pour disner et souper.... iiii ℔ xiiii s. — A J. de Mailly, maderinier, pour vi^{xx} faiz de voirres, le faiz ix s.... — A lui, pour viii^m pos de terre, xl s. le millier. — A lui, pour iiii^m cruches, le millier iiii ℔.

Summa de toute la despense dou vin...., tant dou vin de Rivière comme de Saint-Poursain et de Biaune, etc., etc.... par les parties dessuzdictes, lesqueles Th. de Cabour, eschanson dou roy, P. Quarrez et J. dou Chaisne, commis avec lui pour la ville de Reins, rendent par fin de compte.... xvi^c lxxv ℔ ii[i?] s. iii d. par.

[3°.] *Cuisine.*

Cuisine pour le roy et la royne, dispensée le samedi vigile dou sacre, si comme il apparra ci-après ès parties que Fagos de la Noe [queus le roi] et Evrars li queus baillent en leurs parties, par la teneur de leur compte de cuisine,.... et les nons des personnes de cui on a pris les choses, et combien, et de quoi on doit à chascune personne.

A J. le Quien de Maalmes, pour xii^{xx} iii saumons, xi^{xx} xii ℔ xix s. vi d. — A lui, dou dampmage de son hostel où li saumont ont esté, vi ℔. — A lui, pour vi barrils d'esturjons, cxvi ℔ x s. vi d.—*Item*, pour les fraiz [de] voitures pour les saumons et esturjons, lxx ℔ xi s. — A F. de Marle, pour xi pièces d'esturjons, viii ℔.

Summa, iiii^c xxxiii ℔ xii d.

Autre despense de poissons d'iaue douce... par.... Fagot et Evrart, et qui pris ont esté par P. le Baguier, poissonnier dou roy, et par Hue le Large. — A J. Jannier de Chaalons, poissonnier, xliiii poissons à feudre.... lxiiii ℔ par. — A lui, pour xviii autres.... xvi ℔....; pour xiii autres, xxiiii ℔. — A lui, pour xx lus, lxxii ℔. — A lui, pour v quarterons de quarriuis, lxxii ℔. — A lui, pour vi^{xx} xvi que quarriaus que brochés, xlviii ℔. — A lui, pour ii^c querpes, xxxvi ℔.— A lui, pour iiii^{xx} bresmes, xvi ℔.

A Vincent de Chaalons, poissonnier, ix pois-

Cuisine de chars et de poissons, monte v^m viii^c [*sic*, ix^c?] xxv liv. xiii s., par le compte rendut pour Fagot. Et sont en ce compte c s. pour Ysambart le Baier.

sons à fendre et vii quarriaus, xiiii lb xi s. — A lui, pour xxxiii que quarriaus que brochés, ii bars et i barbel, xiii lb xii s. — A lui, pour peuture, pour les poissons dessusdis, xxvi lb xvi s. ix d. — Pour admener lesdiz poissons, pour bouticles.... xviii lb ix s. x d.

Pour despens faiz à Chaalons, par P. le Baguier, poissonnier dou roy, et Hue le Large, bourjois de Reins, pour les priseurs et pour aydes, iiii lb viii s.

A M^{sr} Th. de Marfontaine, pour viii lus, vi poissons à fendre et ii quarriaus, c lb par.

A Mgr l'archevêque de Reins, lx carpes mères, xxxvi lb *.

Summa de toutes les parties des poissons d'iaue douce.... ii^m xlvi lb v s. viii d.; de quoi il chiet pour poisson que li roys eut à Tours-sur-Marne, en venant à son sacre, xxxviii lb viii s. — *Item*, il chiet pour iii^c carpes que li eschevins de Reins reprirent, xxxiiii lb....

Summa de tous les poissons, tant de mer comme d'iaue douce, tous frais comptez....,

---

* Nous renonçons à indiquer en détail toutes les acquisitions de denrées consommées la veille et le jour du sacre. Nous nous contentons de transcrire ici le relevé qu'en fait Rogier dans ses mémoires, fol. 39 :

« Ayans veu par le compte quy a esté rendu de la despence quy a esté faicte au susdict sacre, comme par unne merveille j'en ay icy rapporté quelques particularetés :

« Premièrement, il fut employé pour faire le pain et pâtisserie, la quantité de quarente-sept muidz et ung septier de froment, à raison de seize septiers pour muid ; et fut acheté à raison de huict et dix solz le septier.

« Il y fut beu trois cens poinssons de vin, tant de Beaune, Sainct-Poursain, que vin du païs. Le vin du pays coustoit [de?] six lyvres la queu, jusques à dix lyvres ; celuy de Sainct-Poursain coustoit douze lyvres, et celuy de Beaune, vingt-huict lyvres le tonneau.

« Pour le poisson on acheta, d'ung marchant de Malynes, deulx cens quarente-trois saumons, six baris d'esturjons ; et coustèrent, rendu audict Reims, la somme de quatre cens vingt lyvres.

« Plus fut acheté le poisson quy ensuict, en plusieurs et divers lieux ; c'est assavoir, en la ville de Paris, à la Ferté-Milon, à Marfontayne, à Compiègne, à Noion, Chauny, Sainct-Quentin, Sainct-Lambert, Soissons, Vailly, Pontarcy, Chaalons, Vitry, Vassy, Betheniville, et aultres lieux, savoir :

« Onze pièces d'esturjons. — xxx un brochetz luz. — Quatre poissons fauteis. — Cincq cens brochetz careau. — clxii poissons à fendre. — Deulx cens ung brochetz commun.—Deulx mil deulx cens soixante et dix-neuf carpes. — Deulx cens quarente bresmes. — Cinquante perches.—Cent barbeau que bars. — Quatre miliers d'escrevices. — Trois cens iiii^{xx} iiii tanches. — Deulx mil fromages, à viii deniers pièce. — Trois mil cinq cens li anguilles. — Quarente miliers trois cens cinequante œuf, xxx s. le milier.

« Il fut faict quatre cens quatre-vingt-douze pâtez d'anguilles.

« Audict compte il ne se trouve point que l'on ait acheté de beure, mais il se trouve ung article de trois miliers cinq cens leschefroies, à deulx denyers pièce, que je crois estre le beure. Toutte la despence du poisson que dessus, monte à la somme de deulx mil huict cens soixante et quatre lyvres parisis. Ledict poisson fut amené pour la plus grande partye, par eau, jusques au Bac à Bery.

« Despence en chair : Quatre-vingt-deulx bœuf, à vii lb pièce. — ii^c iiii^{xx} ix moutons, à xii s. par pièce. — iiii^{xx} cincq veaulx, à xvi s. — xiii chevreaulx, à iiii s. — xxviii lars et demy, à l et lx s. pièce. — lxxviii porcs, à xxiiii s. pièce. — iii^c xlv butors et héronçaulx, à vi s. p. — xviii^c xxiii oisons, à iii s. p. — viii^c xxiiii connins, à ii s. vi d. p. — viii^c l chappons, à iiii s. et à ii s. vi d. — Dix miliers sept cens poulles et poucins à douze denyers pièce. — xxxi septiers de moutarde, à v s. le septier — Trente-deulx septiers de sain, à cincq solz six denyers le septier.

« Il fut faict seize cens pâtez de porcs. — Trois mil trois cens quarente-deulx pastez de chair. — lxx liv. de rys battu. — Quatre cens neuf lyvres d'amendes.— Soixante-six lyvres de sucere. — Quinze miliers d'oublettes. — Deux mil cent quinze lyvres

DE LA VILLE DE REIMS. 485

La cherpenterie monte pour marrien, voitures, et tous autres frais, a xvii^c x liv. iii s. x d., par le compte rendut par maistre Jaque, maistre cherpentier dou roy nos sire.

excepté le droit au maistre queu de France, ii^m iiii^c vii lb xviii s. viii d.

Et de ceste summe a receu Thi. Hurtaus, bourjois de Reins, pour faire la pourvéance des anguilles, ci lb par la main Colart de la Ferté.

Espices achatées à Paris, et livrées par les eschevins pour cuisines et sauceries.

As eschevins de Reins, pour xxx liv. de gingimbre, vii s. vi d. pour liv. — A euls, pour xx liv. de canelle, iiii s. la liv. — xv liv. de poivre, v s. x d. la liv. — ii liv. de grainne, xxxiii s. la liv. — ii liv. de poivre-lonc, lxxii s. par. — iiii liv. de garingal, xi s. pour liv. — ii liv. de cloz de ginoffle, lxxviii s. pour liv. — iiii liv. de pholion, ix s. pour liv. — iii liv. de saffren, xl s. la liv. — iii liv. et demie d'espice, xi s. la liv.

Summa des espices, xlv lb xv s.

Item, au maistre queu pour son droit des esturjons, des saumons et des anguilles, xx lb xvii s. viii d.

[Suit le compte de la cuisine pour le dimanche. Dans les épices livrées le dimanche] :

xxx liv. de gingembre.—xl liv. de canelle, v s. la liv. - xxxv liv. de poivre, vii s. la liv.— ii liv. de grains de paradis, xxxiii s. la liv.

— ii liv. clos de girofle. — iiii liv. de macis, xiii s. la liv. — ii liv. de nois muguettes, xii s. la liv. — iii liv. de saffren, [etc, etc.]—lxii liv. de sucre.— iii liv. de Cilion, iii s. la liv. — iiii liv. de sucre rosat, à xx s. la liv. — Pour battre espices, xxii s. — lxx liv. ris batu, xvi s. la liv. — iiii^c ix liv. d'amandles, iiii lb xv s. pour le cent. — xl pommes grenates, xlv s. vi d. — xii lb xvi s. pour amener les espices de Reins à Paris.

[Viennent ensuite les despens de ceuls de l'ostel, queu, aides, etc., etc., frais de voyage, etc., etc.]

Somme toute de tout le fait de la cuisine, pour la vigile et le jour dou sacre, tant pour poissons de mer et d'iaue douce, les drois au maistre queu dou poisson comptez dedens, qui se montent xx lb xvii s. viii d., tant pour grosses chars comme pour espices, poulailles et autres pluseurs vivres, si comme il appert ès parties ci-dessuz dictes, les drois des chars au maistre queu comptez dedens, qui se montent lxxix lb xix s. vi d.; et pour tous autres fraiz faiz oudit office de cuisine, pour tout, v^m ix^c xl lb vi s. ii d. par.

[4°.] *La fruicterie.*

. . . .

Summa de cire, ii^m cxv liv. et demie, va-

de cire.—viii^c lxxv liv. de lymegnon.—Six vingt faiz de ver, à ix s. le faiz. — Huict miliers de potz de terre, à quarente solz le milier. — Quatre miliers cruches de terre, à quatre lyvres le milier. — Cincquante-sept miliers et ung cent d'escuelles de bois.— Deux mille six cens aulnes de nappes que l'on fit venir de la ville de Paris, comme aussy touttes les espiceries.

« Il fut faict trois grandes salles de charpenterye, l'une pour le roy, l'aultre pour la royne, et la troisiesme pour les officiers : oultre cela plusieurs offices et escuries. La despence de laquelle charpeutry monte à la somme de dix-sept cens dix lyvres parisis ; le cent de pied de planche est à quarente et cincquante solz ; la pièce de chevron, à ung solz ; et l'autre bois au *rata*.

« La massonnerye concistant en fours, cheminez, et aultres comodités pour les cuisines, monte à la somme de deulx cens lyvres. Et montèrent les fraictz et despens dudict sacre à la somme de treize mil quatre cens lyvres parisis, par le moien de la despense que firent les syeurs Robert Bertrand, seigneur de Bricquebecq, et Mahiu de Trye, mareschaulx de France, et de quatre banniers de bachelers, dix chevaulx banneretz, et quatre-vingt-dix-huict escuyers; lesquelz se firent payer de leurs gaiges comme ilz avoient accoustumés de les prendre en guerre ; comme aussy pour la despence qu'avoient faitz les officiers de la maison du roy, tant en venant audict Reims, séjour, que au retour; desquelz fraictz touchant lesdictz mareschaulx, et ce quy suit, ont été deschargés par arrest [du 13 octobre 1330]. »

La machennerie monte à II^c VI liv. XI s. IIII d., si comme maistre Pierre de Ruel le rent en son compte.

lent à argent, $III^c IIII^{xx}$ XIIII lb XIX s. x d, de quoi il chiet pour II^c LVIII liv. de cire que messire Jehans de France eut le lundi après le sacre, quant il donna à mengier à tous chevaliers, XLIIII d. pour liv.

Item, VIII^c LXXV liv. de lymeignon, valent à argent XXXIIII lb IIII s.

Item, pour fruit, LVII lb VIII s.

Somme toute de cire, lymeignon et fruit, IIII^c XXXIX lb v s. x d.

A Robin le bateur, pour le louage de IX^{xx} et IIII platiaus d'estains, dont il en y a I perdu et III fondus, pour le platel, XII d. — A Garnier, pour le louage dou fil de fer à pendre les platiaus, IX lb XII s. — A G. le peintre, pour escussons à ceus qui tinrent les torches, et pour signer nos hostelz, pour tout, XII s. — Pour charbon à chauffer le fil de fer, VIII s. — Pour louage d'une cuirie à dépecier cire, XXX s. — Pour menues verges à torches de court, L s. — Pour unes balances, et I pois de queuvre, à peser cire, LIIII s. — A Symmonet le clotier, pour claus, coupères, espées, fers à royer torches, LXI s. — A C. Akarin, pour oyle pour les grans torches, et pour les estendars, X s. — Pour fil à lyer les torches des bassins, perches à alumer les torches des bassins, IIII s. — Pour hempnas et pour lances à torches, LXVI s. — Pour porter les huges où les torches et les chandeilles estoient, XIII s. VIII d. — Pour IIII^{xx} varlés qui alumèrent pour le roy et pour la royne, pour II jours, CXII s. VIII d. — Pour grosses toiles à couler la cire, VI s. — Pour III varlés qui veillèrent IIII jours, et aidièrent à pendre les bassins, XVII s. — Pour les lances des estendars, et pour planer XLVI verges as grans torches, et pour I es à eschauffer cire, XXX s. IIII d. — Pour II liv. de cire vermeille, VIII s. x d. — Pour le salaire de ceuls qui ont ouvré la cire, et pour euls en r'aler, XXV lb.

Somme toute pour la fruicterie...., si comme J. le Lombardiaus, auvec lui Th. li Gras et Eudes Bertremés pour la ville de Reins, le rendent en leurs parties.... VI^c XXIX lb XII d.

[5°.] *Escuyrie dou roy.*

A G. Chevalier, et Th. Grené, bourjois de Reins, pour fein, aveinne, littière, pour XLV grans chevaus, et pour pluseurs autres chevaus; pour lis, hostelages pour varlés, pour pluseurs autres choses nécessaires as dis chevaus, depuis le XXI may l'an XXVIII, jusques au XXVII may; et sont VII jours finis devant le samedi vigile la Trinité.... IIII^{xx} XVI lb VI s. VI d.

Summa tant de aveines comme de feins, lis, hostelages, chandeilles, et lumière, comme pour tous autres fraiz pour l'office de l'escuyrie dou roy, fais tant en VII jours devant la vigile dou sacre comme à ladicte vigile et jour...., si comme G. li Grans, et G. li Queus, chevaucheurs de ladicte escuirie, Th. Grenez et G. Chevaliers, bourjois de Reins, le rendent à fin de compte.... III^c XXVII lb XI s. IIII d. De laquele summe li eschevin débatent et dient que il n'i sunt tenu à paier IIII^{xx} XVI lb VI s. VI d.

[6°.] *Fourrerie dou roy.*

Voitures de fuerres, de coutes, de draps, de couvertures, de tables, de herbes et faucheurs.... — Pour VI^c XXXIIII coutes, pour III jours, XV lb XVII s. — Pour draps et couvertures.... XVIII s. — Pour V sarges pour mectre en la chambre dou roy, CXIIII s.

Item, pour despens et hostelages.

A E. de Maisières, pour l'ostelage monseigneur Charle de Behaigne, XXVIII s. — A Mgr J. de Chastiauvilain, pour son hostelage, IIII s. — A Mgr N. de Clermont, pour lui, VI s. — A maistre J. de Courbeville, pour lui, V s. — A J. Coquelet la Pinte, pour la chambre as deniers, VI s. — A R. d'Ecry, hoste dou Porcelet, pour les maistres d'ostel, tant pour les gens Mgr de Beaumont comme pour les damages, XVI lb. — A P. Hubert, pour les clers des requestes, pour hostel, coutes et herbes, XX s. — A Moynec

La fourrerie dou roy monte ıı^c xx[v]ııı liv. v s. ıx d., si comme Estènes li Chiens le rent en son compte.

pour le chancelier, pour coutes, vı s. — A Raulet, pour xvııı lis fournis pour Mgr de Biaumont, pour xvııı jours, cx s. — Pour l'ostelage des gens de la fourrerie.... ııı ℔.

Summa de toutes les parties de la fourrerie dou roy, ıı^c xxvııı ℔ v s. ıx d.

[5°. bis.] *Escuirie pour la royne.*

. . . .

A Oudet, pour vin as chevaux, et oincture as chars, vııı s.

. . . .

Summa de toutes les parties de l'escuirie de la Royne, vı^{xx} vı ℔ ıııı s. vııı d. par., si comme Robins Qui-se-Maria, chevaucheurs de ladite escuirie, a rendu les parties pour fin de compte. [*Item*, ııı ℔ pour décheue d'avaine?]

[6°. bis.] *Fourrerie pour la royne.*

Pour vıı^c vı coutes, valent pour ııı jours, xvıı ℔ xıı s.

. . . .

Pour ostelage de la chambre as deniers, vı s. par. — A G. Ingart, pour fuerre, et pour les phisiciens, xvı s. par. — Pour l'ostelage madame de Saucourt, x s. par.— Pour les maistres d'ostel, xxx s. — Pour l'aumônier, ııı s. — A Jehan Brodier, pour pannonciaus et escussons, xxvııı s. — A Th. le telier, pour ıx^{xx} et xıı aunes de toile pour dois, xvı d. l'aune. — A Aliaume d'Amiens, pour l'ostelage madame de Biaumont, et pour les damages, les murs perciés, xl s.— Pour rendre les coustes et les requeillir, xl s.

Summa de toute la despense de la fourrerie la royne, si comme Jehans Brodiers, fourriers la royne, le rent par fin de compte, ıx^{xx} v ℔ vııı s. [ııı d.?] —De ladicte somme ressut lidit J. Brodiés des bourjois de Reins, xxx ℔, de quoi il bailla as gens de l'escurie la royne, xvıı ℔ ıııı s.

Summa de toute la despense faite en la vigile et ou jour dou sacre de toutes les vı offices des hostelz dou roy et de la royne, si comme il appert ès parties dessusdictes que lesdictes offices ont rendu à nobles hommes et sages Mgr G. de Noë, et Mgr R. de Coayquien, chevaliers maistres d'hostelz dou roy, appellez auvec euls Wede la Late, Th. Coquelet, comme eschevins, Herbert Cochelet pour les terriers de chapistre, Guiot de Sept-Saus pour les clers mariez, Jehan fil Renaut le prévost de Chaumisi, et M. Morel de Courmissi, députez pour les chastelleries.... ıx^m vıı^c vııı ℔ v d. ǿ par.

De ceste grosse somme a payé Colart de la Ferté, si comme il appert ci-dessus, ıx^c ııııxx xıı ℔ x s. par.

. . . .

[§. II. Dépenses litigieuses dont plusieurs sont devenues normales.]

[1°. *Dépense devenue normale des pavillons*].

Despense faite par maistre Yve le Breton, maistre des paveillons dou roy no sire, pour amener les paveillons de Pariz dou commandement des maistres d'ostel.

Pour le louage d'un bastel qui apporta de Paris au Bac à Beri les paveillons et la vaisclemente de la cuisine, xıı d. — Pour ıx cherrettes qui portèrent les paveillons dou Temple de Paris, au Louvre, pour mestre en l'iaue, pour chascune, xvııı d. — Pour xxıı chevaus qui amenèrent les paveillons dou bac à Reins, par ıı jours, lxvı s. — *Item*, ouvriers à journées amenez de Paris, qui se sont veschus seur leurs journées, à Pierre le cherpentier, pour xlvı jours, ııı s. par jour. — Pour porteurs dou marrien desdiz paveillons.... ıı s. vı d. par jour. — Cousturiers... cıııı^{xx} x jours.... xıx ℔.

Summa toute à Me Yve.... ıııı^{xx} ıx ℔ ıı s. vııı d., de laquele il ressut par la main Colart de la Ferté, xx ℔ x s.

[2°.] *Autre despence* [*litigieuse, faite par l'argentier, le valet de chambre, etc., du roi*].

A N. de Saincte-Ragon, argentier le roy,

La fourrerie la royne monte ix^{xx} vi liv. viii s. iii d., si comme Jehans Brodiers le rent en son compte.

Pierre et Adam des Essars, et leurs maisnies.... pour despens en alant de Paris à Reins, li lb.

A Th. Conté, tailleur et varlet de chambre le roy, pour ses despens et les despens de xxiiii chevaus pour sommage à apporter draps, robes, et pluseurs autres choses pour le roy et pour Mgr Jehan de France, et pour pluseurs varlés cousturiers et péletiers, xlvi lb vii s. [*sic*, xii s.?] vi d.

A J. Heruguet, pour vi maistres des requestes, et pour x notaires ou jour dou sacre, pour vin, pour disner et souper, iiii lb xiiii s.

Jehan d'Yenville et Oudart de Mairi, sergens d'armes le roy, pour leurs despens que il ont fait à Reins, en faisant hostelages pour le roy.... cvi lb vi s.

. . . .

Summa de ces parties, ii^c lxvi lb iii s. vii d.

[3°.] *Autre despence* [*litigieuse, faite par les mareschaux*].

A Mgr Robert Bertran, signeur de Briquebec, mareschal de France, pour ses despens faiz à Reins pour cause dou sacre, et pour les gages de li, et de ses gens, alant et venant, ainssi comme accoustumé les a à prendre ès guerres dou roy, dont il demande pour despens fais à Reins, ii^c lxviii lb xiiii s. ix d.; et pour ses gages ainsi comme il les prent ès guerres dou roy, pour ii bannières de bachelers, et xlii escuyers, pour xvi jours, alans et venans, dou pays de Normandie à Reins, ii^c iiii^{xx} viii lb par.

Et Mgr Mahiu de Trie, mareschal de France, pour les despens faiz à Reins pour v jours, pour ii bannières, x chevaliers bachelers et lvi escuyers, vii^{xx} xii lb x s. vi d., et pour ses gages et de ses gens, pour vii jours, alans et venans, selonc ce qu'il les prent en guerres dou roy.... ii^c lb xxxii s.

Summa as ii mareschaus, ix^c x lb vii s. iii d. par. Et les débatent li eschevin. [*A la marge* :] Li roys les a paiés, pour ce que nous ne les devons mie.

[4°. *Autre dépence normale, pour massonnerie.*]

Pour pluseurs massonnages.... et pour les despens de Me Pierre de Ruel, masson dou roy, son cheval, et ses gens, alans et venans à Reins.... ii^c vi lb xi s. iiii d.

[5°. *Autre dépense normale, pour charpenterie*].

Pour marrien, velille, goutières, cloz, plonc, labeur de charpentiers et autres fraiz de Me Jaque, charpentier dou roy, xviie x lb xiii s. x d.

[6°.] *Autre despence* [*normale, pour les maistres d'hôtel*].

Pour despens Mgr G. de Noë, Mgr R. de Coayquien.... maistres d'ostel, leurs gens, leurs maisnies et les offices doudit hostel, avvec euls, qui député furent seur les pourvéances et l'appareil des logeiz.... viii^{xx} v lb iiii s. ix d.

Pour euls, pour forge...., cix fers, chascun fer viii d.... — Bourrelerie, lx s.

A Gérart le barbier, qui a servi de rère, seingnier et laver les officiers dessuzdiz.... xx s.

Despense de bouche pour les despens Mgr J. de Biaumont, signeur de Sainte-Geneviève, souverain maistre d'ostel, et les dessuzdiz, depuis le samedi après l'Ascension que lidiz messire J. de Biaumont vint à Reins.... xiiii jours.... Excepté le pain que on a pris de Gérart d'Aguisi, et des blez de garnison, et les vivres que on a pris de Martin le froumiger, qui ne sont point compté à argent, et une queue de vin de Saint-Poursain, beue en dit temps, de quoi nulle mentions n'est faite, ii^c vii lb xviii d.

Autre despense pour le temps dessuzdit, hors bouche. — Pour mareschaucié à faire à i des chevaux, au cheval Nichaise fauconnier Mgr de Biaumont, x s. par. — A R. d'Ecry, hoste du Pourcelet [*c'est chez lui que logent les gens de l'hôtel*], pour chapiaus, iiii s. — Pour vi douzainnes de parchemin à faire commission seur leurs seauls, seur toutes les nécessités de la feste, l s. — Pour i grant papier et i autre petit, xv s. par. — Pour

Escurye pour la royne monte vi^{xx} vi liv. iiii s. viii d. *Item*, iiii liv. pour décheue de xv sextiers d'avaine, quitée à Robert Qui-se-Maria, sergent.

Escurye pour le roy monte à iii^c xxvii liv. v s. iii d., si comme Gérars li Grans le rent en son compte.

La fruiterie pour le roy et pour la royne monte v^c lxxvi liv. vii s.

Li despens maistre Yève, maistre des pavillons, montent à iiii^{xx} ix liv. ii s. viii d.

Li despens Mgr Jehan de Biaumont, grant-maistre de l'ostel le roy, montent, ainssis comme il le baille par parties, iii^c x liv. vi s. ii deniers.

une livre de cire verte, et demie de vermeille, à seeler commissions, vi s. vi d.

A Colart de la Ferté-Milon, clerc des dessuzdiz chevaliers, pour pluseurs commissions, et autres escriptures, faites dou coumandement desdiz chevaliers, ayens pooir de euls, pour penre blez, vins, feinz, aveinnes, chars, poulailles, chevaus, cherrettes, marrien...., et pour les présens comptes ordener, escripre, et doubler, et tout au sien...., par taxation de ses signeurs dessuzdiz, et de ceuls qui appelé furent auvé euls pour la ville de Reins, pour lesdiz comptes oïr et recevoir...., l ℔ par.

Summe toute de tous li frais dou sacre.... xiii^m iiii^c xxx ℔ xiiii s. vii d. ¢ par.

[§. III. Détail de la charpenterie et de la maçonnerie, indiquées plus haut en bloc.]

. . . .

Item, pour la tasche Adam Boulliane et J. de Loncjumel, J. le Vavassour, P. Larchier et son père, cherpentiers, qui ont pris à faire les ii eschaffaus où li roys et la royne seront, rendus tout prest, et leur painne, pour les pris, xxx ℔.

Item, pour la tasche de J. de Flichi...., faire estauts où on dépièce les chars et les poissons, et pour faire dressoirs portatis à soir, c s. — Pour faire les estauts à pâtisiers, par tasche, iiii ℔. — Pour faire la pastiserie la royne, iiii ℔. — Pour la tasche P. de Recicourt, pour faire une loge à apentis de x piez de lé dedens auevre, et s'aura de lonc dou bout où li four sont, jusques au mur qui traverse pardevers le Vidame. — *Item*, une loge dedens la court Me G. de Neafle [chanoine], de la porte jusques au mur des estables. — Un degré de viii piez de large, par où on montera en palais, et faire uns autre degrez par où la royne montera en dois. — Une loge en la cuisine où on fera les ros, et faire les dressoirs rendus fermans. — Faire les dressoirs de la royne, de la bouche, rendus tous près. — Faire les dressoirs dou commun. — Les dressoirs de l'eschansonnerie, où on livrera le vin.... tout ce pour xxx ℔.

A G. l'Amiraut le recouvreur, pour recouvrir toutes les loges, excepté le dois de la royne, et la loge d'emprès, lx ℔.

A Bernart le cordier, xii pelotes de cordes. — iiii douzainnes de sanglettes, xxiiii s. — Pour teille pour les couvertures, c s.

A Jehan, iiii^c claus le roy, xiii s. — i mile claus à molin, x s. — Claus à plonc. — i mille claus picars, xxx s. — Claus à late. — Une serrure, en la chambre aus maistres, à iii loqués. — Une serrure en l'estuit où on met les estuiz, et pour ii govions derrière. — Pour la trape de fust par où on coulera le claret, iiii charnières de fer. — Charnière de fer pour le dois du roy, et pour le dois de la royne *....

* Les dernières feuilles de ce compte ont été déchirées. Les comptes de la charpenterie y sont complets; mais à peine contient-ils quelques lignes de ceux de la maçonnerie.

Li despens Mgr Guillaume de Noë, et Mgr Raoul de Caouqen, montent iie xxvi liv. vii s. xi d.

Somme de ces ii derriennes sommes, v^e xxxvi liv xiiii s. i d.

Somme de toutez ces parties ci-dessus escriptes, xii^m viii^xx xix liv. x s. [*sic*, xii s.?] ix d. [*sic*, x d.?].

Li despens que messire Robers Bertrans, mareschaux, demande, montent, si comme il le baille par cédule, à v^e lvi liv. xiiii s. ix d.

Li despens que messire Mahiers de Tries, mareschaux de France, demande, monte, si comme il le baille par parties, à iiie liii liv. xvii s. vi d.

Li despens que li trésoriers demandent, montent, si comme il le baillent en une cédule, xxviii liv. vi s. vi d.

Li despens Nicolas de Saint-Ragon, argentier le roy, monte, si comme il le baille par parties, pour luy et pour sa compaingnie, li liv. ii s. [*sic*, xi. s.?] i d.

[Li despens Th. Conté, tailleur le roy, xlvi ℔ xii s. vi d.?]

Li despens monsire Jehan d'Arli, chevalier, maistre de l'ostel la royne, montent pour lui et pour sa compaingnie, si comme il le baille en une cédule, xxi liv. iiii s. vi d.

Li despens que Jehan [d'Yenville], machiers le roy, demande, montent c vi liv. vi s.

Somme de ces despens derrenuiés, liquels ne sont mie comptés, pour tant que on n'i est mie tenus, xie [l] xii [i] liv. xiii s. [*sic*, xxii s. x] d.

Somme de tout, le cler et le débatut : xiii^m iiie xliii liv. x s. vii deniers ø.

CCCLVI.

20 mai 1328. C'est li livres[1] en quel sont contenus tous les héritages de

---

[1] Ce livre et celui que nous analysons sous le numéro suivant, offrent, réunis, le cadastre complet de la propriété foncière dans le ban de l'archevêque, cadastre dressé en 1328 pour faciliter l'exécution de l'accord du 15 mai 1322, qui faisait peser sur le seul ban de l'archevêque les frais du sacre. Il est inutile de nous appesantir sur l'importance de ces deux documents que nous regrettons de ne pouvoir publier en entier, mais dont nous avons extrait tout ce que nous croyons pouvoir être de quelque utilité pour la statistique financière, politique, administrative de la cité.

la ville de Reins qui sont tenus à paier des couronnemens, tant des trespassés comme de ceulz à venir, toutes foiz que le cas y eschiet, et les noms de ceulz qui les tenoient au temps que li roy Phelippe, jadiz conte de Valoiz, fut sacrés; liquelz fut sacrés le jour de la Trinité, l'an mil ccc xxviii.

<small>Archiv. de l'Hôtel-de-Ville, Sacre, renseign., ms. sur parch. de 58 feuilles.</small>

[§. I. PARROCHE SAINT-HYLLAIRE.]

[1°.] Premiers, on encommensa en la parroche Saint-Hyllaire, ou quarrel des Changes, au pignon devant la Pierre dou Chauge, en allant contremont le Marchié-aus-Draps.

	livres	sous	d.
Premiers, P. le Large, une maison, et pluseurs talles tenans à la dicte maison.	320	»	»
Johan fix Jessier Maisgret, pluseurs maisons, franc	295	»	»
P. de Cambray, pluseurs ouvreours et tables dou change	240	»	»
R. Quarré, l'estal aux Mulletes	10	»	»
Th. la Late, une maison à tout une talle, franc.	18	»	»
Les hoirs G. le Roussel, une maison et une table au change	12	»	»
A reporter...	895	»	»

	livres	sous	d.
Report	895	»	»
Girart, fix J. Cauchon, une masure en laquelle a maintenant une maison que B. le Nain tient franc	14	15	»
Saint-Denize, une maison	100	»	»
Sainte-Nourice, un estal.	12	»	»
M. Cauchon, une table au change	14	»	»
P. femme E. Leurier, une table	8	»	»
E. Marchant, une table [1].	14	»	,
1 t.	8	»	»
1 t.	8	»	»
1 t.	8	»	»
1 t.	8	»	»
A reporter...	1089	15	»

---

[1] A dater d'ici nous nous contentons d'indiquer l'estimation de chaque immeuble, sans mentionner le nom des propriétaires, à moins que ceux-ci ne soient gens d'église, exempts de taxe, ou que leur profession ne se trouve spécifiée; car il nous a semblé utile de faire connaître, d'un côté la quantité des possesseurs mainmortables, de l'autre celle des gens de métier non prolétaires, dans cette portion de la cité qui appartenait à l'archevêque. Nous avons donc scrupuleusement transcrit tout ce qui concerne les propriétés ecclésiastiques, taxées ou non taxées; mais, tout en indiquant chaque possession des clercs mariés, ou des gens de métier, nous avons pensé qu'il suffisait de transcrire une seule fois le nom de ceux-ci, et la qualification qui l'accompagne; souvent même nous aurions pu sans inconvénient omettre l'un et l'autre, car la qualification passe facilement à l'état de nom propre, et n'indique pas toujours une profession; ainsi *Jehan l'espicier, Pierre le mercier*, etc., etc., ne nous semblent que des noms de famille; toutefois nous n'avons point voulu choisir, et tout nom qui a pu exprimer une profession a été transcrit, mais transcrit une fois seulement.

Dans l'indication des immeubles de di-

	livres	sous	d.		livres	sous	d.
Report......	1089	15	»	Report......	1137	15	»
1 t..............	10	»	»	1 t..............	10	»	»
1 t..............	8	»	»	2 t..............	16	»	»
1 t..............	14	»	»	1 t..............	8	»	»
1 t..............	8	»	»	1 t..............	8	»	»
1 t..............	8	»	»	1 t..............	10	»	»
L'archevesque, 2 t.....	»	»	»				
A reporter...	1137	15	»	Total......	1189	15	»

verse nature, nous avons adopté les abréviations suivantes :

m. fr.,	maison franche.
m.,	maison.
mas.,	masure.
mais.,	maisoncelles.
gr.,	grange.
gre.,	grenier.
o.,	ouvroir.
plus o.,	plusieurs ouvroirs.
é.,	étal.
t. fr.,	table franche.
t.,	table.
h.,	huge.
f. à f.,	fosse à fien.
jar,	jardin.

Les maisons *franches*, tables *franches*, etc., sont les immeubles sur lesquels ne pèse aucun surcens. A la suite du manuscrit dont nous donnons une analyse, se trouvent indiqués tous les immeubles frappés de surcens dans le ban de l'échevinage, la quotité de chaque surcens, et les noms de ceux à qui appartient le droit de les exiger. Voici, en abrégé, le contenu de ces indications, complément nécessaire de celles que renferme la première partie de notre manuscrit.

[1°. *Ce sont les sourcens sur les maisons des lais et des clers qui sont tenus à païer des couronnemens ?*]

« Premiers : Gilles Aquarin, xxii s. sur la maison Ancelet le Barbier, en Nueuve rue. — Pierres de Besennes, xl s. sur la maison la femme la Cornie, en chemin de Porte-Mars. — Marson, fille G. Roussel, vii s. sur la grange Oizellet l'orfeuvre..... [*Plus* xx s. *et* x s. *sur* 2 *autres maisons*.]

Jehan li Late, ix s. - xxvi s. - xl s. - lx s. - xx s. - xvi s. - xxiiii s. (*sur sept maisons.*) — P. de Clermont, clerc, v s. sur la maison P. de Janzy. — Bertran li Saine, et Renaut le Savetier, v s. sur la maison P. de Janzy. — Les exécuteurs E. Cauchon, x s.-xxxvii s. (*sur* 2 *mais.*) — M. femme H. Buiron, xl s. sur un estal. - xxxvi s. sur la maison Gillet Courré. — La femme P. Buiron, xviii s. - xxviii s. - c s. - xxii s. (*sur* 4 *mais.*) — Symon le Saunier, xx s. (*une maison.*) — B. la Gaite, xxxvii s. vi d. - iii s. ix d. (2 *maisons.*) — Me P. d'Escry, xx s. (*maison.*) — Agnès la Nainne, cordelière, xl s. (*maison.*) — Les chartriers Saint-Denize, iiii s.- vi s. - iiii s. - xvi s.-xx s. (*maisons.*) — Saint-Thymotu, lii s. (*maison.*) — Les chartriers de Reins, xx s. - xl s. (*maisons.*) — Le luminaire de Saint-Thimotu, v s. (*maison.*) — M. Suer T. Quochellet, cordelière, xii s. (*maison*). — Les curés des parroches de Reins, vi s. sur la maison G. le ploieur,... que Huedisse leur lessa puis xxiiii ans. — Les hoirs Henri le Large, lx s. sur la Grant Boucherie. — Le curé de Saint-Jaque, c et x s., sur toute la maison J. Bergier. — xvi s. - iiii lb. (*maisons.*) — La fille B. Le Gieu, nonnain de Troisy, xx s. - xl s. (*maisons.*) — Saint-Symphorien, xii s. - xxx s. (*maisons.*) — Th. li Late, xx s. - xl s. - xx s. - xxx s. - xxiiij s. - xxvi s. viii d. - xxxvii s. vi d. - iii s. - xx s. (*maisons.*) — Les enfans A. Chevallier, ix s. ix d. ob. - iiii s. ii d. - iii s. (*maisons.*) — B. femme G. le Gieu, ix s. ix d. - iii s. iii d. ob. - iiii s. - lxv s. (*maisons.*) — Les enfans H. le Gras, xii s. vi d. - xv d. (*m.*) — T. Barbete, x s. - iii s. (*m.*) — A fille G. le Camus, xxxviii s. (*m.*) — E. Marcheant boullengier, xx s. (*m.*) — Les hoirs Winemant le bouchier, xxv s. (*m*) — G. de Loivre, iiii s. vi d. (*m.*) — H. le Thiés, xxi s. iiii d., sur les ii pars d'une maison. — Les chappellains de

DE LA VILLE DE REIMS. 493

[2°.] Le quarrel Saint-Jaque-le-Joutier, en commensant au pignon pardevers le marchié aus Draps, en allant vers Saint-Jaque; et est ledit pignon devant la boucherie.

	livres	sous	d.		livres	sous	d.
La Rousse la poullière, 1 m. fr.	85	10	»	Report	433	10	»
1 mas	16	»	»	1 m. fr.	75	»	»
1 mas. fr.	12	»	»	1 m	140	»	»
Robart le cordouennier, 1 m. fr.	80	»	»	1 m	20	»	»
1 m	160	»	»	1 m	50	»	»
La place qui est pour l'ospital Saint-Jaques.	80	»	»	La Boutellière, 1 m. et 1 mas	130	»	»
				1 mas	14	»	»
				1 mas	25	»	»
A reporter...	433	10	»	A reporter...	887	10	«

Nostre-Dame, c s. - vIII s. x- xI s. - xLIII s. (*m.*) — Les Vaus des Escolliers, xvi s. - xx s. - xvi s. (*m.*) — Les Cordellières, xx. (*m.*)—Monsieur T. de Blanzy, v s. (*m.*) — L'ostel Nostre-Dame, xL s. (*m.*)—Le chapellain de Saint-Symphorien, qui tient la chapellerie M. J. le Boursier, xvII s. (*m.*) — Les chartriers Saint-Symphorien, xII s. - x s. - III s. - III s. - II s. (*m.*) — Les chartriers de Saint-Thimotu, III s. - v s. sur la maison P. de Janzy. - xxvII s. - v s. (*m.*) — La femme T. Buiron, IIII lb. - xvi s. - xxx s. - IIII lb. (*Sur 3 maisons, et sur la grant boucherie.*) — S. fille G. d'Auffart, xxv s. (*m.*)—G. Gorgier, xx s. (*m.*) — M. Lengermée, v s. (*m.*) — R. de Wasigny, vi s. (*m.*)—La femme J. le Vieullier, xxvII s. (*m.*) —Agnès de Basoches, xxxII s. - xx s. - xx s. (*m.*) — Les chartriers de la Magdalainne, vi s. - xx s. (*m.*)— Les chartriers de Saint-Julien, v s.), sur la maison P. de Janzy. - x s. (*m.*) — Les chartriers de Saint-Martin, vII s. vi d. - xx s. - v s. - II s. vi d. (*m.*) — Les chartriers Saint-Jaque, xxv s. - IIII s. - xx s. - IX s. vi d. - IIII s. (*m.*) — J. le Large de Cambray, Lx s. (*m.*) — M. femme R. Hazart, xv s. - xIII s. (*m.*) — Roze de Ville-Dommange, xx s. (*m.*) - S. femme T. Desportes, xxIIII s. (*m.*) — P. le Chastellains, xx s. (*m.*) — Marie qui fu baisselle J. la Perche, xvi s. (*m.*) — Les chartriers de Saint-Hillaire, xL s. - v s. - x s. - vII s. - x s. (*m.*)—Les chartriers de Saint-Jehan, x s. - v s. (*m.*) — Les chartriers de Saint-Estène, vII s. vi d. - xx s. - v s. - x s. (*m.*) — Li menus pouvres de Reins, L s. (*m.*)

17 *bourgeois dont les noms se suivent ont*, xx s. - xxxvi s. - xx s. - xxvi s. vIII d. - x s. - xi s. - c s. - xxxii s. - II s. - xII s. - IIII s. vi d. - Lv s. - IIII s. vi d. - xvi s. - Lx s. - x s. - vi s. vIII d. - xL s. - *Sur* 17 *maisons,* 1 *échauderie, une grange.* « Les chartriers de Saint-Pierre-le-Viés, xII s. sur III maisons, v s. - x s. - vIII s. - xxxvIII s. - x s. - x s. - xvi s. (*m.*) — La fille H. le Large, nonne de Saint-Estène de Soisons, Lx s. sur II estaus en la boucherie. — R. de Vaus, xx s. (*m.*)—La Piquavette, xxxvi s. (*m.*) — Saint-Denize, xII s. (*m*).

25 *bourgeois ou clercs*, xI s. *sur une grange*. - x s. - xxxvi s. - xL s. (*m.*) - xvIII s. (*grange.*) - xvi s. (*m.*) - xv s. (*m.*) - v s. - v s. (2 *granges.*) - III s. - III s. - III s. - x s. - vi s. - L s. - xx s. - vi s. - vi s. - v s.-xxxII s. - xII s.- Lx s. - x s. - vIII s. - vII s. vi d. - xI s. - xx s. - III s. - x s. - xII s. - xL s. - xx s. - c s. (*m.*) - xvi lb (*sur la Grande Boucherie*). - L s. - L s. - c s. - xvi s. - xLv s. (*m.*)

« Flouret de Thuzy, escuier, v s et IX s. (*sur deux granges,*) v s.-III s. - III s. IIII d. (*m.*)

4 *bourgeois,* v s. *sur les bains de la Viés Couture.* - v s. - xxx s. - xL s. - x s. (*m.*)

« Les confrères de Saint-Pierre-le-Viez, xx s. - vIII s. - xx s. (*m.*) — Les freppier de la confraarie de Dieu-li-Mire, xx s. (*m.*)

30 *bourgeois,* v s. *sur les bains en la Viés Couture.*-x s. - vi s. - c s. - IIII s. et vi d. - II s. - vIII s. IIII d. - III s. - xII s. vIII d. - x s. - xII s - Lxx s. (*m.*) - x s. (*grange.*) - vIII s. - xx s. - IIII s. - vIII s. - v s. - xII s. - v s - xv s. - vIII s. IIII d. - xxvi s. vIII d. — J. li Blanc, x s. - xxx s. - x s. vIII d - vIII s. - vII s. (*m*) - xvIII d. (*sur un jar-*

494   ARCHIVES ADMINISTRATIVES

	livres	sous	d.		livres	sous	d.
Report......	887	10	»	Report......	1619	»	»
1 m. et 1 mas. fr......	84	»	»	1 m. fr............	215	»	»
La femme J. le lormier, 1 mas. fr.........	4	»	»	R. le wastellier, 1 m...	140	»	»
				1 m.................	20	»	»
Charlet le paintre, 1 m. fr................	4	»	»	1 m.................	40	»	»
				2 m.................	320	»	»
1 m. fr............	30	»	»	1 m.................	300	»	»
1 m................	80	»	»	1 m.................	110	»	»
1 m. fr............	20	»	»	3 m.................	160	»	»
1 m. fr............	37	»	»	1 mas. fr............	»	100	»
1 m. fr............	27	10	»	1 m. et 1 mas.......	50	»	»
1 m................	35	»	»	1 m.................	90	»	»
½ de 2 m. fr........	30	»	»	1 m. fr.............	55	»	»
½ de 2 m. fr........	30	»	»	1 m. fr.............	160	»	»
½ de 2 m. fr........	30	»	»	Alardo le savetier, 1 m. fr................	20	»	»
J. le wastellier, 1 m...	320	»	»				
A reporter...	1619	»	»	A reporter...	3304	»	»

din.)-xxxii s. - xviii s. - xii s. - viii s., - xv s. - xv s. (m.)-xvi s. (grange.)-vi s. viii d. (estal.) - xxiii s. iii d. (cinq jardins outre Velle.)-vi s. viii d. (estal.) - xlv s. - xxxii s. (grange.)

[2°.] Ce sont li sourcens que les ecclises tiennent sur les héritage et estaus, en la terre l'archevesque, en la ville et cité de Reins.

« Premiers : les chapellains de Nostre-Dame, vi s. - x s. - xxv s. - iii s. v d. ob. - iii s. - xx d. - iiii lb viii s. - vi s. - vii s. vi d., - xx s. - xii s. - x s. - xxxii s. - xii s. - x s. - x s. - xxxix s. - xiiii s. - xv s. - iiii s. - xv s. - vii s. iiii d. - xv s. - iiii s - lx s. - xl s. - vii s. - xxx s. - xvi s. - xx s. - v s - xx s. - iiii lb iiii s. - xxx s. - vi s. - viii s. - viii s. - x s. - iii s. - xxiii s. - xxiiii s. - xl s. - viii s. - vi s. - lx s. - xx s. - x s. - v s. - xv s. - x s.   iiii lb. - xx s. - xx s. (52 maisons, 2 echauderies.)

« Saint-Nichaize, x s. - xl s. - iii s. - vii s. - x s. - xiii s. - v s. - x s. - xx s. - viii s. - v s. (m.)

« Le chapitre Nostre-Dame, xxxii s. - c s. - xxix s. vi d. - v s. - ix s. - xv s. - x s. - iiii s. vi d. - xx s. - iiii s. vi d. (m.)

« Les chapellains de la chapelle Saint-Pierre à Nostre-Dame, xxx s. - xxxv s. (m.)—Les chapellains de la chapelle Saint-Nicholas en Nostre-Dame, x s. - xii s. vi d. - xii s. vi d. (m.)— Les chapellains de la chapelle Saint-Nichaise en Nostre-Dame, v s. - xxiii s. (m.)

« Le chapistre Saint-Symphorien, x s. - viii s. - xiii s. vi d. - xxx s. - viii s. iii d. - viii s. - iiii s.

- xii s. - xii s. - v. s. - xxv s. - iiii s. - v s, - xxx s. - xii s. - xx s. - vi s. - v s. - iiii s, - xx s. - xl s. - iii s. - iiii lb v s. - xl v s. - xlv s. - xviii d. - xiii s. - v s. - vi s. - x s. - xviii d. - viii s. - iii s. - x s. - xx s. - xviii s. (m.) - ii s. vi d. (grange.) — iii quarteurs de fourment, sur la maison Girart le deschargeur.

« Les chapellains Saint-Symphorien, xii s. - l s - xxxii s. - xiiii s. - xx s. - xx s. - iiii s. iii d. - lx s. - v s. - x s. - v s. - lx s. - lii s. - x s. (m.)

« Saint-Denize, xx s. - v s. - x s. - xx s. - v s. - vii s. - vi s. - ii s. - x s. - vi s. - xii s. - xii s. - v s. - iiii s. - ii s. - ii s. - v s. - xxvi s. viii d. - xxvi s. viii d. - iiii s. - xii s. - v s. - xii s. - xxii s. - xxxviii s. - xix s. - xx s. - vi s. - xl s. - x s. - xii s. - v s. - xx s. - xiii s. - vi s. - v s. vii d. ob. - v s. - v s. - xxx s. - iii s. - v s. - xii s. - ii s. - vi s. - v s. - ii s. - vi d. - x s. - v s. - vi s. - v s. (m.) - vii s. vi d. (estal.)

« L'aumosne Saint-Pierre-as-Nonnains, v s. - xiii s. iiii d. - ix s. ii d. - viii s. - xxxviii s. - xx s. - iiii s. - vi s. - ii s. - x s. - vi s. - v s. - x s. - x s. - v s. - v s. (m.)

« L'aumosne Saint-Denis, vi s. - v s. - v s. - v s. vi d. - viii s. (m.)

« Saint-Pierre-as-Nonnains, x s. - vi s. - xii s. - xv s. - xv s. - xvi s. - vi s. - vii s. - viii s. - xx s. - xi s. - xii s. - x s. iiii d. - xiii s. x d. - iiii s. - x s. iiii d. - v s. - x s. - vii s. ii d. - v s. - xiiii s. - xii s. - iiii s. - iiii s. v d - xx s. - xliiii s. - xxxi s. - xx s. - xl s. - xiii s. iiii d. - xiii s. iiii d., - x s. - iiii s. - viii s. - li s. vi d. - xxx s. - xii s. - ii s. -

DE LA VILLE DE REIMS.

	livres	sous	d.
Report......	3304	»	»
1 m. fr............	12	»	»
1 mas. fr.........	12	»	»
3 pars de 1 m. fr.....	27	»	»
¼ de 1 m. fr.........	9	»	»
A reporter...	3364	»	»

	livres	sous	d.
Report......	3364	»	»
1 mas. fr............	10	»	»
1 mas. fr............	10	»	»
1 mas. fr............	10	»	»
Total.....	3394	»	»

x s. - xx s. - vii s. vi d. - xxvi s. viii d. - v s. (m.)
« L'enfermerie de Saint-Pierre-as-Nonnains, xvii s. - xl s. - x s. - xii s. (m.)
« La trézorière de Saint-Pierre-aus-Nonnains, v s. - v s. - xii s. - iii s. (m.)
« Les channoines de Saint-Pierre-as-Nonnains, iiii s. - v s. - v s. - v s.- xii d. (m.)
« Les curés des parroches de Reins, xx s. - xxv s. - iiii s. - x s. - xxv s. - x s. - xv s. - xx s. - l s. - xv s. - iii s. iii d. - v s. - xxv s. - xii s. - v s. - v s. vi d. - vi s. - v s. - xii s. - xx s. (m.) — v s. (jardin.) — xxxii s. (estal.)
« L'ostel Nostre-Dame, xl s.- viii s.- xxviii s. - xxi s. - xv s. - xiiii s. - vi s. - x s. - v s. - xiii s. - lxx s. - xxiiii s. - xxviii s. - xx s. - xii s. - lv s. xvi s. - xl s. - xiiii s. - ii s. - l s. - xii s. - x s. - xx s. - x s. - v s. - xvi s. - vii s. - l s. - xvi s. iiii d. (m.)
« Longueaue, xx s. - xx s. - xv s. - x s. - v s. (m.) - xx s. (grange.)
« Les cordelières, xiiii s - x s. - iiii lb.-xxviii s. - xiiii s. (m.)
« Saint-Ladre, xiii s - x s. - ii s. - iiii s. - lx s. - v s. - v s. - x s. - xxv s. iiii d. - vi s. - xiiii s. - xx s. - viii s. - ii s. - iii s. - iiii d. - vii s. vi d. - vii s. vi d. - xii s. - xxv s. - vii s.- v s.- l s.- x s. - xxi s. iiii d. (m.) - xxxix s. - xiii s. (estaus.) - xviii d. - xviii d. (granges.) - xx s. (jardin.)
« Clesmarés, xxvii s. - x s. - vii s. - iii s. iiii d. - l s. - xx s. - xvi s. - viii s. - xiiii s. - viii s. - x s. - xx s. - xxx s. (m.)
« L'ospital, xxx s. - vi s. - xiiii s. - v s. - x s. - xii s.-iii s. iiii d. - xxxviii s. - vi s. - xxi s. - xv s. - x s. viii d. - xi s. - l s. - xx s. - v s. - xv s.-xxx s. -xx s. (m.) - i setier d'oille sur la maison J. le Blanc. - xii s. (masure.) - xii s. (estal.)
« L'ecglise de Saint-Thimotu, xlviii s. - x s. - iii s. - xviii d. - iii s. - ix s. - xiiii s. (m.) vi s. (sur 2 estaus.) - iiii s. (estal.)
« Les chapellains de Saint-Thymotu, xx s.- xii s. - xxviii s. - lv s. - xxiiii s. (m.)
« Sainte-Nourice, x s. - xx s. - x s. - xii s. - ii s. - iii s. (m.)

« Les chapellains de Sainte-Nourice, iiii s. (m.)
« La Prieuse de la Praelle, x s. - x s. - viii s. (m.)
« Le grenetier de Saint-Remi, xxi s. sur iiii jours de terre, qui sont A. le Ferron, à la desraine Huce.
« Saint-Remi, x s. (m.)
« L'ecglise d'Ormont, lx s. - xx s. (m.)
« Le curé de Saint-Estène, iii s. - ii s. - xii d. (m.)
« Au luminaire de Saint-Estène, vi s. - iii s. (m.)
« Le chapellain de Saint-Anthoinne, iiii lb. (m.)
« Le curé de Saint-Hyllaire, iii s. iiii d. (m.)
« Le curé de Saint-Jaque, v s. - viii s. (m.)
« Le curé de Saint-Michiel, xx s. - vi s. (m.)
« Le chappellain de Porte-Mars, xxx s. (m.)
« Saint-Patris, x s. - vi s. - x s. - x s. - x s. (m.)
« Dieu-li-Mire, v s.- v s.- ii s. - iii s.- v s.(m.)
« L'abaïe d'Erlaus, x s. - xx s. - x s. (m.)
« Saint-Balle, xiiii s. - xx s (m.)
« La vau le Roy, viii s. (m.)
« L'abaïe de Crisy, iiii s. (m.)
« Belleval, iiii s. (m.)
« L'abbé de Cigny, xii s. (m.)
« Saint-Morize, iiii s. xi d. - iiii s. iiii s. (m.)
« Les vaus des escolliers, x s. sur la maison P. de Janzy.
« Curselensy, x s. (m.)
« L'ecglise Saint-Jaque, x s. (m)
« Le maire de la Cousture, x s. - iii s. iiii d. - viii s. (m.) — vii s. vi d. sur les estaus Saint-Ladre. — iiii s. sur le jardin la femme L. Corbel. — x s. vi d. sur la place delès l'estalas-Mulletes. — ix s. sur les ouvreurs. — viii s. (grange.)
« L'archevesque, x lb sur la Grant Boucherie.
« Item, xvii s. sur ii estaus en la Tripperie.
« Belleyaue, x s. (grange.)
« Saint-Anthoine, xx s. (m.)

ARCHIVES ADMINISTRATIVES

[3º.] C'est le quarrel Joudmès Roullant, et encommence au pignon devant le puis, en allant devers rue d'Oingnons.

	livres	sous	d.		livres	sous	d.
1 m.................	90	»	»	Report......	1747	»	»
1 m.................	80	»	»	3 [sic 4?] pars restans.	60(sic)»	»	
J. de Coucy, clerc, 1 m.	120	»	»	Plus. o.............	220	»	»
J. de Sauce, toillier, 1 m. fr...........	75	»	»	1 m. fr.............	40	»	»
1 m. fr..............	138	»	»	1 m.................	80	»	»
Collin li Chat, clerc, 1 m. fr.	80	»	»	1 m.................	100	»	»
1 m. fr..............	66	10	»	1 m.................	80	»	»
1 m.................	80	»	»	Belleval, 1 m.........	50	»	»
1 m.................	40	»	»	Saint-Simphorien, 1 m.	60	»	»
J. li Riche, clerc, 1 m..	40	»	»	Belleval, 1 m.........	50	»	»
4 m.................	460	»	»	Saint-Simphorien.....	»	»	»
Saint-Denize, 1 m....	40	»	»	½ plus. o.............	90	»	»
1 m.................	50	»	»	½ id.................	90	»	»
Regnaut le lamier, 1 m. fr.	105	10	»	Plus. o..............	160	»	»
1 m. fr..............	62	»	»	Des chartriers de Saint-Hyllaire, 1 m.......	40	»	»
B. de Taissi, escuier, ½ o.	30	»	»	Saint-Simphorien et les prestres, 1 m.......	80	»	»
½ id.................	15	»	»	½ m. et ½ plus. o. avec Saint-Simphorien...	20	»	»
½ id.................	15	»	»				
½ plus o.............	15	»	»	L'ostel Nostre-Dame, 3 pars d'1 m.........	150	»	»
½ des 3 pars restans....	22	10	»				
½ des 3 pars restans....	22	10	»	H. Desportes, menans à Paris, l'autre ½ id...	50	»	»
½ de plus. o..........	100(sic)»	»					
A reporter...	1747	»	»	Total.....	3167	»	»

[4º.] C'est le quarrel de la rue de Quarante, en commensant sur le pignon de la rue Cau d'Aingniel sur le pignon de rue d'Oingnon, en venant par rue d'Oingnon vers le Marchié-as-Draps; et estoit appellé ès tables le quarrel J. le Large, dit Trichet.

	livres	sous	d.		livres	sous	d.
½ m.................	450	»	»	Report......	2990	5	»
½ id.................	450	»	»	1 m.................	60	»	»
J. le Large, dit Trichet, 1 m.................	1500	»	»	1 m.................	1200	»	»
1 m.................	120	»	»	1 m.................	450	»	»
1 m.................	160	»	»	Perrart de Sacy, clerc, 1 m...........	70	»	»
1 m.................	60	»	»	1 m.................	280	»	»
1 m. fr..............	52	10	»	1 m.................	800	»	»
Les chartriers de Saint-Estène, 1 m. fr......	60	»	»	1 m.................	480	»	»
				2 m.................	1200	»	»
1 m. fr..............	93	15	»	1 m. fr..............	190	»	»
Tasse, l'orfeuvre, 1 m. fr.	44	»	»	1 m. fr..............	215	»	»
A reporter...	2990	5	»	A reporter...	7935	5	»

DE LA VILLE DE REIMS.

	livres	sous	d.		livres	sous	d.
Report......	7935	5	»	Report......	8736	2	»
1 m...............	40	»	»	Les curés des parroches,			
1 m...............	120	»	»	2 m...............	30	»	»
1 m...............	120	»	»	3 m. fr............	141	6	»
1 m...............	120	»	»	1 m...............	80	»	»
L'ostel Nostre-Dame, 2 m.	»	»	»	1 m...............	80	»	»
1 m. fr............	75	»	»	1 m...............	60	»	»
1 m. fr............	70	»	»	1 m...............	320	»	»
2 pars d'une m.......	40	»	»	Gilet li fournier, 1 m..	16	»	»
¼ id...............	20	»	»	2 m...............	40	»	»
4 m...............	60	»	»	1 m...............	200	»	»
1 gr...............	30	»	»	1 j. fr............	15	»	»
1 m. fr............	25	»	»	1 m. fr............	50	»	»
2 m. fr............	45	»	»	1 m. fr............	50	»	»
2 m. fr............	35	17	»	1 m...............	50	»	»
A reporter...	8736	2	»	Total....	9868	8	»

[5°.] C'est li quarrel de la rue Hiessart, en commensant sur le pignon de ladicte rue, vers rue d'Oingnon, en allant vers le Marchés.

	livres	sous	d.		livres	sous	d.
1 m...............	100	»	»	Report......	1234	»	»
1 m...............	60	»	»	½ id.............	90	»	»
1 m...............	140	»	»	1 m...............	200	»	»
2 m. et 1 mas	200	»	»	1 m...............	120	»	»
1 m...............	80	»	»	1 m...............	260	»	»
1 m. fr............	34	»	»	1 m...............	50	»	»
1 m...............	40	»	»	1 m...............	240	»	»
1 m...............	60	»	»	1 m...............	140	»	»
1 m...............	90	»	»	1 m...............	80	»	»
1 m...............	240	»	»	1 m. fr............	25	»	»
1 m...............	40	»	»	1 m...............	40	»	»
1 m...............	60	»	»	Collin, Mallaquin, mase-			
¼ m...............	45	»	»	crier, 1 m. fr.......	40	»	»
¼ id...............	45	»	»	Total.....	2519	«	»
A reporter...	1234	»	»				

[6°.] C'est li quarrel de la maison de Signy, en commensant sur le pignon de la rue Caus d'Aingniel, pardevers rue d'Oingnon, en allant vers le Marchet.

	livres	sous	d.		livres	sous	d.
1 m...............	450	»	»	Report......	585	»	«
La maison de Signy...	»	»	»	Laidet, le macecrier,			
1 m. fr............	30	»	»	1 m. fr...........	28	10	»
Collin Mallaquin, en				1 mas.............	15	»	»
l'eschauderie, fr....	62	10	»	1 m. fr...........	60	10	»
1 jar. et 1 m. fr......	42	10	»	Total.....	689	»	»
A reporter...	585	»	»				

[7°.] C'est li quarrel de la maison G. Leurier, en Marc, en commensant au pignon devant la rue Hyessart, en allant vers l'Eschauderie.

	livres	sous	d.		livres	sous	d.
1 m................	120	»	»	Report......	1629	3	»
$\frac{1}{2}$ de 2 m...........	60	»	»	1 m.............	40	»	»
$\frac{1}{4}$ id...............	60	»	»	$\frac{1}{2}$ m.............	30	»	»
1 m................	400	»	»	$\frac{1}{2}$ m.............	30	»	»
1 m................	180	»	»	1 m.............	40	»	»
1 m.f...............	276	13	»	1 m.............	160	»	»
2 m. fr.............	38	»	»	Garnier de Nouvi, clerc,			
1 m................	35	»	»	1 m.............	160	»	»
Huet le wastellier, 2 m fr.	79	10	»	1 m.............	60	»	»
1 m................	30	»	»	1 m.............	40	»	»
1 m................	40	»	»	1 m.............	140	»	»
1 jar...............	50	»	»	1 m.............	1000	»	»
1 m................	60	»	»	1 m.............	160	»	»
1 m................	45	»	»	1 m.............	240	»	»
1 m................	35	»	»	1 m.............	120	»	»
1 m................	50	»	»	1 m.............	140	»	»
1 m................	20	»	»	1 m. fr..........	130	»	»
1 m................	50	»	»	Total.....	4119	3	»
A reporter...	1629	3	»				

[8°.] C'est le quarré de la Grant Marche, en commensant au pignon pardevers le Marc, et de la Pelleterie, vers rue de Mouniers (?).

	livres	sous	d.		livres	sous	d.
1 m................	1300	»	»	Report......	3340	»	»
J. Coquellet, drappier,				1 m.............	900	»	»
1 m................	60	»	»	1 m.............	1600	»	»
1 m................	60	»	»	1 m.............	180	»	»
1 m................	320	»	»	1 m.............	20	»	»
1 m. fr.............	180	»	»	1 m.............	30	»	»
J. Bergier, clerc, 1 m..	200	»	»	1 m.............	100	»	»
1 m................	600	»	»	1 m.............	260	»	»
La Marcche et les appendices..........	400	»	»	1 m.............	800	»	»
1 m. fr.............	60	»	»	1 m.............	400	»	»
1 m. fr.............	160	»	»	Thomas Barbette, clerc,			
				1 m.............	180	»	»
A reporter...	3340	»	»	Total.....	7810	»	»

[9°.] C'est le quarrel de la rue de la Grange de Mysi, en commençant au pignon de ladicte rue pardevers le Marc, en venant vers la ruelle Guillot.

	livres	sous	d.		livres	sous	d.
1 m. fr.............	794	15	»	Report......	974	15	»
1 m................	180	»	»	1 m. fr..........	157	10	»
A reporter...	974	15	»	A reporter...	1132	5	»

DE LA VILLE DE REIMS.

	livres	sous	d.		livres	sous	d.
Report......	1132	5	»	Report......	1388	1	»
1 m. fr............	165	16	»	1 m............	160	»	»
1 m.............	40	»	»	1 m. fr...........	1053	»	»
2 m.............	30	»	»	1 gr.............	300	»	»
1 m.............	20	»	»	Total. ...	2901	1	»
A reporter...	1388	1	»				

[10°.] C'est li quarrel dou Marc, entre la ruelle par out on va dou Marc à Saint-Hyllaire, et la ruelle par où on va dou Marc au Temple, en commenchant sur le pignon dou Marc, pardevers le puis, en venant vers la ruelle par où on va au Temple.

	livres	sous	d.		livres	sous	d.
1 m.............	700	»	»	Report......	1700	»	»
1 m.............	550	»	»	1 m.............	140	»	»
1 m.............	450	»	»	1 gr.............	90	»	»
A reporter...	1700	»	»	Total.....	1930	»	»

[11°.] C'est le quarrel devant Saint-Hyllaire, entre la rue de Saint-Hyllaire d'une part, et la rue de Monjeugloy d'autre, en commensant au pignon sur la rue Saint-Hyllaire, en allant vers les Fossés.

	livres	sous	d.		livres	sous	d.
1 m.............	200	»	»	Report......	630	»	»
1 m.............	100	»	»	1 m. fr............	175	»	»
1 m.............	120	»	»	Les maisons des chartriers de Reins, qui furent Th. le Buef...	200	»	»
Les curés des parroches, 1 m. qui fut Huet Raimbert...........	50	»	»	1 m f.............	54	»	»
1 m. fr............	20	»	»	Les chartriers, 2 m....	30	»	»
1 m.............	60	»	»	1 gr..............	30	»	»
Les chartriers de Saint-Hyllaire, 1 m.....	60	»	»	1 m. fr.............	50	»	»
Roze, baisselle J. de Monfaucon,[m.?] fr..	20	»	»	1 m. et 1 gr.........	60	»	»
				1 jar..............	30	»	»
				Plus. m. fr..........	30	»	»
A reporter...	630	»	»	Total.....	1289	»	»

[12°.] C'est li quarrel de la Vau-le-Roy, en commensant sur le pignon de la rue Saint-Hillaire, en allant vers l'Eschauderie.

	livres	sous	d.		livres	sous	d.
1 m. f...........	180	»		Report......	453	»	»
1 m.............	213	»	»	1 m.............	60	»	»
1 gr. et plus. gré.....	60	»	»	1 m.............	60	»	»
A reporter...	453	»	»	A reporter...	573	»	»

	livres	sous	d.		livres	sous	d.
Report......	573	»	»	Report......	1662	»	»
Mons. Renaut le Piquard,				1 m. fr.............	66	»	»
chapellain, 1 m.....	40	»	»	1 m. et 1 jar.........	20	»	»
Guivernel le masecrier,				Le curé de Saint-Hyl-			
1 m..............	16	»	»	laire, sa m. dou pres-			
1 m. fr...........	72	10	»	bitaire............	»	»	»
1 m...............	20	»	»	1 m................	80	»	»
1 jar. fr............	4	»	»	1 m................	50	»	»
La Vau-le-Roy.......	»	»	»	Mons. Constan, curé de			
1 m. fr............	154	»	»	S.-Hyllaire, 1 m., celle			
Gringoire, bailly de				qui fu le père Vache-			
Reins, 1 m. fr......	466	10	»	cuite, entre la maison			
1 m...............	160	»	»	et le jardin J. Coquelet,			
1 gr. fr............	156	»	»	et la maison dou pres-			
Le mès de Mouson....	»	»	»	bitaire, devant la tour.	12	»	»
A reporter...	1662	»	»	Total.....	1890	»	»

[13°.] C'est le quarrel de la Grange-Crossart, en commensant au pignon devant Monjeugloy, en allant pardevant le Temple.

	livres	sous	d.		livres	sous	d.
Charlet le lourdeur, 1 m.	4	»	»	Report......	293	»	»
1 m................	4	»	»	1 m. et un jar.........	50	»	»
1 m	80	»	»	1 gr................	60	»	»
1 m. et 1 gr.........	80	»	»	$\frac{1}{2}$ m. fr...............	137	10	»
Melline et Prévosté bé-				$\frac{1}{2}$ id.................	137	10	»
guine, 1 m.........	10	»	»	1 m................	330	»	»
1 m.......	50	»	»	1 m................	600	»	»
1 m..............	14	»	»	1 m................	200	»	»
1 jar. fr............	»	100	»	1 m................	60	»	»
1 gr...............	24	»	»	1 m................	80	»	»
1 place.............	4	»	»	1 m................	120	»	»
1 m................	8	»	»	1 m................	70	»	»
1 place.............	10	»	»	1 g................	120	»	»
A reporter...	293	»	»	Total.....	2258	»	»

[14°.] C'est le quarrel de Walleppes, en commensant au pignon pardevers le Marc, en allant pardevant Walleppes.

	livres	sous	d.		livres	sous	d.
$\frac{1}{4}$ m...........	700	»	»	Report......	2480	»	»
$\frac{1}{2}$ m...............	200(sic)»		»	1 m................	30	»	»
1 m...............	600	»	»	Collart de Champaingne,			
Walleppes..........	»	»	»	1 m................	100	»	»
1 m...............	700	»	»	Regnaut Jourdain, clerc,			
1 m...............	100	»	»	1 m................	80	»	»
3 m...............	180	»	»				
A reporter...	2480	»	»	A reporter...	2690	»	»

DE LA VILLE DE REIMS.

	livres	sous	d.		livres	sous	d.
Report.....	2690	»	»	Report......	3870	»	»
2 m............	140	»	»	gier, les 2 pars d'une			
1 m............	20	»	»	m. fr...........	60	»	»
1 m............	320	»	»	½ id............	30	»	»
2 m............	700	»	»	1 m............	50	»	»
Colin le Bègue, bouller.-				2 m............	50	»	»
A reporter...	3870	»	»	Total....	4060	»	»

[15°.] C'est le quarrel P. le Thiez, en commensant au pignon pardevers le marchié as Chevaus, en allant pardevers la rue dou Temple.

	livres	sous	d.		livres	sous	d.
½ m. fr...........	170	6	8	Report......	2323	10	»
½ id............	170	6	8	1 jar..........	20	»	»
½ id............	170	6	8	Ymbellet le harenier,			
1 m. fr...........	464	»	»	1 m. fr.........	14	»	»
1 m............	240	»	»	Martin Taon, masson,			
1 m............	120	»	»	1 m. fr.........	20	»	»
1 m............	600	»	»	1 jar..........	10	»	»
1 m. et 1 jar.......	70	»	»	Les chartriers, 1 m...	50	»	»
1 jar............	30	»	»	Les chapellains de Nostre-			
1 mas...........	10	»	»	Dame, 1 mas......	»	»	»
1 mas...........	20	»	»	1 m. fr..........	24	»	»
1 m. fr...........	24	10	»	3 m. fr..........	120	»	»
Maistre Herbin, clerc,				1 m............	35	»	»
2 m. fr......	35	»	»	Jehan le mercier, 1 m..	24	»	»
1 m............	24	»	»	1 m. fr..........	30	»	»
2 m............	50	»	»	1 m............	60	»	»
1 gr. et 2 m........	100	»	»	1 m. fr..........	40	»	»
1 m............	25	»	»	1 m............	350	»	»
A reporter...	2323	10	»	Total....	3115	10	»

[16°.] C'est li quarreaus entre les ii chemins de Porte-Mars, en commensant au pignon devers le marchié as Chevaus, en allant vers la porte de Porte-Mars.

	livres	sous	d.		livres	sous	d.
2 m............	100	»	»	Report......	515	»	»
1 m............	60	»	»	Giraut de Saint-Aubuef,			
1 m. fr...........	51	»	»	clerc, 1 m. fr......	46	»	»
1 m............	50	»	»	J. d'Ausonce, clerc, 1 m.			
1 m............	80	»	»	fr.............	225	»	»
1 m. fr...........	39	»	»	1 m............	40	»	»
1 jard...........	25	»	»	1 m............	60	»	»
1 m. fr...........	110	»	»	Les chartriers de Saint-			
A reporter...	515	»	»	A reporter...	886	»	»

	livres	sous	d.		livres	sous	d.
Report......	886	»	»	Report......	1022	»	»
Hyllaire, 1 m......	16	»	»	1 m............	20	»	»
1 m...............	60	»	»	1 m. fr..........	23	»	»
½ m...............	30	»	»	1 m. fr..........	22	10	»
¼ id...............	30	»	»	Total.....	1087	10	»
A reporter...	1022	»	»				

[17°.] C'est le quarrel tenant à la porte de Porte-Mars, pardevers le Chastel, en commensant au pignon pardevers le Change, en allant vers la porte.

	livres	sous	d.		livres	sous	d.
1 m. fr............	69	10	»	Report......	149	10	»
Le chapellain de Porte-Mars, 1 m........	20	»	»	J. de Troion, tombe de Gieu............	50	»	»
Les chapellains de Nostre-Dame, 1 m........	60	»	»	1 f. à f............	8	»	»
				Total.....	207	10	»
A reporter...	149	10	»				

[18°.] C'est li quarrel dou Temple, en commensant delès la porte de Porte-Mars, en venant vers rue de Coussy, et pardevant le Temple.

	livres	sous	d.		livres	sous	d.
1 m................	10	»	»	Report......	641	19	»
1 m................	15	»	»	1 m.............	20	»	»
J. de Troion, 1 m......	30	»	»	Perreson Havet, freppier, 1 m.............	20	»	»
Les curés de Reins, 1 m. qui fu Auberée, et de nouvel............	24	»	»	1 m.............	30	»	»
				1 j.............	10	»	»
1 m...............	40	»	»	1 m. fr..........	23	10	»
1 m. fr............	22	»	»	1 m. fr..........	16	»	»
1 mas.............	6	»	»	1 m.............	30	»	»
Ymbellet le harenier, 1 mas. qu'il quitte...	»	»	»	1 jar.............	8	»	»
				1 jar.............	8	»	»
L'Ospital, qui fu le Temple, 1 mas.........	»	»	»	1 jar.............	16	»	»
				1 m. fr..........	25	»	»
Gillet le pourpoinueur, 1 m. fr..........	24	14	»	J. d'Avenay, boullengier, 1 m. fr..........	38	»	»
1 m...............	30	»	»	1 mas. fr.........	«	100	»
Haimart le cordier, 1 m. fr...............	25	»	»	La maison de l'Ospital..	»	»	»
				J. de Troion, clerc, 1 m.	40	»	»
1 m. fr............	45	»	»	1 m.............	12	»	»
Mais., plusieurs gr. et jar............	100	»	»	1 m.............	10	»	»
				L'Ospital, 1 m........	»	»	»
Gr., m. et jar.........	50	»	»	2 m.............	60	»	»
Gr., jar. et plus. m....	122	15	»	Ponsart li coutellier, 1 m.	15	»	»
1 gr...............	60	»	»	1 m.............	15	»	»
1 m. fr............	37	10	»	P. dou Temple, la maison			
A reporter...	641	19	»	A reporter...	1043	9	»

DE LA VILLE DE REIMS.

	livres	sous	d.
Report......	1043	9	»
de l'aitre dou Temple, 1 m............	120	»	»
1 m...............	40	»	»
1 m...............	50	»	»
1 m. et 1 gr.........	50	»	»
Raoul l'anduiseur,1 m. f.	15	»	»
1 m...............	50	»	»
½ m. fr............	25	»	»
½ id..............	25	»	«
Wautier le mercier, 1 m.	20	»	»
1 m...............	146	»	»
1 m...............	20	»	»
1 m...............	25	»	»
1 m...............	25	»	»
O. Puissant, parmentier, 1 m. et 1 jar......	16	»	»
Gringoire, bailly de Reins, 2 m........	24	»	»
1 m. fr............	20	10	»
1 m...............	20	»	»
1 jar..............	20	»	»
1 m...............	20	»	»
1 f. à f............	»	20	»
1 f à f............	»	20	»
1 f. à f............	»	20	»
1 f. à f............	»	10	»
1 f. à f...........	»	20	»
1 f. à f............	»	5	»
Gringoire li baillis, 1 f. à f............	»	20	»
Franques l'archier, 1 m.	10	»	»
A reporter...	1784	14	»

	livres	sous	d.
Report......	1784	14	»
Marson, fille Rogier le cordouennier, 1 m..	10	»	»
Les chartriers de Saint-Symphorien, 1 m...	15	»	»
1 m...............	16	»	»
1 m...............	50	»	»
1 m...............	10	»	»
1 m. fr............	56	»	»
1 m...............	24	»	»
1 m	24	»	»
J. Trané, boullengier, 1 m	24	»	»
1 f. à f	»	20	»
1 mas.............	»	100	»
1 m....	60	»	»
1 m. fr............	35	»	»
1 m...............	50	»	»
1 m...............	18	»	»
1 m...............	18	»	»
1 mas.............	4	»	»
1 place.........	»	40	»
2 m..............	15	»	»
Boschet l'enduiseur, 1 m.	10	»	»
1 m...............	16	»	»
1 m...............	12	»	»
1 m...............	16	»	»
Perrin le pourpoinneur, ½ m..............	30	»	»
Jesson le linier, clerc, ½ id..............	30	»	»
1 m...............	35	»	»
1 m...............	70	»	»
Total.....	2440	14	»

[19°.] Ce sont les places et estaus séans au Marchié as Draps, où on ha acoustemé à vendre soullers de cordouen, de vache, de basenne et cuir, et y met-on huges et estaus; et doivent ceulz qui les tiennent dou couronnement, et sont de la parroche Saint-Hyllaire, en commensant devant la maison la Rousse la poullière.

	livres	sous	d.
L'ostel Nostre-Dame, 1 é.	»	»	»
Les chartriers de la Magdalaine, 1 é.....	6	»	»
Maistre Hue Erart, clerc, 1 é..............	6	»	»
Saint-Antoinne, 2 huges.	»	»	»
L'ostel Nostre-Dame, 2 h.	»	»	»
A reporter...	12	»	»

	livres	sous	d.
Report......	12	»	»
½ h...............	»	40	»
¼ h...............	»	20	»
¼ h...............	»	20	»
2 h...............	9	»	»
2 h...............	16	»	»
Saint-Ladre, 1 h......	»	»	»
A reporter...	41	»	»

	livres	sous	d.		livres	sous	d.
Report......	41	»	»	Report......	215	»	»
1 h....	»	100	»	1 é..............	8	»	»
2 h...	7	»	»	2 é..............	18	»	»
Saint-Symphorien, 2 h..	»	»	»	1 é..............	7	»	»
Saint-Mourice, 2 h....	»	»	»	1 é..............	4	»	»
Bonne-Fontaine, 1 h...	»	»	»	1 é..............	»	60	»
Les chartriers de Saint-				Les Cordellières......	»	»	»
Simphorien, 2 h....	7	»	»	1 é..............	»	40	»
1 h...............	4	»	»	Jehannon le chastellain,			
Sainte-Nourice, 1 é....	»	»	»	clerc, 1 é.........	6	»	»
1 é................	»	60	»	Le curé de Saint-Sym-			
1 é................	6	»	»	phorien...........	»	»	»
1 h................	»	40	»	1 é..............	7	»	»
Les chartrier de Saint-				1 é..............	10	»	»
Thimotu, 1 h.. ...	»	40	»	Les chartriers de Saint-			
2 h. fr.............	7	»	»	Jullien, 1 é.........	6	»	»
Saint-Remy, 1 h... ...	»	»	»	L'ostel Nostre-Dame...	»	»	»
2 h................	10	»	»	Guyot l'apothicaire, 1 é.	10	»	»
2 h. fr.............	9	10	»	Les chapellains de Nostre-			
2 h. fr.............	»	50	»	Dame, 1 é.........	»	»	»
3 h................	30	»	»	L'abbé de Sainte-Balle,			
Les chartriers de la Mag-				1 é..............	»	»	»
dalaine, 3 h.......	30	»	»	1 é..............	6	»	»
¼ h...............	4	»	»	1 é..............	»	60	»
¼ id..............	»	40	»	Saint-Ladre et l'aumos-			
¼ id..............	»	40	»	nier de Saint-Remy,			
Saint-Ladre, 1 h......	»	»	»	1 é..............	»	»	»
1 h................	8	»	»	1 é..............	»	40	»
1 h................	8	»	»	Longueau, 1 é.......	»	»	»
Les chapellains de Saint-				Les chartriers de Saint-			
Symphorien, 1 h....	»	»	»	Hyllaire, 1 é.......	»	50	»
La baculeresse, 1 h....	8	»	»	2 é..............	»	100	»
1 h................	9	»	»	Les curés des parroches,			
1 é................	8	»	»	1 é..............	»	»	»
A reporter...	215	»	»	Total.....	314	10	»

[§. II.] C'est la parroche Saint-Pierre-le-Viez.

[1°.] Premiers, le quarrel qui est entre la Grand-Boucherie et Saint-Jaque le Joutier, en commenchant au pignon pardevers le Cloistre, en venant pardevant Saint-Jaque, vers le Change.

	livres	sous	d.		livres	sous	d.
Baudet l'écureur, 1 m..	»	»	»	temps que la taille fut			
Drouet de Chaumont, 2 m.	»	»	»	faite.			
J. dou Chaine, 1 m....	»	»	»	1 m..............	160	»	»
Et n'i a point de pris,				1 m. fr............	140	»	»
pour cause de ce que				1 m. fr............	242	»	»
s'estoient masures au				A reporter...	542	»	»

DE LA VILLE DE REIMS.

	livres	sous	d.		livres	sous	d.
Report......	542	»	»	Report......	727	»	»
Les chartriers de Saint-Thymotu, 1 é......	40	»	»	Julien, 1 é.........	40	»	»
				Les chartriers de Saint-Denise, 1 é.........	60	»	»
1 é................	40	»	»				
Mons. J. de Chemery, prestres, 1 é........	35	»	»	Jesson Grimmars, parmentier, 1 é........	70	»	»
1 é................	70	»	»	1 m. et 1 é. fr.......	90	»	»
Les chartriers de Saint-				Total.....	987	»	»
A reporter...	727	»	»				

[2°.] Ce sont les héritages de dedens la Grant-Boucherie.

	livres	sous	d.		livres	sous	d.
1 é. fr..............	60	»	»	Report......	304	»	».
2 é. fr..............	60	»	»	J. li Pipe, maisgeissier,			
1 é. fr..............	30	»	»	1 é. fr............	6	»	»
3 é. fr..............	70	»	»	1 é. fr............	6	»	»
1 é. fr..............	15	»	»	Guivernel le bouchier,			
Maisgrelet le bouchier,				1 é. fr............	6	»	»
1 é. fr............	10	»	»	Guioran le bouchier, 1 é.			
1 é. fr..............	10	»	»	fr...............	18	»	»
Drouet le Noullier, pissonnier, 1 é........	25	»	»	1 é. fr............	22	»	»
				1 é. fr............	40	»	»
1 é. fr..............	8	»	»	½ é. fr............	22	»	»
1 é. fr..............	4	»	»	1 é. et ½ fr........	66	»	»
Oingnon le bouchier, 1 é. fr...............	6	»	»	1 é. fr............	40	»	»
1 é. fr..............	6	»	»	1 é. fr............	12	»	»
				Total.....	542	»	»
A reporter...	304	»	»				

[3°.] C'est le quarrel de la Wastellerie, et de la Grant-Boucherie, commencié delès la porte pardevers Saint-Jaques, en allant vers rue de Gieus.

	livres	sous	d.		livres	sous	d.
1 m................	70	»	»	Report......	1196	10	»
1 mas. et 2 é. fr......	72	10	»	1 m................	25	»	»
5 é. fr..............	170	»	»	½ m. fr............	12	10	»
1 é................	50	»	»	1 m. fr............	35	»	»
1 m. fr.............	76	10	»	⅓ m. fr............	70	»	»
Hemart fix Gervaise le wastellier..........	87	10	»	¼ id. id............	35	»	»
				¼ id. id............	35	»	»
½ m................	70	»	»	1 m. fr............	160	»	»
¼ id................	70	»	»	La femme Garin le ferron, 1 m. fr........	175	»	»
1 m. fr.............	190	»	»				
2 m................	240	»	»	1 m. fr............	488	»	»
1 m................	100	»	»	1 m................	400	»	»
A reporter...	1196	10	»	A reporter...	2632	»	»

	livres	sous	d.		livres	sous	d.
Report......	2632	»	»	Report......	3299	»	»
2 o..................	240	»	»	1 m................	240	»	»
1 m. fr.............	192	»	»	Messire Guy d'Ausuerre,			
½ m. fr.............	55	»	»	chapellain de Reins,			
¼ id................	60	»	»	1 m. que on dit qui			
1 mas..............	120	»	»	est de sa chapellerie..	120	»	»
A reporter...	3299	»	»	Total.....	3659	»	»

[4°.] C'est li quarrel Adenet Lointier, et n'i a fors estaus; et commence à un estal joingnant d'une ruelle qui est en la rengé de la loge le Prévost, en allant tout contreval par les estaus devant la Wastellerie, tant à char, comme à poisson, jusques devant rue de Gieu.

	livres	sous	d.		livres	sous	d.
Sainte-Nourice, 1 é....	20	»	»	Report......	305	5	»
Clés-marés, 1 é.......	20	»	»	1 é..................	30	»	»
Saint-Ladre, 4 é.......	»	»	»	1 é. double fr.........	15	10	»
Pierres d'Auson, clerc,				1 é. fr...............	25	»	»
2 é...............	50	»	»	Les Vaus des escolliers,			
Les curés des parroches,				1 é. qui fut Doinet le			
1 é...............	»	»	»	poissonneur........	35	»	»
Ludet le masecrier, 1 é.				½ é. fr...............	12	10	»
fr................	30	10	»	¼ id. id..............	12	10	»
La femme Robert le				1 é...................	40	»	»
paissionneux, 1 é fr..	77	10	»	1 é...................	20	»	»
Saint-Ladre, 1 é......	»	»	»	¼ é...................	10	»	»
1 é fr..............	27	»	»	Les Vaus des escolliers,			
1 é fr..............	38	15	»	le quart d'un é. qui fu			
1 place.............	10	»	»	Aubery Pesté......	10	»	»
Saint-Thymotu, 1 place.	»	»	»	Les chartriers de la Mag-			
1 é. fr..............	31	10	»	dalaine, 1 é........	30	»	»
Saint-Denise, 1 é.....	»	»	»	Total.....	545	15	»
A reporter...	305	5	»				

[5°.] Ce sont les tables dou Change, depuis la rueille du quarrel Adenet Lointier, en jusques à la loge le Prévost, en commensant pardevers la loge le Prévost.

	livres	sous	d.		livres	sous	d.
¼ m. et ½ t..........	20	»	»	Report......	88	10	»
¼ id. et ¼ id.........	20	»	»	1 t..................	12	»	»
1 t. fr..............	16	»	»	1 t..................	15	»	»
Simon li saunier, 2 t...	32	10	»	Total.....	115	10	»
A reporter...	88	10	»				

DE LA VILLE DE REIMS.

[6°.] C'est le quarrel de la Halle-au-Pain, en commensant au pignon pardevers le marchié, en allant vers le Setrelage.

	livres	sous	d.		livres	sous	d.
1 m. fr............	400	»	»	Report......	824	10	»
La halle au pain......	»	»	»	1 mas.............	»	100	»
Les curés des parroches, 1 m.............	»	»	»	1 m. fr............	73	10	»
1 m. fr............	90	»	»	1 place...........	10	»	»
1 m. fr............	18	10	»	1 m. fr............	90	»	»
1 place...........	20	»	»	1 m..............	70	»	»
1 m. fr............	176	»	»	1 m..............	80	»	»
1 m..............	120	»	»	1 m. fr............	75	»	»
A reporter...	824	10	»	Total.....	1228	»	»

[7°.] C'est li quarrel D. le Duef, qui est entre en rue de Gien et la court Nostre-Dame, commensant au pignon devant la Pissonnerie, en allant contreval rue de Gieu.

	livres	sous	d.		livres	sous	d.
$\frac{1}{2}$ m. fr............	70	»	»	Report......	3334	»	»
$\frac{1}{2}$ id. id............	70	»	»	1 m. fr............	100	»	»
J. d'Aubiny, clerc, $\frac{1}{2}$ m.	60	»	»	1 m. fr............	50	»	»
$\frac{1}{2}$ id.............	60	»	»	1 m..............	200	»	»
1 m..............	60	»	»	Th. Quoquelet, la grange de Saint-Porsain....	300	»	»
1 m..............	30	»	»	1 m..............	240	»	»
1 m..............	500	»	»	J. dou Chainne [sellier], $\frac{1}{2}$ m. en terre l'arche-vesque............	200	»	»
1 m..............	300	»	»				
1 m..............	1200	»	»	1 m..............	120	»	»
1 m. fr............	30	»	»	1 m..............	120	»	»
Les Vaus des escolliers, 1 m.............	»	»	»	1 m..............	60	»	»
$\frac{1}{2}$ m.............	50	»	»	Les curés des parroches, 1 m.............	»	»	»
$\frac{1}{2}$ id.............	50	»	»	1 m. fr............	112	»	»
1 m..............	320	»	»	Tassin de Chartres, orfeuvre, 1 m. fr......	80	»	»
Les chapellains de Nostre-Dame, 1 m. que la femme Raoullet-Luillier tient à vie, parmi.............	7	»	»	1 m. fr............	388	15	»
2 m..............	220	»	»	La femme Raoul, portier, 2 m. fr............	112	»	»
Maistre Jehan dou refroiteur, 1 m. fr.......	120	»	»	1 m. fr............	120	»	»
1 m..............	80	»	»	1 m..............	200	»	»
1 m. fr............	107	»	»	1 m..............	280	»	»
				1 m. fr............	285	»	»
A reporter...	3334	»	»	Total.....	6301	15	»

[8°.] C'est le quarrel dou Setrelage, commensant au pignon de rue de Gieu devant la Pissonnerie, en venant vers la ruelle dou mès d'Auviller.

	livres	sous	d.		livres	sous	d.
Thomas la Gaite, barbier, 1 m. fr.......	50	»	»	Report......	2012	3	»
				1 m. fr.............	153	»	»
1 m...............	240	»	»	1 m. fr.............	140	»	»
J. de Braiban, hostellier, 1 m. fr.......	140	»	»	G. Legras, clerc, 1 m..	400	»	»
				1 m...............	600	»	»
J. le Chastellain, clerc, 1 m. fr........	122	10	»	1 m. fr.............	150	»	»
				1 m...............	200	»	»
J. d'Unchar, clerc. 1 m. fr............	202	10	»	1 m...............	320	»	»
				1 m...............	120	»	»
1 m. fr.............	346	13	»	1 m...............	500	»	»
¼ m. dou setrelage.....	50	»	»	1 m...............	140	»	»
¼ dou setrelage......	50	»	»	1 m...............	1100	»	»
L'archevesque ¼ dou setrelage...........				1 m...............	350	»	»
	»	»	»	1 m...............	320	»	»
¼ m. fr..............	110	»	»	1 m...............	60	»	»
3 m. fr.............	150	»	»	4 m...............	40	»	»
1 m...............	200	»	»	1 m...............	500	»	»
Le mez d'Auviller.....	»	»	»	2 m...............	560	»	»
La femme Haymart l'espissier, 1 m........	80	»	»	1 m. fr.............	40	»	»
Girart le deschargeur, 1 m.............	120	»	»	J. de Troion, la maison des Gieux........	200	»	»
				1 m...............	67	10	»
1 m. fr.............	156	10	»	Total.....	7978	13	»
A reporter...	2012	3	»				

[9º.] C'est le quarrel de rue des Monniers, en commensant au pignon devant la logè le Prévost, en allant vers le Marchié as chevaus.

	livres	sous	d.		livres	sous	d.
1 m...............	300	»	»	Report......	4944	»	»
1 m. fr.............	60	»	»	1 m...............	90	»	»
1 m...............	80	»	»	Jehan Cauchon, clerc,			
¼ m...............	30	»	»	1 m...............	90	»	»
¼ id...............	30	»	»	1 m...............	200	»	»
1 m. fr.............	40	»	»	1 m...............	260	»	»
1 m...............	260	»	»	1 gr..............	260	»	»
1 m...............	300	»	»	1 jar. et une m......	180	»	»
1 m. fr.............	260	»	»	1 gr. et 1 m.........	260	»	»
1 m...............	400	»	»	1 m...............	200	»	»
1 m...............	320	»	»	1 m. fr.............	520	»	»
1 m...............	200	»	»	1 m...............	120	»	»
1 m. fr.............	64	»	»	1 m...............	300	»	»
½ de 2 m............	650	»	»	1 mas. fr...........	25	»	»
½ de 2 m............	650	»	»	1 m...............	50	»	»
1 m...............	1300	»	»	1 m...............	50	»	»
A reporter...	4944	»	»	A reporter...	7549	»	»

DE LA VILLE DE REIMS.

	livres	sous	d.		livres	sous	d.
Report......	7549	»	»	Report......	10201	15	»
1 m................	74	10	»	½ m. fr.............	110	»	»
1 m. fr.............	76	5	»	½ id., id...........	110	»	»
1 m. fr.............	116	»	»	1 m................	110	»	»
Bonnart le tavernier,				1 m................	200	»	»
1 m................	240	»	»	1 m. fr.............	95	»	»
1 m................	300	»	»	⅓ m................	85	»	»
1 m. fr.............	288	»	»	⅓ id...............	85	»	»
1 m................	800	»	»	1 m. fr.............	150	»	»
1 m................	450	»	»	¼ m. fr............	60	»	»
1 mas..............	100	»	»	¼ id...............	60	»	»
2 m. fr.............	96	»	»	½ m. fr............	110	»	»
S.-Ladre, 1 m.......	»	»	»	½ id., id...........	110	»	»
1 m................	60	»	»	1 m. fr.............	60	»	»
1 m. fr.............	52	»	»	1 m. fr.............	40	»	»
A reporter...	10201	15	»	Total.....	11586	15	»

[10°.] C'est le quarrel dou Cerf, en commensant au pignon devant rue de Gieu, en allant vers Nostre-Dame.

	livres	sous	d.		livres	sous	d.
1 m................	200	»	»	Report......	1410	»	»
1 m................	60	»	»	J. Gériné, clerc, 1 m..	80	»	»
1 m................	100	»	»	1 m................	100	»	»
1 m................	750	»	»	1 m................	150	»	»
Perrart de Mailly, clerc,				1 m. fr.............	126	»	»
3 m................	140	»	»	1 m. fr.............	80	»	»
1 m................	70	»	»	L'ostel Nostre-Dame,1m.	»		
1 m. et 1 mas fr......	90	»	»	Total.....	1946	»	»
A reporter...	1410	»	»				

[11°.] C'est le quarrel de la rue des Chastellains, en commensant au pignon devers Saint-Pierre, en allant vers Nostre-Dame.

	livres	sous	d.		livres	sous	d.
1 m................	120	»	»	Report......	1414	»	»
1 m................	200	»	»	ches, 1 m..........	70	»	»
1 m................	500	»	»	1 m................	80	»	»
Maistre Prioul le mareschal, 1 m..........	180	»	»	½ m................	35	»	»
				⅔ id................	70	»	»
Renaut Burdin boullengier, 2 m. fr.......	174	»	»	1 m................	1000	»	»
1 m................	160	»	»	1 m................	100	»	»
Les Vaus des escolliers,				1 m................	140	»	»
1 m...............	80	»	»	1 m................	40	»	»
Les prestres des parro-				1 m................	25	»	»
A reporter...	1414	»	»	Total......	2969	»	»

[12°.] C'est le quarrel de la maison de Vaucler, en commensant au pignon devers rue de Gieu, en allant vers les Loges Saint-Pierre.

	livres	sous	d.		livres	sous	d.
1 m................	700	»	»	Report......	990	»	»
1 m................	150	»	»	1 m................	60	»	»
La maison de Vaucler..	»	»	»	1 m................	30	»	»
J. de Chaumont, clerc,				Vaucler, plus. m......	»	»	»
1 m............	140	»	»	L'Ospital, 1 m........	»	»	»
A reporter...	990	»	»	Total.....	1080	»	»

[13°.] C'est le quarrel de devant le petit huis de Saint-Pierre, entre rue de Cro-d'enfer et la rue de l'Ospital, en commensant au pignon devant Saint-Pierre, en allant vers la rue des Chastellains.

	livres	sous	d.		livres	sous	d.
1 m. fr............	400	»	»	Report......	744	»	»
1 m. fr............	170	»	»	1 m................	220	»	»
1 m...............	120	»	»	Les chapellains de Nostre-Dame, 1 m......	»	»	»
Longueau, 1 m......	»	»	»				
1 m. fr............	54	»	»	1 m................	16	»	»
A reporter...	744	»	»	Total.....	980	»	»

[14°.] C'est le quarrel de Saint-Pierre, en commensant au pignon des Loges, en allant vers le Chapitel.

	livres	sous	d.		livres	sous	d.
1 m. fr............	83	17	6	Report......	1071	7	6
1 m................	100	»	»	1 gr................	50	«	»
1 m. et 1 jar........	140	»	»	1 gr................	90	»	»
1 m................	180	»	»	L'ostel Nostre-Dame,			
1 m................	180	»	»	1 m................	»	»	»
Les confrères de Saint-Pierre, 1 m........	50	»	»	1 m. fr............	37	10	»
				1 m. fr............	87	10	»
1 gr................	140	»	»	1 m................	16	»	»
1 mas................	4	»	»	1 m. et 1 gr........	90	»	»
Clers-marès, 1 m......	»	»	»	1 gr................	200	»	»
L'ostel Nostre-Dame, 1 m................	32	»	»	1 gr................	40	»	»
				1 gr. fr............	55	»	»
1 m................	30	»	»	4 m. et 1 gr........	140	»	»
1 m................	16	»	»	J. de Blanzy, 1 gr. et			
1 m................	25	»	»	1 m................	80	»	»
1 m................	25	»	»	½ de 3 m...........	15	»	»
1 m................	20	»	»	½ id................	15	»	»
⅕, et les 3 pars d'un ¼ [d'une m.] fr......	31	7	6	1 grangette..........	12	»	»
				1 m. fr............	16	»	»
¼ et le ¼ d'un ¼ [m. fr.]	14	2	6	1 m................	12	»	»
A reporter...	1071	7	6	A reporter...	2027	7	6

DE LA VILLE DE REIMS.

	livres	sous	d.		livres	sous	d.
Report......	2027	7	6	Report......	2233	17	6
1 m. fr.............	18	»	»	1 m...............	12	»	»
1 m. fr.......✥....	20	»	»	1 m...............	12	»	»
1 jar. fr.............	»	50	»	1 m. fr............	20	»	»
Raoullet l'espicier, clerc,				Robin le couvreur,1 m.fr.	25	10	»
1 m.............	40	»	»	1 m...............	12	»	»
1 m. fr.............	10	»	»	Jesson le serrier, 1 m..	30	»	»
1 m...............	16	»	»	1 m. fr............	22	5	»
1 m...............	70	»	»	½ m. fr...........	14	15	6
1 mas..............	4	»	»	⅕ m. fr...........	14	15	6
Jehanne la parmentière,				⅙ m. fr...........	14	15	6
1 m. fr.............	16	»	»	⅕ m. fr...........	14	15	6
1 m. fr............:.	10	»	»	⅕ m. fr...........	14	15	6
A reporter...	2233	17	6	Total.....	2441	10	»

[15°.] C'est le quarrel Agot Alligot, entre les Crevés et le Marchié-as-Chevaus, en commensant au pignon vers Coursallain, en allant vers la ruelle Guillot.

	livres	sous	d.		livres	sous	d.
Les exécuteurs Agot Alligot, une maison....	1000	»	»	Report......	2790	»	»
				1 m. fr............	70	»	»
1 m................	60	»	»	1 m...............	30	»	»
1 m................	100	»	»	1 m...............	40	»	»
1 m................	180	»	»	Robert le cordounennier,			
1 m................	500	»	»	2 m...............	120	»	»
1 m................	260	»	»	1 m...............	10	»	»
1 m................	80	»	»	1 m...............	50	»	»
1 m................	80	»	»	1 m. et 1 gr........	120	»	»
1 m................	100	»	»	1 m...............	30	»	»
⅐ m................	175	»	»	1 gr..............	40	»	»
¼ id................	175	»	»	1 m...............	140	»	»
1 m................	180	»	»	1 m...............	30	»	»
A reporter...	2790	»	»	Total.....	3470	»	»

[16°.] C'est le quarrel des Crevés, en commensant au pignon dou viez chemin, ver le Marchié-aus-Chevaus, en allant vers Porte-Mars.

	livres	sous	d.		livres	sous	d.
1 m................	280	»	»	Report......	500	»	»
¼ m................	60	»	»	½ m...............	20	»	»
½ m................	20	»	»	1 m...............	100	»	»
1 m................	120	»	»	1 m. fr............	20	»	»
Les chapellains de Nostre-Dame............	»	»	»	Les chapellains de Nostre-Dame, 1 m. qui fu Kuni............	16	»	»
¼ m................	20	»	»				
A reporter...	500	»	»	A reporter...	656	»	»

ARCHIVES ADMINISTRATIVES

	livres	sous	d.		livres	sous	d.
Report......	656	»	»	Report......	801	»	»
Jesson le couvreur, 1 m.	50	»	»	Les chapellains, 1 m...	»	»	»
Raoulin d'Escry, clers, 1 m.............	50	»	»	1 m.............	12	»	»
1 m.............	25	»	»	1 m. fr.............	8	»	»
Les Hospitaliers, qui fut le Temple, 1 m.....	»	»	»	L'ostellerie Auberi le Crevé.............	»	»	»
Thibaut le Cuer, 1 place, et l'a quitée.......	»	»	»	1 gr.............	30	»	»
1 place.............	20	»	»	1 m. et 1 jar.........	70	»	»
				1 m. fr.............	25	»	»
				1 m.............	20	»	»
A reporter...	801	»	»	Total.....	966	»	»

[17°.] C'est le quarrel de la Grange Hébert Chevallier, laquelle est au pignon de rue de Tellier, en commensant à ladicte grange, en allant contreval ladicte rue, pardevers le Quarrouge.

	livres	sous	d.		livres	sous	d.
1 gr.............	120	»	»	Report......	346		»
1 mas.............	20	»	»	1 gr.............	240	»	»
2 m.............	40	»	»	2 m. fr.............	46	10	»
1 m.............	40	»	»	Mahieu le paintre, et son frère, 1 m. fr....	8	»	»
1 m.............	15	»	»				
1 m.............	40	»	»	1 jar.............	12	»	»
1 m.............	30	»	»	1 m.............	20	»	»
1 mas.............	»	20	»	1 m.............	20	»	»
1 m.............	40	»	»	1 m.............	160	»	»
A reporter...	346	»	»	Total.....	852	10	»

[18°.] C'est le quarrel de Coursalain, en commensant à une maison, laquelle est devant le pignon de ladicte rue, pardevers le Marchié-as-Chevaus, en allant par ladicte rue vers les Crevés.

	livres	sous	d.		livres	sous	d.
1 m. fr.............	700	»	»	Report......	1669	10	»
1 m.............	140	»	»	2 pars d'une m.......	125	»	»
1 m.............	50	»	»	½ 1 m.............	60	»	»
1 m. fr.............	155	»	»	1 gr.............	70	»	»
1 m. fr...	57	10	»	1 m.............	40	»	»
1 m.............	40	»	»	½ gr.............	40	»	»
1 m.............	16	»	»	½ id.............	40	»	»
1 partie de 1 m.......	160	»	»	1 m.............	160	»	»
1 partie de 1 m.......	220	»	»	1 partie d'une m.....	40	»	»
1 m. fr.............	55	»	»	1 m.............	40	»	»
1 m.............	16	»	»	1 m.............	300	»	»
2 m.............	30	»	»	Partie d'une m.......	25	»	»
2 m.............	30	»	»	Partie d'une m.......	50	»	»
A reporter...	1669	10	»	A reporter...	2659	10	»

DE LA VILLE DE REIMS.

	livres	sous	d.		livres	sous	d.
Report	2659	10	»	Report	2694	10	»
⅕ partie d'une m	17	10	»	Partie d'une m	80	»	»
¼ id	8	15	»	Partie d'une m	25	»	»
¼ id	8	15	»	Total	2799	10	»
A reporter	2694	10	»				

[19°.] C'est le quarrel de Craque-Poullier, autrement dit le Quarrouge, et est à l'opposite de la poterne par où on vau au chimetierre Saint-Pierre-le-Viez.

	livres	sous	d.		livres	sous	d.
1 m	40	»	»	Report	170	»	»
1 gr. et 1 jar	80	»	»	1 mas	10	»	»
1 m	50	»	»	1 mas	4	»	»
A reporter	170	»	»	Total	184	»	»

[20°.] C'est le quarrel R. Myot, qui est entre rue de Telliers et la ruelle par où on va en la fosse Gillebert, en commensant sur le pignon de rue de Tellier, pardevers le Marchié-as-Chevaus, en allant vers le chastel de Porte-Mars.

	livres	sous	d.		livres	sous	d.
1 m	40	»	»	Report	345	15	»
Hermenjart, femme Gobert le mire, 1 m. fr.	15	5	»	1 m	12	»	»
				1 jar	»	100	»
1 m	12	»	»	1 m	15	»	»
1 m	12	»	»	1 m. et 1 jar. fr	6	»	»
1 m	20	»	»	Les chartriers de Saint-Pierre, 1 m	»	40	»
Les chartriers de Saint-Pierre, 1 m	20	»	»	1 m. et 1 jar	60	»	»
1 gr	191	10	»	Yderon la cruleresse, 1 m.	20	»	»
1 m	35	»	»	1 m	12	»	»
A reporter	345	15	»	Total	477	15	»

[21°.] C'est le quarrel de la fosse Gillebert, commensant à ladicte fosse, en allant par rue des Telliers, jusques à la poterne par laquelle on va au cymetière Saint-Pierre-le-Viez.

	livres	sous	d.		livres	sous	d.
1 jar. fr	80	»	»	Report	337	»	»
1 gr. et 1 m	50	»	»	1 gr. et 2 m	200	»	»
1 gr	100	»	»	Adan Criemaille, 1 m., et doit escheoir aux chartriers	60	»	»
1 gr	35	»	»				
1 gr	60	»	»				
1 gr	12	»	»	H. le Dyallot, drappier,			
A reporter	337	»	»	A reporter	597	»	»

	livres	sous	d.		livres	sous	d.
Report......	597	»	»	Report......	779	»	»
1 m............	70	»	»	½ jar............	35	»	»
1 m............	15	»	»	1 m............	70	»	»
Huet Blanchard, de la ville............	»	»	»	Colart de Venderesse, clerc, 1 m.......	70	»	»
1 jar............	10	»	»	1 m............	40	»	»
Les chartriers de Saint-Pierre, 3 m........	40	»	»	1 m. fr............	14	»	»
1 m. fr........	12	»	»	1 m............	30	»	»
Les curés des parroches, 1 m............	»	»	»	1 jar............	»	60	»
Saint-Denize, 1 m....	»	»	»	1 m. fr...........	26	»	»
½ jar............	35	»	»	Partie de 1 m........	40	»	»
A reporter...	779	»	»	Total.....	1127	»	»

[22°.] C'est le quarrel de la posterne par où on va au cimetière Saint-Pierre-le-Viez, en commensant à ladicte posterne, en allant à la porte Saint-Pierre-le-Viés.

	livres	sous	d.		livres	sous	d.
1 m............	25	»	»	Report......	143	15	6
1 mas...........	6	»	»	Les chartriers, 1 m....	20	»	»
1 mas. fr...........	»	55	6	L'ostel Nostre-Dame,			
1 appentis..........	20	»	»	1 m............	»	»	»
Les chartriers, 1 m....	25	»	»	1 m. et 1 mas........	12	10	»
Les chapellains de Nostre-Dame, 1 mas....	»	»	»	1 mas............	10	»	»
1 m............	15	»	»	Les chapellains de Nostre-Dame, 1 mas....	»	»	»
Les chapellains de Reins.	»	»	»	1 m............	30	»	»
L'aumosne Saint-Denize, 1 m........	»	»	»	1 m............	40	»	»
Mons. Gobert de Saint-Nourice..........	»	»	»	2 m. fr............	30	»	»
1 mas............	8	»	»	2 m............	24	»	»
1 m.............	30	»	»	1 m............	37	10	»
1 jar............	12	»	»	2 m. fr............	113	»	»
				1 m............	100	»	»
				1 m. fr............	56	10	»
A reporter...	143	15	6	Total.....	617	5	6

[23°.] C'est le quarrel de la porte Saint-Pierre-le-Viez, en commensant à ladicte porte en allant par Croc-d'Enfer à porte Valloise.

	livres	sous	d.		livres	sous	d.
½ m. fr............	46	»	»	Report......	182	»	»
½ m. fr............	46	»	»	Bains, prisiés pardevers les Bains.......	»	»	»
1 m............	50	»	»	1 m............	15	»	»
1 mas............	10	»	»	4 m............	60	»	»
1 m. fr............	30	»	»	1 m............	15	»	»
4 estages qui sont des							
A reporter...	182	»	»	A reporter...	272	»	»

	livres	sous	d.		livres	sous	d.
Report......	272	»	»	Report......	482	»	»
1 jar...............	10	»	»	Hernaut le deschargeur.	20	»	»
1 m...............	20	»	»	1 m...............	25	»	»
Ysore le deschargeur, 1 m...............	30	»	»	Saint-Ladre de Reins, 1 m...............	»	»	»
1 gr...............	60	»	»	3 pars d'une m. fr.....	70	2	6
3 m...............	50	»	»	¼ id...............	23	7	6
1 gr...............	40	»	»	Total.....	620	10	»
A reporter...	482	»	»				

[§. III.] SAINT-SYMPHORIEN.

[1°.] Ce sont les héritages de la parroche Saint-Simphorien, en commensant à porte Valloise en venant par le Viés-Marchié à la porte Saint-Denise.

	livres	sous	d.		livres	sous	d.
2 m. f...............	587	»	»	Report	2149	15	»
1 m...............	80	»	»	1 m...............	700	»	»
1 m. fr...............	67	»	»	1 m. fr...............	95	»	»
1 m. fr...............	45	12	6	2 m...............	200	»	»
1 m. fr...............	45	12	6	L'ostel Nostre-Dame, 1 m. qui fut maistre Hébert aux Braies, et fut depuis Estène le mareschal..........	80	»	»
1 m...............	220	»	»				
1 m. fr...............	100	»	»				
1 m...............	80	»	»				
2 m. fr...............	78	»	»				
1 m...............	160	»	»	Les chartriers de Reins, 4 m. fr., et doient 52 s. deseus........	200	»	»
1 m. fr...............	82	10	»				
1 m. fr...............	112	»	»				
1 m. et ½ m..........	140	»	»	1 m...............	60	»	»
½ m...............	60	»	»	Perrart le chauseteur, 1 m. fr............	30	»	»
1 m. fr...............	131	»	»				
1 m. fr...............	169	»	»	Total.....	3522	15	»
A reporter...	2149	15	»				

[2°.] C'est le quarrel dou Grant Moullinet, et commence à la porte Saint-Denise en venant vers Notre-Dame.

	livres	sous	d.		livres	sous	d.
1 m...............	30	»	»	Report......	435	2	»
1 m. fr...............	180	»	»	½ m...............	60	»	»
Luquin le mareschal, 1 m. fr............	117	10	»	½ id...............	60	»	»
				1 m...............	90	10	»
Sohiert le mareschal, les 5 pars d'une m. fr...	89	12	»	1 m...............	90	»	»
				1 m...............	450	»	»
Aubery li ferron, ¼ m. fr.	18	»	»	1 m. fr............	60	»	»
Pierre le chandellier,				Mons. Eude de Clermont			
A reporter...	435	2	»	A reporter...	1245	12	»

	livres	sous	d.		livres	sous	d.
Report......	1245	12	»	Report......	1697	17	»
et de Jehan son frère,				½ du grand moulinet fr..	246	5	»
3 m.............	100	»	»	¼ id...............	246	5	»
1 m.............	100	»	»	⅛ id...............	122	12	6
½ du Grand Moulinet,				⅛ id...............	122	12	6
franc............	246	5	»	L'abbé d'Espernay, 1 m.	»	»	»
A reporter...	1691	17	»	Total.....	2435	12	»

[3°.] C'est le quarrel Bergier, devant le Pallais, commensant au pignon pardevers le Parvis en allant vers la ruelle devers le Grant Moullinet.

	livres	sous	d.		livres	sous	d.
1 m. fr............	140	»	»	Report......	350	»	»
J. de Prouvays, clerc,				1 m................	100	»	»
½ de m. fr.........	70	»	»	Mons. Symon de Saint-			
id................	70	»	»	Urbain, 1 m......	»	»	»
Ponsart de la Besace,				1 m................	80	»	»
clerc, ½ id........	70	»	»	1 m................	250	»	»
A reporter...	350	»	»	Total......	780	»	»

[4°.] C'est le quarrel de la Crestienté.

	livres	sous	d.
Pluseurs maisons delès la Crestienté......................	500	»	»

[5°.] C'est le quarrel dou Trésor, commensant delès le Trésor, en allant vers la Fourberie.

	livres	sous	d.		livres	sous	d.
L'ostel Nostre-Dame, 1 m.	»	»	»	Report......	648	13	11
L'euvre de Nostre-Dame,				1 m. fr............	50	»	»
1 m...............	»	»	»	Pierres le fourbeur, 1 m.			
1 m...............	120	»	»	fr................	40	»	»
L'ostel Nostre-Dame, 1 m.	»	»	»	1 m. fr............	120	»	»
Jesson le fourbeur, 1 m.				3 m. fr............	80	»	»
fr................	50	»	»	1 m................	100	»	»
Jesson le gainnier, 1 m.				½ m. fr............	18	»	»
fr................	30	»	»	½ id...............	18	»	»
2 m. fr............	72	16	8	½ id...............	36	»	»
1 m. fr............	25	17	3	1 m. fr............	76	»	»
1 m. fr............	70	»	»	1 m. fr............	30	»	»
1 m...............	120	»	»	1 m. fr............	45	12	6
1 m...............	160	»	»	½ id...............	45	12	6
Renaut le fourbeur,				Total.....	1307	18	11
A reporter...	648	13	11				

DE LA VILLE DE REIMS.

[6°.] C'est le quarrel Heudon l'orfeuvre, en commensant à la porte dou Cloistre, en allant vers Saint-Jaque le Joutier.

	livres	sous	d.		livres	sous	d.
1 m. et mas. fr........	435	15	»	Report......	1694	15	»
1 m..............	100	»	»	1 m. fr...........	164	»	»
1 m..............	100	»	»	1 m. fr...........	60	»	»
1 m..............	200	»	»	1 m..............	70	»	»
J. de Rohays, clerc, 1 m..............	80	»	»	Saint-Pierre aus nonnains, 1 m.........	»	»	»
2 m. fr............	115	»	»	Les curés des parroches, 1 m............	»	»	»
1 mas...........	16	»	»				
Margueron la cirière, 1 m. fr...........	50	»	»	1 mas.............	20	»	»
				3 m. fr............	75	»	»
3 m. fr.............	598	»	»	2 m..............	100	»	»
A reporter...	1694	15	»	Total.....	2183	15	»

[7°.] C'est le quarrel J. le Chien, en commensant au pignon de la Lormerie et de la Perrière, en allant par rue Favereuze, et pardevant Saint[e]-Marguerite.

	livres	sous	d.		livres	sous	d.
2 m................	220	»	»	Report......	1159	»	»
La femme J. Bergier, le lormier, 1 m. fr....	80	»	»	vetier or ha 18 ans. fr.	20	»	»
				Les chapellains de Nostre Dame, 1 m.....	»	»	»
1 m...............	30	»	»				
1 m. fr.............	38	»	»	1 m..............	200	»	»
1 m...............	6	»	»	1 m. fr............	118	»	»
1 m...............	25	»	»	Misire Guerri, chapellain de Nostre-Dame, 1 m. que J. Ellebaut vendi.	120	»	»
1 m...............	20	»	»				
Les chapellains de Nostre Dame, 1 m.....	»	»	»				
				1 m..............	40	»	»
1 m...............	30	»	»	1 m. fr............	73	5	»
J. de Troion, 1 m....	40	»	»	2 m. fr............	218	»	»
2 m...............	60	»	»	1 m. fr............	32	»	»
1 m...............	280	»	»	Les chapellains de Nostre Dame, 1 m.....	»	»	»
1 mas.............	80	»	»				
1 m...............	220	»	»	1 m. fr............	700	»	»
1 m...............	30	»	»	1 m..............	120	»	»
Les chartriers de Saint-Symphorien, 1 m. qui fut Martin le sa-				1 m..............	450	»	»
				1 m..............	220	»	»
				1 m. fr............	92	10	»
A reporter...	1159	»	»	Total.....	3562	15	»

[8°.] C'est le quarrel de Sainte-Marguerite, en commensant au pignon de la Perrière pardevers Sainte-Marguerite, en allant par la Perrière envers la rue de Tire-Vit.

	livres	sous	d.		livres	sous	d.
Le mès Saint-Gille....	»	»	»	Report......	2150	»	»
L'ostel Nostre-Dame, 3 m., dont il en y a une partie qui furent le fix l'Apautre..........				Saint-Symphorien, 3 m. 1 m................ 1 m................ Saint-Symphorien, 1 m.	» 280 280	» » »	» » »
	»	»	»		»	»	»
1 m..................	350	»	»	L'ostel Nostre-Dame, 1 m................	»	»	»
Les chapellains de Nostre-Dame, 1 m.....	»	»	»	Saint-Symphorien, 1 m.	»	»	»
1 m..................	700	»	»	Clersmarès, 1 m......	»	»	»
Maistre J. de Coullan, 1 m...............	»	»	»	1 m................ 1 m. fr............	200 270	» »	» »
1 m..................	100	»	»	Le mès Saint-Balle.....	»	»	»
1 m..................	1000	»	»	1 m................	30	»	»
A reporter...	2150	»	»	Total.....	3213	»	»

[9°.] C'est le quarrel J. le Buef, en commensant au pignon devant la Chièvre, en allant en rue Favereuse, vers Sainte-Marguerite.

	livres	sous	d.		livres	sous	d.
1 m..................	450	»	»	Report......	3674	6	8
1 m..................	650	»	»	1 m................	300	»	»
1 m. fr.............	63	»	»	1 m................	320	»	»
1 m. et jar..........	80	»	»	1 m. fr...........	324	»	»
1 gr.................	90	»	»	L'archevesque, 1 m...	»	»	»
1 m..................	30	»	»	Les 7 pars d'une m....	35	»	»
1 m. fr.............	105	»	»	$\frac{1}{6}$ m................	»	100	»
1 m. fr.............	148	»	»	2 m................	40	»	»
1 m..................	50	»	»	Saint-Anthoine, $\frac{1}{4}$ m...	»	»	»
1 m. fr.............	260	»	»	Mesire Guy, curé de Rumigny $\frac{1}{5}$ des 5 pars d'une m..........	30	»	»
Les 2 pars d'une m. fr.	82	13	4
$\frac{1}{2}$ m. fr.............	45	13	4
1 m..................	400	»	»	$\frac{1}{5}$ des 5 pars d'une m...	30	»	»
1 m..................	700	»	»	2 m................	240	»	»
1 m..................	200	»	»	1 m. fr............	18	10	»
3 m. fr.............	270	»	»	$\frac{1}{4}$ m................	60	»	»
1 m. fr.............	50	»	»	$\frac{1}{4}$ id................	60	»	»
A reporter...	3674	6	8	Total.....	5136	16	8

[10°.] C'est li quarrel de la Chièvre, en allant vers les fossés.

	livres	sous	d.		livres	sous	d.
2 m..................	180	»	»	Report......	1350	»	»
Collart, maistre de l'euvre Nostre-Dame, 1 m.	20	»	»	1 m................ 2 m................	1800 500	» »	» »
1 m f................	250	»	»	3 m................	240	»	»
1 m..................	900	»	»	Total.....	3890	»	»
A reporter...	1350	»	»

DE LA VILLE DE REIMS.

[11°.] C'est li quarrel Jehan de Porte-Chacre, en commensant sur le pignon de la ruelle, en allant vers la porte de Porte-Chacre.

	livres	sous	d.		livres	sous	d.
1 m. et gr. fr.	120	»	»	Report	902	10	»
1 m.	105	»	»	1 m.	20	»	»
1 gr. et plus. m.	400	»	»	Pierres le pourpoingneur, 1 m.	30	»	»
Husson de Sedent, clerc, 1 m.	72	10	»	1 m.	40	»	»
1 m.	25	»	»	1 mas.	12	»	»
1 m.	140	»	»	1 m.	40	»	»
1 gr. et 1 m.	40	»	»	1 m.	40	»	»
T. Troingnart, pelletier,				1 m.	30	»	»
A reporter...	902	10	»	Total...	1114	10	»

[12°.] C'est le quarrel de la court de Marqueuse, en commensant au pignon vers les fossés, pardevers Porte-Chacre, en allant vers la Porte nueve.

	livres	sous	d.		livres	sous	d.
¼ m.	35	»	»	Report	657	15	»
¼ id.	35	»	»	1 m. fr.	10	10	»
1 m.	30	»	»	1 m. fr.	16	»	»
Les Cordellières, 1 m.	50	»	»	Saint-Symphorien, 1 m. qui fut le frère Robin-la-Gueule	20	»	»
Les appentis	80	»	»				
1 m.	16	»	»				
1 mas.	»	100	»	½ m.	10	»	»
1 mas.	»	40	»	¼ id.	»	100	»
1 mas.	»	20	»	¼ id.	»	100	»
Les chartriers de Saint-Symphorien, 1 mas.	»	20	»	1 m.	30	»	»
1 m.	»	100	»	1 m.	20	»	»
1 m. fr.	10	»	»	La femme Guerri, le fossier des Cordeliers, 1 m. fr.	10	»	»
1 m.	15	»	»				
1 m.	10	»	»	Mons. J. de Varennes, 6 m. de Saint-Symphorien	»	»	»
L'aumosne Saint-Pierre, 2 m. qui furent Collart Laroiz.	10	»	»				
3 m.	200	»	»	1 m fr.	20	»	»
2 m.	12	»	»	1 m.	30	»	»
1 m. fr.	39	5	»	Les Cordellières, 1 m.	»	»	»
1 jar. et plus. gre.	80	»	»	1 mas.	»	60	»
1 m. fr.	21	10	»	1 m. fr.	9	»	»
				Les Cordellières, 1 m.	»	»	»
A reporter...	657	15	»	Total...	846	5	»

[13°.] C'est li quarrel dou mez Saint-Thierri, en commensant au pignon devers la Chièvre, en allant vers Sainte-Marguerite.

	livres	sous	d.		livres	sous	d.
1 m................	400	»	»	Report......	710	»	»
1 m................	150	»	»	¼ m...............	60	»	»
1 m................	100	»	»	La maison dou mez Saint-			
¼ m...............	60	»	»	Thierry.,..........	»	»	»
A reporter...	710	»	»	Total.....	770	»	»

[14°.] C'est le quarrel Saint-Symphorien, en commensant delès Saint-Symphorien, en allant à la rue J. le Buef.

	livres	sous	d.
Saint-Symphorien, 5 m	»	»	»
1 m..	700	»	»
Total.....	700	»	»

[15°.] La rengé derriers les Cordelliers, pardevers les Fossés, en commensant pardevers Porte-Chacre, en allant vers la ruelle de Montoizon.

	livres	sous	d.		livres	sous	d.
1 m................	24	»	»	Report......	67	»	»
1 m. fr.............	13	»	»	1 m. fr.............	10	»	»
Saint-Symphorien, 2 m.	»	»	»	Saint-Symphorien, 3 m.	»	»	»
2 m................	30	»	»	Total.....	77	»	»
A reporter...	67	»	»				

[16°.] C'est le quarrel des maisons d'Avenay, en commensant au pignon vers le Cloistre, en allant vers les Cordelliers.

	livres	sous	d.		livres	sous	d.
Les maisons d'Avenay..	»	»	»	Report......	100	»	»
Saint-Symphorien, 2 m.	»	»	»	qui furent la suer Hue			
1 m................	100	»	»	Hurtaut..........	200	»	»
Saint-Symphorien, 4 m.				Total.....	300	»	»
A reporter...	100	»	»				

[17°.] C'est li quarrel dou bourc de Porte-Chacre, en commensant sur le pignon dou fossé la Finette, en allant vers la porte de la Barre.

	livres	sous	d.		livre	sous	d.
1 m. fr.............	64	»	,	Report......	399	»	»
2 m................	200	»	»	1 m. fr.............	54	»	»
½ m................	20	»	»	Girart menissier, 1 m.	220	»	»
¼ id................	20	»	»	1 m................	70	»	»
6 m. fr.............	50	»	»	1 m................	180	»	»
Guarnier le mercier,				Saint-Symphorien, 1 m.			
1 m. fr...........	45	»	»	qui fut Baudouin-la-			
A reporter...	399	»	»	A reporter...	923	»	»

DE LA VILLE DE REIMS.

	livres	sous	d.		livres	sous	d.
Report......	923	»	»	Report......	1445	»	»
Perche.............	60	»	»	1 gr. et 1 m.........	30	»	»
2 m................	160	»	»	Les nièces maistre Oudart dou registre, converses de Saint-Anthoine, 1 m. fr....			
Les chartriers de Reims, 1 m.	25	»	»		27	»	»
1 m. fr.............	51	»	»	1 m................	70	»	»
1 m................	12	»	»	1 m. fr.............	36	»	»
1 m................	8	»	»	1 gr. fr............	36	»	»
2 m................	50	»	»	Les chapellains de Saint-Symphorien, 1 m....			
1 gr................	80	»	»		»	»	»
1 jar...............	20	»	»	1 mas. et 2 m........	140	»	»
Viart le maisgeissier, ½ m.	8	»	»	1 jar. séant outre la porte.	60	»	»
½ id................	8	»	»	1 m. et 1 jar. fr......	140	»	»
1 m. fr.............	40	»	»				
A reporter...	1445	»	»	Total.....	1984	»	»

[18°.] C'est li quarrel d'Erlaus, en commensant à la porte de la Barre, jusques à la porte de Béthigny.

	livres	sous	d.		livres	sous	d.
La maison d'Erlaus....	»	»	»	Report......	906	6	8
1 m.................	120	»	»	1 m................	20	»	»
J. de Condé, clerc, 1 m.	40	»	»	1 m. fr.............	20	»	»
Plus. m. qui sont à une ruelle............	60	»	»	1 m................	35	»	»
1 m. fr.............	12	»	»	1 m. fr.............	30	»	»
1 m................	10	»	»	J. l'armieur, 1 m.....	60	»	»
1 m................	30	»	»	2 m. et 1 place.......	120	»	»
1 gr. et 1 m. fr......	175	»	»	1 m................	30	»	»
J. Guinet le mesgeisier, 1 m................	40	»	»	1 m. fr.............	170	»	»
R. la Tantine, béguine, 1 m................	40	»	»	1 m. fr.............	80	»	»
				1 m. fr.............	87	»	»
				4 m. fr.............	116	»	»
P. Prestellet, tavernier, 1 m. fr.............	73	6	8	½ m................	20	»	»
1 m. fr.............	45	»	»	½ id................	20	»	»
1 m. fr.............	16	»	»	1 mas..............	»	100	»
Sallehadin le bouchier, 1 m................	120	»	»	Remi le freppier, 1 m. fr.	6	»	»
				1 grangette..........	16	»	»
Wautier de Heudezierville, tellier, les 3 pars d'une m. fr....	18	15	»	1 jar. fr............	»	20	»
				Le clerc de Verpel, 1 gr. fr................	28	»	»
La fille Maschefer le savetier, ¼ m. fr......	6	5	»	1 gr. et 1 mas.......	30	»	»
				1 gr. fr.............	28	»	»
1 m................	20	»	»	1 jar. et 4 m........	50	»	»
1 m................	16	»	»	1 gr. fr.............	22	»	»
1 m. fr.............	19	»	»	1 m................	20	»	»
1 m................	25	»	»	2 m................	24	»	»
				Collart-li-Villain, pelle-			
A reporter...	906	6	8	Report......	1964	6	8

	livres	sous	d.		livres	sous	d.
Report......	1964	6	8	Report......	2391	16	8
tier, 1 m. et 1 mas. fr.	38	»	»	1 m...............	25	»	»
1 m. fr...............	68	10	»	1 m...............	12	»	»
1 m.................	8	»	»	Les chartriers de Reins,			
1 mas...............	»	100	»	1 m...............	25	»	»
1 m. fr...............	12	»	»	1 m...............	8	»	»
1 m.................	40	»	»	1 m...............	10	»	»
1 gr. et gre..........	50	»	»	1 m. fr............	16	»	»
1 m.................	120	»	»	Bertrand l'estaminier, 1			
Les 2 pars d'une m. et				m. fr.............	16	»	»
mas...............	32	»	»	Sezile la couretière d'es-			
½ id................	16	»	»	tamines, 1 m. fr.....	16	»	»
1 m. fr...............	26	»	»	Bonnart de Retel, pelle-			
Saint-Symphorien, 1 m.	»	»	»	tier, 1 m. fr........	14	»	»
1 m. fr...............	12	»	»	Total.....	2533	16	8
A reporter...	2391	16	8				

[19°.] C'est li quarrel commensant à la porte de Béthigny, en allant vers le bourc aus Trippes.

	livres	sous	d.		livres	sous	d.
1 m.................	170	»	»	Report......	994	»	»
1 m. fr...............	19	»	»	1 m...............	»	100	»
1 gr. et 1 m..........	40	»	»	Collin de Fère, savetier,			
Le Quains de Bar, mou-				1 m...............	20	»	»
tonnier, 1 gr........	30	»	»	1 jar..............	25	»	»
1 m. fr...............	8	10	»	Lambin le corseur, 1 m.	35	»	»
1 m. fr...............	77	10	»	Rousselet le couvreur,			
1 m. fr...............	4	»	»	1 m...............	15	»	»
Saint-Symphorien, 1 m.				L'avocat le trippier, fix			
qui fut dame Fannie.	40	»	»	la Gresse, 1 m.....	20	»	»
1 mas...............	10	»	»	Oizel l'orfeuvre, 1 gr. et			
1 m.................	10	»	»	m. fr.............	51	10	»
1 m.................	30	»	»	La femme J. Le Clerc,			
1 m.................	80	»	»	jadis varlet as esche-			
J. de Prunay, clerc, 1 m.	70	»	»	vins, 1 gr.........	35	»	»
Richart le pelletier, qui				1 jar..............	60	»	»
aut la filastre Karcs-				1 grangette........	10	»	»
me, 1 m............	15	»	»	Les enfans Lorin le bou-			
1 m.................	15	»	»	cher, 1 m..........	10	»	»
1 m.................	80	»	»	1 gr...............	50	»	»
1 gr................	160	»	»	1 m. et le claus derrière.	300	»	»
3 m................	50	»	»	2 m...............	100	»	»
1 place.............	8	»	»	2 m...............	30	»	»
1 m. fr...............	12	»	»	1 m...............	30	»	»
1 m.................	40	»	»	L'ostel Nostre-Dame, 1			
1 jar................	»	100	»	m. qui fu Drouet Che-			
1 m.................	20	»	»	val..............	10	»	»
A reporter...	994	»	»	A reporter...	1800	10	»

DE LA VILLE DE REIMS.

	livres	sous	d.		livres	sous	d.
Report......	1800	10	»	Report......	1950	10	»
Ysaberon, fille J. de Chaumont, boullengier, 1 m.........	20	»	»	½ m.................	10	»	»
				1 m. fr.............	23	14	»
2 m................	75	»	»	1 m. fr.............	10	»	»
T. d'Audrenart, tondères, 1 m...........	10	»	»	1 m. fr.............	10	10	»
				1 m.................	16	»	»
A. le Roy, toute sa teneur sur les fossés...	40	»	»	2 m.................	24	»	»
				1 m.................	24	»	»
Collart Dennière, vachier, ½ m. fr......	10	»	»	1 jar. et la terre derrièr.	40	»	»
				J. de Troion, clerc, 1 gr.	100	»	»
				1 m. fr.............	16	»	»
A reporter...	1950	10	»	Total.....	2224	14	»

[§. IV.] Saint-Estène.

[1°.] Ce sont les héritages de la parroche Saint-Estène, en commensans derriers le chevés des Cordellier, à une maison et grange Mgr. J. de Toulon, jadiz chanoine de Reins, en allant par la ruelle de Montoizon vers les fossés.

	livres	sous	d.		livres	sous	d.
1 gr. et 1 m.........	80	»	»	Report......	190	»	»
Saint-Symphorien, 1 m.	»	»	»	de la Veuve, et Pichon le savetier.....	4	»	»
3 m fr..............	50	»	»	Saint-Symphorien, ½ id.	4	»	»
Renaut de Rumini, clerc, 1 m. fr.	20	»	»	Saint-Denise, 1 m....	»	»	»
Saint-Pierre-aus-Nonnains, 3 m. qui furent Simon varlet maistre Oudart dou registre..	40	»	»	Saint-Anthoinne, 3 m..	»	»	»
				1 jar. fr.............	8	»	»
Les curés des parroches, ½ m. qui fut Robert				Les chapellains de Nostre-Dame, 1 m. qui fut Marot de Biaune.	15	»	»
A reporter...	190	»	»	Total.....	221	»	»

[2°.] C'est le quarrel de Saint-Pierre-as-Nonnains, en commensant sus le pignon de la ruelle de Montoizon, pardevers les fossés, en venant par la rue des Filles-Dieu vers la place Saint-Pierre.

	livres	sous	d.		livres	sous	d.
L'ostel Nostre-Dame, 3 m...............	»	»	»	Report......	20	15	»
				lengière...........	»	30	»
1 m................	12	»	»	1 m. et 1 place......	40	»	»
1 m. fr.............	8	15	»	Les Filles de Dieu, 1 m.	30	»	»
Saint-Symphorien, 1 mas. qui fu Marie la boul-				2 m................	30	»	»
				1 gr. fr............	46	»	»
A reporter...	20	15	»	A reporter...	167	10	»

	livres	sous	d.		livres	sous	d.
Report......	167	10	»	Report......	464	10	»
Hilleson la mercière, 1 m..............	16	»	»	Les chapellains dou Pallais, 1 m. qui doit estre à gens qui sont dou Nuefchastel........	20	»	»
Les chapellains de Nostre-Dame, 1 m......	»	»	»				
1 mas...............	»	40	»	1 m................	15	»	»
1 m................	40	»	»	Les chartriers de Saint-Estène, 1 m. fr.....	26	5	»
Th. Nisson, savetier, 1 m...............	20	»	»	2 m................	30	»	»
Les channoines de Saint-Pierre-as-Nonnains, 1 m...............	»	»	»	Saint-Pierre-as-Nonnains, 1 m.........	»	»	»
				1 m. fr.............	55	»	»
3 m. et 1 gr..........	140	»	»	Saint-Symphorien, 1 m. qui fu les Pasquardes.	40	»	»
1 m. fr.............	30	10	»				
Eudesson Chevalle, béguine, et ses compaingnes, 1 m. fr.......	18	10	»	Les curés des parroches, 1 m..............	»	»	»
				Jehan fix Symon de Traillon, clerc, 1 m.....	80	»	»
1 m. fr.............	30	»	»	Saint-Pierre-as-Nonnains, 1 m.........	»	»	»
Saint-Pierre-aus-Nonnains, 3 m.........	»	»	»				
Saint-Symphorien, 1 m.	»	»	»	1 m................	140	»	»
A reporter...	464	10	»	Total.....	870	15	»

[3°.] C'est le quarrel maistre G. de Clermont, en commensant au pignon pardevers les Filles-Dieu, en allant vers les fossés.

	livres	sous	d.		livres	sous	d.
1 m. et 1 m. fr........	16	»	»	Report......	163	2	»
Jesson Douillet, boullengiér, 1 m. fr......	15	5	»	Martin, 1 m.........	20	»	»
				2 m................	40	»	»
La femme Haimart l'espicier, ¼ m., et les chartriers de Saint-Estène, fr............	15	5	»	1 m. fr.............	15	»	»
				L'Ospital, 1 m........	»	»	»
				3 m. fr.............	60	»	»
				1 m. fr.............	20	»	»
Les chartriers de Saint-Symphorien, et de Saint-Estène, l'autre moitié qui fut Pierres Blanc-Toupet.......	15	5	»	Les chapellains de Saint-Symphorien, 2 m...	»	»	»
				2 m................	30	»	»
				1 jar................	»	100	»
				Saint-Symphorien, 2 m.	»	»	»
2 m................	15	»	»	1 m................	100	»	»
Baudet de Saint-Bry, clerc, 1 m. fr......	49	»	»	3 maisonnettes.......	40	»	»
				L'ostel Nostre-Dame, 2 m................	»	»	»
1 j..................	8	»	»				
B. des Bains, clerc, 1 m. qu'il tient comme exécuteur. fr..........	9	7	»	Hanequin Gramaus, clerc, 1 m. fr.......	112	»	»
				Les chapellains de Nostre-Dame, 1 jar.....	»	»	»
1 m................	20	»	»	1 m................	14	»	»
Les chartriers de Saint-							
A reporter...	163	2	»	Total.....	619	2	»

DE LA VILLE DE REIMS.

[4°.] C'est le quarrel des Filles-Dieu, en commensant au pignon devant les Cordelliers, sur une place qu'on dit la Fosse, en allant vers Nostre-Dame.

	livres	sous	d.		livres	sous	d.
Chastel la mercière, 1 m. fr............	70	»	»	Report......	650	10	»
Saint-Symphorien, 1 m.	»	»	»	1 m...............	60	»	»
L'ostel Nostre-Dame, 1 m............	»	»	»	Mons. J. Phallet, chapellain, et Mons. J. de Chasteau Villain, 1 m. qui fu maistre G. Longue-Espée, qui fu le page de Saint-Pierre, fr................	150	»	»
Jacquet des Chapelles, clerc, 1 m. fr.....	40	»	»
Saint-Symphorien, 1 m. 1 m. fr.............	247	10	»
Monsegneur Drouart de Tours-sur-Marne, chapellain, 1 m.......	100	»	»	Raoul de Chaumont, clerc, 1 m.........	160	»	»
				½ m. fr.............	43	10	»
Le chapistre de Maisières, 1 m..........	»	»	»	Roze, fille Tassin l'espicier, l'autre moitié de celle m. fr.........	43	10	»
1 m................	100	»	»
Maistre Gilles le fusicien, 3 m.............	100	»	»	Les Filles-Dieu, 1 m. fr.	67	10	»
				L'ostel Nostre-Dame...	»	»	»
A reporter...	650	10	»	Total.....	1175	»	»

[5°.] C'est le quarrel Saint-Estène, en commensant au pignon dou quarrel pardevant les maisons d'Avenay, en venant vers Nostre-Dame.

	livres	sous	d.		livres	sous	d.
1 m................	140	»	»	Report......	1830	»	»
Les chapellains de Nostre-Dame, 1 m. qui fut Garnier de Challons.	40	»	»	1 m...............	300	»	»
				Le moustier de Saint-Estène............	»	»	»
L'ostel Notre-Dame, 2 m...............	»	»	»	Les chapellains de Nostre-Dame, 1 m........	»	»	»
Saint-Symphorien, 1 m. 3 m. fr.............	160	»	»	Les channoines de Saint-Pierre-as-Nonnains, 1 m. qui fu à Alis la Pellée, et de nouvel..	30	»	»
3 m. fr.............	158	10	»
Saint-Symphorien, 1 m. Les officiaulz de Reins, 2 m. qui sont T. Louré.	»	»	»	Saint-Pierre-as-Nonnains, 3 m. dont li une fut Hyllot la Certainne............	30	»	»
	100	»	»
1 m................	50	»	»
Robin li vieullier, 2 m.	60	»	»
1 m................	120	»	»	Adam de Saint-Leu, clerc, 1 m..........	130	»	»
J. de Trellon, clerc, et sa suer, 2 m.......	450	»	»	1 m...............	20	»	»
T. de Taillon, clerc, 1 m. fr.............	101	10	»	Saint-Pierre-as-Nonnains, 1 m.........	»	»	»
1 m................	450	»	»	Maistre J. d'Amiens,
A reporter...	1830	»	»	A reporter...	2340	»	»

	livres	sous	d.		livres	sous	d.
Report......	2340	»	»	Report......	2400	»	»
clerc, 1 m.........	60	»	»	pignon fu Marguerite			
L'ostel Nostre-Dame, 2 m. dont celle sur le				à la Chape........	50	»	»
				Total.....	2450	»	»
A reporter...	2400	»	»				

[6°.] C'est le quarrel de la Petite-Court, en commensant sur le pignon de la Petite-Court, en allant vers la porte dou Cloistre.

	livres	sous	d.		livres	sous	d.
Chapitre de Nostre-Dame de Reins, 4 m......	»	»	»	Report......	520	»	»
Les chartriers de Reins, 1 m............	100	»	»	clerc, 2 m.........	*320	»	»
Saint-Symphorien, 4 m.	»	»	»	3 m. fr...........	317	10	»
Les chapellains de Nostre-Dame, 1 m........	»	»	»	2 m...............	110	»	»
Mons Lion, chapellain, 1 m............	40	»	»	2 m. fr...........	160	»	»
1 m................	40	»	»	½ m. fr..........	60	»	»
Thomas le Mercier, menuisier, 1 m......	80	»	»	½ id.............	60	»	»
2 m...............	220	»	»	1 m..............	140	»	»
1 m...............	40	»	»	Les chapellains de N.-D., 1 m. qui fut mons. J. Roquart, et B. Burdin.	160	»	»
Maistre H. Laubijois,				Longueau, 1 m........	»	»	»
				Chapistre de Reins, 1 m.	»	»	»
				1 m...............	132	10	»
				1 m. fr...........	82	10	»
A reporter...	520	»	»	Total.....	2062	10	»

[7°.] C'est le quarrel de la maison la Pourcelette, en commensant au pignon devant la maison de Saint-Martin de Laon, en venant vers Nostre-Dame.

	livres	sous	d.		livres	sous	d.
Saint-Anthoinne, 1 m..	»	»	»	Report......	411	»	»
Les chapellains de Nostre-Dame, 1 m.....	»	»	»	c'on dis l'Ostel la Pourcellette...........	»	»	»
L'ostel Nostre-Dame, 1 m.	»	»	»	J. Tournelle, parmentier, 1 m. qui fut Fransois le servoizier, qu'il acheta à mons. Jaque le cordellier.......			
1 m...............	40	»	»				
Drouet le fruitier, clerc, 1 m. fr...........	33	»	»		15	»	»
2 m...............	140	»	»	1 m..............	16	»	»
Chapistre de Reins, 2 m.	»	»	»	1 m..............	25	»	»
1 m. fr............	30	10	»	L'ecglise de Saint-Hubert, plus. m., lesquelles l'archevesque de Reins souloit tenir.			
1 m. fr............	47	10	»				
Saint-Symphorien, 1 m.	»	»	»				
Perrart le pourpoingueur, 1 m........	120	»	»		»	»	»
Bonne-Fontaine, 1 m.				Total.....	467	»	»
A reporter...	411	»	»				

[8°.] C'est le quarrel Mgr G. de Neaufle, et fut appellés le quarrel Me P. de la Porte, en commensant au pignon devant la Pourcellete, en allant vers la Tournelle.

	livres	sous	d.		livres	sous	d.
Le doien de Nostre-Dame au chapistre, 1 m. qui fut maistre Pierres de la Porte, et fu Eude le Large, pissonnier...	500	»	»	Report......	551	»	»
				que-em-pance......	»	•20	»
				$\frac{1}{4}$ d'icelle maison (sic)..	»	20	»
				1 m...............	20	»	»
				$\frac{1}{4}$ m. fr.............	8	»	»
Th. de la Selle, clerc, 1 m. fr............	50	»	»	$\frac{1}{4}$ id................	8	»	»
				$\frac{1}{2}$ id................	8	»	»
Messire Dreues de Plancy, chapellain de Nostre-Dame, 1 m.....	»	»	»	1 m. fr..............	17	10	»
				1 m. fr..............	25	»	»
Les Cordellières, 1 m...	»	»	»	Poncellet de Flairicourt, clerc, et son frère, 1 m.	30	»	»
Mesire J. de Saint-Denis, 1 m. de chapistre.	»	»	»	3 m. fr.............	100	»	»
Saint-Anthoinne, plus. m................	»	20	»	Les chapellains de Nostre-Dame, 3 m.........	»	»	»
J. de Chastel, pourpoingueur, $\frac{1}{4}$ mas., et J. Pi-				Chapistre de Reins, 2 petites maisons et deux grandes............	»	»	»
A reporter...	551	»	»	Total.....	769	10	»

[9°.] C'est le quarrel de la maison de Saint-Martin de Laon, en commensant à la maison Saint-Martin, en allant à la Tournelle, pardevant les maisons et jardin de Saint-Hubert.

	livres	sous	d.		livres	sous	d.
Saint-Martin de Laon..	»	»	»	Report......	572	»	»
Saint-Anthoinne, plus. m................				Les curés des parroches, 1 m...............	»	»	»
1 m................	100	»	»	Girart et Quochet, enfans Garnier de Souyppe, cordouennier, 1 m...	60	»	»
1 m. fr.............	11	»	»
1 m................	30	»	»
Saint-Anthoinne, 1 m. et 1 jar..............	»	»	»	Les chapellains de Nostre-Dame, 1 m......	»	»	»
1 m................	16	»	»	Les curés des parroches, 1 m...............	»	»	»
Saint-Anthoinne, 1 m..	»	»	»
1 m................	15	»	»	Chapistre de Reins, 1 m. 3 m................	»	»	»
Mesire J. de Brunehaume, 1 m. qui fut Laguille.............	40	»	»		60	»	»
				L'ostel Nostre-Dame, 1 m. 1 m................	»	»	»
1 m. fr.............	160	»	»		240	»	»
L'Ospital, 1 m. qui fu dou Temple........	»	»	»	Chapistre de Reins, 2 m. dont il y a un jar. qui fu G. de Chaumont, de pris de.........	30	»	»
1 m................	200	»	»
A reporter...	572	»	»	Total.....	962	»	»

[10°.] C'est le quarrel qui est devant l'Aumosne Saint-Pierre, entre rue de Longueau et le quarrel des Bons-Enfans, en commensant au pignon dou quarrel vers Porte-Basel, en allant vers Saint-Martin de Laon.

	livres	sous	d.		livres	sous	d.
¼ m.................	50	»	»	Report......	318	»	»
¼ m.................	50	»	»	Collart de Hanget, de			
1 m. fr.............	28	»	»	par sa femme......	25	»	»
J. de Clermont, clerc,				1 m. fr.............	32	»	»
1 m.............	40	»	»	1 m...............	200	»	»
Jehan le couvreur, de				Saint-Symphorien, 1 m.	»	»	»
Tours-sur-Marne, 1m.	40	»	»	1 m...............	70	»	»
1 m.................	60	»	»	1 place...........	40	»	»
1 m.................	30	»	»	1 m., gr., et mas.....	50	»	»
1 m.................	20	»	»	1 m...............	110	»	»
Les chapellains de S-				Saint-Symphorien.....	»	»	»
Pierre-as-Nonnains,				1 m. fr.............	132	»	»
1 m. qui fu maistre				1 m...............	60	»	»
A reporter...	318	»	»	Total.....	1037	»	»

[11°.] C'est le quarrel des Bons-Enfans, en commensant au pignon devers Saint-Anthoine, en allant vers Porte-Basel.

	livres	sous	d.		livres	sous	d.
1 m. fr.............	86	»	»	Report......	276	»	»
1 m. fr.............	60	»	»	delès Retel........	50	»	»
1 gr.................	50	»	»	Les Bons-Enfans, 1 m.			
1 m.................	30	»	»	et les appendices, et			
1 m.................	50	»	»	les tiennent de lonc			
Les Bons-Enfans, 1 m. qui fu Ponce de Dun				temps.............	»	»	»
				Total.....	326	»	»
A reporter...	276	»	»				

[12°.] C'est le quarrel de Saint-Patris, en commensant à Saint-Patris en allant vers la porte Saint-Denize.

	livres	sous	d.		livres	sous	d.
S.-Patrix, 1 m......	»	»	»	Report......	226	»	»
1 m. fr.............	120	»	»	Le fil Me Girart de Dieu-			
1 m.................	20	»	»	li-Mire, clerc, 1 m.	30	»	»
1 m.................	30	»	»	Marie la dorelotière,			
1 m.................	50	»	»	2 m. fr...........	35	»	»
Saint-Anthoinne, 1 m.	»	»	»	Saint-Anthoine, 1 m...	»	»	»
Saint-Anthoine, ½ m. qui				1 m...............	8	»	»
fu G. Lenglois......	»	60	»	Saint-Pierre-as-Non-			
¼ m.................	»	60	»	nains, 1 mas.......	»	»	»
A reporter...	226	»	»	A reporter...	299	»	»

DE LA VILLE DE REIMS.

	livres	sous	d.		livres	sous	d.
Report......	299	»	»	Report......	484	15	»
1 m..............	10	»	»	1 m. fr............	42	»	»
Robin le fruitier, 1 m. fr.	13	5	»	½ m. fr...........	28	15	»
Les chartriers de Saint-Estène, Sainte-Morize, Saint-Denise, 1 m. qui fut Thommas le taquenier, que Conrrart tient à sa vie, fr.	11	»	»	Regnaut le savetier, ½ id. id............	28	15	»
				Perrart de Clermont, clerc, 1 m. fr.......	77	10	»
				3 m..............	20	»	»
1 m. fr............	13	10	»	3 m..............	20	»	»
1 mas............	4	»	»	Conrrart le mercier, 1 m. qu'il tient des chapellains Saint-Anthoinne.	»	»	»
1 m...............	10	»	»				
Saint-Anthoine, 1 m...	»	»	»	Saint-Anthoine, 1 m. qui fu maistre Estène de Clermont.......	16	»	»
J. li Brioiz, pourpoingneur, 1 m. fr......	14	»	»				
3 m. en la Tournelle, louce à menus hostes..	50	»	»	Saint-Anthoine, 1 m. qui fut Thierry le savetier.	16	»	»
Le curé de Saint-Jacque, 1 m. qui fu Raoulet de Thuzy............	10	»	»	Les chapellains de Nostre-Dame, 1 m........	»	»	»
				1 mas............	»	40	»
Guarnier le mercier, 1 m.	20	»	»	1 mas............	»	20	»
L'ostel Nostre-Dame, 1 m..............	»	»	»	1 mas............	»	20	»
				J. de Troion, 1 mas...	»	20	»
Bernart le cordier, 1 m.	30	»	»				
				Total	738	15	»
A reporter...	484	15	»				

[13°.] C'est le quarrel de l'Aumosne Saint-Pierre, commensant dèlès ladicte Aumosne, en allant outre Porte-Basel jusques as Augustins.

	livres	sous	d.		livres	sous	d.
1 m. fr............	66	»	»	Report......	430	»	»
1 m. fr............	110	»	»	1 m. outre porte Basel.	60	»	»
1 m..............	30	»	»	1 m..............	50	»	»
1 m..............	50	»	»	1 m..............	60	»	»
Les chapellains de Saint-Pierre-as-Nonnains, 1 m. qui fu Guyot l'apothicaire.........	50	»	»	1 m..............	70	»	»
				2 m..............	140	»	»
				1 m..............	140	»	»
2 m. fr............	47	10	»	1 jar. et 1 f. à f......	35	»	»
1 m...............	16	»	»	1 m..............	70	»	»
Les chapellains de Saint-Symphorien, 1 m...	»	»	»	1 m..............	30	»	»
				3 m..............	80	»	»
J. Chevallot, clerc, 2 m. fr...............	60	10	»	1 m..............	140	»	»
				1 m..............	20	»	»
L'aumosne Saint-Anthoine, et 1 m. enson.	»	»	»	Saint-Pierre-as-Nonnains, 1 m. qui fu la mère Caudoie le sargier............	25	»	»
La grange l'archevesque.	»	»	»				
Gringoire de Chaalons,				Drouet de Chaumizy,			
A reporter...	430	»	»	A reporter...	1350	»	»

	livres	sous	d.		livres	sous	d.
Report......	1350	»	»	Report......	3163	»	»
charpentier, 1 m....	12	»	»	1 jar..............	40	»	»
1 m................	16	»	»	$\frac{1}{2}$ m..............	10	»	»
1 m................	16	»	»	$\frac{1}{2}$ id..............	10	»	»
1 m................	16	»	»	1 m..............	16	»	»
Mons. Lioine, chapellain de Nostre-Dame, 1 m. qui fu Louvet..	50	»	»	Roullant Hannequin, clerc, 1 m.........	20	»	»
1 m................	20	»	»	1 m..............	50	»	»
3 m................	40	»	»	Sainte-Cornille de Compienne, 1 m.......	»	»	»
Les Augustins, 1 j. qui fu Mgr T. de Treslon, prestre............	10	»	»	Les exécuteurs Mgr J. Roquart, 1 m. qui fu Marocelle de Saint-Thierri et puis Jaques le cordouennier, que li chapellain de Nostre-Dame tiennent.	350	»	»
La m. et les appendices des Augustins......	»	»	»				
1 m................	60	»	»	1 m..............	20	»	»
1 m................	25	»	»	3 m. fr.............	100	»	»
Saint-Pierre-as-Nonnains, 1 jar. qui fu Aalis dit Saint-Matainge............	6	»	»	J. dou Chaine, hostellier, 2 m., pour ce qui en est desous la terre l'archevesque, fr.......	500	»	»
1 jar................	10	»	»				
1 gr................	25	»	»	1 m..............	40	»	»
J. de Diquemue, clerc, $\frac{1}{2}$ m................	20	»	»	Jehan, Dame Yève, cordouennier, 1 m.....	25	»	»
Joye qui fu baisselle Roze de Tournay, $\frac{1}{2}$ id.	20	»	»	Mons. Raguet, chanoine de Saint-Pierre, 1 m. qui fu Margue la boisteuse............	20	»	»
1 m................	16	»	»				
1 m................	40	»	»	1 m..............	16	»	»
4 m................	160	»	»	1 m..............	30	»	»
$\frac{1}{2}$ 2 m................	30	»	»	J. de Ferrières, clerc, 1 m..............	120	»	»
$\frac{1}{2}$ id................	30	»	»				
1 m................	160	»	»	1 m..............	16	»	»
1 m................	25	»	»	1 m..............	16	»	»
1 m................	20	»	»	1 m et 1 jar.........	70	»	»
1 mas..............	16	»	»	Perrart Menissier, clerc, 1 m..............	30	»	»
1 m................	70	»	»				
Ponsart de Cernay, clerc, 1 m..............	240	»	»	1 jar..............	15	»	»
1 m................	40	»	»	Franque Gervy, clerc, 1 m..............	80	»	»
Collart dou chapistre, clerc, 1 m.........	100	»	»	1 m..............	25	«	»
C. le Chastellain, le grant jardin et les appartenances, derrière et devant............	320	»	»	1 m..............	40	»	»
				1 m..............	70	»	»
				$\frac{1}{2}$ jar..............	«	60	»
1 m................	30	»	»	1 m..............	20	»	»
1 m................	50	»	»	2 m..............	40	»	»
1 m................	120	»	»				
A reporter...	3163	»	»	Total.....	4955	»	»

DE LA VILLE DE REIMS.

Ci faut la terre l'archevesque [du côté de Porte-Basée].

[Ci commence la terre l'archevesque dans le Barbastre (?)]

[14°.] C'est le quarrel de Moironviller, pardevers Saint-Nichaise, commensant au pignon devers Barbastre, en allant vers Neuve-Rue.

	livres	sous	d.		livres	sous	d.
1 m................	30	»	»	Report......	364	11	»
1 m................	10	»	»	Robin des Portes, clerc,			
1 m................	20	»	»	6 m............	60	»	»
Les hoirs Hernoul le clerc, 1 mas........	8	»	»	Perrin le charpentier, 1 m fr............	20	»	»
1 jar...............	10	»	»	Les curés des parroches, 1 m. qui fu Thomas frère Dommenget, le masson, que Loyal le sargier tient........	30	»	»
1 mas..............	»	100	»				
J. de Couvin, clerc, 1 jar...............	»	100	»				
Collinet de Burres, clerc, 1 jar...............	12	»	»	Loyal li sargier, 1 m...	20	»	»
1 jar...............	»	100	»	1 m...............	16	»	»
J. Fremeri, clerc, 1 m.	30	»	»	1 m...............	20	»	»
1 m...	40	»	»	1 m...............	25	»	»
Ourri le boullengier, 1 m................	50	»	»	Baudesson de Mairy, pelletiers, ½ m........	10	»	»
1 m. fr.............	30	»	»	¼ id.............	8	»	»
1 m................	30	»	»	¼ id.............	8	»	»
3 m. fr.............	37	11	»	1 jar.............	20	»	»
Poncette la sargière, 1 m.	15	»	»	1 m...............	40	»	»
1 m................	15	»	»	1 m...............	40	»	»
Les chartriers de Saint-Morize, 1 m.......	12	»	»	1 m...............	20	»	»
A reporter...	364	11	»	Total.....	701	11	»

[15°.] C'est le quarrel de Saint-Morize, en commensant au pignon devers Neuve-Rue, en allant vers Saint-Remi.

	livres	sous	d.		livres	sous	d.
1 m................	40	»	»	Report......	334	15	»
Domenget le lamier, 1 m. fr............	10	»	»	1 m...............	10	»	»
R. li Glous, cureur, 1 m.	24	»	»	1 m...............	8	»	»
1 gr................	30	»	»	1 jar.............	4	»	»
2 m fr..............	67	15	»	1 m...............	16	»	»
1 place.............	»	60	»	Robin, fil dou cordouennier, 1 m.........	25	»	»
1 jar...............	10	»	»				
¼ m................	30	»	»	Eudelline de Chaumont, béguine, 1 m.......	20	»	»
2 pars d'une m......	60	»	»				
1 m. et 1 gr.........	60	»	»	J. De Pertes, tellier, 1 m. fr.............	14	»	»
A reporter...	334	15	»	A reporter...	431	15	»

	livres	sous	d.		livres	sous	d.
Report......	431	15	»	Report......	582	15	»
1 jar...............	8	»	»	R. Sydou, cordouen-			
Dameron (sic) la tellière,				nier, 1 m.........	16	»	»
1 m..............	10	»	»	1 m...............	12	»	»
Les chartriers de Saint-				1 m...............	12	»	»
Morize, 1 m......	10	»	»	Collinet de Bures, clerc,			
2 m...............	16	»	»	1 m...............	10	»	»
½ m...............	»	100	»	1 m...............	20	»	»
2 m...............	40	»	»	1 m...............	20	»	»
1 m...............	12	»	»	1 m...............	15	»	»
2 m...............	20	»	»	1 m...............	12	»	»
J. le Vaire, orfeuvre,				¼ m...............	»	100	»
clerc, 2 m.........	30	»	»	¼ m...............	»	100	»
A reporter...	582	15	»	Total.....	709	15	»

[16°.] C'est le quarrel de rue Perdue, en commensant à la rue de Barbastre, à la première maison de la terre l'arcevesque, en allant vers la rue de Normendie.

	livres	sous	d.		livres	sous	d.
1 m...............	8	»	»	Report......	331	»	»
1 m...............	16	»	»	tier, 1 m.........	16	»	»
1 m...............	30	»	»	Mons. B. de Vendière,			
1 m...............	16	»	»	chevallier, ¼ m.....	20	»	»
1 m...............	25	»	»	Millet de Cornay, es-			
1 m...............	10	»	»	cuier, ¼ id.........	20	»	»
1 jar...............	12	»	»	Jehan li mannier de Nue-			
1 m...............	10	»	»	ve-Rue, 1 m.......	30	»	»
1 m...............	8	»	»	1 m...............	20	»	»
J. de Vernuel, cordouen-				Perrart de Saint-Marc,			
nier, les deux pars				clerc, 1 mas......	25	»	»
d'une m............	»	40	»	1 m.'.............	16	»	»
Alison la tellière, ¼ id..	»	20	»	Baudesson le couvreur,			
1 m...............	8	»	»	2 m...............	30	»	»
1 m. et 1 jar.........	25	»	»	1 m...............	10	»	»
1 m. et 1 jar.........	30	»	»	1 m...............	10	»	»
Damisan (sic) la tellière,				Guillaume le ploieur de			
1 jar...............	»	40	»	cerseaus, 1 m. fr....	9	»	»
Rogier li Gras, clerc, 1				Allart l'enduiseur, 1 m.	12	»	»
jar................	8	»	»	1 m...............	25	»	»
5 m...............	120	»	»	2 m...............	25	»	»
R. de Floiry, charpen-				1 m...............	12	»	»
A reporter...	331	»	»	Total.....	611	»	»

[17°.] C'est li quarreaul de Moirouviller, commensant auques près dou pignon pardevers Neuve-Rue, en allant vers les Carmes.

DE LA VILLE DE REIMS.

	livres	sous	d.		livres	sous	d.
1 gr.................	16	»	»	Report......	2318	»	»
1 gr.................	25	»	»	½ m,............	80	»	»
1 m.................	4	»	»	J. de S.-Marc, clerc, 1 m.	120	»	»
2 m.................	16	»	»	1 m................	150	»	»
1 m.................	6	»	»	1 m. fr...	45	»	»
1 jar................	10	»	»	1 m................	70	»	»
1 jar................	7	»	»	1 m................	140	»	»
Gillet fix Lorens le fournier, 1 m..........	30	»	»	1 m................	40	»	»
1 m.................	8	»	»	1 m................	50	»	»
J. Trubert, tailleur de pierre, 1 m........	30	»	»	Allart de l'Audience, clerc, 1 m.........	30	»	»
2 m.................	30	»	»	Thierri li cordier, 1 m.	70	»	»
La maison des Carmes, laquelle fu G. de Chaumont, et puis E. l'Ermite.........	»	»	»	1 m................	30	»	»
				1 m. fr............	125	»	»
				1 m................	40	»	»
				Collart li tourneur, clerc, 1 m. fr...........	14	»	»
				1 m................	20	»	»
Wautier Baconnel, pelletier, 1 m.........	20	»	»	Maistre Allart dou Chaisne, clerc, 1 m......	35	»	»
1 m.................	40	»	»	Haquin li couvreur, 1 m.	20	»	»
1 m. fr..............	38	»	»	1 m................	6	»	»
1 m. fr..............	16	»	»	1 m................	10	»	»
1 m.................	80	»	»	1 m................	70	»	»
2 m.................	24	»	»	Collart le lanternier, 1 m. fr.............	23	15	»
1 m.................	25	»	»				
Raoullin le curetier, 1 m.	15	»	»	Perrart le tourneur, 1 m. fr................	33	10	»
1 m.................	200	»	»				
1 m.................	50	»	»	1 m................	25	»	»
1 m.................	70	»	»	1 m................	15	»	»
1 m.................	30	»	»	1 m. fr............	28	15	»
1 m.................	15	»	»	1 m................	15	»	»
3 m.................	120	»	»	Robin le lanternier, 1 m. fr................	»	20	»
Baudouin le tellier, 1 m.	40	»	»				
1 m.................	30	»	»	1 m. fr............	32	10	»
J. de Brimont, clerc, 2 m. fr..............	65	»	»	1 m................	70	»	»
				1 m. fr............	96	»	»
A. de Saint-Desier, cordouennier, 1 m. fr...	30	»	»	J. dou Pasquier, escuier, 1 m..............	220	»	»
J. de Douzy, clerc, 1 m.	140	»	»	1 m................	30	»	»
1 m.................	140	»	»	1 m. fr............	76	»	»
4 m.................	350	»	»	1 m. fr............	48	10	»
1 m.................	70	»	»	J. de Senlis, clerc, 1 m. fr................	79	»	»
1 m.................	80	»	»				
1 m.................	60	»	»	1 m................	70	»	»
1 m.................	80	»	»	1 m. fr............	250	»	»
1 m.................	60	»	»	1 m. fr............	31	»	»
1 m.................	148	»	»	1 m. fr............	200	»	»
Mons. H. de Baionne, chevallier, ½ m.....	100	»	»	1 m. fr............	55	»	»
A reporter...	2318	»	»	A reporter...	4883	»	»

	livres	sous	d.		livres	sous	d.
Report......	4883	»	»	Report......	6607	»	»
1 m. fr............	160	»	»	J. de Maruel, linier, 1 m. fr............	60	»	»
1 m. fr............	35	»	»	Les chartriers de Saint-Estène, 1 m. fr.....	92	10	»
1 m. fr............	110	»	»	1 m. fr............	80	»	»
1 m. fr............	110	»	»	4 m. fr............	400	»	»
1 m. fr............	160	»	»	Les chartriers de Reins, 1 m. fr............	35	»	»
1 m. fr............	300	»	»	1 m. fr............	30	»	»
1 m. fr............	240	»	»	Pierre de Chaalons, clerc, 1 m. fr............	20	»	»
1 m. fr............	30	»	»	1 m. fr............	50	»	»
Herment le freppier, 1 m. fr............	40	»	»	J. Laquoque, 2 m. et sa part de la gr. 180 liv. qui est en la terre l'arcevesque [ci]......	180	»	»
1 m. fr............	35	»	»				
1 m. fr............	45	»	»				
1 m. fr............	200	»	»				
1 m. fr............	149	»	»				
1 m. fr............	60	»	»				
1 m. fr............	50	»	»				
A reporter...	6607	»	»	Total.....	7554	10	»

Cy commence la terre de chapistre [et faut celle de l'archevesque].

	livres	sous	d.
1 jar...................................	20	»	»
Jesson fix Poinset le lamier, pour 1 appentis derrier sa maison.....	6	»	»
Total.....	26	»	»

Cy commence la terre l'archevesque devers les Vaus des Escolliers.

[18°. C'est li quarrel du Vau des Escolliers.]

	livres	sous	d.		livres	sous	d.
Les hoirs Pellite de Retel, ⅓ m. et mas........	50	»	»	Report......	359	»	»
L'autre moitié est en terre Saint-Remi....	»	»	»	2 m. qui furent Mahaut de Laon.......	25	»	»
1 m. fr............	34	»	»	Les Vaus des Escolliers, 2 m. qui furent Mauri Camellin.........	30	»	»
1 m..............	200	»	»				
1 m..............	60	»	»	Les chartriers de Saint-Estène, 1 m........	14	»	»
La maison des Vaus des Escolliers.........	»	»	»	1 m. fr............	10	»	»
Agnès la fournière, 2 m., l'une qui est les Vaus des Escolliers, et l'autre Guarnier de Merfaut.............	15	»	»	Huet le menouvrier, de Venisse, 1 m.......	10	»	»
				1 m................	16	»	»
				Hernoul le barbier, 1 m.	20	»	»
				1 m................	30	»	»
Les Vaus des Escolliers,				1 m................	25	»	»
A reporter...	359	»	»	A reporter...	539	»	»

DE LA VILLE DE REIMS.

	livres	sous	d.		livres	sous	d.
Report......	539	»	»	Report......	740	»	»
2 m............	70	»	»	Thomas le Tailleur, notaire, 1 m........	40	»	»
1 m. fr............	7	»	»	3 m............	30	»	»
3 m............	40	»	»	Boivin le drappier, 1 jar.	10	»	»
1 jar............	15	»	»	1 m............	10	»	»
Les chapellains de Nostre-Dame, 1 m., c'on dit qui fu les hoirs Quochart dou Courtil....	20	»	»	1 m............	12	»	»
				La femme Daniel le harenier, 1 m........	28	»	»
Item., 2 m. d'autre part la rue aus Chapellains............	»	»	»	1 m............	12	»	r
				Raoulin de Saint-Estène, clerc, 1 m........	15	»	»
Oudin l'estaminier, 1 m.	30	»	»	Maistre Jaque de ⅢI champs, clerc, 2 m..	25	»	»
Jehnot l'estaminier, 2 m.	20	»	»				
A reporter...	740	»	»	Total.....	923	»	»

[19°.] **Ci faut le quarrel de Vau des Escolliers, et commence au quarrel des Cordelières.**

	livres	sous	d.		livres	sous	d.
Jesson le savetier, 1 jar.	6	»	»	Report......	659	10	»
1 m............	35	»	»	Ancellet le barbier, 1 m. fr............	19	»	»
1 m............	30	»	»	Jesson de la Fontainne, cordouennier, les 3 pars d'une m.......	45	»	»
3 m............	60	»	»				
1 m............	16	»	»				
1 m. fr............	11	10	»	¼ m............	15	»	»
1 m............	30	»	»	1 m. fr............	34	»	»
E. Lechat, clerc, 1 jar..	35	»	»	1 m. fr............	12	»	»
1 m............	50	»	»	1 m............	50	»	»
1 m............	50	»	»	1 m............	16	»	»
2 m............	45	»	»	1 m............	12	»	»
1 m............	16	»	»	J. de Griny, clerc, charpentier, 1 m. fr.....	9	»	»
4 m............	60	»	»				
1 m............	8	»	»				
1 m............	10	»	»	2 m. fr............	72	»	»
1 m............	20	»	»	1 m. fr............	15	»	»
Girart le Tailleur, c'on dit Boiliauee, clerc, 1 m............	12	»	»	B. de Cruny, clerc, 1 jar. fr............	8	»	»
				Henri le tondeur, de rue de Moullins, 1 m. fr.	16	»	»
1 gr............	50	»	»	1 m. fr............	24	»	»
Raoullin l'enduiseur, 3 m. et 1 mas. fr.....	15	»	»	⅕ m............	»	50	»
2 m............	40	»	»	Les 7 pars d'une m....	17	10	»
Maistre J. Herart, clerc, 1 m............	60	»	»	Remi la Nage, clerc, 1 jar............	10	»	»
A reporter...	659	10	»	Total.....	1036	10	»

[20°.] Ce sont les fosses affiens devant les Augustins, qui sont en la parroche Saint-Estène.

	livres	sous	d.		livres	sous	d.
L'archevesque, 6 fosses à fiens.............				Report......	31	1	»
Saint-Pierre-as-Nou., 1 f................	»	»	»	Saint-Anthoinne, 2 f... P. de Saint-Marc, clerc, 2 f................	»	»	»
1 f. à f...............	»	50	»	1 f................	»	40	»
1 f...................	»	20	»	1 f. sans maistre......	»	60	»
1 f...................	»	11	»	Hanon le chareton, qui	»	10	»
1 f...................	»	20	»	ha la fille Pierre Royée,			
1 f...................	»	100	»	1 f................	»	20	»
1 f...................	6	»	»	1 f................	»	40	»
1 f...................	»	60	»	1 f................	»	20	»
1 f...................	»	50	»	1 f................	»	40	»
1 f...................	»	40	»	1 f. à fi. bonne sans			
G. le Gras, clerc, 1 f...	»	50	»	maistre............	4	»	»
1 f...................	»	50	»	1 f................	»	40	»
1 f...................	»	10	»	Saint-Antoine, 1 f....	»	»	»
1 f...................	»	30	»	1 f................	4	»	»
1 f...................	4	»	»	1 f. sans maistre......	»	30	»
1 f. sans maistre......	»	30	»	Total.....	54	1	»
A reporter...	31	1	»				

[§. V.] LA PARROCHE SAINT-DENIZE.

[1°.] Ce sont les héritages de la parroche Saint-Denis, commensans atenant de porte Valloise, en allant pardevers Saint-Denis, jusques à porte Saint-Denize. Et est appellé le quarrel de Porte-Valoize.

	livres	sous	d.		livres	sous	d.
1 m.................	60	»	»	Report......	1585	»	»
1 m.................	40	»	»	Saint-Denize, 1 m.....	»	»	»
2 m. fr..............	125	»	»	Saint-Denize, 1 m. qui fu Mons. Hébert de			
1 m.................	100	»	»	Bussy, et qui fut Guyot			
1 m.................	100	»	»	Raimbert..........	250	»	»
1 m.................	100	»	»	La femme Prévost le			
1 m.................	30	»	»	drappier, 1 m. fr....	47	10	»
3 m. fr..............	90	»	»	1 m................	50	»	»
1 m.................	600	»	»	½ m................	25	»	»
1 m.................	80	»	»	½ m................	25	»	»
1 m.................	110	»	»	1 m................	80	»	»
1 m.................	150	»	»	Total.....	2062	10	»
A reporter...	1585	»	»				

[2°.] C'est le quarrel d'Igny, commensant à porte Saint-Denize en allant à porte Basel.

DE LA VILLE DE REIMS.

	livres	sous	d.		livres	sous	d.
Saint-Denize, 2 m....	»	»	»	Report......	2531	10	»
Gringoire de Chaalons, 1 m. fr............	56	»	»	Allart le parcheminier, 1 m. fr............	89	»	»
L'aumosne Saint-Denize, 2 m..............	»	»	»	1 m................	35	»	»
L'ospital de l'aumosne Saint-Denize.......	»	»	»	Jesson Waimart, clerc, 1 m................	90	»	»
L'aumosne Saint-Denize, 1 m...............	»	»	»	Girart de Saint-Michiel, barbier, 1 m.......	25	»	»
Pierres le plommier, clerc, 1 m.........	60	»	»	2 m. fr............	67	»	»
1 m................	50	»	»	1 m. fr............	16	»	»
3 m. fr............	112	10	»	Les chartriers de Saint-Denis, 1 m. qui fu la femme maistre T. Boullart...............	16	»	»
Huet le cirier, 1 m....	50	»	»				
La maison d'Igny.....	»	»	»	1 m................	25	»	»
1 m. fr............	76	5	»	2 m................	60	»	»
1 m. fr............	67	15	»	Girart le chandellier, 1 m................	50	»	»
1 m................	50	»	»				
1 m................	40	»	»	2 m................	180	»	»
1 m. fr............	30	»	»	1 m................	70	»	»
½ m. fr............	24	»	»	1 m................	40	»	»
½ id..............	24	»	»	1 m. fr............	17	10	»
Part d'icelle m. fr.....	12	»	»	1 gr...............	115	»	»
1 m................	120	»	»	2 m................	60	»	»
1 m. fr............	73	»	»	Olivier fix Jolit le chandellier, 1 m. fr......	4	»	»
½ m...............	60	»	»				
½ id..............	60	»	»	1 m................	30	»	»
1 m................	50	»	»	P. Murfin, charbonnier, 1 m................	30	»	»
1 m................	50	»	»				
1 part de 1 m........	30	»	»	Robin le Queu, tourneur, 1 m...........	16	»	»
1 id..............	20	»	»				
1 id..............	6	»	»	1 m. fr............	12	»	»
Plus. id.............	4	»	»	Drouet Mauguete, tonnelier, 1 m. fr.......	28	»	»
1 m................	250	»	»				
1 m................	250	»	»	1 m. fr............	24	»	»
1 m................	500	»	»	1 m................	30	»	»
Ponsart de Cernay, clerc, ½ m. fr...........	37	5	»	Li trésorier de Saint-Denis, 1 m. qui fu Richeut la sencière....	25	»	»
½ id..............	37	5	»				
1 m. fr............	55	10	»	1 m................	25	»	»
1 m................	70	»	»	1 m................	40	»	»
1 m................	90	»	»	Maistre Everart de Heuvinel, clerc, 2 m.....	50	»	»
L'aumosne Saint-Denize, 3 m..............	»	»	»	Gringoire de Chaalons, 1 m................	15	»	»
1 m. fr............	31	»	»				
Oisel le savetier, 1 m...	30	»	»	Maistre Girart de l'escolle Saint-Denis, 2 m................	30	»	»
1 m................	20	»	»				
Aimeri d'Andelot, clerc, 1 m................	35	»	»	1 m................	25	»	»
A reporter...	2531	10	»	A reporter...	3871	»	»

II.

	livres	sous	d.		livres	sous	d.
Report......	3871	»	»	Report......	3947	»	»
1 m................	30	»	»	Joffrin fr...........	10	»	»
Les chartriers de Saint-Hylaire, 1 m. qui fu le souffletier.......	6	»	»	1 mas............... Girart de l'Engarde, 1 m. à sa vie, fr.........	6 13	» »	» »
1 m................	40	»	»	1 m................	50	»	»
Le Grand, chandellier, 1 m. qui tient de				1 m................ 1 m. fr............	30 15	» »	» »
A reporter...	3947	»	»	Total.....	4071	»	»

[3°.] C'est le quarrel des Cordellières, commensant delès les Cordellières, en allant contreval le Jart vers Velle.

	livres	sous	d.		livres	sous	d.
2 m................	80	»	»	Report......	972	»	»
3 m................	80	»	»	L'ostel Nostre-Dame, 1 m. qui fu à Odion de la Porte-à-Velle.....	10	»	»
1 m. et 1 jar........	30	»	»				
Les Cordellières, 1 m. qui fu la femme la Beste............	30	»	»	J. de Monstereul, tellier, 1 m................	30	»	»
1 m................	70	»	»	1 m................	25	»	»
2 m................	80	»	»	Robin le bateur d'escuelles, 1 m........	30	»	»
Les chartriers de Reins, 1 m. qui fu la femme J. de Menre........	16	»	»	R. la Vergeresse, béguine, 1 m........	16	»	»
1 m................	40	»	»	1 m................	60	»	»
2 m................	100	»	»	1 m................	30	»	»
1 m. fr............	32	»	»	J. le Convers, lanceur, 2 m................	24	»	»
1 m................	50	»	»				
1 m................	30	»	»	L'aumosne Saint-Denis, 1 m.............	»	»	»
Thibaut le fourmegier, 1 m.............	15	»	»	Mons. Guerri, chapellain de Nostre-Dame, 1 m. qui fu H. de Nantuel.............	40	»	»
1 m................	15	»	»				
1 m................	40	»	»				
1 m................	35	»	»				
1 m................	35	»	»	1 m................	25	»	»
Poncellet de Viex, clerc, 1 m............	40	»	»	Les chartriers de Saint-Denis, 1 m. qui fu B. de Domremy.....	25	»	»
1 m................	20	»	»				
1 m................	15	»	»	Jehan de Domremy, clerc, 1 m.........	20	»	»
Oizellet de Menre, clerc, 1 m............	12	»	»	1 m................	20	»	»
				4 m................	25	»	»
La femme Guinemet le savetier, 1 m......	12	»	»	1 m................	40	»	»
1 m................	35	»	»	1 m. fr............	100	»	»
Maistre Jaques Domremy, clerc, 2 m. qui fu à 1 espave.........	60	»	»	1 m................	16	»	»
				1 m................	8	»	»
				1 m. fr............	12	»	»
A reporter...	972	»	»	A reporter...	1528	»	»

DE LA VILLE DE REIMS.

	livres	sous	d.		livres	sous	d.
Report.....	1528	»	»	Report.....	1900	»	»
Ponsart le Dent, drappier, 1 m..........	25	»	»	1 m................	30	»	»
L'aumosne Saint-Denis, 1 m.............	»	»	»	Les chartriers de Saint-Denis, 1 m. qui fu Amellot des Loges, qui demouroit en Jart.	10	»	»
J. le Mainnien, 1 m...	12	»	»	1 m................	10	»	»
Les chartriers de Saint-Denis, 1 m. qui fu Everart Bavelin........	25	»	»	1 m................	16	»	»
				1 jar...............	12	»	»
Merlin le parmentier, 1 m.................	25	»	»	Les chartriers de Saint-Morize, 1 m........	10	»	»
1 m.................	18	»	»	1 m................	10	»	»
1 m. fr.............	60	»	»	2 m................	20	»	»
2 m.................	24	»	»	1 m................	32	»	»
Guerart de Warny, clerc, 1 m.........	45	»	»	1 m................	30	»	»
1 m.................	40	»	»	¼ de 3 m. et de 1 jar..	27	»	»
Gillet de Saint-Michiel, clerc, 1 jar.........	10	»	»	¼ du jar. et les 2 pars des 3 m...........	63	»	»
1 jar................	20	»	»	1 m................	8	»	»
1 m.................	15	»	»	2 m................	25	»	»
1 jar................	8	»	»	Lacobe, tisseran, 1 m..	35	»	»
1 m. fr.............	20	»	»	2 m................	30	»	»
1 m.................	25	»	»	Boyvin le quocrenier, 1 jar...............	12	»	»
A reporter...	1900	»	»	Total.....	2280	»	»

[4°.] Ci faut le quarré des Cordellières, et commence au quarrel des Vaus des Escoliers.

	livres	sous	d.		livres	sous	d.
3 m.................	50	»	»	Report.....	266	»	»
Les chartriers de Saint-Denis, 1 m. qui fu la Bavelline..........	60	»	»	1 m................	20	»	»
				1 m................	15	»	»
				1 m................	30	»	»
Pierre d'Ourmes, boullengier, 2 m........	40	»	»	Les chartriers de Reins, 1 m. qui fu la Bavelline.............	25	»	»
Les chartriers de Reins, 1 m. qui fu la Bavelline.............	30	»	»	1 m................	50	»	»
1 m.................	25	»	»	Boivin le quocrenier, drappier, 1 m......	80	»	»
1 m.................	16	»	»	1 jar...............	10	»	»
P. de Saint-Marc, clerc, 2 m. qui furent les laveurs.............	35	»	»	1 m................	16	»	»
				1 jar...............	20	»	»
1 m.................	10	»	»	1 jar...............	12	»	»
				Plus. m.............	40	»	»
A reporter...	266	»	»	Total.....	584	»	»

ARCHIVES ADMINISTRATIVES

[5°.] C'est li quarrel dou jardin Saint-Nichaise, encommencié au pignon devers le Jart, en allant vers Velle.

	livres	sous	d.
1 m. et 1 jar.	30	»	»
1 m.	25	»	»
Saint-Denis, Plus. m., et la m. de la buerie	»	»	»
Total	55	»	»

[6°.] C'est le quarrel des bains dou Jart, commensant vers Velle, en venant contremont le Jart vers les bains.

	livres	sous	d.		livres	sous	d.
1 m.	90	»	»	Report	1004	»	»
1 jar.	40	»	»	1 m.	15	»	»
1 m.	25	»	»	½ m.	8	»	»
1 m.	35	»	»	⅓ id.	8	»	»
1 m.	16	»	»	1 m.	40	»	»
1 jar.	25	»	»	1 m.	20	»	»
1 jar.	25	»	»	1 m. et 1 jar.	30	»	»
1 m.	25	»	»	1 m.	12	»	»
1 m.	12	»	»	2 m. fr.	11	»	»
1 m.				1 m.	30	»	»
Wautier des Loges, laveur, 1 m.	15	»	»	J. le Foie, bouchier, 1 m.	15	»	»
1 m.	20	»	»	1 m.	10	»	»
1 m.	12	»	»	1 m. fr.	20	»	»
1 m.	25	»	»	1 m. fr.	13	»	»
1 m.	30	»	»	1 m.	60	»	»
L'ostel Nostre-Dame, 1 m. qui fu Thibaut de Chastillon.	30	»	»	1 m.	30	»	»
				Ponsart le freppier.	20	»	»
1 jar.	15	»	»	S. des Grès, boullengier, ½ m.	20	»	»
J. d'Ouchy, drappier, 1 jar.	6	»	»	½ id.	10	»	»
1 jar.	12	»	»	1 m.	20	»	»
1 jar. et 1 m.	12	»	»	2 m.	35	»	»
2 m.	25	»	»	Gillet de Sorbon, clerc et procureur, 1 m.	16	»	»
1 jar.	6	»	»				
1 jar.	8	»	»	Estène, clerc de la petite court, 1 m.	12	»	»
1 jar.	15	»	»	1 m. fr.	14	»	»
La femme Ernaut de Roizy, les bains dou Jart et les appartenances.	400	»	»	Les chartriers de Saint-Denis, 1 m. qui fu Amelline la cousturière.	10	»	»
1 mas.	40	»	»	Ponsart de Minaucourt, clerc, 2 m.	20	»	»
1 m. et 1 estal as dras.	40	»	»	1 m. et jar.	40	»	»
Drouet de Chaumont, boullengier, clerc,							
A reporter	1004	»	»	A reporter	1553	»	»

DE LA VILLE DE REIMS.

	livres	sous	d.		livres	sous	d.
Report......	1553	»	»	Report......	2060	»	»
1 m..............	15	»	»	Rogier de Cernay, boul-			
1 m..............	20	»	»	lengier, 4 m........	100	»	»
T. de Chammeri, par-				1 m..............	40	»	»
mentier, 1 m.......	16	»	»	1 m. et 1 jar.........	30	»	»
1 m..............	15	»	»	1 jar...............	10	»	»
Les chartriers de Saint-				Les appentis, et m.....	30	»	»
Denis, 1 m. fr.....	10	»	»	1 m. gr.............	60	»	»
Oudin Boully, mason,				1 gr. et 1 m..........	80	»	»
1 m..............	30	»	»	$\frac{1}{4}$ gr................	25	»	»
J. Cacoué, sargier, 1 m.	16	»	»	$\frac{1}{4}$ gr................	12	10	»
2 m..............	26	»	»	$\frac{1}{4}$ id................	12	10	»
1 m..............	16	»	»	1 m. fr..............	25	»	»
1 m..............	12	»	»	Eudeline de Mozchéri,			
Robert le parmentier,				béguine, 1 m.......	20	»	»
1 m..............	8	»	»	L'ostel Nostre-Dame, 4.			
1 m..............	20	»	»	m. qui furent maistre			
1 mas.............	»	60	»	Waseperdue.......	160	»	»
2 m..............	50	»	»	Saint-Denis, 1 m. qui fu			
1 m..............	20	»	»	Constant de Bainne,			
La femme Bellin le Wau-				charpentier........	20	»	»
tier, 1 m..........	15	»	»	Jehanne, la pennetière,			
2 m..............	50	»	»	1 m...............	50	»	»
1 m..............	16	»	»	Saint-Denis, 1 m. qui fut			
1 m..............	18	»	»	maistre Girart le feu-			
1 m. et 1 jar........	35	»	»	vre...............	50	»	»
J. Grumel, charpentier,				J. de Sergi, feuvre, 1 m.	30	»	»
1 m..............	16	»	»	1 m...............	10	»	»
1 jar.............	40	»	»	1 m...............	50	»	»
H. Boison, masson, 4 m.	40	»	»	Total.....	2935	»	»
A reporter...	2060	»	»				

[7°.] C'est le quarrel Gillet de Saint-Michiel, en commensant au pignon pardevers les loges Huet la Boulle, en allant en la rue Robin le Vachier.

	livres	sous	d.		livres	sous	d.
Gillet de Saint-Michiel,				Report......	279	»	»
clerc, 2 m.........	120	»	»	1 jar. fr..........	12	»	»
1 m..............	16	»	»	1 m..............	20	»	»
1 m..............	20	»	»	1 jar..............	8	»	»
1 m. fr.............	32	»	»	1 jar..............	4	»	»
P. de Lagery, mason,				1 m..............	30	»	»
1 m. fr............	6	»	»	1 m..............	»	100	»
2 m..............	40	»	»	Adam li linier, 1 m...	»	100	»
Colart de Saint-Saudun,				1 m..............	30	»	»
clerc, 1 m.........	25	»	»	2 m..............	35	»	»
2 m..............	20	»	»	1 m. fr.............	6	»	»
A reporter...	279	»	»	A reporter...	434	»	»

	livres	sous	d.		livres	sous	d.
Report......	434	»	»	Report......	767	»	»
1 m. fr.............	4	»	»	la Roze de Laon.....	20	»	»
Huet le cherfaudeur, 1 m..............	16	»	»	Le maire de Pissechien, 1 m..............	12	»	»
1 m..............	16	»	»	Les Cordellières, 1 m. qui fu Auberée de Retel.	8	»	»
1 m..............	16	»	»	4 m..............	50	»	»
1 m..............	20	»	»	1 m..............	25	»	»
1 m. fr.,.............	18	»	»	1 m..............	15	»	»
P. de Lannoy, chauseteur, 1 jur.........	10	»	»	La femme J. Leclerc, drappier, 1 m......	25	»	»
1 m..............	12	»	»	1 m..............	40	»	»
La femme Prévost, le drappier, 1 m. et 1 gr.	60	»	»	Le pitancier de Saint-Denize, 1 m. qui fu maistre Jourdain....			
1 m..............	25	»	»		15	»	»
1 m..............	6	»	»	1 m..............	25	»	»
1 m..............	50	»	»	J. d'Auson, pennellier, 1 m..............	20	»	»
1 m..............	20	»	»	L'aumosne Saint-Denis, 1 m. qui fu Robin Viète.............			
Huc de Roquigny, clerc, ¼ m.............	15	»	»		10	»	»
Les enfans Julien le parmentier, ⅛ id......	15	»	»	1 m..............	8	»	»
1 m..............	20	»	»	Les chartriers de Reins, 1 m. qui fu Amelline la bobernière.......			
1 m..............	10	»	»		6	»	»
Les Cordellières, 1 m. devant et derrier, qui fu Marie d'Aippe, et				1 m..............	8	»	»
A reporter...	767	»	»	Total.....	1054	»	»

[8°.] C'est li quarrel des Praecheurs, en commensant derriers les Praecheurs en allant vers le Jart.

	livres	sous	d.		livres	sous	d.
1 m.............	25	»	»	Report......	240	»	»
1 m.............	30	»	»	1 m..............	25	»	»
1 m.............	15	»	»	3 m..............	40	»	»
2 m.............	50	»	»	1 m..............	50	»	»
1 m. fr...........	10	»	»	J. dit le Freppier, 1 m.	20	»	»
L'ostel Nostre-Dame, 1 m. que Guibert li couvrères tient.........	15	»	»	1 m. fr............	18	»	»
				1 m. fr............	9	5	»
				¼ m..............	6	»	»
1 m.............	10	»	»	⅛ m..............	6	»	»
L'ostel Nostre-Dame, 1 m.	»	»	»	1 m..............	25	»	»
1 m.............	20	»	»	Le curé de Saint-Symphorien, 1 m., qui fut Ermenjart, femme Morizon.............			
1 m.............	15	»	»				
Guernier de Lageri, masson, 1 m..........	30	»	»		15	»	»
1 m.............	20	»	»	Les Cordellières, 1 m.,			
A reporter...	240	»	»	A reporter...	454	5	»

DE LA VILLE DE REIMS.

	livres	sous	d.		livres	sous	d.
Report......	454	5	»	Report......	2061	5	»
qui fu Yderon des Cordellières.......	15	»	»	béguine, 1 m.......	40	»	»
1 m.............	12	»	»	1 m. fr............	27	10	»
1 m.............	70	»	»	1 m.............	40	»	»
Renaut Julion, clerc, 1 m.............	200	»	»	2 m.............	240	»	»
2 m. fr...........	95	»	»	1 m.............	60	»	»
2 m..............	160	»	»	M. de Doncheri, béguine, 1 m........	57	»	»
1 m..............	50	»	»	1 m..............	70	»	»
1 m..............	110	»	»	L'ostel Nostre-Dame, 1 m..............	»	»	»
Hue de Chaumont, clerc, 1 m.............	40	»	»	Une maison enclose dedans les Préecheurs, qui fu J. Do Mès, frère L. Do Mès........	20	»	»
1 mas.............	25	»	»				
La maison de Cantipré.	100	»	»				
1 m...............	240	»	»	Le vestière de Saint-Denis, 2 m.........	»	»	»
1 m...............	60	»	»				
1 m...............	50	»	»	Saint-Denis, 2 m.....	»	»	»
1 m...............	80	»	»	Thibaut Quoquellet, les avant-saillies de la m., qui fu Thomas Pichoinue, qui sont en la terre de l'archevesque.............	40	»	»
1 m...............	80	»	»				
1 m...............	150	»	»				
1 m...............	35	»	»				
G. de Verny, freppier, 1 m.............	35	»	»				
Hayette de Saint-Ladre,				Total.....	2655	15	»
A reporter...	2061	5	»				

[§. VI.] SAINT JAQUE ET LA MAGDALAINNE.

[1°.] Ce sont les héritages de la parroche Saint-Jaque et la Magdalainne, en commensant à porte Valloise, en allant à porte Saint-Pierre-[le-Viez?]; et est appellé le quarrel J. de Besenne.

	livres	sous	d.		livres	sous	d.
1 m. fr............	192	10	»	Report......	1867	10	»
1 m. fr............	187	10	»	$\frac{1}{6}$ des bains fr........	67	»	»
1 m. fr............	67	10	»	$\frac{1}{2}$ des bains...........	133	»	»
2 m...............	300	»	»	Les deux pars de la moitié des bains.........	133	»	»
1 m...............	70	»	»				
1 m...............	70	»	»	Le tiers de la moitié desdiz bains..........	67	»	»
1 gr..............	160	»	»				
1 gr. fr............	90	»	»	3 m...............	120	»	»
1 gr...............	80	»	»	1 m...............	30	»	»
1 m...............	250	»	»	2 m...............	80	»	»
1 m...............	400	»	»	Total.....	2497	10	»
A reporter...	1867	10	»				

[2°.] C'est le quarrel de la porte Saint-Pierre-le-Viez, en allant vers le cymetière Saint-Pierre.

	livres	sous	d.		livres	sous	d.
J. Nuisement, clerc, 1 m.	80	»	»	Report......	605	»	»
1 m................	100	»	»	¼ m. et gr............	20	»	»
2 m................	100	»	»	¼ id................	20	»	»
J. Raimbaut, freppier,				1 m................	25	»	»
1 m................	40	»	»	1 m................	25	»	»
2 m................	70	»	»	1 mas...............	16	»	»
1 m................	25	»	»	1 gr. fr.............	156	»	»
1 m................	10	»	»	1 m. et 1 jar........	40	»	»
J. de Chally, charreton.	40	»	»	1 m. et 1 jar........	15	»	»
1 m................	20	»	»	1 m. et 1 jar........	25	»	»
1 m................	30	»	»	Robert de la Bricongne,			
1 m................	50	»	»	escuiers, 1 gr., jar. et			
1 m................	20	»	»	fosse.............	100	»	»
¼ m. et gr............	20	»	»	Total......	1047	»	»
A reporter...	605	»	»				

[3°.] C'est le quarrel de la Viez-Couture, en commensant au pignon devant le cymetière Saint-Pierre-le-Viés, en allant vers la porte Saint-Pierre-le-Viés.

	livres	sous	d.		livres	sous	d.
Saint-Denize, plus. m.	»	»	»	Report......	1610	10	»
1 m. et 1 gre.........	220	»	»	4 m. fr.............	180	»	»
1 gr. et 1 gre.........	220	»	»	1 m................	50	»	»
Plus. maisoncelles, gr. et				1 m................	80	»	»
jar................	320	»	»	Hébert Fourré, charpen-			
1 gr................	18	»	»	tier, 1 m...........	30	»	»
6 m. et 1 jar.........	80	»	»	1 m................	25	»	»
1 m. et mas..........	25	»	»	1 m................	25	»	»
1 m. et gr...........	70	»	»	1 m................	40	»	»
1 gr................	50	»	»	1 m................	30	»	»
1 gr. et plus. m.......	160	»	»	1 m................	20	»	»
L'ostel Nostre-Dame,				Heude, femme Herbeson			
plus. m............	»	»	»	l'asnier, 1 m.......	20	»	»
1 m. fr.............	51	10	»	1 m................	40	»	»
P. le jardinier de rue de				Maran le ferron, 1 m. fr.	80	»	»
IIII Oués, 1 m......	35	»	»	1 m................	50	»	»
Martin le charlier, 1 m.	35	»	»	2 m................	120	»	»
1 m................	50	»	»	Robert de Sauce, char-			
Renaut de Wassigny,				pentier, 1 m. fr.....	34	»	»
charlier, 1 m. fr....	155	»	»	1 m. fr.............	17	10	»
J. Cauchonnet, clerc, ¼				Richier Halouré, par-			
m. et ¼ fr..........	40	10	»	mentier, 1 m.......	12	10	»
¼ id. fr.............	30	10	»	1 m................	12	10	»
1 m................	50	»	»	1 m. fr.............	16	»	»
A reporter...	1610	10	»	A reporter...	2493	»	»

DE LA VILLE DE REIMS.

	livres	sous	d.		livres	sous	d.
Report......	2493	»	»	Report......	2758	10	»
La Puce, appariteur dou pallais, 1 m........	30	»	»	1 m.................	35	»	»
				Herment le freppier,			
1 m................	25	»	»	1 m. fr.............	21	»	»
1 m................	15	»	»	1 m.................	25	»	»
1 m................	38	»	»	Estevenin Wallet, 1 m.			
3 m., 1 gr. et 1 jar....	95	»	»	qu'il tient de la ville..	»	»	»
1 m................	30	»	»	1 m.................	30	»	»
1 m. fr.............	22	10	»	Les chapellains de Nostre-			
Thomas le chausieur,				Dame, 1 m. et 1 jar.	»	»	»
1 m. fr............	10	»	»				
				Total.....	2869	10	»
A reporter...	2758	10	»				

[4°.] Ce sont les maisons et masures qui sont dehors la porte Renier-Buiron, en terre l'archevesque.

	livres	sous	d.		livres	sous	d.
Plus. m. et 1 jar......	200	»	»	Report......	303	»	»
Clers-mairés, 1 m.....	»	»	»	Perrart Chastelet, pour			
1 m. fr..............	29	»	»	partie de sa teneur d'un			
Clers-mairés, 1 m.....	»	»	»	jardin et terres......	20	»	»
1 mas..............	8	»	»	1 m. et 1 jar.........	40	»	»
1 jar...............	16	»	»	2 m. et 1 jar.........	35	»	»
1 jar...............	30	»	»	1 m. et 1 jar.........	100	»	»
1 jar...............	20	»	»				
				Total.....	498	»	»
A reporter...	303	»	»				

[5°.] C'est le quarrel de la porte Renier-Buiron, commensant au pignon de ladicte porte en allant vers rue Chaitivelle.

	livres	sous	d.		livres	sous	d.
La dame d'Ay, 2 m., au pié dou fossé........	10	»	»	Report......	396	»	»
La dame de Mairi, 1 m.	80	»	»	1 gr. et 1 m.........	25	»	»
La dame d'Ay, 1 m...	70	»	»	1 m., gr. et jar.......	140	»	»
1 m. et 1 jar.........	40	»	»	1 m.................	16	»	»
1 m................	18	»	»	1 m.................	16	»	»
1 m. fr.............	18	»	»	1 m.................	6	»	»
L'ostel Nostre-Dame, 1 m.	»	»	»	Les enfants Drouin le			
1 m. fr.............	25	»	»	masson, 1 m........	12	»	»
1 m................	15	»	»	1 jar...............	12	»	»
Champenoise, femme Martin le bouchier,				2 m................	20	»	»
1 m................	10	»	»	1 mas..............	12	»	»
1 m................	30	»	»	Les chapellains de Saint-Symphorien, 1 m...	»	»	»
1 gr. et 2 m.........	80	»	»	1 place.............	»	10	»
				Total.....	655	10	»
A reporter...	396	»	»				

[6°.] C'est le quarrel des Bains la Piquavete et M. la Buironne, encommensant au pignon en rue Chativelle, pardevers le champ la Bérengière, en allant vers la Couture.

	livres	sous	d.		livres	sous	d.
Saint-Denis, 3 m., dont les 2 furent Morize le mainnien, et li autre fu Jehan le chandellier............	40	»	»	Report......	791	»	»
				1 m................	25	»	»
				1 m................	25	»	»
				1 m. fr.............	57	5	»
7 m................	70	»	»	Thierri Ligés, tonnelier,			
1 m................	12	»	»	1 m................	50	»	»
1 m................	7	»	»	1 m. fr.............	105	»	»
1 m................	9	»	»	1 m. fr.............	46	15	»
1 m. fr.............	22	»	»	1 m................	20	»	»
1 m................	70	»	»	1 m................	25	»	»
J. Marguet, clerc, et ses suers, 1 m. fr......				1 m................	25	»	»
	»	100	»	1 m. fr.............	275	»	»
Baudesson Marcheant, boullengier, 1 m....				4 m. et 1 jar........	80	»	»
	40	»	»	1 m................	30	»	»
1 m................	40	»	»	1 gr................	60	»	»
1 m................	70	»	»	P. le clerc, plus. m...	80	»	»
1 m................	25	»	»	1 m................	50	»	»
1 m................	50	»	»	1 gr................	100	»	»
1 m................	100	»	»	1 m................	20	»	»
1 m................	50	»	»	Regnier Godet, mason, et ses suers, 3 m....	45	15	»
1 m. fr.............	70	»	»	Marg. la Buironne, les bains.............	200	»	»
1 m. fr.............	21	»	»	T. Desportes, les bains et m...............	300	»	»
1 m................	35	»	»				
1 m................	55	»	»	m., gr. et jar........	200	»	»
1 mas..............	»	100	»				
A reporter...	791	»	»	Total.....	2610	15	»

[7°.] C'est le quarrel des Bains Kainne, commensant au pignon vers le Champ la Bérengière, en allant vers la croisié de la Couture.

	livres	sous	d.		livres	sous	d.
1 j................	90	»	»	Report......	870	»	»
La femme Regnier Kainne, ½ des bains.....	150	»	»	chal, clerc, 1 gr....	60	»	»
				1 m................	25	»	»
Les exécuteurs Regnier Kainne, devant et desriers, de la moitié desdiz bains..........	150	»	»	1 m................	25	»	»
				1 gr................	50	»	»
				1 m................	40	»	»
				1 m................	20	»	»
1 gr................	80	»	»	Raoul le mason, qui ba la femme Raoul le Flavoy, 1 m. fr.....	33	»	»
m. et gr............	300	»	»				
1 gr................	100	»	»				
Maistre Prieur, le mares-				2 m................	30	»	»
A reporter...	870	»	»	A reporter...	1153	»	»

DE LA VILLE DE REIMS.

	livres	sous	d.		livres	sous	d.
Report......	1153	»	»	Report......	2250	10	»
1 m. fr............	20	»	»	ne, 1 m...........	50	»	»
1 m...............	30	»	»	1 m..............	50	»	»
1 m...............	40	»	»	1 m..............	40	»	»
1 m...............	60	»	»	1 m. fr...........	10	»	»
1 m...............	60	»	»	Plus. m..........	30	»	»
2 m...............	220	»	»	1 mas.............	»	20	»
1 m...............	80	»	»	Plus. m. et jar......	200	»	»
1 m...............	50	»	»	M. de Batpaumes, freppier, 3 m.........	50	»	»
½ m...............	20	»	»	1 m..............	15	»	»
L'ostel Nostre-Dame, l'autre moitié de celle maison, qui fu la femme Millet le vergeur.............	20	»	»	Chapistre de Nostre-Dame, de Reins, 1 m...	»	»	»
				1 gr.............	30	»	»
				1 jar.............	50	»	»
Maistre Michiel le charpentier, 1 m......	127	10	»	1 m. et 1 jar........	25	»	»
1 m...............	60	»	»	Baudesson le poissonnier, 1 m..........	8	»	»
1 m...............	50	»	»	1 jar............	12	»	»
1 m...............	260	»	»	1 jar............	6	»	»
La dame de Chanterain-				Total.....	2827	10	»
A reporter...	2250	10	»				

[8°.] C'est li quarreaus des Viviers, entre le Champ la Bérengière et bourc de Velle, encommensant au pignon devers ledit champ, en allant vers ledit bourc de Velle.

	livres	sous	d.		livres	sous	d.
La plus grant partie du champ la Bérengière.	10	»	»	Report......	570	»	»
Les exécuteurs P. de Noveray, la m. dou vivier, et les appartenances.............	140	»	»	au vivier........	180	»	»
				1 m..............	80	»	»
				1 m..............	50	»	»
Henri le Boisteux, parmentier, 1 m. à vivier.	70	»	»	J. Vacaron, pisonnier, 1 m..............	30	»	»
L'ostel Nostre-Dame, 1 m...............	»	»	»	1 m..............	70	»	»
P. Ingrant, ½ des viviers.	175	»	»	1 m..............	80	»	»
B. Ingrant, ¼ id......	175	»	»	Perrart Guillart, pour une partie de sa maison, qui est en la terre l'archevesque.......	40	»	»
Oudart Engerniet, 1 m.							
A reporter...	570	»	»	Total.....	1100	»	»

[9°.] C'est le quarrel sur le gué de la Porte à Velle, encommensant au pignon dou gué en allant à porte Valloize.

	livres	sous	d.		livres	sous	d.
1 m...............	40	»	»	Report......	54	»	»
½ m...............	14	»	»	¼ m.............	7	»	»
A reporter...	54	»	»	A reporter...	61	»	»

	livres	sous	d.
Report......	61	»	»
$\frac{1}{4}$ m.	7	»	»
1 mas. et 1 jar.	17	»	»
1 m.	50	»	»
1 m.	70	»	»
1 m.	60	»	»
3 m.	80	»	»
1 m.	100	»	»
1 m.	16	»	»
$\frac{1}{2}$ des m. et dou jar. fr..	60	»	»
$\frac{1}{2}$ *id.*, et *id.*, *id.*	60	»	»
2 m.	250	»	»
6 m. et 1 jar. fr.	287	»	»
1 m.	30	»	»
L'ostel Nostre-Dame, 2 m.	»	»	»
3 m.	150	»	»
1 m. fr.	59	»	»
1 m.	45	»	»
1 m. fr.	33	5	»
T. Halouré, clerc, 1 m..	80	»	»
La femme Wautier, le			
A reporter...	1515	5	»

	livres	sous	d.
Report......	1515	5	»
charpentier, 1 m.....	16	»	»
1 m.	15	»	»
1 m. et 1 jar.	40	»	»
2 m.	70	»	»
J. de Vitry, taneur, 1 m. fr.	40	»	»
1 m.	20	»	»
1 m.	80	»	»
1 m.	80	»	»
1 m. fr.	97	»	»
1 m.	45	»	»
1 m. fr.	393	6	8
1 m. fr.	117	10	»
Les enfans Baudon de Robays pour la part de leur m. qui est en la terre l'archevesque...	40	»	»
Huet fix Robert de Robays pour sa part de leur m. qui est en la terre de l'archevesque.	40	»	»
Total.....	2609	1	8

[10°.] C'est le quarrel devant Saint-Jaque, commençant au pignon de Bourc de Velle, vers Saint-Jaque, en allant vers la Porte à Velle.

	livres	sous	d.
3 m.	140	»	»
1 m.	30	»	»
2 m.	200	»	»
J. fix S. de Trellon, clerc, 2 m.	200	»	»
Les chapellains de Nostre-Dame, 1 m.	»	»	»
1 m.	70	»	»
Les Cordellières, 1 m..	»	»	»
1 m.	20	»	»
1 m.	200	»	»
Prioul le charpentier, 1 m. fr.	34	»	»
1 m.	240	»	»
1 m.	35	»	»
J. Ligay et ses frères, 2 m. fr., 80 liv. et doit la petite 40 s. as Cordellières, que Filleron, l'ouvrière de soie, vendit.......... [ci....	80]	»	»
A reporter...	1249	»	»

	livres	sous	d.
Report......	1249	»	»
1 m.	40	»	»
$\frac{1}{2}$ m.	30	»	»
$\frac{1}{4}$ *id.*	15	»	»
$\frac{1}{4}$ *id.*	15	»	»
1 m.	80	»	»
1 m.	50	»	»
5 m.	100	»	»
2 m.	50	»	»
1 m.	30	»	»
1 m.	40	»	»
6 m.	700	»	»
1 m.	60	»	»
H. d'Ouchi, clerc, 1 m.	50	»	»
1 m.	40	»	»
1 m.	25	»	»
2 m.	60	»	»
Les enfans Ancellet le charpentier, 1 m....	50	»	»
1 m.	30	»	»
1 m.	30	»	»
A reporter...	2744	»	»

DE LA VILLE DE REIMS.

	livres	sous	d.		livres	sous	d.
Report......	2744	»	»	Report......	3104	»	»
1 m..................	35	»	»	1 m..................	15	»	»
Le mez de Belleval,				1 m. fr.............	15	»	»
1 mas.............	»	»	»	1 m..................	8	»	»
Girart le servoisier, 1 m.	20	»	»	1 m..................	20	»	»
1 m..................	20	»	»	1 m..................	30	»	»
5 m..................	100	»	»	1 m..................	40	»	»
1 gr.................	25	»	»	1 m..................	40	»	»
1 m..................	40	»	»	1 m..................	45	»	»
4 m..................	60	»	»	4 m..................	120	»	»
1 m. et gr...........	60	»	»	Total.....	3437	»	»
A reporter...	3104	»	»				

[11°.] C'est le quarrel Saint-Jaque, commensant au pignon de Bourc de Velle, vers la Porte à Velle, en allant à Porte Valloize.

	livres	sous	d.		livres	sous	d.
1 m..................	360	»	»	Report......	5474	10	»
1 m..................	220	»	»	2 m........:.........	60	»	»
1 m. fr.............	232	»	»	2 m..................	520	»	»
Poncin le wastellier, 1				2 m..................	70	»	»
m...................	60	»	»	1 m...................	50	»	»
1 m..................	70	»	»	1 m. fr.............	10	»	»
1 m. fr.............	46	»	»	2 m..................	50	»	»
1 m..................	300	»	»	L'ostel Nostre-Dame, 4 m.	»	»	»
1 m..................	120	»	»	Baudenet de Bourgoinne,			
1 m..................	420	»	»	clerc, les 3 pars d'une			
Morant le Ferron, ½ m..	100	»	»	m. fr.............	41	5	»
¼ id.................	100	»	»	¼ id.................	13	15	»
1 m..................	360	»	»	H. Burdin, boullengier,			
1 m..................	80	»	»	1 m..................	80	»	»
1 m..................	280	»	»	1 m..................	20	»	»
3 m..................	650	»	»	1 m..................	16	»	»
2 m..................	120	»	»	Waztier aus Maues, ma-			
1 m. fr.............	395	»	»	reschal, 1 m.........	100	»	»
4 m..................	170	»	»	J. Burdin, boullengier,			
1 m. et gr	340	»	»	1 m..................	70	»	»
2 m..................	300	»	»	1 m..................	30	»	»
1 gr. fr.............	84	»	»	1 m. fr.............	30	»	»
⅓ m................	120	»	»	1 m. fr.............	175	»	»
¼ id................	120	»	»	1 m. fr.............	52	10	»
1 gr................	100	»	»	1 m.................	40	»	»
1 m. fr.............	127	10	»	1 m.................	40	»	»
L'ostel Nostre-Dame, 1				1 m. fr.............	150	»	»
m. qui fu Widre la				1 m. fr.............	66	»	»
mercière...........	100	»	»	1 m. fr.............	60	»	»
1 m.................	100	»	»	¼ m................	20	»	»
A reporter...	5474	10	»	A reporter...	7239	»	»

	livres	sous	d.		livres	sous	d.
Report......	7239	»	»	Report......	7811	10	»
¼ m...............	20	»	»	1 m...............	100	»	»
1 m...............	80	»	»	1 m...............	70	»	»
Perrart Courdel, tonnelier, 1 m.........	120	»	»	Henri le Petit, charpentier, 1 m. fr.......	50	»	»
Les hoirs Eudes le hugier, 1 m. fr.....	57	10	»	2 m................	100	»	»
				1 gr. et 1 m.........	100	»	»
1 m. fr.............	60	»	»	L'ostel Nostre-Dame, 1 m.	»	»	»
1 m................	70	»	»	2 m. fr.............	57	10	»
1 m................	120	»	»	1 m................	80	»	»
Girart le scieur, 1 m. fr.	20	»	»	L'ostel Nostre-Dame, 1 m. delès Saint-Jaques...	»	»	»
1 m................	25	»	»				
A reporter...	7811	10	»	Total.....	8369	»	»

CCCLVII.

29 mai 1328. CE sont les terres au champs, qui furent comenciés au départ dou ban Saint-Remy, pour le couronnement dou roy Philippe...., l'an mil trois cent vint-wit, et les noms de ceulz qui tennoient lesdiz héritages.

<blockquote>Archiv. de l'Hôtel-de-Ville, Sacres, renseign., mss. en papier de 102 feuilles [1], (plus 15 feuilles déchirées.)</blockquote>

Et premiers, en lieu qu'on dit en Choiselles, et jusques à la derraine huce [2].

---

[1] Ce manuscrit contient une estimation, terre par terre, journal par journal, de tous les héritages de la banlieue de l'échevinage, passibles des frais du sacre. Joint au registre dont nous avons donné l'extrait sous le numéro précédent, il offre l'évaluation de tous les immeubles qui composaient le ban de l'échevinage, dans la cité et hors de la cité, moins les terres des clercs dont la plupart sont indiquées sans être prisées. Mais les lacunes de ce second manuscrit nous ont décidé à n'en point faire une analyse dont les résultats ne pouvaient être qu'incomplets.

[2] Voici quelques-unes des cotes de ce premier article :

Jehans do Mès, II jours, XXIV lb.
Hue la Barbe, IV jours, XL lb.
Raulés, fiex Guill. le Gras, IV jours, XL lb.
Thierry d'Ausson, jour et demi, XV lb.
La femme Alardin Alart, III perches en II pièces, VII lb X s.
Pierars li bouchier, demi-jour, C s.
La femme Alardin Alart, I perche, L s.
Les filles Bauduins le Roux, II jours, XVI lb.
Jehan li Lais, I jour, XII lb.
Alexandre de Boinarville, I jour, X lb.
. . . .
Les exécuteurs P. de Loivre, II jours, XVI lb.
Li aumôniers.
Li hoirs Gérart le Conte, II jours et demi, XX lb.
Saint-Nicaise.
Li exécuteurs Haymmart le Petit, I jour, X lb.
Chapitre Nostre-Dame.
Saint-Antoine, sur la voie de Moulins.
Raous de Wazignis, II jours, XV lb, etc.

Outre la voie de Moulins, qu'on dit Honteuze.

. . . .

Le quarrel pris outre le moulin de Courmonsteruel, jusques à la voie dou moulin de Vrilly.

. . . .

D'autre part les chanvières asson la ville.

. . . .

Ce sont les terres dès les croières, jusques à la voie de Moulin, vers Monvaloy.

. . . .

Ce sont les terres dès la voie de Moulin, jusques à la voie de Bainne, et le chemin de Chaalons, jusques outre la Huce.

. . . .

Ce sont les terres dès le bouel, jusques à la grève, et jusques au terre Nostre-Dame.

. . . .

Les terres de la voie dou Moulin, jusques à Montvaloy.

. . . .

La terre dou lyu qu'on dit en Auberru.

. . . .

Ce sont les vignes de Champdolant [1].

. . . .

Ce sont les terres arables dou terroir de Champdolant, à l'issue des terres o trau.

. . . .

Ce sont les terres qui sont dès les vignes de la Cherme, jusques à la voie de Bainne, descendens au Darmuel.

. . . .

Les terres commanciés aus tournières devant Saint-Remy, à aleir par Monchesier, et à aleir à Montvaloy.

. . . .

[1] Il y a 181 propriétaires taxés, et 8 qui ne le sont pas. Aucun ne possède plus d'un jour et demi de vignes; beaucoup n'en ont qu'une demi-perche.

On dit cy : A la naue Saint-Remy.

. . . .

Ce sont les terres au défaut de la tournière des Gomons, devers Saint-Nicolaïs, ferans à la terre Thomas la Coque, mouvens de la Greue.

. . . .

On dit ci : Au Champs Herbert.

(Ici 15 feuillets ont été arrachés.)

Ce sont les terres encommanciés en Mont Gerant, delès Sernay, à aleir à la terre Saudée.

. . . .

Ci commence au Champ Villeroy, et en outre Anion, dusques à la bonde Saint-Ladre.

. . . .

Ci commence à escrire au liu qu'on dit : A la Haumée.

. . . .

Ci commencent les terres de la Haumée.

. . . .

Au lieu qu'on dit : A la Mongoie.

. . . .

Ce sont les terres commanciés au bouel les Malades, proche Saint-Remy.

. . . .

Ci-après dit Au Maisy, au chemin fourchiet.

. . . .

Ci dit-on : Au Plantes, entre les 11 chemins fourchiés.

. . . .

Ci dit-on le chemin de Retest, la Vieille Voie, et le Blanc Fossé.

. . . .

A prochez Saint-Remy.

. . . .

DE LA VILLE DE REIMS.

Ci commanson au Clauzet.

Ci dit-on à la Gloie Cuissart, derrier la voie de Saint-Marc.

Ci commence-on à Vau Frizain.

Ci commance le terroir de Tourizel, dès saus l'arcevesque, à la gloie Colin le Fas.

Ci commence au champ dou Temple.

Ci commanson au lieu qu'on dit Longueroie, deseur Vaufrizain.

Ci commanson au champ Portevin, sur le chemin d'Écry, laissiet à la garde de Becteny.

Ci commanson aus Escrivelles, au chemin de Ruffy.

Ci faut la garde de Reins, et commence Ruffy.

Ci commanson au fossé Hexduin, au chemin de Courcy.

Ci commansa en tables l'escript Thiébaut, au chemin de Courcy.

Ci commence la voiette delès la Nueville, en son le Mont.

C'est ce que cilz de la Nueville dient que la banlieu de Reins y faut, au murs de la Nueville, et dient qu'il sont dessous Saint-Therry [1].....

[1] Parmi les cotes se trouve celle-ci : « L'abbé de Saint-Therry, lon le chemin à l'ourme de Vesve ; et ne furent mie taillés li jardins la Nueville, jusques à la Bonde Saint-Therry... »

Si commense-on à Orgival, à bouel de la Nueville.

. . . .

Ci commance devant Cleremaret, deriers les murs qui l'éviert.

. . . .

C'est li quarreaus devant les mons d'Areinne, sur le chemin de Courcelles.

. . . .

Ci commence à la Faisselle.

. . . .

Ci commence entre les deus chemins de Courcelles.

. . . .

Ci commance à Papelentille, devant Clermarés.

. . . .

Ci commance entre le chemin de Neuville, et les marés pardevers Neuville.

. . . .

Les bos et li prés de Muire, sont ci-desrier [*le recto du folio. Au verso :*] Cy commanse li bos et li prés en proche delez les puzart de Muire.

. . . .

Cy faut le terrin de Muire, devers Tainquex, selon la rivière [1].

. . . .

C'est ce qui est hors somme; premiers, la terre et bois de Sauville, de Muire, commanciet à la terre saudée, sor le chemin de Chammery, et le chemin de Bézannes.

. . . .

C'est hors soume [2].

. . . .

---

[1] La première cote est celle-ci : « La maison de Muire, et les prés, et les bos, » non taxés.

[2] Ici se trouvent, hors somme, les propriétés suivantes, appartenant pour la plupart à des clercs, mais ayant autrefois appartenu à des laïques :

Les pracheurs, une maison dedens leur

Ce sont les bos, terres, maisons d'Ausson, dit en Courcelles, mis hors somme [1].

. . . .

Ci commancent les terres de saus Saint-Pierre à Sernay, encommanciés en lieu qu'on dit à Fosseis, delès Sernay.

. . . .

Ci commance en lieu c'on dit en Brimont.

. . . .

Ci dit-on : Au Vivière.

. . . .

Ci dit-on : En navellez vignes, delès la voye de Nogent [2].

. . . .

Ci commanse en lieu c'on dit : En Tanières.

. . . .

Ci dit-on : En criée.

. . . .

Ci dit-on : En Couffin.

. . . .

Ce sont les terres l'arcevesque, à l'Ormissel.

. . . .

court, qui fu Jehan do Mez, frère Lorent do Mez, xx ℔.

Robert Douilli, une grange, et jardin, et fossé, c ℔.

La plus grant partie dou champ la Besrangière, x ℔.

Les chapelains de Nostre-Dame, 1 maison, au curés des Vaus des Escoliers, à son le jardin Gérart Cauchon, qui fu les hoirs Rohart dou Courtil, xx ℔.

Catelin de Paris, 1 maison en viés marchiet, c'on dit qui tient de l'ostel [Nostre-Dame] à sa vie, IIII^{xx} ℔.

Les Augustins, 1 jardin qui fu monsieur Thomas de Treslon, en leur court, x ℔.

La femme Weude le Large, sa maison de Vrilli, cxl ℔.

Flouret de Tuzy, pour xxv s. IV d. de sorcens, xii ℔ xiii s. iv d.

Saint-Denis, xiie de sorsans sur la maison Guill. Matheue, en rue de Contrais.

L'ostel Nostre-Dame, la Hourdillerie-Mouton que Huet de Bezennes tient à sa vie, cc ℔.

Robert de Nouilly, grange, jardin et fossé, devant la cimentierre Saint-Jaques, c ℔.

[1] Il y a de taxé à Ausson 11 particuliers ayant maison, bois et jardin, 5 ayant maison et jardin, 1 ayant masure et jardin, 7 ayant maison, 1 ayant bois et jardin, 4 ayant bois seulement.

[2] 52 cotes; maximum 1 jour, minimum 1 perche.

Ce sont les terres et les héritages de la ville de Ruffy, premiers en lieu c'on dit : En la noe de Ruffy.

. . . .

CCCLVIII.

11 juin 1328. Commission pour faire priser les choses que les officiers de la maison du roy avoient pris soubz prétexte que les restes des préparations du sacre estoient par eux prétendus, pour les rendre aux eschevins en donnant caution.

<small>Invent. de 1691, fol. 80 v°. — Bibl. Roy., mss. Suppl. franç., 1515-2. Invent. de Foulquart, fol. 28.</small>

CCCLIX.

2 juillet 1328. Lectres royalles [1] pour faire recréance et à caution aux eschevins de Reims des remanens du sacre du roy Philippes, pour lesquelz procès estoit entre les eschevins et les gens et officiers du roy. Dattez lesdictes lettres du samedy après la feste de Saint-Pierre et Saint-Paul, l'an M. III^c XXVIII.

<small>Bibl. Roy., Suppl. franç., 1515-2. Inv. de Foulquart, fol. 28.</small>

CCCLX.

5 septembre 1328. Lettre [2] pour payer aux eschevins ce qui avoit esté fourni au roy et à sa famille et suitte, avant et après le sacre ; à rabattre mille livres [3].

<small>Invent. de 1691, fol. 81.</small>

CCCLXI.

1er octobre 1328. Mandement du roy au bailli de Vermandois, pour diminuer un subside imposé aux habitants de Reims à l'occasion de la

---

[1] Ces lettres furent exécutées le 26 novembre 1335, par *Robert de la Cousture, sergent royal en la prévosté de Laon*.

[2] Adressée aux trésoriers de Paris, portant ordre de déduire aux habitants de Reims ce qui se trouve leur être dû pour cause des garnisons ou fournitures par eux baillées, tant devant qu'après le couronnement, au roi, à la reine, à son fils Jean de France, et à son frère le comte d'Alençon, sur la somme de mil livres que lesdits habitants devoient pour cause de prêt fait au maître de l'hôtel du roi pour pourvoir aux frais du couronnement ; laquelle somme rabattue sera allouée par la chambre des comptes. (Archiv. de l'Hôtel-de-Ville, Inv. de Le Moyne, Sacres, liass. 4, n° 1.)

[3] Voir l'acte du 23 septembre 1321.

guerre de Flandres, eu égard aux dépenses soutenues par eux lors du sacre.

<small>Rogier, Mémoires, part. v, fol. 59.</small>

Phelippes[1] par la grâce de Dieu roy de France, au bailly de Vermandois, et aux depputés sur le faict du subcide de nostre guerre de Flandres, en ladicte baillye, salut. Savoir faisons que nous, considérans les grans despens et charges que nos amez les bourgeois et habitans demourans au ban de l'archevesque de Reims, en ladicte ville, ont soustenu au temps passé, tant pour les couronnemens de nos prédécesseurs roys de France, comme pour le nostre, avons voulu et voulons de grâce, que ilz ne payent que cincq cens lyvres tournois à ceste fois, pour cause dudict subcide à payer à ceste Toussainct prochaine venant. Sy vous mandons que, ledict terme venu, vous levés ladicte somme d'eulx, et cependant ne les molestés, ne contraignés, en corps, ny en biens, pour ladicte cause; et les personnes et biens que vous détenez pour ce, délyvrés sans délay. Donné à Paris, le premier jour d'octobre, l'an de grâce mil trois cens vingt-huit. *Et plus bas est escript :* Par les gens des comptes et les trésoriers. Signé H. de Domp[martin?] — *Scellé en queue du grand seel.*

CCCLXII.

SOMMATION du chapitre à l'archevesque, d'exécuter la sentence [du 1er mai 1328?], annuler et révoquer les procédures, excommunications, etc. 8 octobre 1328.

<small>Invent. des Accords entre les archev. et le chap., p. 25.</small>

CCCLXIII.

COMMISSION pour informer qui devoit oster la terre qui estoit 4 décembre 1328.

---

[1] « Ceste patente est la première par laquelle on recongnoist que les roys de France ont commancet à faire quelque gratification aux habitans de Reims, en considération des fraictz qu'ils supportent pour raison des sacres des roys, d'aultant que au sacre des roys précédens lesdictz habitans soustenoient et disoient n'estre tenuz desdictz fraictz, comme il est rapporté cy-devant, partant ils n'avoient garde de demander quelque descharge en ceste considération ; mais y estans asservys, il estoit raisonable, qu'en considération de ceste charge particulière quy est fort grande, qu'ilz fussent soulagés en d'aultres charges. »

dans l'église de Nostre-Dame, et avoit servi au sacre, et réparer les bastiments qui avoient esté démolis[1].

Inventaire de 1691, fol. 80.

CCCLXIV.

1328

C'EST li cohiers de la paroche Saint-Estène et Saint-Morise, de la taille l'an M. CCC et XXVIII; et monta la taille de ladicte paroche IIII^c XXVII ℔ V s., receue par.... J. Frommant [2].

Tailles de l'Échev., vol. II, cah. 15.

C'EST la taille seur l'éritage les forains qui n'apartiennent mie as parroches [3].

Tailles de l'Échev., vol. II, cah. 16.

[§. 1. *Forains laïcs.*]

Amelos li Tiémée, et Jehelos li sargiers, II s. — Amelos li Tiémée et Jupuyns de Frichenbaut, II s. — Andrus li Clers, d'Autevile, XI s. — Amelos de Courceles, XLV s. — Alars fix Blanchart de Beterni, II s. — Aubers li Dragons, de Sarnai, III s. — A. Piz-de-Buef, de rue de Molins, VI s. — Bertrans li merciers de Pissechien, III s. — Li séneschaus Pereenaut, d'Aussons, XXII s. — Li damoisiaus de Courcelanci, VIII ℔ XIII s. — H. le Flamain de Follepainne, III s. — Robinés, li fourniers de Saint-Nichaise, VI s. — R. Masbuez de rue de Bains, III s.

. . . .

[§. II.] *Ci sont contenues les abeyes, et li clerc, et les églises de leur héritage*[4].

A Créci l'abie, VII s. — Au Saint de Rufi, V s. — Au trésorier de

---

[1] Il y avoit [à ce sujet] une instance entre Messieurs du chapitre et les eschevins de Reims, les habitants des chastellenies, et autres qui contribuoient aux frais du sacre. — 9 février 1328 [v. s.], autre commission pour le même sujet.—19 février 1328 [v. s.], commission semblable. — 15 février 1321 [v. s.], commission semblable, et ensuitte exploit d'assignation à tous les habitans des lieux contribuables au sacre, et les responses de quelques parties. (Invent. de 1691, fol. 80 v°.)

[2] Total des cotes, 524.

[3] Les noms des contribuables sont rangés par ordre alphabétique. Le total des cotes est de 729.—M. Hivert a fait relier le cahier de cette taille avec celles de l'échevinage; mais nous pensons qu'il appartient à celles du sacre.

[4] Ce sont presque tous clercs forains, et abbayes étrangères. Le total des cotes est de 66.

DE LA VILLE DE REIMS.

Tours sor Marne, II s. — Beleval li abie, XXXVII s. — Diex-li-Mire, LXVI s. — Fille Lorent le Chastelain, la nonnain, VII s. — Les nonnains de Troies, IX s. — Li enfermiers de Saint-Remi, II s. — Li prestre de Reins, X ℔ III s. — Li prestre de Saint-Sixte, II s. — Li aumosne Saint-Remi, XXIIII s. — Messire Ponsars, prestre de Caurroi, VII s. — Saint-Nichaises, XIII ℔ II s. — Sainte-Nourice, XLI s. — Saint-Remis, LXX s. — Saint-Systes, II s. — Saint-Tierris, C s., etc., etc....

Somme de l'éretage as clers, et as églises, LXV ℔ V s.

Somme de tout, IIII^c et XLV ℔.

CCCLXV.

COMPTE de la recepte et des mises que Thomas de Rohais et J. Coquelet, hont fait pour le fait des despens dou couronnement le roy Philippe no sires, l'an M. CCC XXVIII, et depuis le temps que lesdis Thomas et Jehan furent establis au cas dessusdit de par les eschevins de Reins, lesquelz eschevins estoyent commis de par le roy nos sires; rendu as eschevins de Reins [1].

1328-1329.

Archiv. de l'Hôtel-de-Ville, renseign., ms. sur parchemin de 80 feuilles.

[§. I. *Recepte.*]

[1°.] De Raoul la Coque, tailleur de la parroche Saint-Hilaire, Saint-

---

[1] « Les échevins se voyant assujétis à la dépense du sacre, se mêlèrent, pour la première fois, de faire les provisions de celui de Philippe de Valois, célébré le jour de la Trinité, 29 mai 1328. C'est aussi pour la première fois qu'on voit des registres des prisées des héritages* et des comptes des frais du sacre. »

Bibl. Roy. mss. Reims, cart. XI, fol. 130 bis, verso.

Les renseignements les plus amples sur les mesures que doivent prendre les échevins à l'occasion des sacres, se trouvent réunis dans un traité spécial dressé, en 1478, par Jehan Foulquart, clerc de l'échevinage. Ce traité se trouve Bibl. Roy. mss. Supplément français 1515-2, vol. 1er, et nous a paru assez intéressant pour en publier ici la plus grande partie :

[§ I.] S'ENSUIT CE QUE MESSEIGNEURS LES ESCHEVINS DE REIMS ONT A FAIRE APRÈS LE TRESPAS D'UNG ROY DE FRANCE, POUR LE SAINT SACRE ET COURONNEMENT DE SON SUCCESSEUR ROY.

« *Premier*, quand ils sont advertiz et acertenez du trespas dudict roy, ilz doibvent fère appeller ensembles avec eulx pluseurs notables personnes, telles qui leur plaist, de ladicte ville de Reims, ayantz héritaiges subjectz et contribuables aux frais des sacres et couronnementz des roys de France noz sei-

---

* Voir plus haut les extraits que nous avons publiés de ces registres sous les n^{os} CCCLV et CCCLV.

Denis, et de la ville de Saint-Linart, v° xxxii liv. v d., lesquelz furent prestet pour le couronnement, de pluseurs personnes, et sont rabatus

gueurs; et en l'assemblée, après exposition du cas, se doibvent eslire et choisir d'entre eulx, jusques au nombre de douze ou quatorze personnes au moings, des plus notables, sages et prudens, dont les quatre au moings soient eschevins, sans lesquelz rien ne se peust faire; ausquelz ainsy esleuz soit donnée et commise la charge d'advertire et conseiller ce qui est à faire pour ledict sacre, et de commettre telz gens qu'ilz adviseront ès charges et offices dudict sacre cy-après déclarez.

« *Item* est, et ce faict lesdictz esleuz, en toute diligence doibvent adviser de prouvoir ausdicts offices, et y commettre gens notables, honnestes et prudens, et qui ayent de quoy, se mestier est, pouvoir ayder à la fourniture des provisions de leurs offices, ou au moings, qu'ilz soient si solvables, et recéens, que en faisant leursdictes provisions, on les puisse croire, et attendre partie de l'argent d'icelle jusques après ledict sacre, que la taille soit faicte; et qu'ilz soient discretz en faisant leursdictes provisions, qu'il n'y ait guerre trop, ne moings aussy; car il suffit qu'il y ait pour le disner du jour dudict sacre.

« S'ensuyt la déclaration desditz offices, et des charges qui appartiennent. Et premier :

Panneterie et pâtisserie.

« A l'office de panneterie apartient la provision de tout le bled qu'il fault pour le pain dudict sacre, tant blanc, comme souvandier, et pour fère les tranchoirs, à toute pâtisserie, aussy et de fère fère et cuire ledict pain, et fère aussy lesdicts tranchoirs; de prouvoire semblablement de serviteurs pour porter ledict pain, et de leur fère avoir des semoirs pour le pourter. Et peuvent aller, pour faire ladicte provision, veoir et visiter par toutz les greniers de la ville, et du païs. A ceste office, on a accoustumé [mettre?] quatre ou cinq personnes notables, dont l'ung soit eschevin; et en y eust cinq aux sacres du roy Loys [XI] vivant de présent, qui firent fère six cent quatre-vingt-onze douzaines et trois pains blancs, cinq cent septante-neuf douzaines neuf pains souvandiers, et deux cent quatre-vingt-quatorze douzaines et neuf pains à faire tranchoirs, et douze semoirs. Et monta leurs despence, comme il appert par leur conte, à cent quinze livres quatorze soubz trois deniers parisis. Et leur avoit esté baillée pour commancer leursdicts despens, de l'argent du prest, vingt-trois livres parisis seullement.

Nappes et touailles.

« A l'office des nappes et touaille, appartient d'aller par la ville et hostelz où il y a linge, nappes, touailles, serviettes autres, en quérir, en prendre, par emprunct et par inventoire, pour la fourniture du sacre; aussy d'en achepter de plus bel que on peust finer, tout neuf, pour la table du roy; et iceluy linge fère buer, laver, et nettoyer, et ployer honnestement; et après le sacre le reporter et rendre nette à ceulx qui l'auroient presté; et remettre en l'eschevinage, ès mains des greffiers, celuy achepté pour la table du roy.

« A cest office on a acoustumé de cemettre cinq ou six notables hommes, pour quérir et emprunter lesdictz linges, et deux ou trois pour achepter celuy de la table du roy, dont ung soit eschevin; et ainsy a esté faict dernièrement au sacre du roy Loys [XI], régnant de présent; qui n'eurent poinct de prest, et monta leur despence en linge emprunté et perdé, qu'il fallust paier, et en buage, et serviteurs qui les portèrent et rapportèrent, et en despence de bouche en y besoignant, comme il appert par leur conte, à six livres quatorze soubz deux deniers parisis; et celle de l'achapt du linge, pour la table du roy, et du buage d'iceluy, et despens de bouche, à vingt-cinq livres huit soubz parisis.

Eschansonnerie.

« A l'office d'eschansonnerie apartient la provision de tout le vin qu'il fault pour le-

as personnes qui s'ensuient, par ledit R., de leurs tailles, [etc., etc....]

. . . .

dict sacre, tant vin de païs, comme de Beaune et d'ailleurs, et tant pour la bouche du roy, comme des autres, et pour hypocras et galiez; aussy de pot de terre, cruches de terre, beuastres, cuveaux et aulgré, tinetz, voires, godetz et buirettes, et autres chose afférens entour vins.

« A cest office on a accoustumé de comettre jusques à quatre bien notables personnes, dont l'ung soit eschevin; [et ainsy a esté faict dernièrement] au sacre du roy nostredict seigneur Loys [XI], régnant de présent; lesquelz acheptèrent et firent provision de vingt-deux cuves et demy de vins, pour laquelle provision fère et comettre, leur fust baillé du prest soixante-huit livres seize soubz parisis; et leur despens monta en tout, comme il appert par leur conte, à la somme de trois cent soixante-deux livres parisis et seize solz quatre deniers parisis, tant en provisions, comme et [sic, en?] serviteurs, et en despence de bouche, achapt de vaisseaulx, de chandelles, et paiement de tonneliers et voituriers.

Cuisine pour poisson.

« A l'office de cuisine de poisson, apartient toute la provision de poisson, tant de mer comme d'eau douce; et est un office de grand advis, car il y eschiet souvent perte.

« A cest office on a accoustumé de commettre quatre hommes de bien, dont l'ung soit eschevins, desquelz les deux aulmoings soient gens pour pouvoir travailler et voyager à aller à la provision; et ainsy fust faict au sacre dudict roy Loys [XI] qui fust célébré en ung jour de samedy, qui estoit le jour de l'Assumption Nostre-Dame; par quoy il fust plus frayé en ceste despense de poisson; et plus eust esté se l'on eust peu finer de poisson de mer; mais.... à cause de la saison,... ce fist tout le festius de poisson d'eau douce; pour la préparatoire duquel fust baillé ausditz commis, de argent du prest, la somme de six vingts livres parisis; et en poisson, par marchantz de la ville, quatorze livres six solz huit deniers parisis; et si furent oultre ce baillez vingt livres parisis à ung marchant qui avoit aydé à fournir, pour la perte qu'il y avoit eu.

Cuisine de poullaillerie.

« A l'office de la poullaillerie, appartient fère les provisions de toutes poullailles, et sauvagines, oyes, oeufs, capritz, anneaux, et frommages, tant de gain (?), comme de piesse.

« A cest office on a accoustumé de commettre deux, ou trois, ou quatre hommes, ainsy qu'il plaist. Au sacre du roy Charles VI, il n'y en eust que deux; et à celuy du roy Loys [XI] régnant présentement, il y en a eu quatre; ausquelz fust baillé de l'argent de l'emprunct, pour fère leurs préparations, la somme de quatre-vingt livres parisis; et ilz revendirent d'icelles provisions, après ledict sacre, pour trente livres quinze solz onze deniers parisis. Et leur despens monta à cent neuf livres six solz un denier parisis.

Cuisine de grosses chars.

« A l'office de ceste cuisine appartiennent à fère les provisions de boeufz, vaches, moutons, pourceaux, veaux, cochons de lais, lars, poix et froment pour potages.

« A ceste office on a accoustumé de commettre quatre notables hommes, dont l'ung soit eschevin, et aultant en i a eu au sacre du roy Loys [XI] nostre seigneur; ausquelz fust baillé de l'emprunct, pour faire leursdictes provisions, dix-neuf livres un solz parisis, et leur despence ne monta que à dix-sept livres, seize solz deux deniers parisis, pour ce que ledict sacre fust célébré à ung jour de poisson; et s'il fust escheu à ung jour gras, ceste despence eust monté à grande somme, comme on peult cognoistre par la despence du roy Charles VII, son père, que Dieu absolve, qui ne fust pas de si grande despence, et toutefois la despence de ceste charge, pour ce qu'il fust faict en jour gras, monta à plus de trois cent livres par jour;

Suivent d'autres receptes des paroisses de Saint-Hilaire, Saint-Denis, etc.

Item, ledis Raous compte pour frais et salaire, c'est assavoir LX liv. pour tous les tailleurs, pour frais fais en faisant ladicte taille des champs, [*sic*, pour tout?] et à celuy du roy Charles VI, il n'estoit monté que à dix-huit livres parisis.

Cuisine de bûche et de charbon.

« A ceste office apartient, selon qu'on trouve par aulcuns sacres, faire la provision de bois à brusler, et de charbon, et aussy de tables et tresteaux. Et selon les autres, ilz sont différentz et distinctz ; et dont [*sic*, sont?] divers offices de boys et charbon, et de table et tréteaulx ; car lesdictz tables et tréteaux se pourvoyent par ceulz [qui ont?] la charge de la charpenterie et massonnerie.

« A cest office on trouve que l'on souloit commettre seulement deux hommes à l'ung et deux à l'aultre. Mais au sacre du roy Loys [XI] ilz ont esté commis quatre à chacun ; et toutefois il peult sembler que suffiroit de deux à une charge, et deux à l'autre ; car il n'y chiet pas grand peine, ne grand despns, comme on peult cognoistre par la despence du sacre dudict roy Loys, où il n'y eust de despens que de treize livres dix-sept solz parisis, pour le bois et charbon ; et il leur fust presté pour faire leurs provisions, huit livres parisis ; et s'ilz revendirent de ce qui en resta, après ledict sacre, pour cent quatre solz un denier parisis. Mais, pour ce qu'ilz ont esté divisez, nous en ferons diverses charges, et pour en [*sic*, pourra-t-on?] commettre à chacune, deux ou quatre hommes, selon qu'on advisera, ou tout baillier ensemble [si] bon semble, ou aultrement en fère et pourvoir comme on voudra.

Tables, tréteaux, charpenterie et massonnerie.

« A ceste charge, quand elle se baille à part, apartient de faire les provisions de tables, tréteaux, formes, bans et scabelles, qui sont de besoing pour le disner du jour du sacre, et aussy tout ce qui est de besoing à faire, tant de charpenterie que massonnerie, soit à estançonner, à faire loges divisés pour les offices et officiers, à faire fourneaux de cuisine, brisures et ouvertures de mures, restoupement d'iceulx, et des aultres tous [*sic*, trous?], ou autrement, en quelque façon que on a affaires desdictz mestiers, ou de l'ung d'eux, et de mettre le cerf de palais au parvis[1].

« On a accoustumé de le mettre auculne fois avec la charge de la bûche et charbons, et aultres fois à part, et [bailler?] comition [à] deux ou quatre, ou trois ; et en y eust trois au sacre du roy Loys, qui firent despence pour leursdictes charges, montans à trente-cinq livres dix-huit solz trois deniers parisis, et leur furent baillées de l'emprunct trente-trois livres douze solz parisis.

Cuisine de saulcerie, dicte moustarderie.

« A l'office de saulcier ou moustardier apartient la provision de verjus, vin blanc à cuire poisson, sel dont on ne paie point de gabelle au roy, et n'en paie que le droit du marchant ; auseilles, persil, poiré, bouraches, oignons, laict, senevé à faire moutarde, vinaigre [à] faire ladicte moutarde, potz de terres pour mettre ladicte moustarde, et autres sauces, verjus, buyres de terres pour les porter ; aussy corbeille à rassembler les platz et escuelles des tables mandés, cuilliers, ramons, essuyoirs à escuelles, devantiers pour lesdits moutardiers, et leurs serviteurs, estàim[in]es pour passer les saulces, fère aussy la provision de platz, escuelles et saulciers d'estain ; et de mot, et toutes saulces convenables aux jours, selon les viandes.

« A ceste office on a accoustumé de commettre deux, ou trois, ou quatre ou cinq hommes ; et en y a eu cinq au roy Loys [XI] ausquelz fust baillé de l'argent de l'emprunct, pour faire leurs provisions, vingt-quatre livres dix-huit solz parisis ; et si eurent des provisions à crésance en la ville pour quarante-trois solz parisis ; et leurs despens

---

[1] Voir *Archiv. législ.*, part. I, p. 1 et 2.

et à la ville. — *Item,* xv liv. xvi s., pour pluseurs personnes qui aidèrent as champs. — *Item,* xii liv. pour les tables pour faire ladite taille monta à quarante-six livres dix solz ung denier parisis. Au sacre du roy Charles VI, ladicte despence monta de viii^{xx} lb tournois.

Cuisine de potz et paisles.

« A l'office de ceste cuisine apartient faire la provision de potz, paisle, chaudiers, chaudrons, cuves, cuveaulx, sailles, cordes à puis, broches, hastiers, lardoires, tinetz et tinettes, et les prendre par emprunct et bon inventoire, ou à loyer, et achepter les menues parties, ou fère faire neuf.

« A cest office on commet communément quatre ou cinq hommes de biens, récéans, pour faire ledict emprunct ou louage, et faire ce que à ladicte charge apartient. Et y furent commis cinq au sacre dudict roy Loys [XI], ausquelz on bailla de l'argent de l'emprunct, pour faire leurs préparations, neuf livres douze solz parisis; et leur despence fut de trente-quatre livres seize solz dix deniers parisis.

Fruiterie.

« A l'office de fruiterie apartient faire les provisions d'espicerie, confitures, hypocras, claretz, cire, léguemes, cousteaux à tailler à cire, fruictz, filz de fer pour pendre chandeliers et platz d'estaim pour chandelbres, faire torches et flambeaux, et pourveoir de fallotz et tourteaux, tant pour aller audevant du roy qui volontiers entre assez tard, comme pour le faict dudict sacre.

« A cest office on a accoustumé de commettre quatre ou pluseurs notables personnes, seurs et bien récéans, et en y a eu quatre au sacre du roy Loys [XI] régnant de présent, qui receurent pour fère leurs provisions, de l'argent de l'emprunct, soixantetreize livres seize solz parisis; et leur despence fust, [comme] il appert par leurs comptes, de deux cent trois livres neuf solz deux deniers parisis; mais après ledict sacre ilz revendirent de leursdictes provisions pour soixante et dix-huit livres ung solz six deniers parisis. Au sacre du roy Charles sixiesme, cette despence monta à trois cent quatre-vingt-dix livres tournois; et au sacre du roy Charles VII, ne monta pas à tant; mais fust petite resonnablement.

Office de foin et aveine.

« A l'office de foin et aveine apartiennent de faire les provisions de foins, aveines, fourages, estreins, tant pour les chevaux, comme pour faire les lictz.

« A cest office on a accoustumé de commettre trois ou quatre notables hommes dont l'ung soit eschevin; car il est tousjours de grande despence, et anciennement souloient les commis audict office faire leurs provisions et tout prendre à crésance, tant en la ville de Reims, comme ès villages; et ne paioient, sinon jusques après le sacre, et que la taille estent faicte. Mais au sacre du roy Loys [XI] de présent régnant, on bailla à ceulx quy furent commis, de l'argent de l'emprunct, quatre-vingt livres parisis, pour faire leursdictes provisions; et leurs despens fut de cent soixante-onze livres neuf solz six deniers parisis. Au sacre du roy Charles sixiesme, cousta environ quatre-vingt livres parisis, pour ce qu'il n'y avoit pas si grande compagnie, comme au sacre dudict roy Loys.

Fourrerie de lictz.

« A l'office des lictz apartient faire la provision des lictz, cuttes, cussins, oreilliers, courtines, draps à lictz, couvertoires, estouppes, couttons, urinaux, tentes, tappisseries, chalictz, fère nettoyer les chambres, y mettre ès chaal[is], blanc estrain, faire passetz entour, achepter et faire espandre par les chambres herbes, si la saison le requiert; faire tendre la tapisserie, et du may en temps d'esté.

« A cest office on a accoustumé de commettre deux, ou trois, ou quatre hommes, qui font leurs provisions par emprunctz, au long de la ville, de ce qui se peult empruncter; et fault rapporter après le sacre. Au sacre dudict roy Loys [XI] y ont esté commis quatre, ausquelz on baille (*sic*), pour faire leurs menues provisions, quatre livres seize solz

pour tous les tailleurs. — *Item*, LII liv. x s. pour son salaire, par l'acort de tous les tailleurs. — *Item*, VIII liv. VI s. pour les vallés qui furent avec les tailleurs.

parisis; et si revendirent après le sacre, pour six solz parisis d'urinaux; et despence fust de onze livres seize solz six deniers parisis.

« Or est assavoir que en commettant mesdicts seigneurs les eschevins, et aultres esleuz avec eulx aux offices dessus déclarez, on ordonne à ceulx qui y sont commis, et ilz sont tenuz, de venir faire registrer en l'eschevinage toutz les principaulx marchez qu'ilz font pour leurs provisions, affin d'ordonner les mandements après, pour les payer de la despence au vray et au seur; et est ledict registre de l'eschevinage conterollé ausditz commis.

Maistres d'hostel.

« A l'office des maistres d'hostel esleuz et commis par messieurs les eschevins, apartient de addresser les tables et les salières, et ordonner tout estre honnestement par leur advis, et asseoir les platz sur tables.

« A cest office on commet des plus honnestes personnages qu'on peult, qui sçachent faire ce que audict office appartient, et en nombre suffisant, pour ce qu'il y a plusieurs tables; et en y eust dix commis au sacre dudict roy Loys [XI] régnant présentement.

Fourrerie.

« A l'office de fourrerie apartient de visiter toutz les logis, maisons, chambres et establees de Reims, et les faire mettre à poinct, et pourveoir d'étencilz, et aultres choses nécessaires pour loger ceulx qui viennent avec le roy, à son sacre, et de conduire les fourriers du roy et des autres princes quant ils viennent, et leur bailler les logis et les quartiers, par déclaration, affin d'ordonner les logis à moings de foulle, et sans désordre.

« A cest office messieurs ont accoustumé de commettre deux hommes, en chacune paroiche de bas, et deux ou trois pour le quartier d'en hault.

« Après que [par] messieurs les eschevins, et aultres commis esleuz et évocquez avec eulx, a esté ainsy proven aux offices que cydessus est dict et registré, il leur convient en toute diligence regarder la voye et façon d'avoir argent, pour bailler aux commis de par eulx auxdictz offices, pour faire et commancer leurs préparatoires et provisions pour ledict sacre; pour quoy faire, et ce qui après s'ensuict, ilz doibvent dire aux officiaulx, ou à l'ung d'eulx, qu'ilz eslizent ou clergé deux d'entre eulx, contribuables pour estre [et] besoigner comme il est dict, par l'accord des clercs [de janvier 1325]...; ou du moings les doibvent appeller après pour fere la taille. Et est assçavoir sur ce pas, qu'on trouve par les vieilz sacres divers façons desditz emprunctz; et peust sembler, comme je sens, que lesdictz fraictz du sacre anciennement se faisoient et soubstenoyent par l'archevesque de Reims, qui après faisoit faire taille sur ses subgectz et autres héritages tenantz en sa jurisdiction, pour recouvrer iceulx fraictz, ou quoy qu'il soit, il en faisoit le prest, et après le rembourçoit de l'argent de ladicte taille, comme on le peult noter par les lettres en forme de chartres du roy Philippe [de juillet 1287], et pour celles [du 26 mai 1320].

« D'autre part, on trouve que le roy qui se vouloit faire sacrer prestoit argent, et faisoit délivrer ausdictz eschevins, pour les provisions et despence de son sacre. Et ainsy le fist le roy Phelippe, roy de France et de Navarre, et si fist le roy Charles VI, qui presta ausdictz eschevins, et fist délivrer par son grand-maistre d'ostel, quatre mil livres, pour les provisions de son sacre, comme il appert par obligation qui en fust passé; laquelle a été rachepté et sol[dé] et est avecq les quittances des marchans, dont registre est faict cy-dessus.[1]

---

[1] Voici le passage de son inventaire (fol. 30), que Foulquart indique ici :

« Du XXIX octobre mil IIIIc LXXVIII.
« Plusieurs quictances et obligations rachetées et

DE LA VILLE DE REIMS.

[2°.] Suit la recepte de Colart Engermet, tailleur des parroches Saint-Pierre et Saint-Symphorien.

« On voit aussy, par lesdictes quittances, que mesdicts seigneurs les eschevins, et esleuz avecq eulx à faire ladicte despence, ont autresfois marchaudé aux marchantz de Paris, et autres suivantz la court, et fournisseurs de vivres, de fournir tout ce qui estoit de besoing pour la despence du sacre, et en bailloient obligations des sommes à quoy montoient lesdictes provisions, sur le seel de l'eschevinage, sans faire autre emprunct, ne en tirer deniers jusques à ce que la taille fust faicte.

« Ceste façon coutumés eust esté dangereuse, car les marchantz eussent pu prétandre après devoir avoir la prévention de fournir les vivres du sacre, et empescher les eschevins à eux fournir ailleurs.

« L'archevesque Robert presta aussy ausditz eschevins cinq ou six mil livres tournois, pour faire les despences du sacre d'ung roy qui fust sacré de son temps. Mais la façon dont on a le plus usé, depuis qu'il a esté dict que c'estoit affaire à messieurs les eschevins et habitans du ban l'archevesque, et de ses villes et chastelenies, et aultres ayantz héritages à iceulx lieux et banlieues, de porter les fraiz desdictz sacres, a esté telle que tenue a esté pour le sacre et couronnement du roy Loys [XI] de présent régnant, et qui semble la plus seure et la plus aysée à faire, et la meilleur à tenir cy-après; c'est ascçavoir de faire ung roole de plusieurs des tenantz héritaiges, contribuables ausdictz fraiz, et sur eulx faire emprunct; à chacun selon sa faculté, et sur lesdictes villes et chastellenies de l'archevesque aussy, jusques à mil escus, ou mil livres parisis, ou aultre somme telle que l'on peult aviser estre nécessaire pour lesdictes préparations; et ledict roole faict, le monstrer et lire en une assemblée que lesdictz eschevins font de ceulx sur qui ce faict ledict emprunct, et après icelluy lever en toute diligence, et bailler à celuy qui de par eulx est commis à la recepte de la taille qui se doist faire pour ledict sacre, ou à qui elle est délivrée, qui semblablement soit tenu d'avancer et prester deux ou trois cent escutz ou livres parisis, ou aultre somme à recouvrer sur ladicte taille, et pour par luy distribuer, selon les mandementz qui luy sont baillez, envoyées par lesdictz eschevins, seellées de leur seel de secret.

« *Item*, et ce faict, lesdictz eschevins doibvent bailler leursdictz mandementz à ceulx qui seront commis ausdictz offices, comme dict est, en ayant esgard, s'il leur plaist, au prest faict à chacuns office, au sacre dudict roy Loys [XI], en faisant modération, si mestier est, en considération que plusieurs des provisions dudict sacre furent perduz, et se peult-on bien passer de faire sy grande despence en ung aultre sacre; car on ne doibt préparer que pour le disner du roy, de la royne, des perres, princes et seigneurs qui sont dudict sacre, et pour leurs officiers, et pour aulcuns notables personnages s'il y sont aussy, avec ceulx qui sont commis aux offices de par messieurs les eschevins, comme cydessus est déclarez, addressant iceulx mandementz audict recepveur, pour leur bailler ce qu'ilz adviseront pour leurs provisions.

« La recepte et collectère de ladicte taille, à la charge de prester, comme dict est, se publie aulcune fois au plus ravallant. [Mais] après qu'on a trouvé hommes seurs pour la mettre, fault faire tant plus grand emprunct que ledict roolle, et commettre en ladicte recepte ung notable homme qui bien sçache et puisse conduire, et en rendre compte ausditz eschevins, qui en ce cas sont tenuz de luy taxer bon sallaire.

« On doibt aussy incontinent que ledict

---

solutes par les eschevins, des marchantz qui ont advitaillé et fourny des nécessitez pour le sacre; aussy des eschevins aux clercs et subjectz de chapitre, et d'eux aussy eschevins pour les pretz à eulx faictz pour lesdictz sacres, et de leur portion paiée, avecq certaine exécutions contre lesdictz clercs, touschant les despens desdictz sacres. »

Lidis Colars compte pour salaire de ses gens, pour contraindre, xii liv.

. . . .

[3°.] Suit le compte Jehan de Rohais, tailleur en la parroche Saint-roolle de l'emprunct est faict, envoyer, par propre messages, lettres par messieurs les eschevins aux habitans des villes et chastellenies de monseigneur de Reims, déclaratives de ce qui a esté faict et advisé, et de la part et portion qu'ilz doibvent prester, affin de la recouvrer et recevoir le plus tost et le plus diligemment qu'on peult, que les provisions ne se retardent à faire par faulte de ce.

« Il est de coustume aussy, après ledict trespas du roy, que celuy qui luy doibt succéder à la couronne envoye ses maistres d'hostel ou aultres gens, pour signifier à messieurs les eschevins, et aultres de Reims, quand et quelz jours il se veult venir faire sacrer et couronner; et après que on est adverty dudict jour, on faict ses préparatoires, si c'est un jour de chairs, de plus de chairs, vollailles; et si c'est un jour de poisson, de plus de poissons aussy.

« Ce faict, mesdictz sieurs les eschevins, et aultres esleuz et commis avec eulx, doibvent avoir la sollicite et le soing de faire faire les préparations et provisions pour ledict sacre, par [c]eulx qu'i[lz] ont ordonné et commis ès offices cy-dessus déclarez, chacuns en son endroict; et de corriger et redresser les faultes et erreurs, si aucune en y perçouvent.

« Au sacre du roy Loys [XI] régnant présentement, ilz firent faire au deux sergentz de l'eschevinage, et aux deux sergentz de la ville, chacuns leur robbe my-partie de blanc et de verd; et sur le blanc sumé de rameaux, dont le drap de chacune fust en estimation de six livres tournois; et ainsy se peult faire aux autres sacres, se plaist pour honneur.

« Doibvent aussy lesdictz eschevins convocquer, et faire assemblée de plusieurs notables personnes, et clercs, tant de gens d'église comme d'aultres, et en icelle assemblée se doibvent eslire quatre ou six des plus notables et sachantz, pour faire les mémoriaulx et advertissementz de ce qui est à remonstrer, et remonstrer au roy à son joyeulx advénement, pour le faict, utilité, franchise et liberté de la ville, et des habitans et du païs d'environ, lesquelz faictz se doibvent monstrer en icelle assemblée, pour y adjouster et corriger, si mestier est; et en icelle assemblée doibt-on nommer où, et quant, et qui portera la parolle; et se doibt après exécuter ce que en est conclud et ordonné en ladicte assemblée.

« Avant que le roy vienne pour soy sacrer, et de là plus tost après qu'on est adverty du trespas de son prédécesseur roy, ceulx qui sont commis à l'office de fruiterie, doivent à chacune porte de la ville renouveller et faire respendre de neuf les armes du roy; et à celle au moings par où il doibt entrer, doibt estre faict, et mis tout en hault, un grand estendart desdictes armes.

« On faict aussy volontiers aucuns mistères, sans parler, qu'on penst debvoir estre plaisant au roy, de [sic, ès?] lieux plus convenables en la ville, par où il doibt passer le jour qu'il faict son entrée pour estre sacré; lesquelz se font aux despens du sacre. Et ainsy fust faict audict sacre du roy Loys [XI]; et fust advancé argent par le recepveur du sacre à ceulx qui se firent, en promettant de leur restituer le surplus qu'ilz y frairoient.

« Cedict jour qu'il faict son entrée, il doibt avoir quatre des plus notables hommes de la ville, et esleuz par les eschevins, à leur conseil, dont le prévost de l'eschevinage doibt estre l'ung, qui luy vont au-devant, à la porte par laquelle il faict sadicte entrée, portent le prestes [sic, poësles?] sur luy, depuis ladicte porte jusques en l'église de Nostre-Dame, où il va descendre; et ainsy fust faicte audict sacre dudict roy Loys [XI]; et furent le[s] quatre qui le portèrent, Anthoine de Zélandre, lors cappitaine de Reims, Mre Jehan Chardon, bailly de Reims, Mre Nicol Sanguiun, bailly de chapitre, et

DE LA VILLE DE REIMS.

Estène, Saint-Morise, de Courcelles, Ponçon, Saint-Bri, la Nueveville, Sarnay, Betteny et Ruiffi.

. . . .

Rauldé du Molins, prévost de l'eschevinage.

« Ledict pale qu'ilz portent sur luy avoit esté emprunté en l'église de Reims; et en icelle églize fust pris par aulcuns des gens du roy, qui l'emportèrent; et en paièrent les commis à la fruicterie, treize livres tournois à ladicte église. Et pour éviter telz empruncts, qui ne semble pas estre fortz honnestes pour telz choses, il m'est advis, soubz correction, que bon seroit que messieurs les eschevins, quant ils auront le conte de la recepte de la taille dudict sacre, qui encore n'est rendu, s'il y a aulcuns deniers de reste, en fissent faire ung bel et honnestes, qui serviroit à plusieurs sacres, si mestier estoit, et se garderoit en l'eschevinage; et serois d'opinion, soubz correction qui vouldroit faire à mon advis, qu'il fust faict de beau velours pers, semée de petitz fleurs de lis, comme sont les chappes du roy Charles quinte, qu'il donna à ladicte église de Reims; et que les quatre bastons en fussent aussy vestuz et couvertz, de moings peinctz, en ceste forme; et que sur chacun desdicts bastons y eust ung ange portant les deux les armes du roy, et les deux autres les armes de la ville; si en soit faict au bon plaisir de messieurs les eschevins, ausquelz en est l'auctorité.

[§. II. S'ENSUIT LE CÉRÉMONIAL DU SACRE]

« Le roy ainsy conduict et mené, comme dict est, sous ledict pasle, jusques audict lieu de l'église de Reims, doibt illecq descendre et estre receu processionnellement, tant des chanoines, comme des autres églises conventuelles, et conduict au coeur d'icelle église, au-devant de grand aultel, là où il doibt faire son oraison; et icelle faict doibt aller au palais archiépiscopal, en la chambre qui luy est préparé, et illecq soy tenir et disposer à faire, pour son saint sacre et couronnement recepvoir, selon que le mistère le requiert, et comme dict et déclarez sera cy-après, et se son plaisir est de soupper, ou de faire collation, dont luy doibt estre appresté comme il appartient.

« Asscavoir est, que ledict sacre et couronnement se doibt faire ung jour de dimanche, ou ung jour de feste solannelle, pour tant de grande saincteté du mistère; duquel, et des circonstans, depuis que le roy est venu, receu et conduict au palais archiépiscopal, comme dict est, la déclaration s'ensuit:

« *Premièrement*[1], doibt estre préparé ung siége en façon d'eschafaut, aussez hault, contige ou joignant du coeur de l'église, par deshors, assis tout au milieu, entre les deux coeurs, auquel on monte par degrez et montée qui y sont faictz par dedans ledict coeur; et y a en pavé d'iceluy coeur certaines petites pierres qui ce lieuvent, pour y ficher et mettre au[lcunes] pièces de bois portant ladicte montée; lesquelles se peuvent facilement cognoistre, pour ce que audict coeur n'en y a nulz semblables, ne ainsy petites. Et iceluy eschafaultz sont tenuz de faire faire messieurs du chappitre de ladicte église, en leurs despence, ou de la fabricque d'icelle église, et les défaire, et préparer [*sic*, réparer?] les aultres [*sic*, œuvres?] après ledict sacre; et doibt estre sy grand ledict siége, ou eschafault, que le[s] pairs de France y puissent estre, et seoir avec le roy, si besoing est.

« Doibvent aussy lesdictz de chappistre, ou

---

[1] Voir *Arch. admin.*, I, 528. Voir aussi dans le *Cérémonial français* de Th. Godefroy (I, 1-82) les formulaires des sacres, et dans le *De antiquis ritibus* de Martenne (II, 596-636) les *ordines* relatifs aux sacres. Le formulaire de Rogier n'est une répétition servile d'aucun de ces documents; et c'est pour cela que nous le publions. Mais il les reproduit en bien des points; et pour cela nous en supprimerons plusieurs passages, en indiquant où ils se trouvent.

[4°.] Voici le compte J. Ellebaut, tailleur et receveur de Saint-Jaque et la Magdalainne, et de pluseurs bourgois de chapitre.

. . . .

leurdicte fabricque, faire mettre sablon à suffisance dedans ladicte églize, pour y pouvoir porter à cheval la saincte Ampolle, si mestier est, jusques à l'entrée du cœur.

« Le samedy, vueille du dimanche, ou autre jour vueille de la feste solennelle que le roy doibt estre sacré, après Complies, la garde de ladicte églize se bail et commet aux gardes qu'il plaist au roy d'y commettre, avec les propres coustres, clercs et laiz d'icelle églize, et doibt le roy, sans bruict, ou plus grande silence de la nuict, venir en ladicte églize faire son oraison, et là, s'il luy plaist, veiller ung peu de temps en oraisons.

« Quant on sonne les Matines, les gardes mises de par le roy, qui gardent l'entrée de l'églize, toutz les aultres portaux et entrées d'icelles fermées, et bien barrées, doibvent estre prestz à honnorablement et diligemment mettre dedans les chanoines, et chappelains, et clercz de l'églize, toutefois que besoing leur sera.

« Les Matines cestuy jour se chantent en la manière accoustumé, et tantost qu'elles sont dictes, on doibt sonner Prime, qui se doibt chanter dès le poing du jour.

« Après que Prime est chantée, et avant que l'eau benoiste se face, le roy doibt venir à l'églize avec les archevesques, évesques, princes et barrons, et aultres qu'il luy plaira mettre, et faire entrer dedans ladicte églize ; et doibvent estre les sièges préparés et disposez entour l'aultel, d'une part et d'aultre, où les archevesques et évesques doibvent seoir honnorablement, et premiers les pairs de France, selon cest ordre : C'est assçavoir, premièrement l'évesque de Laon ; après l'évesque de Beauvais, après, l'évesque de Langres, après, celuy de Chaalons, et le dernier celuy de Noyon. Et les aultres évesques de la province de Reims doibvent seoir au-dessoubz, entre l'hostel et le roy, à l'opposite de l'hostel, et non pas arrière du roy, ne trop serées, ne trop arrière l'ung de l'aultre ; et doibvent les chanoinnes de l'églize de Reims, en belle procession, atout deux croix, les cierges, l'encensoir et l'encens, aller quérir le roy au palais archépiscopal, pour venir à l'églize, comme dict est ; et doivent estre en ladicte procession l'évesque de Laon et l'évesque de Beauvais, qui sont les deux premiers pairs de France évesques, ayantz des reliquaires de saint pendant à leurs col ; et en la grande chambre dudict palais doibvent recepvoir le prince, en roy, pour consacrer ; lequel il doibvent trouver assiz, et comme couché sur le lict qui doibt estre paré décentement, comme il apartient. Et quand ilz sont venuz et appliquez à la présence du prince, l'évesque de Laon doibt dire l'oraison qui s'ensuict :

« Omnipotens sempiterne Deus, qui famulum tuum N. regni fastigio, etc., etc.[1]

« Tantost que ladicte oraison est dicte, lesdictz deux évesques doivent prendre le roy honnorablement, l'ung à la dextre, et l'autre à la senestre ; et le doibvent mener révéremment à l'églize, chantant avec lesdictz chanoinne le respond qui s'ensuict :

« Ecce ego mitto angelum, etc.[2].

« Ce dict, tout le peuple suyvant le roy derrière, quand ilz viennent à l'huys de l'églize, ladicte procession y doibt arrester, et doibt dire l'évesque de Beauvais, s'il est présent, l'oraison qui s'ensuict :

« Deus, qui scis genus humanum, etc.[3]

« Ladicte oraison achevée, ilz entrent dedans l'églize, et doibvent les chanoinnes précédentz chanter, jusqu'à l'huis du coeur, l'antienne qui s'ensuict :

«Domine, in virtute tua letabitur rex, etc.[4]

« Et ceste anthiesne dicte et finie, l'ar-

[1] Godef., *Cérémon.*, I, 13-32. Marten., *De ant. rit.*, II, 610.
[2] Godef., *Cérémon*, I, 13, 32. Marten., *ibid*.
[3] Godef., et Marten., *ibid*.
[4] Godef., *ibid.*, 32.

[5°.] Voici le compte Wyart dou Persueil, tailleur et receveur des bourjois dou ban Saint-Remy, de pluseurs, pour le couronnement.

chevesque de Reims, attendant devant l'austel en ladicte églize, à qui le roy doibt estre présenté, révéremment par lesdictz évesques, pour consacrer en roy, doibt dire où il est attendant devant ladicte aultel, l'oraison qui s'ensuict :

« Omnipotens sempiterne Deus, celestium terrestriumque moderator, etc.[1]

« Et ladicte oraison parfaicte, les dessusdictz évesques doivent mener le roy, pour consacrer, en la chaire qui luy est préparé au-devant de la chaire dudict archevesque. En icelle chaire doit seoir jusques à ce que ledict archevesque vienne après, atout la saincte Ampolle, comme dict sera cy-après, devant lequel, quant il l'apporte, le roy se doibt lever en grande révérence.

« Quand le roy est en ladicte chaire, avant que l'abbé de Sainct-Remy ait apporté la saincte Ampolle, et avant que les archevesques luy voize au-devant, on a accoustumé de faire l'eau benoiste, en attendant ; laquelle faicte, ledict archevesque en donne au roy, et aux prélatz d'entour.

Comment on doibt aporter la sainte Ampolle[2].

« Asscavoir est que le roy doibt prendre et eslire de ses barrons, des meilleurs et plus soitz [*sic*, fortz ?], et des plus seurs, loyaulz aussi, jusques au nombre de quatre au moings, et dès le poinct du jour les envoyer en l'églize de Saint-Remy de Reims, pour avoir la saincte Ampolle qui se y garde emprès le précieux corps dudict saint Remy ; lesquelz barrons doivent faire serment, jurer et promettre à l'abbé et à l'églize dudict Saint-Remy, que ladicte saincte Ampolle, de bonne foy, ilz conduiront et reconduiront en ladicte églize de Saint-Remy ; et ce faict, entre prime et tierce, doibvent venir les moines dudict Sainct-Remy, processionnellement, atout les croix, et les cierges, avec ladicte saincte Ampolle, laquelle l'abbé dudict lieu doibt porter en très-grande révérence, soubz une courtine, ou paesle de soye, eslevé sur quatre perches, et portéez de quatre moines vestuz d'aubes ; et eulz venuz au-devant de l'églize Saint-Denys, ou jusques au grand portail de l'églize, pour la compression de la tourbe du peuple, l'archevesque de Reims, accompagné des aultres archevesques et évesques, et barons, et aussy des chanoines de l'églize, se faire se peult, vestuz [d'] ung surplis, d'une estolle dessus, et d'une chappe solenne, atout sa mytre et sa crosse, la croix précédente, doibt aller au-devant de ladicte saincte Ampolle, et la recepvoir de la main dudict abbé, en luy promettant, de bonne foy, de luy rendre après ledict sacre ; et en ceste estat la doibt, en grande révérence du peuple, porter à l'aultel ledict abbé et aulcuns de ses moyennes [*sic*, moinnes ?] le compagnant aussy ; et les aultres moyennes doibvent attendre en l'églize de Saint-Denys, ou en la chappelle de Saint-Nicolas, en l'Aultel Dieu jusques à ce que ledict sacre soit parfaict, et tant qu'on rapporte ladicte saincte Ampolle.

« A ladicte saincte Ampolle ainsy receue, et porté par ledict archevesque audict grand hostel, iceluy archevesque doibt préparer à la messe, avec ses diacres et soubdiacres, et vestir les plus notables et riches ornementz de l'église, et son pallion dessus ; et en estat pontifical, accompagné de deulx de ses suffragantz, venir processionnellement à l'aultel, en la manière accoustumé ; et quant il vient près, le roy se doibt lever de sadicte chaire, et lui faire la révérence.

« Quand ledict archevesque est ainsy venu à l'autel que dict est, il doibt requérir et demander au roy, pour toutes les églizes qui lui sont subgectes, ce qui s'ensuict en latin :

« A vobis perdonari petimus, etc.[3]

[1] Godef., *ibid.*, 13. Marten., *ibid.*, 611.
[2] Godef., *ibid.*, 32, 47. Marten., *ibid.*, 622, 632.
[3] Godef, *ibid.*, 33. Marten., *ibid.*

Ressut doudit Wiart, xxxi liv., lesqueis il compte avoir paiés as eschevins de Saint-Remi, liqueis avoyent presté pour couronnement.

. . . .

Somme toute, ix^{xx} iii liv. ix s.; et tant monte sa queste.

« A ceste requeste le roy doibt respondre en la manière qui s'ensuit, en addressant sa parole audict archevesque, et aux aultres prélatz de sa province illecq pressentz :

« Promitto vobis, et perdono, etc.[1]

« Après que le roy a faict ladicte promesse et serment, il faict encore, et jure ès présence desdictz prélatz et des pairs et barons de France, illecq présens, à tout le peuple de son royaulme, ce qui s'ensuict :

« Hæc populo christiano, etc.[2]

« Et en disant ces motz, et faisant ledict serment, il doibt mettre la main sur le livre aux Évangiles, et les baiser.

« Les professions et sermentz dessusdictz faictz et jurez, comme dict est, on doibt incontinent commencer à chanter le canticque *Te Deum laudamus*, et tantost qu'il est commencé, deux archevesques ou évesques.... doibvent prendre le roy par les mains, et du lieu où il a faict ledict serment, le mener devant ledict aultel, le plus près que faire se peult bonnement; et là se doibt le roy prosterner et tenir par terre jusques à la fin dudict canticque.

« Il fault asseavoir sur ce pas, que l'abbé de Saint-Denis en France doibt apporter audict sacre, de sadicte abbaye, les choses qui s'ensuivent, pour y servir comme syaprès sera dict : C'est asscavoir la couronne royal, l'espés estant en son fourreau, les esperons dorez, le septre d'or aussy, et une vergette d'une coudée de longueur, ou environ, au sommet de laquelle y a une main d'ivoyr; semblablement des chausses de soye de couleur jacynthe, semées tout du long de fleurs de liz d'or, la robbe de semblable couleur, et semée comme lesdictes chausses, qui doibt estre en façon d'une tunicque que vest ung soubdiacre quant il veust servir à la messe; et ung manteau de semblable couleur et seinure aussy, qui est faict comme en la façon d'une chappe de soye, sans chapperon derrière; toutes lesquelles choses iceluy abbé doibt préparer et mettre sur l'aultel, tandis qu'on chante ledict canticque, se préparé ne les a auparavant, [et] soy tenir illecques les gardant.

« Et ledict canticque chanté, le roy se lieve, et despouille et met jus devant ledict aultel touts ses habitz, excepté une robbe de soye, qu'il a sur sa chemise aussy, et sadicte chemise aussy, qu'il retient ; lesquelles robbes et chemises sont ouvertes et despinsées parfondement, et bien bas, devant et derrière; c'est asscavoir tenantz et fermantz à la poitrine, et entre deux espaulle, à aurletz ou crapins d'argent.

« Après que le roy est ainssy despouillé que dict est, le grand et premier chambellen de France lui doibt mettre et chausser lesdictes chausses.

« En après le duc de Bourgoigne, comme premier pair de France lay, luy seinct et astreinct à ses piedz les esperons dessusdictz, et tantost après les luy oste; et avant que l'archevesque luy baille l'espée, il faict la bénédiction dessus, et dict l'oraison qui s'ensuit :

« Exaudi, quesumus, Domine, preces nostras, etc.[3]

« La bénédiction faicte, ledict archevesque seul, et non aultres, doibt rendre au roy ladicte espée, et tantost qu'il l'a seinct, iceluy archevesque deseinct et oste aussy, et la tire nue hors de sa gayne, met ladicte gayne sur ledict aultel, et ladicte espée nue donne au roy, en sa main, en disant ce qui s'ensuict :

« Accipe hunc gladium, cum Dei bene-

[1] Godef., *ibid.*, 33. Marten., *ibid.*, 604 et 623.
[2] Marten., *ibid.*, 623.
[3] Godef., *ibid.*, 34.

[6°.] Voici le compte Wede Bertremet, tailleur de la parroche Saint-Jacques en partie, et de pluseurs bourjois de chapitre.

. . . .

dictione tibi collatum, in quo per virtutem S. Spiritus resistere contra omnes inimicos tuos valeas, etc.«

« En baillant au roy ladicte espée nue, après que ledict archevesque a dict ce que dessus, le coeur (?) [chante?] l'anthiesne qui s'ensuict :

« Confortare, et esto vir, etc.²

« Après que l'archevesque a baillé au roy l'espée, comme dict est, et qu'on chante ladicte anthiesne, iceluy archevesque dict l'oraison qui s'ensuict :

« Deus qui providentia, etc.³

« Le roy doibt honnorablement recepvoir ladicte espée dè la main dudict archevesque, après la offrir et mettre sur l'aultel, sur lequel lors l'archevesque la doibt reprendre, et rebailler derechef au roy, qui incontinent la doibt reprendre et la bailler au sénéchal, ou connestable de France, s'il est présent ; sinon à quelque baron qu'il luy plaist ; lequel depuis là en avant, tout au long du sacre, et du service, et en retournant après au palais archépiscopal, pour disner, la doibt porter toute nue devant le roy.

« Après ses choses, l'archevesque doibt préparer l'onction, en la manière que je diray tantost ; et tandis qu'il la prépare sur l'aultel, le chantre de l'églize doibt commencer de chanter, et le coeur doibt achever l'anthiesne qui s'ensuist :

« Gentem Francorum inclytam, simul cum rege nobili, beatus Remigius, sumpto celitus chrismate, sacro sanctificavit gurgite, atque Spiritus Sancti plene ditavit munere.⁴

La manière de préparer l'onction.

« Le chresme se met premièrement desur l'aultel, et puis l'archevesque doibt prendre sur ledict aultel la saincte Ampolle, que l'abbé de Sainct-Remy a apporté, et d'icelle, atout une verjette d'or, tirer un peu de l'huille envoiée du ciel divinement, et incontinent le mesler de son doict avec le chresme préparé sur ladicte patène pour enoindre et consacrer le roy, qui seul entre toutz les aultres roys de la terre resplendist de ses glorieux privilèges qu'il est singulièrement enoinct et consacré d'huille envoyée des saincts cieux divinement.

« La sacrée et saincte onction dont le roy doibt estre enoinct, préparée par l'archevesque, comme dict est, on doibt délasser les anneletz ou agrappins des vestemens du roy, devant et derrier, et se doibt mettre le roy à deux genoulx ; et lors deux archevesques doivent commencer la litanie, et la dire jusques à ce pas : *Ut hunc famulum tuum*⁵.... et là cesser ; et adoncque l'archevesque de Reims doibt dire sur le roy, devant qu'il l'oindre et sacre, les oraysons qui s'ensuivent ; et doibt estre assiz ledict archevesque, ainsy qu'il est quand il sacre ung évesque :

« Te invocamus, Domine sancte pater, etc.⁶

« In diebus ejus oriatur, etc.⁷

La consécration du roy.

« Omnipotens sempiterne Deus⁸, etc.

« Quand ledict archevesque a dict ceste oraison, il doibt enoyndre le roy de la saincte onction du chresme, et de l'huille aportée divinement des cieulx, ainsy préparé sur

---

¹ Godef., *ibid.*, 34. Marten., *ibid.*, 624.
N. B. L'oraison de Godefroi contient, de plus que celle de Martenne et de notre manuscrit, tout l'alinéa qui commence par ces mots : *Accipe, inquam*...
² Godef., *ibid.*, 35. Marten., *ibid.*, 624.
³ Godef., *ibid.*, 35. Marten., *ibid.*, 624.
⁴ Dans Godef., *ibid.*, 36, se trouvent à la suite de cette antienne, des répons et versets omis par notre manuscrit.
⁵ Godef., *ibid.*, 37. Marten., *ibid.*, 626.
⁶ Godef., *ibid.*, 33. Marten., *ibid.*, 626.
⁷ Godef., *ibid.*, 38. Marten., *ibid.*, 626.
⁸ Godef., *ibid.*, 37. Marten., *ibid.*, 627.

[7°.] Par le compte que J. Coquelés et Th. de Rohais rendirent comme greffiers, puis Noël, l'an XXVIII et XXIX, on print des deniers

ladicte patène que dict est dessus ; et le doibt oindre, premièrement, au sommet de la teste ; secondement, en la poitrine ; tiercement entre les espaulles ; quartement des espaules en la compage et liure des bras, et doibt dire à chacune desdites onctions ce qui s'ensuict :

« Ungo te in regem de oleo sanctificato, in nomine Patris, et Filii, et Spiritus Sancti.

« Et à ce toutz les assistans doibvent respondre, *Amen.*

« Tandis aussy que ladicte onction se faict, les assistans doivent chanter l'anthiesne qui s'ensuict :

« Unxerunt Salomonem, etc.[1]

« Ladicte onction faicte, et ladicte anthiene chantée, ledict archevesque doibt dire l'oraison qui s'ensuit :

« Christe, perunge hunc regem in regimen, etc.[2]

« Deus electorum fortitudo, etc.[3]

« Deus, Dei filius, etc.[4]

« Ces oraisons ainsy dictes, les aneeletz ou aggrapins des ouvertures des vestemenz du roy se relassent et se rejoindent par l'archevesque, ou par prebstres ou diacres, à cause de l'onction ; et adoncq le grand-chambellan de France luy veste la robbe de couleur jacynthe, et le manteau dont dessus est parlé, de telle façon qu'il ait la main dextre à délivre la fente, ou le troupt dudict manteau, et le manteau levé sur la senestre, comme on lieve la chasuble à ung prebstre, et lors l'archevesque luy donne l'anneau au doigt, et dict ce qui s'ensuit :

« Accipe annulum, etc.[5]

« Après que l'annel luy est baillé, se dict ceste orayson :

« Deus, cujus est omnis, etc.[6]

« Quand cest orayson est dicte, et que l'annel luy est baillé, comme dist est, l'archevesque luy baille le sceptre à la main dextre, et dict ce qui s'ensuyt :

« Accipe sceptrum, etc.[7]

« Après qu'il luy a baillé ledict scheptre, il dict l'oraison qui s'ensuit :

« Omnium, Domine, fons bonorum cunctorum, etc.[8]

« Ce dist, l'archevesque luy donne la verge dont dessus est parlé, à la main senestre, et dict ce qui s'ensuit :

« Accipe virgam virtutis, etc.[9]

« Quand ledict archevesque a dict ceste oraison, le chancelier de France, s'il est présent, appelle toutz les pairs de France par leurs noms, et les faict assembler ; premièrement les pairs lays, et après les clercs ; et s'il n'est présent, ledict archevesque les doibt convocquer, et eux assembleez, et estantz à l'entour du roy, iceluy archevesque prend la couronne royale dessus l'aultel, et luy seul l'impose sur la teste du roy, laquelle ainsy mises, tous lesdictz pairs, tant clercs que lays, y doivent mettre la main, et la soubstenir de toutes pars, et non aultres ; et adoncq ledict archevesque dict ceste oraison qui s'ensuit :

« Coronet te Deus, etc.[10]

« Après ladicte coronation, se dist ceste orayson :

« Deus perpetuitatis, etc.[11]

« Après ceste oraison, soit incontinent dicte la bénédiction qui s'ensuit par ledict archevesque :

« Extendat omnipotens Deus, etc.[12]

« Aultre bénédiction à dire sur le roy, incontinent après la précédente.

« Benedic, Domine, etc.[13]

---

[1] Godef., *ibid.*, 40. Marten., *ibid.*, 628.
[2] Godef., *ibid.*, 40. Marten., *ibid.*, 628.
[3] Godef. et Marten., *ibid.*
[4] Godef. et Marten., *ibid.*
[5] Godef., *ibid.*, 43. Marten., *ibid.*, 629.
[6] Godef. et Marten., *ibid.*
[7] Godef. et Marten., *ibid.*
[8] Godef. et Marten., *ibid.*
[9] Godef. et Marten., *ibid.*
[10] Godef., *ibid.*, 44. Marten., *ibid.*, 630.
[11] Godef. et Marten., *ibid.*
[12] Godef. et Marten., *ibid.*
[13] Godef., *ibid.*, 46. Marten., *ibid.*, 631.

de la ville pour le couronnement, c'est assavoir xi^c lxv liv. ii s. ix d., lesqueils deient estre reprins sus le couronnement.

« L'estat du roy est désigné en ce qui s'ensuit, que luy dict l'archevesque :

« Sta, et retine, etc.¹

« Omnipotens Deus det tibi, etc.²

« Benedic, Domine, fortitudinem principis, etc.³

« Les oraisons et bénédictions dessusdictes achevées et finies, ledict archevesque, avec les autres pairs de France, soubstenantz la couronne du roy, doibt mener ledict seigneur aynsy vestu et couronné que dict est, portant le sceptre et la verge, au siége qui lui est préparé au bout du coeur, comme dict est au commencement, qui doibt estre toute tendue et pavée de soye et de tapisserie; et en iceluy siége ou chaire, qui doibt estre haulte, eslevé, afin que chacun le puisse voir et regarder, ledict archevesque le collecque et assiet, et après qu'il y est assis, tantost après ledict archevesque oste sa mytre, et le va baiser en la bouche, en disant ce qui s'ensuit : *Vivat rex in eternum!* Après luy font ainsy les évesques pairs, et après eulx les pairs laiz, qui soubstiennent ladicte couronne, disant comme ledict archevesque : *Vivat rex in eternum.*

« Ces choses ainsy faictes, ledict archevesque s'en retourne à l'aultel dire son *Confiteor*, et le chantre et le soubchantre gardent le coeur, commencent à chanter l'introïte de la messe qui se chante honorificquement et solempnellement; sy ce n'estoit que la reyne fust illecque présente, pour estre oincte et bénie comme le roy; auquel cas, tantost que l'archevesque est retourné d'auprès le roy, avant qu'on chante la messe, il doibt vacquer à ladicte onction et bénédiction de la manière qui s'ensuist :

« *Premier*, son siége ou tribunal doibt estre préparé comme celuy du roy, sauf tant qu'il doibt estre ung petit plus bas, et doibt estre à costier de celuy du roy, du costé senestre du coeur; et ce doibt faire une montée, comme à celuy du roy, et sont les petites pierres au pavé, comme du costé d'iceluy roy; et si doibt estre paré et tapissé comme celuy du roy.

« Le roy estant en son tribunal, habitué de toutz les ornementz dessusdictz, comme l'archevesque luy a laissé après sa coronation et consécration dessusdictes déclaré, on doibt amener la reyne en l'église, et la doibvent compagner les barons et nobles dames du royaulme; et celles venues en l'église, se doibt prosterner, et agenouiller devant le grand aultel de ladicte église, et en cest estat faire son oraison, et après que elle a faict sadicte orayson, et qu'elle [est] relevée, les évesques la doivent prendre et la faire ragenouiller, et incliner sa teste devant l'archevesque de Reims, qui doibt dire sur elle l'oraison qui s'ensuict :

« Adesto, Domine, etc.⁴

« Sur ce pas, faict à notter que la robbe et la chemise de la reyne doivent estre ouverte jusques à la ceinture, et l'archevesque la doibt oindre de la saincte huille en faisant le signe de la croix comme au roy, au chief et en la poitrine, et dire ce qui s'ensuit, quand il a oint, et à chacune fois :

« In nomine Patris, etc.⁵

« Après que ladicte unction est faicte, il doibt dire l'oraison qui s'ensuict :

« Omnipotens sempiterne Deus, affluentem, etc.⁶

« Quand ceste oraison est dicte, ledict archevesque luy donne ung sceptre en la main dextre, ung peu plus petit que celuy du roy, et une verge au bout de laquelle y est une main d'ivoire, comme à celle du roy, en la main senestre, sans rien dire; puis après il luy doibt bailler l'annel au doigt, et dire ce qui s'ensuit :

« Accipe annulum, etc.⁷

---

¹ Godef. et Marten., *ibid.*
² Godef., *ibid.*, 45. Marten., *ibid.*, 631.
³ Godef., *ibid.*, 46. Marten., *ibid.*, 631.
⁴ Godef., *ibid.*, 48. Marten., *ibid.*, 632.
⁵ Marten., *ibid.*, 633.
⁶ Godef., *ibid.*, 49. Marten., *ibid.*, 632.
⁷ Godef., *ibid.*, 49. Marten., *ibid.*, 633.

[8°.] Ce sont receptes faites par Th. de Rohais, et J. Coquelet, des chasteleries et villes.

Les villes et châtelleries nommées sont : Cormissy, Courville, Septsaus, Bettigniville, Sarmiers, Chaumisi, Chameri, Saint-Clément, Dontrien, Attigny, Saint-Martin, Saint-Martin-le-Hureux, Nogent, Vilers-as-Neus.

« Deus, cujus est omnis potestas, etc.[1]

« Ce faict, l'archevesque, seul, luy doibt mettre la couronne sur la teste, et la doivent les barons soubstenir de toutes pars; et, en la luy mettant, doibt ledict archevesque dire l'oraison qui s'ensuict :

« Accipe coronam glorie, honorem jocunditatis, ut splendida fulgeas, et eterna exultatione coroneris. »

« Ceste oraison se doibt puis dire :

« Omnium Domine fons honorum, etc.[2]

« Après ceste oraison, les barons et princes du royaulme présens, qui soubstiennent la couronne, la mennent et conduisent en ceste estat au siège ou tribunal préparé pour elle, comme dict est dessus, et la doivent compaigner, et estre entour elle, les barons et les nobles dames et princesses du royaulme. Et elle ainsy colloquée, les chantre et soubchantre commencent la messe qui se doibt chanter solempnellement, comme dict est dessus ; e se d[o]ibt dire par l'archevesque, pour orayson, devant l'Espistre, celle qui s'ensuict :

« Quesumus, omnipotens Deus, ut famulus tuus rex noster, etc.[3]

« Quand l'Évangile se lict, le roy et la royne se doivent lever, et mettre jus leurs couronnes [de] dessus leur teste, et que ladicte Évangile soit dicte, et après qu'elle est leue, le plus grand de tous les archevesques et évesques présentz doibt prendre le livre aux Évangiles, et le porter baiser au roy, et après à l'archevesque qui dict la messe.

« A l'Offertoire, les pairs de France mènent et compaignent le roy tenantz la main à sa couronne, à aller offrir, et après la royne, et doibvent offrir le roy et la royne chacun ung pain, ung flascon d'argent plain de vin, et treize besans d'or, et ces choses offertes, lesdictz pairs et barons les remennent en leurs sièges, comme devant ; et est asscavoir que en allant et retournant de ladicte offrande, ledict séneschal, ou connestable de France, doibt porter tousjours l'espée nue devant le roy, et semblablement à la fin de la messe, et à retourner au palais.

« S'ensuict l'oraison secrète que l'archevesque dict à la messe :

« Munera, quesumus, Domine, etc.[4]

« Après que ledict archevesque a dict l'oraison dominicale, et avant qu'il dict : *Pax Domini sit semper vobiscum*, il doibt faire, sur le roy et sur le peuple, la bénédiction qui s'ensuict :

« Benedicat tibi Dominus, etc.[5]

« Asscavoir est que l'archevesque, ou aultre prélat qui a baillé au roy l'évangeliaire à baiser, après la lecture de l'Évangille, doibt prendre la paix de l'archevesque célébrant la messe, après qu'il a dict : *Pax Domini sit semper vobiscum*, en le baisant en la bouche, et la doibt porter au roy, en le baisant semblablement, et après luy toutz les autres archevesques et évesques présentz baisent pareillement le roy, et ledict archevesque qui le premier baise, porte la paix à la royne, en luy baillant baiser le livre aux Évangiles.

« Oraison que dict l'archevesque après la préception.

« Hec, Domine, oratio salutaris, etc.[6]

« Quand la messe est finie, les pairs de France meunent le roy et la royne devant l'aultel, et là ilz reçoivent de la main de l'archevesque qui a dict la messe, et communient, le précieulx corps et sang de Jésus-Christ, comme faict le prestre à la messe ; et après ce faict, ledict archevesque de Reims

---

[1] Godef. et Marten., *ibid.*
[2] Godef., *ibid.*, 5o. Marten., *ibid.*, 633.
[3] Godef., *ibid.*, 47.
[4] Godef., *ibid.*, 47.
[5] Marten., *ibid.*, 617, et mieux 633.
[6] Godef., *ibid.*, 47.

[9°.] Ressut de Colart de la Freté, et Th. de Rohais, XII^{xx} XVI liv. pour faire paiement à G. de Senlis ce que deut li est....; lesqueils

oste au roy la coronne de dessus sa teste, et les aultres vestementz apportez de Sainct-Denys en France, comme dict est devant, qui se rendent à l'abbé dudict lieu, pour y reporter et garder pour les aultres sacres; et luy ainsy despouillé, est tantost revestu d'aultres habitz, et luy doibt remettre ledict archevesque une nouvelle couronne plus petite sur la teste, et en cest estat s'en va au palais, le séneschal et [*sic*, ou?] connestable précède qui porte l'espée nue devant luy, et la royne aussy, accompaguée comme dessus.

« Et est à noter que la chemise du roy se doibt brusler après, à cause de la saincte unction ; et si faict celle de la royne.

« Quand le roy retourne au palais pour disner, les barons qui ont esté quérir la sainte Ampolle à Sainct-Remy, la doivent reconduire aussy, selon leurs promesses cy-dessus registré, et doibt estre reporté honorablement et en procession, comme elle a esté apportée, ainsy que dict est cy-dessus, et remise et restitué en son lieu, auprès le glorieux corps de M. saint Remy, apostre de France.

« Asscavoir est aussy que anciennement y avoit douze pairs en France, six prélatz et six laitz, six ducz et six contes, dont les prélatz ne se muent, desquelz les noms s'ensuivent :

« L'archevesque duc de Reims.
« L'évesque duc de Laon.
« L'évesque duc de Langres.
« L'évesque conte de Beauvais.
« L'évesque conte de Chaalons.
« L'évesque conte de Noyon.

« Ces pairs sont en ordre comme ilz doibvent seoir, à la senestre du roy, quand il tient le lict de justice.

« Le duc de Bourgongne.
« Le duc de Normendie.
« Le duc d'Aquitaine.
« Le conte de Toulouze.
« Le conte de Flandres.
« Le conte de Champaigne.

« Toutz lesquels pairs laiz sont de présentz en la main du roy, et uniz à la couronne, excepté Flandres qui est en guerre, au moings en treive pour le présent; et si il tient Artoys qui estoit des nouvelles parries. Et les nouveaulz pairs sont :

« Le duc d'Alençon.
« Le duc de Bourbon.
« Le duc de Bretaigne.
« Le conte d'Estampes.
« Le conte d'Artoys, en la main du roy.
« Le conte de Clermont; le conte de Reteloys. »

[§. 3. — S'ENSUIT CE QUE MESSEIGNEURS LES ESCHEVINS DE REIMS ONT A FAIRE APRÈS LE SAINT SACRE ET COURONNEMENT D'UNG ROY DE FRANCE.]

« Incontinent que ledict service est faict, et que le roy et la royne, c'elle est présente, sont retournez au palais, messieurs les eschevins de Reims, et les commis de par eulx aux offices dessusdictz déclarez, doibvent avoir préparé, chacun à son droict, que le disner soit prest pour le roy, et pour ceulx qu'il luy plaist y estre, comme les pairs, et aultres seigneurs de France, et aultres que bon luy semble ; et doibt estre servis le plus honorablement que faire se peult.

« Après le disner, tout se recueil par lesdictz eschevins et leurs commis, et des relliefz se faict le plus grand prouffit qu'on peult par lesditz commis, chacun en son regard ; qui de l'argent qui en vient, font recepte en leurs contes, qui vient à la descharge de leurs despens, pour toutz les contribuables ; et se d'aucuns desdictz reliefz ne se peult faire argent, et s'est chose qui bonnement se puist et profitablement partir et diviser, il vient aux habitans des chastellenies et ville de monsieur de Reims, pour ung sixiesme, ainsy qu'ilz contribuent aux fraiz et despens dudict disner, pour ung sixiesme aussy ; comme il appert par les lettres de l'archevesque Robert [du 25 mai 1322.].... Et n'ont rien en iceulx reliefz les gentz et officiers du roy, comme il appert par les lettres d'arrest donné en la court de parlement, en forme de chartres [du 6 août 1345].

xii^{xx} xvi liv. lesdis Colars et Thomas avoyent ressut comme commissaires de par le roy, sur la despence de son sacre.

« Et ne sont en rien tenuz messieurs les eschevins dudict Reims, ne leurs consors contribuables auxditz fraiz, de faire vuider après ledict sacre les terres qu'on a mises pour et à l'occasion d'iceluy en l'églize de Reims, ne à oster les habitz [sic, halitz?] et siéges qui s'i font aussy, comme dict est dessus, ne à réparer les édiffices de ladicte églize rompus pour ce; mais c'ost à faire du tout aux chanoines et chappitre d'icelle églize, comme il appert par la chartre [du 1er mars 1347], et par une sentence du bailly de Vermandois [du 11 mars 1352].

« Ledict jour du sacre, après ledict disner, ou ung aultre jour, avant que le roy se parte de la ville, les esleuz commis et depputez à ce de par ladicte ville, se doivent honorablement tirer vers luy, et luy faire les remonstrances et requestes advisés et concluent par le conseil de ladicte ville, ainsy que dict est dessus; et de ce qu'il octroye, on doibt lever et prendre lettres en toutes diligences, qui se doivent garder par messieurs les eschevins avec les chartres et aultres lettres de leur eschevinage.

« Le plus tost après ledict sacre que faire se peult, messieurs les eschevins doivent dire à l'ung de messieurs officiaulx de la court spirituelle de Reims, que ceulx du clergé dudict Reims, contribuables à ladicte despence, eslizent entre eux deux notables hommes, pour besongner avec eulx, pour faire taille de ladicte despence, se desjà esleu ne les ont, ou se dict ne leur a esté avant; lesquelz ainsy esleuz, se doivent présenter de par ledict clergé ausdictz eschevins. Et ce dedans quinze jours après qu'il est dict audict official, ilz ne sont esleuz, et présentés ausdictz eschevins, iceulx eschevins pourtant ne doivent délaisser à besoigner à faire ladicte taille, mais le peuvent faire sans eulx, comme il appert par la chartre [de janvier 1525].

« Avant que messieurs les eschevins besoignent à faire ladicte taille, ilz doivent oyr, et veoir à leur buffet les contes de tous les commis par eulx aux offices dont cy-dessus est faict mention, affin de sçavoir quelle est la despence dudict sacre, et combien elle monte.

« Et pour besoigner à ladicte taille, ilz font faire inventoirs et prisées de toutz les héritaiges du ban, villes et terroir dudict archevesque, contribuables ausdictz fraiz; et pour ce faire commettent et depputent plusieurs personnes, en divers quartiers, comme cy-après est déclaré, qui font ladicte inventoire, et font faire la prisée des terres par laboureurs qu'ilz appellent avecq eulx, qui icelles prisent; et les maisons prisent eulx-mesmes s'ilz s'i cognoissent, ou font priser par massons, charpentiers et couvreurs qu'ilz prennent avec eulx pour ce faire. Tous lesquelz, et eulz aussy, sont salariez et contentez de leur peine et vacations, par et selon la taxe de mesdictz seigneurs les eschevins, qui pour ce leur baillent mandement addressant 'au recepveur de ladicte taille. Et fust baillé aux laboureurs qui furent à la prisée des terres pour le sacre du roy Loys [XI] à présent régnant, à chacun deux solz parisis pour jour. Et est asçavoir que toutz les héritaiges situez, assis ès villes, ban et terroir de Reims, en la terre et seigneurie dudict archevesqué, sont taillables audict sacre, excepté ceux qui apartiennent aux églizes et gens d'église dudict Reims, de l'an mil ccc xxiiii [sic, mars 1291?], et qui depuis ne sont cheuz en aultre main que de gens d'église, lesquelz héritaiges [de] ceste nature en sont quittes et exemptz, comme il appert par la dessus[dicte] chartre [de janvier 1525].

« Pour faire lesdictz inventaires et prisés, messieurs les eschevins font extraire en quaternes escriptz au large, pour muer, les royés et détenteurs des héritages qui sont à muer au tant du registre de l'inventaire et prisés faicte pour le sacre dernier précédent, lesquelz se baillent à ceux qui commettent à faire lesdictz inventoires, et prisées nouveaulx, affin que nulz d'iceulx héritaiges n'i soient obmis, ni oubliés.

« Et pour faire iceulx inventoires et prisées, mesditz seigneurs les eschevins ont

[10°.] Ce sont receptes de deniers par Th. de Rohais, et J. Coquelet..., seur lettres, à flève monnoye.... et à bonne monoye....

accoustumé de commettre et ordonner d'entre eulx, et d'autres qui élisent, telz qui leurs plaist, jusques au nombre de vingt-quatre ou vingt-six personnes, ausquelz ilz distribuent la charge de ce faire par quartiers, selon la déclaration qui s'ensuit; et premier :

« La paroche Saint-Hillaire, 2.
« Saint-Pierre le Vieil, 2.
« Saint-Simphorian, 2.
« Saint-Estienne et tout le Barbâtre, 2.
« Saint-Jacques, 2.
« Saint-Denis, 2.
« La Magdelaine, 2.
« Pour les terres des champs redevables, depuis la rivière jusques au chemin de la Neufville, et au chemin du Bac, 2.
« Depuis le chemin de la Neufville et du Bac, jusques au chemin de Betheni, 2.
« Depuis le chemin de Betheni jusques au chemin de Beine, semblablement, 2.
« Depuis le chemin de Beine jusques au moulin de Vrilly, à la Pompelle, et au moulin Huon, 2.
« Ceste charge se coppe aucunefois en deulx; c'est assavoir depuis le chemin de Beine, auprès de la Courserie, jusques à la housse derrière Saint-Nicaise; et à ce y a 2.
« Et les aultres prennent depuis la porte Dieu-ly-Mière, en tirant droict à ladicte housse, et jusques à la Pompelle, et autres lieux nommez en l'article qui en est faict cy-dessus.
« Pour les héritages et terres du costé de Porte à Veesle, 2.
« Quand lesdictz inventaires et prisées sont faictes, ceulx qui les ont faict mettent au net leurs quaternes, et si font une déclaration du temps qu'ilz y ont vacqué, des laboureurs et ouvriers qu'ilz y ont eus, et quelle despence ilz y ont faict, et les portent à messieurs les eschevins, pour avoir leur taxations, comme dict est cy-dessus; lesquelz baillent mandement de leurs taxes ausdictz commis, pour eulx et pour lesdictz ouvriers, addressans aux recepveurs de la taille dudict sacre, en ayant par eulx regard aux qualitez et estatz des personnages qui ont besoigné comme dict est.

« Pour faire la taille de ladicte despence, fault premièrement que mesditz seigneurs les eschevins eslizent et commettent d'entre eulx, et d'autres, telz personnages qu'ilz leur plaist, ausquelz ilz communicquent, et aux deux esleuz de par le clergé, la despence faicte et à faire, pour le faict dudict sacre, et les inventaires et prisées dessusdictes au grief dudict eschevinage.

« Impètrent aussy, mesdictz sieurs les eschevins, lettres pour contraindre lesditz esleuz et commis de par eulx à besoigner au faict de ladict taille, en les payant raisonnablement de leurs peines, vacations et salaires.

« Semblablement impètrent autres lettres, pour contraindre et faire contraindre les assis et imposez à ladicte taille, pour leurs héritaiges contribuables ausdictz fraiz, à paier aux recepveurs et commis par lesdictz eschevins.

« Et autres lettres après pour contraindre, se me·tier est, ledict recepveur à rendre comptes de sa recepte ausdictz eschevins.

« Sur l'impétration desquelz contraintes, on treuve diversité. Car comme il appert par les lettres de l'archevesque Robert [du 27 mai 1322], et par la chartre du roy Philippe [de juillet 1287], lesdictes contraintes se sont autrefois faictes par l'archevesque de Reims; et par les lettres du roy Charles [VI, du 20 novembre 1383], par celle du roy Philippe [VI, du 21 novembre 1335], par les lettres du roy Charles [V, du 17 juin 1363], et par les lettres du roy Philippe [VI, du 2 juin 1346], appert que mesdictz sieurs les eschevins ont impétré lesdictes contraintes du roy, ou de sa court de parlement, et ont tousjours addressé au bailly de Vermandois pour les exécuter, ou faire exécuter, en luy mandant aulcune fois, en cas d'opposition, assigner jour aux opposantz en ladicte court de parlement, pour que lesdictz eschevins ne sont tenuz de plaider ailleurs s'il ne leur

Receptes de deniers, xii d. pour liv. bonne monoye.... — *Item*, receptes, xii d. pour liv. de la parroche Saint-Pierre.... — *Item*, de la

plaist; et est la voye la plus seure, et plus honneste, à tenir à mon jugement, et dont on a le plus souvent usé aussy.

« Par vertu, et selon le contenu desdictes premières lettres de contraincte, lesditz commis et esleuz par lesdictz eschevins, et deux de par le clergé, s'ilz y sont, besoignent à l'impost et assiette de ladicte taille. Et doivent lesdictes chastellenies et villages de l'archevesché, en gros, sans en faire autre assiette particulière, la sixiesme partie desditz fraitz, comme il appert par les lettres de l'archevesque Robert [du 25 mai 1322]; et par ce, ilz ont aussy la onzième [*sic*, sixième?] partie du relief dudict sacre.

« Et pour le corps de Reims, et pour les terres et héritaiges du terroir dudict Reims, ilz font assiette particulière sur les singuliers personnes des détenteurs desdictes héritaiges; pour laquelle faire, plus souvent on a eu de coustume de faire ung extraict sur lesdictz inventaires et prisées, des noms des détenteurs des héritaiges, par l'ordre de l'A B C; et de mettre soit le nom de chacuns la déclaration de ses héritaiges, sur la prisée desquelz lesditz commis faisoient leur assiette, qui estoit une chose de grande peine [et] travaille, et qui coustoit beaucoup à faire, et se faisoit bien longuement. Et m'est advis, soubz correction de ceulx qui mieulx en sçavent dire, que au temps advenir, en impétrant les lettres du roy pour taillier, on pourra requérir y estre mis qu'il soit faict commandement de par le roy, à cry publycq, à toutz les détenteurs des héritaiges contribuables ausdictz fraiz, qu'ilz portent la déclaration au vray de leursdictes héritaiges à messieurs les eschevins, qui par leurs clercs les pourront faire registrer en l'ordre dessus dict; et ne le faudra que recouler sur lesdictes inventoires et prisées, qui sera chose bien facile; et que lesdictz détenteurs soient à ce contrainctz à peine de perdition des prouffits de leurdictes héritaiges, pour ung ou deux ans, affin qu'en ce ne facent aulcune recrétation [*sic*, recélation?].

« Sur ledict papier ainsy faict, portant la prisée de toutz les héritaiges contribuables que chacun habitant (?) tient, lesdictz tailleurs font leurs assiettes, selon la despence faicte audict sacre, et selon les fraiz des dépendances, le plus justement et esgalement que faire se peuvent. Et fust ladicte taille au sacre du roy Loys régnant de présent, de deux deniers (?) tournois, et ung quart d'ung denier tournois nommés pigoise, pour la prisée de vingt solz tournois, de la valeur de l'héritaige; et monta ladicte taille pour Reims, et le terroir, sans les chastellenies et villaiges de monsieur de Reims, à iim c xix tournoiz, ii solz v. d. tournoiz. Quand l'assiette de ladicte taille est faicte, ceulx qui y ont besongné doibvent apporter leurs quaternes à messieurs les eschevins, à leur buffet, qui leur taxe salaire raysonnable, et leurs baillent mandement addressant au recepveur par eulx commis en ladicte taille, pour les paier des premiers deniers venantz de ces receptes.

« Font aussy mesdictz sieurs les eschevins doubler lez papier de ladicte taille, deux fois, dont ils baillent ung audict recepveur, et l'autre demeure vers [eulx?] pour conterolle dudict recepveur, qui, en faisant sa recepte, est tenu de défalquer à ceulx qui ont faict le prest, les sommes par eulx prestées, selon le double du rôle de l'emprunct qui lui doibt estre baillié à ceste fin, signé du clerc de l'eschevinage, ou seellé du seel de secret d'iceluy eschevinage.

« Au surplus ladicte taille se sème, porte, et publie aux parties, à chacun sa qualité, par les sergentz de l'eschevinage, et de la ville, ou aultres telz qu'ilz plaist à messieurs les eschevins d'y commettre, lesquelz dient audictes parties le nom du recepveur, et lieu de son habitation, affin qu'elles luy portent leursdictes quotitez de ladicte taille; et sont lesdictz sergentz salariez et contentez de ce, et par la taxe et ordonnances de mesdictz seigneurs les eschevins.

« Et s'aucun est refusant de paier, mes-

parroche Saint-Symphorien. — .... *Item*, de Saint-Hilaire — .... de Saint-Jaques.

Somme tout des empruns, xii d. pour liv. : ii᷆ᶜ lv liv. xii s. iii d., bonne monoye.

Somme tout ce qui est à bonne monoye : vii᷆ᶜ xxiiii liv. iii d.

[§. ᵅII. *Remboursements*.]

Ce sont paiemens des deniers que nous avons ressut, et en avoit-on lettres. [N. B.] Et ne comptons en nos paiemens que ce que nous en receumes, pource que li monte des florins est comptée au premier compte; et valoient florins petis par nos receptes, xx s. vi d., et en paiement, xxii s. Florins à l'aignel valoyent par nos receptes, xxiii s. vi d.; en paiemens valoyent xxv s. Florins royaus valoyent par nos receptes, xxv s., et en paicment, xxviii s.

. . . .

Par le premier compte fait entre les lais de Reims, les chastelleries, dictz sieurs peuvent faire faire les contraintes par vertu des lettres qu'ilz impètrent pour ce faire, comme dit est; et en cas d'opposition, faire assignation sur aux opposans en parlement, ou pardevant le bailly de Vermandois, selon qu'on impètre dudict mandement. Aultrefois, comme dit est dessus, ladicte assignation se faisoit en parlement, et est la voye, à mon jugement, qu'on doibt le plus tenir, pour les previléges de l'eschevinage, combien qu'on ait plus souvent faict lesdictes assignations pardevant ledit bailly de Vermandois, pour relever les parties de peines.

« Et finablement, quand ladicte taille est receue, mesdictz seigneurs les eschevins doibvent faire venir le recepveur par eulx commis, rendre compte par devant eux, et à ce le faire contraindre, sy mestier est, par vertu de la tierce et dernière impétration dessusdicte, déclarée, et s'il y a aulcuns deniers bons, se doibvent garder par iceulx eschevins, ou par les greffiers de leur eschevinage, ou estre, par manière de trésaure et seureté, en quelque lieu qu'il leur plaist ordonner, pour illecq estre gardez, pour ayder à faire les préparatoires du sacre prochain ensuivant, et pour ayder à soubstenir les procès pour le faict desdictz sacre, ou pour faire quelque impétration, ou aultre choses touchant et concernant lesdictes sacres; esquelz usages lesdicts deniers se peuvent convertir et employer, à l'arbitrage et par l'ordonnance de mesdictz sieurs les eschevins, qui ont la principale charge et conduicte de ladicte matière.

« Sy, pour occasion desditz fraitz naissoient et sourdoient procez, ausquelz ce qui auroit esté jetté à ladicte taille faire, ne pouvoit fournir, mesdictz sieurs les eschevins doivent obtenir et impétrer lettres du roy nostre sire, ou de sa court de parlement, pour faire nouvelle taille, pour soubstenir lesditz procès, affin que, par faulte d'argent, ilz ne soient par eux [délaissés?]; et aultrefois a esté aynsy faict en cas pareil, comme il appert par les lettres du roy Philippe [du 21 novembre 1335]. »

et les villes qui sont tenues à contribuer...., fu compté qu'on dut as eschevins, et furent mis awec les despens dou sacre pour taillier, XIIIe IIII^{xx} xv liv. xi s.

Item, furent comptés II^c XXIIII liv. IIII s. de par les eschevins, lesqueilz les chasteleries disoyent qu'il n'estoient tenus au paier; et toutevoye furent comptés et mis sus la partie des bans de Reims pour taillier.

Item, furent comptés par les eschevins, III^c LXIIII liv. xi s. pour frais de florins qu'il avoient empruntés, pour la cruee qu'il valoyent plus que quante on leur bailla, et pour cous de deniers empruntés.

. . . .

Par les eschevins de Reims, les bourjois de chapitre de Saint-Remi de Reims, les chastelleries, et villes qui sont tenues à contribuer, furent comptés pour le salaire Th. de Rohais et J. Coquelet, c liv. par., flève monoye.... L'an M. CCC XXIX.

[§. III. *Mises.*]

Ce sont frais et mises.... que les eschevins comptèrent as bans et as chasteleries [1].

. . . .

CCCLXVI.

Après le 22 avril 1328, avant le 7 janvier 1329.

REMANBRANCE de ce que li eschevin ont à faire en parlement.

Archiv. de l'Hôtel-de-Ville, renseign.

Premiers, une lettre commant l'arcevesque c'est délaissiés de repanre les procès de Remion Grammaire et de Huet fillastre Hardit [2]. *Item*, dudit Huet fillastre Hardit [3], contre le mayeur de la Cousture. *Item*, des griés [4]. Et de ce nous a dit li consaus qu'il ne nous en puellent bien consillier, devant qu'il ayent veu lesdites lettres, et les arti-

---

[1] Désormais ce compte des échevins, qui ont voulu veiller par eux-mêmes aux dépenses du sacre, ressemble à ces grands comptes des gens du roi analysés plus haut. On y voit figurer les frais de panneterie, échansonnerie, cuisine, maçonnerie, etc., etc. Seulement on y trouve en plus des frais pour procès contre les officiers du roi, contre le chapitre à l'occasion des *halis*; des frais à la chambre des comptes pour faire rabattre des comptes du couronnement les choses qui ne devaient pas y être portées, etc., etc.

[2] Voir l'acte du 6 décembre 1327.
[3] *Ibid.*
[4] *Ibid.*

cles des parties; et demourront ses III commissions pour renouveler à nostre profit, se li consaus l'acorde, et les articles aussis. Et ayés avis sus ce, car aucuns do consel dit que il y porroit avoir plus grant profit que de renouveler.

Item, une lettre de la cause Jehan Coquelet[1], qui demourra en esta pendant le plait do fil Henriart de Trammeri[2].

Item, la commission demourra pour renouveler, pour la demande de VI^m et V^c, pour ce qu'il a esté dit que à lui [Guillaume, archevêque] appartient à repanre[3], et pour ce que li hoir, ne li exéquteur, de son devancier arcevesque, ne s'en trayent avant; et l'ont jà mis la gent l'arcevesque pardevers la court.

Item, on doit panre une lettre de la protestation que maistre Guillaume Morel a fait pour les eschevins, au contraire de la protestation que a fait Estènes de Courtenay, qui s'est dis hoirs de l'arcevesque Robert. Et ne sont mie faites les protestations par escript; souvaingne-vous dou faire faire.

Item, une lettre que l'arcevesque a recongnut en jugement, que nous avons en tel cas, comme fu cils do Palais, commandement et deffences sus les bourgois dudit eschevinage, ou ainssis comme il est en registre de la court. Et en parlez à maistre Pierre de Maucruès.

Item, on a à repanre un arrest pour le fait de Jehan Buiron[4], et ses compaingnons.

Item, un arrest des héritaiges pour la cause de Briet do Bourt[5].

Item, un arrest pour les marés[6].

Item, un arrest qu'il a esté dit que nous responderiens à la demande l'arcevesque.

Item, un arrest qu'il a esté dit que l'arcevesque repanroit les procès que nous aviens contre l'arcevesque Robert, de la demande de VI^m et V^c de renouvelée[7].

Item, li articles des varlés, pour le fait du Palais, sont fais, mais

---

[1] Voir les actes du 18 novembre 1322, et des 4 avril, 8 novembre et 26 novembre 1323.
[2] Voir l'acte du 8 janvier 1323.
[3] Voir l'acte du 22 avril 1328.
[4] Voir l'acte du 5 décembre 1327.
[5] Voir un autre acte de même date.
[6] Voir l'acte du 1er décembre 1327.
[7] Voir l'acte du 22 avril 1328.

il ne sont mie acordez¹. *Item*, li articles des marés sont fais, et non acordés.

Item, li articles de Briet do Bourt sont fais, et non acordez.

Item, li article de la demande l'arcevesque de xxx^m livres tournois sont à faire²; si en parlés à maistre Pierre de Maucruès.

Item, l'enqueste de Saint-Remy est pardevers la court pour jugier, par l'acort des procureurs des parties³.

Item, de substituer autres procureurs, se besoins est.

Item, je ai bailliet la commission de vi mil et v^c, pour renouveler.

Item, prenez une lettre as requestes, pour les exéquteurs Garnier de Sueil.

Item, Bauduins Chevaliers a bailliet à Jesnot d'Avisi xlviii s. pour seaus; *item*, vi livres tournois xii s.; et de ce a-il bailliet une lettre de justice, et une lettre de la Baironne⁴, et v commissions renouvelées, qui montent seur tout xvii s. Somme qu'il doit, viii℔ xiii s.

CCCLXVII.

7 janvier 1329.

ARREST donné en parlement.... par lequel fu dit que les habitans du ban Saint-Remy de Reins contribueroient avec les eschevins et habitans de Reins, pour les frais de la guerre des enfans de Brieingne⁵.

Cart. B de l'archev., fol. 2. — Livre Blanc de l'Échev., fol. 21. — Arch. de l'Hôtel-de-Ville, renseign. — Archiv. du Roy., sect. jud., Jugés, regist. 3, fol. 20.

Philippus.... Notum facimus quod lite mota in curia nostra inter scabinos et habitatores banni archiepiscopi remensis ex una parte, et habitatores banni S. Remigii remensis ex altera, super eo quod dicti scabini et habitatores banni predicti dicebant, quod cum plures expensas et misias fecissent occasione guerre quam liberi de Brieingnia habuerant contra villam remensem, prefati habitatores banni S. Remi-

---

¹ Nous pensons qu'il est ici question du second des factums que nous avons publiés en note à la date du 13 mai 1327.

² Il s'agit ici d'une rédaction nouvelle des articles déjà produits en 1327, et qui forment le premier des factums publiés en note à la date du 13 mai 1327.

³ Voir l'acte du 7 janvier 1329.

⁴ Voir l'acte du 15 juillet 1326.

⁵ Voir les actes du 29 juillet 1311, du 24 août 1311, d'août 1311, du 10 mai 1315, du 6 décembre 1316, du 20 novembre 1321, et de juillet 1326.

gii contribuere debebant in expensis et misiis predictis, ad quod faciendum petebant ipsos compelli, plures raciones super hoc proponendo; prefatis habitatoribus predicti banni S. Remigii in contrarium dicentibus, et proponentibus quod [ad] dictam contribucionem faciendam minime compelli debebant, quamplures raciones ad finem predictam proponentes; super quibus hinc inde propositis, facta inquesta per certos commissarios per nos super hoc deputatos, jamque ad curiam nostram reportata, partibus predictis presentibus et auditis, ad judicandum recepta, visaque, et diligenter inspecta, per judicium nostre curie dictum fuit, quod predicti habitatores banni S. Remigii contribuent, una cum scabinis et habitatoribus banni archiepiscopi remensis antedictis, in expensis et misiis de quibus legitime liquebit, factis occasione guerre predicte[1]. In cujus rei.... Datum Parisius in parlamento nostro, vii^a die januarii, anno Domini millesimo ccc° vicesimo octavo.

CCCLXVIII.

CONVOCATION du chapitre, même des [chanoines] absens, pour délibérer de la cessation *a divinis* [à l'occasion de la querelle qui se rallume entre l'archevêque et son chapitre].

8 février 1329.

Invent. des Accords entre les archev. et le chap., p. 28.

CCCLXIX.

LOCATIO calceie Porte Vidule, a scabinis remensibus, calceiarum rectoribus, concessa[2].

22 mars 1329.

Archiv. de l'Hôtel-de-Ville, Domaine, liass. 24, n° 6.

Universis.... officiales remenses.... Noveritis quod coram J. de Mosomo, clerico curie remensis, notario imperiali, ad hoc a nobis specialiter deputato,.... propter hoc personaliter constituti Th. de Rohais, J. Coqueles li Pinte, scabini remenses, et Ponsardus li Couteliers, rectores calceiarum remensium, locaverunt, et titulo legitime locatio-

---

[1] Il se trouve, dans les Arch. de l'Hôtel-de-Ville, renseign., une commission au bailli de Vermandois, en date du 10 novembre 1330, pour faire exécuter cette sentence.

[2] Il existe dans la même liasse d'autres baux pour la même porte.
En 1344 elle est louée 104 liv.
En 1368............ 88
En 1382............ 74
En 1420............ 49

nis dimiserunt,.... Alberico dicto Tournenfouye, et Marie ejus uxori, presentibus, calceiam et omnes exitus, proventus, et levaturas calceie Porte Vidule, tenendos, levandos, percipiendos, et habendos, ab ipsis conjugibus, et eorum quolibet in solidum, a festo nativitatis B. Johannis Baptiste proximo venturo, usque ad tres annos continuos,.... tanquam rem locatam, liberam, et quictam ab omni onere et jugo servitutis et obligacionis quarumcumque, mediante locatione et pentione centum et sex librarum parisiensium pro quolibet anno.... predictis locatoribus solvendarum, ad quatuor terminos principales anni, ad quos pentiones seu locationes.... calceiarum et consimilium in civitate et suburbio remensibus ab antiquo solvi consueverunt; pro quibus centum sex libris par.... solvendis, dicti conjuges,.... et specialiter dicta mulier de auctoritate et assensu mariti sui, predictis locatoribus omnia et singula bona sua,.... et heredum suorum,.... assignaverunt,.... et assignasse recognoverunt, fide propter hoc in manu notarii predicti corporali prestita;.... promittentes etiam locatores predicti.... calceiam garendizare.... super hiis tengentibus conjugibus predictis,.... erga omnes juri et legi super hoc parere volentes; pro qua garandia locatores omnia et singula bona sua efficaciter obligant, et obligaverunt;.... renunciantes expresse partes predicte, quantum ad hoc, exceptioni rei ita non geste, conventionum sic non factarum, exceptioni doli mali, fraudis,.... omni privilegio crucis indulto et indulgendo, omni juris et legis auxilio canonico et civili, omni consuetudini et statuto cujuslibet loci, castri, ville, vel fori, omnibus respectibus et graciis a domino papa, seu domino rege Francie, aut ab alio principe, concessis, et concedendis,.... et omnibus aliis exceptionibus, cavillationibus, barris, tam juris quam facti, que possent objici contra premissa. In cujus rei.... Datum anno.... M. CCC. XX° VIII°, feria quarta post dominicam qua cantatur : *Reminiscere.*

CCCLXX.

8 avril 1329.

MANDATUM baillivo viromandensi, de scabinis remensibus in possessione judicandi in causis hereditariis, fundum terre tangentibus, in banno archiepiscopi, manutenendis.

Archiv. de l'Hôtel-de-Ville, renseign.

Jehans Blondel, baillis de Vermandois, à Robert de la Cousture, et

Philippe Paillart, sergens du roy no sire en la prévosté de Laon....
Nous avons veu les lettres dou roy no sire, contenant ceste fourme :

Philippus.... baillivo viromandensi.... E parte scabinorum banni.... archiepiscopi remensis, fuit nobis expositum cumquerendo, quod licet ipsi sint, et ejus predecessores.... ab antiquo fuerint, in possessione et saisina pacificis judicandi in curia dicti archiepiscopi, in omnibus et singulis causis hereditariis fundum terre tangentibus, in civitate remensi, vel in banleuca ejusdem existentibus, et emergentibus, infra dicti archiepiscopi jurisdictionem; nichilominus baillivus ejusdem archiepiscopi, in causis hereditariis ad dictam jurisdicionem spectantibus, motis inter abbatissam et conventum S. Petri ad moniales de Remis, et Joanne[m] de Nantolio ex una parte, et fratres B. Marie de Carmelo ex altera; *item*, in causa que pendebat inter Remigium dictum Cauchon ex una parte, et abbatissam et conventum Clarismaresii ex altera, judicavit, ipsis in nullo vocatis, impediendo eosdem conquerentes.... indebite et de novo, quamvis ex parte ipsorum conquerentium requisitus fuisset, ne ad judicatum in causis predictis procederet, sine ipsis; quare tibi committimus et mandamus, quatenus si, vocatis evocandis, celeriter et de plano constiterit de premissis, turbationem.... admoveri.... facias.... Si vero super iis oriatur aliquid debatum, ipso ad manum nostram tanquam superiorem posito, et facta per eamdem recredentia,.... partes ipsas adjornes ad diem tue baillivie.... [etc.] Datum Parisius, octava die aprilis, anno D. M° CCC° XX° VIII°.

.... Nous vous mandons...., que vous, pour nous, le mandement dou roy.... accomplissiés.[..., etc., etc.] Donné à Chauny, le venredy xxviii° jour d'avril l'an mil ccc vint et nuef.

TIERGEVILLE.

CCCLXXI.

EXÉQUUTOIRE pour adjourner à Chauny les eschevins de Reins, les bans de chapitre, de Saint-Remy et de Saint-Nichaise, pour respondre, et avoir du subside de chascun moy que li roys demanda l'an xxviii.

14 avril 1329.

Archiv. de l'Hôtel-de-Ville, renseign.

586　　ARCHIVES ADMINISTRATIVES

3 avril 1330.　Donné par copie, sus le séel Robert de la Cousture, serjant le roy no signeur en la provosté de Laon, l'an de grâce mil ccc vint et nuef, le mardi après Pasques flories.

14 avril 1329.　Jehans Blondel, baillis de Vermendois, à Robert de la Cousture, et Phelippe Paillart, serjant le roy nostre sire, en la provosté de Laon, ou à l'un d'eulz, salut. Nous avons receu les lettres du roy nostre segueur contenant ceste fourme :

29 mars 1329.　Phelippes, par la grâce de Dieu roy de France, au bailli de Vermendois, ou à son lieutenant, salut. Nous creons fermement que à la congnoissance de chascun de nos subgiés est venu, comment le roy d'Engletière, qui doit estre nous homs liges, de tout ce qu'il tient en la duché d'Acquitaine et ailleurs en nostre royaume de France, a esté et est désobéissans et rebelles de faire son devoir envers nous, combien qu'il ait esté sur ce sommés et requis deuement, et pour ce que nous ne poons mie bonnement ne devons souffrir, ne soustenir, telz manières de désobéissances et rébellions, sans y contrester, et les corrigier, et mettre à point, pour lesqueles choses il nous couvenra à faire grans frais, grans mises et despens, nous te mandons que tu te transportes ès villes et chastelleries de ta baillie, sous quelconques seingnories que elles soient, et requir de par nous, et enduises le plus amiablement que tu porras, les habitans d'icelles, qu'il nous facent subside convenable, par mois, ou autrement, en la manière qu'il te samblera le milleur et le plus profitable pour nous, et pour euls, pour maintenir nostre guerre contre le roy d'Engleterre, ou cas qu'il ne vaura venir à obéissance, et amender ce en quoy il a mespris et erré envers nous; et met diligence que ce qui ce lèvera par mois, soit levé pour le premier mois à ceste prochaine Ascencion, et de ce qui se lèvera autrement à l'avenant, en manière que nous nous en puissiens aidier à la semonce que nous avons faite d'estre à Bergerac à ceste prochaine Penthecouste, et leur ségnefie, que nostre entente n'est mie que aucune chose ne soit tourné par devers nous, en cas que nous aurins guerre, ainçois volons que ce qui en sera levé soit tenu en dépost pardevers euls, jusques à tant que vous sachiés se nous aurons guerre ou non. Donné à Paris, le xxve jour de mars, l'an de grâce mil ccc vint et huit.

DE LA VILLE DE REIMS.

Par la vertu desqueles lettres, nous vous mandons, et commettons, que vous, tantost ces lettres veues, alés à Rains, et appellé pardevant vous les eschevins du ban de révérent père en Dieu monsigneur l'archevesque de Rains, les eschevins du ban de chapitre de Nostre-Dame de Rains, les eschevins du ban de Saint-Remi de Rains, et les eschevins du ban de Saint-Nichaise de Rains, et leur monstrés, et faites lire, ces présentes lettres, et leur baillié copie, et leur enjongniez, de par le roy no sire, que il assamblent leur gens, et soient pardevant nous à Chauny au venredy après Pasques prochain à venir, tous avisez de faire telz responce à nous pour le roy, seur les choses contenues ès dictes lettres, qui doye estre agréable au roy no sire, et à nous, et que il en doient estre recommandés envers le roy no sire de bonne affection, et de vraie obéissance; ce que fait en aurés nous certefiez souffissamment, audit jour de venredi. Commandons à nos subgiés, requérons autres, que à vous, et à chascun de vous obéissent en ce faisant. Donné à Laon, le xiiiie jour d'avril, l'an m. ccc vint et huit.

CCCLXXII.

DÉLIBÉRATIONS [du chapitre assemblé] durant plusieurs jours, sur ses griefs contre l'archevêque.

Avril, mai, 1329.

Invent. des Accords entre les archev. et le chap., p. 28.

CCCLXXIII.

VINGT-SIX articles, les mêmes que ceux de 1327 [v. s.], au moins à peu de chose près, [contenant les griefs du chapitre contre Guil. de Trye, archevêque][1].

5 mai 1329.

Invent. des Accords entre les archev. et le chap., p. 28.

---

[1] « Ces articles furent présentés au sieur archevêque, et on lui remontra que ses prédécesseurs, même oncles des rois, avoient satisfait au chapitre pour les entreprises faites par eux ou par leurs officiers, comme Guillaume aux Blanches-Mains, archevêque-légat, cardinal, oncle du roi Philippe, auquel on signifia à Ipres en Flandres, en l'abbaïe de Saint-Martin dudit Ipres où il logeoit, que l'interdit seroit mis contre lui, s'il ne réparoit ses griefs. L'archevêque Guill. de Trie, se voyant ainsi pressé, appela du tout au saint siège pour lui et ses adhérens.... »
(Bibl. Roy. Reims, cart. iii, liass. de Guill. de Trie.)

CCCLXXIV.

12 mai 1329. SECONDE signification des 26 articles du chapitre à l'archevêque.

Invent. des Accords entre les archev. et le chap., p. 29.

CCCLXXV.

18 juin 1329. PREMIÈRE réponse de l'archevesque aux 26 articles du chapitre, assez semblable à celle qu'il avoit faite en 1327 [v. s.], d'ailleurs fort aigres, pleines de contestations, et ne proposant presque aucun ménagement [1].

Invent. des Accords entre les archev. et le chap., p. 29.

CCCLXXVI.

4 juillet 1329. ORDONNANCE du chapitre pour la cessation *a divinis....* signifiée à l'archevesque [2].

Invent. des Accords entre les archev. et le chap., p. 29.

---

[1] « Il propose seulement pour arbitres Th. de Sarnay, J. de Montclin, Gérard d'Ambonay, et l'on voit une procuration à eux donnée par luy pour cela, du jeudy après la Pentecoste, 1329. »

[2] « A la fin de l'acte de signification sont quelques actes de satisfaction ou réparation faites au chapitre par l'ordre de l'archevêque sur quelques articles, mais avec cette modification : *Pro bono pacis*, ou autres.

« Et ensuite la deuxième réponse de l'archevêque aux 26 articles, où il fait quelques offres et consent sur quelques articles que la chose : *habeatur pro infecta.* ».

Nous pensons que c'est de ces mêmes actes qu'il est question dans cet extrait pris Bibl. roy. Reims, cart. III, art. Guill. de Tric :

« Le doyen accompagné de plusieurs chanoines, sortit du chapitre, alla dans l'église, puis, étant monté au jubé, il annonça de là au peuple qui étoit en grand nombre dans la nef et dans le chœur, la cessation du divin service dans l'église de Reims, et dans toutes les autres églises de la ville et des fauxbourgs, au nom du chapitre.

« Cela fait, comparurent les procureurs de l'archevêque avec ses lettres pour satisfaire aux articles des griefs cottés par le chapitre; et de fait comparut en même temps un nommé Henriette lequel avoit mis le serviteur de Frédéric de *Janua*, chanoine de Reims, en prison et aux cachots, et se soumit en l'amande du chapitre. Les lettres de l'archevêque commençoient ainsi :

« Guillermus.... dilectis et venerabilibus
« filiis J. preposito, H. decano, G. cantori,
« ceterisque ecclesie remensis fratribus, fe-
« dus paterne dilectionis, in pacis authore
« pacem et dilectionem. Quamvis ad articu-
« los ex parte vestra nobis missos, respon-
« siones quas fecimus receperitis, de quibus
« credimus vos debere contentari, ac certos
« concanonicos vestros commiserimus ad sup-
« plendum, si in dictis responsionibus mi-
« nus plene, vel distrahendum si plus de-
« bito contineretur, et ad transigendum,
« pacificandum et concordandum vobiscum,
« et de concordatis ad faciendum debitam
« executionem, prout hec et alia in com-
« missione eisdem facta, cujus transcriptum
« excepistis, plenius continetur; qui prefati

CCCLXXVII.

SIGNIFFICATION du chapitre à l'archevesque, contre ce qu'il avoit fait pour empêcher la cessation dans les autres églises, et pour y faire reprendre le service.

20 juillet 1329.

Invent. des Accords entre les archev. et le chap., p. 30.

CCCLXXVIII.

TROISIÈME réponse et offres de l'archevesque portée verballement par les abbés de Saint-Remy, Saint-Nicaise, etc., etc., qui acquiesse à quelques articles, annulle quelques entreprises, propose un arbitrage[1].

30 juillet 1329.

Invent. des Accords entre les archev. et le chap., p. 30.

« commissarii fecerunt vobis oblationes, qui-
« bus mediantibus.... dissentiones inter nos
« possent et potuissent sedari; nichilominus
« nobis est relatum, quod ad instigationem
« aliquorum, intenditis ad cessationem a di-
« vinis procedere contra nos, quod faciliter
« de vobis inter quos sunt tot presbiteri et
« periti, credere non possumus. Verumta-
« men ut pateat omnibus evidenter quod pa-
« cem vobiscum habere volumus, et ex inti-
« mis affectamus, et ut cessationis periculum
« et scandalum penitus tollatur, prout sequi-
« tur vobis respondemus, et offerimus, pro
« bono pacis... »

« Suivent les réponses à chaque article du chapitre. Plusieurs de ceux qui avoient entrepris sur ses droits viennent amender au chapitre. Bien de ces entreprises sont déclarées nulles, et les choses remises au même état qu'elles étoient auparavant.

« Datum IV die julii, anno.... M° CCC° XX° IX°. »

[1] « 1°. Les articles 16, 17, 18 touchant les publications d'excommunication contre les chanoines, regardent l'exemption du chapitre de la juridiction et des censures de l'archevesque. — L'archevesque répond qu'il .... a même déjà obéy à la sentence arbitrale de 1328 qui porte qu'il révocquera touttes les procédures, sentences et censures portées par luy, ou son vicaire, contre les chanoines.

« 2°. Jurisdiction du chapitre dans l'église, et son immunité et exemption de la jurisdiction de l'archevesque, art. 1, 4, 14, 15. — Réponse. L'archevesque offre de faire faire satisfaction, émendant au chapitre par les appariteurs qui ont fait des exploits ou captures dans l'église, ou ceux qui ont commis quelques crimes. Quant au 4° article, la citation de l'abbé de Saint-Remy, faite par l'official par un mouvement de colère, *habetur pro infecta*, sans préjudice des parties. Cette question étoit indécise.

« 3°. Immunités des francs-servants, et juridiction du chapitre seul sur eux, art. 2, 5, 6; l'art. 2 regardant un valet de chanoine. — Réponse. L'archevesque a fait faire satisfaction au chapitre par le sergent qui a emprisonné le valet, et déclare nulles les procédures contre les francs-servants, art. 5 et 6 principalement.

« 4°. Immunité du cloître et maisons canonialles, art. 3, 10 et 11, emprisonnements et exploits faits dans ces maisons. — Réponse. L'archevesque offre d'envoyer le sergent au chapitre faire satisfaction touchant l'emprisonnement au cloître mentionné en l'art. 3; et il déclare qu'il n'a pas envoyé le sergent en la maison mentionnée au 10° ar-

CCCLXXIX.

5 septembre 1329.

ABSOLUCION de la récompense ordonnée à payer aux habitants de Reims par les religieux de Saint-Nichaise, à cause de la closture derrière leur église, ne l'ayant pas voulu prendre lesdiz habitants, quant lesdiz religieux, mesmes en jugement, et par plusieurs fois, leur en firent offre telle qu'estoit ordonné par sentence des commissaires à ce députez, l'an 1322[1].

Archiv. de Saint-Nicaise, liass. 13, n° 26.

CCCLXXX.

7 septembre 1329.

ORDINATIO de curiis remensibus.

Cart. AB du chap. — Et cart. B du chap., fol. 89.

ticle, et que la monition faite en la maison de Neapoléon de Romagne, *archid. eccl. rem. pro nulla et infecta* [*habetur*]. La monition et excommunication du bailly du chapitre à cause des actes de justice par luy faits en une maison du cloître, déclarée nulle....

« 5°. Immunités des maisons des chapellains, violée en prenant un religieux coupable chez un chapelain, art. 22. — Réponse. L'archevesque offre que *captio habeatur pro nulla et infecta, et per deputandos a partibus inquiratur veritas, si hoc licuit, vel non.*

« 6°. Inventaire du trésorier décédé, art. 7. — L'archevesque offre de s'en tenir à l'arrest de 1317. Touchant l'inventaire d'un chapelain, chanoine de Saint-Symphorien, art. 8 : *facta pro infectis habeantur, sine prejudicio utriusque partis, et inquiratur veritas.* Touchant l'inventaire du chapelain ou panetier n'ayant autre bénéfice sujet à l'archevesque. — Réponse. *Restituet vos ad confectionem inventarii, etc., etc., et impedimenta opposita* (sic) *adnullabit.*

« 7°. Droit de chaussée et d'avenage, article 13 et 24. — Réponse. L'archevesque s'en tiendra à ce qui a été ordonné par provision en 1326 [sur le droit de chaussée].... on écrira les noms des voituriers, etc. Pour l'avenage, il s'en tiendra à ce qu'a réglé Th. de Beaumetz, et on n'exigera que 5 s.

« 8°. Cessation *a divinis* violée dans la chapelle du palais, art. 21. — Réponse. Offre d'arbitres pour examiner les priviléges du chapitre.

« 9°. Place d'entre les pilliers de l'église prétendue par l'archevesque luy appartenir, art. 23. — Réponse : *Murus repositus est in pristinum statum, nec prejudicet capitulo, et sciatur veritas.*

« Dans le recueil du différent contre Guill. de Trye [recueil que l'éditeur n'a pu retrouver] se trouvent :

« Un Mémoire assez court sur les priviléges de chapitre, appellé : *Consilium parisiense.*

« Un autre Mémoire appelé aussi *Consilium parisiense*, sur trois questions, 1°. si l'archevesque a pu dénoncer les chanoines excommuniez *a canone*, se prétendants exempts. 2°. S'il a pu obliger le chapitre à luy montrer ses priviléges. 3°. Si l'église cathédrale peut estre exempte de l'évesque.

« Autre Mémoire plus étendu sur ces trois questions, et les priviléges du chapitre.

« Instructions et preuves sur tous les griefs du chapitre, faittes après la deuxième réponse de l'archevesque.

« Autres instructions et preuves des griefs après la troisième réponse. »

[1] Voir plus bas, décembre 1329.

DE LA VILLE DE REIMS.

Universis presentes litteras inspecturis, officialis remensis, necnon venerabilium virorum dominorum Philippi de Melduno remensis, et Neapoleonis de Romaignia remensis ecclesie, archidiaconorum, curiarum officiales, salutem in Domino. Noveritis quod nos, deliberatione super hoc prehabita diligenti, pro communi utilitate, de curiis remensibus in modum qui sequitur duximus ordinandum :

[I.] *Primo*, quod nullus procurator aliquid scribat et signet in ea causa in qua est procurator, quod debeat sigillari; immo nec aliquid, nisi signatum, per manus notarii sigilletur.

[II.] *Item*, quod nullus notarius, vel tabellio, sit conducticius alicui advocato seu procuratori, vel e converso; id est, quod faciat pactum cum aliquo advocato, vel procuratore, seu aliquo de curiis, de quota parte scriptorum suorum, vel de quota parte sue mercedis quam habere debeat pro salario suo. Et hoc inhibemus tam notariis, advocatis, tabellionibus, procuratoribus, quam aliis de curiis.

[III.] *Item*, quod extra civitatem remensem non sint aliqui residentes, nisi in majori archidiaconatu quadraginta de qualibet curia, et in minori triginta; qui foranei de nullo se intromittent nisi tantummodo de testamentis, recognicionibus, et factis, et greatis coram ipsis, tanquam coram notariis ad hoc specialiter evocatis, et procuratoribus, conscribendis. Citaciones et moniciones eciam facere poterunt, et signare, quas mittent ad curias sigillandas. Nullum autem de causis incoatis in se recipere poterunt compromissum, nec aliqua compromissa conscribere de causis hujusmodi incoatis, in quibus lis fuerit contestata in aliqua curiarum, nisi primitus licencia petita et obtenta ab officiali curie in qua causa extiterit incoata; de ceteris autem se nullatenus intromittent, nec extra metas archidiaconatus ad quem specialiter fuerint deputati aliquid recipere, seu agere tanquam notarii, poterunt. Quod si secus fecerint, officio suo sint privati, et aliter mulctandi, prout officiali cujus erit notarius, secundum excessus qualitatem, videbitur expedire.

[IV.] *Item*, quod nullus notarius sit de familia, sive ad expensas alicujus domus religiose, vel civis, presbiteri, vel advocati.

[V.] *Item*, quod nullus notarius de una curiarum, pro delicto suo cicitus, recipiatur in alia; et stabit relatui vel mandato officialis curie a qua citietur.

[VI.] *Item*, quod nullus notarius signet pro posse suo aliquam litteram que non debeat transire ad sigillum de jure, vel secundum consuetudinem et stilum curiarum.

[VII.] *Item*, quod nullus notarius scribat litteram unam unde plures littere debeant fieri, nisi super hoc ab officiali, sigillifero, registrario, vel procuratoribus seu promotoribus illius curie petita et obtenta licencia speciali; et in fine littere per quem transiverit, caveatur.

[VIII.] *Item*, statuimus quod nullus notarius remensis [*sic*, Remis?] residens, extra civitatem et suburbia remensia suum officium exercere presumat, nisi de permissu et mandato officialis, vel sigilliferi, seu registrarii, vel procuratoris curie ad excessus, et non ultra quindecim dies; et pro istis non faciat moram in fraudem residencie sue non faciende in civitate. Quibus sic missis certum statuimus salarium, videlicet tres solidi parisienses pro dieta, nec plus, deductis expensis et scriptura sua.

[IX.] *Item*, quod nullus usurpet officium alterius aliquo modo.

[X.] *Item*, quod in litteris recipiendis sint fideles, cauti et diligentes notarii, ad hoc certi deputati in qualibet curiarum, usque ad numerum (?) infrascriptum; qui nec recipient aliquam recognicionem, nisi prius per se, vel per alios ydoneos, cognoverint recognoscentes exposita, prout moris est, articulis in litteris apponendis. Nec recipiatur aliqua recognicio in loco inhonesto, suspecto, vel inhabili ad recognoscendum, nec quando verisimiliter notarius percipere poterit per alicujus dolosam decepcionem, vel pressuram, litteras vel recogniciones requiri.

[XI.] *Item*, et de officio apparitorum quos ad hoc certos et fideles, videlicet in curia remensi usque ad quatuordecim, in curia domini remensis archidiaconi totidem, et in curia domini remensis ecclesie archidiaconi quinque, deputamus, districtius inhibemus ne de aliqua monicione, nisi cum clausula : *Nisi causam*, et diem certam assignando causam allegare volentibus, se intromittere audeant vel presumant. Et semper super illis ab officiali, sigillifero, registrario vel procuratore curie ad excessus, petita licencia super hoc, et obtenta; et salario antiquitus statuto in omnibus sint contenti.

[XII.] *Item*, quod nec eant ad citaciones faciendas extra parochias remenses, nec eciam signent aliquid quod debeat sigillari, nec citent aliquem de civitate auditurum raciones contra monicionem factam, ut per hoc suspendatur monicio, nisi de die citacionis facte usque ad crastinum, si dies non fuit feriata, et si fuerit feriata, ad diem non feriatam immediate sequentem; nec citent aliquem de hora in horam, eadem die, nisi cum causa, et tunc similiter petita super hoc licencia, et obtenta.

[XIII.] *Item*, statuimus quod non fiant arrestaciones vel saisine, nisi de speciali mandato officialis mandate (?), vel ejus vices gerentis, vel sigilliferi, seu registrarii, aut procuratoris excessuum.

[XIV.] *Item*, quod non requiratur seu repetatur aliqua causa in una curia per aliquem notarium, vel apparitorem, seu alium de curiis, nisi hoc faciant procuratores excessuum pro suis prevencionibus, per se, vel per notarium, vel apparitorem, vel de mandato officialis, sigilliferi, registrarii mandantium, vel eorum vices gerencium. Et exprimatur quo die, vel tempore, causam requisitam pro qua requiret, procedere incoaverit.

[XV.] *Item*, quod nulli concedantur moniciones generales, et citaciones, nisi per officialem dumtaxat, causa preexistente legitima.

[XVI.] *Item*, quod in uno citatorio contineantur tantum sex nominati, et uni persone responsuri tantum, nisi sit causa conjuncta, videlicet pluribus responsuri super eodem; et nisi ab officiali, sigillifero, registrario, seu procuratore curie ad excessus, aliud specialiter concedatur. Et hoc in fine littere exprimatur, et per quem transibit.

[XVII.] *Item*, quod nullo modo signetur littera monitoria simplex, nisi prius videatur littera recognitoria sigillata.

[XVIII.] *Item*, quod non fiat monicio per unam litteram, nisi tamen de una littera recognitoria, vel de pluribus contra eundem debitorem.

[XIX.] *Item*, quod notule, acta et processus, saltem concluso in causa, sigillentur.

[xx.] *Item*, statuimus quod nullo modo de cetero instituantur registrarii, vel procuratores, seu promotores excessuum, in dyocesi; et si ad presens sunt, eos prius revocamus. Et si procuratores, vel promotores excessuum, vel registrarius, vel alter eorum, se a civitate absentet usque ad octo dies, et non ultra, quantum ad prevenciones obtinendas, suo utatur et uti possit officio; et si reversus, iterato velit se absentare, ne data opera eludatur statutum, eciam per dictos octo dies, quoad prevenciones obtinendas, suo non utatur officio, nisi Remis resederit idem procurator, saltem per mensem.

[xxi.] *Item*, quod littere de audiendo (?) ex notulis non sigillatis, non transeant.

[xxii.] *Item*, quod caveant audientiarii, ne dent litteras contrarias; nam si quis eorum in hoc compertus fuerit culpabilis, et convictus, non tantum per penam amissionis officii in quo delinquerit, sed ad refundendas expensas parti quam leserit, et aliter graviter, per officialem punietur.

[xxiii.] *Item*, quod non sit aliquis notarius plurimarum curiarum.

[xxiv.] *Item*, quod in aliqua curiarum non recipiatur aliquis ad aliquod officium, nisi actualiter possit et velit dictum officium personaliter exercere; et nemo plura in eadem curia diversa officia, sed unicum dumtaxat eodem tempore obtineat, nisi hoc aliquibus in curia remensi per dominum remensem archiepiscopum, seu ejus vicarium, et in curia cujuslibet archidiaconi, nisi aliquibus per archidiaconum, seu ejus vicarium, in spiritualibus fuerit specialiter super hoc dispensatum; dum tamen per hoc notariorum numerus nullatenus augmentetur.

[xxv.] *Item*, quod nullus clericus, vel laycus, qui privilegio vel exemptione aliqua gaudeat, seu gaudere possit, in aliqua dictarum curiarum officium habeat, vel retineat.

[xxvi.] *Item*, quod uxor, et familia cujuscumque excommunicati auctoritate alicujus dictarum curiarum, occasione participacionis cum excommunicatis hujusmodi, nisi in eas latum fuerit interdictum, nullatenus careant ecclesiastica sepultura; sed si non sit aliud quam participacio sola quod obsistat, eisdem ministrentur omnia ecclesiastica sacramenta.

[XXVII.] *Item*, quod in aliqua dictarum curiarum, in causa civitatis, vel dyocesis, non taxabitur ultra sex denarios parisis., ratione unius notule, pro salario alicujus procuratoris residentis.

[XXVIII.] *Item*, quod nullus creditor, procurator, vel alius, in qualibet aggravacione ultra duodecim sigilla apponi faciat, una cum sigillo illius curie cujus auctoritate talis facta fuerit aggravacio; nec amplius quam duodecim singula [*sic*, sigilla?] quomodolibet de cetero taxabuntur.

[XXIX.] *Item*, non compellentur executores alicujus ultime voluntatis, in formam redigi facere per notarium ordinacionem hujusmodi, eciam ad certe partis hoc fieri instantem peticionem, nisi talis ordinacio centum solidorum summam excedat; et caveant sibi procuratores excessuum in talibus ultimis voluntatibus, citra centum solidos, ne indebite vexent executores, vel heredes, pro racione reddenda, vel aliter, nisi ad denunciacionem vel requisicionem alicujus hoc fieri petentis, cujus nomen, in suis processibus propter hoc faciendis, inscribant.

[XXX.] *Item*, quod deputati ad officium sentenciarum tabelliones, posicionarii, audienciarii, et notarii quicumque, tenebuntur de cetero competenter rotulos, et alias scripturas, facere, ac moderatum et justum recipere salarium, et ponere fideliter in fine cujuslibet scripture, quantum pro scripturis, actis, notulis, munimentis quibuscumque factis coram ipsis, recipient. Et super hoc omnes predicti in curia officia gerentes, tenebuntur prestare juramentum; et si sui juramenti recipiantur [*sic*, reperiantur?] transgressores, suo in quo deliquerint, privabuntur officio.

[XXXI.] *Item*, procuratores curiarum, ad excessus corrigendos deputati, jurabunt quod in suis officiis fideliter se habebunt; quibus injungimus quod moderate pro suis salariis et expensis, et nullatenus plus debito, exiguant, nec alias quomodolibet circa suum officium excedant, alioquin severissime punientur, et a suis expellentur officiis.

[XXXII.] *Item*, quod quum inter curias fuerit super prevencione aliqua determinatum ad quam curiam debeat prevencio pertinere, alterius curie ministri nichil petent, nec petere poterunt de suis expensis, nisi dumtaxat pro scripturis, sigillis, et pro uno nuncio; et tunc taxacio exigetur moderata. Et si super nimia et immoderata taxacione questio referatur, officialis curie penes quam prevencio remanebit, questionem audiet; et super hujusmodi expensis, sue stabitur ordinacioni.

[xxxiii.] *Item,* cum aliqua curia habuerit prevencionem de quodam facto, seu delicto, alia curia non poterit habere cognicionem de accessoriis ipsius facti, seu delicti, seu de dependenciis de ipso delicto, et ipsum delictum tangentibus; sed illa curia que ipsius facti seu delicti habuerit prevencionem, cognoscet in solidum de accessoriis ipsius delicti, seu de accessoriis in eodem, eciam si de hujusmodi facto seu delicto mors subsequatur.

[xxxiv.] *Item,* quod nulli notario liceat in manu sua tenere pro suspensa (?) aliquam monicionem ad cujuscumque instanciam impetratam, contra quamcumque personam, cujuscumque condicionis existat, ultra terminum octo dierum, absque scriptura et sigillo.

[xxxv.] *Item,* quod registrariis, et procuratoribus excessuum, tabellionibus, posicionariis, et audienciariis, omnino, atque apparitoribus in ea causa in qua officium tanquam apparitores exercuerint, non licebit in causis alienis, in civitate, et dyocesi remensibus, in dictis curiis, advocacionis vel procuratoris officium exercere.

[xxxvi.] *Item,* statuimus quod in curia remensi sint nonaginta notarii ad plus; quorum quinquaginta quinque tantum recipient recogniciones.

[xxxvii.] *Item,* quod in curia minoris archidiaconi, sint viginti novem notarii; quorum decem otto tantum recipient recogniciones, ita quod in numero dictorum notariorum sigilliferi, registrarii, et procuratores excessuum dictarum curiarum, receptores actorum in curia remensi minime computantur.

[xxxviii.] *Item,* quod in altera dictarum curiarum ad declinandum alterius curie forum nullus admittatur seu recipiatur notarius, vel in aliquo officio constituatur.

[xxxix.] *Item,* statuimus quod nulla peticio, nullum factum peremptorium, signetur, vel sigilletur, absque concilio advocati cujus nomen subscribatur, nisi caveatur in fine quod consilium actor, et (?) habere noluit propter paupertatem, et habuit (?) per officialem.

[XL.] *Item*, quod inter clericos juratos foraneos, nullus curatus, capellanus, vel matricularius, statuatur.

[XLI.] *Item*, statuimus quod omnes littere recognitorie, et obligatorie, que ante datam presentem sunt recepte, sigillentur infra festum Purificacionis B. Marie Virginis proximo venturum, alioquin abinde postea non sigillabuntur; immo decrevimus eas nullius esse momenti, et irritas nuntiabimus.

[XLII.] *Item*, statuimus quod non fiat relaxacio bannorum, preterquam super unno banno tantum, nisi de communi consensu curiarum procedat.

[XLIII.] *Item*, quod non fiat gracia super relaxacione taxacionis antiqui sigilli, nisi personis quibus ab antiquo fieri est consuetum; nec aliquatenus fiat in fraudem, vel prejudicium, aliarum curiarum. Et hoc promittent bona fide sigilliferi, et coadjutores, seu vices gerentes eorumdem.

[XLIV.] *Item*, quod una curia habeat nomina registrariorum, procuratorum excessuum, notariorum, et apparitorum alterius; et aliquo notario, vel apparitore alterius curie decedente, vel amoto, nomen substituti significetur alteri curie, antequam de suo officio se intromittat.

[XLV.] Hanc autem ordinacionem nostram, et statuta prout superius sunt descripta, jurare teneantur, et jurent procuratores excessuum, notarii, et apparitores, se fideliter servaturos, prout contingit quemlibet eorumdem; et nos premissa servaturos tempore nostri regiminis promittimus, bona fide.

In cujus rei testimonium, presentem ordinacionem sigillis curiarum earumdem fecimus unanimiter sigillari. Actum anno Domini millesimo trecentesimo vicesimo nono, feria quinta in vigillia festi Nativitatis B. Marie Virginis. — Publicatum fuit tercia, post Mathei.

CCCLXXXI.

CONCILIUM compendiense contra impedientes libertatem ecclesiarum.

8 septembre 1329.

Cart. E du chap., fol. 72. — Labbe, Concil., XI, 1774.

CCCLXXXII.

17 décembre 1329.

PROCÈS-VERBAL du refus fait par le chapitre de souffrir qu'on leut dans le chapitre un mandement ou ordonnance que Guill. de Trye vouloit faire publier.

<small>Invent. des Accords entre les archev. et le chap., p. 26.</small>

CCCLXXXIII.

30 décembre 1329.

MANDATUM regis baillivo viromandensi, ut inquirat de captione burgensis remensis quem armiger quidam ceperat, asserens eum esse suum hominem de corpore.

<small>Archiv. de l'Hôtel-de-Ville, renseign.</small>

Philippus.... baillivo viromandensi, aut ejus locum tenenti.... Archiepiscopus remensis in nostra salva guardia speciali, una cum bonis, rebus, et hominibus suis omnibus existens, facta primitus protestatione per eum quod ad penam criminalem factum hujusmodi insequi non intendit, ac scabini de banno dicti archiepiscopi, et J. Boutefigue, burgensis ipsius, nobis exponi fecerunt conquerendo, quod cum causa inter dictum Boutefigue ex una parte, et J. de Verisiaco armigerum ex altera, in curia ipsius archiepiscopi, presentibus scabinis ad quos cognitio et judicia causarum motarum in dicta curia tangentium burgenses pertinere dicuntur, mota fuisset, et adhuc penderet, super eo quod idem armiger dictum Boutefigue suum esse hominem de corpore asserebat; dicto Boutefigue in contrarium allegante quod causa hujusmodi pendente, idem armiger cum pluribus suis in hac parte complicibus, pensatis insidiis, dictum Boutefigue in itinere publico Remis Parisius accedentem ceperunt, ligaverunt, rapuerunt et sic ligatum de loco ad locum, tam de die quam de nocte, duxerunt fraudulenter et malitiose, ut causa predicta deperire posset, salvam ac specialem gardiam nostram violare non verentes.... Nolentes talia remanere impunita, tibi committimus et mandamus quatenus te super hoc secrete informes, et quos per informacionem, famam publicam, vel aliter, suspectos inveneris, ipsos una cum bonis suis omnibus, ubicumque extra loca sacra et religiosa repertos, capias, seu capi facias, et sic secure teneri absque recredentia seu deliberatione de eis interim faciendis, quod de ipsis.... possit debitum exhiberi justitie complementum; ac post modum de et super premissis, et earum circonstanciis universis, evocatis evocandis, inquiratis cum diligentia veritatem; et quos per inquestam culpabiles inveneris, [ipsos taliter punire studeas, quod eorum punitione ceteri a talibus perpetrandis compescantur, ac de bonis culpabilium conquerentibus pro injuriis predictis emendas prestari, dicto Boutefigue et expensas ob hoc factas per eum de quibus liquebit restitutionem fieri facias, ac in ipsorum residuo bonorum jus nostrum serves illesum....

Datum Parisius, die penultima decembris, anno M. CCC. XXIX°.

CCCLXXXIV.

VIDIMUS, et admortissement, de l'absolution rendue au proffit de l'abbaye de Saint-Nichaise, par Gobert, lieutenant du bailly de Vermandois, pour la rescompense que debvoit ladite abbaye aux habitantz de Rheims, ne l'ayantz voulu recepvoir ou accepter; pour la closture faicte derrière la coiffe de l'église Saint-Nichaise. *Décembre 1329.*

Archiv. de S.-Nicaise, lias. 13, n° 27.

Philippus Dei gratia Francorum rex, notum facimus.... nos infrascriptas vidisse litteras, formam que sequitur continentes :

A tous ciaus qui ces présentes lettres verront et orront, Gobers Sarrazins de Laon, lieutenant dou bailli de Vermandois, salut. Sachent tuit que nous avons receu les lettres de honorable home, et sage, le bailli dessusdit, contenant ceste forme : *5 septembre 1329.*

Jehans Blondel, bailli de Vermandois, à nostre ameit Gobert Sarrazin de Laon, notre lieutenant, salut. Nous avons veu les lettres dou roy nostre sire, contenant ceste forme : *30 avril 1329.*

Philippus... baillivo viromandensi, vel ejus locum tenenti, salutem. Conquesti sunt nobis religiosi viri abbas, et conventus, monasterii S. Nichasii remensis, quod cum carissimus dominus noster Philippus quondam Francorum et Navarre rex, voluerit et ordinaverit, quod clausura et edificia dicti monasterii, contigua muris et fortaliciis civitatis remensis, super quibus lis pendebat inter dictos religiosos, ex *1er janvier 1329.*

una parte, et scabinos et cives remenses ex altera, in statu in quo tunc temporis existebant, perpetuo remanerent, lite predicta, et processibus quibuscunque super hoc inter partes ipsas factis, cessantibus, et super hoc eisdem scabinis et civibus, sua potestate regia, et ex certa sciencia, perpetuum imposuerit silencium, salva tamen scabinis et civibus predictis competenti compensatione, de eorum interesse, ob deffectum eundi et agendi, tempore futuro, infra fortaliciam supradictam, ad ipsius domini nostri voluntatem et ordinationem, per dictos religiosos faciendam, prout hec in litteris dicti domini nostri super hoc confectis, et postmodum per carissimum dominum nostrum Karolum, quondam dictorum regnorum regem, confirmatis, dicuntur plenius contineri; dictaque compensatio, per certos commissarios, ex parte domini regis Karoli super hoc deputatos, fuerit, sentencia, declarata, et eisdem scabinis et civibus adjudicata; et quia dicti cives, et scabini, dictam compensationem recipere et acceptare nolebant, licet ex parte dictorum religiosorum pluries eisdem oblata fuerit; tibi, seu predecessori tuo, per litteras dicti Karoli regis mandatum fuerit, quatinus dictos cives et scabinos ad hoc compelleretis, nichilominus hoc hactenus non extitit, ut dicitur, executum, in dictorum religiosorum prejudicium et gravamen. Quare nos, volentes ipsos religiosos super hoc securos et pacificos remanere, tibi committimus et mandamus, quatinus dictis civibus et scabinis ex parte nostra intimes, et injungas, ut ipsi infra mensem post festum S. Pasche proximo venturi, dictam compensationem acceptent, et recipiant, vel omnino renuncient; quod si infra dictum tempus non fecerint, dictos religiosos ab eadem perpetuo deliberes, et absolvas, et ex parte nostra perpetuum silencium super hoc imponas civibus et scabinis antedictis.... Datum Parisius, prima die januarii, anno Domini millesimo trecentesimo vicesimo octavo.

Par la vertu desqueles lettres, nous vous mandons, et commettons, que vous, pour nous, et en lieu de nous, le mandement dou roy nostre sire.... accomplissiez et mettés à exécution deue, de point en point, selon la teneur d'icelles. Commandons à nos subgés, requérons autres, que à vous obéissent et entendent diligemment en ce faisent... Donné à Chauny, le xxixe jour d'avril, l'an mil trois cens vint et nuef

DE LA VILLE DE REIMS.

Par la vertu desqueles lettres, nous, à la requeste dou procureur de religieuses persones l'abbeit et le couvent de Saint-Nichaise de Reins, nous transportâmes à Reins, le venredi après la quinzaine de Pasques, l'an mil ccc vint et nuef, et à ycelluy vendredy, et au lundi après ensuivant, feismes assambler et appeler, pardevant nous, en divers lieus et pluseurs, lez eschevins et bourjois dou bon [*sic*, ban?] révérent père en Dieu Mgr l'arcevesque de Reins; et eaus présens, leur feismes lire et exposer, de mot à mot, nostredicte commission, et avec ce leur certefiâmes et enjoingnîmes, par la vertu doudit mandement, que il eussent prise et acceptée, dedens le mois de Pasques dessusdictes, la récompensation contenue oudit mandement, ou renunciet à ycelle, selonc ce que il estoit contenu en ycelluy mandement, si comme il appert plus pleinnement par nos lettres faites sur ce, contenant ceste forme :

12 mai 1329.

A tous.... Gobers Sarrazins de Laon.... Nous avons veu les lettres de honorable homme et sage, le bailli dessusdit, contenant ceste forme ¹ :

15 mai 1329.

Par la vertu desquelles lettres, nous nous transportâmes à Reins, le venredi après la quinzaine de Pasques, l'an mil ccc vint et nuef, et à ycelluy venredi feismes assambler les eschevins de Reins, ou lieu où il ont acoustumé à assembler ; et ce fait, nous, présens lesdis eschevins, feismes lire nostre commission dessusdicte de mot à mot, par la vertu de laquele, nous leur enjoinasmes, et feismes intimation, que il présissent ladite récompensation, contenue ou mandement dou roy nostre sire ; liquel respondirent que ceste chose touchoit les citoiens de Reins, liquel n'avoient mie esté appelé, et n'en povoient mie bonnement respondre sanz euls. Et sur ce, nous feismes adjorner lesdis citoiens, et les eschevins, par un sergent le roy no sire, au lundi ensuivant après, à heure de prime, as Cordeliers à Reins; et là nous transportâmes, et derechef nous feismes lire nostredicte commission, présens lesdis eschevins et citoiens; et ce fait nous leur requésimes, et feismes intimation, que dedens le jour contenu oudit mandement, il eussent prins ladite récompensation, ou renunciet à ycellie ; et se fait

---

¹ Ici se trouvent répétées les lettres du 29 avril 1329, et du 1er janvier de la même année

II.

ne l'avoient, nous feriens le sorplus de ce que commis nous estoit. Et présent nous, li procurères desdis religieux leur offri par pluseurs fois, en deniers d'or, pour l'année présente et pour les années passées, à baillier ladicte récompensation; liquel eschevin et citoien respondirent, que il veoient bien l'offre, et l'intimacion que on leur faisoit, et dirent que il se garderoient de meffaire, et se pourchasseroient par raison. Donné à Reins, le lundi dessusdit, l'an mil ccc vint et nuef.

Et en après, pour ce que nous ne saviens se, dedens le terme dessusdit, lidit eschevin et bourjois avoient prise et acceptée ladite récompensation, ou renunciet à ycelle, si comme enjoint leur avoit esté de par nous, en la manière qu'il est dessusdit, nous, à la requeste dou procureur desdis religieux, feismes adjorner derechief lesdis eschevins et bourjois, pardevant nous, à Reins, contre lesdis religieux, au dymanche prochain après la feste dou Saint-Sacrement, pour parfaire et acomplir ledit mandement dou roy no sire dessusdit, si comme il appert plus plainnement par la teneur de nostre commission, et la rescripcion dou sergent faite sur ce contenant les formes qui s'ensuivent :

13 juin 1329. Gobers Sarrazins de Laon,.... à Robert de la Cousture et Phelippe Paillart, sergens le roy no sire, en la prévosté de Laon, ou à l'un d'iaus, salut. Nous avons veu les lettres de honorable home et sage, le bailli dessusdit, contenant ceste forme[1].

.... Et pour ce que nous ne savons se [les eschevins de Reins et les bourjois] ont prinse ladite compensation, ou entendent à penre, nous vous mandons et commettons, que vous, ou li uns de vous, adjornés à Reins pardevant nous, au dimanche prochain après la feste dou Saint-Sacrement, lesdis eschevins, et habitans, pour savoir se il ont prins ladite compensation, par coi nous puissiens parfaire les choses contenues ès lettres dou roy no sire dessusdites ainsins comme raison donra. Ce que fait en aurés, ou li uns de vous, nous rescrisiez audit jour et lieu. Donné à Laon, le mardi prochain après la Penthecouste, l'an mil ccc vint et nuef.

17 et 18 juin 1329. Item, à honorable homme, et sage, son chier signeur et maistre,

[1] Ici se trouvent de nouveau répétées les lettres du 29 avril, et du 1ᵉʳ janvier 1329.

Gobert Sarrazin de Laon,.... Phelippes Paillars, sergens dou roy.... Chiers sires, savoir vous fais que je ay receues vos lettres, ès quelles ceste moye rescripcion est annexée, par la vertu desquelles lettres je ay adjorneit à Reins pardevant vous, au dymanche prochain après la feste dou Saint-Sacrement, Jehan dit Quarré, Jehan dit Coquelet la Pinte, Henry de Saint-Marc, Menissier dit Cauchon, Jehan dit la Nage, Weude dit la Late, à leurs personnes; Jehan dit Guépin, Guillaume de Chaumont, Gérart Ingrant, Thomas de Rochais, et Thiébaut dit Hurtaut, en leurs hostiex; tous eschevins, et comme eschevin de Reins, le samedi après la Penthecouste. *Item,....* à ce jour Henry le Large, Jehan Chevalier, Thomas Coquelet, Thiébaut le Chastelain, Hue le Large le viel, Jehan le Large Tachet, Guy Leurier, Jesson Alart, Fourque le Nain, Thiébaut de Courmeloy, Weude de Bourgoingne, Renaut de Châlon. *Item,....* le dymenche ensuivant, jour de la Trinité, Mile de Loivre, Garin de Trois-Puis, Garnier Lalemant, Pierre de Ventelay, Baudart l'estaminier, Gérart d'Escri, Aalis la Picavette, Perrart Guillart, Jehan de Couci, Gérart de la Marche, Renaut le savetier, Quarré de Blanzi, Jehan Clignart, Maheu la Fernague, Jehan de Sauce, Bricet le Chien péletier, Jaquet le barbier, Jehan de Chaumont, Gérart menissier, Pierre Yngrant, Aubri Bouiron, Jaque la Prestine, Gile Chevalier, Franque de Malle, Marie la Buironne, Menissier le Pois, Pierre le Chastellain, Jaquet Hureguet, Oudart Engermeit, Emelot de Clermont, Pierre le Camus, Gobert le boulengier, Robert fil le Douls, Jehan Bouiron, Aubry Raguet, Pierre Bérangier, Rogier le Petit, Pasque la Bouironne, Gile fame jadis Remy Cauchon, Gilet de Ruffey, Aalis la Pasquarde, Jehan Pasquart, Pierre d'Escri, Jehan de Caurroy, Jehan de Chaumont, Sébille des Portes, la fame Raoul Loilier, Jehan le Buef, Jehan Engermeit, Wautier le mercier, Jehan de Paris, Jehan le Traue, Thiébaut Quoquelet, Jaquet Leurier, Remy Chevalier, Thiébaut le Chastellain le jone, Alart l'escuillier, Gérart l'escuillier, Jehan la Gobe, Wautier Aligot, Pierre l'escuillier, Gérart l'espicier, Andray l'escuillier, Jaque Grenier, Guiot de Soissons, Jehan le Chastellain, Robin le Blanc, Remy dou Plaissier, Jehan de Maruel, les enfans Lambert le Mercier, Bernart de Saint-Leu, Thiébaut des Portes, Baudenet Picaveit, Ponsart d'Avaus, Jesson le Clerc, Contan le Serrier, Perrot Macart, Bauduyn de Saint-Remy, Thiébaut le Clerc, Thiébaut le Leu, Franquet Panfilet, Gérart Triquecel, Jehan Cligne-Oreille, Pierre de Besennes, Remy la Nage, Jehan la Nage, Pierre le Thiés, Jehan de Goussencourt, Bauduyn de l'Ostel, Henry de Saint-Thimotiey, Jehan de Cambray, Raulet Ingrant, Raoul Coquelet, Jehan le Gieu, Gérart Cauchon, Remy Daumé, Jehan de Bourgoingne, Hue le Large le jone, Jehan le Petit, Raoul la Coque, Aubry Cochelet, Jaquet de Trois-Puis, Pierre Maigret, Henry d'Aubilli, Jehan de Blanzi, Aubry de Thuisy, Perrart de Trois-Puis, Jesson Bedelet, Perricart le Gieu, Baudenet Maigret, Blaivesson à la Tache, Guiot de Saint-Marc, Perart de Saint-Marc, Renaudin le Gieu, Pierre la Nage, Simon le saunier, Jehan d'Ardanguien, Huet le taulier, Pierre le taulier, Pierre Gergaut, Pierre Cauchon, Raoul le Parmentier, Ysabel l'Aumignasse, Hue le cirier, Simon dit d'Auffart le jone, Jaque de Brimond, Ermenjart la Balecte, Jehan de Saint-Nichaise, Gérart le déchargeur, Jehan de Vianne wastellier, Jesson Godet, Guillaume d'Avenson, Remy le potier, Henry de Torcy, Robert le Bateux, Thierry Galieste, Guillaume Bienfaisent, Bernart le cordier, Pintart Robin de Bures, Aubry le verrier, Jehan le wastellier, Colin le cordier, Morise le mercier, et Jehan dou Chaine, bourjois et habitans tuit dou ban l'arcevesque de Reins, à pluseurs des dessusnommez en leur hostex, et à pluseurs à leur personne, pour aler avant pardevant vous, à ladite journée, selonc ce que il est contenu ès lettres dou roy no sire, ainsis comme raisons donra; et ay amplit votre mandement, selonc sa teneur. Et ce vous certefié-je, par la teneur de ceste rescripcion sellée de mon seel. Ce fu fait le samedi après la Penthecouste, et le dymanche ensuivant, l'an de grâce mil ccc vint et nuef.

Laquele journée doudit dimanche fu continuée par pluseurs journées, tant de nostre office, pour aucuns empeschemens que nous aviens pour cause dou roy no sire, comme à requeste desdis eschevin et bourjois, et dou consentement des parties, jusques au mardi après feste Saint-Jehan Décollace, ensuivant après; à laquele journée.... se présentèrent pardevant nous, à Reins, en jugement, lidis eschevin et bourjois d'une part, et li procurères desdis religieus, souffisanment fondés d'autre part; liquels procurères nous requist, à grant instance, que ledit mandement dou roy no sire vosissiens parfaire, et acomplir en délivrant et en absolant lesdis religieus, et leur église, de ladicte récompensation, tant pour cause des arriérages d'ycellie, comme pour cause dou temps à venir, si comme il estoit contenu oudit mandement, comme dedens le terme dessusdit lidit eschevin et bourjois ne eussent volut prenre ne accepter ladicte récompensation, si comme enjoint leur avoit esté. Et avec ce, de habundant, et derechief, leur offri et offroit encore à ycellie journée doudit mardi, pardevant nous, en jugement, lidis procurères en deniers d'or, ladicte récompensation, tant pour le temps passeit, comme pour le temps présent; laquele récompensation et offre ne vaurrent penre, ne accepter, lidit eschevin et bourjois, en disent et en proposent que à ce n'estoient tenu, ne faire ne le pooient, comme ceste chose touchast tout le commun de la cité de Reins, et des villes voisines, liquels communs n'avoit mie estoit appelés, ne adjornés à ce souffisenment; pour quoy n'en entendoient plus à faire, quant à présent; sauf ce que il faisoient protestation de poursuir leur drois ou temps à venir; le procureur desdis religieus disent et proposent au contraire, c'est à savoir que il n'avoient à faire, quant à ce, fors seulement que contre lesdis eschevins et bourjois dou ban Mgr l'arcevesque de Reins, et que à ce avoient esté appelé et adjorné souffisenment, si comme il apparoit par la teneur dondit mandement dou roy no sire dessusdit, et par les procès et les adjornemens fais sur ce, desquels il offroit à faire foy. Pour quoy nous, veu lesdis procès et adjornemens, oïes et considérées les requestes et les raisons proposées et alliguées d'une partie et d'autre, et tout ce qui nous pooit et devoit mouvoir par raison, eu conseil et délibéracion sur ce, par la vertu doudit mandement dou roy no sire, et de la commission doudit bailli envoié à nous sur ce, lesdis religieus de Saint-Nichaise de Reins, et leur église, et avec ce leurdit procureur en nom d'iaus, et pour yaus, avons délivreit et absols, délivrons et absolons, à plein, de ladicte récompensation, tant pour le temps passeit comme pour le temps à venir; et avec ce meismes, mettons et avons mis, à tousjours mais, perpétuel silence ausdis eschevins et bourjois, sur toutes les choses dessusdictes, par la vertu dou pooir à nous commis. En tesmoignage desquels choses, nous avons seellées ces présentes lettres de notre propre seel, douquel nous usons, avons useit, et entendons à user; qui furent faites et octroiés l'an de grâce mil trois cens vint et nuef, le mardi dessusdit, après la feste Saint-Jehan Décollace.

Nos autem omnia, universa et singula suprascripta, rata et grata habentes, ea volumus, laudamus, et approbamus, et nostra auctoritate regia tenore presencium confirmamus, nostro et alieno in omnibus jure salvo. Quod ut ratum et stabile perseveret, litteris presentibus nostrum fecimus apponi sigillum. Datum Parisius, anno Domini millesimo trecentesimo vicesimo nono, mense decembris.

CCCLXXXV.

1329. Projet dressé par Hugues de Juilly, doyen, qui [s'étoit rendu à Rome, et y] sollicitoit pour le chapitre auprès du pape, pour terminer les articles contentieux. — Lettre du chapitre à Hugues de Juilly, où on désapprouve quelques articles de ce projet.

Invent. des Accords entre les archev. et le chap., p. 33.

CCCLXXXVI.

2 mars 1330. De gratia speciali D. regis, de edificando infra clausuram ecclesie, et supra muros fortalicie.

Archiv. de Saint-Nicaise, liass. 13, n° 20.

Phelippe, par la grâce de Dieu, roy de France.... au ballif de Vermendois, ou à son lieutenant, salut. Nous avons ottroyé de grâce espécial, par ces lettres, à nos amez les religieus, l'abbé et le couvent de Saint-Nicayse de Reins, que pour la nécessité de eus et de leur église, il puissent faire édifier dedanz la closure de leurdite église, qui se extent jusques aus murs de la forteresse de la cité de Reins, et sur les murs aussi de ladite cité, senz empirier toutevoie ne dommagier lesdiz murs de la forteresce, et en tele manière que se guerre estoit pardelà, que lors lidit religieus soient tenuz à les oster et faire abatre, par quoi les habitanz de ladite ville puissent aler senz empeschement pardessus lesdiz murs, pour la défense d'icelle; si te mandons que lesdiz religieus tu faces et laisses joïr paisiblement de nostredite grâce, et les deffen, et fai défendre quant à ce, de force, injures, et violences, et de tout empeschement; et se mestier est, et il t'en requièrent, leur baille, de par nous, et députe quant à ce, un, ou plusieurs de nos sergenz. Donné à Saint-Christofle en Halate, le secon jour de marz, l'an de grâce mil trois cenz vint et neuf.—Par le roy, à la relation messire Guillaume Bertran. — *Signé*, Solunger.

CCCLXXXVII.

INSTAURATIO ordinacionis antique qua, in villa S. Quentini, capitula cathedralia remensis provincie, quolibet anno, ad tractandum de ecclesiarum suarum negociis, conveniebant.

2 mai 1330.

Bibl. Roy., mss. Reims, cart. VI.

Universis presentes litteras inspecturis, remensis, suessionensis, laudunensis, noviomensis, belvacensis, cathalaunensis, sylvanectensis, ambianensis, cameracensis, tornacensis, atrebatensis et morinensis cathedralium ecclesiarum, remensis provincie, decani et capitula, salutem. Cum ritus et mores felicissime vetustatis, qui ex caritate, et ut paci et tranquillitati ecclesiarum provideatur, discretius sunt servandi, nec sit novum, etsi aliquo tempore usitatum non fuerit, urgentibus negociis, et ut perversorum compescatur temeritas, et maligniari volentium nephariis ausibus aditus precludatur, remedium antiquum renovetur, ut in quiete permaneant ecclesie; et viri ecclesiastici super stabile fundamentum; et ut ea que plurium auctoritate firmabuntur, firmius observentur. Attendentes igitur, quod antecessores nostri, volentes suis ecclesiis, et sibi ad invicem, fraterna dilectione provideri, ex caritate moti, prout in antiquis litteris et sigillis sigillatis reperimus, pro suis et ecclesiarum suarum, cum majori et discretiori deliberatione, negotiis peragendis, concorditer ordinaverunt, quod in villa S. Quintini in Veromandia, noviomensis diocesis, quolibet anno, certa die, duo canonici cujuslibet ecclesiarum cathedralium remensis provincie, procuratores pro capitulis suis sufficienter fundati, ad tractandum et ordinandum de dictarum ecclesiarum negociis convenirent. Nos vero considerantes premissa fuisse laudabiliter ordinata, eorumdem predecessorum nostrorum vestigiis inherentes, dictam salubrem et antiquam ordinationem revocantes, et ad providendum ecclesiis nostris, quantum cum Dei adjutorio possumus, eandem renovantes, ·lumus, consentimus, ac etiam ordinamus concorditer, quod unumquodque capitulum ecclesiarum cathedralium remensis provincie, deinceps, singulis annis, feria quarta, ante feriam sextam, hora Prime mensis maii intrantis, de suis concanonicis duos viros providos et discretos, procuratores nomine capitulorum suorum sufficienter fundatos, apud dictam villam S. Quintini, mittere teneatur, tracturos et ordinaturos de causis ac negotiis ibidem exponendis, nos, et ecclesias ac capitula nostra, tangentibus, communiter vel divisim. Qui ad dictam villam accedentes, et in locum (*sic*) quem assignandum duxerint existentes, tractare et ordinare poterunt ; rataque et firma habebimus ea que per eos concorditer fuerint ordinata, dum tamen ibidem omnes concordes fuerint..... Et si contingat aliquod de capitulis nostris duos ad minus de suis concanonicos non mittere, seu missos, aut ipsorum alterum, non comparere, dictis die, hora, et loco, impedimento cessante legitimo, capitulum predictum, penam centum solidorum incurret, infra mensem solvendorum, ad arbitrium presentium, in pios usus convertendorum.... Proviso hoc quod.... quecumque tractata, seu ordinata, per procuratores nostros fuerint, secreta sub juramenti vinculo tenebuntur, adeo quod non debebunt revelari, nisi nostris capitulis, et consiliariis nobis juramento astrictis. Singuli etiam de nostris capitulis memoratis, ea que per dictos procuratores nostros revelata fuerint sub secretis capituli sui, et in vim predictorum juramentorum servare secreta tenebuntur. In quorum omnium, et singulorum, etc., etc. Datum et actum apud dictam villam S. Quintini, feria quarta [intrantis?] mensis maii, anno Domini millesimo trecentesimo xxx°[1].

---

[1] « La première congrégation qui s'est tenue en conséquence de ce règlement, fut en l'année suivante, en l'église des FF. Prêcheurs, à Saint-Quentin.

« Après une longue interruption de ces chapitres cathédraux de la province de Reims, on les fit revivre en 1395, et voici quel fut l'ordre des séances :

« Ordo sedendi in capitulo generali capitu-
« lorum ecclesiarum cathedralium provincie
« remensis, in S. Quintino solito celebrari.

« Ad partem dextram : — Remensis. —
« Suessionensis. — Belvacensis. — Ambia-
« nensis. — Atrebatensis. — Tornacensis.

« Ad partem sinistram : — Laudunensis.
« Cathalaunensis. — Sylvanectensis. — No-
« viomensis. — Morinensis. — Cameracensis.

« Ordo presidendi in dicto capitulo S. Quin-
« tini :

« Primo Remensis, Suessionensis, Lau-
« dunensis, Belvacensis, Cathalaunensis,
« Ambianensis, Sylvanectensis, Atrebaten-
« sis, Noviomensis, Tornacensis, Morinen-
« sis, Cameracensis.

« Tiré des livres de ces chapitres, qui sont au cartulaire de l'église de Reims. »

(Bibl. Roy., mss. Reims, cart. VI.)

CCCLXXXVIII.

Arrêt qui règle les différents des échevins de Reims et du prévôt royal d'Oulchy-le-Château[1]. 17 mai 1330.

Livre Blanc de l'Echev., fol. 10 v°.—Archiv. de l'Hôtel-de-Ville, renseign.

CCCLXXXIX.

Hic est tenor *Pellis asini*¡ [seu bulle in pelli asinea scripte], in qua continentur querimonie capituli. 13 septembre 1330.

Archiv. du chap., renseign., liass. 2. — Livre Rouge du chap., fol. 226. — Cart. E du chap., fol. 35. — Cart. AB du chap., fol. 35.

[1] « Donné par arrest ès assises d'Ouchiée, tenues par nous, Godemard du Fay, chevalier le roy, bailly de Victry et de Chaumont, commençans le xɪɪe jour de may, l'an de grâce mil ccc-et trente. Comme descort fust pieça meu entre les eschevins et habitans du ban nostre sire l'arcevesque de Reims, d'une part, et Nicolas Humemer, adonc prévost d'Ouchiée, pour le roy, establi procureur et défendeur du roy en ceste partie, d'autre, sur ce que li procureur desdiz eschevins et habitans maintenoient, pour eulx, estre en saisine et en possession paisible, de si longtemps qu'il n'estoit mémoire du contraire, et qu'il souffisoit à bonne saisine avoir acquise en tel cas, de mener et ramener leurs marchandises, parmi le paage d'Ouchiée-le-Chastel, et de Wallers, sans paier aucune servitute, ou redevance, fors pour chascun sommier six deniers tournois, pour cause de paage, et parmi ce demouroient franc illecques de toutes coustumes ou servitutes; si requéroit lidiz procureur desdiz eschevins et habitans, que uns empeschemens qui mis estoit par ledit prévost, à la requeste du paageur desdiz lieux, en un sommier de linge que Adams li Liniers, bourgois et habitant dudit ban, menoit, ou faisoit mener, parmi ledit paage, pour lequel lidiz Adam avoit payé les six tournois dessusdiz, pour cause de paage, si comme il disoit, et par force lidiz paagiers en vosist prenre et lever vɪɪɪ deniers tournois, fust ostez, et fussent tenuz en leur possession devantdicte; ledict prévost, pour le roy, disoit au contraire, le roy nostre signeur estre en saisine de penre et lever, pour cause de paage, de chascun sommier, de toutes denrées, de toutes gens par là passans, espécialment des habitans dudit ban, huit deniers tournois, pour raison de paage; requéroit le roi nostre signeur estre maintenu en ceste saisine. Sur ce, oyes les raisons d'une partie et d'autre, fut faite et parfaite enqueste par certains commissaires, [qui?] rapportèrent pour jugier du consentement des parties; laquelle enqueste veue, la déposicion des tesmoings, et tout ce qui faisoit à veoir et oïr, à grant délibéracion des sages de ceste assise, trouvé est que li procureur desdiz eschevins et habitans dudit ban, ont bien prouvé leur entencion quant ad ce; et li procureur du roy dessusdiz n'a rien prouvé de la sienne. Si fut dit, et à droit, que lesdiz eschevins et habitans demourront en ladicte franchise de passer un sommier de marchandise parmi ledit paage, en paiant pour ce, à cause de paage, six deniers tournois tant seulement; et s'aucune chose ont li paagiers prins du leur, oultre les six deniers dessusdiz, il leur sera rendu pour ceste cause; réservé pour le roy le droit de la propriété en tous cas. Ce fu fait le dix-septiesme jour de may, l'an dessusdict. »

Johannes episcopus, servus.... ad perpetuam rei memoriam. Apostolice sedis circumspecta benignitas, assidua cogitacionum instancia ecclesiarum necessitatibus subvenire desiderans, in afflictionibus earum affligitur, et in earum quiete, pulsis per pulcritudinem pacis discordiarum dissidiis, multipliciter gratulatur; proinde sic pia mater ipsarum, earum lites velut proprias suscipit, et pro qualitate earum eas disponit et dirimit, prout ad laudem divini nominis, animarum profectum, tranquillitatem mencium, et ipsarum ecclesiarum decorem et statum, salubriter conspicit expedire. Sane jam dudum dilectis filiis preposito, decano, cantore et capitulo ecclesie remensis deducentibus per procuratores suos, ad hoc specialiter constitutos, ad nostri apostolatus auditum, quod ipsi capitulum, ex certis canonicis causis, contra venerabilem fratrem nostrum Guillermum archiepiscopum remensem cessaverant et cessabant in ipsa remensi ecclesia a celebracionibus divinorum, dicto archiepiscopo, ex pluribus gravaminibus et injuriis que ipsis fuisse per eum dicebant illata, cessacioni hujusmodi causam dante; et ex parte dicti archiepiscopi ex adverso proposito coram nobis quod ipsi capitulum cessacionem predictam fecerant et faciebant indebite et injuste, ac in ipsius contumeliam et contemptum, divinique cultus diminucionem, et scandalum plurimorum, et quod sibi per ipsos capitulum nonulle injurie atque dampna fuerant irrogata, et tam pro ipsius archiepiscopi, quam ipsorum capituli, parte, a nobis suppliciter postulato, ut causas et lites exinde obortas, cum dependentibus et emergentibus ex eis, et contingentibus ipsas, de plano et sine strepitu et figura judicii decidendas, in romana curia committere dignaremur. Nos desiderantes quod tam per celeris exhibitionem justicie, quam per eque provisionis remedium, circumcisis superfluitatibus que per anfractus litium inducuntur, lites et cause deciderentur celeriter memorate; ad tollendas et decidendas causas et lites predictas, multos voluntarios labores adhibuimus, et per nonnullos ex fratribus nostris S. romane ecclesie cardinalibus, qui super premissis fideliter laborarunt, fecimus adhiberi. Et tandem illo faciente qui concordiam in sublimibus operatur, prefatos archiepiscopum et capitulum super litibus et causis predictis ad bonum desiderate concordie reducere cupientes, cessacionem prefatam de ipsius archiepiscopi atque procuratorum predictorum expresso consensu, et apostolice plenitudine potestatis, tenore presencium totaliter amovemus; volentes nichilominus, et eciam ordinantes, quod ex illis eisdem actibus numero contentis in articulis traditis super causis hujusmodi ex parte dictorum capituli archiepiscopo memorato, quorum tenores de verbo ad verbum presentibus fecimus annotari, qualescumque fuerint, sive sufficientes sive insufficientes extiterint ad cessandum, vel ipsorum actuum et articulorum eorumdem.... occasione, non posset deinceps cessacio fieri in ecclesia prelibata; nec propter articulos et actus predictos, seu eorum occasione, aut aliquorum vel alicujus ex eisdem, predicti archiepiscopus, ac officiales, familiares, seu ministeriales ipsius, valeant ad aliquam curiam trahi, vel quomodolibet molestari; et quod neutra parcium, occasione predictorum, ad penam juris vel hominis, seu expensas aliquas, vel quicquam aliud, parti alteri nullatenus teneatur; quodque sentencie, processus, privaciones et quecumque alia, post cessacionem eandem, et ipsius occasione, quomodocumque et contra quoscumque hinc inde habita, acta et sequuta, pro nullis penitus habeantur; que nos eciam ex nunc nullius volumus existere firmitatis. Ceterum volumus et ordinamus, quod dicti actus de quibus dicti capitulum conquerebantur, contenti in dictis articulis, et prefata cessacio, ipsiusque observancia, et alia occasione predictorum ab alterutra parte contra alteram quomodolibet facta, prejudicium aliquod neutri parcium generent, seu generare possint in petitorio, seu possessorio, circa jus cessandi, vel non cessandi; sed habeantur omnino ac si non facta fuissent, sic tamen quod utraque pars alteri restituat si qua ipsius capellanorum, officialium, serviencium vel familiarium suorum bona mobilia vel immobilia habeat, sive ante cessacionem eandem, sive post, bona hujusmodi ad partes pervenerint memoratas; et quod de predictis omnibus littere hinc inde concedantur a dictis partibus, eorum sigillorum munimine roborate; quodque prefati capitulum, infra unius mensis spacium postquam eis presentes littere fuerint presentate, ratificent in forma publica, et eciam approbent, omnia supradicta; quas quidem ratificacionem et approbacionem nobis infra duos, dicto vero archiepiscopo infra unum, menses, a tempore ratificacionis et approbacionis hujusmodi numerandos, teneantur et debeant destinare. Per presentes autem cessacionis sublacionem et ordinacionem nostras, et consensum hujusmodi, nolumus partibus.... circa jus cessandi, vel non cessandi...., prejudicium generari.... Tenor autem dictorum articulorum talis est :

[1.] *Primo,* conquerimur de eo quod Philippotus turrarius, seu commentariensis, quondam, carceris vestri, curie vestre remensis, et vester armatus, Colinetum dictum de Chavanges, clericum qui ad immunitatem ecclesie nostre venerat, et jam in immunitate predicta per octo dies, vel circa, steterat, officium seu servicium Matutinarum quod tunc agebatur prope solis ortum in estate audientem, in choro ecclesie, retro majus altare, ad sancta sanctorum, seu in throno dicti chori, pacificum existentem, cogitavit, egit, et nisus pro viribus fuit, verbis, minis, et factis, ab ecclesia et choro predictis extrahere violenter; et ipsum Colinetum, vobis officiando, seu officium vestrum exercendo, cepit, secum traxit, et per vim duxit usque ad hostium chori, contra voluntatem dicti Colineti, custodum, serviencium, canonicorum, capellanorum et vicariorum ecclesie ibidem existencium, et accurrencium; et suum malum propositum adimplevisset totaliter, nisi fuisset impeditus dictus Philippotus, in injuriam Dei, ecclesie jurium et jurisdictionis, libertatum et immunitatum ecclesie ad nos notorie pertinencium, presente populi multitudine copiosa, propter hoc non immerito scandalisata; et offensam notoriam seu manifestam nequiter perpetravit, divinum officium, nos, et jura nostra perturbando, crimen eciam sacrilegii committere non verendo, licet vos, et multo minus officiales, dictus Philippotus, seu ministeriales vestri clerici vel laici quicumque,.... nullam omnino capcionem seu prisiam in dictis ecclesia et choro, pro quacumque causa, et undecumque venerint, seu de curia, seu de carcere vestris, seu aliunde, habueritis, nec eciam habeatis; quamvis eciam de notoriis, consuetudine, et communi observancia ecclesiarum regni Francie, et plurium ecclesiarum extra regnum, ac specialius nostre remensis ecclesie, confugientes, tam clerici, quam laici, ad immunitatem ecclesiarum, presertim cathedralium, et potissime sanctissime nostre remensis ecclesie inter ceteras regni ecclesias nobilitate fulgentis...., adversus judices, tam ecclesiasticos, quam seculares, quoscumque, eciam contra prelatos, securitate gaudeant...., nec ibidem capi possint, nec abinde extrahi quoquomodo, eciam de notoriis consuetudinibus quas jurastis....; cujus Philippoti factum in hac parte ratum habuistis, et habetis, et pluries coram bonis recognovistis et asseruistis ipsum bene fecisse, eidem maledicendo quia quod inceperat non perfecit.

[II.] *Item*, ex eo quod Henricus Furnerii, clericus, familiaris et domesticus vester, et tunc curie vestre audienciarius, de mandato vestro, ut dixit et confessus est, Johannem famulum D. F. de Janua, canonici nostri...., dominum suum comitantem et insequentem, in nullo delinquentem, injuriose et de facto, sine causa...., cepit, et captum detinuit violenter, et in durissimum et villissimum carcerem, ubi latrones et homicide condempnati in perpetuum consueverunt apponi...., cum Philippoto turrario, et suis complicibus, posuit et detrusit, prius supertunicali, corrigiis, et capucio dicti Johannis amotis, et eo in pura tunica dimisso; volens eciam et cogens idem Henricus, dictum Johannem, ut in fossam predictam carceris profundissimam et horribilem saltaret, seu se precipitaret, ut inde mortem incurreret, vel frangeret crura sua seu membra; cumque nollet Johannes esse sui ipsius homicida, Henricus et Philippotus, cum suis complicibus, Johannem debilem et infirmum, sic nudatum, per cordam immiserunt in dicte fosse profundum, et ibidem de die et de nocte, eum detinuerunt vinctum, hoc facientes in injuriam nostram et contemptum eciam domini sui canonici nostri, nec eum reddere voluerunt; sed reddicioni de ipso post multas requisiciones officiali Guillelmo, et ipsis, per nos, et dominum suum predictum, instanter et competenter factas, per officiales finaliter, quamvis negligenter et tarde, facte, dictus Henricus, quantum potuit, contradixit, asserens quod de mandato vestro dictum Johannem ceperat, et quod vobis dicti Johannis liberacio non placebat, nec placeret, quodque eciam de hoc vobis locutus fuerat, postquam dictus officialis ultimo recesserat a vobis; licet vos, officiales vestri, Henricus et Philippotus, seu ministeriales vestri quicumque, nullam omnino jurisdictionem, prisiam, seu capcionem, eciam pro quacumque causa in dictum Johannem haberetis, nec eciam habetis, sed esset et sit de jurisdictione omnimoda domini sui, et nostra, notorie, et a vobis et vestris ministerialibus omnino temporaliter et spiritualiter exemptus, liber et immunis, de notoria consuetudine quam jurastis;

quod eciam factum, super eo requisiti, non revocando nec emendari faciendo, et alias, ratum habuistis et habetis.

[III.] *Item,* ex eo quod Ricardus, de Pavea, conjugatus, vestre curie apparitor, familiaris et domesticus vester, domum D. G. de Estenaye, prepositi de Lausanna, canonici nostri, violenter et injuriose intravit, et in eadem domo cepit.... Matheum Lotharingum ibidem existentem, manentem apud Hermundivillam, et extra dictam domum extrahere et in carcerem ducere nisus fuit, pro viribus vinctum; et quia per dictum canonicum, et D. J. de S. Remigio capellanum ejusdem canonici, dicebatur Ricardo quod hoc ibidem facere non poterat, quia domus erat canonicalis, et exempta, in qua dictus canonicus manebat et dictum Matheum...., ne extra dictam domum sic traheretur curialiter et moderate deffendentes, et hoc facere Ricardo prohibentes, idem Ricardus, furore maligno succensus, et dyabolo suadente, manus in dictum presbiterum capellanum injecit temere violentas, ipsumque percussit, laceravit, et lesit usque ad sanguinis effusionem...., excommunicacionem incurrendo a qua non poterat nisi per sedem apostolicam absolvi, minasque tunc et post eidem capellano inferens, in sua malicia perseverans, non est veritus in pluribus locis de suis excessibus coram.... ministerialibus vestris, ac pluribus aliis, publice sepius gloriari, licet vos nullam omnino in eadem domo jurisdictionem habeatis,.... quamvis eciam ministeriales vestri non possint, ut jurastis, insequi quem forte sua culpa vel crimina in claustrum confugisse compulerunt, sive in mansiones nostras extra claustrum....

[IV.] *Item,* ex eo quod magister G. de Alnoyo, vester officialis remensis, in ecclesia remensi publice juridicam potestatem exercendo, venerabilem patrem et dominum D. Johannem abbatem S. Remigii personaliter, astante hominum multitudine copiosa, citavit; comminans sibi quod, nisi sibi pareret, vel sibi in aliquo forefaceret, eundem venerabilem patrem, personam utique nobilem, maturam, religiosam et litteratam.... in carcerem, seu longaigniam detruderet; hec dicens in eadem ecclesia, dictumque abbatem, ut judex terrendo. Et, in astucia sua, nobis in jurisdictione hujusmodi prejudicare, et eam usurpare volens, et persistens, quadam die dominica, publice, in eadem ecclesia Poncardum dictum Courage citavit personaliter coram eo, propter hoc inter cetera quod ipse Poncardus quandam citacionem pro ipso factam, per dictum Ricardum apparitorem, in ecclesia et processione nostris, locis notorie, saltem quoad jurisdictionem contenciosam exemptis, relaxabat, nec ea uti volebat; quod idem officialis pati noluit, sed contra Poncardum eumdem commotus, citavit eum in ecclesia, ut est dictum, in notoriam ecclesie et nostram injuriam et offensam, pacem inter vos et nos nequiter execrando, licet hoc facere in eadem ecclesia non posset idem officialis nec deberet, cum in eadem ecclesia vos, vel officiales, seu ministeriales vestri quicumque, nullam omnino jurisdictionem haberetis...; sed ad nos spiritualis et ecclesiastica, et ad thesaurarium temporalis, quam a nobis tenet, in solidum, notorie jurisdictiones ecclesie, suo modo, et processionis ad nos in totum, pertinere noscantur, de consuetudine et communi observancia notoriis et per vos juratis. Que facta, licet fuissent notoria et manifesta, vos, seu officiales vestri, super hoc requisiti, non revocando, nec emendari faciendo, rata habuistis et habetis.

[v.] *Item*, ex eo quod officiales vestri coram eis ad curiam remensem citaverunt.... personnaliter R. de Chalauno, civem remensem, francum servientem nostrum, notorie ab omnimoda jurisdictione spirituali, ecclesiastica et temporali vestra, roya terre duntaxat et excepta, penitus, ante, tunc et nunc exemptum...., pro reddenda racione execucionis Henrici dicti Bergier, et licet tam ex parte nostra, quam ex parte dicti Renaudi, fuerit ei[s]dem officialibus competenter nunciatum, allegatum, et dictum, prout moris est, quod idem Renaudus erat hoster francus serviens, nobis subditus, et ab eorum officialibus, et eorum jurisdictione totaliter exemptus; nichilominus dictus Thomas de S. Hilario, alter officialium vestrorum, post et contra dictam denunciationem, in grave dicti servientis et nostrum prejudicium ac contemptum, ab execucione hujusmodi, de facto, quamvis notorie non posset, amovit eundem, licet idem Renaudus coram nobis dominis et ordinariis judicibus suis, veris et competentibus, eciam quoad hoc, racione[m] hujus[modi] reddere, et juri stare se offerret, et nos parati essemus de omnibus de ipso conquerentibus facere justicie complementum. Hoc faciens, dictus officialis, contra consuetudinem notoriam, sentenciatam, et per vos et predecessores vestros archiepiscopos remenses recognitam et juratam;... quod factum vos et officiales vestri competenter requisiti, nec debite revocastis, nec emendastis, nec emendare fecistis, per hoc in pẹnam mille marcharum argenti eciam incidendo.

[VI.] *Item*, ex eo quod officiales vestri Terricum dictum le Bergue de terra capituli, francum servientem.... M. J. de Monteclino canonici..., coram se citaverunt, tenuerunt, et adhuc, licet processus nunc conquiescat, tenent in causam, ad instanciam Henrici de S. Thimoteo tunc subballivi vestri....

[VII.] *Item*, ex eo quod cum nos misissemus Symonem de Clarissello, perpetuum in ecclesia nostra capellanum, ad domum quondam magistri P. Conversi canonici nostri, et thesaurarii remensis defuncti, pro custodiendo bona mobilia dicti P. Conversi, et faciendum inventarium de eisdem, ut moris est, et nobis solum et in solidum licebat et licet....; nichilominus dictum Symonem, baillivus, prepositus, et servientes vestri, violenter ab eadem domo fecerunt, manibus violentis in eum injectis, asportari, et expelli, renitentem et invitum; et plura bona mobilia, videlicet novem quartellos frumenti, et de vino in dicta domo existente, consumpserunt, et asportaverunt, et custodiam bonorum, et inventarium.... fecerunt; dictorumque bonorum custodiam, et inventarii confectionem impediverunt dicto capellano. Et ea, nomine vestro facta, fieri fecistis, seu eciam facta ratificantes approbastis, in nostrum et jurium nostrorum manifestam injuriam et offensam; propter quod eciam dictos sic eumdem Symonem expellentes, in sentenciam excommunicacionis a canone latam, non est dubium incidisse; vos eciam in pẹnam mille marcharum argenti nobis reddendam, propter hoc, incidistis; quas injuriam et offensam nondum emendastis, nec emendare fecistis.

[VIII.] *Item*, ex eo quod cum nos misissemus D. Fulconem, perpetuum in ecclesia nostra capellanum, ad domum quondam D. Th. de Trelodio.... perpetui capellani defuncti, pro custodiendo bona mobilia dicti nostri capellani, et faciendo inventarium de eisdem..., nichilominus officiales seu ministeriales curie vestre ad domum dicti defuncti, funere adhuc eciam in domo existente, plures vestre curie clericos et apparitores.... miserunt qui bonorum.... custodiam et inventarii confectionem, tam eidem Fulconi, quam D. S. de Clarissello.... perpetuo capellano, et Jacobo curato S. Michaelis, executoribus, liberis et immunibus ab omnimoda jurisdicione vestra, contradixerunt....; et quod deterius est bona rapuerunt.... et asportaverunt, videlicet unum lectum plumeum, et plura alia bona mobilia, eosdemque Fulconem et executores, qui, causa negociandi, dictam domum animo statim revertendi exiverant, eam reintrare non permiserunt, sed hostium firmaverunt, introitum et aditum ad eadem bona totaliter denegantes, in nostrum, ac executorum eorumdem, ac jurium, libertatum et consuetudinum ecclesie, prejudicium non modicum, et gravamen; cum ad vos, officiales seu ministeriales vestros quoscumque, ut notorie apparet, premissa facere minime pertineret, defuncti exempti, et bonorum ejusdem mobilium, ac executorum exemptorum, inspecta qualitate, eciam secundum ordinacionem a vobis et nobis concordatam et juratam, pena mille marcharum argenti vallatam; quod factum, vos, et officiales vestri, requisiti, nec revocastis nec emendastis.

[IX.] *Item*, ex eo quod baillivus, subbaillivus, prepositus, servientes et ministeriales vestri laici.... videlicet C. de Campania, J. de Caritate, L. de Mosomo, J. Frumenti, R. Lormannus, Colardus Carlarius, Carretus de Blanzy, et quidam alii tam clerici quam laici de jussu Gregorii baillivi et officialium vestrorum, seu ipsis scientibus...., D. Sym. de Clarissello predictum capellanum, et P. de Aubentone vicarium, perpetuos...., ex parte nostra missos ad domum.... quondam M. Roberti de Mesodavidis presbiteri, et in jure periti, panetarii nostri...., pro custodiendo bona mobilia... et faciendo inventarium..., ab eadem domo, manibus violentis in eosdem injectis,... turpiter expulerunt....; nec hiis contenti, dicti baillivus, prepositus, et servientes, capellanos, vicarios et plures de choro ecclesie ad dictam domum processionaliter accedentes pro faciendis exequiis dicti funeris, [et?] anima ipsius commendanda, et ad deferendum, quando esset opportunum, funus ad ecclesiam remensem, ut moris est..., [expulerunt?], capellanis, vicariis, et processioni hujusmodi hostium domus clauserunt, ingressum, accessum, et aditum ad dictum funus, verbis et factis, denegaverunt, et dictas exequias, et delacionem funeris ad ecclesiam, totaliter impediverunt, crucem eciam ecclesie contra voluntatem nostram, et nostrorum eam ibi deferencium, retinentes...; quinimo, recedente processione que in domum predictam, ut est dictum, intrare non poterat, Raoulinus prepositus, et servientes condicionis et libertatis dicti M. Roberti non ignari, seu eorum aliqui, aliis volentibus et ratum habentibus, corpus seu cadaver magistri R. nondum sutum, nec lintheo involutum, coopertum, ornatum, nec paratum, nec in tumulo competenter, ut moris est et statum ejus decebat, positum, nudum in camisia, viliter, orribiliter et inhumaniter extra dictam domum ejecerunt, et asportaverunt ad curtem domus fratrum Minorum, locum notorie exemptum, et ubi suam non elegerat sepulturam, et illud ibidem dimiserunt, invitis fratribus, totaliter insepultum, ad pluviam, sine tecto, supra terram nudam, de die et de nocte, sine luminari, sine cruce, sine aqua benedicta, sine coopertura, sine notorum et amicorum comitiva, conspectui cleri et populi, publice, ad instar cadaveris brutorum animalium, canibus expositum relinquentes, in injuriam Dei, ecclesie, et jurium, et totius libertatis ecclesiastice, et generis humani et funeris offensam...., et dicti magistri R., dum vivebat litterati et divitis, opprobrium sempiternum....; et quamvis asserueritis abbatem S. Theodorici, et Michaelem, executores defuncti hoc fecisse, seu fieri fecisse, certum tamen est quod gentes et servientes vestri hoc fecerunt, nec in tam notorio malo per alium excusantur; et quicumque fecerint, postquam tamen vobis subsunt, et suberant illi quos dicitis hoc fecisse, seu fieri procurasse, emendari capitulo facere tenemini, tam ab ipsis abbate et Michaele, quam servientibus vestris; presertim cum hoc facerent vobis officiando dicti servientes vestri, jurisdictionem vestram exercendo, ut dicebant, nec tantam inhumanitatem, seu injuriam, talibus perniciosis cautelis dissimulare potestis.

[x.] *Item*, ex eo quod Johannes de Condeto, clericus et procurator vester ac vestre curie remensis ad excessus, in domo canonicali claustrali, et a vobis penitus exempta, libera et immuni, magistri Johannis de Colleone, canonici nostri remensis, compotum et racionem cujusdam testamenti Johanne quondam uxoris Symonis de Threlodio, cum Jacobo Juniori de Cappellis, et quibusdam aliis, ab executoribus ejusdem Johanne missis, ex parte officialium vestrorum, ut dicebat, audivit de facto; [et?] licet vos, et officiales vestri, dixeritis, et publice recognoveritis, vos, seu officiales vestros, eundem Johannem, ad eandem domum propter hoc non misisse, nec de consensu et mandato vestris hoc fecisse, et hoc vobis displicere; nichilominus idem Johannes, sicut tenetur, non voluit, nec vult, hoc nobis emendare, nec vos, seu officiales vestri, scientes hoc, ad emendandum nobis eundem cogere noluistis, requisiti, quamvis hec cedant ad dampnum, injuriam et lesionem ecclesie, et nostrum, et jurisdictionis nostre usurpacionem manifestam, cum in eadem domo nullam omnino jurisdictionem haberetis, nec eciam habeatis, sed ad nos et dictum canonicum pertineat in totum. Qui eciam Johannes antedictus, in sua malicia et voluntate perversa jurisdictionem et jura nostra usurpandi persistens, in domo canonicali D. D. Neapoleonis de Romaignia, et Jacobi de Roma, canonicorum nostrorum remensium, sic libera et immunis, quandam citacionem seu monicionem fecit, eciam dicto domino Jacobo de Roma, manenti in dicta domo, presente et contradicente, in nostrum et jurisdictionis et jurium nostrorum injuriam manifestam, vobis, et curie vestre, obsequendo, ut dicebat.

[XI.] *Item*, ex eo quod.... officiales vestri,.... magistrum R. de Quercu, quondam nostrum baillivum, repente et subito in eodem momento, vel eadem hora, seu saltem eadem die, monuerunt et excommunicaverunt de facto, occasione Adebestre de Vincestre, anglici, eciam vagabundi et vobis non subditi, qui in eodem claustro, in venerabilem virum M. Johannem de Colleone canonicum, manus injecerat, spiritu maligno ductus, temere violentas, de ipsum canonicum occidendo minas terribiles intulerat eidem, ibidem in jurisdictione nostra omnimoda per baillivum nostrum capti, et in prisionem nostram ducti; facientes hec officiales vestri, ad finem ut eis redderet baillivus noster predictum Anglicum;.... ad quos nullatenus, sed ad nos, ipsum delinquentem, sive clericum, sive laicum, corrigere pertinebat. Qui quidem processus officialium vestrorum, contra dictum baillivum nostrum, ad lesionem, injuriam, dampnum et usurpacionem jurisdictionis et jurium nostrorum, et ecclesie nostre, cedere dignoscuntur, et nobis parant, nisi celeriter occuratur, prejudicium manifestum; cum de factis in claustro nostro nil ad vos pertineat, nec officialibus vestris idem delinquens reddi debeat; ymo per eundem baillivum, et gentes capituli, auctoritate et virtute jurisdictionis capituli fuit judicatus, punitus, et postmodum liberatus.

[XII.] *Item*, ex eo quod licet juraveritis inter cetera nobis et ecclesie nostre, per vos et ministeriales vestros non intercipere, seu capere, quem nostro jussu ad nos venire probare potuerimus, sed nec ipsum qui spontanea voluntate ad nos venerit, si quidem hoc probare potuerit; sed liberum veniendi, eciam abeundi, habeat potestatem.... : nichilominus prepositus et servientes vestri J. Grossum de Silley, ad... magistrum H. de Juilliaco, doctorem in theologia, canonicum et decanum nostrum venientem, et sibi unum anserem defferentem, ac secum loqui volentem de assensu et voluntate utriusque...., ceperunt, incarceraverunt, et detinuerunt carceri mancipatum, renitentem et invitum....; nec eum tam ex nostra parte, quam ex parte dicti decani, pluries et competenter requisiti, reddere voluerunt, sed diucius et gravius post requestas eum detinuerunt, et pecuniam pro turragio ab eodem extorserunt, in nostrum et jurium nostrorum injuriam notoriam pariter et offensam.

[XIII.] *Item*, ex eo quod contra ordinacionem et transactionem inter vos et nos factas, et pena mille marcharum argenti vallatas, portorium seu calceyam, seu pro portorio et calceya pecuniam, seu pignora, a Rollando Carpentario, et R. le Marelier, de Bodillo, seu eorum quadrigariis bona nostra Remis adducentibus, contra eciam juramentum per vos in vestro primo adventu factum, servientes vestri portarum remensium, seu calceye levatores, presertim Johannes Tourneen-Fuye, auctoritate vestra, cum ad vos solum et in solidum jus et auctoritas capiendi in banno viis et jurisdictione vestris pertineant, et non [ad?] scabinos remenses sub quorum umbra dictus Johannes hoc fecisse asseritur, ceperunt, et eos quadrigarios solvere.... coegerunt....

[XIV.] *Item*, ex eo quod Ricardus de Pavea, apparitor, familiaris et domesticus vester, jam excommunicatus ipso facto, ut dictum est, ad vestes et expensas vestras...., vestre domus de Jardo tunc custos, quia manus sacrilegas in.... Willermum de Curtenayo, canonicum nostrum, et vicedominum remensem, in habitu ecclesie existentem, in ecclesia remensi...., injecit temere violentas, arripiens Ricardus Guillermum per guttur, ac cappe sue capucium, ab una manu, posita manu altera ad cutellum, ut Guillermum percuteret de cutello, tuncque post et pluries in eadem ecclesia suam insaniam tegere volens, et nos et ecclesiam nostram diffamare et scandalizare, clamabat in ecclesia turpiter alta voce, et horribili : Hayhay, hayhay, quamvis a nemine tangeretur, divinum servicium vigiliarum, quod tunc agebatur, teste populo, notorie turbando, et sine causa scienter impediendo...., per gentes thesaurarii et canonici nostri remensis, ad quem, de antiqua consuetudine approbata, jurisdicio temporalis ecclesie nostre et infra licias parvisii, quam a nobis in solidum tenet, dinoscitur pertinere, merito captus, et in prisionem ductus, posteaque nobis dominis superioribus et ordinariis capientes [*sic*, capientis?], et loci captionis, ad quos eciam omnimoda jurisdicio ecclesiastica.... totius nostre ecclesie non est dubium pertinere, per easdem gentes thesaurarii redditus pro justiciam faciendo, discreto viro P. de Chaigny, quondam procuratore vestro, prefatum Ricardum delictorum suorum racione, et non alias nobis subditum, ut.... familiarem vestrum ad robas, seu vestes, et expensas vestras, existentem, a nobis requirenti, propter has causas et ob vestri reverenciam reddidimus, sub hac condicione quod vos, seu gentes vestre, predictos excessus.... faceretis emendari; quod vos et gentes vestre facere neglexistis et recusastis....

[xv.] *Item*, ex eo quod Gerardum dictum Leclerc, tunc clericum notarium et subditum vestrum, qui poluit ecclesiam nostram sanguinis effusione...., dampnabiles manus in Margoranciam la Cousturière intra ecclesiam mittendo temere violentas, et eam ledendo usque ad non modicam sanguinis effusionem; propter quam polucionem in dampnum ecclesie et nostrum, serviciique divini perturbacionem notoriam, diucius et donec ecclesia fuit per vos reconciliata, cum cordis amaritudine cessavimus in eadem celebrare, nobis non remisistis puniendum....

[xvi.] *Item*, ex eo quod, cum novo genere persecucionis et sevicie per excogitatam maliciam adinvento, et alias per vestros predecessores.... nullatenus attemptato, viginti duos videlicet Guill. de Voys, quondam, Nic. de Pongiaco, Fred. de Janua, Joh. de Asconio, Guill. de Estenaye, Joh. de Bourbonio, Joh. de Colleone, Steph. de Trecis, Math. de Ferentino, tunc, Joh. de Curvavilla, Steph. de Coratinayo, Joh. Chauderon, Egid. de Placentia, Jac. de Roma, Th. de Sarnaco, Hil. de Parma, Joh. de Monteclino, Joh. de Pennis, Joh. de Gays, Guill. de Conetanayo [sic, Cortenayo?] vicedominum, et Ren. de Sarmineto[1], canonicos nostros quasi hostiliter et tirampnice prosequentes, per nobilem virum Ph. de Trya, vicarium et consanguineum vestrum, excommunicatos a canone, causis excommunicacionis licet falsis et nullis, ac falso eis impositis, generaliter, quemlibet eorum tangentibus specialiter non expressis, sed generaliter evagando, cum nostrum et eorum discrimine, nequiter et de facto, precipitanter et ex arrupto, fecistis declarari, nunciari et publicari per civitatem et diocesim remenses... etiam post et contra provocaciones et appellaciones canonicas pro nobis et dictis canonicis ad sedem apostolicam, contra vos, vicarios et officiales vestros, interpositas; quorum eciam processuum copiam cum instancia petitam, vos et vester dictus vicarius denegastis, seu premissa.... rata habuistis;.... vos tamen ipsas declaratione.... publicationes et processus omnes ejusdem vestri vicarii, et vestros, et quidquid secutum fuit et est ex eis,.... tenebamini revocare, et revocationem ubicumque.... publicationes publicastis.... facere solempniter publicari, prout hec et alia in tractatu inter vos et nos novissime habito, jurato,.... plenius continentur; que licet Remis feceritis...., per diocesim tamen.... dictam revocationem nondum publicastis....; propter que, et tam graves injurias, ut de alio [sic, aliis?] taceamus ad presens, penas tam in dicto tractatu, quam in alio presens [sic, recens?] habito, sigillis vestro et nostro sigillatis, contentas, non est dubium vos incidisse, incurrisse et in eas incidisse.

[XVII.] *Item*, ex eo quod die sabbati post festum B. Vincentii, anno M° CCC° XX° VII°, vos ad ecclesiam nostram accedentes, magistro G. de Alnoyo, tunc officiali vestro, notorie excommunicato vos insequente, vobis assistente et consulente, pro reconcilianda ecclesia quibusdam ex

---

[1] Le copiste a omis un des 22 noms.

causis poluta, sicut dicebatis, in pulpitum ipsius ecclesie ascendentes, venerabilibus patribus SS. Remigii, Nichasii et Dyonisii abbatibus, et dicto officiali excommunicato presentibus, ac cleri et populi multitudine copiosa propter hoc ad vos videndum et audiendum ibidem superius et inferius congregatis, per modum predicacionis, seu collacionis, inter cetera contra veritatem, salva vestra reverencia, injuriando, ac animo injuriandi nobis dixistis, quod ecclesia et processio nostra pro Ricardo apparitore vestro, per nos seu gentes nostras usque ad sanguinis effusionem verberato, polute fuerant, processioque nostra, seu cimiterium, pro sepultura J. Conchiart erat poluta, de quibus vobis pro certo constabat, ut asserebatis, licet vobis non constaret, neque esset verum...., et quod de polucione facta per G. le Clerc, alias dou Marchiet, notarium curie vestre.... vobis non constabat; sed si propter illum casum esset pollutа, procederet iste casus accessorie cum aliis prius dictis, licet de hoc casu dumtaxat certissime constitisset, et de aliis supradictis nequaquam. Dixistis eciam contra notorium veritatis, quod ecclesia totaliter erat vestra...., quodque nos in nostrarum periculum animarum in ipsa ecclesia sic poluta celebraveramus scienter, et in processione, sive cymiterio similiter poluto, corpora sepelire minime verebamur; hec et alia plurima ex rancore et odio dicentes, ad diffamandum nos, et populum contra nos incitandum; precipientes insuper omnibus ibidem presentibus, sub pena excommunicacionis, et virtute sancte obediencie, ut omnes vobis et dictis vestris crederent, sub eisdem penis monentes presentes ibidem ut nulli alio crederent...., et quod si aliqui vellent aliquid dicere, legere, vel proponere contra dicta vestra, statim surgerent, ipsos non oscultarent, sed tumultum, seu noisiam vulgariter, et clamorem tantum facerent, quod audiri non possent quoquo modo; statimque cedulam quandam in manu vestra tenentes legistis, excommunicacionisque sentenciam in contra facientes, et contrarium dictorum vestrorum credentes, promulgastis, quod est ultra modum, et summe plusque admirabile, cum plura veritati contraria dixissetis. Cumque noster decanus, doctor in theologia, et plures canonicorum nostrorum, juxta vos in hiis omnibus presentes, vellent, sicut licebat et decebat, adversus diffamatoria verba vestra nos excusare, et factorum mendacia continencium.... juriumque nostrorum exponere veritatem, ac famam nostram per vos turpissime denigratam deffendere, procuratorque noster quasdam appellaciones, tam contra vos, quam contra P. de Trya, thesaurarium bajocensem, tunc vicarium vestrum, ibidem paratas, ex certis causis...., ad sedem apostolicam interjectas, legere et publicare, dictusque decanus quodam exordio seu themate premisso, dicendo : « Honora patrem et matrem », premissas excusaciones nostras.... proponere.... vellent in ecclesia nostra, in qua nos omnimodam jurisdicionem spiritualem et ecclesiasticam, saltem contenciosam.... habemus, thesaurarius autem ecclesie temporalem, quam a nobis noscitur tenere...., ibidemque facere predicari quandoque nobis placuerit, precepta et mandata nostra facere potuissemus....; hiis tamen non obstantibus, plures vestri familiares, capellani, clerici, armigeri, notarii et apparitores vestre curie remensis, eis que per vos jussa et injuncta publice fuerant obedire satagentes, vociferare et clamare ceperunt alta voce : « Houhou, houhou », tantumque tumultum fecerunt quod predictus decanus noster audiri non potuit, nec appellaciones nostre potuerunt legi.... Post vero descensum vestrum a dicto pulpito, cum vellemus deffensiones nostras coram clero et populo proponere...., ubi credebamus melius audiri, familiares vestri, mandatis vestris.... iterum volentes obedire, et ad jussum tam nobilis viri domini M. de Varennis militis, et [*sic*, quam?] dicti G. de Alnoyo...., iterum inceperunt clamare : « Houhou, houhou, noë, noë.... » Per hoc eciam, deffensionem licitam, nobis jure naturali debitam, subtrahendo; et demum reconciliata ecclesia, juxta altare B. Marie Magdalene per Jacobum Jacobi de Nucibus, quosdam processus predicti Philippi vicarii vestri, contra plures canonicos nostros supradictos, a vobis, vicariis et officialibus vestris, notorie et penitus liberos et immunes, quos predictus vester vicarius declaravit et denunciari mandavit excommunicatos a canone, ut supra dictum est, de facto, pro aliquibus causis falsissimis, publicari et legi fecistis, eosdem processus per ipsum vicarium inique factos et nullos, nequiter approbantes; que, prout de facto facta sunt, tenemini revocare, prout in predicto tractatu continetur. Que omnia supradicta fecistis, seu fieri fecistis, in ecclesie nostre, nostrum, et canonicorum nostrorum diffamacionem, injuriam notoriam, pariter et offensam contra Deum, et justiciam, non ut pater et pastor mansuetus, querentes non que Dei sunt, sed que vestra sunt, ad vindictam, in premissis graviter delinquendo, in sedis apostolice, cui nos [*sic, vos?*], et ipsi nobis (*sic*) sumus immediate subjecti, et ad quam appellaveramus, contemptum.... et vituperium manifestum. Verum austeritas vestra contra nos et ecclesiam nostram concepta.... sub modio latere non potens, ad duriora et graviora frequenter nos incitans, in tantum excrevit, et vos subjugavit, quod vos in die Purificationis.... anno M° CCC° XX° VII°, ad ecclesiam nostram venientes, fingentesque vos ibidem velle celebrare, quamvis hoc non haberetis in corde...., utpote benedictionem candellarum non facientes, nec processionaliter cum canonicis.... et aliis ecclesie servitoribus incedentes..., accessistis ad altare non dicendo : « Confiteor, Introitum misse, nec Kirie eleison », ut debuissetis, et moris est fieri, si celebrare velletis, sed principaliter ad diffamandum nos...., ad diminuendum divinum servicium..., insidiose, ad modum aucupum, nobis.... nulla excommunicacione innodatis, laqueum quo vere excommunicati penam constitucionis Clementine.... incurrunt, tendentes, et parantes, monendo aliquos nostrum per Symonem capellanum vestrum ut exirent de ecclesia, et frustra inde regraciaretur Deus, quia nec nos, nec canonici nostri eramus in statu ut dicta constitucio in nobis vel ipsis aliquem effectum ad finem ad quem tendebatis sorciatur, jussisti....; hoc itaque colore ficto,.... vos indumentis vestris exuistis, et missam per nos solemnissime, ut in tanto festo decebat, incohatam, et usque ad hymnum angelicum : « Gloria in excelsis », in vocibus et organis decantatam, inexpletam reliquistis; ex quibus indevocio et machinacio vestre apparuerunt manifeste.... Que notorie fecistis, in injuriam nostrum omnium, et ecclesie nostre, cleri et populi scandalum, nostrasque confusionem et diffamacionem notorias, pariter et offensam; non sic, ubi canendum esset, nobis canentes, utpote celebrando coram veraciter excommunicatis, qui frequenter, et sepius, in frequencia predicti tunc officialis, Guillelmi, Ricardi de Pavea, apparitoris, prepositi et serviencium vestrorum excommunicatorum, ut dictum est supra, celebrastis et celebrari scienter mandastis.

[XVIII.] *Item*, eciam, nec immerito, ex eo quod vos nobis imposuistis, quod nos capellanos ecclesie per suorum substractionem fructuum compulimus missarum solempnia celebrare, excommunicatis presentibus et admissis, que compulsio nunquam per nos facta fuit, nec est, sed adinventa per vos et vestros, ad diffamacionem nostram;.... et dicta, sicut et alia plura non vera, per dictum Matheum de Varennis militem, et alios familiares vestros, licet vobis nos et dicti canonici servent, et servare velimus, ut debemus, omnem honorificacionem que a filiis patri debetur, injuriando nobis.... imponuntur. Cum enim die dominica ante Cineres, anno predicto, procurator noster quasdam litteras ad vos detulisset et legisset, continentes puram veritatem, cum reverencia debita respondendo ad ea que nobis per alias litteras vestras miseratis, dictus Matheus, advunculus, familiaris et domesticus vester, vobis presente et non contradicente...., dixit quod nos et canonici, falsi [et] mali proditores eramus, et procuratore nostro respondente quod, salva gracia sua, non eramus tales, ymo probi eramus et vallentes persone, dictus miles iterum dixit, quod ymo procurator et domini sui menciebantur per guttur suum, et quod domini sui, quotquot sunt, erant falsi et mali proditores, et ipse procurator eos deffendendo; et cum iterum ei diceret quod non erant tales quales ipse dicebat, nec ipse, et quod illam injuriam, tam pro nobis dominis suis, quam pro se, ad animum revocabat, iterato dixit idem milles, quod ymo erant falsi...., et quod volebat quod hec eis diceret ex parte sua, et hoc eis mandabat, vobis hec verba audientibus et ratum habentibus....; que verba tunc et alias ab ipso milite dicta, salva sui gracia, non decebant ejus nobilitatem; quamvis enim non parificemus nos vobis in honore, inde veritate tamen et deffensione justa non debemus postponi.

[xix.] *Item,* quamvis vos non lateret, nec probabiliter posset latere, cum in ecclesia, civitate, diocesi et provincia remensi fuerit et sit notorium, non solum de jure, usu, et consuetudine, et communi ipsius ecclesie remensis observancia, sed eciam per scripturas autenticas, quas habebamus et habemus, quarum eciam copiam sub signis tabellionum publicorum dudum vobis tradidimus, licet in cartulario archiepiscopali tantumdem haberetis, capitulum omnimodam jurisdictionem spiritualem et temporalem in ecclesie predicte canonicos, capellanos, vicarios, ceterosque ipsius ecclesie servitores, tam clericos, quam laicos, necnon in servientes communes capitulum, et singulares canonici in suos burgenses proprios, et familiares, et domesticos privatim in domibus propriis servientes, habere, et vos omnino nullam; pro qua spirituali jurisdictione capituli in predictos, et alias personas, in quas jurisdictionem spiritualem habemus exercendam, habuerimus et habeamus, non solum a longo et longissimo tempore, sed eciam a tanto de cujus principio memoria non existit, sigillum proprium, quo in dictis causis spiritualibus usi fuerimus et sumus, tam per nos, et deputandos a nobis, quam per predecessores nostros, et adhuc utimur si, quando, et prout, cause et negocia requirunt, et nobis videtur expedire; quo siquidem sigillo quasdam litteras capituli responsivas quibusdam vestris litteris sigillo vestro ad causas sigillatis, mandavimus sigillari....; quibus litteris vobis presentatis,.... et nobis et pluribus aliis audientibus in presencia vestra lectis, et statim post vobis traditis;.... sigillum nostrum in duas partes divisistis, laceravistis ceram cum appendiculo contemptibiliter, irato animo, cum indignacione magna ad terram projicientes, quod pari motu et indignacione fecissetis.... de litteris et cartis nostris originalibus, si eas ut volebatis, exhibuissemus coram vobis. Dixistis eciam publice, magna et copiosa multitudine hominum tam religiosorum quam secularium.... in ecclesia.... prope fontes coram vobis assistente, quod sigillum predictum factum fuerat de novo a quindecim diebus citra, et quod nullam jurisdicionem habebamus nec habemus plusquam minor truttannus de villa....; et, quod gravius est, dixistis quod dictum sigillum erat falsum, sic nobis imponentes crimen falsi...; nec talia verba decent prelatum, sed in ipsius ore sordescunt.... Dixistis insuper D. Symoni de Clarissello, capellano.... perpetuo, ac procuratori nostro,.... quod si fuisset extra ecclesiam, ipsum fecissetis in prisione vestra, quia dictas litteras exhibuerat, retrudi...., et si, de cetero, aliquis coram vobis, cum litteris tali sigillo sigillatis, compareret ex parte capituli, in prisionem faceretis ipsum poni. Que omnia, et singula, dixistis et fecistis in injuriam nostram, et personarum ejusdem ecclesie diffamacionem, status et fame nostre denigracionem, ac jurisdictionis nostre vituperium et contemptum, notorios et manifestos, rancore et odii fomite motus et inflammatus, ex eo, et pro eo quod honorem, libertates, immunitates, consuetudines et jura ecclesie deffendendo, ad contenta in litteris vestris predictis respondebamus canonice, racionabiliter et juste, et accumulantes mala malis, injuriam injuriis, nobis per vos et ministeriales vestros illatis et factis.... Pater reverende, numquid considerasse debuissetis, quod omnes abbates, priores, prepositi et decani rurales, et omnia collegia, tam regularia, quam secularia, quantumcumque minima, nedum in civitate et diocesi remensi...., sed per totam Galiam, et locis circumvicinis, habent et habere consueverunt sigilla ad causas, et eis publice utuntur...., quodque ecclesia remensis est cathedralis et metropolitana, tam nobilis et excellens, tot eciam prerogativas et jurisdictiones tam ecclesiasticas quam seculares noscitur habere et obtinere, et a tempore a quo non extat principii memoria habuisse, et obtinuisse; que pocius quam cetere inferiores, sigillum potuit et potest habere et habet.

[xx.] *Item*, ex eo quod contra libertates nostras.... officiales vestri, vobis mandantibus...., cessacionem indictam per nos in ecclesia remensi, et aliis civitatis et suburbiorum remensium, temere violarunt, in capella vestra juxta ecclesiam, publice, alta voce, divina celebrando, celebrari et campanam pulsari faciendo, eciam horis et modis inconsuetis...., cum maximo scandalo tocius civitatis....

[xxi.] *Item*, ex eo quod officiales vestri remenses per suos clericos apparitores, seu ministeriales curie vestre remensis quendam canonicum regularem monasterii B. Martini laudunensis, premonstratensis ordinis, fratrem D. Guill. de Altovillari presbiteri, ecclesie remensis capellani perpetui, capi fecerunt in domo quam inhabitat dictus D. Guill...., dictumque canonicum regularem.... publice incarceraverunt...., pro delicto in dicta domo...., et in dictum Guill. de jurisdicione nostra existentem commisso.

[xxii.] *Item*, ex eo quod quendam murum inter duo pilaria, supra fundamentum, ante ostia stabulorum palacii vestri, et in jurisdicione nostra, ministeriales vestri diruperunt, et ad usus vestros plateam intra dicta pilaria existentem voluerunt applicare...., cimiterium ad nos pertinens eciam, quod est ibi, violando....

[XXIII.] *Item*, ex eo quod cum vos et vicecomes vester teneamini advenare extrinsecùs Remis in terra nostra moraturos advenientes, mediantibus quinque solidis turonensibus, nec amplius capere pro dicta advenacione, vos, seu vicecomes vester, possitis, prout eciam in littera Alberti (*sic*) archiepiscopi remensis, vidistis....; nichilominus vos et vicecomes vester, amplius ab Henrico dicto de Quercu, taquenario, exegistis..., necnon Maressonam, Poncetam, et Dulciam sorores de Salcia in Bosco, et plures alios in terram nostram remensem moraturos venientes, quemlibet pro quinque solidis turonensibus advenari petentes, vos, seu vicecomes...., advenari recusastis indebite....

[XXIV.] *Item*, ex eo quod vos, contra sacras constituciones, nos in foro seculari traxistis, videlicet in curiam D. Regis, super actione mere personali, a nobis duo milia marcharum argenti, pro pena commissa virtute cujusdam tractatus sigillis vestro et nostro sigillati, sicut nobis imponebatis, petendo....

[XXV.] *Item*, pro premissis articulis, injuriis et gravaminibus.... videlicet, tam pro illis pro quibus nuper et ultimo in ecclesia nostra cessatum fuit, superius nominatis, ac solucione pecunie summarum nobis debitarum, et sigillacione actorum Thome Lore, pro quibus alias articulos vobis tradidimus, nimis retardatis, et usque ad et post tractatum ultimum, de quo supra fit mentio, habitum, contra voluntatem nostram per vos dilatis, et minus competenter adimpletis, per vos penas pecuniarum et alias in dictis tractatibus contentas incurrendo, quam pro aliis gravaminibus postmodum subsecutis, que sunt notoria...., nos et ecclesia nostra graves sustinuimus expensas.... tam in curia romana quam regia, necnon Remis et alibi usque ad summam mille quingentarum lib. par. vel circiter, et in tantum dampnificati sumus, quod nostra interest, per factum et culpam dampnabilia vestra et vestrorum....

[XXVI.] Insuper, pater venerande, licet jura et racio naturalis dictent gravantem, ledentem, et dampnificantem alium injuste, dampna et interesse restituere, lesionemque et injuriam emendare debere...., et hoc nonnulli.... predecessores vestri.... pluries fecerunt, inter quos.... D. Guillermus tunc regis Francie advunculus, S. Romane ecclesie cardinalis, legationis officio fungens in regno Francie.... injurias nobis et servientibus nostris per vos et ministeriales vestros illatas.... emendare differtis....

De quibus et pro quibus omnibus, et singulis...., contentis in articulis supradictis, non sine magna cordis amaritudine conquerimur,.... vosque cum instancia humiliter requirimus...., ut satisfaciatis nobis, seu satisfieri faciatis.... infra decimam octavam diem instantis mensis julii; alioquin nos ex causis predictis...., evocatis ad hoc evocandis, infirmisque requisitis et auditis, ex tunc tractatu et deliberacione inter nos propter hoc congregatos jam habitis de cessando, cessare intendimus, et cessabimus a divinis, si et quando nobis videbitur expedire,... et cessacionem eandem agravabimus, si et quando nobis videbitur expedire....; protestantes quod de pertinentibus ad jurisdicionem.... illustris regis Francie superioris domini nostri in temporalibus, coram eo, suisque gentibus,.... justiciam nostram prosequi...., quatinus ipsum et ejus jurisdicionem tangit...., volumus et debemus....; et de aliis pertinentibus ad sedem apostolicam, cui sumus immediate subjecti, coram sanctissimo patre.... nos intendimus prosequi...., nos protectioni dicte sedis apostolice supponentes.

Nulli ergo hominum liceat [...., etc., etc.]. Datum Avenioni, idus septembris, pontificatus nostri, anno xv°.

CCCXC.

13 octobre 1330.

ARREST de parlement par lequel fut dit que les eschevins.... n'estoient pas tenus de paier pluseurs frais fais après le sacre du roy, lesquelz les officiers dudit sire vouloient faire paier [1].

Livre Blanc de l'Échev., fol. 260 v°.

Philippes par la grâce de Dieu roy de France, à nos amés et féaux les maistres de nostre hostel, salut et dilection. Comme nos amés les eschevins et habitans de la ville de Reins, et des autres villes qui sont tenues à contribuer aux frais et despens des sacres des roys de France, se fussent dolus pardevers nous, et maintinssent que comme ils ne soient tenus èsdits frais et despens, fors tant seulement pour la veille et

[1] Voir l'acte du 29 mai 1328, et les notes qui l'accompagnent.

DE LA VILLE DE REIMS.

le jour que ledit sacre se fait, nos gens de nostre hostel, et autres, avoient pris et levé outre ce en quoi ils estoient tenus pour nostre sacre et couronnement, lequel se fit le jour de la Trinité, l'an de grâce mil ccc xxviii, pluseurs de leurs garnisons, et leur vouloient faire payer pluseurs despens auxquels ils n'estoient de rien tenus, si comme ils disoient; et nous sur ce eussions mandé et escrit à nos amés et féaux les gens de nos comptes, à Paris, que ils les oïssent en toutes les choses dont ils se doloient, et leur en fissent ce qui appartenoit de raison ; et lesdits habitans et contribuans s'y fussent traits pardevers nosdits gens des comptes, et leur eussent présentés nostredit mandement, et un roulle auquel estoient contenues toutes les choses dont ils se douloient, et desquelles ils demandoient avoir restitution ; et veu et receu par les gens de nos comptes, nostredit mandement, et le roulle dessusdit, et toutes les choses contenues en icelui, et le compte des despens dudit couronnement, que vous, Guillaume de Noé nostre amé chevalier et maistre d'hostel, leur envoyastes, de nostre commandement; oïs par lesdits gens de nos comptes diligemment, lesdits habitans et contribuans, en tout ce dont ils se vouloient douloir : veu ce qui en fut rendu par le compte de nostredit hostel, au terme de la Saint-Jehan dessusdit ; eu par nosdictes gens des comptes sur les choses dessusdictes conseil et délibération, rabatu plusieurs demandes contenues audit roulle, auxquelles ils n'ont pas trouvé que nous y soyons de rien tenus, de pluseurs autres demandes que l'en leur faisoit, qui estoient audit roulle, desquelles ils se douloient, et disoient que de rien ils n'y estoient tenus, dont les parties s'ensuivent :

Est assavoir : Pour pain de leurs garnisons, porté après nous puis que nous partismes de Reins, xvi ℔ xvii s. vi d. — Pour autre pain despendu par nostre.... filz Jehan de France, le lendemain.... xxxiii ℔ ix s. — Pour vin prins de leurs garnisons pour nostredit filz le lendemain du couronnement, cvi ℔. — Pour esturjons.... portés après nous, xliii ℔. — Pour cire.... prise pour nostredit filz le lendemain, xlvii ℔ vi s. — Pour xxxii sextiers d'avoine, et huit braciées de foing...., despendus par nostre filz le lendemain, x ℔ xvi s.—Pour deniers bailliez à Th. Prieur, pour aler à Reins avant nostre couronnement, pour le array de nostre frère Charles de Bahaingne, xl s. — Pour les despens que Hugues Pardryau fist à aler en Bourgoingne querre gens d'armes et arbalestriers, et les amener à Reins, xvi ℔. — Pour foing, avoine et lictière pour xlv grans chevaulx nostres, et pluseurs autres, pour sept jours avant nostre couronnement, admenistrez par Gilles Chevalier, et Th. Gréné de Reins, xcvi ℔ vi s. vi d. — Pour les despens Nicolas de Sainte-Ragonde, nostre argentier, Pierre et Adam des Essars, et Estienne Chevalier, faiz en alant de Paris à Reins et en retournant, par iv jours seulement, xx ℔. — Pour les despens de xxiv sommiers portans draps, robes et autres choses de Paris à Reins, par Th. Coste, nostre tailleur, et le retour, xlvi ℔ vii s. vi d. — Pour les despens de noz trésoriers, et de pluseurs autres de nos gens, en leur compaignie, à aler et retourner, xxxvi ℔ ix s. vi d. — Pour les despens et les gaiges Robert Bertran, nostre chevalier et mareschal de France, et pluseurs chevaliers banerez, baschelers et escuiers en venant de son pays à Reins, en la manière qu'il a acoustumé en venant ès guerres et en retournant, v^c lvi ℔ xiv s. ix d. — Pour les despens et les gaiges Mahieu de Trie, nostre chevalier et mareschal de France, en la manière et pour les causes dessusdictes, ccclii ℔ xvii s. vi. d.

Veu et considéré ce que lesdits habitans et contribuans sont tenus èsdits frais et despens faits à Reins, pour le couronnement dessusdit: et que les choses contenues et expressées èsdictes parties ci-dessus nommées, et chacune d'icelles sont frais et despens autres que pour ledit couronnement en la ville de Reins; fut dit par nosdictes gens des comptes, que lesdits habitans et contribuans ne seront pas contraints à payer les parties dessusdictes, ou aucunes d'icelles; et se aucunes choses en ont payé, il leur sera rendu du nostre. Pourquoi nous vous mandons, que iceux habitans et contribuans vous ne contraignez, ne souffrez estre contraints, à payer aucune des parties dessusdictes; et se il vous appert, par cédule de nostre chambre desdits comptes, que ils en ayent aucune chose payé, si leur faites rendre et restituer du nostre, par nostre clerc de la chambre aux deniers de nostre hostel, jouxte la teneur de ladicte cédule, et lettres de quittance desdits habitans et contribuans; [et] de ce que il leur rendra et restituera, [il nous remettra les quittances,] avecques ces présentes, par lesquelles nos-

DE LA VILLE DE REIMS.

dits gens des comptes lui alloeront ès siens, et rabattront de sa recepte. Donné à Paris, le xiii° jour d'octobre mil ccc xxx.

Scellé en queue du grand sceau, lequel est rompu. Par les gens des comptes, du mandement du roy, à eux sur ce envoyé.

Signé : Vistrebau.

CCCXCI.

Commission du roi pour faire une enquête sur l'affaire des étaux, et l'envoyer en parlement.

15 novembre 1330.

Archiv. de l'Hôtel-de-Ville, renseign.

FIN DE LA PREMIÈRE PARTIE
DU TOME SECOND.

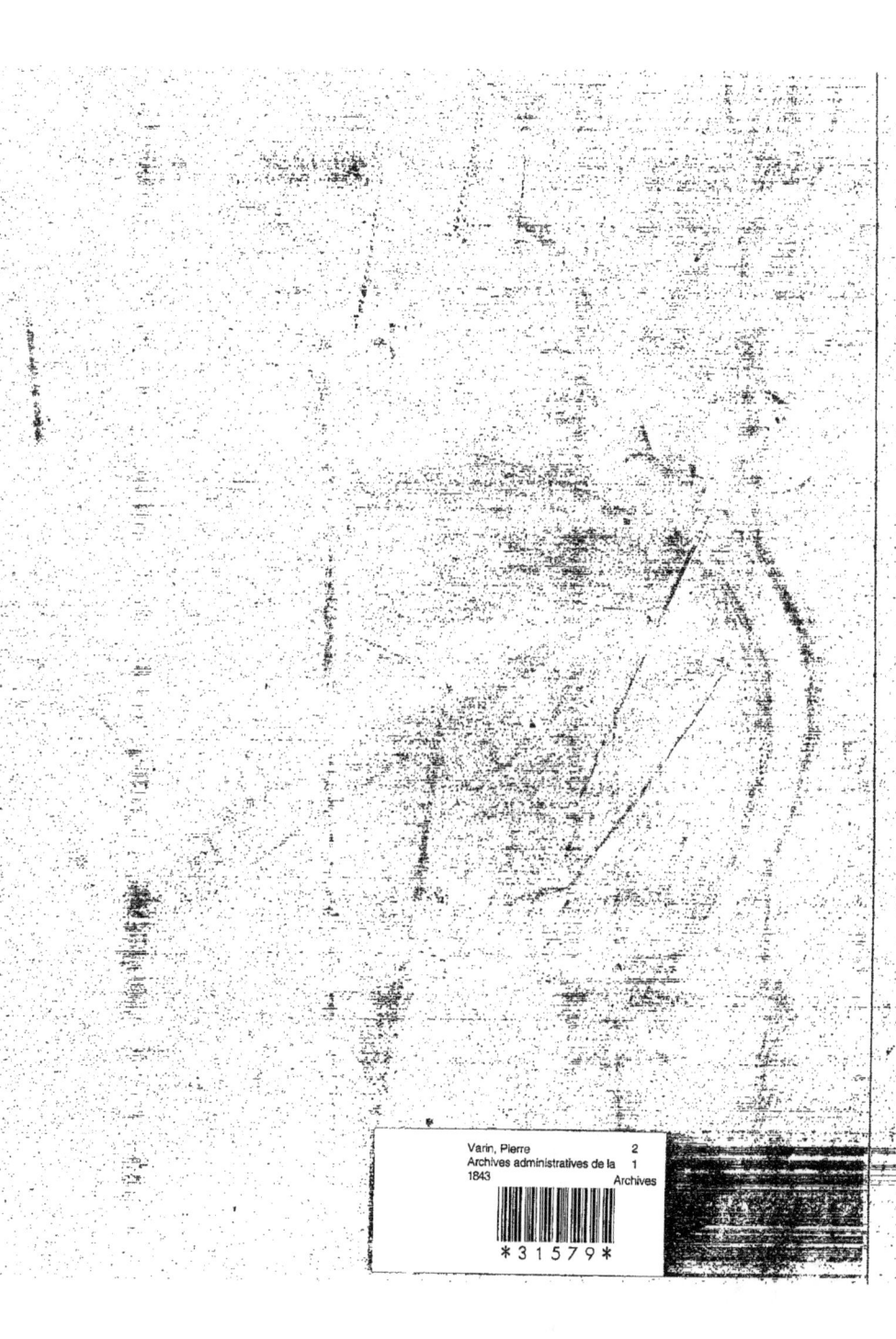

www.ingramcontent.com/pod-product-compliance
Lightning Source LLC
Chambersburg PA
CBHW071156230426
43668CB00009B/976